U0139038

林定樺、曾翔、蔡宏偉監修 五南法學研究中心編輯

勞工法規

五南圖書出版公司

勞工法規　　凡 例

一、本書輯錄現行重要法規凡148種，名為勞工法規。

二、全書分為就業勞動、勞資關係、勞工福利、勞工保險、職業安
　　全衛生、勞動檢查、勞工訓練、就業服務、勞資權益救濟、附
　　錄等十大類，於各頁標示所屬類別及收錄各法起訖條號，方便
　　檢索。

三、本書依循下列方式編印

　　㈠法規條文內容，悉以政府公報為準。為服務讀者掌握最新之
　　　法規異動情形，本書亦收錄已由立法院三讀通過，尚待總統
　　　公布之法律條文，並於該法之法規沿革中明白註記立法院三
　　　讀完成時間。

　　㈡法規名稱下詳列歷年修正沿革。

　　㈢法規內容係民國111年後異動者，於條號後以「數字」標示
　　　最後異動之年度。

　　㈣法條分項、款、目，為求清晰明瞭，項冠以浮水印①②③數
　　　字，以資區別；各款冠以一、二、三數字標示，各目冠以
　　　㈠、㈡、㈢數字標示。

四、書後附錄司法院大法官解釋文彙編。

五、本書輕巧耐用，攜帶便利；輯入法規，內容詳實；條文要旨，
　　言簡意賅；字體版面，舒適易讀；項次分明，查閱迅速；法令
　　異動，逐版更新。

監修者簡介

林定樺

現職：

勞動部獨任調解人
台中市政府勞動法講師
雲林縣產業總工會勞動法講師
台中科技大學推廣部勞動法講師
台中教育大學推廣部勞動法講師
國立彰化師範大學企管系兼任講師
雲林縣六輕企業工會聯合會勞動法講師
鎨崋保險經紀人大里營業處業務總監

學歷：

勞工安全衛生管理員乙級技術士
國立中正大學勞工關係學系碩士
國立中正大學法律學系碩士
國立彰化師範大學人力資源管理碩士
國立彰化師範大學財務金融技術學系管理組博士候選人

專長：

工作規則、勞動契約
薪資設計、勞資糾紛處理
企業管理制度暨勞動與人力資源管理

曾翔

現職：

靜海法律事務所主持律師

學歷：

中正大學勞工關係學系學士
政治大學勞工研究所碩士
中正大學法律研究所勞動法與社會法組碩士班

經歷：

渣打國際商業銀行人力資源處員工關係部助理
渣打國際商業銀行消費金融處儲備幹部
中華民國勞資關係協進會研究助理

專業證照：

律師高考及格（107臺檢證字第14540號）

蔡宏偉

現職：

聯安工業安全衛生聯合技師事務所／經理

學歷：

國立中正大學勞工關係學系勞工研究所

專長：

職業安全衛生管理、ISO 45001、環境保護、ISO 14001

資格：

專技高考工業安全技師／職業衛生技師
ISO 9001/14001：2015，ISO 45001：2018，ISO 50001：2018，ISO 13485：2016，ISO 14064-1：2018主任稽核員訓練合格，ISO 14067：2018主導查證員
甲級安全管理師、甲級衛生管理師、甲級化學性作業環境監測人員、甲級鍋爐操作人員、甲級空氣污染防制人員、甲級廢水處理專責人員、甲級廢棄物處理專責人員、甲級毒性化學物管理人員
製程安全評估人員、施工安全評估人員、作業環境監測及暴露評估訓練人員

二

勞工法規　目　錄

壹、就業勞動

貳、勞資關係

參、勞工福利

肆、勞工保險

陸、勞動檢查

柒、勞工訓練

玖、勞資權益救濟

拾、附　錄

壹、就業勞動

勞動基準法

①民國73年7月30日總統令制定公布全文86條。
②民國85年12月27日總統令修正公布第3條條文;並增訂第30-1、84-1、84-2條條文。
③民國87年5月13日令修正公布第30-1條條文。
④民國89年6月28日總統令修正公布第30條條文。
⑤民國89年7月19日總統令修正公布第4、72條條文。
⑥民國91年6月12日總統令修正公布第3、21、30-1、56條條文。
⑦民國91年12月25日總統令修正公布第30、30-1、32、49、77、79、86條條文;本法自公布日施行,但89年6月28日修正公布之第30條第1、2項自90年1月1日施行。
⑧民國97年5月14日總統令修正公布第54條條文。
⑨民國98年4月22日總統令修正公布第53條條文。
⑩民國100年6月29日總統令修正公布第75~79、80條條文;並增訂第79-1條條文。
⑪民國102年12月11日總統令修正公布第45、47、77、79-1條條文。
民國103年2月14日行政院公告第4條所列屬「行政院勞工委員會」之權責事項,自103年2月17日起改由「勞動部」管轄;第28條第5項所列屬「勞工保險局」之權責事項,自103年2月17日起,積欠工資墊償基金收繳、墊償業務,改由「勞動部勞工保險局」管轄;積欠工資墊償基金投資及運用業務,改由「勞動部勞動基金運用局」管轄;第56條第2項所列屬「勞工退休基金監理委員會」之權責事項,自103年2月17日起,監理業務改由「勞動部」管轄;勞工退休基金投資及運用業務,改由「勞動部勞動基金運用局」管轄。
⑫民國104年2月4日總統令修正公布第17、28、55、56、78、79、86條條文;並增訂第80-1條條文;除第28條第1項自公布後八個月施行外,自公布日施行。
⑬民國104年6月3日總統令修正公布第4、30、79、86條條文;並自105年1月1日施行。
⑭民國104年7月1日總統令修正公布第58條條文。
⑮民國104年12月16日總統令修正公布第44、46條條文;並增訂第9-1、10-1、15-1條條文。
⑯民國105年11月16日總統令修正公布第14條條文。
⑰民國105年12月21日總統令修正公布第23、24、30-1、34、36~39、74、79條條文;並自公布日施行;但第34條第2項施行日期由行政院定之;第37條第1項及第38條,自106年1月1日施行。
⑱民國106年12月27日總統令修正公布第61條條文。
⑲民國107年1月31日總統令修正公布第24、32、34、36~38、86條條文;增訂第32-1條條文;並自107年3月1日施行。
⑳民國107年11月21日總統令修正公布第54、55、59條條文。
㉑民國108年5月15日總統令修正公布第2、9條條文;並增訂第22-1條條文。
㉒民國108年6月19日總統令修正公布第63、78條條文;並增訂第17-1、63-1條條文。
㉓民國109年6月10日總統令修正公布第80-1條條文。
㉔民國113年7月31日總統令修正公布第54條條文。

第一章　總　則

第一條

①為規定勞動條件最低標準，保障勞工權益，加強勞僱關係，促進社會與經濟發展，特制定本法；本法未規定者，適用其他法律之規定。

②雇主與勞工所訂勞動條件，不得低於本法所定之最低標準。

第二條

本法用詞，定義如下：

一　勞工：指受雇主僱用從事工作獲致工資者。

二　雇主：指僱用勞工之事業主、事業經營之負責人或代表事業主處理有關勞工事務之人。

三　工資：指勞工因工作而獲得之報酬；包括工資、薪金及按計時、計日、計月、計件以現金或實物等方式給付之獎金、津貼及其他任何名義之經常性給與均謂之。

四　平均工資：指計算事由發生之當日前六個月內所得工資總額除以該期間之總日數所得之金額。工作未滿六個月者，指工作期間所得工資總額除以工作期間之總日數所得之金額。工資按工作日數、時數或論件計算者，其依上述方式計算之平均工資，如少於該期內工資總額除以實際工作日數所得金額百分之六十者，以百分之六十計。

五　事業單位：指適用本法各業僱用勞工從事工作之機構。

六　勞動契約：指約定勞僱關係而具有從屬性之契約。

七　派遣事業單位：指從事勞動派遣業務之事業單位。

八　要派單位：指依據要派契約，實際指揮監督管理派遣勞工從事工作者。

九　派遣勞工：指受派遣事業單位僱用，並向要派單位提供勞務者。

十　要派契約：指要派單位與派遣事業單位就勞動派遣事項所訂立之契約。

第三條

①本法於左列各業適用之：

一　農、林、漁、牧業。

二　礦業及土石採取業。

三　製造業。

四　營造業。

五　水電、煤氣業。

六　運輸、倉儲及通信業。

七　大眾傳播業。

八　其他經中央主管機關指定之事業。

②依前項第八款指定時，得就事業之部分工作場所或工作者指定適用。

③本法適用於一切勞雇關係。但因經營型態、管理制度及工作特性等因素適用本法確有窒礙難行者，並經中央主管機關指定公告之行業或工作者，不適用之。

④前項因窒礙難行而不適用本法者，不得逾第一項第一款至第七款以外勞工總數五分之一。

第四條

本法所稱主管機關：在中央為勞動部；在直轄市為直轄市政府；在縣（市）為縣（市）政府。

第五條

雇主不得以強暴、脅迫、拘禁或其他非法之方法，強制勞工從事勞動。

第六條

任何人不得介入他人之勞動契約，抽取不法利益。

第七條

①雇主應置備勞工名卡，登記勞工之姓名、性別、出生年月日、本籍、教育程度、住址、身分證統一號碼、到職年月日、工資、勞工保險投保日期、獎懲、傷病及其他必要之事項。

②前項勞工名卡，應保管至勞工離職後五年。

第八條

雇主對於僱用之勞工，應預防職業上災害，建立適當之工作環境及福利設施。其有關安全衛生及福利事項，依有關法律之規定。

第二章　勞動契約

第九條

①勞動契約，分為定期契約及不定期契約。臨時性、短期性、季節性及特定性工作得為定期契約；有繼續性工作應為不定期契約。派遣事業單位與派遣勞工訂定之勞動契約，應為不定期契約。

②定期契約屆滿後，有下列情形之一，視為不定期契約：

一　勞工繼續工作而雇主不即表示反對意思者。

二　雖經另訂新約，惟其前後勞動契約之工作期間超過九十日，前後契約間斷期間未超過三十日者。

③前項規定於特定性或季節性之定期工作不適用之。

第九條之一

①未符合下列規定者，雇主不得與勞工為離職後競業禁止之約定：

一　雇主有應受保護之正當營業利益。

二　勞工擔任之職位或職務，能接觸或使用雇主之營業秘密。

三　競業禁止之期間、區域、職業活動之範圍及就業對象，未逾合理範疇。

四　雇主對勞工因不從事競業行為所受損失有合理補償。

②前項第四款所定合理補償，不包括勞工於工作期間所受領之給付。

③違反第一項各款規定之一者，其約定無效。

④離職後競業禁止之期間，最長不得逾二年。逾二年者，縮短為二年。

第一〇條

定期契約屆滿後或不定期契約因故停止履行後，未滿三個月而訂定新約或繼續履行原約時，勞工前後工作年資，應合併計算。

第一〇條之一

雇主調動勞工工作，不得違反勞動契約之約定，並應符合下列原則：

一　基於企業經營上所必須，且不得有不當動機及目的。但法律另有規定者，從其規定。

二　對勞工之工資及其他勞動條件，未作不利之變更。

三　調動後工作為勞工體能及技術可勝任。

四　調動工作地點過遠，雇主應予以必要之協助。

五　考量勞工及其家庭之生活利益。

第一一條

非有左列情事之一者，雇主不得預告勞工終止勞動契約：

一　歇業或轉讓時。

二　虧損或業務緊縮時。

三　不可抗力暫停工作在一個月以上時。

四　業務性質變更，有減少勞工之必要，又無適當工作可供安置時。

五　勞工對於所擔任之工作確不能勝任時。

第一二條

①勞工有左列情形之一者，雇主得不經預告終止契約：

一　於訂立勞動契約時為虛偽意思表示，使雇主誤信而有受損害之虞者。

二　對於雇主、雇主家屬、雇主代理人或其他共同工作之勞工，實施暴行或有重大侮辱之行為者。

三　受有期徒刑以上刑之宣告確定，而未諭知緩刑或未准易科罰金者。

四　違反勞動契約或工作規則，情節重大者。

五　故意損耗機器、工具、原料、產品，或其他雇主所有物品，或故意洩漏雇主技術上、營業上之秘密，致雇主受有損害者。

六　無正當理由繼續曠工三日，或一個月內曠工達六日者。

②雇主依前項第一款、第二款及第四款至第六款規定終止契約者，應自知悉其情形之日起，三十日內為之。

第一三條

勞工在第五十條規定之停止工作期間或第五十九條規定之醫療期間，雇主不得終止契約。但雇主因天災、事變或其他不可抗力致事業不能繼續，經報主管機關核定者，不在此限。

第一四條

①有下列情形之一者，勞工得不經預告終止契約：

一　雇主於訂立勞動契約時為虛偽之意思表示，使勞工誤信而有受損害之虞者。

二　雇主、雇主家屬、雇主代理人對於勞工，實施暴行或有重大侮辱之行為者。

三　契約所訂之工作，對於勞工健康有危害之虞，經通知雇主改善而無效果者。

四　雇主、雇主代理人或其他勞工患有法定傳染病，對共同工作之勞工有傳染之虞，且重大危害其健康者。

五　雇主不依勞動契約給付工作報酬，或對於按件計酬之勞工不供給充分之工作者。

六　雇主違反勞動契約或勞工法令，致有損害勞工權益之虞者。

②勞工依前項第一款、第六款規定終止契約者，應自知悉其情形之日起，三十日內為之。但雇主有前項第六款所定情形者，勞工得於知悉損害結果之日起，三十日內為之。

③有第一項第二款或第四款情形，雇主已將該代理人間之契約終止，或患有法定傳染病者依衛生法規已接受治療時，勞工不得終止契約。

④第十七條規定於本條終止契約準用之。

第一五條

①特定性定期契約期限逾三年者，於屆滿三年後，勞工得終止契約。但應於三十日前預告雇主。

②不定期契約，勞工終止契約時，應準用第十六條第一項規定期間預告雇主。

第一五條之一

①未符合下列規定之一，雇主不得與勞工為最低服務年限之約定：

一　雇主為勞工進行專業技術培訓，並提供該項培訓費用者。

二　雇主為使勞工遵守最低服務年限之約定，提供其合理補償者。

②前項最低服務年限之約定，應就下列事項綜合考量，不得逾合理範圍：

一　雇主為勞工進行專業技術培訓之期間及成本。

二　從事相同或類似職務之勞工，其人力替補可能性。

三　雇主提供勞工補償之額度及範圍。

四　其他影響最低服務年限合理性之事項。

③違反前二項規定者，其約定無效。

④勞動契約因不可歸責於勞工之事由而於最低服務年限屆滿前終止者，勞工不負違反最低服務年限約定或返還訓練費用之責任。

第一六條

①雇主依第十一條或第十三條但書規定終止勞動契約者，其預告期間依左列各款之規定：

一　繼續工作三個月以上一年未滿者，於十日前預告之。

二　繼續工作一年以上三年未滿者，於二十日前預告之。

三　繼續工作三年以上者，於三十日前預告之。

②勞工於接到前項預告後，為另謀工作得於工作時間請假外出。其請假時數，每星期不得超過二日之工作時間，請假期間之工資照給。

③雇主未依第一項規定期間預告而終止契約者，應給付預告期間之工資。

第一七條

①雇主依前條終止勞動契約者，應依下列規定發給勞工資遣費：

一　在同一雇主之事業單位繼續工作，每滿一年發給相當於一個月平均工資之資遣費。

二　依前款計算之剩餘月數，或工作未滿一年者，以比例計給之。未滿一個月者以一個月計。

②前項所定資遣費，雇主應於終止勞動契約三十日內發給。

第一七條之一

①要派單位不得於派遣事業單位與派遣勞工簽訂勞動契約前，有面試該派遣勞工或其他指定特定派遣勞工之行為。

②要派單位違反前項規定，且已受領派遣勞工勞務者，派遣勞工得於要派單位提供勞務之日起九十日內，以書面向要派單位提出訂定勞動契約之意思表示。

③要派單位應自前項派遣勞工意思表示到達之日起十日內，與其協商訂定勞動契約。逾期未協商或協商不成立者，視為雙方自期滿翌日成立勞動契約，並以派遣勞工於要派單位工作期間之勞動條件為勞動契約內容。

④派遣事業單位及要派單位不得因派遣勞工提出第二項意思表示，而予以解僱、降調、減薪、損害其依法令、契約或習慣上所應享有之權益，或其他不利之處分。

⑤派遣事業單位及要派單位為前項行為之一者，無效。

⑥派遣勞工因第二項及第三項規定與要派單位成立勞動契約者，其與派遣事業單位之勞動契約視為終止，且不負違反最低服務年限約定或返還訓練費用之責任。

⑦前項派遣事業單位應依本法或勞工退休金條例規定之給付標準及期限，發給派遣勞工退休金或資遣費。

第一八條

有左列情形之一者，勞工不得向雇主請求加發預告期間工資及資遣費：

一　依第十二條或第十五條規定終止勞動契約者。

二　定期勞動契約期滿離職者。

第一九條

勞動契約終止時，勞工如請求發給服務證明書，雇主或其代理人不得拒絕。

第二〇條

事業單位改組或轉讓時，除新舊雇主商定留用之勞工外，其餘勞工應依第十六條規定期間預告終止契約，並應依第十七條規定發給勞工遣費。其留用勞工之工作年資，應由新雇主繼續予以承認。

第三章 工 資

第二一條

①工資由勞雇雙方議定之。但不得低於基本工資。

②前項基本工資，由中央主管機關設基本工資審議委員會擬訂後，報請行政院核定之。

③前項基本工資審議委員會之組織及其審議程序等事項，由中央主管機關另以辦法定之。

第二二條

①工資之給付，應以法定通用貨幣為之。但基於習慣或業務性質，得於勞動契約內訂明一部以實物給付之。工資之一部以實物給付時，其實物之作價應公平合理，並適合勞工及其家屬之需要。

②工資應全額直接給付勞工。但法令另有規定或勞雇雙方另有約定者，不在此限。

第二二條之一

①派遣事業單位積欠派遣勞工工資，經主管機關處罰或依第二十七條規定限期令其給付而屆期未給付者，派遣勞工得請求要派單位給付。要派單位應自派遣勞工請求之日起三十日內給付之。

②要派單位依前項規定給付者，得向派遣事業單位求償或扣抵要派契約之應付費用。

第二三條

①工資之給付，除當事人有特別約定或按月預付者外，每月至少定期發給二次，並應提供工資各項目計算方式明細；按件計酬者亦同。

②雇主應置備勞工工資清冊，將發放工資、工資各項目計算方式明細、工資總額等事項記入。工資清冊應保存五年。

第二四條

①雇主延長勞工工作時間者，其延長工作時間之工資，依下列標準加給：

一 延長工作時間在二小時以內者，按平日每小時工資額加給三分之一以上。

二 再延長工作時間在二小時以內者，按平日每小時工資額加給三分之二以上。

三 依第三十二條第四項規定，延長工作時間者，按平日每小時工資額加倍發給。

②雇主使勞工於第三十六條所定休息日工作，工作時間在二小時以內者，其工資按平日每小時工資額另再加給一又三分之一以上；工作二小時後再繼續工作者，按平日每小時工資額另再加給一又

三分之二以上。

第二五條

雇主對勞工不得因性別而有差別之待遇。工作相同、效率相同者，給付同等之工資。

第二六條

雇主不得預扣勞工工資作為違約金或賠償費用。

第二七條

雇主不按期給付工資者，主管機關得限期令其給付。

第二八條

①雇主有歇業、清算或宣告破產之情事時，勞工之下列債權受償順序與第一順位抵押權、質權或留置權所擔保之債權相同，按其債權比例受清償；未獲清償部分，有最優先受清償之權：

一　本於勞動契約所積欠之工資未滿六個月部分。

二　雇主未依本法給付之退休金。

三　雇主未依本法或勞工退休金條例給付之資遣費。

②雇主應按其當月僱用勞工投保薪資總額及規定之費率，繳納一定數額之積欠工資墊償基金，作為墊償下列各款之用：

一　前項第一款積欠之工資數額。

二　前項第二款與第三款積欠之退休金及資遣費，其合計數額以六個月平均工資為限。

③積欠工資墊償基金，累積至一定金額後，應降低費率或暫停收繳。

④第二項費率，由中央主管機關於萬分之十五範圍內擬訂，報請行政院核定之。

⑤雇主積欠之工資、退休金及資遣費，經勞工請求未獲清償者，由積欠工資墊償基金依第二項規定墊償之；雇主應於規定期限內，將墊款償還積欠工資墊償基金。

⑥積欠工資墊償基金，由中央主管機關設管理委員會管理之。基金之收繳有關業務，得由中央主管機關，委託勞工保險機構辦理之。基金墊償程序、收繳與管理辦法、第三項之一定金額及管理委員會組織規程，由中央主管機關定之。

第二九條

事業單位於營業年度終了結算，如有盈餘，除繳納稅捐、彌補虧損及提列股息、公積金外，對於全年工作並無過失之勞工，應給與獎金或分配紅利。

第四章　工作時間、休息、休假

第三〇條

①勞工正常工作時間，每日不得超過八小時，每週不得超過四十小時。

②前項正常工作時間，雇主經工會同意，如事業單位無工會者，經勞資會議同意後，得將其二週內二日之正常工作時數，分配於其

他工作日。其分配於其他工作日之時數，每日不得超過二小時。但每週工作總時數不得超過四十八小時。

③第一項正常工作時間，雇主經工會同意，如事業單位無工會者，經勞資會議同意後，得將八週內之正常工作時間加以分配。但每日正常工作時間不得超過八小時，每週工作總時數不得超過四十八小時。

④前二項規定，僅適用於經中央主管機關指定之行業。

⑤雇主應置備勞工出勤紀錄，並保存五年。

⑥前項出勤紀錄，應逐日記載勞工出勤情形至分鐘爲止。勞工向雇主申請其出勤紀錄副本或影本時，雇主不得拒絕。

⑦雇主不得以第一項正常工作時間之修正，作爲減少勞工工資之事由。

⑧第一項至第三項及第三十條之一之正常工作時間，雇主得視勞工照顧家庭成員需要，允許勞工於不變更每日正常工作時數下，在一小時範圍內，彈性調整工作開始及終止之時間。

第三○條之一

①中央主管機關指定之行業，雇主經工會同意，如事業單位無工會者，經勞資會議同意後，其工作時間得依下列原則變更：

　一　四週內正常工作時數分配於其他工作日之時數，每日不得超過二小時，不受前條第二項至第四項規定之限制。

　二　當日正常工作時間達十小時者，其延長之工作時間不得超過二小時。

　三　女性勞工，除妊娠或哺乳期間者外，於夜間工作，不受第四十九條第一項之限制。但雇主應提供必要之安全衛生設施。

②依中華民國八十五年十二月二十七日修正施行前第三條規定適用本法之行業，除第一項第一款之農、林、漁、牧業外，均不適用前項規定。

第三一條

在坑道或隧道內工作之勞工，以入坑口時起至出坑口時止爲工作時間。

第三二條

①雇主有使勞工在正常工作時間以外工作之必要者，雇主經工會同意，如事業單位無工會者，經勞資會議同意後，得將工作時間延長之。

②前項雇主延長勞工之工作時間連同正常工作時間，一日不得超過十二小時；延長之工作時間，一個月不得超過四十六小時，但雇主經工會同意，如事業單位無工會者，經勞資會議同意後，延長之工作時間，一個月不得超過五十四小時，每三個月不得超過一百三十八小時。

③雇主僱用勞工人數在三十人以上，依前項但書規定延長勞工工作時間者，應報當地主管機關備查。

④因天災、事變或突發事件，雇主有使勞工在正常工作時間以外工作之必要者，得將工作時間延長之。但應於延長開始後二十四小時內通知工會；無工會組織者，應報當地主管機關備查。延長之工作時間，雇主應於事後補給勞工以適當之休息。

⑤在坑內工作之勞工，其工作時間不得延長。但以監視爲主之工作，或有前項所定之情形者，不在此限。

第三二條之一

①雇主依第三十二條第一項及第二項規定使勞工延長工作時間，或使勞工於第三十六條所定休息日工作後，依勞工意願選擇補休並經雇主同意者，應依勞工工作之時數計算補休時數。

②前項之補休，其補休期限由勞雇雙方協商；補休期限屆期或契約終止未補休之時數，應依延長工作時間或休息日工作當日之工資計算標準發給工資；未發給工資者，依違反第二十四條規定論處。

第三三條

第三條所列事業，除製造業及礦業外，因公眾之生活便利或其他特殊原因，有調整第三十條、第三十二條所定之正常工作時間及延長工作時間之必要者，得由當地主管機關會商目的事業主管機關及工會，就必要之限度內之命令調整之。

第三四條

①勞工工作採輪班制者，其工作班次，每週更換一次。但經勞工同意者不在此限。

②依前項更換班次時，至少應有連續十一小時之休息時間。但因工作特性或特殊原因，經中央目的事業主管機關商請中央主管機關公告者，得變更休息時間不少於連續八小時。

③雇主依前項但書規定變更休息時間者，應經工會同意，如事業單位無工會者，經勞資會議同意後，始得爲之。雇主僱用勞工人數在三十人以上者，應報當地主管機關備查。

第三五條

勞工繼續工作四小時，至少應有三十分鐘之休息。但實行輪班制或其工作有連續性或緊急性者，雇主得在工作時間內，另行調配其休息時間。

第三六條

①勞工每七日中應有二日之休息，其中一日爲例假，一日爲休息日。

②雇主有下列情形之一者，不受前項規定之限制：

一　依第三十條第二項規定變更正常工作時間者，勞工每七日中至少應有一日之例假，每二週內之例假及休息日至少應有四日。

二　依第三十條第三項規定變更正常工作時間者，勞工每七日中至少應有一日之例假，每八週內之例假及休息日至少應有十六日。

三　依第三十條之一規定變更正常工作時間者，勞工每二週內至少應有二日之例假，每四週內之例假及休息日至少應有八日。

③雇主使勞工於休息日工作之時間，計入第三十二條第二項所定延長工作時間總數。但因天災、事變或突發事件，雇主有使勞工於休息日工作之必要者，其工作時數不受第三十二條第二項規定之限制。

④經中央目的事業主管機關同意，且經中央主管機關指定之行業，雇主得將第一項、第二項第一款及第二款所定之例假，於每七日之週期內調整之。

⑤前項所定例假之調整，應經工會同意，如事業單位無工會者，經勞資會議同意後，始得為之。雇主僱用勞工人數在三十人以上者，應報當地主管機關備查。

第三七條

①內政部所定應放假之紀念日、節日、勞動節及其他中央主管機關指定應放假日，均應休假。

②中華民國一百零五年十二月六日修正之前項規定，自一百零六年一月一日施行。

第三八條

①勞工在同一雇主或事業單位，繼續工作滿一定期間者，應依下列規定給予特別休假：

一　六個月以上一年未滿者，三日。
二　一年以上二年未滿者，七日。
三　二年以上三年未滿者，十日。
四　三年以上五年未滿者，每年十四日。
五　五年以上十年未滿者，每年十五日。
六　十年以上者，每一年加給一日，加至三十日為止。

②前項之特別休假期日，由勞工排定之。但雇主基於企業經營上之急迫需求或勞工因個人因素，得與他方協商調整。

③雇主應於勞工符合第一項所定之特別休假條件時，告知勞工依前二項規定排定特別休假。

④勞工之特別休假，因年度終結或契約終止而未休之日數，雇主應發給工資。但年度終結未休之日數，經勞雇雙方協商遞延至次一年度實施者，於次一年度終結或契約終止仍未休之日數，雇主應發給工資。

⑤雇主應將勞工每年特別休假之期日及未休之日數所發給之工資數額，記載於第二十三條所定之勞工工資清冊，並每年定期將其內容以書面通知勞工。

⑥勞工依本條主張權利時，雇主如認為其權利不存在，應負舉證責任。

第三九條

第三十六條所定之例假、休息日、第三十七條所定之休假及第

三十八條所定之特別休假，工資應由雇主照給。雇主經徵得勞工同意於休假日工作者，工資應加倍發給。因季節性關係有趕工必要，經勞工或工會同意照常工作者，亦同。

第四○條

①因天災、事變或突發事件，雇主認有繼續工作之必要時，得停止第三十六條至第三十八條所定勞工之假期。但停止假期之工資，應加倍發給，並應於事後補假休息。

②前項停止勞工假期，應於事後二十四小時內，詳述理由，報請當地主管機關核備。

第四一條

公用事業之勞工，當地主管機關認有必要時，得停止第三十八條所定之特別休假。假期內之工資應由雇主加倍發給。

第四二條

勞工因健康或其他正當理由，不能接受正常工作時間以外之工作者，雇主不得強制其工作。

第四三條

勞工因婚、喪、疾病或其他正當事由得請假；請假應給之假期及事假以外期間內工資給付之最低標準，由中央主管機關定之。

第五章　童工、女工

第四四條

①十五歲以上未滿十六歲之受僱從事工作者，為童工。

②童工及十六歲以上未滿十八歲之人，不得從事危險性或有害性之工作。

第四五條

①雇主不得僱用未滿十五歲之人從事工作。但國民中學畢業或經主管機關認定其工作性質及環境無礙其身心健康而許可者，不在此限。

②前項受僱之人，準用童工保護之規定。

③第一項工作性質及環境無礙其身心健康之認定基準、審查程序及其他應遵行事項之辦法，由中央主管機關依勞工年齡、工作性質及受國民義務教育之時間等因素定之。

④未滿十五歲之人透過他人取得工作為第三人提供勞務，或直接為他人提供勞務取得報酬未具勞僱關係者，準用前項及童工保護之規定。

第四六條

未滿十八歲之人受僱從事工作者，雇主應置備其法定代理人同意書及其年齡證明文件。

第四七條

童工每日之工作時間不得超過八小時，每週之工作時間不得超過四十小時，例假日不得工作。

第四八條

童工不得於午後八時至翌晨六時之時間內工作。

第四九條

①雇主不得使女工於午後十時至翌晨六時之時間內工作。但雇主經工會同意，如事業單位無工會者，經勞資會議同意後，且符合下列各款規定者，不在此限：

一　提供必要之安全衛生設施。

二　無大眾運輸工具可資運用時，提供交通工具或安排女工宿舍。

②前項第一款所稱必要之安全衛生設施，其標準由中央主管機關定之。但雇主與勞工約定之安全衛生設施優於本法者，從其約定。

③女工因健康或其他正當理由，不能於午後十時至翌晨六時之時間內工作者，雇主不得強制其工作。

④第一項規定，於因天災、事變或突發事件，雇主必須使女工於午後十時至翌晨六時之時間內工作時，不適用之。

⑤第一項但書及前項規定，於妊娠或哺乳期間之女工，不適用之。

第五○條

①女工分娩前後，應停止工作，給予產假八星期；妊娠三個月以上流產者，應停止工作，給予產假四星期。

②前項女工受僱工作在六個月以上者，停止工作期間工資照給；未滿六個月者減半發給。

第五一條

女工在妊娠期間，如有較為輕易之工作，得申請改調，雇主不得拒絕，並不得減少其工資。

第五二條

①子女未滿一歲須女工親自哺乳者，於第三十五條規定之休息時間外，雇主應每日另給哺乳時間二次，每次以三十分鐘為度。

②前項哺乳時間，視為工作時間。

第六章　退　休

第五三條

勞工有下列情形之一，得自請退休：

一　工作十五年以上年滿五十五歲者。

二　工作二十五年以上者。

三　工作十年以上年滿六十歲者。

第五四條　113

①勞工非有下列情形之一，雇主不得強制其退休：

一　年滿六十五歲者。

二　身心障礙不堪勝任工作者。

②前項第一款所規定之年齡，得由勞僱雙方協商延後之；對於擔任具有危險、堅強體力等特殊性質之工作者，得由事業單位報請中央主管機關予以調整，但不得少於五十五歲。

第五五條

①勞工退休金之給與標準如下：

一 按其工作年資，每滿一年給與兩個基數。但超過十五年之工作年資，每滿一年給與一個基數，最高總數以四十五個基數為限。未滿半年者以半年計；滿半年者以一年計。

二 依第五十四條第一項第二款規定，強制退休之勞工，其身心障礙係因執行職務所致者，依前款規定加給百分之二十。

②前項第一款退休金基數之標準，係指核准退休時一個月平均工資。

③第一項所定退休金，雇主應於勞工退休之日起三十日內給付，如無法一次發給時，得報經主管機關核定後，分期給付。本法施行前，事業單位原定退休標準優於本法者，從其規定。

第五六條

①雇主應按月提撥勞工退休準備金，專戶存儲，並不得作為讓與、扣押、抵銷或擔保之標的；其提撥之比率、程序及管理等事項之辦法，由中央主管機關擬訂，報請行政院核定之。

②雇主應於每年年度終了前，估算前項勞工退休準備金專戶餘額，該餘額不足給付次一年度內預估成就第五十三條或第五十四條第一項第一款退休條件之勞工，依前條計算之退休金數額者，雇主應於次年度三月底前一次提撥其差額，並送事業單位勞工退休準備金監督委員會審議。

③第一項雇主按月提撥之勞工退休準備金匯集為勞工退休基金，由中央主管機關設置勞工退休基金監理委員會管理之；其組織、會議及其他相關事項，由中央主管機關定之。

④前項基金之收支、保管及運用，由中央主管機關會同財政部委託金融機構辦理。最低收益不得低於當地銀行二年定期存款利率之收益；如有虧損，由國庫補足之。基金之收支、保管及運用辦法，由中央主管機關擬訂，報請行政院核定之。

⑤雇主所提撥勞工退休準備金，應由勞工與雇主共同組織勞工退休準備金監督委員會監督之。委員會中勞工代表人數不得少於三分之二；其組織準則，由中央主管機關定之。

⑥雇主按月提撥之勞工退休準備金比率之擬訂或調整，應經事業單位勞工退休準備金監督委員會審議通過，並報請當地主管機關核定。

⑦金融機構辦理核貸業務，需查核該事業單位勞工退休準備金提撥狀況之必要資料時，得請當地主管機關提供。

⑧金融機構依前項取得之資料，應負保密義務，並確實辦理資料安全稽核作業。

⑨前二項有關勞工退休準備金必要資料之內容、範圍、申請程序及其他應遵行事項之辦法，由中央主管機關會商金融監督管理委員會定之。

第五七條

　　勞工工作年資以服務同一事業者爲限。但受同一雇主調動之工作年資，及依第二十條規定應由新雇主繼續予以承認之年資，應予併計。

第五八條

①勞工請領退休金之權利，自退休之次月起，因五年間不行使而消滅。

②勞工請領退休金之權利，不得讓與、抵銷、扣押或供擔保。

③勞工依本法規定請領勞工退休金者，得檢具證明文件，於金融機構開立專戶，專供存入勞工退休金之用。

④前項專戶內之存款，不得作爲抵銷、扣押、供擔保或強制執行之標的。

第七章　職業災害補償

第五九條

　　勞工因遭遇職業災害而致死亡、失能、傷害或疾病時，雇主應依下列規定予以補償。但如同一事故，依勞工保險條例或其他法令規定，已由雇主支付費用補償者，雇主得予以抵充之：

一　勞工受傷或罹患職業病時，雇主應補償其必需之醫療費用。職業病之種類及其醫療範圍，依勞工保險條例有關之規定。

二　勞工在醫療中不能工作時，雇主應按其原領工資數額予以補償。但醫療期間屆滿二年仍未能痊癒，經指定之醫院診斷，審定爲喪失原有工作能力，且不合第三款之失能給付標準者，雇主得一次給付四十個月之平均工資後，免除此項工資補償責任。

三　勞工經治療終止後，經指定之醫院診斷，審定其遺存障害者，雇主應按其平均工資及其失能程度，一次給予失能補償。失能補償標準，依勞工保險條例有關之規定。

四　勞工遭遇職業傷害或罹患職業病而死亡時，雇主除給與五個月平均工資之喪葬費外，並應一次給與其遺屬四十個月平均工資之死亡補償。其遺屬受領死亡補償之順位如下：

　　㈠配偶及子女。

　　㈡父母。

　　㈢祖父母。

　　㈣孫子女。

　　㈤兄弟姐妹。

第六〇條

　　雇主依前條規定給付之補償金額，得抵充就同一事故所生損害之賠償金額。

第六一條

①第五十九條之受領補償權，自得受領之日起，因二年間不行使而消滅。

②受領補償之權利，不因勞工之離職而受影響，且不得讓與、抵

銷、扣押或供擔保。

③勞工或其遺屬依本法規定受領職業災害補償金者，得檢具證明文件，於金融機構開立專戶，專供存入職業災害補償金之用。

④前項專戶內之存款，不得作為抵銷、扣押、供擔保或強制執行之標的。

第六二條

①事業單位以其事業招人承攬，如有再承攬時，承攬人或中間承攬人，就各該承攬部分所使用之勞工，均應與最後承攬人，連帶負本章所定雇主應負職業災害補償之責任。

②事業單位或承攬人或中間承攬人，為前項之災害補償時，就其所補償之部分，得向最後承攬人求償。

第六三條

①承攬人或再承攬人工作所，在原事業單位工作場所範圍內，或為原事業單位提供者，原事業單位應督促承攬人或再承攬人，對其所僱用勞工之勞動條件應符合有關法令之規定。

②事業單位違背職業安全衛生法有關對於承攬人、再承攬人應負責任之規定，致承攬人或再承攬人所僱用之勞工發生職業災害時，應與該承攬人、再承攬人負連帶補償責任。

第六三條之一

①要派單位使用派遣勞工發生職業災害時，要派單位應與派遣事業單位連帶負本章所定雇主應負職業災害補償之責任。

②前項之職業災害依勞工保險條例或其他法令規定，已由要派單位或派遣事業單位支付費用補償者，得主張抵充。

③要派單位及派遣事業單位因違反本法或有關安全衛生規定，致派遣勞工發生職業災害時，應連帶負損害賠償之責任。

④要派單位或派遣事業單位依本法規定給付之補償金額，得抵充就同一事故所生損害之賠償金額。

第八章 技術生

第六四條

①雇主不得招收未滿十五歲之人為技術生。但國民中學畢業者，不在此限。

②稱技術生者，指依中央主管機關規定之技術生訓練職類中以學習技能為目的，依本法之規定而接受雇主訓練之人。

③本章規定，於事業單位之養成工、見習生、建教合作班之學生及其他與技術生性質相類之人，準用之。

第六五條

①雇主招收技術生時，須與技術生簽訂書面訓練契約一式三份，訂明訓練項目、訓練期限、膳宿負擔、生活津貼、相關教學、勞工保險、結業證明、契約生效與解除之條件及其他有關雙方權利、義務事項，由當事人分執，並送主管機關備案。

②前項技術生如為未成年人，其訓練契約，應得法定代理人之允

許。

第六六條

雇主不得向技術生收取有關訓練費用。

第六七條

技術生訓練期滿，雇主得留用之，並應與同等工作之勞工享受同等之待遇。雇主如於技術生訓練契約內訂明留用期間，應不得超過其訓練期間。

第六八條

技術生人數，不得超過勞工人數四分之一。勞工人數不滿四人者，以四人計。

第六九條

① 本法第四章工作時間、休息、休假，第五章童工、女工，第七章災害補償及其他勞工保險等有關規定，於技術生準用之。

② 技術生災害補償所採薪資計算之標準，不得低於基本工資。

第九章　工作規則

第七〇條

雇主僱用勞工人數在三十人以上者，應依其事業性質，就左列事項訂立工作規則，報請主管機關核備後並公開揭示之：

一　工作時間、休息、休假、國定紀念日、特別休假及繼續性工作之輪班方法。

二　工資之標準、計算方法及發放日期。

三　延長工作時間。

四　津貼及獎金。

五　應遵守之紀律。

六　考勤、請假、獎懲及升遷。

七　受僱、解僱、資遣、離職及退休。

八　災害傷病補償及撫卹。

九　福利措施。

十　勞雇雙方應遵守勞工安全衛生規定。

十一　勞雇雙方溝通意見加強合作之方法。

十二　其他。

第七一條

工作規則，違反法令之強制或禁止規定或其他有關該事業適用之團體協約規定者，無效。

第十章　監督與檢查

第七二條

① 中央主管機關，為貫徹本法及其他勞工法令之執行，設勞工檢查機構或授權直轄市主管機關專設檢查機構辦理之；直轄市、縣（市）主管機關於必要時，亦得派員實施檢查。

② 前項勞工檢查機構之組織，由中央主管機關定之。

第七三條

①檢查員執行職務，應出示檢查證，各事業單位不得拒絕。事業單位拒絕檢查時，檢查員得會同當地主管機關或警察機關強制檢查之。

②檢查員執行職務，得就本法規定事項，要求事業單位提出必要之報告、紀錄、帳冊及有關文件或書面說明。如需抽取物料、樣品或資料時，應事先通知雇主或其代理人並掣給收據。

第七四條

①勞工發現事業單位違反本法及其他勞工法令規定時，得向雇主、主管機關或檢查機構申訴。

②雇主不得因勞工為前項申訴，而予以解僱、降調、減薪、損害其依法令、契約或習慣上所應享有之權益，或其他不利之處分。

③雇主為前項行為之一者，無效。

④主管機關或檢查機構於接獲第一項申訴後，應為必要之調查，並於六十日內將處理情形，以書面通知勞工。

⑤主管機關或檢查機構應對申訴人身分資料嚴守秘密，不得洩漏足以識別其身分之資訊。

⑥違反前項規定者，除公務員應依法追究刑事與行政責任外，對因此受有損害之勞工，應負損害賠償責任。

⑦主管機關受理檢舉案件之保密及其他應遵行事項之辦法，由中央主管機關定之。

第十一章 罰　則

第七五條

違反第五條規定者，處五年以下有期徒刑、拘役或科或併科新臺幣七十五萬元以下罰金。

第七六條

違反第六條規定者，處三年以下有期徒刑、拘役或科或併科新臺幣四十五萬元以下罰金。

第七七條

違反第四十二條、第四十四條第二項、第四十五條第一項、第四十七條、第四十八條、第四十九條第三項或第六十四條第一項規定者，處六個月以下有期徒刑、拘役或科或併科新臺幣三十萬元以下罰金。

第七八條

①未依第十七條、第十七條之一第七項、第五十五條規定之標準或期限給付者，處新臺幣三十萬元以上一百五十萬元以下罰鍰，並限期令其給付，屆期未給付者，應按次處罰。

②違反第十三條、第十七條之一第一項、第四項、第二十六條、第五十條、第五十一條或第五十六條第二項規定者，處新臺幣九萬元以上四十五萬元以下罰鍰。

第七九條

① 有下列各款規定行為之一者，處新臺幣二萬元以上一百萬元以下罰鍰：

　一　違反第二十一條第一項、第二十二條至第二十五條、第三十條第一項至第三項、第六項、第七項、第三十二條、第三十四條至第四十一條、第四十九條第一項或第五十九條規定。

　二　違反主管機關依第二十七條限期給付工資或第三十三條調整工作時間之命令。

　三　違反中央主管機關依第四十三條所定假期或事假以外期間內工資給付之最低標準。

② 違反第三十條第五項或第四十九條第五項規定者，處新臺幣九萬元以上四十五萬元以下罰鍰。

③ 違反第七條、第九條第一項、第十六條、第十九條、第二十八條第二項、第四十六條、第五十六條第一項、第六十五條第一項、第六十六條至第六十八條、第七十條或第七十四條第二項規定者，處新臺幣二萬元以上三十萬元以下罰鍰。

④ 有前三項規定行為之一者，主管機關得依事業規模、違反人數或違反情節，加重其罰鍰至法定罰鍰最高額二分之一。

第七九條之一

違反第四十五條第二項、第四項、第六十四條第三項及第六十九條第一項準用規定之處罰，適用本法罰則章規定。

第八〇條

拒絕、規避或阻撓勞工檢查員依法執行職務者，處新臺幣三萬元以上十五萬元以下罰鍰。

第八〇條之一

① 違反本法經主管機關處以罰鍰者，主管機關應公布其事業單位或事業主之名稱、負責人姓名、處分期日、違反條文及罰鍰金額，並限期令其改善；屆期未改善者，應按次處罰。

② 主管機關裁處罰鍰，得審酌與違反行為有關之勞工人數、累計違法次數或未依法給付之金額，為量罰輕重之標準。

第八一條

① 法人之代表人、法人或自然人之代理人、受僱人或其他從業人員，因執行業務違反本法規定，除依本章規定處罰行為人外，對該法人或自然人並應處以各該條所定之罰金或罰鍰。但法人之代表人或自然人對於違反之發生，已盡力為防止行為者，不在此限。

② 法人之代表人或自然人教唆或縱容為違反之行為者，以行為人論。

第八二條

本法所定之罰鍰，經主管機關催繳，仍不繳納時，得移送法院強制執行。

第十二章 附 則

第八三條

為協調勞資關係，促進勞資合作，提高工作效率，事業單位應舉辦勞資會議。其辦法由中央主管機關會同經濟部訂定，並報行政院核定。

第八四條

公務員兼具勞工身分者，其有關任（派）免、薪資、獎懲、退休、撫卹及保險（含職業災害）等事項，應適用公務員法令之規定。但其他所定勞動條件優於本法規定者，從其規定。

第八四條之一

①經中央主管機關核定公告之下列工作者，得由勞雇雙方另行約定，工作時間、例假、休假、女性夜間工作，並報請當地主管機關核備，不受第三十條、第三十二條、第三十六條、第三十七條、第四十九條規定之限制。

一 監督、管理人員或責任制專業人員。

二 監視性或間歇性之工作。

三 其他性質特殊之工作。

②前項約定應以書面為之，並應參考本法所定之基準且不得損及勞工之健康及福祉。

第八四條之二

勞工工作年資自受僱之日起算，適用本法前之工作年資，其資遣費及退休金給與標準，依其當時應適用之法令規定計算；當時無法令可資適用者，依各該事業單位自訂之規定或勞雇雙方之協商計算之。適用本法後之工作年資，其資遣費及退休金給與標準，依第十七條及第五十五條規定計算。

第八五條

本法施行細則，由中央主管機關擬定，報請行政院核定。

第八六條

①本法自公布日施行。

②本法中華民國八十九年六月二十八日修正公布之第三十條第一項及第二項，自九十年一月一日施行；一百零四年二月四日修正公布之第二十八條第一項，自公布後八個月施行；一百零四年六月三日修正公布之條文，自一百零五年一月一日施行；一百零五年十二月二十一日修正公布之第三十四條第二項施行日期，由行政院定之、第三十七條及第三十八條，自一百零六年一月一日施行。

③本法中華民國一百零七年一月十日修正之條文，自一百零七年三月一日施行。

勞動基準法施行細則

①民國74年2月27日內政部令訂定發布全文51條；並自發布日施行。
②民國86年6月12日內政部令修正發布第5、6、8、20、23、37條條文；增訂第4-1、20-1、50-1、50-2條條文；並刪除第28條條文。
③民國91年1月16日行政院勞工委員會令修正發布第3、4、20-1、31條條文。
④民國91年12月31日行政院勞工委員會令發布刪除第4-1條條文。
⑤民國92年7月30日行政院勞工委員會令修正發布第20、20-1條條文。
⑥民國93年9月22日行政院勞工委員會令修正發布第21條條文。
⑦民國94年6月14日行政院勞工委員會令修正發布第10條條文。
⑧民國97年12月31日行政院勞工委員會令增訂發布第34-1條條文。
⑨民國98年2月27日行政院勞工委員會令增訂發布第50-3條條文。
⑩民國104年10月23日勞動部令修正發布第15、29條條文；增訂第29-1、50-4條條文；並刪除第8條條文。
⑪民國104年12月9日勞動部令修正發布第20-1、21、23、25、51條條文；增訂第23-1、24-1條條文；刪除第14條條文；並自105年1月1日施行。
⑫民國105年6月21日勞動部令發布，104年12月9日修正發布並自105年1月1日施行之勞動基準法施行細則部分條文，依行政程序法第8、48條及立法院職權行使法第62條規定，自105年6月21日起失效；另自105年6月21日起，適用104年12月9日修正發布並自105年1月1日施行前之勞動基準法施行細則。
民國105年6月21日勞動部令發布，勞動基準法（以下簡稱本法）第30條第1項規定：「勞工正常工作時間，每日不得超過八小時，每週不得超過四十小時。」，於104年6月3日修正公布並自105年1月1日施行。故本法所稱「雇主延長勞工工作之時間」，指勞工每日工作時間超過八小時或每週工作總時數超過四十小時之部分。但依本法第30條第2、3項或第30-1條第1款變更工作時間者，為超過變更後工作時間之部分；另，104年12月9日修正發布並自105年1月1日施行前之勞動基準法施行細則20-1條規定，不適用之。
⑬民國105年10月7日勞動部令修正發布第25條條文；並增訂第7-1～7-3條條文。
⑭民國106年6月16日勞動部令修正發布第2、7、11、20、20-1、21、24條條文；增訂第14-1、23-1、24-1～24-3條條文；並刪除第14、23、48、49條條文。
⑮民國107年2月27日勞動部令修正發布第20、22、24-1、37條條文；並增訂第22-1～22-3條條文。
⑯民國108年2月14日勞動部令修正發布第34-1條條文。
⑰民國113年3月27日勞動部令修正發布第2條條文。

第一章 總　則

第一條

本細則依勞動基準法（以下簡稱本法）第八十五條規定訂定之。

第二條

依本法第二條第四款計算平均工資時，下列各款期日或期間均不計入：

一　發生計算事由之當日。

二　因職業災害尚在醫療中者。

三　依本法第五十條第二項減半發給工資者。

四　雇主因天災、事變或其他不可抗力而不能繼續其事業，致勞工未能工作者。

五　依勞工請假規則請普通傷病假者。

六　依性別工作平等法請生理假、產假、家庭照顧假或安胎休養，致減少工資者。

七　留職停薪者。

第三條

本法第三條第一項第一款至第七款所列各業，適用中華民國行業標準分類之規定。

第四條

本法第三條第一項第八款所稱中央主管機關指定之事業及第三項所稱適用本法確有窒礙難行者，係指中央主管機關依中華民國行業標準分類之規定指定者，並得僅指定各行業中之一部分。

第四條之一　（刪除）

第五條

①勞工工作年資以服務同一事業單位為限，並自受僱當日起算。

②適用本法前已在同一事業單位工作之年資合併計算。

第二章　勞動契約

第六條

本法第九條第一項所稱臨時性、短期性、季節性及特定性工作，依左列規定認定之：

一　臨時性工作：係指無法預期之非繼續性工作，其工作期間在六個月以內者。

二　短期性工作：係指可預期於六個月內完成之非繼續性工作。

三　季節性工作：係指受季節性原料、材料來源或市場銷售影響之非繼續性工作，其工作期間在九個月以內者。

四　特定性工作：係指可在特定期間完成之非繼續性工作。其工作期間超過一年者，應報請主管機關核備。

第七條

勞動契約應依本法有關規定約定下列事項：

一　工作場所及應從事之工作。

二　工作開始與終止之時間、休息時間、休假、例假、休息日、請假及輪班制之換班。

三　工資之議定、調整、計算、結算與給付之日期及方法。

　四　勞動契約之訂定、終止及退休。
　五　資遣費、退休金、其他津貼及獎金。
　六　勞工應負擔之膳宿費及工作用具費。
　七　安全衛生。
　八　勞工教育及訓練。
　九　福利。
　十　災害補償及一般傷病補助。
　十一　應遵守之紀律。
　十二　獎懲。
　十三　其他勞資權利義務有關事項。

第七條之一

離職後競業禁止之約定，應以書面為之，且應詳細記載本法第九條之一第一項第三款及第四款規定之內容，並由雇主與勞工簽章，各執一份。

第七條之二

本法第九條之一第一項第三款所為之約定未逾合理範疇，應符合下列規定：

　一　競業禁止之期間，不得逾越雇主欲保護之營業秘密或技術資訊之生命週期，且最長不得逾二年。
　二　競業禁止之區域，應以原雇主實際營業活動之範圍為限。
　三　競業禁止之職業活動範圍，應具體明確，且與勞工原職業活動範圍相同或類似。
　四　競業禁止之就業對象，應具體明確，並以與原雇主之營業活動相同或類似，且有競爭關係者為限。

第七條之三

①本法第九條之一第一項第四款所定之合理補償，應就下列事項綜合考量：

　一　每月補償金額不低於勞工離職時一個月平均工資百分之五十。
　二　補償金額足以維持勞工離職後競業禁止期間之生活所需。
　三　補償金額與勞工遵守競業禁止之期間、區域、職業活動範圍及就業對象之範疇所受損失相當。
　四　其他與判斷補償基準合理性有關之事項。

②前項合理補償，應約定離職後一次預為給付或按月給付。

第八條　（刪除）

第九條

依本法終止勞動契約時，雇主應即結清工資給付勞工。

第三章　工　資

第一〇條

本法第二條第三款所稱之其他任何名義之經常性給與係指左列各款以外之給與。

一　紅利。

二　獎金：指年終獎金、**競賽獎金**、研究發明獎金、特殊功績獎金、久任獎金、節約燃料物料獎金及其他非經常性獎金。

三　春節、端午節、中秋節給與之節金。

四　醫療補助費、勞工及其子女教育補助費。

五　勞工直接受自顧客之服務費。

六　婚喪喜慶由雇主致送之賀禮、慰問金或奠儀等。

七　職業災害補償費。

八　勞工保險及雇主以勞工為被保險人加入商業保險支付之保險費。

九　差旅費、差旅津貼及交際費。

十　工作服、作業用品及其代金。

十一　其他經中央主管機關會同中央目的事業主管機關指定者。

第一一條

本法第二十一條所稱基本工資，指勞工在正常工作時間內所得之報酬。不包括延長工作時間之工資與休息、休假日及例假工作加給之工資。

第一二條

採行件工資之勞工所得基本工資，以每日工作八小時之生產額或工作量換算之。

第一三條

勞工工作時間每日少於八小時者，除工作規則、勞動契約另有約定或另有法令規定者外，其基本工資得按工作時間比例計算之。

第一四條　（刪除）

第一四條之一

①本法第二十三條所定工資各項目計算方式明細，應包括下列事項：

一　勞雇雙方議定之工資總額。

二　工資各項目之給付金額。

三　依法令規定或勞雇雙方約定，得扣除項目之金額。

四　實際發給之金額。

②雇主提供之前項明細，得以紙本、電子資料傳輸方式或其他勞工可隨時取得及得列印之資料為之。

第一五條

本法第二十八條第一項第一款所定積欠之工資，以雇主於歇業、清算或宣告破產前六個月內所積欠者為限。

第一六條

①勞工死亡時，雇主應即結清其工資給付其遺屬。

②前項受領工資之順位準用本法第五十九條第四款之規定。

第四章　工作時間、休息、休假

第一七條

本法第三十條所稱正常工作時間跨越二曆日者，其工作時間應合併計算。

第一八條

勞工因出差或其他原因於事業場所外從事工作致不易計算工作時間者，以平時之工作時間爲其工作時間。但其實際工作時間經證明者，不在此限。

第一九條

勞工於同一事業單位或同一雇主所屬不同事業場所工作時，應將在各該場所之工作時間合併計算，並加計往來於事業場所間所必要之交通時間。

第二○條

雇主有下列情形之一者，應即公告周知：

一 依本法第三十條第二項、第三項或第三十條之一第一項第一款規定變更勞工正常工作時間。

二 依本法第三十條之一第一項第二款或第三十二條第一項、第二項、第四項規定延長勞工工作時間。

三 依本法第三十四條第二項但書規定變更勞工更換班次時之休息時間。

四 依本法第三十六條第二項或第四項規定調整勞工例假或休息日。

第二○條之一

本法所定雇主延長勞工工作之時間如下：

一 每日工作時間超過八小時或每週工作總時數超過四十小時之部分。但依本法第三十條第二項、第三項或第三十條之一第一項第一款變更工作時間者，爲超過變更後工作時間之部分。

二 勞工於本法第三十六條所定休息日工作之時間。

第二一條

①本法第三十條第五項所定出勤紀錄，包括以簽到簿、出勤卡、刷卡機、門禁卡、生物特徵辨識系統、電腦出勤紀錄系統或其他可資覈實記載出勤時間工具所爲之紀錄。

②前項出勤紀錄，雇主因勞動檢查之需要或勞工向其申請時，應以書面方式提出。

第二二條

①本法第三十二條第二項但書所定每三個月，以每連續三個月爲一週期，依曆計算，以勞雇雙方約定之起迄日期認定之。

②本法第三十二條第五項但書所定坑內監視爲主之工作範圍如下：

一 從事排水機之監視工作。

二 從事壓風機或冷卻設備之監視工作。

三 從事安全警報裝置之監視工作。

四 從事生產或營建施工之紀錄及監視工作。

第二二條之一

① 本法第三十二條第三項、第三十四條第三項及第三十六條第五項所定僱主僱用勞工人數，以同一僱主僱用適用本法之勞工人數計算，包括分支機構之僱用人數。

② 本法第三十二條第三項、第三十四條第三項及第三十六條第五項所定當地主管機關，為僱主之主事務所、主營業所或公務所所在地之直轄市政府或縣（市）政府。

③ 本法第三十二條第三項、第三十四條第三項及第三十六條第五項所定應報備查，僱主至遲應於開始實施延長工作時間、變更休息時間或調整例假之前一日為之。但因天災、事變或突發事件不及報備查者，應於原因消滅後二十四小時內敘明理由為之。

第二二條之二

① 本法第三十二條之一所定補休，應依勞工延長工作時間或休息日工作事實發生時間先後順序補休。補休之期限逾依第二十四條第二項所約定年度之末日者，以該日為期限之末日。

② 前項補休期限屆期或契約終止時，發給工資之期限如下：

一　補休期限屆期：於契約約定之工資給付日發給或於補休期限屆期後三十日內發給。

二　契約終止：依第九條規定發給。

③ 勞工依本法第三十二條之一主張權利時，僱主如認為其權利不存在，應負舉證責任。

第二二條之三

本法第三十六條第一項、第二項第一款及第二款所定之例假，以每七日為一週期，依曆計算。僱主除依同條第四項及第五項規定調整者外，不得使勞工連續工作逾六日。

第二三條 （刪除）

第二三條之一

① 本法第三十七條所定休假遇本法第三十六條所定例假及休息日者，應予補假。但不包括本法第三十七條指定應放假之日。

② 前項補假期日，由勞雇雙方協商排定之。

第二四條

① 勞工於符合本法第三十八條第一項所定之特別休假條件時，取得特別休假之權利；其計算特別休假之工作年資，應依第五條之規定。

② 依本法第三十八條第一項規定給予之特別休假日數，勞工得於勞雇雙方協商之下列期間內，行使特別休假權利：

一　以勞工受僱當日起算，每一週年之期間。但其工作六個月以上一年未滿者，為取得特別休假權利後六個月之期間。

二　每年一月一日至十二月三十一日之期間。

三　教育單位之學年度、事業單位之會計年度或勞雇雙方約定年度之期間。

③ 僱主依本法第三十八條第三項規定告知勞工排定特別休假，應於勞工符合特別休假條件之日起三十日內為之。

第二四條之一

①本法第三十八條第四項所定年度終結，為前條第二項期間屆滿之日。

②本法第三十八條第四項所定雇主應發給工資，依下列規定辦理：

一　發給工資之基準：

　(一)按勞工未休畢之特別休假日數，乘以其一日工資計發。

　(二)前目所定一日工資，為勞工之特別休假於年度終結或契約終止前一日之正常工作時間所得之工資。其為計月者，為年度終結或契約終止前最近一個月正常工作時間所得之工資除以三十所得之金額。

　(三)勞雇雙方依本法第三十八條第四項但書規定協商遞延至次一年度實施者，按原特別休假年度終結時應發給工資之基準計發。

二　發給工資之期限：

　(一)年度終結：於契約約定之工資給付日發給或於年度終結後三十日內發給。

　(二)契約終止：依第九條規定發給。

③勞雇雙方依本法第三十八條第四項但書規定協商遞延至次一年度實施者，其遞延之日數，於次一年度請休特別休假時，優先扣除。

第二四條之二

本法第三十八條第五項所定每年定期發給之書面通知，依下列規定辦理：

一　雇主應於前條第二項第二款所定發給工資之期限前發給。

二　書面通知，得以紙本、電子資料傳輸方式或其他勞工可隨時取得及得列印之資料為之。

第二四條之三

本法第三十九條所定休假日，為本法第三十七條所定休假及第三十八條所定特別休假。

第五章　童工、女工

第二五條

本法第四十四條第二項所定危險性或有害性之工作，依職業安全衛生有關法令之規定。

第二六條

雇主對依本法第五十條第一項請產假之女工，得要求其提出證明文件。

第六章　退　休

第二七條

本法第五十三條第一款、第五十四條第一項第一款及同條第二項但書規定之年齡，應以戶籍記載為準。

第二八條 （刪除）

第二九條

本法第五十五條第三項所定雇主得報經主管機關核定分期給付勞工退休金之情形如下：

一 依法提撥之退休準備金不敷支付。

二 事業之經營或財務確有困難。

第二九條之一

① 本法第五十六條第二項規定之退休金數額，按本法第五十五條第一項之給與標準，依下列規定估算：

一 勞工人數：為估算當年度終了時適用本法或勞工退休金條例第十一條第一項保留本法工作年資之在職勞工，且預估於次一年度內成就本法第五十三條或第五十四條第一項第一款退休條件者。

二 工作年資：自適用本法之日起算至估算當年度之次一年度終了或選擇適用勞工退休金條例前一日止。

三 平均工資：為估算當年度終了之一個月平均工資。

② 前項數額以元為單位，角以下四捨五入。

第七章 職業災害補償

第三○條

雇主依本法第五十九條第二款補償勞工之工資，應於發給工資之日給與。

第三一條

① 本法第五十九條第二款所稱原領工資，係指該勞工遭遇職業災害前一日正常工作時間所得之工資。其為計月者，以遭遇職業災害前最近一個月正常工作時間所得之工資除以三十所得之金額，為其一日之工資。

② 罹患職業病者依前項規定計算所得金額低於平均工資者，以平均工資為準。

第三二條

依本法第五十九條第二款但書規定給付之補償，雇主應於決定後十五日內給與。在未給與前雇主仍應繼續為同款前段規定之補償。

第三三條

雇主依本法第五十九條第四款給與勞工之喪葬費應於死亡後三日內，死亡補償應於死亡後十五日內給付。

第三四條

本法第五十九條所定同一事故，依勞工保險條例或其他法令規定，已由雇主支付費用補償者，雇主得予以抵充之。但支付之費用如由勞工與雇主共同負擔者，其補償之抵充按雇主負擔之比例計算。

第三四條之一

勞工因遭遇職業災害而致死亡或失能時，雇主已依勞工保險條例規定爲其投保，並經保險人核定爲職業災害保險事故者，雇主依本法第五十九條規定給予之補償，以勞工之平均工資與平均投保薪資之差額，依本法第五十九條第三款及第四款規定標準計算之。

第八章　技術生

第三五條

雇主不得使技術生從事家事、雜役及其他非學習技能爲目的之工作。但從事事業場所內之清潔整頓，器具工具及機械之清理者不在此限。

第三六條

技術生之工作時間應包括學科時間。

第九章　工作規則

第三七條

①雇主於僱用勞工人數滿三十人時應即訂立工作規則，並於三十日內報請當地主管機關核備。

②本法第七十條所定雇主僱用勞工人數，依第二十二條之一第一項規定計算。

③工作規則應依據法令、勞資協議或管理制度變更情形適時修正，修正後並依第一項程序報請核備。

④主管機關認爲有必要時，得通知雇主修訂前項工作規則。

第三八條

工作規則經主管機關核備後，雇主應即於事業場所內公告並印發各勞工。

第三九條

雇主認有必要時，得分別就本法第七十條各款另訂單項工作規則。

第四〇條

事業單位之事業場所分散各地者，雇主得訂立適用於其事業單位全部勞工之工作規則或適用於該事業場所之工作規則。

第十章　監督及檢查

第四一條

①中央主管機關應每年定期發布次年度勞工檢查方針。

②檢查機構應依前項檢查方針分別擬定各該機構之勞工檢查計畫，並於檢查方針發布之日起五十日內報請中央主管機關核定後，依該檢查計畫實施檢查。

第四二條

勞工檢查機構檢查員之任用、訓練、服務，除適用公務員法令之規定外，由中央主管機關定之。

第四三條

檢查員對事業單位實施檢查時，得通知事業單位之雇主、雇主代理人、勞工或有關人員提供必要文件或作必要之說明。

第四四條

①檢查員檢查後，應將檢查結果向事業單位作必要之說明，並報告檢查機構。

②檢查機構認為事業單位有違反法令規定時，應依法處理。

第四五條

事業單位對檢查結果有異議時，應於通知送達後十日內向檢查機構以書面提出。

第四六條

本法第七十四條第一項規定之申訴得以口頭或書面為之。

第四七條

雇主對前條之申訴事項，應即查明，如有違反法令規定情事應即改正，並將結果通知申訴人。

第四八條 （刪除）

第四九條 （刪除）

第十一章 附 則

第五〇條

本法第八十四條所稱公務員兼具勞工身分者，係指依各項公務員人事法令任用、派用、聘用、遴用而於本法第三條所定各業從事工作獲致薪資之人員。所稱其他所定勞動條件，係指工作時間、休息、休假、安全衛生、福利、加班費等而言。

第五〇條之一

本法第八十四條之一第一項第一款、第二款所稱監督、管理人員、責任制專業人員、監視性或間歇性工作，依左列規定：

一 監督、管理人員：係指受雇主僱用，負責事業之經營及管理工作，並對一般勞工之受僱、解僱或勞動條件具有決定權力之主管級人員。

二 責任制專業人員：係指以專門知識或技術完成一定任務並負責其成敗之工作者。

三 監視性工作：係指於一定場所以監視為主之工作。

四 間歇性工作：係指工作本身以間歇性之方式進行者。

第五〇條之二

雇主依本法第八十四條之一規定將其與勞工之書面約定報請當地主管機關核備時，其內容應包括職稱、工作項目、工作權責或工作性質、工作時間、例假、休假、女性夜間工作等有關事項。

第五〇條之三

①勞工因終止勞動契約或發生職業災害所生爭議，提起給付工資、資遣費、退休金、職業災害補償或確認僱傭關係存在之訴訟，得向中央主管機關申請扶助。

②前項扶助業務，中央主管機關得委託民間團體辦理。

第五〇條之四

　　本法第二十八條第二項中華民國一百零四年二月六日修正生效前，雇主有清算或宣告破產之情事，於修正生效後，尚未清算完結或破產終結者，勞工對於該雇主所積欠之退休金及資遣費，得於同條第二項第二款規定之數額內，依同條第五項規定申請墊償。

第五一條

　　本細則自發布日施行。

勞工請假規則

①民國74年3月20日內政部令訂定發布全文12條。
②民國85年7月1日行政院勞工委員會令修正發布第4、7條條文。
③民國94年6月8日行政院勞工委員會令修正發布第3條條文。
④民國99年5月4日行政院勞工委員會令修正發布第4條條文。
⑤民國100年10月14日行政院勞工委員會令修正發布第3條條文。
⑥民國108年1月15日勞動部令修正發布第6條條文。
⑦民國112年5月1日勞動部令修正發布第9條條文。

第一條
本規則依勞動基準法（以下簡稱本法）第四十三條規定訂定之。
第二條
勞工結婚者給予婚假八日，工資照給。
第三條
勞工喪假依左列規定：
一　父母、養父母、繼父母、配偶喪亡者，給予喪假八日，工資
　　照給。
二　祖父母、子女、配偶之父母、配偶之養父母或繼父母喪亡
　　者，給予喪假六日，工資照給。
三　曾祖父母、兄弟姊妹、配偶之祖父母喪亡者，給予喪假三
　　日，工資照給。
第四條
①勞工因普通傷害、疾病或生理原因必須治療或休養者，得在左列
規定範圍內請普通病假：
一　未住院者，一年內合計不得超過三十日。
二　住院者，二年內合計不得超過一年。
三　未住院傷病假與住院傷病假二年內合計不得超過一年。
②經醫師診斷，罹患癌症（含原位癌）採門診方式治療或懷孕期間
需安胎休養者，其治療或休養期間，併入住院傷病假計算。
③普通傷病假一年內未超過三十日部分，工資折半發給，其領有勞
工保險普通傷病給付未達工資半數者，由雇主補足之。
第五條
勞工普通傷病假超過前條第一項規定之期限，經以事假或特別休
假抵充後仍未痊癒者，得予留職停薪。但留職停薪期間以一年為
限。
第六條
勞工因職業災害而致失能、傷害或疾病者，其治療、休養期間，
給予公傷病假。
第七條

勞工因有事故必須親自處理者，得請事假，一年內合計不得超過十四日。事假期間不給工資。

第八條

勞工依法令規定應給予公假者，工資照給，其假期視實際需要定之。

第九條 112

雇主不得因勞工請婚假、喪假、公傷病假及公假，扣發全勤獎金；勞工因妊娠未滿三個月流產未請產假，而請普通傷病假者，亦同。

第一〇條

勞工請假時，應於事前親自以口頭或書面敘明請假理由及日數。但遇有急病或緊急事故，得委託他人代辦請假手續。辦理請假手續時，雇主得要求勞工提出有關證明文件。

第一一條

雇主或勞工違反本規則之規定時，主管機關得依本法有關規定辦理。

第一二條

本規則自發布日施行。

勞資會議實施辦法

①民國90年10月29日行政院勞工委員會、經濟部令會銜修正發布全文25條。

②民國96年12月12日行政院勞工委員會、經濟部令會銜修正發布第2、5、6、8～12、18、19、21條條文。

③民國103年4月14日勞動部、經濟部令會銜修正發布全文25條；並自發布日施行。

第一條

本辦法依勞動基準法第八十三條規定訂定之。

第二條

①事業單位應依本辦法規定舉辦勞資會議；其事業場所勞工人數在三十人以上者，亦應分別舉辦之，其運作及勞資會議代表之選舉，準用本辦法所定事業單位之相關規定。

②事業單位勞工人數在三人以下者，勞雇雙方為勞資會議當然代表，不受第三條、第五條至第十一條及第十九條規定之限制。

第三條

①勞資會議由勞資雙方同數代表組成，其代表人數視事業單位人數多寡各為二人至十五人。但事業單位人數在一百人以上者，各不得少於五人。

②勞資會議資方代表得按事業場所、部門或勞工工作性質之人數多寡分配，並分別選舉之。

第四條

勞資會議之資方代表，由事業單位於資方代表任期屆滿前三十日就熟悉業務、勞工情形之人指派之。

第五條

①勞資會議之勞方代表，事業單位有結合同一事業單位勞工組織之企業工會者，於該工會會員或會員代表大會選舉之；事業場所有結合同一廠場勞工組織之企業工會者，由該工會會員或會員代表大會選舉之。

②事業單位無前項工會者，得依下列方式之一辦理勞方代表選舉：

　一　事業單位自行辦理者，由全體勞工直接選舉之。

　二　事業單位自行辦理，其事業場所有勞資會議者，由事業場所勞工依分配名額就其勞方代表選舉之；其事業場所無勞資會議者，由該事業場所全體勞工依分配名額分別選舉之。

　三　勞工有組織、加入事業單位或事業場所範圍外之企業工會者，由該企業工會辦理，並由全體勞工直接選舉之。

③第一項勞方代表選舉，事業單位或其事業場所應於勞方代表任期屆滿前九十日通知工會辦理選舉，工會受其通知辦理選舉之日起

　　逾三十日內未完成選舉者，事業單位應自行辦理及完成勞方代表之選舉。

④依前二項規定，由事業單位辦理勞工代表選舉者，應於勞方代表任期屆滿前三十日完成新任代表之選舉。

第六條

①事業單位單一性別勞工人數逾勞工人數二分之一者，其當選勞方代表名額不得少於勞方應選出代表總額三分之一。

②勞資會議勞方代表之候補代表名額不得超過應選出代表總額。

③勞資會議勞方代表出缺時，由候補代表遞補之；其遞補順序不受第一項規定之限制。

第七條

　勞工年滿十五歲，有選舉及被選舉爲勞資會議勞方代表之權。

第八條

　代表雇主行使管理權之一級業務行政主管人員，不得爲勞方代表。

第九條

　依第五條辦理選舉者，應於選舉前十日公告投票日期、時間、地點及方式等選舉相關事項。

第一○條

①勞資會議代表之任期爲四年，勞方代表連選得連任，資方代表連派得連任。

②勞資會議代表之任期，自上屆代表任期屆滿之翌日起算。但首屆代表或未於上屆代表任期屆滿前選出之次屆代表，自選出之翌日起算。

③資方代表得因職務變動或出缺隨時改派之。勞方代表出缺或因故無法行使職權時，由勞方候補代表依序遞補之。

④前項勞方候補代表不足遞補時，應補選之。但資方代表人數調減至與勞方代表人數同額者，不在此限。

⑤勞方候補代表之遞補順序，應依下列規定辦理：

　一　事業單位依第三條第二項辦理勞資會議勞方代表分別選舉者，以該分別選舉所產生遞補名單之遞補代表遞補之。

　二　未辦理分別選舉者，遞補名單應依選舉所得票數排定之遞補順序遞補之。

第一一條

　勞資會議代表選派完成後，事業單位應將勞資會議代表及勞方代表候補名單於十五日內報請當地主管機關備查；遞補、補選、改派或調減時，亦同。

第一二條

①勞資會議代表在會議中應克盡協調合作之精神，以加強勞雇關係，並保障勞工權益。

②勞資會議代表應本誠實信用原則，共同促進勞資會議之順利進行，對於會議所必要之資料，應予提供。

③勞資會議代表依本辦法出席勞資會議，雇主應給予公假。

④雇主或代表雇主行使管理權之人，不得對於勞資會議代表因行使職權而有解僱、調職、減薪或其他不利之待遇。

第一三條

①勞資會議之議事範圍如下：

一 報告事項

(一)關於上次會議決議事項辦理情形。

(二)關於勞工人數、勞工異動情形、離職率等勞工動態。

(三)關於事業之生產計畫、業務概況及市場狀況等生產資訊。

(四)關於勞工活動、福利項目及工作環境改善等事項。

(五)其他報告事項。

二 討論事項

(一)關於協調勞資關係、促進勞資合作事項。

(二)關於勞動條件事項。

(三)關於勞工福利籌劃事項。

(四)關於提高工作效率事項。

(五)勞資會議代表選派及解任方式等相關事項。

(六)勞資會議運作事項。

(七)其他討論事項。

三 建議事項

②工作規則之訂定及修正等事項，得列為前項議事範圍。

第一四條

勞資會議得議決邀請與議案有關人員列席說明或解答有關問題。

第一五條

勞資會議得設專案小組處理有關議案、重要問題及辦理選舉工作。

第一六條

勞資會議之主席，由勞資雙方代表各推派一人輪流擔任之。但必要時，得共同擔任之。

第一七條

勞資會議議事事務，由事業單位指定人員辦理之。

第一八條

勞資會議至少每三個月舉辦一次，必要時得召開臨時會議。

第一九條

①勞資會議應有勞資雙方代表各過半數之出席，協商達成共識後應做成決議；無法達成共識者，其決議應有出席代表四分之三以上之同意。

②勞資會議代表因故無法出席時，得提出書面意見。

③前項勞資會議未出席代表，不列入第一項出席及決議代表人數之計算。

第二〇條

勞資會議開會通知，事業單位應於會議七日前發出，會議之提案

應於會議三日前分送各代表。

第二一條

①勞資會議紀錄應記載下列事項，並由主席及記錄人員分別簽署：

一 會議屆、次數。

二 會議時間。

三 會議地點。

四 出席、列席人員姓名。

五 報告事項。

六 討論事項及決議。

七 臨時動議及決議。

②前項會議紀錄，應發給出席及列席人員。

第二二條

①勞資會議之決議，應由事業單位分送工會及有關部門辦理。

②勞資雙方應本於誠實信用原則履行前項決議，有情事變更或窒礙難行時，得提交下次會議復議。

第二三條

勞資會議之運作及代表選舉費用，應由事業單位負擔。

第二四條

本辦法未規定者，依會議規範之規定。

第二五條

本辦法自發布日施行。

最低工資法

民國112年12月27日總統令制定公布全文19條。
民國112年12月29日行政院令發布定自113年1月1日施行。

第一條
①為確保勞工合理之最低工資，提高勞工及其家庭之生活水準，促進勞資和諧，特制定本法。
②最低工資事項，依本法之規定；本法未規定者，適用勞動基準法及其他相關法律之規定。

第二條
本法之主管機關：在中央為勞動部；在直轄市為直轄市政府；在縣（市）為縣（市）政府。

第三條
①本法之適用對象為適用勞動基準法之勞工。
②本法所稱勞工、雇主、工資及事業單位之定義，依勞動基準法第二條規定。

第四條
最低工資分為每月最低工資及每小時最低工資。

第五條
勞工與雇主雙方議定之工資，不得低於最低工資；其議定之工資低於最低工資者，以本法所定之最低工資為其工資數額。

第六條
中央主管機關應設最低工資審議會（以下簡稱審議會），審議最低工資。

第七條
①審議會置委員二十一人，由勞動部部長擔任召集人，並為當然委員；其餘委員之組成如下：
一　經濟部代表一人。
二　國家發展委員會代表一人。
三　勞方代表七人。
四　資方代表七人。
五　學者專家四人。
②前項勞方代表及資方代表，分別由全國性勞工及工商之相關團體推薦後，由中央主管機關遴聘之。
③第一項第五款學者專家，由中央主管機關遴聘之。
④審議會委員，任一性別比例不得少於三分之一。

第八條
①審議會委員任期為二年，期滿得續聘。

②前條第一項第一款至第四款所定委員辭職或出缺者，由原推薦機關或團體重行推薦，經中央主管機關遴聘，任期至原任期屆滿之日為止。

③前條第一項第五款所定委員辭職或出缺者，由中央主管機關另行遴聘，任期至原任期屆滿之日為止。

④審議會委員均為無給職。

第九條

①最低工資之審議，應參採消費者物價指數年增率擬訂調整幅度。

②前項審議，並得參採下列資料：

一　勞動生產力指數年增率。

二　勞工平均薪資年增率。

三　國家經濟發展狀況。

四　國民所得及平均每人所得。

五　國內生產毛額及成本構成之分配比率。

六　民生物價及生產者物價變動狀況。

七　各業產業發展情形及就業狀況。

八　各業勞工工資。

九　家庭收支狀況。

十　最低生活費。

第一〇條

①審議會應於每年第三季召開會議。但依第十三條第二項規定召開者，不在此限。

②最低工資之審議，應有委員二分之一以上出席，始得開會；審議未能達成共識者，得經出席委員過半數同意議決之。

③審議會委員應親自出席，不得委任他人代理。

第一一條

中央主管機關應於審議會會議結束後三十日內，於該機關網站公開會議資料及紀錄。

第一二條

①中央主管機關應組成研究小組，研究最低工資審議事宜。

②前項研究小組之組成，應包括下列人員：

一　學者專家六人，其中四人由第七條第一項第五款所定學者專家擔任，其餘由中央主管機關遴聘之。

二　中央主管機關、國家發展委員會、經濟部、財政部及行政院主計總處各指派一人。

③第一項研究小組應於每年四月向審議會提出最低工資實施對經濟及就業狀況之影響報告，並於審議會召開會議三十日前，就第九條所定審議參採資料提出研究報告及調整建議。

第一三條

①中央主管機關應於最低工資審議通過之次日起十日內，報請行政院核定後公告實施。

②行政院不予核定者，中央主管機關應於收到不予核定函之日起

三十日內，再召開審議會進行審議，並將審議結果依前項規定報請行政院予以核定。

第一四條

經行政院核定之最低工資，除審議會認有另定實施日期必要，並經行政院核定者外，自次年一月一日實施。

第一五條

①中央主管機關依第十三條第一項規定公告實施最低工資前，原依勞動基準法公告之基本工資繼續有效。

②本法施行後第一次公告之最低工資數額，不得低於本法施行前最後一次依勞動基準法公告之基本工資數額。

第一六條

最低工資之監督及檢查，適用勞動基準法監督與檢查及其他相關事項之規定。

第一七條

①勞工與雇主雙方議定之工資低於最低工資者，由直轄市、縣（市）主管機關處雇主或事業單位新臺幣二萬元以上一百萬元以下罰鍰，並得依事業單位規模、違反人數或違反情節，加重其罰鍰至法定罰鍰最高額二分之一。

②經依前項規定處以罰鍰者，直轄市、縣（市）主管機關應公布該事業單位或事業主之名稱、負責人姓名、處分日期及罰鍰金額，並限期令其改善；屆期未改善者，應按次處罰。

③直轄市、縣（市）主管機關裁處罰鍰，得審酌與違反行為有關之勞工人數、累計違法次數或未依法給付之金額，為量罰輕重之基準。

第一八條

本法施行後，其他法規關於基本工資之規定，適用本法最低工資之規定。

第一九條

本法施行日期，由行政院定之。

積欠工資墊償基金提繳及墊償管理辦法

①民國75年2月21日內政部令訂定發布全文24條。
②民國85年6月29日行政院勞工委員會令修正發布第3、19條條文。
③民國89年2月2日行政院勞工委員會令修正發布第2條條文。
④民國90年10月24日行政院勞工委員會令修正發布第8條條文。
⑤民國94年1月3日行政院勞工委員會令修正發布第2、7、13、18條條文。
⑥民國96年8月29日行政院勞工委員會令修正發布第19條條文。
　民國103年2月14日行政院公告第2條第1、2項、第4條第1項、第5條、第10條第1項序文、第12、13條、第14條第1項、第16條、第17條第2、4項、第18條、第20條序文、第21條序文、第22條所列載「勞工保險局」之權責事項，自103年2月17日起，積欠工資墊償基金收繳、墊償業務，改由「勞動部勞工保險局」管轄；積欠工資墊償基金投資及運用業務，改由「勞動部勞動基金運用局」管轄。
⑦民國103年12月10日勞動部令修正發布第2、9～11、17～20、22條條文。
⑧民國104年5月20日勞動部令修正發布第7～10、12、14～17、21條條文。

第一條
本辦法依勞動基準法（以下簡稱本法）第二十八條規定訂定之。

第二條
①積欠工資墊償基金（以下簡稱本基金）由中央主管機關設積欠工資墊償基金管理委員會（以下簡稱管理委員會）管理之。
②本基金之收繳及墊償等業務，委任勞動部勞工保險局（以下簡稱勞保局）辦理；運用業務由勞動部勞動基金運用局（以下簡稱基金運用局）辦理，必要時，並得將其運用，委託金融機構辦理。
③勞保局為辦理本基金之收繳及保管事宜，應訂定相關作業規範，提經管理委員會通過，並報請中央主管機關核定。
④本基金運用之監理，由中央主管機關行之。

第三條
本基金由雇主依勞工保險投保薪資總額萬分之二‧五按月提繳。

第四條
①勞保局每月計算各雇主應提繳本基金之數額繕具提繳單，於次月底前寄送雇主，於繳納同月份勞工保險費時，一併繳納。
②前項提繳單，雇主於次月底前未收到時，應按上月份提繳數額暫繳，並於次月份提繳時，一併沖轉結算。

第五條
雇主對於提繳單所載金額如有異議，應先照額繳納後，再向勞保局申述理由，經勞保局查明確有錯誤者，於計算次月份提繳金額

時沖轉結算。

第六條

雇主提繳本基金，得依法列支爲當年度費用。

第七條

①本基金墊償範圍，以申請墊償勞工之雇主已提繳本基金者爲限。

②雇主欠繳本基金，嗣後已補提繳者，勞工亦得申請墊償。

第八條

①雇主有歇業之情事，積欠勞工之工資、本法之退休金、資遣費或勞工退休金條例之資遣費（以下簡稱工資、退休金或資遣費），勞工已向雇主請求而未獲清償，請求墊償時，應檢附當地主管機關開具已註銷、撤銷或廢止工廠、商業或營利事業登記，或確已終止生產、營業、倒閉、解散經認定符合歇業事實之證明文件。

②事業單位之分支機構發生註銷、撤銷或廢止工廠登記，或確已終止生產、營業經當地主管機關認定符合歇業事實者，亦得請求墊償。

第九條

①雇主有歇業、清算或宣告破產之情事，勞工請求墊償時，應檢附雇主積欠工資、退休金或資遣費之債權證明文件；雇主清算或宣告破產者，並應檢附向清算人或破產管理人申報債權之證明文件。

②勞保局於勞工依前項規定請求墊償時，經查證仍未能確定積欠工資、退休金或資遣費金額及工作年資者，得依其勞工保險或就業保險投保薪資及投保年資認定後，予以墊償。

第一〇條

①同一雇主之勞工請求墊償時，應備申請書及下列文件向勞保局申請之：

一　請求墊償項目、金額及勞工名冊。

二　第八條或前條所定證明文件。

三　墊償收據。

②前項之申請應一次共同爲之。但情況特殊者，不在此限。

第一一條

勞工故意隱匿事實或拒絕、妨礙查詢，或爲不實之舉證或證明文件者，不予墊償。

第一二條

勞工請求墊償，勞保局應自收件日起三十日內核定。如需會同當地主管機關或勞動檢查機構調查該事業單位有關簿冊、憑證、勞工退休準備金專戶及其他相關文件後核辦者，得延長二十日。

第一三條

勞工對勞保局之核定事項有異議時，得於接到核定通知之日起三十天內，繕具訴願書，經由勞保局向中央主管機關提起訴願。

第一四條

①勞保局依本法第二十八條規定墊償勞工工資、退休金或資遣費

後，在墊償金額範圍內，承受勞工對雇主之債權，並得向雇主、清算人或破產管理人請求於一定期間內償還墊款；逾期償還者，自逾期之日起，依基金所存金融機構當期一年定期存款利率計收利息。

②雇主欠繳基金者，除追繳及依本法第七十九條規定處罰鍰外，並自墊付日起計收利息。

第一五條

①本基金之墊款，應直接發給勞工；勞工死亡時，依本法第五十九條第四款順位交其遺屬領取，無遺屬者，撤銷其墊償。

②前項墊款由遺屬請領者，應檢附下列文件：

一 載有勞工本人死亡日期之戶口名簿影本。

二 請領人之戶口名簿影本。

三 請領人及勞工非同一戶籍者，其證明身分關係之相關戶口名簿影本或其他相當證明文件。

③同一順位之遺屬有二人以上者，應委任一名遺屬代表請領全部墊款，並負責分配之。

④第一項之墊款，匯入勞工本人或其遺屬指定之國外金融機構帳戶者，相關國外匯款手續費，由本基金編列之行政事務費項下支應。

第一六條

勞保局或雇主為勞工辦理墊償手續，不得收取任何費用。

第一七條

①本基金孳息收入，依所得稅法有關規定免徵所得稅。

②勞保局及基金運用局辦理本基金有關業務，依有關稅法規定免繳稅捐。

③勞工請領墊款之收據，依印花稅法有關規定免徵印花稅。

④勞保局於墊償時，應依法代為扣繳墊款之所得稅；雇主或清算人或破產管理人償還墊款時，不再重複扣繳。

第一八條

勞保局及基金運用局辦理本基金業務，其每年所需行政經費，應編列預算，經管理委員會會議通過，並報請中央主管機關核定，由本基金孳息支應。

第一九條

①本基金之運用範圍如下：

一 存放於金融機構。

二 以貸款方式供各級政府辦理有償性或可分年編列預算償還之經濟建設或投資支出之用。

三 購買上市公司股票、國內基金管理機構所發行或經理之證券投資信託基金之受益憑證、國內資產證券化商品。

四 購買調節本基金經常收支所需票券或債券。

②前項第三款運用金額，不得超過本基金淨額之百分之三十。

③管理委員會得請基金運用局就年度基金運用情形列席報告。

④本基金之收益，除前條規定支應行政經費外，應併入本基金運用。

第二〇條

勞保局應於每年度結束後編具業務報告，並分別按月將下列各報表請管理委員會轉報中央主管機關備查：

一　提繳事業單位及勞工人數統計表。

二　本基金收繳及墊償會計報表。

三　本基金概況表。

第二一條

勞保局取得工資、退休金或資遣費債權後，有下列情形之一，其債權之全部或一部，得經管理委員會審議通過，報請中央主管機關准予呆帳損失列支：

一　債務人因逃匿或行蹤不明，無從追償者。

二　取得債務人確已無力清償墊款之證明文件或法院債權憑證者。

三　與債務人達成和解而未獲清償之墊款，並取得和解證明者。

四　可償還之金額不敷追償費用者。

五　依有關法令規定僱主可免除其清償債務責任。

第二二條

本辦法所規定之各種書表格式，由勞保局及基金運用局分別定之。

第二三條

本基金開始提繳及墊償日期，由中央主管機關以命令定之。

第二四條

本辦法自發布日施行。

勞工退休金條例

①民國93年6月30日總統令制定公布全文58條；並自公布後一年施行。

②民國96年7月4日總統令修正公布第53條條文；其中第1、2項規定，溯自94年7月1日生效。

③民國103年1月15日總統令修正公布第5、7、12、14、15、17、19、21、33、35、36、38、39、49、50、53、58條條文；增訂第8-1、24-1、24-2、35-1、35-2條條文；刪除第22條條文；並自公布日施行。

民國103年2月14日行政院公告第2條所列屬「行政院勞工委員會」之權責事項，自103年2月17日起改由「勞動部」管轄；第5條、第6條第1項、第8-1條第5項、第9條第3項序文、第15條第1～3項、第17條第1項、第18條、第19條第1～4項、第20條第1項、第23條第3項、第28條第1項、第34條第1項、第35-2條、第36條第2、4項、第40條第1、2項、第42、43、46條、第54條第2項所列屬「勞工保險局」之權責事項，自103年2月17日起改由「勞動部勞工保險局」管轄；第44條所列屬「勞工保險局」之權責事項，自103年2月17日起，分別改由「勞動部勞工保險局」、「勞動部勞動基金運用局」管轄；第4條所列屬「勞工退休基金監理委員會」之權責事項，自103年2月17日起由「勞動部」管轄；第33條第2項、第34條第1、2項、第41、42、43條所列屬「勞工退休基金監理委員會」之權責事項，自103年2月17日起，監理業務改由「勞動部」管轄；勞工退休基金投資及運用業務，改由「勞動部勞動基金運用局」管轄。

④民國104年7月1日總統令修正公布第2、29條條文。

⑤民國105年11月16日總統令修正公布第5、24、46、48條條文。

⑥民國108年5月15日總統令修正公布第4、7、8-1、14、23、26～29、33、34、41～44、50、53、54條條文；增訂第45-1、53-1、54-1、56-1～56-3條條文；並刪除第47條條文。

第一章 總則

第一條

①為增進勞工退休生活保障，加強勞雇關係，促進社會及經濟發展，特制定本條例。

②勞工退休金事項，優先適用本條例。本條例未規定者，適用其他法律之規定。

第二條

本條例所稱主管機關：在中央為勞動部；在直轄市為直轄市政府；在縣（市）為縣（市）政府。

第三條

本條例所稱勞工、雇主、事業單位、勞動契約、工資及平均工資之定義，依勞動基準法第二條規定。

第四條

① 中央主管機關為監理本條例與勞動基準法第五十六條第三項規定勞工退休基金之管理及運用業務，應聘請政府機關代表、勞工代表、雇主代表及專家學者，以勞動基金監理會（以下簡稱監理會）行之。

② 前項監理會之監理事項、程序、人員組成、任期與遴聘及其他相關事項之辦法，由中央主管機關定之。

第五條

勞工退休金之收支、保管、滯納金之加徵及罰鍰處分等業務，由中央主管機關委任勞動部勞工保險局（以下簡稱勞保局）辦理之。

第六條

① 雇主應為適用本條例之勞工，按月提繳退休金，儲存於勞保局設立之勞工退休金個人專戶。

② 除本條例另有規定者外，雇主不得以其他自訂之勞工退休金辦法，取代前項規定之勞工退休金制度。

第二章　制度之適用與銜接

第七條

① 本條例之適用對象為適用勞動基準法之下列人員，但依私立學校法之規定提撥退休準備金者，不適用之：

一　本國籍勞工。

二　與在中華民國境內設有戶籍之國民結婚，且獲准居留而在臺灣地區工作之外國人、大陸地區人民、香港或澳門居民。

三　前款之外國人、大陸地區人民、香港或澳門居民，與其配偶離婚或其配偶死亡，而依法規規定得在臺灣地區繼續居留工作者。

四　前二款以外之外國人，經依入出國及移民法相關規定許可永久居留，且在臺灣地區工作者。

② 本國籍人員、前項第二款至第四款規定之人員具下列身分之一，得自願依本條例規定提繳及請領退休金：

一　實際從事勞動之雇主。

二　自營作業者。

三　受委任工作者。

四　不適用勞動基準法之勞工。

第八條

① 本條例施行前已適用勞動基準法之勞工，於本條例施行後仍服務於同一事業單位者，得選擇繼續適用勞動基準法之退休金規定。但於離職後再受僱時，應適用本條例之退休金制度。

② 公營事業於本條例施行後移轉民營，公務員兼具勞工身分者繼續留用，得選擇適用勞動基準法之退休金規定或本條例之退休金制度。

第八條之一

①下列人員自下列各款所定期日起，應適用本條例之退休金制度：

一　第七條第一項第二款、第三款人員及於中華民國九十九年七月一日後始取得本國籍之勞工，於本條例一百零二年十二月三十一日修正之條文施行日。

二　第七條第一項第四款人員，於本條例一百零八年四月二十六日修正之條文施行日。

三　前二款人員於各該修正條文施行後始取得各該身分者，爲取得身分之日。

②前項所定人員於各該修正條文施行前已受僱且仍服務於同一事業單位者，於適用本條例之日起六個月內，得以書面向雇主表明選擇繼續適用勞動基準法之退休金規定。

③依前項規定向雇主表明選擇繼續適用勞動基準法之退休金規定者，不得再變更選擇適用本條例之退休金制度。

④勞工依第一項規定適用本條例退休金制度者，其適用本條例前之工作年資依第十一條規定辦理。

⑤雇主應爲依第一項及第二項規定適用本條例退休金制度之勞工，向勞保局辦理提繳手續，並至遲於第一項及第二項規定期限屆滿之日起十五日內申報。

第九條

①雇主應自本條例公布後至施行前一日之期間內，就本條例之勞工退休金制度及勞動基準法之退休金規定，以書面徵詢勞工之選擇；勞工屆期未選擇者，自本條例施行之日起繼續適用勞動基準法之退休金規定。

②勞工選擇繼續自本條例施行之日起適用勞動基準法之退休金規定者，於五年內仍得選擇適用本條例之退休金制度。

③雇主應爲適用本條例之退休金制度之勞工，依下列規定向勞保局辦理提繳手續：

一　依第一項規定選擇適用者，應於本條例施行後十五日內申報。

二　依第二項規定選擇適用者，應於選擇適用之日起十五日內申報。

三　本條例施行後新成立之事業單位，應於成立之日起十五日內申報。

第一○條

勞工適用本條例之退休金制度後，不得再變更選擇適用勞動基準法之退休金規定。

第一一條

①本條例施行前已適用勞動基準法之勞工，於本條例施行後，仍服務於同一事業單位而選擇適用本條例之退休金制度者，其適用本條例前之工作年資，應予保留。

②前項保留之工作年資，於勞動契約依勞動基準法第十一條、第

十三條但書、第十四條、第二十條、第五十三條、第五十四條或職業災害勞工保護法第二十三條、第二十四條規定終止時，雇主應依各法規定，以契約終止時之平均工資，計算該保留年資之資遣費或退休金，並於終止勞動契約後三十日內發給。

③第一項保留之工作年資，於勞動契約存續期間，勞雇雙方約定以不低於勞動基準法第五十五條及第八十四條之二規定之給與標準結清者，從其約定。

④公營事業之公務員兼具勞工身分者，於民營化之日，其移轉民營前年資，依民營化原適用之退休相關法令領取退休金。但留用人員應停止其領取月退休金及相關權利，至離職時恢復。

第一二條

①勞工適用本條例之退休金制度者，適用本條例後之工作年資，於勞動契約依勞動基準法第十一條、第十三條但書、第十四條及第二十條或職業災害勞工保護法第二十三條、第二十四條規定終止時，其資遣費由雇主按其工作年資，每滿一年發給二分之一個月之平均工資，未滿一年者，以比例計給；最高以發給六個月平均工資爲限，不適用勞動基準法第十七條之規定。

②依前項規定計算之資遣費，應於終止勞動契約後三十日內發給。

③選擇繼續適用勞動基準法退休金規定之勞工，其資遣費與退休金依同法第十七條、第五十五條及第八十四條之二規定發給。

第一三條

①爲保障勞工之退休金，雇主應依選擇適用勞動基準法退休制度與保留適用本條例前工作年資之勞工人數、工資、工作年資、流動率等因素精算其勞工退休準備金之提撥率，繼續依勞動基準法第五十六條第一項規定，按月於五年內足額提撥勞工退休準備金，以作爲支付退休金之用。

②勞雇雙方依第十一條第三項規定，約定結清之退休金，得自勞動基準法第五十六條第一項規定之勞工退休準備金專戶支應。

③依第十一條第四項規定應發給勞工之退休金，應依公營事業移轉民營條例第九條規定辦理。

第三章　退休金專戶之提繳與請領

第一四條

①雇主應爲第七條第一項規定之勞工負擔提繳之退休金，不得低於勞工每月工資百分之六。

②雇主得爲第七條第二項第三款或第四款規定之人員，於每月工資百分之六範圍內提繳退休金。

③第七條規定之人員，得在其每月工資百分之六範圍內，自願提繳退休金；其自願提繳之退休金，不計入提繳年度薪資所得課稅。

④第七條第二項第一款至第三款規定之人員，得在其每月執行業務所得百分之六範圍內，自願提繳退休金；其自願提繳之退休金，不計入提繳年度執行業務收入課稅。

⑤第一項至第三項所定每月工資及前項所定每月執行業務所得，由中央主管機關擬訂月提繳分級表，報請行政院核定之。

第一五條

①於同一雇主或依第七條第二項、前條第三項自願提繳者，一年內調整勞工退休金之提繳率，以二次為限。調整時，雇主應於調整當月底前，填具提繳率調整表通知勞保局，並自通知之次月一日起生效；其提繳率計算至百分率小數點第一位為限。

②勞工之工資如在當年二月至七月調整時，其雇主應於當年八月底前，將調整後之月提繳工資通知勞保局；如在當年八月至次年一月調整時，應於次年二月底前通知勞保局，其調整均自通知之次月一日起生效。

③雇主為第七條第一項所定勞工申報月提繳工資不實或未依前項規定調整月提繳工資者，勞保局得查證後逕行更正或調整之，並通知雇主，且溯自提繳日或應調整之次月一日起生效。

第一六條

勞工退休金自勞工到職之日起提繳至離職當日止。但選擇自本條例施行之日起適用本條例之退休金制度者，其提繳自選擇適用本條例之退休金制度之日起至離職當日止。

第一七條

①依第七條第二項自願提繳退休金者，由雇主或自營作業者向勞保局辦理開始或停止提繳手續，並按月扣、收繳提繳數額。

②前項自願提繳退休金者，自申報自願提繳之日起至申報停止提繳之當日止提繳退休金。

第一八條

雇主應於勞工到職、離職、復職或死亡之日起七日內，列表通知勞保局，辦理開始或停止提繳手續。

第一九條

①雇主應提繳及收取之退休金數額，由勞保局繕具繳款單於次月二十五日前寄送事業單位，雇主應於次月底前繳納。

②勞工自願提繳退休金者，由雇主向其收取後，連同雇主負擔部分，向勞保局繳納。其退休金之提繳，自申報自願提繳之日起至離職或申報停繳之日止。

③雇主未依限存入或存入金額不足時，勞保局應限期通知其繳納。

④自營作業者之退休金提繳，應以勞保局指定金融機構辦理自動轉帳方式繳納之，勞保局不另寄發繳款單。

第二〇條

①勞工留職停薪、入伍服役、因案停職或被羈押未經法院判決確定前，雇主應於發生事由之日起七日內以書面向勞保局申報停止提繳其退休金。勞工復職時，雇主應以書面向勞保局申報開始提繳退休金。

②因案停職或被羈押勞工復職後，應由雇主補發停職期間之工資者，雇主應於復職當月之再次月底前補提繳退休金。

第二一條

① 雇主提繳之金額，應每月以書面通知勞工。

② 雇主應置備僱用勞工名冊，其內容包括勞工到職、離職、出勤工作紀錄、工資、每月提繳紀錄及相關資料，並保存至勞工離職之日起五年止。

③ 勞工依本條例規定選擇適用退休金制度相關文件之保存期限，依前項規定辦理。

第二二條 （刪除）

第二三條

① 退休金之領取及計算方式如下：

　一　月退休金：勞工個人之退休金專戶本金及累積收益，依據年金生命表，以平均餘命及利率等為基礎計算所得之金額，作為定期發給之退休金。

　二　一次退休金：一次領取勞工個人退休金專戶之本金及累積收益。

② 前項提繳之勞工退休金運用收益，不得低於以當地銀行二年定期存款利率計算之收益；有不足者，由國庫補足之。

③ 第一項第一款所定年金生命表、平均餘命、利率及金額之計算，由勞保局擬訂，報請中央主管機關核定。

第二四條

① 勞工年滿六十歲，得依下列規定之方式請領退休金：

　一　工作年資滿十五年以上者，選擇請領月退休金或一次退休金。

　二　工作年資未滿十五年者，請領一次退休金。

② 依前項第一款規定選擇請領退休金方式，經勞保局核付後，不得變更。

③ 第一項工作年資採計，以實際提繳退休金之年資為準。年資中斷者，其前後提繳年資合併計算。

④ 勞工不適用勞動基準法時，於有第一項規定情形者，始得請領。

第二四條之一

勞工領取退休金後繼續工作者，其提繳年資重新計算，雇主仍應依本條例規定提繳勞工退休金；勞工領取年資重新計算之退休金及其收益次數，一年以一次為限。

第二四條之二

① 勞工未滿六十歲，有下列情形之一，其工作年資滿十五年以上者，得請領月退休金或一次退休金。但工作年資未滿十五年者，應請領一次退休金：

　一　領取勞工保險條例所定之失能年金給付或失能等級三等以上之一次失能給付。

　二　領取國民年金法所定之身心障礙年金給付或身心障礙基本保證年金給付。

　三　非屬前二款之被保險人，符合得請領第一款失能年金給付或

　　一次失能給付之失能種類、狀態及等級，或前款身心障礙年金給付或身心障礙基本保證年金給付之障礙種類、項目及狀態。

②依前項請領月退休金者，由勞工決定請領之年限。

第二五條

①勞工開始請領月退休金時，應一次提繳一定金額，投保年金保險，作為超過第二十三條第三項所定平均餘命後之年金給付之用。

②前項規定提繳金額、提繳程序及承保之保險人資格，由中央主管機關定之。

第二六條

①勞工於請領退休金前死亡者，應由其遺屬或指定請領人請領一次退休金。

②已領取月退休金勞工，於未屆第二十三條第三項所定平均餘命或第二十四條之二第二項所定請領年限前死亡者，停止給付月退休金。其個人退休金專戶結算賸餘金額，由其遺屬或指定請領人領回。

第二七條

①依前條規定請領退休金遺屬之順位如下：

一　配偶及子女。

二　父母。

三　祖父母。

四　孫子女。

五　兄弟、姊妹。

②前項遺屬同一順位有數人時，應共同具領，有未具名之遺屬者，由具領之遺屬負責分配之；有死亡、拋棄或因法定事由喪失繼承權時，由其餘遺屬請領之。但生前預立遺囑指定請領人者，從其遺囑。

③勞工死亡後，有下列情形之一者，其退休金專戶之本金及累積收益應歸入勞工退休基金：

一　無第一項之遺屬或指定請領人。

二　第一項之遺屬或指定請領人之退休金請求權，因時效消滅。

第二八條

①勞工或其遺屬或指定請領人請領退休金時，應填具申請書，並檢附相關文件向勞保局請領；相關文件之內容及請領程序，由勞保局定之。

②請領手續完備，經審查應予發給月退休金者，應自收到申請書次月起按季發給；其為請領一次退休金者，應自收到申請書之日起三十日內發給。

③勞工或其遺屬或指定請領人請領之退休金結算基準，由中央主管機關定之。

④第一項勞工之遺屬或指定請領人退休金請求權，自得請領之日

起，因十年間不行使而消滅。

第二九條

①勞工之退休金及請領勞工退休金之權利，不得讓與、扣押、抵銷或供擔保。

②勞工依本條例規定請領退休金者，得檢具勞保局出具之證明文件，於金融機構開立專戶，專供存入退休金之用。

③前項專戶內之存款，不得作爲抵銷、扣押、供擔保或強制執行之標的。

第三〇條

雇主應爲勞工提繳之金額，不得因勞工離職，扣留勞工工資作爲賠償或要求勞工繳回。約定離職時應賠償或繳回者，其約定無效。

第三一條

①雇主未依本條例之規定按月提繳或足額提繳勞工退休金，致勞工受有損害者，勞工得向雇主請求損害賠償。

②前項請求權，自勞工離職時起，因五年間不行使而消滅。

第三二條

勞工退休基金之來源如下：

一　勞工個人專戶之退休金。

二　基金運用之收益。

三　收繳之滯納金。

四　其他收入。

第三三條

①勞工退休基金除作爲給付勞工退休金及投資運用之用外，不得扣押、供擔保或移作他用；其管理、運用及盈虧分配之辦法，由中央主管機關擬訂，報請行政院核定之。

②勞工退休基金之管理、經營及運用業務，由勞動部勞動基金運用局（以下簡稱基金運用局）辦理；該基金之經營及運用，基金運用局得委託金融機構辦理，委託經營規定、範圍及經費，由基金運用局擬訂，報請中央主管機關核定之。

第三四條

①勞保局與基金運用局對於勞工退休金及勞工退休基金之財務收支，應分戶立帳，並與其辦理之其他業務分開處理；其相關之會計報告及年度決算，應依有關法令規定辦理，並由基金運用局彙整，報請中央主管機關備查。

②勞工退休基金之收支、運用與其積存金額及財務報表，基金運用局應按月報請中央主管機關備查，中央主管機關應按年公告之。

第四章　年金保險

第三五條

①事業單位僱用勞工人數二百人以上，經工會同意，或無工會者，經勞資會議同意後，得爲以書面選擇投保年金保險之勞工，投保

符合保險法規定之年金保險。

②前項選擇投保年金保險之勞工，雇主得不依第六條第一項規定為其提繳勞工退休金。

③第一項所定年金保險之收支、核准及其他應遵行事項之辦法，由中央主管機關定之；事業單位採行前項規定之年金保險者，應報請中央主管機關核准。

④第一項年金保險之平均收益率不得低於第二十三條之標準。

第三五條之一

①保險人應依保險法規定專設帳簿，記載其投資資產之價值。

②勞工死亡後無遺屬或指定請領人者，其年金保險退休金之本金及累積收益，應歸入年金保險專設帳簿之資產。

第三五條之二

實施年金保險之事業單位內適用本條例之勞工，得以一年一次為限，變更原適用之退休金制度，改為參加個人退休金專戶或年金保險，原已提繳之退休金或年金保險費，繼續留存。雇主應於勞工書面選擇變更之日起十五日內，檢附申請書向勞保局及保險人申報。

第三六條

①雇主每月負擔之年金保險費，不得低於勞工每月工資百分之六。

②前項雇主應負擔之年金保險費，及勞工自願提繳之年金保險費數額，由保險人繕具繳款單於次月二十五日前寄送事業單位，雇主應於再次月月底前繳納。雇主提繳保險費之收繳情形，保險人應於繳納期限之次月七日前通知勞保局。

③勞工自願提繳年金保險費者，由雇主向其收取後，連同雇主負擔部分，向保險人繳納。其保險費之提繳，自申報自願提繳之日起至離職或申報停繳之日止。

④雇主逾期未繳納年金保險費者，保險人應即進行催收，並限期雇主於應繳納期限之次月月底前繳納，催收結果應於再次月之七日前通知勞保局。

第三七條

年金保險之契約應由雇主擔任要保人，勞工為被保險人及受益人。事業單位以向一保險人投保為限。保險人之資格，由中央主管機關會同該保險業務之主管機關定之。

第三八條

①勞工離職後再就業，所屬年金保險契約應由新雇主擔任要保人，繼續提繳保險費。新舊雇主開辦或參加之年金保險提繳率不同時，其差額由勞工自行負擔。但新雇主自願負擔者，不在此限。

②前項勞工之新雇主未辦理年金保險者，應依第六條第一項規定提繳退休金。除勞雇雙方另有約定外，所屬年金保險契約之保險費由勞工全額自行負擔；勞工無法提繳時，年金保險契約之存續，依保險法及各該保險契約辦理。

③第一項勞工離職再就業時，得選擇由雇主依第六條第一項規定提

繳退休金。

④勞工離職再就業，前後適用不同退休金制度時，選擇移轉年金保險之保單價值準備金至個人退休金專戶，或個人退休金專戶之本金及收益至年金保險者，應全額移轉，且其已提繳退休金之存儲期間，不得低於四年。

第三九條

第七條至第十三條、第十四條第二項至第五項、第十五條、第十六條、第二十條、第二十一條、第二十四條、第二十四條之一、第二十四條之二、第二十七條第一項、第二項、第二十九條至第三十一條規定，於本章所定年金保險準用之。

第五章　監督及經費

第四○條

①為確保勞工權益，主管機關、勞動檢查機構或勞保局必要時得查對事業單位勞工名冊及相關資料。

②勞工發現雇主違反本條例規定時，得向雇主、勞保局、勞動檢查機構或主管機關提出申訴，雇主不得因勞工提出申訴，對其做出任何不利之處分。

第四一條

受委託運用勞工退休基金之金融機構，發現有意圖干涉、操縱、指示其運用或其他有損勞工利益之情事時，應通知基金運用局。基金運用局認有處置必要者，應即通知中央主管機關採取必要措施。

第四二條

主管機關、勞保局、基金運用局、受委託之金融機構及其相關機關、團體所屬人員，不得對外公布業務處理上之秘密或謀取非法利益，並應善盡管理人忠誠義務，為基金謀取最大之效益。

第四三條

勞保局及基金運用局辦理本條例規定行政所須之費用，應編列預算支應。

第四四條

勞保局及基金運用局辦理本條例規定業務之一切帳冊、單據及業務收支，均免課稅捐。

第六章　罰則

第四五條

受委託運用勞工退休基金之機構違反第三十三條第二項規定，將勞工退休基金用於非指定之投資運用項目者，處新臺幣二百萬元以上一千萬元以下罰鍰，中央主管機關並應限期令其附加利息歸還。

第四五條之一

雇主有下列各款情事之一者，處新臺幣三十萬元以上一百五十萬

元以下罰鍰，並限期令其給付；屆期未給付者，應按次處罰：

一　違反第十一條第二項或第十二條第一項、第二項規定之給與標準或期限。

二　違反第三十九條準用第十一條第二項或第十二條第一項、第二項規定之給與標或期限。

第四六條

保險人違反第三十六條第二項規定，未於期限內通知勞保局者，處新臺幣六萬元以上三十萬元以下罰鍰，並限期令其改善；屆期未改善者，應按次處罰。

第四七條 （刪除）

第四八條

事業單位違反第四十條規定，拒絕提供資料或對提出申訴勞工為不利處分者，處新臺幣三萬元以上三十萬元以下罰鍰。

第四九條

雇主違反第八條之一第五項、第九條、第十八條、第二十條第一項、第二十一條第二項、第三十五條之二或第三十九條規定，未辦理申報提繳、停繳手續、置備名冊或保存文件，經限期改善，屆期未改善者，處新臺幣二萬元以上十萬元以下罰鍰，並按月處罰至改正為止。

第五〇條

①雇主違反第十三條第一項規定，未繼續按月提撥勞工退休準備金者，處新臺幣二萬元以上三十萬元以下罰鍰，並應按月處罰，不適用勞動基準法之罰鍰規定。

②主管機關對於前項應執行而未執行時，應以公務員考績法令相關處罰規定辦理。

③第一項收繳之罰鍰，歸入勞動基準法第五十六條第三項勞工退休基金。

第五一條

雇主違反第三十條或第三十九條規定，扣留勞工工資者，處新臺幣一萬元以上五萬元以下罰鍰。

第五二條

雇主違反第十五條第二項、第二十一條第一項或第三十九條申報、通知規定者，處新臺幣五千元以上二萬五千元以下罰鍰。

第五三條

①雇主違反第十四條第一項、第十九條第一項或第二十條第二項規定，未按時提繳或繳足退休金者，自期限屆滿之次日起至完繳前一日止，每逾一日加徵其應提繳金額百分之三滯納金至應提繳金額之一倍為止。

②前項雇主欠繳之退休金，經勞保局限期令其繳納，屆期未繳納者，依法移送行政執行。雇主有不服者，得依法提起行政救濟。

③雇主違反第三十六條及第三十九條規定，未按時繳納或繳足保險費者，處其應負擔金額同額之罰鍰，並按月處罰至改正為止。

④第一項及第二項規定，溯自中華民國九十四年七月一日生效。

第五三條之一

雇主違反本條例，經主管機關或勞保局處以罰鍰或加徵滯納金者，應公布其事業單位或事業主之名稱、負責人姓名、處分期日、違反條文及處分金額；受委託運用勞工退休基金之機構經依第四十五條規定處以罰鍰者，亦同。

第五四條

①依本條例加徵之滯納金及所處之罰鍰，受處分人應於收受通知之日起三十日內繳納；屆期未繳納者，依法移送行政執行。

②第三十九條所定年金保險之罰鍰處分及移送行政執行業務，委任勞保局辦理之。

第五四條之一

①雇主未依本條例規定繳納退休金或滯納金，且無財產可供執行或其財產不足清償者，由其代表人或負責人負清償責任。

②前項代表人或負責人經勞保局限期令其繳納，屆期未繳納者，依法移送行政執行。

第五五條

①法人之代表人或其他從業人員、自然人之代理人或受僱人，因執行業務違反本條例規定，除依本章規定處罰行為人外，對該法人或自然人並應處以各該條所定之罰鍰。但法人之代表人或自然人對於違反之發生，已盡力為防止行為者，不在此限。

②法人之代表人或自然人教唆或縱容為違反之行為者，以行為人論。

第七章 附 則

第五六條

事業單位因分割、合併或轉讓而消滅者，其積欠勞工之退休金，應由受讓之事業單位當然承受。

第五六條之一

勞保局對於雇主未依本條例規定繳納之退休金及滯納金，優先於普通債權受清償。

第五六條之二

勞工退休金不適用下列規定：

一 公司法有關公司重整之債務免責規定。

二 消費者債務清理條例有關清算之債務免責規定。

三 破產法有關破產之債務免責規定。

第五六條之三

①勞保局為辦理勞工退休金業務所需必要資料，得請相關機關提供，各該機關不得拒絕。

②勞保局依前項規定取得之資料，應盡善良管理人之注意義務，相關資料之保有、處理及利用等事項，依個人資料保護法之規定為之。

第五七條

本條例施行細則，由中央主管機關定之。

第五八條

①本條例自公布後一年施行。

②本條例修正條文，除已另定施行日期者外，自公布日施行。

勞工退休金條例施行細則

①民國94年1月19日行政院勞工委員會令訂定發布全文50條；並自94年7月1日施行。
②民國96年6月29日行政院勞工委員會令修正發布第32條條文。
③民國98年2月26日行政院勞工委員會令修正發布第50條條文；增訂第48-1條條文；並自發布日施行。
④民國98年11月24日行政院勞工委員會令修正發布第34條條文；並自發布日施行。
⑤民國99年8月23日行政院勞工委員會令修正發布第37、38條條文。
⑥民國101年3月13日行政院勞工委員會令修正發布第12條條文。
⑦民國101年5月7日行政院勞工委員會令修正發布第3、39條條文。
⑧民國101年11月29日行政院勞工委員會令修正發布第34條條文。
　民國103年2月14日行政院公告第2條第1、2項、第4條第1項序文、第2項、第5條第2、3項、第8條第1項、第12條第1、2項、第13條第2項、第14條第4項、第15條第1項、第16條第1項、第17條第1、2項、第18條、第19條第1、2項、第21條第1項、第24、25、26、27、31條、第33條第2項、第40條第2項、第41、42條、第44條序文、第49條所列屬「勞工保險局」之權責事項，自103年2月17日起改由「勞動部勞工保險局」管轄；第32條第3項、第34條第1項所列屬「勞工退休基金監理會」之權責事項，自103年2月17日起改由「勞動部勞動基金運用局」管轄；第44條序文所列屬「勞工退休基金監理會」之權責事項，自103年2月17日起改由「勞動部」管轄。
⑨民國103年6月24日勞動部令修正發布第5、12、14～16、19～21、22、23、29、35、37、38、45、50條條文；增訂第4-1、4-2、12-1、21-1、37-1條條文；並刪除第13、30、36條條文；除第38條自104年1月1日施行外，自發布日施行。
⑩民國106年1月5日勞動部令修正發布第2、12-1、32、34、44條條文；並刪除第48條條文。
⑪民國108年7月29日勞動部令修正發布第4-1、5、10、11、15、19、21、32、34、37-1、39、45條條文；並刪除第12-1、43條條文。
⑫民國110年7月12日勞動部令修正發布第39條條文。

第一章　總　則

第一條
本細則依勞工退休金條例（以下簡稱本條例）第五十七條規定訂定之。

第二條
①雇主依本條例第六條第一項規定申報提繳退休金時，應填具勞工退休金提繳單位申請書（以下簡稱提繳單位申請書）及勞工退休金提繳申報表（以下簡稱提繳申報表）各一份送勞動部勞工保險局（以下簡稱勞保局）。

②前項已參加勞工保險或就業保險者，得免填提繳單位申請書，其提繳單位編號由勞保局逕行編列。

第三條

①雇主依本條例第六條第一項規定申報提繳退休金時，除政府機關、公立學校及使用政府機關（構）提供之線上申請系統辦理者外，應檢附雇主國民身分證影本，或負責人國民身分證影本及下列證件影本：

一　工廠：工廠登記有關證明文件。

二　礦場：礦場登記證、採礦或探礦執照。

三　鹽場、農場、牧場、林場、茶場等：登記證書。

四　交通事業：運輸業許可證或有關證明文件。

五　公用事業：事業執照或有關證明文件。

六　公司、行號：公司登記證明文件或商業登記證明文件。

七　私立學校、新聞事業、文化事業、公益事業、合作事業、漁業、職業訓練機構及各業人民團體：立案或登記證明書。

八　其他事業單位：目的事業主管機關核發之許可或證明文件。

②不能取得前項各款規定之證件者，應檢附稽徵機關核發之扣繳單位設立（變更）登記或使用統一發票購票證辦理。

③依第一項規定應檢附負責人國民身分證影本者，負責人非本國籍時，以居留證或護照影本為之。

第四條

①有下列資料變更時，雇主應於三十日內向勞保局申請：

一　事業單位之名稱、登記地址或通訊地址變更。

二　負責人變更。

②未依前項規定辦理變更手續者，勞保局得依勞工保險或就業保險之投保單位變更資料或相關機關登記之資料逕予變更。

第四條之一

①雇主為本條例第七條第一項第二款至第四款人員申報提繳退休金時，應檢附其在我國居留證影本。

②依本條例第七條第二項規定自願提繳退休金者，準用前項規定。

第四條之二

本條例第七條第二項第二款所稱自營作業者，指有下列情形之一，並獲致報酬，且未僱用有酬人員幫同工作者：

一　自己經營或合夥經營事業。

二　獨立從事勞動或技藝工作。

第二章　制度之適用及銜接

第五條

①雇主依本條例第九條第一項規定以書面徵詢勞工，應由勞工親自簽名。書面徵詢格式一式二份，雇主及勞工各留存一份。

②雇主應將徵詢結果填具勞工退休金制度選擇及提繳申報表寄交勞保局，並留存一份。

③勞工依本條例第九條第一項規定選擇本條例勞工退休金制度時，除依第一項規定以書面向雇主表明外，並得以書面向勞保局聲明。雇主申報如與勞工聲明不同者，以勞工聲明爲準。

④勞工依本條例第九條第二項規定選擇適用本條例退休金制度時，應以書面爲之，並親自簽名。

⑤勞工依本條例第八條之一第二項規定選擇適用勞動基準法之退休金規定時，應以書面爲之，並親自簽名；該書面一式二份，雇主及勞工各留存一份。

第六條

事業單位未經核准實施年金保險前，應依本條例第六條第一項規定爲勞工提繳退休金至個人退休金專戶。

第七條

①事業單位依本條例第三十五條第一項規定徵詢勞工之選擇時，勞工未選擇參加年金保險者，除選擇適用勞動基準法之退休金制度者外，雇主應爲其提繳退休金至個人退休金專戶。

②新進勞工未選擇參加年金保險者，雇主應爲其提繳退休金至個人退休金專戶。

③雇主徵詢勞工之選擇時，應以書面爲之，並由勞工親自簽名。書面徵詢格式一式二份，雇主及勞工應各留存一份。

第八條

①本條例施行後，經中央主管機關公告指定適用勞動基準法之勞工，應適用本條例之退休金制度，由雇主爲其提繳退休金至個人退休金專戶，並於適用勞動基準法之日起十五日內向勞保局辦理申報。但依本條例第三十五條規定實施年金保險者，不在此限。

②前項勞工適用本條例前之工作年資，其退休金及資遣費給與標準，依勞動基準法第八十四條之二規定辦理。

第九條

勞工同期間受僱於二個以上之雇主者，各該雇主應依本條例第六條規定分別提繳。

第一〇條

勞工遭遇職業災害，醫療中不能工作之期間，雇主應以勞動基準法第五十九條第二款規定之原領工資，依月提繳分級表按月爲勞工提繳退休金。

第一一條

事業單位依勞動基準法第二十條規定改組、轉讓或依企業併購法、金融機構合併法進行併購者，其留用勞工依本條例第八條之一第二項、第九條第一項、第二項、第十一條第一項或第三十五條第一項規定選擇適用之退休金制度及保留之工作年資，併購後存續、新設或受讓之事業單位應予承受。

第一二條

①勞工得將依本條例第十三條第二項規定約定結清之退休金，移入勞保局之個人退休金專戶或依本條例投保之年金保險；於未符合

本條例第二十四條第一項或第二十四條之二第一項規定之請領退休金條件前，不得領回。

②勞工依前項規定全額移入退休金者，其所採計工作年資，始得併計為本條例第二十四條及第二十四條之二第一項之工作年資；移入時，應通知勞保局或保險人。

第一二條之一 （刪除）

第一三條 （刪除）

第一四條

①選擇適用個人退休金專戶之勞工，離職後再就業，依本條例第三十五條第一項規定選擇投保年金保險時，得選擇保留已提存之個人退休金專戶，或一次將其個人退休金專戶之本金及收益移轉至年金保險。

②選擇投保年金保險之勞工，離職後再就業，選擇由雇主為其提繳退休金至個人退休金專戶時，得選擇保留已提存之年金保險，或一次將其年金保險之保單價值準備金移轉至個人退休金專戶。

③依前二項規定之移轉，勞保局及保險人應於收到申請書之日起三十日內，完成移轉作業。

第三章　退休金專戶之提繳與請領

第一五條

①依本條例第十四條第一項至第三項規定提繳之退休金，由雇主或委任單位按勞工每月工資總額，依月提繳分級表之標準，向勞保局申報。

②勞工每月工資如不固定者，以最近三個月工資之平均為準。

③新進勞工申報提繳退休金，其工資尚未確定者，暫以同一工作等級勞工之工資，依月提繳分級表之標準申報。

④適用本條例之勞工同時為勞工保險或全民健康保險之被保險人者，除每月工資總額低於勞工保險投保薪資分級表下限者外，其月提繳工資金額不得低於勞工保險投保薪資或全民健康保險投保金額。

第一六條

①雇主每月負擔之勞工退休金提繳率，除向勞保局申報以不同提繳率為個別勞工提繳外，應依相同之提繳率按月提繳。

②雇主未為本條例第七條第一項人員申報提繳率或申報未達百分之六者，以百分之六計算。

第一七條

①雇主依本條例規定辦理開始或停止提繳勞工退休金，應填具申報表送勞保局。

②未依前項規定辦理者，勞保局得暫以雇主申報所屬勞工參加勞工保險或就業保險加保或退保生效日期，並依所申報之勞工保險投保薪資或全民健康保險投保金額為月提繳工資，開始或停止計收勞工退休金。

第一八條

雇主所送勞工退休金申報資料，有疏漏者，除提繳率應依第十六條規定辦理外，應於接到勞保局書面通知之翌日起十日內補正。

第一九條

①勞工或受委任工作者之姓名、出生年月日及國民身分證統一編號或居留證統一證號有變更或錯誤時，雇主或委任單位應即填具勞工資料變更申請書，並檢附國民身分證影本、居留證影本或有關證件，送勞保局辦理變更。

②未依前項規定辦理者，勞保局得依勞工保險或就業保險之被保險人變更資料或相關機關登記之資料逕予變更。

第二〇條

實際從事勞動之雇主自願提繳退休金時，應與所僱用之勞工併同辦理。

第二一條

①本條例第七條第一項及第二項第三款、第四款人員依本條例第十四條第三項規定自願提繳退休金者，雇主或委任單位應填具提繳申報表通知勞保局，並得自其工資中扣繳，連同雇主負擔部分，一併向勞保局繳納。

②前項人員停止自願提繳退休金時，應通知雇主或委任單位，由雇主或委任單位填具停止提繳申報表送勞保局，辦理停止自願提繳退休金。

③依本條例第十四條第三項或第四項規定自願提繳退休金者，因可歸責於其個人事由而屆期未繳納，視同停止提繳。

第二一條之一

①自營作業者依本條例申報提繳退休金時，應填具自營作業者自願提繳勞工退休金申請書及委託轉帳代繳勞工退休金約定書，並檢附國民身分證或居留證影本送勞保局辦理。

②自營作業者之姓名、出生年月日、國民身分證統一編號或居留證統一證號、戶籍或通訊地址有變更或錯誤時，應檢附國民身分證或居留證影本，向勞保局辦理變更。

第二二條

①勞工退休金繳款單採按月開單，每月以三十日計算。

②雇主為每一勞工提繳之退休金總額，以元為單位，角以下四捨五入。

③雇主應提繳及收取之退休金數額，由勞保局繕具繳款單於次月二十五日前寄發或以電子資料傳輸方式遞送雇主繳納。

④委任單位為受委任工作者提繳退休金時，應依前三項規定辦理。

第二三條

①提繳退休金時，雇主或委任單位應持勞工退休金繳款單至指定之代收機構繳納或以辦理自動轉帳方式繳納之。

②自營作業者每月自願提繳退休金數額，由勞保局於次月二十五日前計算，並於再次月底前，由自營作業者委託轉帳代繳勞工退休

金之金融機構帳戶扣繳之。

第二四條

雇主未依勞工退休金繳款單所載金額足額繳納者，由勞保局逐行將雇主所繳金額按每位勞工應提繳金額比例分配之。

第二五條

勞工退休金繳款單所載金額與雇主應繳金額不符時，雇主應照額全數繳納，並向勞保局提出調整理由，經勞保局查明後，於計算最近月份提繳金額時，一併結算。

第二六條

雇主於每月十五日前尚未收到勞保局上個月應寄發之勞工退休金繳款單時，應通知勞保局補發。

第二七條

事業單位有歇業、解散、破產宣告或已無營業事實，且未僱用勞工者，其應提繳退休金及應加徵滯納金之計算，以事實確定日為準，未能確定者，以勞保局查定之日為準。

第二八條

雇主依本條例第十八條及第二十條第一項規定申報停止提繳退休金時，勞工自願提繳部分即時停止。

第二九條

雇主應將每月為勞工所提繳之退休金數額，於勞工薪資單中註明或另以其他書面方式或以電子資料傳輸方式通知勞工。勞工自願提繳之退休金數額，亦應一併註明，年終時應另掣發收據。

第三○條 （刪除）

第三一條

本條例第二十三條第一項第一款之年金生命表、平均餘命、利率及金額，由勞保局擬訂，報請中央主管機關核定後主動公開之，並至少每三年檢討一次。

第三二條

① 本條例第二十三條第二項所定勞工退休金運用收益，不得低於以當地銀行二年定期存款利率計算之收益，為開始提繳之日起至依法領取退休金之日止期間之累積收益，不得低於同期間以每年當地銀行二年定期存款利率之全年平均利率計算之累積收益。

② 前項所稱當地銀行二年定期存款利率，指依臺灣銀行股份有限公司、第一銀行股份有限公司、合作金庫銀行股份有限公司、華南銀行股份有限公司、土地銀行股份有限公司、彰化銀行股份有限公司等六家行庫每月第一個營業日牌告二年期小額定期存款之固定利率，計算之平均年利率。

③ 勞動部勞動基金運用局（以下簡稱基金運用局）應每月公告前項平均年利率，作為當月之最低保證收益率。

第三三條

① 勞工申請月退休金者，因提繳時差尚未提繳入專戶之金額，以已提繳論。屆期未繳入專戶者，應由其月退休金額中沖還。

②請領一次退休金者，其當月退休金專戶本金，以核定時已提繳入專戶之金額為準，其後所提繳之金額，勞保局應無息核發請領人。

第三四條

①勞工或其遺屬或指定請領人申請退休金時之累積收益金額，除已分配入專戶之收益外，尚未分配期間之收益，以申請當月基金運用局公告最近月份之收益率，計算至申請當月止。

②前項所定收益率，計算至百分率小數點第四位。

第三五條

①本條例第二十四條第一項及第二十四條之二第一項之工作年資，以實際提繳退休金之月數計算。

②勞工參加本條例年金保險之工作年資，將年金保險之保單價值準備金全額移撥至個人退休金專戶者，始合併計算。

第三六條 （刪除）

第三七條

①勞工依本條例第二十八條第一項規定請領勞工退休金時，應填具勞工退休金申請書。

②勞工依本條例第二十四條之二第一項規定請領勞工退休金時，應填具提前請領勞工退休金申請書；依該條第一項第三款規定請領者，並應檢附重度以上身心障礙手冊（證明）正背面影本。

③前二項請領人未於國內設有戶籍者，應另檢附身分證明相關文件。

第三七條之一

①本條例第二十五條規定之年金保險開辦前，勞工依本條例規定，選擇請領月退休金者，其個人退休金專戶之累積數額，全數依本條例第二十三條第一項第一款規定計算發給。

②勞保局依本條例第二十四條之二核發月退休金數額時，應以勞工決定請領月退休金之年限，作為本條例第二十三條第一項第一款之月退休金計算基礎。

③前項年限應以年為單位，並以整數計之。經核發後，不得再為變更。

第三八條

①勞工之遺屬或指定請領人依本條例第二十八條規定請領勞工退休金者，應填具勞工遺屬或指定請領人之退休金申請書，並檢附下列文件：

一　載有勞工死亡日期之戶口名簿影本、死亡診斷書、檢察官相驗屍體證明書、死亡宣告裁定或相當證明文件。

二　請領人與勞工非同一戶籍者，其證明身分關係之相關戶口名簿影本或相當證明文件。

三　遺屬指定請領人應檢附之身分證明文件影本及遺囑影本。

②指定請領人有二人以上者，應依本條例第二十七條第二項規定辦理。遺囑載有分配比例者，請領人應於領取後自行分配。

第三九條

① 勞工或其遺屬或指定請領人，因僑居國外，不能返國或來臺請領勞工退休金時，可由請領人擬具委託書，並檢附僑居地之我國駐外使領館、代表處、辦事處或其他外交部授權機構（以下簡稱駐外館處）或該國出具之身分證明文件，委託代領轉發。

② 前項委託書及身分證明文件，應包含中文譯本，送我國駐外館處驗證，中文譯本未驗證者，應由我國法院或民間公證人公證。但委託書及身分證明文件為英文者，除勞保局認有需要外，得予免附中文譯本。

③ 第一項請領人為大陸地區國民，無法來臺領取退休金時，得由請領人擬具委託書，並附身分證明文件委託代領轉發。委託書及身分證明文件需經大陸公證，並經我國認可之相關機構驗證。

第四○條

① 本條例第二十八條第二項所定月退休金，以定期方式按季發給；其核發日期如下：

　一　一月至三月份之月退休金，於二月底前發給。

　二　四月至六月份之月退休金，於五月三十一日前發給。

　三　七月至九月份之月退休金，於八月三十一日前發給。

　四　十月至十二月份之月退休金，於十一月三十日前發給。

② 前項申請之第一次月退休金經勞保局審查核可者，自收到申請書之次月起核發至當季止。

第四一條

依本條例第二十八條第二項規定應發給之退休金，由勞保局匯入勞工或其遺屬或指定請領人指定之金融機構之本人名義帳戶；其帳戶在國外者，手續費用由領取人負擔。

第四二條

退休金領取人經勞保局查明不符請領退休金規定者，應自收到返還通知之日起三十日內，將已領取之退休金返還。屆期未返還者，應附加法定遲延利息一併返還。

第四三條　（刪除）

第四章　監督及經費

第四四條

勞保局辦理本條例第五條及第三十四條規定事項之執行情形，應配合決算編製相關規定，擬具決算報告，並按月將下列書表送基金運用局彙整，報請中央主管機關備查：

　一　提繳單位數、提繳人數、提繳工資統計表。

　二　退休金核發統計表。

　三　退休金收支會計報表。

　四　其他經中央主管機關規定之文件。

第四五條

依本條例第四十四條規定免課之稅捐如下：

一　辦理勞工退休金所用之帳冊契據，免徵印花稅。

二　辦理勞工退休金所收退休金、滯納金、罰鍰，及因此所承受
　　強制執行標的物之收入、雜項收入及基金運用之收支，免納
　　營業稅及所得稅。

第五章　附　則

第四六條

本條例第十九條第三項及第四十九條規定限期繳納及改善之期
限，不得逾三十日。但事業單位遭逢天災或不可抗力者，於必要
時得予以延長至六十日。

第四七條

雇主違反本條例第十九條第一項規定者，自同條第三項期限屆滿
之次日起，依本條例第五十三條第一項規定加徵滯納金。

第四八條　（刪除）

第四八條之一

①勞工因終止勞動契約所生爭議，提起給付退休金或資遣費之訴
　訟，得向中央主管機關申請扶助。

②前項扶助業務，中央主管機關得委託民間團體辦理。

第四九條

本細則規定之各種書表格式，由勞保局定之。

第五〇條

①本細則自中華民國九十四年七月一日施行。

②本細則修正條文，除中華民國一百零三年六月二十四日修正發布
　之第三十八條自一百零四年一月一日施行外，自發布日施行。

勞工退休金月提繳分級表

①民國94年1月19日行政院勞工委員會令訂定發布；並自94年7月1日生效。
②民國96年6月29日行政院勞工委員會令修正發布；並自96年7月1日施行。
③民國99年12月14日行政院勞工委員會公告修正發布；並自100年1月1日生效。
④民國100年12月8日行政院勞工委員會公告修正發布；並自101年1月1日生效。
⑤民國102年5月13日行政院勞工委員會令修正發布；並自102年7月1日施行。
⑥民國103年5月12日勞動部令修正發布；並自103年7月1日施行。
⑦民國104年5月7日勞動部令修正發布；並自104年7月1日施行。
⑧民國105年11月3日勞動部令修正發布；並自106年1月1日生效。
⑨民國106年1月8日勞動部令修正發布；並自107年1月1日生效。
⑩民國107年11月2日勞動部令修正發布；並自108年1月1日生效。
⑪民國107年7月18日勞動部令修正發布名稱；並自108年5月17日生效（原名稱：勞工退休金月提繳工資分級表）。
⑫民國108年10月30日勞動部令修正發布；並自109年1月1日生效。
⑬民國109年11月5日勞動部令修正發布；並自110年1月1日生效。
⑭民國110年11月24日勞動部令修正發布；並自111年1月1日生效。
⑮民國112年10月18日勞動部令修正發布；並自113年1月1日生效

級距	級	實際工資／執行業務所得	月提繳工資／月提繳執行業務所得
第1組	1	1,500元以下	1,500元
	2	1,501元～3,000元	3,000元
	3	3,001元～4,500元	4,500元
	4	4,501元～6,000元	6,000元
	5	6,001元～7,500元	7,500元
第2組	6	7,501元～8,700元	8,700元
	7	8,701元～9,900元	9,900元
	8	9,901元～11,100元	11,100元
	9	11,101元～12,540元	12,540元
	10	12,541元～13,500元	13,500元
第3組	11	13,501元～15,840元	15,840元
	12	15,841元～16,500元	16,500元

第3組	13	16,501元～17,280元	17,280元
	14	17,281元～17,880元	17,880元
	15	17,881元～19,047元	19,047元
	16	19,048元～20,008元	20,008元
	17	20,009元～21,009元	21,009元
	18	21,010元～22,000元	22,000元
	19	22,001元～23,100元	23,100元
第4組	20	23,101元～24,000元	24,000元
	21	24,001元～25,250元	25,250元
	22	25,251元～26,400元	26,400元
	23	26,401元～27,470元	27,470元
	24	27,471元～27,600元	27,600元
	25	27,601元～28,800元	28,800元
第5組	26	28,801元～30,300元	30,300元
	27	30,301元～31,800元	31,800元
	28	31,801元～33,300元	33,300元
	29	33,301元～34,800元	34,800元
	30	34,801元～36,300元	36,300元
第6組	31	36,301元～38,200元	38,200元
	32	38,201元～40,100元	40,100元
	33	40,101元～42,000元	42,000元
	34	42,001元～43,900元	43,900元
	35	43,901元～45,800元	45,800元
第7組	36	45,801元～48,200元	48,200元
	37	48,201元～50,600元	50,600元
	38	50,601元～53,000元	53,000元
	39	53,001元～55,400元	55,400元
	40	55,401元～57,800元	57,800元
第8組	41	57,801元～60,800元	60,800元
	42	60,801元～63,800元	63,800元
	43	63,801元～66,800元	66,800元
	44	66,801元～69,800元	69,800元
	45	69,801元～72,800元	72,800元

第9組	46	72,801元～76,500元	76,500元
	47	76,501元～80,200元	80,200元
	48	80,201元～83,900元	83,900元
	49	83,901元～87,600元	87,600元
第10組	50	87,601元～92,100元	92,100元
	51	92,101元～96,600元	96,600元
	52	96,601元～101,100元	101,100元
	53	101,101元～105,600元	105,600元
	54	105,601元～110,100元	110,100元
第11組	55	110,101元～115,500元	115,500元
	56	115,501元～120,900元	120,900元
	57	120,901元～126,300元	126,300元
	58	126,301元～131,700元	131,700元
	59	131,701元～137,100元	137,100元
	60	137,101元～142,500元	142,500元
	61	142,501元～147,900元	147,900元
	62	147,901元以上	150,000元

備註：
一、本表依勞工退休金條例第十四條第五項規定訂定之。
二、本表月提繳工資／月提繳執行業務所得金額以新臺幣元為單位，角以下四捨五入。

勞工退休金條例年金保險實施辦法

① 民國94年6月30日行政院勞工委員會、金融監督管理委員會令會銜訂定發布全文69條；並自94年7月1日施行。

② 民國101年3月9日行政院勞工委員會令修正發布第48條條文。
民國103年2月14日行政院公告第3條第1項所列屬「行政院勞工委員會」之權責事項，自103年2月17日起改由「勞動部」管轄；第14條第1項、第16條第2、4項、第19條第1、3項、第25條第3項、第33、39條、第40條第1項、第65條第3項、第68條第2項所列屬「勞工保險局」之權責事項，自103年2月17日起由「勞動部勞工保險局」管轄；第60條第1項序文、第2項、第61條所列「勞工退休基金監理會」權責事項，自103年2月17日起改由「勞動部」管轄。

③ 民國103年12月9日勞動部令修正發布第1、3、8、9、11、14、20、21、24、25、34、36、38、40、42、46、54、60～62、69條條文；並自發布日施行。

④ 民國106年1月5日勞動部令修正發布第42條條文。

⑤ 民國108年11月6日勞動部令修正發布第20、21、24、34、36、38、43、48條條文。

⑥ 民國110年7月12日勞動部令修正發布第48條條文。

第一章 總 則

第一條
本辦法依勞工退休金條例（以下簡稱本條例）第三十五條第三項及第三十七條規定訂定之。

第二條
① 事業單位實施勞工退休金條例年金保險（以下簡稱本保險），應依本辦法規定，本辦法未規定者，依其他法令規定。
② 保險人及保險業務員、保險代理人及保險經紀人經營、執行本保險業務，應依本辦法規定，本辦法未規定者，依其他法令規定。

第三條
① 本辦法之主管機關為勞動部。
② 本辦法所稱保險業務主管機關，指保險法所定主管機關。

第四條
① 本辦法所稱保險業，係指經營保險法第十三條第三項人身保險業務之機構。
② 本辦法所稱保險代理人、保險業務員及保險經紀人，係指保險法第八條、第八條之一及第九條規定者。

第五條
雇主依本條例第三十六條第一項為勞工提繳年金保險費之本金及收益，應作為給付勞工退休金之用；勞工未符合請領條件前，不

得請領保單價值準備金。

第六條

年金保險契約約定之權利，不得讓與、扣押、抵銷或供擔保。要保人及被保險人不得以保險契約爲質，向保險人借款。

第七條

① 投保本保險、請領給付之手續及應備文件，除本辦法規定者外，年金保險契約另有約定者，從其約定。

② 年金保險之最低保單價值準備金累積期間、行政費用、保單價值準備金及收益計算方式之約定，年金保險契約中應予明顯標示。

③ 保險人應發給勞工保險證，保險證中應載明年金投保及保險給付等事項之申請及處理程式。

第二章　年金保險之實施與變更

第八條

① 本條例第三十五條第一項所稱僱用勞工人數，以申請實施本保險之當月一日投勞工保險之人數爲準，包括事業單位分支機構及所屬單位僱用勞工之總人數。

② 經核准實施年金保險之事業單位，於僱用勞工人數減少至二百人以下時，得繼續實施。

第九條

金融控股公司及其子公司所僱用之勞工人數合計達二百人以上者，經依工會法第六條第一項第一款所組織之全數企業工會同意，無工會者，經全數勞資會議同意後，得併同申請實施年金保險。

第一〇條

事業單位徵詢勞工參加年金保險意願，應先將年金保險單條款交付勞工，並明確告知年金保險內容。

第一一條

① 事業單位經勞雇雙方合意，依本條例第三十五條第三項規定申請實施年金保險時，應檢附下列文件報請主管機關核准：

一　申請書。

二　雇主身分證、工廠登記、公司登記及商業登記證明文件影本。

三　工會同意參加年金保險之同意書。無工會者，檢附勞資會議同意之會議紀錄。

四　參加年金保險之勞工簽名同意書影本。

五　經審查核准之年金保險單條款及證明文件。

六　其他經主管機關規定之文件。

② 前項第三款之工會同意書有效期間爲二年。

第一二條

① 事業單位有下列情形之一者，應報請主管機關備查：

一　參加年金保險之勞工變更保險人事項。

二　調降或調高年金保險費提繳率事項。

三　足以影響勞工退休金給付標準事項。

四　其他經主管機關規定之事項。

②有前項情形者，事業單位應檢附勞工之簽名同意書、原投保之年金保險契約及變更之年金保險契約內容。

第一三條

①年金保險契約未經勞工同意，雇主不得變更或終止。任意變更或終止致勞工受有損害者，勞工得向雇主請求賠償。

②事業單位依第十六條第一項辦理投保或變更時，未檢附主管機關之核准文件者，保險人不得受理；保險人未依規定辦理，致勞工受有損害者，勞工得向保險人請求賠償。

第一四條

①主管機關應於受理事業單位申請實施年金保險之翌日起六十日內核復，並副知勞動部勞工保險局（以下簡稱勞保局）；申請變更時，亦同。

②前項年金保險之申請或變更所需文件有欠缺者，應於限期內補正，逾期不補正者，駁回其申請。

③前項主管機關應自受理補正之翌日起算三十日內核復。

④事業單位所報事項或文件經查證有虛偽情事者，於行政處分後三個月內不得重新申請。

第一五條

事業單位應於核准實施或變更年金保險內容之日起十五日內，於事業單位內公告年金保險單條款周知並通知勞工。

第一六條

①事業單位應於核准實施本保險之日起十五日內，檢附核准文件向保險人辦理投保年金保險手續。投保手續完備者，自辦理之次月一日生效。變更時，亦同。

②雇主應於投保生效後十五日內，將保險人交付之年金保險單條款與投保證明轉交參加年金保險之勞工，並將參加年金保險勞工名冊送勞保局。

③新到職勞工經書面徵詢選擇參加年金保險者，自到職日起計算應提繳之年金保險費。雇主應於其到職之日起七日內通知保險人，並於簽約後十五日內交付年金保險單條款與保險人所製作之投保證明予勞工。

④雇主應於每月月底將當月份參加年金保險勞工投保資料送勞保局，不需另行辦理個人退休金專戶之停止提繳手續。

第一七條

事業單位之勞工參加年金保險之保險人不同時，經參加年金保險之勞工同意，得變更保險人。

第一八條

①事業單位進行併購而消滅，原勞工已依本條例第三十五條第一項規定投保年金保險者，併購後存續、受讓或新設之事業單位應繼

續為其提繳年金保險費。

②併購之事業單位所投保之年金保險之保險人不同時，併購後存續、受讓或新設事業單位得於併購後，經參加年金保險之勞工同意，選定一保險人投保年金保險。

第一九條

①事業單位經勞工同意，變更保險人時，應檢附變更保險人之勞工名冊，以書面通知原保險人、新保險人及勞保局。

②前項變更自事業單位通知保險人之次月一日起生效。

③不同意變更保險人之勞工，得繼續其原有之年金保險，或選擇由雇主為其提繳退休金至勞保局之個人退休金專戶。

第三章　年金保險費之提繳

第二○條

①雇主為勞工提繳年金保險費之月提繳工資，應按勞工每月工資，依本條例第十四條第五項月提繳分級表之標準提繳，並向保險人申報。

②勞工每月工資不固定者，以最近三個月工資之平均為準申報；新進勞工工資尚未確定者，暫以同一工作等級勞工之工資為準申報。

③參加年金保險之勞工同時為勞工保險或全民健康保險之被保險人者，除每月工資總額低於勞工保險投保薪資分級表下限者外，其月提繳工資金額不得低於勞工保險投保薪資或全民健康保險投保金額。

第二一條

①雇主得為本條例第七條第二項第三款或第四款規定之人員，於每月工資百分之六範圍內提繳年金保險費。

②本條例第七條第二項第一款、第三款或第四款規定之人員，得在其每月工資或執行業務所得百分之六範圍內，自願提繳年金保險費。

③本條例第七條第二項第一款所定實際從事勞動之雇主自願提繳年金保險費時，應與其所僱用之勞工同辦理。

第二二條

①雇主應於勞工復職、離職、死亡、留職停薪、入伍服役、因案停職或被羈押之日起七日內，以書面向保險人申報開始或停止提繳年金保險費。

②因案停職或被羈押勞工復職後，應由雇主補發停職期間之工資者，雇主應於復職當月之再次月底前補繳年金保險費。

③雇主依第一項申報停止提繳時，勞工自願提繳部分，應即同時停止扣繳。但年金保險契約另有約定者，從其約定。

④勞工依前項但書自行繳納，其自行繳納之年資不計入第四十二條之工作年資。

第二三條

勞工自願另行提繳年金保險費者，雇主應通知保險人，並得自其工資中扣繳，連同雇主負擔部分，一併向保險人繳納。勞工不願提繳時，於通知雇主後，由雇主通知保險人，辦理其自願提繳部分停止提繳。

第二四條

①參加年金保險者之姓名、性別、出生年月日及國民身分證統一編號或居留證統一證號有變更或錯誤時，雇主應即填具資料變更申請書，並檢附其國民身分證影本、居留證影本或有關證件，送保險人辦理變更。

②雇主所送參加年金保險之申報資料，有疏漏者，應於接到保險人書面通知之翌日起十日內補正。

第二五條

①雇主應負擔之年金保險費，及勞工自願提繳之年金保險費數額，由保險人繕具繳款單於次月二十五日前寄送事業單位，雇主應於再次月月底前繳納。雇主應提繳保險費之收繳情形，保險人應於繳納期限之次月七日前通知勞保局。

②雇主於每月十五日前尚未收到保險人上個月寄發之繳款單時，應先照前期數額繳納，並通知保險人補發。

③雇主逾期未繳納年金保險費者，保險人應即進行催收，並限期雇主於應繳納期限之次月月底前繳納，催收結果應於再次月之七日前通知勞保局。

第二六條

①年金保險費採按月計費，每月以三十日計算。

②雇主為每一勞工提繳之年金保險費總額以元為單位，角以下四捨五入。

第二七條

雇主未依年金保險費繳款單所載之雇主應提繳金額足額繳納者，由保險人逕行將雇主所繳金額按每位勞工應提繳金額比例分配之。

第二八條

年金保險費繳款單所載金額與雇主應繳金額不符時，雇主應先照額全數繳納，並向保險人提出調整理由，經保險人查明後，於計算最近月份提繳金額時，一併結算之。

第二九條

①雇主應將每月為勞工所提繳之年金保險費數額，於勞工薪資單中註明或另以其他書面方式通知勞工。勞工自願提繳之年金保險費數額，亦應一併註明。

②保險人於年終時，應另掣發收據給勞工。

第三○條

雇主為勞工辦理投保或其他代辦之手續，不得向勞工及保險人收取任何費用。

第三一條

雇主應提繳之年金保險費與勞工自願提繳部分，保險人應分別立帳，作成帳冊文件，明確記載提繳率、繳費之期間及金額，承受轉換保單時，亦同。

第三二條

保險人應每月列表通知雇主，載明個別勞工至上月底止之保單價值準備金，並由雇主轉知所屬勞工。

第三三條

保險人收到年金保險費後，應掣發保險費收據於次月七日前寄發雇主，並依勞保局之規定，將投保及收繳年金保險費之資料送交勞保局。

第三四條

實施年金保險事業單位內適用本條例之勞工，依本條例第三十五條之二規定，變更原選擇適用退休金制度者，該項變更自雇主申報之次月一日生效。

第三五條

①參加年金保險之勞工離職後再就業，所屬年金保險應由新雇主擔任要保人，繼續提繳保險費。

②勞工離職後未就業，或離職後再就業選擇參加新雇主所投保之年金保險，原年金保險之要保人，應轉換為勞工本人，勞工並得選擇繼續、停止繳費或辦理減額繳費，依轉換當時保單價值準備金繼續累積收益。

③勞工離職後再就業，申請將原年金保險之保單價值準備金移轉至新雇主所投保之年金保險時，原保險人應依第六十七條規定於收到申請之日起三十日內完成移轉程序。

第三六條

①保險契約不得約定所累積之保單價值準備金期間已逾四年者，仍不得變更保險人、轉換保單或移轉保單價值準備金。

②保險人有終止經營年金保險業務或有併購之情形，致年金保險契約終止或轉換保單，被保險人不受前項四年期間之限制，得選擇新保單或移轉保單價值準備金至其個人退休金專戶，原保險人及併購後存續之保險人均不得拒絕。

③第一項期間之計算，以收到雇主為個別勞工提繳之第一筆年金保險費之日起算。

④年金保險契約已達約定之最低保單價值準備金累積期間者，保險人應通知勞工。

⑤勞工或其遺屬或指定受益人符合請領年金保險之退休金條件者，保險人不得以最低保單價值準備金累積期間之約定限制其請領。

第三七條

①事業單位因歇業、解散、破產宣告或勞雇雙方合意而致終止實施本保險時，至遲應於終止實施日前三十日公告周知勞工，並載明下列事項通知保險人及主管機關：

一 終止事由。

二 事業單位負責人、破產管理人、清算人。

三 年金保險契約之轉換計畫。

四 歇業、解散、破產宣告或合意終止實施生效日期。

②事業單位有歇業、解散、破產宣告或已無營業事實，且未僱用勞工者，以事實確定日為準，停止提繳年金保險費。

第四章　年金保險之退休金給付

第三八條

①保險人應掣發年金保險權益說明書於每年二月底前交由要保人。要保人為僱主者，由僱主於收到後十日內轉交勞工或受委任工作者。

②前項權益說明書應包括下列事項：

一 勞工或受委任工作者個人基本資料：姓名、國民身分證統一編號、居留證統一證號、性別、出生年月日、受僱日期等。

二 年金保險之契約生效日期、符合請領年金保險之退休金日期及累積已提繳年資。

三 至上一年度止累積應繳納與已繳納之保險費總額。

四 至上一年度止之保單價值準備金。

五 至上一年度投資收益相關資訊。

六 至上一年度保證收益及實際收益率。

③勞工或受委任工作者對前項說明書向僱主提出疑義時，僱主應請保險人於十五日內回覆處理情形。

第三九條

勞工依本條例施行細則第十二條第一項規定，將結清之退休金移入所投保之年金保險，或依本條例施行細則第十四條規定移轉勞工個人退休金專戶之本金及收益，或年金保險之保單價值準備金時，勞保局及保險人應明確記載其工作年資、提繳期間、移轉日期及金額，並分別開立證明予勞工。

第四○條

①勞工依本條例施行細則第十四條第二項規定，向保險人申請將其年金保險之保單價值準備金移撥至個人退休金專戶者，保險人應將勞工之結算保單價值準備金金額、年金保險費提繳期間及移轉日期等資料送交勞保局。

②依前項結算之保單價值準備金，如未達本條例第三十五條第四項之平均收益率時，保險人應先予補足。保單價值準備金結算明細表，保險人應以書面送交勞工。

③勞工對前項結算保單價值準備金如有疑義時，保險人應負責說明；有不足者，應補足之。

第四一條

①勞工依本條例施行細則第十四條第二項規定將年金保險之保單價值準備金移轉至個人退休金專戶，或依第四十二條規定請領年金保險之退休金，其工作年資以僱主實際提繳年金保險費之月數計

算之。

②個人退休金專戶之本金及累積收益全額移轉至年金保險者，其工作年資合併計算。

第四二條

①勞工請領年金給付年齡，年金保險契約不得約定低於六十歲。但有本條例第二十四條之二第一項各款規定情形之一者，不在此限。

②年金保險契約，應約定勞工請領年金給付之條件及方式如下：

一　勞工年滿六十歲，工作年資滿十五年以上者，得選擇請領月退休金或一次退休金；勞工年滿六十歲，工作年資未滿十五年者，請領一次退休金。

二　勞工未滿六十歲，有本條例第二十四條之二第一項各款規定情形之一，其工作年資滿十五年以上者，得請領月退休金或一次退休金；工作年資未滿十五年者，應請領一次退休金。

③年金保險契約得約定，勞工死亡者，由其指定受益人請領保險金；未指定時，由遺屬請領積存之保單價值準備金。

第四三條

勞工或其遺屬或指定受益人向保險人請領退休金之權利，自得請領之日起，因十年間不行使而消滅。

第四四條

①年金保險之退休金採月退休金之方式給付者，保險人每三個月至少應發放一次。

②前項月退休金保險人應自收到申請書之次月起，核發第一次之退休金。

第四五條

請領一次退休金者，保險人應自收到申請書之日起三十日內發給。

第四六條

①勞工向保險人請領年金保險之給付應填具申請書，並檢附下列文件：

一　本人名義之金融機構帳戶影本。

二　身分證影本或戶籍謄本。

②除前項規定文件外，有本條例第二十四條之二第一項第一款或第二款情形者，應檢附已領取勞工保險或國民年金保險給付之證明文件；有本條例第二十四條之二第一項第三款情形者，應檢附重度以上身心障礙手冊（證明）正背面影本。

第四七條

勞工死亡，其指定受益人或遺屬向保險人請領其積存之保單價值準備金時，應填具申請書，並檢附下列文件：

一　指定受益人或遺屬本人名義之金融機構帳戶影本。

二　載有勞工死亡日期之全戶戶籍謄本、死亡診斷書、檢察官相驗屍體證明書或死亡宣告判決書。

三 請領人與勞工非同一戶籍者，其證明身分關係之相關戶籍謄本。

四 指定受益人或遺屬應檢附之身分證明文件影本。

第四八條

① 勞工或其遺屬或指定受益人，因僑居國外，不能返國或來臺請領年金保險之退休金時，可由請領人擬具委託書，並檢附僑居地之我國駐外機構或該國出具之身分證明文件，委託代領轉發。

② 前項委託書及身分證明文件，應包含中文譯本，送我國駐外機構驗證，中文譯本未驗證者，應由我國法院或民間公證人公證。但委託書及身分證明文件為英文者，除保險人認有需要外，得予免附中文譯本。

③ 第一項請領人為大陸地區人民，無法來臺領取退休金時，得由請領人擬具委託書，並附身分證明文件委託代領轉發。委託書及身分證明文件需經大陸公證，並經我國認可之相關機構驗證。

第五章 保險人銷售本保險商品之資格與審核

第四九條

① 保險人銷售本保險商品，應符合下列規定：

一 依保險法規定取得經營人身保險業務執照之機構，或經保險業務主管機關許可取得在臺經營人身保險業執照之外商保險業在臺分公司。

二 自有資本與風險資本比率，符合保險法第一百四十三條之四第一項之規定。

三 經主管機關認可之信用評等機構評等A級以上。

四 最近三年內未因違反保險法令而受保險業務主管機關撤換其董事、總經理或負責本項業務經理人之處分者。

② 保險人應每二年向主管機關認可之信用評等機構辦理信用評等。

③ 第一項之信用評等，外商保險業在臺分公司或子公司，其債務由國外總公司或母公司負連帶責任者，得以國外總公司或母公司之評等申請。

第五〇條

① 符合前條規定資格之保險人，應檢附前條第一款至第三款規定之證明文件送請主管機關審查。

② 主管機關審查保險人資格，應洽商保險業務主管機關之意見。

第五一條

① 保險人銷售本保險商品前，應依保險法規定辦理其銷售前應採行程式。

② 保險業務主管機關審查前項本保險商品時，應洽商主管機關意見。

第五二條

① 主管機關應自受理保險業申請之翌日起六十日內核復。經函復限期補正者，應自受理補正文件之翌日起三十日內核復。逾期不補

正者，駁回其申請。

②保險業依第五十條所報文件經查有虛偽情事而退件者，於退件後三個月內不得重新申請。

第五三條

勞工退休年金保險單條款應記載下列事項：

一　勞工離職後未就業或離職後再就業自行繼續提繳年金保險費時，要保人應轉換為勞工。

二　勞工離職後未就業或離職後再就業自行繼續提繳年金保險費時，應提供彈性繳費之方式，年金保險契約不因停止繳費而喪失效力或減損保單價值準金。

三　年金保險契約約定之權利，不得讓與、扣押、抵銷或供擔保。

四　年金保險費提繳及退休金領取期間之平均收益率，扣除行政費用後，不得低於當地銀行二年定期存款利率。

五　第五條、第七條、第十六條第一項、第三十五條、第三十六條、第三十八條、第四十條至第四十八條及第六十七條規定之事項。

第五四條

保險人經營本保險業務，其商品屬投資型保險者，除本辦法另有規定者外，應依投資型保險投資管理辦法之規定辦理；其商品非屬投資型保險者，應依下列事項辦理：

一　其資金運用適用保險法相關規定。

二　其專設帳簿之設置、記載、資產管理及風險控管等事宜，準用投資型保險投資管理辦法第四條至第六條、第八條及第九條之規定。

第五五條

①保險人經營本保險業務或因勞工變更保險人、轉換保單而衍生之費用，得於保單中約定收取行政費用，並自收益中逐月扣除。但年金保險之收益率，於扣除行政費用後，仍不得低於當地銀行二年定期存款利率。

②承受轉換保單之保險人不得收取保單轉換而衍生之任何費用。

③保單轉換衍生之行政費用上限，由保險業務主管機關定之。

第六章　保險人及相關執行業務人員之管理

第五六條

保險人執行業務，應善盡善良管理人之注意，忠實執行專設帳戶投資管理業務，確實維護勞工及雇主之利益。

第五七條

保險業務員、保險代理人及保險經紀人執行本保險業務前，應接受教育訓練，其教育訓練辦理情形應送請主管機關備查。

第五八條

保險業務員、保險代理人及保險經紀人執行本保險業務時，應向

事業單位出示核准文件明確告知。

第五九條

保險人應將其信用評等及保險商品之簡介、資產配置等資訊登載於公司（處）網站；並應以書面備置於總公司（處）、分公司（處）及通訊處等其他分支機構，或於上述各機構提供電腦設備供大眾公開查閱下載。

第六〇條

①保險人應於每月十五日前將下列書表報請主管機關備查，並於年度終了後二個月內提交總報告：

一　提繳事業單位數、參加勞工人數、提繳工資之統計事項。

二　年金保險給付核發統計事項。

三　申請或糾紛案件之統計事項。

四　責任準備金提存、資產配置及保單收益事項。

五　信用評等事項。

六　其他經主管機關規定之文件。

②前項書表資訊由主管機關彙整後按季公開之。

第六一條

主管機關於必要時得限期令保險人據實提供年金保險之收支、保管資料，並得派員、委託適當機構、專業人員或函請保險業務主管機關會同檢查保險人之經營狀況。

第六二條

保險人依保險法第一百四十五條提存責任準備金時，應包含本條例第三十五條第四項規定之收益率。

第六三條

保險人經營本保險業務，有下列情形之一時，由主管機關通知改善，必要時得函請保險業務主管機關依法處理：

一　經保險業務主管機關認定保險人之自有資本與風險資本比率，違反保險法第一百四十三條之四第一項規定，且未於保險業務主管機關要求之期限內補足、補正或提出補救方案。

二　嚴重違反保險法令致使其董事、總經理或負責本項業務經理人受到保險業務主管機關撤換之處分。

三　保險人最近連續二次之信用評等均低於第四十九條第一項第三款所定之等級。

四　廣告或宣傳誇大不實。

五　妨礙主管機關查核業務或業務陳報不實。

六　其他違反本條例所訂定之法令。

第六四條

①保險人不得將本保險業務委託其他保險人經營。

②保險人終止經營本保險業務或有併購之情形時，至遲應於終止經營本保險或併購基準日之前三十日，載明下列事項，陳報主管機關備查：

一　終止經營年金保險事由。

二　年金保險契約之轉換計畫。

三　終止年金保險業務之日期。

③保險人終止經營本保險業務時，應向主管機關陳報，並由主管機關公告之。

第六五條

①保險人經撤銷或自行終止經營、或因併購之情形而終止本保險業務時，其所簽訂之年金保險契約，應經被保險人同意後轉讓予其他得經營本保險業務之保險人；無法轉讓時，由主管機關會同保險業務主管機關指定保險人承受或由原保險人將保單價值準備金轉移至個人退休金專戶。

②前項由保險人轉移至個人退休金專戶之資產，如非屬勞工退休金個人專戶基金管理運用及盈虧分配辦法所定之投資標的者，保險人應依帳面價值以現金交付之。

③保險人依第一項完成轉讓年金保險契約，應通知被保險人及勞保局。

④保險人依前項變更，原保險人及承受保險契約之保險人均不得向勞工收取任何費用。

第六六條

保險人有併購之情事者，被併購之保險人所訂定之年金保險契約依前條第一項轉讓時，其要保人及被保險人之權利義務由併購後存續之保險人概括承受。

第六七條

①保單價值準備金依第十七條、第十八條第二項、第十九條第三項、第三十九條或第六十五條第一項移轉至新保險人或個人退休金專戶時，保險人應於收到申請書或受指定之日起三十日內完成移轉手續。

②前項保單價值準備金移轉時，保險人應全額移轉。

③第一項保單價值準備金以累積提繳年金保險費之期間，作為計算期間，除已分配之收益外，其尚未分配之收益，以前一期收益分配標準，計算至移轉之前一日止。

第七章　附　則

第六八條

①第十一條第一項第一款、第四款、第十二條第一項及第三十七條第一項書表格式，由主管機關定之。

②第十六條第二項、第三十三條及第四十條第一項申報書表格式，由勞保局另定之。

第六九條

①本辦法自中華民國九十四年七月一日施行。

②本辦法修正條文，自發布日施行。

勞工退休金條例退休基金管理運用及盈虧分配辦法

①民國94年7月1日行政院勞工委員會令訂定發布全文16條；本辦法除另定施行日期者外，自94年7月1日施行。

②民國99年6月17日行政院勞工委員會令修正發布第11、12、16條條文；並自發布日施行。

③民國102年6月10日行政院勞工委員會令修正發布第11、12條條文。

民國103年2月14日行政院公告第2條所列屬「行政院勞工委員會」之權責事項，自103年2月17日起由「勞動部」管轄；第8條第1、4項、第13條、第14條第1項所列屬「勞工保險局」之權責事項，自103年2月17日起改由「勞動部勞工保險局」管轄；第3條第1項第3款、第3項、第4條第3、4項、第6條第2項、第7條第2項、第8條第4項、第9條第2項、第11條第1、4項、第12條第1項、第14條第2項、第15條第2項所列屬「勞工退休基金監理會」權責事項，自103年2月17日起改由「勞動部勞動基金運用局」管轄；第4條第1項第12款、第14條第1項、第15條第1項所列屬「勞工退休基金監理會」權責事項，自103年2月17日起改由「勞動部」管轄。

④民國103年12月29日勞動部令修正發布全文16條；並自發布日施行。

⑤民國104年11月11日勞動部令修正發布第4～6條條文。

⑥民國108年8月29日勞動部令修正發布第3、9、11、12條條文。

第一條

本辦法依勞工退休金條例（以下簡稱本條例）第三十三條第一項規定訂定之。

第二條

勞工退休金條例退休基金（以下簡稱本基金）之主管機關為勞動部。

第三條

①本基金除滯納金依第二項規定辦理外，其支出範圍如下：

一　勞工或其遺屬或指定請領人，依本條例第二十四條第一項、第二十四條之一、第二十四條之二及第二十六條所支領之退休金或結算剩餘金額。

二　勞工依本條例施行細則第十四條第一項規定，一次移轉至年金保險之本金及收益。

三　基金投資運用、稽核及績效管理所需之經費。

四　其他有關必要之支出。

②本基金收繳之滯納金，其支出範圍如下：

一　依本條例第二十三條第二項規定，本基金收益未達以當地銀行二年定期存款利率計算之收益應由國庫補足之差額。

二　依第十一條第三項規定，應由國庫補足之數額。

三　其他報請行政院核定之項目。

③第一項第三款及第四款之經費，由勞動部勞動基金運用局（以下簡稱基金運用局）視基金規模及運作績效編列，報請主管機關核定。

第四條

①本基金得運用之範圍如下：

一　存放國內外之金融機構。

二　以貸款方式供各級政府或公營事業機構辦理有償性或可分年編列預算償還之經濟建設或資本支出。

三　提供金融機構承作勞工住宅貸款。

四　投資國內外上市、上櫃或私募之權益證券及其衍生性金融商品。

五　投資國內外上市、上櫃或私募之債務證券及其衍生性金融商品。

六　投資國內公開募集、私募之證券投資信託基金或期貨信託基金之受益憑證、國內共同信託基金受益證券或集合信託商品。

七　投資外國基金管理機構所發行或經理之受益憑證、基金股份或投資單位。

八　投資國內外商品現貨及其衍生性金融商品。

九　投資國內外不動產、不動產投資信託或資產信託受益證券及其衍生性金融商品。

十　投資其他衍生性金融商品。

十一　從事有價證券出借交易。

十二　其他經主管機關核定有利於本基金收益之運用項目。

②前項各款運用項目如涉及大陸地區或香港、澳門者，應符合金融主管機關或其他有關機關所定相關法令之規定。

③第一項各款運用項目之資產配置比率，由基金運用局擬具年度投資運用計畫，送請主管機關備查。

④基金運用局為辦理本基金之投資運用，應訂定相關運用及交易規定、作業處理程序，並送請主管機關備查。

第五條

本基金投資有價證券，應遵守下列投資比率限制：

一　購入單一權益證券、債務證券或基金之總成本，不得超過投資當時本基金淨值百分之五。

二　投資於任一權益證券、債務證券之總額，不得超過投資當時各該證券發行總額百分之十。

三　投資於任一基金之總額，不得超過該基金已發行受益權單位數百分之十。單一國內基金為指數股票型證券投資信託基金者，不得超過各該基金已發行受益權單位數百分之二十。

四　投資存託憑證應與所持有該存託憑證發行公司發行之股票，

合併計算總金額或總數額，並依第一款及第二款計算投資比率上限，其存託憑證之數額以該存託憑證表彰股票之股份數額計算。

第六條

①本基金從事衍生性金融商品交易，應透過各國金融、證券、期貨主管機關核准之金融機構爲之，並依下列規定辦理：

一　除保本型商品外，以不增加本基金財務槓桿爲原則。

二　配合國外投資之新臺幣與外幣間匯率避險需要，得於中央銀行所定相關規定之限額及工具範圍內從事外匯衍生性金融商品交易。

三　從事非外匯衍生性金融商品交易，以經各國主管機關、交易所或店頭市場核准、公告或掛牌之交易契約爲範圍。

②本基金從事衍生性金融商品交易之限額、對象及風險管理措施，由基金運用局擬訂，報請主管機關核定。

第七條

①本基金存放國內外金融機構之外幣存款，應依下列規定辦理：

一　存放於全世界資產或資本排名前三百名以內或經國際知名或主管機關認可之信用評等事業機構評等達一定等級以上之銀行。

二　存放同一銀行之金額，不得超過本基金淨值百分之一。但國外委託經營部分不列入該金額計算。

②前項第一款之排名、評等等級及其可存放限額，由基金運用局訂定，送請主管機關備查。

第八條

①本基金以每年十二月三十一日爲盈虧分配基準日，並應於每年盈虧分配基準日後三個月內，由勞動部勞工保險局（以下簡稱勞保局）辦理盈虧分配。

②前項盈虧分配，依本基金當年度損益乘以個別勞工退休金專戶當年度每日結餘金額累計數後，除以本基金當年度每日結餘金額累計數所得金額分配。

③前項金額，以元爲單位，角以下四捨五入。

④基金運用局應於每年盈虧分配基準日後二個月內，通知勞保局本基金當年度損益。

第九條

①勞工或其遺屬或指定請領人依法請領退休金時，依前條規定分配之累計金額低於依存儲期間以每年當地銀行二年定期存款利率之全年平均利率計算之累計收益者，應以該計算之累計收益給付。

②前項依當地銀行二年定期存款利率計算之全年平均利率計算之收益，以基金運用局每月公告之最低保證收益率計算之全年平均利率爲準，並按單利計算收益。

③前項全年平均利率，計算至百分率小數點第四位。

④第一項收益，以元爲單位，角以下四捨五入。

第一〇條

①勞工退休金個人專戶積存金額及依第八條計算分配之金額，應於勞工退休金個人專戶中予以揭示。

②前項依第八條計算分配金額揭示之規定，自中華民國九十六年三月三十一日施行。

第一一條

①勞工依本條例施行細則第十四條第一項規定，選擇一次將其個人退休金專戶之本金及收益移轉至年金保險者，除已分配入專戶之收益外，尚未分配期間之收益，以勞工申請當月基金運用局公告最近月份之收益率，計算至申請當月止。

②前項所定收益率，計算至百分率小數點第四位。

③第一項收益不得低於依存儲期間以每年當地銀行二年定期存款利率之全年平均利率計算之累計收益；有不足者，由國庫補足之。

第一二條

①勞工或其遺屬或指定請領人，依本條例規定領取之收益，除已分配入專戶之收益外，尚未分配期間之收益，以申請當月基金運用局公告最近月份之收益率，計算至申請當月止。

②前項所定收益率，計算至百分率小數點第四位。

③第一項收益低於依存儲期間以每年當地銀行二年定期存款利率之全年平均利率計算之累計收益者，應以該計算之累計收益給付。

④勞工或其遺屬或指定請領人，依前條及第一項規定領取尚未分配期間之收益者，於本基金辦理當期盈虧分配時，不就當期與依申請當月基金運用局公告最近月份收益率計算之差額進行補發或收回。

第一三條

勞保局為辦理本基金之收支及保管事宜，應訂定相關作業規範，報請主管機關核定。

第一四條

①勞保局應將勞工退休金之收支及其積存金額，按月送基金運用局報請主管機關備查。

②基金運用局應將本基金運用情形，按月報請主管機關備查。

第一五條

①基金運用局對本基金收支之預算及決算，應依有關法令規定辦理，並報請主管機關備查。

②本基金會計事務之處理，基金運用局應訂定會計制度。

第一六條

本辦法除另定施行日期者外，自發布日施行。

勞工退休準備金提撥及管理辦法

①民國74年7月1日內政部令訂定發布全文14條。
②民國85年5月15日行政院勞工委員會令修正發布第3、6、8、9條條文。
③民國90年5月16日行政院勞工委員會令修正發布第9條條文。
④民國91年6月12日行政院勞工委員會令修正發布第8條條文。
⑤民國91年11月20日行政院勞工委員會令修正發布第1條條文。
⑥民國94年1月19日行政院勞工委員會令修正發布第8條條文。
⑦民國104年11月19日勞動部令修正發布全文16條；並自發布日施行。

第一條

本辦法依勞動基準法（以下簡稱本法）第五十六條第一項規定訂定之。

第二條

各事業單位之提撥率，由雇主在本法第五十六條第一項規定範圍內，依據下列因素擬定之：

一 勞工工作年資。
二 薪資結構。
三 最近五年勞工流動率。
四 今後五年退休勞工人數。
五 適用本法前，依營利事業設置職工退休基金保管運用及分配辦法規定提撥之退休基金。
六 適用本法前，投保有關人身保險，但以其保險給付確能作為勞工退休準備金者為限。

第三條

各事業單位提撥勞工退休準備金累積至足以支應勞工退休金時，得經該事業單位勞工退休準備金監督委員會審議通過後，報請當地主管機關核准暫停提撥。

第四條

勞工退休準備金，應以各該事業單位勞工退休準備金監督委員會名義專戶存儲於指定之金融機構；支用時，應經勞工退休準備金監督委員會查核後，由雇主會同該委員會之主任委員及副主任委員簽署為之。

第五條

①事業單位歇業，雇主、勞工退休準備金監督委員會主任委員或副主任委員行蹤不明或其他原因未能簽署時，經當地主管機關查明屬實，由勞工退休準備金監督委員會三分之二委員簽署支用，其簽署應於歇業後六個月內為之。

②事業單位歇業，其勞工退休準備金未能依前項程序支用時，由勞工持憑執行名義請求當地主管機關召開退休金或資遣費請求人會議；當地主管機關並應依該會議決議，函請指定之金融機構支付。

③勞動部勞工保險局（以下簡稱勞保局）依積欠工資墊償基金提繳及墊償管理辦法第十四條第一項規定墊償勞工退休金或資遣費後，在墊償金額範圍內，得持憑勞工對雇主之執行名義，請當地主管機關依前項規定辦理。

第六條

前條第二項會議由當地主管機關為召集之公告或通知，並應列席監督，該會議應確定請求人名冊、決定函請指定之金融機構支付之期日及作成其勞工退休準備金之給付清冊等相關事宜。

第七條

各事業單位提撥之勞工退休準備金不足支應其勞工退休金時，應由各事業單位補足之。

第八條

①企業併購法第十五條第二項所定讓與公司或被分割公司辦理勞工退休準備金移轉時，應按其隨同營業或財產一併移轉勞工人數、年資及工資之比例，移轉至受讓事業單位之勞工退休準備金專戶存儲。

②企業併購法第十五條第三項所定讓與公司或被分割公司辦理勞工退休準備金移轉前，其提撥之勞工退休準備金，應達到第三條規定得暫停提撥之數額。

第九條

事業單位於依本法第五十五條及第八十四條之二規定之給與標準給付勞工退休金後，已無須依本法支付勞工退休金時，得報經當地主管機關核准後，領回其勞工退休準備金專戶之賸餘款；已無適用本法退休金制度之勞工者，亦同。

第一〇條

①事業單位歇業時，其已提撥之勞工退休準備金，除支付勞工退休金外，得先行作為本法之勞工資遣費，再作為勞工退休金條例之勞工資遣費。有賸餘時，其所有權屬該事業單位。

②前項勞工退休準備金賸餘款，事業單位勞工退休準備金監督委員會未能依第四條規定領回時，得由該事業單位向指定之金融機構申領。

第一一條

各事業單位適用本法前，依營利事業設置職工退休基金保管運用及分配辦法提撥之退休基金，得移入本辦法規定之該事業單位勞工退休準備金專戶內存儲，併同處理。

第一二條

當地主管機關或勞動檢查機構對各事業單位提撥勞工退休準備金情形得派員查核，有不合規定情事者，應依法處理。

第一三條

當地主管機關及勞保局得視實際需要，函請受指定保管運用勞工退休基金之金融機構提供有關資料。

第一四條

各事業單位應於每年年度終了後一個月內，造具勞工退休準備金提撥及支出數額清冊，送請勞工退休準備金監督委員會審核。

第一五條

各事業單位依本法規定提撥勞工退休準備金之開始日期，由中央主管機關以命令定之。

第一六條

本辦法自發布日施行。

勞工退休基金收支保管及運用辦法

①民國75年9月25日財政部、內政部令會銜訂定發布全文10條。
②民國79年9月21日財政部、行政院勞工委員會令修正發布第6條條文。
③民國84年6月28日財政部、行政院勞工委員會令會銜修正發布第2、3、8條條文。
④民國85年7月1日行政院勞工委員會令修正發布第6條條文。
⑤民國86年4月9日行政院勞工委員會令修正發布第6條條文。
⑥民國86年12月3日行政院勞工委員會令修正發布第3、6、7條條文。
⑦民國89年7月19日行政院勞工委員會令修正發布第7條條文。
⑧民國90年12月19日行政院勞工委員會令修正發布第7條條文。
⑨民國91年11月20日行政院勞工委員會令修正發布第1條條文。
⑩民國92年12月10日行政院勞工委員會令修正發布全文14條；並自發布日施行。
⑪民國94年4月15日行政院勞工委員會令修正發布第6條條文。
⑫民國95年5月9日行政院勞工委員會令修正發布第4、8、9條條文。
⑬民國96年1月9日行政院勞工委員會令修正發布第11條條文。
⑭民國96年4月29日行政院勞工委員會令修正發布第3、12條條文。
⑮民國98年6月26日行政院勞工委員會令修正發布全文14條；並自發布日施行。
⑯民國99年11月9日行政院勞工委員會令修正發布第6條條文；並刪除第8條條文。
　民國103年2月14日行政院公告第2條所列屬「行政院勞工委員會」之權責事項，自103年2月17日起改由「勞動部」管轄；第3條第2項、第6條第1項第11款、第10條第2項、第12條、第13條第1項所列屬「勞工退休基金監理會」權責事項，自103年2月17日起改由「勞動部」管轄。
⑰民國104年7月22日勞動部令修正發布全文13條；並自發布日施行。
⑱民國107年5月21日勞動部令修正發布第5、6條條文。

第一條
　本辦法依勞動基準法第五十六條第四項規定訂定之。
第二條
　本基金之主管機關為勞動部。
第三條
①本基金之收支、保管及運用，由主管機關會同財政部委託臺灣銀行股份有限公司（以下簡稱臺灣銀行）辦理，其中保管、運用，並得委託其他金融機構辦理。
②臺灣銀行為辦理本基金之收支、保管，得委託其他金融機構代辦；其委託契約應送請主管機關備查。
第四條
　本基金之來源如下：

一　依勞動基準法第五十六條第一項規定由各事業單位所提撥之勞工退休準備金。

二　依勞工退休金條例第五十條第一項所收繳之罰鍰。

三　本基金孳息及運用之收益。

四　其他經政府核定撥交之款項。

第五條

本基金之支出範圍，限為支付勞工退休金及依勞工退休準備金提撥及管理辦法第十條規定作為事業單位歇業時之資遣費。

第六條

①本基金之運用範圍如下：

一　存放國內外之金融機構。

二　以貸款方式供各級政府或公營事業機構辦理有償性或可分年編列預算償還之經濟建設或投資支出之用。

三　投資國內外上市、上櫃或私募之權益證券。

四　投資國內外債務證券。

五　投資國內公開募集或私募之證券投資信託基金、期貨信託基金之受益憑證、共同信託基金受益證券或集合信託商品。

六　投資外國基金管理機構所發行或經理之受益憑證、基金股份或投資單位。

七　投資國內外不動產及其證券化商品。

八　投資國內外商品現貨。

九　從事國內外衍生性金融商品交易。

十　從事有價證券出借交易。

十一　其他經主管機關核准有利於本基金收益之項目。

②前項運用範圍涉及存放外匯存款及國外投資者，其比率合計不得超過本基金淨額百分之六十。

③第一項運用範圍涉及大陸地區或香港、澳門者，應符合金融主管機關或其他有關機關所定相關法令之規定。

第七條

本基金投資外幣存款，應依下列規定辦理：

一　存放於中華民國境內之銀行或本國銀行海外分支機構。

二　存放於全世界銀行資產或資本排名居前三百名以內或經國際知名或金融主管機關認可之信用評等事業機構評等達一定等級以上之銀行。

三　存放國內外同一金融機構之外幣存款，不得超過本基金淨值百分之一。但存放於本基金委託保管銀行之活期性存款，以及國外委託經營部分不列入該金額計算。

第八條

本基金投資國外有價證券應遵守下列投資比率限制：

一　購入單一國外股票、債券、交易所買賣基金或境外基金之總成本，不得超過投資當時本基金淨額之百分之一。

二　投資於任一國外股票、債券之總額，不得超過各該發行總額

之百分之十。

三　投資於任一交易所買賣基金或境外基金，不得超過該基金已發行受益憑證百分之十。

四　投資存託憑證應與所持有該存託憑證發行公司發行之股票，合併計算總金額或總數額；其存託憑證之數額，以該存託憑證表彰股票之股份數額計算之，合併計算投資之比率上限，依第一款及第二款規定辦理。

第九條

①本基金從事衍生性金融商品交易，應透過各國金融、證券、期貨主管機關核准之金融機構爲之，並依下列規定辦理：

一　除保本型商品外，以不增加本基金財務槓桿爲原則。

二　配合國外投資之新臺幣與外幣間匯率避險需要，得於中央銀行所定相關規定之限額及工具範圍內從事外匯衍生性金融商品交易。

三　從事非外匯衍生性金融商品交易，以經各國主管機關、交易所或店頭市場核准、公告或掛牌之交易契約爲範圍。

②本基金從事衍生性金融商品交易之限額、對象及風險管理措施，由勞動部勞動基金運用局擬訂，報請主管機關核定。

第一〇條

①本基金之運用，其每年決算分配之最低收益，不得低於依當地銀行二年定期存款利率計算之收益。

②本基金運用所得可減除期末投資運用評價未實現利益，並補足前二年度累積短絀後，有超過當地銀行二年定期存款利率計算之收益時，應以其超過部分之半數，於每年度決算後三個月內完成分配，但以分配時基金專戶未結清者爲限。運用所得分配後賸餘全數提列作爲累積賸餘。

③提列累積賸餘中已實現利益之總額，有超過當年十二月底基金淨額之百分之六者，應併同於每年度決算後三個月內完成分配。

④第二項運用所得，應將股票及受益憑證等投資運用期末評價之未實現跌價損失予以排除後，再計算基金運用最低收益。上開最低收益如未達當地銀行二年定期存款利率計算之收益時，不足部分應先以累積賸餘補足之；如有不足，得留待翌年之累積賸餘補足之，並以二年爲限。如仍無法補足時，應經主管機關核准由國庫補足其差額。

第一一條

臺灣銀行應依規定程序辦理基金收支之業務，並應按月將基金之收支運用概況報請主管機關審議。

第一二條

①本基金收支之預算及決算，應依有關法令規定辦理。

②本基金會計事務之處理，應訂定會計制度。

第一三條

本辦法自發布日施行。

性別平等工作法

①民國91年1月16日總統令制定公布全文40條；並自91年3月8日起施行。
②民國97年1月16日總統令修正公布名稱及第1、5〜11、15、16、20、21、26、31、34、35、38、40條條文；並增訂第6-1、38-1條條文；第16條施行日期，由行政院定之（原名稱：兩性工作平等法）。
　民國98年4月24日行政院令發布第16條定自98年5月1日施行。
③民國97年11月26日總統令修正公布第38、38-1條條文。
④民國100年1月5日總統令修正公布第15、20條條文。
⑤民國102年12月11日總統令修正公布第14條條文。
　民國103年2月14日行政院公告第4條第1項所列屬「行政院勞工委員會」之權責事項，自103年2月17日起改由「勞動部」管轄。
⑥民國103年6月18日總統令修正公布第2、3、38、38-1、40條條文；並自公布日施行。
⑦民國103年12月11日總統令修正公布第4、12、14〜16、23、38-1條條文。
⑧民國105年5月18日總統令修正公布第18、23、27、38條條文。
⑨民國111年1月12日總統令修正公布第15、19、40條條文；並刪除第22條條文。
　民國111年1月17日行政院令發布定自111年1月18日施行。
⑩民國112年8月16日總統令修正公布名稱及第1、2、5、12、13、27、34、35、37、38-1、40條條文；並增訂第13-1、32-1〜32-3、38-2〜38-4、39-1條條文；除第5條第2〜4項、第12條第3、5〜8項、第13、13-1、32-1〜32-3、34、38-1〜38-3條自113年3月8日施行外，自公布日施行（原名稱：性別工作平等法）。

第一章　總　則

第一條 112
①為保障工作權之性別平等，貫徹憲法消除性別歧視、促進性別地位實質平等之精神，爰制定本法。
②工作場所性騷擾事件，除校園性騷擾事件依性別平等教育法規定處理外，依本法規定處理。

第二條 112
①雇主與受僱者之約定優於本法者，從其約定。
②本法於公務人員、教育人員及軍職人員，亦適用之。但第三十二條之一、第三十二條之二、第三十三條、第三十四條、第三十八條及第三十八條之一之規定，不適用之。
③公務人員、教育人員及軍職人員之申訴、救濟及處理程序，依各該人事法令之規定。

④本法於雇主依勞動基準法規定招收之技術生及準用技術生規定者，除適用高級中等學校建教合作實施及建教生權益保障法規定之建教生外，亦適用之。但第十六條及第十七條之規定，不在此限。

⑤實習生於實習期間遭受性騷擾時，適用本法之規定。

第三條

本法用詞，定義如下：

一 受僱者：指受雇主僱用從事工作獲致薪資者。

二 求職者：指向雇主應徵工作之人。

三 雇主：指僱用受僱者之人、公私立機構或機關。代表雇主行使管理權之人或代表雇主處理有關受僱者事務之人，視同雇主。要派單位使用派遣勞工時，視為第八條、第九條、第十二條、第十三條、第十八條、第十九條及第三十六條規定之雇主。

四 實習生：指公立或經立案之私立高級中等以上學校修習校外實習課程之學生。

五 要派單位：指依據要派契約，實際指揮監督管理派遣勞工從事工作者。

六 派遣勞工：指受派遣事業單位僱用，並向要派單位提供勞務者。

七 派遣事業單位：指從事勞動派遣業務之事業單位。

八 薪資：指受僱者因工作而獲得之報酬；包括薪資、薪金及按計時、計日、計月、計件以現金或實物等方式給付之獎金、津貼及其他任何名義之經常性給與。

九 復職：指回復受僱者申請育嬰留職停薪時之原有工作。

第四條

①本法所稱主管機關：在中央為勞動部；在直轄市為直轄市政府；在縣（市）為縣（市）政府。

②本法所定事項，涉及各目的事業主管機關職掌者，由各該目的事業主管機關辦理。

第五條 112

①各級主管機關應設性別平等工作會，處理審議、諮詢及促進性別平等工作事項。

②前項性別平等工作會應置委員五人至十一人，任期二年，由具備勞工事務、性別問題之相關學識經驗或法律專業人士擔任之；其中經勞工團體、性別團體推薦之委員各二人；女性委員人數應占全體委員人數二分之一以上；政府機關代表不得逾全體委員人數三分之一。

③前二項性別平等工作會組織、會議及其他相關事項，由各級主管機關另定之。

④地方主管機關設有就業歧視評議委員會者，第一項性別平等工作會得與該委員會合併設置，其組成仍應符合第二項規定。

第六條

①直轄市及縣（市）主管機關為婦女就業之需要應編列經費，辦理各類職業訓練、就業服務及再就業訓練，並於該期間提供或設置托兒、托老及相關福利設施，以促進性別工作平等。

②中央主管機關對直轄市及縣（市）主管機關辦理前項職業訓練、就業服務及再就業訓練，並於該期間提供或設置托兒、托老及相關福利措施，得給予經費補助。

第六條之一

主管機關應就本法所訂之性別、性傾向歧視之禁止、性騷擾之防治及促進工作平等措施納入勞動檢查項目。

第二章　性別歧視之禁止

第七條

雇主對求職者或受僱者之招募、甄試、進用、分發、配置、考績或陞遷等，不得因性別或性傾向而有差別待遇。但工作性質僅適合特定性別者，不在此限。

第八條

雇主為受僱者舉辦或提供教育、訓練或其他類似活動，不得因性別或性傾向而有差別待遇。

第九條

雇主為受僱者舉辦或提供各項福利措施，不得因性別或性傾向而有差別待遇。

第一〇條

①雇主對受僱者薪資之給付，不得因性別或性傾向而有差別待遇；其工作或價值相同者，應給付同等薪資。但基於年資、獎懲、績效或其他非因性別或性傾向因素之正當理由者，不在此限。

②雇主不得以降低其他受僱者薪資之方式，規避前項之規定。

第一一條

①雇主對受僱者之退休、資遣、離職及解僱，不得因性別或性傾向而有差別待遇。

②工作規則、勞動契約或團體協約，不得規定或事先約定受僱者有結婚、懷孕、分娩或育兒之情事時，應行離職或留職停薪；亦不得以其為解僱之理由。

③違反前二項規定者，其規定或約定無效；勞動契約之終止不生效力。

第三章　性騷擾之防治

第一二條 112

①本法所稱性騷擾，指下列情形之一：

一　受僱者於執行職務時，任何人以性要求、具有性意味或性別歧視之言詞或行為，對其造成敵意性、脅迫性或冒犯性之工作環境，致侵犯或干擾其人格尊嚴、人身自由或影響其工作

表現。

二 雇主對受僱者或求職者為明示或暗示之性要求、具有性意味或性別歧視之言詞或行為，作為勞務契約成立、存續、變更或分發、配置、報酬、考績、陞遷、降調、獎懲等之交換條件。

②本法所稱權勢性騷擾，指對於因僱用、求職或執行職務關係受自己指揮、監督之人，利用權勢或機會為性騷擾。

③有下列情形之一者，適用本法之規定：

一 受僱者於非工作時間，遭受所屬事業單位之同一人，為持續性性騷擾。

二 受僱者於非工作時間，遭受不同事業單位，具共同作業或業務往來關係之同一人，為持續性性騷擾。

三 受僱者於非工作時間，遭受最高負責人或僱用人為性騷擾。

④前三項性騷擾之認定，應就個案審酌事件發生之背景、工作環境、當事人之關係、行為人之言詞、行為及相對人之認知等具體事實為之。

⑤中央主管機關應建立性別平等人才資料庫、彙整性騷擾防治事件各項資料，並作統計及管理。

⑥第十三條、第十三條之一、第二十七條至第三十條及第三十六條至第三十八條之一之規定，於性侵害犯罪，亦適用之。

⑦第一項第一款所定情形，係由不特定人於公共場所或公眾得出入場所為之者，就性騷擾事件之調查、調解及處罰等事項，適用性騷擾防治法之規定。

⑧本法所稱最高負責人，指下列之人：

一 機關（構）首長、學校校長、各級軍事機關（構）及部隊上校編階以上之主官、行政法人董（理）事長、公營事業機構董事長、理事主席或與該等職務相當之人。

二 法人、合夥、設有代表人或管理人之非法人團體及其他組織之對外代表人或與該等職務相當之人。

第一三條 112

①雇主應採取適當之措施，防治性騷擾之發生，並依下列規定辦理：

一 僱用受僱者十人以上未達三十人者，應訂定申訴管道，並在工作場所公開揭示。

二 僱用受僱者三十人以上者，應訂定性騷擾防治措施、申訴及懲戒規範，並在工作場所公開揭示。

②雇主於知悉性騷擾之情形時，應採取下列立即有效之糾正及補救措施；被害人及行為人分屬不同事業單位，且具共同作業或業務往來關係者，該行為人之雇主，亦同：

一 雇主因接獲被害人申訴而知悉性騷擾之情形時：

㈠採行避免申訴人受性騷擾情形再度發生之措施。

㈡對申訴人提供或轉介諮詢、醫療或心理諮商、社會福利資

源及其他必要之服務。

　　㈢對性騷擾事件進行調查。

　　㈣對行為人為適當之懲戒或處理。

二　雇主非因前款情形而知悉性騷擾事件時：

　　㈠就相關事實進行必要之釐清。

　　㈡依被害人意願，協助其提起申訴。

　　㈢適度調整工作內容或工作場所。

　　㈣依被害人意願，提供或轉介諮詢、醫療或心理諮商處理、社會福利資源及其他必要之服務。

③雇主對於性騷擾事件之查證，應秉持客觀、公正、專業原則，並給予當事人充分陳述意見及答辯機會，有詢問當事人之必要時，應避免重複詢問；其內部規定應設有申訴處理單位者，其人員應有具備性別意識之專業人士。

④雇主接獲被害人申訴時，應通知地方主管機關；經調查認定屬性騷擾之案件，並應將處理結果通知地方主管機關。

⑤地方主管機關應規劃整合相關資源，提供或轉介被害人運用，並協助雇主辦理第二項各款之措施；中央主管機關得視地方主管機關實際財務狀況，予以補助。

⑥雇主依第一項所為之防治措施，其內容應包括性騷擾樣態、防治原則、教育訓練、申訴管道、申訴調查程序、應設申訴處理單位之基準與其組成、懲戒處理及其他相關措施；其準則，由中央主管機關定之。

第一三條之一 112

①性騷擾被申訴人具權勢地位，且情節重大，於進行調查期間有先行停止或調整職務之必要時，雇主得暫時停止或調整被申訴人之職務；經調查未認定為性騷擾者，停止職務期間之薪資，應予補發。

②申訴案件經雇主或地方主管機關調查後，認定為性騷擾，且情節重大者，雇主得於知悉該調查結果之日起三十日內，不經預告終止勞動契約。

第四章　促進工作平等措施

第一四條

①女性受僱者因生理日致工作有困難者，每月得請生理假一日，全年請假日數未逾三日，不併入病假計算，其餘日數併入病假計算。

②前項併入及不併入病假之生理假薪資，減半發給。

第一五條 111

①雇主於女性受僱者分娩前後，應使其停止工作，給予產假八星期；妊娠三個月以上流產者，應使其停止工作，給予產假四星期；妊娠二個月以上未滿三個月流產者，應使其停止工作，給予產假一星期；妊娠未滿二個月流產者，應使其停止工作，給予產

假五日。

②產假期間薪資之計算，依相關法令之規定。

③受僱者經醫師診斷需安胎休養者，其治療、照護或休養期間之請假及薪資計算，依相關法令之規定。

④受僱者妊娠期間，雇主應給予產檢假七日。

⑤受僱者陪伴其配偶妊娠產檢或其配偶分娩時，雇主應給予陪產檢及陪產假七日。

⑥產檢假、陪產檢及陪產假期間，薪資照給。

⑦雇主依前項規定給付產檢假、陪產檢及陪產假薪資後，就其中各逾五日之部分得向中央主管機關申請補助。但依其他法令規定，應給予產檢假、陪產檢及陪產假各逾五日且薪資照給者，不適用之。

⑧前項補助業務，由中央主管機關委任勞動部勞工保險局辦理之。

第一六條

①受僱者任職滿六個月後，於每一子女滿三歲前，得申請育嬰留職停薪，期間至該子女滿三歲止，但不得逾二年。同時撫育子女二人以上者，其育嬰留職停薪期間應合併計算，最長以最幼子女受撫育二年為限。

②受僱者於育嬰留職停薪期間，得繼續參加原有之社會保險，原由雇主負擔之保險費，免予繳納；原由受僱者負擔之保險費，得遞延三年繳納。

③依家事事件法、兒童及少年福利與權益保障法相關規定與收養兒童先行共同生活之受僱者，其共同生活期間得依第一項規定申請育嬰留職停薪。

④育嬰留職停薪津貼之發放，另以法律定之。

⑤育嬰留職停薪實施辦法，由中央主管機關定之。

第一七條

①前條受僱者於育嬰留職停薪期滿後，申請復職時，除有下列情形之一，並經主管機關同意者外，雇主不得拒絕：

一　歇業、虧損或業務緊縮者。

二　雇主依法變更組織、解散或轉讓者。

三　不可抗力暫停工作在一個月以上者。

四　業務性質變更，有減少受僱者之必要，又無適當工作可供安置者。

②雇主因前項各款原因未能使受僱者復職時，應於三十日前通知之，並應依法定標準發給資遣費或退休金。

第一八條

①子女未滿二歲須受僱者親自哺（集）乳者，除規定之休息時間外，雇主應每日另給哺（集）乳時間六十分鐘。

②受僱者於每日正常工作時間以外之延長工作時間達一小時以上者，雇主應給予哺（集）乳時間三十分鐘。

③前二項哺（集）乳時間，視為工作時間。

第一九條 111

① 受僱於僱用三十人以上僱主之受僱者，為撫育未滿三歲子女，得向僱主請求為下列二款事項之一：

一　每天減少工作時間一小時；減少之工作時間，不得請求報酬。

二　調整工作時間。

② 受僱於僱用未滿三十人僱主之受僱者，經與僱主協商，雙方合意後，得依前項規定辦理。

第二○條

① 受僱者於其家庭成員預防接種、發生嚴重之疾病或其他重大事故須親自照顧時，得請家庭照顧假；其請假日數併入事假計算，全年以七日為限。

② 家庭照顧假薪資之計算，依各該事假規定辦理。

第二一條

① 受僱者依前七條之規定為請求時，僱主不得拒絕。

② 受僱者為前項之請求時，僱主不得視為缺勤而影響其全勤獎金、考績或為其他不利之處分。

第二二條 （刪除）111

第二三條

① 僱用受僱者一百人以上之僱主，應提供下列設施、措施：

一　哺（集）乳室。

二　托兒設施或適當之托兒措施。

② 主管機關對於僱主設置哺（集）乳室、托兒設施或提供托兒措施，應給予經費補助。

③ 有關哺（集）乳室、托兒設施、措施之設置標準及經費補助辦法，由中央主管機關會商有關機關定之。

第二四條

主管機關為協助因結婚、懷孕、分娩、育兒或照顧家庭而離職之受僱者獲得再就業之機會，應採取就業服務、職業訓練及其他必要之措施。

第二五條

僱主僱用因結婚、懷孕、分娩、育兒或照顧家庭而離職之受僱者成效卓著者，主管機關得給予適當之獎勵。

第五章　救濟及申訴程序

第二六條

受僱者或求職者因第七條至第十一條或第二十一條之情事，受有損害者，僱主應負賠償責任。

第二七條 112

① 受僱者或求職者因遭受性騷擾，受有財產或非財產上損害者，由僱主及行為人連帶負損害賠償責任。但僱主證明其已遵行本法所定之各種防治性騷擾之規定，且對該事情之發生已盡力防止仍不

免發生者，雇主不負損害賠償責任。

②如被害人依前項但書之規定不能受損害賠償時，法院因其聲請，得斟酌雇主與被害人之經濟狀況，令雇主爲全部或一部之損害賠償。

③雇主賠償損害時，對於性騷擾行爲人，有求償權。

④被害人因遭受性騷擾致生法律訴訟，於受司法機關通知到庭期間，雇主應給予公假。

⑤行爲人因權勢性騷擾，應依第一項規定負損害賠償責任者，法院得因被害人之請求，依侵害情節，酌定損害額一倍至三倍之懲罰性賠償金。

⑥前項行爲人爲最高負責人或僱用人，被害人得請求損害額三倍至五倍之懲罰性賠償金。

第二八條

受僱者或求職者因雇主違反第十三條第二項之義務，受有損害者，雇主應負賠償責任。

第二九條

前三條情形，受僱者或求職者雖非財產上之損害，亦得請求賠償相當之金額。其名譽被侵害者，並得請求回復名譽之適當處分。

第三〇條

第二十六條至第二十八條之損害賠償請求權，自請求權人知有損害及賠償義務人時起，二年間不行使而消滅。自有性騷擾行爲或違反各該規定之行爲時起，逾十年者，亦同。

第三一條

受僱者或求職者於釋明差別待遇之事實後，雇主應就差別待遇之非性別、性傾向因素，或該受僱者或求職者所從事工作之特定性別因素，負舉證責任。

第三二條

雇主爲處理受僱者之申訴，得建立申訴制度協調處理。

第三二條之一 112

①受僱者或求職者遭受性騷擾，應向雇主提起申訴。但有下列情形之一者，得逕向地方主管機關提起申訴：

一　被申訴人屬最高負責人或僱用人。

二　雇主未處理或不服被申訴人之雇主所爲調查或懲戒結果。

②受僱者或求職者依前項但書規定，向地方主管機關提起申訴之期限，應依下列規定辦理：

一　被申訴人非具權勢地位：自知悉性騷擾時起，逾二年提起者，不予受理；自該行爲終了時起，逾五年者，亦同。

二　被申訴人具權勢地位：自知悉性騷擾時起，逾三年提起者，不予受理；自該行爲終了時起，逾七年者，亦同。

③有下列情形之一者，依各款規定辦理，不受前項規定之限制。但依前項規定有較長申訴期限者，從其規定：

一　性騷擾發生時，申訴人未成年，得於成年之日起三年內申

　　訴。

二　被申訴人為最高負責人或僱用人，申訴人得於離職之日起一年內申訴。但自該行為終了時起，逾十年者，不予受理。

④申訴人依第一項但書規定向地方主管機關提起申訴後，得於處分作成前，撤回申訴。撤回申訴後，不得就同一案件再提起申訴。

第三二條之二　112

①地方主管機關為調查前條第一項但書之性騷擾申訴案件，得請專業人士或團體協助；必要時，得請求警察機關協助。

②地方主管機關依本法規定進行調查時，被申訴人、申訴人及受邀協助調查之個人或單位應配合調查，並提供相關資料，不得規避、妨礙或拒絕。

③地方主管機關依前條第一項第二款受理之申訴，經認定性騷擾行為成立或原懲戒結果不當者，得令行為人之雇主於一定期限內採取必要之處置。

④前條及前三項有關地方主管機關受理工作場所性騷擾申訴之範圍、處理程序、調查方式、必要處置及其他相關事項之辦法，由中央主管機關定之。

⑤性騷擾之被申訴人為最高負責人或僱用人時，於地方主管機關調查期間，申訴人得向雇主申請調整職務或工作型態至調查結果送達雇主之日起三十日內，雇主不得拒絕。

第三二條之三　112

①公務人員、教育人員或軍職人員遭受性騷擾，且行為人為第十二條第八項第一款所定最高負責人者，應向上級機關（構）、所屬主管機關或監督機關申訴。

②第十二條第八項第一款所定最高負責人或機關（構）、公立學校、各級軍事機關（構）、部隊、行政法人及公營事業機構各級主管涉及性騷擾行為，且情節重大，於進行調查期間有先行停止或調整職務之必要時，得由其上級機關（構）、所屬主管機關、監督機關，或服務機關（構）、公立學校、各級軍事機關（構）、部隊、行政法人或公營事業機構停止或調整其職務。但其他法律別有規定者，從其規定。

③私立學校校長或各級主管涉及性騷擾行為，且情節重大，於進行調查期間有先行停止或調整職務之必要時，得由學校所屬主管機關或服務學校停止或調整其職務。

④依前二項規定停止或調整職務之人員，其案件調查結果未經認定為性騷擾，或經認定為性騷擾但未依公務人員、教育人員或其他相關法律予以停職、免職、解聘、停聘或不續聘者，得依各該法律規定申請復職，及補發停職期間之本俸（薪）、年功俸（薪）或相當之給與。

⑤機關政務首長、軍職人員，其停止職務由上級機關或具任免權之機關為之。

第三三條

①受僱者發現僱主違反第十四條至第二十條之規定時，得向地方主管機關申訴。

②其向中央主管機關提出者，中央主管機關應於收受申訴案件，或發現有上開違反情事之日起七日內，移送地方主管機關。

③地方主管機關應於接獲申訴後七日內展開調查，並得依職權對雙方當事人進行協調。

④前項申訴處理辦法，由地方主管機關定之。

第三四條

①受僱者或求職者發現僱主違反第七條至第十一條、第十三條第二項、第二十一條或第三十六條規定時，得向地方主管機關提起申訴。

②前項申訴，地方主管機關應經性別平等工作會審議。僱主、受僱者或求職者對於地方主管機關審議後所為之處分有異議時，得於十日內向中央主管機關性別平等工作會申請審議或逕行提起訴願；如有不服中央主管機關性別平等工作會之審定，得逕行提起行政訴訟。

③地方主管機關對於第三十二條之一第一項但書所定申訴案件，經依第三十二條之二第一項及第二項規定調查後，除情節重大或經媒體報導揭露之特殊案件外，得不經性別平等工作會審議，逕為處分。如有不服，得提起訴願及進行行政訴訟。

④第一項及第二項申訴審議處理辦法，由中央主管機關定之。

第三五條 112

法院及主管機關對差別待遇事實之認定，應審酌性別平等工作會所為之調查報告、評議或處分。

第三六條

僱主不得因受僱者提出本法之申訴或協助他人申訴，而予以解僱、調職或其他不利之處分。

第三七條 112

①受僱者或求職者因僱主違反本法之規定，或遭受性騷擾，而向地方主管機關提起申訴，或向法院提出訴訟時，主管機關應提供必要之法律諮詢或扶助；其諮詢或扶助業務，得委託民間團體辦理。

②前項法律扶助辦法，由中央主管機關定之。

③地方主管機關提供第一項之法律諮詢或扶助，中央主管機關得視其實際財務狀況，予以補助。

④受僱者或求職者為第一項訴訟而聲請保全處分時，法院得減少或免除供擔保之金額。

第六章 罰 則

第三八條 112

①僱主違反第二十一條、第二十七條第四項或第三十六條規定者，處新臺幣二萬元以上三十萬元以下罰鍰。

②有前項規定行為之一者，應公布其姓名或名稱、負責人姓名，並限期令其改善；屆期未改善者，應按次處罰。

第三八條之一 112

①雇主違反第七條至第十條、第十一條第一項、第二項規定者，處新臺幣三十萬元以上一百五十萬元以下罰鍰。

②雇主違反第十三條第二項規定或地方主管機關依第三十二條之二第三項限期為必要處置之命令，處新臺幣二萬元以上一百萬元以下罰鍰。

③雇主違反第十三條第一項第二款規定，處新臺幣二萬元以上三十萬元以下罰鍰。

④雇主違反第十三條第一項第一款規定，經限期改善，屆期未改善者，處新臺幣一萬元以上十萬元以下罰鍰。

⑤雇主違反第三十二條之二第五項規定，處新臺幣一萬元以上五萬元以下罰鍰。

⑥有前條或前五項規定行為之一者，應公布其名稱、負責人姓名、處分期日、違反條文及罰鍰金額，並限期令其改善；屆期未改善者，應按次處罰。

第三八條之二 112

①最高負責人或僱用人經地方主管機關認定有性騷擾者，處新臺幣一萬元以上一百萬元以下罰鍰。

②被申訴人違反第三十二條之二第二項規定，無正當理由而規避、妨礙、拒絕調查或提供資料者，處新臺幣一萬元以上五萬元以下罰鍰，並得按次處罰。

③第一項裁處權時效，自地方主管機關收受申訴人依第三十二條之一第一項但書規定提起申訴之日起算。

第三八條之三 112

①第十二條第八項第一款之最高負責人經依第三十二條之三第一項規定認定有性騷擾者，由地方主管機關依前條第一項規定處罰。

②前項裁處權時效，自第三十二條之三第一項所定受理申訴機關收受申訴人依該項規定提起申訴之日起算，因三年期間之經過而消滅；自該行為終了時起，逾十年者，亦同。

第七章　附　則

第三八條之四 112

性騷擾防治法第十條、第二十五條及第二十六條規定，於本法所定性騷擾事件，適用之。

第三九條

本法施行細則，由中央主管機關定之。

第三九條之一 112

本法中華民國一百十二年七月三十一日修正之本條文施行前，已受理之性騷擾申訴案件尚未終結者，及修正施行前已發生性騷擾事件而於修正施行後受理申訴者，均依修正施行後之規定終結

之。但已進行之程序，其效力不受影響。

第四○條 112

①本法自中華民國九十一年三月八日施行。

②本法修正條文，除中華民國九十七年一月十六日修正公布之第十六條及一百十一年一月十二日修正公布之條文施行日期由行政院定之；一百十二年七月三十一日修正之第五條第二項至第四項、第十二條第三項、第五項至第八項、第十三條、第十三條之一、第三十二條之一至第三十二條之三、第三十四條、第三十八條之一至第三十八條之三自一百十三年三月八日施行外，自公布日施行。

性別平等工作法施行細則

①民國91年3月6日行政院勞工委員會令訂定發布全文15條；並自發布日施行。

②民國97年7月11日行政院勞工委員會令修正發布名稱及第1、2、7條條文（原名稱：兩性工作平等法施行細則）。

③民國101年4月23日行政院勞工委員會令修正發布第5、7條條文。

④民國103年1月16日行政院勞工委員會令修正發布第13、14條條文。

⑤民國103年10月6日勞動部令修正發布第7條條文；並增訂第4-1條條文。

⑥民國104年3月27日勞動部令修正發布第7條條文；並刪除第4條條文。

⑦民國111年1月18日勞動部令修正發布第7、9、15條條文；第7條自111年1月18日施行，第9條自111年5月1日施行。

⑧民國113年1月17日勞動部令修正發布名稱及第1、15條條文；並增訂第1-1、4-2～4-4條條文；除第4-2、4-3條自113年3月8日施行外，自發布日施行（原名稱：性別工作平等法施行細則）。

第一條 113

本細則依性別平等工作法（以下簡稱本法）第三十九條規定訂定之。

第一條之一 113

本法中華民國一百十二年八月十六日修正公布之第五條第二項至第四項施行前，各級主管機關已依本法第五條設性別平等工作會，且委員任期於修正施行後屆滿者，得繼續擔任至任期屆滿之日止。

第二條

本法第七條至第十一條、第三十一條及第三十五條所稱差別待遇，指雇主因性別或性傾向因素而對受僱者或求職者為直接或間接不利之對待。

第三條

本法第七條但書所稱工作性質僅適合特定性別者，指非由特定性別之求職者或受僱者從事，不能完成或難以完成之工作。

第四條 （刪除）

第四條之一

①實習生所屬學校知悉其實習期間遭受性騷擾時，所屬學校應督促實習之單位採取立即有效之糾正及補救措施，並應提供實習生必要協助。

②申訴案件之申訴人為實習生時，地方主管機關得請求教育主管機關及所屬學校共同調查。

第四條之二 113

① 本法第十二條第三項第二款及第十三條第二項所稱共同作業，指基於共同目的於同一期間從事工作者。

② 本法第十二條第三項第一款及第二款所稱持續性性騷擾，指該性騷擾行為於工作時間及非工作時間均發生，且時間具密接性者。

③ 本法第十三條第二項序文所定知悉，不以被害人須向雇主提出性騷擾申訴為限。

第四條之三 113

本法第十三條第四項所稱地方主管機關，指被害人勞務提供地之直轄市或縣（市）主管機關。

第四條之四 113

本法中華民國一百十二年八月十六日修正公布之第三十四條施行之日起，中央主管機關就性別平等工作會依本法第三十四條第二項規定所為之審定，雇主、受僱者或求職者如有不服，不經訴願程序，得依法提起行政訴訟。

第五條

① 本法第十三條第一項、第十九條及第二十三條第一項所定僱用人數之計算，包括分支機構及附屬單位之僱用人數。

② 本法第十九條所定之僱用人數，依受僱者申請或請求當月第一個工作日雇主僱用之總人數計算。

第六條

本法第十五條第一項規定產假期間之計算，應依曆連續計算。

第七條 111

本法第十五條第五項規定之七日陪產檢及陪產假，除陪產檢於配偶妊娠期間請假外，受僱者陪產之請假，應於配偶分娩之當日及其前後合計十五日期間內為之。

第八條

受僱者於依本法第十六條第一項規定申請育嬰留職停薪期間屆滿前分娩或流產，於復職後仍在本法第十五條第一項所定之產假期間時，雇主仍應依本法規定給予產假。但得扣除自分娩或流產之日起至復職前之日數。

第九條 111

受僱者依本法第十六條第二項規定繼續參加原有之社會保險，不包括參加勞工職業災害保險，並應於原投保單位繼續投保。

第一〇條

依本法第十六條第二項規定繼續參加原有之社會保險者，其投保手續、投保金額、保險費繳納及保險給付等事項，依各該相關法令規定辦理。

第一一條

本法第十八條第一項所定親自哺乳，包括女性受僱者以容器貯存母乳備供育兒之情形。

第一二條

本法第十六條第一項、第十八條第一項及第十九條所稱子女，指婚生子女、非婚生子女及養子女。

第一三條

受僱者依本法第十五條至第二十條規定為申請或請求者，必要時雇主得要求其提出相關證明文件。

第一四條

本法第二十三條第一項所定雇主應設置托兒設施或提供適當之托兒措施，包括與其他雇主聯合辦理或委託托兒服務機構辦理者。

第一五條 113

① 本細則自發布日施行。

② 本細則中華民國一百十一年一月十八日修正發布之第七條自一百十一年一月十八日施行，第九條自一百十一年五月一日施行；一百十三年一月十七日修正發布之第四條之二、第四條之三自一百十三年三月八日施行。

育嬰留職停薪實施辦法

①民國91年3月6日行政院勞工委員會令訂定發布全文9條；並自發布日施行。
②民國97年7月7日行政院勞工委員會令修正發布第1條條文。
③民國109年1月21日勞動部令修正發布第1條條文。
④民國110年6月4日勞動部令修正發布第2、9條條文；並自110年7月1日施行。
⑤民國111年1月18日勞動部令修正發布第2、9條條文；並自111年1月18日施行。
⑥民國113年1月4日勞動部令修正發布第1條條文。

第一條 113

本辦法依性別平等工作法第十六條第五項規定訂定之。

第二條 111

①受僱者申請育嬰留職停薪，應於十日前以書面向僱主提出。

②前項書面應記載下列事項：

一 姓名、職務。

二 留職停薪期間之起訖日。

三 子女之出生年、月、日。

四 留職停薪期間之住居所、聯絡電話。

五 是否繼續參加社會保險。

③前項育嬰留職停薪期間，每次以不少於六個月為原則。但受僱者有少於六個月之需求者，得以不低於三十日之期間，向僱主提出申請，並以二次為限。

第三條

受僱者於申請育嬰留職停薪期間，得與僱主協商提前或延後復職。

第四條

育嬰留職停薪期間，除勞僱雙方另有約定外，不計入工作年資計算。

第五條

育嬰留職停薪期間，受僱者欲終止勞動契約者，應依各相關法令之規定辦理。

第六條

育嬰留職停薪期間，僱主得僱用替代人力，執行受僱者之原有工作。

第七條

受僱者於育嬰留職停薪期間，不得與他人另訂勞動契約。

第八條

受僱者育嬰留職停薪期間，僱主應隨時與受僱者聯繫，告知與其職務有關之教育訓練訊息。

第九條 111

① 本辦法自發布日施行。

② 本辦法中華民國一百十年六月四日修正發布之條文，自一百十七月一日施行；一百十一年一月十八日修正發布之條文，自一百十一年一月十八日施行。

工作場所性騷擾防治措施準則

①民國91年3月6日行政院勞工委員會令訂定發布全文15條；並自發布日施行。
②民國97年7月8日行政院勞工委員會令修正發布第1條條文。
③民國101年8月2日行政院勞工委員會令修正發布第7、11條條文。
④民國104年5月14日勞動部令增訂發布第4-1條條文。
⑤民國109年4月6日勞動部令修正發布第2、15條條文；並自109年11月1日施行。
⑥民國113年1月17日勞動部令修正發布名稱及全文21條；並自113年3月8日施行（原名稱：工作場所性騷擾防治措施申訴及懲戒辦法訂定準則）。

第一條

本準則依性別平等工作法（以下簡稱本法）第十三條第六項規定訂定之。

第二條

①僱用受僱者十人以上未達三十人之雇主，爲防治性騷擾之發生，應設置處理性騷擾之專線電話、傳真、專用信箱、電子信箱或其他指定之申訴管道。

②前項所定申訴管道，應於工作場所顯著之處公開揭示；其公開揭示得以書面、電子資料傳輸或其他可隨時取得查知之方式爲之。

第三條

①僱用受僱者三十人以上之雇主，除依前條規定辦理外，應依本準則規定，訂定性騷擾防治措施、申訴及懲戒規範，並公開揭示之。

②前項規範之內容，應包括下列事項：

一　實施防治性騷擾之教育訓練。

二　性騷擾事件之申訴、調查及處理程序，並指定人員或單位負責。

三　以保密方式處理申訴，並使申訴人免於遭受任何報復或其他不利之待遇。

四　對調查屬實行爲人之懲戒或處理方式。

五　明定最高負責人或僱用人爲被申訴人時，受僱者或求職者得依本法第三十二條之一第一項第一款規定，逕向地方主管機關提起申訴。

③僱用受僱者未達三十人之雇主，得參照前二項規定辦理。

第四條

政府機關（構）、學校、各級軍事機關（構）、部隊、行政法人及公營事業機構依前條規定所訂定之性騷擾防治措施、申訴及懲戒規範，應明定申訴人爲公務人員、教育人員或軍職人員時，其

申訴及處理程序，依本法第二條第三項及第三十二條之三規定辦理。

第五條

性騷擾之調查，除依本法第十二條第一項至第四項規定認定外，並得綜合審酌下列各款情形：

一　不適當之凝視、觸摸、擁抱、親吻或嗅聞他人身體；強行使他人對自己身體為之者，亦同。

二　寄送、留置、展示或播送性要求、具有性意味或性別歧視之文字、圖畫、聲音、影像或其他物品。

三　反覆或持續違反意願之跟隨或追求行為。

第六條

①雇主應提供受僱者及求職者免於性騷擾之工作環境，採取適當之預防、糾正、懲戒及處理措施，並確實維護當事人之隱私。

②雇主於知悉性騷擾之情形時，應採取下列立即有效之糾正及補救措施：

一　雇主因接獲被害人申訴而知悉性騷擾之情形時：

　㈠考量申訴人意願，採取適當之隔離措施，避免申訴人受性騷擾情形再度發生，並不得對申訴人之薪資等勞動條件作不利之變更。

　㈡對申訴人提供或轉介諮詢、醫療或心理諮商、社會福利資源及其他必要之服務。

　㈢啟動調查程序，對性騷擾事件之相關人員進行訪談或適當之調查程序。

　㈣被申訴人具權勢地位，且情節重大，於進行調查期間有先行停止或調整職務之必要時，得暫時停止或調整被申訴人之職務；經調查未認定為性騷擾者，停止職務期間之薪資，應予補發。

　㈤性騷擾行為經查證屬實，應視情節輕重對行為人為適當之懲戒或處理。情節重大者，雇主得依本法第十三條之一第二項規定，不經預告終止勞動契約。

　㈥如經證實有惡意虛構之事實者，亦對申訴人為適當之懲戒或處理。

二　雇主非因前款情形而知悉性騷擾事件時：

　㈠訪談相關人員，就相關事實進行必要之釐清及查證。

　㈡告知被害人得主張之權益及各種救濟途徑，並依其意願協助其提起申訴。

　㈢對相關人員適度調整工作內容或工作場所。

　㈣依被害人意願，提供或轉介諮詢、醫療或心理諮商處理、社會福利資源及其他必要之服務。

③雇主因接獲被害人陳述知悉性騷擾事件，而被害人無提起申訴意願者，雇主仍應依前項第二款規定，採取立即有效之糾正及補救措施。

④僱用受僱者五百人以上之雇主，因申訴人或被害人之請求，應提供至少二次之心理諮商協助。

第七條

被害人及行為人分屬不同事業單位，且具共同作業或業務往來關係者，任一方之雇主於知悉性騷擾之情形時，應依下列規定採取前條所定立即有效之糾正及補救措施：

一　任一方之雇主於知悉性騷擾之情形時，應以書面、傳真、口頭或其他電子資料傳輸方式，通知他方共同協商解決或補救辦法。

二　保護當事人之隱私及其他人格法益。

第八條

受僱者於非雇主所能支配、管理之工作場所工作者，雇主應為工作環境性騷擾風險類型辨識、提供必要防護措施，並事前詳為告知受僱者。

第九條

①僱用受僱者三十人以上之雇主，依第三條第二項第一款規定，應對下列人員，實施防治性騷擾之教育訓練：

一　針對受僱者，應使其接受工作場所性騷擾防治之教育訓練。

二　針對擔任主管職務者、參與性騷擾申訴事件之處理、調查及決議人員，每年定期舉辦相關教育訓練。

②前項教育訓練，應對下列對象優先實施：

一　雇主依第三條第二項第二款指定之人員或單位成員。

二　事業單位之董事（理事）、監察人（監事）、經理人、擔任主管職務者。

三　政府機關（構）、學校、各級軍事機關（構）、部隊、行政法人及公營事業機構各級主管。

第一〇條

雇主或參與性騷擾申訴事件之處理、調查及決議人員，應依下列規定辦理：

一　保護當事人與受邀協助調查之個人隱私，及其他人格法益；對其姓名或其他足以辨識身分之資料，除有調查之必要或基於公共安全之考量者外，應予保密。

二　不得偽造、變造、湮滅或隱匿工作場所性騷擾事件之證據。

第一一條

①性騷擾之申訴人，得以言詞、電子郵件或書面提出申訴。以言詞或電子郵件為之者，受理之人員或單位應作成紀錄，並向申訴人朗讀或使閱覽，確認其內容無誤。

②前項書面、言詞或電子郵件作成之紀錄，應由申訴人簽名或蓋章，並載明下列事項：

一　申訴人姓名、服務單位及職稱、住居所、聯絡電話、申訴日期。

二　有法定代理人或委任代理人者，其姓名、住居所、聯絡電

　　　　話；委任者，並應檢附委任書。
　　三　申訴之事實內容及相關證據。
③雇主於接獲第一項申訴時，應按中央主管機關規定之內容及方式，依本法第十三條第四項規定，通知地方主管機關。

第一二條
①雇主處理性騷擾之申訴，應以不公開方式為之。
②僱用受僱者三十人以上之雇主，應設申訴處理單位；其中應具備性別意識之專業人士，且女性成員比例不得低於二分之一。
③僱用受僱者未達三十人之雇主，為處理性騷擾之申訴，得由雇主與受僱者代表共同組成申訴處理單位，並應注意成員性別之相當比例。
④雇主為學校時，得由該校之性別平等教育委員會依本法準則處理性騷擾申訴事宜。

第一三條
①雇主接獲申訴後，應秉持客觀、公正、專業之原則進行調查，調查過程應保護當事人之隱私及其他人格法益。
②僱用受僱者一百人以上之雇主，於處理性騷擾申訴時，除應依前條規定設申訴處理單位外，並應組成申訴調查小組調查之；其成員應有具備性別意識之外部專業人士。
③前條第二項及前項之專業人士，雇主得自中央主管機關建立之工作場所性騷擾調查專業人才資料庫遴選之。

第一四條
①性騷擾申訴事件調查之結果，其內容應包括下列事項：
　　一　性騷擾申訴事件之案由，包括當事人敘述。
　　二　調查訪談過程紀錄，包括日期及對象。
　　三　事實認定及理由。
　　四　處理建議。
②性騷擾申訴事件之調查由申訴調查小組為之者，調查完成後，應將前項調查結果移送申訴處理單位審議處理。

第一五條
①參與性騷擾申訴事件之處理、調查及決議人員，其本人為申訴人、被申訴人，或與申訴人、被申訴人有配偶、前配偶、四親等內之血親、三親等內之姻親或家長、家屬關係者，應自行迴避。
②前項人員應自行迴避而不迴避，或就同一申訴事件雖不具前項關係但因有其他具體事實，足認其執行處理、調查或決議有偏頗之虞者，申訴人或被申訴人得以書面舉其原因及事實，向雇主申請令其迴避；被申請迴避之人員，對於該申請得提出意見書。
③被申請迴避之人員在雇主就該申請事件為准許或駁回之決定前，應停止處理、調查或決議工作。但有急迫情形，仍得為必要處置。
④第一項人員應自行迴避而不迴避，而未經申訴人或被申訴人申請迴避者，應由雇主命其迴避。

第一六條

申訴處理單位或調查小組召開會議時，得通知當事人及關係人到場說明，給予當事人充分陳述意見及答辯機會，除有詢問當事人之必要外，應避免重複詢問，並得邀請具相關學識經驗者協助。

第一七條

①性騷擾申訴事件之調查，由申訴調查小組為之者，申訴處理單位應參考其調查結果處理之。

②申訴處理單位應為附理由之決議，並得作成懲戒或其他處理之建議。

③前項決議，雇主應以書面通知申訴人及被申訴人。

第一八條

①雇主應自接獲性騷擾申訴之翌日起二個月內結案；必要時，得延長一個月，並通知當事人。

②雇主未處理或不服被申訴人之雇主所為調查或懲戒結果，申訴人得依本法第三十二條之一規定，向地方主管機關提起申訴。

③雇主於知悉性騷擾之情形時，未採取立即有效之糾正及補救措施者，受僱者或求職者得依本法第三十四條第一項規定，向地方主管機關提起申訴。

④性騷擾申訴事件結案後，不得就同一事由再提出申訴。

第一九條

性騷擾行為經調查屬實，雇主應視情節輕重，對行為人為適當之懲戒或處理，並按中央主管機關規定之內容及方式，依本法第十三條第四項規定，將處理結果通知地方主管機關。

第二○條

雇主應採取追蹤、考核及監督，確保懲戒或處理措施有效執行，避免相同事件或報復情事發生。

第二一條

本準則自中華民國一百十三年三月八日施行。

性別平等工作申訴審議處理辦法

①民國91年3月6日行政院勞工委員會令訂定發布全文12條；並自發布日施行。
②民國97年7月10日行政院勞工委員會令修正發布名稱及全文12條；並自發布日施行（原名稱：兩性工作平等申訴審議處理辦法）。
民國103年2月14日行政院公告第2條第1項所列「行政院勞工委員會」之權責事項，自103年2月17日起改由「勞動部」管轄。
③民國105年4月26日勞動部令修正發布第2條條文。
④民國113年1月11日勞動部令修正發布名稱及全文18條；並自113年3月8日施行（原名稱：性別工作平等申訴審議處理辦法）。

第一章　總　則

第一條

本辦法依性別平等工作法（以下簡稱本法）第三十四條第四項規定訂定之。

第二條

①受僱者或求職者（以下簡稱申訴人）發現雇主違反本法第七條至第十一條、第十三條第二項、第二十一條或第三十六條規定時，得依本辦法向地方主管機關提起申訴。

②雇主、受僱者或求職者（以下簡稱申請人）對於地方主管機關經審議後所為之處分有異議時，得於十日內依本辦法向中央主管機關性別平等工作會申請審議或逕行提起訴願。

第二章　地方主管機關受理申訴程序

第三條

申訴人依前條第一項規定提起申訴時，應由地方主管機關性別平等工作會依本辦法審議。

第四條

地方主管機關性別平等工作會依前條規定所為之審議，應自受理申訴後三個月內為審議決定；必要時，得延長一次，延長期間不得逾三個月，並應由地方主管機關通知申訴人。

第五條

申訴人向地方主管機關提起申訴後，得於處分作成前，撤回申訴。撤回後，不得就同一案件再提起申訴。

第三章　中央主管機關受理審議程序

第六條

①申請人依第二條第二項規定以書面向中央主管機關申請審議時，

由中央主管機關之性別平等工作會依本辦法審議。

②前項書面應載明下列事項，由申請人或代理人簽名或蓋章，並應檢附原行政處分有關文件：

一　申請人之姓名、住所或居所、聯絡電話、身分證明文件字號。如係法人或其他設有管理人或代表人之團體，其名稱、事務所或營業所，管理人或代表人之姓名、住所或居所、聯絡電話、身分證明文件字號。

二　有法定代理人或委任代理人者，其姓名、住所或居所、聯絡電話、身分證明文件字號；委任者，並應檢附委任書。

三　請求事項、事實內容及理由。

四　原行政處分機關。

五　申請之年、月、日。

六　就原行政處分有無提起訴願；其有提起者，應載明向何機關及提起之年、月、日。

③申請人就同一案件同時提起訴願者，由中央主管機關通知申請人於十五日內，以書面撤回審議或訴願。

第七條

①審議之申請，以中央主管機關性別平等工作會收受申請書之日期為準。

②申請人誤向中央主管機關以外之機關申請審議者，以該機關收受之日，視為申請審議之日。

第八條

①中央主管機關性別平等工作會應將審議申請書之影本或副本送原行政處分機關，該機關應於文到二十日內答辯，並將關係文件移送中央主管機關。

②中央主管機關性別平等工作會應自收到審議申請書三個月內為審議決定；必要時，得延長一次，延長期間不得逾三個月，並應通知申請人。

第九條

申請人向中央主管機關性別平等工作會申請審議後，得於審定作成前，撤回審議申請。撤回後，不得就同一案件再申請審議。

第四章　審議決定

第一〇條

①申訴或審議案件之程式不符規定，而其情形可補正者，主管機關應通知申訴人、申請人於文到十五日內補正。

②申訴或審議之提起有下列情形之一者，應為不受理之決定：

一　程式不符規定且不能補正或經通知補正逾期未補正。

二　申請審議逾法定期間。

三　未依第六條第三項規定撤回。

四　行政處分已不存在。

五　對已撤回之同一申訴或審議案件重行提起。

第一一條

主管機關性別平等工作會之審議，就書面審查決定之；必要時，得通知申訴人、申請人及其他相關機關、人員到場說明。

第一二條

①主管機關性別平等工作會為審議案件，必要時，得指派委員二人以上組成專案小組進行調查。

②專案小組調查過程應保護申訴人、申請人、相對人及關係第三人之隱私權，調查結束後，由專案小組作成調查報告，提主管機關性別平等工作會審議。

第一三條

①中央主管機關性別平等工作會認為申請審議無理由者，應以決定駁回之。

②原行政處分所憑理由雖屬不當，但依其他理由認為正當者，應以申請審議為無理由。

③申請審議有理由者，中央主管機關性別平等工作會應決定撤銷原行政處分之全部或一部，並得視事件之情節，逕為變更之決定或發回原行政處分機關另為處分。但於申請人表示不服之範圍內，不得為更不利益之變更或處分。

④前項審議決定撤銷原行政處分，發回原行政處分機關另為處分時，應指定相當期間命其為之。

第一四條

審議決定以其他法律關係是否成立為據者，於該法律關係未確定前，主管機關性別平等工作會得依職權或申請，暫停審議程序之進行，並通知申訴人或申請人。

第一五條

申訴及審議案件之進行，以不公開為原則。

第一六條

主管機關於性別平等工作會審議後，應將該審議決定以書面通知申訴人、申請人、相對人。

第五章　附　則

第一七條

本辦法所定之書表格式，由主管機關定之。

第一八條

本辦法自中華民國一百十三年三月八日施行。

性別平等工作法律扶助辦法

①民國91年3月6日行政院勞工委員會令訂定發布全文11條；並自發
　布日施行。
②民國97年7月8日行政院勞工委員會令修正發布名稱及第1條條文
　（原名稱：兩性工作平等訴訟法律扶助辦法）。
③民國103年9月29日勞動部令修正發布第6條條文。
④民國110年6月10日勞動部令修正發布第3、5、6、8條條文；並增
　訂第8-1條條文。
⑤民國113年1月19日勞動部令修正發布名稱及全文10條；並自發布
　日施行（原名稱：性別工作平等訴訟法律扶助辦法）。

第一條
　本辦法依性別平等工作法（以下簡稱本法）第三十七條第二項規
　定訂定之。

第二條
①地方主管機關爲辦理本法第三十七條第一項所定提供法律諮詢或
　扶助業務，得按年提出實施計畫報中央主管機關，經審核通過後
　發給補助；其補助條件、基準、審核及核銷作業等事項，由中央
　主管機關公告之。
②前項實施計畫之內容，應包括下列事項：
　一　法律諮詢與扶助項目預估數量及評估依據。
　二　辦理方式。
　三　經費概算表。
　四　其他經中央主管機關規定之事項。

第三條
①受僱者或求職者因僱主違反本法之規定，或遭受性騷擾，而向法
　院提出法律訴訟時，地方主管機關得提供之法律扶助項目如下：
　一　法律諮詢。
　二　律師代撰民事書狀之費用。
　三　勞動事件之調解（以下簡稱勞動調解）程序、民事訴訟程
　　　序、保全程序、督促程序及強制執行程序之律師費及其必要
　　　費用。
　四　勞動調解及訴訟期間必要生活費用。
②前項第四款勞動調解及訴訟期間必要生活費用，爲受僱者因僱主
　違反本法之規定，或遭受性騷擾致終止勞動契約，於勞動調解或
　訴訟期間無工作收入，而向地方主管機關申請之補助。
③第一項第二款至第四款之扶助，與政府機關所定其他扶助或補助
　性質相同者，應擇一適用，不得重複申請。

第四條

地方主管機關獲得第二條補助者，應依核定之實施計畫辦理；其計畫內容如有變更者，應於變更前十日，報請中央主管機關同意。

第五條

地方主管機關獲得第二條補助者，於中央主管機關辦理業務訪視及考核時，不得規避、妨礙或拒絕。

第六條

地方主管機關獲得第二條補助者，應於執行年度終了前，將執行成果及核銷報告送中央主管機關備查。

第七條

地方主管機關獲得第二條補助，有下列情事之一者，經通知限期改善而屆期未改善，中央主管機關得撤銷或廢止全部或一部之補助；已補助者，應限期命其返還：

一 不實請領或溢領。

二 執行內容與原核定計畫不符。

三 規避、妨礙或拒絕中央主管機關辦理業務訪視及考核。

四 經中央主管機關考核成效不佳。

第八條

本辦法所規定之書表及文件，由中央主管機關定之。

第九條

第二條中央主管機關補助之經費，由其編列預算支應。

第一〇條

本辦法自發布日施行。

哺集乳室與托兒設施措施設置標準及經費補助辦法

①民國91年3月6日行政院勞工委員會令訂定發布全文11條；並自發布日施行。
②民國92年4月16日行政院勞工委員會令修正發布第2、3、5、7條條文。
③民國93年3月31日行政院勞工委員會令修正發布第3、5、7條條文。
④民國94年6月8日行政院勞工委員會令修正發布第2～7條條文。
⑤民國97年5月30日行政院勞工委員會修正發布令第1條條文。
⑥民國102年7月18日行政院勞工委員會令修正發布第2、5條條文。
⑦民國104年2月10日勞動部令修正發布名稱及全文12條；並自發布日施行（原名稱：托兒設施措施設置標準及經費補助辦法）。
⑧民國104年6月8日勞動部令修正發布第4、7條條文。
⑨民國105年7月28日勞動部令修正發布全文12條；並自發布日施行。
⑩民國107年7月31日勞動部令修正發布第4條條文。
⑪民國108年9月16日勞動部令修正發布第2條條文。
⑫民國109年4月23日勞動部令修正發布第2、4、6、7條條文。
⑬民國112年12月4日勞動部令修正發布第1條條文。

第一條 112
本辦法依性別平等工作法（以下簡稱本法）第二十三條第三項規定訂定之。

第二條
①本法第二十三條第一項第一款所定哺（集）乳室，為雇主設置供受僱者親自哺乳或收集母乳之場所。
②本法第二十三條第一項第二款所定托兒設施，為雇主以自行或聯合方式設置托兒服務機構。
③本法第二十三條第一項第二款所定托兒措施如下：
　一　雇主以委託方式與托兒服務機構簽約辦理托兒服務。
　二　雇主聘僱或委託托育人員至雇主設置之指定地點提供受僱者子女之托育服務。
　三　提供受僱者托兒津貼。
④前二項托兒設施及托兒措施之適用對象，為受僱者未滿十二歲子女。
⑤第二項及第三項第一款所定托兒服務機構，為經直轄市、縣（市）主管機關（以下簡稱地方主管機關）許可設立之托嬰中心、幼兒園、職場互助教保服務中心、社區公共托育家園及兒童課後照顧服務中心等機構。

第三條

雇主設置哺（集）乳室標準如下：

一　哺（集）乳室之設置位置，應便於受僱者使用，設有明顯標示，且鄰近洗手台或提供洗手設施。

二　哺（集）乳室應具隱密、安全性及良好之採光、通風。

三　哺（集）乳室應具下列基本設備：
(一)靠背椅。
(二)桌子。
(三)電源插座。
(四)母乳儲存專用冰箱。
(五)有蓋垃圾桶。

四　訂定哺（集）乳室使用規範。

第四條

①雇主得依下列規定標準申請補助：

一　哺（集）乳室：最高補助新臺幣二萬元。

二　托兒設施：
(一)新興建完成者：最高補助新臺幣三百萬元。
(二)已設置者：改善或更新，每年最高補助新臺幣五十萬元。

三　雇主聘僱或委託托育人員至雇主設置之指定地點提供受僱者子女之托育服務：每年最高補助新臺幣六十萬元。

四　提供受僱者子女送托於托兒服務機構之托兒津貼：每年最高補助新臺幣六十萬元。

②前項第二款所定托兒設施之補助項目，包括托兒遊樂設備、廚衛設備、衛生保健設備、安全設備、教保設備、幼童專用車內部安全設施及哺集乳設備等。

③第一項第三款所定托育服務之補助項目，包括遊具、玩具、睡眠休息、安全防護、盥洗、備餐用餐等設施及設備。

④第一項第四款所定托兒服務機構，不以與雇主簽約者為限。

第五條

①申請補助案由地方主管機關受理及審查，審查通過者，依前條第一項之補助標準補助，並再送中央主管機關視情形再予補助。

②主管機關得視實際需要進行實地訪視。

第六條

①本辦法補助之審查項目如下：

一　哺（集）乳室規劃及設置之妥適性。

二　雇主設置托兒服務機構之收托總人數及收托受僱者子女人數。

三　受僱者子女需要送托人數與實際送托人數之比率。

四　收托費用降低幅度。

五　收托時間與受僱者上、下班時間配合度。

六　雇主聘僱或委託托育人員至雇主設置之指定地點，提供受僱者子女之托育服務空間設備規劃安排之妥適性。

七　雇主提供托兒津貼之補助狀況。

　八　辦理方式之創新性與多元性。

②中央主管機關對申請單位之補助額度，得按各地方主管機關當年度辦理本辦法哺（集）乳室、托兒設施及托兒措施之預算編列情形、申請情況及視當年度經費預算酌定。

第七條

雇主申請補助，應檢具下列文件：

一　哺（集）乳室：
　(一)申請書。
　(二)實施計畫。

二　托兒設施：
　(一)申請書。
　(二)實施計畫。
　(三)受僱者子女托兒名冊。
　(四)托兒服務機構設立許可證書影本。

三　托兒津貼：
　(一)申請書。
　(二)實施計畫。
　(三)受僱者子女托兒名冊。
　(四)受僱者子女送托托兒服務機構之證明文件。
　(五)雇主補助托兒津貼之證明文件、資料。

四　雇主設置居家式托育服務：
　(一)申請書。
　(二)實施計畫。
　(三)受僱者子女托兒名冊。
　(四)居家式托育人員登記之證明文件。

第八條

①依本辦法辦理之哺（集）乳室、托兒設施、托兒措施，由政府設立、推動者，或當年度已獲各目的事業主管機關補助者，不得再申請補助。

②托兒設施以公辦民營或出租場所模式委由專業團體經營，且自負盈虧者，得不受前項規定之限制。

第九條

雇主接受經費補助者，應依所提計畫及補助經費，確實執行，有違背法令或與指定用途不符或未依計畫有效運用者，主管機關應予追繳。

第一○條

雇主接受經費補助者，其經費請領、收支、結報及核銷等事項，依相關法令之規定辦理。

第一一條

本辦法所需經費由主管機關編列預算辦理。

第一二條

本辦法自發布日施行。

因應景氣影響勞僱雙方協商減少工時應行注意事項

①民國100年12月1日行政院勞工委員會函訂定發布全文13點。
②民國109年7月1日勞動部函修正發布第1、3、8～11點；並自即日生效。

一　勞動部為因應事業單位受景氣因素影響，勞僱雙方協商減少工時時，保障勞工權益，避免勞資爭議，特訂本注意事項。

二　事業單位受景氣因素影響致停工或減產，為避免資遣勞工，經勞僱雙方協商同意，始得暫時縮減工作時間及減少工資。

三　事業單位如未經與勞工協商同意，仍應依約給付工資，不得片面減少工資。勞工因僱主有違反勞動契約致有損害其權益之虞者，可依勞動基準法第十四條規定終止勞動契約，並依法請求資遣費。

四　事業單位如確因受景氣因素影響致停工或減產，應優先考量採取減少公司負責人、董事、監察人、總經理及高階經理人之福利、分紅等措施。如仍有與勞工協商減少工時及工資之必要時，該事業單位有工會組織者，宜先與該工會協商，並經與個別勞工協商合意。

五　事業單位實施勞資雙方協商減少工時及工資者，就對象選擇與實施方式，應注意衡平原則。

六　勞僱雙方協商減少工時及工資者，對於按月計酬全時勞工，其每月工資仍不得低於基本工資。

七　勞僱雙方終止勞動契約者，實施減少工時及工資之日數，於計算平均工資時，依法預予扣除。

八　事業單位實施減少工時及工資之期間，以不超過三個月為原則。如有延長期間之必要，應重行徵得勞工同意。事業單位營運如已恢復正常或勞資雙方合意之實施期間屆滿，應即恢復勞工原有勞動條件。

九　勞僱雙方如同意實施減少工時及工資，應參考「勞僱雙方協商減少工時協議書（範例）」（如附件），本誠信原則，以書面約定之，並確實依約辦理。

一〇　事業單位與勞工協商減少工時及工資者，應依「地方勞工行政主管機關因應事業單位實施勞僱雙方協商減少工時通報及處理注意事項」，確實通報勞工務提供地之下列機關：
　（一）地方勞工行政主管機關。
　（二）勞動部勞動力發展署所屬分署。
　事業單位縮減工作時間之實施期間或方式有變更者，仍應依

前項規定辦理通報。

事業單位未依前二項規定辦理通報，勞工得逕向地方勞工行政主管機關反映或申訴；地方勞工行政主管機關知悉轄內事業單位有實施減班休息情事，應即進行瞭解，並依法處理。

一一　勞工欲參加勞工行政主管機關推動之短期訓練計畫或就業協助措施者，雇主應提供必要之協助。

一二　事業單位於營業年度終了結算，如有盈餘，除繳納稅捐及提列股息、公積金外，對於配合事業單位實施減少工時及工資之勞工，於給予獎金或分配紅利時，宜予特別之考量。

一三　事業單位或雇主未參照本注意事項辦理，致有違反勞動法令情事者，依各該違反之法令予以處罰。

貳、勞資關係

工會法

① 民國18年10月21日國民政府制定公布全文53條；並自18年11月1日起施行。

② 民國20年12月12日國民政府修正公布第16條條文。

③ 民國21年9月27日國民政府修正公布第23條條文。

④ 民國22年7月20日國民政府修正公布第3條條文。

⑤ 民國32年11月20日國民政府修正公布全文65條。

⑥ 民國36年6月13日國民政府修正公布全文63條。

⑦ 民國38年1月7日總統令修正公布全文60條。

⑧ 民國64年5月21日總統令修正公布第3、6、7、9、16、17、19、22、23、25、27、28、30、31、33、34、40、42、44、47～49條條文；並增訂第59條條文；原第59條遞改為第60條；原第60條遞改為第61條。

⑨ 民國89年7月19日總統令修正公布第3、59、60條條文。

⑩ 民國99年6月23日總統令修正公布全文49條。

民國99年10月20日行政院令發布第38條定自99年12月25日施行。

民國100年4月26日行政院令發布除第38條外，餘定自100年5月1日施行。

民國103年2月14日行政院公告第3條第1項所列屬「行政院勞工委員會」之權責事項，自103年2月17日起改由「勞動部」管轄。

⑪ 民國104年7月1日總統令修正公布第3條條文。

民國104年10月5日行政院令發布定自104年7月3日施行。

⑫ 民國105年11月16日總統令修正公布第26條條文。

民國105年12月29日行政院令發布定自106年1月16日施行。

⑬ 民國110年1月20日總統令修正公布第19條條文。

民國110年3月22日行政院令發布定自112年1月1日施行。

⑭ 民國110年4月28日總統令修正公布第17條條文。

民國110年5月28日行政院令發布定自110年7月1日施行。

⑮ 民國111年11月30日總統令修正公布第45條條文。

民國111年12月21日行政院令發布定自112年1月16日施行。

第一章　總　則

第一條

爲促進勞工團結，提升勞工地位及改善勞工生活，特制定本法。

第二條

工會爲法人。

第三條

① 本法所稱主管機關：在中央爲勞動部；在直轄市爲直轄市政府；在縣（市）爲縣（市）政府。

② 工會之目的事業，應受各該事業之主管機關輔導、監督。

第四條

① 勞工均有組織及加入工會之權利。

② 現役軍人與國防部所屬之依法監督之軍火工業員工，不得組織工會；軍火工業之範圍，由中央主管機關會同國防部定之。

③ 教師得依本法組織及加入工會。

④ 各級政府機關及公立學校公務人員之結社組織，依其他法律之規定。

第五條

工會之任務如下：

一 團體協約之締結、修改或廢止。

二 勞資爭議之處理。

三 勞動條件、勞工安全衛生及會員福利事項之促進。

四 勞工政策與法令之制（訂）定及修正之推動。

五 勞工教育之舉辦。

六 會員就業之協助。

七 會員康樂事項之舉辦。

八 工會或會員糾紛事件之調處。

九 依法令從事事業之舉辦。

十 勞工家庭生計之調查及勞工統計之編製。

十一 其他合於第一條宗旨及法律規定之事項。

第二章 組 織

第六條

① 工會組織類型如下，但教師僅得組織及加入第二款及第三款之工會：

一 企業工會：結合同一廠場、同一事業單位、依公司法所定具有控制與從屬關係之企業，或依金融控股公司法所定金融控股公司與子公司內之勞工，所組織之工會。

二 產業工會：結合相關產業內之勞工，所組織之工會。

三 職業工會：結合相關職業技能之勞工，所組織之工會。

② 前項第三款組織之職業工會，應以同一直轄市或縣（市）為組織區域。

第七條

依前條第一項第一款組織之企業工會，其勞工應加入工會。

第八條

① 工會得依需要籌組聯合組織；其名稱、層級、區域及屬性，應於聯合組織章程中定之。

② 工會聯合組織應置專任會務人員辦理會務。

③ 以全國為組織區域籌組之工會聯合組織，其發起籌組之工會數應達發起工會種類數額三分之一以上，且所含行政區域應達全國直轄市、縣（市）總數二分之一以上。

第九條

① 依本法第六條第一項所組織之各企業工會，以組織一個為限。

②同一直轄市或縣（市）內之同種類職業工會，以組織一個為限。

第一○條

工會名稱，不得與其他工會名稱相同。

第一一條

①組織工會應有勞工三十人以上之連署發起，組成籌備會辦理公開徵求會員、擬定章程及召開成立大會。

②前項籌備會應於召開工會成立大會後三十日內，檢具章程、會員名冊及理事、監事名冊，向其會址所在地之直轄市或縣（市）主管機關請領登記證書。但依第八條規定以全國為組織區域籌組之工會聯合組織，應向中央主管機關登記，並請領登記證書。

第一二條

工會章程之記載事項如下：

一　名稱。

二　宗旨。

三　區域。

四　會址。

五　任務。

六　組織。

七　會員入會、出會、停權及除名。

八　會員之權利及義務。

九　會員代表、理事、監事之名額、權限及其選任、解任、停權；置有常務理事、常務監事及副理事長者，亦同。

十　置有秘書長或總幹事者，其聘任及解任。

十一　理事長與監事會召集人之權限及選任、解任、停權。

十二　會議。

十三　經費及會計。

十四　基金之設立及管理。

十五　財產之處分。

十六　章程之修改。

十七　其他依法令規定應載明之事項。

第一三條

工會章程之訂定，應經成立大會會員或會員代表過半數之出席，並經出席會員或會員代表三分之二以上之同意。

第三章　會　員

第一四條

代表僱主行使管理權之主管人員，不得加入該企業之工會。但工會章程另有規定者，不在此限。

第一五條

①工會會員人數在一百人以上者，得依章程選出會員代表。

②工會會員代表之任期，每一任不得超過四年，自當選後召開第一次會員代表大會之日起算。

第一六條

工會會員大會爲工會之最高權力機關。但工會設有會員代表大會者，由會員代表大會行使會員大會之職權。

第四章　理事及監事

第一七條

① 工會應置理事及監事，其名額如下：

一　工會會員人數五百人以下者，置理事五人至九人；其會員人數超過五百人者，每逾五百人得增置理事二人，理事名額最多不得超過二十七人。

二　工會聯合組織之理事不得超過五十一人。

三　工會之監事不得超過該工會理事名額三分之一。

② 前項各款理事、監事名額在三人以上時，得按其章程規定推選常務理事、常務監事；其名額不得超過理事、監事名額三分之一。工會得置候補理事、候補監事至少一人；其名額不得超過該工會理事、監事名額二分之一。

③ 工會應置理事長一人，對外代表工會，並得視業務需要置副理事長。理事長、副理事長應具理事身分。

④ 工會監事名額在三人以上者，應設監事會，置監事會召集人一人。監事會召集人執行監事會決議，並列席理事會。

第一八條

① 會員大會或會員代表大會休會期間，由理事會處理工會一切事務。

② 工會監事審核工會簿記帳目，稽查各種事業進行狀況及章程所定之事項，並得會同相關專業人士爲之。

③ 監事之職權於設有監事會之工會，由監事會行使之。

第一九條

① 工會會員已成年者，得被選舉爲工會之理事、監事。

② 工會會員參加工業團體或商業團體者，不得爲理事或監事、常務理事、常務監事、副理事長、理事長或監事會召集人。

第二〇條

① 工會理事、監事、常務理事、常務監事、副理事長、理事長及監事會召集人之任期，每一任不得超過四年。

② 理事長連選得連任一次。

第二一條

工會理事、監事、常務理事、常務監事、副理事長、理事長、監事會召集人及其代理人，因執行職務所致他人之損害，工會應負連帶責任。

第五章　會　議

第二二條

工會召開會議時，其會議通知之記載事項如下：

- 一 事由。
- 二 時間。
- 三 地點。
- 四 其他事項。

第二三條

①工會會員大會或會員代表大會，分定期會議及臨時會議二種，由理事長召集之。

②定期會議，每年至少召開一次，至遲應於會議召開當日之十五日前，將會議通知送達會員或會員代表。

③臨時會議，經理事會決議，或會員五分之一或會員代表三分之一以上請求，或監事之請求，由理事長召集之，至遲應於會議召開當日之三日前，將會議通知送達會員或會員代表。但因緊急事故召集臨時會議，得於會議召開當日之一日前送達。

第二四條

①工會理事會分爲定期會議及臨時會議二種，由理事長召集之。

②定期會議，每三個月至少開會一次，至遲應於會議召開當日之七日前，將會議通知送達理事。

③臨時會議，經理事三分之一以上之請求，由理事長召集之，至遲應於會議召開當日之一日前，將會議通知送達理事。理事長認有必要時，亦得召集之。

④理事應親自出席會議。

⑤工會設監事會者，其定期會議或臨時會議準用前四項規定；會議應由監事會召集人召集之。

⑥監事得列席理事會陳述意見。

第二五條

①前二條之定期會議，不能依法或依章程規定召開時，得由主管機關指定理事或監事一人召集之。

②前二條之臨時會議，理事長或監事會召集人不於請求之日起十日內召集時，原請求人之一人或數人得申請主管機關指定召集之。

第二六條

①下列事項應經會員大會或會員代表大會之議決：

- 一 工會章程之修改。
- 二 財產之處分。
- 三 工會之聯合、合併、分立或解散。
- 四 會員代表、理事、監事、常務理事、常務監事、副理事長、理事長、監事會召集人之選任、解任及停權之規定。
- 五 會員之停權及除名之規定。
- 六 工會各項經費收繳數額、經費之收支預算、支配基準與支付及稽核方法。
- 七 事業報告及收支決算之承認。
- 八 基金之運用及處分。
- 九 會內公共事業之創辦。

十　集體勞動條件之維持或變更。

十一　其他與會員權利義務有關之重大事項。

②前項第四款之規定經議決訂定者，不受人民團體法及其相關法令之限制。

③會員之停權或除名，於會員大會或會員代表大會議決前，應給予其陳述意見之機會。

第二七條

①工會會員大會或會員代表大會，應有會員或會員代表過半數出席，始得開會；非有出席會員或會員代表過半數同意，不得議決。但前項第一項第一款至第五款之事項，非有出席會員或會員代表三分之二以上同意，不得議決。

②會員或會員代表因故無法出席會議時，得以書面委託其他會員或會員代表出席，每一代表以委託一人為限，委託人數不得超過親自出席人數之三分之一；其委託方式、條件、委託數額計算及其他應遵循事項之辦法，由中央主管機關定之。

③工會聯合組織之會員代表委託代表出席時，其委託除依前項規定辦理外，並僅得委託所屬工會或各該本業之其他會員代表。

第六章　財　務

第二八條

①工會經費來源如下：

一　入會費。

二　經常會費。

三　基金及其孳息。

四　舉辦事業之利益。

五　委託收入。

六　捐款。

七　政府補助。

八　其他收入。

②前項入會費，每人不得低於其入會時之一日工資所得。經常會費不得低於該會員當月工資之百分之零點五。

③企業工會經會員同意，雇主應自該勞工加入工會為會員之日起，自其工資中代扣工會會費，轉交該工會。

④會員工會對工會聯合組織之會費繳納，應按申報參加工會聯合組織之人數繳納之。但工會聯合組織之章程另有規定者，從其規定。

⑤前項繳納會費之標準，最高不得超過會員工會會員所繳會費總額之百分之三十，最低不得少於百分之五。但工會聯合組織之章程另有規定者，從其規定。

第二九條

工會每年度應將財產狀況向會員大會或會員代表大會提出書面報告。會員經十分之一以上連署或會員代表經三分之一以上連署，

得選派代表會同監事查核工會之財產狀況。

第三○條

①工會應建立財務收支運用及稽核機制。

②工會財務事務處理之項目、會計報告、預算及決算編製、財產管理、財務查核及其他應遵行事項之準則，由中央主管機關定之。

第七章 監 督

第三一條

①工會應於每年年度決算後三十日內，將下列事項，報請主管機關備查：

一 理事、監事、常務理事、常務監事、副理事長、理事長及監事會召集人之名冊。

二 會員入會、出會名冊。

三 聯合組織之會員工會名冊。

四 財務報表。

五 會務及事業經營之狀況。

②工會未依前項規定辦理或主管機關認有必要時，得限期令其檢送或派員查核。

第三二條

工會章程之修改或理事、監事、常務理事、常務監事、副理事長、理事長、監事會召集人之變更，應報請主管機關備查。

第三三條

①工會會員大會或會員代表大會之召集程序或決議方法，違反法令或章程時，會員或會員代表得於決議後三十日內，訴請法院撤銷其決議。但出席會議之會員或會員代表未當場表示異議者，不得為之。

②法院對於前項撤銷決議之訴，認為其違反之事實非屬重大且於決議無影響者，得駁回其請求。

第三四條

工會會員大會或會員代表大會之決議內容違反法令或章程者，無效。

第八章 保 護

第三五條

①雇主或代表雇主行使管理權之人，不得有下列行為：

一 對於勞工組織工會、加入工會、參加工會活動或擔任工會職務，而拒絕僱用、解僱、降調、減薪或為其他不利之待遇。

二 對於勞工或求職者以不加入工會或擔任工會職務為僱用條件。

三 對於勞工提出團體協商之要求或參與團體協商相關事務，而拒絕僱用、解僱、降調、減薪或為其他不利之待遇。

四 對於勞工參與或支持爭議行為，而解僱、降調、減薪或為其

他不利之待遇。

五　不當影響、妨礙或限制工會之成立、組織或活動。

②雇主或代表雇主行使管理權之人，爲前項規定所爲之解僱、降調或減薪者，無效。

第三六條

①工會之理事、監事於工作時間內有辦理會務之必要者，工會得與雇主約定，由雇主給予一定時數之公假。

②企業工會與雇主間無前項之約定者，其理事長得以半日或全日，其他理事或監事得於每月五十小時之範圍內，請公假辦理會務。

③企業工會理事、監事擔任全國性工會聯合組織理事長，其與雇主無第一項之約定者，得以半日或全日請公假辦理會務。

第九章　解散及組織變更

第三七條

①工會有下列情形之一者，得經會員大會或會員代表大會議決，自行宣告解散：

一　破產。

二　會員人數不足。

三　合併或分立。

四　其他經會員大會或會員代表大會認有必要時。

②工會無法依前項第一款至第三款規定自行宣告解散或無從依章程運作時，法院得因主管機關、檢察官或利害關係人之聲請解散之。

第三八條

①工會經議決爲合併或分立時，應於議決之日起一年內完成合併或分立。

②企業工會因廠場或事業單位合併時，應於合併基準日起一年內完成工會合併。屆期未合併者，主管機關得令其限期改善，未改善者，令其重新組織。

③工會依前二項規定爲合併或分立時，應於完成合併或分立後三十日內，將其過程、工會章程、理事、監事名冊等，報請主管機關備查。

④行政組織區域變更時，工會經會員大會或會員代表大會議決，得維持工會原名稱。但工會名稱變更者，應於行政組織區域變更後九十日內，將其會議紀錄函請主管機關備查。工會名稱變更者，不得與登記有案之工會相同。

⑤依前項規定議決之工會，其屆次之起算，應經會員大會或會員代表大會議決。

第三九條

①工會合併後存續或新成立之工會，應概括承受因合併而消滅工會之權利義務。

②因分立而成立之工會，其承繼權利義務之部分，應於議決分立時

由會員大會或會員代表大會一併議決之。

第四○條

工會自行宣告解散者，應於解散後十五日內，將其解散事由及時間，報請主管機關備查。

第四一條

工會之解散，除因破產、合併或組織變更外，其財產應辦理清算。

第四二條

① 工會解散時，除清償債務外，其賸餘財產之歸屬，應依其章程之規定、會員大會或會員代表大會之決議。但不得歸屬於個人或以營利為目的之團體。

② 工會無法依前項規定處理時，其賸餘財產歸屬於會址所在地之地方自治團體。

第十章　罰　則

第四三條

① 工會有違反法令或章程者，主管機關得予以警告或令其限期改善。必要時，並得於限期改善前，令其停止業務之一部或全部。

② 工會違反法令或章程情節重大，或經限期改善屆期仍未改善者，得撤免其理事、監事、理事長或監事會召集人。

第四四條

主管機關依第三十一條第二項規定派員查核或限期檢送同條第一項資料時，工會無正當理由規避、妨礙、拒絕或未於限期內檢送資料者，處行為人新臺幣三萬元以上十五萬元以下罰鍰。

第四五條 111

① 雇主或代表雇主行使管理權之人違反第三十五條第一項規定，經依勞資爭議處理法裁決決定者，由中央主管機關處雇主新臺幣十萬元以上五十萬元以下罰鍰，並公布其名稱、代表人姓名、處分期日、違反條文及罰鍰金額。

② 雇主或代表雇主行使管理權之人違反第三十五條第一項第一款、第三款或第四款規定，未依前項裁決決定書所定期限為一定之行為或不行為者，由中央主管機關處雇主新臺幣二十萬元以上一百萬元以下罰鍰。

③ 雇主或代表雇主行使管理權之人違反第三十五條第一項第二款或第五款規定，未依第一項裁決決定書所定期限為一定之行為或不行為者，由中央主管機關處雇主新臺幣二十萬元以上一百萬元以下罰鍰，並令其限期改正；屆期未改正者，得按次連續處罰。

第四六條

雇主未依第三十六條第二項規定給予公假者，處新臺幣二萬元以上十萬元以下罰鍰。

第十一章　附　則

第四七條

　本法施行前已組織之工會，其名稱、章程、理事及監事名額或任期與本法規定不符者，應於最近一次召開會員大會或會員代表大會時改正之。

第四八條

　本法施行細則，由中央主管機關定之。

第四九條

　本法施行日期，由行政院定之。

第十章　附則

第十一章　附則

工會法施行細則

①民國64年7月30日內政部令修正發布全文40條。

②民國90年10月3日行政院勞工委員會令修正發布第4、33條條文。

③民國100年4月29日行政院勞工委員會令修正發布全文41條；並自100年5月1日施行。

④民國103年10月6日勞動部令修正發布第2、3、8、9、10、15、18、25、32、40、41條條文；增訂第9-1條條文；並自發布日施行。

第一章 總 則

第一條

本細則依工會法（以下簡稱本法）第四十八條規定訂定之。

第二章 組 織

第二條

①本法第六條第一項第一款所稱廠場，指有獨立人事、預算會計，並得依法辦理工廠登記、公司登記、營業登記或商業登記之工作場所。

②前項所定有獨立人事、預算及會計，應符合下列要件：

一 對於工作場所勞工具有人事進用或解僱決定權。

二 編列及執行預算。

三 單獨設立會計單位，並有設帳計算盈虧損。

③本法第六條第一項第一款所稱事業單位，指僱用勞工從事工作之機構、法人或團體。

第三條

①工會聯合組織依其組織區域，分為全國性工會聯合組織及區域性工會聯合組織。

②前項區域性工會聯合組織所稱區域，指直轄市及縣（市）之行政區域。

③區域性工會聯合組織會址應設於組織區域範圍內，並向會址所在地之直轄市、縣（市）政府登記及請領登記證書。

④本法中華民國一百年五月一日施行前已設立之下列組織，應以中央主管機關為主管機關：

一 原臺灣省轄之工會聯合組織。

二 原經中央主管機關依法劃定之交通、運輸、公用等事業跨越行政區域組織之工會。

第四條

①本法第八條第三項所稱工會種類數額，指在全國範圍內，與成立

全國性工會聯合組織之種類相同之工會數額。

②依本法第八條第三項發起之全國性工會聯合組織，其發起數額未達同種類數額三分之一，或所含行政區域未達全國直轄市、縣（市）總數二分之一者，中央主管機關不予登記。

第五條

本法第九條第二項所稱同種類職業工會，指該職業工會會員所具有之職業技能、工作性質，未能與其他職業工會相區隔者。

第六條

①工會名稱應以我國文字登記，並以教育部編訂之國語辭典或辭源、辭海、康熙或其他通用字典中所列有之文字爲限。

②企業工會名稱，應標明廠場、事業單位、關係企業或金融控股公司名稱。

③產業工會、職業工會與工會聯合組織名稱，除本法另有規定外，應標明組織區域及屬性。

第七條

本法第十一條第一項所稱公開徵求會員，指採用公告、網路、新聞紙或其他使具有加入工會資格者可得知之方式徵求會員。

第八條

①本法第十一條第二項所定會員名冊及理事、監事名冊，應記載姓名及聯絡方式，並載明工會理事長住居所。

②企業工會會址，應設於廠場、事業單位、關係企業、金融控股公司或其子公司所在地之行政區域內。

③產業工會及職業工會之會址，應設於組織區域範圍內。

④工會聯合組織，應於會員名冊中記載會員工會名稱、會址及聯絡方式。

⑤工會於領取登記證書時，應檢附工會圖記印模一式三份，送主管機關備查。

第九條

①主管機關受理工會登記時，有下列情事之一者，不予登記：

　　一　連署發起人數未滿三十人。
　　二　未組成籌備會。
　　三　未辦理公開徵求會員。
　　四　未擬定章程。
　　五　未召開成立大會。
　　六　未於召開成立大會後三十日內，依規定請領登記證書。

②前項第一款規定，於工會聯合組織籌組程序不適用之。

第九條之一

①工會籌備會辦理登記時，應檢具發起人連署名冊及本法第十一條第二項所定應備文件。

②前項發起人連署名冊，應記載連署人姓名、聯絡方式、本業或足以證明勞工身分之資料及簽名。

③工會聯合組織籌備會辦理登記時，應檢具發起工會連署名冊及其

議決工會聯合之紀錄。

④工會籌備會辦理登記，其情形得予補正者，主管機關應限期令其補正；屆期不補正者，不予受理。

⑤主管機關於受理工會籌備會辦理登記時，基於調查事實及證據之必要，得通知相關之人陳述意見，並得要求當事人或第三人提供必要之文書、資料或物品。

第一〇條

①主管機關受理工會籌備會辦理登記時，應依收件時間之先後次序編號。收件時間應記載至分鐘。

②同一企業工會或同種類職業工會有二個以上之工會籌備會，依第一項及本法第十一條第二項規定向主管機關請領工會登記證書時，主管機關應以收件時間在先者受理登記，並發給登記證書。收件時間相同且符合登記要件者，以抽籤方式決定之，並由請領登記證書之工會籌備會代表抽籤決定之。

③同一請領事件，數主管機關依前二項規定受理收件且符合登記要件者，由收件在先之主管機關受理登記，不能分別先後者，由中央主管機關指定其中之一主管機關辦理抽籤。

④前項受指定之主管機關，應通知申請之工會籌備會及其他受理主管機關辦理抽籤之時間及地點，並由請領登記證書之工會籌備會代表抽籤決定之。

第一一條

①本法第十二條第七款、第九款與第十一款有關入會、出會、停權、除名、選任及解任之章程記載事項，應包括其資格、條件及處理程序。

②前項之選任及解任，應以無記名投票方式辦理。但工會聯合組織章程另有規定者，依其規定。

第一二條

本法第十四條所定代表雇主行使管理權之主管人員，不得為企業工會之發起人。

第一三條

工會聯合組織之組織程序，準用本法第二章及本章之規定。

第三章　會　員

第一四條

①工會依本法第十五條第一項規定選出會員代表之數額，至少為應選理事名額之三倍。

②工會聯合組織之會員代表數額，至少為應選理事名額之二倍。

第四章　理事及監事

第一五條

①工會理事長、副理事長，依工會章程規定直接由會員或會員代表選任者，當選後即具該工會理事身分。

②前項理事名額，應計入工會章程所定理事名額。

③本法第十七條第一項第一款所稱會員人數超過五百人者，每逾五百人得增置理事二人，指工會會員人數超過五百人時，可增置理事二人；超過一千人時，可增置理事四人，以此類推。

第一六條

①工會之理事、監事，應於任期屆滿前辦理改選。

②理事、監事之任期，自召開第一次理事會議、監事會議之日起算。第一次理事會議、監事會議，應於前屆任期屆滿日起十日內召開。

第一七條

①工會應於理事、監事選出之日起十日內通知其當選。

②當選之理事、監事放棄當選，應於第一次理事會議、監事會議召開前，以書面向工會聲明之，並由候補理事、監事依序遞補。

第一八條

①工會理事、監事資格經法院判決撤銷確定或經工會依法解任時，其於撤銷判決確定前或解任前依權責所為之行為，仍屬有效。

②工會理事、監事、會員代表或會員於其勞動契約經雇主終止時，工會於章程中規定有下列情形之一者，得保留其資格：

一　向主管機關申請調解、仲裁或裁決期間。

二　向法院聲請定暫時狀態假處分，並經法院裁定准許。

三　向法院提起確認僱傭關係存在之訴訟，或請求繼續給付原勞動契約所約定工資之訴訟，於訴訟判決確定前。

③工會章程未有前項規定者，經會員大會或會員代表大會之議決，於有前項情形之一時，得保留前項人員之資格。

第一九條

①工會之候補理事、監事遞補時，以補足原任者未滿之任期為限。

②工會依前項規定遞補理事、監事後，仍不足工會章程所定理事、監事會議召開之法定人數時，應就缺額部分進行補選，以補足原任者未滿之任期為限。

第二〇條

①工會補選理事長、監事會召集人或推選其職務代理人時，應依工會章程規定辦理。

②工會章程未記載前項補選事項者，理事長或監事會召集人所遺任期在工會章程所定任期四分之一以上者，應於出缺之日起九十日內進行補選，以補足原任理事長或監事會召集人未滿之任期；所遺任期未達工會章程所定任期四分之一者，應自理事或監事中推選職務代理人。但工會章程未訂定推選職務代理人規定者，應於出缺之日起九十日內進行補選。

第二一條

本法第十九條第二項所稱工業團體、商業團體，指依工業團體法、商業團體法設立之團體。

第五章　會　議

第二二條

工會理事會議、監事會議，應分別召開。

第二三條

本法所定會議通知之送達，準用民事訴訟法相關規定。

第二四條

依本法第二十三條第三項規定，由監事請求召開臨時會議時，於設有監事會之工會，應由監事會決議行使之。

第六章　財　務

第二五條

①本法第二十八條第三項所稱經會員同意，指下列情形之一：

一　會員個別同意。

二　工會會員大會或會員代表大會議決。

三　工會章程規定。

四　團體協約之約定。

五　工會與雇主有代扣會費之約定或慣例者。

②本法中華民國一百年五月一日施行前，工會與雇主間已具有前項各款情形之一者，不須重新取得同意。

③產業工會及職業工會經會員個別同意，並與雇主約定或締結團體協約之代扣工會會費條款者，雇主應自勞工工資中代扣工會費，並轉交該工會。

第二六條

①工會會員經常會費之繳納，得由雇主按同意代扣之全體會員當月工資總額統一扣繳轉交工會，或由會員自行申報當月工資，並按月計算繳納。

②工會依本法第二十八條規定，得於章程中自行訂入會費或經常會費收費分級表。

第二七條

本法第二十八條第三項及前條第一項所稱之轉交，指直接交付工會或匯款至以工會名義開設之帳戶。

第二八條

①會員或會員代表依本法第二十九條規定查核工會之財產狀況，其連署應以書面為之。

②依前項規定，會同監事查核工會之財產狀況，於設有監事會者，依本法第十八條第三項規定，應由監事會指派監事會同查核。

第七章　監　督

第二九條

工會會員或會員代表依本法第三十三條第一項規定，對會員大會或會員代表大會之召集程序或決議方法提出異議者，工會應將異

議者姓名、所代表之工會名稱及異議內容列入紀錄。

第八章　保護

第三〇條

① 本法第三十五條第一項第一款及第三款所稱其他不利之待遇，包括意圖阻礙勞工參與工會活動、減損工會實力或影響工會發展，而對勞工爲直接或間接不利之對待。

② 本法第三十五條第一項第四款所稱其他不利之待遇，除前項規定情形外，並包括雇主對於勞工參與或支持依工會決議所爲之行爲，威脅提起或提起顯不相當之民事損害賠償訴訟之不利待遇。

第三一條

本法第三十五條第一項第二款所稱不加入工會，包括要求勞工退出已加入之工會。

第三二條

本法第三十六條所定辦理會務，其範圍如下：

一　辦理該工會之事務，包括召開會議、辦理選舉或會員教育訓練活動、處理會員勞資爭議或辦理日常業務。

二　從事或參與由主管機關或目的事業主管機關指定、舉辦與勞動事務或會務有關之活動或集會。

三　參加所屬工會聯合組織，舉辦與勞動事務或會務有關之活動或集會。

四　其他經與雇主約定事項。

第九章　解散及組織變更

第三三條

工會因合併或分立，而成立新工會者，應依本法第十一條規定辦理。但不須連署發起及辦理公開徵求會員。

第三四條

① 依本法第三十八條第二項規定由主管機關令其重新組織之工會，應依本法第十一條規定辦理。

② 未依前項規定重新組織者，主管機關得註銷其工會登記。

第三五條

① 行政組織區域變更時，工會經會員大會或會員代表大會議決合併、變更名稱或維持原名稱者，應依本法第二十六條及第二十七條規定辦理。

② 行政組織區域變更時，工會未於九十日內議決變更工會名稱者，視爲維持原工會名稱，並由主管機關依原名稱發給登記證書。但工會仍得依本法第二十六條規定修正章程變更名稱。

③ 職業工會於行政組織區域變更前已成立，致同種類職業工會有一個以上者，不受本法第九條第二項之限制。

第三六條

① 行政組織區域變更時，工會依本法第三十八條第五項規定議決其

屆次之起算，應於行政組織區域變更時之當屆會員大會或會員代表大會爲之。

②經議決屆次重新起算之工會，其理事長任期重新起算者，應依本法第二十六條規定修正章程。

第十章　附　則

第三七條

主管機關依本法第四十三條第一項規定，令工會停止業務之一部或全部前，應會商該等業務之目的事業主管機關。

第三八條

主管機關爲本法第四十三條第二項所定之處分時，應衡量違反之情節有無妨害公共利益或影響工會運作及發展，其處分並應符合比例原則。

第三九條

工會依本法第四十七條改正理事、監事名額或任期者，應於召開會員大會或會員代表大會修正章程時，一併議決其改正實施之屆次及期日。但工會理事、監事任期於本法施行日前屆滿者，不得改正任期。

第四〇條

本法中華民國一百年五月一日施行前，工會未置理事長及監事會召集人者，於本屆理事、監事任期屆滿後，應依本法第十七條第三項、第四項規定置理事長及監事會召集人。理事長任期自第一任起算。

第四一條

①本細則自中華民國一百年五月一日施行。

②本細則修正條文自發布日施行。

勞資爭議處理法

①民國17年6月9日國民政府制定公布全文47條。
②民國19年3月17日國民政府修正公布全文40條。
③民國21年9月27日國民政府修正公布全文44條。
④民國32年5月31日國民政府修正公布全文43條。
⑤民國77年6月27日總統令修正公布全文45條。
⑥民國89年7月19日總統令修正公布第3、11、28、30條條文。
⑦民國91年5月29日總統令修正公布第30條條文。
⑧民國98年7月1日總統令修正公布全文66條。
　民國100年4月26日行政院令發布定自100年5月1日施行。
　民國103年2月14日行政院公告第4條所列屬「行政院勞工委員會」之
　權責事項，自103年2月17日起改由「勞動部」管轄。
⑨民國104年7月1日總統令修正公布第4條條文。
　民國104年10月5日行政院令發布定104年7月3日施行。
⑩民國106年1月18日總統令修正公布第6、43條條文。
　民國106年4月21日行政院令發布定自106年5月1日施行。
⑪民國110年4月28日總統令修正公布第43條條文；並增訂第47-1條條
　文。
　民國110年8月23日行政院令發布定自110年10月1日施行。

第一章　總　則

第一條

為處理勞資爭議，保障勞工權益，穩定勞動關係，特制定本法。

第二條

勞資雙方當事人應本誠實信用及自治原則，解決勞資爭議。

第三條

本法於雇主或有法人資格之雇主團體（以下簡稱雇主團體）與勞
工或工會發生勞資爭議時，適用之。但教師之勞資爭議屬依法提
起行政救濟之事項者，不適用之。

第四條

本法所稱主管機關：在中央為勞動部；在直轄市為直轄市政府；
在縣（市）為縣（市）政府。

第五條

本法用詞，定義如下：

一　勞資爭議：指權利事項及調整事項之勞資爭議。

二　權利事項之勞資爭議：指勞資雙方當事人基於法令、團體協
　　約、勞動契約之規定所為權利義務之爭議。

三　調整事項之勞資爭議：指勞資雙方當事人對於勞動條件主張
　　繼續維持或變更之爭議。

四　爭議行為：指勞資爭議當事人為達成其主張，所為之罷工或其他阻礙事業正常運作及與之對抗之行為。

五　罷工：指勞工所為暫時拒絕提供勞務之行為。

第六條

①權利事項之勞資爭議，得依本法所定之調解、仲裁或裁決程序處理之。

②法院為審理權利事項之勞資爭議，必要時應設勞工法庭。

③權利事項之勞資爭議，勞方當事人有下列情形之一者，中央主管機關得給予適當扶助：

一　提起訴訟。

二　依仲裁法提起仲裁。

三　因工會法第三十五條第一項第一款至第四款所定事由，依本法申請裁決。

④前項扶助業務，中央主管機關得委託民間團體辦理。

⑤前二項扶助之申請資格、扶助範圍、審核方式及委託辦理等事項之辦法，由中央主管機關定之。

第七條

①調整事項之勞資爭議，依本法所定之調解、仲裁程序處理之。

②前項勞資爭議之勞方當事人，應為工會。但有下列情形者，亦得為勞方當事人：

一　未加入工會，而具有相同主張之勞工達十人以上。

二　受僱於僱用勞工未滿十人之事業單位，其未加入工會之勞工具有相同主張者達三分之二以上。

第八條

勞資爭議在調解、仲裁或裁決期間，資方不得因該勞資爭議事件而歇業、停工、終止勞動契約或為其他不利於勞工之行為；勞方不得因該勞資爭議事件而罷工或為其他爭議行為。

第二章　調　解

第九條

①勞資爭議當事人一方申請調解時，應向勞方當事人勞務提供地之直轄市或縣（市）主管機關提出調解申請書。

②前項爭議當事人一方為團體協約法第十條第二項規定之機關（構）、學校者，其出席調解時之代理人應檢附同條項所定有核可權機關之同意書。

③第一項直轄市、縣（市）主管機關對於勞資爭議認為必要時，得依職權交付調解，並通知勞資爭議雙方當事人。

④第一項及前項調解，其勞方當事人有二人以上者，各勞方當事人勞務提供地之主管機關，就該調解案件均有管轄權。

第一〇條

調解之申請，應提出調解申請書，並載明下列事項：

一　當事人姓名、性別、年齡、職業及住所或居所；如為法人、

　　雇主團體或工會時，其名稱、代表人及事務所或營業所；有
　　代理人者，其姓名、名稱及住居所或事務所。
二　請求調解事項。
三　依第十一條第一項選定之調解方式。

第一一條

①直轄市或縣（市）主管機關受理調解之申請，應依申請人之請求，以下列方式之一進行調解：
一　指派調解人。
二　組成勞資爭議調解委員會（以下簡稱調解委員會）。

②直轄市或縣（市）主管機關依職權交付調解者，得依前項方式之一進行調解。

③第一項第一款之調解，直轄市、縣（市）主管機關得委託民間團體指派調解人進行調解。

④第一項調解之相關處理程序、充任調解人或調解委員之遴聘條件與前項受託民間團體之資格及其他應遵行事項之辦法，由中央主管機關定之。

⑤主管機關對第三項之民間團體，除委託費用外，並得予補助。

第一二條

①直轄市或縣（市）主管機關指派調解人進行調解者，應於收到調解申請書三日內為之。

②調解人應調查事實，並於指派之日起七日內開始進行調解。

③直轄市或縣（市）主管機關於調解人調查時，得通知當事人、相關人員或事業單位，以言詞或書面提出說明；調解人為調查之必要，得經主管機關同意，進入相關事業單位訪查。

④前項受通知或受訪查人員，不得為虛偽說明、提供不實資料或無正當理由拒絕說明。

⑤調解人應於開始進行調解十日內作出調解方案，並準用第十九條、第二十條及第二十二條之規定。

第一三條

調解委員會置委員三人或五人，由下列代表組成之，並以直轄市或縣（市）主管機關代表一人為主席：
一　直轄市、縣（市）主管機關指派一人或三人。
二　勞資爭議雙方當事人各自選定一人。

第一四條

①直轄市、縣（市）主管機關以調解委員會方式進行調解者，應於收到調解申請書或職權交付調解後通知勞資爭議雙方當事人於收到通知之日起三日內各自選定調解委員，並將調解委員之姓名、性別、年齡、職業及住居所具報；屆期未選定者，由直轄市、縣（市）主管機關代為指定。

②前項主管機關得備置調解委員名冊，以供參考。

第一五條

直轄市、縣（市）主管機關以調解委員會方式進行調解者，應於

調解委員完成選定或指定之日起十四日內，組成調解委員會並召開調解會議。

第一六條

①調解委員會應指派委員調查事實，除有特殊情形外，該委員應於受指派後十日內，將調查結果及解決方案提請調解委員會。

②調解委員會應於收到前項調查結果及解決方案後十五日內開會。必要時或經勞資爭議雙方當事人同意者，得延長七日。

第一七條

①調解委員會開會時，調解委員應親自出席，不得委任他人代理；受指派調查時，亦同。

②直轄市、縣（市）主管機關於調解委員調查或調解委員會開會時，得通知當事人、相關人員或事業單位以言詞或書面提出說明；調解委員為調查之必要，得經主管機關同意，進入相關事業單位訪查。

③前項受通知或受訪查人員，不得為虛偽說明、提供不實資料或無正當理由拒絕說明。

第一八條

調解委員會應有調解委員過半數出席，始得開會；經出席委員過半數同意，始得決議，作成調解方案。

第一九條

依前條規定作成之調解方案，經勞資爭議雙方當事人同意在調解紀錄簽名者，為調解成立。但當事人之一方為團體協約法第十條第二項規定之機關（構）、學校者，其代理人簽名前，應檢附同條項所定有核可權機關之同意書。

第二〇條

勞資爭議當事人對調解委員會之調解方案不同意者，為調解不成立。

第二一條

有下列情形之一者，視為調解不成立：

一　經調解委員會主席召集會議，連續二次調解委員出席人數未過半數。

二　未能作成調解方案。

第二二條

勞資爭議調解成立或不成立，調解紀錄均應由調解委員會報由直轄市、縣（市）主管機關送達勞資爭議雙方當事人。

第二三條

勞資爭議經調解成立者，視為爭議雙方當事人間之契約；當事人一方為工會時，視為當事人間之團體協約。

第二四條

勞資爭議調解人、調解委員、參加調解及經辦調解事務之人員，對於調解事件，除已公開之事項外，應保守秘密。

第三章　仲　裁

第二五條

①勞資爭議調解不成立者，雙方當事人得共同向直轄市或縣（市）主管機關申請交付仲裁。但調整事項之勞資爭議，當事人一方為團體協約法第十條第二項規定之機關（構）、學校時，非經同條項所定機關之核可，不得申請仲裁。

②勞資爭議當事人之一方為第五十四條第二項之勞工者，其調整事項之勞資爭議，任一方得向直轄市或縣（市）申請交付仲裁；其屬同條第三項事業調整事項之勞資爭議，而雙方未能約定必要服務條款者，任一方得向中央主管機關申請交付仲裁。

③勞資爭議經雙方當事人書面同意，得不經調解，逕向直轄市或縣（市）主管機關申請交付仲裁。

④調整事項之勞資爭議經調解不成立者，直轄市或縣（市）主管機關認有影響公眾生活及利益情節重大，或應目的事業主管機關之請求，得依職權交付仲裁，並通知雙方當事人。

第二六條

①主管機關於受理仲裁之申請，應依申請人之請求，以下列方式之一進行仲裁，其為一方申請交付仲裁或依職權交付仲裁者，僅得以第二款之方式為之：

一　選定獨任仲裁人。

二　組成勞資爭議仲裁委員會（以下簡稱仲裁委員會）。

②前項仲裁人與仲裁委員之資格條件、遴聘方式、選定及仲裁程序及其他應遵行事項之辦法，由中央主管機關定之。

第二七條

①雙方當事人合意以選定獨任仲裁人方式進行仲裁者，直轄市或縣（市）主管機關應於收到仲裁申請書後，通知勞資爭議雙方當事人於收到通知之日起五日內，於直轄市、縣（市）主管機關遴聘之仲裁人名冊中選定獨任仲裁人一人具報；屆期未選定者，由直轄市、縣（市）主管機關代為指定。

②前項仲裁人名冊，由直轄市、縣（市）主管機關遴聘具一定資格之公正並富學識經驗者充任、彙整，並應報請中央主管機關備查。

③第三十二條、第三十三條及第三十五條至第三十七條之規定，於獨任仲裁人仲裁程序準用之。

第二八條

申請交付仲裁者，應提出仲裁申請書，並檢附調解紀錄或不經調解之同意書；其為一方申請交付仲裁者，並應檢附符合第二十五條第二項規定之證明文件。

第二九條

①以組成仲裁委員會方式進行仲裁者，主管機關應於收到仲裁申請書或依職權交付仲裁後，通知勞資爭議雙方當事人於收到通知之日起五日內，於主管機關遴聘之仲裁委員名冊中各自選定仲裁委員具報；屆期未選定者，由主管機關代為指定。

②勞資雙方仲裁委員經選定或指定後，主管機關應於三日內通知雙方仲裁委員，於七日內依第三十條第一項及第二項或第四項規定推選主任仲裁委員及其餘仲裁委員具報；屆期未推選者，由主管機關指定。

第三○條

①仲裁委員會置委員三人或五人，由下列人員組成之：

一　勞資爭議雙方當事人各選定一人。

二　由雙方當事人所選定之仲裁委員於仲裁委員名冊中，共同選定一人或三人。

②前項仲裁委員會置主任仲裁委員一人，由前項第二款委員互推一人擔任，並為會議主席。

③仲裁委員由直轄市、縣（市）主管機關遴聘具一定資格之公正並富學識經驗者任之。直轄市、縣（市）主管機關遴聘後，應報請中央主管機關備查。

④依第二十五條第二項規定由中央主管機關交付仲裁者，其仲裁委員會置委員五人或七人，由勞資爭議雙方當事人各選定二人之外，再共同另選定一人或三人，並由共同選定者互推一人為主任仲裁委員，並為會議主席。

⑤前項仲裁委員名冊，由中央主管機關會商相關目的事業主管機關後遴聘之。

第三一條

主管機關應於主任仲裁委員完成選定或指定之日起十四日內，組成仲裁委員會，並召開仲裁會議。

第三二條

①有下列情形之一者，不得擔任同一勞資爭議事件之仲裁委員：

一　曾為該爭議事件之調解委員。

二　本人或其配偶、前配偶或與其訂有婚約之人為爭議事件當事人，或與當事人有共同權利人、共同義務人或償還義務人之關係。

三　為爭議事件當事人八親等內之血親或五親等內之姻親，或曾有此親屬關係。

四　現為或曾為該爭議事件當事人之代理人或家長、家屬。

五　工會為爭議事件之當事人者，其會員、理事、監事或會務人員。

六　雇主團體或雇主為爭議事件之當事人者，其會員、理事、監事、會務人員或其受僱人。

②仲裁委員有前項各款所列情形之一而不自行迴避，或有具體事實足認其執行職務有偏頗之虞者，爭議事件當事人得向主管機關申請迴避，其程序準用行政程序法第三十三條規定。

第三三條

①仲裁委員會應指派委員調查事實，除有特殊情形外，調查委員應於指派後十日內，提出調查結果。

②仲裁委員會應於收到前項調查結果後二十日內，作成仲裁判斷。但經勞資爭議雙方當事人同意，得延長十日。

③主管機關於仲裁委員調查或仲裁委員會開會時，應通知當事人、相關人員或事業單位以言詞或書面提出說明；仲裁委員為調查之必要，得經主管機關同意後，進入相關事業單位訪查。

④前項受通知或受訪查人員，不得為虛偽說明、提供不實資料或無正當理由拒絕說明。

第三四條

①仲裁委員會由主任仲裁委員召集，其由委員三人組成者，應有全體委員出席，經出席委員過半數同意，始得作成仲裁判斷；其由委員五人或七人組成者，應有三分之二以上委員出席，經出席委員四分之三以上同意，始得作成仲裁判斷。

②仲裁委員連續二次不參加會議，當然解除其仲裁職務，由主管機關另行指定仲裁委員代替之。

第三五條

仲裁委員會作成仲裁判斷後，應於十日內作成仲裁判斷書，報由主管機關送達勞資爭議雙方當事人。

第三六條

勞資爭議當事人於仲裁程序進行中和解者，應將和解書報仲裁委員會及主管機關備查，仲裁程序即告終結；其和解與依本法成立之調解有同一效力。

第三七條

①仲裁委員會就權利事項之勞資爭議所作成之仲裁判斷，於當事人間，與法院之確定判決有同一效力。

②仲裁委員會就調整事項之勞資爭議所作成之仲裁判斷，視為爭議當事人間之契約；當事人一方為工會時，視為當事人間之團體協約。

③對於前二項之仲裁判斷，勞資爭議當事人得準用仲裁法第五章之規定，對於他方提起撤銷仲裁判斷之訴。

④調整事項經作成仲裁判斷者，勞資雙方當事人就同一爭議事件不得再為爭議行為；其依前項規定向法院提起撤銷仲裁判斷之訴者，亦同。

第三八條

第九條第四項、第十條、第十七條第一項及第二十四條之規定，於仲裁程序準用之。

第四章　裁　決

第三九條

①勞工因工會法第三十五條第二項規定所生爭議，得向中央主管機關申請裁決。

②前項裁決之申請，應自知悉有違反工會法第三十五條第二項規定之事由或事實發生之次日起九十日內為之。

第四〇條

裁決之申請，應以書面爲之，並載明下列事項：

一 當事人之姓名、性別、年齡、職業及住所或居所；如爲法人、雇主團體或工會，其名稱、代表人及事務所或營業所；有代理人者，其姓名、名稱及住所或事務所。

二 請求裁決之事項及其原因事實。

第四一條

① 基於工會法第三十五條第二項規定所爲之裁決申請，違反第三十九條第二項及前條規定者，裁決委員應作成不受理之決定。但其情形可補正者，應先限期令其補正。

② 前項不受理決定，不得聲明不服。

第四二條

① 當事人就工會法第三十五條第二項所生民事爭議事件申請裁決，於裁決程序終結前，法院應依職權停止民事訴訟程序。

② 當事人於第三十九條第二項所定期間提起之訴訟，依民事訴訟法之規定視爲調解之聲請者，法院仍得進行調解程序。

③ 裁決之申請，除經撤回者外，與起訴有同一效力，消滅時效因而中斷。

第四三條

① 中央主管機關爲辦理裁決事件，應組成不當勞動行爲裁決委員會（以下簡稱裁決委員會）。

② 裁決委員會應秉持公正立場，獨立行使職權。

③ 裁決委員會置裁決委員七人至十五人，均爲兼職，其中一人至三人爲常務裁決委員，由中央主管機關遴聘熟悉勞工法令、勞資關係事務之專業人士任之，任期二年，並由委員互推一人爲主任裁決委員。

④ 中央主管機關應調派專任人員或聘用專業人員，承主任裁決委員之命，協助辦理裁決案件之程序審查、爭點整理及資料蒐集等事務。具專業證照執業資格者，經聘用之期間，計入其專業執業年資。

⑤ 裁決委員會之組成、裁決委員之資格條件、遴聘方式、裁決委員會相關處理程序、前項人員之調派或遴聘及其他應遵行事項之辦法，由中央主管機關定之。

第四四條

① 中央主管機關應於收到裁決申請書之日起七日內，召開裁決委員會處理之。

② 裁決委員會應指派委員一人至三人，依職權調查事實及必要之證據，並應於指派後二十日內作成調查報告，必要時得延長二十日。

③ 裁決委員調查或裁決委員會開會時，應通知當事人、相關人員或事業單位以言詞或書面提出說明；裁決委員爲調查之必要，得經主管機關同意，進入相關事業單位訪查。

④前項受通知或受訪查人員，不得為虛偽說明、提供不實資料或無正當理由拒絕說明。

⑤申請人經依第三項規定通知，無正當理由二次不到場者，視為撤回申請；相對人二次不到場者，裁決委員會得經到場一造陳述為裁決。

⑥裁決當事人就同一爭議事件達成和解或經法定調解機關調解成立者，裁決委員會應作成不受理之決定。

第四五條

主任裁決委員應於裁決委員作成調查報告後七日內，召開裁決委員會，並於開會之日起三十日內作成裁決決定。但經裁決委員會應出席委員二分之一以上同意得予延長之，最長以三十日為限。

第四六條

①裁決委員會應有三分之二以上委員出席，並經出席委員二分之一以上同意，始得作成裁決決定；作成裁決決定前，應由當事人以言詞陳述意見。

②裁決委員應親自出席，不得委任他人代理。

③裁決委員審理案件相關給付報酬標準，由中央主管機關定之。

第四七條

①裁決決定書應載明下列事項：

一 當事人姓名、住所或居所；如為法人、雇主團體或工會，其名稱、代表人及主事務所或主營業所。

二 有代理人者，其姓名、名稱及住居所或事務所。

三 主文。

四 事實。

五 理由。

六 主任裁決委員及出席裁決委員之姓名。

七 年、月、日。

②裁決委員會作成裁決決定後，中央主管機關應於二十日內將裁決決定書送達當事人。

第四七條之一

①中央主管機關應以定期出版、登載於網站或其他適當方式公開裁決決定書。但裁決決定書含有依政府資訊公開法應限制公開或不予提供之事項者，應僅就其他部分公開之。

②前項公開，得不含自然人之名字、身分證統一編號及其他足資識別該個人之資料。但應公開自然人之姓氏及足以區辨人別之代稱。

第四八條

①對工會法第三十五條第二項規定所生民事爭議事件所為之裁決決定，當事人於裁決決定書正本送達三十日內，未就為裁決決定之同一事件，以他方當事人為被告，向法院提起民事訴訟者，或經撤回其訴者，視為雙方當事人依裁決決定書達成合意。

②裁決經依前項規定視為當事人達成合意者，裁決委員會應於前項

期間屆滿後七日內，將裁決決定書送請裁決委員會所在地之法院審核。

③前項裁決決定書，法院認其與法令無牴觸者，應予核定，發還裁決委員會送達當事人。

④法院因裁決程序或內容與法令牴觸，未予核定之事件，應將其理由通知裁決委員會。但其情形可以補正者，應定期間先命補正。

⑤經法院核定之裁決有無效或得撤銷之原因者，當事人得向原核定法院提起宣告裁決無效或撤銷裁決之訴。

⑥前項訴訟，當事人應於法院核定之裁決決定書送達後三十日內提起之。

第四九條

前條第二項之裁決經法院核定後，與民事確定判決有同一效力。

第五〇條

①當事人本於第四十八條第一項裁決決定之請求，欲保全強制執行或避免損害之擴大者，得於裁決決定書經法院核定前，向法院聲請假扣押或假處分。

②前項聲請，債權人得以裁決決定代替請求及假扣押或假處分原因之釋明，法院不得再命債權人供擔保後始爲假扣押或假處分。

③民事訴訟法有關假扣押或假處分之規定，除第五百二十九條規定外，於前二項情形準用之。

④裁決決定書未經法院核定者，當事人得聲請法院撤銷假扣押或假處分之裁定。

第五一條

①基於工會法第三十五條第一項及團體協約法第六條第一項規定所爲之裁決申請，其程序準用第三十九條、第四十條、第四十一條第一項、第四十三條至第四十七條規定。

②前項處分並得令當事人爲一定之行爲或不行爲。

③不服第一項不受理決定者，得於決定書送達之次日起三十日內繕具訴願書，經由中央主管機關向行政院提起訴願。

④對於第一項及第二項之處分不服者，得於決定書送達之次日起二個月內提起行政訴訟。

第五二條

本法第三十二條規定，於裁決程序準用之。

第五章　爭議行爲

第五三條

①勞資爭議，非經調解不成立，不得爲爭議行爲；權利事項之勞資爭議，不得罷工。

②雇主、雇主團體經中央主管機關裁決認定違反工會法第三十五條、團體協約法第六條第一項規定者，工會得依本法爲爭議行爲。

第五四條

① 工會非經會員以直接、無記名投票且經全體過半數同意，不得宣告罷工及設置糾察線。

② 下列勞工，不得罷工：
一　教師。
二　國防部及其所屬機關（構）、學校之勞工。

③ 下列影響大眾生命安全、國家安全或重大公共利益之事業，勞資雙方應約定必要服務條款，工會始得宣告罷工：
一　自來水事業。
二　電力及燃氣供應業。
三　醫院。
四　經營銀行間資金移轉帳務清算之金融資訊服務業與證券期貨交易、結算、保管事業及其他辦理支付系統業務事業。

④ 前項必要服務條款，事業單位應於約定後，即送目的事業主管機關備查。

⑤ 提供固定通信業務或行動通信業務之第一類電信事業，於能維持基本語音通信服務不中斷之情形下，工會得宣告罷工。

⑥ 第二項及第三項所列之機關（構）及事業之範圍，由中央主管機關會同其主管機關或目的事業主管機關定之；前項基本語音通信服務之範圍，由目的事業主管機關定之。

⑦ 重大災害發生或有發生之虞時，各級政府為執行災害防治法所定災害預防工作或有應變處置之必要，得於災害防救期間禁止、限制或停止罷工。

第五五條

① 爭議行為應依誠實信用及權利不得濫用原則為之。

② 雇主不得以工會及其會員依本法所為之爭議行為所生損害為由，向其請求賠償。

③ 工會及其會員所為之爭議行為，該當刑法及其他特別刑法之構成要件，而具有正當性者，不罰。但以強暴脅迫致他人生命、身體受侵害或有受侵害之虞時，不適用之。

第五六條

爭議行為期間，爭議當事人雙方應維持工作場所安全及衛生設備之正常運轉。

第六章　訴訟費用之暫減及強制執行之裁定

第五七條

勞工或工會提起確認僱傭關係或給付工資之訴，暫免徵收依民事訴訟法所定裁判費之二分之一。

第五八條

除第五十條第二項所規定之情形外，勞工就工資、職業災害補償或賠償、退休金或資遣費等給付，為保全強制執行而對雇主或雇主團體聲請假扣押或假處分者，法院依民事訴訟法所命供擔保之金額，不得高於請求標的金額或價額之十分之一。

第五九條

① 勞資爭議經調解成立或仲裁者，依其內容當事人一方負私法上給付之義務，而不履行其義務時，他方當事人得向該管法院聲請裁定強制執行並暫免繳納裁判費；於聲請強制執行時，並暫免繳執行費。

② 前項聲請事件，法院應於七日內裁定之。

③ 對於前項裁定，當事人得為抗告，抗告之程序適用非訟事件法之規定，非訟事件法未規定者，準用民事訴訟法之規定。

第六〇條

有下列各款情形之一者，法院應駁回其強制執行裁定之聲請：

一 調解內容或仲裁判斷，係使勞資爭議當事人為法律上所禁止之行為。

二 調解內容或仲裁判斷，與爭議標的顯屬無關或性質不適於強制執行。

三 依其他法律不得為強制執行。

第六一條

依本法成立之調解，經法院裁定駁回強制執行聲請者，視為調解不成立。但依前條第二款規定駁回，或除去經駁回強制執行之部分亦得成立者，不適用之。

第七章 罰 則

第六二條

① 雇主或雇主團體違反第八條規定者，處新臺幣二十萬元以上六十萬元以下罰鍰。

② 工會違反第八條規定者，處新臺幣十萬元以上三十萬元以下罰鍰。

③ 勞工違反第八條規定者，處新臺幣一萬元以上三萬元以下罰鍰。

第六三條

① 違反第十二條第四項、第十七條第三項、第三十三條第四項或第四十四條第四項規定，為虛偽之說明或提供不實資料者，處新臺幣三萬元以上十五萬元以下罰鍰。

② 違反第十二條第三項、第十七條第三項、第三十三條第四項或第四十四條第四項規定，無正當理由拒絕說明或拒絕調解人或調解委員進入事業單位者，處新臺幣一萬元以上五萬元以下罰鍰。

③ 勞資雙方當事人無正當理由未依通知出席調解會議者，處新臺幣二千元以上一萬元以下罰鍰。

第八章 附 則

第六四條

① 權利事項之勞資爭議，經依鄉鎮市調解條例調解成立者，其效力依該條例之規定。

② 權利事項勞資爭議經當事人雙方合意，依仲裁法所為之仲裁，其

效力依該法之規定。

③第八條之規定於前二項之調解及仲裁適用之。

第六五條

①為處理勞資爭議，保障勞工權益，中央主管機關應捐助設置勞工權益基金。

②前項基金來源如下：

一　勞工權益基金（專戶）賸餘專款。

二　由政府逐年循預算程序之撥款。

三　本基金之孳息收入。

四　捐贈收入。

五　其他有關收入。

第六六條

本法施行日期，由行政院定之。

團體協約法

①民國19年10月28日國民政府制定公布全文31條；並自21年11月1日施行。

②民國97年1月9日總統令修正公布全文34條。
民國100年4月26日行政院令發布定自100年5月1日施行。
民國101年2月3日行政院公告第10條第2項第3款所列屬「行政院人事行政局」之權責事項，自101年2月6日起改由「行政院人事行政總處」管轄。
民國103年2月14日行政院公告第5條所列屬「行政院勞工委員會」之權責事項，自103年2月17日起改由「勞動部」管轄。

③民國103年6月4日總統令修正公布第6條條文。
民國103年6月27日行政院令發布定自103年7月1日施行。

④民國104年7月1日總統令修正公布第5條條文。
民國104年10月5日行政院令發布定自104年7月3日施行。

第一章　總　則

第一條

為規範團體協約之協商程序及其效力，穩定勞動關係，促進勞資和諧，保障勞工權益，特制定本法。

第二條

本法所稱團體協約，指雇主或有法人資格之雇主團體，與依工會法成立之工會，以約定勞動關係及相關事項為目的所簽訂之書面契約。

第三條

團體協約違反法律強制或禁止之規定者，無效。但其規定並不以之為無效者，不在此限。

第四條

有二個以上之團體協約可適用時，除效力發生在前之團體協約有特別約定者外，優先適用職業範圍較為狹小或職務種類較為特殊之團體協約；團體協約非以職業或職務為規範者，優先適用地域或人數適用範圍較大之團體協約。

第五條

本法所稱主管機關：在中央為勞動部；在直轄市為直轄市政府；在縣（市）為縣（市）政府。

第二章　團體協約之協商及簽訂

第六條

①勞資雙方應本誠實信用原則，進行團體協約之協商；對於他方所提團體協約之協商，無正當理由者，不得拒絕。

②勞資之一方於有協商資格之他方提出協商時，有下列情形之一，為無正當理由：

一　對於他方提出合理適當之協商內容、時間、地點及進行方式，拒絕進行協商。

二　未於六十日內針對協商書面通知提出對應方案，並進行協商。

三　拒絕提供進行協商所必要之資料。

③依前項所定有協商資格之勞方，指下列工會：

一　企業工會。

二　會員受僱於協商他方之人數，逾其所僱用勞工人數二分之一之產業工會。

三　會員受僱於協商他方之人數，逾其所僱用同類職業技能勞工人數二分之一之職業工會或綜合性工會。

四　不符合前三款規定之數工會，所屬會員受僱於協商他方之人數合計逾其所僱用勞工人數二分之一。

五　經依勞資爭議處理法規定裁決認定之工會。

④勞方有二個以上之工會，或資方有二個以上之雇主或雇主團體提出團體協約之協商時，他方得要求推選協商代表；無法產生協商代表時，依會員人數比例分配產生。

⑤勞資雙方進行團體協約之協商期間逾六個月，並經勞資爭議處理法之裁決認定有違反第一項、第二項第一款或第二款規定之無正當理由拒絕協商者，直轄市或縣（市）主管機關於考量勞資雙方當事人利益及簽訂團體協約之可能性後，得依職權交付仲裁。但勞資雙方另有約定者，不在此限。

第七條

因進行團體協約之協商而提供資料之勞資一方，得要求他方保守秘密，並給付必要費用。

第八條

①工會或雇主團體以其團體名義進行團體協約之協商時，其協商代表應依下列方式之一產生：

一　依其團體章程之規定。

二　依其會員大會或會員代表大會之決議。

三　經通知其全體會員，並由過半數會員以書面委任。

②前項協商代表，以工會或雇主團體之會員為限。但經他方書面同意者，不在此限。

③第一項協商代表之人數，以該團體協約之協商所必要者為限。

第九條

①工會或雇主團體以其團體名義簽訂團體協約，除依其團體章程之規定為之者外，應先經其會員大會或會員代表大會之會員或會員代表過半數出席，出席會員或會員代表三分之二以上之決議，或通知其全體會員，經四分之三以上會員以書面同意。

②未依前項規定所簽訂之團體協約，於補行前項程序追認前，不生

效力。

第一○條

① 團體協約簽訂後，勞方當事人應將團體協約送其主管機關備查；其變更或終止時，亦同。

② 下列團體協約，應於簽訂前取得核可，未經核可者，無效：

一　一方當事人為公營事業機構者，應經其主管機關核可。

二　一方當事人為國防部所屬機關（構）、學校者，應經國防部核可。

三　一方當事人為前二款以外之政府機關（構）、公立學校而有上級主管機關者，應經其上級主管機關核可。但關係人為工友（含技工、駕駛）者，應經行政院人事行政局核可。

第一一條

團體協約雙方當事人應將團體協約公開揭示之，並備置一份供團體協約關係人隨時查閱。

第三章　團體協約之內容及限制

第一二條

① 團體協約得約定下列事項：

一　工資、工時、津貼、獎金、調動、資遣、退休、職業災害補償、撫卹等勞動條件。

二　企業內勞動組織之設立與利用、就業服務機構之利用、勞資爭議調解、仲裁機構之設立及利用。

三　團體協約之協商程序、協商資料之提供、團體協約之適用範圍、有效期間及和諧履行協約義務。

四　工會之組織、運作、活動及企業設施之利用。

五　參與企業經營與勞資合作組織之設置及利用。

六　申訴制度、促進勞資合作、升遷、獎懲、教育訓練、安全衛生、企業福利及其他關於勞資共同遵守之事項。

七　其他當事人間合意之事項。

② 學徒關係與技術生、養成工、見習生、建教合作班之學生及其他與技術性性質相類之人，其前項各款事項，亦得於團體協約中約定。

第一三條

團體協約得約定，受該團體協約拘束之雇主，非有正當理由，不得對所屬非該團體協約關係人之勞工，就該團體協約所約定之勞動條件，進行調整。但團體協約另有約定，非該團體協約關係人之勞工，支付一定之費用予工會者，不在此限。

第一四條

團體協約得約定雇主僱用勞工，以一定工會之會員為限。但有下列情形之一者，不在此限：

一　該工會解散。

二　該工會無雇主所需之專門技術勞工。

三　該工會之會員不願受僱，或其人數不足供給雇主所需僱用量。

四　雇主招收學徒或技術生、養成工、見習生、建教合作班之學生及其他與技術生性質相類之人。

五　雇主僱用爲其管理財務、印信或機要事務之人。

六　雇主僱用工會會員以外之勞工，扣除前二款人數，尚未超過其僱用勞工人數十分之二。

第一五條

團體協約不得有限制雇主採用新式機器、改良生產、買入製成品或加工品之約定。

第一六條

團體協約當事人之一方或雙方爲多數時，當事人不得再各自爲異於團體協約之約定。但團體協約另有約定者，從其約定。

第四章　團體協約之效力

第一七條

①團體協約除另有約定者外，下列各款之雇主及勞工均爲團體協約關係人，應遵守團體協約所約定之勞動條件：

一　爲團體協約當事人之雇主。

二　屬於團體協約當事團體之雇主及勞工。

三　團體協約簽訂後，加入團體協約當事團體之雇主及勞工。

②前項第三款之團體協約關係人，其關於勞動條件之規定，除該團體協約另有約定外，自取得團體協約關係人資格之日起適用之。

第一八條

①前條第一項所列團體協約關係人因團體協約所生之權利義務關係，除第二十一條規定者外，於該團體協約終止時消滅。

②團體協約簽訂後，自團體協約當事團體退出之雇主或勞工，於該團體協約有效期間內，仍應繼續享有及履行其因團體協約所生之權利義務關係。

第一九條

團體協約所約定勞動條件，當然爲該團體協約所屬雇主及勞工間勞動契約之內容。勞動契約異於該團體協約所約定之勞動條件者，其相異部分無效；無效之部分以團體協約之約定代之。但異於團體協約之約定，爲該團體協約所容許或爲勞工之利益變更勞動條件，而該團體協約並未禁止者，仍爲有效。

第二〇條

①團體協約有約定第十二條第一項第一款及第二款以外之事項者，對於其事項不生前三條之效力。

②團體協約關係人違反團體協約中不屬於第十二條第一項第一款之約定時，除團體協約另有約定者外，適用民法之規定。

第二一條

團體協約期間屆滿，新團體協約尚未簽訂時，於勞動契約另爲約

定前，原團體協約關於勞動條件之約定，仍繼續爲該團體協約關係人間勞動契約之內容。

第二二條

① 團體協約關係人，如於其勞動契約存續期間拋棄其由團體協約所得勞動契約上之權利，其拋棄無效。但於勞動契約終止後三個月內仍不行使其權利者，不得再行使。

② 受團體協約拘束之雇主，因勞工主張其於團體協約所享有之權利或勞動契約中基於團體協約所生之權利，而終止勞動契約者，其終止爲無效。

第二三條

① 團體協約當事人及其權利繼受人，不得以妨害團體協約之存在或其各個約定之存在爲目的，而爲爭議行爲。

② 團體協約當事團體，對於所屬會員，有使其不爲前項爭議行爲及不違反團體協約約定之義務。

③ 團體協約得約定當事人之一方不履行團體協約所約定義務或違反前二項規定時，對於他方應給付違約金。

④ 關於團體協約之履行，除本法另有規定外，適用民法之規定。

第二四條

團體協約當事團體，對於違反團體協約之約定者，無論其爲團體或個人爲本團體之會員或他方團體之會員，均得以團體名義，請求損害賠償。

第二五條

① 團體協約當事團體，得以團體名義，爲其會員提出有關協約之一切訴訟。但應先通知會員，並不得違反其明示之意思。

② 關於團體協約之訴訟，團體協約當事團體於其會員爲被告時，得爲參加。

第五章　團體協約之存續期間

第二六條

團體協約得以定期、不定期或完成一定工作爲期限，簽訂之。

第二七條

① 團體協約爲不定期者，當事人之一方於團體協約簽訂一年後，得隨時終止團體協約。但應於三個月前，以書面通知他方當事人。

② 團體協約約定之通知期間較前項但書規定之期間爲長者，從其約定。

第二八條

團體協約爲定期者，其期限不得超過三年；超過三年者，縮短爲三年。

第二九條

團體協約以完成一定工作爲期限者，其工作於三年內尚未完成時，視爲以三年爲期限簽訂之團體協約。

第三〇條

① 團體協約當事人及當事團體之權利義務，除團體協約另有約定外，因團體之合併或分立，移轉於因合併或分立而成立之團體。

② 團體協約當事團體解散時，其團體所屬會員之權利義務，不因其團體之解散而變更。但不定期之團體協約於該團體解散後，除團體協約另有約定外，經過三個月消滅。

第三一條

團體協約簽訂後經濟情形有重大變化，如維持該團體協約有與雇主事業之進行或勞工生活水準之維持不相容，或因團體協約當事人之行為，致有無法達到協約目的之虞時，當事人之一方得向他方請求協商變更團體協約內容或終止團體協約。

第六章 罰 則

第三二條

① 勞資之一方，違反第六條第一項規定，經依勞資爭議處理法之裁決認定者，處新臺幣十萬元以上五十萬元以下罰鍰。

② 勞資之一方，未依前項裁決決定書所定期限為一定行為或不行為者，再處新臺幣十萬元以上五十萬元以下罰鍰，並得令其限期改正；屆期仍未改正者，得按次連續處罰。

第七章 附 則

第三三條

本法施行前已簽訂之團體協約，自本法修正施行之日起，除第十條第二項規定外，適用修正後之規定。

第三四條

本法施行日期，由行政院定之。

大量解僱勞工保護法

①民國92年2月7日總統令制定公布全文21條；並自公布日後三個月施行。

②民國97年5月23日總統令修正公布第2、4、6、10～12、16～18、21條條文；並自公布日施行。

民國102年7月19日行政院公告第11條第2項第2款所列屬「中央健康保險局」之權責事項，自102年7月23日起改由「衛生福利部中央健康保險署」管轄。

民國103年2月14日行政院公告第3條第1項所列屬「行政院勞工委員會」之權責事項，自103年2月17日起改由「勞動部」管轄；第11條第2項第2款所列屬「勞工保險局」之權責事項，自103年2月17日起改由「勞動部勞工保險局」管轄。

③民國103年6月4日總統令修正公布第2條條文。

④民國104年7月1日總統令修正公布第3、11條條文。

第一條

為保障勞工工作權及調和雇主經營權，避免因事業單位大量解僱勞工，致勞工權益受損害或有受損害之虞，並維護社會安定，特制定本法；本法未規定者，適用其他法律之規定。

第二條

①本法所稱大量解僱勞工，指事業單位有勞動基準法第十一條所定各款情形之一或因併購、改組而解僱勞工，且有下列情形之一：

一　同一事業單位之同一廠場僱用勞工人數未滿三十人者，於六十日內解僱勞工逾十人。

二　同一事業單位之同一廠場僱用勞工人數在三十人以上未滿二百人者，於六十日內解僱勞工逾所僱用勞工人數三分之一或單日逾二十人。

三　同一事業單位之同一廠場僱用勞工人數在二百人以上未滿五百人者，於六十日內解僱勞工逾所僱用勞工人數四分之一或單日逾五十人。

四　同一事業單位之同一廠場僱用勞工人數在五百人以上者，於六十日內解僱勞工逾所僱用勞工人數五分之一或單日逾八十人。

五　同一事業單位於六十日內解僱勞工逾二百人或單日逾一百人。

②前項各款僱用及解僱勞工人數之計算，不包含就業服務法第四十六條所定之定期契約勞工。

第三條

①本法所稱主管機關：在中央為勞動部；在直轄市為直轄市政府；在縣（市）為縣（市）政府。

②同一事業單位大量解僱勞工事件，跨越直轄市、縣（市）行政區域時，直轄市或縣（市）主管機關應報請中央主管機關處理，或由中央主管機關指定直轄市或縣（市）主管機關處理。

第四條

①事業單位大量解僱勞工時，應於符合第二條規定情形之日起六十日前，將解僱計畫書通知主管機關及相關單位或人員，並公告揭示。但因天災、事變或突發事件，不受六十日之限制。

②依前項規定通知相關單位或人員之順序如下：

一　事業單位內涉及大量解僱部門勞工所屬之工會。

二　事業單位勞資會議之勞方代表。

三　事業單位內涉及大量解僱部門之勞工。但不包含就業服務法第四十六條所定之定期契約勞工。

③事業單位依第一項規定提出之解僱計畫書內容，應記載下列事項：

一　解僱理由。

二　解僱部門。

三　解僱日期。

四　解僱人數。

五　解僱對象之選定標準。

六　資遣費計算方式及輔導轉業方案等。

第五條

①事業單位依前條規定提出解僱計畫書之日起十日內，勞僱雙方應即本於勞資自治精神進行協商。

②勞僱雙方拒絕協商或無法達成協議時，主管機關應於十日內召集勞僱雙方組成協商委員會，就解僱計畫書內容進行協商，並適時提出替代方案。

第六條

①協商委員會置委員五人至十一人，由主管機關指派代表一人及勞僱雙方同數代表組成之，並由主管機關所指派之代表為主席。資方代表由僱主指派之；勞方代表，有工會組織者，由工會推派；無工會組織而有勞資會議者，由勞資會議之勞方代表推選之；無工會組織且無勞資會議者，由事業單位通知第四條第二項第三款規定之事業單位內涉及大量解僱部門之勞工推選之。

②勞僱雙方無法依前項規定於十日期限內指派、推派或推選協商代表者，主管機關得依職權於期限屆滿之次日起五日內代為指定之。

③協商委員會應由主席至少每二週召開一次。

第七條

①協商委員會協商達成之協議，其效力及於個別勞工。

②協商委員會協議成立時，應作成協議書，並由協商委員簽名或蓋章。

③主管機關得於協議成立之日起七日內，將協議書送請管轄法院審

核。

④前項協議書，法院應儘速審核，發還主管機關；不予核定者，應敘明理由。

⑤經法院核定之協議書，以給付金錢或其他代替物或有價證券之一定數量為標的者，其協議書得為執行名義。

第八條

①主管機關於協商委員會成立後，應指派就業服務人員協助勞資雙方，提供就業服務與職業訓練之相關諮詢。

②雇主不得拒絕前項就業服務人員進駐，並應排定時間供勞工接受就業服務人員個別協助。

第九條

①事業單位大量解僱勞工後再僱用工作性質相近之勞工時，除法令另有規定外，應優先僱用經其大量解僱之勞工。

②前項規定，於事業單位歇業後，有重行復工或其主要股東重新組織營業性質相同之公司，而有招募員工之事實時，亦同。

③前項主要股東係指佔原事業單位一半以上股權之股東持有新公司百分之五十以上股權。

④政府應訂定辦法，獎勵雇主優先僱用第一項、第二項被解僱之勞工。

第一〇條

①經預告解僱之勞工於協商期間就任他職，原雇主仍應依法發給資遣費或退休金。但依本法規定協商之結果條件較優者，從其規定。

②協商期間，雇主不得任意將經預告解僱勞工調職或解僱。

第一一條

①僱用勞工三十人以上之事業單位，有下列情形之一者，由相關單位或人員向主管機關通報：

一 僱用勞工人數在二百人以下者，積欠勞工工資達二個月；僱用勞工人數逾二百人者，積欠勞工工資達一個月。

二 積欠勞工保險保險費、工資墊償基金、全民健康保險保險費或未依法提繳勞工退休金達二個月，且金額分別在新臺幣二十萬元以上。

三 全部或主要之營業部分停工。

四 決議併購。

五 最近二年曾發生重大勞資爭議。

②前項規定所稱相關單位或人員如下：

一 第一款、第三款、第四款及第五款為工會或該事業單位之勞工；第四款為事業單位。

二 第二款為勞動部勞工保險局、衛生福利部中央健康保險署。

③主管機關應於獲得前項通報後七日內查訪事業單位，並得限期令其提出說明或提供財務報表及相關資料。

④主管機關依前項規定派員查訪時，得視需要由會計師、律師或其

他專業人員協助辦理。

⑤主管機關承辦人員及協助辦理人員，對於事業單位提供之財務報表及相關資料，應保守秘密。

第一二條

①事業單位於大量解僱勞工時，積欠勞工退休金、資遣費或工資，有下列情形之一，經主管機關限期令其清償；屆期未清償者，中央主管機關得函請入出國管理機關禁止其代表人及實際負責人出國：

一 僱用勞工人數在十人以上未滿三十人者，積欠全體被解僱勞工之總金額達新臺幣三百萬元。

二 僱用勞工人數在三十人以上未滿一百人者，積欠全體被解僱勞工之總金額達新臺幣五百萬元。

三 僱用勞工人數在一百人以上未滿二百人者，積欠全體被解僱勞工之總金額達新臺幣一千萬元。

四 僱用勞工人數在二百人以上者，積欠全體被解僱勞工之總金額達新臺幣二千萬元。

②事業單位歇業而勞工依勞動基準法第十四條第一項第五款或第六款規定終止勞動契約，其僱用勞工人數、勞工終止契約人數及積欠勞工退休金、資遣費或工資總金額符合第二條及前項各款規定時，經主管機關限期令其清償，屆期未清償者，中央主管機關得函請入出國管理機關禁止其代表人及實際負責人出國。

③前二項規定處理程序及其他應遵行事項之辦法，由中央主管機關定之。

第一三條

①事業單位大量解僱勞工時，不得以種族、語言、階級、思想、宗教、黨派、籍貫、性別、容貌、身心障礙、年齡及擔任工會職務為由解僱勞工。

②違反前項規定或勞動基準法第十一條規定者，其勞動契約之終止不生效力。

③主管機關發現事業單位違反第一項規定時，應即限期令事業單位回復被解僱勞工之職務，逾期仍不回復者，主管機關應協助被解僱勞工進行訴訟。

第一四條

中央主管機關應編列專款預算，作為因違法大量解僱勞工所需訴訟及必要生活費用。其補助對象、標準、申請程序等應遵行事項之辦法，由中央主管機關定之。

第一五條

①為掌握勞動市場變動趨勢，中央主管機關應設置評估委員會，就事業單位大量解僱勞工原因進行資訊蒐集與評估，以作為產業及就業政策制訂之依據。

②前項評估委員會之組織及應遵行事項之辦法，由中央主管機關定之。

第一六條

依第十二條規定禁止出國者，有下列情形之一時，中央主管機關應函請入出國管理機關廢止禁止其出國之處分：

一　已清償依第十二條規定禁止出國時之全部積欠金額。

二　提供依第十二條規定禁止出國時之全部積欠金額之相當擔保。但以勞工得向法院聲請強制執行者為限。

三　已依法解散清算，且無賸餘財產可資清償。

四　全部積欠金額已依破產程序分配完結。

第一七條

事業單位違反第四條第一項規定，未於期限前將解僱計畫書通知主管機關及相關單位或人員，並公告揭示者，處新臺幣十萬元以上五十萬元以下罰鍰，並限令其通知或公告揭示；屆期未通知或公告揭示者，按日連續處罰至通知或公告揭示為止。

第一八條

事業單位有下列情形之一者，處新臺幣十萬元以上五十萬元以下罰鍰：

一　未依第五條第二項規定，就解僱計畫書內容進行協商。

二　違反第六條第一項規定，拒絕指派協商代表或未通知事業單位內涉及大量解僱部門之勞工推選勞方代表。

三　違反第八條第二項規定，拒絕就業服務人員進駐。

四　違反第十條第二項規定，在協商期間任意將經預告解僱勞工調職或解僱。

第一九條

事業單位違反第十一條第三項規定拒絕提出說明或未提供財務報表及相關資料者，處新臺幣三萬元以上十五萬元以下罰鍰；並限期令其提供，屆期未提供者，按次連續處罰至提供為止。

第二〇條

依本法所處之罰鍰，經限期繳納，屆期不繳納者，依法移送強制執行。

第二一條

① 本法自公布日後三個月施行。

② 本法修正條文自公布日施行。

勞資爭議調解辦法

①民國100年4月28日行政院勞工委員會令訂定發布全文28條；並自100年5月1日施行。

②民國104年7月21日勞動部令修正發布第15～17、25、28條條文；除第16、17條自105年5月1日施行外，自發布日施行。

③民國106年3月15日勞動部令修正發布第24條條文；並增訂第24-1條條文。

④民國108年7月31日勞動部令修正發布第3、25條條文。

第一章 總 則

第一條

本辦法依勞資爭議處理法（以下簡稱本法）第十一條第四項規定訂定之。

第二章 調解之受理

第二條

①勞資爭議當事人應檢具調解申請書向直轄市、縣（市）主管機關（以下簡稱地方主管機關）申請調解。

②地方主管機關受理前項調解申請時，應向申請人說明下列事項：

一　得選擇透過地方主管機關指派調解人，或組成勞資爭議調解委員會之方式進行調解。

二　選擇透過地方主管機關指派調解人之方式進行調解時，地方主管機關得委託民間團體指派調解人進行調解。

三　得請求地方主管機關提出調解委員名冊及受託民間團體名冊，供其閱覽。

四　得要求調解人說明其身分及資格。

③地方主管機關所提供之調解申請書，應附記前項說明內容。

第三條

前條申請書應載明本法第十條所定事項，未依規定載明者，地方主管機關得限期補正，屆期未補正，不予受理。

第三章 調解委員之遴聘及義務

第四條

地方主管機關遴聘之調解委員，應具備下列資格之一：

一　有勞資爭議調解或協調實務經驗二年以上者。

二　曾任或現任各級勞工行政工作二年以上者。

三　曾任或現任各級行政主管機關擔任法制工作二年以上者。

四　曾任或現任工會或雇主團體理事、監事或專任會務工作五年

　　　以上者。

五　曾任或現任事業單位管理職五年以上者。

六　符合第十三條所定調解人資格者。

七　符合勞資爭議仲裁委員資格者。

第五條

有下列情形之一者，不得擔任調解委員：

一　經褫奪公權宣告尚未復權。

二　受破產宣告尚未復權。

三　依消費者債務清理條例開始清算程序尚未復權。

四　受監護或輔助宣告尚未撤銷。

五　未成年人。

第六條

①地方主管機關備置之調解委員名冊，應記載下列事項：

一　姓名、年齡及性別。

二　學歷及經歷。

三　現任職務。

四　專長。

五　勞資關係之處理經驗。

六　遴聘日期。

②地方主管機關應於每年五月底前，將調解委員名冊公告之。

第七條

①地方主管機關遴聘之調解委員，每屆任期爲三年。

②調解委員任期中，有增聘調解委員之必要，地方主管機關得增聘之，其任期至前項該屆調解委員任期屆滿爲止。

第八條

①地方主管機關依本法第十三條指派或本法第十四條指定之調解委員，須由第六條所備置之調解委員名冊中指派或指定。

②勞資爭議當事人依本法第十四條選定之調解委員，不得爲現任各級勞工行政主管機關之人員。

第九條

①調解委員有行政程序法第三十二條所定情形，地方主管機關不得指派之。

②受指派之調解委員有前項所定情形時，應即主動陳報，由地方主管機關另行指派之。

③勞資爭議當事人認爲受指派之調解委員，有行政程序法第三十三條第一項所定情形之一者，得請求其迴避。

④前項之請求，應於調解方案作成前，以書面敘明理由向地方主管機關提出，地方主管機關須於五日內作成決定。

第一〇條

調解委員應於調解程序開始前，主動說明其與勞資爭議當事人之關係。調解委員就當事人請求調解之事項，有財產上利害關係者，亦同。

第一一條

①調解委員有下列情形之一者，地方主管機關於查證屬實後，應即解聘之：

一 不具第四條所定資格之一。

二 有第五條所定情形之一。

三 違反第九條第二項規定。

四 違反第二十四條第一項或第二項規定。

②調解委員有前項第三款或第四款所定情形者，地方主管機關不得遴聘之；亦不得再擔任調解委員或調解人。

第一二條

地方主管機關得支給調解委員出席費、交通費及調查事實費等相關費用。

第四章　調解人之資格、認證及義務

第一三條

①調解人應具備下列資格之一：

一 執行律師業務，並於最近三年內曾辦理勞資爭議案件者。

二 曾任或現任教育部認可之大專校院講師以上，並教授勞資關係或法律相關課程三年以上，且有實務經驗者。

三 曾任各級勞工行政主管機關，處理勞資爭議或擔任法制工作具三年以上經驗者。

四 具備第四條第一款資格，並依第十四條規定取得中央主管機關核發之勞資爭議調解人認證證書。

②地方主管機關應就前項符合調解人資格者，建立名冊。

③地方主管機關為辦理勞資爭議調解業務，得聘請符合第一項所定資格之一者，專職擔任調解人。

第一四條

①主管機關推薦符合第四條第一款資格者，於完成中央主管機關指定之訓練，經測驗合格後，由中央主管機關發給勞資爭議調解人認證證書。

②前項所定訓練時數，不得低於三十小時之課堂講習及不得低於十小時之實例演練。

③第一項訓練之課程、測驗及受訓之名額，由中央主管機關擬定訓練計畫實施。

④前項訓練，中央主管機關得委託民間團體或教育部認可之國內大專校院辦理。

第一五條

具備第十三條第一項資格之調解人，每二年應參加主管機關認可與調解業務相關之研習，時數至少十小時。

第一六條

地方主管機關應每年度辦理調解人評量，其項目如下：

一 參與第十五條研習，並取得證明。

二　符合第十八條之說明義務。

三　符合第十九條調解人適用規定。

四　符合第二十三條應遵循調查程序。

五　符合第二十五條第一項規定，製作調解紀錄內容。

第一七條

具備第十三條第一項資格之調解人，應參加第十五條之研習，並依前條規定評量合格，經地方主管機關簽證後，始得續任調解人。

第一八條

調解人應於調解程序開始前，主動向勞資爭議雙方當事人說明其身分及資格。

第一九條

第五條、第九條至第十一條之規定，於調解人適用之。

第五章　民間團體受委託調解

第二○條

①地方主管機關依本法第十一條第三項規定委託之民間團體，應符合下列要件：

一　須依法設立之社團法人或財團法人，其章程以促進勞資關係為宗旨，且協助勞資爭議之調處為目的。

二　聘任一位以上之專職會務人員。

三　聘任具第十三條所定資格，並依第十七條評量合格之調解人四人以上。

②前項受委託之民間團體，不得為勞工團體或雇主團體。

第二一條

①地方主管機關應備置受託民間團體名冊，並記載下列事項：

一　名稱、會所地址及電話。

二　代表人。

三　設立時間。

四　聘任調解人之姓名、學經歷職業、現任職務及符合調解人資格之事項。

②前項受託民間團體名冊，應供公眾閱覽。

第二二條

①地方主管機關應於每年度辦理受託民間團體之考核，其項目如下：

一　本法第十一條第五項補助經費支用情形。

二　第二十條民間團體之資格要件。

三　第二十五條第二項調解紀錄之處理。

②地方主管機關對受託民間團體之考核結果，應予公告。

③考核不合格之受託民間團體，地方主管機關於二年內不得再委託辦理調解業務。

第六章　其他應遵行事項

第二三條

①調解人、調解委員為調查事實而有使當事人、相關人員或事業單位提出說明之必要時，應由地方主管機關事先以書面通知之。

②調解人、受指派之調解委員為調查事實而有進入相關事業單位訪查之必要時，應事先取得地方主管機關之書面同意，並於進行訪查時，主動出示證明。

③依本法第十四條第一項規定由勞資爭議當事人選定之調解委員或由地方主管機關代為指定之調解委員，有第九條第一項所定迴避事由者，不得受指派進行事實調查。

第二四條

①調解委員及調解人就調解事務之處理，應遵守本法第二章調解之相關規定。

②調解委員及調解人，不得有下列行為：

　一　處理調解事務收受不當利益。

　二　處理調解事務使用暴力脅迫。

　三　未經地方主管機關依前條第一項規定通知，命當事人、相關人員或事業單位提出說明。

　四　未經地方主管機關依前條第二項事先同意，進入相關事業單位訪查。

　五　其他違反調解倫理之行為。

③調解委員及調解人，有前項所定行為之一，且經地方主管機關查證屬實者，不得再擔任調解委員或調解人；其經地方主管機關遴聘為調解委員者，應即解聘，已取得勞資爭議調解人認證證書而其情節重大者，應通報中央主管機關註銷其證書。

第二四條之一

①中央主管機關為審查前條第三項調解人註銷證書案件，應成立勞資爭議調解人註銷證書審查小組（以下簡稱審查小組）。

②前項審查小組置委員五人或七人，由中央主管機關指派一人兼任並擔任召集人，其餘遴聘專家學者擔任之，任期二年。

③審查小組開會時，應有二分之一以上委員出席，其決議事項應有出席委員三分之二以上同意行之。

④審查小組開會時，因案情需要，得邀請與議決事項有關之其他行政機關、相關單位或人員列席，陳述事實或提供意見。

⑤審查小組開會時，委員應親自出席，並應就審查之案件，依行政程序法第三十二條及第三十三條規定迴避。

⑥審查小組委員為無給職。但專家學者得依規定支領出席費。

第二五條

①勞資爭議調解委員會及調解人，應作成調解紀錄，記載下列事項：

　一　本法第十條所定事項。

二 勞資爭議調解之申請日期。

三 舉行調解會議之日期及起迄時間；有數次者應分別記載。

四 舉行調解會議之地點。

五 雙方當事人之主張。

六 調查事實之結果。

七 調解方案之內容。

八 調解之結果。

九 雙方當事人出席之情形。

十 調解委員或調解人之姓名及簽名。

②調解不成立時，調解人應向雙方當事人說明本法第二十五條第一項所定事項，並記載於調解紀錄。

③調解委員會、調解人及受託辦理調解事務之民間團體，應於調解程序終結後三日內，將調解紀錄及相關案卷送地方主管機關。

④地方主管機關於收到前項紀錄後七日內，將該紀錄送達勞資爭議雙方當事人。

⑤前項紀錄之送達事項，地方主管機關得委託第三項所定之民間團體辦理。

⑥調解紀錄及相關案卷，應由地方主管機關保存十五年。

第二六條

①地方主管機關對依本法第十一條第一項規定指派之調解人者，得支給調解案件費及調解所衍生之費用。

②地方主管機關對依本法第十一條第三項規定委託之民間團體，得支給委託費用。

第二七條

本辦法之書表格式，由中央主管機關定之。

第二八條

①本辦法自中華民國一百年五月一日施行。

②本辦法修正條文，除第十六條及第十七條自中華民國一百零五年五月一日施行外，自發布日施行。

勞資爭議仲裁辦法

①民國100年4月28日行政院勞工委員會令訂定發布全文31條；並自100年5月1日施行。
②民國103年5月9日勞動部令修正發布第3、31條條文；並自發布日施行。

第一章　總　則

第一條

本辦法依勞資爭議處理法（以下簡稱本法）第二十六條第二項規定訂定之。

第二章　仲裁之受理

第二條

①勞資爭議當事人應檢具仲裁申請書，向主管機關申請仲裁。

②主管機關受理前項仲裁申請時，應向申請人說明仲裁程序及下列事項：

一　得選擇獨任仲裁人或勞資爭議仲裁委員會之方式進行仲裁；但一方申請交付仲裁者，僅得以勞資爭議仲裁委員會之方式進行仲裁。

二　得請求仲裁委員或仲裁人說明其身分及資格。

三　得請求主管機關提出仲裁人或仲裁委員名冊，供其閱覽。

四　依第一款選定仲裁方式後，屆期未選定仲裁人或仲裁委員者，主管機關得代為指定。

五　合意申請仲裁者，如有必要委託第三人或機構提供專家意見所需之費用。

③主管機關所提供之仲裁申請書，應附記前項說明內容。

第三條

①仲裁之申請，有下列情形之一，主管機關應限期命其補正，屆期未補正者，不予受理：

一　當事人一方不符下列要件者：

　　㈠自然人。

　　㈡法人。

　　㈢非法人之團體設有代表人或管理人者。

　　㈣行政機關。

　　㈤其他依法律規定得為權利義務之主體者。

二　由代理人申請，而其代理權有欠缺。

三　申請不合程式或不備其他要件。

四　就已經申請仲裁之案件，於仲裁繫屬中，更行申請仲裁。
五　依本法第二十五條第三項申請交付仲裁，而書面同意不成
　　立。
②仲裁人或仲裁委員會審理案件發現有前項所定情形之一者，應即
　報由主管機關依前項規定處理。
③申請仲裁事項為確定仲裁判斷之效力所及者，主管機關應不予受理。

第四條

①勞資爭議經雙方當事人以書面同意申請交付仲裁者，一方對書面
　同意之有無有爭執時，直轄市、縣（市）主管機關（以下簡稱地方
　主管機關）應以利於有效性原則解釋之。
②當事人間之文書、信函、電傳、電報或其他類似方式之通訊，足
　認有仲裁合意者，以有同意仲裁認定之。

第五條

主管機關依據本法第三十四條第二項另行指定仲裁委員代替前，
經解除職務之仲裁委員由勞資爭議當事人一方所選任者，應聽取
該當事人之意見。

第六條

勞資爭議當事人之勞方，依本法第二十五條第二項規定申請仲裁
者，以工會為限。

第七條

依本法第二十五條第二項及第四項交付仲裁時，主管機關應即以
書面通知雙方當事人依本法第二十九條第一項選定仲裁委員，組
成仲裁委員會並說明仲裁程序。

第三章　仲裁委員之遴聘及義務

第八條

具備下列資格之一且熟悉勞資關係事務者，主管機關得遴聘為仲
裁委員：
一　曾任或現任國內、外仲裁機構仲裁事件之仲裁人。
二　曾任或現任法官、檢察官三年以上。
三　律師及其他依法具有專門執業及技術執業資格人員三年以
　　上。
四　曾任或現任教育部認可之大專校院助理教授以上之教師三年
　　以上。
五　曾任政府機關九職等以上之行政職務三年以上。
六　曾任或現任下列職務之一，五年以上：
　　㈠僱用勞工五十人以上之事業單位，代表雇主處理勞工事務
　　　之經理級以上相當職務。
　　㈡直轄市、縣（市）以上勞、僱團體或民間中介團體之理
　　　事、監事或相當職務者。

第九條

主任仲裁委員應具備下列資格之一：

一 曾任或現任國內、外仲裁機構仲裁事件之勞資爭議仲裁人三年以上。

二 曾任或現任法官、檢察官十年以上。

三 律師及其他依法具有專門執業及技術執業資格人員十年以上。

四 曾任或現任教育部認可之大專校院助理教授以上之教師十年以上。

五 曾任政府機關九職等以上之行政職務十年以上。

六 曾任或現任下列職務之一，十年以上：

　(一)僱用勞工五十人以上之事業單位，代表雇主處理勞工事務之經理級以上相當職務。

　(二)直轄市、縣（市）以上勞、雇團體或民間中介團體之理事、監事或相當職務者。

第一〇條

有下列情形之一者，不得擔任仲裁委員：

一 經褫奪公權宣告尚未復權。

二 受破產宣告尚未復權。

三 依消費者債務清理條例開始清算程序尚未復權。

四 受監護或輔助宣告尚未撤銷。

五 未成年人。

第一一條

① 主管機關備置之仲裁委員名冊，應記載下列事項：

一 姓名、年齡及性別。

二 學歷及經歷。

三 現任職務。

四 專長。

五 勞資關係之處理經驗。

六 遴聘日期。

② 主管機關應於每年五月底前，將仲裁委員名冊公告之。

第一二條

① 主管機關遴聘之仲裁委員，每屆任期為三年。

② 地方主管機關於任期中增聘仲裁委員者，其任期至該屆仲裁委員任期屆滿時為止。

第一三條

① 地方主管機關依本法第二十九條第二項指定之仲裁委員或主任仲裁委員，應自仲裁委員名冊中指定之。

② 依本法第二十五條第二項交付仲裁時，勞資爭議當事人未能依本法第三十條第四項共同選定一人或三人之仲裁委員或互推主任仲裁委員時，由中央主管機關自仲裁委員名冊中指定之。

第一四條

① 勞資爭議當事人認為仲裁委員有本法第三十二條第一項、第二項所定迴避事由時，得申請仲裁委員迴避。

②前項申請應舉其原因及事實，向各該主管機關爲之，並爲適當之釋明；被申請迴避之仲裁委員對於該申請得提出意見書。

③第一項之申請，除有正當理由外，主管機關應於十日內爲適當之處置。

④被申請迴避之仲裁委員於主管機關就該申請事件爲准許或駁回之決定前，應停止仲裁程序。但有急迫情形，仍應爲必要處置。

⑤仲裁委員有本法第三十二條第一項、第二項所定迴避事由不自行迴避，而未經當事人申請迴避者，應由主管機關依職權命其迴避。

第一五條

仲裁委員應於仲裁程序開始前，主動向勞資爭議雙方當事人說明其身分及資格。

第一六條

①遴聘之仲裁委員有下列情形之一者，主管機關於查證屬實後，應即解聘：

一　違反本法第三十八條準用第二十四條規定。

二　不具第八條、第九條、第十八條所定資格之一。

三　有第十條所定情形之一。

四　拒絕依第十四條第五項規定迴避。

②仲裁委員有前項第一款、第三款至第四款所定情形之一，不得再擔任仲裁委員，主管機關亦不得遴聘之。

第一七條

主管機關應支給仲裁委員出席費、交通費、調查事實費、仲裁判斷書撰寫費及繕打費等相關費用。

第四章　仲裁人之選定

第一八條

具備下列資格之一且熟悉勞資關係事務者，主管機關得遴聘爲仲裁人：

一　曾任或現任國內、外仲裁機構仲裁事件之仲裁人。

二　曾任或現任法官、檢察官五年以上。

三　律師及其他依法具有專門執業及技術執業資格人員五年以上。

四　曾任或現任教育部認可之大專校院助理教授以上之教師五年以上。

五　曾任政府機關九職等以上之行政職務五年以上。

第一九條

第十條至第十七條之規定，於仲裁人準用之。

第五章　仲裁程序

第二○條

①仲裁程序違反本法、本辦法或仲裁合意者，爭議當事人得聲明異議。但當事人知悉或可得而知仍進行仲裁程序者，不得異議。

②前項異議由仲裁人或仲裁委員會決定之。

第二一條

勞資爭議當事人有下列主張之一，仲裁人或仲裁委員會認其無理由時，仍得進行仲裁程序，並爲判斷：

一　仲裁合意不成立。

二　仲裁程序不合法。

三　違反仲裁合意。

四　仲裁合意與應判斷之爭議無關。

五　仲裁人或仲裁委員欠缺仲裁權限。

六　其他依本法第三十七條第三項規定得提起撤銷仲裁判斷之訴之理由。

第二二條

①本法第三十三條第一項所定特殊情形，指有下列情形之一：

一　受通知或受訪查之人員，拒絕說明或妨礙調查者。

二　仲裁事件之事實複雜，顯然不能於十日內完成調查者。

三　其他有不能於十日內提出調查結果之特殊情形者。

②受指派調查委員，應就前項事由提報仲裁委員會決議後，延長調查期間。

第二三條

①勞資爭議仲裁人或仲裁委員會應作成仲裁紀錄，記載下列事項：

一　準用本法第十條所列之事項。

二　勞資爭議申請交付仲裁之日期。

三　舉行仲裁會議之日期及起訖時間；如有數次，應逐次分別記載。

四　舉行仲裁會議之地點。

五　雙方當事人之主張及陳述。

六　調查事實之結果。

七　仲裁委員所提之意見。

八　仲裁會議之要旨。

九　雙方當事人之簽名。

十　仲裁人或仲裁委員之姓名及簽名。

②前項紀錄，應於每次仲裁會議結束之日起十日內，送達勞資爭議雙方當事人。

③仲裁紀錄及相關案卷應保存十五年。

第二四條

仲裁人或仲裁委員會於仲裁判斷前，如有必要，得委託第三人或機構提供專家意見。

第二五條

前條所需之費用，依下列規定處理：

一　於一方申請交付仲裁或依職權交付仲裁者，由主管機關編列經費支應。

二　應目的事業主管機關之請求依職權交付仲裁者，由目的事業

　　主管機關負擔。

三　合意申請仲裁者，由雙方共同負擔。

第二六條

①仲裁委員會之仲裁判斷不能依本法第三十四條規定逾半數或逾四分之三者，仲裁程序依下列規定處理：

一　依本法第二十五條第一項規定或第三項規定申請交付仲裁者，程序視為終結。但當事人雙方得合意選擇下列方式之一另行仲裁：

　　㈠選定獨任仲裁人。

　　㈡組成仲裁委員會。

二　依本法第二十五條第二項規定由一方申請交付仲裁者，主管機關應依本法第二十九條重組仲裁委員會後，繼續進行仲裁程序。

三　依本法第二十五條第四項規定依職權交付仲裁者，主管機關應依本法第二十九條重組仲裁委員會後，繼續進行仲裁程序。

②依前項規定繼續進行仲裁程序者，仲裁委員會得援用爭議當事人先前提出之主張、證據及調查事實之結果。

第二七條

仲裁人或仲裁委員會作成仲裁判斷後，應於十日內作成仲裁判斷書，載明下列事項：

一　當事人姓名、住所或居所；如為法人、雇主團體或工會，其名稱、代表人及主事務所或主營業所。

二　有代理人者，其姓名、名稱及住居所或事務所。

三　有通譯者，其姓名、國籍及住所或居所。

四　主文。

五　事實。

六　理由。

七　仲裁人或主任仲裁委員及仲裁委員之姓名。

八　年、月、日。

第六章　附　則

第二八條

爭議當事人之一方不諳國語者，仲裁程序得用通譯。

第二九條

勞資爭議當事人就仲裁程序未約定者，適用本法規定；本法未規定者，準用仲裁法之規定。

第三〇條

本辦法相關書表格式，由中央主管機關定之。

第三一條

①本辦法自中華民國一百年五月一日施行。

②本辦法修正條文自發布日施行。

不當勞動行為裁決辦法

①民國100年4月28日行政院令訂定發布全文27條；並自100年5月1日施行。
②民國106年4月14日勞動部令修正發布全文39條；並自發布日施行。
③民國108年12月16日勞動部令修正發布第6條條文。
④民國110年9月29日勞動部令修正發布第1、2、14、22、27、32、39條條文；增訂第2-1、31-1條條文；並自110年10月1日施行。

第一章 總 則

第一條

本辦法依勞資爭議處理法（以下簡稱本法）第四十三條第五項規定訂定之。

第二章 裁決委員會之組成及遴聘

第二條

①不當勞動行為裁決委員會（以下簡稱裁決委員會），置裁決委員七人至十五人，由中央主管機關遴聘之，任期二年，並由裁決委員互推一人為主任裁決委員。

②裁決委員會置常務裁決委員一人至三人，由中央主管機關於裁決委員中遴聘之。

③裁決委員會之委員，任一性別比例不得少於三分之一。

④裁決委員出缺時，由中央主管機關另行遴聘之，其任期至同屆裁決委員任期屆滿之日止。

第二條之一

①主任裁決委員主持裁決委員會，綜理裁決案件審理相關事務。

②常務裁決委員為促進裁決案件之妥善審理，其職責如下：

一 追蹤裁決案件之進度。

二 檢視裁決案件之調查程序。

三 提出對裁決案件調查報告及裁決決定書之意見。

四 提供不當勞動行為裁決制度等之諮詢。

五 其他為促進裁決案件妥善審理有關事務。

第三條

具備下列資格之一且熟悉勞工法令、勞資關係事務者，中央主管機關得遴聘為裁決委員：

一 曾任或現任法官、檢察官、律師及其他依法具有專門執業及技術執業資格人員五年以上。

二 曾任或現任教育部認可之大專校院法律、勞工、社會科學助

　　理教授以上之教師五年以上。

三　有其他經歷足資證明熟悉勞工法令、勞資關係事務。

第四條

有下列情形之一者，不得遴聘為裁決委員：

一　經褫奪公權宣告尚未復權。

二　受破產宣告尚未復權。

三　依消費者債務清理條例開始清算程序尚未復權。

四　受監護或輔助宣告尚未撤銷。

五　受一年以上有期徒之宣告確定。但過失犯或諭知緩刑宣告者，不在此限。

第五條

遴聘之裁決委員有下列情形之一者，中央主管機關於查證屬實後，應即解聘：

一　不具第三條各款所定資格之一。

二　有前條各款情形之一。

第六條

裁決委員有下列各款情形之一者，應自行迴避：

一　曾為該爭議事件之調解委員或調解人。

二　裁決委員或其配偶、前配偶，就該爭議事件與當事人有共同權利人或共同義務人之關係者。

三　裁決委員或其配偶、前配偶、四親等內之血親或三親等內之姻親或曾有此關係者為爭議事件之當事人。

四　現為或曾為該爭議事件當事人之代理人或家長、家屬。

五　工會為爭議事件之當事人者，其會員、理事、監事或會務人員。

六　雇主團體或雇主為爭議事件之當事人者，其會員、理事、監事、會務人員或其受僱人。

七　有具體事實足認其執行業務有偏頗之虞。

第七條

①遇有下列各款情形之一者，當事人得向中央主管機關申請裁決委員迴避：

一　裁決委員有前條所定之情形而不自行迴避。

二　有具體事實足認裁決委員執行職務有偏頗之虞。

②當事人已就該裁決案件有所陳述後，不得依前項第二款申請裁決委員迴避。但迴避之原因發生在後或知悉在後者，不在此限。

第八條

①申請裁決委員迴避，應舉其原因及事實，向中央主管機關申請之。

②前項原因事實及前條第二項但書之事實，應自申請之日起，於三日內為適當之釋明。

③被申請迴避之裁決委員，對於該申請得提出意見書。

第九條

被申請迴避之裁決委員，得考量申請人申請迴避之理由後，主動迴避。

第一○條

① 中央主管機關應於收到迴避申請後三日內，送交裁決委員會處理之。

② 裁決委員會受理後，應於七日內作成決議；其因不足法定人數不能召開者，由主任裁決委員決定之。

③ 前項裁決委員會議之決議，由中央主管機關通知申請迴避之當事人。

第一一條

裁決委員被申請迴避者，在該申請事件爲准許或駁回之決定前，應停止參與裁決程序。但有急迫情形，主任裁決委員得爲必要處置。

第三章　裁決之受理

第一二條

① 申請裁決者，爲申請人，他造爲相對人。

② 申請人及相對人，均爲裁決事件之當事人。

第一三條

① 申請人依本法第四十條規定提出裁決申請時，除申請書外，應向裁決委員會提出相關書面說明或其附屬文件五份正本，並應按相對人人數，提出繕本或影本。

② 有委任代理人者，應提出委任書狀。

第一四條

① 裁決委員會得以裁決委員二人至四人組成審查小組。

② 裁決委員會收到裁決申請書後，應將案件輪流分案予審查小組進行初步審查；審查小組應於審查後七日內，提交常務裁決委員。

③ 前項初步審查，審查小組於必要時，得通知當事人到會說明。

第一五條

① 裁決之申請，有下列情形之一者，裁決委員會應作成不受理之決定：

一　有違反本法第三十九條第二項規定。

二　有本法第四十四條第六項所規定之情事。

三　以工會爲申請人時，該申請人非工會法所定之工會。

四　基於團體協約法第六條第一項規定所爲之裁決申請，該工會並非同法第六條第三項規定有協商資格之勞方。

② 裁決之申請不符本法第四十條規定時，應先限期令其補正，屆期未補正者，不受理其申請。

③ 裁決委員會不受理決定，應作成決定書，其應載明事項，準用本法第四十七條規定。

第一六條

① 裁決委員會除依前條規定作出不受理決定者外，應將申請書之繕

本或影本送達於相對人，並得命相對人以書面提出說明。

②相對人於申請書之繕本或影本送達之日起，應於七日內提出前項所規定之書面說明。

第一七條

①裁決程序進行中，當事人提出之書面說明或其附屬文件，除應提供五份正本予裁決委員會外，應按他方人數，逕行以繕本或影本直接通知他方。

②他方就曾否收受前項書面說明之繕本或影本有爭執時，應由提出之當事人證明之；無法證明者，應即補行通知。

第一八條

①裁決申請人，得於本法第四十六條規定裁決委員會作成裁決決定之最後詢問程序終結前，撤回裁決申請之全部或一部。但相對人已於詢問程序爲言詞陳述者，應得其同意。

②裁決申請之撤回，應以書面爲之。但於裁決委員會作成裁決決定之最後詢問程序終結前，得以言詞向裁決委員會聲明理由撤回。

③以言詞所爲之撤回，應記載於紀錄，相對人不在場者，應將紀錄送達。

④裁決委員會於裁決申請撤回後，應於七日內，將撤回之意旨通知相對人。

第四章　裁決委員會之召開

第一九條

裁決委員會應公正進行裁決事件之調查、詢問及裁決決定等事項。

第二〇條

裁決委員會會議以主任裁決委員爲主席，主任裁決委員因故不能出席時，應指定委員一人代理之。

第二一條

裁決案件有必要時，裁決委員會得邀請學者、專家及與議決事項有關之其他行政機關、相關單位或人員列席會議，陳述事實或提供意見。

第五章　裁決之調查及詢問程序

第二二條

①裁決委員依本法第四十四條第二項、第三項規定進行調查時，得作成調查計畫書，並爲下列之處置：

一　通知當事人、相關人員或事業單位以言詞或書面提出說明。

二　聽取當事人之意見或詢問證人。

三　命鑑定人提出鑑定書或詢問鑑定人。

四　通知有關機關協助提供相關文書、表冊及物件。

五　進入相關事業單位訪查。

②裁決委員進行調查時，應作成調查紀錄。

③常務裁決委員應檢視前項調查紀錄，如有意見應以書面提出，供審查小組參考。

第二三條

①裁決委員於調查會議中，得詢問當事人、證人、鑑定人、相關人員或事業單位。

②當事人或代理人得經裁決委員之許可，陳述意見、詢問他方當事人、證人、鑑定人、相關人員或事業單位。

③裁決委員認前項之陳述或詢問重複，或與爭點無關、或有其他不適當之情形時，得限制或禁止之。

第二四條

①裁決委員依前條詢問前，應告知受詢問人不得為虛偽說明、提供不實資料或無正當理由拒絕說明。

②受詢問人違反前項規定者，依本法第六十三條處以罰鍰。

③裁決委員得以記載第一項事項之結文，命受詢問人簽名。

第二五條

①裁決委員依本法第四十四條第二項規定，命當事人提出相關文書，當事人無正當理由拒絕提出文書時，裁決委員得審酌情形，認他造關於該文書之主張或依該文書應證事實為真實。

②前項情形，裁決委員於調查終結前，應給予當事人陳述意見之機會。

第二六條

當事人對於他方所提之書面說明或其附屬文件之正本與繕本或影本認有不符時，應以提出於裁決委員會之正本為準。

第二七條

①裁決委員作成之調查報告，應包含下列事項：

一　調查之處所及年、月、日。

二　裁決委員及記錄職員姓名。

三　裁決事件。

四　到場當事人、代理人、及其他經同意到場相關人員之姓名。

五　當事人及相關人員所為聲明或陳述之要點。

六　證人之陳述或鑑定人之鑑定結果。

七　調查紀錄。

八　調查意見。

②前項調查報告，應送交裁決委員會。

③常務裁決委員應檢視下列資料，並提出書面意見，供審查小組或裁決委員會參考：

一　第一項之調查報告。

二　裁決委員撰寫之裁決決定建議書。

三　裁決委員依裁決委員會作成之裁決決定撰寫之裁決決定書。

第二八條

①主任裁決委員應於裁決委員作成調查報告後七日內，召開裁決委員會。

②裁決委員會應依本法第四十六條第一項後段規定，通知當事人以言詞陳述意見進行詢問程序。必要時得通知相關人員陳述意見。

③裁決委員會進行前項詢問程序前，應訂定詢問期日，並製作詢問通知書，記載到場之日、時及處所，送達於當事人及相關人員。

第二九條

①裁決委員會依前條規定進行詢問程序時，得公開進行之。

②詢問程序之進行，由主任裁決委員主持之。

③詢問應作成詢問紀錄，並記載下列事項：

　一　言詞陳述之處所及年、月、日。

　二　裁決委員及記錄職員姓名。

　三　裁決事件。

　四　到場當事人、代理人及其他經通知到場相關人員之姓名。

　五　當事人及相關人員為聲明或陳述之要點。

第三○條

①主任裁決委員於詢問程序終結前，應給予當事人雙方最後陳述意見之機會。

②詢問程序終結後，主任裁決委員認有必要者，得聽取出席之裁決委員意見，再召開詢問程序或調查程序。

第三一條

裁決委員或裁決委員會，對於妨礙調查程序或詢問程序進行者，得命其退場，必要時得請求警察機關協助排除。

第三一條之一

①裁決委員會認申請人之申請有理由者，應為全部或一部有理由之裁決決定；無理由者，應為全部或一部駁回申請之裁決決定。

②全部或一部有理由之裁決決定，其主文得具體記載當事人履行之方法、內容。

③裁決決定有誤寫、誤算或其他類此之顯然錯誤者，裁決委員會得依申請或職權更正；其正本與原本不符者，亦同。

第三二條

①當事人雙方對請求事項具有處分權，且其和解無礙公益之維護者，裁決委員於裁決委員會作成裁決決定之最後詢問程序終結前，得隨時試行和解。

②因試行和解，裁決委員得命當事人、代表人或代理人到場。

③和解成立者，裁決程序當然終結，並應作成和解書。

④和解書應於和解成立之日起二十日內，以正本送達於當事人。

第三三條

對工會法第三十五條第二項規定所生民事爭議事件所為之裁決決定，當事人於裁決決定書正本送達三十日內，就作為裁決決定之同一事件，以他方當事人為被告，向法院提起民事訴訟者，應即以書面方式通知裁決委員會，撤回民事訴訟者，亦同。

第三四條

本法第四十八條第一項所定視為雙方當事人依裁決決定書達成合

意，包含起訴不合法被裁定駁回之情事。

第三五條

裁決決定書經法院核定後，中央主管機關應將核定之裁決決定書送達當事人。

第三六條

①裁決委員會依本法第四十八條第二項規定將裁決決定書送請法院審核，法院不予核定時，中央主管機關應送請裁決委員會處理之。

②裁決委員會於處理時，認有必要者，得徵詢當事人之意見。

第六章　附　則

第三七條

①證人或鑑定人到場之交通費、滯留期間之住宿費，依國內出差旅費報支要點所定薦任級以下人員交通費、住宿費給與標準給與。有關鑑定所需之費用，由中央主管機關視裁決案件之繁簡酌定之。

②前項費用，由中央主管機關編列預算支應之。

第三八條

本辦法發布前，已受理之裁決案件，其以後之裁決程序，依本辦法規定審理之。

第三九條

①本辦法自發布日施行。

②本辦法中華民國一百十年九月二十九日修正發布之條文，自一百十年十月一日施行。

參、勞工福利

職工福利金條例

① 民國32年1月26日國民政府制定公布全文14條。
② 民國37年12月16日總統令修正公布第2、5、7條條文。
③ 民國92年1月29日總統令修正公布第1、7條條文；並增訂第9-1、13-1條條文。
　民國103年2月14日行政院公告第5條第1項所列屬「社會部」之權責事項，自103年2月17日起改由「勞動部」管轄。
④ 民國104年7月1日總統令修正公布第5條條文。

第一條
① 凡公營、私營之工廠、礦場或其他企業組織，均應提撥職工福利金，辦理職工福利事業。
② 前項規定所稱其他企業組織之範圍，由主管官署衡酌企業之種類及規模另定之。

第二條
① 工廠礦場及其他企業組織提撥職工福利金，依左列之規定：
　一　創立時就其資本總額提撥百分之一至百分之五。
　二　每月營業收入總額內提撥百分之〇‧〇五至百分之〇‧一五。
　三　每月於每個職員工人薪津內各扣百分之〇‧五。
　四　下腳變價時提撥百分之二十至四十。
② 依第二款之規定，對於無營業收入之機關，得按其規費或其他收入，比例提撥。
③ 公營事業已列入預算之職工福利金，如不低於第二款之規定者，得不再提撥。

第三條
無一定雇主之工人，應由所屬工會就其會費收入總額提撥百分之三十為福利金；必要時得呈請主管官署酌予補助。

第四條
辦理職工福利事業成績優異者，得由主管官署酌予獎助金。

第五條
① 職工福利金之保管動用，應由依法組織之工會及各工廠、礦場或其他企業組織共同設置職工福利委員會負責辦理；其組織規程由勞動部訂定之。
② 前項職工福利委員會之工會代表，不得少於三分之二。
③ 依第三條規定辦理之福利事業，準用前二項之規定。

第六條
工廠礦場或其他企業組織及工會，應於每年年終分別造具職工福利金收支表冊公告之，並呈報主管官署備查；必要時主管官署得

查核其賬簿。

第七條

① 職工福利金不得移作別用，其動支範圍、項目及比率，由主管官署訂定並公告之。

② 職工福利金用於全國性或全省（市）、縣（市）性工會舉辦福利事業，經主管官署備案，得提撥百分之十以內之補助金。

第八條

職工福利金不得沒收。

第九條

職工福利金有優先受清償之權。

第九條之一

① 工廠、礦場或其他企業組織因解散或受破產宣告而結束經營者，所提撥之職工福利金，應由職工福利委員會妥議處理方式，陳報主管官署備查後發給職工。

② 工廠、礦場或其他企業組織變更組織而仍繼續經營，或為合併而其原有職工留任於存續組織者，所提撥之職工福利金，應視變動後留任職工比率，留備續辦職工福利事業之用，其餘職工福利金，應由職工福利委員會妥議處理方式，陳報主管官署備查後發給離職職工。

③ 前二項規定，於職工福利委員會登記為財團法人者，適用之。

第一〇條

因保管人之過失致職工福利金受損失時，保管人應負賠償責任。

第一一條

違反第二條、第三條之規定，不為提撥或提撥不足額者，除由主管官署責令提撥外，處負責人以一千元以下罰鍰。

第一二條

違反第六條之規定，處負責人以五百元以下罰鍰。

第一三條

對於職工福利金有侵佔或其他舞弊情事者，依刑法各該條之規定，從重處斷。

第一三條之一

本條例施行細則，由主管官署定之。

第一四條

本條例自公布日施行。

職工福利金條例施行細則

①民國40年4月16日內政部令修正發布全文15條。
②民國88年12月29日行政院勞工委員會令修正發布第7、14、15條條文；並自發布日起施行。
③民國92年4月9日行政院勞工委員會令修正發布第1、9、12、13、14條條文；並刪除第10條條文。
民國103年2月14日行政院公告第14條所列屬「行政院勞工委員會」之權責事項，自103年2月17日起改由「勞動部」管轄。
④民國105年3月11日勞動部令修正發布第14條條文。

第一條
本細則依職工福利金條例（以下簡稱本條例）第十三條之一規定訂定之。

第二條
工廠、礦場或其他企業組織提撥之職工福利金，應於提撥後立即移送職工福利委員會保管。

第三條
工廠、礦場或其他企業組織，應將左列書表以一份送職工福利委員會備查：
一　每月職員薪津計算表。
二　每月工資報告表。
三　每月營業收入或規費及其他收入之報告表。
四　向董事會提出之業務報告書。
五　向監察人提出之財務狀況報告書。

第四條
工廠、礦場或其他企業組織變賣下腳時，應通知職工福利委員會派人參加。

第五條
工廠、礦場或其他企業組織凡由總機構統一營業而不在同一地區者，應將依法提撥之福利金視所屬各單位職工人數統籌辦理福利事項。

第六條
職工年終分紅獎金暨兼辦職工福利事業之職工薪津，不得在職工福利金項下開支。

第七條
職工福利金應存入公營、民營銀行；但因特殊情形經主管官署核准者不在此限。

第八條
工廠、礦場或其他企業組織受破產宣告時，其尚未依法提撥之職

工福利金仍應依法儘先撥足；債權人不得藉口對抗。

第九條

公司之監察人、受破產宣告之破產管理人或破產清算人執行職務時，應查核職工福利金是否依法提撥；如因怠忽職務致應撥之福利金受有損害者，得依本條例第十一條規定處罰。

第一○條 （刪除）

第一一條

工廠、礦場或其他企業組織因經濟或業務上之變動而緊縮其原來之範圍者，所有因緊縮而遣散之職工，其遣散費用應另行設法，不得在福利金項下動支。

第一二條

本條例第三條所稱補助及第四條所稱獎助金，得由主管官署列入年度預算。

第一三條

工廠、礦場或其他企業組織依本條例提撥職工福利金辦理福利事業，勞動檢查機構得派員檢查之。

第一四條

本條例及本細則所稱主管官署：在中央為勞動部；在直轄市為直轄市政府；在縣（市）為縣（市）政府。

第一五條

本細則自發布日施行。

肆、勞工保險

勞工保險條例

①民國47年7月21日總統令制定公布全文87條。
②民國57年7月23日總統令修正公布全文88條。
③民國62年4月25日總統令修正公布第10、18條條文。
④民國68年2月19日總統令修正公布全文79條。
⑤民國77年2月3日總統令修正公布第4、6、8～17、19～21、27、28、31、32、41、43、44、51、58、59、61、64、72、76條條文;增訂第9-1、21-1、39-1條條文;並刪除第60、75條條文。
⑥民國84年2月28日總統令修正公布第5、13、15條條文;並增訂第76-1條條文。
⑦民國89年7月19日總統令修正公布第4、15、67～69條條文。
⑧民國90年12月19日總統令修正公布第12、58條條文。
⑨民國92年1月20日總統令修正公布第29、67條條文。
⑩民國92年1月29日總統令修正公布第10、13、28、72條條文;並增訂第14-1、14-2、20-1、42-1條條文。
⑪民國97年5月14日總統令修正公布第17條條文。
⑫民國97年8月13日總統令修正公布第2、13、19～20-1、53～59、63～65、79條條文及第四章第五節節名;增訂第54-1、54-2、58-1、58-2、63-1～63-4、65-1～65-5、74-1、74-2條條文及第四章第八節節名;並刪除第21、21-1、38、47、61條條文;除第54-1條第2項自公布後五年施行外,第13條第3、4項自99年1月1日施行外,餘自98年1月1日施行。
⑬民國98年1月23日總統令修正公布第20條條文。
⑭民國98年4月22日總統令修正公布第72條條文。
⑮民國98年11月25日總統令修正公布第29條條文。
⑯民國100年4月27日總統令修正公布第15、44、72、79條條文;並自公布日施行,但第15條之施行日期,由行政院定之。
　民國106年6月1日行政院令發布第15條定自101年7月1日施行。
⑰民國101年12月5日總統令修正公布第6、9條條文;並增訂第29-1條條文。
⑱民國101年12月19日總統令修正公布第30條條文。
⑲民國102年5月8日總統令修正公布第54-1條條文,第2項規定自102年8月13日施行。
⑳民國103年1月8日總統令修正公布第29條條文。
　民國103年2月14日行政院公告第4條所列屬「行政院勞工委員會」之權責事項,自103年2月17日起改由「勞動部」管轄;第5條第1、2項、第67條第1項第4款、第3項、第68條所列屬「勞工保險局」之權責事項,自103年2月17日起改由「勞動部勞工保險局」管轄;第67條第1項第1～3、5款、第2項所列屬「勞工保險局」之權責事項,自103年2月17日起,勞工保險基金投資及運用業務,改由「勞動部勞動基金運用局」管轄;其他業務改由「勞動部勞工保險局」管轄;第5條第1、2項、第28條、第65-5條第1、2項、第67條第1項序文、第68條所列屬「勞工保險監理委員會」之權責事項,自103年2月17日起改由「勞動部」管轄。
㉑民國103年5月28日總統令修正公布第32條條文。

㉒民國104年7月1日總統令修正公布第4條條文；並增訂第17-1條條文。

㉓民國110年4月28日總統令修正公布第29條條文。

第一章 總　則

第一條

為保障勞工生活，促進社會安全，制定本條例；本條例未規定者，適用其他有關法律。

第二條

勞工保險之分類及其給付種類如下：

一　普通事故保險：分生育、傷病、失能、老年及死亡五種給付。

二　職業災害保險：分傷病、醫療、失能及死亡四種給付。

第三條

勞工保險之一切帳冊、單據及業務收支，均免課稅捐。

第四條

勞工保險之主管機關：在中央為勞動部；在直轄市為直轄市政府。

第二章 保險人、投保單位及被保險人

第五條

①中央主管機關統籌全國勞工保險業務，設勞工保險局為保險人，辦理勞工保險業務。為監督勞工保險業務及審議保險爭議事項，由有關政府代表、勞工代表、資方代表及專家各佔四分之一為原則，組織勞工保險監理委員會行之。

②勞工保險局之組織及勞工保險監理委員會之組織，另以法律定之。

③勞工保險爭議事項審議辦法，由中央主管機關擬訂，報請行政院核定之。

第六條

①年滿十五歲以上，六十五歲以下之左列勞工，應以其雇主或所屬團體或所屬機構為投保單位，全部參加勞工保險為被保險人：

一　受僱於僱用勞工五人以上之公、民營工廠、礦場、鹽場、農場、牧場、林場、茶場之產業勞工及交通、公用事業之員工。

二　受僱於僱用五人以上公司、行號之員工。

三　受僱於僱用五人以上之新聞、文化、公益及合作事業之員工。

四　依法不得參加公務人員保險或私立學校教職員保險之政府機關及公、私立學校之員工。

五　受僱從事漁業生產之勞動者。

　六　在政府登記有案之職業訓練機構接受訓練者。

　七　無一定雇主或自營作業而參加職業工會者。

　八　無一定雇主或自營作業而參加漁會之甲類會員。

②前項規定，於經主管機關認定其工作性質及環境無礙身心健康之未滿十五歲勞工亦適用之。

③前二項所稱勞工，包括在職外國籍員工。

第七條

前條第一項第一款至第三款規定之勞工參加勞工保險後，其投保單位僱用勞工減至四人以下時，仍應繼續參加勞工保險。

第八條

①左列人員得準用本條例之規定，參加勞工保險：

　一　受僱於第六條第一項各款規定各業以外之員工。

　二　受僱於僱用未滿五人之第六條第一項第一款至第三款規定各業之員工。

　三　實際從事勞動之雇主。

　四　參加海員總工會或船長公會為會員之外僱船員。

②前項人員參加保險後，非依本條例規定，不得中途退保。

③第一項第三款規定之雇主，應與其受僱員工，以同一投保單位參加勞工保險。

第九條

被保險人有左列情形之一者，得繼續參加勞工保險：

　一　應徵召服兵役者。

　二　派遣出國考察、研習或提供服務者。

　三　因傷病請假致留職停薪，普通傷病未超過一年，職業災害未超過二年者。

　四　在職勞工，年逾六十五歲繼續工作者。

　五　因案停職或被羈押，未經法院判決確定者。

第九條之一

①被保險人參加保險，年資合計滿十五年，被裁減資遣而自願繼續參加勞工保險者，由原投保單位為其辦理參加普通事故保險，至符合請領老年給付之日止。

②前項被保險人繼續參加勞工保險及保險給付辦法，由中央主管機關定之。

第一〇條

①各投保單位應為其所屬勞工，辦理投保手續及其他有關保險事務，並備僱用員工或會員名冊。

②前項投保手續及其他有關保險事務，投保單位得委託其所隸屬團體或勞工團體辦理之。

③保險人為查核投保單位勞工人數、工作情況及薪資，必要時，得查對其員工或會員名冊、出勤工作紀錄及薪資帳冊。

④前項規定之表冊，投保單位應自被保險人離職、退會或結（退）訓之日起保存五年。

第一一條

符合第六條規定之勞工，各投保單位應於其所屬勞工到職、入會、到訓、離職、退會、結訓之當日，列表通知保險人；其保險效力之開始或停止，均自應為通知之當日起算。但投保單位非於勞工到職、入會、到訓之當日列表通知保險人者，除依本條例第七十二條規定處罰外，其保險效力之開始，均自通知之翌日起算。

第一二條

①被保險人退保後再參加保險時，其原有保險年資應予併計。

②被保險人於八十八年十二月九日以後退職者，且於本條例六十八年二月二十一日修正前停保滿二年或七十七年二月五日修正前停保滿六年者，其停保前之保險年資應予併計。

③前項被保險人已領取老年給付者，得於本條施行後二年內申請補發併計年資後老年給付之差額。

第三章　保險費

第一三條

①本保險之保險費，依被保險人當月投保薪資及保險費率計算。

②普通事故保險費率，為被保險人當月投保薪資百分之七點五至百分之十三；本條例中華民國九十七年七月十七日修正之條文施行時，保險費率定為百分之七點五，施行後第三年調高百分之零點五，其後每年調高百分之零點五至百分之十，並自百分之十當年起，每兩年調高百分之零點五至上限百分之十三。但保險基金餘額足以支付未來二十年保險給付時，不予調高。

③職業災害保險費率，分為行業別災害費率及上、下班災害費率二種，每三年調整一次，由中央主管機關擬訂，報請行政院核定，送請立法院查照。

④僱用員工達一定人數以上之投保單位，前項行業別災害費率採實績費率，按其前三年職業災害保險給付總額占應繳職業災害保險費總額之比率，由保險人依下列規定，每年計算調整之：

一　超過百分之八十者，每增加百分之十，加收其適用行業之職業災害保險費率之百分之五，並以加收至百分之四十為限。

二　低於百分之七十者，每減少百分之十，減收其適用行業之職業災害保險費率之百分之五。

⑤前項實績費率實施之辦法，由中央主管機關定之。

⑥職業災害保險之會計，保險人應單獨辦理。

第一四條

①前條所稱月投保薪資，係指由投保單位按被保險人之月薪資總額，依投保薪資分級表之規定，向保險人申報之薪資；被保險人薪資以件計算者，其月投保薪資，以由投保單位比照同一工作等級勞工之月薪資總額，按分級表之規定申報者為準。被保險人為第六條第一項第七款、第八款及第八條第一項第四款規定之勞

工，其月投保薪資由保險人就投保薪資分級表範圍內擬訂，報請中央主管機關核定適用之。

②被保險人之薪資，如在當年二月至七月調整時，投保單位應於當年八月底前將調整後之月投保薪資通知保險人；如在當年八月至次年一月調整時，應於次年二月底前通知保險人。其調整均自通知之次月一日生效。

③第一項投保薪資分級表，由中央主管機關擬訂，報請行政院核定之。

第一四條之一

①投保單位申報被保險人投保薪資不實者，由保險人按照同一行業相當等級之投保薪資額逕行調整通知投保單位，調整後之投保薪資與實際薪資不符時，應以實際薪資為準。

②依前項規定逕行調整之投保薪資，自調整之次月一日生效。

第一四條之二

依第八條第一項第三款規定加保，其所得未達投保薪資分級表最高一級者，得自行舉證申報其投保薪資。但最低不得低於所屬員工申報之最高投保薪資適用之等級。

第一五條

勞工保險保險費之負擔，依下列規定計算之：

一　第六條第一項第一款至第六款及第八條第一項第一款至第三款規定之被保險人，其普通事故保險費由被保險人負擔百分之二十，投保單位負擔百分之七十，其餘百分之十，由中央政府補助；職業災害保險費全部由投保單位負擔。

二　第六條第一項第七款規定之被保險人，其普通事故保險費及職業災害保險費，由被保險人負擔百分之六十，其餘百分之四十，由中央政府補助。

三　第六條第一項第八款規定之被保險人，其普通事故保險費及職業災害保險費，由被保險人負擔百分之二十，其餘百分之八十，由中央政府補助。

四　第八條第一項第四款規定之被保險人，其普通事故保險費及職業災害保險費，由被保險人負擔百分之八十，其餘百分之二十，由中央政府補助。

五　第九條之一規定之被保險人，其保險費由被保險人負擔百分之八十，其餘百分之二十，由中央政府補助。

第一六條

①勞工保險保險費依左列規定，按月繳納：

一　第六條第一項第一款至第六款及第八條第一項第一款至第三款規定之被保險人，其應自行負擔之保險費，由投保單位負責扣、收繳，並須於次月底前，連同投保單位負擔部分，一併向保險人繳納。

二　第六條第一項第七款、第八款及第八條第一項第四款規定之被保險人，其自行負擔之保險費，應按月向其所屬投保單位

繳納，於次月底前繳清，所屬投保單位應於再次月底前，負責彙繳保險人。

三　第九條之一規定之被保險人，其應繳之保險費，應按月向其原投保單位或勞工團體繳納，由原投保單位或勞工團體於次月底前負責彙繳保險人。

② 勞工保險之保險費一經繳納，概不退還。但非歸責於投保單位或被保險人之事由所致者，不在此限。

第一七條

① 投保單位對應繳納之保險費，未依前條第一項規定限期繳納者，得寬限十五日；如在寬限期間仍未向保險人繳納者，自寬限期滿之翌日起至完納前一日止，每逾一日加徵其應納費額百分之零點一滯納金；加徵之滯納金額，以至應納費額之百分之二十爲限。

② 加徵前項滯納金十五日後仍未繳納者，保險人就其應繳之保險費及滯納金，依法訴追。投保單位如無財產可供執行或其財產不足清償時，其主持人或負責人對逾期繳納有過失者，應負損害賠償責任。

③ 保險人於訴追之日起，在保險費及滯納金未繳清前，暫行拒絕給付。但被保險人應繳部分之保險費已扣繳或繳納於投保單位者，不在此限。

④ 第六條第一項第七款、第八款及第八條第一項第四款規定之被保險人，依第十五條規定負擔之保險費，應按期送交所屬投保單位彙繳。如逾寬限期間十五日而仍未送交者，其投保單位得適用第一項規定，代爲加收滯納金彙繳保險人；加徵滯納金十五日後仍未繳納者，暫行拒絕給付。

⑤ 第九條之一規定之被保險人逾二個月未繳保險費者，以退保論。其於欠繳保險費期間發生事故所領取之保險給付，應依法追還。

第一七條之一

勞工保險之保險費及滯納金，優先於普通債權而清償。

第一八條

① 被保險人發生保險事故，於其請領傷病給付或住院醫療給付未能領取薪資或喪失收入期間，得免繳被保險人負擔部分之保險費。

② 前項免繳保險費期間之年資，應予承認。

第四章　保險給付

第一節　通　則

第一九條

① 被保險人於保險效力開始後停止前，發生保險事故者，被保險人或其受益人得依本條例規定，請領保險給付。

② 以現金發給之保險給付，其金額按被保險人平均月投保薪資及給付標準計算。被保險人同時受僱於二個以上投保單位者，其普通事故保險給付之月投保薪資得合併計算，不得超過勞工保險投保

薪資分級表最高一級。但連續加保未滿三十日者，不予合併計算。

③前項平均月投保薪資之計算方式如下：

一　年金給付及老年一次金給付之平均月投保薪資：按被保險人加保期間最高六十個月之月投保薪資予以平均計算；參加保險未滿五年者，按其實際投保年資之平均月投保薪資計算。但依第五十八條第二項規定選擇一次請領老年給付者，按其退保之當月起前三年之實際月投保薪資平均計算；參加保險未滿三年者，按實際投保年資之平均月投保薪資計算。

二　其他現金給付之平均月投保薪資：按被保險人發生保險事故之當月起前六個月之實際月投保薪資平均計算；其以日為給付單位者，以平均月投保薪資除以三十計算。

④第二項保險給付標準之計算，於保險年資未滿一年者，依其實際加保月數按比例計算；未滿三十日者，以一個月計算。

⑤被保險人如為漁業生產勞動者或航空、航海員工或坑內工，除依本條例規定請領保險給付外，於漁業、航空、航海或坑內作業中，遭遇意外事故致失蹤時，自失蹤之日起，按其平均月投保薪資百分之七十，給付失蹤津貼；於每滿三個月之期末給付一次，至生還之前一日或失蹤滿一年之前一日或受死亡宣告判決確定死亡時之前一日止。

⑥被保險人失蹤滿一年或受死亡宣告判決確定死亡時，得依第六十四條規定，請領死亡給付。

第二〇條

①被保險人在保險有效期間發生傷病事故，於保險效力停止後一年內，得請領同一傷病及其引起之疾病之傷病給付、失能給付、死亡給付或職業災害醫療給付。

②被保險人在保險有效期間懷孕，且符合本條例第三十一條第一項第一款或第二款規定之參加保險日數，於保險效力停止後一年內，因同一懷孕事故而分娩或早產者，得請領生育給付。

第二〇條之一

①被保險人退保後，經診斷確定於保險有效期間罹患職業病者，得請領職業災害保險失能給付。

②前項請領失能給付之對象、職業病種類、認定程序及給付金額計算等事項之辦法，由中央主管機關定之。

第二一條　（刪除）

第二一條之一　（刪除）

第二二條

同一種保險給付，不得因同一事故而重複請領。

第二三條

被保險人或其受益人或其他利害關係人，為領取保險給付，故意造成保險事故者，保險人除給與喪葬津貼外，不負發給其他保險給付之責任。

第二四條

投保單位故意爲不合本條例規定之人員辦理參加保險手續，領取保險給付者，保險人應依法追還；並取消該被保險人之資格。

第二五條

被保險人無正當理由，不接受保險人特約醫療院、所之檢查或補具應繳之證件，或受益人不補具應繳之證件者，保險人不負發給保險給付之責任。

第二六條

因戰爭變亂或因被保險人或其父母、子女、配偶故意犯罪行爲，以致發生保險事故者，概不給與保險給付。

第二七條

被保險人之養子女，其收養登記在保險事故發生時未滿六個月者，不得享有領取保險給付之權利。

第二八條

保險人爲審核保險給付或勞工保險監理委員會爲審議爭議案件認有必要者，得向被保險人、受益人、投保單位、各該醫院、診所或領有執業執照之醫師、助產士等要求提出報告，或調閱各該醫院、診所及投保單位之病歷、薪資帳冊、檢查化驗紀錄或放射線診斷攝影片（Ｘ光照片）及其他有關文件，被保險人、受益人、投保單位、各該醫院、診所及領有執業執照之醫師或助產士等均不得拒絕。

第二九條

① 被保險人、受益人或支出殯葬費之人領取各種保險給付之權利，不得讓與、抵銷、扣押或供擔保。

② 依本條例規定請領保險給付者，得檢具保險人出具之證明文件，於金融機構開立專戶，專供存入保險給付之用。

③ 前項專戶內之存款，不得作爲抵銷、扣押、供擔保或強制執行之標的。

④ 被保險人已領取之保險給付，經保險人撤銷或廢止，應繳還而未繳還者，保險人得以其本人或其受益人請領之保險給付扣減之。

⑤ 被保險人有未償還第六十七條第一項第四款之貸款本息者，於被保險人或其受益人請領保險給付時逕予扣減之。

⑥ 前項未償還之貸款本息，不適用下列規定，並溯自中華民國九十二年一月二十二日施行：
一　消費者債務清理條例有關債務免責之規定。
二　破產法有關債務免責之規定。
三　其他法律有關請求權消滅時效規定。

⑦ 第四項及第五項有關扣減保險給付之種類、方式及金額等事項之辦法，由中央主管機關定之。

⑧ 保險人應每年書面通知有未償還第六十七條第一項第四款貸款本息之被保險人或其受益人之積欠金額，並請其依規定償還。

第二九條之一

依本條例以現金發給之保險給付，經保險人核定後，應在十五日內給之；年金給付應於次月底前給付。如逾期給付可歸責於保險人者，其逾期部分應加給利息。

第三○條

領取保險給付之請求權，自得請領之日起，因五年間不行使而消滅。

第二節 生育給付

第三一條

① 被保險人合於左列情形之一者，得請領生育給付：

一 參加保險滿二百八十日後分娩者。

二 參加保險滿一百八十一日後早產者。

三 參加保險滿八十四日後流產者。

② 被保險人之配偶分娩、早產或流產者，比照前項規定辦理。

第三二條

① 生育給付標準，依下列各款辦理：

一 被保險人或其配偶分娩或早產者，按被保險人平均月投保薪資一次給與分娩費三十日，流產者減半給付。

二 被保險人分娩或早產者，除給與分娩費外，並按其平均月投保薪資一次給與生育補助費六十日。

三 分娩或早產為雙生以上者，分娩費及生育補助費比例增給。

② 被保險人難產已申請住院診療給付者，不再給與分娩費。

③ 被保險人同時符合相關社會保險生育給付或因軍公教身分請領國家給與之生育補助請領條件者，僅得擇一請領。但農民健康保險者，不在此限。

第三節 傷病給付

第三三條

被保險人遭遇普通傷害或普通疾病住院診療，不能工作，以致未能取得原有薪資，正在治療中者，自不能工作之第四日起，發給普通傷害補助費或普通疾病補助費。

第三四條

① 被保險人因執行職務而致傷害或職業病不能工作，以致未能取得原有薪資，正在治療中者，自不能工作之第四日起，發給職業傷害補償費或職業病補償費。職業病種類表如附表一。

② 前項因執行職務而致傷病之審查準則，由中央主管機關定之。

第三五條

普通傷害補助費及普通疾病補助費，均按被保險人平均月投保薪資半數發給，每半個月給付一次，以六個月為限。但傷病事故前參加保險之年資合計已滿一年者，增加給付六個月。

第三六條

職業傷害補償費及職業病補償費，均按被保險人平均月投保薪資

百分之七十發給，每半個月給付一次；如經過一年尚未痊癒者，其職業傷害或職業病補償費減爲平均月投保薪資之半數，但以一年爲限。

第三七條

被保險人在傷病期間，已領足前二條規定之保險給付者，於痊癒後繼續參加保險時，仍得依規定請領傷病給付。

第三八條 （刪除）

第四節 醫療給付

第三九條

醫療給付分門診及住院診療。

第三九條之一

①爲維護被保險人健康，保險人應訂定辦法，辦理職業病預防。

②前項辦法，應報請中央主管機關核定之。

第四〇條

被保險人罹患傷病時，應向保險人自設或特約醫療院、所申請診療。

第四一條

①門診給付範圍如左：

一 診察（包括檢驗及會診）。

二 藥劑或治療材料。

三 處置、手術或治療。

②前項費用，由被保險人自行負擔百分之十。但以不超過中央主管機關規定之最高負擔金額爲限。

第四二條

被保險人合於左列規定之一，經保險人自設或特約醫療院、所診斷必須住院治療者，由其投保單位申請住院診療。但緊急傷病，須直接住院治療者，不在此限。

一 因職業傷害者。

二 因罹患職業病者。

三 因普通傷害者。

四 因罹患普通疾病，於申請住院診療前參加保險之年資合計滿四十五日者。

第四二條之一

①被保險人罹患職業傷病時，應由投保單位塡發職業傷病門診單或住院申請書（以下簡稱職業傷病醫療書單）申請診療；投保單位未依規定塡發者，被保險人得向保險人請領，經查明屬實後發給。

②被保險人未檢具前項職業傷病醫療書單，經醫師診斷罹患職業病者，得由醫師開具職業病門診單；醫師開具資格之取得、喪失及門診單之申領、使用辦法，由保險人擬訂，報請中央主管機關核定發布。

第四三條

①住院診療給付範圍如左：

一 診察（包括檢驗及會診）。

二 藥劑或治療材料。

三 處置、手術或治療。

四 膳食費用三十日內之半數。

五 勞保病房之供應，以公保病房為準。

②前項第一款至第三款及第五款費用，由被保險人自行負擔百分之五。但以不超過中央主管機關規定之最高負擔金額為限。

③被保險人自願住較高等病房者，除依前項規定負擔外，其超過之勞保病房費用，由被保險人負擔。

④第二項及第四十一條第二項之實施日期及辦法，應經立法院審議通過後實施之。

第四四條

醫療給付不包括法定傳染病、麻醉藥品嗜好症、接生、流產、美容外科、義齒、義眼、眼鏡或其他附屬品之裝置、病人運輸、特別護士看護、輸血、掛號費、證件費、醫療院、所無設備之診療及第四十一條、第四十三條未包括之項目。但被保險人因緊急傷病，經保險人自設或特約醫療院、所診斷必須輸血者，不在此限。

第四五條

①被保險人因傷病住院診療，住院日數超過一個月者，每一個月應由醫院辦理繼續住院手續一次。

②住院診療之被保險人，經保險人自設或特約醫院診斷認為可出院療養時，應即出院；如拒不出院時，其繼續住院所需費用，由被保險人負擔。

第四六條

被保險人有自由選擇保險人自設或特約醫療院、所診療之權利，但有特殊規定者，從其規定。

第四七條 （刪除）

第四八條

被保險人在保險有效期間領取醫療給付者，仍得享有其他保險給付之權利。

第四九條

被保險人診療所需之費用，由保險人逕付其自設或特約醫療院、所，被保險人不得請領現金。

第五〇條

①在本條例施行區域內之各級公立醫療院、所符合規定者，均應為勞工保險之特約醫療院、所。各投保單位附設之醫療院、所及私立醫療院、所符合規定者，均得申請為勞工保險之特約醫療院、所。

②前項勞工保險特約醫療院、所特約及管理辦法，由中央主管機關

會同中央衛生主管機關定之。

第五一條

①各特約醫療院、所辦理門診或住院診療業務，其診療費用，應依照勞工保險診療費用支付標準表及用藥種類與價格表支付之。

②前項勞工保險診療費用支付標準表及用藥種類與價格表，由中央主管機關會同中央衛生主管機關定之。

③保險人為審核第一項診療費用，應聘請各科醫藥專家組織診療費用審查委員會審核之；其辦法由中央主管機關定之。

第五二條

①投保單位填具之門診就診單或住院申請書，不合保險給付、醫療給付、住院診療之規定，或虛偽不實或交非被保險人使用者，其全部診療費用應由投保單位負責償付。

②特約醫療院、所對被保險人之診療不屬於醫療給付範圍者，其診療費用應由醫療院、所或被保險人自行負責。

第五節 失能給付

第五三條

①被保險人遭遇普通傷害或罹患普通疾病，經治療後，症狀固定，再行治療仍不能期待其治療效果，經保險人自設或特約醫院診斷為永久失能，並符合失能給付標準規定者，得按其平均月投保薪資，依規定之給付標準，請領失能補助費。

②前項被保險人或被保險人為身心障礙者權益保障法所定之身心障礙者，經評估為終身無工作能力者，得請領失能年金給付。其給付標準，依被保險人之保險年資計算，每滿一年，發給其平均月投保薪資之百分之一點五五；金額不足新臺幣四千元者，按新臺幣四千元發給。

③前項被保險人具有國民年金保險年資者，得依各保險規定分別核計相關之年金給付，並由保險人合併發給，其所需經費由各保險分別支應。

④本條例中華民國九十七年七月十七日修正之條文施行前有保險年資者，於符合第二項規定條件時，除依前二項規定請領年金給付外，亦得選擇一次請領失能給付，經保險人核付後，不得變更。

第五四條

①被保險人遭遇職業傷害或罹患職業病，經治療後，症狀固定，再行治療仍不能期待其治療效果，經保險人自設或特約醫院診斷為永久失能，並符合失能給付標準規定發給一次金者，得按其平均月投保薪資，依規定之給付標準，增給百分之五十，請領失能補償費。

②前項被保險人經評估為終身無工作能力，並請領失能年金給付者，除依第五十三條規定發給年金外，另按其平均月投保薪資，一次發給二十個月職業傷病失能補償一次金。

第五四條之一

①前二條失能種類、狀態、等級、給付額度、開具診斷書醫療機構層級及審核基準等事項之標準，由中央主管機關定之。

②前項標準，應由中央主管機關建立個別化之專業評估機制，作為失能年金給付之依據。

③前項個別化之專業評估機制，應於本條例中華民國九十七年七月十七日修正之條文公布後五年施行。

第五四條之二

①請領失能年金給付者，同時有符合下列條件之眷屬時，每一人加發依第五十三條規定計算後金額百分之二十五之眷屬補助，最多加計百分之五十：

一 配偶應年滿五十五歲且婚姻關係存續一年以上。但有下列情形之一者，不在此限：

　(一)無謀生能力。

　(二)扶養第三款規定之子女。

二 配偶應年滿四十五歲且婚姻關係存續一年以上，且每月工作收入未超過投保薪資分級表第一級。

三 子女應符合下列條件之一。但養子女須有收養關係六個月以上：

　(一)未成年。

　(二)無謀生能力。

　(三)二十五歲以下，在學，且每月工作收入未超過投保薪資分級表第一級。

②前項所稱無謀生能力之範圍，由中央主管機關定之。

③第一項各款眷屬有下列情形之一時，其加給眷屬補助應停止發給：

一 配偶：

　(一)再婚。

　(二)未滿五十五歲，且其扶養之子女不符合第一項第三款所定請領條件。

　(三)不符合第一項第二款所定請領條件。

二 子女不符合第一項第三款所定之請領條件。

三 入獄服刑、因案羈押或拘禁。

四 失蹤。

④前項第三款所稱拘禁，指受拘留、留置、觀察勒戒、強制戒治、保安處分或感訓處分裁判之宣告，在特定處所執行中，其人身自由受剝奪或限制者。但執行保護管束、僅受通緝尚未到案、保外就醫及假釋中者，不包括在內。

第五五條

①被保險人之身體原已局部失能，再因傷病致身體之同一部位失能程度加重或不同部位發生失能者，保險人應按其加重部分之失能程度，依失能給付標準計算發給失能給付。但合計不得超過第一等級之給付標準。

②前項被保險人符合失能年金給付條件，並請領失能年金給付者，
保險人應按月發給失能年金給付金額之百分之八十，至原已局部
失能程度依失能給付標準所計算之失能一次金給付金額之半數扣
減完畢爲止。

③前二項被保險人在保險有效期間原已局部失能，而未請領失能給
付者，保險人應按其加重後之失能程度，依失能給付標準計算發
給失能給付。但合計不得超過第一等級之給付標準。

第五六條

①保險人於審核失能給付，認爲有複檢必要時，得另行指定醫院或
醫師複檢，其費用由保險基金負擔。

②被保險人領取失能年金給付後，保險人應至少每五年審核其失能
程度。但經保險人認爲無須審核者，不在此限。

③保險人依前項規定審核領取失能年金給付者之失能程度，認爲已
減輕至不符合失能年金請領條件時，應停止發給其失能年金給
付，另發給失能一次金。

第五七條

被保險人經評估爲終身無工作能力，領取失能給付者，應由保險
人逕予退保。

第六節　老年給付

第五八條

①年滿六十歲有保險年資者，得依下列規定請領老年給付：
一　保險年資合計滿十五年者，請領老年年金給付。
二　保險年資合計未滿十五年者，請領老年一次金給付。

②本條例中華民國九十七年七月十七日修正之條文施行前有保險年
資者，於符合下列規定之一時，除依前項規定請領老年給付外，
亦得選擇一次請領老年給付，經保險人核付後，不得變更：
一　參加保險之年資合計滿一年，年滿六十歲或女性被保險人年
滿五十五歲退職者。
二　參加保險之年資合計滿十五年，年滿五十五歲退職者。
三　在同一投保單位參加保險之年資合計滿二十五年退職者。
四　參加保險之年資合計滿二十五年，年滿五十歲退職者。
五　擔任具有危險、堅強體力等特殊性質之工作合計滿五年，年
滿五十五歲退職者。

③依前二項規定請領老年給付者，應辦理離職退保。

④被保險人請領老年給付者，不受第三十條規定之限制。

⑤第一項老年給付之請領年齡，於本條例中華民國九十七年七月
十七日修正之條文施行之日起，第十年提高一歲，其後每二年提
高一歲，以提高至六十五歲爲限。

⑥被保險人已領取老年給付者，不得再行參加勞工保險。

⑦被保險人擔任具有危險、堅強體力等特殊性質之工作合計滿十五
年，年滿五十五歲，並辦理離職退保者，得請領老年年金給付，

且不適用第五項及第五十八條之二規定。

⑧第二項第五款及前項具有危險、堅強體力等特殊性質之工作，由中央主管機關定之。

第五八條之一

老年年金給付，依下列方式擇優發給：

一 保險年資合計每滿一年，按其平均月投保薪資之百分之零點七七五計算，並加計新臺幣三千元。

二 保險年資合計每滿一年，按其平均月投保薪資之百分之一點五五計算。

第五八條之二

①符合第五十八條第一項第一款及第五項所定請領老年年金給付條件而延後請領者，於請領時應發給展延老年年金給付。每延後一年，依前條規定計算之給付金額增給百分之四，最多增給百分之二十。

②被保險人保險年資滿十五年，未符合第五十八條第一項及第五項所定請領年齡者，得提前五年請領老年年金給付，每提前一年，依前條規定計算之給付金額減給百分之四，最多減給百分之二十。

第五九條

①依第五十八條第一項第二款請領老年一次金給付或同條第二項規定一次請領老年給付者，其保險年資合計每滿一年，按其平均月投保薪資發給一個月；其保險年資合計超過十五年者，超過部分，每滿一年發給二個月，最高以四十五個月為限。

②被保險人逾六十歲繼續工作者，其逾六十歲以後之保險年資，最多以五年計，合併六十歲以前之一次請領老年給付，最高以五十個月為限。

第六〇條 （刪除）
第六一條 （刪除）

第七節 死亡給付

第六二條

被保險人之父母、配偶或子女死亡時，依左列規定，請領喪葬津貼。

一 被保險人之父母、配偶死亡時，按其平均月投保薪資，發給三個月。

二 被保險人之子女年滿十二歲死亡時，按其平均月投保薪資，發給二個半月。

三 被保險人之子女未滿十二歲死亡時，按其平均月投保薪資，發給一個半月。

第六三條

①被保險人在保險有效期間死亡時，除由支出殯葬費之人請領喪葬津貼外，遺有配偶、子女、父母、祖父母、受其扶養之孫子女或

受其扶養之兄弟、姊妹者，得請領遺屬年金給付。

②前項遺屬請領遺屬年金給付之條件如下：

一 配偶符合第五十四條之二第一項第一款或第二款規定者。

二 子女符合第五十四條之二第一項第三款規定者。

三 父母、祖父母年滿五十五歲，且每月工作收入未超過投保薪資分級表第一級者。

四 孫子女符合第五十四條之二第一項第三款第一目至第三目規定情形之一者。

五 兄弟、姊妹符合下列條件之一：

(一)有第五十四條之二第一項第三款第一目或第二目規定情形。

(二)年滿五十五歲，且每月工作收入未超過投保薪資分級表第一級。

③第一項被保險人於本條例中華民國九十七年七月十七日修正之條文施行前有保險年資者，其遺屬除得依前項規定請領年金給付外，亦得選擇一次請領遺屬津貼，不受前項條件之限制，經保險人核付後，不得變更。

第六三條之一

①被保險人退保，於領取失能年金給付或老年年金給付期間死亡者，其符合前條第二項規定之遺屬，得請領遺屬年金給付。

②前項被保險人於本條例中華民國九十七年七月十七日修正之條文施行前有保險年資者，其遺屬除得依前項規定請領年金給付外，亦得選擇一次請領失能給付或老年給付，扣除已領年金給付總額之差額，不受前條第二項條件之限制，經保險人核付後，不得變更。

③被保險人保險年資滿十五年，並符合第五十八條第二項各款所定之條件，於未領取老年給付前死亡者，其符合前條第二項規定之遺屬，得請領遺屬年金給付。

④前項被保險人於本條例中華民國九十七年七月十七日修正之條文施行前有保險年資者，其遺屬除得依前項規定請領年金給付外，亦得選擇一次請領老年給付，不受前條第二項條件之限制，經保險人核付後，不得變更。

第六三條之二

①前二條所定喪葬津貼、遺屬年金及遺屬津貼給付標準如下：

一 喪葬津貼：按被保險人平均月投保薪資一次發給五個月。但其遺屬不符合請領遺屬年金給付或遺屬津貼條件，或無遺屬者，按其平均月投保薪資一次發給十個月。

二 遺屬年金：

(一)依第六十三條規定請領遺屬年金者：依被保險人之保險年資合計每滿一年，按其平均月投保薪資之百分之一點五五計算。

(二)依前條規定請領遺屬年金者：依失能年金或老年年金給付

標準計算後金額之半數發給。

三　遺屬津貼：

　　㈠參加保險年資合計未滿一年者，按被保險人平均月投保薪資發給十個月。

　　㈡參加保險年資合計已滿一年而未滿二年者，按被保險人平均月投保薪資發給二十個月。

　　㈢參加保險年資合計已滿二年者，按被保險人平均月投保薪資發給三十個月。

②前項第二款之遺屬年金給付金額不足新臺幣三千元者，按新臺幣三千元發給。

③遺屬年金給付於同一順序之遺屬有二人以上時，每多一人加發依第一項第二款及前項規定計算後金額之百分之二十五，最多加計百分之五十。

第六三條之三

①遺屬具有受領二個以上遺屬年金給付之資格時，應擇一請領。

②本條例之喪葬津貼、遺屬年金給付及遺屬津貼，以一人請領為限。符合請領條件者有二人以上時，應共同具領，未共同具領或保險人核定前如另有他人提出請領，保險人應通知各申請人協議其中一人代表請領，未能協議者，喪葬津貼應以其中核計之最高給付金額，遺屬津貼及遺屬年金給付按總給付金額平均發給各申請人。

③同一順序遺屬有二人以上，有其中一人請領遺屬年金時，應發給遺屬年金給付。但經共同協議依第六十三條第三項、第六十三條之一第二項及第四項規定一次請領給付者，依其協議辦理。

④保險人依前二項規定發給遺屬給付後，尚有未具名之其他當序遺屬時，應由具領之遺屬負責分與之。

第六三條之四

領取遺屬年金給付者，有下列情形之一時，其年金給付應停止發給：

一　配偶：

　　㈠再婚。

　　㈡未滿五十五歲，且其扶養之子女不符合第六十三條第二項第二款所定請領條件。

　　㈢不符合第六十三條第二項第一款所定請領條件。

二　子女、父母、祖父母、孫子女、兄弟、姊妹，於不符合第六十三條第二項第二款至第五款所定請領條件。

三　有第五十四條之二第三項第三款、第四款規定之情形。

第六四條

①被保險人因職業災害致死亡者，除由支出殯葬費之人依第六十三條之二第一項第一款規定請領喪葬津貼外，有符合第六十三條第二項規定之遺屬者，得請領遺屬年金給付及按被保險人平均月投保薪資，一次發給十個月職業災害死亡補償一次金。

②前項被保險人之遺屬依第六十三條第三項規定一次請領遺屬津貼者，按被保險人平均月投保薪資發給四十個月。

第六五條

①受領遺屬年金給付及遺屬津貼之順序如下：

一　配偶及子女。

二　父母。

三　祖父母。

四　孫子女。

五　兄弟、姊妹。

②前項當受領遺屬年金給付或遺屬津貼者存在時，後順序之遺屬不得請領。

③前項第一順序之遺屬全部不符合請領條件，或有下列情形之一且無同順序遺屬符合請領條件時，第二順序之遺屬得請領遺屬年金給付：

一　在請領遺屬年金給付期間死亡。

二　行蹤不明或於國外。

三　提出放棄請領書。

四　於符合請領條件起一年內未提出請領者。

④前項遺屬年金嗣第一順序之遺屬主張請領或再符合請領條件時，即停止發給，並由第一順序之遺屬請領；但已發放予第二順位遺屬之年金不得請求返還，第一順序之遺屬亦不予補發。

第八節　年金給付之申請及核發

第六五條之一

①被保險人或其受益人符合請領年金給付條件者，應填具申請書及檢附相關文件向保險人提出申請。

②前項被保險人或其受益人，經保險人審核符合請領規定者，其年金給付自申請之當月起，按月發給，至應停止發給之當月止。

③遺屬年金之受益人未於符合請領條件之當月提出申請者，其提出請領之日起前五年得領取之給付，由保險人依法追溯補給之。但已經其他受益人請領之部分，不適用之。

第六五條之二

①被保險人或其遺屬請領年金給付時，保險人得予以查證，並得於查證期間停止發給，經查證符合給付條件者，應補發查證期間之給付，並依規定繼續發給。

②領取年金給付者不符合給付條件或死亡時，本人或其法定繼承人應自事實發生之日起三十日內，檢具相關文件資料，通知保險人，自事實發生之次月起停止發給年金給付。

③領取年金給付者死亡，應發給之年金給付未及撥入其帳戶時，得由其法定繼承人檢附申請人死亡戶籍謄本及法定繼承人戶籍謄本請領之；法定繼承人有二人以上時，得檢附共同委任書及切結書，由其中一人請領。

④領取年金給付者或其法定繼承人未依第二項規定通知保險人致溢領年金給付者，保險人應以書面命溢領人於三十日內繳還；保險人並得自匯發年金給付帳戶餘額中追回溢領之年金給付。

第六五條之三

被保險人或其受益人符合請領失能年金、老年年金或遺屬年金給付條件時，應擇一請領失能、老年給付或遺屬津貼。

第六五條之四

本保險之年金給付金額，於中央主計機關發布之消費者物價指數累計成長率達正負百分之五時，即依該成長率調整之。

第六五條之五

①保險人或勞工保險監理委員會為處理本保險業務所需之必要資料，得洽請相關機關提供之，各該機關不得拒絕。

②保險人或勞工保險監理委員會依規定所取得之資料，應盡善良管理人之注意義務，確實辦理資訊安全稽核作業，其保有、處理及利用，並應遵循電腦處理個人資料保護法之規定。

第五章　保險基金及經費

第六六條

勞工保險基金之來源如左：

一　創立時政府一次撥付之金額。

二　當年度保險費及其孳息之收入與保險給付支出之結餘。

三　保險費滯納金。

四　基金運用之收益。

第六七條

①勞工保險基金，經勞工保險監理委員會之通過，得為左列之運用：

一　對於公債、庫券及公司債之投資。

二　存放於公營銀行或中央主管機關指定之金融機構。

三　自設勞保醫院之投資及特約公立醫院勞保病房整修之貸款；其辦法，由中央主管機關定之。

四　對於被保險人之貸款。

五　政府核准有利於本基金收入之投資。

②勞工保險基金除作為前項運用及保險給付支出外，不得移作他用或轉移處分；其管理辦法，由中央主管機關定之。基金之收支、運用情形及其積存數額，應由保險人報請中央主管機關按年公告之。

③第一項第四款對於被保險人之貸款資格、用途、額度、利率、期限及還款方式等事項，應由保險人報請中央主管機關公告之。

第六八條

勞工保險機構辦理本保險所需之經費，由保險人按編製預算之當年六月份應收保險費百分之五點五全年伸算數編列預算，經勞工保險監理委員會審議通過後，由中央主管機關撥付之。

第六九條

勞工保險如有虧損，在中央勞工保險局未成立前，應由中央主管機關審核撥補。

第六章 罰 則

第七〇條

以詐欺或其他不正當行為領取保險給付或為虛偽之證明、報告、陳述或申報診療費用者，除按其領取之保險給付或診療費用處以二倍罰鍰外，並應依民法請求損害賠償；其涉及刑責者，移送司法機關辦理。特約醫療院、所因此領取之診療費用，得在其已報應領費用內扣除。

第七一條

勞工違背本條例規定，不參加勞工保險及辦理勞工保險手續者，處一百元以上、五百元以下罰鍰。

第七二條

①投保單位違反本條例規定，未為其所屬勞工辦理投保手續者，按自僱用之日起，至參加保險之前一日或勞工離職日止應負擔之保險費金額，處四倍罰鍰。勞工因此所受之損失，並應由投保單位依本條例規定之給付標準賠償之。

②投保單位未依本條例之規定負擔被保險人之保險費，而由被保險人負擔者，按應負擔之保險費金額，處二倍罰鍰。投保單位並應退還該保險費與被保險人。

③投保單位違反本條例規定，將投保薪資金額以多報少或以少報多者，自事實發生之日起，按其短報或多報之保險費金額，處四倍罰鍰，並追繳其溢領給付金額。勞工因此所受損失，應由投保單位賠償之。

④投保單位於保險人依第十條第三項規定為查對時，拒不出示者，或違反同條第四項規定者，處新臺幣六千元以上一萬八千元以下罰鍰。

⑤投保單位於本條例中華民國九十七年五月十六日修正生效前，依第十七條第一項規定加徵滯納金至應納費額一倍者，其應繳之保險費仍未向保險人繳納，且未經保險人處以罰鍰或處以罰鍰未執行者，不再裁處或執行。

第七三條

本條例所規定之罰鍰，經催告送達後，無故逾三十日，仍不繳納者，移送法院強制執行。

第七章 附 則

第七四條

失業保險之保險費率、實施地區、時間及辦法，由行政院以命令定之。

第七四條之一

被保險人於本條例中華民國九十七年七月十七日修正之條文施行前發生失能、老年或死亡保險事故，其本人或其受益人領取保險給付之請求權未超過第三十條所定之時效者，得選擇適用保險事故發生時或請領保險給付時之規定辦理。

第七四條之二

① 本條例中華民國九十七年七月十七日修正之條文施行後，被保險人符合本保險及國民年金保險老年給付請領資格者，得向任一保險人同時請領，並由受請求之保險人按其各該保險之年資，依規定分別計算後合併發給；屬他保險應負擔之部分，由其保險人撥還。

② 前項被保險人於各該保險年資，未達請領老年年金給付之年限條件，而併計他保險之年資後已符合者，亦得請領老年年金給付。

③ 被保險人發生失能或死亡保險事故，被保險人或其遺屬同時符合國民年金保險給付條件時，僅得擇一請領。

第七五條　（刪除）

第七六條

① 被保險人於轉投軍人保險、公務人員保險或私立學校教職員保險時，不合請領老年給付條件者，其依本條例規定參加勞工保險之年資應予保留，於其年老依法退職時，得依本條例第五十九條規定標準請領老年給付。

② 前項年資之保留辦法，由中央主管機關擬訂，報請行政院核定之。

第七六條之一

本條例第二條、第三十一條、第三十二條及第三十九條至第五十二條有關生育給付分娩費及普通事故保險醫療給付部分，於全民健康保險施行後，停止適用。

第七七條

本條例施行細則，由中央主管機關擬訂，報請行政院核定之。

第七八條

本條例施行區域，由行政院以命令定之。

第七九條

① 本條例自公布日施行。

② 本條例中華民國九十七年七月十七日修正條文施行日期，除另定施行日期者外，由行政院定之。

③ 本條例中華民國一百年四月八日修正之第十五條之施行日期，由行政院定之。

勞工保險條例施行細則

①民國49年3月1日內政部令訂定發布全文128條。
②民國58年7月11日內政部令修正發布全文163條。
③民國62年11月20日內政部令修正發布第19、23、59、61、72條條文。
④民國68年9月11日內政部令修正發布全文109條。
⑤民國78年9月15日行政院勞工委員會令修正發布全文108條。
⑥民國85年9月13日行政院勞工委員會令修正發布全文97條。
⑦民國90年9月12日行政院勞工委員會令修正發布第43條條文。
⑧民國92年2月26日行政院勞工委員會令修正發布第10、67條條文;並刪除第33、35、61條條文。
⑨民國92年5月14日行政院勞工委員會令修正發布第76條條文。
⑩民國97年12月25日行政院勞工委員會令修正發布全文99條;並自98年1月1日施行。
⑪民國98年2月26日行政院勞工委員會令修正發布第99條條文;增訂第98-1條條文;並自發布日施行。
⑫民國99年11月19日行政院勞工委員會令修正發布第15、43、78、84條條文。
⑬民國101年1月30日行政院勞工委員會令修正發布第14、29、30、34、38、48、69條條文;並增訂第26-1條條文。
⑭民國101年5月18日行政院勞工委員會令修正發布第13、17條條文。
⑮民國102年7月26日行政院勞工委員會令修正發布第30、36、61、62、67、69、99條條文;並增訂第49-1條條文;除第61、62、67條自102年1月1日施行日施行外,自發布日施行。
民國103年2月14日行政公告第4條第1項第1~3款所列屬「勞工保險局」之權責事項,自103年2月17日起改由「勞動部勞工保險局」管轄;第2條第2款、第4條第4款、第2項所列屬「勞工保險局」之權責事項,自103年2月17日起,勞工保險基金投資及運用業務,改由「勞動部勞動基金運用局」管轄;其他業務改由「勞動部勞工保險局」管轄;第4條第1項序文、第2項、第5、6條所列屬「勞工保險監理委員會」權責事項,自103年2月17日起改由「勞動部」管轄。
⑯民國103年4月10日勞動部令修正發布第43、56條條文;並增訂第95-1條條文。
⑰民國104年2月2日勞動部令修正發布第2、4、6、15、17、21、45、54、59、63、64、78、82、94、96條條文;並刪除第5條條文。
⑱民國104年11月9日勞動部令修正發布第2、14、93條條文。
⑲民國105年10月5日勞動部令修正發布第43、82條條文。
⑳民國106年5月2日勞動部令修正發布第15條條文。
㉑民國107年3月28日勞動部令修正發布第67條條文。
㉒民國110年6月8日勞動部令修正發布第13、24、54、57條條文;並增訂第28-1條條文。

第一章 總則

第一條

本細則依勞工保險條例（以下簡稱本條例）第七十七條規定訂定之。

第二條

依本條例第三條規定免課之稅捐如下：

一 保險人、勞動基金運用局及投保單位辦理勞工保險所用之帳冊契據，免徵印花稅。

二 保險人及勞動基金運用局辦理勞工保險所收保險費、滯納金，及因此所承受強制執行標的物之收入、基金運用之收支、雜項收入，免納營業稅及所得稅。

三 保險人及勞動基金運用局辦理業務使用之房屋與土地、醫療藥品與器材、治療救護車輛，及被保險人、受益人或支出殯葬費之人領取之保險給付，依稅法有關規定免徵稅捐。

第三條

① 本條例有關保險期間之計算，除本條例另有規定外，依行政程序法之規定，行政程序法未規定者，依民法之規定。

② 被保險人及其眷屬年齡之計算，均依戶籍記載爲準。

第二章 保險人、投保單位及被保險人

第一節 保險人

第四條

① 保險人及勞動部勞動基金運用局應依其業務職掌，分別將下列書表報請中央主管機關備查：

一 投保單位、投保人數、投保薪資統計表。

二 保險給付統計表。

三 保險收支會計報表。

四 保險基金運用概況表。

② 保險人應於每年年終時編具總報告，報請中央主管機關備查。

第五條 （刪除）

第六條

① 保險人或中央主管機關依本條例第二十八條規定派員調查有關勞工保險事項時，應出示其身分證明文件。

② 保險人爲審核保險給付，得視業務需要委請相關科別之醫師或專家協助之。

第七條

本條例第六條第二項所稱之主管機關，指勞工工作所在地之直轄市或縣（市）政府。

第二節 投保單位

第八條

　本條例第八條第一項第一款所稱各業以外之員工，指中央主管機關核定准許投保之其他各業或人民團體之員工。

第九條

　無一定雇主或自營作業而參加二個以上職業工會為會員之勞工，由其選擇主要工作之職業工會加保。

第一〇條

①投保單位應置備僱用員工或會員名冊（卡）、出勤工作紀錄、薪資表及薪資帳冊。

②員工或會員名冊（卡）應分別記載下列事項：

一　姓名、性別、出生年月日、住址、國民身分證統一編號。

二　到職、入會或到訓之年月日。

三　工作類別。

四　工作時間及薪資。

五　傷病請假致留職停薪期間。

③第一項之出勤工作紀錄、薪資表、薪資帳冊及前項第四款、第五款規定，於職業工會、漁會、船長公會、海員總工會，不適用之。

第一一條

①本條例第六條第一項第七款及第八款所稱無一定雇主之勞工，指經常於三個月內受僱於非屬同條項第一款至第五款規定之二個以上不同之雇主，其工作機會、工作時間、工作量、工作場所、工作報酬不固定者。

②本條例第六條第一項第七款及第八款所稱自營作業者，指獨立從事勞動或技藝工作，獲致報酬，且未僱用有酬人員幫同工作者。

第一二條

①申請投保之單位辦理投保手續時，應填具投保申請書及加保申報表各一份送交保險人。

②前項加保申報表應依戶籍資料或相關資料詳為記載。

第一三條

①本條例第六條及第八條之勞工，其雇主、所屬團體或所屬機構申請投保時，除政府機關（構）、公立學校及使用政府機關（構）提供之線上申請系統辦理投保手續者外，應檢附負責人國民身分證正背面影本及各目的事業主管機關核發之下列相關證件影本：

一　工廠：工廠有關登記證明文件。

二　礦場：礦場登記證、採礦或探礦執照。

三　鹽場、農場、牧場、林場、茶場：登記證書或有關認定證明文件。

四　交通事業：運輸業許可證或有關認定證明文件。

五　公用事業：事業執照或有關認定證明文件。

六　公司、行號：公司登記證明文件或商業登記證明文件。

七　私立學校、新聞事業、文化事業、公益事業、合作事業、漁

　　業、職業訓練機構及各業人民團體：立案或登記證明書。

八　其他各業應檢附執業證照或有關登記、核定或備查證明文件。

②投保單位無法取得前項各款規定之證件者，應檢附捐捐徵機關核發之扣繳單位設立（變更）登記申請書或使用統一發票購票證，辦理投保手續。

第一四條

①符合本條例第六條規定之勞工，各投保單位於其所屬勞工到職、入會、到訓之當日列表通知保險人者，其保險效力之開始，自投保單位將加保申報表送交保險人或郵寄之當日零時起算；投保單位非於勞工到職、入會、到訓之當日列表通知保險人者，其保險效力之開始，自投保單位將加保申報表送交保險人或郵寄之翌日零時起算。

②前項勞工於下列時間到職，投保單位至遲於次一上班日將加保申報表及到職證明文件送交或郵寄保險人者，其保險效力之開始，自勞工到職之當日零時起算：

一　保險人依規定放假之日。

二　到職當日十七時後至二十四時前。

③勞工於所屬投保單位所在地方政府依規定發布停止上班日到職，投保單位至遲於次一上班日將加保申報表及到職證明文件送交或郵寄保險人者，其保險效力之開始，自勞工到職之當日零時起算。

④投保單位於其所屬勞工離職、退會、結（退）訓之當日辦理退保者，其保險效力於投保單位將退保申報表送交保險人或郵寄之當日二十四時停止。

⑤投保單位非於勞工離職、退會、結（退）之當日辦理退保者，其保險效力於離職、退會、結（退）訓之當日二十四時停止。但勞工未離職、退會、結（退）訓，投保單位辦理退保者，其保險效力於投保單位將退保申報表送交保險人或郵寄之當日二十四時停止。勞工因此所受之損失，依本條例第七十二條規定，應由投保單位負責賠償之。

⑥前五項郵寄之當日，以原寄郵局郵戳為準。

⑦本條例第八條第一項各款規定人員準用本條例規定參加勞工保險者，其保險效力之開始及停止，準用前六項規定。

第一五條

①申請投保之單位未填具投保申請書或投保申請書漏蓋投保單位印章、負責人印章，保險人應以書面通知補正；投保單位應於接到通知之翌日起十日內補正。

②投保單位所送之加保、轉保申報表或投保薪資調整表，除姓名及國民身分證統一編號均未填者不予受理外，漏蓋投保單位印章及負責人印章，或被保險人姓名、出生年月日、國民身分證統一編號、投保薪資疏誤者，或被保險人為本條例第六條第三項之外國

籍員工，未檢附核准從事工作之證明文件影本，保險人應以書面通知補正；投保單位應於接到通知之翌日起十日內補正。

③投保申請書或加保、轉保申報表經投保單位如期補正者，自申報之日生效；逾期補正者，自補正之翌日生效。

④投保薪資調整表經投保單位如期補正者，自申報日之次月一日生效；逾期補正者，自補正之次月一日生效。

⑤前四項補正之提出，以送交保險人之日爲準；郵寄者，以原寄郵局郵戳爲準。

⑥投保單位逾期補正或逾期不爲補正，勞工因此所受之損失，應由投保單位負賠償之責。

⑦第一項及第二項所定負責人印章，得以負責人簽名代之。

第一六條

①投保單位有歇業、解散、撤銷、廢止、受破產宣告等情事或經認定已無營業事實，且未僱用勞工者，保險人得逕予註銷或廢止該投保單位。

②投保單位經依前項規定註銷或廢止者，其原僱用勞工未由投保單位依規定辦理退保者，由保險人逕予退保；其保險效力之停止、應繳保險費及應加徵滯納金之計算，以事實確定日爲準，未能確定者，以保險人查定之日爲準。

第一七條

①投保單位有下列各款情形之一者，應於三十日內填具投保單位變更事項申請書，連同有關證件送交保險人：

一　投保單位之名稱、地址或其通訊地址之變更。

二　投保單位負責人之變更。

三　投保單位主要營業項目之變更。

②投保單位未依前項規定辦理變更手續者，保險人得依相關機關登記之資料逕予變更。

第一八條

①投保單位負責人有變更者，原負責人未清繳保險費或滯納金時，新負責人應負連帶清償責任。

②投保單位因合併而消滅者，其未清繳之保險費或滯納金，應由合併後存續或另立之投保單位承受。

第三節　被保險人

第一九條

①本條例第六條第三項所稱之外國籍員工，指下列情形之一：

一　依就業服務法或其他法規，經中央主管機關或相關目的事業主管機關核准從事工作者。

二　依法規准予從事工作者。

②投保單位爲前項第一款之勞工加保時，應檢附相關機關核准從事工作之證明文件影本。

第二〇條

本細則關於國民身分證之規定，於外國籍被保險人，以在我國居留證明文件或外國護照替代之。

第二一條

①本條例第九條及性別工作平等法第十六條第二項規定之被保險人願繼續加保時，投保單位不得拒絕。

②本條例第九條規定之被保險人繼續加保時，其所屬投保單位應繼續爲其繳納保險費，除同條第二款及第四款外，並將其姓名、出生年月日、國民身分證統一編號，及服兵役、留職停薪、因案停職或被羈押日期，以書面通知保險人；被保險人退伍、復職或撤銷羈押、停止羈押時，亦同。

③本條例第九條第三款規定之被保險人繼續加保時，除依前項規定辦理外，並應檢附醫院或診所診斷書。

④性別工作平等法第十六條第二項規定之被保險人繼續加保時，其所屬投保單位應填具勞工保險被保險人育嬰留職停薪繼續投保申請書，通知保險人；保險人爲審核案件之必要，得另行要求投保單位檢附被保險人子女出生證明或戶籍資料影本；被保險人復職時，投保單位應另填具復職通知書通知保險人。

第二二條

①被保險人死亡、離職、退會、結（退）訓者，投保單位應於死亡、離職、退會、結（退）訓之當日填具退保申報表送交保險人。

②被保險人因遭遇傷害或罹患疾病在請假期間者，不得退保。

第二三條

被保險人在同一隸屬關係之投保單位調動時，應由轉出單位填具轉保申報表轉出聯，逕送轉入單位，由轉入單位填具該表轉入聯一併送交保險人，其轉保效力自轉保申報表送交保險人之當日起算，郵寄者以原寄郵局郵戳爲準。

第二四條

①被保險人之姓名、出生年月日、國民身分證統一編號等有變更或錯誤時，投保單位應即填具被保險人變更事項申請書，檢附國民身分證正背面影本或有關證件送交保險人憑辦。

②前項被保險人之相關個人資料有變更或錯誤之情形，被保險人應即通知其所屬投保單位。

③被保險人未依前項規定通知其所屬投保單位，或投保單位未依第一項規定檢附相關文件送交保險人者，保險人得依相關機關登記之資料逕予變更。

第二五條

同時具備參加勞工保險及公教人員保險條件者，僅得擇一參加之。

第二六條

符合本條例第六條第一項第七款規定之被保險人，有下列情形之一者，保險人於知悉後應通知原投保單位轉知被保險人限期轉

保：

一 所屬投保單位非本業隸屬之職業工會。

二 本業改變而未轉投本業隸屬之職業工會。

第二六條之一

保險人應至少每三年精算一次本條例第十三條所定之普通事故保險費率，每次精算五十年。

第三章 保險費

第二七條

①本條例第十四條第一項所稱月薪資總額，以勞動基準法第二條第三款規定之工資為準；其每月收入不固定者，以最近三個月收入之平均為準；實物給與按政府公布之價格折為現金計算。

②投保單位申報新進員工加保，其月薪資總額尚未確定者，以該投保單位同一工作等級員工之月薪資總額，依投保薪資分級表之規定申報。

第二八條

①因傷病住院之被保險人及依本條例第九條第一款、第三款、第五款、第九條之一或性別工作平等法第十六條第二項規定繼續加保者，於加保期間不得調整投保薪資。

②前項被保險人之投保薪資不得低於投保薪資分級表第一級之規定；投保薪資分級表第一級有修正時，由保險人逕予調整。

第二八條之一

①本條例第十三條第一項所定保險費，每月以三十日計算。

②被保險人依第二三條規定辦理轉保者，轉出單位之保險費計收至轉出前一日止，轉入單位之保險費自轉入當日起計收。

第二九條

保險人每月按投保單位申報之被保險人投保薪資金額，分別計算應繳之保險費，按期繕具載有計算說明之保險費繳款單，於次月二十五日前寄發或以電子資料傳輸方式遞送投保單位繳納。

第三〇條

①投保單位接到保險人所寄載有計算說明之保險費繳款單後，應於繳納期限內向保險人指定之代收機構繳納，並領回收據聯作為繳納保險費之憑證。

②前項繳款單於保險人寄送之當月底仍未收到者，投保單位應於五日內通知保險人補發或上網下載繳款單，並於寬限期間十五日內繳納；其怠為通知者，視為已於次月二十五日前寄達。

第三一條

投保單位對於載有計算說明之保險費繳款單所載金額有異議，應先照額繳納後，再向保險人提出異議理由，經保險人查明錯誤後，於計算次月份保險費時一併結算。

第三二條

投保單位或被保險人因欠繳保險費及滯納金，經保險人依本條例

第十七條第三項或第四項規定暫行拒絕給付者，暫行拒絕給付期間內之保險費仍應照計，被保險人應領之保險給付，俟欠費繳清後再補辦請領手續。

第三三條

保險人計算投保單位應繳納之保險費、滯納金總額以新臺幣元為單位，角以下四捨五入。

第三四條

本條例第六條第一項第一款至第六款及第八條第一項第一款至第三款規定之被保險人所屬之投保單位，因故不及於本條例第十六條規定期限扣、收繳保險費時，應先行墊繳。

第三五條

應徵召服兵役、留職停薪、因案停職或被羈押之被保險人繼續參加勞工保險期間，其保險費由投保單位負擔部分仍由投保單位負擔外，由本人負擔部分，有給與者於給與中扣繳；無給與者，由投保單位墊繳後向被保險人收回。

第三六條

①中央政府依本條例第十五條規定，應補助之保險費，由保險人按月開具保險費繳款單，於次月底前送達中央政府依規定撥付。

②前項政府應補助之保險費，經保險人查明有差額時，應於核計下次保險費時一併結算。

第三七條

各投保單位之雇主或負責人，依本條例第十六條第一項第一款規定扣繳被保險人負擔之保險費時，應註明於被保險人薪資單（袋）上或掣發收據。

第三八條

①投保單位適用之職業災害保險行業別及費率，由保險人依據職業災害保險適用行業別及費率表之規定，依下列原則認定或調整後以書面通知投保單位：

一　同一行業別適用同一職業災害保險費率。

二　同一投保單位適用同一職業災害保險費率，其營業項目包括多種行業時，適用其最主要或最具代表性事業之職業災害保險費率。

②投保單位對前項行業別及費率有異議時，得於接獲通知之翌日起十五日內檢附必要證件或資料，向保險人申請複核。

③各投保單位應適用之職業災害保險行業別及費率，經確定後不得調整。但有因改業或主要營業項目變更者，不在此限。

第三九條

投保單位依本條例第十七條第一項應繳滯納金者，由保險人核計應加徵之金額，通知其向指定金融機構繳納。

第四〇條

①本條例第六條第一項第七款、第八款及第八條第一項第四款規定之被保險人所屬之投保單位，得於金融機構設立勞工保險專戶，

並轉知被保險人，以便被保險人繳納保險費。

②前項被保險人之投保單位，於徵得被保險人或會員代表大會同意後，得一次預收三個月或六個月保險費，並掣發收據，按月彙繳保險人；其預收之保險費於未彙繳保險人以前，應於金融機構設立專戶儲存保管，所生孳息並以運用於本保險業務為限。

③前項採行預收保險費之投保單位，得為主管及承辦業務人員辦理員工誠實信用保證保險。

④第二項預收保險費之管理，應依據投保單位之財務處理相關規定辦理。

第四一條

依本條例第十八條第一項規定得免繳被保險人負擔部分之保險費者，由保險人根據核發給付文件核計後，發給免繳保險費清單，在投保單位保險費總數內扣除之。

第四章 保險給付

第一節 通 則

第四二條

投保單位應為所屬被保險人、受益人或支出殯葬費之人辦理請領保險給付手續，不得收取任何費用。

第四三條

①投保單位有歇業、解散、撤銷、廢止、受破產宣告或其他情事，未能為被保險人、受益人或支出殯葬費之人提出請領者，被保險人、受益人或支出殯葬費之人得自行請領。

②依本條例第二十條、第三十一條第一項第一款、第二款或第六十二條規定請領保險給付者，得由被保險人、受益人或支出殯葬費之人自行請領。

第四四條

①本條例第十九條第二項所稱同時受僱於二個以上投保單位者，指同時依第六條第一項第一款至第五款、第八條第一項第一款及第二款規定於二個以上投保單位加保之被保險人。

②本條例第十九條第三項所稱平均月投保薪資，依下列方式計算：

一 年金給付及老年一次金給付：按被保險人加保期間最高六十個月之月投保薪資合計額除以六十計算。

二 依本條例第五十八條第二項規定選擇一次請領老年給付：按被保險人退保之當月起最近三十六個月之月投保薪資合計額除以三十六計算。

三 其他現金給付：按被保險人發生保險事故之當月起最近六個月之月投保薪資合計額除以六計算；參加保險未滿六個月者，按其實際投保年資之平均月投保薪資計算。

③被保險人在同一月份有二個以上月投保薪資時，於計算保險給付時，除依本條例第十九條第二項規定合併計算者外，應以最高者

為準，與其他各月份之月投保薪資平均計算。

第四五條

本條例第十九條第四項所定保險年資未滿一年，依其實際加保月數按比例計算，計算至小數第二位，第三位四捨五入。

第四六條

①依本條例第十九條第五項規定請領失蹤津貼者，應備下列書件：

一　失蹤津貼申請書及給付收據。

二　被保險人全戶戶籍謄本；受益人與被保險人非同一戶籍者，應同時提出各該戶籍謄本。

三　災難報告書或其他相關事故證明。

②失蹤津貼之受益人及順序，準用本條例第六十三條第一項及第六十五條第一項、第二項規定。

③失蹤津貼之受益人為未成年者，其所具之失蹤津貼申請書及給付收據，應由法定代理人簽名或蓋章。

④失蹤津貼之受益人為被保險人之孫子女或兄弟、姊妹者，於請領時應檢附受被保險人扶養之相關證明文件。

第四七條

受益人或支出殯葬費之人依本條例第十九條第六項規定領取死亡給付後，於被保險人死亡宣告被撤銷，並繳還所領死亡給付再參加勞工保險時，被保險人原有保險年資應予併計。

第四八條

①本條例以現金發給之保險給付，保險人算定後，逕匯入被保險人、受益人或支出殯葬費之人指定之本人金融機構帳戶，並通知其投保單位。但有第四十三條自行請領保險給付之情事者，保險人得不通知其投保單位。

②前項之金融機構帳戶在國外者，手續費用由請領保險給付之被保險人、受益人或支出殯葬費之人負擔。

第四九條

被保險人、受益人或支出殯葬費之人申請現金給付手續完備經審查應予發給者，保險人應於收到申請書之日起十日內發給。但年金給付至遲應於次月底前發給。

第四九條之一

①本條例第二十九條之一所定逾期部分應加給之利息，以各該年一月一日之郵政儲金一年期定期存款固定利率為準，按日計算，並以新臺幣元為單位，角以下四捨五入。

②前項所需費用，由保險人編列公務預算支應。

第五〇條

被保險人、受益人或支出殯葬費之人以郵寄方式向保險人提出請領保險給付者，以原寄郵局郵戳之日期為準。

第五一條

本條例第二十六條所稱故意犯罪行為，以司法機關或軍事審判機關之確定判決為準。

第五二條

各項給付申請書、收據、診斷書及證明書，被保險人、投保單位、醫院、診所或領有執業執照之醫師、助產人員應依式填送。

第五三條

①請領各項保險給付之診斷書及出生證明書，除第六十八條、第六十九條另有規定外，應由醫院、診所或領有執業執照之醫師出具者，方為有效。

②出生證明書由領有執業執照之助產人員出具者，效力亦同。

第五四條

①依本條例規定請領各項保險給付，所檢附之文件為我國政府機關（構）以外製作者，應經下列單位驗證：

一　於國外製作者，應經我國駐外使領館、代表處或辦事處驗證；其在國內由外國駐臺使領館或授權機構製作者，應經外交部複驗。

二　於大陸地區製作者，應經行政院設立或指定機構或委託之民間團體驗證。

三　於香港或澳門製作者，應經行政院於香港或澳門設立或指定機構或委託之民間團體驗證。

②前項文件為外文者，應檢附經前項各款所列單位驗證或國內公證人認證之中文譯本。但為英文者，除保險人認有需要外，得予免附。

第五五條

保險給付金額以新臺幣元為單位，角以下四捨五入。

第二節　生育給付

第五六條

①依本條例第三十一條規定請領生育給付者，應備下列書件：

一　生育給付申請書及給付收據。

二　醫院、診所或領有執業執照之醫師、助產人員所出具之嬰兒出生證明書或死產證明書。

②已辦理出生登記者，得免附前項第二款所定文件。

第三節　傷病給付

第五七條

①依本條例第三十三條或第三十四條規定請領傷病給付者，應備下列書件：

一　傷病給付申請書及給付收據。

二　傷病診斷書。

②前項第二款所定傷病診斷書，得以就診醫院、診所開具載有傷病名稱、醫療期間及經過之證明文件代之。

③罹患塵肺症，初次請領職業病補償費時，並應附送塵肺症診斷書、粉塵作業職歷報告書及相關影像圖片。但經保險人核定以塵

肺症住院有案者，得免再附送。

第五八條

被保險人請領傷病給付，以每滿十五日為一期，於期末之翌日起請領；未滿十五日者，以普通傷病出院或職業傷病治療終止之翌日起請領。

第四節　職業災害保險醫療給付

第五九條

① 保險人辦理職業災害保險醫療給付，得經中央主管機關核准，委託衛生福利部中央健康保險署（以下簡稱健保署）辦理。其委託契約書由保險人會同健保署擬訂，報請中央主管機關會同中央衛生福利主管機關核定。

② 保險人依前項規定委託健保署辦理職業災害保險醫療給付時，被保險人遭遇職業傷害或罹患職業病應向全民健康保險特約醫院或診所申請診療。除本條例及本細則另有規定外，保險人支付之醫療費用，準用全民健康保險有關規定辦理。

第六〇條

被保險人申請職業傷病門診診療或住院診療時，應繳交投保單位出具之職業傷病門診就診單或住院申請書，並繳驗全民健康保險卡及國民身分證或其他足資證明身分之證件。未提具或不符者，全民健康保險特約醫院或診所應拒絕其以被保險人身分掛號診療。

第六一條

被保險人因尚未領得職業傷病門診就診單或住院申請書或全民健康保險卡或因緊急傷病就醫，致未能繳交或繳驗該等證件時，應檢具身分證明文件，聲明具有勞保身分，辦理掛號就診，全民健康保險特約醫院或診所應先行提供醫療服務，收取保險醫療費用並墊給單據，被保險人於就醫之日起十日內（不含例假日）或出院前補送證件者，全民健康保險特約醫院或診所應退還所收取之保險醫療費用。

第六二條

因不可歸責於被保險人之事由，未能依前條規定於就醫之日起十日內或出院前補送證件者，被保險人得於門診治療當日或出院之日起六個月內，檢附職業傷病門診就診單或住院申請書及全民健康保險特約醫院或診所開具之醫療費用單據，向保險人申請核退醫療費用。

第六三條

① 全民健康保險特約醫院或診所接獲職業傷病門診就診單後，應附於被保險人病歷備查。其接獲職業傷病住院申請書者，應就申請書證明欄詳細填明於三日內逕送保險人審核。

② 保險人對前項住院申請經審定不符職業傷病者，應通知健保署、全民健康保險特約醫院或診所、投保單位及被保險人。

第六四條

①被保險人以同一傷病分次住院者，依本條例第四十三條第一項第四款給付之膳食費日數，應自其第一次住院之日起，每六個月合併計算。

②前項膳食費支付數額，由中央主管機關會同中央衛生福利主管機關另定之。

第六五條

投保單位出具之職業傷病住院申請書，因填報資料不全或錯誤或手續不全，經保險人通知限期補正二次而不補正，致保險人無法核付醫療給付者，保險人不予給付。

第六六條

本條例第四十三條第一項第五款所稱之公保病房，於全民健康保險實施後，指全民健康保險之保險病房。

第六七條

①被保險人有下列情形之一者，得由其所屬投保單位向保險人申請核退醫療費用：

一　於本條例施行區域外遭遇職業傷害或罹患職業病，必須於當地醫院或診所診療。

二　於本條例施行區域遭遇職業傷害或罹患職業病，因緊急傷病至非全民健康保險特約醫院或診所診療。

②前項申請核退醫療費用應檢具之證明文件、核退期限、核退基準、依循程序及緊急傷病範圍，準用全民健康保險自墊醫療費用核退辦法之規定。

第五節　失能給付

第六八條

①依本條例第五十三條或第五十四條規定請領失能給付者，應備下列書件：

一　失能給付申請書及給付收據。

二　失能診斷書。

三　經醫學檢查者，附檢查報告及相關影像圖片。

②保險人審核失能給付，除依本條例第五十六條規定指定全民健康保險特約醫院或醫師複檢外，並得通知出具失能診斷書之醫院或診所檢送相關檢查紀錄或診療病歷。

第六九條

①依本條例第五十三條或第五十四條規定請領失能給付者，以全民健康保險特約醫院或診所診斷為實際永久失能之當日為本條例第三十條所定得請領之日。但被保險人於保險有效期間發生傷病事故，於保險效力停止後，符合勞工保險失能給付標準第三條附表規定之治療期限，經專科醫師診斷證明為永久失能，且其失能程度與保險效力停止後屆滿一年時之失能程度相當者，為症狀固定，得依本條例第二十條第一項請領失能給付，並以保險效力停

止後屆滿一年之當日為得請領之日。

②前項診斷永久失能之日期不明或顯有疑義時，保險人得就病歷或相關資料查明認定。

③被保險人請求發給失能診斷書者，全民健康保險特約醫院或診所應於出具失能診斷書後五日內逕寄保險人。

第七〇條

依本條例第五十三條第三項規定分別核計國民年金保險身心障礙年金給付及本保險失能年金給付後，其合併數額為新臺幣四千元以上者，依合併數額發給；其合併數額不足新臺幣四千元者，發給新臺幣四千元。

第七一條

本條例第五十四條之二第一項第一款及第二款所定婚姻關係存續一年以上，由申請之當日，往前連續推算之。

第七二條

本條例第五十四條之二第一項第三款所稱在學者，指具有正式學籍，並就讀於公立學校、各級主管教育行政機關核准立案之私立學校或符合教育部採認規定之國外學校。

第七三條

依本條例第五十四條之二規定請領加發眷屬補助者，應備下列書件：

一　失能年金加發眷屬補助申請書及給付收據。

二　被保險人全戶戶籍謄本；眷屬與被保險人非同一戶籍者，應同時提出各該戶籍謄本，並載明下列事項：
　　㈠眷屬為配偶者，戶籍謄本應載有結婚日期。
　　㈡眷屬為養子女時，戶籍謄本應載有收養及登記日期。

三　在學者，應檢附學費收據影本或在學證明，並應於每年九月底前，重新檢具相關證明送保險人查核，經查核符合條件者，應繼續發給至次年八月底止。

四　無謀生能力者，應檢附身心障礙手冊或證明，或受禁治產（監護）宣告之證明文件。

第七四條

本條例第五十五條第一項所稱同一部位，指與失能種類部位同一者。

第七五條

依本條例第五十五條第二項規定按月發給失能年金給付金額之百分之八十時，該金額不足新臺幣四千元者，按新臺幣四千元發給；其有國民年金保險年資者，並準用第七十條規定。

第七六條

被保險人經保險人依本條例第五十七條規定逕予退保者，其退保日期以全民健康保險特約醫院或診所診斷為實際永久失能之當日為準。

第六節　老年給付

第七七條

本條例第五十八條第二項第三款所稱在同一投保單位參加保險，指下列情形之一者：

一　被保險人在有隸屬關係之雇主、機構或團體內加保。

二　被保險人在依法令規定合併、分割、轉讓或改組前後之雇主、機構或團體加保。

三　被保險人在依公營事業移轉民營條例規定移轉民營前後之雇主、機構或團體加保。

第七八條

①依本條例第五十八條規定請領老年給付者，應備下列書件：

一　老年給付申請書及給付收據。

二　符合本條例第五十八條第二項第五款或第七項者，檢附工作證明文件。

②未於國內設有戶籍者，除前項規定之書件外，並應檢附經第五十四條第一項所列單位驗證之身分或居住相關證明文件。

第七九條

①依本條例第五十八條之二第一項規定請領展延老年年金給付者，其延後請領之期間自符合請領老年年金給付之次月起，核計至其提出申請之當月止。

②依本條例第五十八條之二第二項規定請領減給老年年金給付者，其提前請領之期間自提前申請之當月起，核計至其符合老年年金給付所定請領年齡之前一月止。

③前二項期間未滿一年者，依其實際月數按比例計算，並準用第四十五條規定。

第七節　死亡給付

第八〇條

被保險人之父母、配偶或子女受死亡宣告者，以法院判決所確定死亡之時，為本條例第六十二條之死亡時；其喪葬津貼給付金額之計算，依下列規定計算之：

一　死亡時與判決時均在被保險人投保期間內者，以判決之當月起前六個月之平均月投保薪資為準。

二　死亡時在被保險人投保期間內，而判決時已退保者，以退保之當月起前六個月之平均月投保薪資為準。

第八一條

受益人或支出殯葬費之人請領死亡給付時，被保險人所屬投保單位未辦理退保手續者，由保險人逕予退保。

第八二條

①被保險人依本條例第六十二條規定請領喪葬津貼者，應備下列書件：

一　喪葬津貼申請書及給付收據。
二　死亡證明書、檢察官相驗屍體證明書或死亡宣告判決書。
三　載有死亡登記之戶口名簿影本，及被保險人身分證或戶口名簿影本。
②已辦理完成死亡登記者，得僅附前項第一款所定文件。

第八三條

①依本條例第六十三條第二項第一款規定請領遺屬年金給付者，其婚姻關係存續一年以上之計算，由被保險人死亡之當日，往前連續推算之。
②依本條例第六十三條第二項第二款及第四款規定請領遺屬年金給付者，其在學之認定，準用第七十二條規定。

第八四條

依本條例第六十三條或第六十四條規定請領喪葬津貼者，應備下列書件：
一　死亡給付申請書及給付收據。
二　死亡證明書、檢察官相驗屍體證明書或死亡宣告判決書。
三　載有死亡日期之全戶戶籍謄本。
四　支出殯葬費之證明文件。但支出殯葬費之人為當序受領遺屬年金或遺屬津貼者，得以切結書代替。

第八五條

依本條例第六十三條、第六十三條之一或第六十四條規定請領遺屬年金給付者，應備下列書件：
一　死亡給付申請書及給付收據。
二　死亡證明書、檢察官相驗屍體證明書或死亡宣告判決書。
三　載有死亡日期之全戶戶籍謄本。受益人為配偶時，應載有結婚日期；受益人為養子女時，應載有收養及登記日期。受益人與死者非同一戶籍者，應同時提出各該戶籍謄本。
四　在學者，應檢附學費收據影本或在學證明，並應於每年九月底前，重新檢具相關證明送保險人查核，經查核符合條件者，應繼續發給至次年八月底止。
五　無謀生能力者，應檢附身心障礙手冊或證明，或受禁治產（監護）宣告之證明文件。
六　受益人為孫子女或兄弟、姊妹者，應檢附受被保險人扶養之相關證明文件。

第八六條

依本條例第六十三條或第六十四條規定請領遺屬津貼者，應備下列書件：
一　死亡給付申請書及給付收據。
二　死亡證明書、檢察官相驗屍體證明書或死亡宣告判決書。
三　載有死亡日期之全戶戶籍謄本，受益人為養子女時，應載有收養及登記日期；受益人與死者非同一戶籍者，應同時提出各該戶籍謄本。

四 受益人為孫子女或兄弟、姊妹者，應檢附受被保險人扶養之相關證明文件。

第八七條

①依本條例第六十三條之一第二項規定，選擇一次請領失能給付扣除已領年金給付總額之差額者，應備下列書件：

一 失能給付差額申請書及給付收據。

二 前條第二款至第四款所定之文件。

②受領前項差額給付之對象及順序，準用本條例第六十三條第一項及第六十五條第一項、第二項規定。

③前項同一順序遺屬有二人以上時，準用本條例第六十三條之三第二項規定。

第八八條

①依本條例第六十三條之一第二項規定，選擇一次請領老年給付扣除已領年金給付總額之差額者，應備下列書件：

一 老年給付差額申請書及給付收據。

二 第八十六條第二款至第四款所定之文件。

②前條第二項及第三項規定，於前項請領差額給付者，準用之。

第八九條

依前四條規定請領給付之受益人為未成年者，其申請書及給付收據，應由法定代理人簽名或蓋章。

第九〇條

①本條例第六十三條之三第二項所稱未能協議，指各申請人未依保險人書面通知所載三十日內完成協議，並提出協議證明書者。

②前項規定，於依第八十七條及第八十八條規定一次請領差額給付者，準用之。

第九一條

同一順序遺屬有二人以上，並依本條例第六十三條之三第三項但書規定協議時，保險人得以書面通知請領人於三十日內完成協議，並由代表請領人提出協議證明書。屆期未能提出者，保險人得逕按遺屬年金發給，遺屬不得要求變更。

第九二條

被保險人死亡，其受益人為未成年且無法依第八十九條規定請領保險給付者，其所屬投保單位應即通知保險人，除喪葬津貼依第八十四條規定辦理外，應由保險人計息存儲遺屬年金給付或遺屬津貼，俟其能請領時發給之。

第八節 年金給付之申請及核發

第九三條

①本條例第六十五條之一第二項所定申請之當月，以原寄郵局郵戳或送交保險人之日期為準。

②被保險人於保險人依規定放假之日離職，其所屬投保單位至遲於次一上班日為其辦理退保及申請老年年金給付，並檢附被保險人

同意追溯請領之文件者，被保險人老年年金給付申請之當月，以其離職之翌日為準。

③被保險人於所屬投保單位所在地方政府依規定發布停止上班日離職，投保單位至遲於次一上班日為其辦理退保及申請老年年金給付，並檢附被保險人同意追溯請領之文件者，被保險人老年年金給付申請之當月，以其離職之翌日為準。

第九四條

依本條例規定請領年金給付，未於國內設有戶籍者，應檢附經第五十四條第一項所列單位驗證之身分或居住相關證明文件，並應每年重新檢送保險人查核。

第九五條

①依本條例第五十四條之二第三項第一款、第二款及第六十三條之四第一款、第二款規定停止發給年金給付者，除配偶再婚外，於停止發給原因消滅後，請領人得重新向保險人提出申請，並由保險人依本條例第六十五條之一第二項規定發給；遺屬年金依本條例第六十五條之一第三項規定發給。

②依本條例第五十四條之二第三項第三款、第四款及第六十三條之四第三款規定停止發給年金給付者，自政府機關媒體異動資料送保險人之當月起停止發給。

③前項所定停止發給原因消滅後，請領人得檢具證明其停止發給原因消滅之文件向保險人申請，並由保險人依本條例第六十五條之一第二項規定發給；遺屬年金依本條例第六十五條之一第三項規定發給。

④未依前項規定檢附證明文件向保險人申請者，自政府機關媒體異動資料送保險人之當月起恢復發給。

第九五條之一

本條例第六十五條之二第三項所定應檢附之戶籍謄本，得以載有領取年金給付者死亡日期之戶口名簿影本及其法定繼承人戶口名簿影本代之。

第九六條

①本條例第六十五條之四所定消費者物價指數累計成長率，以中央主管機關發布之年度消費者物價指數累計平均計算，計算至小數第二位，第三位四捨五入。

②本條例中華民國九十七年七月十七日修正之條文施行第二年起，前項消費者物價指數累計成長率達正百分之五時，保險人應於當年五月底前報請中央主管機關核定公告，並自當年五月開始調整年金給付金額。

③前項年金給付金額調整之對象，指正在領取年金給付，且自其請領年度開始計算之消費者物價指數累計成長率達正百分之五者。不同年度請領年金給付，同時符合應調整年金給付金額者，分別依其累計之消費者物價指數成長率調整之。

④第二項所定之消費者物價指數累計成長率達百分之五後，保險人

應自翌年開始重新起算。

第九七條

依本條例第五十三條第三項及第七十四條之二第二項規定併計國民年金保險年資時，被保險人於其未繳清國民年金法規定之保險費及利息，並依該法規定暫行拒絕給付之年資不得併計。

第五章 經 費

第九八條

本條例第六十八條所稱之經費，包括辦理保險業務所需人事、事務等一切費用。

第九八條之一

①勞工因雇主違反本條例所定應辦理加保或投保薪資以多報少等規定，致影響其保險給付所提起之訴訟，得向中央主管機關申請扶助。

②前項扶助業務，中央主管機關得委託民間團體辦理。

第六章 附 則

第九九條

①本細則自中華民國九十八年一月一日施行。

②本細則修正條文，除中華民國一百零二年七月二十六日修正發布之第六十一條、第六十二條及第六十七條自一百零二年一月一日施行外，自發布日施行。

勞工保險爭議事項審議辦法

①民國61年11月22日內政部令訂定發布全文30條。
②民國68年9月11日內政部令修正發布全文23條。
③民國77年10月17日行政院勞工委員會令修正發布第20、21條條文。
④民國85年7月30日行政院勞工委員會令令修正發布名稱及第2～4、6～8、10、14、19條條文（原名稱：臺閩地區勞工保險爭議事項審議辦法）。
⑤民國89年12月20日行政院勞工委員會令修正發布第2、8條條文。
⑥民國91年12月4日行政院勞工委員會令修正發布第3、6、8、15、19條條文；增訂第3-1、3-2、15-1、18-1、19-1條條文；並刪除第7條條文。
⑦民國97年12月31日行政院勞工委員會令修正發布第2、4、8、21條條文；除第4條第1項自98年11月23日施行外，自98年1月1日施行。
　民國103年2月14日行政院公告第2條序文、第3條第1、3、4項、第3-1條第1項第2款、第2項、第3-2條第1、2項、第13條、第15條第1項、第15-1條第2項、第18條第2項、第18-1條第2、3項、第19條第1～3項所列屬「勞工保險局」之權責事項，自103年2月17日起改由「勞動部勞工保險局」管轄；第3條第1、3、4項、第3-2條第1、2項、第6條、第8條第1項序文、第9條第1、2項、第15條第1項、第17條第1、2項、第18-1條第1、3項、第19條第1項、第20條所列屬「勞工保險監理委員會」權責事項，自103年2月17日起改由「勞動部」管轄。
⑧民國105年7月1日勞動部令修正發布全文26條；並自105年7月1日施行。
⑨民國108年11月20日勞動部令修正發布第9、26條條文；並自發布日施行。
⑩民國111年3月23日勞動部令修正發布第2、5、9、14、16、22、26條條文；並自111年5月1日施行。

第一章　總　則

第一條
本辦法依勞工保險條例第五條第三項規定訂定之。

第二條 111
投保單位、被保險人、受益人、支出殯葬費之人、全民健康保險特約醫院或診所（以下併稱申請人）對勞動部勞工保險局（以下簡稱勞保局）下列事項之核定發生爭議時，得依本辦法規定申請審議：
一　被保險人、受益人資格及投保事項。
二　被保險人投保薪資或年資事項。
三　保險費、滯納金或令投保單位限期繳納事項。
四　保險給付事項。

五　職業傷病事項。

六　失能等級事項。

七　職業傷病醫療費用事項。

八　其他有關保險權益事項。

第三條

①申請人依前條規定申請審議時，應於接到勞保局核定通知文件之翌日起六十日內，填具勞工保險爭議事項審議申請書（以下簡稱審議申請書），並檢附有關證件經由勞保局向中央主管機關申請審議。其因不可歸責於己之事由致遲誤期間者，申請人應自其事由消滅之翌日起三十日內，以書面敘明遲誤原因申請審議。

②審議之申請，以收受審議申請書之日期為準，以郵遞方式申請者，以原寄郵局之郵戳為憑。

③申請人在第一項所定期間內，向中央主管機關或勞保局為不服之表示者，視為已在法定期間內申請審議。但應於三十日內補送審議申請書。

④申請人向中央主管機關申請審議者，中央主管機關應將審議申請書移送勞保局依第五條規定辦理。

第四條

①審議申請書應載明下列事項，由申請人或代理人簽名或蓋章：

一　被保險人及申請人之姓名、出生年月日、住、居所、身分證明文件字號。如係投保單位申請，應記明名稱、保險證字號、地址及負責人姓名。

二　收受或知悉勞保局原核定之年月日。

三　申請審議之請求事項。

四　申請審議之事實及理由。

五　證據，其為文書者，應添具繕本或影本。

六　年、月、日。

②申請審議應附勞保局原核定函影本。

第五條　111

①申請人申請審議，勞保局應於收到審議申請書之翌日起十日內，將審議申請書移送中央主管機關。

②勞保局收到審議申請書後，應先行審查原核定是否合法妥當，其認為該申請審議有理由者，得重新核定，並應通知申請人及副知中央主管機關。

③勞保局不依申請人之請求撤銷或變更原核定者，應於收到審議申請書之翌日起二個月內提出意見書連同必要案卷，一併檢送中央主管機關，並將意見書副知申請人。

第六條

①申請人為無行為能力人、限制行為能力人或受輔助宣告者，應由其法定代理人或輔助人代理申請。

②投保單位得依所屬被保險人、受益人或支出殯葬費之人之請求為其辦理申請手續，並不得違背其意思。

第七條

申請人申請審議後於審定書送達前，得撤回之。但撤回後，不得就同一爭議之事實再申請審議。

第八條

中央主管機關收到審議申請書後，認為程式不符規定，而其情形可補正者，應通知申請人於收到通知之翌日起二十日內補正。但申請人有正當理由者，得於期間屆滿前申請延期。

第二章　爭議審議會

第九條 111

①中央主管機關為審議保險爭議事項，設勞工保險爭議審議會（以下簡稱審議會），置委員十一人至十五人，其中一人為召集人，由中央主管機關首長就本機關副首長或簡任職以上人員派充或兼任之；其餘委員由中央主管機關就下列人員聘（派）兼之：

一　曾任大學教授法學、社會保險、保險學、社會福利、勞工研究課程之助理教授以上職務三年以上者二人至四人。

二　曾任法官、律師或簡任公務人員辦理法制業務三年以上者二人。

三　曾任大學醫學院助理教授以上、區域醫院以上醫院主治醫師職務三年以上，並具職業醫學科專科醫師資格者三人至五人。

四　現任勞工保險主管機關簡任職務者二人。

五　勞工團體代表一人。

②前項委員任一性別比例不得少於三分之一，任期最長二年，期滿得續聘（派）兼之。

第一〇條

①審議會由召集人負責召開會議，並為會議主席。

②召集人因故不能主持會議時，由審議委員互推一人為主席。

第一一條

①審議會會議須有二分之一以上委員出席；決議事項須經出席委員二分之一以上同意行之。可否同數時，取決於主席。

②前項決議之表決方式以舉手或點名為之，必要時得以無記名投票行之。

第一二條

審議會開會時，審議委員須親自出席，不得委任代表，如不克親自出席，得提出書面意見，由主席於開會時代為報告，但不得代為表決。

第一三條

審議會以半個月開會一次為原則，必要時得臨時召集之。

第一四條 111

①審議會開會時，得邀請勞保局或有關人員列席說明。

②申請人請求陳述意見而有正當理由者，審議會應予到達指定處所

陳述意見之機會。

第一五條

審議會開會時，得邀請第二十條第一項規定之專家列席說明。

第三章　審議程序

第一六條 111

①中央主管機關於收到勞保局意見書，應即連同審議申請書交由二人以上分組委員審查後，送審議會審議。

②前項審議之決定，應自收到審議申請書之翌日起，三個月內為之；必要時得延長一次，但不得逾二個月，並應通知申請人。

③前項期間，於依第三條第三項但書規定補送審議申請書者，自補送之翌日起算，未為補送者，自補送期間屆滿之翌日起算；其依第八條規定通知補正者，自補正之翌日起算；未為補正者，自補正期間屆滿之翌日起算。

第一七條

①爭議案件有下列各款情形之一者，應為不受理之審定：

一　審議申請書不合法定程式不能補正，或經通知限期補正，屆期未補正。

二　申請審議逾第三條第一項或第三項但書所定期間。

三　申請人不符合第二條之規定。

四　申請人不符合第六條規定，經通知限期補正，屆期未補正。

五　原核定已不存在。

六　對已審定或已撤回之爭議案件重行申請審議。

七　對於非行政處分或非第二條所定事項申請審議。

②依前項第一款或第二款規定而為不受理審定者，原核定確屬違法或不當時，勞保局或中央主管機關得依職權撤銷或變更之。

第一八條

審議之決定須以其他法律關係是否成立為準據者，於該法律關係尚未確定時，得依職權或申請人之申請暫停審議程序之進行，並通知申請人。

第一九條

①申請人死亡者，由其繼承人或其他依法得繼受原核定所涉權利或利益之人，承受其申請審議。

②法人因合併而消滅者，由因合併而另立或合併後存續之法人，承受其申請審議。

③依前二項規定承受申請審議者，應於事實發生之日起三十日內，向勞保局或中央主管機關檢送因死亡繼受權利或合併事實之證明文件。

第二〇條

①審議事件，必要時得送請專家審查、鑑定後，提審議會審議。

②前項審查或鑑定得酌致審查或鑑定費用，其標準由中央主管機關定之。

第二一條

① 審議會對於審議事件，認爲有複檢被保險人傷病或失能程度之必要時，得指定醫院之專科醫師予以複檢。被保險人無正當理由者，不得拒絕複檢。

② 前項複檢所需費用，由勞保局負擔。

第二二條 111

① 勞保局未依第五條第三項所定期間，提出意見書連同必要案卷，送中央主管機關者，審議會得審定撤銷勞保局原核定，發回勞保局另爲核定。

② 申請審議無理由者，審議會應審定駁回。

③ 勞保局原核定所憑理由雖屬不當，而以其他理由認爲正當者，應以申請審議爲無理由。

④ 申請審議有理由者，審議會應審定撤銷勞保局原核定之全部或一部，並視事件之情節，逕爲變更之審定或發回勞保局另爲核定。但於申請人表示不服之範圍內，不得爲更不利益之審定或核定。

第二三條

① 前條審議結果應作成審定書，並於審定後十五日內分別送達申請人及勞保局。

② 勞保局對於前項審定結果應於審定書送達之翌日起十五日內執行之。

③ 第一項審定書應附記，如不服審定結果，得於審定書送達之翌日起三十日內，繕具訴願書經由勞保局向中央主管機關提起訴願。

第二四條

審定書應載明下列事項：

一　申請人姓名、出生年月日、住、居所、身分證明文件字號。如申請人爲投保單位，其保險證字號、地址及負責人姓名。

二　有法定代理人者，其姓名、出生年月日、住、居所、身分證明文件字號。

三　主文、事實及理由。其係不受理審定者，得不記載事實。

四　審定機關及其首長。

五　年、月、日。

第四章　附　則

第二五條

本辦法所定之書表格式，由中央主管機關定之。

第二六條 111

① 本辦法自中華民國一百零五年七月一日施行。

② 本辦法修正條文，除中華民國一百十一年三月二十三日修正發布條文，自一百十一年五月一日施行外，自發布日施行。

勞工職業災害保險職業傷病審查準則

①民國70年1月31日內政部令修正發布全文19條。
②民國80年6月5日行政院勞工委員會令修正發布全文21條。
③民國86年2月27日行政院勞工委員會令修正發布全文23條。
④民國92年6月18日行政院勞工委員會令修正發布第9、10、18條條文；並增訂第22-1條條文。
⑤民國98年6月15日行政院勞工委員會令修正發布第4、5、18、22條條文。
⑥民國98年11月6日行政院勞工委員會令增訂發布第21-1條條文。
⑦民國100年8月9日行政院勞工委員會令修正發布第21條條文；並刪除第22條條文。
　民國103年2月14日行政院公告第20條所列屬「行政院勞工委員會」之權責事項，自103年2月17日起改由「勞動部」管轄。
⑧民國105年3月21日勞動部令修正發布第20條條文。
⑨民國111年3月9日勞動部令修正發布名稱及全文25條；並自111年5月1日施行（原名稱：勞工保險被保險人因執行職務而致傷病審查準則）。

第一章　總　則

第一條

本準則依勞工職業災害保險及保護法（以下簡稱本法）第二十七條第三項規定訂定之。

第二條

被保險人遭遇職業傷害或罹患職業病（以下簡稱職業傷病）之審查，依本準則辦理；本準則未規定者，依其他相關法令辦理。

第二章　職業傷害類型

第三條

①被保險人因執行職務而致傷害者，為職業傷害。
②被保險人執行職務而受動物或植物傷害者，為職業傷害。

第四條

①被保險人上、下班，於適當時間，從日常居、住處所往返勞動場所，或因從事二份以上工作而往返於勞動場所間之應經途中發生事故而致之傷害，視為職業傷害。
②前項被保險人為在學學生或建教合作班學生，於上、下班直接往返學校與勞動場所之應經途中發生事故而致之傷害，視為職業傷害。

第五條

被保險人於作業前後，發生下列事故而致之傷害，視為職業傷

害：

一　因作業之準備行為及收拾行為所發生之事故。

二　在雇主之指揮監督或勞務管理上之必要下，有下列情形之一
　　發生事故：

　　㈠從工作場所往返飯廳或集合地之途中。

　　㈡為接受及返還作業器具，或受領工資及其他相關例行事務
　　　時，從工作場所往返事務所之途中。

第六條

被保險人有下列情形之一，因工作場所設施、設備或管理之缺陷
發生事故而致之傷害，視為職業傷害：

一　於作業開始前，在等候中。

二　於作業時間中斷或休息中。

三　於作業終了後，經雇主核准利用工作場所設施或設備。

第七條

被保險人於工作時間中基於生理需要於如廁或飲水時發生事故而
致之傷害，視為職業傷害。

第八條

被保險人於緊急情況下，臨時從事其他工作，該項工作如為雇主
期待其僱用勞工所應為之行為而致之傷害，視為職業傷害。

第九條

①被保險人因公出差或其他職務上原因於工作場所外從事作業，由
　日常居、住處所或工作場所出發，至公畢返回日常居、住處所或
　工作場所期間之職務活動及合理途徑發生事故而致之傷害，視為
　職業傷害。

②被保險人於非工作時間因雇主臨時指派出勤，於直接前往勞動場
　所之合理途徑發生事故而致之傷害，視為職業傷害。

第一〇條

①被保險人經雇主指派參加進修訓練、技能檢定、技能競賽、慶典
　活動、體育活動或其他活動，由日常居、住處所或勞動場所出
　發，至活動完畢返回日常居、住處所或勞動場所期間，因雇主指
　派之活動及合理途徑發生事故而致之傷害，視為職業傷害。

②本法第七條及第九條第一項第三款規定之被保險人，經所屬團體
　指派參加前項各類活動，由日常居、住處所或勞動場所出發，至
　活動完畢返回日常居、住處所或勞動場所期間，因所屬團體指派
　之活動及合理途徑發生事故而致之傷害，視為職業傷害。

第一一條

被保險人由於執行職務關係，因他人之行為發生事故而致之傷
害，視為職業傷害。

第一二條

被保險人於執行職務時，因天然災害直接發生事故導致之傷害，
不得視為職業傷害。但因天然災害間接導致之意外傷害或從事之
業務遭受天然災害之危險性較高者，不在此限。

第一三條

被保險人利用雇主為勞務管理所提供之附設設施或設備，因設施或設備之缺陷發生事故而致之傷害，視為職業傷害。

第一四條

被保險人參加雇主舉辦之康樂活動或其他活動，因雇主管理或提供設施、設備之缺陷發生事故而致之傷害，視為職業傷害。

第一五條

被保險人因職業傷病，於下列情形再發生事故而致傷害，視為職業傷害：

一　經雇主同意自勞動場所直接往返醫療院所診療，或下班後自勞動場所直接前往醫療院所診療，及診療後返回日常居住處所之應經途中。

二　職業傷病醫療期間，自日常居住處所直接往返醫療院所診療之應經途中。

第一六條

被保險人於工作日之用餐時間中或為加班、值班，如雇主未規定必須於工作場所用餐，而為必要之外出用餐，於用餐往返應經途中發生事故而致之傷害視為職業傷害。

第一七條

被保險人於第四條、第九條、第十條、第十五條及第十六條之規定而有下列情事之一者，不得視為職業傷害：

一　非日常生活所必需之私人行為。

二　未領有駕駛車種之駕駛執照駕車。

三　受吊扣期間、吊銷或註銷駕駛執照處分駕車。

四　行經有燈光號誌管制之交岔路口違規闖紅燈。

五　闖越鐵路平交道。

六　酒精濃度超過規定標準、吸食毒品、迷幻藥、麻醉藥品及其他相類似之管制藥品駕駛車輛。

七　未依規定使用高速公路、快速公路或設站管制道路之路肩。

八　駕駛車輛在道路上競駛、競技、蛇行或以其他危險方式駕駛車輛。

九　駕駛車輛不按遵行之方向行駛或不依規定駛入來車道。

第三章　職業病種類

第一八條

被保險人因執行職務所患之疾病，符合下列情形之一者，為職業病：

一　為勞工職業災害保險職業病種類表所列之疾病，如附表。

二　經勞動部職業病鑑定會鑑定為職業病或工作相關疾病。

第一九條

被保險人疾病之促發或惡化與作業有相當因果關係者，視為職業病。

第二〇條

被保險人罹患精神疾病，而該疾病與執行職務有相當因果關係者，視為職業病。

第四章　認定基準及審查程序

第二一條

本法第二十七條所定職業傷病之認定，保險人應於審查程序中，就下列事項判斷：

一　職業傷害：事故發生時間、地點、經過、事故與執行職務之關連、傷害與事故之因果關係及其他相關事項。

二　職業病：罹患疾病前之職業危害暴露、罹患疾病之證據、疾病與職業暴露之因果關係及其他相關事項。

第二二條

①被保險人、受益人、支出殯葬費之人或投保單位，應於申請保險給付時，就前條各款事項，陳述意見或提供證據。

②未依前項規定陳述意見或提供證據者，保險人得通知限期補正；屆期不補正，且就相關事實及證據無法認定為職業傷病者，保險人不發給保險給付。

③被保險人、受益人、支出殯葬費之人就第一項，所陳述之意見或提供之證據與投保單位不一致時，保險人應請投保單位提出反證；投保單位未提出反證者，保險人應以被保險人之意見或證據，綜合其他相關事實及證據審查。

第二三條

保險人為審核職業傷病認有必要時，得依下列方式，進行調查：

一　實地訪查。

二　向醫事服務機構調閱被保險人病歷。

三　洽詢被保險人主治醫師或保險人特約專科醫師提供之醫理意見。

四　洽請本法第七十三條第一項認可之醫療機構職業醫學科專科醫師提供職業病評估之專業意見。

五　向機關、團體、法人或個人洽調必要之資料。

第五章　附　則

第二四條

本準則於本法第八條之被保險人，亦適用之。

第二五條

本準則自中華民國一百十一年五月一日施行。

被裁減資遣被保險人繼續參加勞工保險及保險給付辦法

①民國77年8月31日行政院勞工委員會令訂定發布全文11條。
②民國86年3月21日行政院勞工委員會令修正發布第2、3、5條條文；增訂第10-1條條文；並刪除第9條條文。
③民國93年3月5日行政院勞工委員會令修正發布第3條條文；並增訂第10-2條條文。
④民國97年12月25日行政院勞工委員會令修正發布第2、10-1、11條條文；並自98年1月1日施行。
⑤民國111年4月21日勞動部令修正發布全文9條；並自發布日施行。

第一條

本辦法依勞工保險條例（以下簡稱本條例）第九條之一第二項規定訂定之。

第二條

①依本條例第九條之一第一項規定自願繼續參加本保險者（以下簡稱繼續加保者），原投保單位應為其辦理繼續加保手續。
②前項原投保單位有下列情形之一，致不能辦理繼續加保時，繼續加保者得以保險人委託之有關團體為投保單位，申請辦理繼續加保手續，或逕向保險人申請繼續加保：
一　歇業、解散、破產宣告或因其他原因結束營業。
二　與繼續加保者有勞資爭議。
三　遷址不明。

第三條

①申請繼續加保者，應於離職退保之當日由原投保單位辦理繼續加保手續。但投保單位未於離職退保當日為其辦理繼續加保或被保險人依前條第二項規定申請繼續加保者，應於被保險人離職退保之當日起二年內辦理繼續加保手續。
②被裁減資遣之被保險人於離職退保之當日起二年內，有再受僱從事工作後又離職退保情形者，其繼續加保規定如下：
一　被保險人再離職退保事由不符合本條例第九條之一第一項規定者，得以前被裁減資遣身分辦理繼續加保。
二　被保險人再離職退保事由符合本條例第九條之一第一項規定者，得選擇其中之一被裁減資遣身分辦理繼續加保。
③依本辦法繼續加保者，其保險效力之開始，自繼續加保申請書送達保險人或郵寄之翌日起算。郵寄者，以原寄郵局郵戳為準。

第四條

①申請繼續加保者，應備具下列書件：
一　繼續加保申請書。

二　裁減資遣證明文件、地方主管機關之證明文件或協商紀錄影本。但原投保單位因歇業、解散、破產宣告或其他原因結束營業者，得檢附結束營業相關證明文件代之。

②無法取得前項第二款但書所定結束營業相關證明者，由保險人依事實認定之。

③依第二條第二項規定逕向保險人申請繼續加保者，除第一項書件外，應一併檢具投保申請書及委託轉帳代繳保險費約定書。

第五條

①繼續加保者再從事工作，並符合本條例第六條及第八條規定之加保資格，不得依本辦法繼續加保。

②繼續加保者轉參加公教人員保險或軍人保險期間，不得依本辦法繼續加保，其保險效力至轉參加之前一日止。

第六條

①繼續加保者，其投保薪資以被裁減資遣當時之投保薪資為準。

②前項投保薪資，不得低於勞工保險投保薪資分級表第一級規定。但部分工時被保險人，不得低於該分級表備註欄部分工時被保險人最低適用等級規定。

③前二項投保薪資，於投保薪資分級表第一級或備註欄部分工時被保險人最低適用之等級有修正時，由保險人逕予調整。

第七條

繼續加保者於保險有效期間發生保險事故，除不予傷病給付外，其他保險給付應依本條例規定辦理。

第八條

繼續加保者在尚未符合請領老年給付條件前，因死亡或失能程度經評估為終身無工作能力者，其保險效力至死亡或經全民健康保險特約醫院或診所診斷為實際永久失能之當日終止。

第九條

本辦法自發布日施行。

勞工保險預防職業病健康檢查辦法

①民國85年6月29日行政院勞工委員會令訂定發布全文8條。
②民國98年9月14日行政院勞工委員會令修正發布第4、5、7條條文。
③民國104年1月8日勞動部令修正發布全文9條；並自發布日施行。

第一條

本辦法依勞工保險條例第三十九條之一規定訂定之。

第二條

①預防職業病健康檢查，由保險人視實際需要，參酌職業災害保險給付情況，就勞工保險職業病種類表及中央主管機關核准增列之職業病作業種類中選定，並公告之。

②前項健康檢查之對象及項目，依勞工健康保護規則之規定辦理。

第三條

①符合前條規定之被保險人最近加保年資連續滿一年者，得由投保單位申請本辦法所規定之健康檢查。投保單位未依規定申請者，被保險人得逕向保險人申請，經保險人審查後辦理。

②前項健康檢查一年以一次為限。但情形特殊者，不在此限。

第四條

①申請健康檢查時，應填具申請書件向保險人申請。經審查符合規定者，保險人應通知申請人，並核發健康檢查證明單，由被保險人於規定時間內前往辦理勞工保險預防職業病健康檢查之醫療機構受檢。

②前項申請書件及證明單格式，除依職業安全衛生法令規定者外，由保險人另定之。

第五條

辦理勞工保險預防職業病健康檢查者，以依辦理勞工體格與健康檢查醫療機構認可及管理辦法所認可之醫療機構為限。

第六條

①檢查費用依全民健康保險醫療費用支付標準所列有關項目規定核付之，該標準未列者，應報請中央主管機關核定。

②前項檢查費用由保險人在職業災害保險項下支付。

第七條

被保險人未經保險人審查符合資格，並核發健康檢查證明單，逕為健康檢查者，保險人不予核付檢查費用。

第八條

被保險人實施健康檢查後，辦理檢查之醫療機構應將檢查結果分別通知投保單位、被保險人及保險人。

第九條

本辦法自發布日施行。

勞工保險被保險人轉投軍人保險公教人員保險年資保留辦法

①民國77年10月28日行政院勞工委員會令修正發布名稱及全文9條；
並自77年2月5日施行（原名稱：勞工保險轉投公務人員保險其年
資保留及老年給付計算辦法）。

②民國89年7月26日行政院勞工委員會令修正發布名稱及第2、9條條
文；並自發布日施行（原名稱：勞工保險被保險人轉投軍人保險
公務人員保險私立學校教職員保險年資保留辦法）。

③民國97年12月31日行政院勞工委員會令修正發布全文7條；並自98
年1月1日施行。

民國103年2月14日行政院公告第2、3條所列屬「勞工保險局」之權
責事項，自103年2月17日起改由「勞動部勞工保險局」管轄。

第一條

本辦法依勞工保險條例（以下簡稱本條例）第七十六條第二項規
定訂定之。

第二條

勞工保險被保險人（以下簡稱被保險人）於轉投軍人保險或公教
人員保險時，不合請領老年給付條件者，由勞工保險局（以下簡
稱勞保局）辦理原有勞工保險年資之保留。

第三條

被保險人轉任軍人、公務人員或私立學校教職員後，於其年老依
法退職時，得由其本人或委託其原有勞工保險投保單位向勞保局
申請老年給付。

第四條

被保險人老年給付年資之計算，以參加勞工保險有效投保年資為
限；其老年給付標準之計算，依本條例之規定辦理。

第五條

被保險人依本辦法請領老年給付時，其平均月投保薪資之計算，
依本條例之規定辦理。

第六條

被保險人依本辦法請領老年給付時，應備下列書件：

一　老年給付申請書及給付收據。
二　戶口名簿或國民身分證正背面影本。
三　依法退職之證明文件。

第七條

本辦法自中華民國九十八年一月一日施行。

勞工保險投保薪資分級表

①民國87年8月28日行政院勞工委員會令修正發布;並自87年10月1日施行。
②民國95年5月1日行政院勞工委員會令修正發布;並自95年7月1日施行。
③民國96年6月25日行政院勞工委員會令修正發布;並自96年7月1日施行。
④民國96年11月1日行政院勞工委員會令修正發布;並自97年1月1日施行。
⑤民國99年12月14日行政院勞工委員會公告修正發布;並自100年1月1日生效。
⑥民國100年12月9日行政院勞工委員會公告修正發布;並自101年1月1日生效。
⑦民國102年5月9日行政院勞工委員會令修正發布;並自102年7月1日施行。
⑧民國103年5月6日勞動部令修正發布;並自103年7月1日施行。
⑨民國104年4月24日勞動部令修正發布;並自104年7月1日施行。
⑩民國105年3月18日勞動部令修正發布;並自105年5月1日生效。
⑪民國105年11月3日勞動部令修正發布;並自106年1月1日生效。
⑫民國106年11月8日勞動部令修正發布;並自107年1月1日生效。
⑬民國107年11月5日勞動部令修正發布;並自108年1月1日生效。
⑭民國108年10月30日勞動部令修正發布;並自109年1月1日生效。
⑮民國109年11月5日勞動部令修正發布;並自110年1月1日生效。
⑯民國110年11月24日勞動部令修正發布;並自111年1月1日生效。
⑰民國111年10月26日勞動部令修正發布;並自112年1月1日生效。
⑱民國112年10月16日勞動部令修正發布;並自113年1月1日生效。

投保薪資等級	月薪資總額 (實物給付應折現金計算)	月投保薪資
第1級	27,470元以下	27,470元
第2級	27,471元至27,600元	27,600元
第3級	27,601元至28,800元	28,800元
第4級	28,801元至30,300元	30,300元
第5級	30,301元至31,800元	31,800元
第6級	31,801元至33,300元	33,300元
第7級	33,301元至34,800元	34,800元

第8級	34,801元至36,300元	36,300元
第9級	36,301元至38,200元	38,200元
第10級	38,201元至40,100元	40,100元
第11級	40,101元至42,000元	42,000元
第12級	42,001元至43,900元	43,900元
第13級	43,901元以上	45,800元
備　註	一、本表依勞工保險條例第十四條第三項規定訂定之。 二、職業訓練機構受訓者之薪資報酬未達基本工資者，其月投保薪資分13,500元（13,500元以下者）、15,840元（13,501元至15,840元）、16,500元（15,841元至16,500元）、17,280元（16,501元至17,280元）、17,880元（17,281元至17,880元）、19,047元（17,881元至19,047元）、20,008元（19,048元至20,008元）、21,009元（20,009元至21,009元）、22,000元（21,010元至22,000元）、23,100元（22,001元至23,100元）、24,000元（23,101元至24,000元）、25,250元（24,001元至25,250元）及26,400元（25,251元至26,400元）十三級，其薪資總額超過26,400元而未達基本工資者，應依本表第一級申報。 三、部分工時勞工保險被保險人之薪資報酬未達基本工資者，其月投保薪資分11,100元（11,100元以下者）及12,540元（11,101元至12,540元）二級，其薪資總額超過12,540元者，應依前項規定覈實申報。 四、依身心障礙者權益保障法規定之庇護性就業身心障礙者被保險人之薪資報酬未達基本工資者，其月投保薪資分6,000元（6,000元以下）、7,500元（6,001元至7,500元）、8,700元（7,501元至8,700元）、9,900元（8,701元至9,900元）、11,100元（9,901元至11,100元）、12,540元（11,101元至12,540元），其薪資總額超過12,540元者，應依第二項規定覈實申報。 五、本表投保薪資金額以新臺幣元為單位。

勞工保險塵肺症審定準則

民國84年7月26日行政院勞工委員會令公告。

(甲) 塵肺症X光照像分型基準：
(依左表所列，區分爲第一型至第四型)

型別	X光照像說明
第一型	在兩肺野有因塵肺發生之少數粒狀影或不整形陰影，且無大陰影者。
第二型	在兩肺野有因塵肺發生之多數粒狀影或不整形陰影，且無大陰影者。
第三型	在兩肺野有因塵肺發生之極多粒狀影或不整形陰影，且無大陰影者。
第四型	證明大陰影者。

(乙) 塵肺症症度區分基準：
(從事粉塵作業之被保險人，依其塵肺檢定檢查之結果，依左表所列區分爲第一症度至第四症度，依此區分，被審定爲第二症度以上者，爲勞工保險職業病)

症度	塵肺檢定檢查之結果
第一症度	認爲無塵肺所見者。
第二症度	X光照像爲第一型，而無因塵肺引致之顯著肺功能障礙者。
第三症度	一、X光照像爲第二型，而無因塵肺引致之顯著肺功能障礙者。 二、X光照像爲第三型或第四型（大陰影之大小在一側肺野三分之一以下者）而無因塵肺引致之顯著肺功能障礙者。
第四症度	一、X光照像爲第四型（大陰影之大小在一側肺野三分之一以上者）。 二、X光照像爲第一型、第二型、第三型或第四型（限於大陰影之大小在一側肺野三分之一以下者），且有因塵肺引致之顯著肺功能障礙者。

(丙) 勞工保險塵肺症之檢定，依左列各項檢查之施行審定之：

一 X光攝影檢查（全胸部直接或特殊攝影者。）

二 粉塵作業經歷調查。

三 胸部臨床檢查。

四 結核精密檢查：

　(一)結核菌素反應檢查。

　(二)喀痰、檢查。

　(三)紅血球沉降速度檢查。

五 心肺功能檢查：

　(一)測定最大換氣量之檢查。

　(二)測定運動指數之檢查。

　(三)檢查換氣功能之「類型」及測定換氣指數。

六 其他檢查：

　(一)血壓檢查。

　(二)心電圖之檢查。

　(三)測定動脈血氧飽和度之檢查。

勞工保險職業災害保險適用行業別及費率表

①民國90年12月28日行政院勞工委員會令修正發布；並自91年1月1日起實施。
②民國93年11月10日行政院勞工委員會令修正發布；並自94年1月1日起實施。
③民國96年11月9日行政院勞工委員會令修正發布；並自97年1月1日起實施。
④民國98年10月26日行政院勞工委員會公告修正發布；並自99年1月1日生效。
⑤民國101年10月18日行政院勞工委員會公告修正發布；並自102年1月1日生效。
⑥民國104年9月25日勞動部公告修正發布；並自105年1月1日生效。
⑦民國107年10月30日勞動部公告修正發布；並自108年1月1日生效。
⑧民國110年10月26日勞動部公告修正發布；並自111年1月1日生效。

依據勞工保險條例第十三條第三項規定，職業災害保險費率分為行業別災害費率及上、下班災害費率二種，其費率如下：

行業分類			保險費率	
大分類	編號	行業類別	行業別費率(%)	上、下班費率(%)
農、林、漁、牧業	一	農、林、牧業	0.15	0.07
	二	漁業	0.12	0.07
礦業及土石採取業	三	石油及天然氣礦業、砂、石採取及其他礦業	0.86	0.07
製造業	四	食品及飼品、飲料及菸草製造業	0.13	0.07
	五	紡織業（紡織品製造業除外）	0.12	0.07
	六	紡織品製造業	0.09	0.07
	七	成衣及服飾品製造業	0.07	0.07
	八	皮革、毛皮及其製品製造業	0.11	0.07
	九	木竹製品及家具製造業	0.35	0.07
	一○	紙漿、紙及紙製品製造業	0.30	0.07

製造業	一一	印刷及資料儲存媒體複製業	0.12	0.07
	一二	石油及煤製品、化學材料及肥料、其他化學製品、藥品及醫用化學製品製造業	0.13	0.07
	一三	橡膠製品、塑膠製品製造業	0.17	0.07
	一四	非金屬礦物製品製造業	0.32	0.07
	一五	基本金屬製造業	0.34	0.07
	一六	金屬製品製造業（金屬刀具、手工具及模具、金屬容器製造業除外）	0.26	0.07
	一七	金屬刀具、手工具及模具、金屬容器製造業	0.18	0.07
	一八	電子零組件、電腦、電子產品及光學製品、電力設備及配備製造業	0.04	0.07
	一九	機械設備製造業、產業用機械設備維修及安裝業	0.18	0.07
	二〇	汽車及其零件、其他運輸工具及其零件製造業	0.17	0.07
	二一	其他製造業	0.11	0.07
電力及燃氣供應業	二二	電力及燃氣供應業	0.18	0.07
用水供應及污染整治業	二三	廢水及污水處理業、廢棄物清除、處理及資源物回收處理業、污染整治業	0.29	0.07
	二四	用水供應業	0.15	0.07
營建工程業	二五	建築工程業	0.51	0.07
	二六	土木工程業	0.28	0.07
	二七	庭園景觀工程業	0.34	0.07
	二八	專門營造業（庭園景觀工程業；機電、管道及其他建築設備安裝業除外）	0.41	0.07

營建工程業	二九	機電、管道及其他建築設備安裝業	0.38	0.07
批發及零售業	三〇	批發業	0.10	0.07
	三一	零售業	0.09	0.07
運輸及倉儲業	三二	陸上運輸業	0.32	0.07
	三三	水上運輸業	0.78	0.07
	三四	航空運輸業	0.12	0.07
	三五	報關業及船務代理業	0.09	0.07
	三六	運輸輔助業（報關業及船務代理業、陸上運輸輔助業除外）、倉儲業	0.14	0.07
	三七	陸上運輸輔助業	0.12	0.07
	三八	郵政及遞送服務業	0.11	0.07
住宿及餐飲業	三九	住宿業、餐飲業	0.10	0.07
出版影音及資通訊業	四〇	出版業、影片及電視節目業、聲音錄製及音樂發行業、廣播、電視節目編排及傳播業	0.05	0.07
	四一	電信業	0.05	0.07
	四二	電腦程式設計、諮詢及相關服務業、資訊服務業	0.04	0.07
金融及保險業	四三	金融服務業、保險業、證券期貨及金融輔助業	0.04	0.07
不動產業	四四	不動產開發業、不動產經營及相關服務業	0.08	0.07
專業、科學及技術服務業	四五	法律及會計服務業、企業總管理機構及管理顧問業、建築、工程服務及技術檢測、分析服務業、廣告業及市場研究業、專門設計業、獸醫業、其他專業、科學及技術服務業	0.07	0.07
	四六	研究發展服務業	0.05	0.07
支援服務業	四七	旅行及其他相關服務業	0.06	0.07

支援服務業	四八	租賃業、人力仲介及供應業、保全及偵探業、建築物及綠化服務業、行政支援服務業	0.15	0.07
公共行政及國防；強制性社會安全	四九	公共行政及國防、強制性社會安全、國際組織及外國機構	0.10	0.07
教育業	五〇	教育業	0.04	0.07
醫療保健及社會工作服務業	五一	醫療保健業、居住型照顧服務業、其他社會工作服務業	0.04	0.07
藝術、娛樂及休閒服務業	五二	創作及藝術表演業、圖書館、檔案保存、博物館及類似機構、博弈業、運動、娛樂及休閒服務業	0.08	0.07
其他服務業	五三	宗教、職業及類似組織	0.06	0.07
	五四	個人及家庭用品維修業	0.15	0.07
	五五	未分類其他服務業	0.11	0.07

勞工職業災害保險及保護法

民國110年4月30日總統令制定公布全文109條。
民國110年7月19日行政院令發布定自111年5月1日施行。

第一章　總　則

第一條

為保障遭遇職業災害勞工及其家屬之生活，加強職業災害預防及職業災害勞工重建，以促進社會安全，特制定本法。

第二條

本法所稱主管機關：在中央為勞動部；在直轄市為直轄市政府；在縣（市）為縣（市）政府。

第二章　職業災害保險

第一節　保險人、基金管理、保險監理及爭議處理

第三條

①勞工職業災害保險（以下簡稱本保險）以勞動部勞工保險局為保險人，辦理保險業務。

②勞工職業災害保險基金（以下簡稱本保險基金）之投資運用管理業務，由勞動部勞動基金運用局辦理。

第四條

本保險之保險業務及基金投資運用管理業務，由中央主管機關監理，並適用勞工保險條例之監理規定。

第五條

①投保單位、被保險人、受益人、支出殯葬費之人及全民健康保險特約醫院或診所，對保險人依本章核定之案件有爭議時，應自行政處分達到之翌日起六十日內，向中央主管機關申請審議，對於爭議審議結果不服時，得提起訴願及行政訴訟。

②前項爭議之審議，適用勞工保險爭議事項審議辦法；其勞工保險爭議審議會委員，應有職業醫學科專科醫師及勞工團體代表，且比例合計不得低於五分之一。

第二節　投保單位、被保險人及保險效力

第六條

①年滿十五歲以上之下列勞工，應以其僱主為投保單位，參加本保險為被保險人：

一　受僱於領有執業證照、依法已辦理登記、設有稅籍或經中央

　　　主管機關依法核發聘僱許可之雇主。

二　依法不得參加公教人員保險之政府機關（構）、行政法人及公、私立學校之受僱員工。

②前項規定，於依勞動基準法規定未滿十五歲之受僱從事工作者，亦適用之。

③下列人員準用第一項規定參加本保險：

一　勞動基準法規定之技術生、事業單位之養成工、見習生及其他與技術生性質相類之人。

二　高級中等學校建教合作實施及建教生權益保障法規定之建教生。

三　其他有提供勞務事實並受有報酬，經中央主管機關公告者。

第七條

年滿十五歲以上之下列勞工，應以其所屬團體為投保單位，參加本保險為被保險人：

一　無一定雇主或自營作業而參加職業工會之會員。

二　無一定雇主或自營作業而參加漁會之甲類會員。

第八條

年滿十五歲以上，於政府登記有案之職業訓練機構或受政府委託辦理職業訓練之單位接受訓練者，應以其所屬機構或單位為投保單位，參加本保險為被保險人。

第九條

①下列人員得準用本法規定參加本保險：

一　受僱於經中央主管機關公告之第六條第一項規定以外雇主之員工。

二　實際從事勞動之雇主。

三　參加海員總工會或船長公會為會員之外僱船員。

②前項人員參加本保險後，非依本法規定，不得中途退保。

③第一項第二款規定之雇主，應與其受僱員工，以同一投保單位參加本保險。

④僱用勞工合力從事海洋漁撈工作之漁會甲類會員，其僱用人數十人以下，且仍實際從事海洋漁撈工作者，得依第七條第二款規定參加本保險，不受前項規定之限制。

第一〇條

①第六條至第九條規定以外之受僱員工或實際從事勞動之人員，得由雇主或本人辦理參加本保險。

②勞動基準法第四十五條第四項所定之人，得由受領勞務者辦理參加本保險。

③依前二項規定參加本保險之加保資格、手續、月投保薪資等級、保險費率、保險費繳納方式及其他應遵行事項之辦法，由中央主管機關定之。

第一一條

第六條至第十條所定參加本保險之人員，包括外國籍人員。

第一二條

①符合第六條至第八條規定之勞工，投保單位應於本法施行之當日或勞工到職、入會、到訓之當日，列表通知保險人辦理投保手續。但依第六條第三項第三款公告之人員，投保單位應於該公告指定日期為其辦理投保手續。

②勞工於其雇主領有執業證照、依法辦理登記或設有稅籍前到職者，雇主應於領有執業證照、依法辦理登記或設有稅籍之當日，辦理前項投保手續。

③前二項勞工離職、退會、結（退）訓者，投保單位應於離職、退會、結（退）訓之當日，列表通知保險人辦理退保手續。

第一三條

①符合第六條規定之勞工，其保險效力之開始自到職當日起算，至離職當日停止。但有下列情形者，其保險效力之開始，自各款所定期日起算：
　一　勞工於其雇主符合第六條第一項第一款規定前到職者，自雇主領有執業證照、依法已辦理登記或設有稅籍之當日起算。
　二　第六條第三項第三款公告之人員，自該公告指定日期起算。

②符合第七條及第八條規定之勞工，其保險效力之開始，依下列規定辦理：
　一　投保單位於其所屬勞工入會、到訓之當日通知保險人者，自通知當日起算。
　二　投保單位非於其所屬勞工入會、到訓之當日通知保險人者，自通知翌日起算。

③下列勞工，其保險效力之開始，自本法施行之日起算：
　一　本法施行前，仍參加勞工保險職業災害保險或就業保險之被保險人。
　二　受僱於符合第六條規定投保單位之勞工，於本法施行前到職，未參加勞工保險職業災害保險者。但依第六條第三項第三款公告之人員，不適用之。

④第二項勞工之保險效力之停止，依下列規定辦理：
　一　投保單位於其所屬勞工退會、結（退）訓之當日通知保險人者，於通知當日停止。
　二　投保單位非於其所屬勞工退會、結（退）訓之當日通知保險人者，於退會、結（退）訓當日停止。
　三　勞工未退會、結（退）訓，投保單位辦理退保者，於通知當日停止。

⑤依第九條規定參加本保險者，其保險效力之開始或停止，準用第二項、第三項第一款及前項規定。

第一四條

①依第十條規定參加本保險者，其保險效力之開始，依下列規定辦理：
　一　自雇主、受領勞務者或實際從事勞動之人員保險費繳納完成

　　　之實際時間起算。

二　前款保險費繳納完成時，另有向後指定日期者，自該日起
　　算。

②前項人員保險效力之停止，至雇主、受領勞務者或實際從事勞動
之人員指定之保險迄日停止。

③前二項保險效力之起迄時點，於保險費繳納完成後，不得更改。

第一五條

①投保單位應為其所屬勞工，辦理投保、退保手續及其他有關保險
事務。

②前項投保、退保手續及其他有關保險事務，第六條、第八條及第
九條第一項第一款之投保單位得委託勞工團體辦理，其保險費之
負擔及繳納方式，分別依第十九條第一款及第二十條第一項第一
款規定辦理。

③投保單位應備置所屬勞工名冊、出勤工作紀錄及薪資帳冊，並自
被保險人離職、退會或結（退）訓之日起保存五年。

④保險人為查核投保單位勞工人數、工作情況及薪資，必要時，得
查對前項相關表冊，投保單位不得規避、妨礙或拒絕。

第三節　保險費

第一六條

①本保險之保險費，依被保險人當月月投保薪資及保險費率計算。

②本保險費率，分為行業別災害費率及上、下班災害單一費率二
種。

③前項保險費率，於本法施行時，依中央主管機關公告之最近一次
勞工保險職業災害保險適用行業別及費率表辦理；其後自施行之
日起，每三年調整一次，由中央主管機關視保險實際收支情形及
精算結果擬訂，報請行政院核定後公告。

④僱用員工達一定人數以上之投保單位，第二項行業別災害費率採
實績費率，按其最近三年保險給付總額占應繳保險費總額及職業
安全衛生之辦理情形，由保險人每年計算調整之。

⑤前項實績費率計算、調整及相關事項之辦法，由中央主管機關定
之。

第一七條

①前條第一項月投保薪資，投保單位應按被保險人之月薪資總額，
依投保薪資分級表之規定，向保險人申報。

②被保險人之薪資，在當年二月至七月調整時，投保單位應於當年
八月底前將調整後之月投保薪資通知保險人；在當年八月至次年
一月調整時，應於次年二月底前通知保險人。前開調整，均自通
知之次月一日生效。

③依第九條第一項第二款規定加保，其所得未達投保薪資分級表最
高一級者，得自行舉證申報其投保薪資。

④第一項投保薪資分級表，由中央主管機關擬訂，報請行政院核定

後發布。

⑤前項投保薪資分級表之下限與中央主管機關公告之基本工資相同；基本工資調整時，該下限亦調整之。

第一八條

①被保險人投保薪資申報不實者，保險人得按查核資料逕行調整投保薪資至適當等級，並通知投保單位；調整後之投保薪資與實際薪資不符時，應以實際薪資爲準。

②依前項規定逕行調整之投保薪資，自調整之次月一日生效。

第一九條

本保險之保險費負擔，依下列規定辦理之：

一　第六條、第八條、第九條第一項第一款、第二款及第十條規定之被保險人，除第十條第一項所定實際從事勞動之人員，保險費應自行負擔外，全部由投保單位負擔。

二　第七條第一款規定之被保險人，由被保險人負擔百分之六十，其餘百分之四十，由中央政府補助。

三　第七條第二款規定之被保險人，由被保險人負擔百分之二十，其餘百分之八十，由中央政府補助。

四　第九條第一項第三款規定之被保險人，由被保險人負擔百分之八十，其餘百分之二十，由中央政府補助。

第二〇條

①本保險之保險費，依下列規定按月繳納：

一　第六條、第八條、第九條第一項第一款及第二款規定之被保險人，投保單位應於次月底前向保險人繳納。

二　第七條及第九條第一項第三款規定之被保險人，其自行負擔之保險費，應按月向其所屬投保單位繳納，於次月底前繳清，所屬投保單位應於再次月底前，負責彙繳保險人。

②本保險之保險費一經繳納，概不退還。但因不可歸責於投保單位或被保險人之事由致溢繳或誤繳者，不在此限。

第二一條

①投保單位對應繳納之保險費，未依前條第一項規定限期繳納者，得寬限十五日；在寬限期間仍未向保險人繳納者，保險人自寬限期滿之翌日起至完納前一日止，每逾一日加徵其應納費額百分之零點二滯納金；加徵之滯納金額，以至應納費額百分之二十爲限。

②加徵前項滯納金十五日後仍未繳納者，保險人就其應繳之保險費及滯納金，得依法移送行政執行。投保單位無財產可供執行或其財產不足清償時，由其代表人或負責人負連帶清償責任。

③投保單位代表人或負責人有變更者，原代表人或負責人未繳清保險費或滯納金時，新代表人或負責人應負連帶清償責任。

第二二條

①第七條及第九條第一項第三款規定之被保險人，其所負擔之保險費未依第二十條第一項第二款規定期繳納者，得寬限十五日；

在寬限期間仍未向其所屬投保單位繳納者，其所屬投保單位應準用前條第一項規定，代爲加收滯納金彙繳保險人。

②第七條規定之被保險人欠繳保險費者，所屬投保單位應於彙繳當月份保險費時，列報被保險人欠繳名冊。

③投保單位依第一項規定代爲加收滯納金十五日後，被保險人仍未繳納者，保險人就其應繳之保險費及滯納金，得依法移送行政執行。

第二三條

①有下列情形之一者，保險人應暫行拒絕給付：

一 第七條及第九條第一項第三款規定之被保險人，經投保單位依前條規定代爲加收滯納金十五日後，仍未繳納保險費或滯納金。

二 前款被保險人，其所屬投保單位經保險人依第二十一條第一項規定加徵滯納金十五日後，仍未繳清保險費或滯納金。但被保險人應繳部分之保險費已繳納於投保單位者，不在此限。

三 被保險人，其因投保單位欠費，本身負有繳納義務而未繳清保險費或滯納金。

四 被保險人，其擔任代表人或負責人之任一投保單位，未繳清保險費或滯納金。

②前項被保險人或投保單位未繳清保險費或滯納金期間，已領取之保險給付，保險人應以書面行政處分令其限期返還。

③被保險人在本法施行前，有未繳清勞工保險職業災害保險之保險費或滯納金者，準用前二項規定。

第二四條

本保險之保險費及滯納金，優先於普通債權受清償。

第二五條

本保險之保險費及滯納金不適用下列規定：

一 公司法有關公司重整之債務免責規定。

二 消費者債務清理條例有關清算之債務免責規定。

三 破產法有關破產之債務免責規定。

四 其他法律有關消滅時效規定。

第四節 保險給付

第一款 總 則

第二六條

本保險之給付種類如下：

一 醫療給付。

二 傷病給付。

三 失能給付。

四 死亡給付。

五 失蹤給付。

第二七條

①被保險人於保險效力開始後停止前，遭遇職業傷害或罹患職業病（以下簡稱職業傷病），而發生醫療、傷病、失能、死亡或失蹤保險事故者，被保險人、受益人或支出殯葬費之人得依本法規定，請領保險給付。

②被保險人在保險有效期間遭遇職業傷病，於保險效力停止之翌日起算一年內，得請領同一傷病及其引起疾病之醫療給付、傷病給付、失能給付或死亡給付。

③第一項職業傷病之職業傷害類型、職業病種類、審查認定基準、類型化調查審查程序及其他相關事項之準則，由中央主管機關定之。

第二八條

①以現金發給之保險給付，其金額按被保險人平均月投保薪資及給付基準計算。

②前項平均月投保薪資，應按被保險人發生保險事故之當月起前六個月之實際月投保薪資，平均計算；未滿六個月者，按其實際投保期間之平均月投保薪資計算。

③保險給付以日為給付單位者，按前項平均月投保薪資除以三十計算。

④第六條規定之勞工，其投保單位未依第十二條規定辦理投保、退保手續，且發生保險事故者，該未依規定辦理期間之月投保薪資，由保險人按其月薪資總額對應之投保薪資分級表等級予以認定。但以不高於事故發生時保險人公告之最近年度全體被保險人平均月投保薪資對應之等級為限。

⑤前項未依規定辦理期間之月投保薪資，投保單位或被保險人未提具相關薪資資料供保險人審核時，按投保薪資分級表第一等級計算。

第二九條

①同一種保險給付，不得因同一事故而重複請領。

②被保險人發生同一保險事故，被保險人、受益人或支出殯葬費之人同時符合請領本保險、勞工保險、農民健康保險、農民職業災害保險、公教人員保險、軍人保險或國民年金保險（以下簡稱其他社會保險）之給付條件時，僅得擇一請領。

第三〇條

①不符合本法所定加保資格而參加本保險者，保險人應撤銷該被保險人之資格；其有領取保險給付者，保險人應以書面行政處分令其限期返還。

②不符合本法所定請領條件而溢領或誤領保險給付者，其溢領或誤領之保險給付，保險人應以書面行政處分令其限期返還。

③前二項給付返還規定，於受益人、請領人及法定繼承人準用之。

第三一條

無正當理由不補具應繳之證明文件，或未依第四十七條規定接受

保險人指定之醫院或醫師複檢者，保險人不發給保險給付。

第三二條

①保險人為辦理本保險業務或中央主管機關為審議保險爭議事項所需之必要資料，得洽請被保險人、受益人、投保單位、醫事服務機構、醫師或其他相關機關（構）、團體、法人或個人提供之；各該受洽請者不得規避、妨礙、拒絕或為虛偽之證明、報告及陳述。

②前項所定資料如下：

一　被保險人之出勤工作紀錄、病歷、處方箋、檢查化驗紀錄、放射線診斷攝影片報告及醫療利用情形之相關資料。

二　被保險人作業情形及健康危害職業暴露相關資料。

三　投保單位辦理本保險事務之相關帳冊、簿據、名冊及書表。

四　其他與本保險業務或保險爭議事項相關之文件及電子檔案。

③第一項所定提供機關（構）已建置前項資料電腦化作業者，保險人得逕洽連結提供，各該機關（構）不得拒絕。

④保險人及中央主管機關依前三項規定所取得之資料，應盡善良管理人之注意義務；相關資料之保有、處理及利用等事項，應依個人資料保護法之規定為之。

第三三條

①被保險人、受益人或支出殯葬費之人領取各種保險給付之權利，不得讓與、抵銷、扣押或供擔保。

②被保險人或受益人依本法規定請領現金給付者，得檢附保險人出具之證明文件，於金融機構開立專戶，專供存入現金給付之用。

③前項專戶內之存款，不得作為抵銷、扣押、供擔保或強制執行之標的。

第三四條

①已領取之保險給付，經保險人撤銷或廢止，應繳還而未繳還者，保險人得自其本人或受益人所領取之本保險給付扣減之。

②前項有關扣減保險給付之種類、方式、金額及其他相關事項之辦法，由中央主管機關定之。

③第一項應繳還而未繳還之保險給付，優先於普通債權受清償，且不適用下列規定：

一　公司法有關公司重整之債務免責規定。

二　消費者債務清理條例有關清算之債務免責規定。

三　破產法有關破產之債務免責規定。

第三五條

①依本法以現金發給之保險給付，經保險人核定後，應在十五日內給付之；年金給付應於次月底前給付。逾期給付可歸責於保險人者，其逾期部分應加給利息。

②前項利息，以各該年一月一日之郵政儲金一年期定期存款固定利率為準，按日計算，並以新臺幣元為單位，角以下四捨五入。

第三六條

①投保單位未依第十二條規定，為符合第六條規定之勞工辦理投保、退保手續，且勞工遭遇職業傷病請領保險給付者，保險人發給保險給付後，應於該保險給付之範圍內，確認投保單位應繳納金額，並以書面行政處分命其限期繳納。

②投保單位已依前項規定繳納者，其所屬勞工請領之保險給付得抵充其依勞動基準法第五十九條規定應負擔之職業災害補償。

③第一項繳納金額之範圍、計算方式、繳納方式、繳納期限及其他應遵行事項之辦法，由中央主管機關定之。

第三七條

領取保險給付之請求權，自得請領之日起，因五年間不行使而消滅。

第二款　醫療給付

第三八條

①醫療給付分門診及住院診療。

②前項醫療給付，得由保險人委託全民健康保險保險人辦理。

③被保險人遭遇職業傷病時，應至全民健康保險特約醫院或診所診療；其所發生之醫療費用，由保險人支付予全民健康保險保險人，被保險人不得請領現金。

④前項診療範圍、醫療費用之給付項目及支付標準，除準用全民健康保險法及其相關規定辦理外，由保險人擬訂，並會商全民健康保險保險人後，報請中央主管機關核定發布。

第三九條

①被保險人遭遇職業傷病時，應由投保單位填發職業傷病門診單或住院申請書（以下簡稱醫療書單）申請診療；投保單位未依規定填發或被保險人依第十條規定自行投保者，被保險人得向保險人請領，經查明屬實後發給。

②被保險人未檢具前項醫療書單，經醫師診斷罹患職業病者，得由醫師開具職業病門診單。

③前項醫師開具資格、門診單之申領、使用及其他應遵行事項之辦法，由保險人擬訂，報請中央主管機關核定發布。

第四○條

①被保險人有下列情形之一者，得向保險人申請核退醫療費用：

　　一　遭遇職業傷病，未持醫療書單至全民健康保險特約醫院或診所診療，於事後補具。

　　二　於我國境內遭遇職業傷病，因緊急傷病至非全民健康保險特約醫院或診所診療。

　　三　於我國境外遭遇職業傷病，須於當地醫院或診所診療。

②前項申請核退醫療費用，應檢附之證明文件、核退期限、核退基準、程序及緊急傷病範圍，準用全民健康保險法及其相關規定辦理。

第四一條

①投保單位填具醫療書單，不符合保險給付規定、虛偽不實或交非被保險人使用者，其全部醫療費用除依全民健康保險相關法令屬全民健康保險保險人負擔者外，應由投保單位負責償付。

②全民健康保險特約醫院或診所提供被保險人之醫療不屬於本保險給付範圍時，其醫療費用應由醫院、診所或被保險人自行負擔。

③第一項情形，保險人應以書面行政處分命投保單位限期返還保險人支付全民健康保險保險人醫療費用之相同金額。

第三款　傷病給付

第四二條

①被保險人遭遇職業傷病不能工作，致未能取得原有薪資，正在治療中者，自不能工作之日起算第四日起，得領傷病給付。

②前項傷病給付，前二個月按被保險人平均月投保薪資發給，第三個月起按被保險人平均月投保薪資百分之七十發給，每半個月給付一次，最長以二年為限。

第四款　失能給付

第四三條

①被保險人遭遇職業傷病，經治療後，症狀固定，再行治療仍不能改善其治療效果，經全民健康保險特約醫院或診所診斷為永久失能，符合本保險失能給付標準規定者，得按其平均月投保薪資，依規定之給付基準，請領失能一次金給付。

②前項被保險人之失能程度，經評估符合下列情形之一者，得請領失能年金：

一　完全失能：按平均月投保薪資百分之七十發給。

二　嚴重失能：按平均月投保薪資百分之五十發給。

三　部分失能：按平均月投保薪資百分之二十發給。

③被保險人於中華民國九十八年一月一日勞工保險年金制度施行前有勞工保險年資，經評估符合失能年金給付條件，除已領取失能年金者外，亦得選擇請領失能一次金，經保險人核付後，不得變更。

④被保險人請領部分失能年金期間，不得同時領取同一傷病之傷病給付。

⑤第一項及第二項所定失能種類、狀態、等級、給付額度、開具診斷書醫療機構層級、審核基準、失能程度之評估基準及其他應遵行事項之標準，由中央主管機關定之。

第四四條

①請領失能年金者，同時有符合下列各款條件之一所定眷屬，每一人加發依前條第二項規定計算後金額百分之十之眷屬補助，最多加發百分之二十：

一　配偶應年滿五十五歲且婚姻關係存續一年以上。但有下列情形之一者，不在此限：

㈠無謀生能力。

㈡扶養第三款規定之子女。

二　配偶應年滿四十五歲且婚姻關係存續一年以上，且每月工作收入未超過投保薪資分級表第一級。

三　子女應符合下列條件之一，其為養子女者，並須有收養關係六個月以上：

　㈠未成年。

　㈡無謀生能力。

　㈢二十五歲以下，在學，且每月工作收入未超過投保薪資分級表第一級。

②前項各款眷屬有下列情形之一者，其加發眷屬補助應停止發給：

一　配偶離婚或不符合前項第一款及第二款所定請領條件。

二　子女不符合前項第三款所定請領條件。

三　入獄服刑、因案羈押或拘禁。

四　失蹤。

③前項第三款所稱拘禁，指受拘留、留置、觀察勒戒、強制戒治或保安處分裁判之宣告，在特定處所執行中，其人身自由受剝奪或限制者。但執行保護管束、保外就醫或假釋中者，不包括在內。

第四五條

①被保險人領取失能年金後，保險人應至少每五年審核其失能程度。但經保險人認為無須審核者，不在此限。

②保險人依前項規定審核領取失能年金者，認為其失能程度減輕，仍符合失能年金給付條件時，應改按減輕後之失能程度發給失能年金；其失能程度減輕至不符合失能年金給付條件時，應停止發給失能年金，另發給失能一次金。

③第一項之審核，保險人應結合職能復健措施辦理。

第四六條

①被保險人之身體原已局部失能，再因職業傷病致身體之同一部位失能程度加重或不同部位發生失能者，保險人應按其加重部分之失能程度，依失能給付標準計算發給失能給付。但失能一次金合計不得超過第一等級之給付基準。

②前項被保險人符合失能年金給付條件，並請領失能年金給付者，保險人應按月發給失能年金給付金額之百分之八十，至原已局部失能程度依失能給付標準所計算之失能一次金給付金額之半數扣減完畢為止。

③前二項被保險人在保險有效期間遭遇職業傷病，原已局部失能，而未請領失能給付者，保險人應按其加重後之失能程度，依第四十三條規定發給失能給付。但失能一次金合計不得超過第一等級之給付基準。

④請領失能年金之被保險人，因同一職業傷病或再遭遇職業傷病，致同一部位失能程度加重或不同部位發生失能者，保險人應按其評估後之失能程度，依第四十三條第二項規定發給失能年金。但失能程度仍符合原領年金給付條件者，應繼續發給原領年金給付。

⑤前四項給付發給之方法及其他應遵行事項之標準，由中央主管機
關定之。

第四七條

保險人於審核失能給付，認為被保險人有複檢必要時，得另行指
定醫院或醫師複檢。

第四八條

被保險人經評估為終身無工作能力，領取本保險或勞工保險失能
給付者，由保險人逕予退保。

第五款　死亡給付

第四九條

①被保險人於保險有效期間，遭遇職業傷病致死亡時，支出殯葬費
之人，得請領喪葬津貼。

②前項被保險人，遺有配偶、子女、父母、祖父母、受其扶養之孫
子女或受其扶養之兄弟姊妹者，得依第五二條所定順序，請領
遺屬年金，其條件如下：

一　配偶符合第四十四條第一項第一款或第二款規定者。

二　子女符合第四十四條第一項第三款規定者。

三　父母、祖父母年滿五十五歲，且每月工作收入未超過投保薪
資分級表第一級者。

四　孫子女符合第四十四條第一項第三款第一目至第三目規定情
形之一者。

五　兄弟姊妹符合下列條件之一：

　　㈠有第四十四條第一項第三款第一目或第二目規定情形。

　　㈡年滿五十五歲，且每月工作收入未超過投保薪資分級表第
　　一級。

③前項當序遺屬於被保險人死亡時，全部不符合遺屬年金給付條件
者，得請領遺屬一次金，經保險人核付後，不得再請領遺屬年
金。

④保險人依前項規定核付遺屬一次金後，尚有未具名之其他當序遺
屬時，不得再請領遺屬年金，應由具領之遺屬負責分與之。

⑤被保險人於中華民國九十八年　月一日勞工保險年金制度實施前
有保險年資者，其遺屬除依第二項規定請領遺屬年金外，亦得
選擇請領遺屬津貼，不受第二項各款所定條件之限制，經保險人
核付後，不得變更。

第五〇條

①依第四十三條第二項第一款或第二款規定請領失能年金者，於領
取期間死亡時，其遺屬符合前條第二項規定者，得請領遺屬年
金。

②被保險人於中華民國九十八年一月一日勞工保險年金制度施行前
有保險年資者，其遺屬除得依前項規定請領年金給付外，亦得選
擇一次請領失能給付扣除已領年金給付總額之差額，不受前條第
二項各款所定條件之限制，經保險人核付後，不得變更。

③前項差額之請領順序及發給方法，準用第五十二條及第五十三條規定。

第五一條

①前二條所定喪葬津貼、遺屬年金、遺屬一次金及遺屬津貼給付之基準如下：

一　喪葬津貼：按被保險人平均月投保薪資一次發給五個月。但被保險人無遺屬者，按其平均月投保薪資一次發給十個月。

二　遺屬年金：

　　(一)依第四十九條第二項規定請領遺屬年金者，按被保險人之平均月投保薪資百分之五十發給。

　　(二)依前條第一項規定請領遺屬年金者，依失能年金給付基準計算後金額之半數發給。

三　遺屬一次金及遺屬津貼：按被保險人平均月投保薪資發給四十個月。

②遺屬年金於同一順序之遺屬有二人以上時，每多一人加發依前項第二款計算後金額之百分之十，最多加計百分之二十。

第五二條

①請領遺屬年金、遺屬一次金及遺屬津貼之順序如下：

一　配偶及子女。

二　父母。

三　祖父母。

四　受扶養之孫子女。

五　受扶養之兄弟姊妹。

②前項當序受領遺屬年金、遺屬一次金或遺屬津貼者存在時，後順序之遺屬不得請領。

③第一項第一順序之遺屬全部不符合請領條件，或有下列情形之一且無同順序遺屬符合請領條件時，第二順序之遺屬得請領遺屬年金：

一　死亡。

二　提出放棄請領書。

三　於符合請領條件之日起算一年內未提出請領。

④前項遺屬年金於第一順序之遺屬主張請領或再符合請領條件時，即停止發給，並由第一順序之遺屬請領。但已發放予第二順序遺屬之年金，不予補發。

第五三條

①本保險之喪葬津貼、遺屬年金、遺屬一次金及遺屬津貼，以一人請領為限。符合請領條件者有二人以上時，應共同具領，未共同具領或保險人核定前另有他人提出請領，保險人應通知各申請人協議其中一人代表請領，未能協議者，按總給付金額平均發給各申請人。

②同一順序遺屬有二人以上，其中一人請領遺屬年金時，應發給遺屬年金。但經共同協議依第四十九條第五項或第五十條第二項

規定請領遺屬津貼或失能給付扣除已領年金給付總額之差額者，依其協議辦理。

③保險人依前二項規定發給遺屬給付後，尚有未具名之其他當序遺屬時，應由具領之遺屬負責分與之。

第五四條

領取遺屬年金者，有下列情形之一時，其年金給付應停止發給：

一 配偶再婚或不符合第四十九條第二項第一款所定請領條件。

二 子女、父母、祖父母、孫子女、兄弟姊妹，不符合第四十九條第二項第二款至第五款所定請領條件。

三 有第四十四條第二項第三款或第四款規定之情形。

第六款 失蹤給付

第五五條

①被保險人於作業中遭遇意外事故致失蹤時，自失蹤之日起，發給失蹤給付。

②前項失蹤給付，按被保險人平均月投保薪資百分之七十，於每滿三個月之期末給付一次，至生還之前一日、失蹤滿一年之前一日或受死亡宣告裁判確定死亡時之前一日止。

③第一項被保險人失蹤滿一年或受死亡宣告裁判確定死亡時，其遺屬得依第四十九條規定，請領死亡給付。

第七款 年金給付之申請及核發

第五六條

①被保險人或其受益人符合請領年金給付條件者，應填具申請書及檢附相關文件向保險人提出申請。

②前項被保險人或其受益人，經保險人審核符合請領規定者，其年金給付自申請之當月起，按月發給，至應停止發給之當月止。

③遺屬年金之受益人未於符合請領條件之當月提出申請者，其提出請領之日起前五年得領取之給付，由保險人追溯補給之。但已經其他受益人請領之部分，不適用之。

第五七條

①被保險人或其受益人請領年金給付時，保險人得予以查證，並得於查證期間停止發給，經查證符合給付條件者，應補發查證期間之給付，並依規定繼續發給。

②領取年金給付者不符合給付條件或死亡時，本人或其繼承人應自事實發生之日起三十日內，檢附相關文件資料通知保險人，保險人應自事實發生之次月起停止發給年金給付。

③領取年金給付者死亡，應發給之年金給付未及撥入其帳戶時，得由繼承人檢附載有申請人死亡日期及繼承人之證明文件請領之；繼承人有二人以上時，得檢附共同委任書及切結書，由其中一人請領。

④領取年金給付者或其繼承人未依第二項規定通知保險人，致溢領年金給付者，保險人應以書面通知溢領人，自得發給之年金給付扣減之，無給付金額或給付金額不足扣減時，保險人應以書面通

知其於三十日內繳還。

第五八條

①被保險人或其受益人因不同保險事故，同時請領本保險或其他社會保險年金給付時，本保險年金給付金額應考量被保險人或其受益人得請領之年金給付數目、金額、種類及其他生活保障因素，予以減額調整。

②前項本保險年金給付減額調整之比率，以百分之五十為上限。

③第一項有關本保險年金給付應受減額調整情形、比率、方式及其他應遵行事項之辦法，由中央主管機關定之。

第五節　保險基金及經費

第五九條

本保險基金之來源如下：

一　設立時由勞工保險職業災害保險基金一次撥入之款項。

二　設立時由職業災害勞工保護專款一次撥入之款項。

三　保險費與其孳息之收入及保險給付支出之結餘。

四　保險費滯納金、依第三十六條第一項規定繳納之金額。

五　基金運用之收益。

六　第一百零一條之罰鍰收入。

第六〇條

①本保險基金得為下列之運用：

一　投資國內債務證券。

二　存放國內之金融機構及投資短期票券。

三　其他經中央主管機關核准有利於本保險基金收益之投資。

②勞動部勞動基金運用局應每年將本保險基金之運用情形及其積存數額，按年送保險人彙報中央主管機關公告之。

第六一條

本保險基金除作為第二章保險給付支出、第六十二條編列之經費、第四章與第六章保險給付及津貼、補助支出、審核保險給付必要費用及前條之運用外，不得移作他用或轉移處分。

第三章　職業災害預防及重建

第一節　經費及相關協助措施

第六二條

①中央主管機關得於職業災害保險年度應收保險費百分之二十及歷年經費執行賸餘額度之範圍內編列經費，辦理下列事項：

一　職業災害預防。

二　預防職業病健康檢查。

三　職業傷病通報、職業災害勞工轉介及個案服務。

四　職業災害勞工重建。

五　捐（補）助依第七十條規定成立之財團法人。

六 其他有關職業災害預防、職業病防治、職業災害勞工重建與協助職業災害勞工及其家屬之相關事項。

②前項第一款至第四款及第六款業務，中央主管機關得委任所屬機關（構）、委託、委辦或補助其他相關機關（構）、法人或團體辦理之。

③第一項第五款與前項之補助條件、基準、程序及其他應遵行事項之辦法，由中央主管機關定之。

第六三條

①被保險人從事中央主管機關指定有害作業者，投保單位得向保險人申請預防職業病健康檢查。

②勞工曾從事經中央主管機關另行指定有害作業者，得向保險人申請健康追蹤檢查。

③前二項預防職業病健康檢查費用及健康追蹤檢查費用之支付，由保險人委託全民健康保險保險人辦理。

④第一項及第二項有害作業之指定、檢查之申請方式、對象、項目、頻率、費用、程序、認可之醫療機構、檢查結果之通報內容、方式、期限及其他應遵行事項之辦法，由中央主管機關定之。

第六四條

①主管機關應規劃整合相關資源，並得運用保險人核定本保險相關資料，依職業災害勞工之需求，提供下列適切之重建服務事項：

一 醫療復健：協助職業災害勞工恢復其生理心理功能所提供之診治及療養，回復正常生活。

二 社會復健：促進職業災害勞工與其家屬心理支持、社會適應、福利諮詢、權益維護及保障。

三 職能復健：透過職能評估、強化訓練及復工協助等，協助職業災害勞工提升工作能力恢復原工作。

四 職業重建：提供職業輔導評量、職業訓練、就業服務、職務再設計、創業輔導、促進就業措施及其他職業重建服務，協助職業災害勞工重返職場。

②職業災害勞工之重建涉及社會福利或醫療保健者，主管機關應協調衛生福利主管機關，以提供整體性及持續性服務。

第六五條

①中央主管機關應規劃職業災害勞工個案管理服務機制，整合全國性相關職業傷病通報資訊，建立職業災害勞工個案服務資料庫。

②直轄市、縣（市）主管機關應建立轄區內通報及轉介機制，以掌握職業災害勞工相關資訊，並應置專業服務人員，依職業災害勞工之需求，適時提供下列服務：

一 職業災害勞工個案管理服務。

二 職業災害勞工家庭支持。

三 勞動權益維護。

四 復工協助。

五　轉介就業服務、職業輔導評量等職業重建資源。

六　連結相關社福資源。

七　其他有關職業災害勞工及其家庭之協助。

③主管機關依前二項規定所取得之資料，應盡善良管理人之注意義務；相關資料之保有、處理及利用等事項，應依個人資料保護法之規定爲之。

第六六條

①爲使職業災害勞工恢復並強化其工作能力，雇主或職業災害勞工得向中央主管機關認可之職能復健專業機構提出申請，協助其擬訂復工計畫，進行職業災害勞工工作分析、功能性能力評估及增進其生理心理功能之強化訓練等職能復健服務。

②經認可之職能復健專業機構辦理前項所定職能復健服務事項，得向中央主管機關申請補助。

③前二項專業機構之認可條件、管理、人員資格、服務方式、申請補助程序、補助基準、廢止及其他應遵行事項之辦法，由中央主管機關會商中央衛生福利主管機關定之。

第六七條

①職業災害勞工經醫療終止後，雇主應依前條第一項所定復工計畫，並協助其恢復原工作；無法恢復原工作者，經勞雇雙方協議，應按其健康狀況及能力安排適當之工作。

②爲使職業災害勞工恢復原工作或安置於適當之工作，雇主應提供其從事工作必要之輔助設施，包括恢復、維持或強化就業能力之器具、工作環境、設備及機具之改善等。

③前項輔助設施，雇主得向直轄市、縣（市）主管機關申請補助。

第六八條

①被保險人因職業傷病，於下列機構進行職能復健期間，得向直轄市、縣（市）主管機關請領職能復健津貼：

一　依第七十三條認可開設職業傷病門診之醫療機構。

二　依第六十六條認可之職能復健專業機構。

②前項津貼之請領日數，合計最長發給一百八十日。

第六九條

①僱用職業災害勞工之事業單位，於符合下列情形之一者，得向直轄市、縣（市）主管機關申請補助：

一　協助職業災害勞工恢復原工作、調整職務或安排其他工作。

二　僱用其他事業單位之職業災害勞工。

②前二條及前項補助或津貼之條件、基準、申請與核發程序及其他應遵行事項之辦法，由中央主管機關定之。

第二節　職業災害預防及重建財團法人

第七〇條

爲統籌辦理本法職業災害預防及職業災害勞工重建業務，中央主管機關應捐助成立財團法人職業災害預防及重建中心（以下簡稱

職災預防及重建中心）；其捐助章程，由中央主管機關定之。

第七一條

職災預防及重建中心經費來源如下：

一　依第六十二條規定編列經費之捐（補）助。

二　政府機關（構）之捐（補）助。

三　受託業務及提供服務之收入。

四　設立基金之孳息。

五　捐贈收入。

六　其他與執行業務有關之收入。

第七二條

①職災預防及重建中心應建立人事、會計、內部控制及稽核制度，報中央主管機關核定。

②為監督並確保職災預防及重建中心之正常運作及健全發展，中央主管機關應就其董事或監察人之遴聘及比例、資格、基金與經費之運用、財產管理、年度重大措施等事項，訂定監督及管理辦法。

③中央主管機關對於職災預防及重建中心之業務與財務運作狀況，應定期實施查核，查核結果應於網站公開之。

④中央主管機關得邀集勞工團體代表、雇主團體代表、有關機關代表及學者專家，辦理職災預防及重建中心之績效評鑑，評鑑結果應送立法院備查。

第三節　職業傷病通報及職業病鑑定

第七三條

①為提供職業災害勞工職業傷病診治整合性服務及辦理職業傷病通報，中央主管機關得補助經其認可之醫療機構辦理下列事項：

一　開設職業傷病門診，設置服務窗口。

二　整合醫療機構內資源、跨專科、部門通報職業傷病，提供診斷、治療、醫療復健、職能復健等整合性服務。

三　建立區域職業傷病診治及職能復健服務網絡，適時轉介。

四　提供個案管理服務，進行必要之追蹤及轉介。

五　區域服務網絡之職業傷病通報。

六　疑似職業病之實地訪視。

七　其他職業災害勞工之醫療保健相關事項。

②前項認可之醫療機構得整合第六十六條之職能復健專業機構，辦理整合性服務措施。

③勞工疑有職業病就診，醫師對職業病因果關係診斷有困難時，得轉介勞工至第一項經認可之醫療機構。

④雇主、醫療機構或其他人員知悉勞工遭遇職業傷病者，及遭遇職業傷病勞工本人，得向主管機關通報；主管機關於接獲通報後，應依第六十五條規定，整合職業傷病通報資訊，並適時提供該勞工必要之服務及協助措施。

⑤第一項醫療機構之認可條件、管理、人員資格、服務方式、職業傷病通報、疑似職業病實地訪視之辦理方式、補助基準、廢止與前項通報之人員、方式、內容及其他應行事項之辦法，由中央主管機關會商中央衛生福利主管機關定之。

第七四條

①中央主管機關為辦理職業病防治及職業災害勞工重建服務工作，得洽請下列對象提供各款所定資料，不得拒絕：

一　中央衛生福利主管機關及所屬機關（構）依法所蒐集、處理罹患特定疾病者之必要資料。

二　醫療機構所保有之病歷、醫療及健康檢查等資料。

②中央主管機關依前項規定取得之資料，應盡善良管理人之注意義務；相關資料之保有、處理及利用等事項，應依個人資料保護法之規定為之。

第七五條

①保險人於審核職業病給付案件認有必要時，得向中央主管機關申請職業病鑑定。

②被保險人對職業病給付案件有爭議，且曾經第七十三條第一項認可醫療機構之職業醫學科專科醫師診斷罹患職業病者，於依第五條規定申請審議時，得請保險人逕向中央主管機關申請職業病鑑定。

③為辦理前二項職業病鑑定，中央主管機關應建置職業病鑑定專家名冊（以下簡稱專家名冊），並依疾病類型由專家名冊中遴聘委員組成職業病鑑定會。

④前三項職業病鑑定之案件受理範圍、職業病鑑定會之組成、專家之資格、推薦、遴聘、選定、職業病鑑定程序、鑑定結果分析與揭露及其他相關事項之辦法，由中央主管機關定之。

第七六條

①職業病鑑定會認有必要時，得由中央主管機關會同職業病鑑定委員實施調查。

②對前項之調查，雇主、雇主代理人、勞工及其他有關人員不得規避、妨礙或拒絕。

③第一項之調查，必要時得通知當事人或相關人員參與。

第四章　其他勞動保障

第七七條

①參加勞工保險之職業災害勞工，於職業災害醫療期間終止勞動契約並退保者，得以勞工團體或保險人委託之有關團體為投保單位，繼續參加勞工保險，至符合請領老年給付之日止，不受勞工保險條例第六條規定之限制。

②前項勞工自願繼續參加勞工保險，其加保資格、投保手續、保險效力、投保薪資、保險費負擔及其補助、保險給付及其他應遵行事項之辦法，由中央主管機關定之。

第七八條

①被保險人從事第六十三條第二項所定有害作業，於退保後，經第七十三條第一項認可醫療機構之職業醫學科專科醫師診斷係因保險有效期間執行職務致罹患職業病者，得向保險人申請醫療補助、失能或死亡津貼。

②前項補助與津貼發給之對象、認定程序、發給基準及其他應遵行事項之辦法，由中央主管機關定之。

③第一項所定罹患職業病者，得依第七十九條及第八十條規定申請補助。

第七九條

被保險人遭遇職業傷病，經醫師診斷或其他專業人員評估必須使用輔助器具，且未依其他法令規定領取相同輔助器具項目之補助者，得向勞動部職業安全衛生署（以下簡稱職安署）申請器具補助。

第八〇條

被保險人因職業傷病，有下列情形之一者，得向保險人申請照護補助：

一　符合第四十二條第一項規定，且住院治療中。

二　經評估為終身無工作能力，喪失全部或部分生活自理能力，經常需醫療護理及專人周密照護，或為維持生命必要之日常生活活動需他人扶助。

第八一條

①未加入本保險之勞工，於本法施行後，遭遇職業傷病致失能或死亡，得向保險人申請照護補助、失能補助或死亡補助。

②前二條及前項補助之條件、基準、申請與核發程序及其他應遵行事項之辦法，由中央主管機關定之。

第八二條

職業災害勞工請領第七十八條至第八十一條所定津貼或補助之請求權，自得請領之日起，因五年間不行使而消滅。

第八三條

職業災害勞工經醫療終止後，主管機關發現其疑似有身心障礙情形者，應通知當地社政主管機關主動協助。

第八四條

①非有下列情形之一者，雇主不得預告終止與職業災害勞工之勞動契約：

一　歇業或重大虧損，報經主管機關核定。

二　職業災害勞工經醫療終止後，經中央衛生福利主管機關醫院評鑑合格醫院認定身心障礙不堪勝任工作。

三　因天災、事變或其他不可抗力因素，致事業不能繼續經營，報經主管機關核定。

②雇主依前項規定預告終止勞動契約時，準用勞動基準法規定預告勞工。

第八五條

①有下列情形之一者，職業災害勞工得終止勞動契約：

一 經中央衛生福利主管機關醫院評鑑合格醫院認定身心障礙不堪勝任工作。

二 事業單位改組或轉讓，致事業單位消滅。

三 雇主未依第六十七條第一項規定協助勞工恢復原工作或安置適當之工作。

四 對雇主依第六十七條第一項規定安置之工作未能達成協議。

②職業災害勞工依前項第一款規定終止勞動契約時，準用勞動基準法規定預告雇主。

第八六條

①雇主依第八十四條第一項第一款、第三款，或勞工依前條第一項第二款至第四款規定終止勞動契約者，雇主應按勞工工作年資，適用勞動基準法或勞工退休金條例規定，發給勞工資遣費。但勞工同時符合勞動基準法第五十三條規定時，雇主應依勞動基準法第五十五條及第八十四條之二規定發給勞工退休金。

②雇主依第八十四條第一項第二款，或勞工依前條第一項第一款規定終止勞動契約者，雇主應按勞工工作年資，適用勞動基準法規定發給勞工退休金及適用勞工退休金條例規定發給勞工資遣費。

③不適用勞動基準法之勞工依前條，或其雇主依第八十四條規定終止勞動契約者，雇主應以不低於勞工退休金條例規定之資遣費計算標準發給離職金，並應於終止勞動契約後三十日內發給。但已依其他法令發給資遣費、退休金或其他類似性質之給與者，不在此限。

第八七條

事業單位改組或轉讓後所留用之勞工，因職業災害致身心障礙、喪失部分或全部工作能力者，其依法令或勞動契約原有之權益，對新雇主繼續存在。

第八八條

職業災害未認定前，勞工得先請普通傷病假；普通傷病假期滿，申請留職停薪者，雇主應予留職停薪。經認定結果為職業災害者，再以公傷病假處理。

第八九條

①事業單位以其事業招人承攬，就承攬人於承攬部分所使用之勞工，應與承攬人連帶負職業災害補償之責任。再承攬者，亦同。

②前項事業單位或承攬人，就其所補償之部分，對於職業災害勞工之雇主，有求償權。

③前二項職業災害補償之標準，依勞動基準法之規定。同一事故，依本法或其他法令規定，已由僱用勞工之雇主支付費用者，得予抵充。

第九〇條

①遭遇職業傷病之被保險人於請領本法保險給付前，雇主已依勞動

基準法第五十九條規定給與職業災害補償者，於被保險人請領保
險給付後，得就同條規定之抵充金額請求其返還。

② 遭遇職業傷病而不適用勞動基準法之被保險人於請領給付前，雇
主已給與賠償或補償金額者，於被保險人請領保險給付後，得主
張抵充之，並請求其返還。

③ 被保險人遭遇職業傷病致死亡或失能時，雇主已依本法規定投保
及繳納保險費，並經保險人核定為本保險事故者，雇主依勞動基
準法第五十九條規定應給予之補償，以勞工之平均工資與平均投
保薪資之差額，依勞動基準法第五十九條第三款及第四款規定標
準計算之。

第九一條

勞工因職業災害所致之損害，雇主應負賠償責任。但雇主能證明
無過失者，不在此限。

第五章　罰　則

第九二條

① 以詐欺或其他不正當行為領取保險給付、津貼、補助或為虛偽之
證明、報告、陳述或申報醫療費用者，按其領取之保險給付、津
貼、補助或醫療費用處以二倍罰鍰。

② 前項行為人，及共同實施前項行為者，保險人或勞安署得依民法
規定向其請求損害賠償；其涉及刑責者，移送司法機關辦理。

③ 第一項情形，全民健康保險特約醫院、診所因此領取之醫療費
用，保險人應委由全民健康保險保險人在其申報之應領費用內扣
除。

第九三條

雇主有下列情形之一者，處新臺幣三十萬元以上一百五十萬元以
下罰鍰，並令其限期給付；屆期未給付者，應按次處罰：

一　違反第八十六條第一項或第二項規定，未依勞動基準法或勞
　　工退休金條例所定退休金、資遣費之標準或期限給付。

二　違反第八十六條第三項規定離職金低於勞工退休金條例規定
　　之資遣費計算標準，或未於期限內給付離職金。

第九四條

投保單位規避、妨礙或拒絕保險人依第十五條第四項規定之查對
者，處新臺幣五萬元以上三十萬元以下罰鍰。

第九五條

有下列情形之一者，處新臺幣五萬元以上三十萬元以下罰鍰，並
令其限期改善；屆期未改善者，應按次處罰：

一　違反第六十七條第一項規定，未協助職業災害勞工恢復原工
　　作或安置適當之工作。

二　違反第七十六條第二項規定，規避、妨礙或拒絕調查。

三　違反第八十四條第二項規定，未準用勞動基準法規定預告勞
　　工終止勞動契約。

四　違反第八十八條規定，未予勞工普通傷病假、留職停薪或公傷病假。

第九六條

投保單位或雇主未依第十二條規定，為所屬勞工辦理投保、退保手續者，處新臺幣二萬元以上十萬元以下罰鍰，並令其限期改善；屆期未改善者，應按次處罰。

第九七條

投保單位有下列情形之一者，處新臺幣二萬元以上十萬元以下罰鍰，並令其限期改善；屆期未改善者，應按次處罰：

一　違反第十五條第三項規定，未備置相關文件或保存未達規定期限。

二　違反第十九條第一款規定，未依規定負擔保險費，而由被保險人負擔。

第九八條

投保單位有下列情形之一者，處新臺幣二萬元以上十萬元以下罰鍰：

一　違反第十七條第一項至第三項規定，將投保薪資金額以多報少或以少報多，或未於期限內通知月投保薪資之調整。

二　經保險人依第二十一條第一項規定加徵滯納金至應納費額百分之二十，其應繳之保險費仍未向保險人繳納，且情節重大。

第九九條

依第六條第三項規定準用參加本保險之人員，其所屬投保單位或雇主有下列情形之一者，分別依各該款規定處罰：

一　違反第十二條規定，依第九十六條規定處罰。

二　違反第十五條第三項或第十九條第一款規定，依第九十七條規定處罰。

三　違反第十五條第四項規定，依第九十四條規定處罰。

四　違反第十七條第一項至第三項規定，或有前條第二款行為，依前條規定處罰。

第一〇〇條

①投保單位、雇主或全民健康保險特約醫院、診所違反本法經處以罰鍰者，主管機關應公布其名稱、負責人姓名、公告處分日、處分期日、處分字號、違反條文、違反事實及處分金額。

②主管機關裁處罰鍰，應審酌與違反行為有關之勞工人數、違反情節、累計違法次數或未依法給付之金額，為量罰輕重之標準。

第一〇一條

本法施行前依法應為所屬勞工辦理參加勞工保險而未辦理之雇主，其勞工發生職業災害事故致死亡或失能，經依本法施行前職業災害勞工保護法第六條規定發給補助者，處以補助金額相同額度之罰鍰。

第六章 附則

第一○二條

本法之免課稅捐、保險費免繳、故意造成事故不給付、故意犯罪行為不給付、養子女請領保險給付之條件、無謀生能力之範圍、年金給付金額隨消費者物價指數調整事項、基金之管理及運用等規定，除本法另有規定外，準用勞工保險條例及其相關規定辦理。

第一百零三條

① 勞工保險被保險人於本法施行前發生職業災害傷病、失能或死亡保險事故，其本人或受益人已依勞工保險條例規定申請保險給付者，同一保險事故之保險給付仍適用勞工保險條例規定；尚未提出申請，且該給付請求權時效依勞工保險條例規定尚未完成者，得選擇適用本法或勞工保險條例規定請領保險給付。

② 依前項後段規定選擇適用本法請領保險給付情形，勞工保險條例已進行之消滅時效期間尚未完成者，其已經過之期間與本法施行後之消滅時效期間，合併計算。

③ 被保險人或其受益人依第一項規定選擇後，經保險人核付，不得變更。

第一○四條

① 勞工保險被保險人於本法施行前發生職業災害傷病、失能或死亡保險事故，符合下列情形之一申請補助者，應依本法施行前職業災害勞工保護法規定辦理：

一 本法施行前，已依勞工保險條例規定請領職業災害給付。

二 依前條第一項規定選擇依勞工保險條例規定請領職業災害給付。

② 勞工保險被保險人或受益人依前條第一項規定選擇依本法請領保險給付者，不得依本法施行前職業災害勞工保護法申請補助。

第一○五條

未加入勞工保險之勞工於本法施行前遭遇職業傷病，應依本法施行前職業災害勞工保護法規定申請補助。

第一○六條

① 本法施行前，有下列情形之一者，主管機關於本法施行後，仍依職業災害勞工保護法及其相關規定辦理：

一 已依職業災害勞工保護法第十一條或第十三條等規定受理職業疾病認定或鑑定，其處理程序未終結。

二 已依職業災害勞工保護法第十條或第二十條受理事業單位、職業訓練機構或相關團體之補助申請，其處理程序未終結。

② 除本法另有規定外，自本法施行之日起，職業災害勞工保護法不再適用。

第一○七條

勞工保險條例第二條第二款、第十三條第三項至第六項、第十五

條第一款至第四款、第十九條第五項、第六項、第二十條第一項、第二十條之一、第三十四條、第三十六條、第三十九條至第五十二條、第五十四條及第六十四條有關職業災害保險規定，除本法另有規定外，自本法施行之日起，不再適用。

第一〇八條

本法施行細則，由中央主管機關定之。

第一〇九條

本法施行日期，由行政院定之。

勞工職業災害保險及保護法施行細則

①民國111年3月11日勞動部令訂定發布全文90條；並自111年5月1日施行。
②民國112年12月15日勞動部令修正發布第6、12、26、90條條文；增訂第82-1條條文；並自發布日施行。

第一章　總　則

第一條

本細則依勞工職業災害保險及保護法（以下簡稱本法）第一百零八條規定訂定之。

第二章　職業災害保險

第一節　通　則

第二條

①本法有關保險期間之計算，除本法另有規定外，依行政程序法之規定，行政程序法未規定者，依民法之規定。

②本法被保險人及其眷屬或遺屬之姓名、年齡及親屬關係，以戶籍登記為依據。

③本法有關保險費、滯納金、利息、月薪資總額或保險給付金額之計算，以新臺幣元為單位，角以下四捨五入。

第三條

依本法第四條規定勞工職業災害保險（以下簡稱本保險）之基金投資運用管理業務，由勞動基金監理會負責監理，其監理事項如下：

一　本保險基金年度運用計畫之審議。
二　本保險基金運用部分年度預算及決算之審議。
三　本保險基金運用整體績效之審議。
四　本保險基金運用業務查核之審議。
五　其他關於本保險基金運用之監理事項。

第二節　保險人、投保單位、被保險人及保險效力

第一款　保險人

第四條

①保險人及勞動部勞動基金運用局，應依其業務職掌按月分別依下列事項製作書表，報請中央主管機關備查：

一　投保單位、投保人數及投保薪資統計。

二　保險給付統計。

三　保險收支會計報表。

四　保險基金運用概況。

②保險人應每年編製前項各項總報告，並於翌年三月底前報請中央主管機關備查。

第五條

①保險人或中央主管機關依本法第三十二條規定派員調查有關本保險事項時，應出示其執行職務之證明文件。

②保險人為審核保險給付、津貼及補助，得視業務需要委請醫事服務機構、相關科別之醫師或專業機構、團體、專家協助之。

第二款　投保單位、被保險人及保險效力

第六條 112

本法第六條第一項第一款所定領有執業證照、依法已辦理登記、設有稅籍或經中央主管機關依法核發聘僱許可之雇主如下：

一　經專門職業及技術人員考試及格，且依法取得執業資格或開業執照，為執行業務僱用勞工者。

二　依法成立之法人。

三　依法已向目的事業主管機關辦理商業、工廠、礦場、鹽場、農場、畜牧場、林場、茶場、漁業、公用事業、交通事業、新聞事業、文化事業、公益事業、合作事業登記，或其他已向目的事業主管機關辦理登記之廠場或事業單位。

四　依法立案、核准或報備之人民團體、短期補習班、訓練機構、宗教團體或公寓大廈管理委員會。

五　依法許可或核准營業之攤販或公有市場攤商。

六　外國公司在中華民國境內設立之分公司或辦事處。

七　中央或地方公職人員選舉之擬參選人、候選人及當選人，為選務或公職人員職務僱用勞工者。

八　依中央或地方政府社會福利服務計畫，辦理社會福利服務事務之村（里）辦公處。

九　依加值型及非加值型營業稅法規定辦理稅籍登記，或經稅捐稽徵機關編配扣繳單位稅籍編號者。

十　經中央主管機關依就業服務法規，核發聘僱外國人從事家庭看護工作或家庭幫傭工作聘僱許可之雇主。

第七條

①本法第七條所稱無一定雇主之勞工，指經常於三個月內受僱於非屬本法第六條第一項各款規定之二個以上不同之雇主，其工作機會、工作時間、工作量、工作場所或工作報酬不固定者。

②本法第七條所稱自營作業者，指獨立從事勞動或技藝工作，獲致報酬，且未僱用有酬人員幫同工作者。

第八條

①本法第十一條所稱外國籍人員，指下列情形之一：

一　依就業服務法或其他法規，經中央主管機關或相關目的事業

　　主管機關核准從事工作者。
二　依法規准予從事工作者。
②投保單位為前項第一款之勞工加保時，應檢附相關機關核准從事
工作之證明文件影本。

第九條

本細則關於國民身分證之規定，於外國籍被保險人，得以在我國
居留證明文件或外國護照替代之。

第一〇條

①申請投保之單位辦理投保手續時，應填具投保申請書及加保申報
表各一份送交保險人。
②前項加保申報表，應依戶籍資料或相關資料詳實記載。
③本法施行前已參加勞工保險、就業保險或提繳勞工退休金者，得
免依第一項規定填具投保申請書，其投保單位編號，由保險人逕
行編列。
④前項投保單位之所屬勞工，符合本法第六條至第九條所定加保資
格，且在本法施行前一日，已參加勞工保險職業災害保險、就業
保險或提繳勞工退休金，並於本法施行之日仍在職加保生效中
者，投保單位得免填具第一項加保申報表，由保險人逕行加保。

第一一條

①符合本法第六條至第九條規定之勞工，其所屬投保單位辦理投保
手續時，除政府機關（構）、公立學校及使用政府機關（構）提
供之線上申請系統者外，應檢附負責人國民身分證正背面影本及
各目的事業主管機關核發之下列相關證明文件影本：
一　工廠：工廠有關登記證明文件。
二　礦場：礦場登記證、採礦、探礦執照或有關認定證明文件。
三　鹽場、農場、畜牧場、林場、茶場：登記證書或有關認定證
　　明文件。
四　交通事業：運輸業許可證或有關認定證明文件。
五　公用事業：事業執照或有關認定證明文件。
六　公司、行號：公司登記證明文件或商業登記證明文件。
七　私立學校、新聞事業、文化事業、公益事業、合作事業、漁
　　業、職業訓練機構及各業人民團體：立案或登記證明書。
八　中央或地方公職人員選舉之擬參選人及候選人：監察院政治
　　獻金開戶許可函、選舉委員會受理登記為候選人之公文或相
　　當證明文件。
九　中央或地方公職人員選舉之當選人：當選證書。
十　本法第九條第一項第一款所定雇主：僱用契約書或證明文
　　件。
十一　其他各業：執業證照、資格證書、聘僱許可函或有關登
　　　記、核定或備查證明文件。
②投保單位依規定無法取得前項各款證明文件者，應檢附稅捐稽徵
機關核發之扣繳單位設立（變更）登記申請書或使用統一發票購

票證，辦理投保手續。

第一二條 112

①符合本法第六條至第八條規定之勞工，其所屬投保單位依本法第十二條規定辦理投保或退保手續時，應分別填具加保申報表或退保申報表送交或郵寄保險人。

②被保險人在有同一隸屬關係之投保單位調動時，應由轉出單位填具轉保申報表轉出聯，逕送轉入單位，由轉入單位填具該表轉入聯一併送交或郵寄保險人。

③依前二項規定郵寄保險人之當日，以原寄郵局郵戳為準。

④前三項規定，於本法第九條第一項之被保險人，準用之。

第一三條

被保險人未離職，有下列情形之一，且無法繼續提供勞務者，投保單位得辦理退保：

一　應徵召服兵役。

二　留職停薪。

三　因案停職或被羈押，未經法院判決確定前。

第一四條

①符合本法第六條規定之勞工，其保險效力之開始，自到職之當日零時起算。但有下列情形之一者，依各該規定辦理：

一　本法施行後，於其雇主符合本法第六條第一項第一款規定前到職者：自雇主領有執業證照、依法已辦理登記或設有稅籍之當日零時起算。

二　本法施行後，依本法第六條第三項第三款公告指定之人員，於公告指定之日前到職或提供勞務者：自該公告指定日期之當日零時起算。

三　本法施行前到職，且於施行前一日已參加勞工保險職業災害保險或就業保險之被保險人：自本法施行之當日零時起算。

四　本法施行前到職，未參加勞工保險職業災害保險者：自本法施行之當日零時起算。但依本法第六條第三項第三款公告之人員，於本法施行前到職或提供勞務者，自該公告指定日期之當日零時起算。

②前項勞工，其保險效力至離職當日二十四時停止。

第一五條

①符合本法第七條或第八條規定之勞工，其保險效力之開始，依下列規定辦理：

一　投保單位於其所屬勞工入會、到訓之當日列表通知保險人者：自投保單位將加保申報表送交保險人或郵寄之當日零時起算。

二　投保單位非於其所屬勞工入會、到訓之當日列表通知保險人者：自投保單位將加保申報表送交保險人或郵寄之翌日零時起算。

三　本法施行前入會、到訓，且於施行前一日已參加勞工保險職

業災害保險之被保險人：自本法行之當日零時起算。

②前項勞工，其保險效力之停止，依下列規定辦理：

一　投保單位於其所屬勞工退會、結（退）訓之當日列表通知保
　　險人者：於投保單位將退保申報表送交保險人或郵寄之當日
　　二十四時停止。

二　投保單位非於其所屬勞工退會、結（退）訓之當日列表通知
　　保險人者：於退會、結（退）訓當日二十四時停止。

三　勞工未退會、結（退）訓，投保單位辦理退保者：於投保單
　　位將退保申報表送交保險人或郵寄之當日二十四時停止。

第一六條

①勞工於下列時間到職、到訓，其所屬投保單位至遲於次一上班日
將加保申報表及到職、到訓之證明文件送交或郵寄保險人者，視
爲依本法第十二條規定辦理投保手續：

一　保險人依規定放假之日。

二　到職、到訓當日十七時後至二十四時前。

三　所屬投保單位所在地方政府依規定發布停止上班日。

②前條及前項郵寄之當日，以原寄郵局郵戳爲準。

第一七條

本法第九條第一項之被保險人，其保險效力之開始及停止，準用
前二條規定。

第一八條

①投保單位有下列情形之一者，保險人應以書面通知補正，投保單
位應於接到通知之翌日起十日內補正：

一　辦理投保手續未填具投保申請書或投保申請書漏蓋投保單位
　　印章、負責人印章。

二　所送之加保、轉保申報表或投保薪資調整表，除姓名及國民
　　身分證統一編號均未填者不予受理外，漏蓋投保單位印章及
　　負責人印章，或被保險人姓名、出生年月日、國民身分證統
　　一編號、投保薪資疏誤。

三　申報本法第十一條之外國籍員工加保，未檢附核准從事工作
　　之證明文件影本。

②前項補正之提出日期，以送交保險人之日爲準；郵寄者，以原寄
郵局郵戳爲準。

③第一項所定負責人印章，得以負責人簽名代之。

第一九條

①投保單位依前條規定如期補正投保申請書或加保、轉保申報表
者，以原通知保險人之日爲申報日；逾期補正者，以補正之日爲
申報日。

②本法第七條至第九條之投保單位，依前條規定如期補正投保申請
書或加保、轉保申報表者，其所屬勞工之保險效力依第十五條第
一項之規定；逾期補正者，自補正之翌日生效。

③投保薪資調整表經投保單位依前條規定如期補正者，自申報之

次月一日生效；逾期補正者，自補正之次月一日生效。

④投保單位未如期補正，勞工因此所受之損失，應由投保單位負賠償之責。

第二〇條

①投保單位有歇業、解散、撤銷、廢止、受破產宣告等情事或經認定已無營業事實，且未僱用勞工者，保險人得逕予註銷該投保單位。

②投保單位經依前項規定註銷者，其原僱用勞工未由投保單位依規定辦理退保者，由保險人逕予退保；其保險效力之停止、應繳保險費及應加徵滯納金之計算，以事實確定日為準，未能確定者，以保險人查定之日為準。

第二一條

①投保單位有下列情形之一者，應於三十日內填具投保單位變更事項申請書，並檢附有關證明文件送交保險人：

一　名稱、地址或通訊地址之變更。

二　負責人之變更。

三　主要營業項目之變更。

②投保單位未依前項規定辦理變更手續者，保險人得依相關機關登記之資料逕予變更。

③投保單位辦理勞工保險、就業保險投保單位或勞工退休金提繳單位資料變更手續時，視為一併辦理本保險投保單位資料變更手續。

第二二條

投保單位因合併、分割或轉讓而消滅時，其未清繳之保險費或滯納金，應由存續、新設或受讓之投保單位承受。

第二三條

①被保險人之姓名、出生年月日、國民身分證統一編號等有變更或錯誤時，被保險人應即通知其所屬投保單位。

②前項被保險人之相關個人資料有變更或錯誤之情形，投保單位應即填具被保險人變更事項申請書，檢附國民身分證正背面影本或有關證明文件送交保險人憑辦。

③被保險人未依第一項規定通知其所屬投保單位，或投保單位未依前項規定檢附相關文件送交保險人者，保險人得依相關機關登記之資料逕予變更。

第二四條

符合本法第七條第一款規定之被保險人，有下列情形之一者，保險人於知悉後通知原投保單位轉知被保險人限期轉保：

一　所屬投保單位非本業隸屬之職業工會。

二　本業改變而未轉投本業隸屬之職業工會。

第二五條

①本法第十五條第三項所定勞工名冊，應分別記載下列事項：

一　姓名、出生年月日、住址及國民身分證統一編號。

二　到職、入會或到訓之年月日。

三　工作類別。

四　工作時間及薪資、津貼或報酬。

五　留職停薪事由及期間。

②前項第四款及第五款規定，於職業工會、漁會、船長公會、海員總工會，不適用之。

③本法第十五條第三項所定出勤工作紀錄及薪資帳冊，於下列投保單位，依各款規定辦理：

一　職業工會、漁會、船長公會、海員總工會：以入會、退會及投保薪資調整申請書件代之。

二　經中央主管機關依就業服務法規，核發聘僱外國人從事家庭看護工作或家庭幫傭工作聘僱許可之雇主：以聘僱許可函、勞動契約書及薪資明細表代之。

第三節　保險費

第二六條 112

①本法第十七條第一項所定月薪資總額，依下列各款認定：

一　受僱勞工：勞動基準法第二條第三款規定之工資；不適用勞動基準法者，爲從事勞動所獲致之報酬。

二　技術生、養成工、見習生、其他與技術生性質相類之人及建教生：生活津貼。

三　職業訓練機構受訓者：訓練所得之津貼或給與。

四　實際從事勞動之雇主：從事勞動所獲致之報酬或經營事業所得。

五　自營作業者：從事勞動或技藝工作所獲致之報酬。

六　參加海員總工會或船長公會爲會員之外僱船員、中央主管機關公告其他有提供勞務事實並受有報酬者：從事勞動所獲致之報酬。

②本法第六條、第九條第一項第一款、第二款及第三款參加海員總工會爲會員之被保險人，其月投保薪資，不得低於其適用勞工退休金月提繳工資或月提繳執行業務所得、勞工保險投保薪資及就業保險投保薪資。但超過本保險投保薪資最高一級者，應以本保險最高一級爲投保薪資。

③本法第七條及第八條被保險人，其月投保薪資，不得低於其適用勞工保險投保薪資。

④本法第九條第一項第三款參加船長公會爲會員之被保險人，應以本保險最高一級爲投保薪資。

⑤每月收入不固定者，以最近三個月收入之平均爲準；實物給與按政府公告之價格折爲現金計算。

第二七條

①被保險人因傷病住院或因傷病請假之期間，或其有第十三條無法繼續提供勞務情形之期間，不得調整投保薪資。

②前項被保險人之投保薪資，於投保薪資分級表第一等級有修正時，由保險人逕予調整。

第二八條

①本法第十六條第一項所定保險費之計算，每月以三十日計。

②投保單位依第十二條第二項規定為其所屬被保險人辦理轉保者，轉出單位之保險費計收至轉出前一日止，轉入單位之保險費自轉入當日起計收。

第二九條

①保險人每月按本法第六條至第九條投保單位申報之被保險人投保薪資金額，分別計算應繳之保險費，並按其繕具載有計算說明之保險費繳款單，於次月二十五日前寄發或以電子資料傳輸方式遞送投保單位繳納。

②前項寄發或遞送保險費繳款單之期限，於經中央主管機關依就業服務法規，核發聘僱外國人從事家庭看護工作或家庭幫傭工作聘僱許可之雇主，得由保險人於每年二月、五月、八月及十一月之二十五日前寄發或遞送之。

③前項雇主之保險費繳納期限，為每年二月、五月、八月及十一月之末日。

第三〇條

①本法第六條至第九條之投保單位接到保險人所寄載有計算說明之保險費繳款單後，應於繳納期限內向保險人指定之代收機構繳納，並領回收據聯作為繳納保險費之憑證。

②前項繳款單，於保險人寄送之當月底仍未收到者，投保單位應於五日內通知保險人補發或上網下載繳款單，並於寬限期間十五日內繳納；其怠為通知者，視為已於寄送之當月二十五日前寄達。

第三一條

投保單位對於載有計算說明之保險費繳款單所載金額有異議時，應先照額繳納後，於三十日內再向保險人提出異議理由，經保險人查明錯誤後，於計算次月份保險費時一併更正結算。

第三二條

投保單位或被保險人因欠繳保險費及滯納金，經保險人依本法第二十三條規定暫行拒絕給付者，暫行拒絕給付期間內之保險費仍應照計，被保險人應領之保險給付，俟欠費繳清後再補辦請領手續。

第三三條

①中央政府依本法第十九條規定，應補助之保險費，由保險人按月開具保險費繳款單，於次月底前送請中央政府依規定撥付。

②前項中央政府應補助之保險費，經保險人查明有差額時，應於核計下次保險費時一併結算。

第三四條

①投保單位應適用之職業災害保險行業別及費率，由保險人依據勞工職業災害保險適用行業別及費率表，並依下列規定認定或調整

後，以書面通知投保單位：

一　同一行業別適用同一職業災害保險費率。

二　同一投保單位適用同一職業災害保險費率；其營業項目包括多種行業時，適用其最主要或最具代表性事業之職業災害保險費率。

②投保單位對前項行業別及費率有異議時，得於接獲通知之翌日起十五日內，檢附必要證明文件或資料，向保險人申請複核。

③投保單位應適用之職業災害保險行業別及費率，經確定後不得調整。但有因改業或主要營業項目變更者，不在此限。

第三五條

投保單位依本法第二十一條第一項規定應繳納滯納金者，由保險人核計應加徵之金額，通知其向指定代收機構繳納。

第三六條

①本法第七條及第九條第一項第三款之投保單位，得於金融機構設立專戶，並轉知被保險人，以便被保險人繳納保險費。

②前項投保單位，於徵得被保險人或會員代表大會同意後，得一次預收三個月或六個月保險費，並掣發收據，按月彙繳保險人；其預收之保險費於未彙繳保險人以前，應於金融機構設立專戶儲存保管，所生孳息並以運用於本保險業務爲限。

③前二項專戶，得與勞工保險專戶爲同一帳戶。

④採行預收保險費之投保單位，得爲主管及承辦業務人員辦理員工誠實信用保證保險。

⑤預收保險費之管理，應依據投保單位之財務處理相關規定辦理。

第三七條

①本法第七條及第九條第一項第三款之被保險人，其負擔部分保險費之免繳，準用勞工保險條例第十八條第一項規定。

②前項保險費之免繳，由保險人依核發給付文件核計後，發給免繳保險費清單，於投保單位保險費總數內扣除之。

第四節　保險給付

第一款　通則

第三八條

投保單位應爲所屬被保險人、受益人或支出殯葬費之人辦理請領保險給付，不得收取任何費用。

第三九條

有下列情形之一者，被保險人、受益人或支出殯葬費之人，得自行向保險人申請保險給付：

一　投保單位有歇業、解散、撤銷、廢止、受破產宣告或其他情事，未能爲被保險人、受益人或支出殯葬費之人提出申請。

二　符合本法第六條規定之勞工，其雇主未依本法第十二條規定辦理投保手續。

三　依本法第二十七條第二項規定提出申請。

第四〇條

① 本法第二十八條第二項所定平均月投保薪資，按被保險人發生保險事故之當月起最近六個月之月投保薪資合計額除以六計算；參加保險未滿六個月者，按其實際投保期間之平均月投保薪資計算。

② 被保險人在同一月份有二個以上月投保薪資時，應以最高者為準，再與其他各月份之月投保薪資平均計算。

第四一條

本法第二十八條第四項所定最近年度全體被保險人平均月投保薪資，以保險事故發生時，保險人公告之最近一次本保險統計年報之平均月投保薪資為準。但本保險統計年報首次公告前，應以最近一次勞工保險統計年報公告之平均月投保薪資為準。

第四二條

本法第二十九條第二項所定被保險人發生死亡保險事故時，其受益人或支出殯葬費之人同時符合請領本法第四十九條或第五十條所定死亡給付條件及下列各款其他社會保險給付條件之一者，僅得擇一請領：

一　勞工保險條例第六十二條、第六十三條或第六十三條之一所定死亡給付。

二　農民健康保險條例第四十條所定喪葬津貼。

三　農民職業災害保險試辦辦法第十九條所定喪葬津貼。

四　公教人員保險法第二十七條所定一次死亡給付或遺屬年金給付。

五　軍人保險條例第十三條所定死亡給付。

六　國民年金法第三十九條所定喪葬給付或第四十條所定遺屬年金給付。

第四三條

被保險人、受益人或支出殯葬費之人申請保險給付，經保險人審查保險事故非屬職業傷病所致者，申請人得以書面同意，就同一事故依勞工保險條例規定提出申請。

第四四條

① 本法以現金發給之保險給付，經保險人核定後，逐筆匯入被保險人、受益人或支出殯葬費之人指定之本人金融機構帳戶，並通知其投保單位。但有第三十九條第一款或第三款所定自行請領保險給付之情事者，保險人得不通知其投保單位。

② 前項之金融機構帳戶在國外者，手續費用由請領保險給付之被保險人、受益人或支出殯葬費之人負擔。

第四五條

本法第三十五條第一項所定逾期部分應加給之利息，所需費用由保險人編列公務預算支應。

第四六條

被保險人、受益人或支出殯葬費之人，以郵寄方式向保險人提出

請領保險給付者，以原寄郵局郵戳之日期為準。

第四七條

①依本法規定請領各項保險給付，所檢附之文件、資料為我國政府機關（構）以外製作者，應經下列單位驗證：

一　於國外製作：經我國駐外館處驗證；其在國內由外國駐臺使領館或授權機構製作者，應經外交部複驗。

二　於大陸地區製作：經行政院設立或指定機構或委託之民間團體驗證。

三　於香港或澳門製作：經行政院於香港或澳門設立或指定機構或委託之民間團體驗證。

②前項文件、資料為外文者，應檢附經前項各款所列單位驗證或國內公證人認證之中文譯本。但為英文者，除保險人認有需要外，得予免附。

第二款　醫療給付

第四八條

①保險人依本法第三十八條第二項規定委託全民健康保險保險人（以下簡稱健保保險人）辦理醫療給付時，其委託契約書由保險人會同健保保險人擬訂，報請中央主管機關會同中央衛生福利主管機關核定。

②被保險人至全民健康保險特約醫院或診所接受診療時，其就醫程序、就醫輔導、診療提供方式及其他診療必要事項，除本法及本細則另有規定外，準用全民健康保險有關規定辦理。

第四九條

①被保險人申請職業傷病門診診療或住院診療時，應繳交投保單位或保險人出具之職業傷病門診診療或住院申請書，並繳交下列文件：

一　全民健康保險憑證（以下簡稱健保卡）。

二　國民身分證或其他足以證明身分之文件。但健保卡已足以辨識身分時，得免繳驗。

②未提具符合前項規定文件者，全民健康保險特約醫院或診所，應拒絕其以本保險被保險人身分掛號診療。

第五〇條

①被保險人因故未能及時繳交職業傷病門診單、住院申請書或繳驗健保卡者，應檢具身分證明文件，聲明具有本保險被保險人身分，辦理掛號就診；全民健康保險特約醫院或診所，應先行提供診療，收取保險醫療費用，並掣給符合醫師法施行細則所定之收據。

②被保險人依前項規定接受診療，於該次就醫之日起十日內（不含例假日）或出院前補送文件者，全民健康保險特約醫院或診所，應退還所收取之保險醫療費用。

第五一條

①因不可歸責於被保險人之事由，未能依前條規定於就醫之日起十

日內或出院前補送文件者，被保險人得於門診治療當日或出院之日起六個月內，向保險人申請核退醫療費用。

②依本法第四十條第一項規定申請核退醫療費用者，應備具下列書件：

一　職業災害自墊醫療費用核退申請書及給付收據。

二　診斷書或證明文件。

三　醫療費用收據及收費明細。

第五二條

①全民健康保險特約醫院或診所接獲職業傷病門診單或住院申請書後，應詳細填明被保險人就診資料，並將職業傷病門診單或住院申請書上聯附於被保險人病歷，至少保存七年，以備查核。

②前項職業傷病門診單下聯，應於診療後交還被保險人收執；職業傷病住院申請書下聯，應於十日內逕送保險人審核。

③保險人對前項住院或門診申請，經核定不符職業傷病者，應通知健保保險人、全民健康保險特約醫院或診所、投保單位及被保險人。

第三款　傷病給付

第五三條

①本法第四十二條所定不能工作，應由保險人依下列事項綜合判斷：

一　經醫師診斷被保險人所患傷病需要之合理治療與復健期間及工作能力。

二　合理治療及復健期間內，被保險人有無工作事實。

②前項第一款事項，保險人於必要時，得委請相關專科醫師提供醫理意見，據以判斷。

③第一項第一款工作能力之判斷，不以被保險人從事原有工作為限。

第五四條

①依本法第四十二條規定請領傷病給付者，應備具下列書件：

一　傷病給付申請書及給付收據。

二　傷病診斷書。

②前項第二款所定傷病診斷書，得以就診醫院、診所開具載有傷病名稱、醫療期間及經過之證明文件代之。

第五五條

被保險人請領傷病給付，得以每滿十五日為一期，於期末之翌日起請領；未滿十五日者，以傷病治療終止之翌日起請領。

第四款　失能給付

第五六條

①依本法第四十三條規定請領失能給付者，應備具下列書件：

一　失能給付申請書及給付收據。

二　失能診斷書。

三　經醫學檢查者，附檢查報告及相關影像圖片。

②保險人審核失能給付，除得依本法第四十七條規定指定全民健康保險特約醫院或醫師複檢外，並得通知出具失能診斷書之醫院或診所檢送相關檢查紀錄或診療病歷。

第五七條

①依本法第四十三條規定請領失能給付者，以全民健康保險特約醫院或診所診斷為實際永久失能之當日，並為發生保險事故之日及本法第三十七條所定得請領之日。

②被保險人於保險有效期間發生傷病事故，於保險效力停止後，仍符合勞工職業災害保險失能給付標準規定之治療期間，經專科醫師診斷證明為永久失能，且其失能程度與保險效力停止後屆滿一年時之失能程度相當者，為症狀固定，得依本法第二十七條第二項規定請領失能給付，並以保險效力停止後屆滿一年之當日為得請領之日。

③前二項診斷永久失能之日期不明或顯有疑義時，保險人得就病歷或相關資料查明認定。

④被保險人請求發給失能診斷書者，全民健康保險特約醫院或診所，應於出具失能診斷書後五日內逕寄保險人。

第五八條

本法第四十四條第一項第一款及第二款所定婚姻關係存續一年以上，由申請之當日，往前連續推算之。

第五九條

本法第四十四條第一項第三款所稱在學，指具有正式學籍，並就讀於公立學校、各級主管教育行政機關核准立案之私立學校或符合教育部採認規定之國外學校。

第六〇條

依本法第四十四條第一項規定請領加發眷屬補助者，應備具下列書件：

一　失能年金加發眷屬補助申請書及給付收據。

二　被保險人全戶戶籍謄本；眷屬與被保險人非同一戶籍者，應同時提出各該戶籍謄本，並載明下列事項：
　　㈠眷屬為配偶時，應載有結婚日期。
　　㈡眷屬為養子女時，應載有收養及登記日期。

三　子女在學，另應檢附學費收據影本或在學證明，並應於每年九月底前，重新檢具相關證明送保險人查核，經查核符合條件者，應繼續發給至次年八月底止。

四　配偶、子女為無謀生能力，另應檢附身心障礙手冊或證明，或受監護宣告之證明文件。

第六一條

①保險人於核定被保險人之失能年金給付後，應將核定文件、資料提供主管機關運用，協助職業災害勞工適切之醫療復健、社會復健、職能復健及職業重建等重建服務事項。

②保險人依本法第四十五條第一項規定審核被保險人失能程度，應

將前項職能復健納入評估。

第六二條

本法第四十六條第一項及第四項所稱同一部位，指與勞工保險失能給付標準所定失能種類部位同一者。

第六三條

被保險人經保險人依本法第四十八條規定逕予退保者，其退保日期，以全民健康保險特約醫院或診所診斷為實際永久失能之當日為準。

第五款 死亡給付

第六四條

①依本法第四十九條第二項第一款規定請領遺屬年金者，其婚姻關係存續一年以上之計算，由被保險人死亡之當日，往前連續推算之。

②依本法第四十九條第二項第二款及第四款規定請領遺屬年金者，其在學之認定，準用第五十九條規定。

第六五條

依本法第四十九條第一項規定請領喪葬津貼者，應備具下列書件：

一　死亡給付申請書及給付收據。

二　死亡證明書、檢察官相驗屍體證明書或死亡宣告裁定書。

三　載有死亡日期之全戶籍謄本。

四　支出殯葬費之證明文件。但支出殯葬費之人為當序受領遺屬年金、遺屬一次金或遺屬津貼者，得以切結書代替。

第六六條

依本法第四十九條第二項或第五十條第一項規定請領遺屬年金者，應備具下列書件：

一　死亡給付申請書及給付收據。

二　死亡證明書、檢察官相驗屍體證明書或死亡宣告裁定書。

三　載有死亡日期之全戶籍謄本。受益人為配偶時，應載有結婚日期；受益人為養子女時，應載有收養及登記日期。受益人與死者非同一戶籍者，應同時提出各該戶籍謄本。

四　子女、孫子女在學，另應檢附學費收據影本或在學證明，並應於每年九月底前，重新檢具相關證明送保險人查核，經查核符合條件者，應繼續發給至次年八月底止。

五　配偶、子女、孫子女、兄弟姊妹為無謀生能力，另應檢附身心障礙手冊或證明，或受監護宣告之證明文件。

六　受益人為孫子女或兄弟姊妹，另應檢附受被保險人扶養之相關證明文件。

第六七條

依本法第四十九條第三項規定請領遺屬一次金者，應備具下列書件：

一　死亡給付申請書及給付收據。

二　死亡證明書、檢察官相驗屍體證明書或死亡宣告裁定書。

三　載有死亡日期之全戶戶籍謄本，受益人為養子女時，應載有收養及登記日期；受益人與死者非同一戶籍者，應同時提出各該戶籍謄本。

四　受益人為孫子女或兄弟姊妹者，應檢附受被保險人扶養之相關證明文件。

五　當年遺屬於被保險人死亡時，全部不符合遺屬年金給付條件之相關證明文件。

第六八條

依本法第四十九條第五項規定請領遺屬津貼者，應備具下列書件：

一　死亡給付申請書及給付收據。

二　死亡證明書、檢察官相驗屍體證明書或死亡宣告裁定書。

三　載有死亡日期之全戶戶籍謄本，受益人為養子女時，應載有收養及登記日期；受益人與死者非同一戶籍者，應同時提出各該戶籍謄本。

四　受益人為孫子女或兄弟姊妹者，應檢附受被保險人扶養之相關證明文件。

第六九條

①被保險人死亡前，依本法第四十三條第一項或第三項規定請領失能一次金給付，經保險人核定應給付而未發給者，其遺屬得承領之。

②前項承領失能一次金給付之對象、請領順序及發給方法，準用本法第四十九條第二項、第五十二條第一項、第二項及第五十三條規定。

第七〇條

①被保險人退保，於領取完全失能或嚴重失能年金期間死亡，其遺屬依本法第五十條第一項規定選擇請領遺屬年金給付者，自被保險人死亡之次月起發給遺屬年金。

②前項遺屬依本法第五十條第二項規定選擇一次請領失能給付扣除已領年金給付者，應按被保險人診斷失能時，其符合失能一次金給付基準，扣除已領年金給付總額後之差額發給。

第七一條

依本法第五十條第二項規定，選擇一次請領失能給付扣除已領年金給付總額之差額者，應備具下列書件：

一　失能給付差額申請書及給付收據。

二　第六十八條第二款至第四款所定之文件。

第七二條

本法第五十三條第一項所定未能協議，為各申請人未依保險人書面通知所載三十日內完成協議，並提出協議證明書者。

第七三條

同一順序遺屬有二人以上，並依本法第五十三條第二項但書規定

協議時，保險人得以書面通知請領人於三十日內完成協議，並由代表請領人提出協議證明書；請領人屆期未能提出者，保險人得逕依本法第五十三條第二項規定發給遺屬年金，遺屬不得要求變更。

第七四條

同一順序遺屬有二人以上，依本法第四十九條第三項規定請領遺屬一次金，且無法共同具領時，保險人得以戶籍地址書面通知未具名之其他當序遺屬，應於三十日內協議共同具領；屆期未能提出者，除年齡條件外，視為其不符合遺屬年金給付條件，保險人得逕按遺屬一次金發給請領人，遺屬不得要求變更。

第七五條

被保險人死亡，其未成年之受益人無法請領遺屬年金、遺屬一次金或遺屬津貼者，其所屬投保單位應即通知保險人予以計息存儲，俟其能請領時發給之。

第七六條

受益人或支出殯葬費之人請領死亡給付時，被保險人所屬投保單位未辦理退保手續者，由保險人逕行退保。

第六款 失蹤給付

第七七條

①依本法第五十五條第一項規定請領失蹤給付者，應備具下列書件：
一　失蹤給付申請書及給付收據。
二　被保險人全戶戶籍謄本；受益人與被保險人非同一戶籍者，應同時提出各該戶籍謄本。
三　災難報告書或失蹤人口緊急報案紀錄等相關事故證明。
四　執行職務發生意外事故證明。

②失蹤給付之受益人、請領順序及發給方法，準用本法第四十九條第二項、第五十二條第一項、第二項及第五十三條第一項、第三項規定。

③失蹤給付之受益人為被保險人之孫子女或兄弟姊妹者，於請領時應檢附被保險人扶養之相關證明文件。

第七款 年金給付之申請及核發

第七八條

本法第五十六條第二項所定申請之當月，以原寄郵局郵戳或送交保險人之日期為準。

第七九條

依本法規定請領年金給付，未於國內設有戶籍者，應檢附經第四十七條第一項所列單位驗證之身分或居住相關證明文件，並每年再檢送保險人查核。

第八〇條

①依本法第四十四條第二項第一款、第二款及第五十四條第一款、第二款規定停止發給年金給付者，於停止發給原因消滅後，請領

人得重新向保險人提出申請，並由保險人依本法第五十六條第二項規定發給；遺屬年金依本法第五十六條第三項規定發給。但有本法第五十四條第一款所定配偶再婚之情形者，不適用之。

②依本法第四十四條第二項第三款、第四款及第五十四條第三款規定停止發給年金給付者，自政府機關媒體異動資料送保險人之當月起停止發給。

③前項所定停止發給原因消滅後，請領人得檢具證明其停止發給原因消滅之文件向保險人申請，並由保險人依本法第五十六條第二項規定發給；遺屬年金依本法第五十六條第三項規定發給。

④未依前項規定檢附證明文件向保險人申請者，自政府機關媒體異動資料送保險人之當月起恢復發給。

第八一條

①依本法第五十七條第三項規定應檢附之證明文件如下：

一　載有領取年金給付者死亡日期之戶籍謄本。

二　法定繼承人戶籍謄本。

②前項戶籍謄本，得以戶口名簿影本代之。

第三章　職業災害預防及重建

第一節　經費及相關協助措施

第八二條

本法第六十二條第一項第一款所定職業災害預防事項，其內容如下：

一　職業安全衛生之教育訓練、宣導及輔導。

二　職業安全衛生管理制度之推動。

三　職業災害預防技術之研發及推動。

四　職業安全衛生設施之改善及推動。

五　機械本質安全化制度之推動。

六　其他與職業災害預防相關之事項。

第八二條之一　112

中央主管機關辦理本法第六十二條第一項規定事項之經費，為當年度應收保險費百分之二十範圍及歷年應收保險費百分之二十之執行賸餘額度，其額度以審定決算數為計算基礎，並由保險人撥付之；執行結果若有賸餘，應於年度結算後辦理繳還。

第八三條

①本法第六十三條第一項所稱預防職業病健康檢查，指被保險人於從事經中央主管機關指定之有害作業期間，為發現其健康有無異常，以促使投保單位採取危害控制及相關健康管理措施所實施之健康檢查。

②本法第六十三條第二項所稱健康追蹤檢查，指勞工曾從事經中央主管機關另行指定之有害作業，其於變更工作、離職或退保後，為及早發現其與職業相關之異常或疾病徵兆，以提供其相關健康

保護及權益保障措施所實施之健康檢查。

第八四條

①本法第六十六條第一項所定復工計畫，其內容如下：

一　職業災害勞工醫療之相關資訊。

二　職業災害勞工工作能力評估。

三　職業災害勞工重返職場之職務內容、所需各項能力、職場合理調整事項及相關輔助措施。

四　職業災害勞工重返職場之執行期程。

五　其他與復工相關之事項。

②前項計畫，經雇主、職業災害勞工、職業醫學科專科醫師及其他職能復健專業機構人員共同協商後，由職能復健專業機構協助雇主或職業災害勞工擬訂之。

③前項勞資雙方未共同參與協商或未達成共識者，得由職業醫學科專科醫師及其他職能復健專業機構人員依參與之勞資一方意見及專業評估結果擬訂，並據以執行。

第二節　職業災害預防及重建財團法人

第八五條

本法第七十一條第三款所定受託業務及提供服務之收入如下：

一　接受各級政府機關（構）工作委託之經費。

二　接受民間單位業務委託及提供服務之收入。

第三節　職業傷病通報及職業病鑑定

第八六條

中央主管機關依本法第七十六條第一項規定會同職業病鑑定委員實施調查時，得將調查目的告知勞工、雇主及相關人員。

第八七條

職業病鑑定委員依本法第七十六條規定實施調查時，對於調查結果、受調查事業單位與人員有關生產技術、設備、經營財務及個人隱私等事項，應保守秘密；其聘期屆滿後，亦同。

第四章　附　則

第八八條

①已領取本法各項補助或津貼，經保險人撤銷或廢止，應繳還而未繳還者，得由保險人自其本人或受益人所領取之本保險給付或其他補助、津貼扣減之。

②前項保險給付或其他補助、津貼之扣減方式及金額，準用勞工職業災害保險未繳還之保險給付扣減辦法第四條規定。

第八九條

①本細則所定本保險相關書表格式，由保險人定之；投保單位、醫院、診所、領有執業執照之醫師、被保險人、受益人或支出殯葬費之人，應依式填送。

②請領各項保險給付之診斷書及證明書，除第五十六條及第五十七條另有規定者外，應由醫院、診所或領有執業執照之醫師出具。

第九〇條 112
①本細則自中華民國一百十一年五月一日施行。
②本細則修正條文自發布日施行。

就業保險法

①民國91年5月15日總統令制定公布全文44條。
　民國91年8月2日行政院令發布定自92年1月1日施行。
②民國96年1月29日總統令修正公布第10條條文。
　民國96年1月31日行政院令發布定自96年1月31日施行。
③民國98年4月22日總統令修正公布第5、10～13、16、25、28、
　29、33、34、38、41條條文；並增訂第19-1、19-2條條文。
　民國98年4月24日行政院令發布定自98年5月1日施行。
④民國98年5月13日總統令修正公布第35、44條條文；並自99年1月1
　日施行。
⑤民國100年4月27日總統令修正公布第38條條文。
　民國100年4月29日行政院令發布定自100年4月29日施行。
⑥民國101年12月19日總統令修正公布第44條條文；增訂第22-1條條
　文；並自公布日施行。
　民國103年2月14日行政院公告第2條所列屬「行政院勞工委員會」之
　權責事項，自103年2月17日起改由「勞動部」管轄；第4、34、35條
　所列屬「勞工保險局」之權責事項，自103年2月17日起，就業保險
　基金投資及運用業務，改由「勞動部勞動基金運用局」管轄；其他
　業務改由「勞動部勞工保險局」管轄；第3條第1、2項、第34條第1
　項序文所列屬「勞工保險監理委員會」之權責事項，自103年2月17
　日起改由「勞動部」管轄。
⑦民國103年6月4日總統令修正公布第22條條文。
　民國103年6月27日行政院令發布定自103年7月1日施行。
⑧民國104年2月4日總統令修正公布第2、19-2條條文。
　民國104年3月13日行政院令發布定自104年3月20日施行。
⑨民國110年12月29日總統令修正公布第19-1條條文。
　民國111年1月17日行政院令發布定自111年1月18日施行。
⑩民國111年1月12日總統令修正公布第19-2條條文。
　民國111年1月17日行政院令發布定自111年1月18日施行。

第一章　總　則

第一條

為提昇勞工就業技能，促進就業，保障勞工職業訓練及失業一定
期間之基本生活，特制定本法；本法未規定者，適用其他法律之
規定。

第二條

就業保險（以下簡稱本保險）之主管機關：在中央為勞動部；在
直轄市為直轄市政府；在縣（市）為縣（市）政府。

第三條

①本保險業務，由勞工保險監理委員會監理。

②被保險人及投保單位對保險人核定之案件發生爭議時，應先向勞

工保險監理委員會申請審議；對於爭議審議結果不服時，得依法提起訴願及行政訴訟。

第二章　保險人、投保對象及投保單位

第四條

本保險由中央主管機關委任勞工保險局辦理，並爲保險人。

第五條

①年滿十五歲以上，六十五歲以下之下列受僱勞工，應以其雇主或所屬機構爲投保單位，參加本保險爲被保險人：

一　具有中華民國國籍者。

二　與在中華民國境內設有戶籍之國民結婚，且獲准依法在臺灣地區工作之外國人、大陸地區人民、香港居民或澳門居民。

②前項所列人員有下列情形之一者，不得參加本保險：

一　依法應參加公教人員保險或軍人保險。

二　已領取勞工保險老年給付或公教人員保險養老給付。

三　受僱於依法免辦登記且無核定課稅或依法免辦登記且無統一發票購票證之雇主或機構。

③受僱於二個以上雇主者，得擇一參加本保險。

第六條

①本法施行後，依前條規定應參加本保險爲被保險人之勞工，自投保單位申報參加勞工保險生效之日起，取得本保險被保險人身分；自投保單位申報勞工保險退保效力停止之日起，其保險效力即行終止。

②本法施行前，已參加勞工保險之勞工，自本法施行之日起，取得被保險人身分；其依勞工保險條例及勞工保險失業給付實施辦法之規定，繳納失業給付保險費之有效年資，應合併計算本保險之保險年資。

③依前條規定應參加本保險爲被保險人之勞工，其雇主或所屬團體或所屬機構未爲其申報參加勞工保險者，各投保單位應於本法施行之當日或勞工到職之當日，爲所屬勞工申報參加本保險；於所屬勞工離職之當日，列表通知保險人。其保險效力之開始或停止，均自應爲申報或通知之當日起算。但投保單位非於本法施行之當日或勞工到職之當日爲其申報參加本保險者，除依本法第三十八條規定處罰外，其保險效力之開始，均自申報或通知之翌日起算。

第七條

主管機關、保險人及公立就業服務機構爲查核投保單位勞工工作情況、薪資或離職原因，必要時，得查對其員工名冊、出勤工作紀錄及薪資帳冊等相關資料，投保單位不得規避、妨礙或拒絕。

第三章　保險財務

第八條

本保險之保險費率，由中央主管機關按被保險人當月之月投保薪資百分之一至百分之二擬訂，報請行政院核定之。

第九條

① 本保險之保險費率，保險人每三年應至少精算一次，並由中央主管機關聘請精算師、保險財務專家、相關學者及社會公正人士九人至十五人組成精算小組審查之。

② 有下列情形之一者，中央主管機關應於前條規定之保險費率範圍內調整保險費率：

一 精算之保險費率，其前三年度之平均值與當年度保險費率相差幅度超過正負百分之五。

二 本保險累存之基金餘額低於前一年度保險給付平均月給付金額之六倍或高於前一年度保險給付平均月給付金額之九倍。

三 本保險增減給付項目、給付內容、給付標準或給付期限，致影響保險財務。

第四章　保險給付

第一〇條

① 本保險之給付，分下列五種：

一 失業給付。

二 提早就業獎助津貼。

三 職業訓練生活津貼。

四 育嬰留職停薪津貼。

五 失業之被保險人及隨同被保險人辦理加保之眷屬全民健康保險保險費補助。

② 前項第五款之補助對象、補助條件、補助標準、補助期間之辦法，由中央主管機關定之。

第一一條

① 本保險各種保險給付之請領條件如下：

一 失業給付：被保險人於非自願離職辦理退保當日前三年內，保險年資合計滿一年以上，具有工作能力及繼續工作意願，向公立就業服務機構辦理求職登記，自求職登記之日起十四日內仍無法推介就業或安排職業訓練。

二 提早就業獎助津貼：符合失業給付請領條件，於失業給付請領期間屆滿前受僱工作，並參加本保險三個月以上。

三 職業訓練生活津貼：被保險人非自願離職，向公立就業服務機構辦理求職登記，經公立就業服務機構安排參加全日制職業訓練。

四 育嬰留職停薪津貼：被保險人之保險年資合計滿一年以上，子女滿三歲前，依性別工作平等法之規定，辦理育嬰留職停薪。

② 被保險人因定期契約屆滿離職，逾一個月未能就業，且離職前一

年內，契約期間合計滿六個月以上者，視為非自願離職，並準用前項之規定。

③本法所稱非自願離職，指被保險人因投保單位關廠、遷廠、休業、解散、破產宣告離職；或因勞動基準法第十一條、第十三條但書、第十四條及第二十條規定各款情事之一離職。

第一二條

①公立就業服務機構為促進失業之被保險人再就業，得提供就業諮詢、推介就業或參加職業訓練。

②前項業務得由主管機關或公立就業服務機構委任或委託其他機關（構）、學校、團體或法人辦理。

③中央主管機關得於就業保險年度職收保險費百分之十及歷年經費執行賸餘額度之範圍內提撥經費，辦理下列事項：

一　被保險人之在職訓練。

二　被保險人失業後之職業訓練、創業協助及其他促進就業措施。

三　被保險人之僱用安定措施。

四　僱主僱用失業勞工之獎助。

④辦理前項各款所定事項之對象、職類、資格條件、項目、方式、期間、給付標準、給付限制、經費管理、運用及其他應遵行事項之辦法，由中央主管機關定之。

⑤第一項所稱就業諮詢，指提供選擇職業、轉業或職業訓練之資訊與服務、就業促進研習活動或協助工作適應之專業服務。

第一三條

申請人對公立就業服務機構推介之工作，有下列各款情事之一而不接受者，仍得請領失業給付：

一　工資低於其每月得請領之失業給付數額。

二　工作地點距離申請人日常居住處所三十公里以上。

第一四條

①申請人對公立就業服務機構安排之就業諮詢或職業訓練，有下列情事之一而不接受者，仍得請領失業給付：

一　因傷病診療，持有證明而無法參加者。

二　為參加職業訓練，需要變更現在住所，經公立就業服務機構認定顯有困難者。

②申請人因前項各款規定情事之一，未參加公立就業服務機構安排之就業諮詢或職業訓練，公立就業服務機構在其請領失業給付期間仍得擇期安排。

第一五條

被保險人有下列情形之一者，公立就業服務機構應拒絕受理失業給付之申請：

一　無第十三條規定情事之一不接受公立就業服務機構推介之工作。

二　無前條規定情事之一不接受公立就業服務機構之安排，參加

就業諮詢或職業訓練。

第一六條

① 失業給付按申請人離職辦理本保險退保之當月起前六個月平均月投保薪資百分之六十按月發給，最長發給六個月。但申請人離職辦理本保險退保時已年滿四十五歲或領有社政主管機關核發之身心障礙證明者，最長發給九個月。

② 中央主管機關於經濟不景氣致大量失業或其他緊急情事時，於審酌失業率及其他情形後，得延長前項之給付期間最長至九個月，必要時得再延長之，但最長不得超過十二個月。但延長給付期間不適用第十三條及第十八條之規定。

③ 前項延長失業給付期間之認定標準、請領對象、請領條件、實施期間、延長時間及其他相關事項之辦法，由中央主管機關擬訂，報請行政院核定之。

④ 受領失業給付未滿前三項給付期間再參加本保險後非自願離職者，得依規定申領失業給付。但合併原已領取之失業給付月數及依第十八條規定領取之提早就業獎助津貼，以發給前三項所定給付期間為限。

⑤ 依第四項規定領滿給付期間者，自領滿之日起二年內再次請領失業給付，其失業給付以發給原給付期間之二分之一為限。

⑥ 依前五項規定領滿失業給付之給付期間者，本保險年資應重行起算。

第一七條

① 被保險人於失業期間另有工作，其每月工作收入超過基本工資者，不得請領失業給付；其每月工作收入未超過基本工資者，其該月工作收入加上失業給付之總額，超過其平均月投保薪資百分之八十部分，應自失業給付中扣除。但總額低於基本工資者，不予扣除。

② 領取勞工保險傷病給付、職業訓練生活津貼、臨時工作津貼、創業貸款利息補貼或其他促進就業相關津貼者，領取相關津貼期間，不得同時請領失業給付。

第一八條

符合失業給付請領條件，於失業給付請領期限屆滿前受僱工作，並依規定參加本保險為被保險人滿三個月以上者，得向保險人申請，按其尚未請領之失業給付金額之百分之五十，一次發給提早就業獎助津貼。

第一九條

① 被保險人非自願離職，向公立就業服務機構辦理求職登記，經公立就業服務機構安排參加全日制職業訓練，於受訓期間，每月按申請人離職辦理本保險退保之當月起前六個月平均月投保薪資百分之六十發給職業訓練生活津貼，最長發給六個月。

② 職業訓練單位應於申請人受訓之日，通知保險人發放職業訓練生活津貼。中途離訓或經訓練單位退訓者，訓練單位應即通知保險

人停止發放職業訓練生活津貼。

第一九條之一

① 被保險人非自願離職退保後，於請領失業給付或職業訓練生活津貼期間，有受其扶養之眷屬者，每一人按申請人離職辦理本保險退保之當月起前六個月平均月投保薪資百分之十加給給付或津貼，最多計至百分之二十。

② 前項所稱受扶養眷屬，指受被保險人扶養之無工作收入之父母、配偶、未成年子女或身心障礙子女。

第一九條之二 111

① 育嬰留職停薪津貼，以被保險人育嬰留職停薪之當月起前六個月平均月投保薪資百分之六十計算，於被保險人育嬰留職停薪期間，按月發給津貼，每一子女合計最長發給六個月。

② 前項津貼，於同時撫育子女二人以上之情形，以發給一人為限。

③ 依家事事件法、兒童及少年福利與權益保障法相關規定與收養兒童先行共同生活之被保險人，其共同生活期間得依第十一條第一項第四款及前二項規定請領育嬰留職停薪津貼。但因可歸責於被保險人之事由，致未經法院裁定認可收養者，保險人應通知限期返還其所領之津貼，屆期未返還者，依法移送強制執行。

第二○條

① 失業給付自向公立就業服務機構辦理求職登記之第十五日起算。

② 職業訓練生活津貼自受訓之日起算。

第二一條

投保單位故意為不合本法規定之人員辦理參加保險手續，領取保險給付者，保險人應通知限期返還，屆期未返還者，依法移送強制執行。

第二二條

① 被保險人領取各種保險給付之權利，不得讓與、抵銷、扣押或供擔保。

② 被保險人依本法規定請領保險給付者，得檢具保險人出具之證明文件，於金融機構開立專戶，專供存入保險給付之用。

③ 前項專戶內之存款，不得作為抵押、扣押、供擔保或強制執行之標的。

第二二條之一

依本法發給之保險給付，經保險人核定後，應在十五日內給付之。如逾期給付可歸責於保險人者，其逾期部分應加給利息。

第二三條

① 申請人與原雇主間因離職事由發生勞資爭議者，仍得請領失業給付。

② 前項爭議結果，確定申請人不符失業給付請領規定時，應於確定之日起十五日內，將已領之失業給付返還。屆期未返還者，依法移送強制執行。

第二四條

領取保險給付之請求權，自得請領之日起，因二年間不行使而消滅。

第五章　申請及審核

第二五條

①被保險人於離職退保後二年內，應檢附離職或定期契約證明文件及國民身分證或其他足資證明身分之證件，親自向公立就業服務機構辦理求職登記、申請失業認定及接受就業諮詢，並填寫失業認定、失業給付申請書及給付收據。

②公立就業服務機構受理求職登記後，應辦理就業諮詢，並自求職登記之日起十四日內推介就業或安排職業訓練。未能於該十四日內推介就業或安排職業訓練時，公立就業服務機構應於翌日完成失業認定，並轉請保險人核發失業給付。

③第一項離職證明文件，指由投保單位或直轄市、縣（市）主管機關發給之證明；其取得有困難者，得經公立就業服務機構之同意，以書面釋明理由代替之。

④前項文件或書面，應載明申請人姓名、投保單位名稱及離職原因。

⑤申請人未檢齊第一項規定文件者，應於七日內補正；屆期未補正者，視為未申請。

第二六條

公立就業服務機構為辦理推介就業及安排職業訓練所需，得要求申請人提供下列文件：

一　最高學歷及經歷證書影本。

二　專門職業及技術人員證照或執業執照影本。

三　曾接受職業訓練之結訓證書影本。

第二七條

①申請人應於公立就業服務機構推介就業之日起七日內，將就業與否回復卡檢送公立就業服務機構。

②申請人未依前項規定辦理者，公立就業服務機構應停止辦理當次失業認定或再認定。已辦理認定者，應撤銷其認定。

第二八條

職業訓練期滿未能推介就業者，職業訓練單位應轉請公立就業服務機構完成失業認定；其未領取或尚未領滿失業給付者，並應轉請保險人核發失業給付，合併原已領取之失業給付，仍以第十六條規定之給付期間為限。

第二九條

①繼續請領失業給付者，應於前次領取失業給付期間末日之翌日起二年內，每個月親自前往公立就業服務機構申請失業再認定。但因傷病診療期間無法親自辦理者，得提出醫療機構出具之相關證明文件，以書面陳述理由委託他人辦理之。

②未經公立就業服務機構為失業再認定者，應停止發給失業給付。

第三〇條

領取失業給付者，應於辦理失業再認定時，至少提供二次以上之求職紀錄，始得繼續請領。未檢附求職紀錄者，應於七日內補正；屆期未補正者，停止發給失業給付。

第三一條

失業期間或受領失業給付期間另有其他工作收入者，應於申請失業認定或辦理失業再認定時，告知公立就業服務機構。

第三二條

領取失業給付者，應自再就業之日起三日內，通知公立就業服務機構。

第六章　基金及行政經費

第三三條

① 就業保險基金之來源如下：

一　本保險開辦時，中央主管機關自勞工保險基金提撥之專款。

二　保險費與其孳息收入及保險給付支出之結餘。

三　保險費滯納金。

四　基金運用之收益。

五　其他有關收入。

② 前項第一款所提撥之專款，應一次全數撥還勞工保險基金。

第三四條

① 就業保險基金，經勞工保險監理委員會之通過，得為下列之運用：

一　對於公債、庫券及公司債之投資。

二　存放於公營銀行或中央主管機關指定之金融機構及買賣短期票券。

三　其他經中央主管機關核准有利於本基金收益之投資。

② 前項第三款所稱其他有利於本基金收益之投資，不得為權益證券及衍生性金融商品之投資。

③ 就業保險基金除作為第一項運用、保險給付支出、第十二條第三項規定之提撥外，不得移作他用或轉售處分。基金之收支、運用情形及其積存數額，應由保險人報請中央主管機關按年公告之。

第三五條

辦理本保險所需之經費，由保險人以當年度保險費收入預算總額百分之三點五為上限編列，由中央主管機關編列預算撥付之。

第七章　罰　則

第三六條

以詐欺或其他不正當行為領取保險給付或為虛偽之證明、報告、陳述者，除按其領取之保險給付處以二倍罰鍰外，並應依民法請求損害賠償；其涉及刑責者，移送司法機關辦理。

第三七條

勞工違反本法規定不參加就業保險及辦理就業保險手續者，處新臺幣一千五百元以上七千五百元以下罰鍰。

第三八條

①投保單位違反本法規定，未為其所屬勞工辦理投保手續者，按自僱用之日起，至參加保險之前一日或勞工離職日止應負擔之保險費金額，處十倍罰鍰。勞工因此所受之損失，並應由投保單位依本法規定之給付標準賠償之。

②投保單位未依本法之規定負擔被保險人之保險費，而由被保險人負擔者，按應負擔之保險費金額，處二倍罰鍰。投保單位並應退還該保險費與被保險人。

③投保單位違反本法規定，將投保薪資金額以多報少或以少報多者，自事實發生之日起，按其短報或多報之保險費金額，處四倍罰鍰，其溢領之給付金額，經保險人通知限期返還，屆期未返還者，依法移送強制執行，並追繳其溢領之給付金額。勞工因此所受損失，應由投保單位賠償之。

④投保單位違反第七條規定者，處新臺幣一萬元以上五萬元以下罰鍰。

⑤本法中華民國九十八年三月三十一日修正之條文施行前，投保單位經依規定加徵滯納金至應繳費額上限，其應繳之保險費仍未向保險人繳納，且未經保險人處以罰鍰或處以罰鍰而未執行者，不再裁處或執行。

第三九條

依本法所處之罰鍰，經保險人通知限期繳納，屆期未繳納者，依法移送強制執行。

第八章 附 則

第四〇條

本保險保險效力之開始及停止、月投保薪資、投保薪資調整、保險費負擔、保險費繳納、保險費寬限期間與滯納金之徵收及處理、基金之運用與管理，除本法另有規定外，準用勞工保險條例及其相關規定辦理。

第四一條

①勞工保險條例第二條第一款有關普通事故保險失業給付部分及第七十四條規定，自本法施行之日起，不再適用。

②自本法施行之日起，本法被保險人之勞工保險普通事故保險費率應按被保險人當月之月投保薪資百分之一調降之，不受勞工保險條例第十三條第二項規定之限制。

第四二條

本保險之一切帳冊、單據及業務收支，均免課稅捐。

第四三條

本法施行細則，由中央主管機關定之。

第四四條

①本法之施行日期，由行政院定之。
②本法中華民國九十八年四月二十一日修正之第三十五條條文，自中華民國九十九年一月一日施行。
③本法中華民國一百零一年十二月四日修正之條文，自公布日施行。

就業保險法施行細則

①民國92年1月1日行政院勞工委員會令訂定發布全文26條；並自發布日施行。
②民國95年2月22日行政院勞工委員會令修正發布第17、26條條文；並自發布日施行。
③民國98年2月27日行政院勞工委員會令增訂發布第24-1條條文。
④民國98年4月29日行政院勞工委員會令修正發布第12～15、22條條文；增訂第8-1、16-1、19-1、19-2條條文；並刪除第18條條文。
⑤民國101年7月11日行政院勞工委員會令修正發布第8、19、20、23條條文；並增訂第8-2、14-1條條文。
⑥民國102年7月26日行政院勞工委員會令增訂發布第12-1條條文。
民國103年2月14日行政院公告第3條第1～3款所列屬「勞工保險局」之權責事項，自103年2月17日起改由「勞動部勞工保險局」管轄；第3條第4款、第24條第2款所列屬「勞工保險局」之權責事項，自103年2月17日起，就業保險基金投資及運用業務，改由「勞動部勞動基金運用局」管轄；其他業務改由「勞動部勞工保險局」管轄；第2條第1項序文、第2、3項、第3條序文、第4條、第5條第1項序文、第2項所列屬「勞工保險監理委員會」權責事項，自103年2月17日起改由「勞動部」管轄。
⑦民國104年5月14日勞動部令修正發布第2、3、5、9、16、19-2、24條條文；增訂第14-2、19-3條條文；並刪除第4條條文。
⑧民國106年5月26日勞動部令修正發布第14條條文。
⑨民國107年3月21日勞動部令修正發布第13、15條條文。
⑩民國111年4月19日勞動部令修正發布第8、10、11、26條條文；增訂第16-2、18-1條條文；並自111年5月1日施行。

第一條
本細則依就業保險法（以下簡稱本法）第四十三條規定訂定之。

第二條
①就業保險（以下簡稱本保險）業務，依本法第三條第一項規定，由中央主管機關監理，其監理事項如下：
一 本保險年度工作計畫及成果報告之審議事項。
二 本保險年度預算及決算之審議事項。
三 本保險基金管理及運用之審議事項。
四 其他有關本保險監理事項。
②中央主管機關為前項監理事項之審議時，得視需要邀請學者專家及相關機關代表列席。

第三條
保險人及勞動部勞動基金運用局（以下簡稱基金運用局）應依其業務職掌，按月將下列書表報請中央主管機關備查：
一 投保單位、投保人數及投保薪資統計表。

　二　保險給付統計表。

　三　保險收支會計報表。

　四　保險基金運用概況表。

第四條　（刪除）

第五條

①被保險人及投保單位對保險人就下列事項所爲之核定案件發生爭議時，依本法第三條第二項規定，應先向中央主管機關申請審議：

　一　被保險人資格或投保事項。

　二　被保險人投保薪資或年資事項。

　三　保險費或滯納金事項。

　四　保險給付事項。

　五　其他有關保險權益事項。

②依前項規定申請審議者，應於接到保險人核定通知文件之翌日起六十日內，填具就業保險爭議事項審議申請書，並檢附有關證件經由保險人向中央主管機關申請審議。

③依第一項規定申請審議者，準用勞工保險爭議事項審議辦法之規定。

第六條

符合本法第五條第一項規定之被保險人，未參加勞工保險者，其保險費應由投保單位以保險人指定金融機構自動轉帳方式繳納之，自動轉帳之扣繳日期爲次月底。

第七條

本法第六條第二項所稱本法施行前已參加勞工保險之勞工，指依本法第五條第一項規定應參加本保險並於本法施行前已參加勞工保險之勞工。

第八條　111

①投保單位依本法第六條第三項規定爲所屬勞工申報參加本保險時，除政府機關（構）、公立學校及使用政府機關（構）提供之線上申請系統辦理投保手續者外，應填具投保申請書及加保申報表各一份送交保險人，並檢附負責人國民身分證正背面影本及各目的事業主管機關核發之下列相關證件影本：

　一　工廠：工廠有關登記證明文件。

　二　礦場：礦場登記證、採礦、探礦執照或有關認定證明文件。

　三　鹽場、農場、畜牧場、林場、茶場：登記證書或有關認定證明文件。

　四　交通事業：運輸業許可證或有關認定證明文件。

　五　公用事業：事業執照或有關認定證明文件。

　六　公司、行號：公司登記證明文件或商業登記證明文件。

　七　私立學校、新聞事業、文化事業、公益事業、合作事業、職業訓練機構及各業人民團體：立案或登記證明書。

　八　中央或地方公職人員選舉之擬參選人及候選人：監察院政治

獻金開戶許可函、選舉委員會受理登記爲候選人之公文或相當證明文件。

九　中央或地方公職人員選舉之當選人：當選證書。

十　其他各業：執業證照或有關登記、核定或備查證明文件。

②投保單位依規定無法取得前項各款證件者，應檢附稅捐稽徵機關核發之扣繳單位設立（變更）登記申請書或使用統一發票購票證，辦理投保手續。

第八條之一

①投保單位爲所屬本法第五條第一項第二款所定勞工申報加保時，除依前條規定辦理外，並應檢附該勞工在我國居留證明文件影本；其爲依法應經中央主管機關或相關目的事業主管機關核准始得從事工作者，另應檢附核准從事工作之證明文件影本。

②本細則關於國民身分證之規定，於前項被保險人，以在我國居留證明文件替代之。

第八條之二

本法第五條第一項第二款所定與中華民國境內設有戶籍之國民結婚，且獲准居留依法在臺灣地區工作之外國人、大陸地區人民、香港居民或澳門居民，包括因離婚或其配偶死亡致婚姻關係消滅後，依法准予繼續居留者。

第九條

①本法第六條第三項所定之投保單位有下列各款情事之一者，應於事實發生之日起三十日內，填具投保單位變更事項申請書，並檢附有關證件影本，送交保險人辦理變更：

一　投保單位之名稱、地址或通訊地址變更。

二　投保單位之負責人變更。

②投保單位未依前項規定辦理變更手續者，保險人得依相關機關登記之資料逕爲變更。

第一○條 111

①被保險人姓名、出生年月日、國民身分證統一編號等有變更或錯誤時，被保險人應即通知其所屬投保單位。

②前項被保險人之相關個人資料有變更或錯誤之情形，投保單位應即填具被保險人變更事項申請書，檢附國民身分證正背面影本或有關證明文件送交保險人憑辦。

③被保險人未依第一項規定通知其所屬投保單位，或投保單位未依前項規定檢附相關文件送保險人者，保險人得依相關機關登記之資料逕爲變更。

第一一條 111

①投保單位應置備員工名冊、出勤工作紀錄及薪資帳冊，供主管機關、保險人及公立就業服務機構依本法第七條規定爲查對，並自被保險人離職之日起保存五年。

②前項員工名冊，應分別記載下列事項：

一　姓名、出生年月日、住址及國民身分證統一編號。

二　到職之年月日。

三　工作類別。

四　工作時間及薪資。

五　留職停薪事由及期間。

第一二條

被保險人請領本法第十條第一項第一款至第四款所定之失業給付、提早就業獎助津貼、職業訓練生活津貼或育嬰留職停薪津貼，經保險人審查應予發給者，由保險人匯入被保險人所指定國內金融機構之本人名義帳戶。

第一二條之一

①本法第二十二條之一所定逾期部分應加給之利息，以各該年一月一日之郵政儲金一年期定期存款固定利率為準，按日計算，並以新臺幣元為單位，角以下四捨五入。

②前項所需費用，由保險人編列公務預算支應。

第一三條

被保險人依本法第十一條第一項第一款規定請領失業給付者，應備具下列書件：

一　失業（再）認定、失業給付申請書及給付收據。

二　離職證明書或定期契約證明文件。

三　國民身分證或其他身分證明文件影本。

四　被保險人本人名義之國內金融機構存摺影本。但匯款帳戶與其請領職業訓練生活津貼之帳戶相同者，免附。

五　身心障礙者，另檢附社政主管機關核發之身心障礙證明。

六　有扶養眷屬者，另檢附下列證明文件：

　　㈠受扶養眷屬之戶口名簿影本或其他身分證明文件影本。

　　㈡受扶養之子女為身心障礙者，另檢附社政主管機關核發之身心障礙證明。

第一四條

被保險人依本法第十一條第一項第二款規定請領提早就業獎助津貼者，應備具下列書件：

一　提早就業獎助津貼申請書及給付收據。

二　被保險人本人名義之國內金融機構存摺影本。但匯款帳戶與其請領失業給付之帳戶相同者，免附。

第一四條之一

依本法第十一條第二項規定，準用本法第十一條第一項第二款得請領提早就業獎助津貼之被保險人，不包括於失業給付請領期間屆滿前，再受僱於原投保單位參加本保險者。

第一四條之二

本法第十一條第一項第二款所定參加本保險三個月以上，不計入領取失業給付期間參加本保險之年資。

第一五條

被保險人依本法第十一條第一項第三款規定請領職業訓練生活津

貼者，應備具下列書件：
一　職業訓練生活津貼申請書及給付收據。
二　離職證明書。
三　國民身分證或其他身分證明文件影本。
四　被保險人本人名義之國內金融機構存摺影本。但匯款帳戶與
　　其請領失業給付之帳戶相同者，免附。
五　有扶養眷屬者，應檢附下列證明文件：
　　㈠受扶養眷屬之戶口名簿影本或其他身分證明文件影本。
　　㈡受扶養之子女為身心障礙者，應檢附社政主管機關核發之
　　　身心障礙證明。

第一六條
本法第十一條第一項第三款所定全日制職業訓練，應符合下列條
件：
一　訓練期間一個月以上。
二　每星期訓練四日以上。
三　每日訓練日間四小時以上。
四　每月總訓練時數達一百小時以上。

第一六條之一
被保險人依本法第十一條第一項第四款規定請領育嬰留職停薪津
貼者，應備具下列書件：
一　育嬰留職停薪津貼申請書及給付收據。
二　被保險人及子女之戶口名簿影本。
三　育嬰留職停薪證明。
四　被保險人本人名義之國內金融機構存摺影本。

第一六條之二 111
①依本法規定請領各項保險給付，其所檢附之身分證明文件為我國
政府機關（構）以外製作者，以六個月內為限，並應經下列單位
驗證：
一　於國外製作：經我國駐外館處驗證；其在國內由外國駐臺使
　　領館或授權機構製作者，應經外交部複驗。
二　於大陸地區製作：經行政院設立或指定機構或委託之民間團
　　體驗證。
三　於香港或澳門製作：經行政院於香港或澳門設立或指定機構
　　或委託之民間團體驗證。
②前項文件為外文者，應檢附經前項各款所列單位驗證或國內公證
人認證之中文譯本。但為英文者，除保險人認有需要外，得予免
附。

第一七條
①中央主管機關辦理本法第十二條第三項規定事項之經費，指當年
度應收保險費百分之十範圍及歷年應收保險費百分之十之執行賸
餘額度；其額度以審定決算數為計算基礎。
②前項經費由保險人按提撥經費預算數每六個月撥付之，執行結果

若有贍餘，應於年度結算後辦理繳還。

第一八條 （刪除）

第一八條之一 111

本法第十七條第二項所定勞工保險傷病給付，爲勞工保險條例及勞工職業災害保險及保護法之傷病給付。

第一九條

①本法第十九條第一項規定之職業訓練生活津貼，應按申請人實際參訓起迄時間，以三十日爲一個月核算發放；其訓練期間未滿三十日者，依下列方式核算發放：

一　十日以上且訓練時數達三十小時者，發放半個月。

二　二十日以上且訓練時數達六十小時者，發放一個月。

②前項津貼，按月於期末發給。

第一九條之一

本法第十九條之一規定之受扶養眷屬於同一期間已請領本法給付或津貼，或已由其他被保險人申請加給給付或津貼者，不予加計。

第一九條之二

①本法第十九條之二第一項規定之育嬰留職停薪津貼，給付期間自育嬰留職停薪之日起至期滿之日止。但被保險人提前復職者，計至復職之前一日止。

②前項津貼，按月於期初發給；未滿一個月者，以一個月計。

第一九條之三

①被保險人因離職事由發生勞資爭議，依本法第二十三條第一項規定請領失業給付者，應檢附下列文件之一：

一　勞資爭議調解經受理之證明文件影本。

二　勞資爭議仲裁經受理之證明文件影本。

三　因勞資爭議提起訴訟之相關資料影本。

②被保險人應於收到前項勞資爭議之調解紀錄、仲裁判斷書或確定判決之日起十五日內，檢送該資料影本予公立就業服務機構或保險人審查。

第二〇條

被保險人依本法第二十五條第一項規定向公立就業服務機構辦理求職登記時，應申報其日常居住處所。

第二一條

申請人依本法第二十七條第一項規定檢送就業與否回覆卡或領取失業給付之被保險人依本法第三十二條規定通知公立就業服務機構再就業時，得以自行送達或掛號郵寄方式辦理；其以掛號郵寄方式辦理者，以交郵當日之郵戳爲準。

第二二條

被保險人依本法規定申請失業給付或職業訓練生活津貼，其所屬投保單位未依規定爲其辦理退保手續者，由保險人自被保險人離職之日逕予退保，並核發給付。

第二三條

①本法第三十條所定之求職紀錄內容如下：

一 單位名稱、地址、電話及聯絡人。

二 工作內容。

三 日期。

四 應徵情形。

②前項求職紀錄應為被保險人辦理失業再認定申請日前三十日內之求職資料。

第二四條

本保險依本法第四十二條規定免課之稅捐如下：

一 保險人、基金運用局及投保單位辦理本保險所用之契據，免徵印花稅。

二 保險人及基金運用局辦理本保險所收保險費、保險費滯納金與因此所承受強制執行標的物之收入、基金運用之收支及雜項收入，免納營業稅及所得稅。

三 保險人及基金運用局辦理業務使用之房地、器材及被保險人領取之保險給付，依稅法有關規定免徵稅捐。

第二四條之一

①勞工因雇主違反本法所定應辦理加保及投保薪資以多報少等規定，致影響其保險給付所提起之訴訟，得向中央主管機關申請扶助。

②前項扶助業務，中央主管機關得委託民間團體辦理。

第二五條

本法及本細則所定之書表格式，由保險人定之。

第二六條 111

①本細則自中華民國九十二年一月一日施行。

②本細則修正條文，除中華民國一百十一年四月十九日修正發布之條文，自一百十一年五月一日施行外，自發布日施行。

就業保險促進就業實施辦法

①民國99年5月3日行政院勞工委員會令訂定發布全文37條；並自發布日施行。

②民國100年1月14日行政院勞工委員會令修正發布第8、29、37條條文；並自100年1月1日施行。

③民國100年12月30日行政院勞工委員會令修正發布第3、8、29、37條條文；並增訂第34-1條條文及第四章第三節節名；除第8、29條自101年1月1日施行外，自發布日施行。

④民國102年2月20日行政院勞工委員會令修正發布第8、20、29、37條條文；並自102年1月1日施行。

⑤民國102年10月18日行政院勞工委員會令修正發布全文58條；並自發布日施行。

民國103年2月14日行政院公告第14條第3項所列屬「勞工保險局」之權責事項，自103年2月17日起改由「勞動部勞工保險局」管轄。

⑥民國104年5月12日勞動部令修正發布第3、30、33、36、47~49、51、52條條文；並增訂第52-1、52-2條條文及第四章第六、七節節名。

⑦民國105年7月20日勞動部令修正發布第18、21~23、30條條文。

⑧民國106年4月18日勞動部令修正發布第21條條文。

⑨民國108年4月16日勞動部令修正發布第5、6、12條條文。

⑩民國110年7月29日勞動部令修正發布第2、19、40條條文。

⑪民國111年11月9日勞動部令修正發布第11、14、18~20、27、33、45條條文。

⑫民國112年3月28日勞動部令修正發布第3、52-2條條文；並增訂第52-3、52-4條條文及第八、九節節名。

⑬民國112年6月29日勞動部令修正發布第5、6、9、12~16條條文；增訂第5-1、5-2、17-1條條文；並刪除第7、8、10、11、17條條文。

第一章　總　則

第一條

本辦法依就業保險法（以下簡稱本法）第十二條第四項規定訂定之。

第二條

①本辦法所定雇主，為就業保險投保單位之民營事業單位、團體或私立學校。

②前項所稱團體，指依人民團體法或其他法令設立者。但不包括政治團體及政黨。

第三條 112

本辦法促進就業措施之範圍如下：

一　僱用安定措施。

　二　僱用獎助措施。
　三　其他促進就業措施：
　　㈠補助求職交通、異地就業之交通、搬遷及租屋費用。
　　㈡推介從事臨時工作。
　　㈢辦理適性就業輔導。
　　㈣協助雇主改善工作環境及勞動條件。
　　㈤促進職場勞工身心健康、工作與生活平衡。
　　㈥促進職業災害勞工穩定就業。
　　㈦提升工會保障勞工就業權益之能力。
　　㈧促進中高齡者及高齡者就業。
　　㈨協助受天災、事變或其他重大情事影響之勞工就業。

第四條
中央主管機關得將本辦法所定之促進就業事項，委任所屬機關（構）、委辦直轄市、縣（市）主管機關或委託相關機關（構）、團體辦理之。

第二章　僱用安定措施

第五條 112
中央主管機關因景氣因素影響，致勞僱雙方協商減少工時（以下簡稱減班休息），經評估有必要時，得召開僱用安定措施諮詢會議（以下簡稱諮詢會議），辦理僱用安定措施。

第五條之一 112
①諮詢會議置委員十五人至二十一人，任期三年，其中一人為召集人，由中央主管機關派派人員兼任之；其餘委員，由中央主管機關就下列人員聘（派）兼之：
　一　中央主管機關代表一人。
　二　行業目的事業主管機關代表三人至五人。
　三　行政院主計總處代表一人。
　四　國家發展委員會代表一人。
　五　勞方代表二人至三人。
　六　資方代表二人至三人。
　七　學者專家四人至六人。
②諮詢會議委員任一性別比例，不得低於全體委員人數之三分之一。
③諮詢會議由召集人召集，並為主席；召集人未能出席時，由其指定委員其中一人代理之。必要時，得邀請有關單位、勞工、雇主或學者專家參加，聽取其意見。

第五條之二 112
諮詢會議得參採下列資料，就僱用安定措施啟動時機、辦理期間、被保險人薪資補貼期間、適用對象及其他相關事項提出諮詢意見：
　一　事業單位受景氣因素影響情形。

二　各行業發展情形及就業狀況。

三　實施減班休息事業單位家數及人數。

四　失業率。

五　資遣通報人數。

六　其他辦理僱用安定措施之資料。

第六條 112

① 中央主管機關辦理僱用安定措施，應公告啓動時機、辦理期間、被保險人薪資補貼期間、適用對象及其他相關事項。

② 前項辦理期間，最長爲十二個月。但中央主管機關於評估無辦理必要時，得於前項辦理期間屆滿前，公告終止。

第七條 （刪除）112

第八條 （刪除）112

第九條 112

① 被保險人領取薪資補貼，應符合下列規定：

一　於辦理僱用安定措施期間內，經被保險人與雇主協商同意實施減班休息期間達三十日以上，並依因應事業單位實施勞雇雙方協商減少工時相關規定辦理。

二　實施減班休息前，以現職雇主爲投保單位參加就業保險達三個月以上。

三　屬全時勞工，或有固定工作日（時）數或時間之部分時間工作勞工（以下簡稱部分工時勞工）。

四　未具請領薪資補貼之事業單位代表人、負責人、合夥人、董事或監察人身分。

② 中央主管機關應依前項第一款規定報送之勞雇雙方協商減班休息案件認定之。

③ 被保險人於僱用安定措施啓動前，已受僱現職雇主，且領取薪資補貼前受僱一個月以上者，不受第一項第二款參加就業保險期間限制。

第一〇條 （刪除）112

第一一條 （刪除）112

第一二條 112

① 公立就業服務機構應依下列規定，發給被保險人薪資補貼：

一　按被保險人於實施減班休息日前一個月至前三個月之平均月投保薪資，與實施減班休息後實際協議薪資差額之百分之五十發給。但被保險人於現職單位受僱未滿三個月者，依其於現職單位實際參加就業保險期間之平均月投保薪資計算。

二　前款實施減班休息後實際協議薪資，最低以中央主管機關公告之每月基本工資數額核算。但庇護性就業之身心障礙者及部分工時勞工，不在此限。

三　每月不得超過勞工保險投保薪資分級表所定最高月投保薪資，與中央主管機關公告每月基本工資差額之百分之五十。

四　薪資補貼金額採無條件進位方式計算至百位數。

②同一被保險人同時受僱於二個以上雇主，得依規定分別申請薪資補貼。

③同一被保險人受僱於同一雇主，不得於同一減班休息期間，重複申請薪資補貼。

④受僱於同一雇主之被保險人於領取第一項薪資補貼期間，不得重複領取政府機關其他相同性質之補助或津貼。

第一三條 112

①薪資補貼自減班休息實施日起算，公立就業服務機構依下列規定計算發給被保險人薪資補貼之期間：

一　一個月以三十日計算，發給一個月。

二　最末次申請之日數爲二十日以上，未滿三十日者，發給一個月；十日以上，未滿二十日者，發給半個月。

②薪資補貼發給期間，應於中央主管機關公告辦理僱用安定措施期間內。

③中央主管機關公告辦理僱用安定措施之期間未中斷者，被保險人領取薪資補貼，其合併領取期間以二十四個月爲限；該公告辦理期間中斷者，其領取補貼期間重新計算。

第一四條 112

①被保險人申請薪資補貼，應檢附下列文件，於實施減班休息每滿三十日之次日起九十日內，向工作所在地之公立就業服務機構提出：

一　薪資補貼申請書。

二　本人之身分證明或居留證明文件之影本。

三　被保險人當次申請補貼期間之薪資清冊或證明。

四　同意代爲查詢勞工保險資料委託書。

五　本人名義之國內金融機構存摺封面影本。

六　其他中央主管機關規定之文件。

②中央主管機關公告辦理僱用安定措施期間內，被保險人與雇主已於公告日前，實施減班休息期間達三十日以上者，應於公告日之次日起九十日內提出申請。

③雇主得於前二項所定申請期間內，檢附第一項文件及委託書，代減班休息被保險人提出申請。

④被保險人於第二次起之申請案，得免附第一項第二款及第四款規定文件；第一項第五款規定匯款帳戶未有變更者，亦得免附。

第一五條 112

雇主與被保險人另爲約定，致變更減班休息期間時，申請薪資補貼之雇主或被保險人，應於變更日之次日起七日內，通知工作所在地之公立就業服務機構。

第一六條 112

雇主或被保險人有下列情形之一者，公立就業服務機構應不予發給薪資補貼；已發給者，經撤銷或廢止原核定之補貼後，應追還之：

一　未於規定期間內提出申請。

二　雇主與被保險人協商縮短減班休息期間，未依前條規定通知工作所在地之公立就業服務機構。

三　被保險人於請領薪資補貼之事業單位具有代表人、負責人、合夥人、董事或監察人身分。

第一七條　（刪除）112

第一七條之一 112

逾六十五歲或屬本法第五條第二項第二款不得參加就業保險人員，經其雇主投保勞工職業災害保險者，得依第九條、第十二條至第十四條規定領取薪資補貼，並依第六條、第十五條、第十六條、第五十三條至第五十五條規定辦理。

第三章　僱用獎助措施

第一八條 111

①公立就業服務機構或第四條受託單位受理下列各款失業勞工之求職登記，經就業諮詢無法推介就業者，得發給僱用獎助推介卡：

一　失業期間連續達三十日以上之特定對象。

二　失業期間連續達三個月以上。

②前項失業期間之計算，以勞工未有參加就業保險、勞工保險或勞工職業災害保險紀錄之日起算。

③第一項第一款之特定對象如下：

一　年滿四十五歲至六十五歲失業者。

二　身心障礙者。

三　長期失業者。

四　獨力負擔家計者。

五　原住民。

六　低收入戶或中低收入戶中有工作能力者。

七　更生受保護人。

八　家庭暴力及性侵害被害人。

九　二度就業婦女。

十　其他中央主管機關認為有必要者。

第一九條 111

①雇主以不定期契約或一年以上之定期契約，僱用前條由公立就業服務機構或受託單位發給僱用獎助推介卡之失業勞工，連續滿三十日，由公立就業服務機構發給僱用獎助。

②雇主有下列情形之一者，公立就業服務機構應不予發給僱用獎助；已發給者，經撤銷原核定之獎助後，應追還之：

一　申請僱用獎助前，未依身心障礙者權益保障法及原住民族工作權保障法比例進用規定，足額進用身心障礙者及原住民或繳納差額補助費、代金；或申請僱用獎助期間，所僱用之身心障礙者或原住民經列計為雇主應依法定比率進用之對象。

二　未為應參加就業保險、勞工職業災害保險之受僱勞工，申報

　　　　參加就業保險或勞工職業災害保險。

三　僱用雇主或事業單位負責人之配偶、直系血親或三親等內之旁系血親。

四　同一雇主再僱用離職未滿一年之勞工。

五　僱用同一勞工，於同一時期已領取政府機關其他就業促進相關補助或津貼。

六　同一勞工之其他雇主於相同期間已領取政府機關其他就業促進相關補助或津貼。

七　第四條受委託之單位僱用自行推介之勞工。

八　庇護工場僱用庇護性就業之身心障礙者。

第二〇條 111

①雇主於連續僱用同一受領僱用獎助推介卡之勞工滿三十日之日起九十日內，得向原推介轄區之公立就業服務機構申請僱用獎助，並應檢附下列證明文件：

一　僱用獎助申請書。

二　僱用名冊、載明受僱者工作時數之薪資清冊、出勤紀錄。

三　受僱勞工之身分證影本或有效期間居留證明文件。

四　請領僱用獎助之勞工保險、就業保險、勞工職業災害保險投保資料表或其他足資證明投保之文件。

五　其他中央主管機關規定之必要文件。

②前項雇主，得於每滿三個月之日起九十日內，向原推介轄區之公立就業服務機構提出僱用獎助之申請。

③第一項僱用期間之認定，自勞工到職投保就業保險生效之日起算。但依法不得辦理參加就業保險者，自其勞工職業災害保險生效之日起算。

④前項僱用期間，一個月以三十日計算，其末月僱用時間逾二十日而未滿三十日者，以一個月計算。

第二一條

①雇主依前二條規定申請僱用獎助，依下列規定核發：

一　勞僱雙方約定按月計酬方式給付工資者，依下列標準核發：

　㈠僱用第十八條第三項第一款至第三款人員，依受僱人數每人每月發給新臺幣一萬三千元。

　㈡僱用第十八條第三項第四款至第十款人員，依受僱人數每人每月發給新臺幣一萬一千元。

　㈢僱用第十八條第一項第二款人員，依受僱人數每人每月發給新臺幣九千元。

二　勞僱雙方約定按前款以外方式給付工資者，依下列標準核發：

　㈠僱用第十八條第三項第一款至第三款人員，依受僱人數每人每小時發給新臺幣七十元，每月最高發給新臺幣一萬三千元。

　㈡僱用第十八條第三項第四款至第十款人員，依受僱人數

　　　　每人每小時發給新臺幣六十元，每月最高發給新臺幣一萬
　　　　一千元。
　　㈢僱用第十八條第一項第二款人員，依受僱人數每人每小時
　　　　發給新臺幣五十元，每月最高發給新臺幣九千元。
②同一雇主僱用同一勞工，合併領取本僱用獎助及政府機關其他之
　就業促進相關補助或津貼，最長以十二個月爲限。
③同一勞工於同一時期受僱於二以上雇主，並符合第一項第二款規
　定者，各雇主均得依規定申請獎助；公立就業服務機構應按雇主
　申請送達受理之時間，依序核發。但獎助金額每月合計不得超過
　第一項第二款各目規定之最高金額。

第四章　其他促進就業措施

第一節　補助交通與搬遷及租屋費用

第二二條
　失業被保險人親自向公立就業服務機構辦理求職登記，經公立就
　業服務機構諮詢及開立介紹卡推介就業，有下列情形之一者，得
　發給求職交通補助金。
　一　其推介地點與日常居住處所距離三十公里以上。
　二　爲低收入戶或中低收入戶。

第二三條
①前條之勞工申請求職交通補助金，應檢附下列文件：
　一　補助金領取收據。
　二　其他中央主管機關規定之文件。
②以低收入戶或中低收入戶身分申請者，除檢附前項規定文件外，
　並應檢附低收入戶或中低收入戶證明文件影本。

第二四條
①第二十二條補助金，每人每次得發給新臺幣五百元。但情形特殊
　者，得於新臺幣一千二百五十元內核實發給。
②每人每年度合併領取前項補助金及依就業促進津貼實施辦法領取
　之求職交通補助金，以四次爲限。

第二五條
　領取第二十二條補助金者，應於推介就業之次日起七日內，填具
　推介就業情形回覆卡通知公立就業服務機構，逾期未通知者，當
　年度不再發給。

第二六條
　失業被保險人親自向公立就業服務機構辦理求職登記，經諮詢及
　開立介紹卡推介就業，並符合下列情形者，得向就業當地轄區之
　公立就業服務機構申請核發異地就業交通補助金：
　一　失業期間連續達三個月以上或非自願性離職。
　二　就業地點與原日常居住處所距離三十公里以上。
　三　因就業有交通往返之事實。

四　連續三十日受僱於同一雇主。

第二七條 111

①前條之勞工於連續受僱滿三十日之日起九十日內，得向就業當地轄區公立就業服務機構申請異地就業交通補助金，並應檢附下列證明文件：

一　異地就業交通補助金申請書。

二　補助金領取收據。

三　本人名義之國內金融機構存摺封面影本。

四　本人之身分證影本或有效期間居留證明文件。

五　同意代為查詢勞工保險資料委託書。

六　居住處所查詢同意書。

七　其他中央主管機關規定之文件。

②前項之勞工，得於屆滿三個月之日起九十日內，向當地轄區之公立就業服務機構申請補助金。

③第一項受僱期間之認定，自勞工到職投保就業保險生效之日起算。但依法不得辦理參加就業保險者，自其勞工職業災害保險生效之日起算。

第二八條

①異地就業交通補助金，依下列規定核發：

一　勞工就業地點與原日常居住處所距離三十公里以上未滿五十公里者，每月發給新臺幣一千元。

二　勞工就業地點與原日常居住處所距離五十公里以上未滿七十公里者，每月發給新臺幣二千元。

三　勞工就業地點與原日常居住處所距離七十公里以上者，每月發給新臺幣三千元。

②前項補助金最長發給十二個月。

③補助期間一個月以三十日計算，其末月期間逾二十日而未滿三十日者，以一個月計算。

第二九條

失業被保險人親自向公立就業服務機構辦理求職登記，經諮詢及開立介紹卡推介就業，並符合下列情形者，得向就業當地轄區之公立就業服務機構申請核發搬遷補助金：

一　失業期間連續達三個月以上或非自願性離職。

二　就業地點與原日常居住處所距離三十公里以上。

三　因就業而需搬離原日常居住處所，搬遷後有居住事實。

四　就業地點與搬遷後居住處所距離三十公里以內。

五　連續三十日受僱於同一雇主。

第三〇條

①前條之勞工向就業當地轄區公立就業服務機構申請搬遷補助金者，應檢附下列證明文件於搬遷之日起九十日內為之：

一　搬遷補助金申請書。

二　補助金領取收據。

　　三　本人名義之國內金融機構存摺封面影本。
　　四　搬遷費用收據。
　　五　搬遷後居住處所之居住證明文件。
　　六　本人之身分證影本或有效期間居留證明文件。
　　七　同意代為查詢勞工保險資料委託書。
　　八　居住處所查詢同意書。
　　九　其他中央主管機關規定之必要文件。
②前項第四款所稱搬遷費用，指搬運、寄送傢俱或生活所需用品之合理必要費用。但不含包裝人工費及包裝材料費用。

第三一條
搬遷補助金，以搬遷費用收據所列總額核實發給，最高發給新臺幣三萬元。

第三二條
失業被保險人親自向公立就業服務機構辦理求職登記，經諮詢及開立介紹卡推介就業，並符合下列情形者，得向就業當地轄區之公立就業服務機構申請核發租屋補助金：
　　一　失業期間連續達三個月以上或非自願性離職。
　　二　就業地點與原日常居住處所距離三十公里以上。
　　三　因就業而需租屋，並有居住事實。
　　四　就業地點與租屋處所距離三十公里以內。
　　五　連續三十日受僱於同一雇主。

第三三條　111
①前條之勞工於受僱且租屋之日起九十日內，得向就業當地轄區公立就業服務機構申請租屋補助金，並應檢附下列證明文件：
　　一　租屋補助金申請書。
　　二　補助金領取收據。
　　三　本人名義之國內金融機構存摺封面影本。
　　四　房租繳納證明文件。
　　五　房屋租賃契約影本。
　　六　租賃房屋之建物登記第二類謄本。
　　七　本人之身分證影本或有效期間居留證明文件。
　　八　同意代為查詢勞工保險資料委託書。
　　九　居住處所及租賃事實查詢同意書。
　　十　其他中央主管機關規定之必要文件。
②前項之勞工，得於受僱且租屋每滿三個月之日起九十日內，向當地轄區之公立就業服務機構申請補助金。
③第一項受僱之認定，自勞工到職投保就業保險生效之日起算。但依法不得辦理參加就業保險者，自其勞工職業災害保險生效之日起算。

第三四條
①租屋補助金，自就業且租賃契約所記載之租賃日起，以房屋租賃契約所列租金總額之百分之六十核實發給，每月最高發給新臺幣

五千元，最長十二個月。

②前項補助期間一個月以三十日計算，其末月期間逾二十日而未滿三十日者，以一個月計算。

第三五條

勞工申領租屋補助金或異地就業交通補助金，於補助期間得互相變更申領，其合併領取期間以十二個月爲限。

第三六條

申領搬遷補助金、租屋補助金或異地就業交通補助金者，有下列情形之一，公立就業服務機構應不予發給；已發給者，經撤銷後，應追還之：

一　未於公立就業服務機構推介就業之次日起七日內，填具推介就業情形回覆卡通知公立就業服務機構。

二　爲雇主、事業單位負責人或房屋出租人之配偶、直系血親或三親等內之旁系血親。

三　於同一事業單位或同一負責人之事業單位離職未滿一年再受僱者。

四　不符申請規定，經勞工就業當地轄區公立就業服務機構撤銷資格認定。

第二節　推介從事臨時工作

第三七條

①公立就業服務機構受理失業被保險人之求職登記，經就業諮詢及推介就業，有下列情形之一，公立就業服務機構得指派其至政府機關（構）或合法立案之非營利團體（以下合稱用人單位）從事臨時工作：

一　於求職登記日起十四日內未能推介就業。

二　有正當理由無法接受推介工作。

②前項所稱正當理由，指工作報酬未達原投保薪資百分之六十，或工作地點距離日常居住處所三十公里以上者。

第三八條

公立就業服務機構受理用人單位所提之臨時工作計畫申請，經審查核定後，用人單位始得接受推介執行計畫。

第三九條

①失業被保險人依第三七條規定從事臨時工作期間，用人單位應爲失業被保險人向公立就業服務機構申請臨時工作津貼。

②用人單位申請前項津貼，應備下列文件：

一　執行臨時工作計畫之派工紀錄及領取津貼者之出勤紀錄表。

二　經費印領清冊。

三　臨時工作計畫執行報告。

四　領據。

五　其他中央主管機關規定之文件。

③用人單位應代公立就業服務機構轉發臨時工作津貼，並爲扣繳義

務人，於發給失業被保險人津貼時扣繳稅款。

第四〇條

① 前條津貼發給標準，按中央主管機關公告之每小時基本工資核給，且一個月合計不超過月基本工資，最長六個月。

② 失業被保險人二年內合併領取前項津貼、依就業促進津貼實施辦法領取之臨時工作津貼或政府機關其他同性質津貼，最長六個月。

第四一條

① 領取臨時工作津貼者，經公立就業服務機構推介就業時，應於推介就業之次日起七日內，填具推介就業情形回覆卡通知公立就業服務機構。期限內通知者，應徵當日給予四小時或八小時之求職假。

② 前項求職假，每星期以八小時為限，請假期間，津貼照給。

③ 第一項人員之請假事宜，依用人單位規定辦理；用人單位未規定者，參照勞動基準法及勞工請假規則辦理。請假日數及第一項求職假，應計入臨時工作期間。

第四二條

① 公立就業服務機構應定期或不定期派員，實地查核臨時工作計畫執行情形。

② 用人單位有下列情形之一，公立就業服務機構得終止其計畫：

　一　規避、妨礙或拒絕查核者。

　二　未依第三十八條臨時工作計畫書及相關規定執行，經書面限期改善，屆期未改善者。

第四三條

① 臨時工作計畫終止後，公立就業服務機構得指派該人員至其他用人單位從事臨時工作，並發給臨時工作津貼。

② 前項工作期間，應與原從事之臨時工作期間合併計算。

第四四條

領取臨時工作津貼者，有下列情形之一，公立就業服務機構應不予發給臨時工作津貼；已發給者，經撤銷或廢止後，應追還之：

　一　同時領取本法之失業給付。

　二　於領取津貼期間已就業。

　三　違反用人單位之指揮及規定，經用人單位通知公立就業服務機構停止其臨時工作。

　四　原從事之臨時工作終止後，拒絕公立就業服務機構指派之其他臨時工作。

　五　拒絕公立就業服務機構推介就業。

第四五條 111

用人單位應為從事臨時工作之人員辦理參加勞工保險、勞工職業災害保險及全民健康保險。但臨時工作之人員依法不能參加勞工保險者，應為其辦理參加勞工職業災害保險。

第三節　辦理適性就業輔導

第四六條

公立就業服務機構受理失業被保險人之求職登記，辦理下列適性就業輔導事項：

一　職涯規劃。

二　職業心理測驗。

三　團體諮商。

四　就業觀摩。

第四節　協助雇主改善工作環境及勞動條件

第四七條

中央主管機關為協助雇主改善工作環境，促進勞工就業，得辦理下列事項：

一　工作環境、製程及設施之改善。

二　人因工程之改善及工作適性安排。

三　工作環境改善之專業人才培訓。

四　強化勞動關係與提升勞動品質之研究及發展。

五　其他工作環境改善事項。

第四八條

中央主管機關為協助雇主改善工作環境及勞動條件，促進勞工就業，得訂定計畫，補助直轄市、縣（市）主管機關或有關機關辦理之。

第四九條

①中央主管機關為協助雇主辦理工作環境改善，得訂定補助計畫。

②前項補助之申請，雇主得擬定工作環境改善計畫書，於公告受理申請期間內，送中央主管機關審核。

第五節　職場勞工身心健康及生活平衡

第五〇條

中央主管機關為促進職場勞工身心健康，得協助並促進雇主辦理下列事項：

一　工作相關疾病預防。

二　健康管理及促進。

三　勞工健康服務專業人才培訓。

四　其他促進職場勞工身心健康事項。

第五一條

①中央主管機關為協助雇主促進職場勞工身心健康，得訂定補助計畫。

②前項補助之申請，雇主得擬定促進職場勞工身心健康計畫書，於公告受理申請期間內，送中央主管機關審核。

第五二條

①中央主管機關為推動勞工之工作與生活平衡，得辦理下列事項：

一　推動合理工作時間規範及促進縮減工作時間。

二　促進職場工作平等及育嬰留職停薪權益之保護。

三　補助與辦理教育訓練、活動、措施、設施及宣導。

②中央主管機關為辦理前項事項，得訂定實施或補助計畫。

③前項補助之申請，直轄市、縣（市）主管機關、有關機關或雇主得擬定計畫書，於公告受理申請期間內，送中央主管機關審核。

第六節　促進職業災害勞工穩定就業

第五二條之一

①中央主管機關為促進職業災害勞工穩定就業，得辦理下列事項：

一　職業災害勞工重返職場之補助。

二　雇主僱用或協助職業災害勞工復工之獎助。

三　其他促進職業災害勞工穩定就業措施。

②中央主管機關為辦理前項事項，得訂定實施或補助計畫。

第七節　提升工會保障勞工就業權益能力

第五二條之二　112

①中央主管機關為提升工會保障勞工就業權益之能力，得辦理下列事項：

一　工會簽訂團體協約及進行勞僱對話之獎補助。

二　工會參與事業單位經營管理之補助。

三　工會協助勞工組織結社之補助。

四　工會辦理就業權益教育訓練之補助。

五　其他提升工會保障勞工就業權益能力之措施。

②中央主管機關為辦理前項事項，得訂定實施或補助計畫。

第八節　促進中高齡者及高齡者就業　112

第五二條之三　112

①中央主管機關為協助中高齡者及高齡者就業，得辦理下列事項：

一　職務再設計。

二　繼續僱用補助。

三　其他有關就業協助事項。

②中央主管機關為辦理前項事項，得訂定實施或補助計畫。

第九節　協助受影響勞工就業　112

第五二條之四　112

①中央主管機關對受天災、事變或其他重大情事影響之勞工，得辦理下列事項：

一　穩定就業協助。

二　重返職場協助。

三　其他有關就業協助事項。

②中央主管機關為辦理前項事項，得訂定實施或補助計畫。

第五章 附 則

第五三條

雇主或勞工申請本辦法之津貼或補助不符申請規定之文件，經中央主管機關或公立就業服務機構通知限期補正，屆期未補正者，不予受理。

第五四條

中央主管機關及公立就業服務機構為查核本辦法執行情形，得查對相關資料，雇主、用人單位、領取津貼或接受補助者，不得規避、妨礙或拒絕。

第五五條

①中央主管機關或公立就業服務機構發現雇主、用人單位、領取津貼或接受補助者，有下列情形之一，應不予核發津貼或補助；已發給者，經撤銷或廢止後，應追還之：

一 不實申領。

二 規避、妨礙或拒絕中央主管機關或公立就業服務機構查核。

三 其他違反本辦法之規定。

四 違反保護勞工法令，情節重大。

②前項領取津貼或接受補助者，經中央主管機關或公立就業服務機構書面通知限期繳回，屆期未繳回者，依法移送強制執行。

第五六條

本辦法所規定之書表及文件，由中央主管機關定之。

第五七條

①本辦法所需經費，依本法第十二條第三項提撥之經費額度中支應。

②中央主管機關得視預算額度之調整，發給或停止本辦法之津貼或補助，並公告之。

第五八條

本辦法自發布日施行。

勞工保險失能給付標準

①民國97年12月25日行政院勞工委員會令訂定發布全文9條；並自98年1月1日施行。
②民國99年10月8日行政院勞工委員會令修正發布第9條條文及第3條附表；並自發布日施行。
③民國100年10月17日行政院勞工委員會令修正發布第3條附表。
④民國102年5月22日行政院勞工委員會令修正發布第4、9條條文；增訂第4-1條條文；並自102年8月13日施行。
　民國102年7月19日行政院公告第8條所列屬「行政院衛生署」之權責事項，自102年7月23日起改由「衛生福利部」管轄。
⑤民國104年9月15日勞動部令修正發布第4-1、8條條文及第3條附表。
⑥民國109年10月21日勞動部令修正發布第3條附表。
⑦民國111年3月30日勞動部令修正發布第3條附表。

第一條

本標準依勞工保險條例（以下簡稱本條例）第五十四條之一第一項規定訂定之。

第二條

失能種類如下：

一　精神。
二　神經。
三　眼。
四　耳。
五　鼻。
六　口。
七　胸腹部臟器。
八　軀幹。
九　頭、臉、頸。
十　皮膚。
十一　上肢。
十二　下肢。

第三條

前條所定失能種類之狀態、等級、審核基準及開具診斷書醫療機構層級如附表。

第四條

①本條例所定經評估為終身無工作能力者，指符合下列情形之一：

一　失能狀態經審定符合本標準附表所定失能狀態列有「終身無工作能力」者。
二　被保險人為請領失能年金給付，依本條例第五十四條之一第

二項規定，經個別化之專業評估，其工作能力減損達百分之七十以上，且無法返回職場者。

②前項第二款所定個別化之專業評估，依被保險人之全人損傷百分比、未來工作收入能力、職業及年齡，綜合評估其工作能力。

第四條之一

①保險人辦理前條個別化之專業評估，得委託置有完成個別化專業評估訓練醫師之全民健康保險特約醫院辦理。

②受委託醫院應指派醫師會同專科醫師、物理治療師、職能治療師、臨床心理師或語言治療師等專業人員組成團隊，依中央主管機關所定之評估方法、工具、計算方式，評估被保險人之工作能力。

③前項受委託醫院指派之醫師，必須為已參加保險人自行辦理或委託相關醫學團體，依中央主管機關所定個別化專業評估訓練課程完成訓練者。

第五條

①失能等級共分為十五等級，各等級之給付標準，按平均日投保薪資，依下列規定日數計算之：

一　第一等級為一千二百日。

二　第二等級為一千日。

三　第三等級為八百四十日。

四　第四等級為七百四十日。

五　第五等級為六百四十日。

六　第六等級為五百四十日。

七　第七等級為四百四十日。

八　第八等級為三百六十日。

九　第九等級為二百八十日。

十　第十等級為二百二十日。

十一　第十一等級為一百六十日。

十二　第十二等級為一百日。

十三　第十三等級為六十日。

十四　第十四等級為四十日。

十五　第十五等級為三十日。

②前項所定平均日投保薪資，依本條例第十九條第三項第二款規定之平均月投保薪資除以三十計之。

③前二項所定失能等級及給付標準，於請領失能年金給付者不適用之。

第六條

①被保險人失能狀態符合本標準附表之項目，請領失能給付者，除依本條例第五十三條第二項規定請領失能年金者外，按失能等級之給付日數一次發給。

②前項失能等級依下列規定審核辦理：

一　符合本標準附表之任何一項目者，按該項目之失能等級核定

之。

二　符合本標準附表之任何兩項目以上者，除依第三款至第六款規定辦理外，按其最高失能等級核定之。

三　符合本標準附表之第十四等級至第一等級間任何兩項目以上者，按其最高失能等級再升一等級核定之。但最高等級為第一等級時，按第一等級核定之。

四　符合本標準附表之第八等級至第一等級間任何兩項目以上者，按其最高失能等級再升二等級核定之。但最高等級為第二等級以上時，按第一等級核定之。

五　符合本標準附表之第五等級至第一等級間任何兩項目以上者，按其最高失能等級再升三等級核定之。但最高等級為第三等級以上時，按第一等級核定之。

六　不符合本標準附表所定之各項目時，得衡量其失能程度，比照同表所定之失能狀態，定其失能等級。

七　依第三款至第六款規定所核定失能等級之日數，超過各該失能等級分別計算日數之合計額時，應按其合計額核定之。

第七條

被保險人之遺屬依本條例第六十三條之一第二項規定選擇一次請領失能給付扣除已領年金給付者，其給付標準適用前二條規定。

第八條

①本條例施行細則第六十八條第一項第二款所定失能診斷書，應由全民健康保險特約醫院或診所出具。但於本條例施行區域外失能者，得由原應診之醫院或診所診斷出具。

②失能項目基於認定技術及設備之需要，其開具失能診斷書之全民健康保險特約醫院，應符合下列資格之一：

一　經衛生福利部醫院評鑑為優等以上之醫院。

二　經衛生福利部醫院評鑑為合格之醫學中心或區域醫院。

三　經衛生福利部醫院評鑑及教學醫院評鑑合格之醫院。

③澎湖縣、金門縣、連江縣等離島之被保險人，得由原應診之全民健康保險特約醫院或診所診斷出具，不受前項之限制。

第九條

①本標準自中華民國九十八年一月一日施行。

②本標準修正條文自發布日施行。

③本標準中華民國一百零二年五月二十二日修正條文，自中華民國一百零二年八月十三日施行。

附 表 111

失能種類	失能項目	失能狀態	失能等級	失能審核基準	開具診斷書醫療機構層級
1 精神	1-1	精神遺存極度失能，終身無工作能力，為維持生命必要之日常生活活動，全須他人扶助，須經常醫療護理及專人周密照護者。	一	一、精神失能等級之審定基本原則：須經治療二年以上，始得認定。審定時應綜合其全部症狀，對於永久喪失勞動能力與影響日常生活或社會生活活動狀態及需他人扶助之情況定其等級。	應由全民健康保險特約醫院或診所出具。
	1-2	精神遺存高度失能，終身無工作能力，為維持生命必要之日常生活活動之一部他人扶助者。	二	二、審定時，須由精神科專科醫師診斷開具失能診斷書；必要時保險人得另行指定神經科、復健科、職業醫學科等專科醫師會同認定。	
	1-3	精神遺存顯著失能，終身無工作能力，為維持生命必要之日常生活活動尚可自理者。	三	三、精神失能須經心理衡鑑或職能評估、「簡易智能狀態測驗」（MMSE）、「魏氏成人智力測驗」（WAIS）或「臨床失智評估量表」（CDR）等評估始可診斷。	
	1-4	精神遺存顯著失能，終身僅能從事輕便工作，精神及身體之勞動能力較一般明顯低下者。	七	四、精神失能同時併存中樞神經系統機能失能時，須綜合全部症狀定其失能等級。	
	1-5	醫學上可證明精神遺存失能，但通常無礙勞動者。	十三		
2 神經	2-1	中樞神經系統機能遺存極度失能，終身無工作能力，為維持生命必要之日常生活活動，全須他人扶助，經常須醫療護理及專人周密照護者。	一	一、神經失能等級之審定基本原則；須經治療六個月以上，始得認定；如經手術，須最後一次手術後六個月以上，始得認定；併存失智症所致之認知功能失能適用精神失能審核原則認定。審定時，應綜合其全部症狀，對於永久喪失勞動能力與影響日常生活或社會生活活動狀態及需他人扶助之情況定其等級。	應由全民健康保險特約醫院或診所出具。
	2-2	中樞神經系統機能之病變，引起截癱或偏癱，終身無工作能力，為維持生命必要之日常生活活動之一部須他人扶助者。	二	二、審定時，須由神經科、神經外科或復健科專科醫師診斷開具失能診斷書，但迄植物人狀態，經查證屬實者除外；必要時保險人得另行指定精神科或職業醫學科專科醫師會同認定。	
	2-3	中樞神經系統機能遺存顯著失能，終身無工作能力，為維持生命必要之日常生活活動尚可自理者。	三	三、因腦疾、創傷或失智症等所致之認知功能失能，須經心理衡鑑或職能評估、「簡易智能狀態測驗」（MMSE）、「魏氏成人智力測驗」（WAIS）或「臨床失智評估量表」（CDR）等評估始可診斷。	
	2-4	中樞神經系統機能遺存顯著失能，終身僅能從事輕便工作者。	七	四、中樞神經系統病變產生的症狀，若僅存在於某一失能種類，則按其影響部位所定等級定之，例如因言語損傷所致之	
	2-5	神經系統之病變，通常無礙勞動，但由醫學上可證明局部遺存頑固神經症狀者。	十三		

表達性失語症，準用言語機能失能審定之。

五、「平衡機能失能與聽力失能」等級之審定：因頭部損傷引起聽力失能與平衡機能失能同時併存時，須綜合其失能狀況定其等級。

六、「癲癇」失能等級之審定：癲癇發作，同時應重視因反覆發作致性格變化而終至癡呆、人格崩壞，即成癲癇性精神病狀態者，依精神失能之審定原則審定之。癲癇症狀之固定時期，應以經專科醫師之治療，認為不能期待醫療效果時，而其癲癇發作合併有意識障礙情況，依下列標準審定之：

(一)雖經二種或二種以上抗癲癇藥物充分治療，每週仍有一次以上發作致終身無工作能力者：適用第三等級。

(二)雖經二種或二種以上抗癲癇藥物充分治療，每月仍有一次以上發作，勞動能力明顯能下，終身僅能從事經便工作者：適用第七等級。

(三)雖經二種或二種以上抗癲癇藥物充分治療，每月仍有一次以上發作，但通常無礙勞動者：適用第十三等級。

七、「頭痛」失能等級之審定：頭痛之病因甚多，因頭外傷或各種中毒等，遺存主要的頭痛包括：

(一)挫傷、創傷部位之疼痛。

(二)血管性頭痛。

(三)肌肉緊張性頭痛。

(四)頭神經根或三叉神經病變所致之神經痛。

審定標準依下列規定：

(一)一般的勞動能力尚存，但因頭痛屢發，不能從事工作，致就業職種之範圍，受相當限制者：適用第九等級。

(二)通常勞動無礙，但有時發作即有礙勞動者：適用第十三等級。

八、「眩暈及平衡機能失能」等級之審定：頭部

					外傷後或因中樞神經系統疾病起因之眩暈及平衡機能失能，不單由於內耳失能引起，因小腦、腦幹部、額葉等中樞神經系統之失能發現者亦不少，其審定標準如下：

外傷後或因中樞神經系統疾病起因之眩暈及平衡機能失能，不單由於內耳失能引起，因小腦、腦幹部、額葉等中樞神經系統之失能發現者亦不少，其審定標準如下：

(一)因高度平衡機能失能，僅能維持生命必要之日常生活活動者，適用第三等級。

(二)因中等度平衡機能失能、勞動能力較一般平常人明顯低下者：適用第七等級。

(三)通常無礙勞動，但因眼震盪或其他平衡機能檢查認為有失能所見者：適用第十三等級。

九、「脊髓失能」等級之審定，依其損傷之程度發現四肢等之運動失能、感覺失能、腸管失能、尿路失能、生殖器失能等，依失能審核之原則，綜合其症狀選用合適等級。

十、「外傷後疼痛症候群」失能等級之審定：外傷後疼痛症候群：外傷後疼痛之特別形態，因四肢或其他神經不完全損傷而生之神經痛，於自然經過後仍不消退，由醫學上可予證明者，得依下列標準審定其等級：

(一)由於腦神經及脊髓神經之外傷或其他原因之神經痛，依其疼痛發作頻度，疼痛強度與持續時間及疼痛原因之他覺所見，對於疼痛影響勞動能力等列定其等級：例如於經便勞動以外之勞動，經常有失能程度之疼痛者：適用第七等級。

(二)由於外傷引起之神經痛，按前列說明分別按其程度以第七等級、第十三等級審定之。

十一、「脊神經根及週邊神經功能失能」等級之審定：原則上準用受失能神經支配之身體各部器官之機能失能所定等級，但神經麻痺由於他覺可予證明而無相當等級可資適用時，按第十三等級審定之。

十二、「一氧化碳中毒或缺氧造成後遺症」失能等級之審定：一氧化碳中毒或缺氧造成後遺症失能之審定，綜合其所遺諸症狀，按照審核神經失能等級之審定基本原則判斷，定其等級。

十三、中樞神經系統機能失能同時併存精神失能時，須綜合全部症狀定其失能等級。

3 眼	眼球	視力失能	3-1	雙目均失明者。	二	一、「視力」之測定： (一)應用萬國式視力表以矯正視力為準。但矯正不能者，得以裸眼視力測定之。 (二)視力之測定，須通過「測盲」（Malingering）檢查。 二、「失明」包括眼球喪失或摘出或僅能辨明暗或辨眼前一公尺以內手動或辨眼前五公分以內指數者。 三、「視力失能」、「視野失能」、「調節或運動失能」等有二種以上失能時，得依規定提高等級，但最高等級雙目不得超過第二等級，一目不得超過第八等級。如另有「眼瞼缺損失能」者，不在此限。	應由衛生福利部醫院評鑑優等以上、醫學中心或區域醫院、醫院評鑑及教學醫院評鑑合格之全民健康保險特約醫院出具。
			3-2	雙目視力均減退至〇・〇二以下，未達失明者。	三		
			3-3	雙目視力均減退至〇・〇六以下者。	五		
			3-4	雙目視力均減退至〇・一以下者。	七		
			3-5	一目失明，他目視力減退至〇・〇二以下，未達失明者。	三		
			3-6	一目失明，他目視力減退至〇・〇六以下者。	四		
			3-7	一目失明，他目視力減退至〇・一以下者。	六		
			3-8	一目失明，他目視力減退至〇・四以下者。	七		
			3-9	雙目視力均減退至〇・四以下者。	十		
			3-10	一目失明者。	八		
			3-11	一目視力減退至〇・〇二以下，未達失明者。	九		
			3-12	一目視力減退至〇・〇六以下者。	十		
			3-13	一目視力減退至〇・一以下者。	十一		
		視野失能	3-14	兩目均遺存半盲症、視野狹窄或視野變形者。	十	一、視野之判定，在晝光下，明白視標直徑一公分，以八方位視野角度測定，減退至正常視野百分之六十以下者，謂之視野變形。暗點以採取絕對暗點為準，比較暗點不在此列。 二、視野失能應依最近三個月內以「視神經及黃斑部為中心之眼底神經盤照片」、「視野圖」予以診斷，且須通過「測盲」（Malingering）檢查。	
			3-15	一目遺存半盲症、視野狹窄或視野變形者。	十四		

勞工保險

		項次	失能狀態	等級	審定基準	開具醫院
	調節或運動失能	3-16	兩眼眼球均遺存顯著調節機能失能或運動失能者。	十二	一、「眼球遺存顯著調節機能失能」係指調節力減退二分之一以上者。 二、「眼球遺存顯著運動機能失能」係指眼球之運動與注視野（向各方面之單眼視約五十度，兩眼視約四十五度）減退二分之一以上者。	
		3-17	一眼眼球遺存顯著調節機能失能或運動失能者。	十三		
		3-18	眼肌麻痺，正面視發生複視，以致兩眼視引起高度頭痛、眩暈，對日常生活與勞動，有顯著失能者。			
		3-19	外傷引起高度之散瞳，且畏光流淚者，對於勞動有顯著之妨礙者。	十三		
眼瞼	缺損失能	3-20	兩眼眼瞼均遺存顯著缺損者。	十	一、「眼瞼遺存顯著缺損」，係指閉瞼時，不能完全覆蓋角膜者。閉瞼時，角膜能夠完全覆蓋，僅球結膜（眼白）外露程度之眼瞼部分缺損，不在給付範圍。 二、眼瞼缺損同時併有頭、臉、頸部缺損時，得依規定提高等級。	
		3-21	一眼眼瞼遺存顯著缺損者。	十二		
	運動失能	3-22	兩眼眼瞼均遺存顯著運動失能者。	十二	「眼瞼遺存顯著運動失能」，係指閉瞼時，瞳孔範圍全覆（如眼瞼下垂），或閉瞼時，不能完全覆蓋角膜（如兔眼）者。	
		3-23	一眼眼瞼遺存顯著運動失能者。	十三		
4耳 內耳及中耳	聽覺失能	4-1	兩耳聽力平均閾值在九十分貝以上者。	五	一、本條例失能給付規定之「同一部位」，於聽覺失能部位係指：兩耳聽覺失能程度不同，應將兩耳之聽覺失能綜合審定，僅祚分析核定各耳失能等級後再提高其等級。如一耳適合第4-3項，他耳適合第4-4項之失能時，應綜合其失能程度，按第4-2項第七等級審定之。（檢查（PTA）（二次測試應間隔二十四小時以上）、「語言聽閾測試」（SRT）及「聽性腦幹聽力檢查」（ABR）報告予以診斷。必要時得配合Stenger test氏詐聾測試結果或穩相位誘發電位檢查（SSEP）診斷。 二、聽覺失能應依最近三個月內之二次「純音聽力」 三、內耳損傷引起平衡機能失能之審定，準用神經失能審定原則，並就其失能與勞動能力之減損程度定之。 四、平均閾值指精密聽力計檢查所得500Hz、1kHz和2kHz閾值的平均值。	應由衛生福利部醫院評鑑優等以上、醫院評鑑合格之醫學中心或區域醫院、醫院評鑑及教學醫院之全民健康保險特約醫院出具。
		4-2	兩耳聽力平均閾值在七十分貝以上者。	七		
		4-3	一耳聽力平均閾值在九十分貝以上者。	十		
		4-4	一耳聽力平均閾值在七十分貝以上者。	十一		
耳廓	缺損失能	4-5	一側耳廓大部分缺損者。	十三	一、「耳廓大部分缺損者」，係指耳廓軟骨缺損二分之一以上者。	應由全民健康保險特約醫院或診所出具。

				二、同一耳，同時遺存聽覺失能（機能失能）與耳廓缺損（器質失能）者，得依規定提高等級。
5 鼻 缺損及機能失能	5-1	鼻部缺損者。	十一	一、「鼻部缺損」，係指鼻外部軟骨缺損二分之一以上者。 二、「鼻部缺損」同時併存頭、臉、頸部缺損時，得依規定提高等級。 三、「機能遺存顯著失能」係指兩側鼻孔閉塞，鼻呼吸困難、不能矯治，或兩側嗅覺完全喪失者。	應由全民健康保險特約醫院或診所出具。
	5-2	鼻未缺損，而鼻機能遺存顯著失能者。	十三		
6 口 缺損及機能失能	6-1	喪失咀嚼、吞嚥及言語之機能者。	二	一、咀嚼、吞嚥或言語機能失能者，須於手術後六個月以上，始得認定；未經手術而以放射或化學治療者，於放射或化學治療終止後六個月以上，始得認定。但全喉切除所致之言語機能失能不在此限。	應由衛生福利部醫院評鑑優等以上、醫院評鑑合格之醫學中心或區域醫院、醫院評鑑及教學醫院評鑑合格之全民健康保險特約醫院出具。
	6-2	喪失咀嚼、吞嚥或言語之機能者。	四	二、咀嚼、吞嚥機能失能，須經吞嚥復健評估始可診斷，必要時得配合吞嚥相關之特殊X光檢查（videofluorography）診斷；言語機能失能，須經語言復健評估始可診斷。但全喉切除所致之言語機能失能不在此限。	
	6-3	咀嚼、吞嚥及言語之機能遺存顯著失能者。	五	三、咀嚼機能發生失能之主要原因，由於牙齒之損傷者，本表已另有專項訂明，此處規定之咀嚼機能失能，係專指由於牙齒損傷以外之原因（如頰、舌、軟硬口蓋、顎骨、下顎關節等之失能），所引起者。食道狹窄、舌異常、咽喉頭支配神經痲痺等引起之咀嚼機能失能，往往併發咀嚼及吞嚥失能，故兩項失能合併定為「咀嚼、吞嚥失能」：	
	6-4	咀嚼、吞嚥或言語之機能遺存顯著失能者。	四	(一)「喪失咀嚼、吞嚥之機能」，係指因器質失能或機能失能以致不能作咀嚼、吞嚥運動，除流質食物外，不能攝取或吞嚥者。	
	6-5	言語中樞損傷所致之失語症，無法用言語或聲音與人溝通，屬表達或理解功能嚴重失能者。	四	(二)「咀嚼、吞嚥機能遺存顯著失能」，係指不能充分作咀嚼、吞嚥運動，致除粥、糊、或類似之食物以外，不能攝取或吞嚥者。	
	6-6	言語中樞損傷所致之失語症，語言理解、表達、說話清晰度、流暢性或發聲有困難，導致與人溝通有顯著困難，屬表達或理解功能輕度失能者。	七	四、言語中樞損傷以外之言語機能失能，係指非因牙齒損傷所引起之構音機能失能、發聲機能失能及綴音機能失能等：	
	6-7	因綴音機能遺存顯著失能，只以言語表示對方不能通曉其語意者。	七		
	6-8	頭部外傷、顎骨周圍組織損傷或舌之損傷而引起之味覺完全喪失者。	十三		
	6-9	經放射線或化學治療後致唾液減少，需佐以液體始能吞嚥者。	十三		

(一)「喪失言語機能」，係指唇、舌、軟顎、硬顎、喉頭等構造中，有嚴重損傷，致使下列構成言語之七種語音，有五種以上不能構音者。

(二)「言語機能遺存顯著失能」，係指唇、舌、軟顎、硬顎、喉頭等構造中，有嚴重損傷，致使下列構成言語之七種語音，有三種以上不能構音者。

1.雙唇音：ㄅ、ㄆ、ㄇ（發音部位雙唇）

2.唇齒音：ㄈ（發音部位唇齒）

3.舌尖音：ㄉ、ㄊ、ㄋ、ㄌ（發音部位舌尖與牙齦）

4.舌根音：ㄍ、ㄎ、ㄏ（發音部位舌根與軟顎）

5.舌面音：ㄐ、ㄑ、ㄒ（發音部位舌面與硬顎）

6.舌尖後音：ㄓ、ㄔ、ㄕ、ㄖ（發音部位舌尖與硬顎）

7.舌尖前音：ㄗ、ㄘ、ㄙ（發音部位舌尖與上牙齦）

五、咀嚼、吞嚥機能失能併存言語機能或味覺失能者，均屬同一種類之失能，不得合併提高等級，應按其中較重者定其等級。

六、胸腹部臟器病變所致之言語或咀嚼、吞嚥機能失能同時併存胸腹部臟器失能時，適用胸腹部臟器失能審查原則定等級。

		項次	失能狀態	失能等級	開具診斷書醫療機構層級
牙齒失能	6-10		因遭受意外傷害致牙齒缺損十齒以上者。	十一	一、「牙齒失能」，以遭受意外傷害者為限。 二、「牙齒缺損」包括缺、損二種症狀，「缺」係指牙齒完全脫落，無殘根，且無法將原脫落牙齒再植入原齒槽骨內；「損」係指牙齒意外斷落牙冠二分之一以上者。 三、上顎骨與下顎骨運動機能失能致開口受限制因而言語、咀嚼失能者，依其程度，適用咀嚼、吞嚥、言語失能所定等級審定。	應由全民健康保險特約醫院或診所出具。
	6-11		因遭遇意外傷害而致牙齒缺損五齒以上者。	十三		

7 胸腹部臟器		7-1	胸腹部臟器機能遺存極度失能，終身無工作能力，為維持生命必要之日常生活活動，全須他人扶助，經常需要醫療護理及專人周密照護者。	一
7-2	胸腹部臟器機能遺存高度失能，終身無工作能力，為維持生命必要之日常生活活動之一部須他人扶助者。	二
7-3	胸腹部臟器機能遺存顯著失能，終身無工作能力，為維持生命必要之日常生活活動尚可自理者。	三
7-4	胸腹部臟器機能遺存顯著失能，終身僅能從事輕便工作者。	七
7-5	胸腹部臟器遺存失能。	十二

（審定基準）

一、胸腹部臟器遺存失能須經治療六個月以上，始得認定；如經手術，最後一次手術後六個月以上，始得認定；未經手術而以放射或化學治療者，於放射或化學治療終止後六個月以上，始得認定。但個別臟器有不同之合理治療期間者，從其規定，另器質性失能項目或慢性腎衰竭需長期透析治療之患者，應於器官切除或移植出院之日或初次接受透析治療（洗腎）之日審定等級。

二、胸腹部臟器失能等級之審定：胸腹部臟器機能遺存失能須將全部症狀綜合衡量，對於永久喪失勞動能力與影響日常生活或社會生活活動之狀態及須他人扶助之情況，綜合審定其等級。

三、胸腹部臟器諸器官中，有二種以上器官同時併存失能時，須將所有症狀綜合衡量，並依前述原則，綜合審定，不得按各個器官失能等級合併再為提高等級。

四、胸腹部臟器遺存失能者係指胸腹部遺存機能失能，致工作上確有明顯之阻害而由醫學上可予證明者。至未遺存明顯之永久性機能失能者，不在給付範圍。

（出具機關）

一、機能失能部分：應由衛生福利部醫院評鑑優等以上、醫院評鑑合格之醫學中心或區域醫院、醫院評鑑及教學醫院評鑑合格之全民健康保險特約醫院出具。

二、其他部分：應由全民健康保險特約醫院或診所出具。

7 胸腹部臟器	心臟	7-6	心臟機能遺存失能，無法活動，終身無工作能力，符合失能審核二之(一)者。	一
7-7	心臟機能遺存失能，終身無工作能力，符合失能審核二之(二)者。	二
7-8	心臟機能遺存失能，終身無工作能力，符合失能審核二之(三)者。	三
7-9	心臟機能遺存失能，符合失能審核二之(四)者。	七
7-10	心臟移植或心室輔助器植入者。	七
7-11	心臟機能遺存失能，符合失能審核二之(五)者。	十二

（審定基準）

一、心臟機能損害分類標準：

第一度：有心臟病，但無運動失能，平常之活動下無疲倦、心悸、呼吸困難或心絞痛等症狀。

第二度：有心臟病，且有輕度運動失能，在休息或輕工作時無症狀，但日常生活較重之工作時，則有疲倦、心悸、呼吸困難或心絞痛等症狀。

第三度：有心臟病，且有重度運動失能，休息時無症狀，但稍有活動即有疲倦、心悸、呼吸困難或心絞痛等症狀。

第四度：有心臟病，且無法活動者，在靜止狀態下仍有疲倦、心悸、呼吸困難或心絞痛等症狀，而活動時症狀加重。

二、心臟失能等級之審定：(一)第一等級：符合下列各項情者：

1. 符合心臟機能損害分類標準第四度。
2. 住院接受四週以上連續性機械輔助或靜脈注射強心藥物治療，且仍須持續上述治療者。
3. 有無法控制之進行性慢性心臟衰竭者。
4. 經核子醫學檢查測得左心室射出分率（LVEF）≦25%者。

(二)第二等級：符合下列各項情況者：
1. 符合心臟機能損害分類標準第四度。
2. 住院接受二週以上連續性機械輔助或靜脈注射強心藥物治療，且仍不定時須要上述治療者。
3. 有無法控制之進行性慢性心臟衰竭者。
4. 經核子醫學檢查測得左心室射出分率（LVEF）≦25%者。

(三)第三等級：符合下列各項情況者：
1. 符合心臟機能損害分類標準第四度。
2. 不定期住院接受未超過一週之連續性機械輔助或靜脈注射強心藥物治療者。
3. 有無法控制之進行性慢性心臟衰竭者。
4. 經核子醫學檢查測得左心室射出分率（LVEF）≦25%者。

(四)第七等級：符合心臟機能損害分類標準第三、四度，並經核子醫學檢查測得左心室射出分率（LVEF）≦25%，且符合下列情況之一者：
1. 冠狀動脈心臟病：有心肌梗塞病史或經冠狀動脈攝影證實者。
2. 瓣膜性心臟病：經心臟超音波檢查證實有中重度以上瓣膜異常（狹窄或逆流）者。
3. 心肌疾病（擴大性、肥厚性、侷限性）：經心臟超音波檢查證實者。
4. 動脈瘤（含主動脈剝離性或非剝離性瘤達直徑五公分者）：經適當影像學檢查證實者。

5.其他心臟血管疾病：經心臟專科醫師診斷，評估與判定有相當程度之心臟功能失能者。

(五)第十二等級：符合心臟機能損害分類標準第二、三、四度，並經核子醫學檢查測得左心室射出分率（LVEF）26%~49%，且符合下列情況之一者：
　1.冠狀動脈心臟病：有心肌梗塞病史或經冠狀動脈攝影術證實者。
　2.瓣膜性心臟病：經心臟超音波檢查證實有中度以上瓣膜異常（狹窄或逆流）者。
　3.心肌疾病（擴大性、肥厚性、侷限性）：經心臟超音波檢查證實者。
　4.主動脈剝離：經適當影像學檢查證實者。
　5.其他心臟血管疾病：經心臟專科醫師診斷，評估與判定有相當程度之心臟功能失能者。

肺臟	7-12	肺臟機能遺存失能，終身無工作能力，符合失能審核(一)者。	一	肺臟失能等級之審定（PaO$_2$：動脈血氧分壓；FEV1：第一秒分時肺活量；FVC：用力肺活量；DLCO/VA：氣體交換，肺瀰散效益／受VA肺泡容量矯正；VO$_2$max：最高耗氧量）：	
	7-13	肺臟機能遺存失能，終身無工作能力，符合失能審核(二)者。	二	(一)第一等級：呼吸系統疾病引起肺功能失能，需氧氣或人工呼吸器維持生命，未予氧氣時PaO$_2$≦50mmHg，終身無工作能力，日常生活限於病床之狀態。	
	7-14	肺臟機能遺存失能，終身無工作能力，符合失能審核(三)者。	三	(二)第二等級：符合下列情況之一者：	
	7-15	肺臟機能遺存失能，符合失能審核(四)者。	七	1.呼吸系統疾病引起肺功能失能，且FEV1<25%；FEV1/FVC≦25%。	
	7-16	肺臟移植者。	七	2.肺臟切除一側（含）以上。	
	7-17	肺臟機能遺存失能，符合失能審核(五)者。	十二	3.未予氧氣時，PaO$_2$=50~55mmHg，日常生活主要在病床，可以如廁、用餐、自家內行走，但須他人協助、照顧。	

				(三)第三等級：符合下列情況之一者： 1.呼吸系統疾病引起肺功能失能，且FEV1=25~30%；FEV1/FVC=26~40%；DLCO/VA=25~30%。 2.肺臟切除兩葉以上。 3.未予氧氣時，PaO₂=50~60mmHg。 (四)第七等級：符合下列情況之一者： 1.呼吸系統疾病引起肺功能失能，且FEV1=31~59%；FEV1/FVC=41~59%；DLCO/VA=31~59%。 2.放射性肺炎兩葉以上。 (五)第十二等級：呼吸系統疾病引起肺功能失能，且FEV1=60~79%；FEV1/FVC=60~74%；VO₂max=20~25ml/kg‧min。 (六)塵肺症必須經X光照片確認為第二症度以上者，始可依上述肺臟失能等級及臨床症狀審定。
肝臟	7-18	肝臟機能遺存失能，終身無工作能力，符合失能審核(一)者。	一	肝臟失能等級之審定：肝病曾經住院治療且已觀察滿六個月以上，始得以診斷失能最近一次之評估報告進行認定（申請第十二等級者，無需住院）。 (一)第一等級：符合Child-Pugh肝功能失代償指標分類C級，且符合下列各項情況者： 1.身體遺有頑固難治之腹水。 2.有多次發生肝腦病變。 3.胃或食道靜脈曲張破裂出血。 (二)第二等級：符合Child-Pugh肝功能失代償指標分類C級，身體遺有頑固難治之腹水，且符合下列情況之一者： 1.多次發生肝腦病變。 2.胃或食道靜脈曲張破裂出血。 (三)第三等級：符合Child-Pugh肝功能失代償指標分類C級，身體遺有頑固難治之腹水者。 (四)第七等級：符合Child-Pugh肝功能失代償指標分類B級或C級，曾有肝腦病變，且符合下列情況之一者： 1.有持續存在之腹水。 2.曾有胃靜脈瘤破裂出血。 3.曾有食道靜脈瘤破裂出血。
	7-19	肝臟機能遺存失能，終身無工作能力，符合失能審核(二)者。	二	
	7-20	肝臟機能遺存失能，符合失能審核(三)者。	三	
	7-21	肝臟機能遺存失能，符合失能審核(四)者。	七	
	7-22	肝臟移植者。	九	
	7-23	肝臟機能遺存失能，符合失能審核(五)者。	十二	

（五）第十二等級：慢性肝病其肝功能符合Child-Pugh指標分類A級或以上，合併門脈高壓且內視鏡證實胃或食道有靜脈瘤者。

（六）前述肝臟失能等級之審定係以肝功能失代償指標分項計分法訂定審定標準；又所稱「多次」肝腦病變之定義，係指二次或二次以上。

（七）Child-Pugh肝功能失代償指標分項計分法：

計分 項目	1分	2分	3分
總膽紅數	<2	2至3	>3
血清白蛋白	>3.5	3.0至3.5	<3.0
腹水	無	少量容易控制	中量以上，不易控制
肝腦病變	無	第1或第2級	第3或第4級
凝血酶原時間（比對照組延長秒數）或國際標準比值（INR）	<4秒 <1.7	4至6秒 1.7至2.3	>6秒 >2.3

A級：6分（含）以下
B級：7至9分
C級：10分（含）以上

胰臟	7-24	胰臟全切除者。	七	胰臟部分切除者，須經手術後六個月以上，始得認定。
	7-25	胰臟部分切除致糖尿病或致原患糖尿病加重者。	九	
胃	7-26	胃全切除者。	十二	
脾臟	7-27	脾臟切除者。	九	
腎臟	7-28	二側腎臟無機能且須終身定期透析治療者。	七	
	7-29	腎臟移植者。	九	
	7-30	一側腎臟切除或萎縮完全喪失功能者。	九	
小腸	7-31	小腸切除百分之五十以上，且有短腸症候群者。	七	「短腸症候群」係指：小腸切除手術六個月以上，仍因小腸腸道過短以致吸收不良，需長期靜脈營養支持者。
	7-32	小腸切除百分之五十以上，但無短腸症候群者。	九	
大腸	7-33	大腸全切除且無裝置人工肛門者。	九	
肛門	7-34	裝置永久性人工肛門者。	七	裝置永久性人工肛門者，須經手術後六個月以上，始得認定。
	7-35	肛門括約肌不全（因斷裂等）所致之大便失禁者。	十二	

項目		編號	項目	等級	說明
	膀胱	7-36	膀胱機能完全喪失且無裝置人工膀胱者。	三	審定時，須由泌尿科專科醫師診斷開具失能診斷書；必要時保險人得另行指定婦產科、復健科或婦女泌尿科等專科醫師會同認定。
		7-36-1	裝置永久性人工膀胱者。	七	
		7-37	膀胱萎縮容量祇存50c.c.以下者。	八	
		7-38	膀胱括約肌變化所致之尿失禁者。	十二	
	腎上腺素	7-39	喪失兩側腎上腺需要終身補充荷爾蒙者。	十二	
	骨盆	7-40	骨盆環骨折引起尿道外傷，導致嚴重尿道狹窄，無法以外科手術矯正，必須終身置放恥骨上膀胱造口者。	十三	
	生殖器	7-41	生殖器遺存顯著失能者。	十一	一、生殖器遺存顯著失能，係指： (一)割除兩側卵巢，或因放射線或化學治療，致喪失機能者。 (二)喪失兩側睪丸，或因放射線或化學治療，致喪失機能者。 二、「生殖器遺存缺損」，係指： (一)因傷病割除子宮者。 (二)因瘢痕致陰道口窄狹，陰莖不可能插入，致性行為不能者。 (三)陰莖大部分缺損或瘢痕等畸形，致性行為不能者。 三、「生殖器遺存失能」，係指： (一)割除單側卵巢者。 (二)喪失單側睪丸者。 (三)因骨盆環骨折引起骨盆內臟神經（勃起中樞神經）病變所致之陽萎者。 四、生殖器失能併存不同失能等級時，應按其中較高等級給與之，不得合併提高等級。
		7-41-1	生殖器遺存缺損者。	十二	
		7-42	生殖器遺存失能者。	十三	
	乳腺	7-43	雙側乳腺全部切除者。	十一	
		7-44	單側乳腺全部切除者。	十三	
8 軀幹	脊柱畸形或運動失能	8-1	脊柱遺存顯著畸形或顯著運動失能者。	七	一、脊柱為保持體位之支柱，其有遺存運動失能、畸形失能或荷重失能者，對於勞動能力之喪失程度，不應拘執於脊柱椎骨個別之損傷程度作個別判斷，應比照神經系統失能等級之審定原則作綜合性之審查。遺存前述失能者，若併存神經	應由衛生福利部醫院評鑑優等以上、醫院評鑑合格之醫學中心或區域醫院、醫院評鑑及教學醫院評鑑合格之全民健康保險特約醫院出具。
		8-2	脊柱遺存運動失能者。	九	
		8-3	脊柱遺存畸形者。	十二	

經失能時，亦應比照神
經失能等級之審定原則
審定其等級。

二、脊柱失能須經治療一
年以上，始得認定，如
經多次手術治療者，須
最後一次手術後一年以
上，始得認定（拔釘除
外）。但因惡性腫瘤所
致，經醫師診斷已無好
轉可能，無法預期其治
療效果者，得治療六個
月以上認定。

三、脊柱失能須經X光照片
檢查始可診斷，如經診
斷有明顯骨折、脫位、
畸形或明顯病變者，應
依下列標準審定：
㈠「遺存顯著運動失
能」，係指脊柱連續
固定四個椎體及三個
椎間盤以上，且喪失
生理運動範圍二分之
一以上者。
㈡「遺存運動失能」，
係指脊柱連續固定四
個椎體及三個椎間盤
以上，且喪失生理運
動範圍三分之一以上
者。
㈢脊柱運動限制不明顯
或脊柱固定三個椎體
及二個椎間盤以下
者，不在給付範圍。
㈣前述所稱「明顯骨
折」係指脊柱發生不
穩定之骨折（脊椎骨
折後脫、移位）、
壓迫性骨折（脊椎被
壓迫塌陷達百分之
五十以上）、爆裂性
骨折（具有三片以上
的骨碎片）、脫臼必
須施手術治療之骨折
者而言。
「明顯脫位」係指關
節脫位在二度以上
（關節滑脫弧度以寬
度面積百分比計算，
約爲百分之二十五以
上）。

四、「脊柱遺存顯著畸形」
係指穿著衣服，由外部
可以察知者。

五、「脊柱遺存畸形」，係
指符合下列情況之一
者：
㈠著衣時由外部不易察
見，但脫衣後或由X
光照片可以明顯察知
脊柱或脊椎之一部，
確有因骨折或其他病
變引起之明顯變形
（含缺損）者。

					(二)經手術切除棘狀突起三個以上者。 (三)前述「明顯變形」係指符合下列情況之一者： 　1.單節椎體因骨折導致椎體高度喪失50%以上者。 　2.椎體滑脫25%以上者（第二度以上）。 　3.脊柱側彎30度以上者。 　4.脊柱前傾（kyphosis）50度以上者。 六、脊柱併存畸形、運動或四肢麻痺失能之審定原則： (一)脊柱遺存畸形同時併存運動失能者，兩者均屬同一種類之失能不得合併提高等級，應按其中較重者定其等級。 (二)脊柱畸形且有因脊體之壓迫而致四肢麻痺他覺以上證明者，脊柱畸形與四肢麻痺可以合併提高等級。 (三)脊柱運動失能或畸形失能與第8-4項鎖骨等之體幹骨畸形失能同時存在時，因失能種類不同，可以合併提高等級。
其他軀幹骨畸形失能		8-4	鎖骨、胸骨、肋骨、肩胛骨或骨盤骨遺存顯著畸形者。	十三	一、「胸骨、肋骨、鎖骨、肩胛骨或骨盤骨遺存顯著畸形」，係指脫衣後，由外部即可察知因骨折（含缺損）所致之明顯變形者。由X光診斷始能察知之變形，不在規定之列。 二、肋軟骨畸形，比照肋骨畸形辦理。 三、第8-4項各項不同之體幹骨中併存二項以上之顯著畸形時，得合併提高為第十二等級。 應由全民健康保險特約醫院或診所出具。
9 頭、臉、頸	頭、臉、頸部缺損	9-1	頭部、顏面部或頸部遺存缺損者。	八	一、頭部、顏面部或頸部遺存缺損係指本表前列眼瞼、鼻及耳廓缺損以外，遺存於頭部、臉部及頸部日常露出之缺損者。 二、本項失能須經治療一年以上，始得認定；如經手術，須最後一次手術後一年以上始得認定。 三、本項失能依下列範圍為準： (一)在頭部遺存直徑八公分以上面積之瘢痕者。 應由全民健康保險特約醫院或診所出具。

				（二）在顏面部遺存直徑五公分以上面積之瘢痕，或八公分以上之線狀痕，或不同部分之線狀痕合計達十二公分以上，或直徑三公分以上之組織凹陷者。 （三）在頸部、下顎部遺存直徑八公分以上面積之瘢痕者。 四、本項失能除診斷書上記載之失能程度外，並應輔以彩色照片（應附量尺及拍攝日期的4*6照片）佐證。	
10 皮膚	10-1	身體皮膚排汗功能喪失百分之七十一以上者，且終身無工作能力者。	二	一、本項失能之鑑定時間，應於最後一次外科手術後一年以上，始得認定；如未經手術者，須經治療一年以上，始得認定。 二、身體皮膚排汗功能喪失，係指外傷或燒燙傷傷或化學灼傷或手術的影響引起之失能，除頭、臉、頸部以外身體遺存肥厚性疤痕（含植皮供應處之肥厚疤痕）或植皮後疤痕。 三、身體皮膚排汗功能喪失者，以皮膚外觀或疤痕高度、硬度為測量評估標準。必要時得以非侵入性儀器測定排汗異常或經皮水分蒸發，或以皮膚病理切片輔助作評估。其失能程度除應以失能診斷書上記載之疤痕占體表面積之百分比（％）外，並應輔以彩色照片（應附量尺及拍攝日期的4*6照片）為佐證。 四、身體皮膚排汗功能喪失者失能等級之審定，依失能面積審定其等級。上開失能面積之測量計算，以一手掌面積約佔人體表面積之百分之一為測量計算基準。 五、同時併存頭、臉、頸部缺損或其他失能種類失能時，得依規定提高等級。	應由衛生福利部醫院評鑑優等以上、醫院評鑑合格之醫學中心或區域醫院、醫院評鑑合格及教學醫院評鑑合格之全民健康保險特約醫院出具。
	10-2	身體皮膚排汗功能喪失百分之六十一至七十者，且終身無工作能力者。	三		
	10-3	身體皮膚排汗功能喪失百分之五十一以上者。	四		
	10-4	身體皮膚排汗功能喪失百分之四十一至五十者。	五		
	10-5	身體皮膚排汗功能喪失百分之三十一至四十者。	六		
	10-6	身體皮膚排汗功能喪失百分之二十一至三十者。	七		
	10-7	身體皮膚排汗功能喪失百分之十六至二十者。	九		
	10-8	身體皮膚排汗功能喪失百分之十一至十五者。	十一		
	10-9	身體皮膚排汗功能喪失百分之六至十者。	十二		
	10-10	身體皮膚排汗功能喪失百分之二至五者。	十三		
11 上肢	上肢缺損失能	11-1	兩上肢肘關節以上缺損者。	二	一、「肘關節以上缺損」係指肘關節以上切斷者。 二、「腕關節以上缺損」係指腕關節以上切斷者。	應由全民健康保險特約醫院或診所出具。
		11-2	兩上肢腕關節以上缺損者。	三		
		11-3	一上肢肘關節以上缺損者。	五		
		11-4	一上肢腕關節以上缺損者。	六		

類別	項目	失能狀態	失能等級	說明	出具機構
手指損失失能	11-5	雙手十指均缺損者	四	一、「手指缺損」係指： （一）拇指由指節間關節以上切斷者。 （二）其他各指由近位指節間關節以上切斷者。 二、一手手指缺損，同時其他任何手指喪失機能，同時適合兩項以失能項目時，原則上可以合併提高等級或按合計額審定，但失能程度未達一手指缺損之最高等級第七等級者，應按其下一等級之第八等級審定之。 三、前述合併提高等級或按合計額給付之日數，低於各該手指喪失機能所定之給付日數時，得按喪失機能之失能等級審定。例如：一手食指缺損為第11-9項第十一等級及拇指喪失機能為第11-48項第十一等級，其最高等級升一等級為第十等級，因低於拇指及食指喪失機能者之給付標準第11-54項第九等級，可按第11-54項第九等級審定。 四、同一手指併存「機能失能」及「器質失能」時，應按其中較高等級給與之，不得合併提高等級。 五、「指骨一部分缺損」係指：指骨缺損一部分，其程度由X光照相可明確顯示其指骨有一部分損失而未達按指末節二分之一者。	應由全民健康保險特約醫院或診所出具。
	11-6	雙手拇指均缺損者	七		
	11-7	一手五指均缺損者	七		
	11-8	一手拇指缺損者	十		
	11-9	一手食指缺損者	十一		
	11-10	一手中指或無名指缺損者	十二		
	11-11	一手小指缺損者	十四		
	11-12	一手拇指、食指及其他任何手指共有四指缺損者	七		
	11-13	一手拇指、食指及其他任何手指共有三指缺損者	八		
	11-14	一手拇指及食指缺損者	八		
	11-15	一手拇指或食指及其他任何手指共有三指以上缺損者	八		
	11-16	一手拇指及其他任何手指共有二指缺損者	九		
	11-17	一手食指及其他任何手指共有二指缺損者	十		
	11-18	一手中指、無名指及小指缺損者	十		
	11-19	一手拇指以外之任何手指共有二指缺損者	十一		
	11-20	一手拇指之指骨一部分缺損者	十四		
	11-21	一手食指之指骨一部分缺損者	十四		
	11-22	一手中指、無名指或小指之指骨一部分缺損者	十五		
上肢機能失能	11-23	兩上肢均喪失機能者	二	一、「三大關節」，係指「肩關節」、「肘關節」及「腕關節」。 二、「一上肢喪失機能」係指符合下列情況之一者： （一）一上肢三大關節完全強直或完全麻痺，及該手五指均喪失機能者。 （二）一上肢三大關節完全強直或完全麻痺者。 三、「一上肢遺存顯著運動失能」，係指一上肢各關節遺存顯著運動失能，符合下列情況之一者： （一）一上肢三大關節均遺存顯著運動失能，及	應由衛生福利部醫院評鑑優等以上、醫院評鑑合格之醫學中心或區域醫院、醫院評鑑合格之教學醫院之全民健康保險特約醫院出具。
	11-24	兩上肢三大關節中，各有二大關節喪失機能者	三		
	11-25	兩上肢三大關節中，各有一大關節喪失機能者	六		
	11-26	一上肢喪失機能者	六		
	11-27	一上肢三大關節中，有二大關節喪失機能者	七		
	11-28	一上肢三大關節中，有一大關節喪失機能者	九		
	11-29	兩上肢均遺存顯著運動失能者	四		

11-30	兩上肢三大關節中，各有二大關節遺存顯著運動失能者。	五	
11-31	兩上肢三大關節中，各有一大關節遺存顯著運動失能者。	七	
11-32	一上肢遺存顯著運動失能者。	七	
11-33	一上肢三大關節中，各有二大關節遺存顯著運動失能者。	八	
11-34	一上肢三大關節中，有一大關節遺存顯著運動失能者。	十一	
11-35	兩上肢均遺存運動失能者。	六	
11-36	兩上肢三大關節中，各有二大關節遺存運動失能者。	九	
11-37	兩上肢三大關節中，各有一大關節遺存運動失能者。	十一	
11-38	一上肢遺存運動失能者。	九	
11-39	一上肢三大關節中，有二大關節遺存運動失能者。	十一	
11-40	一上肢三大關節中，有一大關節遺存運動失能者。	十三	
11-41	一上肢遺存假關節且有顯著運動失能者。	八	
11-42	一上肢遺存假關節者。	九	

該手五指均喪失機能者。

㈡一上肢三大關節均遺存顯著運動失能者。

四、「一上肢遺存運動失能」係指一上肢三大關節均遺存運動失能。

五、上肢機能失能，須經治療一年以上，始得認定；如施手術，須最後一次手術後一年，始得認定（拔釘除外）。因器質性失能，應於肢體切除出院之日審定等級。以生理運動範圍，作審定關節機能失能之標準，規定如下：

㈠「喪失機能」，係指關節完全強直或完全麻痺狀態者。

㈡「顯著運動失能」，係指喪失生理運動範圍二分之一以上者。

㈢「運動失能」，係指喪失生理運動範圍三分之一以上者。

六、運動限制之測定：

㈠以各關節之生理運動範圍為基準。機能（運動）失能原因及程度明顯時，採用自動運動之運動範圍，如有心因性因素或失能原因與程度不明確時，則須由他動運動之可能運動範圍參考決定之。

㈡經石膏固定患部者，應考慮其癒後恢復之程度，作適宜之決定。

七、同一上肢遺存機能失能及因神經損傷所致之肌力失能，應綜合衡量定其等級，不得合併提高等級。

八、運動神經失能：

㈠「上臂神經叢完全麻痺者」，準用第11-26項第六等級審定。

㈡上肢部分神經麻痺引起肢關節自動運動失能者，視其因麻痺範圍及引起運動失能之程度與部位，準用肢關節「喪失機能」或「顯著運動失能」各該項規定審定之。

㈢上肢全部神經或多數之神經麻痺時，得按其引起自動運動失能之程度與範圍，參考同一上肢「喪失機

能」或「顯著運動失能」定之。

(四)前述(二)、(三)兩項規定，於殘肢廣泛範圍，完全喪失知覺之失能者準用之。

九、關於上肢「動搖關節」，不論其爲他動或自動，均依下列標準，定其等級：

(一)勞動及日常行動有顯著妨礙，時常必須裝著固定裝具者，準用關節喪失機能規定等級。

(二)勞動及日常行動，有相當之妨礙，但無經常裝著固定裝具之必要者，準用關節遺存顯著運動失能規定等級。

十、同一上肢遺存器質失能，同時遺存機能失能時準用等級特別審核規定：同一上肢遺存器質失能（變形者除外）與機能失能，原則上可以合併提高等級，但器質失能（不論曾已局部失能或新發之失能）在腕關節以上缺損或者肘關節以上缺損時，不論遺存關節之機能失能程度，在前者失能應按第六等級，在後者失能應按第五級審定之。例如：

(一)一上肢腕關節以上缺損（第六等級）同時肘關節及肩關節均喪失機能時（第七等級）應爲第六等級。

(二)一上肢肘關節以上缺損（第五等級）同時肩關節喪失機能時（第九等級）應爲第五等級。

十一、同一上肢遺存機能失能同時遺存手指遺存器質失能或機能失能時準用等級特別審核規定：同一上肢三大關節遺存機能失能與手指器質失能或機能失能同時併存時，原則上可以合併提高等級，但任何情形（不論手指爲器質失能或機能失能）其失能程度未達一上肢腕關節以上缺損者（第六等級）或一上肢喪失機能者（第六等級）時，應按其下一等級之第七等級審定之。

例如：左上肢肩關節、腕關節均喪失機能（第七等級）同時左手食指、中指、無名指三指均喪失機能時，此等失能合併提高等級即為第六等級，但該手腕關節仍然存在，應按一上肢腕關節以上缺損者第六等級之下一等級第七等級審定之。

十二、「一上肢遺存假關節且有顯著運動失能者」係指符合下列情況之一者：
㈠上臂骨遺存假關節。
㈡橈骨及尺骨雙方均遺存假關節。

十三、「一上肢遺存假關節者」係指橈骨或尺骨任何一方遺存假關節者。

十四、「假關節」係指骨折後折骨兩端無法癒合，肢體在斷處可以活動，形成一種關節之狀；相似之情況亦可發生於非機械性骨折，承重之長骨產生去骨現象，造成彎曲及病理性骨折，在骨折處無法鈣化癒合而形成假關節，但非人工關節。

十五、類風濕關節炎、退化性關節炎、痛風等所致之關節失能（含上、下肢及手指、足趾關節），如關節間隙完整，無明顯關節面損傷或變形，經藥物治療可達緩解者，不在給付範圍。

| 畸形失能（上臂骨或前臂骨） | 11-43 | 兩上肢長管骨遺存畸形者。 | 十一 | 一、「上肢長管骨遺存畸形」，係指符合下列情況之一者：㈠上臂骨遺存畸形者。㈡前臂即橈骨及尺骨雙方均遺存畸形者（橈骨或尺骨之任何一方遺存畸形者，不在規定之列）。二、前述畸形，須由外部可以察見，或X光片上有明顯之變形（形成約一六五度以上屈曲之不正癒合者）為準。三、長管骨折部骨瘤增生（CALLUS），或有肥厚不能認為畸形（變形）。 | 應由全民健康保險特約醫院或診所出具。 |
| | 11-44 | 一上肢長管骨遺存畸形者。 | 十三 | | |

		項次	項目	級	審核基準	開具證明文件
11	手指機能失能	11-45	雙手十指均喪失機能者。	五	一、「手指喪失機能」係指： ㈠拇指之中手指節關節或指節間關節，喪失生理運動範圍二分之一以上者。 ㈡其他各指之中手指節關節，或近位指節間關節，喪失生理運動範圍二分之一以上者。 ㈢拇指或其他各指之末節切斷達二分之一以上者。 ㈣掌關節運動限制失能，第一中手指關節運動（拇指與小指之對向角及指間之離開）限制，準用指關節遺存顯著失能（喪失機能）所定等級辦理。 ㈤握力失能，不在給付範圍。 二、「手指末關節不能屈伸」係指： ㈠遠位指節間關節完全強直之狀態者。 ㈡因明確之屈伸肌之損傷致自動屈伸不能者。	應由全民健康保險特約醫院或診所出具。
		11-46	雙手拇指均喪失機能者。	八		
		11-47	一手五指均喪失機能者。	八		
		11-48	一手拇指喪失機能者。	十一		
		11-49	一手食指喪失機能者。	十二		
		11-50	一手中指或無名指喪失機能者。	十三		
		11-51	一手小指喪失機能者。	十五		
		11-52	一手拇指、食指及其他任何手指，共有四指喪失機能者。	八		
		11-53	一手拇指、食指及其他任何手指，共有三指喪失機能者。	九		
		11-54	一手拇指及食指喪失機能者。	九		
		11-55	一手拇指或食指及其他任何手指，共有三指以上喪失機能者。	九		
		11-56	一手拇指及其他任何手指，共有二指喪失機能者。	十		
		11-57	一手食指及其他任何手指，共有二指喪失機能者。	十一		
		11-58	一手中指、無名指及小指喪失機能者。	十一		
		11-59	一手拇指及食指以外之任何手指，共有二指喪失機能者。	十二		
		11-60	一手食指之末關節不能屈伸者。	十四		
		11-61	一手中指、無名指或小指之末關節不能屈伸者。	十五		
12 下肢	下肢缺損失能	12-1	兩下肢膝關節以上缺損者。	二	「對蹠關節以上缺損」係指： 一、於足跟骨切斷以下缺損者。 二、中足骨與足跟骨離斷以下缺損者。	應由全民健康保險特約醫院或診所出具。
		12-2	兩下肢足關節以上缺損者。	三		
		12-3	兩下肢對蹠關節以上缺損者。	五		
		12-4	一下肢膝關節以上缺損者。	五		
		12-5	一下肢足關節以上缺損者。	六		
		12-6	一下肢對蹠關節以上缺損者。	八		

縮短失能	12-7	一下肢縮短五公分以上者。	九	下肢縮短之測定，自患側之腸骨前上棘與內踝下端之長度，與健側下肢比較測定其短縮程度，應輔以雙下肢站立全長X光片（需附有長度標尺）佐證。	應由全民健康保險特約醫院或診所出具。
	12-8	一下肢縮短三公分以上者。	十一		
足趾缺損失能	12-9	雙足十趾均缺損者。	六	一、「足趾缺損」係指：自中足趾關節切斷而足趾全部缺損者。 二、手指缺損失能審核三有關「一手手指缺損」，同時其他任何手指喪失機能」之審核規定，於足趾準用之。例如：一足第三趾缺損為第12-17項第十四等級，同時該足第一趾喪失機能為第12-42項第十二等級，按第十四、十二等級之合計額為一百四十，因低於一足第一、三趾喪失機能者之給付標準第12-44項第十一等級，可按第12-44項第十一等級審定。	應由全民健康保險特約醫院或診所出具。
	12-10	一足五趾均缺損者。	九		
	12-11	一足第一趾或其他之四趾均缺損者。	十一		
	12-12	一足第二趾缺損者。	十三		
	12-13	一足第一趾及其他任何之足趾，共有二趾以上缺損者。	十		
	12-14	一足第一趾及其他任何之足趾，共有三趾缺損者。	十二		
	12-15	一足第一趾及其他任何之足趾，共有二趾缺損者。	十三		
	12-16	一足第三趾、第四趾及第五趾缺損者。	十三		
	12-17	一足第一趾及第二趾以外之任何足趾中，有一趾或二趾缺損者。	十四		
下肢機能失能	12-18	兩下肢均喪失機能者。	二	一、「三大關節」，係指「髖關節」、「膝關節」及「踝關節」。 二、「下肢喪失機能」係指符合下列情況之一者： (一)一下肢三大關節均完全強直或完全麻痺，以及一足五趾均喪失機能者。 (二)一下肢三大關節均完全強直或完全麻痺者。 三、「一下肢遺存顯著運動失能」，係指一下肢各關節遺存顯著運動失能，符合下列情況之一者： (一)一下肢三大關節均遺存顯著運動失能，及該足五趾均喪失機能者。 (二)一下肢三大關節均遺存顯著運動失能者。 四、「一下肢遺存運動失能」，係指一下肢三大關節均遺存運動失能。 五、下肢機能失能之「治療期間」、「喪失機能」、「顯著運動失能」或「運動失能」及類風濕關節炎、退化性關節炎、痛風之審定，參照上肢之各該項規定。	應由衛生福利部醫院評鑑優等以上、醫院評鑑合格之醫學中心或區域醫院、醫院評鑑及教學醫院評鑑合格之全民健康保險特約醫院出具。
	12-19	兩下肢三大關節中，各有二大關節喪失機能者。	三		
	12-20	兩下肢三大關節中，各有一大關節喪失機能者。	六		
	12-21	一下肢喪失機能者。	六		
	12-22	一下肢三大關節中，有二大關節喪失機能者。	七		
	12-23	一下肢三大關節中，有一大關節喪失機能者。	九		
	12-24	一下肢遺存顯著運動失能者。	四		
	12-25	兩下肢三大關節中，各有二大關節遺存顯著運動失能者。	五		
	12-26	兩下肢三大關節中，各有一大關節遺存顯著運動失能者。	七		
	12-27	一下肢遺存顯著運動失能者。	七		
	12-28	一下肢三大關節中，有二大關節遺存顯著運動失能者。	八		

失能種類	項目	失能狀態	失能等級	審核	開具診斷書醫療機構層級
	12-29	一下肢三大關節中，有一大關節遺存顯著運動失能者。	十一	六、下肢之動搖關節及假關節審定，參照上肢之各該項規定。 七、踵骨骨折後，骨折部如遺存第2-5足規定之神經症狀，同時足關節亦遺存有機能失能時，得合併提高其等級。 八、同一下肢遺存機能失能及因神經損傷所致之肌力失能，應綜合衡量定其等級，不得合併提高等級。 九、運動神經失能： （一）下肢部分神經麻痺引起之自動運動失能，比照上肢機能失能審核八之（二）規定審定之。 （二）全部神經或多數之神經麻痺時，比照上肢機能失能審核八之（三）規定審定之。 十、下肢之廣泛範圍，完全喪失知覺失能者，比照上肢機能失能審核八之（四）規定審定之。 十一、上肢機能失能審核十有關「同一上肢遺存器置失能，同時遺存機能失能時準用等級特別審核規定」及失能審核十一有關「同一上肢遺存機能失能同時手指遺存器置失能或機能失能時準用等級特別審核規定」於下肢均準用之。 十二、「一下肢遺存假關節且有顯著運動失能者」係指： （一）大腿骨遺存假關節者。 （二）脛骨及腓骨雙方遺存假關節者。 十三、「一下肢遺存假關節者」係指脛骨或腓骨任何一方遺存假關節者。	
	12-30	兩下肢均遺存運動失能者。	六		
	12-31	兩下肢三大關節中，各有一大關節遺存運動失能者。	九		
	12-32	兩下肢三大關節中，各有一大關節遺存運動失能者。	十一		
	12-33	一下肢遺存運動失能者。	九		
	12-34	一下肢三大關節中，有二大關節遺存運動失能者。	十一		
	12-35	一下肢三大關節中，有一大關節遺存運動失能者。	十三		
	12-36	一下肢遺存假關節且有顯著運動失能者。	八		
	12-37	一下肢遺存假關節者。	九		
畸形失能（大腿骨或下腿骨）	12-38	兩下肢長管骨遺存畸形者。	十一	一、「下肢長管骨遺存畸形」係指： （一）大腿骨遺存畸形者。 （二）下腿骨脛骨遺存畸形者。 二、前述畸形，須由外部可以察見，或X光片上有明顯之變形（形成約一六五度以上屈曲之不正癒合者）為準。 三、長管骨骨折部骨痂增生（CALLUS），或有肥厚不能認為畸形（變形）。	應由全民健康保險特約醫院或診所出具。
	12-39	一下肢長管骨遺存畸形者。	十三		

	足趾機能失能	12-40	雙足十趾均喪失機能者。	八	「足趾喪失機能者」係指符合下列情況之一者： 一、第一趾末節切斷二分之一以上者，或中足趾關節，或足趾關節喪失生理運動範圍二分之一以上者。 二、第二趾自末關節以上切斷者，或中足趾關節，或第一趾關節喪失生理運動範圍二分之一以上者。 三、第三、四、五各趾，係指末關節以上切斷，或中足趾關節及第一趾關節均完全強直者。	應由全民健康保險特約醫院或診所出具。
		12-41	一足五趾均喪失機能者。	十		
		12-42	一足第一趾或其他之四趾喪失機能者。	十二		
		12-43	一足第二趾喪失機能者。	十四		
		12-44	一足第一趾及其他任何之足趾，共有二趾以上喪失機能者。	十一		
		12-45	一足第二趾及其他任何之足趾，共有三趾喪失機能者。	十三		
		12-46	一足第二趾及其他任何之足趾，共有二趾喪失機能者。	十四		
		12-47	一足第三趾、第四趾及第五趾喪失機能者。	十四		
		12-48	一足第一趾及第二趾以外之任何足趾中，有一趾或二趾喪失機能者。	十五		

職業災害勞工醫療期間退保繼續參加勞工保險辦法

①民國91年4月10日行政院勞工委員會令訂定發布全文13條；並自91年4月28日施行。
②民國96年2月7日行政院勞工委員會令修正發布全文13條；並自發布日施行。
③民國96年4月20日行政院勞工委員會令修正發布第5條條文。
④民國97年5月1日行政院勞工委員會令修正發布第3、7條條文。
⑤民國99年7月15日行政院勞工委員會令修正發布第7、10、12條條文。
　民國103年2月14日行政院公告第2條第1項、第3條第3項、第5條第3項、第6條第2項所列屬「勞工保險局」之權責事項，自103年2月17日起改由「勞動部勞工保險局」管轄。
⑥民國105年3月21日勞動部令修正發布第2條條文。
⑦民國111年3月2日勞動部令修正發布全文13條；並自111年5月1日施行。

第一條

本辦法依勞工職業災害保險及保護法（以下簡稱本法）第七十七條第二項規定訂定之。

第二條

①參加勞工保險之職業災害勞工，於職業災害醫療期間終止勞動契約並退保後，自願繼續參加勞工保險者（以下簡稱繼續加保者），得以勞工團體，或保險人委託之有關團體為投保單位辦理續保手續，或逕向保險人申請續保。原投保單位亦得為其辦理續保手續。

②前項所稱勞工團體，指依工會法規定設立之工會。

第三條

①申請繼續加保者，應於原發生職業災害單位離職退保之日起五年內辦理續保手續。

②職業災害勞工於原發生職業災害單位退保之日起五年內，有再從事工作參加勞工保險後又退保情形者，仍得依前項規定辦理續保。

③依本辦法續保者，其保險效力之開始，自續保申請書送達保險人或郵寄之翌日起算。郵寄者，以原寄郵局郵戳為準。

第四條

①申請繼續加保者，應備具下列書件：

一　繼續加保申請書。

二　遭遇職業傷病之相關證明文件。但曾領取該次職業災害保險現金給付、住院醫療給付或核退自墊醫療費用者，免附。

②依第二條第一項規定逕向保險人申請續保者，除前項書件外，應一併檢具投保申請書及委託轉帳代繳保險費約定書。

第五條

①繼續加保者，其保險費由被保險人負擔百分之五十，其餘由本法勞工職業災害保險基金（以下簡稱本保險基金）補助。但依本辦法初次辦理加保生效之日起二年內，其保險費由被保險人負擔百分之二十，其餘由本保險基金補助。

②繼續加保者應按月向其投保單位繳納保險費，由投保單位於次月底前負責彙繳保險人；繼續加保者逕向保險人申請續保者，應按月向保險人繳交保險費。

第六條

①繼續加保者之投保薪資，以原發生職業災害而離職退保當時之勞工保險投保薪資為準，繼續加保期間不得申報調整投保薪資。

②前項投保薪資不得低於投保薪資分級表第一級之規定，投保薪資分級表第一級有修正時，由保險人逐予調整。

第七條

繼續加保者於續保之勞工保險有效期間，其本人、受益人或支出殯葬費之人，得請領同一職業傷病及其引起疾病之本法所定醫療給付、傷病給付、失能給付或死亡給付。

第八條

繼續加保者於續保後發生之事故，除不予勞工保險傷病給付外，其他保險給付應依勞工保險條例規定辦理。

第九條

①繼續加保者，其從事工作，並符合勞工保險條例第六條及第八條規定之加保資格，不得依本辦法繼續加保。

②繼續加保者轉參加公教人員保險或軍人保險期間，不得依本辦法繼續加保，其保險效力至轉參加之前一日止。

第一〇條

繼續加保者於尚未符合請領老年給付條件前，因死亡或失能程度經評估為終身無工作能力者，其保險效力至死亡或全民健康保險特約醫院或診所診斷為實際永久失能之當日終止。

第一一條

繼續加保者請領保險給付手續，由投保單位辦理。

第一二條

職業災害勞工領取失能給付，且經評估為終身無工作能力者，不得繼續加保。

第一三條

本辦法自中華民國一百十一年五月一日施行。

勞工保險被保險人退保後罹患職業病者請領職業災害保險失能給付辦法

①民國90年12月12日行政院勞工委員會令訂定發布全文5條。
②民國92年2月6日行政院勞工委員會令修正發布第1條條文。
③民國97年12月25日行政院勞工委員會令修正發布名稱及全文6條；並自98年1月1日施行（原名稱：勞工保險被保險人離職退保後始診斷確定罹有職業病者請領職業災害保險殘廢給付辦法）。
④民國99年10月8日行政院勞工委員會令修正發布第4、6條條文；並自發布日施行。
民國101年2月3日行政院公告第5條第2項所列屬「行政院主計處」之權責事項，自101年2月6日起改由「行政院主計總處」管轄。
民國102年7月19日行政院公告第2條第1項第2款所列屬「行政院衛生署」之權責事項，自102年7月23日起改由「衛生福利部」管轄。
⑤民國105年3月16日勞動部令修正發布第2、5條條文。

第一條

本辦法依勞工保險條例（以下簡稱本條例）第二十條之一第二項規定訂定之。

第二條

①依本條例第二十條之一規定請領職業災害保險失能給付者，除依本條例施行細則第六十八條第一項規定檢具相關書件外，應另備下列文件：

一　離職前擔任工作之性質、內容、期間及暴露於何種作業環境或有害物等作業經歷報告。

二　職業病診斷書。

三　過去工作期間之工作環境檢測資料。但原事業單位已關廠歇業，無法提出者，應檢附一年以上相關疾病之就醫紀錄及健康檢查資料，必要時提供相關病理切片報告。

②前項第二款所定之職業病診斷書，應由符合下列條件之一者出具：

一　中央衛生主管機關醫院評鑑優等以上醫院之專科醫師。

二　中央衛生主管機關醫院評鑑合格醫學中心或區域醫院之專科醫師。

三　中央衛生主管機關醫院評鑑及教學醫院評鑑合格醫院之專科醫師。

四　全民健康保險特約醫院或診所經中央衛生主管機關甄審合格之職業醫學科專科醫師。

③澎湖縣、金門縣、連江縣等離島地區者，其第一項第二款之職業病診斷書，得由原應診之全民健康保險特約醫院或診所之醫師出

具，不受前項規定之限制。

④本條例施行區域外者，其第一項第二款之職業病診斷書，得由原應診醫院或診所之醫師出具，不受第二項規定之限制。

⑤從事石礦、煤礦、金屬礦業罹患塵肺症勞工，無法提出第一項第三款所定之環境檢測資料，得免附。

第三條

原被保險人於退保後經診斷確定罹患職業病者，得依本條例相關規定請領失能給付。其為一次領取失能給付者，以請領一次為限。

第四條

①前條被保險人已因該職業病一次領取普通失能給付者，於一次請領職業病失能給付時，應扣除原已領取之給付日數，核給差額。〔給付金額＝平均日投保薪資×職業病失能給付日數－原已領取普通失能給付日數〕

②前項被保險人請領職業病失能年金給付者，除依本條例第五十三條規定發給年金外，應於發給二十個月職業病失能補償一次金時，扣除原已領取給付金額之半數，核給差額；如不足扣除時，則按月發給失能年金給付金額之百分之八十，至原已領取給付金額之半數扣減完畢為止。〔給付金額＝失能年金＋（二十個月職業病失能補償一次金－原已領取普通失能給付金額之半數）〕

③前條被保險人已因該職業病領取普通失能年金給付者，於請領職業病失能年金給付時，除繼續發給原標準之年金給付外，應發給二十個月職業病失能補償一次金。〔給付金額＝失能年金＋二十個月職業病失能補償一次金〕

第五條

①請領失能給付者，其平均月投保薪資之計算方式如下：

一　失能年金給付之平均月投保薪資，依本條例第十九條第三項第一款規定計算之。

二　一次領取失能給付之平均月投保薪資，按被保險人退保時之當月起前六個月之實際月投保薪資平均計算；其以日為給付單位者，以平均月投保薪資除以三十計算。

②前項所定平均月投保薪資，依中央主計機關公布之「各年月為基期之台灣地區消費者物價指數」加計消費者物價指數變動，予以調整。

③依前項規定調整之平均月投保薪資低於申請時之勞工保險投保薪資分級表第一級或調整前之平均月投保薪資者，按勞工保險投保薪資分級表第一級或調整前之平均月投保薪資計算；超過申請時投保薪資分級表最高等級者，以最高等級之投保薪資核算給付。

第六條

①本辦法自中華民國九十八年一月一日施行。

②本辦法修正條文自發布日施行。

伍、職業安全衛生

職業安全衛生法

①民國63年4月16日總統令制定公布全文34條。
②民國80年5月17日總統令修正公布全文40條。
③民國91年5月15日總統令修正公布第3條條文。
④民國91年6月12日總統令修正公布第6、8、10、23、32條條文；並增訂第36-1條條文。
⑤民國102年7月3日總統令修正公布名稱及全文55條（原名稱：勞工安全衛生法）。
　民國103年6月20日行政院令發除第7～9、11、13～15、31條定自104年1月1日施行外，餘自103年7月3日施行。
　民國103年2月14日行政院公告第3條第1項所列屬「行政院勞工委員會」之權責事項，自103年2月17日起改由「勞動部」管轄。
⑥民國108年5月15日總統令修正公布第3、6條條文。
　民國108年6月13日行政院令發布定自108年6月15日施行。

第一章　總　則

第一條

　為防止職業災害，保障工作者安全及健康，特制定本法；其他法律有特別規定者，從其規定。

第二條

　本法用詞，定義如下：

一　工作者：指勞工、自營作業者及其他受工作場所負責人指揮或監督從事勞動之人員。
二　勞工：指受僱從事工作獲致工資者。
三　雇主：指事業主或事業之經營負責人。
四　事業單位：指本法適用範圍內僱用勞工從事工作之機構。
五　職業災害：指因勞動場所之建築物、機械、設備、原料、材料、化學品、氣體、蒸氣、粉塵等或作業活動及其他職業上原因引起之工作者疾病、傷害、失能或死亡。

第三條

①本法所稱主管機關：在中央為勞動部；在直轄市為直轄市政府；在縣（市）為縣（市）政府。
②本法有關衛生事項，中央主管機關應會商中央衛生主管機關辦理。

第四條

　本法適用於各業。但因事業規模、性質及風險等因素，中央主管機關得指定公告其適用本法之部分規定。

第五條

①雇主使勞工從事工作，應在合理可行範圍內，採取必要之預防設

備或措施，使勞工免於發生職業災害。

②機械、設備、器具、原料、材料等物件之設計、製造或輸入者及工程之設計或施工者，應於設計、製造、輸入或施工規劃階段實施風險評估，致力防止此等物件於使用或工程施工時，發生職業災害。

第二章　安全衛生設施

第六條

①雇主對下列事項應有符合規定之必要安全衛生設備及措施：

一　防止機械、設備或器具等引起之危害。

二　防止爆炸性或發火性等物質引起之危害。

三　防止電、熱或其他之能引起之危害。

四　防止採石、採掘、裝卸、搬運、堆積或採伐等作業中引起之危害。

五　防止有墜落、物體飛落或崩塌等之虞之作業場所引起之危害。

六　防止高壓氣體引起之危害。

七　防止原料、材料、氣體、蒸氣、粉塵、溶劑、化學品、含毒性物質或缺氧空氣等引起之危害。

八　防止輻射、高溫、低溫、超音波、噪音、振動或異常氣壓等引起之危害。

九　防止監視儀表或精密作業等引起之危害。

十　防止廢氣、廢液或殘渣等廢棄物引起之危害。

十一　防止水患、風災或火災等引起之危害。

十二　防止動物、植物或微生物等引起之危害。

十三　防止通道、地板或階梯等引起之危害。

十四　防止未採取充足通風、採光、照明、保溫或防濕等引起之危害。

②雇主對下列事項，應妥為規劃及採取必要之安全衛生措施：

一　重複性作業等促發肌肉骨骼疾病之預防。

二　輪班、夜間工作、長時間工作等異常工作負荷促發疾病之預防。

三　執行職務因他人行為遭受身體或精神不法侵害之預防。

四　避難、急救、休息或其他為保護勞工身心健康之事項。

③前二項必要之安全衛生設備與措施之標準及規則，由中央主管機關定之。

第七條

①製造者、輸入者、供應者或雇主，對於中央主管機關指定之機械、設備或器具，其構造、性能及防護非符合安全標準者，不得產製運出廠場、輸入、租賃、供應或設置。

②前項之安全標準，由中央主管機關定之。

③製造者或輸入者對於第一項指定之機械、設備或器具，符合前項

安全標準者，應於中央主管機關指定之資訊申報網站登錄，並於其產製或輸入之產品明顯處張貼安全標示，以供識別。但屬於公告列入型式驗證之產品，應依第八條及第九條規定辦理。

④前項資訊登錄方式、標示及其他應遵行事項之辦法，由中央主管機關定之。

第八條

①製造者或輸入者對於中央主管機關公告列入型式驗證之機械、設備或器具，非經中央主管機關認可之驗證機構實施型式驗證合格及張貼合格標章，不得產製運出廠場或輸入。

②前項應實施型式驗證之機械、設備或器具，有下列情形之一者，得免驗證，不受前項規定之限制：

一　依第十六條或其他法律規定實施檢查、檢驗、驗證或認可。

二　供國防軍事用途使用，並有國防部或其直屬機關出具證明。

三　限量製造或輸入僅供科技研發、測試用途之專用機型，並經中央主管機關核准。

四　非供實際使用或作業用途之商業樣品或展覽品，並經中央主管機關核准。

五　其他特殊情形，有免驗證之必要，並經中央主管機關核准。

③第一項之驗證，因產品構造規格特殊致驗證有困難者，報驗義務人得檢附產品安全評估報告，向中央主管機關申請核准採用適當檢驗方式為之。

④輸入者對於第一項之驗證，因驗證之需求，得向中央主管機關申請先行放行，經核准後，於產品之設置地點實施驗證。

⑤前四項之型式驗證實施程序、項目、標準、報驗義務人、驗證機構資格條件、認可、撤銷與廢止、合格標章、標示方法、先行放行條件、申請免驗、安全評估報告、監督管理及其他應遵行事項之辦法，由中央主管機關定之。

第九條

①製造者、輸入者、供應者或雇主，對於未經型式驗證合格之產品或型式驗證逾期者，不得使用驗證合格標章或易生混淆之類似標章揭示於產品。

②中央主管機關或勞動檢查機構，得對公告列入應實施型式驗證之產品，進行抽驗及市場查驗，業者不得規避、妨礙或拒絕。

第一○條

①雇主對於具有危害性之化學品，應予標示、製備清單及揭示安全資料表，並採取必要之通識措施。

②製造者、輸入者或供應者，提供前項化學品與事業單位或自營作業者前，應予標示及提供安全資料表；資料異動時，亦同。

③前二項化學品之範圍、標示、清單格式、安全資料表、揭示、通識措施及其他應遵行事項之規則，由中央主管機關定之。

第一一條

①雇主對於前條之化學品，應依其健康危害、散布狀況及使用量等

情形，評估風險等級，並採取分級管理措施。

②前項之評估方法、分級管理程序與採行措施及其他應遵行事項之辦法，由中央主管機關定之。

第一二條

①雇主對於中央主管機關定有容許暴露標準之作業場所，應確保勞工之危害暴露低於標準值。

②前項之容許暴露標準，由中央主管機關定之。

③雇主對於經中央主管機關指定之作業場所，應訂定作業環境監測計畫，並設置或委託由中央主管機關認可之作業環境監測機構實施監測。但中央主管機關指定免經監測機構分析之監測項目，得僱用合格監測人員辦理之。

④雇主對於前項監測計畫及監測結果，應公開揭示，並通報中央主管機關。中央主管機關或勞動檢查機構得實施查核。

⑤前二項之作業場所指定、監測計畫與監測結果揭示、通報、監測機構與監測人員資格條件、認可、撤銷與廢止、查核方式及其他應遵行事項之辦法，由中央主管機關定之。

第一三條

①製造者或輸入者對於中央主管機關公告之化學物質清單以外之新化學物質，未向中央主管機關繳交化學物質安全評估報告，並經核准登記前，不得製造或輸入含有該物質之化學品。但其他法律已規定或經中央主管機關公告不適用者，不在此限。

②前項評估報告，中央主管機關為防止危害工作者安全及健康，於審查後得予公開。

③前二項化學物質清單之公告、新化學物質之登記、評估報告內容、審查程序、資訊公開及其他應遵行事項之辦法，由中央主管機關定之。

第一四條

①製造者、輸入者、供應者或雇主，對於經中央主管機關指定之管制性化學品，不得製造、輸入、供應或供工作者處置、使用。但經中央主管機關許可者，不在此限。

②製造者、輸入者、供應者或雇主，對於中央主管機關指定之優先管理化學品，應報相關運作資料申請中央主管機關備查。

③前二項化學品之指定、許可條件、期間、廢止或撤銷許可、運作資料內容及其他應遵行事項之辦法，由中央主管機關定之。

第一五條

①有下列情事之一之工作場所，事業單位應依中央主管機關規定之期限，定期實施製程安全評估，並製作製程安全評估報告及採取必要之預防措施；製程修改時，亦同：

一　從事石油裂解之石化工業。

二　從事製造、處置或使用危害性之化學品數量達中央主管機關規定量以上。

②前項製程安全評估報告，事業單位應報請勞動檢查機構備查。

③前二項危害性之化學品數量、製程安全評估方法、評估報告內容要項、報請備查之期限、項目、方式及其他應遵行事項之辦法，由中央主管機關定之。

第一六條

①雇主對於經中央主管機關指定具有危險性之機械或設備，非經勞動檢查機構或中央主管機關指定之代行檢查機構檢查合格，不得使用；其使用超過規定期間者，非經再檢查合格，不得繼續使用。

②代行檢查機構應依本法及本法所發布之命令執行職務。

③檢查費收費標準及代行檢查機構之資格條件與所負責任，由中央主管機關定之。

④第一項所稱危險性機械或設備之種類、應具之容量與其製程、竣工、使用、變更或其他檢查之程序、項目、標準及檢查合格許可有效使用期限等事項之規則，由中央主管機關定之。

第一七條

勞工工作場所之建築物，應由依法登記開業之建築師依建築法規及本法有關安全衛生之規定設計。

第一八條

①工作場所有立即發生危險之虞時，雇主或工作場所負責人應即令停止作業，並使勞工退避至安全場所。

②勞工執行職務發現有立即發生危險之虞時，得在不危及其他工作者安全情形下，自行停止作業及退避至安全場所，並立即向直屬主管報告。

③雇主不得對前項勞工予以解僱、調職、不給付停止作業期間工資或其他不利之處分。但雇主證明勞工濫用停止作業權，經報告主管機關認定，並符合勞動法令規定者，不在此限。

第一九條

①在高溫場所工作之勞工，雇主不得使其每日工作時間超過六小時；異常氣壓作業、高架作業、精密作業、重體力勞動或其他對於勞工具有特殊危害之作業，亦應規定減少勞工工作時間，並在工作時間中予以適當之休息。

②前項高溫度、異常氣壓、高架、精密、重體力勞動及對於勞工具有特殊危害等作業之減少工作時間與休息時間之標準，由中央主管機關會同有關機關定之。

第二〇條

①雇主於僱用勞工時，應施行體格檢查；對在職勞工應施行下列健康檢查：

一　一般健康檢查。

二　從事特別危害健康作業者之特殊健康檢查。

三　經中央主管機關指定為特定對象及特定項目之健康檢查。

②前項檢查應由中央主管機關會商中央衛生主管機關認可之醫療機構之醫師為之；檢查紀錄雇主應予保存，並負擔健康檢查費用；

實施特殊健康檢查時，雇主應提供勞工作業內容及暴露情形等作業經歷資料予醫療機構。

③前二項檢查之對象及其作業經歷、項目、期間、健康管理分級、檢查紀錄與保存期限及其他應遵行事項之規則，由中央主管機關定之。

④醫療機構對於健康檢查之結果，應通報中央主管機關備查，以作為工作相關疾病預防之必要應用。但一般健康檢查結果之通報，以指定項目發現異常者為限。

⑤第二項醫療機構之認可條件、管理、檢查醫師資格與前項檢查結果之通報內容、方式、期限及其他應遵行事項之辦法，由中央主管機關定之。

⑥勞工對於第一項之檢查，有接受之義務。

第二一條

①雇主依前條體格檢查發現應僱勞工不適於從事某種工作，不得僱用其從事該項工作。健康檢查發現勞工有異常情形者，應由醫護人員提供其健康指導；其經醫師健康評估結果，不能適應原有工作者，應參採醫師之建議，變更其作業場所、更換工作或縮短工作時間，並採取健康管理措施。

②雇主應依前條檢查結果及個人健康注意事項，彙編成健康檢查手冊，發給勞工，並不得作為健康管理目的以外之用途。

③前二項有關健康管理措施、檢查手冊內容及其他應遵行事項之規則，由中央主管機關定之。

第二二條

①事業單位勞工人數在五十人以上者，應僱用或特約醫護人員，辦理健康管理、職業病預防及健康促進等勞工健康保護事項。

②前項職業病預防事項應配合第二十三條之安全衛生人員辦理之。

③第一項事業單位之適用日期，中央主管機關得依規模、性質分階段公告。

④第一項有關從事勞工健康服務之醫護人員資格、勞工健康保護及其他應遵行事項之規則，由中央主管機關定之。

第三章　安全衛生管理

第二三條

①雇主應依其事業單位之規模、性質，訂定職業安全衛生管理計畫；並設置安全衛生組織、人員，實施安全衛生管理及自動檢查。

②前項之事業單位達一定規模以上或有第十五條第一項所定之工作場所者，應建置職業安全衛生管理系統。

③中央主管機關對前項職業安全衛生管理系統得實施訪查，其管理績效良好並經認可者，得公開表揚之。

④前三項之事業單位規模、性質、安全衛生組織、人員、管理、自動檢查、職業安全衛生管理系統建置、績效認可、表揚及其他應

遵行事項之辦法，由中央主管機關定之。

第二四條

經中央主管機關指定具有危險性機械或設備之操作人員，雇主應僱用經中央主管機關認可之訓練或經技能檢定之合格人員充任之。

第二五條

①事業單位以其事業招人承攬時，其承攬人就承攬部分負本法所定雇主之責任；原事業單位就職業災害補償仍應與承攬人負連帶責任。再承攬者亦同。

②原事業單位違反本法或有關安全衛生規定，致承攬人所僱勞工發生職業災害時，與承攬人負連帶賠償責任。再承攬者亦同。

第二六條

①事業單位以其事業之全部或一部分交付承攬時，應於事前告知該承攬人有關其事業工作環境、危害因素暨本法及有關安全衛生規定應採取之措施。

②承攬人就其承攬之全部或一部分交付再承攬時，承攬人亦應依前項規定告知再承攬人。

第二七條

①事業單位與承攬人、再承攬人分別僱用勞工共同作業時，為防止職業災害，原事業單位應採取下列必要措施：

一　設置協議組織，並指定工作場所負責人，擔任指揮、監督及協調之工作。

二　工作之連繫與調整。

三　工作場所之巡視。

四　相關承攬事業間之安全衛生教育之指導及協助。

五　其他為防止職業災害之必要事項。

②事業單位分別交付二個以上承攬人共同作業而未參與共同作業時，應指定承攬人之一負前項原事業單位之責任。

第二八條

二個以上之事業單位分別出資共同承攬工程時，應互推一人為代表人；該代表人視為該工程之事業雇主，負本法雇主防止職業災害之責任。

第二九條

①雇主不得使未滿十八歲者從事下列危險性或有害性工作：

一　坑內工作。

二　處理爆炸性、易燃性等物質之工作。

三　鉛、汞、鉻、砷、黃磷、氯氣、氰化氫、苯胺等有害物散布場所之工作。

四　有害輻射散布場所之工作。

五　有害粉塵散布場所之工作。

六　運轉中機器或動力傳導裝置危險部分之掃除、上油、檢查、修理或上卸皮帶、繩索等工作。

七　超過二百二十伏特電力線之銜接。
八　已熔礦物或礦渣之處理。
九　鍋爐之燒火及操作。
十　鑿岩機及其他有顯著振動之工作。
十一　一定重量以上之重物處理工作。
十二　起重機、人字臂起重桿之運轉工作。
十三　動力捲揚機、動力運搬機及索道之運轉工作。
十四　橡膠化合物及合成樹脂之滾輾工作。
十五　其他經中央主管機關規定之危險性或有害性之工作。

②前項危險性或有害性工作之認定標準，由中央主管機關定之。

③未滿十八歲者從事第一項以外之工作，經第二十條或第二十二條之醫師評估結果，不能適應原有工作者，雇主應參採醫師之建議，變更其作業場所、更換工作或縮短工作時間，並採取健康管理措施。

第三○條

①雇主不得使妊娠中之女性勞工從事下列危險性或有害性工作：
一　礦坑工作。
二　鉛及其化合物散布場所之工作。
三　異常氣壓之工作。
四　處理或暴露於弓形蟲、德國麻疹等影響胎兒健康之工作。
五　處理或暴露於二硫化碳、三氯乙烯、環氧乙烷、丙烯醯胺、次乙亞胺、砷及其化合物、汞及其無機化合物等經中央主管機關規定之危害性化學品之工作。
六　鑿岩機及其他有顯著振動之工作。
七　一定重量以上之重物處理工作。
八　有害輻射散布場所之工作。
九　已熔礦物或礦渣之處理工作。
十　起重機、人字臂起重桿之運轉工作。
十一　動力捲揚機、動力運搬機及索道之運轉工作。
十二　橡膠化合物及合成樹脂之滾輾工作。
十三　處理或暴露於經中央主管機關規定具有致病或致死之微生物感染風險之工作。
十四　其他經中央主管機關規定之危險性或有害性之工作。

②雇主不得使分娩後未滿一年之女性勞工從事下列危險性或有害性工作：
一　礦坑工作。
二　鉛及其化合物散布場所之工作。
三　鑿岩機及其他有顯著振動之工作。
四　一定重量以上之重物處理工作。
五　其他經中央主管機關規定之危險性或有害性之工作。

③第一項第五款至第十四款及前項第三款至第五款所定之工作，雇主依第三十一條採取母性健康保護措施，經當事人書面同意者，

不在此限。

④第一項及第二項危險性或有害性工作之認定標準，由中央主管機關定之。

⑤雇主未經當事人告知妊娠或分娩事實而違反第一項或第二項規定者，得免予處罰。但雇主明知或可得而知者，不在此限。

第三一條

①中央主管機關指定之事業，雇主應對有母性健康危害之虞之工作，採取危害評估、控制及分級管理措施；對於妊娠中或分娩後未滿一年之女性勞工，應依醫師適性評估建議，採取工作調整或更換等健康保護措施，並留存紀錄。

②前項勞工於保護期間，因工作條件、作業程序變更、當事人健康異常或有不適反應，經醫師評估確認不適原有工作者，雇主應依前項規定重新辦理之。

③第一項事業之指定、有母性健康危害之虞之工作項目、危害評估程序與控制、分級管理方法、適性評估原則、工作調整或更換、醫師資格與評估報告之文件格式、紀錄保存及其他應遵行事項之辦法，由中央主管機關定之。

④雇主未經當事人告知妊娠或分娩事實而違反第一項或第二項規定者，得免予處罰。但雇主明知或可得而知者，不在此限。

第三二條

①雇主對勞工應施以從事工作與預防災變所必要之安全衛生教育及訓練。

②前項必要之教育及訓練事項、訓練單位之資格條件與管理及其他應遵行事項之規則，由中央主管機關定之。

③勞工對於第一項之安全衛生教育及訓練，有接受之義務。

第三三條

雇主應負責宣導本法及有關安全衛生之規定，使勞工周知。

第三四條

①雇主應依本法及有關規定會同勞工代表訂定適合其需要之安全衛生工作守則，報經勞動檢查機構備查後，公告實施。

②勞工對於前項安全衛生工作守則，應切實遵行。

第四章　監督與檢查

第三五條

中央主管機關得聘請勞方、資方、政府機關代表、學者專家及職業災害勞工團體，召開職業安全衛生諮詢會，研議國家職業安全衛生政策，並提出建議；其成員之任一性別不得少於三分之一。

第三六條

①中央主管機關及勞動檢查機構對於各事業單位勞動場所得實施檢查。其有不合規定者，應告知違反法令條款，並通知限期改善；屆期未改善或已發生職業災害，或有發生職業災害之虞時，得通知其部分或全部停工。勞工於停工期間應由雇主照給工資。

②事業單位對於前項之改善，於必要時，得請中央主管機關協助或洽請認可之顧問服務機構提供專業技術輔導。

③前項顧問服務機構之種類、條件、服務範圍、顧問人員之資格與職責、認可程序、撤銷、廢止、管理及其他應遵行事項之規則，由中央主管機關定之。

第三七條

①事業單位工作場所發生職業災害，雇主應即採取必要之急救、搶救等措施，並會同勞工代表實施調查、分析及作成紀錄。

②事業單位勞動場所發生下列職業災害之一者，雇主應於八小時內通報勞動檢查機構：

一　發生死亡災害。

二　發生災害之罹災人數在三人以上。

三　發生災害之罹災人數在一人以上，且需住院治療。

四　其他經中央主管機關指定公告之災害。

③勞動檢查機構接獲前項報告後，應就工作場所發生死亡或重傷之災害派員檢查。

④事業單位發生第二項之災害，除必要之急救、搶救外，雇主非經司法機關或勞動檢查機構許可，不得移動或破壞現場。

第三八條

中央主管機關指定之事業，雇主應依規定填載職業災害內容及統計，按月報請勞動檢查機構備查，並公布於工作場所。

第三九條

①工作者發現下列情形之一者，得向雇主、主管機關或勞動檢查機構申訴：

一　事業單位違反本法或有關安全衛生之規定。

二　疑似罹患職業病。

三　身體或精神遭受侵害。

②主管機關或勞動檢查機構為確認前項雇主所採取之預防及處置措施，得實施調查。

③前項之調查，必要時得通知當事人或有關人員參與。

④雇主不得對第一項申訴之工作者予以解僱、調職或其他不利之處分。

第五章　罰　則

第四〇條

①違反第六條第一項或第十六條第一項之規定，致發生第三十七條第二項第一款之災害者，處三年以下有期徒刑、拘役或科或併科新臺幣三十萬元以下罰金。

②法人犯前項之罪者，除處罰其負責人外，對該法人亦科以前項之罰金。

第四一條

①有下列情形之一者，處一年以下有期徒刑、拘役或科或併科新臺

幣十八萬元以下罰金：

一　違反第六條第一項或第十六條第一項之規定，致發生第三十七條第二項第二款之災害。

二　違反第十八條第一項、第二十九條第一項、第三十條第一項、第二項或第三十七條第四項之規定。

三　違反中央主管機關或勞動檢查機構依第三十六條第一項所發停工之通知。

②法人犯前項之罪者，除處罰其負責人外，對該法人亦科以前項之罰金。

第四二條

①違反第十五條第一項、第二項之規定，其危害性化學品洩漏或引起火災、爆炸致發生第三十七條第二項之職業災害者，處新臺幣三十萬元以上三百萬元以下罰鍰；經通知限期改善，屆期未改善，並得按次處罰。

②雇主依第十二條第四項規定通報之監測資料，經中央主管機關查核有虛偽不實者，處新臺幣三十萬元以上一百萬元以下罰鍰。

第四三條

有下列情形之一者，處新臺幣三萬元以上三十萬元以下罰鍰：

一　違反第十條第一項、第十一條第一項、第二十三條第二項之規定，經通知限期改善，屆期未改善。

二　違反第六條第一項、第十二條第一項、第三項、第十四條第二項、第十六條第一項、第十九條第一項、第二十四條、第三十一條第一項、第二項或第三十七條第一項、第二項之規定；違反第六條第二項致發生職業病。

三　違反第十五條第一項、第二項之規定，並得按次處罰。

四　規避、妨礙或拒絕本法規定之檢查、調查、抽驗、市場查驗或查核。

第四四條

①未依第七條第三項規定登錄或違反第十條第二項之規定者，處新臺幣三萬元以上十五萬元以下罰鍰；經通知限期改善，屆期未改善者，並得按次處罰。

②違反第七條第一項、第八條第一項、第十三條第一項或第十四條第一項規定者，處新臺幣二十萬元以上二百萬元以下罰鍰，並得限期停止輸入、產製、製造或供應；屆期不停止者，並得按次處罰。

③未依第七條第三項規定標示或違反第九條第一項之規定者，處新臺幣三萬元以上三十萬元以下罰鍰，並得令限期回收或改正。

④未依前項規定限期回收或改正者，處新臺幣十萬元以上一百萬元以下罰鍰，並得按次處罰。

⑤違反第七條第一項、第八條第一項、第九條第一項規定之產品，或第十四條第一項規定之化學品者，得沒入、銷燬或採取其他必要措施，其執行所需之費用，由行為人負擔。

第四五條

有下列情形之一者，處新臺幣三萬元以上十五萬元以下罰鍰：

一　違反第六條第二項、第十二條第四項、第二十條第一項、第
　　二項、第二十一條第一項、第二項、第二十二條第一項、第
　　二十三條第一項、第三十二條第一項、第三十四條第一項或
　　第三十八條之規定，經通知限期改善，屆期未改善。

二　違反第十七條、第十八條第三項、第二十六條至第二十八
　　條、第二十九條第三項、第三十三條或第三十九條第四項之
　　規定。

三　依第三十六條第一項之規定，應給付工資而不給付。

第四六條

違反第二十條第六項、第三十二條第三項或第三十四條第二項之
規定者，處新臺幣三千元以下罰鍰。

第四七條

代行檢查機構執行職務，違反本法或依本法所發布之命令者，處
新臺幣六萬元以上三十萬元以下罰鍰；其情節重大者，中央主管
機關並得予以暫停代行檢查職務或撤銷指定代行檢查職務之處
分。

第四八條

有下列情形之一者，予以警告或處新臺幣六萬元以上三十萬元以
下罰鍰，並得限期令其改正；屆期未改正或情節重大者，得撤銷
或廢止其認可，或定期停止其業務之全部或一部：

一　驗證機構違反中央主管機關依第八條第五項規定所定之辦
　　法。

二　監測機構違反中央主管機關依第十二條第五項規定所定之辦
　　法。

三　醫療機構違反第二十條第四項及中央主管機關依第二十條第
　　五項規定所定之辦法。

四　訓練單位違反中央主管機關依第三十二條第二項規定所定之
　　規則。

五　顧問服務機構違反中央主管機關依第三十六條第三項規定所
　　定之規則。

第四九條

有下列情形之一者，得公布其事業單位、雇主、代行檢查機構、
驗證機構、監測機構、醫療機構、訓練單位或顧問服務機構之名
稱、負責人姓名：

一　發生第三十七條第二項之災害。

二　有第四十條至第四十五條、第四十七條或第四十八條之情
　　形。

三　發生職業病。

第六章　附　則

第五〇條

①為提升雇主及工作者之職業安全衛生知識，促進職業安全衛生文化之發展，中央主管機關得訂定獎勵或補助辦法，鼓勵事業單位及有關團體辦理之。

②直轄市與縣（市）主管機關及各目的事業主管機關應積極推動職業安全衛生業務；中央主管機關得訂定績效評核及獎勵辦法。

第五一條

①自營作業者準用第五條至第七條、第九條、第十條、第十四條、第十六條、第二十四條有關雇主之義務及罰則之規定。

②第二條第一款所定受工作場所負責人指揮或監督從事勞動之人員，於事業單位工作場所從事勞動，比照該事業單位之勞工，適用本法之規定。但第二十條之體格檢查及在職勞工健康檢查之規定，不在此限。

第五二條

中央主管機關得將第八條驗證機構管理、第九條抽驗與市場查驗、第十二條作業環境監測機構之管理、查核與監測結果之通報、第十三條新化學物質之登記與報告之審查、第十四條管制性化學品之許可與優先管理化學品之運作資料之備查、第二十條認可之醫療機構管理及健康檢查結果之通報、第二十三條第三項職業安全衛生管理系統之訪查與績效認可、第三十二條第二項訓練單位之管理及第三十九條第二項疑似職業病調查等業務，委託相關專業團體辦理。

第五三條

主管機關辦理本法所定之認可、審查、許可、驗證、檢查及指定等業務，應收規費；其收費標準由中央主管機關定之。

第五四條

本法施行細則，由中央主管機關定之。

第五五條

本法施行日期，由行政院定之。

職業安全衛生法施行細則

① 民國63年6月28日內政部令訂定發布全文43條；並自發布日施行。
② 民國73年2月24日內政部令修正發布第9、10、13、17、18、20、22、23、32、34、35、38～40條條文；並刪除第19、21條條文。
③ 民國80年9月16日行政院勞工委員會令修正發布全文47條；並自發布日施行。
④ 民國91年4月25日行政院勞工委員會令修正發布全文34條；並自發布日施行。
⑤ 民國98年2月26日行政院勞工委員會令增訂發布第33-1條條文。
⑥ 民國103年6月26日勞動部令修正發布名稱及全文54條；並自103年7月3日施行（原名稱：勞工安全衛生法施行細則）。
⑦ 民國109年2月27日勞動部令修正發布第11、35、38、54條條文；增訂第46-1條條文；刪除第9、10條條文；並自109年3月1日施行。

第一章 總則

第一條

本細則依職業安全衛生法（以下簡稱本法）第五十四條規定訂定之。

第二條

① 本法第二條第一款、第十條第二項及第五十一條第一項所稱自營作業者，指獨立從事勞動或技藝工作，獲致報酬，且未僱用有酬人員幫同工作者。

② 本法第二條第一款所稱其他受工作場所負責人指揮或監督從事勞動之人員，指與事業單位無僱傭關係，於其工作場所從事勞動或以學習技能、接受職業訓練為目的從事勞動之工作者。

第三條

本法第二條第一款、第十八條第一項、第二十七條第一項第一款及第五十一條第二項所稱工作場所負責人，指雇主或於該工作場所代表雇主從事管理、指揮或監督工作者從事勞動之人。

第四條

本法第二條第三款、第十八條第三項及第三十六條第一項所稱工資，指勞工因工作而獲得之報酬，包括工資、薪金及按計時、計日、計月、計件以現金或實物等方式給付之獎金、津貼及其他任何名義之經常性給與均屬之。

第五條

① 本法第二條第五款、第三十六條第一項及第三十七條第二項所稱勞動場所，包括下列場所：

一 於勞動契約存續中，由雇主所提示，使勞工履行契約提供勞務之場所。

二　自營作業者實際從事勞動之場所。

三　其他受工作場所負責人指揮或監督從事勞動之人員，實際從事勞動之場所。

②本法第十五條第一項、第十七條、第十八條第一項、第二十三條第二項、第二十七條第一項、第三十七條第一項、第三項、第三十八條及第五十一條第二項所稱工作場所，指勞動場所中，接受雇主或代理雇主指示處理有關勞工事務之人所能支配、管理之場所。

③本法第六條第一項第五款、第十二條第一項、第三項、第五項、第二十一條第一項及第二十九條第三項所稱作業場所，指工作場所中，從事特定工作目的之場所。

第六條

本法第二條第五款所稱職業上原因，指隨作業活動所衍生，於勞動上一切必要行為及其附隨行為而具有相當因果關係者。

第七條

本法第四條所稱各業，適用中華民國行業標準分類之規定。

第八條

①本法第五條第一項所稱合理可行範圍，指依本法及有關安全衛生法令、指引、實務規範或一般社會通念，雇主明知或可得而知勞工所從事之工作，有致其生命、身體及健康受危害之虞，並可採取必要之預防設備或措施者。

②本法第五條第二項所稱風險評估，指辨識、分析及評量風險之程序。

第二章　安全衛生設施

第九條　（刪除）

第一〇條　（刪除）

第一一條

①本法第六條第二項第三款所定執行職務因他人行為遭受身體或精神不法侵害之預防，為雇主避免勞工因執行職務，於勞動場所遭受他人之不法侵害行為，造成身體或精神之傷害，所採取預防之必要措施。

②前項不法之侵害，由各該管主管機關或司法機關依規定調查或認定。

第一二條

本法第七條第一項所稱中央主管機關指定之機械、設備或器具如下：

一　動力衝剪機械。

二　手推刨床。

三　木材加工用圓盤鋸。

四　動力堆高機。

五　研磨機。

六　研磨輪。

七　防爆電氣設備。

八　動力衝剪機械之光電式安全裝置。

九　手推刨床之刃部接觸預防裝置。

十　木材加工用圓盤鋸之反撥預防裝置及鋸齒接觸預防裝置。

十一　其他經中央主管機關指定公告者。

第一三條

本法第七條至第九條所稱型式驗證，指由驗證機構對某一型式之機械、設備或器具等產品，審驗符合安全標準之程序。

第一四條

本法第十條第一項所稱具有危害性之化學品，指下列之危險物或有害物：

一　危險物：符合國家標準CNS 15030分類，具有物理性危害者。

二　有害物：符合國家標準CNS 15030分類，具有健康危害者。

第一五條

本法第十條第一項所稱危害性化學品之清冊，指記載化學品名稱、製造商或供應商基本資料、使用及貯存量等項目之清冊或表單。

第一六條

本法第十條第一項所稱危害性化學品之安全資料表，指記載化學品名稱、製造商或供應商基本資料、危害特性、緊急處理及危害預防措施等項目之表單。

第一七條

①本法第十二條第三項所稱作業環境監測，指為掌握勞工作業環境實態與評估勞工暴露狀況，所採取之規劃、採樣、測定、分析及評估。

②本法第十二條第三項規定應訂定作業環境監測計畫及實施監測之作業場所如下：

一　設置有中央管理方式之空氣調節設備之建築物室內作業場所。

二　坑內作業場所。

三　顯著發生噪音之作業場所。

四　下列作業場所，經中央主管機關指定者：

　　㈠高溫作業場所。

　　㈡粉塵作業場所。

　　㈢鉛作業場所。

　　㈣四烷基鉛作業場所。

　　㈤有機溶劑作業場所。

　　㈥特定化學物質作業場所。

五　其他經中央主管機關指定公告之作業場所。

第一八條

① 中央主管機關依本法第十三條第二項，審查化學物質安全評估報告後，得予公開之資訊如下：

一　新化學物質編碼。

二　危害分類及標示。

三　物理及化學特性資訊。

四　毒理資訊。

五　安全使用資訊。

六　為因應緊急措施或維護工作者安全健康，有必要揭露予特定人員之資訊。

② 前項第六款之資訊範圍如下：

一　新化學物質名稱及基本辨識資訊。

二　製造或輸入新化學物質之數量。

三　新化學物質於混合物之組成。

四　新化學物質之製造、用途及暴露資訊。

第一九條

本法第十四條第一項所稱管制性化學品如下：

一　第二十條之優先管理化學品中，經中央主管機關評估具高度暴露風險者。

二　其他經中央主管機關指定公告者。

第二〇條

本法第十四條第二項所稱優先管理化學品如下：

一　本法第二十九條第一項第三款及第三十條第一項第五款規定所列之危害性化學品。

二　依國家標準CNS 15030分類，屬致癌物質第一級、生殖細胞致突變性物質第一級或生殖毒性物質第一級者。

三　依國家標準CNS 15030分類，具有物理性危害或健康危害，其化學品運作量達中央主管機關規定者。

四　其他經中央主管機關指定公告者。

第二一條

① 本法第十五條第一項第一款所稱從事石油裂解之石化工業，指勞動檢查法第二十六條第一項第一款所定從事石油產品之裂解反應，以製造石化基本原料者。

② 本法第十五條第一項第二款所稱從事製造、處置或使用危害性之化學品，數量達中央主管機關規定量以上者，指勞動檢查法第二十六條第一項第五款所定之製造、處置或使用危險物及有害物，達中央主管機關規定之數量。

第二二條

本法第十六條第一項所稱具有危險性之機械，指符合中央主管機關所定一定容量以上之下列機械：

一　固定式起重機。

二　移動式起重機。

三　人字臂起重桿。

四 營建用升降機。

五 營建用提升機。

六 吊籠。

七 其他經中央主管機關指定公告具有危險性之機械。

第二三條

本法第十六條第一項所稱具有危險性之設備，指符合中央主管機關所定一定容量以上之下列設備：

一 鍋爐。

二 壓力容器。

三 高壓氣體特定設備。

四 高壓氣體容器。

五 其他經中央主管機關指定公告具有危險性之設備。

第二四條

本法第十六條第一項規定之檢查，由中央主管機關依機械、設備之種類、特性，就下列檢查項目分別定之：

一 熔接檢查。

二 構造檢查。

三 竣工檢查。

四 定期檢查。

五 重新檢查。

六 型式檢查。

七 使用檢查。

八 變更檢查。

第二五條

本法第十八條第一項及第二項所稱有立即發生危險之虞時，指勞工處於需採取緊急應變或立即避難之下列情形之一：

一 自設備洩漏大量危害性化學品，致有發生爆炸、火災或中毒等危險之虞時。

二 從事河川工程、河堤、海堤或圍堰等作業，因強風、大雨或地震，致有發生危險之虞時。

三 從事隧道等營建工程或管溝、沉箱、沉筒、井筒等之開挖作業，因落磐、出水、崩壞或流砂侵入等，致有發生危險之虞時。

四 於作業場所有易燃液體之蒸氣或可燃性氣體滯留，達爆炸下限值之百分之三十以上，致有發生爆炸、火災危險之虞時。

五 於儲槽等內部或通風不充分之室內作業場所，致有發生中毒或窒息危險之虞時。

六 從事缺氧危險作業，致有發生缺氧危險之虞時。

七 於高度二公尺以上作業，未設置防墜設施及未使勞工使用適當之個人防護具，致有發生墜落危險之虞時。

八 於道路或鄰接道路從事作業，未採取管制措施及未設置安全防護設施，致有發生危險之虞時。

九　其他經中央主管機關指定公告有發生危險之虞時之情形。

第二六條

本法第十八條第三項及第三十九條第四項所稱其他不利之處分，指直接或間接損害勞工依法令、契約或習慣上所應享有權益之措施。

第二七條

① 本法第二十條第一項所稱體格檢查，指於僱用勞工時，為識別勞工工作適性，考量其是否有不適合作業之疾病所實施之身體檢查。

② 本法第二十條第一項所稱在職勞工應施行之健康檢查如下：

一　一般健康檢查：指雇主對在職勞工，為發現健康有無異常，以提供適當健康指導、適性配工等健康管理措施，依其年齡於一定期間或變更其工作時所實施者。

二　特殊健康檢查：指對從事特別危害健康作業之勞工，為發現健康有無異常，以提供適當健康指導、適性配工及實施分級管理等健康管理措施，依其作業危害性，於一定期間或變更其工作時所實施者。

三　特定對象及特定項目之健康檢查：指對可能為罹患職業病之高風險群勞工，或基於疑似職業病及本土流行病學調查之需要，經中央主管機關指定公告，要求其雇主對特定勞工施行必要項目之臨時性檢查。

第二八條

本法第二十條第一項第二款所稱特別危害健康作業，指下列作業：

一　高溫作業。

二　噪音作業。

三　游離輻射作業。

四　異常氣壓作業。

五　鉛作業。

六　四烷基鉛作業。

七　粉塵作業。

八　有機溶劑作業，經中央主管機關指定者。

九　製造、處置或使用特定化學物質之作業，經中央主管機關指定者。

十　黃磷之製造、處置或使用作業。

十一　聯啶或巴拉刈之製造作業。

十二　其他經中央主管機關指定公告之作業。

第二九條

① 本法第二十條第六項所稱勞工有接受檢查之義務，指勞工應依雇主安排接受符合本法規定之醫療機構接受體格及健康檢查。

② 勞工自行於其他符合規定之醫療機構接受相當種類及項目之檢查，並將檢查結果提供予雇主者，視為已接受本法第二十條第一

項之檢查。

第三○條

①事業單位依本法第二十二條規定僱用或特約醫護人員者，雇主應使其保存與管理勞工體格及健康檢查、健康指導、健康管理措施及健康服務等資料。

②雇主、醫護人員於保存及管理勞工醫療之個人資料時，應遵守本法及個人資料保護法等相關規定。

第三章　安全衛生管理

第三一條

本法第二十三條第一項所定職業安全衛生管理計畫，包括下列事項：

一　工作環境或作業危害之辨識、評估及控制。

二　機械、設備或器具之管理。

三　危害性化學品之分類、標示、通識及管理。

四　有害作業環境之採樣策略規劃及監測。

五　危險性工作場所之製程或施工安全評估。

六　採購管理、承攬管理及變更管理。

七　安全衛生作業標準。

八　定期檢查、重點檢查、作業檢點及現場巡視。

九　安全衛生教育訓練。

十　個人防護具之管理。

十一　健康檢查、管理及促進。

十二　安全衛生資訊之蒐集、分享及運用。

十三　緊急應變措施。

十四　職業災害、虛驚事故、影響身心健康事件之調查處理及統計分析。

十五　安全衛生管理紀錄及績效評估措施。

十六　其他安全衛生管理措施。

第三二條

本法第二十三條第一項所定安全衛生組織，包括下列組織：

一　職業安全衛生管理單位：為事業單位內擬訂、規劃、推動及督導職業安全衛生有關業務之組織。

二　職業安全衛生委員會：為事業單位內審議、協調及建議職業安全衛生有關業務之組織。

第三三條

本法第二十三條第一項所稱安全衛生人員，指事業單位內擬訂、規劃及推動安全衛生管理業務者，包括下列人員：

一　職業安全衛生業務主管。

二　職業安全管理師。

三　職業衛生管理師。

四　職業安全衛生管理員。

第三四條

本法第二十三條第一項所定安全衛生管理，由雇主或對事業具管理權限之雇主代理人綜理，並由事業單位內各級主管依職權指揮、監督所屬人員執行。

第三五條

本法第二十三條第二項所稱職業安全衛生管理系統，指事業單位依其規模、性質，建立包括規劃、實施、評估及改善措施之系統化管理體制。

第三六條

本法第二十六條第一項規定之事前告知，應以書面為之，或召開協商會議並作成紀錄。

第三七條

本法第二十七條所稱共同作業，指事業單位與承攬人、再承攬人所僱用之勞工於同一期間、同一工作場所從事工作。

第三八條

本法第二十七條第一項第一款規定之協議組織，應由原事業單位召集之，並定期或不定期進行協議下列事項：

一　安全衛生管理之實施及配合。

二　勞工作業安全衛生及健康管理規範。

三　從事動火、高架、開挖、爆破、高壓電活線等危險作業之管制。

四　對進入局限空間、危險物及有害物作業等作業環境之作業管制。

五　機械、設備及器具等入場管制。

六　作業人員進場管制。

七　變更管理。

八　劃一危險性機械之操作信號、工作場所標識（示）、有害物空容器放置、警報、緊急避難方法及訓練等。

九　使用打樁機、拔樁機、電動機械、電動器具、軌道裝置、乙炔熔接裝置、氧乙炔熔接裝置、電弧熔接裝置、換氣裝置及沉箱、架設通道、上下設備、施工架、工作架台等機械、設備或構造物時，應協調使用上之安全措施。

十　其他認有必要之協調事項。

第三九條

本法第三十一條第一項所稱有母性健康危害之虞之工作，指其從事可能影響胚胎發育、妊娠或哺乳期間之母體及幼兒健康之下列工作：

一　工作暴露於具有依國家標準CNS 15030分類，屬生殖毒性物質、生殖細胞致突變性物質或其他對哺乳功能有不良影響之化學品者。

二　勞工個人工作型態易造成妊娠或分娩後哺乳期間，產生健康危害影響之工作，包括勞工作業姿勢、人力提舉、搬運、推

拉重物、輪班及工作負荷等工作型態，致產生健康危害影響者。

三　其他經中央主管機關指定公告者。

第四〇條

雇主依本法第三十三條規定宣導本法及有關安全衛生規定時，得以教育、公告、分發印刷品、集會報告、電子郵件、網際網路或其他足使勞工周知之方式為之。

第四一條

本法第三十四條第一項所定安全衛生工作守則之內容，依下列事項定之：

一　事業之安全衛生管理及各級之權責。

二　機械、設備或器具之維護及檢查。

三　工作安全及衛生標準。

四　教育及訓練。

五　健康指導及管理措施。

六　急救及搶救。

七　防護設備之準備、維持及使用。

八　事故通報及報告。

九　其他有關安全衛生事項。

第四二條

①前條之安全衛生工作守則，得依事業單位之實際需要，訂定適用於全部或一部分事業，並得依工作性質、規模分別訂定，報請勞動檢查機構備查。

②事業單位訂定之安全衛生工作守則，其適用區域跨二以上勞動檢查機構轄區時，應報請中央主管機關指定之勞動檢查機構備查。

第四三條

本法第三十四條第一項、第三十七條第一項所定之勞工代表，事業單位設有工會者，由工會推派之；無工會組織而有勞資會議者，由勞方代表推選之；無工會組織且無勞資會議者，由勞工共同推選之。

第四章　監督及檢查

第四四條

中央主管機關或勞動檢查機構為執行職業安全衛生監督及檢查，於必要時，得要求代行檢查機構或代行檢查人員，提出相關報告、紀錄、帳冊、文件或說明。

第四五條

本法第三十五條所定職業安全衛生諮詢會，置委員九人至十五人，任期二年，由中央主管機關就勞工團體、雇主團體、職業災害勞工團體、有關機關代表及安全衛生學者專家遴聘之。

第四六條

勞動檢查機構依本法第三十六條第一項規定實施安全衛生檢查、

通知限期改善或停工之程序，應依勞動檢查法相關規定辦理。

第四六條之一

本法第三十七條第一項所定雇主應即採取必要之急救、搶救等措施，包含下列事項：

一　緊急應變措施，並確認工作場所所有勞工之安全。

二　使有立即發生危險之虞之勞工，退避至安全場所。

第四七條

① 本法第三十七條第二項規定雇主應於八小時內通報勞動檢查機構，所稱雇主，指罹災勞工之雇主或受工作場所負責人指揮監督從事勞動之罹災工作者工作場所之雇主；所稱應於八小時內通報勞動檢查機構，指事業單位明知或可得而知已發生規定之職業災害事實起八小時內，應向其事業單位所在轄區之勞動檢查機構通報。

② 雇主因緊急應變或災害搶救而委託其他雇主或自然人，依規定向其所在轄區之勞動檢查機構通報者，視為已依本法第三十七條第二項規定通報。

第四八條

① 本法第三十七條第二項第二款所稱發生災害之罹災人數在三人以上者，指於勞動場所同一災害發生工作者永久全失能、永久部分失能或暫時全失能之總人數達三人以上者。

② 本法第三十七條第二項第三款所稱發生災害之罹災人數在一人以上，且需住院治療者，指於勞動場所發生工作者罹災在一人以上，且經醫療機構診斷需住院治療者。

第四九條

① 勞動檢查機構應依本法第三十七條第三項規定，派員對事業單位工作場所發生死亡或重傷之災害，實施檢查，並調查災害原因及責任歸屬。但其他法律另有火災、爆炸、礦災、空難、海難、震災、毒性化學物質災害、輻射事故及陸上交通事故之相關檢查、調查或鑑定機制者，不在此限。

② 前項所稱重傷之災害，指造成罹災者肢體或器官嚴重受損，危及生命或造成其身體機能嚴重喪失，且須住院治療連續達二十四小時以上之災害者。

第五〇條

本法第三十七條第四項所稱雇主，指災害發生現場所有事業單位之雇主；所稱現場，指造成災害之機械、設備、器具、原料、材料等相關物件及其作業場所。

第五一條

① 本法第三十八條所稱中央主管機關指定之事業如下：

一　勞工人數在五十人以上之事業。

二　勞工人數未滿五十人之事業，經中央主管機關指定，並由勞動檢查機構函知者。

② 前項第二款之指定，中央主管機關得委任或委託勞動檢查機構為

之。

③雇主依本法第三十八條規定填載職業災害內容及統計之格式，由中央主管機關定之。

第五二條

①勞工因雇主違反本法規定致發生職業災害所提起之訴訟，得向中央主管機關申請扶助。

②前項扶助業務，中央主管機關得委託民間團體辦理。

第五三條

本法第五十條第二項所定直轄市與縣（市）主管機關及各目的事業主管機關應依有關法令規定，配合國家職業安全衛生政策，積極推動包括下列事項之職業安全衛生業務：

一　策略及規劃。

二　法制。

三　執行。

四　督導。

五　檢討分析。

六　其他安全衛生促進活動。

第五章　附　則

第五四條

①本細則自中華民國一百零三年七月三日施行。

②本細則修正條文，自中華民國一百零九年三月一日施行。

職業安全衛生設施規則

①民國83年6月15日行政院勞工委員會令修正發布全文328條。

②民國90年12月12日行政院勞工委員會令修正發布第20、36、37、294條條文。

③民國93年10月20日行政院勞工委員會令修正發布第3、10、13、22、23、41、57、63、91、92、116、117、119、122、175、177、179、184、186、188、197、225、233、239、240、243、247、249、250、255、260、261、263、264、267、276、294條條文；並增訂第19-1、21-1、21-2、29-1~29-6、128-1~128-7、155-1、177-1、184-1、280-1條條文。

④民國96年2月14日行政院勞工委員會令修正發布第11~15、18、21-1、21-2、29、29-1、29-2、29-6、31、36~38、41、49~51、55、57、58、62、68、71、72、92、97~99、101、106~108、110、111、116、118~122、125、127、128-1~128-4、128-6、128-7、131、132、134、138~144、147、150、154、155-1、157、159~161、163、167、171、177、178、181、184、184-1、185~187、189、190、196~198、200~202、205、207、208、211、212、214、217~219、221、222、229~231、234、235、242~244、254、258、260、261、264、268、269、274~277、281、292、299~302、312~314、318~320、322、327條條文；並增訂第26-1、128-8、177-2、185-1、286-1條條文。

⑤民國98年10月13日行政院勞工委員會令修正發布第41、277、296、297條條文；並增訂第297-1、297-2條條文。

⑥民國103年7月1日勞動部令修正發布名稱及第1、2、11~15、20、41、103、113、128-1、153、227、230、239、257、276、292、299、304、322、328條條文；刪除第10、19、26、28、114、123、168、291、321、324條條文；增訂第29-7、286-2、287-1、295-1、300-1、324-1~6、326-1~9條條文及第十二章之一章名；並自103年7月3日施行（原名稱：勞工安全衛生設施規則）。

⑦民國108年4月30日勞動部令修正發布第1、21、21-2、29-1、29-3~29-7、36、37、82、106、107、116、126、128-1、128-8、131、153、155-1、175、177-2、178、198、203、209、212、224、225、227、243、264、273、276、277、280、281、286-2、313、319、324-3、324-6、328條條文；增訂第16-1、63-1、177-3、239-1、277-1條條文；並刪除第326-2~326-9條條文；除第277-1條自109年1月1日施行外，自發布日施行。

⑧民國109年3月2日勞動部令增訂發布第286-3、324-7、325-1條條文。

⑨民國111年8月12日勞動部令修正發布第56、82、118、139、140、286-3、297-2、324-7、325-1、328條條文；並增訂第128-9條條文；除第128-9條自113年1月1日施行外，自發布日施行。

⑩民國113年8月1日勞動部令修正發布第57、78、119、128-1、187、328條條文；並增訂第181-1、227-1、303-1條條文；除第227-1條自114年1月1日施行外，自發布日施行。

第一章　總則

第一條

本規則依職業安全衛生法（以下簡稱本法）第六條第三項規定訂定之。

第二條

本規則為雇主使勞工從事工作之安全衛生設備及措施之最低標準。

第三條

本規則所稱特高壓，係指超過二萬二千八百伏特之電壓；高壓，係指超過六百伏特至二萬二千八百伏特之電壓；低壓，係指六百伏特以下之電壓。

第四條

本規則所稱離心機械，係指離心分離機、離心脫水機、離心鑄造機等之利用迴轉離心力將內裝物分離、脫水及鑄造者。

第五條

本規則所稱過負荷防止裝置，係指起重機中，為防止吊升物不致超越額定負荷之警報、自動停止裝置，不含一般之荷重計。

第六條

① 本規則所稱車輛機械，係指能以動力驅動且自行活動於非特定場所之車輛、車輛系營建機械、堆高機等。

② 前項所稱車輛系營建機械，係指推土機、平土機、鏟土機、碎物積裝機、刮運機、鏟刮機等地面搬運、裝卸用營建機械及動力鏟、牽引鏟、拖斗挖泥機、挖土斗、斗式掘削機、挖溝機等掘削用營建機械及打樁機、拔樁機、鑽土機、轉鑽機、鑽孔機、地鑽、夯實機、混凝土泵送車等基礎工程用營建機械。

第七條

本規則所稱軌道機械，係指於工作場所軌道上載運勞工或貨物之藉動力驅動之車輛、動力車、捲揚機等一切裝置。

第八條

本規則所稱手推車，係指藉人力行駛於工作場所，供搬運貨物之車輛。

第九條

本規則所稱軌道手推車，係指藉人力行駛於工作場所之軌道，供搬運貨物之車輛。

第一○條 （刪除）

第一一條

本規則所稱爆炸性物質，指下列危險物：

一　硝化乙二醇、硝化甘油、硝化纖維及其他具有爆炸性質之硝酸酯類。

二　三硝基苯、三硝基甲苯、三硝基酚及其他具有爆炸性質之硝基化合物。

三　過醋酸、過氧化丁酮、過氧化二苯甲醯及其他過氧化有機物。

第一二條

本規則所稱著火性物質，指下列危險物：

一　金屬鋰、金屬鈉、金屬鉀。

二　黃磷、赤磷、硫化磷等。

三　賽璐珞類。

四　碳化鈣、磷化鈣。

五　鎂粉、鋁粉。

六　鎂粉及鋁粉以外之金屬粉。

七　二亞硫磺酸鈉。

八　其他易燃固體、自燃物質、禁水性物質。

第一三條

本規則所稱易燃液體，指下列危險物：

一　乙醚、汽油、乙醛、環氧丙烷、二硫化碳及其他閃火點未滿攝氏零下三十度之物質。

二　正己烷、環氧乙烷、丙酮、苯、丁酮及其他閃火點在攝氏零下三十度以上，未滿攝氏零度之物質。

三　乙醇、甲醇、二甲苯、乙酸戊酯及其他閃火點在攝氏零度以上，未滿攝氏三十度之物質。

四　煤油、輕油、松節油、異戊醇、醋酸及其他閃火點在攝氏三十度以上，未滿攝氏六十五度之物質。

第一四條

本規則所稱氧化性物質，指下列危險物：

一　氯酸鉀、氯酸鈉、氯酸銨及其他之氯酸鹽類。

二　過氯酸鉀、過氯酸鈉、過氯酸銨及其他之過氯酸鹽類。

三　過氧化鉀、過氧化鈉、過氧化鋇及其他無機過氧化物。

四　硝酸鉀、硝酸鈉、硝酸銨及其他硝酸鹽類。

五　亞氯酸鈉及其他固體亞氯酸鹽類。

六　次氯酸鈣及其他固體次氯酸鹽類。

第一五條

本規則所稱可燃性氣體，指下列危險物：

一　氫。

二　乙炔、乙烯。

三　甲烷、乙烷、丙烷、丁烷。

四　其他於一大氣壓下，攝氏十五度時，具有可燃性之氣體。

第一六條

本規則所稱乙炔熔接裝置，係指由乙炔發生器、導管、吹管等所構成，使用乙炔（溶解性乙炔除外）及氧氣供金屬之熔接、熔斷或加熱之設備。

第一六條之一

本規則所稱氧乙炔熔接裝置，指由乙炔及氧氣容器、導管、吹管等所構成，供金屬之熔接、熔斷或加熱之設備。

第一七條

①本規則所稱氣體集合熔接裝置，係指由氣體集合裝置、安全器、壓力調整器、導管、吹管等所構成，使用可燃性氣體供金屬之熔接、熔斷或加熱之設備。

②前項之氣體集合裝置，係指由導管連接十個以上之可燃性氣體容器之裝置，或由導管連結九個以下之可燃性氣體容器之裝置中，其容器之容積之合計在氫氣或溶解性乙炔之容器為四百公升以上，其他可燃性氣體之容器為一千公升以上者。

第一八條

①本規則所稱高壓氣體，係指下列各款：

一　在常用溫度下，表壓力（以下簡稱壓力）達每平方公分十公斤以上之壓縮氣體或溫度在攝氏三十五度時之壓力可達每平方公分十公斤以上之壓縮氣體。但不含壓縮乙炔氣。

二　在常用溫度下，壓力達每平方公分二公斤以上之壓縮乙炔氣或溫度在攝氏十五度時之壓力可達每平方公分二公斤以上之壓縮乙炔氣。

三　在常用溫度下，壓力達每平方公分二公斤以上之液化氣體或壓力達每平方公分二公斤時之溫度在攝氏三十五度以下之液化氣體。

四　除前款規定者外，溫度在攝氏三十五度時，壓力超過每平方公分零公斤以上之液化氣體中之液化氰化氫、液化溴甲烷、液化環氧乙烷或其他經中央主管機關指定之液化氣體。

②前項高壓氣體不適用於高壓鍋爐及其管內高壓水蒸氣，交通運輸如火車及航空器之高壓氣體、核子反應裝置有關之高壓氣體、及其他經中央主管機關認可不易發生災害之高壓氣體。

第一九條　（刪除）

第一九條之一

本規則所稱局限空間，指非供勞工在其內部從事經常性作業，勞工進出方法受限制，且無法以自然通風來維持充分、清淨空氣之空間。

第二〇條

雇主設置之安全衛生設備及措施，應依職業安全衛生法規及中央主管機關指定公告之國家標準、國際標準或團體標準之全部或部分內容規定辦理。

第二章　工作場所及通路

第一節　工作場所

第二一條

雇主對於勞工工作場所之通道、地板、階梯、坡道、工作台或其他勞工踩踏場所，應保持不致使勞工跌倒、滑倒、踩傷、滾落等之安全狀態，或採取必要之預防措施。

第二一條之一

① 雇主對於有車輛出入、使用道路作業、鄰接道路作業或有導致交通事故之虞之工作場所，應依下列規定設置適當交通號誌、標示或柵欄：

一 交通號誌、標示應能使受警告者清晰獲知。

二 交通號誌、標示或柵欄之控制處，須指定專人負責管理。

三 新設道路或施工道路，應於通車前設置號誌、標示、柵欄、反光器、照明或燈具等設施。

四 道路因受條件限制，永久裝置改為臨時裝置時，應於限制條件終止後即時恢復。

五 使用於夜間之柵欄，應設有照明或反光片等設施。

六 信號燈應樹立在道路之右側，清晰明顯處。

七 號誌、標示或柵欄之支架應有適當強度。

八 設置號誌、標示或柵欄等設施，尚不足以警告防止交通事故時，應置交通引導人員。

② 前項交通號誌、標示或柵欄等設施，道路交通主管機關有規定者，從其規定。

第二一條之二

① 雇主對於使用道路作業之工作場所，為防止車輛突入等引起之危害，應依下列規定辦理：

一 從事公路施工作業，應依所在地直轄市、縣（市）政府審查同意之交通維持計畫或公路主管機關所核定圖說，設置交通管制設施。

二 作業人員應戴有反光帶之安全帽，及穿著顏色鮮明有反光帶之施工背心，以利辨識。

三 與作業無關之車輛禁止停入作業場所。但作業中必須使用之待用車輛，其駕駛常駐作業場所者，不在此限。

四 使用道路作業之工作場所，應於車流方向後面設置車輛出入口。但依周遭狀況設置有困難者，得於平行車流處設置車輛出入口，並置交通引導人員，使一般車輛優先通行，不得造成大眾通行之障礙。

五 於勞工從事道路挖掘、施工、工程材料吊運作業、道路或路樹養護等作業時，應於適當處所設置交通安全防護設施或交通引導人員。

六 前二款及前條第一項第八款所設置之交通引導人員有被撞之虞時，應於該人員前方適當距離，另設置具有顏色鮮明施工背心、安全帽及指揮棒之電動旗手。

七 日間封閉車道、路肩逾二小時或夜間封閉車道、路肩逾一小時者，應訂定安全防護計畫，並指派專人指揮勞工作業及確認依交通維持圖說之管制設施施工。

② 前項所定使用道路作業，不包括公路主管機關會勘、巡查、救災及事故處理。

③ 第一項第七款安全防護計畫，除依公路主管機關規定訂有交通維

持計畫者，得以交通維持計畫替代外，應包括下列事項：

一　交通維持布設圖。

二　使用道路作業可能危害之項目。

三　可能危害之防止措施。

四　提供防護設備、警示設備之檢點及維護方法。

五　緊急應變處置措施。

第二二條

①雇主使勞工於機械、器具或設備之操作、修理、調整及其他工作過程中，有足夠之活動空間，不得因機械、器具或設備之原料或產品等置放致對勞工活動、避難、救難有不利因素。

②雇主使勞工從事前項作業，有接觸機械、器具或設備之高溫熱表面引起灼燙傷之虞時，應設置警示標誌、適當之隔熱等必要之安全設施。

第二三條

雇主對於建築構造及其附置物，應保持安全穩固，以防止崩塌等危害。

第二四條

雇主對於建築構造物之基礎及地面，應有足夠之強度，使用時不得超過其設計之荷重，以防止崩塌。

第二五條

雇主對於建築物之工作室，其樓地板至天花板淨高應在二・一公尺以上。但建築法規另有規定者，從其規定。

第二六條（刪除）

第二六條之一

①雇主使勞工於獅、虎、豹、熊及其他具有攻擊性或危險性之動物飼養區從事餵食、誘捕、驅趕、外放，或獸舍打掃維修等作業時，應有適當之人獸隔離設備與措施。但該作業無危害之虞者，不在此限。

②雇主為前項人獸隔離設備與措施時，應依下列規定辦理：

一　勞工打開獸欄時，應於安全處以電動控制為之。但有停電、開關故障、維修保養或其他特殊情況時，經雇主或主管在現場監督者，得以手動為之。

二　從事作業有接近動物之虞時，應有保持人獸間必要之隔離設施或充分之安全距離。

三　從獸舍出入口無法透視內部情況者，應設置監視裝置。

四　勞工與具有攻擊性或危險性動物接近作業時，有導致傷害之虞者，應指定專人監督該作業，並置備電擊棒等適當之防護具，使勞工確實使用。

五　訂定標準作業程序，使勞工遵循。

六　其他必要之防護措施。

第二七條

雇主設置之安全門及安全梯於勞工工作期間內不得上鎖，其通道

不得堆置物品。

第二八條 （刪除）

第二九條

雇主對於工作用階梯之設置，應依下列之規定：

一　如在原動機與鍋爐房中，或在機械四周通往工作台之工作用
　　階梯，其寬度不得小於五十六公分。

二　斜度不得大於六十度。

三　梯級面深度不得小於十五公分。

四　應有適當之扶手。

第二節　局限空間

第二九條之一

①雇主使勞工於局限空間從事作業前，應先確認該局限空間內有無
可能引起勞工缺氧、中毒、感電、塌陷、被夾、被捲及火災、爆
炸等危害，有危害之虞者，應訂定危害防止計畫，並使現場作業
主管、監視人員、作業勞工及相關承攬人依循辦理。

②前項危害防止計畫，應依作業可能引起之危害訂定下列事項：

一　局限空間內危害之確認。

二　局限空間內氧氣、危險物、有害物濃度之測定。

三　通風換氣實施方式。

四　電能、高溫、低溫與危害物質之隔離措施及缺氧、中毒、感
　　電、塌陷、被夾、被捲等危害防止措施。

五　作業方法及安全管制作法。

六　進入作業許可程序。

七　提供之測定儀器、通風換氣、防護與救援設備之檢點及維護
　　方法。

八　作業控制設施及作業安全檢點方法。

九　緊急應變處置措施。

第二九條之二

雇主使勞工於局限空間從事作業，有危害勞工之虞時，應於作業
場所入口顯而易見處所公告下列注意事項，使作業勞工周知：

一　作業有可能引起缺氧等危害時，應經許可始得進入之重要
　　性。

二　進入該場所時應採取之措施。

三　事故發生時之緊急措施及緊急聯絡方式。

四　現場監視人員姓名。

五　其他作業安全應注意事項。

第二九條之三

雇主應禁止作業無關人員進入局限空間之作業場所，並於入口顯
而易見處所公告禁止進入之規定；於非作業期間，另採取上鎖或
阻隔人員進入等管制措施。

第二九條之四

雇主使勞工從事局限空間作業，有缺氧空氣、危害物質致危害勞工之虞者，應置備測定儀器；於作業前確認氧氣及危害物質濃度，並於作業期間採取連續確認之措施。

第二九條之五

① 雇主使勞工於有危害勞工之虞之局限空間從事作業時，應設置適當通風換氣設備，並確認維持連續有效運轉，與該作業場所無缺氧及危害物質等造成勞工危害。

② 前條及前項所定確認，應由專人辦理，其紀錄應保存三年。

第二九條之六

① 雇主使勞工於有危害勞工之虞之局限空間從事作業時，其進入許可應由雇主、工作場所負責人或現場作業主管簽署後，始得使勞工進入作業。對勞工之進出，應予確認、點名登記，並作成紀錄保存三年。

② 前項進入許可，應載明下列事項：

一　作業場所。

二　作業種類。

三　作業時間及期限。

四　作業場所氧氣、危害物質濃度測定結果及測定人員簽名。

五　作業場所可能之危害。

六　作業場所之能源或危害隔離措施。

七　作業人員與外部連繫之設備及方法。

八　準備之防護設備、救援設備及使用方法。

九　其他維護作業人員之安全措施。

十　許可進入之人員及其簽名。

十一　現場監視人員及其簽名。

③ 雇主使勞工進入局限空間從事焊接、切割、燃燒及加熱等動火作業時，除應依第一項規定辦理外，應指定專人確認無發生危害之虞，並由雇主、工作場所負責人或現場作業主管確認安全，簽署動火許可後，始得作業。

第二九條之七

雇主使勞工從事局限空間作業，有致其缺氧或中毒之虞者，應依下列規定辦理：

一　作業區域超出監視人員目視範圍者，應使勞工佩戴符合國家標準CNS 14253-1同等以上規定之全身背負式安全帶及可偵測人員活動情形之裝置。

二　置備可以動力或機械輔助吊升之緊急救援設備。但現場設置確有困難，已採取其他適當緊急救援設施者，不在此限。

三　從事屬缺氧症預防規則所列之缺氧危險作業者，應指定缺氧作業主管，並依該規則相關規定辦理。

第三節　通　路

第三〇條

雇主對於工作場所出入口、樓梯、通道、安全門、安全梯等，應依第三百十三條規定設置適當之採光或照明。必要時並應視需要設置正常照明系統失效時使用之緊急照明系統。

第三一條

雇主對於室內工作場所，應依下列規定設置足夠勞工使用之通道：

一 應有適應其用途之寬度，其主要人行道不得小於一公尺。

二 各機械間或其他設備間通道不得小於八十公分。

三 自路面起算二公尺高度之範圍內，不得有障礙物。但因工作之必要，經採防護措施者，不在此限。

四 主要人行道及有關安全門、安全梯應有明顯標示。

第三二條

雇主對於工作場所之人行道、車行道與鐵道，應儘量避免交叉。但設置天橋或地下道，或派專人看守，或設自動信號器者，不在此限。

第三三條

雇主對於車輛通行道寬度，應為最大車輛寬度之二倍再加一公尺，如係單行道則為最大車輛之寬度加一公尺。車輛通行道上，並禁止放置物品。

第三四條

①雇主對不經常使用之緊急避難用出口、通道或避難器具，應標示其目的，且維持隨時能應用之狀態。

②設置於前項出口或通道之門，應為外開式。

第三五條

雇主對勞工於橫隔兩地之通行時，應設置扶手、踏板、梯等適當之通行設備。但已置有安全側踏梯者，不在此限。

第三六條

雇主架設之通道及機械防護跨橋，應依下列規定：

一 具有堅固之構造。

二 傾斜應保持在三十度以下。但設置樓梯者或其高度未滿二公尺而設置有扶手者，不在此限。

三 傾斜超過十五度以上者，應設置踏條或採取防止溜滑之措施。

四 有墜落之虞之場所，應置備高度七十五公分以上之堅固扶手。在作業上認有必要時，得在必要之範圍內設置活動扶手。

五 設置於豎坑內之通道，長度超過十五公尺者，每隔十公尺內應設置平台一處。

六 營建使用之高度超過八公尺以上之階梯，應於每隔七公尺內設置平台一處。

七 通道路用漏空格條製成者，其縫間隙不得超過三公分，超過時，應裝置鐵絲網防護。

第三七條

①雇主設置之固定梯，應依下列規定：

一　具有堅固之構造。

二　應等間隔設置踏條。

三　踏條與牆壁間應保持十六點五公分以上之淨距。

四　應有防止梯移位之措施。

五　不得有妨礙工作人員通行之障礙物。

六　平台用漏空格條製成者，其縫間隙不得超過三公分；超過時，應裝置鐵絲網防護。

七　梯之頂端應突出板面六十公分以上。

八　梯長連續超過六公尺時，應每隔九公尺以下設一平台，並應於距梯底二公尺以上部分，設置護籠或其他保護裝置。但符合下列規定之一者，不在此限：

　　㈠未設置護籠或其他保護裝置，已於每隔六公尺以下設一平台者。

　　㈡塔、槽、煙囪及其他高位建築之固定梯已設置符合需要之安全帶、安全索、磨擦制動裝置、滑動附屬裝置及其他安全裝置，以防止勞工墜落者。

九　前款平台應有足夠長度及寬度，並應圍以適當之欄柵。

②前項第七款至第八款規定，不適用於沉箱內之固定梯。

第三八條

雇主如設置傾斜路代替樓梯時，應依下列規定：

一　傾斜路之斜度不得大於二十度。

二　傾斜路之表面應以粗糙不滑之材料製造。

三　其他準用前條第一款、第五款、第八款之規定。

第三九條

雇主設置坑內之通道或階梯，為防止捲揚裝置與勞工有接觸危險之虞，應於各該場所設置隔板或隔牆等防護措施。

第四〇條

雇主僱用勞工於軌道上或接近軌道之場所從事作業時，若通行於軌道上之車輛有觸撞勞工之虞時，應配置監視人員或警告裝置等措施。

第三章　機械災害之防止

第一節　一般規定

第四一條

雇主對於下列機械、設備或器具，應使其具安全構造，並依機械設備器具安全標準之規定辦理：

一　動力衝剪機械。

二　手推刨床。

三　木材加工用圓盤鋸。

四　動力堆高機。

五　研磨機。

六　研磨輪。

七　防爆電氣設備。

八　動力衝剪機械之光電式安全裝置。

九　手推刨床之刃部接觸預防裝置。

十　木材加工用圓盤鋸之反撥預防裝置及鋸齒接觸預防裝置。

十一　其他經中央主管機關指定公告者。

第四二條

雇主對於機械之設置，應事先妥為規劃，不得使其振動力超過廠房設計安全負荷能力；振動力過大之機械以置於樓下為原則。

第四三條

①雇主對於機械之原動機、轉軸、齒輪、帶輪、飛輪、傳動輪、傳動帶等有危害勞工之虞之部分，應有護罩、護圍、套胴、跨橋等設備。

②雇主對用於前項轉軸、齒輪、帶輪、飛輪等之附屬固定具，應為埋頭型或設置護罩。

③雇主對於傳動帶之接頭，不得使用突出之固定具。但裝有適當防護物，足以避免災害發生者，不在此限。

第四四條

①雇主應於每一具機械分別設置開關、離合器、移帶裝置等動力遮斷裝置。但連成一體之機械，置有共同動力遮斷裝置，且在工作中途無須以人力供應原料、材料及將其取出者，不在此限。

②前項機械如係切斷、引伸、壓縮、打穿、彎曲、扭絞等加工用機械者，雇主應將同項規定之動力遮斷裝置，置於從事作業之勞工無須離開其工作崗位即可操作之場所。

③雇主設置之第一項動力遮斷裝置，應有易於操作且不因接觸、振動等或其他意外原因致使機械驟然開動之性能。

第四五條

雇主對於使用動力運轉之機械，具有顯著危險者，應於適當位置設置有明顯標誌之緊急制動裝置，立即遮斷動力並與制動系統連動，能於緊急時快速停止機械之運轉。

第四六條

雇主對於動力傳動裝置之軸承，應有適當之潤滑，運轉中禁止注油。但有安全注油裝置者，不在此限。

第四七條

雇主對於原動機或動力傳動裝置，應有防止於停止時，因振動接觸，或其他意外原因驟然開動之裝置。

第四八條

雇主對於具有顯著危險之原動機或動力傳動裝置，應於適當位置設置緊急制動裝置，立即遮斷動力並與剎車系統連動，於緊急時能立即停止原動機或動力傳動裝置之轉動。

第四九條

雇主對於傳動帶，應依下列規定裝設防護物：

一　離地二公尺以內之傳動帶或附近有勞工工作或通行而有接觸
　　危險者，應裝置適當之圍柵或護網。

二　幅寬二十公分以上，速度每分鐘五百五十公尺以上，兩軸間
　　距離三公尺以上之架空傳動帶週邊下方，有勞工工作或通行
　　之各段，應裝設堅固適當之圍柵或護網。

三　穿過樓層之傳動帶，於穿過之洞口應設適當之圍柵或護網。

第五〇條

動力傳動裝置之轉軸，應依下列規定裝設防護物：

一　離地二公尺以內之轉軸或附近有勞工工作或通行而有接觸之
　　危險者，應有適當之圍柵、掩蓋護網或套管。

二　因位置關係勞工於通行時必須跨越轉軸者，應於跨越部分裝
　　置適當之跨橋或掩蓋。

第五一條

動力傳動裝置有定輪及遊輪者，雇主應依下列規定設置適當之裝
置：

一　移帶裝置之把柄不得設於通道上。

二　移帶裝置之把柄，其開關方向應一律向左或向右，並加標
　　示。

三　應有防止傳動帶自行移入定輪之裝置。

第五二條

雇主對於動力傳動裝置之未裝遊輪者，應裝置傳動帶上卸桿。

第五三條

雇主對於傳動帶，除應指定在不用時應掛於適當之支架外，並應
規定不用時不得掛於動力傳動裝置之轉軸。

第五四條

雇主對於機械開始運轉有危害勞工之虞者，應規定固定信號，並
指定指揮人員負責指揮。

第五五條

加工物、切削工具、模具等因截斷、切削、鍛造或本身缺損，於
加工時有飛散物致危害勞工之虞者，雇主應於加工機械上設置護
罩或護圍。但大尺寸工件等作業，應於適當位置設置護罩或護
圍。

第五六條　111

雇主對於鑽孔機、截角機等旋轉刃具作業，勞工手指有觸及之虞
者，應明確告知或標示勞工不得使用手套，並使勞工確實遵守。

第五七條　113

①雇主對於機械、設備及其相關配件之掃除、上油、檢查、修理或
調整有導致危害勞工之虞者，應停止相關機械運轉及送料。為防
止他人操作該機械、設備及其相關配件之起動等裝置或誤送料，
應採上鎖或設置標示等措施，並設置防止落下物導致危害勞工之

安全設備與措施。

②前項機械、設備及其相關配件停止運轉或拆修時，有彈簧等彈性元件、液壓、氣壓或真空蓄能等殘壓引起之危險者，雇主應採釋壓、關斷或阻隔等適當設備或措施。

③第一項工作必須在運轉狀態下施行者，雇主應於危險之部分設置護罩、護圍等安全設施或使用不致危及勞工身體之足夠長度之作業用具。對連續送料生產機組等，其部分單元停機有困難，且危險部分無法設置護罩或護圍者，雇主應設置具有安全機能設計之裝置，或採取必要安全措施及書面確認作業方式之安全性，並指派現場主管在場監督。

第二節　一般工作機械

第五八條

雇主對於下列機械部分，其作業有危害勞工之虞者，應設置護罩、護圍或具有連鎖性能之安全門等設備。

一　紙、布、鋼纜或其他具有捲入點危險之捲胴作業機械。

二　磨床或龍門刨床之刨盤、牛頭刨床之滑枕等之衝程部分。

三　直立式車床、多角車床等之突出旋轉中加工物部分。

四　帶鋸（木材加工用帶鋸除外）之鋸切所需鋸齒以外部分之鋸齒及帶輪。

五　電腦數值控制或其他自動化機械具有危險之部分。

第五九條

雇主對車床、滾齒機械等之高度，超過從事作業勞工之身高時，應設置供勞工能安全使用，且為適當高度之工作台。

第六○條

雇主應禁止勞工攀登運轉中之立式車床、龍門刨床等之床台。但置有緊急制動裝置使搭乘於床台或配置於操作盤之勞工能立即停止機器運轉者，不在此限。

第六一條

雇主對於金屬、塑膠等加工用之圓盤鋸，應設置鋸齒接觸預防裝置。

第六二條

①雇主對於研磨機之使用，應依下列規定：

一　研磨輪應採用經速率試驗合格且有明確記載最高使用周速度者。

二　規定研磨輪之使用不得超過規定最高使用周速度。

三　規定研磨輪使用，除該研磨輪為側用外，不得使用側面。

四　規定研磨機使用，應於每日作業開始前試轉一分鐘以上，研磨輪更換時應先檢驗有無裂痕，並在防護罩下試轉三分鐘以上。

②前項第一款之速率試驗，應按最高使用周速度增加百分之五十為之。直徑不滿十公分之研磨輪得免予速率試驗。

第六三條

雇主對於棉紡機、絲紡機、手紡式或其他各種機械之高速迴轉部分易發生危險者，應裝置護罩、護蓋或其他適當之安全裝置。

第六三條之一

雇主對於使用水柱壓力達每平方公分三百五十公斤以上之高壓水切割裝置，從事沖蝕、剝離、切除、疏通及沖擊等作業，應依下列事項辦理：

一　應於事前依作業場所之狀況、高壓水切割裝置種類、容量等訂定安全衛生作業標準，使作業勞工周知，並指定專人指揮監督勞工依安全衛生作業標準從事作業。

二　為防止高壓水柱危害勞工，作業前應確認其停止操作時，具有立刻停止高壓水柱施放之功能。

三　禁止與作業無關人員進入作業場所。

四　於適當位置設置壓力表及能於緊急時立即遮斷動力之動力遮斷裝置。

五　作業時應緩慢升高系統操作壓力，停止作業時，應將壓力洩除。

六　提供防止高壓水柱危害之個人防護具，並使作業勞工確實使用。

第三節　木材加工機械

第六四條

雇主對於木材加工用帶鋸鋸齒（鋸切所需之部分及鋸床除外）及帶輪，應設置護罩或護圍等設備。

第六五條

雇主對於木材加工用帶鋸之突釘型導送滾輪或鋸齒型導送滾輪，除導送面外，應設接觸預防裝置或護蓋。但設有緊急制動裝置，使勞工能停止突釘型導送滾輪或鋸齒型導送滾輪轉動者，不在此限。

第六六條

雇主對於有自動輸送裝置以外之截角機，應裝置刃部接觸預防裝置。但設置接觸預防裝置有阻礙工作，且勞工使用送料工具時不在此限。

第六七條

雇主應禁止勞工進入自動輸材台或帶鋸輸材台與鋸齒之間，並加以標示。

第六八條

雇主設置固定式圓盤鋸、帶鋸、手推刨床、截角機等合計五台以上時，應指定作業管理人員負責執行下列事項：

一　指揮木材加工用機械之操作。

二　檢查木材加工用機械及其安全裝置。

三　發現木材加工用機械及其安全裝置有異時，應即採取必要之措施。

四　作業中，監視送料工具等之使用情形。

第四節　衝剪機械等

第六九條

①雇主對勞工從事動力衝剪機械金屬模之安裝、拆模、調整及試模時，為防止滑塊等突降之危害應使勞工使用安全塊、安全插梢或安全開關鎖匙等之裝置。

②從事前項規定作業之勞工，應確實使用雇主提供之安全塊、安全插梢或安全開關鎖匙。

第七○條

雇主調整衝剪機械之金屬模使滑塊等動作時，對具有寸動機構或滑塊調整裝置者，應採用寸動；未具寸動機構者，應切斷衝剪機械之動力電源，於飛輪等之旋轉停止後，用手旋動飛輪調整之。

第七一條

雇主對於衝剪機械之下列機件或機構應保持應有之性能：

一　離合器及制動裝置。

二　附屬於離合器、制動之螺絲、彈簧及梢。

三　連結於離合器及制動之連結機構部分。

四　滑塊機構。

五　一行程一停止機構、連動停止機械或緊急停止機構。

第七二條

雇主設置衝剪機械五台以上時，應指定作業管理人員負責執行下列職務：

一　檢查衝壓機械及其安全裝置。

二　發現衝剪機械及其安全裝置有異狀時，應即採取必要措施。

三　衝剪機械及其安全裝置裝設有鎖式換回開關時，應保管其鎖匙。

四　直接指揮金屬模之裝置、拆卸及調整作業。

第五節　離心機械

第七三條

①雇主對於離心機械，應裝置覆蓋及連鎖裝置。

②前項連鎖裝置，應使覆蓋未完全關閉時無法啟動。

第七四條

雇主對於自離心機械取出內裝物時，除置有自動取出內裝物之機械外，應規定勞工操作前，應使該機械停止運轉。

第七五條

雇主對於離心機械之使用，應規定不得超越該機械之最高使用回轉數。

第六節　粉碎機與混合機

第七六條

① 為防止勞工有自粉碎機及混合機之開口部分墜落之虞，雇主應有覆蓋、護圍、高度在九十公分以上之圍柵等必要設備。但設置覆蓋、護圍或圍柵有阻礙作業，且從事該項作業之勞工佩戴安全帶或安全索以防止墜落者，不在此限。

② 為防止由前項開口部分與可動部分之接觸而危害勞工之虞，雇主應有護圍等之設備。

第七七條

雇主對於自粉碎機或混合機，取出內裝物時，除置有自動取出內裝物之機械外，應規定勞工操作前，應使該機械停止運轉。但基於作業需要該機械不能停止運轉，且使勞工使用工具取出內裝物時不致危及勞工安全時不在此限。

第七節　滾軋機等

第七八條 113

雇主對於滾輾紙、布、金屬箔等或其他具有捲入點之滾軋機，有危害勞工之虞時，應設護圍、導輪或具有連鎖性能之安全防護裝置等設備。

第七九條

雇主對於滾輾橡膠、橡膠化合物、合成樹脂之滾輾機或其他具有危害之滾輾機，應設置於災害發生時，被害者能自己易於操縱之緊急制動裝置。

第八○條

雇主對於置有紗梭之織機，應裝置導梭。

第八一條

雇主對於引線機之引線滑車或撚線機之籠車，有危害勞工之虞者，應設護罩、護圍等設備。

第八二條 111

① 雇主對於射出成型機、鑄鋼造形機、打模機、橡膠加硫成型機、輪胎成型機及其他加壓成型之機械等，有危害勞工之虞者，應設置安全門、雙手操作式安全裝置、感應式安全裝置或其他安全裝置。但第六十九條至第七十二條規定列舉之機械，不在此限。

② 前項安全門，應具有非關閉狀態即無法起動機械之性能。

第八三條

雇主對於扇風機之葉片，有危害勞工之虞者，應設護網或護圍等設備。

第八節　高速回轉體

第八四條

雇主於施行旋轉輪機、離心分離機等週邊速率超越每秒二十五公尺以上之高速回轉體之試驗時，為防止高速回轉體之破裂之危險，應於專用之堅固建築物內或以堅固之隔牆隔離之場所實施。但試驗次條規定之高速回轉體以外者，其試驗設備已有堅固覆罩等足以阻擋該高速回轉體破裂引起之危害設備者，不在此限。

第八五條

雇主於施行轉軸之重量超越一公噸，且轉軸之週邊速率在每秒一百二十公尺以上之高速回轉體之試驗時，應於事先就該軸材質、形狀等施行非破壞檢查，確認其無破壞原因存在時始為之。

第八六條

雇主於施行前條規定高速回轉試驗時，應以遙控操作等方法控制；使試驗中即使該高速回轉體破壞時，亦不致傷及勞工。

第四章　危險性機械、設備及器具

第一節　起重升降機具

第八七條

雇主對於起重升降機具之設備及有關措施，應依起重升降機具有關安全規則辦理。

第八八條

雇主對於起重機具之作業，應規定一定之運轉指揮信號，並指派專人負責辦理。

第八九條

雇主對於各種起重機具，應標示最高負荷，並規定使用時不得超過此項限制。

第九〇條

雇主對於起重機具之吊鉤或吊具，應有防止吊舉中所吊物體脫落之裝置。

第九一條

雇主對於起重機具之吊鉤或吊具，為防止與吊架或捲揚胴接觸、碰撞，應至少保持〇・二五公尺距離之過捲預防裝置，如為直動式過捲預防裝置者，應保持〇・〇五公尺以上距離；並於鋼索上作顯著標示或設警報裝置，以防止過度捲揚所引起之損傷。

第九二條

① 雇主對於起重機具之運轉，應於運轉時採取防止吊掛物通過人員上方及人員進入吊掛物下方之設備或措施。

② 從事前項起重機具運轉作業時，為防止吊掛物掉落，應依下列規定辦理：

一　吊掛物使用吊耳時，吊耳設置位置及數量，應能確保吊掛物之平衡。

二　吊耳與吊掛物之結合方式，應能承受所吊物體之整體重量，使其不致脫落。

三　使用吊索（繩）、吊籃等吊掛用具或載具時，應有足夠強度。

第九三條

雇主對於升降機之升降路各樓出入口，應裝置構造堅固平滑之門，並應有安全裝置，使升降搬器及升降路出入口之任一門開啟

時，升降機不能開動，及升降機在開動中任一門開啓時，能停止上下。

第九四條

雇主對於升降機各樓出入口及搬器內，應明顯標示其積載荷重或乘載之最高人數，並規定使用時不得超過限制。

第九五條

雇主對於升降機之升降路各樓出入口門，應有連鎖裝置，使搬器地板與樓板相差七‧五公分以上時，升降路出入口門不能開啓之。

第九六條

雇主對於升降機，應設置終點極限開關、緊急刹車及其他安全裝置。

第九七條

雇主對於起重機具所使用之吊掛構件，應使其具足夠強度，使用之吊鉤或鉤環及附屬零件，其斷裂荷重與所承受之最大荷重比之安全係數，應在四以上。但相關法規另有規定者，從其規定。

第九八條

雇主不得以下列任何一種情況之吊鏈作爲起重升降機具之吊掛用具：

一　延伸長度超過百分之五以上者。
二　斷面直徑減少百分之十以上者。
三　有龜裂者。

第九九條

雇主不得以下列任何一種情況之吊掛之鋼索作爲起重升降機具之吊掛用具：

一　鋼索一撚間有百分之十以上素線截斷者。
二　直徑減少達公稱直徑百分之七以上者。
三　有顯著變形或腐蝕者。
四　已扭結者。

第一〇〇條

雇主不得使用已變形或已龜裂之吊鉤、鉤環、鏈環，作爲起重升降機具之吊掛用具。

第一〇一條

雇主不得使用下列任何一種情況之纖維索、帶，作爲起重升降機具之吊掛用具：

一　已斷一股子索者。
二　有顯著之損傷或腐蝕者。

第一〇二條

雇主對於吊鏈或未設環結之鋼索，其兩端非設有吊鉤、鉤環、鏈環或編結環首、壓縮環首者，不能作爲起重機具之吊掛用具。

第一〇三條

起重升降機具設備及有關措施，除依本節之規定外，並應依其他

相關職業安全衛生法規定辦理。

第二節　鍋爐及壓力容器

第一〇四條

雇主對於鍋爐及壓力容器設備及有關措施，應依鍋爐及壓力容器有關安全規則之規定辦理。

第三節　高壓氣體設備及容器

第一〇五條

雇主對於高壓氣體之製造、儲存、消費等，應依高壓氣體設備及容器有關安全規則之規定辦理。

第一〇六條

雇主使用於儲存高壓氣體之容器，不論盛裝或空容器，應依下列規定辦理：

一　確知容器之用途無誤者，方得使用。
二　容器應標明所裝氣體之品名，不得任意灌裝或轉裝。
三　容器外表顏色，不得擅自變更或擦掉。
四　容器使用時應加固定。
五　容器搬動不得粗莽或使之衝擊。
六　焊接時不得在容器上試焊。
七　容器應妥善管理、整理。

第一〇七條

雇主搬運儲存高壓氣體之容器，不論盛裝或空容器，應依下列規定辦理：

一　溫度保持在攝氏四十度以下。
二　場內移動儘量使用專用手推車等，務求安穩直立。
三　以手動移動容器，應確知護蓋旋緊後，方直立移動。
四　容器吊起搬運不得直接用電磁鐵、吊鏈、繩子等直接吊運。
五　容器裝車或卸車，應確知護蓋旋緊後才進行，卸車時必須使用緩衝板或輪胎。
六　儘量避免與其他氣體混載，非混載不可時，應將容器之頭尾反方向放置或隔離相當間隔。
七　載運可燃性氣體時，要置備滅火器；載運毒性氣體時，要置備吸收劑、中和劑、防毒面具等。
八　盛裝容器之載運車輛，應有警戒標誌。
九　運送中遇有漏氣，應檢查漏出部位，給予適當處理。
十　搬運中發現溫度異常高昇時，應立即灑水冷卻，必要時，並應通知原製造廠協助處理。

第一〇八條

雇主對於高壓氣體之貯存，應依下列規定辦理：

一　貯存場所應有適當之警戒標示，禁止煙火接近。
二　貯存周圍二公尺內不得放置有煙火及著火性、引火性物品。

三　盛裝容器和空容器應分區放置。

四　可燃性氣體、有毒性氣體及氧氣之鋼瓶，應分開貯存。

五　應安穩置放並加固定及裝妥護蓋。

六　容器應保持在攝氏四十度以下。

七　貯存處應考慮於緊急時便於搬出。

八　通路面積以確保貯存處面積百分之二十以上為原則。

九　貯存處附近，不得任意放置其他物品。

十　貯存比空氣重之氣體，應注意低窪處之通風。

第一〇九條

雇主對於高壓可燃性氣體之貯存，除前條規定外，電氣設備應採用防爆型，不得帶用防爆型攜帶式電筒以外之其他燈火，並應有適當之滅火機具。

第一一〇條

雇主對於毒性高壓氣體之儲存，應依下列規定辦理：

一　貯存處要置備吸收劑、中和劑及適用之防毒面罩或呼吸用防護具。

二　具有腐蝕性之毒性氣體，應充分換氣，保持通風良好。

三　不得於腐蝕化學藥品或煙囪附近貯藏。

四　預防異物之混入。

第一一一條

雇主對於毒性高壓氣體之使用，應依下列規定辦理：

一　非對該氣體有實地瞭解之人員，不准進入。

二　工作場所空氣中之毒性氣體濃度不得超過容許濃度。

三　工作場所置備充分及適用之防護具。

四　使用毒性氣體場所，應保持通風良好。

第一一二條

雇主對於高壓氣體之廢棄，應防止火災爆炸或中毒之危害。

第一一三條

有關高壓氣體設備及必要措施，除本節之規定外，並應依其他相關職業安全衛生法規規定辦理。

第五章　車輛機械

第一節　一般規定

第一一四條　（刪除）

第一一五條

雇主對於車輛機械應有足夠之馬力及強度，承受其規定之荷重；並應裝置名牌或相等之標示指出空重、載重、額定荷重等。

第一一六條

雇主對於勞動場所作業之車輛機械，應使駕駛者或有關人員負責執行下列事項：

一　除非所有人員已遠離該機械，否則不得起動。但駕駛者依規

　　定就位者，不在此限。

二　車輛系營建機械及堆高機，除乘坐席位外，於作業時不得搭
　　載勞工。

三　車輛系營建機械作業時，禁止人員進入操作半徑內或附近有
　　危險之虞之場所。但駕駛者依規定就位者或另採安全措施
　　者，不在此限。

四　應注意遠離帶電導體，以免感電。

五　應依製造廠商規定之安全度及最大使用荷重等操作。

六　禁止停放於有滑落危險之虞之斜坡。但已採用其他設備或措
　　施者，不在此限。

七　禁止夜間停放於交通要道。

八　不得使動力系挖掘機械之鏟、鍬、吊斗等，在負載情況下行
　　駛。

九　不得使車輛機械供為主要用途以外之用途。但使用適合該用
　　途之裝置無危害勞工之虞者，不在此限。

十　不得使勞工搭載於堆高機之貨叉所承載貨物之托板、撬板及
　　其他堆高機（乘坐席以外）部分。但停止行駛之堆高機，已
　　採取防止勞工墜落設備或措施者，不在此限。

十一　駕駛者離開其位置時，應將吊斗等作業裝置置於地面，並
　　　將原動機熄火、制動，並安置煞車等，防止該機械逸走。

十二　堆高機於駕駛者離開其位置時，應採將貨叉等放置於地
　　　面，並將原動機熄火、制動。

十三　車輛及堆高機之修理或附屬裝置之安裝、拆卸等作業時，
　　　於機臂、突樑、升降台及車台，應使用安全支柱、絞車等
　　　防止物體飛落之設施。

十四　使用座式操作之配衡型堆高機及側舉型堆高機，應使擔任
　　　駕駛之勞工確實使用駕駛座安全帶。但駕駛座配置有車輛
　　　傾倒時，防止駕駛者被堆高機壓傷之護欄或其他防護設施
　　　者，不在此限。

十五　車輛機械之作業或移動，有撞擊工作者之虞時，應置管制
　　　引導人員。

第一一七條

雇主對於最大速率超過每小時十公里之車輛系營建機械，應於事
前依相關作業場所之地質、地形等狀況，規定車輛行駛速率，並
使勞工依該速率進行作業。

第二節　道　路

第一一八條 111

雇主對於勞工工作場所之自設道路，應依下列規定辦理：

一　應能承受擬行駛車輛機械之荷重。

二　危險區應設有標誌杆或防禦物。

三　道路，包括橋梁及涵洞等，應定期檢查，如發現有危害車輛

機械行駛之情況，應予消除。

四　坡度須適當，不得有使擬行駛車輛機械滑下可能之斜度。

五　應妥予設置行車安全設備並注意其保養。

六　道路之邊緣及開口部分，應設置足以防止車輛機械翻落之設施。

第三節　車輛系營建機械

第一一九條

雇主對使用作業場所之車輛系營建機械者，應依下列規定辦理：

一　駕駛棚須有良好視線，適當之通風，容易上下車；裝有擋風玻璃及窗戶者，其材料須由透明物質製造，並於破裂時，不致產生尖銳碎片。擋風玻璃上應置有動力刮雨器。

二　裝置前照燈具。但使用於已設置有作業安全所必要照明設備場所者，不在此限。

三　設置堅固頂蓬，以防止物體掉落之危害。

四　設置制動裝置，且維持正常運作，並使駕駛離開駕駛座時，確實使用該裝置制動。

五　裝設倒車或旋轉之警報裝置，或設置可偵測人員進入作業區域範圍內之警示設備。

第一二○條

雇主對於車輛系營建機械，如作業時有因該機械翻落、表土崩塌等危害勞工之虞者，應於事先調查該作業場所之地質、地形狀況等，適當決定下列事項或採必要措施，並將第二款及第三款事項告知作業勞工：

一　所使用車輛系營建機械之種類及性能。

二　車輛系營建機械之行經路線。

三　車輛系營建機械之作業方法。

四　整理工作場所以預防該等機械之翻倒、翻落。

第一二一條

雇主對於車輛系營建機械之修理或附屬裝置之安裝、拆卸等作業時，應就該作業指定專人負責下列措施：

一　決定作業順序並指揮作業。

二　監視於機臂，突樑下作業之勞工所使用安全支柱、絞車等之狀況。

第一二二條

雇主採自行行駛或以牽引拖曳將之裝卸於貨車等方式，運送車輛系營建機械時，如使用道板、填土等方式裝卸於車輛，為防止該車輛系營建機械之翻倒、翻落等危害，應採取下列措施：

一　裝卸時選擇於平坦堅固地點為之。

二　使用道板時，應使用具有足夠長度、寬度及強度之道板，且應穩固固定該道板於適當之斜度。

三　使用墊土或臨時架台時，應確認具有足夠寬度、強度，並保持適當之斜度。

第一二三條　（刪除）

第四節　堆高機

第一二四條

雇主對於堆高機非置備有後扶架者，不得使用。但將桅桿後傾之際，雖有貨物之掉落亦不致危害勞工者，不在此限。

第一二五條

雇主使用堆高機之托板或撬板時，應依下列規定：

一　具有充分能承受積載之貨物重量之強度。

二　無顯著之損傷，變形或腐蝕者。

第一二六條

雇主對於荷重在一公噸以上之堆高機，應指派經特殊作業安全衛生教育訓練人員操作。

第一二七條

雇主對於堆高機之操作，不得超過該機械所能承受之最大荷重，且其載運之貨物應保持穩固狀態，防止翻倒。

第一二八條

雇主於危險物存在場所使用堆高機時，應有必要之安全衛生設備措施。

第五節　高空工作車

第一二八條之一　113

雇主對於使用高空工作車之作業，應依下列事項辦理：

一　除行駛於道路上外，應於事前依作業場所之狀況、高空工作車之種類、容量等訂定包括作業方法之作業計畫，使作業勞工周知，並指定專人指揮監督勞工依作業計畫從事作業。

二　除行駛於道路上外，為防止高空工作車之翻倒或翻落，危害勞工，應將其外伸撐座完全伸出，並採取防止地盤不均勻沉陷、路肩崩塌等必要措施。但具有多段伸出之外伸撐座者，得依原廠設計之允許外伸長度作業。

三　在工作台以外之處所操作工作台時，為使操作者與工作台上之勞工間之連絡正確，應規定統一之指揮信號，並指定人員依該信號從事指揮作業等必要措施。

四　不得搭載勞工。但設有乘坐席位及工作台者，不在此限。

五　不得超過高空工作車之積載荷重及能力。

六　不得使高空工作車為主要用途以外之用途。但無危害勞工之虞者，不在此限。

七　使用高空工作車從事作業時，雇主應使該高空工作車工作台上之勞工佩戴安全帽及符合國家標準CNS14253-1同等以上規定之全身背負式安全帶。

第一二八條之二

① 雇主對於高空工作車之駕駛於離開駕駛座時，應使駕駛採取下列措施。但有勞工在工作台從事作業或將從事作業時，不在此限：
一 將工作台下降至最低位置。
二 採取預防高空工作車逸走之措施，如停止原動機並確實使用制動裝置制動等，以保持於穩定狀態。

② 勞工在工作台從事作業或將從事作業時，前項駕駛離開駕駛座，雇主應使駕駛確實使用制動裝置制動等，以保持高空工作車於穩定狀態。

第一二八條之三

雇主採自行行駛或以牽引拖曳將之裝卸於貨車等方式，運送高空工作車時，如使用道板或利用填土等方式裝卸於車輛，為防止該高空工作車之翻倒或翻落等危害，應採取下列措施：
一 裝卸時選擇於平坦堅固地點為之。
二 使用道板時，應使用具有足夠長度、寬度及強度之道板，且應穩固固定該道板於適當之斜度。
三 使用填土或臨時架台時，應確認具有足夠寬度、強度，並保持適當之斜度。

第一二八條之四

雇主使勞工從事高空工作車之修理、工作台之裝設或拆卸作業時，應指定專人監督該項作業，並執行下列事項：
一 決定作業步驟並指揮作業。
二 監視作業中安全支柱、安全塊之使用狀況。

第一二八條之五

雇主使勞工於高空工作車升起之伸臂等下方從事修理、檢點等作業時，應使從事該作業勞工使用安全支柱、安全塊等，以防止伸臂等之意外落下危害勞工。

第一二八條之六

高空工作車行駛時，除有工作台可操作行駛構造之高空工作車外，雇主不得使勞工搭載於該高空工作車之工作台。但使該高空工作車行駛於平坦堅固之場所，並採取下列措施時，不在此限：
一 規定一定之信號，並指定引導人員，依該信號引導高空工作車。
二 於作業前，事先視作業時該高空工作車工作台之高度及伸臂長度等，規定適當之速率，並使駕駛人員依該規定速率行駛。

第一二八條之七

高空工作車有工作台可操作行駛之構造者，於平坦堅固之場所以外之場所行駛時，雇主應採取下列措施：
一 規定一定之信號，並指定引導人員，依該信號引導高空工作車。
二 於作業前，事先視作業時該高空工作車工作台之高度及伸臂長度等、作業場所之地形及地盤之狀態等，規定適當之速率，

並使駕駛人員依該規定速率行駛。

第一二八條之八

①高空工作車之構造，應符合國家標準CNS 14965、CNS 16368、CNS 16653系列、CNS 18893、國際標準ISO 16368、ISO 16653系列、ISO1 8893或與其同等之標準相關規定。

②前項國家標準CNS 16368、CNS 16653系列、CNS 18893與國際標準ISO 16368、ISO 16653系列、ISO 18893有不一致者，以國際標準ISO 16368、ISO 16653系列、ISO 18893規定爲準。

第一二八條之九 111

雇主對於高空工作車，應指派經特殊作業安全衛生教育訓練人員操作。

第六章　軌道機械

第一節　一般規定

第一二九條

雇主對於軌道機械，應設有適當信號裝置，並於事先通知有關勞工週知。

第一三〇條

雇主對於連結軌道機械車輛時，應使用適當連結裝置。

第二節　軌　道

第一三一條

雇主對於動力車鋼軌之每公尺重量，應依下列規定：

車輛重量	鋼軌每公尺重量	備註
未滿五公噸	九公斤以上	以兩軸車輛爲準
五至未滿十公噸	十二公斤以上	
十至未滿十五公噸	十五公斤以上	
十五公噸以上	二十二公斤以上	

第一三二條

①雇主對於動力車鋼軌之舖設，應依下列規定：

一　鋼軌接頭，應使用魚尾板或採取熔接固定。

二　舖設鋼軌，應使用道釘、金屬固定具等將鋼軌固定於枕木或水泥路基上。

三　軌道之坡度應保持在千分之五十以下。但動力車備有自動空氣煞車之軌道得放寬至千分之六十五以下。

②前項枕木之大小及其間隔，應考慮車輛重量，路基狀況。

③第一項所使用之枕木，如置於不易更換之場所，應爲具有耐腐蝕性者。

第一三三條

① 雇主對於動力車軌道路基，如車輛在五公噸以上者，其除應由碴石、碎石等構成外，並應有充分之保固，與良好排水系統。

② 雇主對於前項以外之軌道路基，應注意鋼軌舖設、車輛行駛安全狀況。

第一三四條

雇主對於動力車軌道之曲線部分，應依下列規定：

一　曲率半徑應在十公尺以上。

二　保持適度之軌道超高及加寬。

三　裝置適當之護軌。

第一三五條

雇主對於動力車軌道岔道部分，應設置具有充分效能之轉轍器及轍鎖；軌道之終端應設置充分效能之擋車裝置。

第一三六條

雇主對於車輛於軌道上有滑走之虞時，應設置防止滑走之裝置。

第一三七條

雇主對於隧道坑井內部裝置軌道時，其側壁與行走之車輛，應保持六十公分以上淨距。但有下列情形之一者，不在此限：

一　於適當之間隔，設置有相當寬度之避車設備並有顯明標示者。

二　設置信號裝置或配置監視人員者。

第一三八條

雇主對於手推車輛之軌道，應依下列規定：

一　軌道之曲率半徑應在五公尺以上。

二　傾斜應在十五分之一以下。

三　鋼軌每公尺重量應在六公斤以上。

四　置直徑九公分以上之枕木並以適當間隔配置。

五　鋼軌接頭應使用魚尾板或採取熔接等固定。

第一三九條 111

雇主對於軌道沿線，應依下列規定採取措施：

一　軌道兩旁之危險立木，應予清除。

二　軌道之上方及兩旁與鄰近之建築物應留有適當之距離。

三　軌道附近不得任意堆放物品，邊坑上不得有危石。

四　橋梁過長時，應設置平台等。

五　工作人員經常出入之橋梁，應另行設置行人安全道。

第一四〇條 111

雇主對於軌道沿線環境，應依下列規定實施保養：

一　清除路肩及橋梁附近之叢草。

二　清除妨害視距之草木。

三　維護橋梁及隧道支架結構之良好。

四　清掃坍方。

五　清掃邊坡危石。

六　維護鋼軌接頭及道釘之完整。

七　維護路線號誌及標示之狀況良好。

八　維護軌距狀況良好。

九　維護排水系統良好。

十　維護枕木狀況良好。

第三節　軌道車輛

第一四一條

雇主對行駛於軌道之動力車，應依下列規定：

一　設置汽笛、警鈴等信號裝置。

二　於夜間或地下使用者，應設置前照明燈及駕駛室之照明設備。

三　使用內燃機者，應設置標示潤滑油壓力之指示器。

四　使用電動機者，應置備自動遮斷器，其為高架式者，並應增置避雷器等。

第一四二條

雇主對行駛於軌道之動力車車輪，應依下列規定：

一　車輪之踏面寬度於輪緣最大磨耗狀態下，仍能通過最大軌間。

二　輪緣之厚度於最大磨耗狀態下，仍具有充分強度且不阻礙通過岔道。

三　輪緣應保持不脫軌以上之高度，且不致觸及魚尾板。

第一四三條

雇主對行駛於軌道之載人車輛，應依下列規定：

一　以設置載人專車為原則。

二　應設置人員能安全乘坐之座位及供站立時扶持之把手等。

三　應設置上下車門及安全門。

四　應有限制乘坐之人員數標示。

五　應有防止人員於乘坐或站立時摔落之防護設施。

六　凡藉捲揚裝置捲揚使用於傾斜軌道之車輛，應設搭乘人員與捲揚機操作者連繫之設備。

七　使用於傾斜度超過三十度之軌道者，應設有預防脫軌之裝置。

八　為防止因鋼索斷裂及超速危險，應設置緊急停車裝置。

九　使用於傾斜軌道者，其車輛間及車輛與鋼索套頭間，除應設置有效之鏈及鏈環外，為防止其斷裂，致車輛脫走之危險，應另設置輔助之鏈及鏈環。

第一四四條

雇主對行駛於軌道之車輛，應依下列規定：

一　車輛與車輛之連結，應有確實之連接裝置。

二　凡藉捲揚裝置行駛之車輛，其捲揚鋼索之斷裂荷重之值與所承受最大荷重比之安全係數，載貨者應在六以上，載人者應在十以上。

第一四五條

雇主對行駛於軌道之動力車，應設置手煞車，十公噸以上者，應增設動力煞車。

第一四六條

雇主對於軌道車輛施予煞車制輪之壓力與制動車輪施予軌道壓力之比，在動力煞車者應為百分之五十以上，百分之七十五以下；手煞車者應為百分之二十以上。

第一四七條

雇主對行駛於軌道之動力車駕駛座，應依下列規定：
一　應具備使駕駛者能安全駕駛之良好視野之構造。
二　為防止駕駛者之跌落，應設置護圍等。

第一四八條

雇主對於軌道車輛之行駛，應依鋼軌、軌距、傾斜、曲率半徑等決定速率限制，並規定駕駛者遵守之。

第一四九條

雇主對於駕駛動力車者，應規定其離開駕駛位置時，應採取煞車等措施，以防止車輛逸走；對於操作捲揚裝置者，應規定其於操作時，不得離開操作位置。

第四節　軌道手推車

第一五〇條

雇主對於勞工使用軌道手推車輛，應規定其遵守下列事項：
一　車輛於上坡或水平行駛時，應保持六公尺以上之間距，於下坡行駛時，應保持二十公尺以上之間距。
二　車輛速率於下坡時，不得超過每小時十五公里。

第一五一條

雇主對於傾斜在千分之十以上之軌道區使用之手推車，應設置有效之煞車。

第七章　物料搬運與處置

第一節　一般規定

第一五二條

物料搬運、處置，如以車輛機械作業時，應事先清除其通道、碼頭等之阻礙物及採取必要措施。

第一五三條

雇主對於搬運、堆放或處置物料，為防止倒塌、崩塌或掉落，應採取繩索捆綁、護網、擋樁、限制高度或變更堆積等必要設施，並禁止與作業無關人員進入該等場所。

第一五四條

雇主使勞工進入供儲存大量物料之槽桶時，應依下列規定：
一　應事先測定並確認無爆炸、中毒或缺氧等危險。
二　應使勞工佩掛安全帶及安全索等防護具。
三　應於進口處派人監視，以備發生危險時營救。
四　規定工作人員以由槽桶上方進入為原則。

第二節　搬　運

第一五五條

雇主對於物料之搬運，應儘量利用機械以代替人力，凡四十公斤以上物品，以人力車輛或工具搬運為原則，五百公斤以上物品，以機動車輛或其他機械搬運為宜；運輸路線，應妥善規劃，並作標示。

第一五五條之一

雇主使勞工以捲揚機等吊運物料時，應依下列規定辦理：

一　安裝前須核對並確認設計資料及強度計算書。

二　吊掛之重量不得超過該設備所能承受之最高負荷，並應設有防止超過負荷裝置。但設置有困難者，得以標示代替之。

三　不得供人員搭乘、吊升或降落。但臨時或緊急處理作業經採取足以防止人員墜落，且採專人監督等安全措施者，不在此限。

四　吊鉤或吊具應有防止吊舉中所吊物體脫落之裝置。

五　錨錠及吊掛用之吊鏈、鋼索、掛鉤、纖維索等吊具有異狀時應即修換。

六　吊運作業中應嚴禁人員進入吊掛物下方及吊鏈、鋼索等內側角。

七　捲揚吊索通路有與人員碰觸之虞之場所，應加防護或有其他安全設施。

八　操作處應有適當防護設施，以防物體飛落傷害操作人員，採坐姿操作者應設坐位。

九　應設有防止過捲裝置，設置有困難者，得以標示代替之。

十　吊運作業時，應設置信號指揮聯絡人員，並規定統一之指揮信號。

十一　應避免鄰近電力線作業。

十二　電源開關箱之設置，應有防護裝置。

第一五六條

雇主對於強酸、強鹼等有腐蝕性物質之搬運，應使用特別設計之車輛或工具。

第一五七條

雇主對搭載勞工於行駛中之貨車、垃圾車或資源回收車，應依下列規定：

一　不得使勞工搭乘於因車輛搖動致有墜落之虞之位置。

二　勞工身體之最高部分不得超過貨車駕駛室之頂部高度；載貨台之物料高度超過駕駛室頂部者，不得超過該物料之高度。

三　其他維護搭載勞工乘坐安全之事項。

第三節　處　置

第一五八條

雇主對於物料儲存，為防止因氣候變化或自然發火發生危險者，應採取與外界隔離及溫濕控制等適當措施。

第一五九條

雇主對物料之堆放，應依下列規定：

一　不得超過堆放地最大安全負荷。

二　不得影響照明。

三　不得妨礙機械設備之操作。

四　不得阻礙交通或出入口。

五　不得減少自動灑水器及火警警報器有效功用。

六　不得妨礙消防器具之緊急使用。

七　以不倚靠牆壁或結構支柱堆放為原則。並不得超過其安全負荷。

第一六〇條

雇主對於捆紮貨車物料之纖維纜索，如有下列情形之一者，不得使用：

一　已斷一股子索者。

二　有顯著之損傷或腐蝕者。

第一六一條

雇主對於堆積於倉庫、露存場等之物料集合體之物料積垛作業，應依下列規定：

一　如作業地點高差在一‧五公尺以上時，應設置使從事作業之勞工能安全上下之設備。但使用該積垛即能安全上下者，不在此限。

二　作業地點高差在二‧五公尺以上時，除前款規定外，並應指定專人採取下列措施：

　　㈠決定作業方法及順序，並指揮作業。

　　㈡檢點工具、器具，並除去不良品。

　　㈢應指示通行於該作業場所之勞工有關安全事項。

　　㈣從事拆垛時，應確認積垛確無倒塌之危險後，始得指示作業。

　　㈤其他監督作業情形。

第一六二條

雇主對於草袋、麻袋、塑膠袋等袋裝容器構成之積垛，高度在二公尺以上者，應規定其積垛與積垛間下端之距離在十公分以上。

第一六三條

雇主對於高度二公尺以上之積垛，使勞工從事拆垛作業時，應依下列規定：

一　不得自積垛物料中間抽出物料。

二　拆除袋裝容器構成之積垛，應使成階梯狀，除最底階外，其餘各階之高度應在一‧五公尺以下。

第一六四條

雇主為防止載貨台物料之移動致有危害勞工之虞，除應提供勞工

防止物料移動之適當設備，並應規定勞工使用。

第一六五條

雇主對於掀舉傾卸車之載貨台，使勞工在其下方從事修理或檢點作業時，除應提供安全擋塊或安全支柱，並應規定勞工使用。但該傾卸車已設置有防止驟然下落之設備者，不在此限。

第一六六條

雇主對於勞工從事載貨台裝卸物其高差在一‧五公尺以上者，應提供勞工安全上下之設備。

第一六七條

雇主使勞工於載貨台從事單一之重量超越一百公斤以上物料裝卸時，應指定專人採取下列措施：

一　決定作業方法及順序，並指揮作業。

二　檢點工具及器具，並除去不良品。

三　禁止與作業無關人員進入作業場所。

四　從事解纜或拆墊之作業時，應確認載貨台上之貨物無墜落之危險。

五　監督勞工作業狀況。

第八章　爆炸、火災及腐蝕、洩漏之防止

第一節　一般規定

第一六八條　（刪除）

第一六九條

雇主對於火爐、煙囪、加熱裝置及其他易引起火災之高熱設備，除應有必要之防火構造外，並應於與建築物或可燃性物體間採取必要之隔離。

第一七〇條

雇主對於高煙囪及高度在三公尺以上並作為危險物品倉庫使用之建築物，均應裝設適當避雷裝置。

第一七一條

雇主對於易引起火災及爆炸危險之場所，應依下列規定：

一　不得設置有火花、電弧或用高溫成為發火源之虞之機械、器具或設備等。

二　標示嚴禁煙火及禁止無關人員進入，並規定勞工不得使用明火。

第一七二條

雇主對於工作中遇停電有導致超壓、爆炸或火災等危險之虞者，應裝置足夠容量並能於緊急時供電之發電設備。

第一七三條

雇主對於有危險物或有油類、可燃性粉塵等其他危險物存在之虞之配管、儲槽、油桶等容器，從事熔接、熔斷或使用明火之作業或有發生火花之虞之作業，應事先清除該等物質，並確認無危險

之虞。

第一七四條

雇主對於從事熔接、熔斷、金屬之加熱及其他須使用明火之作業或有發生火花之虞之作業時，不得以氧氣供為通風或換氣之用。

第一七五條

雇主對於下列設備有因靜電引起爆炸或火災之虞者，應採取接地、使用除電劑、加濕、使用不致成為發火源之虞之除電裝置或其他去除靜電之裝置：

一　灌注、卸收危險物於槽車、儲槽、容器等之設備。

二　收存危險物之槽車、儲槽、容器等設備。

三　塗敷含有易燃液體之塗料、粘接劑等之設備。

四　以乾燥設備中，從事加熱乾燥危險物或會生其他危險物之乾燥物及其附屬設備。

五　易燃粉狀固體輸送、篩分等之設備。

六　其他有因靜電引起爆炸、火災之虞之化學設備或其附屬設備。

第一七六條

雇主對於勞工吸菸、使用火爐或其他用火之場所，應設置預防火災所需之設備。

第一七七條

①雇主對於作業場所有易燃液體之蒸氣、可燃性氣體或爆燃性粉塵以外之可燃性粉塵滯留，而有爆炸、火災之虞者，應依危險特性採取通風、換氣、除塵等措施外，並依下列規定辦理：

一　指定專人對於前述蒸氣、氣體之濃度，於作業前測定之。

二　蒸氣或氣體之濃度達爆炸下限值之百分之三十以上時，應即刻使勞工退避至安全場所，並停止使用煙火及其他為點火源之虞之機具，並應加強通風。

三　使用之電氣機械、器具或設備，應具有適合於其設置場所危險區域劃分使用之防爆性能構造。

②前項第三款所稱電氣機械、器具或設備，係指包括電動機、變壓器、連接裝置、開關、分電盤、配電盤等電流流通之機械、器具或設備及非屬配線或移動電線之其他類似設備。

第一七七條之一

雇主對於有爆燃性粉塵存在，而有爆炸、火災之虞之場所，使用之電氣機械、器具或設備，應具有適合於其設置場所危險區域劃分使用之防爆性能構造。

第一七七條之二

①雇主對於前二條所定應有防爆性能構造之電氣機械、器具、設備，於中央主管機關公告後新安裝或換裝者，應使用符合中央主管機關指定之國家標準、國際標準或團體標準規定之合格品。

②前項合格品，指符合本法第七條規定，並張貼安全標示者。

第一七七條之三

雇主對於具防爆性能構造之移動式或攜帶式電氣機械、器具、設備，應於每次使用前檢查外部結構狀況、連接之移動電線情況及防爆結構與移動電線連接狀態等；遇有損壞，應即修復。

第一七八條

雇主使用軟管以動力從事輸送硫酸、硝酸、鹽酸、醋酸、甲酚、氯磺酸、氫氧化鈉溶液等對皮膚有腐蝕性之液體時，對該輸送設備，應依下列規定：

一　於操作該設備之人員易見之場所設置壓力表，及於其易於操作之位置安裝動力遮斷裝置。

二　該軟管及連接用具應具耐腐蝕性、耐熱性及耐寒性。

三　該軟管應經水壓試驗確定其安全耐壓力，並標示於該軟管，且使用時不得超過該壓力。

四　為防止軟管內部承受異常壓力，應於輸壓設備安裝回流閥等超壓防止裝置。

五　軟管與軟管或軟管與其他管線之接頭，應以連結用具確實連接。

六　以表壓力每平方公分二公斤以上之壓力輸送時，前款之連結用具應使用旋緊連接或以鉤式結合等方式，並具有不致脫落之構造。

七　指定輸送操作人員操作輸送設備，並監視該設備及其儀表。

八　該連結用具有損傷、鬆脫、腐蝕等缺陷，致腐蝕性液體有飛濺或漏洩之虞時，應即更換。

九　輸送腐蝕性物質管線，應標示該物質之名稱、輸送方向及閥之開閉狀態。

第一七九條

雇主使用壓縮氣體為輸送腐蝕性液體之動力，從事輸送作業時，應使用空氣為壓縮氣體。但作業終了時，能將氣體立即排出者，或已採取標示該氣體之存在等措施，勞工進入壓力輸送設備內部，不致發生缺氧、窒息等危險時，得使用二氧化碳或氮。

第二節　熔融高熱物等設備

第一八○條

雇主對於建築物中熔融高熱物之處理設備，為避免引起水蒸汽爆炸，該建築物應有地板面不積水及可以防止雨水由屋頂、牆壁、窗戶等滲入之構造。

第一八一條

①雇主對於以水處理高熱礦渣或廢棄高熱礦渣之場所，應依下列規定：

一　應有良好之排水設備及其他足以防止水蒸汽爆炸之必要措施。

二　於廢棄高熱礦渣之場所，應加以標示高熱危險。

②前項規定對於水碎處理作業，不適用之。

第一八一條之一 113

雇主使勞工從事金屬之加熱熔融、熔鑄作業時，對於冷卻系統應配置進出口溫度、壓力、流量監測及警報裝置；於停電或緊急狀況時，應設置緊急排放高熱熔融物之裝置及應急冷卻設施，確保冷卻效果。

第一八二條

雇主使勞工從事將金屬碎屑或碎片投入金屬熔爐之作業時，為防止爆炸，應事前確定該金屬碎屑或碎片中未雜含水分、火藥類等危險物或密閉容器等，始得作業。

第一八三條

雇主對於鼓風爐、鑄鐵爐或玻璃熔解爐等處理大量高熱物之作業場所，為防止該高熱物之飛散、溢出等引起之灼傷或其他危害，應採取適當之防範措施，並使作業勞工佩戴適當之防護具。

第三節　危險物處置

第一八四條

雇主對於危險物製造、處置之工作場所，為防止爆炸、火災，應依下列規定辦理：

一　爆炸性物質，應遠離煙火、或有發火源之虞之物，並不得加熱、摩擦、衝擊。

二　著火性物質，應遠離煙火、或有發火源之虞之物，並不得加熱、摩擦或衝擊或使其接觸促進氧化之物質或水。

三　氧化性物質，不得使其接觸促進其分解之物質，並不得予以加熱、摩擦或撞擊。

四　易燃液體，應遠離煙火或有發火源之虞之物，未經許可不得灌注、蒸發或加熱。

五　除製造、處置必需之用料外，不得任意放置危險物。

第一八四條之一

①雇主使勞工使用危險物從事作業前，應確認所使用物質之危險性，採取預防之必要措施。

②雇主對於化學製程所使用之原、物料及其反應產物，應分析評估其危害及反應特性，並採取必要措施。

第一八五條

雇主對於從事危險物製造或處置之作業，應指定專人採取下列措施：

一　製造或處置危險物之設備及附屬設備，有異常時應即採取必要措施。

二　於置有製造或處置危險物之設備及附屬設備之場所內，其溫度、濕度、遮光及換氣狀況有異常時，應即採取必要之措施。

第一八五條之一

雇主對於常溫下具有自燃性之四氫化矽（矽甲烷）之處理，除依

高壓氣體相關法規規定外，應依下列規定辦理：

一　氣體設備應具有氣密之構造及防止氣體洩漏之必要設施，並設置氣體洩漏檢知警報系統。

二　氣體容器之閥門應具有限制最大流率之流率限制孔。

三　氣體應儲存於室外安全處所，如必須於室內儲存者，應置於有效通風換氣之處所，使用時應置於氣瓶櫃內。

四　未使用之氣體容器與供氣中之容器，應分隔放置。

五　提供必要之個人防護具，並使勞工確實使用。

六　避免使勞工單獨操作。

七　設置火災時，提供冷卻用途之灑水設備。

八　保持逃生路線暢通。

第一八六條

雇主對於從事灌注、卸收或儲藏危險物於化學設備、槽車或槽體等作業，應依下列規定辦理：

一　使用軟管從事易燃液體或可燃性氣體之灌注或卸收時，應事先確定軟管結合部分已確實連接牢固始得作業。作業結束後，應確認管線內已無引起危害之殘留物後，管線始得拆離。

二　從事煤油或輕油灌注於化學設備、槽車或槽體等時，如其內部有汽油殘存者，應於事前採取確實清洗、以惰性氣體置換油氣或其他適當措施，確認安全狀態無虞後，始得作業。

三　從事環氧乙烷、乙醛或1,2-環氧丙烷灌注時，應確實將化學設備、槽車或槽體內之氣體，以氮、二氧化碳或氦、氬等惰性氣體置換之。

四　使用槽車從事灌注或卸收作業前，槽車之引擎應熄火，且設置適當之輪擋，以防止作業時車輛移動。作業結束後，並確認不致因引擎啟動而發生危害後，始得發動。

第一八七條 113

雇主對於工作場所實施加油作業，應依下列規定辦理：

一　禁止以汽油為燃料之內燃機等機械在發動中加油。

二　設置顯著之危險警告標示。

三　備置化學乾粉、泡沫或二氧化碳等適當之油類用減火器材。

四　油料、輸油管等應妥為設置，以避免油料溢濺於機動車輛之引擎、排氣管或電氣設備等。

第一八八條

①雇主對於存有易燃液體之蒸氣、可燃性氣體或可燃性粉塵，致有引起爆炸、火災之虞之工作場所，應有通風、換氣、除塵、去除靜電等必要設施。

②雇主依前項規定所採設施，不得裝置或使用有發生明火、電弧、火花及其他可能引起爆炸、火災危險之機械、器具或設備。

第一八九條

雇主對於通風或換氣不充分之工作場所，使用可燃性氣體及氧氣

從事熔接、熔斷或金屬之加熱作業時，為防止該等氣體之洩漏或排出引起爆炸、火災，應依下列規定辦理：

一 氣體軟管或吹管，應使用不因其損傷、摩擦導致漏氣者。

二 氣體軟管或吹管相互接處，應以軟管帶、軟管套及其他適當設備予固定確實套牢、連接。

三 擬供氣於氣體軟管時，應事先確定在該軟管裝置之吹管在關閉狀態或將軟管確實栓後，始得作業。

四 氣體等之軟管供氣口之閥或旋塞，於使用時應設置標示使用者之名牌，以防止操作錯誤引起危害。

五 從事熔斷作業時，為防止自吹管放出過剩氧氣引起火災，應有充分通風換氣之設施。

六 作業中斷或完工離開作業場所時，氣體供氣口之閥或旋塞應予關閉閉，將氣體軟管自氣體供氣口拆下，或將氣體軟管移放於自然通風、換氣良好之場所。

第一九○條

對於雇主為金屬之熔接、熔斷或加熱等作業所須使用可燃性氣體及氧氣之容器，應依下列規定辦理：

一 容器不得設置、使用、儲藏或放置於下列場所：

(一)通風或換氣不充分之場所。

(二)使用煙火之場所或其附近。

(三)製造或處置火藥類、爆炸性物質、著火性物質或多量之易燃性物質之場所或其附近。

二 保持容器之溫度於攝氏四十度以下。

三 容器應直立穩妥放置，防止傾倒危險，並不得撞擊。

四 容器使用時，應留置專用板手於容器閥柄上，以備緊急時遮斷氣源。

五 搬運容器時應裝妥護蓋。

六 容器閥、接頭、調整器、配管口應清除油類及塵埃。

七 應輕緩開閉容器閥。

八 應清楚分開使用中與非使用中之容器。

九 容器、閥及管線等不得接觸電焊器、電路、電源、火源。

十 搬運容器時，應禁止在地面滾動或撞擊。

十一 自車上卸下容器時，應有防止衝擊之裝置。

十二 自容器閥上卸下調整器前，應先關閉容器閥，並釋放調整之氣體，且操作人員應避開容器閥出口。

第一九一條

雇主對於異類物品接觸有引起爆炸、火災、危險之虞者，應單獨儲放，搬運時應使用專用之運搬機械。但經採取防止接觸之設施者，不在此限。

第一九二條

雇主對於起毛、反毛之操作場所、或將棉、羊毛、碎屑、木棉、稻草、紙屑及其他可燃性物質大量處理之場所，應有防止火災之

安全設施。

第一九三條

雇主對於染有油污之破布、紙屑等應蓋藏於不燃性之容器內，或採用其他適當處置。

第四節　化學設備及其附屬設備

第一九四條

雇主對於建築物內設有化學設備，如反應器、蒸餾塔、吸收塔、析出器、混合器、沈澱分離器、熱交換器、計量槽、儲槽等容器本體及其閥、旋塞、配管等附屬設備時，該建築物之牆壁、柱、樓板、樑、樓梯等接近於化學設備周圍部分，爲防止因危險物及輻射熱產生火災之虞，應使用不燃性材料構築。

第一九五條

雇主對於化學設備或其配管存有腐蝕性之危險物或閃火點在65℃以上之化學物質之部分，爲防止爆炸、火災、腐蝕及洩漏之危險，該部分應依危險物、化學物質之種類、溫度、濃度、壓力等，使用不易腐蝕之材料製造或裝設內襯等。

第一九六條

雇主對於化學設備或其配管，爲防止危險物洩漏或操作錯誤而引起爆炸、火災之危險，應依下列規定辦理：

一　化學設備或其配管之蓋板、凸緣、閥、旋塞等接合部分，應使用墊圈等使接合部密接。

二　操作化學設備或其配管之閥、旋塞、控制開關、按鈕等，應保持良好性能，標示其開關方向，必要時並以顏色、形狀等標明其使用狀態。

三　爲防止供料錯誤，造成危險，應於勞工易見之位置標示其原料、材料、種類、供料對象及其他必要事項。

第一九七條

雇主對於化學設備或其附屬設備，爲防止因爆炸、火災、洩漏等造成勞工之危害，應採取下列措施：

一　確定爲輸送原料、材料於化學設備或自該等設備卸收產品之有關閥、旋塞等之正常操作。

二　確定冷卻、加熱、攪拌及壓縮等裝置之正常操作。

三　保持溫度計、壓力計或其他計測裝置於正常操作功能。

四　保持安全閥、緊急遮斷裝置、自動警報裝置或其他安全裝置於異常狀態時之有效運轉。

第一九八條

雇主對於化學設備及其附屬設備之改善、修理、清掃、拆卸等作業，應指定專人，依下列規定辦理：

一　決定作業方法及順序，並事先告知有關作業勞工。

二　爲防止危險物、有害物、高溫液體或水蒸汽及其他化學物質洩漏致危害作業勞工，應將閥或旋塞雙重關閉或設置盲板。

三　應將前款之閥、旋塞等加鎖、鉛封或將把手拆離，使其無法擅動；並應設有不准開啓之標示或設置監視人員監視。

四　拆除第二款之盲板有導致危險物等或高溫液體或水蒸汽逸出之虞時，應先確認盲板與其最接近之閥或旋塞間有無第二款物質殘留，並採取必要措施。

第五節　乾燥設備

第一九九條

雇主對於處理危險物之乾燥室，應爲平房。但設置乾燥室建築物之樓層正上方無樓層或爲耐火建築者，不在此限。

第二〇〇條

①雇主對於使用之乾燥設備，應依下列規定：

一　不得使用於加熱、乾燥有機過氧化物。

二　乾燥設備之外面，應以不燃性材料構築。

三　乾燥設備之內面及內部之棚、櫃等，應以不燃性材料構築。

四　乾燥設備內部應爲易於清掃之構造；連接於乾燥設備附屬之電熱器、電動機、電燈等應設置專用之配線及開關，並不得產生電氣火花。

五　乾燥設備之窺視孔、出入口、排氣孔等之開口部分，應設計於著火時不延燒之位置，且能即刻密閉之構造。

六　乾燥設備之內部，應置有隨時能測定溫度之裝置，及調整內部溫度於安全溫度之裝置或溫度自動調整裝置。

七　危險物乾燥設備之熱源，不得使用明火；其他設備如使用明火，爲防止火焰或火星引燃乾燥物，應設置有效之覆罩或隔牆。

八　乾燥設備之側面及底部應有堅固之構造，其上部應以輕質材料構築，或設置有效之爆風門或爆風孔等。

九　危險物之乾燥作業，應有可將乾燥產生之可燃性氣體、蒸氣或粉塵排出安全場所之設備。

十　使用液體燃料或可燃性氣體燃料爲熱源之乾燥作業，爲防止因燃料氣體、蒸氣之殘留，於點火時引起爆炸、火災，其燃燒室或其他點火之處所，應有換氣設備。

②前項規定對於乾燥物之種類、加熱乾燥之程度、熱源之種類等無虞發生爆炸或火災者，不適用之。

第二〇一條

雇主對於乾燥室之操作，應依下列規定辦理：

一　乾燥中適時檢查乾燥室內外及附屬設備，發現有不妥之處，應立即整修。

二　應注意乾燥之溫度與乾燥時間，並經常保持正常狀態。

三　依熱源之種類，經常作必要檢視。

四　乾燥物應放置安當，使不致脫落。

五　應注意乾燥室之清掃，不得有粉塵堆積。

六　注意乾燥室牆外之溫度，且不得將可燃性物品放置於其鄰近

之處。

七　經加溫乾燥之可燃性物品，應冷卻至不致發生自燃危險後，再行收存。

八　經常檢查乾燥室之電氣機械、器具之使用狀況。

第二〇二條

雇主對於乾燥作業，應指定專人辦理下列事項：

一　開始使用乾燥設備時，或變更乾燥方法或種類時，應於事先將作業方法告知有關勞工，並直接指揮作業。

二　乾燥設備或其附屬設備有異常時，應即採取必要措施。

三　乾燥設備內部之溫度、換氣狀況及乾燥狀況有異常時，應即採取必要措施。

四　乾燥設備之鄰近場所，不得堆置易於引起火災之物質。

第六節　乙炔熔接裝置及氣體集合熔接裝置

第二〇三條

雇主對於使用乙炔熔接裝置或氧乙炔熔接裝置從事金屬之熔接、熔斷或加熱作業時，應規定其產生之乙炔壓力不得超過表壓力每平方公分一點三公斤以上。

第二〇四條

雇主對乙炔熔接裝置之乙炔發生器，應有專用之發生器室，並以置於屋外為原則，該室之開口部分應與其他建築物保持一‧五公尺以上之距離；如置於屋內，該室之上方不得有樓層構造，並應遠離明火或有火花發生之虞之場所。

第二〇五條

雇主對於乙炔發生器室之構造，應依下列規定：

一　牆壁應以不燃性材料建造，且有相當之強度。

二　室頂應以薄鐵板或不燃性之輕質材料建造。

三　應設置突出於屋頂上之排氣管，其截面積應為地板面積之十六分之一以上，且使排氣良好，並與出入口或其他類似開口保持一‧五公尺以上之距離。

四　門應以鐵板或不燃性之堅固材料建造。

五　牆壁與乙炔發生器應有適當距離，以免妨礙發生器裝置之操作及添料作業。

第二〇六條

雇主對於移動式乙炔熔接裝置，於不使用時應置於耐火之安全收藏室。但將氣鐘分離，並將發生器洗淨後分別保管時，不在此限。

第二〇七條

雇主對於產生之乙炔在表壓力每平方公分〇‧〇七公斤以上者，應依下列規定辦理：

一　氣體內徑未滿六十公分者，應以厚度二‧〇公厘以上之鋼板（管）製造；內徑在六十公分以上，未滿一百二十公分者，

應以二‧五公厘以上之鋼板（管）製造；內徑在一百二十公分以上，未滿二百公分者，應以三‧五公厘以上之鋼板（管）製造；內徑在二百公分以上者，應以五‧○公厘以上之鋼板（管）製造。

二　經發生器產生之乙炔，以壓縮裝置加壓後，送至乙炔氣槽，該氣槽除應依前款規定外，並應設置適當之安全閥及壓力表。

三　發生器應有支持氣鐘升降之鐵柱及安全排氣管之設置。

四　氣槽、清淨器、配管等之與乙炔接觸之部分，不得使用銅或含銅百分之七十以上銅合金製造者。

第二○八條

雇主對於乙炔發生器應設置防止逆流或回火之安全裝置，其構造應依下列規定：

一　主要部分應以厚度二公厘以上之鋼板製造，其構造應能耐內部爆炸。

二　應為水封式，當氣體逆流或回火時，應能確實防止危險。

三　有效水柱應為二十五公厘以上，並具有便於檢查水位之構造。

第二○九條

雇主對於乙炔熔接裝置及氧乙炔熔接裝置，為防止氧氣背壓過高、氧氣逆流及回火造成危險，應於每一吹管分別設置安全器。但主管及最近吹管之分岐管分別設有安全器者，不在此限。

第二一○條

雇主對於氣體集合熔接裝置之設置，應選擇於距離用火設備五公尺以上之場所，除供移動使用者外，並應設置於專用氣體裝置室內，其牆壁應與該裝置保持適當距離，以供該裝置之操作或氣體容器之更換。

第二一一條

雇主對於氣體裝置室之設置，應依下列規定：

一　氣體漏洩時，應不致使其滯留於室內。

二　室頂及天花板之材料，應使用輕質之不燃性材料建造。

三　牆壁之材料，應使用不燃性材料建造，且有相當強度。

第二一二條

雇主對於乙炔熔接裝置、氧乙炔熔接裝置與氣體集合熔接裝置之導管及管線，應依下列規定：

一　凸緣、旋塞、閥等之接合部分，應使用墊圈使接合面密接。

二　為防止氧氣背壓過高、氧氣逆流及回火造成危險，應於主管及分岐管設置安全器，使每一吹管有兩個以上之安全器。

第二一三條

雇主對於使用溶解乙炔之氣體集合熔接裝置之配管及其附屬器具，不得使用銅質及含銅百分之七十以上之銅合金製品。

第二一四條

雇主對於使用乙炔熔接裝置、氣體集合熔接裝置從事金屬之熔

接、熔斷或加熱作業時，應依下列規定：

一　應於發生器之發生器室、氣體集合裝置之氣體裝置室之易見場所揭示氣體種類、氣體最大儲存量、每小時氣體平均發生量及一次送入發生器內之電石量等。

二　發生器室及氣體裝置室內，應禁止作業無關人員進入，並加標示。

三　距離乙炔熔接裝置之發生器室三公尺、距離乙炔發生器及氣體集合裝置五公尺範圍內，應禁止吸菸、使用煙火、或從事有發生火花之虞之作業，並加標示。

四　應將閥、旋塞等之操作事項揭示於易見場所。

五　移動式乙炔熔接裝置之發生器，不得設置於高溫、通風或換氣不充分及產生強烈振動之場所。

六　為防止乙炔等氣體用與氧氣用導管或管線之混用，應採用專用色別區分，以資識別。

七　熔接裝置之設置場所，應有適當之消防設備。

八　從事該作業者，應佩載防護眼鏡及防護手套。

第二一五條

雇主對於電石碴之儲存坑場，應置於安全之場所儲存，並採取防止乙炔發生危險之安全措施。

第二一六條

雇主對於以乙炔熔接裝置或氣體集合熔接裝置從事金屬之熔接、熔斷或加熱之作業，應指派經特殊安全衛生教育、訓練合格人員操作。

第二一七條

雇主對於使用乙炔熔接裝置從事金屬之熔接、熔斷或加熱作業時，應選任專人辦理下列事項：

一　決定作業方法及指揮作業。

二　對使用中之發生器，禁止使用有發生火花之虞之工具或予以撞擊。

三　使用肥皂水等安全方法，測試乙炔熔接裝置是否漏洩。

四　發生器之氣鐘上禁止置放任何物件。

五　發生器室出入口之門，應注意關閉。

六　再裝電石於移動式乙炔熔接裝置之發生器時，應於屋外之安全場所為之。

七　開啟電石桶或氣鐘時，應禁止撞擊或發生火花。

八　作業時，應將乙炔熔接裝置發生器內存有空氣與乙炔之混合氣體排除。

九　作業中，應查看安全器之水位是否保持安全狀態。

十　應使用溫水或蒸汽等安全之方法加溫或保溫，以防止乙炔熔接裝置內水之凍結。

十一　發生器停止使用時，應保持適當水位，不得使水與殘存之電石接觸。

十二　發生器之修繕、加工、搬運、收藏，或繼續停止使用時，應完全除去乙炔及電石。

十三　監督作業勞工戴用防護眼鏡、防護手套。

第二一八條

雇主對於使用氣體集合熔接裝置從事金屬之熔接、熔斷或加熱作業時，應選任專人辦理下列事項：

一　決定作業方法及指揮作業。

二　清除氣體容器閥、接頭、調整器及配管口之油漬、塵埃等。

三　更換容器時，應將該容器之口及配管口部分之氣體與空氣之混合氣體排除。

四　使用肥皂水等安全方法測試是否漏氣。

五　注意輕緩開閉旋塞或閥。

六　會同作業人員更換氣體容器。

七　作業開始之時，應確認瓶閥、壓力調整器、軟管、吹管、軟管套夾等器具，無損傷、磨耗致漏洩氣體或氧氣。

八　查看安全器，並確保勞工安全使用狀態。

九　監督從事作業勞工佩戴防護眼鏡、防護手套。

第七節　爆破作業

第二一九條

雇主對於勞工從事火藥爆破之砲孔充填、結線、點火及未爆火藥檢查處理等火藥爆破作業時，應規定其遵守下列事項：

一　不得就凍結之火藥直接接近煙火、蒸汽管或其他高熱物體等危險方法融解火藥。

二　充填火藥或炸藥時，不得使用明火並禁止吸菸。

三　使用銅質、木質、竹質或其他不因摩擦、衝擊、產生靜電等引發爆炸危險之充填具。

四　使用粘土、砂、水袋或其他無著火或不引火之充填物。

五　點火後，充填之火藥類未發生爆炸或難予確認時，應依下列規定處理：

（一）使用電氣雷管時，應自發爆器卸下發爆母線、短結其端部、採取無法再點火之措施、並經五分鐘以上之時間，確認無危險之虞後，始得接近火藥類之充填地點。

（二）使用電氣雷管以外者，點火後應經十五分鐘以上之時間，並確認無危險之虞後，始得接近火藥類之充填地點。

第二二〇條

雇主對於從事火藥爆破作業，應指派經火藥爆破特殊安全衛生教育、訓練之人員擔任。

第二二一條

雇主對於使用導火索方式從事爆破作業，應就經火藥爆破特殊安全衛生教育、訓練人員中，指派專人辦理下列事項：

一　指示從事該作業勞工之退避場所及應經路線。

二　發爆前應以信號警告，並確認所有人員均已離開危險區域。

三　一人之點火數在五以上時，應使用爆破時間指示器等能獲知退避時間之儀表。

四　應指示點火之順序及種類。

五　傳達點火信號。

六　對從事點火作業之勞工，傳達退避之信號。

七　確認有無未爆之裝藥或殘藥，並作妥善之處理。

第二二二條

雇主對於使用電氣方式從事爆破作業，應就火藥爆破特殊安全衛生教育、訓練之人員中，指派專人辦理下列事項：

一　指示從事該作業勞工之退避場所及應經路線。

二　發爆前應以信號警告，並確認所有人員均已離開危險區域。

三　指定發爆者。

四　指示有關發爆場所。

五　傳達點火信號。

六　確認有無未爆之裝藥或殘藥，並作妥善之處理。

第二二三條

雇主對於爆破作業，如勞工無法退避至安全之距離時，應設置堅固有效防護之避難所，以防止正面及上方飛石產生之危害。

第九章　墜落、飛落災害防止

第一節　人體墜落防止

第二二四條

①雇主對於高度在二公尺以上之工作場所邊緣及開口部分，勞工有遭受墜落危險之虞者，應設有適當強度之護欄、護蓋等防護設備。

②雇主爲前項措施顯有困難，或作業之需要臨時將護欄、護蓋等拆除，應採取使勞工使用安全帶等防止因墜落而致勞工遭受危險之措施。

第二二五條

①雇主對於在高度二公尺以上之處所進行作業，勞工有墜落之虞者，應以架設施工架或其他方法設置工作台。但工作台之邊緣及開口部分等，不在此限。

②雇主依前項規定設置工作台有困難時，應採取張掛安全網或使勞工使用安全帶等防止勞工因墜落而遭致危險之措施，但無其他安全替代措施者，得採取繩索作業。使用安全帶時，應設置足夠強度之必要裝置或安全母索，供安全帶鉤掛。

③前項繩索作業，應由受過訓練之人員爲之，並於高處採用符合國際標準ISO 22846系列或與其同等標準之作業規定及設備從事工作。

第二二六條

雇主對於高度在二公尺以上之作業場所，有遇強風、大雨等惡劣氣候致勞工有墜落危險時，應使勞工停止作業。

第二二七條

① 雇主對勞工於以石綿板、鐵皮板、瓦、木板、茅草、塑膠等易踏穿材料構築之屋頂及雨遮，或於以礦纖板、石膏板等易踏穿材料構築之夾層天花板從事作業時，為防止勞工踏穿墜落，應採取下列設施：

一 規劃安全通道，於屋架、雨遮或天花板支架上設置適當強度且寬度在三十公分以上之踏板。

二 於屋架、雨遮或天花板下方可能墜落之範圍，裝設堅固格柵或安全網等防墜設施。

三 指定屋頂作業主管指揮或監督該作業。

② 雇主對前項作業已採其他安全工法或設置踏板面積已覆蓋全部易踏穿屋頂、雨遮或天花板，致無墜落之虞者，得不受前項限制。

第二二七條之一 113

① 雇主對於新建、增建、改建或修建工廠之鋼構屋頂，勞工有遭受墜落危險之虞者，應依下列規定辦理：

一 於邊緣及屋頂突出物頂板周圍，設置高度九十公分以上之女兒牆或適當強度欄杆。

二 於易踏穿材料構築之屋頂，應於屋頂頂面設置適當強度且寬度在三十公分以上通道，並於屋頂採光範圍下方裝設堅固格柵。

② 前項所定工廠，為事業單位從事物品製造或加工之固定場所。

第二二八條

雇主對勞工於高差超過一‧五公尺以上之場所作業時，應設置能使勞工安全上下之設備。

第二二九條

雇主對於使用之移動梯，應符合下列之規定：

一 具有堅固之構造。

二 其材質不得有顯著之損傷、腐蝕等現象。

三 寬度應在三十公分以上。

四 應採取防止滑溜或其他防止轉動之必要措施。

第二三〇條

① 雇主對於使用之合梯，應符合下列規定：

一 具有堅固之構造。

二 其材質不得有顯著之損傷、腐蝕等。

三 梯腳與地面之角度應在七十五度以內，且兩梯腳間有金屬等硬質繫材扣牢，腳部有防滑絕緣腳座套。

四 有安全之防滑梯面。

② 雇主不得使勞工以合梯當作二工作面之上下設備使用，並應禁止勞工站立於頂板作業。

第二三一條

雇主對於使用之梯式施工架立木之梯子，應符合下列規定：

一 具有適當之強度。

二 置於座板或墊板之上，並視土壤之性質埋入地下至必要之深
度，使每一梯子之二立木平穩落地，並將梯腳適當紮結。

三 以一梯連接另一梯增加其長度時，該二梯至少應疊接一‧五
公尺以上，並紮結牢固。

第二三二條

雇主對於勞工有墜落危險之場所，應設置警告標示，並禁止與工
作無關之人員進入。

第二三三條

雇主對於以船舶運輸勞工前往作業場所時，不得超載，且應備置
足夠數量救生衣、救生用具或採取其他方法，以防止勞工落水遭
致危害。

第二三四條

雇主對於水上作業勞工有落水之虞時，除應使勞工穿著救生衣，
設置監視人員及救生設備外，並應符合下列規定：

一 使用水上動力船隻，應設置滅火器及堵漏設備。

二 使用水上動力船隻於夜間作業時，應依國際慣例懸掛燈號及
有足夠照明。

三 水上作業，應備置急救設備。

四 水上作業時，應查明舖設於水下之電纜管路及其他水下障
礙物位置，經妥善處理後，再行施工。

五 有水上、岸上聯合作業情況時，應設置通訊設備或採行具聯
絡功能之措施，並選任指揮聯絡人員。

第二節　物體飛落防止

第二三五條

雇主對表土之崩塌或土石之崩落，有危害勞工之虞者，應依下列
規定：

一 應使表土保持安全之傾斜，對有飛落之虞之土石應予清除或
設置堵牆、擋土支撐等。

二 排除可能形成表土崩塌或土石飛落之雨水、地下水等。

第二三六條

雇主為防止坑內落磐、落石或側壁崩塌等對勞工之危害，應設置
支撐或清除浮石等。

第二三七條

雇主對於自高度在三公尺以上之場所投下物體有危害勞工之虞
時，應設置適當之滑槽、承受設備，並指派監視人員。

第二三八條

雇主對於工作場所有物體飛落之虞者，應設置防止物體飛落之設
備，並供給安全帽等防護具，使勞工戴用。

第十章　電氣危害之防止

第一節　電氣設備及線路

第二三九條

雇主使用之電氣器材及電線等，應符合國家標準規格。

第二三九條之一

雇主對於使用之電氣設備，應依用戶用電設備裝置規則規定，於非帶電金屬部分施行接地。

第二四〇條

雇主對於高壓或特高壓用開關、避雷器或類似器具等在動作時，會發生電弧之電氣器具，應與木製之壁、天花板等可燃物質保持相當距離。但使用防火材料隔離者，不在此限。

第二四一條

雇主對於電氣機具之帶電部分（電熱器之發熱體部分，電焊機之電極部分等，依其使用目的必須露出之帶電部分除外），如勞工於作業中或通行時，有因接觸（含經由導電體而接觸者，以下同）或接近致發生感電之虞者，應設防止感電之護圍或絕緣被覆。但電氣機具設於配電室、控制室、變電室等被區隔之場所，且禁止電氣作業有關人員以外之人員進入者；或設置於電桿、鐵塔等已隔離之場所，且電氣作業有關人員以外之人員無接近之虞之場所者，不在此限。

第二四二條

雇主對於連接於移動電線之攜帶型電燈，或連接於臨時配線、移動電線之架空懸垂電燈等，為防止觸及燈座帶電部分而引起感電或燈泡破損而引起之危險，應設置合乎下列規定之護罩：

一　燈座露出帶電部分，應為手指不易接觸之構造。

二　應使用不易變形或破損之材料。

第二四三條

雇主為避免漏電而發生感電危害，應依下列狀況，於各該電動機具設備之連接電路上設置適合其規格，具有高敏感度、高速型，能確實動作之防止感電用漏電斷路器：

一　使用對地電壓在一百五十伏特以上移動式或攜帶式電動機具。

二　於含水或被其他導電度高之液體濕潤之潮濕場所、金屬板上或鋼架上等導電性良好場所使用移動式或攜帶式電動機具。

三　於建築或工程作業使用之臨時用電設備。

第二四四條

電動機具合於下列之一者，不適用前條之規定：

一　連接於非接地方式電路（該電動機具電源側電路所設置之絕緣變壓器之二次側電壓在三百伏特以下，且該絕緣變壓器之負荷側電路不可接地者）中使用之電動機具。

二　在絕緣台上使用之電動機具。

三　雙重絕緣構造之電動機具。

第二四五條

雇主對電焊作業使用之焊接柄，應有相當之絕緣耐力及耐熱性。

第二四六條

雇主對勞工於作業中或通行時，有接觸絕緣被覆配線或移動電線或電氣機具、設備之虞者，應有防止絕緣被破壞或老化等致引起感電危害之設施。

第二四七條

雇主對於發電室、變電室、受電室及其類似場所之特高壓電路，其連接狀態應以模擬線或其他方法表示。但連接於特高壓電路之回路數係二回線以下，或特高壓之匯流排係單排者，不在此限。

第二四八條

雇主對於啓斷馬達或其他電氣機具之裝置，應明顯標示其啓斷操作及用途。但如其配置方式或配置位置，已足顯示其操作及用途者，不在此限。

第二四九條

雇主對於良導體機器設備內之檢修工作所用之手提式照明燈，其使用電壓不得超過二十四伏特，且導線須為耐磨損及有良好絕緣，並不得有接頭。

第二五〇條

雇主對勞工於良導體機器設備內之狹小空間，或於鋼架等致有觸及高導電性接地物之虞之場所，作業時所使用之交流電焊機，應有自動電擊防止裝置。但採自動式焊接者，不在此限。

第二五一條

雇主對於易產生非導電性及非燃燒性塵埃之工作場所，其電氣機械器具，應裝於具有防塵效果之箱內，或使用防塵型器具，以免塵垢堆積影響正常散熱，造成用電設備之燒損。

第二五二條

雇主對於有發生靜電致傷害勞工之虞之工作機械及其附屬物件，應就其發生靜電之部分施行接地，使用除電劑、或裝設無引火源之除電裝置等適當設備。

第二五三條

雇主不得於通路上使用臨時配線或移動電線。但經妥為防護而車輛或其他物體通過該配線或移動電線時不致損傷其絕緣被覆者，不在此限。

第二節　停電作業

第二五四條

①雇主對於電路開路後從事該電路、該電路支持物、或接近該電路工作物之敷設、建造、檢查、修理、油漆等作業時，應於確認電路開路後，就該電路採取下列設施：

一　開路之開關於作業中，應上鎖或標示「禁止送電」、「停電

作業中」或設置監視人員監視之。

二　開路後之電路如含有電力電纜、電力電容器等致電路有殘留電荷引起危害之虞，應以安全方法確實放電。

三　開路後之電路藉放電消除殘留電荷後，應以檢電器具檢查，確認其已停電，且為防止該停電電路與其他電路之混觸、或因其他電路之感應、或其他電源之逆送電引起感電之危害，應使用短路接地器具確實短路，並加接地。

四　前款停電作業範圍如為發電或變電設備或開關場之一部分時，應將該停電作業範圍以藍帶或網圍，並懸掛「停電作業區」標誌；有電部分則以紅帶或網圍，並懸掛「有電危險區」標誌，以資警示。

②前項作業終了送電時，應事先確認從事作業之勞工無感電之虞，並於拆除短路接地器具與紅藍帶或網及標誌後為之。

第二五五條

雇主對於高壓或特高壓電路，非用於啟斷負載電流之空斷開關及分段開關（隔離開關），為防止操作錯誤，應設置足以顯示該電路為無負載之指示燈或指示器等，使操作勞工易於識別該電路確無負載。但已設置僅於無負載時方可啟斷之連鎖裝置者，不在此限。

第三節　活線作業及活線接近作業

第二五六條

雇主使勞工於低壓電路從事檢查、修理等活線作業時，應使該作業勞工戴用絕緣用防護具，或使用活線作業用器具或其他類似之器具。

第二五七條

雇主使勞工於接近低壓電路或其支持物從事敷設、檢查、修理、油漆等作業時，應於該電路裝置絕緣用防護裝備。但勞工戴用絕緣用防護具從事作業而無感電之虞者，不在此限。

第二五八條

雇主使勞工從事高壓電路之檢查、修理等活線作業時，應有下列設施之一：

一　使作業勞工戴用絕緣用防護具，並於有接觸或接近該電路部分設置絕緣用防護裝備。

二　使作業勞工使用活線作業用器具。

三　使作業勞工使用活線作業用絕緣工作台及其他裝備，並不得使勞工之身體或其使用中之工具、材料等導電體接觸或接近有使勞工感電之虞之電路或帶電體。

第二五九條

雇主使勞工於接近高壓電路或高壓電路支持物從事敷設、檢查、修理、油漆等作業時，為防止勞工接觸高壓電路引起感電之危險，在距離頭上、身側及腳下六十公分以內之高壓電路者，應在

該電路設置絕緣用防護裝備。但已使該作業勞工戴用絕緣用防護具而無感電之虞者，不在此限。

第二六○條

雇主使勞工於特高壓之充電電路或其支持 子從事檢查、修理、清掃等作業時，應有下列設施之一：

一　使勞工使用活線作業用器具，並對勞工身體或其使用中之金屬工具、材料等導電體，應保持下表所定接近界限距離。

充電電路之使用電壓（千伏特）	接近界限距離（公分）
二二以下	二○
超過二二，三三以下	三○
超過三三，六六以下	五○
超過六六，七七以下	六○
超過七七，一一○以下	九○
超過一一○，一五四以下	一二○
超過一五四，一八七以下	一四○
超過一八七，二二○以下	一六○
超過二二○，三四五以下	二○○
超過三四五	三○○

二　使作業勞工使用活線作業用裝置，並不得使勞工之身體或其使用中之金屬工具、材料等導電體接觸或接近於有使勞工感電之虞之電路或帶電體。

第二六一條

雇主使勞工於接近特高壓電路或特高壓電路支持物從事檢查、修理、油漆、清掃等電氣工程作業時，應有下列設施之一。但接近特高壓電路之支持礙子，不在此限：

一　使勞工使用活線作業用裝置。

二　對勞工身體或其使用中之金屬工具、材料等導電體，保持前條第一款規定之接近界限距離以上，並將接近界限距離標示於易見之場所或設置監視人員從事監視作業。

第二六二條

雇主於勞工從事裝設、拆除或接近電路等之絕緣用防護裝備時，應使勞工戴用絕緣用防護具、或使用活線用器具、或其他類似器具。

第二六三條

雇主對勞工於架空電線或電氣機具電路之接近場所從事工作物之裝設、解體、檢查、修理、油漆等作業及其附屬性作業或使用車輛系營建機械、移動式起重機、高空工作車及其他有關作業時，該作業使用之機械、車輛或勞工於作業中或通行之際，有因接觸或接近該電路引起感電之虞者，雇主除應使勞工與帶電體保持規

定之接近界限距離外，並應設置護圍、或於該電路四周裝置絕緣用防護裝備等設備或採取移開該電路之措施。但採取前述設施顯有困難者，應置監視人員監視之。

第四節　管理

第二六四條

①雇主對於裝有電力設備之工廠、供公眾使用之建築物及受電電壓屬高壓以上之用電場所，應依下列規定置專任電氣技術人員，或另委託用電設備檢驗維護業，負責維護與電業供電設備分界點以內一般及緊急電力設備之用電安全：

一　低壓：六百伏特以下供電，且契約容量達五十瓩以上之工廠或供公眾使用之建築物，應置初級電氣技術人員。

二　高壓：超過六百伏特至二萬二千八百伏特供電之用電場所，應置中級電氣技術人員。

三　特高壓：超過二萬二千八百伏特供電之用電場所，應置高級電氣技術人員。

②前項專任電氣技術人員之資格，依用電場所專任電氣技術人員管理規則規定辦理。

第二六五條

雇主對於高壓以上之停電作業、活線作業及活線接近作業，應將作業期間、作業內容、作業之電路及接近於此電路之其他電路系統，告知作業之勞工，並應指定監督人員負責指揮。

第二六六條

雇主對於發電室、變電室或受電室等場所應有適當之照明設備，以便於監視及確保操作之正確安全。

第二六七條

雇主對裝有特高壓用器具及電線之配電盤前面，應設置供操作者用之絕緣台。

第二六八條

雇主對於六百伏特以下之電氣設備前方，至少應有八十公分以上之水平工作空間。但於低壓帶電體前方，可能有檢修、調整、維護之活線作業時，不得低於下表規定：

對地電壓（伏特）	最小工作空間（公分）		
	工作環境		
	甲	乙	丙
〇至一五〇	九〇	九〇	九〇
一五一至六〇〇	九〇	一〇五	一二〇

第二六九條

雇主對於六百伏特以上之電氣設備，如配電盤、控制盤、開關、斷路器、電動機操作器、電驛及其他類似設備之前方工作空間，不得低於下表規定：

對地電壓（伏特）	最小工作空間（公分）		
	工作環境		
	甲	乙	丙
六〇一至二五〇〇	九〇	一二〇	一五〇
二五〇一至九〇〇〇	一二〇	一五〇	一八〇
九〇〇一至二五〇〇〇	一五〇	一八〇	二七〇
二五〇〇一至七五〇〇〇	一八〇	二四〇	三〇〇
七五〇〇一以上	二四〇	三〇〇	三六〇

第二七〇條

①前兩條表中所指之「工作環境」，其類型及意義如下：

一　工作環境甲：水平工作空間一邊有露出帶電部分，另一邊無露出帶電部分或亦無露出接地部分者，或兩邊為以合適之木材或絕緣材料隔離之露出帶電部分者。

二　工作環境乙：水平工作空間一邊為露出帶電部分，另一邊為接地部分者。

三　工作環境丙：操作人員所在之水平工作空間，其兩邊皆為露出帶電部分且無隔離之防護者。

②前兩條電氣設備為露出者，其工作空間之水平距離，應自帶電部分算起；如屬封閉型設備，應自封閉體前端或開口算起。

第二七一條

雇主對於配電盤後面如裝設有高壓器具或電線時，應設適當之通路。

第二七二條

雇主對於絕緣用防護裝備、防護具、活線作業用工具等，應每六個月檢驗其性能一次，工作人員應於每次使用前自行檢點，不合格者應予更換。

第二七三條

雇主對於開關操作棒，須保持清潔、乾燥及符合國家標準CNS 6654同等以上規定之高度絕緣。

第二七四條

雇主對於電氣技術人員或其他電氣負責人員，除應責成其依電氣有關法規規定辦理，並應責成其工作遵守下列事項：

一　隨時檢修電氣設備，遇有電氣火災或重大電氣故障時，應切斷電源，並即聯絡當地供電機構處理。

二　電線、直線、分歧接頭及電線與器具間接頭，應確實接牢。

三　拆除或接裝保險絲以前，應先切斷電源。

四　以操作棒操作高壓開關，應使用橡皮手套。

五　熟悉發電室、變電室、受電室等其工作範圍內之各項電氣設備操作方法及操作順序。

第二七五條

雇主對於電氣設備，平時應注意下列事項：

一　發電室、變電室、或受電室內之電路附近，不得堆放任何與電路無關之物件或放置床、舖、衣架等。

二　與電路無關之任何物件，不得懸掛或放置於電線或電氣器具。

三　不得使用未知或不明規格之工業用電氣器具。

四　電動機械之操作開關，不得設置於工作人員須跨越操作之位置。

五　防止工作人員感電之圍柵、屏障等設備，如發現有損壞，應即修補。

第二七六條

雇主為防止電氣災害，應依下列規定辦理：

一　對於工廠、供公眾使用之建築物及受電電壓屬高壓以上之用電場所，電力設備之裝設及維護保養，非合格之電氣技術人員不得擔任。

二　為調整電動機械而停電，其開關切斷後，須立即上鎖或掛牌標示並簽章。復電時，應由原掛簽人取下鎖或掛牌後，始可復電，以確保安全。但原掛簽人因故無法執行職務者，雇主應指派適當職務代理人，處理復電、安全控管及聯繫等相關事宜。

三　發電室、變電室或受電室，非工作人員不得任意進入。

四　不得以肩負方式攜帶竹梯、鐵管或塑膠管等過長物體，接近或通過電氣設備。

五　開關之開閉動作應確實，有鎖扣設備者，應於操作後加鎖。

六　拔卸電氣插頭時，應確實自插頭處拉出。

七　切斷開關應迅速確實。

八　不得以濕手或濕操作棒操作開關。

九　非職權範圍，不得擅自操作各項設備。

十　遇電氣設備或電路著火者，應使用不導電之滅火設備。

十一　對於廣告、招牌或其他工作物拆掛作業，應先確認從事作業無感電之虞，始得施行。

十二　對於電氣設備及線路之敷設、建造、掃除、檢查、修理或調整等有導致感電之虞者，應停止送電，並為防止他人誤送電，應掛上鎖或設置標示等措施。但採用活線作業及活線接近作業，符合第二百五十六條至第二百六十三條規定者，不在此限。

第十一章　防護具

第二七七條

雇主供給勞工使用之個人防護具或防護器具，應依下列規定辦理：

一 保持清潔，並予必要之消毒。

二 經常檢查，保持其性能，不用時並妥為保存。

三 防護具或防護器具應準備足夠使用之數量，個人使用之防護具應置備與作業勞工人數相同或以上之數量，並以個人專用為原則。

四 對勞工有感染疾病之虞時，應置備個人專用防護器具，或作預防感染疾病之措施。

第二七七條之一

①雇主使勞工使用呼吸防護具時，應指派專人採取下列呼吸防護措施，作成執行紀錄，並留存三年：

一 危害辨識及暴露評估。

二 防護具之選擇。

三 防護具之使用。

四 防護具之維護及管理。

五 呼吸防護教育訓練。

六 成效評估及改善。

②前項呼吸防護措施，事業單位勞工人數達二百人以上者，雇主應依中央主管機關公告之相關指引，訂定呼吸防護計畫，並據以執行；於勞工人數未滿二百人者，得以執行紀錄或文件代替。

第二七八條

雇主對於搬運、置放、使用有刺角物、凸出物、腐蝕性物質、毒性物質或劇毒物質時，應置備適當之手套、圍裙、裏腿、安全鞋、安全帽、防護眼鏡、防毒口罩、安全面罩等並使勞工確實使用。

第二七九條

雇主對於勞工操作或接近運轉中之原動機、動力傳動裝置、動力滾捲裝置，或動力運轉之機械，勞工之頭髮或衣服有被捲入危險之虞時，應使勞工確實著用適當之衣帽。

第二八○條

雇主對於作業中有物體飛落或飛散，致危害勞工之虞時，應使勞工確實使用安全帽及其他必要之防護設施。

第二八○條之一

雇主使勞工於有車輛出入或往來之工作場所作業時，有導致勞工遭受交通事故之虞者，除應明顯設置警戒標示外，並應置備反光背心等防護衣，使勞工確實使用。

第二八一條

①雇主對於在高度二公尺以上之高處作業，勞工有墜落之虞者，應使勞工確實使用安全帶、安全帽及其他必要之防護具，但經雇主採安全網等措施者，不在此限。

②前項安全帶之使用，應視作業特性，依國家標準規定選用適當型式，對於鋼構懸臂突出物、斜籬、二公尺以上未設護籠等保護裝置之垂直固定梯、局限空間、屋頂或施工架組拆、工作台組拆、

管線維修作業等高處或傾斜面移動，應採用符合國家標準CNS 14253-1同等以上規定之全身背負式安全帶及捲揚式防墜器。

第二八二條

雇主對於從事地面下或隧道工程等作業，有物體飛落、有害物中毒、或缺氧危害之虞者；應使勞工確實使用安全帽，必要時應置備空氣呼吸器、氧氣呼吸器、防毒面具、防塵面具等防護器材。

第二八三條

雇主為防止勞工暴露於強烈噪音之工作場所，應置備耳塞、耳罩等防護具，並使勞工確實戴用。

第二八四條

①雇主對於勞工以電焊、氣焊從事熔接、熔斷等作業時，應置備安全面罩、防護眼鏡及防護手套等，並使勞工確實戴用。

②雇主對前項電焊熔接、熔斷作業產生電弧，而有散發強烈非游離輻射線致危害勞工之虞之場所，應予適當隔離。但工作場所採隔離措施顯有困難者，不在此限。

第二八五條

雇主對於熔礦爐、熔鐵爐、玻璃熔解爐、或其他高溫操作場所，為防止爆炸或高熱物飛出，應有適當防護裝置及置備適當之防護具外，並使勞工確實使用。

第二八六條

雇主應依工作場所之危害性，設置必要之職業災害搶救器材。

第二八六條之一

雇主對於勞工從事水下作業，應視作業危害性，使勞工配置必要之呼吸用具、潛水、緊急救生及連絡通訊等設備。

第二八六條之二

雇主使勞工於經地方政府因天然災害宣布停止上班期間從事外勤作業，有危害勞工之虞者，應視作業危害性，置備適當救生衣、安全帽、連絡通訊設備與其他必要之安全防護設施及交通工具。

第二八六條之三 111

①雇主對於使用機車、自行車等交通工具從事外送作業，應置備安全帽、反光標示、高低氣溫危害預防、緊急用連絡通訊等合理及必要之安全衛生防護設施，並使勞工確實使用。

②事業單位從事外送作業勞工人數在三十人以上，雇主應依中央主管機關發布之相關指引，訂定外送作業危害防止計畫，並據以執行；於勞工人數未滿三十人者，得以執行紀錄或文件代替。

③前項所定執行紀錄或文件，應留存三年。

第二八七條

雇主對於勞工有暴露於高溫、低溫、非游離輻射線、生物病原體、有害氣體、蒸氣、粉塵或其他有害物之虞者，應置備安全衛生防護具，如安全面罩、防塵口罩、防毒面具、防護眼鏡、防護衣等適當之防護具，並使勞工確實使用。

第二八七條之一

①雇主使勞工使用輸氣管面罩呼吸防護具時，應確保其供氣及性能維持正常運作，以避免使用純氧供氣。

②前項情形使用空氣壓縮機供氣者，其與面罩連結之輸氣管線及接頭，應明顯標示其種類及用途；相鄰管線之接頭，應以不同規格予以區隔。

第二八八條

雇主對於勞工在作業中使用之物質，有因接觸而傷害皮膚、感染、或經由皮膚滲透吸收而發生中毒等之虞時，應置備不浸透性防護衣、防護手套、防護靴、防護鞋等適當防護具，或提供必要之塗敷用防護膏，並使勞工使用。

第二八九條

雇主對於從事輸送腐蝕性物質之勞工，為防止腐蝕性物質之飛濺、漏洩或溢流致危害勞工，應使勞工使用適當之防護具。

第二九〇條

雇主對於從事電氣工作之勞工，應使其使用電工安全帽、絕緣防護具及其他必要之防護器具。

第二九一條 （刪除）

第十二章 衛 生

第一節 有害作業環境

第二九二條

雇主對於有害氣體、蒸氣、粉塵等作業場所，應依下列規定辦理：

一 工作場所內發散有害氣體、蒸氣、粉塵時，應視其性質，採取密閉設備、局部排氣裝置、整體換氣裝置或以其他方法導入新鮮空氣等適當措施，使其不超過勞工作業場所容許暴露標準之規定。勞工有發生中毒之虞者，應停止作業並採取緊急措施。

二 勞工暴露於有害氣體、蒸氣、粉塵等之作業時，其空氣中濃度超過八小時日時量平均容許濃度、短時間時量平均容許濃度或最高容許濃度者，應改善其作業方法、縮短工作時間或採取其他保護措施。

三 有害物工作場所，應依有機溶劑、鉛、四烷基鉛、粉塵及特定化學物質等有害物危害預防法規之規定，設置通風設備，並使其有效運轉。

第二九三條

①雇主為防止含有有害物之廢氣、廢液、殘渣等廢棄物危害勞工，應採取必要防護措施，排出廢棄之。

②前項廢棄物之排放標準，應依環境保護有關法令規定辦理。

第二九四條

雇主使勞工使用有害物從事作業前，應確認所使用物質之危害

性，採取預防危害之必要措施。

第二九五條

①雇主對於勞工在坑內、深井、沉箱、儲槽、隧道、船艙或其他自然換氣不充分之場所工作，應依缺氧症預防規則，採取必要措施。

②前項工作場所，不得使用具有內燃機之機械，以免排出之廢氣害勞工。但另設有效之換氣設施者不在此限。

第二九五條之一

雇主使勞工從事畜牧、動物養殖、農作物耕作、採收、園藝、綠化服務、田野調查、量測或其他易與動、植物接觸之作業，有造成勞工傷害或感染之虞者，應採取危害預防或隔離設施、提供適當之防衛裝備或個人防護器具。

第二九六條

①雇主對於受生物病原體污染之物品，應予以消毒、殺菌等適當處理，以避免勞工感染疾病。

②前項處理受生物病原體污染之廢棄物時，應採用機械器具處理或提供適當防護具。

第二九七條

①雇主對於有害物、生物病原體或受其污染之物品，應妥為儲存，並加警告標示。

②為避免發生污染物品洩漏或遭尖銳物品穿刺，前項生物病原體或受其污染物品，應使用防止洩漏或不易穿透材質之容器盛裝儲存，且其盛裝材料應有足夠強度。

第二九七條之一

①雇主對於工作場所有生物病原體危害之虞者，應採取下列感染預防措施：

一　危害暴露範圍之確認。

二　相關機械、設備、器具等之管理及檢點。

三　警告傳達及標示。

四　健康管理。

五　感染預防作業標準。

六　感染預防教育訓練。

七　扎傷事故之防治。

八　個人防護具之採購、管理及配戴演練。

九　緊急應變。

十　感染事故之報告、調查、評估、統計、追蹤、隱私權維護及紀錄。

十一　感染預防之績效檢討及修正。

十二　其他經中央主管機關指定者。

②前項預防措施於醫療保健服務業，應增列勞工工作前預防感染之預防注射等事項。

③前二項之預防措施，應依作業環境特性，訂定實施計畫及將執行

紀錄留存三年，於僱用勞工人數在三十人以下之事業單位，得以執行紀錄或文件代替。

第二九七條之二 111

僱主對於作業中遭生物病原體污染之針具或尖銳物品扎傷之勞工，應建立扎傷感染災害調查制度及採取下列措施：

一 指定專責單位或專人負責接受報告、調查、處理、追蹤及紀錄等事實，相關紀錄應留存三年。

二 調查扎傷勞工之針具或尖銳物品之危害性及感染源。但感染源之調查需進行個案之血液檢查者，應經當事人同意後始得為之。

三 前款調查結果勞工有感染之虞者，應使勞工接受特定項目之健康檢查，並依醫師建議，採取對扎傷勞工採血檢驗與保存、預防性投藥及其他必要之防治措施。

第二九八條

僱主對於處理有害物、或勞工暴露於強烈噪音、振動、超音波及紅外線、紫外線、微波、雷射、射頻波等非游離輻射或因生物病原體污染之有害作業場所，應去除危害因素，採取使用代替物、改善作業方法或工程控制等有效之設施。

第二九九條

①僱主應於明顯易見之處所設置警告標示牌，並禁止非與從事作業有關之人員進入下列工作場所：

一 處置大量高熱物體或顯著濕熱之場所。

二 處置大量低溫物體或顯著寒冷之場所。

三 具有強烈微波、射頻波或雷射等非游離輻射之場所。

四 氧氣濃度未達百分之十八之場所。

五 有害物超過勞工作業場所容許暴露標準之場所。

六 處置特殊有害物之場所。

七 遭受生物病原體顯著污染之場所。

②前項禁止進入之規定，對於緊急時並使用有效防護具之有關人員不適用之。

第三○○條

僱主對於發生噪音之工作場所，應依下列規定辦理：

一 勞工工作場所因機械設備所發生之聲音超過九十分貝時，僱主應採取工程控制、減少勞工噪音暴露時間，使勞工噪音暴露工作日八小時日時量平均不超過㈠表列之規定值或相當之劑量值，且任何時間不得暴露於峰值超過一百四十分貝之衝擊性噪音或一百十五分貝之連續性噪音；對於勞工八小時日時量平均音壓級超過八十五分貝或暴露劑量超過百分之五十時，僱主應使勞工戴用有效之耳塞、耳罩等防音防護具。

㈠勞工暴露之噪音音壓級及其工作日容許暴露時間如下列對照表：

工作日容許暴露時間 （小時）	A權噪音音壓級 （dBA）
八	九十
六	九十二
四	九十五
三	九十七
二	一百
一	一百零五
二分之一	一百一十
四分之一	一百一十五

(二)勞工工作日暴露於二種以上之連續性或間歇性音壓級之噪音時，其暴露劑量之計算方法爲：

（第一種噪音音壓級之暴露時間÷該噪音音壓級對應容許暴露時間）＋（第二種噪音音壓級之暴露時間÷該噪音音壓級對應容許暴露時間）＋……≧１，其和大於一時，即屬超出容許暴露劑量。

(三)測定勞工八小時日時量平均音壓級時，應將八十分貝以上之噪音以增加五分貝降低容許暴露時間一半之方式納入計算。

二　工作場所之傳動馬達、球磨機、空氣鑽等產生強烈噪音之機械，應予以適當隔離，並與一般工作場所分開爲原則。

三　發生強烈振動及噪音之機械應採消音、密閉、振動隔離或使用緩衝阻尼、慣性塊、吸音材料等，以降低噪音之發生。

四　噪音超過九十分貝之工作場所，應標示並公告噪音危害之預防事項，使勞工周知。

第三○○條之一

①雇主對於勞工八小時日時量平均音壓級超過八十五分貝或暴露劑量超過百分之五十之工作場所，應採取下列聽力保護措施，作成執行紀錄並留存三年：

一　噪音監測及暴露評估。

二　噪音危害控制。

三　防音防護具之選用及佩戴。

四　聽力保護教育訓練。

五　健康檢查及管理。

六　成效評估及改善。

②前項聽力保護措施，事業單位勞工人數達一百人以上者，雇主應依作業環境特性，訂定聽力保護計畫據以執行；於勞工人數未滿一百人者，得以執行紀錄或文件代替。

第三○一條

雇主僱用勞工從事振動作業，應使勞工每天全身振動暴露時間不

超過下列各款之規定：

一　垂直振動三分之一八音度頻帶中心頻率（單位為赫、Hz）之加速度（單位為每平方秒公尺、m/s²），不得超過表一規定之容許時間。

二　水平振動三分之一八音度頻帶中心頻率之加速度，不得超過表二規定之容許時間。

第三〇二條

雇主僱用勞工從事局部振動作業，應使勞工使用防振把手等之防振設備外，並應使勞工每日振動暴露時間不超過下表規定之時間：

每日容許暴露時間	水平及垂直各方向局部振動最大加速度值公尺／平方秒（m/s²）
四小時以上，未滿八小時	四
二小時以上，未滿四小時	六
一小時以上，未滿二小時	八
未滿一小時	十二

第二節　溫度及濕度

第三〇三條

雇主對於顯著濕熱、寒冷之室內作業場所，對勞工健康有危害之虞者，應設置冷氣、暖氣或採取通風等適當之空氣調節設施。

第三〇三條之一　113

雇主使勞工從事戶外作業，其熱危害風險等級達表三熱指數對照表第四級以上者，應依下列規定辦理。但勞工作業時間短暫或現場設置確有困難，且已採取第三百二十四條之六所定熱危害預防措施者，不在此限：

一　於作業場所設置遮陽設施，並提供風扇、水霧或其他具降低作業環境溫度效果之設備。

二　於鄰近作業場所設置遮陽及具有冷氣、風扇或自然通風良好等具降溫效果之休息場所，並提供充足飲水或適當飲料。

第三〇四條

雇主於室內作業場所設置有發散大量熱源之熔融爐、爐灶時，應設置局部排氣或整體換氣裝置，將熱空氣直接排出室外，或採取隔離、屏障或其他防止勞工熱危害之適當措施。

第三〇五條

雇主對於已加熱之窯爐，非在適當冷卻後不得使勞工進入其內部從事作業。

第三〇六條

①雇主於作業上必須實施人工濕潤時，應使用清潔之水源噴霧，並避免噴霧器及其過濾裝置受細菌及其他化學物質之污染。

②人工濕潤工作場所濕球溫度超過攝氏二十七度，或濕球與乾球溫

度相差攝氏一‧四度以下時，應立即停止人工濕潤。

第三〇七條

對中央空調系統採用噴霧處理時，噴霧器及其過濾裝置，應避免受細菌及其他化學物質之污染。

第三〇八條

雇主對坑內之溫度，應保持在攝氏三十七度以下；溫度在攝氏三十七度以上時，應使勞工停止作業。但已採取防止高溫危害人體之措施、從事救護或防止危害之搶救作業者，不在此限。

第三節　通風及換氣

第三〇九條

雇主對於勞工經常作業之室內作業場所，除設備及自地面算起高度超過四公尺以上之空間不計外，每一勞工原則上應有十立方公尺以上之空間。

第三一〇條

雇主對坑內或儲槽內部作業，應設置適當之機械通風設備。但坑內作業場所以自然換氣能充分供應必要之空氣量者，不在此限。

第三一一條

① 雇主對於勞工經常作業之室內作業場所，其窗戶及其他開口部分等可直接與大氣相通之開口部分面積，應爲地板面積之二十分之一以上。但設置具有充分換氣能力之機械通風設備者，不在此限。

② 雇主對於前項室內作業場所之氣溫在攝氏十度以下換氣時，不得使勞工暴露於每秒一公尺以上之氣流中。

第三一二條

雇主對於勞工工作場所應使空氣充分流通，必要時，應依下列規定以機械通風設備換氣：

一　應足以調節新鮮空氣、溫度及降低有害物濃度。

二　其換氣標準如下：

工作場所每一勞工所佔立方公尺數	每分鐘每一勞工所需之新鮮空氣之立方公尺數
未滿五‧七	〇‧六以上
五‧七以上未滿十四‧二	〇‧四以上
十四‧二以上未滿二八‧三	〇‧三以上
二八‧三以上	〇‧一四以上

第四節　採光及照明

第三一三條

雇主對於勞工工作場所之採光照明，應依下列規定辦理：

一　各工作場所須有充分之光線。但處理感光材料、坑內及其他特殊作業之工作場所不在此限。

二　光線應分佈均勻，明暗比並應適當。

三　應避免光線之刺目、眩耀現象。

四　各工作場所之窗面面積比率不得小於室內地面面積十分之一。但採用人工照明，照度符合第六款規定者，不在此限。

五　採光以自然採光為原則，但必要時得使用窗簾或遮光物。

六　作業場所面積過大、夜間或氣候因素自然採光不足時，可用人工照明，依下表規定予以補足：

照度表		照明種類
場所或作業別	照明米燭光數	場所別採全面照明，作業別採局部照明
室外走道、及室外一般照明	二〇米燭光以上	全面照明
一、走道、樓梯、倉庫、儲藏室堆置粗大物件處所。 二、搬運粗大物件，如煤炭、泥土等。	五〇米燭光以上	一、全面照明 二、全面照明
一、機械及鍋爐房、升降機、裝箱、精細物件儲藏室、更衣室、盥洗室、廁所等。 二、須粗辨物體如半完成之鋼鐵產品、配件組合、磨粉、粗紡棉布極其他初步整理之工業製造。	一〇〇米燭光以上	一、全面照明 二、局部照明
須細辨物體如零件組合、粗車床工作、普通檢查及產品試驗、淺色紡織及皮革品、製罐、防腐、肉類包裝、木材處理等。	二〇〇米燭光以上	局部照明
一、須精辨物體如細車床、較詳細檢查及精密試驗、分別等級、織布、淺色毛織等。 二、一般辦公場所。	三〇〇米燭光以上	一、局部照明 二、全面照明
須極細辨物體，而有較佳之對襯，如精密組合、精細車床、精細檢查、玻璃磨光、精細木工、深色毛織等。	五〇〇至一〇〇〇米燭光以上	局部照明
須極精細物體而對襯不良，如極精細儀器組合、檢查、試驗、鐘錶珠寶之鑲製、菸葉分級、印刷品校對、深色織品、縫製等。	一〇〇〇米燭光以上	局部照明

七　燈盞裝置應採用玻璃燈罩及日光燈為原則，燈泡須完全包蔽於玻璃罩中。

八　窗面及照明器具之透光部分，均須保持清潔。

第三一四條

雇主對於下列場所之照明設備，應保持其適當照明，遇有損壞，應即修復：

一　階梯、升降機及出入口。

二　電氣機械器具操作部分。

三　高壓電氣、配電盤處。

四　高度二公尺以上之勞工作業場所。

五　堆積或拆卸作業場所。

六　修護鋼軌或行於軌道上之車輛更換，連接作業場所。

七　其他易因光線不足引起勞工災害之場所。

第五節　清　潔

第三一五條

雇主對於勞工工作場所，應經常保持清潔，並防止鼠類、蚊蟲及其他病媒等對勞工健康之危害。

第三一六條

雇主對於勞工工作場所之底板、周圍牆壁、容器等有被生物病原體污染之虞者，應予適當消毒。

第三一七條

① 雇主對於受有害物或具有惡臭物污染之場所，應予適當之清洗。

② 前項工作場所之地板及周圍牆壁，應採用排水良好之適當構造，或使用不浸透性材料塗布。

第三一八條

① 雇主對於勞工從事其身體或衣著有被污染之虞之特殊作業時，應置備該勞工洗眼、洗澡、漱口、更衣、洗滌等設備。

② 前項設備，應依下列規定設置：

一　刺激物、腐蝕性物質或毒性物質污染之工作場所，每十五人應設置一個冷熱水沖淋設備。

二　刺激物、腐蝕性物質或毒性物質污染之工作場所，每五人應設置一個冷熱水盥洗設備。

第三一九條

雇主應依下列各款規定設置廁所及盥洗設備，但坑內等特殊作業場所置有適當數目之便器者，不在此限：

一　男女廁所以分別設置為原則，並予以明顯標示。

二　男用廁所之大便器數目，以同時作業男工每二十五人以內設置一個以上為原則，最少不得低於六十人一個。

三　男用廁所之小便器數目，應以同時作業男工每十五人以內設置一個以上為原則，最少不得低於三十人一個。

四　女用廁所之大便器數目，應以同時作業女工每十五人以內設

②前項暴力預防措施，事業單位勞工人數達一百人以上者，雇主應依勞工執行職務之風險特性，參照中央主管機關公告之相關指引，訂定執行職務遭受不法侵害預防計畫，並據以執行；於勞工人數未達一百人者，得以執行紀錄或文件代替。

第三二四條之四

雇主對於具有顯著之濕熱、寒冷、多濕暨發散有害氣體、蒸氣、粉塵及其他有害勞工健康之工作場所，應於各該工作場所外，設置供勞工休息、飲食等設備。但坑內等特殊作業場所設置有困難者，不在此限。

第三二四條之五

雇主對於連續站立作業之勞工，應設置適當之坐具，以供休息時使用。

第三二四條之六

雇主使勞工從事戶外作業，為防範環境引起之熱疾病，應視天候狀況採取下列危害預防措施：

一　降低作業場所之溫度。
二　提供陰涼之休息場所。
三　提供適當之飲料或食鹽水。
四　調整作業時間。
五　增加作業場所巡視之頻率。
六　實施健康管理及適當安排工作。
七　採取勞工熱適應相關措施。
八　留意勞工作業前及作業中之健康狀況。
九　實施勞工熱疾病預防相關教育宣導。
十　建立緊急醫療、通報及應變處理機制。

第三二四條之七 111

雇主使勞工從事外送作業，應評估交通、天候狀況、送達件數、時間及地點等因素，並採取適當措施，合理分派工作，避免造成勞工身心健康危害。

第十三章　附　則

第三二五條

各業特殊環境安全衛生設施標準及特殊危險、有害作業場所安全衛生設施標準，中央主管機關依其性質另行規定之。

第三二五條之一 111

事業單位交付無僱傭關係之個人親自履行外送作業者，外送作業危害預防及身心健康保護措施準用第二百八十六條之三及第三百二十四條之七之規定。

第三二六條

本規則規定之一切有關安全衛生設施，雇主應切實辦理，並應經常注意維修與保養。如發現有異常時，應即補修或採其他必要措施。如有臨時拆除或使其暫時喪失效能之必要時，應顧及勞工身

體及作業狀況，使其暫停工作或採其他必要措施，於其原因消除後，應即恢復原狀。

第三二六條之一

① 自營作業者，準用本規則有關雇主義務之規定。

② 受工作場所負責人指揮或監督從事勞動之人員，比照該事業單位之勞工，適用本規則之規定。

第三二六條之二至第三二六條之九 （刪除）

第三二七條

雇主應規定勞工遵守下列事項，以維護依本規則規定設置之安全衛生設備：

一 不得任意拆卸或使其失去效能。

二 發現被拆卸或喪失效能時，應即報告雇主或主管人員。

第三二八條 113

① 本規則自發布日施行。

② 本規則中華民國一百零三年七月一日修正發布之條文，自一百零三年七月三日施行；一百零八年四月三十日修正發布之第二百七十七條之一，自一百零九年一月一日施行；一百十一年八月十二日修正發布之第一百二十八條之九，自一百十三年一月一日施行；一百十三年八月一日修正發布之第二百二十七條之一，自一百十四年一月一日施行。

機械設備器具安全標準

①民國81年7月27日行政院勞工委員會令訂定發布全文86條。

②民國90年9月12日行政院勞工委員會令修正發布第1、4、8、19、45、49、59條條文。

③民國93年7月30日行政院勞工委員會令修正發布第1、2、8、22、23、32、45、59條條文及第二、五、六章章名；並刪除第3～7條條文。

④民國98年5月13日行政院勞工委員會令修正發布名稱及全文121條；除第110、111條自100年7月1日施行外，餘自發布日施行（原名稱：機械器具防護標準）。

⑤民國103年6月26日勞動部令修正發布名稱及第1、2、4、6、8～12、21、79、94、111、112、120、121條條文；增訂第12-1～12-4、14-1、18-1、120-1條條文；並自103年7月3日施行（原名稱：機械器具安全防護標準）。

⑥民國103年12月22日勞動部令修正發布第1、6、23、85、121條條文及第二章第四、五節節名；增訂第11-1條條文；並自104年1月1日施行。

⑦民國105年8月5日勞動部令修正發布第15、25、56、57、59、68、69、87、89、90、106、110、111、121條條文及第94條附表二十五、第96條附表二十六；並自發布日施行。

⑧民國107年10月12日勞動部令修正發布第2、82、84、121條條文及第七章章名；增訂第111-1條條文；並自發布日施行。

⑨民國111年5月11日勞動部令修正發布第22～25、38、40、48、49、52、59、73、89、92、95、114、116、119、121條條文及第94條附表二十五之一、第97條附圖六；除第22、38條自發布後一年施行外，自發布日施行。

第一章　總　則

第一條

本標準依職業安全衛生法（以下簡稱本法）第六條第三項、第七條第二項及第八條第五項規定訂定之。

第二條

①本標準適用之機械、設備或器具如下：

一　本法施行細則第十二條規定者。

二　中央主管機關依本法第八條第一項規定公告者。

②前項機械、設備或器具之構造、性能及安全防護，不得低於本標準之規定。

第三條

本標準用詞，定義如下：

一　快速停止機構：指衝剪機械檢出危險或異常時，能自動停止滑塊、刀具或撞錘（以下簡稱滑塊等）動作之機構。

二　緊急停止裝置：指衝剪機械發生危險或異常時，以人爲操作
　　而使滑塊等動作緊急停止之裝置。
三　可動式接觸預防裝置：指手推刨床之覆蓋可隨加工材之進給
　　而自動開閉之刃部接觸預防裝置。

第二章　動力衝剪機械

第一節　安全護圍

第四條

①以動力驅動之衝壓機械及剪斷機械（以下簡稱衝剪機械），應具
　有安全護圍、安全模、特定用途之專用衝剪機械或自動衝剪機械
　（以下簡稱安全護圍等）。但具有防止滑塊等引起危害之機構
　者，不在此限。

②因作業性質致設置前項安全護圍等有困難者，應至少設有第六條
　所定安全裝置一種以上。

③第一項衝剪機械之原動機、齒輪、轉軸、傳動輪、傳動帶及其他
　構件，有引起危害之虞者，應設置護罩、護圍、套胴、圍柵、護
　網、遮板或其他防止接觸危險點之適當防護物。

第五條

前條安全護圍等，應具有防止身體之一部介入滑塊等動作範圍之
危險界限之性能，並符合下列規定：
一　安全護圍：具有使手指不致通過該護圍或自外側觸及危險界
　　限之構造。
二　安全模：下列各構件間之間隙應在八毫米以下：
　　㈠上死點之上模與下模之間。
　　㈡使用脫料板者，上死點之上模與下模脫料板之間。
　　㈢導柱與軸襯之間。
三　特定用途之專用衝剪機械：具有不致使身體介入危險界限之
　　構造。
四　自動衝剪機械：具有可自動輸送材料、加工及排出成品之構
　　造。

第二節　安全裝置

第六條

①衝剪機械之安全裝置，應具有下列機能之一：
一　連鎖防護式安全裝置：滑塊等在閉合動作中，能使身體之一
　　部無介入危險界限之虞。
二　雙手操作式安全裝置：
　　㈠安全一行程式安全裝置：在手指按下起動按鈕、操作控制
　　　桿或操作其他控制裝置（以下簡稱操作部），脫手後至該
　　　手達到危險界限前，能使滑塊等停止動作。
　　㈡雙手起動式安全裝置：以雙手操作操作部，於滑塊等閉合

動作中，手離開操作部時使手無法達到危險界限。

三　感應式安全裝置：滑塊等在閉合動作中，遇身體之一部接近危險界限時，能使滑塊等停止動作。

四　拉開式或掃除式安全裝置：滑塊等在閉合動作中，遇身體之一部介入危險界限時，能隨滑塊等之動作使其脫離危險界限。

②前項各款之安全裝置，應具有安全機能不易減損及變更之構造。

第七條

衝剪機械之安全裝置，應符合下列規定：

一　具有適應該衝剪機械之種類、衝剪能力、每分鐘行程數、行程長度及作業方法之性能。

二　雙手操作式安全裝置及感應式安全裝置，具有適應各該衝剪機械之停止性能。

第八條

前條第二款所定雙手操作式安全裝置或感應式安全裝置之停止性能，其作動滑塊等之操作部至危險界限間，或其感應域至危險界限間之距離，應分別超過下列計算之值：

一　安全一行程雙手操作式安全裝置：

$$D=1.6（T\ell+Ts）$$

式中

D：安全距離，以毫米表示。

Tℓ：手指離開安全一行程雙手操作式安全裝置之操作部至快速停止機構開始動作之時間，以毫秒表示。

Ts：快速停止機構開始動作至滑塊等停止之時間，以毫秒表示。

二　雙手起動式安全裝置：

$$D=1.6Tm$$

式中

D：安全距離，以毫米表示。

Tm：手指離開操作部至滑塊等抵達下死點之最大時間，以毫秒表示，並以下列公式計算：

Tm＝（1/2＋1÷離合器之嚙合處之數目）×曲柄軸旋轉一周所需時間）

三　光電式安全裝置：

$$D=1.6（T\ell+Ts）+C$$

D：安全距離，以毫米表示。

Tℓ：手指介入光電式安全裝置之感應域至快速停止機構開始動作之時間，以毫秒表示。

Ts：快速停止機構開始動作至滑塊等停止之時間，以毫秒表示。

C：追加距離，以毫米表示，並採下表所列數值：

連續遮光幅：毫米	追加距離C：毫米
30以下	0
超過30，35以下	200
超過35，45以下	300
超過45，50以下	400

第九條

連鎖防護式安全裝置應符合下列規定：

一　除寸動時外，具有防護裝置未閉合前，滑塊等無法閉合動作之構造及於滑塊等閉合動作中，防護裝置無法開啓之構造。

二　滑塊等之動作用極限開關，具有防止身體、材料及其他防護裝置以外物件接觸之措置。

第一〇條

雙手操作式安全裝置應符合下列規定：

一　具有安全一行程式安全裝置。但具有一行程一停止機構之衝剪機械，使用雙手起動式安全裝置者，不在此限。

二　安全一行程式安全裝置在滑塊等閉合動作中，當手離開操作部，有達到危險界限之虞時，具有使滑塊等停止動作之構造。

三　雙手起動式安全裝置在手指自離開該安全裝置之操作部時至該手抵達危險界限前，具有該滑塊等可達下死點之構造。

四　以雙手操控作動滑塊等之操作部，具有其左右手之動作時間差非在零點五秒以內，滑塊等無法動作之構造。

五　具有雙手未離開一行程操作部時，備有無法再起動操作之構造。

六　其一按鈕之外側與其他按鈕之外側，至少距離三百毫米以上。但按鈕設有護蓋、擋板或障礙物等，具有防止以單手及人體其他部位操作之同等安全性能者，其距離得酌減之。

七　按鈕採用按鈕盒安裝者，該按鈕不得凸出按鈕盒表面。

八　按鈕內建於衝剪機械本體者，該按鈕不得凸出衝剪機械表面。

第一一條

感應式安全裝置，應為光電式安全裝置、具起動控制功能之光電式安全裝置、雷射感應式安全裝置或其他具有同等感應性能以上之安全裝置。

第一一條之一

光電式安全裝置之構造及性能，應符合國際標準IEC61496系列或中央主管機關指定與其同等標準之相關規定。

第一二條

光電式安全裝置應符合下列規定：

一　衝剪機械之光電式安全裝置，應具有身體之一部將光線遮斷時能檢出，並使滑塊等停止動作之構造。

二　衝壓機械之光電式安全裝置，其投光器及受光器須有在滑塊

等動作中防止危險之必要長度範圍有效作動，且須能跨越在滑塊等調節量及行程長度之合計長度（以下簡稱防護高度）。

三 投光器及受光器之光軸數須具二個以上，且將遮光棒放在前款之防護高度範圍內之任意位置時，檢出機構能感應遮光棒之最小直徑（以下簡稱連續遮光幅）在五十毫米以下。但具啟動控制功能之光電式安全裝置，其連續遮光幅為三十毫米以下。

四 剪斷機械之光電式安全裝置，其投光器及受光器之光軸，從剪斷機械之桌面起算之高度，應為該光軸所含鉛直面和危險界限之水平距離之零點六七倍以下。但其值超過一百八十毫米時，視為一百八十毫米。

五 前款之投光器及受光器，其光軸所含鉛直面與危險界限之水平距離超過二百七十毫米時，該光軸及刀具間須設有一個以上之光軸。

六 衝剪機械之光電式安全裝置之構造，自投光器照射之光線，僅能達到其對應之受光器或反射器，且受光器不受其對應之投光器或反射器以外之其他光線感應。但具有感應其他光線時亦不影響滑塊等之停止動作之構造者，不在此限。

第一二條之一

具有光電式安全裝置之衝剪機械，其檢出機構之光軸與台盤前端之距離，有足使身體之一部侵入之虞者，應設置防止侵入之安全圍柵或中間光軸等設施。

第一二條之二

置有材料送給裝置之衝壓機械，安裝之光電式安全裝置，其投光器及受光器符合下列各款規定者，得具使該送料裝置之檢知機能無效化之構造，不受第十二條第二款規定之限制：

一 檢知機能無效化之切換，須使用鑰匙或軟體等其他方式，且設定於每一光軸。

二 送料裝置變更時，具有非再操作前款檢知機能無效化之設定，滑塊等無法動作之構造。

三 使檢知機能無效化之送料裝置拆除時，具有立即恢復投光器及受光器在防止滑塊等作動致生危險所必要長度範圍內有效作動之構造。

第一二條之三

①具起動控制功能之光電式安全裝置，應具有身體之一部將光線遮斷時能檢出，並使滑塊等停止動作之構造。

②衝剪機械使用具起動控制功能之光電式安全裝置者，應符合下列規定：

一 台盤之水平面須距離地面七百五十毫米以上。但台盤面至投光器及受光器下端間設有安全圍柵者，不在此限。

二 台盤深度須在一千毫米以下。

三　衝程在六百毫米以下。但衝剪機械已設安全圍柵等，且投光器及受光器之防護高度在六百毫米以下以者，不在此限。

四　曲軸衝床之過定點停止監視裝置之停止點設定，須在十五度以內。

③具起動控制功能之光電式安全裝置，其投光器及受光器，應具不易拆卸或變更安裝位置之構造。

④使用具起動控制功能之光電式安全裝置，應能防止滑塊等意外動作，且應符合下列規定：

一　具起動控制功能之光電式安全裝置之構造，須使用鑰匙選擇其危險防止之機能。

二　使滑塊等作動前，須具起動準備必要操作之構造。

三　在三十秒內未完成滑塊等作動者，須具重新執行前款所定起動之準備作業之構造。

⑤具起動控制功能之光電式安全裝置準用第八條及第十二條之規定。但第八條所定光電式安全裝置安全距離之追加距離之值，縮減如下表：

連續遮光幅：毫米	追加距離C：毫米
14以下	0
超過14，20以下	80
超過20，30以下	130

第一二條之四

①摺床用雷射感應式安全裝置，應具有下列性能：

一　具有檢出機構，且於身體有被夾之虞時，遇身體之一部將光線遮斷時能檢出，並使滑塊等停止作動之構造。

二　滑塊等在閉合動作中，檢知身體之一部或加工物遮斷光線，或滑塊等到達設定位置仍須使滑塊等繼續動作者，具有能將滑塊等之移動速度降爲每秒十毫米以下（以下簡稱低閉合速度）之構造。

②雷射感應式安全裝置，適用於符合下列規定之摺床：

一　滑塊等在閉合動作時，具有可將滑塊等之速度調至低閉合速度之構造。

二　使滑塊等在低閉合速度動作時，具有非在操作部操控，無法作動滑塊等之構造。

③摺床用雷射感應式安全裝置之檢出機構，應具有下列性能：

一　投光器及受光器須設置在能檢知身體之一部可能受滑塊等夾壓之位置；摺床採滑塊等下降動作者，其檢出機構具有與滑塊等動作連動之構造。

二　滑塊等在閉合動作中，且在低閉合速度時，具有得使檢知機能無效化之構造。

第一三條

拉開式安全裝置應符合下列規定：

一　設有牽引帶者，其牽引量須能調節，且牽引量為盤床深度二分之一以上。

二　牽引帶之材料為合成纖維；其直徑為四毫米以上；已安裝調節配件者，其切斷荷重為一百五十公斤以上。

三　肘節傳送帶之材料為皮革或其他同等材質之材料；且其牽引帶之連接部能耐五十公斤以上之靜荷重。

第一四條

掃除式安全裝置應符合下列規定：

一　具有掃臂長度及振幅能調節之構造。

二　掃臂設置當滑塊等動作中能確保手部安全之防護板。

三　前款防護板之尺寸如下：

　　㈠寬度：在金屬模寬度二分之一以上。但金屬模寬度在二百毫米以下者，其防護板寬度為一百毫米。

　　㈡高度：在行程長度以上。但行程長度超過三百毫米者，其防護板高度為三百毫米。

　　㈢掃臂振幅：在金屬模寬度以上。

四　掃臂及防護板具有與手部或人體其他部位接觸時能緩和衝擊之性能。

第一四條之一

①衝壓機械非符合下列所定規格者，不得設置掃除式安全裝置：

一　構造屬使用確動式離合器者，且操作滑塊等起動之操作部，須用雙手為之。

二　行程長度須在四十毫米以上，且在防護板寬度以下。

三　每分鐘行程數須在一百二十以下。

②衝壓機械採腳踏式快速停止機構者，不得使用掃除式安全裝置。但併用第六條第一款至第三款所定安全裝置之一者，不在此限。

第一五條

衝剪機械之安全裝置，其機械零件、電氣零件、鋼索、切換開關及其他零件，應符合下列規定：

一　本體、連接環、構材、控制桿及其他主要機械零件，具有充分之強度。

二　承受作用力之金屬零配件：

　　㈠材料符合國家標準CNS 3828「機械構造用碳鋼鋼料」規定之S45C規格之鋼材或具有同等以上之機械性能。

　　㈡金屬零配件承受作用力之部分，其表面實施淬火或回火，且其硬度值為洛氏C硬度值四十五以上五十以下。

三　鋼索：

　　㈠符合國家標準CNS 10000「機械控制用鋼纜」規定之規格或具有同等以上之機械性能。

　　㈡滑塊、控制桿及其他類似機件使用之鋼索，須以線夾、夾鉗等緊結具確實安裝。

四　安全裝置使用之螺栓、螺帽等，有因鬆弛致該安全裝置發生誤動作或零配件脫落之虞者，具有防止鬆脫之性能；對絞鏈部所用之銷等，具有防止脫落之性能。

五　繼電器、極限開關及其他主要電氣零件，具有充分之強度及耐久性，以確保安全裝置之機能。

六　具有電氣回路者，設置能顯示該安全裝置之動作、繼電器開閉不良及其他電氣回路故障之指示燈。

七　繼電器、電晶體、電容器、電阻等電氣零件安裝部分，具有防振性能。

八　電氣回路於該安全裝置之繼電器、極限開關等電氣零件故障，或停電時，具有使滑塊等不致發生意外動作之性能。

九　操作用電氣回路之電壓，在一百六十伏特以下。

十　外部電線符合國家標準CNS 6556「600V聚氯乙烯絕緣及被覆輕便電纜」規格或具有同等以上之絕緣效力、耐油性、強度及耐久性。

十一　切換開關：
　　(一)以按鍵切換者，具有使該按鍵分別選取切換位置之裝置。
　　(二)具有確實保持各自切換位置之裝置。
　　(三)於各自切換位置，具有安全裝置狀態之明顯標示。

第三節　機構及裝置

第一六條

衝剪機械具有下列切換開關之一者，在任何切換狀態，均應有符合第四條所定之安全機能：

一　具有連續行程、一行程、安全一行程或寸動行程等之行程切換開關。

二　雙手操作更換為單手操作，或將雙手操作更換為腳踏式操作之操作切換開關。

三　將複數操作台更換為單數操作台之操作台數切換開關。

四　安全裝置之動作置於「開」、「關」用之安全裝置切換開關。

第一七條

衝壓機械之行程切換開關及操作切換開關，應符合下列規定：

一　須以鑰匙進行切換者，鑰匙在任何切換位置均可拔出。但有下列情形之一者，不在此限：
　　(一)衝壓機械在任何切換狀態，具有第六條第一款至第三款所定安全機能之一。
　　(二)切換開關之操作，採密碼設定。
　　(三)切換開關具有其他同等安全管制之功能。

二　能確實保持在各自切換位置。

三　明顯標示所有行程種類及操作方法。

第一八條

衝壓機械應具有一行程一停止機構。

第一八條之一

①伺服衝壓機械使用伺服系統為滑塊等之減速或停止者，其伺服系統之機能故障時，應具有可停止滑塊等作動之制動裝置之構造。

②伺服衝壓機械遇前項之制動發生異常時，滑塊等應停止動作，且具有操控再起動操作亦無法使滑塊等起動之構造。

③伺服衝壓機械使用皮帶或鏈條驅動滑塊等作動者，具有可防止皮帶或鏈條破損引發危險之構造。

第一九條

①衝壓機械應具有快速停止機構。但有下列情形之一者，不在此限：

一　使用確動式離合器。

二　具有不致使身體介入危險界限之構造。

三　具有滑塊等在動作中，能使身體之一部不致介入危險界限之虞之構造。

②衝壓機械應具有在快速停止機構作動後，未再起動操作時，無法使滑塊等動作之構造。

第二○條

①具有快速停止機構之衝壓機械，應備有緊急情況發生時，能由人為操作而使滑塊等立即停止動作之緊急停止裝置。

②衝壓機械應具有在緊急停止裝置作動後，未使滑塊等返回最初起動狀態之位置時，無法使滑塊等動作之構造。

第二一條

衝壓機械緊急停止裝置之操作部，應符合下列規定：

一　紅色之凸出型按鈕或其他簡易操作、可明顯辨識及迅速有效之人為操作裝置。

二　設置於各操作區。

三　有側壁之直壁式衝壓機械及其他類似機型，其台身兩側之最大距離超過一千八百毫米者，分別設置於該側壁之正面及背面處。

第二二條 111

①具有快速停止機構之衝壓機械，應備有寸動機構。

②前項寸動機構，應具有下列可限制滑塊動作構造之一：

一　限制滑塊移動速度，在每秒十毫米以下者。

二　限制每段滑塊移動行程，不得超過六毫米，且未離開操作部時，無法再起動操作者。

③第一項之衝壓機械，具有防止身體介入危險界限之安全裝置者，其寸動機構不受前項之限制。

第二三條 111

①衝壓機械，應具有防止滑塊等意外下降之安全擋塊或固定滑塊之裝置，且備有在使用安全擋塊或固定裝置時，滑塊等無法動作之

連鎖機構。但下列衝壓機械使用安全擋塊或固定裝置有因難者，得使用安全插栓、安全鎖或其他具有同等安全功能之裝置：

一 摺床。

二 摺床以外之機械衝床，其台盤各邊長度未滿一千五百毫米或模高未滿七百毫米。

②前項但書規定之安全插栓及安全鎖，應符合下列規定：

一 安全插栓：配置於衝壓機械之每一操作區。

二 安全鎖：具有能遮斷衝壓機械主電動機電源之性能。

③第一項安全擋塊或滑塊固定裝置，應具有支持滑塊及上模重量之強度。

第二四條 111

①衝剪機械之操作部，應具有下列之構造：

一 防止誤觸致滑塊等非預期起動者。

二 未進行操作，無法使滑塊等動作者。

②前項衝剪機械具模式切換及連續行程者，應具有防止因模式切換操作錯誤致滑塊等動作之機制或構造。

第二五條 111

衝壓機械之電氣系統，應符合下列規定：

一 設置能顯示運轉狀態之指示燈或其他具有同等指示功能之裝置。

二 繼電器、電晶體、電容器、電阻等電氣零件之安裝部分，或控制盤、操作盤與衝壓機械本體之安裝部分，具有防振性能。

三 主電動機之驅動用電氣回路，具有停電後恢復供電時，未重新起動操作，主電動機無法驅動之回路。但具有不致使身體介入危險界限之構造者，不在此限。

四 控制用電氣回路及操作用電氣回路，具有繼電器、極限開關等電氣零件故障、電壓下降或停電時，不致發生滑塊等意外動作之性能。但具有不致使身體介入危險界限之構造者，不在此限。

五 操作用電氣回路之電壓，在一百六十伏特以下。

六 外部電線具有符合國家標準CNS 6556之600V聚氯乙烯絕緣及被覆輕便電纜規定之規格或具有同等以上之絕緣效力、耐油性、強度及耐久性。

七 控制用電氣回路及操作用電氣回路之繼電器、極限開關及其他主要電氣零件，具有充分之強度及耐久性。

第二六條

衝壓機械之機械系統使用之彈簧、螺栓、螺帽、襯套及插銷等，應符合下列規定：

一 彈簧有因破損、脫落而導致滑塊等意外動作之虞者，採用壓縮型彈簧，並採用桿、管等引導之。

二 螺栓、螺帽、襯套或其他零件有因鬆動而導致滑塊等意外動

作或零件脫落之虞者，具有防止鬆脫之性能。

三　插銷有因脫落而導致滑塊等意外動作或零件脫落之虞者，具有防止脫落之性能。

第四節　機械系統

第二七條

機械衝床之離合器，應具有在嚙合狀態而滑塊等停止時，其主電動機無法驅動之構造。但機械衝床具有不致使身體介入危險界限之構造者，不在此限。

第二八條

置有滑動銷或滾動鍵之離合器之機械衝床，其行程數不得超過附表一所定之數值。

第二九條

置有滑動銷或滾動鍵之離合器之機械衝床，其離合器之材料，應符合附表二所定國家標準之規格或具有同等以上之機械性質。

第三〇條

置有滑動銷或滾動鍵之離合器之機械衝床，其離合器之熱處理方法及表面硬度值，依機械衝床種類及離合器構成部分，應符合附表三之規定。

第三一條

機械衝床之離合器藉由氣壓作動者，應具有彈簧脫離式構造或具同等以上安全功能之構造。

第三二條

①置有滑動銷之離合器之機械衝床，其離合器應具有在離合器作動用凸輪未超過壓回離合器滑動銷範圍前，能停止曲軸旋轉之擋塊。

②前項離合器使用之托架，應具有固定位置用之定位銷。

③離合器之作動用凸輪，應具有不作動即無法壓回之構造。

④離合器之作動用凸輪之安裝部，應具有足以承受該凸輪所生衝擊之強度。

第三三條

機械式摺床之離合器，應使用摩擦式離合器。

第三四條

置有曲軸等偏心機構之機械衝床（以下稱曲軸衝床），其制動裝置應具有制動面不受油脂類侵入之構造。但採濕式制動者，不在此限。

第三五條

①曲軸衝床之制動裝置藉由氣壓作動離合器者，應具有彈簧緊固型構造或具有同等以上之安全功能。

②前項衝床以外之曲軸衝床，其制動裝置應爲帶式制動以外之型式。但機械式摺床以外之曲軸衝床且壓力能力在一百噸以下者，不在此限。

第三六條

曲軸衝床應於明顯部位，設置能顯示曲軸等旋轉角度之指示計或其他同等指示功能之裝置。但具有不致使身體介入危險界限之構造者，不在此限。

第三七條

①置有滑動銷或滾動鍵之離合器之機械衝床，曲軸偏心軸之停止角度應在十度以內。但具有不致使身體介入危險界限之構造者，不在此限。

②前項停止角度，指由曲軸偏心軸之設定停止點與實際停止點所形成之曲軸中心角度。

第三八條 111

①曲軸等之轉速在每分鐘三百轉以下之曲軸衝床，應具有超限運轉監視裝置。但依規定無須設置快速停止機構之曲軸衝床及具有不致使身體介入危險界限之構造者，不在此限。

②前項所稱超限運轉監視裝置，指當曲軸偏心軸等無法停止在其設定停止點時，能發出曲軸等停止轉動之指令，使快速停止機構作動者。

③前項設定停止點，從設定停止位置起算，其停止角度，應在二十五度以內。

第三九條

機械衝床以氣壓或液壓控制離合器或制動裝置者，應設置下列電磁閥：

一　複動式電磁閥。但機械衝床具有不致使身體介入危險界限之構造者，不在此限。

二　常閉型電磁閥。

三　以氣壓控制者，其電磁閥採壓力回復型。

四　以液壓控制者，其電磁閥採彈簧回復型。

第四○條 111

前條機械衝床，應具有防止離合器或制動裝置之氣壓或液壓超壓之安全裝置，並具有在氣壓或液壓低於設定壓力時，自動停止滑塊等動作之機構。但超壓時，其伺服系統可防止誤動作者，不在此限。

第四一條

機械衝床以電動機進行滑塊等調整者，應具有防止滑塊等超出其調整量上限及下限之裝置。

第四二條

機械衝床滑塊等之平衡器，應符合下列規定：

一　彈簧式平衡器：具有當彈簧等零件發生破損時，防止其零件飛散之構造。

二　氣壓式平衡器：

　　㈠具有當活塞等零件發生破損時，防止其零件飛散之構造。

　　㈡在制動裝置未動作時，滑塊等及其附屬品須維持在行程之

任何位置，並具有在氣壓低於設定壓力時，自動停止滑塊等動作之構造。

第四三條

使用確動式離合器之機械衝床，其每分鐘行程數在一百五十以下，且壓力能力在一百五十噸以下，置有操作用腳踏開關或腳踏板者，應具有在滑塊等動作中防止身體之一部介入危險界限之構造或具有快速停止機構。

第四四條

使用確動式離合器之機械衝床，其每分鐘行程數超過一百五十或壓力能力超過一百五十噸者，不得置有快速停止機構。

第五節　液壓系統

第四五條

液壓衝床應具有液壓泵起動後，未進行該液壓衝床之起動操作，無法使滑塊等動作之構造。

第四六條

液壓衝床之快速停止機構，當滑塊等以最大速度下降時，使其作動，滑塊等之慣性下降值，不得超過附表四所定之值。

第四七條

液壓衝床應具有足以支撐滑塊等及其上模重量之安全擋塊。

第四八條 111

液壓衝剪機械之電磁閥，應為常閉型，並具有彈簧回復型之構造。

第四九條 111

液壓衝剪機械，應具有防止液壓超壓之安全裝置。

第三章　手推刨床

第五〇條

①攜帶用以外之手推刨床，應具有符合下列規定之刃部接觸預防裝置。但經檢查機構認可具有同等以上性能者，得免適用其之一部或全部：

一　覆蓋應遮蓋刨削工材以外部分。

二　具有不致產生撓曲、扭曲等變形之強度。

三　可動式接觸預防裝置之鉸鏈部分，其螺栓、插銷等，具有防止鬆脫之性能。

四　除將多數加工材料固定其刨削寬度從事刨削者外，所使用之刃部接觸預防裝置，應使用可動式接觸預防裝置。但直角刨削用手推刨床型刀軸之刃部接觸預防裝置，不在此限。

②手推刨床之刃部接觸預防裝置，其覆蓋之安裝，應使覆蓋下方與加工材之進給側平台面間之間隙在八毫米以下。

第五一條

手推刨床應設置遮斷動力時，可使旋轉中刀軸停止之制動裝置。

但遮斷動力時，可使其於十秒內停止刀軸旋轉者，或使用單相線繞轉子型串激電動機之攜帶用手推刨床，不在此限。

第五二條 111

手推刨床，應具有防止更換刨刀時發生危害之構造。

第五三條

①手推刨床應設置不離開作業位置即可操作之動力遮斷裝置。

②前項動力遮斷裝置應易於操作，且具有不因意外接觸、振動等，致手推刨床有意外起動之虞之構造。

第五四條

攜帶用以外之手推刨床，其加工材進給側平台，應具有可調整與刃部前端之間隙在三毫米以下之構造。

第五五條

手推刨床之刀軸，其帶輪、皮帶及其他旋轉部分，於旋轉中有接觸致生危險之虞者，應設置覆蓋。但刀軸為刨削所必要之部分者，不在此限。

第五六條

手推刨床之刃部，其材料應符合下列規定之規格或具有同等以上之機械性質：

一　刀刃：符合國家標準CNS 2904「高速工具鋼鋼料」規定之SKH2規格之鋼料。

二　刀身：符合國家標準CNS 2473「一般結構用軋鋼料」或國家標準CNS 3828「機械構造用碳鋼鋼料」規定之鋼料。

第五七條

手推刨床之刃部，應依下列方法安裝於刀軸：

一　國家標準CNS 4813「木工機械用平刨刀」規定之A型（厚刀）刃部，並至少取其安裝孔之一個承窩孔之方法。

二　國家標準CNS 4813「木工機械用平刨刀」規定之B型（薄刀）刃部，其分軸之安裝隙槽或壓刃板之斷面，使其成為尖劈形或與其類似之方法。

第五八條

手推刨床之刀軸，應採用圓胴。

第四章　木材加工用圓盤鋸

第五九條 111

木材加工用圓盤鋸（以下簡稱圓盤鋸）之材料、安裝方法及緣盤，應符合下列規定：

一　材料：依圓鋸片種類及圓鋸片構成部分，符合附表五規定之材料規格或具有同等以上之機械性質。

二　安裝方法：

　㈠使用第三款規定之緣盤。但多片圓盤鋸或複式圓盤鋸等圓盤鋸於使用專用裝配件者，不在此限。

　㈡固定側或移動側緣盤以收縮配合、壓入等方法，或使用

銷、螺栓等方式固定於圓鋸軸。

(三)圓鋸軸之夾緊螺栓，具有不可任意旋轉之性能。

(四)使用於緣盤之固定用螺栓、螺帽等，具有防止鬆脫之性能，以防止制動裝置制動時引起鬆脫。

三　圓鋸之緣盤：

(一)使用具有國家標準CNS 2472灰口鐵鑄件規定之FC150鑄鐵品之抗拉強度之材料，且不致變形者。

(二)緣盤直徑在固定側與移動側均應等值。

第六〇條

圓盤鋸應設置下列安全裝置：

一　圓盤鋸之反撥預防裝置（以下簡稱反撥預防裝置）。但橫鋸用圓盤鋸或因反撥不致引起危害者，不在此限。

二　圓盤鋸之鋸齒接觸預防裝置（以下簡稱鋸齒接觸預防裝置）。但製材用圓盤鋸及設有自動輸送裝置者，不在此限。

第六一條

反撥預防裝置之撐縫片（以下簡稱撐縫片）及鋸齒接觸預防裝置之安裝，應符合下列規定：

一　撐縫片及鋸齒接觸預防裝置經常使包含其縱斷面之縱向中心線而和其側面平行之面，與包含圓鋸片縱斷面之縱向中心線而和其側面平行之面，位於同一平面上。

二　木材加工用圓盤鋸，使撐縫片與其面對之圓鋸片鋸齒前端之間隙在十二毫米以下。

第六二條

圓盤鋸應設置遮斷動力時可使旋轉中圓鋸軸停止之制動裝置。但下列圓盤鋸，不在此限：

一　圓盤鋸於遮斷動力時，可於十秒內停止圓鋸軸旋轉者。

二　攜帶用圓盤鋸使用單相串激電動機者。

三　設有自動輸送裝置之圓盤鋸，其本體內藏圓鋸片或其他不因接觸致引起危險之虞者。

四　製榫機及多軸製榫機。

第六三條

圓盤鋸應設置可固定圓鋸軸之裝置，以防止更換圓鋸片時，因圓鋸軸之旋轉引起之危害。

第六四條

圓盤鋸之動力遮斷裝置，應符合下列規定：

一　設置於操作者不離開作業位置即可操作之處。

二　須易於操作，且具有不因意外接觸、振動等致圓盤鋸有意外起動之虞之構造。

第六五條

圓盤鋸之圓鋸片、齒輪、帶輪、皮帶及其他旋轉部分，於旋轉中有接觸致生危險之虞者，應設置覆蓋。但圓鋸片之鋸切所必要部分者，不在此限。

第六六條

傾斜式萬能圓盤鋸之鋸台傾斜裝置，應為螺旋式或不致使鋸台意外傾斜之構造。

第六七條

①攜帶式圓盤鋸應設置平板。

②前項加工材鋸切側平板之外側端與圓鋸片鋸齒之距離，應在十二毫米以上。

第六八條

撐縫片應符合下列規定：

一　材料：符合國家標準CNS 2964「碳工具鋼鋼料」規定之SK5規格或具有同等以上之機械性質。

二　形狀：

　　(一)使其符合依第一百十六條規定所標示之標準鋸台位置沿圓鋸片斜齒三分之二以上部分與圓鋸片鋸齒前端之間隙在十二毫米以內之形狀。

　　(二)撐縫片橫剖面之刀形，具有輸送加工材時阻力較少之形狀。

三　一端固定之撐縫片（以下簡稱鎌刀式撐縫片），依第一百十六條規定所標示之標準鋸台位置之寬度值應依圓鋸片直徑，不得低於附表六所定之值。

四　所列標準鋸台位置沿圓鋸片斜齒三分之二之位置處之鎌刀式撐縫片寬度，不得低於附表六所定之值之三分之一。

五　兩端固定之撐縫片（以下簡稱懸垂式撐縫片），其寬度值應依圓鋸片直徑，不得低於附表七所定之值。

六　厚度為圓鋸片厚度之一點一倍以上。

七　安裝部具有可調整圓鋸片鋸齒與撐縫片間之間隙之構造。

八　安裝用螺栓：

　　(一)安裝用螺栓之材料為鋼材，其螺栓直徑應依其撐縫片種類及圓鋸片直徑，不得低於附表八所定之值。

　　(二)安裝螺栓數在二個以上。

　　(三)安裝螺栓具有盤形簧墊圈等防止鬆脫之性能。

九　支持配件之材料為鋼材或鑄鐵件，且具有充分支撐撐縫片之強度。

十　圓鋸片直徑超過六百一十毫米者，該圓盤鋸所使用之撐縫片為懸垂式者。

第六九條

供反撥預防裝置所設之反撥防止爪（以下簡稱反撥防止爪）及反撥防止輥（以下簡稱反撥防止輥），應符合下列規定：

一　材料：符合國家標準CNS 2473「一般結構用軋鋼料」規定SS400規格或具有同等以上機械性質之鋼料。

二　構造：

　　(一)反撥防止爪及反撥防止輥，應依加工材厚度，具有可防止

　　　加工材於圓鋸片斜齒側撥升之機能及充分強度。但具有自動輸送裝置之圓盤鋸之反撥防止爪，不在此限。

　　(二)具有自動輸送裝置之圓盤鋸反撥防止爪，應依加工材厚度，具有防止加工材反彈之機能及充分強度。

三　反撥防止爪及反撥防止輥之支撐部，具有可充分承受加工材反彈時之強度。

四　除自動輸送裝置之圓盤鋸外，圓鋸片直徑超過四百五十毫米之圓盤鋸，使用反撥防止爪及反撥防止輥等以外型式之反撥預防裝置。

第七〇條

圓盤鋸之鋸齒接觸預防裝置，應符合下列規定：

一　構造：

　　(一)鋸齒接觸預防裝置使用於攜帶式圓盤鋸以外者，其覆蓋下端與輸送加工材可經常接觸之方式者（以下簡稱可動式），覆蓋須具有可將相對於鋸齒撐縫片部分與加工材鋸切中部分以外之其他部分充分圍護之構造。

　　(二)可動式鋸齒接觸預防裝置以外之鋸齒接觸預防裝置，其使用之覆蓋具有將相對於鋸齒撐縫片部分與輸送中之加工材頂面八毫米以外之其他部分充分圍護，且無法自其下端鋸台面調整升高二十五毫米以上之構造。

　　(三)前二目之覆蓋，具有使輸送加工材之操作者視線可見鋸齒鋸斷部分之構造。

二　前款覆蓋之鉸鏈部螺栓、銷等，具有防止鬆脫之性能。

三　支撐部分具有可調整覆蓋位置之構造；其強度可充分支撐覆蓋；支撐有關之軸及螺栓具有防止鬆脫之性能。

四　攜帶式圓盤鋸之鋸齒接觸預防裝置：

　　(一)覆蓋：可充分將鋸齒鋸切所需部分以外之部分圍護之構造。且鋸齒於鋸切所需部分之尺寸，具有將平板調整至圓鋸片最大切入深度之位置，圓鋸片與平板所成角度置於九十度時，其值不得超過附圖一所定之值。

　　(二)固定覆蓋：具有使操作者視線可見鋸齒鋸斷部分之構造。

　　(三)可動式覆蓋：

　　　　1.鋸斷作業終了，可自動回復至閉止點之型式。

　　　　2.可動範圍內之任何位置無法固定之型式。

　　(四)支撐部：具有充分支撐覆蓋之強度。

　　(五)支撐部之螺栓及可動覆蓋自動回復機構用彈簧之固定配件用螺栓等，具有防止鬆脫之性能。

第五章　動力堆高機

第七一條

以動力驅動、行駛之堆高機（以下簡稱堆高機），應依堆高機負荷狀態，具有在附表九規定之坡度地面而不致翻覆之前後安定度

及左右安定度。但屬配衡型堆高機以外型式之堆高機者，不在此限。

第七二條

側舉型堆高機應依堆高機負荷狀態，具有在附表十規定之坡度地面而不致翻覆之前後安定度及左右安定度。

第七三條 111

伸縮型堆高機及跨提型堆高機，應依堆高機負荷狀態，具有在附表十一規定之坡度地面而不致翻覆之前後安定度及左右安定度。

第七四條

窄道式堆高機應依堆高機負荷狀態，具有在附表十二規定之坡度地面而不致翻覆之前後安定度及左右安定度。

第七五條

①堆高機應具有制止運行及保持停止之制動裝置。

②前項制止運行之制動裝置，應依堆高機負荷狀態及制動初速度，具有在附表十三規定之停止距離內，使堆高機停止之性能。

③第一項保持停止狀態之制動裝置，應依堆高機負荷狀態，具有在附表十四規定之坡度地面，使堆高機停止之性能。但依堆高機性能，可爬坡之最大坡度低於同表所列坡度者，以該堆高機可爬坡之最大坡度爲準。

第七六條

堆高機應於其左右各設一個方向指示器。但最高時速未達二十公里之堆高機，其操控方向盤之中心至堆高機最外側未達六十五公分，且機內無駕駛座者，得免設方向指示器。

第七七條

堆高機應設置警報裝置。

第七八條

堆高機應設置前照燈及後照燈。但堆高機已註明限照度良好場所使用者，不在此限。

第七九條

堆高機應設置符合下列規定之頂蓬。但堆高機已註明限使用於裝載貨物掉落時無危害駕駛者之虞者，不在此限：

一　頂蓬強度足以承受堆高機最大荷重之二倍之值等分布靜荷重。其值逾四公噸者爲四公噸。

二　上框各開口之寬度或長度不得超過十六公分。

三　駕駛者以座式操作之堆高機，自駕駛座上面至頂蓬下端之距離，在九十五公分以上。

四　駕駛者以立式操作之堆高機，自駕駛座底板至頂蓬上框下端之距離，在一點八公尺以上。

第八〇條

堆高機應設置後扶架。但堆高機已註明限使用於將桅桿後傾之際貨物掉落時無引起危害之虞者，不在此限。

第八一條

堆高機之液壓裝置，應設置防止液壓超壓之安全閥。

第八二條

①堆高機之貨叉、柱棒等裝載貨物之裝置（以下簡稱貨叉等），應符合下列規定：

一　材料為鋼材，且無顯著損傷、變形及腐蝕者。

二　在貨叉之基準承重中心加以最大荷重之重物時，貨叉所生應力值在該貨叉鋼材降伏強度值之三分之一以下。

②產製或輸入堆高機，非屬新製品，且其既有貨叉符合國際標準 ISO 5057規定者，得不受前項第二款之限制。

第八三條

①堆高機裝卸裝置使用之鏈條，其安全係數應在五以上。

②前項安全係數為鏈條之斷裂荷重值除以加諸於鏈條荷重之最大值所得之值。

第八四條

①駕駛座採用升降方式之堆高機，應於其駕駛座設置扶手及防止墜落危險之設備。

②使用座式操作之堆高機，應符合下列規定：

一　駕駛座應使用緩衝材料，使其於走行時，具有不致造成駕駛者身體顯著振動之構造。

二　配衡型堆高機及側舉型堆高機之駕駛座，應配置防止車輛傾倒時，駕駛者被堆高機壓傷之安全帶、護欄或其他防護設施。

第六章　研磨機、研磨輪

第八五條

研磨機之研磨輪，應具有下列性能：

一　平直形研磨輪、盤形研磨輪、彈性研磨輪及切割研磨輪，其最高使用周速度，以製成該研磨之結合劑製成之樣品，經由研磨輪破壞旋轉試驗定之。

二　研磨輪樣品之研磨砂粒，為鋁氧（礬土）質系。

三　平直形研磨輪及盤形研磨輪之尺寸，依附表十五所定之值。

四　第一款之破壞旋轉試驗，採抽取試樣三個以上或採同一製造條件依附表十五所定尺寸製成之研磨輪樣品為之。以各該破壞旋轉周速度值之最低值，為該研磨輪樣品之破壞旋轉周速度值。

五　使用於粗磨之平直形研磨輪以外之研磨輪，以附表十六所定普通使用周速度限度內之速度（以下簡稱普通速度），供機械研磨使用者，其最高使用周速度值，應在前款破壞旋轉周速度值除以一點八所得之值以下。但超過附表十六表所示普通速度之限度值者，為該限度值。

六　除第五款所列研磨輪外，第一款研磨輪最高使用周速度值，應在第四款破壞旋轉周速度值除以二所得之值以下。但於普

通速度下使用者，其值超過附表十六所定普通速度之限度值時，為該限度值。

七　研磨輪之最高使用周速度值，應依附表十七所列之研磨輪種類及結合劑種類，依前二款規定之平直形研磨輪所得之最高使用周速度值乘以附表十七所定數值所得之值以下。但環片式研磨輪者，得由中央主管機關另定之。

第八六條

① 直徑在一百毫米以上之研磨輪，每批製品應具有就該研磨輪以最高使用周速度值乘以一點五倍之速度實施旋轉試驗合格之性能。

② 前項試驗用研磨輪，應取其製品數之百分之十以上；其未滿五個時，為五個：實施前項旋轉試驗，試驗之研磨輪全數無異常時，該批製品為合格；異常率在百分之五以下時，除異常之研磨輪外，該批其他製品視為合格。但顯有異常之製品，得不列入研磨試驗數。

③ 研磨輪應於不超過一個月之一定期間，實施第四項之定期破壞旋轉試驗，經試驗合格之研磨輪，得免除第一項之旋轉試驗；經定期破壞旋轉試驗未能合格之研磨輪，應依第二項規定處理。

④ 對三個以上使用同種結合劑在普通速度下供研磨用之研磨輪，於實施定期破壞旋轉試驗時，其破壞旋轉最高速度之最低值，供粗磨以外之機械研磨時，為最高使用周速度乘以一點八所得之值；其他研磨輪為最高使用周速度乘以二所得之值，就使用該結合劑於供普通速度下使用之研磨輪製品，均視為合格。

第八七條

① 盤形研磨輪應就每種同一規格之製品，實施衝擊試驗。但彈性研磨輪，不在此限。

② 前項衝擊試驗，應分別就二個以上研磨輪，以附圖二及附表十八所定之衝擊試驗機，向相對之二處施以九十八焦耳之衝擊。但直徑未滿七十毫米之研磨輪，得以直徑七十毫米之同一規格研磨輪樣品為之。

③ 在衝擊試驗測得之衝擊值中最低數值，依研磨輪厚度及直徑，每平方毫米零點二九七焦耳以上者，與該衝擊試驗相關規格之製品均視為合格。

④ 前項衝擊值，依附表十九所列公式計算。

第八八條

研磨輪之尺寸，應依研磨輪之最高使用周速度及研磨輪種類，具有附表二十所定之值。

第八九條 111

① 研磨輪，應使用符合第九十條至第九十四條所定規格之緣盤。但附表二十一所定之研磨輪種類，於使用同表規定之安裝器具者，不在此限。

② 固定側或移動側之緣盤，應以避免相對於研磨輪軸而旋轉之固定方式，固定於研磨輪軸上；其研磨輪軸之固定扣件螺絲，應具有

適度鎖緊狀態。

③以平直形研磨輪用之安全緣盤，將研磨輪安裝於研磨機時，應使用橡膠製墊片。

第九〇條

①緣盤應使用具有相當於國家標準CNS 2472「灰口鐵鑄件」所定FC150鐵鑄件之抗拉強度之材料，且不致變形者。

②緣盤之直徑及接觸寬度，在固定側與移動側均應等值。但第九十四條附圖三所定之緣盤，不在此限。

第九一條

①直式緣盤之直徑，應在擬安裝之研磨輪直徑之三分之一以上；間隙值應在一點五毫米以上；接觸寬度，應依研磨輪直徑，具有附表二十二所定之值。

②安裝於最高使用周速度在每分鐘四千八百公尺以下，經補強之切割研磨輪，其使用抗拉強度在每平方毫米七十一公斤以上之玻璃纖維絲網或其他同等強度之材料補強者，該切割研磨輪之直式緣盤之直徑，得爲該研磨輪直徑之四分之一以上，不受前項規定之限制。

第九二條 111

①套式緣盤或接頭式緣盤之直徑，應依下列計算式計算所得之值：

$$D_f \geq K(D-H) + H$$

式中，D_f、D、H及K值如下：

D_f：固定緣盤之直徑（單位：毫米）。

D：研磨輪直徑（單位：毫米）。

H：研磨輪孔徑（單位：毫米）。

K：常數，依附表二十三規定。

②前項緣盤之接觸寬度，應依研磨輪直徑，不得低於附表二十四所定之值。

③接頭式緣盤，不得安裝於使用速度逾普通速度之研磨輪。

第九三條

①安全式緣盤之直徑，於供平直形研磨輪使用者，應在所裝研磨輪直徑之三分之二以上；供雙斜形研磨輪使用者，應在所裝研磨輪直徑之二分之一以上。

②前項緣盤之間隙值，應在一點五毫米以上；接觸寬度應在該緣盤直徑之六分之一以上。

③雙斜形研磨輪用緣盤與研磨輪之接觸面，應有十六分之一以上之斜度。

第九四條

供盤形研磨輪使用之緣盤之形狀如附圖三及附圖四者，該緣盤之尺寸應依盤形研磨輪直徑，具有附表二十五及附圖二十五之一所定之值。

第九五條 111

研磨機之研磨輪，應設置護罩，並具有第九十六條至第一百零四

條所定之性能。但依國家標準CNS 16089附錄A設置安全防護裝置者，不在此限。

第九六條

①研磨輪護罩之材料，應使用具有下列所定機械性質之壓延鋼板：

一　抗拉強度值在每平方毫米二十八公斤以上，且延伸值在百分之十四以上。

二　抗拉強度值（單位：公斤／平方毫米）與延伸值（單位：百分比）之兩倍之和，在七十六以上。

②攜帶用研磨機之護罩及帶狀護罩以外之護罩，應依研磨輪最高使用周速度，使用附表二十六所定之材料，不受前項規定之限制。

③切割研磨輪最高使用周速度在每分鐘四千八百公尺以下者，其使用之護罩材料，得使用抗拉強度在每平方毫米十八公斤以下，且延伸值在百分之二以上之鋁，不受前二項規定之限制。

第九七條

①研磨輪之護罩，應依下列規定覆蓋。但研磨輪供研磨之必要部分者，不在此限：

一　使用側面研磨之研磨輪之護罩：研磨輪周邊面及固定側之側面。

二　前款護罩以外之攜帶用研磨機之護罩，其周邊板及固定側之側板使用無接縫之單片壓延鋼板製成者：研磨輪之周邊面、固定側之側面及拆卸側之側面，如附圖五所示之處。但附圖五所示將周邊板頂部，有五毫米以上彎弧至拆卸側上且其厚度較第九十九條第一項之附表二十九所列之值增加百分之二十以上者，爲拆卸側之側面。

三　前二款所列護罩以外之護罩：研磨輪之周邊、兩側面及拆卸側研磨輪軸之側面。

②前項但書所定之研磨輪供研磨之必要部分，應依研磨機種類及附圖六之規定。

第九八條

①帶型護罩以外之使用壓延鋼板爲材料之護罩，其厚度應依研磨輪最高使用周速度、研磨輪厚度及研磨輪直徑，不得低於附表二十七所定之值。

②護罩以鑄鐵、可鍛鑄鐵或鑄鋼爲材料者，其厚度應依材料種類，在前項所定之厚度值乘以附表二十八所定之係數所得之值以上。

第九九條

①供盤形研磨輪及切割研磨輪以外之附表二十九所列研磨輪使用之護罩，其周邊板與固定側之側板係使用無接縫之單片壓延鋼板製成者，該護罩之厚度，應依研磨輪之最高使用周速度、研磨輪厚度、研磨輪直徑，以護罩板之區分，具有附表二十九規定之值，不受前條第一項規定之限制。

②前項護罩之固定側之周邊板與拆卸側之側板採結合方式製成者，其拆卸側之側板頂端，應具有附圖七所示之彎曲形狀。

第一〇〇條

① 使用於直徑在二百三十毫米以下之盤形研磨輪之護罩，其周邊板與固定側側板使用無接縫單片壓延鋼板製成者，該護罩之厚度，應依研磨輪厚度，不得低於附表三十所定之值，不受第九十八條第一項規定之限制。

② 前項護罩之頂端部分，應具有附圖八所示之彎曲形狀。

第一〇一條

① 於最高使用周速度在每分鐘四千八百公尺以下之切割研磨輪，使用壓延鋼板製作之護罩，其厚度應依研磨輪厚度、研磨輪直徑及護罩板區分，具有附表三十一所定之值，不受第九十八條第一項規定之限制。

② 使用鑄鐵、可鍛鑄鐵及鑄鋼等製成之護罩，供前項切割研磨輪使用者，其厚度準用第九十八條第二項之規定。

③ 使用鋁製成之護罩，供第一項切割研磨輪使用者，其厚度不得低於鋁之抗拉強度值乘以附表三十二所定之係數所得之值。

第一〇二條

① 帶型護罩之厚度，應依研磨輪直徑，不得低於附表三十三所定之值。

② 前項護罩之設置，應依附圖九之規定。

第一〇三條

護罩不得有降低其強度之虞之孔穴、溝槽等。

第一〇四條

① 桌上用研磨機及床式研磨機使用之護罩，應以設置舌板或其他方法，使研磨之必要部分之研磨輪周邊與護罩間之間隙可調整在十毫米以下。

② 前項舌板，應符合下列規定：

一　為板狀。

二　材料為第九十六條第一項所定之壓延鋼板。

三　厚度具有與護罩之周邊板同等以上之厚度，且在三毫米以上、十六毫米以下。

四　有效橫斷面積在全橫斷面積之百分之七十以上，有效縱斷面積在全縱斷面積之百分之二十以上。

五　安裝用螺絲之直徑及個數，依研磨輪厚度，具有附表三十四所定之值。

第一〇五條

① 研磨機應設置不離開作業位置即可操作之動力遮斷裝置。

② 前項動力遮斷裝置，應易於操作，且具有不致因接觸、振動等而使研磨機有意外起動之虞之構造。

第一〇六條

使用電力驅動之攜帶用研磨機、桌上用研磨機或床式研磨機，應符合下列規定：

一　電氣回路部分之螺絲，具有防止鬆脫之性能。

二　充電部分與非充電金屬部分間之絕緣部分，其絕緣效力具有國家標準CNS 3265「手提電磨機」規定之絕緣性能。

三　接地構造之設置，應符合國家標準CNS 3265「手提電磨機」之接地規定。

第一〇七條

桌上用研磨機或床式研磨機，應具有可調整研磨輪與工作物支架之間隙在三毫米以下之工作物支架。

第一〇八條

攜帶用空氣式研磨機，應設置調速機。但研磨機之公稱尺寸未滿六十五毫米者，不在此限。

第一〇九條

直徑未滿五十毫米之研磨輪及其護罩，不適用本章之規定。

第七章　防止爆炸及感電危害設備

第一一〇條

①用於氣體類之防爆電氣設備，其性能、構造、試驗、標示及危險區域劃分等，應符合國家標準CNS 3376系列、國際標準IEC 60079系列或與其同等之標準規定。

②前項國家標準CNS 3376系列與國際標準IEC 60079系列有不一致者，以國際標準IEC 60079系列規定為準。

第一一一條

①用於粉塵類之防爆電氣設備，其性能、構造、試驗、標示及塵爆場所區域劃分等，應符合國家標準CNS 3376、CNS 15591系列、國際標準IEC 60079、IEC 61241系列或與其同等之標準相關規定。

②前項國家標準CNS 3376、CNS 15591系列與國際標準IEC 60079、IEC 61241系列有不一致者，以國際標準IEC 60079、IEC 61241系列規定為準。

第一一一條之一

交流電焊機用自動電擊防止裝置之構造及性能，應符合國家標準CNS 4782。

第八章　標　示

第一一二條

衝壓機械之安全裝置，應標示下列事項：

一　製造號碼。

二　製造者名稱。

三　製造年月。

四　適用之衝壓機械種類、壓力能力、行程長度（雙手操作式安全裝置除外）、每分鐘行程數（雙手操作式安全裝置及光電式安全裝置除外）及金屬模之大小範圍。

五　雙手操作式安全裝置及光電式安全裝置，應依下列規定標

示：

(一)安全一行程雙手操作式安全裝置：手離開操作部至快速停止機構開始動作之時間（Tℓ），以毫秒表示。

(二)雙手起動式安全裝置：手離開操作部至適用之衝壓機械之滑塊等達到下死點之最大時間（Tm），以毫秒表示。

(三)光電式安全裝置：手將光線遮斷至快速停止機構開始動作之時間（Tℓ），以毫秒表示。

(四)適用之衝壓機械之停止時間：快速停止機構開始動作至滑塊等停止之時間（Ts），以毫秒表示。但標示最大停止時間（Tℓ＋Ts）者，得免分別標示Tℓ及Ts。

(五)安全一行程雙手操作式安全裝置及光電式安全裝置依前目所定之停止時間；雙手起動式安全裝置依第二目規定之最大時間，分別對應之安全距離。雙手操作式安全裝置，為操作部與危險界限之距離；光電式安全裝置，為光軸與危險界限之距離，以毫米表示。

六 光電式安全裝置，除前款之標示外，應另標示下列事項：

(一)有效距離：指投光器與受光器之機能可有效作用之距離限度，以毫米表示。

(二)適用之衝壓機械之防護高度，以毫米表示。

七 摺床用雷射感應式安全裝置，除第一款至第三款之標示外，應另標示下列事項：

(一)自遮斷雷射光，快速停止機構開始動作至滑塊等停止時之時間，以毫秒表示。

(二)對應前目之時間，摺床雷射光軸與危險界限之距離，以毫米表示。

(三)有效距離：雷射光軸可有效作用之距離限度，以毫米表示。

八 掃描式安全裝置，除第一款至第四款之標示外，應另標示掃臂之最大振幅，以毫米表示。

第一一三條

剪斷機械之安全裝置，應標示下列事項：

一 製造號碼。

二 製造者名稱。

三 製造年月。

四 適用之剪斷機械種類。

五 適用之剪斷機械之剪斷厚度，以毫米表示。

六 適用之剪斷機械之刀具長度，以毫米表示。

七 光電式安全裝置：有效距離，指投光器與受光器之機能可有效作用之距離限度，以毫米表示。

第一一四條 111

衝壓機械及剪斷機械，應於明顯易見處標示下列事項：

一 製造號碼。

二　製造者名稱。

三　製造年月。

四　機械規格：

　　㈠衝壓機械：依附表三十五之規定。

　　㈡剪斷機械：適用之剪斷厚度及刀具長度，以毫米表示。

第一一五條

手推刨床應於明顯易見處標示下列事項：

一　製造者名稱。

二　製造年月。

三　額定功率或額定電流。

四　額定電壓。

五　無負荷迴轉速率。

六　有效刨削寬度。

七　刀部接觸預防裝置，標示適用之手推刨床之有效刨削寬度。

第一一六條　111

圓盤鋸，應於明顯易見處標示下列事項：

一　製造者名稱。

二　製造年月。

三　額定功率或額定電流。

四　額定電壓。

五　無負荷迴轉速率；具有變速機構之圓盤鋸者，為其變速階段之無負荷迴轉速率。

六　適用之圓鋸片之直徑範圍及圓鋸軸之旋轉方向；具有變速機構之圓盤鋸者，為其變速階段可使用之圓鋸片直徑範圍、種類及圓鋸軸旋轉方向。

七　撐縫片適用之圓鋸片之直徑、厚度範圍及標準鋸台位置。

八　鋸齒接觸預防裝置，其適用之圓鋸片之直徑範圍及用途。

第一一七條

堆高機應於明顯易見處標示下列事項：

一　製造者名稱。

二　製造年份。

三　製造號碼。

四　最大荷重。

五　容許荷重：指依堆高機之構造、材質及貨叉等裝載貨物之重心位置，決定其足以承受之最大荷重。

第一一八條

研磨機應於明顯易見處標示下列事項：

一　製造者名稱。

二　製造年月。

三　額定電壓。

四　無負荷迴轉速率。

五　適用之研磨輪之直徑、厚度及孔徑。

六　研磨輪之回轉方向。

七　護罩標示適用之研磨輪之最高使用周速度、厚度、直徑。

第一一九條 111

①研磨輪，應標示下列事項：

一　製造者名稱。

二　結合劑之種類。

三　最高使用周速度，並得加註旋轉速率。

四　製造號碼或製造批號。

②前項標示，於直徑未滿七十五毫米之研磨輪，得在最小包裝單位上加以標示。

第九章　附　則

第一二○條

①特殊構造之機械、設備或器具，適用本標準規定有困難時，製造者或進口者應檢附產品安全評估報告及構造圖說等相關技術文件，報請中央主管機關認定具有同等以上之安全性能者，得不適用本標準之部分規定；其安全性能，應依風險控制及安全設計學理，具有符合國際標準、區域標準、國家標準、團體標準或技術規範等之同等以上安全性能。

②前項認定事項，中央主管機關得委託學術機構或相關專業團體辦理之。

第一二○條之一

本法第七條及第八條所定之機械、設備或器具，其構造、性能或安全防護事項，於本標準未規定者，中央主管機關得公告依其他技術法規或指定適用國際標準、區域標準、國家標準、團體標準或技術規範之一部或全部內容辦理。

第一二一條 111

①本標準除第一百十條、第一百十一條自中華民國一百年七月一日施行外，自發布日施行。

②本標準修正條文，除中華民國一百零三年六月二十六日修正發布之條文，自一百零三年七月三日施行；一百零三年十二月二十二日修正發布之條文，自一百零四年一月一日施行；一百十一年五月十一日修正發布之第二十二條及第三十八條自發布後一年施行外，自發布日施行。

機械設備器具安全資訊申報登錄辦法

①民國103年10月22日勞動部令訂定發布全文25條；並自104年1月1日施行。
②民國105年8月9日勞動部令修正發布第2、4、5、14、23、25條條文；增訂第5-1、5-2、14-1條條文；並自發布日施行。
③民國106年9月22日勞動部令修正發布第5、15、25條條文；並自106年10月1日施行。
④民國109年10月16日勞動部令修正發布第5-1、5-2、6、9、15條條文。

第一條
本辦法依職業安全衛生法（以下簡稱本法）第七條第四項規定訂定之。

第二條
本法第七條第一項所定中央主管機關指定之機械、設備或器具（以下簡稱產品），有下列情形之一者，得免申報登錄：
一　依其他法律有實施檢查、檢驗、驗證、認可或管理之規定。
二　供國防軍事用途使用，並有國防部或其直屬機關出具證明。
三　限量製造或輸入僅供科技研發、測試用途之專用機型，並經中央主管機關核准。
四　非供實際使用或作業用途之商業樣品或展覽品，並經中央主管機關核准。
五　輸入供加工、組裝後輸出或原件再輸出，並經中央主管機關核准。
六　其他特殊情形，有免申報登錄之必要，並經中央主管機關核准。

第三條
製造者或輸入者（以下簡稱申報者），於國內生產、製造、加工、修改（以下簡稱產製）或自國外輸入前條產品，認其構造、性能及防護符合中央主管機關所定安全標準者，應於中央主管機關指定之資訊申報網站（以下簡稱資訊網站）登錄該產品之安全資訊，完成自我宣告（以下簡稱宣告安全產品）。

第四條
①申報者依本法第七條第三項規定，宣告其產品符合安全標準者，應採下列方式之一佐證，以網路傳輸相關測試合格文件，並自行妥為保存備查：
一　委託經中央主管機關認可之檢定機構實施型式檢定合格。
二　委託國內外認證組織認證之產品驗證機構查驗合格。
三　製造者完成自主檢測及產品製程一致性查核，確認符合安全

標準。

②防爆燈具、防爆電動機、防爆開關箱、動力衝剪機械、木材加工用圓盤鋸及研磨機，以採前項第一款規定之方式為限。

③第一項第三款應符合下列規定：

一　自主檢測，由經認證組織認證之檢測實驗室實施。

二　產品製程一致性查核，由經認證組織認證之機構實施。

三　檢測實驗室之檢測人員資格條件，依附表一之規定。

④單品申報登錄者，免實施第一項第三款之產品製程一致性查核。

第五條

申報者宣告產品安全時，應於下列資料加蓋承辦者及其負責人印章，並以中央主管機關所定電子檔格式傳輸至資訊網站：

一　符合性聲明書：簽署該產品符合安全標準之聲明。

二　設立登記文件：工廠登記、公司登記、商業登記或其他相當設立登記證明文件。但依法無須設立登記，或申報者之設立登記資料已於資訊網站登錄有案，且該資料記載事項無變更者，不在此限。

三　能佐證具有三個月以上效期符合安全標準之下列測試證明文件。但為單品申報登錄者，其測試證明文件之效期，不在此限，並應附產品製程符合一致性證明：

（一）型式檢定合格證明書、審驗合格證明或產品自主檢測報告。

（二）產品製程符合一致性證明。

四　產品基本資料：

（一）型式名稱說明書：包括型錄、產品名稱、產品外觀圖說、商品分類號列、主機台及控制台基本規格等資訊。但產品型式無法以型號辨識者，得以同型式之認定說明替代之。

（二）產品安裝、操作、保養與維修之說明書及危險對策：包括產品安全裝置位置及功能示意圖。

五　產品安全裝置及配備之基本資料：

（一）品名、規格、安全構造、性能與防護及符合性說明。

（二）重要零組件驗證測試報告及相關強度計算。但產品為經加工、修改後再銷售之單品，致取得相關資料有困難者，得以提供佐證之檢測合格文件替代之。

六　其他中央主管機關要求交付之符合性評鑑程序資料及技術文件。

第五條之一

①輸入者因其輸入之產品被列入邊境管理受輸入限制，而有下列情形之一者，得向中央主管機關申請先行放行：

一　已向國內檢定機構、驗證機構或認證組織認證之檢測實驗室，申請輸入產品符合安全標準之檢測試驗，尚未取得合格證明文件。

二　其他特殊情形，有先行放行之必要，並經向中央主管機關申

請核准。

②前項先行放行之申請、追蹤、查核及監督管理，準用機械類產品申請先行放行辦法相關規定。

第五條之二

①輸入者對於符合第二條各款情形之產品因被列入邊境管理受輸入限制，而有解除通關限制之必要者，應備具產品用途聲明書，向中央主管機關申請免申報登錄，以取得專用通關證號代碼，並於進口報單填報該代碼。

②輸入者以詐欺、虛偽不實方法取得前項之通關證號代碼者，中央主管機關應撤銷該代碼，並按情節輕重停止受理其後續通關證號代碼之申請一年至三年；其有涉及刑責者，另移送司法機關依法處理。

③輸入者之產品有違反第一項所定通關證號代碼之聲明用途者，中央主管機關應廢止該產品之通關證號代碼，並停止受理其後續專用通關證號代碼申請六個月。

④第一項免申報登錄之申請、追蹤、查核及監督管理，準用機械類產品申請免驗證辦法相關規定。

第六條

①資訊申報登錄未符合第五條規定者，中央主管機關得限期通知其補正；屆期未補正者，不予受理。

②前項補正總日數不得超過六十日。但有特殊情形經中央主管機關核准者，不在此限。

第七條

①申報者辦理資訊申報登錄時，應使用可證明其身分之電子憑證，以網際網路方式申報登載之。

②本法第七條第三項所定申報，其申請文件所載申報代理人有二人以上者，均得單獨代理申報。

第八條

申報者應指定專責人員，負責資訊申報之登錄及資料更新等相關事項。

第九條

①申報者完成登錄後，登錄內容有變更者，應自事實發生日起三十日內，申請變更登錄。

②前項申報者申請變更登錄時，應依第五條規定將資料傳輸至資訊網站。但第五條第三款所定測試證明文件，得以能佐證具有三十日以上效期之文件替代之。

第一〇條

①產製者對於宣告安全產品，應於其製程中採取管制措施，確保其同一型式產品符合技術文件所載之內容，並與技術文件所附試驗報告之測試樣品具有一致安全規格。

②產品經登載於資訊網站者，申報者應確保其產品符合所聲明之內容，其申報資訊內容有異動或變更時，應敘明事由重新申報登

錄，以確保其符合性。

第一一條

申報者應保存所登錄之產品符合性聲明書及相關技術文件，至該產品停產後至少十年。

第一二條

①申報登錄之資訊，有保密或限閱之必要者，得不公開；經篩選整理後之資訊，中央主管機關得提供外界查詢或運用之方式如下：

一 網路查詢或下載。

二 以重製或複製方式提供。

②前項之網路查詢或下載，免收查詢費用；申請重製或複製資訊，依中央主管機關所定收費標準收取規費。但經授權於網路下載一定範圍之資訊者，得免費用。

第一三條

①資訊申報登錄所附文件資料，應以中文為主，得輔以英文或其他外文。

②前項資料為外文者，除供工作者使用之安裝、操作、保養、維修及危險預防對策等技術文件資料，應有中文正體字譯本外，文件為英文以外之外文者，並須附具英譯本對照。

③申報者未依前二項規定辦理者，中央主管機關得限期通知其補正；屆期未補正者，不予受理。

第一四條

①申報者完成產品安全資訊申報登錄作業時，中央主管機關應給予登錄字號及核發登錄完成通知書。

②前項登錄完成通知書，應包括申報者資訊、產品基本資料、產品規格、產製廠場資料、依據之安全標準條款、登錄字號、登錄日期、效期及其他必要事項。

③前項登錄效期，由中央主管機關依產品之種類別，於三年以上七年以下之期限範圍內分別規定之。申報者所附測試驗證之證明文件效期屆滿者，其登錄失其效力。

第一四條之一

①經宣告安全產品登錄完成通知書之申報名義人與輸入者不同時，得經該申報名義人之授權，向中央主管機關申請核發授權放行通知書，辦理通關。

②前項授權放行通知書之授權範圍，及於登錄完成通知書所列全部型號產品。

③第一項授權，經登錄完成通知書之申報名義人通知中央主管機關終止者，中央主管機關應廢止同意授權放行通知書；產品安全資訊登錄經撤銷或廢止者，亦同。

第一五條

①經完成登錄之產品，有下列情形之一者，申報者應自事實發生日起三十日內重新申報登錄：

一 安全標準有修正，致原登錄事項不符規定。

二　登錄之產品設計有變更，致原申報資訊內容須更新。

②產品登錄效期屆滿前三個月內，申報者依第五條規定將資料傳輸至資訊網站，以申請登錄效期之展延。但第五條第三款所定測試證明文件，得以能佐證具有三十日以上效期之文件替代之。

③產品登錄效期屆滿，而未依前項規定申請展延者，應重新申報登錄。

第一六條

同一申報者就同一型式產品，不得重複申報。但依前條規定重新申報登錄者，不在此限。

第一七條

①申報登錄產品之型式，申報者應依製造者之產品型號定之。但產品無型號資料者，得以規格、文字或編碼組合為之。

②前項型號、規格、文字或編碼，應具有顯著識別性，並由申報者於申報資訊登錄時定之。

第一八條

①宣告安全產品之品名，應依下列規定辦理：

一　不得使用他人之產品商標或廠商名稱。但經授權使用者，不在此限。

二　不得與其他廠商之宣告安全產品品名相同，或涉有仿冒、暗示或影射情事。

三　不得有虛偽、誇大或使人對宣告安全產品之安全效能產生不當聯想或混淆。

四　不得夾雜外文及數字。但具直接意義者，不在此限。

五　不得有其他不適合為宣告安全產品名稱之情形。

②宣告安全產品品名相同或近似者，中央主管機關應依商標、廠商名稱或其他可資辨別名稱之順位認定之。

③已登錄之宣告安全產品違反第一項規定者，除應自負法律責任外，中央主管機關並得通知其補正或重新審查核定之。

第一九條

①依第五條規定傳送至資訊網站之資料內容，應依下列規定辦理：

一　不得與其他廠商之產品資料專門技術、專利內容相同。但已公眾周知或取得授權者，不在此限。

二　不得涉及仿冒、暗示或影射情事。

三　不得有虛偽、誇大或使人對宣告安全產品之安全效能產生不當聯想或混淆。

四　不得有其他不適合為宣告安全產品構造、性能及防護效能陳述之情形。

②已登錄之宣告安全產品違反前項規定者，除應自負法律責任外，中央主管機關並得通知其補正或重新審查核定其傳送產品資料。

第二〇條

①完成登錄之產品，申報者應維持其與登錄資料所載之範圍、型式及功能相符，且實體不得與登錄事項相異。

②中央主管機關於必要時，得要求申報者準備樣品，並就特定項目實施複測、抽驗或赴生產廠場實地查核。

第二一條

①有下列情形之一者，中央主管機關應註銷產品安全資訊登錄：

一　自行申請註銷。

二　申報者設立登記文件經依法撤銷、廢止或註銷。

三　申報者之事業體經依法解散、歇業或撤回認許。

四　中央主管機關查核發現有其他不合規定之重大情事。

②前項註銷登錄者，其相關授權輸入放行通知書隨同喪失效力。

第二二條

以詐欺或虛偽不實方法取得資訊登錄者，中央主管機關應撤銷其登錄；其有涉及刑責者，並應移送司法機關依法處理。

第二三條

宣告安全產品有下列情形之一者，中央主管機關應廢止產品安全資訊登錄：

一　經購、取樣檢驗結果不符合安全標準。

二　通知限期提供檢驗報告、符合性佐證文件或樣品，屆期無正當理由仍未提供。

三　因瑕疵造成重大傷害或危害。

四　產品未符合標示規定，經通知限期改正，屆期未改正。

五　未依第十一條規定期限保存產品符合性聲明書及技術文件。

六　未依第十五條規定重新登錄。

七　產品之型式違反第十六條或第十七條規定，經通知限期改正，屆期未改正。

八　產品之品名違反第十八條第一項規定，或其資料內容違反第十九條第一項規定。

九　未依第二十條規定維持產品實體與登錄事項相同，經通知限期改正，屆期未改正。

十　申報項目經公告廢止應實施安全資訊申報網站登錄作業。

十一　其他違反本辦法規定情節重大。

第二四條

經撤銷登錄或因產品與申報資訊不符而經廢止登錄者，其原申報文件不得再供申報之用。

第二五條

①本辦法自中華民國一百零四年一月一日施行。

②本辦法修正條文自發布日施行。

③本辦法中華民國一百零六年九月二十二日修正發布之條文，自一百零六年十月一日施行。

機械設備器具監督管理辦法

民國103年12月22日勞動部令訂定發布全文28條；並自104年1月1日施行。

第一章 總 則

第一條

本辦法依職業安全衛生法（以下簡稱本法）第七條第四項及第八條第五項規定訂定之。

第二條

本辦法用詞，定義如下：

一 產品監督：指對本法第七條第一項、第三項或第八條第一項所定產品，於生產廠場或倉儲場所，執行取樣檢驗、查核產銷紀錄完整性及製造階段產品安全規格一致性。

二 市場查驗：指對本法第七條第一項、第三項或第八條第一項所定產品，執行其於經銷、生產、倉儲、勞動、營業之場所或其他場所之產品檢驗或調查。

第三條

製造者、輸入者、供應者或前條第二款所列場所負責人（以下簡稱受查驗者）受查驗、調查、檢驗或封存時，非有正當理由，不得規避、妨礙或拒絕。

第四條

①中央主管機關、勞動檢查機構及本法第八條第一項之型式驗證機構，得依業務需要，執行產品之購樣、取樣之檢驗或調查。

②中央主管機關執行前項產品購樣、取樣之市場查驗業務，得依本法第五十二條規定委託專業團體辦理。

第二章 產品監督

第五條

①型式驗證機構每年度應依據發證產品之風險等級，訂定執行計畫。

②前項執行計畫，包括型式驗證合格產品之工廠製程與產銷紀錄之查核及取樣檢驗。

③第一項之產品風險等級，得依據廠商或其型式驗證合格產品之違規紀錄、事故發生率、購樣或取樣檢驗不合格紀錄、工廠品保模式或產地等風險因素區分之。

第六條

①型式驗證機構監督驗證合格產品，應依產品類別，指派適當專業

人員於產品之生產廠場或倉儲場所執行下列事項。但製程監督之執行地點，以生產廠場為限：

一 產品實體監督：包括取樣檢驗及查核產品之產銷資料。

二 製程監督：包括對生產廠場有關原物料、零組件之管理，及半成品、成品之檢測，檢視生產廠場之產製品與原型式驗證合格品，應持續維持安全規格之一致性。

②前項監督，型式驗證機構應製作產品監督紀錄，並妥存備查。

第七條

①型式驗證機構執行取樣檢驗，應就最新生產批次之型式驗證合格產品，隨機選取其中主型式或系列型式產品，現場比對各該型式試驗報告及技術資料。

②型式驗證機構依產品現場比對結果，認有必要時，得進行現場測試或攜回測試，並作成紀錄。

第八條

型式驗證機構辦理前二條之製程監督，有下列情形之一者，應於現場取樣，並攜回測試。但產品有不易攜回者，不在此限：

一 監督地點無測試設備。

二 經現場比對或測試，有不相符情事。

三 其他認有疑義，須再測試釐清。

第九條

型式驗證機構辦理驗證合格產品之監督作業，認其產品之產銷資料不符規定者，應通知受查驗者限期改正，並將其列為後續加強監督之對象。

第一〇條

①型式驗證機構對於型式驗證合格產品購樣或取樣檢驗，確認其不符安全標準者，應通報中央主管機關廢止該型號產品之型式驗證合格證明書，並通知相關業者限期回收產品。

②前項回收期限屆滿後，型式驗證機構應辦理市場查核，追蹤確認其回收情形。

第一一條

製造者或輸入者對於完成安全資訊申報網站登錄或取得型式驗證合格之產品，應建立產品之產製日期、型式、規格、數量、出廠日期、銷售對象、客戶抱怨處理紀錄及客戶服務紀錄等產銷資料，並保存相關技術文件，供中央主管機關或勞動檢查機構不定期查核。

第三章 市場查驗

第一二條

中央主管機關或勞動檢查機構，得因下列事由之一者，辦理市場查驗：

一 檢舉人、工作者或勞工團體反映。

二 產品發生災害事故，致有損害工作者生命、身體、健康或財

產之虞。

三　依據其他資訊來源認有查驗之必要。

第一三條

①產品市場查驗之查驗項目如下：

一　產品符合本法第七條第一項及第三項規定。

二　產品符合本法第八條第一項規定。

三　產品之安全標示或驗證合格標章之樣式及張貼方式，與法令規定相符。

四　違規產品經通知限期改正，是否如期改正。

五　違規產品經通知限期回收，是否如期回收。

六　產品之資料登錄或型式驗證合格經註銷、廢止或撤銷者，是否有違法產製運出廠場、輸入、租賃、供應或設置等情事。

②中央主管機關或勞動檢查機構於市場查驗時，得通知受查驗者提供驗證合格證明、測試報告、技術文件、測試樣品或其他相關佐證資料，以供查驗。

第一四條

①查驗人員執行市場查驗時，應向受查驗者出示識別證，並說明查驗依據及目的。

②執行市場查驗時，受查驗者或其指派人員應在場陪同。

③查驗人員執行市場查驗後，應作成查驗紀錄，並由受查驗者於查驗紀錄表簽名或蓋章。

第一五條

①中央主管機關或勞動檢查機構執行市場查驗時，發現疑有違規之產品，應進行調查。

②前項調查之方式如下：

一　向受查驗者或相關業者查詢，並得要求其提供相關佐證資料。

二　於第二條第二款所列之場所進行調查，並得對可疑產品取樣檢驗，或請受查驗者提供與疑有違規產品同型式之產品送驗。

三　必要時，得封存疑有違規產品，並於受查驗者填具進貨證明及保管書後，將產品交具結保管或運存指定處所。

第一六條

①查驗人員執行前條之調查時，應於調查現場或運存指定處所，作成訪談紀錄，並將受查驗者之陳述意見，列入紀錄。

②受查驗者將疑有違規產品運存指定處所時，應保留退運文件備查。

③中央主管機關、勞動檢查機構及本法第八條第一項之型式驗證機構為前條之調查，遇有規避、妨礙或拒絕情事，得依個案請求警察機關派員協助之。

第一七條

查驗人員執行市場查驗，受查驗者或其指派人員無正當理由，不

得規避、妨礙或拒絕。

第一八條

①受查驗者無正當理由，有規避、妨礙或拒絕查驗之情事，查驗人員應將查驗情形作成紀錄。

②前項紀錄，應記載下列事項：

一 受查驗者之名稱、事務所或營業所，及負責人或代表人之姓名、出生年月日、性別、身分證統一號碼及住居所。

二 規避、妨礙或拒絕查驗之事由及經過。

三 查驗之單位、人員、時間及地點。

四 其他採證所需之必要事項。

③前項第一款之受查驗者相關資料不明時，查驗人員得向有關機關查詢後，補列之。

第一九條

中央主管機關或勞動檢查機構執行領有型式驗證合格證明書產品之市場查驗，發現有檢驗不合格之情形者，應通知原型式驗證機構追蹤調查不合格原因及製作訪談紀錄，並依相關規定辦理。

第四章 不合格品處理

第二〇條

①中央主管機關、勞動檢查機構及本法第八條第一項之型式驗證機構對於檢驗不符合安全標準之產品，應列入追蹤處理，並向製造者、輸入者或供應者進行調查及製作訪談紀錄。

②前項之機關（構）認定前項產品涉有不安全情形者，應製作不安全產品通知文件，載明法令依據、通知事由、產品名稱、型號、製造（輸入）日期及製造（輸入）廠商等事項，並附佐證照片。

③勞動檢查機構或型式驗證機構，應將前二項之調查資料、訪談紀錄及不安全產品通知文件，送中央主管機關。

④中央主管機關接獲前項調查資料、訪談紀錄及不安全產品通知文件時，應依法處理並予以保存。

第二一條

①受查驗者無正當理由規避、妨礙或拒絕調查者，查驗人員應作成紀錄，送中央主管機關、勞動檢查機構及本法第八條第一項之型式驗證機構依法處理。

②前項紀錄，應記載事項準用第十八條第二項及第三項之規定。

第二二條

中央主管機關對於購樣或取樣檢驗不符合安全標準，而有危害工作者安全之虞之產品，得請海關實施邊境抽驗。

第二三條

①報驗義務人對於檢驗不合格之產品，不能改正使其符合安全標準者，應於接獲不合格通知書後六個月內，辦理退運、銷毀、拆解致不堪使用或為其他必要之處置。

②報驗義務人對於產品進行前項之必要處置時，應向中央主管機關

申請拆封或核准自行拆封，中央主管機關、勞動檢查機構及本法第八條第一項之型式驗證機構並應派員到場監督。

③報驗義務人辦理第一項產品之退運時，應於退運後三個月內，檢附復運出口報單副本等相關文件，向中央主管機關申請銷案或核符關務退運資料後銷案。

第二四條

①報驗義務人對於檢驗不合格產品之測試樣品，應於接獲不合格通知書之日起三個月內領回。逾期未領回者，中央主管機關、勞動檢查機構及本法第八條第一項之型式驗證機構得予銷毀、拆解致不堪使用或為其他必要之處置。

②中央主管機關、勞動檢查機構及本法第八條第一項之型式驗證機構辦理前項測試樣品之銷毀、拆解致不堪使用或為其他必要之處置所生費用，應由報驗義務人負擔。

第五章　退運及銷燬

第二五條

報驗義務人對於輸入或產製之產品，因檢驗不合格而退運或銷燬時，應依下列規定辦理：

一　退運：退運後三個月內，檢附復運出口報單副本等相關文件，向中央主管機關申請銷案或核符關務退運資料後銷案。

二　銷燬：檢附銷燬計畫，向中央主管機關提出申請，完成銷燬程序，辦理銷案。

第二六條

①中央主管機關受理前條第二款銷燬之申請，應審查銷燬計畫內容，包括報驗案號、品名、規格、數量、銷燬地點、銷燬方式及後續廢棄物處理等資料。

②中央主管機關經審核通過前項銷燬計畫者，得自行派員或委託其他機關（構）監燬，並以拍照或重點錄影方式存證；其銷燬過程與銷燬計畫有不符之情事者，應停止銷燬，並由中央主管機關通知報驗義務人改正後，另行銷燬。

第二七條

監燬人員應於銷燬完成時，確認銷燬產品已不堪使用，並於銷燬紀錄簽註查核情形及銷燬完成日期等相關事項，送中央主管機關銷案，並將相關文件影本留存備查。

第六章　附　則

第二八條

本辦法自中華民國一百零四年一月一日施行。

機械類產品申請先行放行辦法

①民國103年10月22日勞動部令訂定發布全文10條；並自104年1月1
　日施行。
②民國111年10月21日勞動部令修正發布第2、3、10條條文；並自發
　布日施行。

第一條

本辦法依職業安全衛生法（以下簡稱本法）第八條第五項規定訂
定之。

第二條 111

①報驗義務人輸入本法第八條所定應實施型式驗證之機械類產品，
　有下列情形之一者，得向中央主管機關具結，申請先行放行：
　一　經型式驗證合格之產品，尚未依法張貼合格標章。
　二　已申請型式驗證之產品，尚未取得型式驗證合格證明書。
　三　經型式驗證合格之產品，其為未組裝成品。
　四　經型式驗證合格之產品，其為全拆解或半拆解之零組件。
　五　其他有先行放行之必要，報經中央主管機關核准。
②依前項第二款規定申請先行放行者，對同一報驗義務人之同一型
　式產品，以核准一次為限。但有下列情形之一，經中央主管機關
　核准者，不以一次為限：
　一　經核准先行放行之待測產品數量不足，致無法完成型式驗
　　　證。
　二　經核准先行放行之產品未具型式代表性，致執行型式驗證有
　　　困難。
③報驗義務人依前項但書規定申請先行放行者，應於原申請案之核
　准期限屆滿前，檢附受理型式驗證機構出具之說明文件為之，並
　以一次為限；其核准期限，以原申請案之期限為準。

第三條 111

前條機械類產品有下列情形之一者，不得核准先行放行：
　一　經型式驗證不合格之同一型式產品，未於驗證不合格日起六
　　　個月內完成退運、銷燬或拆解至不堪用等必要處置。
　二　同一報驗義務人之同一型式產品經中央主管機關核准先行放
　　　行，未於核准日起一年內取得型式驗證合格證明書，且未完
　　　成退運、銷燬或拆解至不堪用等必要處置。但經核准展延驗
　　　證期限者，以該期限屆滿時為準。
　三　產品顯有安全顧慮情事。

第四條

報驗義務人向中央主管機關申請先行放行時，應填具申請書，並

檢附相關文件及佐證資料；其有第二條第二項但書所定情形者，並應檢附核准函。

第五條

①中央主管機關核准先行放行者，應發給輸入先行放行通知書，並副知驗證機構；未核准者，應將其理由告知申請人。

②前項輸入先行放行之通知，中央主管機關應以電子訊息傳送海關憑辦輸入通關放行。

第六條

①先行放行之產品符合型式驗證規定前，不得運出產品之設置或儲存地點，亦不得啓用或移轉於第三人。

②前項產品，報驗義務人應於中央主管機關指定期間內，依法張貼合格標章、取得型式驗證合格證明書或組裝完成等，並將執行情形通報中央主管機關。

③前二項之處理情形，中央主管機關得委託驗證機構至該產品之設置或儲存地點，進行必要之查核及追蹤。

④第一項產品之設置或儲存地點擬變更者，報驗義務人應報請中央主管機關核准後，始得爲之。

第七條

①機械類產品未能於指定期間內依法張貼合格標章、取得型式驗證合格證明書或組裝完成者，報驗義務人得向中央主管機關申請展延。

②前項展延期限不得逾六個月，並以一次爲限。

第八條

經具結先行放行之產品，申請型式驗證不合格者，除法令另有規定外，報驗義務人應於驗證不合格日起六個月內辦理退運、銷燬或拆解至不堪用等必要處置。

第九條

本辦法所定之各種書表格式，由中央主管機關定之。

第一○條 111

①本辦法自中華民國一百零四年一月一日施行。

②本辦法修正條文，自發布日施行。

機械類產品申請免驗證辦法

①民國103年11月21日勞動部令訂定發布全文17條；並自104年1月1日施行。
②民國111年10月7日勞動部令修正發布第10、17條條文；並自發布日施行。

第一條

本辦法依職業安全衛生法（以下簡稱本法）第八條第五項規定訂定之。

第二條

符合本法第八條第二項第一款或第二款規定者，免驗證。

第三條

本法第八條第二項第三款及第四款之產品，其進口報單一項次之金額在美金一百元以下，或同一報單同規格型式之數量未逾二件，且以郵包寄遞或旅客入境隨身行李者，免驗證，並由海關逕予放行。

第四條

①報驗義務人對於本法第八條第二項第三款至第五款所定之機械類產品，於國內產製運出廠場或輸入前，得向中央主管機關申請免驗證。

②機械類產品有輸入供加工、組裝後輸出或原件再輸出之情事者，報驗義務人得依本法第八條第二項第五款之規定，向中央主管機關申請免驗證。

第五條

①報驗義務人應檢具免驗證申請書及相關證明文件，向中央主管機關申請免驗證；其檢具之文件不齊全，經中央主管機關限期補正，屆期未補正者，不予受理。

②報驗義務人申請輸入品之免驗證，得以同一進口報單所載機械類產品，為同一申請案。

③保稅區工廠產製產品輸往課稅區者，準用前二項規定提出申請。

第六條

免證驗之申請，經中央主管機關審查核准者，應發給同意免驗證通知書；未核准者，應予駁回。

第七條

①輸入本法第八條第二項第三款及第四款之產品，其屬同規格型式者，報驗義務人得於六個月內檢具相關證明文件，向中央主管機關申請免驗證專用證號代碼，並以一次為限。

②報驗義務人檢具下列文件，經中央主管機關審查核准者，不受前

項申請次數之限制：

一　供科技研發或測試用產品：科技研發或測試之計畫書、產品存置場所及相關佐證文件。

二　商業樣品或展覽品：中央目的事業主管機關所轄促進貿易機構辦理展覽之計畫書、產品存置場所及相關證明文件。

第八條

① 輸入依本法第八條第二項第三款至第五款規定申請核准之機械類產品者，中央主管機關應先行指定公告其免驗證通關證號代碼。

② 報驗義務人經核准免驗證者，得於進口報單輸入許可證號碼欄，自行填報前項公告之免驗證通關證號代碼。

③ 海關對於前項通關資料，經單證比對相符後，通關放行。

第九條

輸入或國內產製之機械類產品，業經公告列入型式驗證品目者，不得申請免驗證。但符合本法第八條第二項第三款至第五款之免驗證規定者，或供加工、組裝後復運出口或原件再輸出之產品，不在此限。

第一〇條 111

① 輸入供加工或組裝後復運出口或原件再輸出之機械類產品，報驗義務人應於免驗證通知書送達後六個月內出口，並檢具出口證明文件，向中央主管機關申請銷案。但不能檢具證明文件經中央主管機關核准者，得檢具切結書辦理銷案。

② 報驗義務人不能於前項規定期間銷案者，應於期間屆滿前向中央主管機關申請展延，其展延期間最長爲六個月，並以一次爲限。但必要時，得再延展一次。

③ 報驗義務人逾前二項所定期間仍未完成銷案者，中央主管機關應通知報驗義務人補辦型式驗證、退運或監督銷燬，並副知海關；未依通知辦理者，同規格型式機械類產品之下批次免驗證申請案不予核准。

④ 報驗義務人依第一項但書辦理銷案者，應建立產銷文件，並保存三年備查。

第一一條

輸入或國內產製品，經准予免驗證，而有下列情形之一者，報驗義務人應建立產品之產銷文件、出口證明文件、成品之型式驗證合格證明等相關文件，並保存三年備查：

一　非供實際使用或作業用途之商業樣品、展覽品。

二　供加工、組裝用之零組件、配件，其驗證仍須以加工組裝後成品執行，且驗證實施規範與其成品之驗證實施規範相同者。

第一二條

輸入非供實際使用或作業用途之之商業樣品或展覽品，已依第七條之規定准予免驗證者，報驗義務人應於免驗證產品本體明顯處標示或附加「不得銷售或禁止設置」之字樣。

第一三條

①准予免驗證之機械類產品，報驗義務人不得變更其用途。但有特殊原因須變更用途，且其用途符合本法第八條第二項第三款至第五款者，報驗義務人應向中央主管機關申請核准。

②前項產品之免驗證事由消失時，報驗義務人應立即向驗證機構補辦型式驗證。

第一四條

①經准予免驗證之機械類產品，除依規定補辦型式驗證合格者外，不得提供國內工作者使用。

②經准予免驗證之機械類產品，報驗義務人應自負其產品安全之責任，中央主管機關、勞動檢查機構或經委託之專業團體得隨時派員查核。

第一五條

①中央主管機關發現報驗義務人以詐欺、虛偽不實或其他不當方式取得免驗證之核准者，應撤銷該產品免驗證之核准，並停止受理其後續免驗證申請一年至三年；其有涉及刑責者，另移送司法機關依法處理。

②報驗義務人有違反依法核准之免驗證產品之用途、標示或未建立產銷文件者，中央主管機關應廢止該產品免驗證之核准，並停止受理其後續免驗證申請六個月。

第一六條

本辦法所定各種書表格式，由中央主管機關定之。

第一七條 111

①本辦法自中華民國一百零四年一月一日施行。

②本辦法修正條文，自發布日施行。

機械類產品型式驗證實施及監督管理辦法

民國103年11月28日勞動部令訂定發布全文49條；並自104年1月1日施行。

第一章 總 則

第一條

本辦法依職業安全衛生法（以下簡稱本法）第八條第五項規定訂定之。

第二條

本辦法用詞，定義如下：

一 機械類產品：指輸入或國內產製之機械、設備或器具產品，依本法第八條第一項規定，經中央主管機關公告應實施型式驗證者。

二 產製：指生產、製造、加工或修改，包括將機械類產品由個別零組件予以組裝銷售，及於進入市場前，為銷售目的而修改。

三 驗證實施程序：指技術性貿易障礙協定所稱符合性評鑑程序，包括直接或間接用以判定與技術性法規或安全標準是否相符之下列任何相關程序：

(一)取樣、試驗及檢查。

(二)評估、證明及符合性保證。

(三)登錄及認可。

(四)前三款之合併程序。

四 驗證機構：指依本法第八條第一項規定，經中央主管機關認可辦理型式驗證之機構。

第三條

機械類產品（以下簡稱產品）之報驗義務人如下：

一 產品在國內產製，為該產品之產製者。但產品委託他人產製，而以在國內有住所或營業所之委託者名義，於國內銷售時，為委託者。

二 產品在國外產製，為該產品之輸入者。但產品委託他人輸入，而以在國內有住所或營業所之委託者名義，於國內銷售時，為委託者。

三 產品之產製、輸入、委託產製或委託輸入者不明，或不能追查時，為銷售者。

第四條

依本法第八條第一項規定應實施型式驗證之產品，未經驗證機構實施型式驗證合格，並取得型式驗證合格證明書（附表一）及張貼合格標章者，不得運出廠場或輸入。但依本法第八條第四項規定申請核准先行放行者，不在此限。

第五條

驗證之實施程序、項目及標準，中央主管機關得依國際經貿或勞工公約有關規定，並參酌相關國家標準、國際標準或其他技術性法規，另行公告之。

第二章　型式驗證

第六條

①報驗義務人申請產品型式驗證時，應填具申請書，並檢附載明下列事項文件，向驗證機構提出：

一　符合性聲明書：製造者或輸入者簽署該產品符合型式驗證之實施程序及標準之聲明書。

二　產品基本資料：

　　㈠型式名稱說明書：包括產品之型錄、名稱、外觀圖、商品分類號列、主機台及控制台基本規格等說明資訊。

　　㈡歸類爲同一型式之理由說明書。

　　㈢主型式及系列型式清單。

　　㈣構造圖說，包括產品安全裝置之性能示意圖及安裝位置。

　　㈤有電氣、氣壓或液壓回路者，其各該相關回路圖。

　　㈥性能說明書。

　　㈦產品之安裝、操作、保養、維修說明書及危險對策。

　　㈧產品安全裝置及安全配備清單：包括相關裝置之品名、規格、安全性能與符合性說明、重要零組件驗證測試報告及相關強度計算。

　　㈨其他中央主管機關認有必要之技術文件資料。

三　設立登記文件：工廠登記、公司登記、商業登記或其他相當於設立登記之證明文件影本。但依法無須設立登記或相關資料已於中央主管機關指定之資訊網站登錄有案，且其記載事項無變更者，不在此限。

四　符合性評鑑證明文件：依型式驗證之實施程序及標準核發之符合性評鑑合格文件。但取得其他驗證證明文件報經中央主管機關同意者，得以該驗證證明文件替代符合性評鑑證明。

②前項申請書件未符規定者，驗證機構得通知報驗義務人限期補正，屆期未補正者，不予受理。

③驗證機構爲辦理第一項文件資料之數位保存及管理，得要求報驗義務人提供相關資料之電子檔。

④報驗義務人提供之第一項所定文件爲影本者，應註明與正本相符字樣並簽章，必要時，驗證機構得要求提出正本供查對。

第七條

產品驗證合格證明文件經撤銷或產品不符安全標準而經廢止者，其原附符合性評鑑合格文件，不得再供申報符合性評鑑之用。

第八條

依雙邊或多邊相互承認協議，對方國核發之驗證合格證明文件，得視同第六條第四款之符合性評鑑證明文件。

第九條

①報驗義務人檢附之技術文件資料，應以中文為主，並得輔以英文或其他外文。

②前項資料為外文者，除供工作者使用之安裝、操作、保養、維修及危險對策等，應有中文正體字譯本外，文件為英文以外之外文者，應附具英譯本對照。

③報驗義務人未依前二項規定辦理者，驗證機構得通知限期補正，屆期未補正或補正後仍不符規定者，不予受理。

第一〇條

①驗證機構受理產品驗證申請時，應依中央主管機關指定之型式驗證實施程序及標準辦理。

②前項型式驗證實施程序，應包括產品設計及製造階段之符合性評鑑程序，並應依產品之型式及製造技術能力分別為之。

第一一條

①驗證機構實施產品型式驗證，經審驗合格者，應發給附字號之型式驗證合格證明書。

②前項型式驗證合格證書之有效期間，為三年。

第一二條

①型式驗證合格證明書有效期間屆滿前三個月內，除有第十八條及第二十條規定之情形外，報驗義務人得檢附展延申請書及相關文件向驗證機構申請展延三年。逾期申請展延者，應重新申請型式驗證。

②前項展延之申請，經驗證機構審查核可者，收繳舊證換發新證。

第一三條

①驗證機構實施前條型式驗證之審驗，必要時，得要求生產廠場提供試驗用樣品，並就特定項目執行複測、抽樣、監督試驗或赴生產廠場實地就品管及製程查核。

②驗證機構執行前項監督試驗時，應報請中央主管機關同意，始得為之。

第一四條

報驗義務人應保存型式驗證合格產品之符合性聲明書及技術文件，至該產品停產後至少十年。

第一五條

同一報驗義務人就同一型式之產品，不得重複申請型式驗證。但有第十二條第一項之情形者，不在此限。

第一六條

①報驗義務人申請型式驗證，其產品之型式應依產品型號定之。但

產品無型號者，得以規格、文字或編碼為之。

②前項產品之型號、規格、文字或編碼，應具有顯著識別性，並由報驗義務人於申請型式驗證時定之。

③基本設計相同之產品，得歸類為系列型式。

第一七條

①經型式驗證合格之產品，報驗義務人應維持其與型式驗證合格證明書所載之名稱、型式、規格及功能特性相符，且實體不得與型式驗證合格證明書記載事項相異。

②有變更型式驗證合格證明書所載之名稱、型式、規格或功能特性者，應重新申請驗證。

第一八條

已取得型式驗證合格之產品，於中央主管機關修正型式驗證實施標準時，其型式驗證合格證明書之名義人，應於規定期限內依修正後之標準，申請換發型式驗證合格證明書。

第一九條

①型式驗證合格產品之輸入者與型式驗證合格證明書之名義人非相同者，得經該證明書名義人之授權，向驗證機構申請核發授權放行通知書，辦理通關。

②前項授權放行通知書之授權範圍，及於證明書所列全部型號產品。

③第一項授權，經證明書名義人通知驗證機構終止者，驗證機構應廢止第一項同意授權放行通知書；其型式驗證合格經撤銷或廢止，或型式驗證合格證明書經註銷者，亦同。

第二○條

①報驗義務人對於取得型式驗證合格證明書之產品，有變更設計時，應依下列規定辦理：

一　基本設計變更者，重新申請型式驗證。

二　基本設計未變更而其系列產品變更者，申請系列型式驗證。

三　前款變更不影響證明書登載事項及產品識別者，報請驗證機構備查。

②前項情形驗證機構認有必要時，得要求報驗義務人提出相關證明文件、技術文件或測試報告。

第二一條

報驗義務人對於取得型式驗證合格證明書之產品，其生產廠場有增加、變更或遷移者，應報請驗證機構變更登載，並申請重新換發證明書。

第二二條

①型式驗證合格證明書有遺失或毀損者，應申請補發或換發。

②因申請登載系列產品致其證明書原登載事項有變更者，報驗義務人應重新申請換發證明書，增列登載項目。

第三章　驗證機構之認可及管理

第二三條

行政機關、學術機構或公益法人符合下列資格條件者，得向中央主管機關申請認可為驗證機構：

一 具有從事型式驗證業務能力與公正性、固定辦公處所、組織健全且財務基礎良好。

二 已建立符合國際標準ISO/IEC 17065或其他同等標準要求之產品驗證制度，並取得經中央主管機關認可之我國認證機構相關領域之認證資格。

三 設有與型式驗證業務相關之專業檢測試驗室，並取得國際標準ISO/IEC 17025相關領域認證。

四 擬驗證之各項產品均置有一名以上之專業專職之驗證人員。

五 其他經中央主管機關公告之資格條件。

第二四條

前條第五款之驗證人員，應具有下列資格之一：

一 國內公立或立案之私立大學校院或教育部承認之國外大學校院機械或電機相關學系碩士以上，並具實際從事型式驗證相關產品之研究、設計、製造、安全檢查、安全測試或型式檢定實務經驗二年以上而有證明文件者。

二 國內公立或立案之私立大專校院或經教育部承認之國外大專校院機械或電機相關科系畢業，並具實際從事型式驗證相關產品之研究、設計、製造、安全檢查、安全測試或型式檢定實務經驗五年以上而有證明文件者。

三 國內公立或立案之私立高級工業職業學校或教育部承認之國外高級工業職業學校機械或電機相關科組畢業，並具實際從事型式驗證相關產品之研究、設計、製造、安全檢查、安全測試或型式檢定實務經驗七年以上而有證明文件者。

四 其他受中央主管機關承認之資格者。

第二五條

驗證人員應熟諳型式驗證之相關法規及技術規範，並由中央主管機關或其認可專業團體訓練合格登錄後，始得從事型式驗證業務。

第二六條

經依前條登錄之驗證人員，不得兼任型式驗證之檢驗工作。

第二七條

①具有第二十三條資格條件之機構（以下簡稱申請人）申請認可為驗證機構時，應填具申請書，並檢附下列文件：

一 註明擬申請之產品驗證項目之文件。

二 符合第二十三條資格條件之證書影本及相關佐證文件。

三 驗證人員名冊及其擬任之產品驗證項目。

四 組織架構圖及業務功能說明表。

五 機構之辦公與工作區佈置圖及地理位置簡圖。

六 品質手冊、品質文件系統架構及一覽表。

七 其他經中央主管機關認有必要之文件。

②前項申請文件不完備者，中央主管機關得通知限期補正；屆期不補正或補正後仍不符規定者，不予受理。

第二八條

①申請人檢具申請文件符合前條規定者，中央主管機關得邀請學者專家組成評鑑小組，進行實地評核。

②前項實地評核應就下列事項爲之，並提出評核報告：

一 產品驗證制度符合國際標準ISO/IEC 17065或其他同等標準規範之要求。

二 具有產品型式驗證業務所需技術性法規、實施程序、安全標準、國家標準或國際標準規定之執行能力。

三 具有執行產品型式驗證業務所需國家標準、國際標準或其他相關標準所定之風險管理能力。

四 具有對驗證人員之任免、培訓、認可、監督、考核及管理所需之相關內部規範文件及執行能力。

五 具有推動產品型式驗證業務之內外部符合性評鑑機構之資格認可、監督、考核、維護及管理所需之相關內部規範文件及執行能力。

六 具有擬訂驗證產品之監督計畫及執行能力。

七 其他經中央主管機關認有必要事項。

③實地評核未符規定者，中央主管機關應將不符事項通知申請人限期改善。屆期未完成改善者，不予認可。

第二九條

①前條實地評核認可後，中央主管機關應核發認可文件，公告認可辦理產品型式驗證業務。

②驗證機構辦理產品型式驗證業務時，應以驗證機構名義爲之。但與型式驗證相關之符合性評鑑工作，得由驗證機構依其專業及技術需求，另委由報經中央主管機關核准之符合性評鑑機構辦理。

③前項符合性評鑑工作，因情況特殊，擬採監督試驗或臨場試驗者，驗證機構應擬具評估分析報告，報經中央主管機關核准後始得爲之。

第三〇條

①中央主管機關對驗證機構之認可期限爲三年，期限屆滿前六十日內，驗證機構得申請展延。

②中央主管機關核准前項展延時，準用第二十九條第一項之公告認可規定。

第三一條

驗證機構辦理產品型式驗證及相關符合性評鑑工作，非有正當理由，不得拒絕受理或爲差別待遇。

第三二條

驗證機構應將各該型式驗證之相關資料、執行情形及結果之電子檔，傳送至中央主管機關指定之資訊申報網站備查。

第三三條

①驗證機構擬增列驗證類別或項目者，應檢具申請書及相關資料向中央主管機關申請核准，並重新核發認可文件。

②認證範圍經我國認證機構減列時，驗證機構應即停止辦理型式驗證範圍內受影響之符合性評鑑業務，並於三個月內檢具申請書向中央主管機關申請變更業務範圍及重新核發認可文件。

第三四條

驗證機構遷移地址或變更其他基本資料者，應檢附相關文件向中央主管機關申請變更記載；未經審查核准前，不得執行型式驗證。

第三五條

驗證機構之驗證人員有出缺、增補或任免之異動者，應於異動發生之日起十五日內，檢附異動人員資料報請中央主管機關備查。

第三六條

①驗證人員出缺未補實，致不符合第二十三條第五款規定者，中央主管機關得令該驗證機構暫停辦理有關型式驗證工作。

②前項情形驗證機構應於驗證人員補實後，檢附驗證人員基本資料，報請中央主管機關准予恢復辦理型式驗證工作。

第三七條

驗證機構未經中央主管機關核准展延認可期限者，於原認可期限屆滿前三十日內，不得受理驗證案件。

第三八條

中央主管機關應對驗證機構每年辦理業務定期查核及不定期督導；驗證機構無正當理由者，不得規避、妨礙或拒絕。

第三九條

①驗證機構有下列情形之一者，中央主管機關得令其暫停辦理型式驗證，並限期改善：

一　經國內認證機構暫停其認證資格。

二　驗證機構所採用之符合性評鑑機構，未有中央主管機關核准。

三　經通知限期提供資料，無正當理由屆期未提供。

四　中央主管機關辦理查核，無正當理由未配合辦理。

五　有申訴、陳情或爭議案件時，應配合辦理而未配合。

②前項情形經改善，並經中央主管機關認定符合者，始予恢復辦理型式驗證。

第四〇條

驗證機構有下列情形之一者，中央主管機關得撤銷或廢止其認可：

一　主動申請終止認可。

二　經國內認證機構撤銷或廢止其認證資格。

三　驗證機構採用之符合性評鑑機構，皆經中央主管機關撤銷或廢止核准。

四　驗證機構喪失執行型式驗證業務能力，或有礙公正有效執行型式驗證業務。

五　違反利益迴避或保密義務原則。

六　逾越授權範圍或怠於辦理型式驗證及相關符合性評鑑業務。

七　違反第三十一條規定。

八　未依第三十三條規定辦理申請核准或變更，或未經核准前，擅自執行型式驗證業務。

九　違反第三十八條規定。

十　未於第三十九條規定期間內完成改善，並經中央主管機關認定符合者，逕自恢復型式驗證業務。

十一　核發之驗證合格證明書有虛偽不實之情事。

十二　未依規定繳納規費，經通知限期繳納，屆期仍未繳納。

十三　接受利害關係者餽贈財物、飲宴應酬或請託關說，或假借職務上之權力、方法、機會圖本人或第三人不正利益，情節重大。

十四　其他違反法令規定，情節重大。

第四一條

①有第三十六條及前條情形時，驗證機構應將未完成之驗證案件交由中央主管機關指定之其他驗證機構辦理。

②驗證機構之認可經撤銷或廢止者，自終止日起三年內，不得重新申請認可為驗證機構。但依前條第一款主動申請終止認可者，不在此限。

第四二條

驗證機構應於認可終止後七日內，將所有型式驗證相關符合性評鑑業務案件之完整資料移交中央主管機關指定之機構。

第四章　監督及管理

第四三條

中央主管機關對於驗證機構之能力評鑑、技術一致性確認、人力培訓與資格審及登錄管理等，依本法第五十二條規定，得委託國內專業團體辦理之。

第四四條

報驗義務人有下列情事之一者，中央主管機關應註銷其型式驗證合格證明書：

一　自行申請註銷。

二　設立登記文件經依法撤銷、廢止或註銷。

三　事業體依法解散、歇業或撤回認許。

四　經中央主管機關查核發現有不合規定情事。

第四五條

①以詐欺或虛偽不實之方法取得型式驗證合格者，應撤銷其資格，並限期繳回證明書；其有涉及刑責者，另移送司法機關依法處理。

②構造規格特殊之機械類產品有前項情事，經中央主管機關撤銷核准其採用適當檢驗方式者，型式驗證合格標章亦應一併撤銷，並由驗證機構通知限期繳回型式驗證合格證明書。

第四六條

報驗義務人有下列情事之一者，中央主管機關應廢止型式驗證合格證明書：

一　經購樣、取樣檢驗結果不符合型式驗證實施標準。

二　經限期提供型式驗證合格證明書、技術文件或樣品，無正當理由拒絕提供或屆期仍未提供。

三　驗證合格產品因瑕疵造成重大傷害或危害。

四　產品未符合標示規定，經通知限期改正，屆期未改正。

五　未依第十四條規定期限保存經型式驗證之產品符合性聲明書及技術文件。

六　違反第十七條規定，產品與型式驗證合格證明書所載不符，經通知限期改正，屆期未改正完成。

七　經依第十八條規定，限期依修正後驗證標準換發型式驗證合格證明書，屆期未完成。

八　驗證合格產品生產廠場不符合製造階段之符合性評鑑程序。

九　未繳納驗證規費，經通知限期繳納，屆期未繳納。

十　產品經公告廢止實施型式驗證。

十一　其他經中央主管機關認定違規情節重大者。

第四七條

①我國與他國、區域組織或國際組織簽定雙邊或多邊相互承認協定或協約者，中央主管機關得依該協定或協約所負義務，承認依該協定或協約規定所簽發之試驗報告、檢驗證明及其他相關驗證證明。

②對於國外輸入之產品，其報驗義務人所附經中央主管機關依前項規定承認之國外試驗報告、檢驗證明及其他相關驗證證明，驗證機構得承認其效力，並據以免除第四條所定全部或部分之驗證或測試。但因未簽定協定、協約或其他特殊原因致執行有困難者，驗證機構得經中央主管機關核准，以實驗室對實驗室方式相互承認試驗報告。

第四八條

本辦法所定各種書表格式，由中央主管機關定之。

第五章　附　則

第四九條

本辦法自中華民國一百零四年一月一日施行。

構造規格特殊產品安全評估報告及檢驗辦法

民國103年11月21日勞動部令訂定發布全文8條；並自104年1月1日施行。

第一條
本辦法依職業安全衛生法（以下簡稱本法）第八條第五項規定訂定之。

第二條
本法第八條第三項所稱產品構造規格特殊，指產品之構造、性能或防護之設計、工法、技術、材料或其他安全機構性能有別於常規，致驗證有困難之情況。

第三條
① 報驗義務人對於前條產品擬採用適當檢驗方式者，應檢附產品安全評估報告及相關資料，向中央主管機關申請核准。

② 前項產品安全評估報告及相關資料如下：

一　產品基本資料：包括產品之型錄、名稱、外觀圖及貨品分類號列等附件資料。

二　安全評估資料：包括採取國際間常用之風險評估方法，完成該產品之安全評估、危害分析或風險評估，併同危險對策，彙集成冊。

三　產品擬採檢驗方式之建議及其與中央主管機關所定型式驗證實施程序，及安全標準之差異性說明。

四　該產品具有國內外獨立第三者驗證機構依據建議檢驗方式完成驗證測試者，檢附有效期限內之合格證明文件。

五　其他經中央主管機關認有必要之符合性評鑑程序資料或技術文件。

第四條
① 中央主管機關審查前條申請案時，得邀請學者專家提供意見或委託專業團體辦理，並得通知報驗義務人到場說明。

② 前項審查未通過者，中央主管機關應以書面說明不予核准理由，復知申請人。

第五條
① 經核准採用適當檢驗方式驗證者，其他與申請案同一型式之產品，均得比照辦理型式驗證，無須重複申請。

② 前項核准採用適當檢驗方式驗證之產品，俟中央主管機關對其定有型式驗證實施程序及安全標準時，報驗義務人即應依各該規定辦理，不得再沿用前項之檢驗方式為之。

第六條

　　報驗義務人以詐欺、虛偽不實或其他不當方式取得核准採適當檢驗方式者，中央主管機關應予追繳相關驗證合格證明書及撤銷合格標章；其有涉及刑責者，另移送司法機關依法處理。

第七條

　　本辦法所定各種書表格式，由中央主管機關定之。

第八條

　　本辦法自中華民國一百零四年一月一日施行。

產品安全資訊申報登錄及型式驗證規費收費標準

①民國103年12月31日勞動部令訂定發布全文9條；並自104年1月1日施行。
②民國106年9月25日勞動部令修正發布第4、5、8、9條條文及第2條附表；並自106年10月1日施行。
③民國109年4月8日勞動部令修正發布第2、5、9條條文；並自發布日施行。

第一條
本標準依職業安全衛生法（以下簡稱本法）第五十三條及規費法第十條第一項規定訂定之。

第二條
①辦理本法第七條或第八條規定事項，應收規費之項目如下：
一　產品安全資訊申報登錄、展延、變更與授權之審查，及資訊重製或複製。
二　產品型式驗證之驗證行政。
三　型式驗證合格證明書補（換）發、授權及展延之審查。
四　構造規格特殊產品採用適當檢驗方式之審查。
五　具結先行放行、展延及變更之審查。
六　申請為驗證機構認可之審查及認可。
七　產品免申報登錄、免驗證、展延與變更之審查，及資訊重製或複製。
②前項各款之費額，如附表。

第三條
製造者或輸入者（以下簡稱申請人）依前條第一項第一款規定，辦理登錄，應按次繳納審查費。

第四條
申請人依第二條第一項第二款規定，申請產品型式驗證，應繳納驗證行政規費，並得由驗證機構代收之。

第五條
申請人為辦理下列事項，應向受理機構繳納相關審查費：
一　申請登錄完成通知書或型式驗證合格證明書授權予他人使用。
二　依第二條第一項第三款規定，申請型式驗證合格證明書之補（換）發、授權及展延。
三　依第二條第一項第四款規定，申請核准採用適當檢驗方式。
四　依第二條第一項第五款規定，申請具結先行放行、展延及變

更。

五　依第二條第一項第七款規定，申請產品免申報登錄、免驗證、展延與變更，及資訊重製或複製。

第六條

學術機構或法人團體申請認可為驗證機構，應繳納審查費及認可費。

第七條

本標準規定之規費繳納後，除依規費法第十八條規定申請退還外，不得以其他任何理由要求退費或保留。

第八條

①繳納規費，應以銀行為發票人之支票、國庫支票或匯票送達、以現金繳納、網路銀行、自動櫃員機轉帳，或至各地金融機構以電匯等多元化繳費方式為之。

②前項支票、國庫支票、匯票、轉帳或電匯之受款人，應為中央主管機關或其委託之機構。

第九條

①本標準自中華民國一百零四年一月一日施行。

②本標準修正條文除中華民國一百零六年九月二十五日修正發布之條文，自一百零六年十月一日施行外，自發布日施行。

安全標示與驗證合格標章使用及管理辦法

①民國103年11月10日勞動部令訂定發布全文14條；並自104年1月1日施行。
②民國106年9月30日勞動部令修正發布第14條條文及第3條附圖一、第4條附圖二；並自發布日施行。

第一條
本辦法依職業安全衛生法（以下簡稱本法）第七條第四項及第八條第五項規定訂定之。

第二條
製造者、輸入者、供應者或雇主非依本法第七條或第八條之規定，不得張貼安全標示或驗證合格標章。

第三條
①本法第七條第三項所定安全標示，其格式由圖式及識別號碼組成；識別號碼應緊鄰圖式之右方或下方，且由字軌TD及指定代碼組成。
②指定代碼，應向中央主管機關申請核發。
③第一項安全標示之格式，如附圖一。

第四條
①本法第八條第一項所定驗證合格標章，其格式由圖式及識別號碼組成；識別號碼應緊鄰圖式之右方或下方，且由字軌TC、指定代碼及發證機構代號組成。
②指定代碼，由中央主管機關認可之驗證機構於核發驗證合格證明書時指定。
③第一項驗證合格標章之格式，如附圖二。

第五條
製造者或輸入者自行製作安全標示或驗證合格標章，應依前二條所定格式，並依規定張貼於各該產品。

第六條
安全標示及驗證合格標章之製作，應使用不易變質之材料、字體內容清晰可辨且不易磨滅，並以牢固之方式標示。

第七條
①安全標示及驗證合格標章，應張貼於機械、設備或器具之本體明顯處。
②前項所稱明顯處，指於銘版上或鄰近商標、廠牌等易於辨認之位置。

第八條

①依本法第七條第三項規定完成安全資訊申報網站登錄，或依本法第八條第一項規定實施型式驗證合格者，製造者或輸入者應於各該產品本體及相關說明書件，載明其產品名稱、申報者或報驗義務人之名稱、地址、電子郵件信箱及電話等聯絡資訊。

②前項資訊不能標示於產品之本體者，應標示於其包裝、標貼、掛牌或其他足資識別之處。

第九條

機械、設備或器具有其他標示者，其外觀、圖式、樣式及其他表徵，不得與安全標示或驗證合格標章有混淆、誤導或不易辨別之情況。

第一○條

機械、設備或器具因本體太小或其他特殊原因致不能標示者，得依下列方式處理：

一　有包裝者，於最小單位包裝標示。

二　無包裝或其包裝不適宜標示者，以繫掛方式標示。

三　以其他經中央主管機關核定之方式標示。

第一一條

安全標示或驗證合格標章專屬，依法完成資訊申報網站登錄或取得型式驗證合格證明書者所有。但專屬權人同意由他人於同廠牌同型號產品使用，並經檢具下列文件報請中央主管機關核准者，不在此限：

一　申報資訊網站登錄核准文件或型式驗證合格證明書影本。

二　被授權人之工廠登記或商業登記證明文件影本。

第一二條

對本法第七條或第八條所定應張貼安全標示或驗證合格標章之產品，製造者或輸入者至遲應於提供該產品予供應者或雇主前，完成張貼標示或標章。

第一三條

以詐欺、虛偽不實或不當方式取得資訊申報網站登錄或型式驗證合格者，中央主管機關應按情節輕重公告註銷或撤銷其標示或標章；其有涉及刑責者，另移送司法機關依法處理。

第一四條

①本辦法自中華民國一百零四年一月一日施行。

②本辦法修正條文自發布日施行。

附圖一　安全標示

TD000000（代碼）

註：
1. 安全標示顏色：黑色K0，或為配合製造者或輸入者自行製作安全標示之實務需求，經向中央主管機關申請同意使用之其他顏色。
2. 安全標示由圖式及識別號碼組成，識別號碼應註明於圖式之右方或下方。
3. 安全標示尺寸配合機械、設備或器具本體大小及其他需要，得按比例縮放。

附圖二　驗證合格標章

TC000000-XXX（代碼＋機構代號）

註：
1. 驗證合格標章顏色：黑色K0，或為配合製造者或輸入者自行製作驗證合格標章之實務需求，經向中央主管機關申請同意使用之其他顏色。
2. 驗證合格標章由圖式及識別號碼組成，識別號碼應註明於圖式之右方或下方。
3. 驗證合格標章尺寸配合機械、設備或器具本體大小及其他需要，得按比例縮放。

職業安全衛生管理辦法

①民國91年12月18日行政院勞工委員會令修正發布全文90條；並自發布日施行。

②民國97年1月9日行政院勞工委員會令修正發布第1、3、4、6、7、10、11、39、42、43、63、67、71、72、80、81、86、90條條文；增訂第1-1、2-1、3-1、3-2、5-1、6-1、12-1～12-6、15-1、15-2、44-1、50-1、89-1條條文；並刪除第5、9、76、89條條文；但除第2-1條第1項第1款、第6條第2項第1款已另定施行日期者外，第2、2-1、3、3-1、3-2、5-1、6、7、10、12-1～12-6自發布後六個月施行，餘自發布日施行。

③民國97年9月17日行政院勞工委員會令修正發布第6-1條條文。

④民國98年2月5日行政院勞工委員會令修正發布第2-1、6條條文。

⑤民國100年1月14日行政院勞工委員會令修正發布第2、3、4、6-1、7、8、11、12、12-1、13、44、63、68、78、83、86、87條條文。

⑥民國103年6月26日勞動部令修正發布名稱及第1、2-1、3、3-1、3-2、4、5-1、6、6-1、7、8、10、11、12、12-1、12-2、12-4、12-5、26、43、59、67、72、81、86、87、88、89-1、90條條文及第二、三章之章名；並自103年7月3日施行（原名稱：勞工安全衛生組織管理及自動檢查辦法）。

⑦民國105年2月19日勞動部令修正發布第6-1、12-2～12-6、90條條文及第2條附表一；並增訂第12-7條條文；除第6-1、12-7自105年7月1日施行外，自106年1月1日施行。

⑧民國109年9月24日勞動部令修正發布第1-1、4、6-1、7、12-2、12-7、16、17、20、27、33、43、45、86、87、90條條文及第3條附表二、第6條附表二之一；增訂第31-1、54-1、89-2條條文；並自發布日施行，但第4條自發布後六個月施行。

⑨民國111年1月5日勞動部令修正發布第4、90條條文；並自111年1月7日施行。

第一章　總　則

第一條
本辦法依職業安全衛生法（以下簡稱本法）第二十三條第四項規定訂定之。

第一條之一
雇主應依其事業之規模、性質，設置安全衛生組織及人員，建立職業安全衛生管理系統，透過規劃、實施、評估及改善措施等管理功能，實現安全衛生管理目標，提升安全衛生管理水準。

第二條
①本辦法之事業，依危害風險之不同區分如下：
一　第一類事業：具顯著風險者。
二　第二類事業：具中度風險者。

三　第三類事業：具低度風險者。

②前項各款事業之例示，如附表一。

第二章　職業安全衛生組織及人員

第二條之一

①事業單位應依下列規定設職業安全衛生管理單位（以下簡稱管理單位）：

一　第一類事業之事業單位勞工人數在一百人以上者，應設直接隸屬雇主之專責一級管理單位。

二　第二類事業勞工人數在三百人以上者，應設直接隸屬雇主之一級管理單位。

②前項第一款專責一級管理單位之設置，於勞工人數在三百人以上者，自中華民國九十九年一月九日施行；勞工人數在二百人至二百九十九人者，自一百年一月九日施行；勞工人數在一百人至一百九十九人者，自一百零一年一月九日施行。

第三條

①第二條所定事業之雇主應依附表二之規模，置職業安全衛生業務主管及管理人員（以下簡稱管理人員）。

②第一類事業之事業單位勞工人數在一百人以上者，所置管理人員應為專職；第二類事業之事業單位勞工人數在三百人以上者，所置管理人員應至少一人為專職。

③依前項規定所置專職管理人員，應常駐廠場執行業務，不得兼任其他法令所定專責（任）人員或從事其他與職業安全衛生無關之工作。

第三條之一

①前條第一類事業之事業單位對於所屬從事製造之一級單位，勞工人數在一百人以上未滿三百人者，應另置甲種職業安全衛生業務主管一人，勞工人數三百人以上者，應再至少增置專職職業安全衛生管理員一人。

②營造業之事業單位對於橋樑、道路、隧道或輸配電等距離較長之工程，應於每十公里內增置營造業丙種職業安全衛生業務主管一人。

第三條之二

①事業單位勞工人數之計算，包含原事業單位及其承攬人、再承攬人之勞工及其他受工作場所負責人指揮或監督從事勞動之人員，於同一期間、同一工作場所作業時之總人數。

②事業設有總機構者，其勞工人數之計算，包含所屬各地區事業單位作業勞工之人數。

第四條　111

事業單位勞工人數未滿三十人者，雇主或其代理人經職業安全衛生業務主管安全衛生教育訓練合格，得擔任該事業單位職業安全衛生業務主管。但屬第二類及第三類事業之事業單位，且勞工人

數在五人以下者，得由經職業安全衛生教育訓練規則第三條附表一所列丁種職業安全衛生業務主管教育訓練合格之雇主或其代理人擔任。

第五條 （刪除）

第五條之一

① 職業安全衛生組織、人員、工作場所負責人及各級主管之職責如下：

一　職業安全衛生管理單位：擬訂、規劃、督導及推動安全衛生管理事項，並指導有關部門實施。

二　職業安全衛生委員會：對雇主擬訂之安全衛生政策提出建議，並審議、協調及建議安全衛生相關事項。

三　未置有職業安全（衛生）管理師、職業安全衛生管理員事業單位之職業安全衛生業務主管：擬訂、規劃及推動安全衛生管理事項。

四　置有職業安全（衛生）管理師、職業安全衛生管理員事業單位之職業安全衛生業務主管：主管及督導安全衛生管理事項。

五　職業安全（衛生）管理師、職業安全衛生管理員：擬訂、規劃及推動安全衛生管理事項，並指導有關部門實施。

六　工作場所負責人及各級主管：依職權指揮、監督所屬執行安全衛生管理事項，並協調及指導有關人員實施。

七　一級單位之職業安全衛生人員：協助一級單位主管擬訂、規劃及推動所屬部門安全衛生管理事項，並指導有關人員實施。

② 前項人員，雇主應使其接受安全衛生教育訓練。

③ 前二項安全衛生管理、教育訓練之執行，應作成紀錄備查。

第六條

① 事業分散於不同地區者，應於各該地區之事業單位依第二條至第三條之二規定，設管理單位及置管理人員。事業單位勞工人數之計算，以各該地區事業單位作業勞工之總人數為準。

② 事業設有總機構者，除各該地區事業單位之管理單位及管理人員外，應依下列規定另於總機構或其地區事業單位設綜理全事業之職業安全衛生事務之管理單位，及依附表二之一之規模置管理人員，並依第五條之一規定辦理安全衛生管理事項：

一　第一類事業勞工人數在五百人以上者，應設直接隸屬雇主之專責一級管理單位。

二　第二類事業勞工人數在五百人以上者，應設直接隸屬雇主之一級管理單位。

三　第三類事業勞工人數在三千人以上者，應設管理單位。

③ 前項規定所置管理人員，應為專職。但第二類及第三類事業之職業安全衛生業務主管，不在此限。

④ 第二項第一款專責一級單位之設置，於勞工人數在三千人以上

者，自中華民國九十九年一月九日施行；勞工人數在一千人至二千九百九十九人者，自一百年一月九日施行；勞工人數在五百人至九百九十九人者，自一百零一年一月九日施行。

第六條之一

第一類事業單位或其總機構已實施第十二條之二職業安全衛生管理系統相關管理制度，管理績效並經中央主管機關審查通過者，得不受第二條之一、第三條及前條有關一級管理單位應為專責及職業安全衛生業務主管應為專職之限制。

第七條

① 職業安全衛生業務主管除第四條規定者外，雇主應自該事業之相關主管或辦理職業安全衛生事務者選任之。但營造業之事業單位，應由曾受營造業職業安全衛生業務主管教育訓練者選任之。

② 下列職業安全衛生人員，雇主應自事業單位勞工中具備下列資格者選任之：

一　職業安全管理師：
　　㈠高等考試職業安全衛生類科錄取或具有工業安全技師資格。
　　㈡領有職業安全管理甲級技術士證照。
　　㈢曾任勞動檢查員，具有職業安全檢查工作經驗三年以上。
　　㈣修畢工業安全相關科目十八學分以上，並具有國內外大專以上校院工業安全相關類科碩士以上學位。

二　職業衛生管理師：
　　㈠高等考試職業安全衛生類科錄取或具有職業衛生技師資格。
　　㈡領有職業衛生管理甲級技術士證照。
　　㈢曾任勞動檢查員，具有職業衛生檢查工作經驗三年以上。
　　㈣修畢工業衛生相關科目十八學分以上，並具有國內外大專以上校院工業衛生相關類科碩士以上學位。

三　職業安全衛生管理員：
　　㈠具有職業安全管理師或職業衛生管理師資格。
　　㈡領有職業安全衛生管理乙級技術士證照。
　　㈢曾任勞動檢查員，具有職業安全衛生檢查工作經驗二年以上。
　　㈣修畢工業安全衛生相關科目十八學分以上，並具有國內外大專以上校院工業安全衛生相關科系畢業。
　　㈤普通考試職業安全衛生類科錄取。

③ 前項大專以上校院工業安全相關類科碩士、工業衛生相關類科碩士、工業安全衛生相關科系與工業安全、工業衛生及工業安全衛生相關科目由中央主管機關定之。地方主管機關依中央主管機關公告之科系及科目辦理。

④ 第二項第一款第四目及第二款第四目，自中華民國一百零一年七月一日起不再適用；第二項第三款第四目，自一百零三年七月一

日起不再適用。

第八條

①職業安全衛生人員因故未能執行職務時，雇主應即指定適當代理人。其代理期間不得超過三個月。

②勞工人數在三十人以上之事業單位，其職業安全衛生人員離職時，應即報當地勞動檢查機構備查。

第九條 （刪除）

第一〇條

適用第二條之一及第六條第二項規定之事業單位，應設職業安全衛生委員會（以下簡稱委員會）。

第一一條

①委員會置委員七人以上，除雇主為當然委員及第五款規定者外，由雇主視該事業單位之實際需要指定下列人員組成：

一　職業安全衛生人員。

二　事業內各部門之主管、監督、指揮人員。

三　與職業安全衛生有關之工程技術人員。

四　從事勞工健康服務之醫護人員。

五　勞工代表。

②委員任期為二年，並以雇主為主任委員，綜理會務。

③委員會由主任委員指定一人為秘書，輔助其綜理會務。

④第一項第五款之勞工代表，應佔委員人數三分之一以上；事業單位設有工會者，由工會推派之；無工會組織而有勞資會議者，由勞方代表選派之；無工會組織且無勞資會議者，由勞工共同推選之。

第一二條

①委員會應每三個月至少開會一次，辦理下列事項：

一　對雇主擬訂之職業安全衛生政策提出建議。

二　協調、建議職業安全衛生管理計畫。

三　審議安全、衛生教育訓練實施計畫。

四　審議作業環境監測計畫、監測結果及採行措施。

五　審議健康管理、職業病預防及健康促進事項。

六　審議各項安全衛生提案。

七　審議事業單位自動檢查及安全衛生稽核事項。

八　審議機械、設備或原料、材料危害之預防措施。

九　審議職業災害調查報告。

十　考核現場安全衛生管理績效。

十一　審議承攬業務安全衛生管理事項。

十二　其他有關職業安全衛生管理事項。

②前項委員會審議、協調及建議安全衛生相關事項，應作成紀錄，並保存三年。

③第一項委員會議由主任委員擔任主席，必要時得召開臨時會議。

第三章　職業安全衛生管理措施

第一二條之一

①雇主應依其事業單位之規模、性質，訂定職業安全衛生管理計畫，要求各級主管及負責指揮、監督之有關人員執行；勞工人數在三十人以下之事業單位，得以安全衛生管理執行紀錄或文件代替職業安全衛生管理計畫。

②勞工人數在一百人以上之事業單位，應另訂定職業安全衛生管理規章。

③第一項職業安全衛生管理事項之執行，應作成紀錄，並保存三年。

第一二條之二

①下列事業單位，雇主應依國家標準CNS 45001同等以上規定，建置適合該事業單位之職業安全衛生管理系統，並據以執行：

一　第一類事業勞工人數在二百人以上者。

二　第二類事業勞工人數在五百人以上者。

三　有從事石油裂解之石化工業工作場所者。

四　有從事製造、處置或使用危害性之化學品，數量達中央主管機關規定量以上之工作場所者。

②前項安全衛生管理之執行，應作成紀錄，並保存三年。

第一二條之三

①第十二條之二第一項之事業單位，於引進或修改製程、作業程序、材料及設備前，應評估其職業災害之風險，並採取適當之預防措施。

②前項變更，雇主應使勞工充分知悉並接受相關教育訓練。

③前二項執行紀錄，應保存三年。

第一二條之四

①第十二條之二第一項之事業單位，關於機械、設備、器具、物料、原料及個人防護具等之採購、租賃，其契約內容應有符合法令及實際需要之職業安全衛生具體規範，並於驗收、使用前確認其符合規定。

②前項事業單位將營繕工程之規劃、設計、施工及監造等交付承攬或委託者，其契約內容應有防止職業災害之具體規範，並列為履約要件。

③前二項執行紀錄，應保存三年。

第一二條之五

①第十二條之二第一項之事業單位，以其事業之全部或一部分交付承攬或與承攬人分別僱用勞工於同一期間、同一工作場所共同作業時，除應依本法第二十六條或第二十七條規定辦理外，應就承攬人之安全衛生管理能力、職業災害通報、危險作業管制、教育訓練、緊急應變及安全衛生績效評估等事項，訂定承攬管理計畫，並促使承攬人及其勞工，遵守職業安全衛生法令及原事業單

位所定之職業安全衛生管理事項。

②前項執行紀錄，應保存三年。

第一二條之六

①第十二條之二第一項之事業單位，應依事業單位之潛在風險，訂定緊急狀況預防、準備及應變之計畫，並定期實施演練。

②前項執行紀錄，應保存三年。

第一二條之七

①事業單位已實施第十二條之二職業安全衛生管理系統相關管理制度，且管理績效良好並經認可者，中央主管機關得分級公開表揚之。

②前項管理績效良好之認可，中央主管機關得委託相關專業團體辦理之。

第四章　自動檢查

第一節　機械之定期檢查

第一三條

①雇主對電氣機車、蓄電池機車、電車、蓄電池電車、內燃機車、內燃動力車及蒸汽機車等（以下於本條中稱電氣機車等），應每三年就整體定期實施檢查一次。

②雇主對前項之電氣機車等應每年依下列規定定期實施檢查一次：

一　電氣機車、蓄電池機車、電車及蓄電池電車應檢查電動機、控制裝置、制動器、自動遮斷器、車架、連結裝置、蓄電池、避雷器、配線、接觸器具及各種儀表之有無異常。

二　內燃機車及內燃動力車應檢查引擎、動力傳動裝置、制動器、車架、連結裝置及各種儀表之有無異常。

三　蒸汽機車應檢查氣缸、閥、蒸氣管、調壓閥、安全閥及各種儀表之有無異常。

③雇主對電氣機車等應每月依下列規定就其車體所裝置項目定期實施檢查一次：

一　電氣機車、蓄電池機車、電車及蓄電池電車應檢查電路、制動器及連結裝置之有無異常。

二　內燃機車或內燃動力車應檢查制動器及連結裝置之有無異常。

三　蒸汽機車應檢查火室、易熔栓、水位計、給水裝置、制動器及連結裝置之有無異常。

第一四條

雇主對一般車輛，應每三個月就車輛各項安全性能定期實施檢查一次。

第一五條

車輛頂高機應每三個月檢查一次以上，維持其安全性能。

第一五條之一

雇主對高空工作車，應每年就下列事項實施檢查一次：

一 壓縮壓力、閥間隙及其他原動機有無異常。

二 離合器、變速箱、差速齒輪、傳動軸及其他動力傳動裝置有無異常。

三 主動輪、從動輪、上下轉輪、履帶、輪胎、車輪軸承及其他走行裝置有無異常。

四 轉向器之左右回轉角度、肘節、軸、臂及其他操作裝置有無異常。

五 制動能力、制動鼓、制動塊及其他制動裝置有無異常。

六 伸臂、升降裝置、屈折裝置、平衡裝置、工作台及其他作業裝置有無異常。

七 油壓泵、油壓馬達、汽缸、安全閥及其他油壓裝置有無異常。

八 電壓、電流及其他電氣系統有無異常。

九 車體、操作裝置、安全裝置、連鎖裝置、警報裝置、方向指示器、燈號裝置及儀表有無異常。

第一五條之二

雇主對高空工作車，應每月依下列規定定期實施檢查一次：

一 制動裝置、離合器及操作裝置有無異常。

二 作業裝置及油壓裝置有無異常。

三 安全裝置有無異常。

第一六條

①雇主對車輛系營建機械，應每年就該機械之整體定期實施檢查一次。

②雇主對前項之車輛系營建機械，應每月依下列規定定期實施檢查一次：

一 制動器、離合器、操作裝置及作業裝置之有無異常。

二 鋼索及鏈等之有無損傷。

三 吊斗及鏟斗之有無損傷。

四 倒車或旋轉警示燈或蜂鳴器之有無異常。

第一七條

①雇主對堆高機，應每年就該機械之整體定期實施檢查一次。

②雇主對前項之堆高機，應每月就下列規定定期實施檢查一次：

一 制動裝置、離合器及方向裝置。

二 積載裝置及油壓裝置。

三 貨叉、鍊條、頂蓬及桅桿。

第一八條

雇主對以動力驅動之離心機械，應每年就下列規定機械之一部分，定期實施檢查一次：

一 回轉體。

二 主軸軸承。

三 制動器。

四　外殼。

五　配線、接地線、電源開關。

六　設備之附屬螺栓。

第一九條

①雇主對固定式起重機，應每年就該機械之整體定期實施檢查一次。

②雇主對前項之固定式起重機，應每月依下列規定定期實施檢查一次。

一　過捲預防裝置、**警報裝置**、制動器、離合器及其他安全裝置有無異常。

二　鋼索及吊鏈有無損傷。

三　吊鉤、抓斗等吊具有無損傷。

四　配線、集電裝置、配電盤、開關及控制裝置有無異常。

五　對於纜索固定式起重機之鋼纜等及絞車裝置有無異常。

③前項檢查於輻射區及高溫區，停用超過一個月者得免實施。惟再度使用時，仍應為之。

第二〇條

①雇主對移動式起重機，應每年依下列規定定期實施檢查一次：

一　伸臂、迴轉裝置（含螺栓、螺帽等）、外伸撐座、動力傳導裝置及其他結構項目有無損傷。

二　過捲預防裝置、**警報裝置**、制動器、離合器及其他安全裝置有無異常。

三　鋼索、吊鏈及吊具有無損傷。

四　配線、集電裝置、配電盤、開關及其他機械電氣項目有無異常。

②雇主對前項移動式起重機，應每月依下列規定定期實施檢查一次：

一　過捲預防裝置、**警報裝置**、制動器、離合器及其他安全裝置有無異常。

二　鋼索及吊鏈有無損傷。

三　吊鉤、抓斗等吊具有無損傷。

四　配線、集電裝置、配電盤、開關及控制裝置有無異常。

第二一條

①雇主對人字臂起重桿應每年就該機械之整體定期實施檢查一次。

②雇主對前項人字臂起重桿，應每月依下列規定定期實施檢查一次：

一　過捲預防裝置、制動器、離合器及其他安全裝置有無異常。

二　捲揚機之安置狀況。

三　鋼索有無損傷。

四　導索之結頭部分有無異常。

五　吊鉤、抓斗等吊具有無損傷。

六　配線、開關及控制裝置有無異常。

第二二條

① 雇主對升降機，應每年就該機械之整體定期實施檢查一次。

② 雇主對前項之升降機，應每月依下列規定定期實施檢查一次：

一 終點極限開關、緊急停止裝置、制動器、控制裝置及其他安全裝置有無異常。

二 鋼索或吊鏈有無損傷。

三 導軌之狀況。

四 設置於室外之升降機者，為導索結頭部分有無異常。

第二三條

雇主對營建用提升機，應每月依下列規定定期實施檢查一次：

一 制動器及離合器有無異常。

二 捲揚機之安裝狀況。

三 鋼索有無損傷。

四 導索之固定部位有無異常。

第二四條

雇主對吊籠應每月依下列規定定期實施檢查一次：

一 過捲預防裝置、制動器、控制裝置及其他安全裝置有無異常。

二 吊臂、伸縮及工作台有無損傷。

三 升降裝置、配線、配電盤有無損傷。

第二五條

① 雇主對簡易提升機，應每年定期實施檢查一次。

② 雇主對前項之簡易提升機，應每月依下列規定定期實施檢查一次：

一 過捲預防裝置、制動器、控制裝置及其他安全裝置有無異常。

二 鋼索及吊鏈有無損傷。

三 導軌狀況。

第二六條

雇主對以動力驅動之衝剪機械，應每年依下列規定機械之一部分，定期實施檢查一次：

一 離合器及制動裝置。

二 曲柄軸、飛輪、滑塊、連結螺栓及連桿。

三 一行程一停止機構及緊急制動器。

四 電磁閥、減壓閥及壓力表。

五 配線及開關。

第二節 設備之定期檢查

第二七條

雇主對乾燥設備及其附屬設備（含排氣裝置、排風導管等），應每年依下列規定定期實施檢查一次：

一 內面、外面及外部之棚櫃等有無損傷、變形或腐蝕。

二　危險物之乾燥設備中，排出因乾燥產生之氣體、蒸氣或粉塵等之設備有無異常。

三　使用液體燃料或可燃性液體為熱源之乾燥設備，燃燒室或點火處之換氣設備有無異常。

四　窺視孔、出入孔、排氣孔等開口部有無異常。

五　內部溫度測定裝置及調整裝置有無異常。

六　設置於內部之電氣機械器具或配線有無異常。

第二八條

雇主對乙炔熔接裝置（除此等裝置之配管埋設於地下之部分外）應每年就裝置之損傷、變形、腐蝕等及其性能定期實施檢查一次。

第二九條

雇主對氣體集合熔接裝置（除此等裝置之配管埋設於地下之部分外）應每年就裝置之損傷、變形、腐蝕等及其性能定期實施檢查一次。

第三〇條

雇主對高壓電氣設備，應於每年依下列規定定期實施檢查一次：

一　高壓受電盤及分電盤（含各種電驛、儀表及其切換開關等）之動作試驗。

二　高壓用電設備絕緣情形、接地電阻及其他安全設備狀況。

三　自備屋外高壓配電線路情況。

第三一條

雇主對於低壓電氣設備，應每年依下列規定定期實施檢查一次：

一　低壓受電盤及分電盤（含各種電驛、儀表及其切換開關等）之動作試驗。

二　低壓用電設備絕緣情形，接地電阻及其他安全設備狀況。

三　自備屋外低壓配電線路情況。

第三一條之一

雇主對於防爆電氣設備，應每月依下列規定定期實施檢查一次：

一　本體有無損傷、變形。

二　配管、配線等有無損傷、變形及異常狀況。

三　其他保持防爆性能之必要事項。

第三二條

雇主對鍋爐應每月依下列規定定期實施檢查一次：

一　鍋爐本體有無損傷。

二　燃燒裝置：

　(一)油加熱器及燃料輸送裝置有無損傷。

　(二)噴燃器有無損傷及污髒。

　(三)過濾器有無堵塞或損傷。

　(四)燃燒器瓷質部及爐壁有無污髒及損傷。

　(五)加煤機及爐篦有無損傷。

　(六)煙道有無洩漏、損傷及風壓異常。

　三　自動控制裝置：
　　　㈠自動起動停止裝置、火焰檢出裝置、燃料切斷裝置、水位調節裝置、壓力調節裝置機能有無異常。
　　　㈡電氣配線端子有無異常。
　四　附屬裝置及附屬品：
　　　㈠給水裝置有無損傷及作動狀態。
　　　㈡蒸汽管及停止閥有無損傷及保溫狀態。
　　　㈢空氣預熱器有無損傷。
　　　㈣水處理裝置機能有無異常。

第三三條

①雇主對高壓氣體特定設備、高壓氣體容器及第一種壓力容器，應每月依下列規定定期實施檢查一次：
　一　本體有無損傷、變形。
　二　蓋板螺栓有無損耗。
　三　管、凸緣、閥及旋塞等有無損傷、洩漏。
　四　壓力表及溫度計及其他安全裝置有無損傷。
　五　平台支架有無嚴重腐蝕。
②對於有保溫部分或有高游離輻射污染之虞之場所，得免實施。

第三四條

雇主對小型鍋爐應每年依下列規定定期實施檢查一次：
　一　鍋爐本體有無損傷。
　二　燃燒裝置有無異常。
　三　自動控制裝置有無異常。
　四　附屬裝置及附屬品性能是否正常。
　五　其他保持性能之必要事項。

第三五條

雇主對第二種壓力容器應每年依下列規定定期實施檢查一次：
　一　內面及外面有無顯著損傷、裂痕、變形及腐蝕。
　二　蓋、凸緣、閥、旋塞等有無異常。
　三　安全閥、壓力表與其他安全裝置之性能有無異常。
　四　其他保持性能之必要事項。

第三六條

雇主對小型壓力容器應每年依下列規定定期實施檢查一次：
　一　本體有無損傷。
　二　蓋板螺旋有無異常。
　三　管及閥等有無異常。
　四　其他保持性能之必要事項。

第三七條

雇主對高壓氣體儲存能力在一百立方公尺或一公噸以上之儲槽應注意有無沈陷現象，並應每年定期測定其沈陷狀況一次。

第三八條

雇主對特定化學設備或其附屬設備，應每二年依下列規定定期實

施檢查一次：

一 特定化學設備或其附屬設備（不含配管）：

　(一)內部有無足以形成其損壞原因之物質存在。

　(二)內面及外面有無顯著損傷、變形及腐蝕。

　(三)蓋、凸緣、閥、旋塞等之狀態。

　(四)安全閥、緊急遮斷裝置與其他安全裝置及自動警報裝置之性能。

　(五)冷卻、攪拌、壓縮、計測及控制等性能。

　(六)備用動力源之性能。

　(七)其他為防止丙類第一種物質或丁類物質之漏洩之必要事項。

二 配管

　(一)熔接頭有無損傷、變形及腐蝕。

　(二)凸緣、閥、旋塞等之狀態。

　(三)接於配管之供為保溫之蒸氣管接頭有無損傷、變形或腐蝕。

第三九條

雇主對化學設備及其附屬設備，應就下列事項，每二年定期實施檢查一次：

一 內部是否有造成爆炸或火災之虞。

二 內部與外部是否有顯著之損傷、變形及腐蝕。

三 蓋板、凸緣、閥、旋塞等之狀態。

四 安全閥或其他安全裝置、壓縮裝置、計測裝置之性能。

五 冷卻裝置、攪拌裝置、壓縮裝置、計測裝置及控制裝置之性能。

六 預備電源或其代用裝置之性能。

七 其他防止爆炸或火災之必要事項。

第四〇條

雇主對局部排氣裝置、空氣清淨裝置及吹吸型換氣裝置應每年依下列規定定期實施檢查一次：

一 氣罩、導管及排氣機之磨損、腐蝕、凹凸及其他損害之狀況及程度。

二 導管或排氣機之塵埃聚積狀況。

三 排氣機之注油潤滑狀況。

四 導管接觸部分之狀況。

五 連接電動機與排氣機之皮帶之鬆弛狀況。

六 吸氣及排氣之能力。

七 設置於排放導管上之採樣設施是否牢固、鏽蝕、損壞、崩塌或其他妨礙作業安全事項。

八 其他保持性能之必要事項。

第四一條

雇主對設置於局部排氣裝置內之空氣清淨裝置，應每年依下列規

定定期實施檢查一次：

一　構造部分之磨損、腐蝕及其他損壞之狀況及程度。

二　除塵裝置內部塵埃堆積之狀況。

三　濾布式除塵裝置者，有濾布之破損及安裝部分鬆弛之狀況。

四　其他保持性能之必要措施。

第四二條

雇主對異常氣壓之再壓室或減壓艙，應就下列事項，每個月依下列規定定期實施檢查一次：

一　輸氣設備及排氣設備之運作狀況。

二　通話設備及警報裝置之運作狀況。

三　電路有無漏電。

四　電器、機械器具及配線有無損傷。

第四三條

①雇主對施工架及施工構台，應就下列事項，每週定期實施檢查一次：

一　架材之損傷、安裝狀況。

二　立柱、橫檔、踏腳桁等之固定部分，接觸部分及安裝部分之鬆弛狀況。

三　固定材料與固定金屬配件之損傷及腐蝕狀況。

四　扶手、護欄等之拆卸及脫落狀況。

五　基腳之下沈及滑動狀況。

六　斜撐材、索條、橫檔等補強材之狀況。

七　立柱、踏腳桁、橫檔等之損傷狀況。

八　懸臂樑與吊索之安裝狀況及懸吊裝置與阻檔裝置之性能。

②強風大雨等惡劣氣候、四級以上之地震襲擊後及每次停工之復工前，亦應實施前項檢查。

第四四條

①雇主對營造工程之模板支撐架，應每週依下列規定實施檢查：

一　架材之損傷、安裝狀況。

二　支柱等之固定部分、接觸部分及搭接重疊部分之鬆弛狀況。

三　固定材料與固定金屬配件之損傷及腐蝕狀況。

四　基腳（礎）之沉降及滑動狀況。

五　斜撐材、水平繫條等補強材之狀況。

②強風大雨等惡劣氣候、四級以上之地震襲擊後及每次停工之復工前，亦應實施前項檢查。

第四四條之一

雇主對於機械、設備，應依本章第一節及第二節規定，實施定期檢查。但雇主發現有腐蝕、劣化、損傷或堪用性之虞，應實施安全評估，並縮短其檢查期限。

第三節　機械、設備之重點檢查

第四五條

雇主對第二種壓力容器及減壓艙，應於初次使用前依下列規定實施重點檢查：

一　確認胴體、端板之厚度是否與製造廠所附資料符合。

二　確認安全閥吹洩量是否足夠。

三　各項尺寸、附屬品與附屬裝置是否與容器明細表符合。

四　經實施耐壓試驗無局部性之膨出、伸長或洩漏之缺陷。

五　其他保持性能之必要事項。

第四六條

雇主對捲揚裝置於開始使用、拆卸、改裝或修理時，應依下列規定實施重點檢查：

一　確認捲揚裝置安裝部位之強度，是否符合捲揚裝置之性能需求。

二　確認安裝之結合元件是否結合良好，其強度是否合乎需求。

三　其他保持性能之必要事項。

第四七條

雇主對局部排氣裝置或除塵裝置，於開始使用、拆卸、改裝或修理時，應依下列規定實施重點檢查：

一　導管或排氣機粉塵之聚積狀況。

二　導管接合部分之狀況。

三　吸氣及排氣之能力。

四　其他保持性能之必要事項。

第四八條

雇主對異常氣壓之輸氣設備應依下列規定實施重點檢查：

一　對輸氣設備初次使用或予分解後加以改造、修理或停用一個月以上擬再度使用時，應對該設備實施重點檢查。

二　於輸氣設備發生故障或因出水及發生其他異常，致高壓室內作業勞工有遭受危險之虞時，應迅即使勞工自沈箱、壓氣潛盾等撤離，避免危難，應即檢點輸氣設備之有無異常，沈箱等之有無異常沈降或傾斜及其他必要事項。

第四九條

雇主對特定化學設備或其附屬設備，於開始使用、改造、修理時，應依下列規定實施重點檢查一次：

一　特定化學設備或其附屬設備（不含配管）：

　㈠內部有無足以形成其損壞原因之物質存在。

　㈡內面及外面有無顯著損傷、變形及腐蝕。

　㈢蓋、凸緣、閥、旋塞等之狀態。

　㈣安全閥、緊急遮斷裝置與其他安全裝置及自動警報裝置之性能。

　㈤冷卻、攪拌、壓縮、計測及控制等性能。

　㈥備用動力源之性能。

　㈦其他為防止丙類第一種物質或丁類物質之漏洩之必要事項。

二 配管：
　　㈠熔接接頭有無損傷、變形及腐蝕。
　　㈡凸緣、閥、旋塞等之狀態。
　　㈢接於配管之蒸氣管接頭有無損傷、變形或腐蝕。

第四節　機械、設備之作業檢點

第五〇條

雇主對車輛機械，應每日作業前依下列各項實施檢點：

一 制動器、連結裝置、各種儀器之有無異常。

二 蓄電池、配線、控制裝置之有無異常。

第五〇條之一

雇主對高空工作車，應於每日作業前就其制動裝置、操作裝置及作業裝置之性能實施檢點。

第五一條

雇主對捲揚裝置應於每日作業前就其制動裝置、安全裝置、控制裝置及鋼索通過部分狀況實施檢點。

第五二條

雇主對固定式起重機，應於每日作業前依下列規定實施檢點，對置於瞬間風速可能超過每秒三十公尺或四級以上地震後之固定式起重機，應實施各部安全狀況之檢點：

一 過捲預防裝置、制動器、離合器及控制裝置性能。

二 直行軌道及吊運車橫行之導軌狀況。

三 鋼索運行狀況。

第五三條

雇主對移動式起重機，應於每日作業前對過捲預防裝置、過負荷警報裝置、制動器、離合器、控制裝置及其他警報裝置之性能實施檢點。

第五四條

雇主對人字臂起重桿，應於每日作業前依下列規定實施檢點，對置於瞬間風速可能超過每秒三十公尺（以設於室外者為限）或四級以上地震後之人字臂起重桿，應就其安全狀況實施檢點：

一 過捲預防裝置、制動器、離合器及控制裝置之性能。

二 鋼索通過部分狀況。

第五四條之一

雇主對營建用或載貨用之升降機，應於每日作業前對搬器及升降路所有出入口門扉之連鎖裝置之性能實施檢點。

第五五條

雇主對營建用提升機，應於每日作業前，依下列規定實施檢點：

一 制動器及離合器性能。

二 鋼索通過部分狀況。

第五六條

雇主對吊籠，應於每日作業前依下列規定實施檢點，如遇強風、

大雨、大雪等惡劣氣候後，應實施第三款至第五款之檢點：

一　鋼索及其緊結狀態有無異常。

二　扶手等有無脫離。

三　過捲預防裝置、制動器、控制裝置及其他安全裝置之機能有無異常

四　升降裝置之擋齒機能。

五　鋼索通過部分狀況。

第五七條

雇主對簡易提升機，應於每日作業前對制動性能實施檢點。

第五八條

雇主對第十六條、第十九條至第二十五條及第五十二條至前條規定之起重機械使用之吊掛用鋼索、吊鏈、纖維索、吊鈎、吊索、鏈環等用具，應於每日作業前實施檢點。

第五九條

雇主對第二十六條之衝剪機械，應於每日作業前依下列規定，實施檢點：

一　離合器及制動器之機能。

二　曲柄軸、飛輪、滑塊、連桿、連接螺栓之有無鬆懈狀況。

三　一行程一停止機構及緊急制動裝置之機能。

四　安全裝置之性能。

五　電氣、儀表。

第六〇條

雇主對工業用機器人應於每日作業前依下列規定實施檢點；檢點時應儘可能在可動範圍外為之：

一　制動裝置之機能。

二　緊急停止裝置之機能。

三　接觸防止設施之狀況及該設施與機器人間連鎖裝置之機能。

四　相連機器與機器人間連鎖裝置之機能。

五　外部電線、配管等有無損傷。

六　供輸電壓、油壓及空氣壓有無異常。

七　動作有無異常。

八　有無異常之聲音或振動。

第六一條

雇主對高壓氣體製造設備，應於使用開始前及使用終了後，檢點該設備有無異常，且應依所製造之高壓氣體種類及製造設備狀況，一日一次以上就該設備之動作狀況實施檢點。

第六二條

雇主對高壓氣體消費設備，應於使用開始前及使用終了後，檢點該設備有無異常，一日一次以上就該設備之動作狀況實施檢點。

第六三條

雇主對營建工程施工架設備、施工構台、支撐架設備、露天開挖擋土支撐設備、隧道或坑道開挖支撐設備、沉箱、圍堰及壓氣施

工設備、打樁設備等，應於每日作業前及使用終了後，檢點該設備有無異常或變形。

第五節　作業檢點

第六四條

雇主使勞工從事下列危險性設備作業時，應使該勞工就其作業有關事項實施檢點：

一　鍋爐之操作作業。

二　第一種壓力容器之操作作業。

三　高壓氣體特定設備之操作作業。

四　高壓氣體容器之操作作業。

第六五條

雇主使勞工從事下列高壓氣體作業時，應使該勞工就其作業有關事項實施檢點：

一　高壓氣體之灌裝作業。

二　高壓氣體容器儲存作業。

三　高壓氣體之運輸作業。

四　高壓氣體之廢棄作業。

第六六條

雇主使勞工從事工業用機器人之教導及操作作業時，應使該勞工就其作業有關事項實施檢點。

第六七條

雇主使勞工從事營造作業時，應就下列事項，使該勞工就其作業有關事項實施檢點：

一　打樁設備之組立及操作作業。

二　擋土支撐之組立及拆除作業。

三　露天開挖之作業。

四　隧道、坑道開挖作業。

五　混凝土作業。

六　鋼架施工作業。

七　施工構台之組立及拆除作業。

八　建築物之拆除作業。

九　施工架之組立及拆除作業。

十　模板支撐之組立及拆除作業。

十一　其他營建作業。

第六八條

雇主使勞工從事缺氧危險或局限空間作業時，應使該勞工就其作業有關事項實施檢點。

第六九條

雇主使勞工從事下列有害物作業時，應使該勞工就其作業有關事項實施檢點：

一　有機溶劑作業。

二　鉛作業。

三　四烷基鉛作業。

四　特定化學物質作業。

五　粉塵作業。

第七〇條

雇主使勞工從事下列異常氣壓作業時，應使該勞工就其作業有關事項實施檢點：

一　潛水作業。

二　高壓室內作業。

三　沈箱作業。

四　氣壓沈箱、沈筒、潛盾施工等作業。

第七一條

雇主使勞工從事金屬之熔接、熔斷或加熱作業時，應就下列事項，使該勞工就其作業有關事項實施檢點：

一　乙炔熔接裝置。

二　氣體集合熔接裝置。

第七二條

雇主使勞工從事危害性化學品之製造、處置及使用作業時，應使該勞工就其作業有關事項實施檢點。

第七三條

雇主使勞工從事林場作業時，應使該勞工就其作業有關事項實施檢點。

第七四條

雇主使勞工從事船舶清艙解體作業時，應使該勞工就其作業有關事項實施檢點。

第七五條

雇主使勞工從事碼頭裝卸作業時，應使該勞工就其作業有關事項實施檢點。

第七六條　（刪除）

第七七條

雇主使勞工對其作業中之纖維纜索、乾燥室、防護用具、電氣機械器具及自設道路等實施檢點。

第七八條

雇主依第五十條至第五十六條及第五十八條至第七十七條實施之檢點，其檢點對象、內容，應依實際需要而訂定，以檢點手冊或檢點表等為之。

第六節　自動檢查紀錄及必要措施

第七九條

雇主依第十三條至第六十三條規定實施之自動檢查，應訂定自動檢查計畫。

第八〇條

雇主依第十三條至第四十九條規定實施之定期檢查、重點檢查應就下列事項記錄，並保存三年：

一　檢查年月日。

二　檢查方法。

三　檢查部分。

四　檢查結果。

五　實施檢查者之姓名。

六　依檢查結果應採取改善措施之內容。

第八一條

① 勞工、主管人員及職業安全衛生管理人員實施檢查、檢點時，發現對勞工有危害之虞者，應即報告上級主管。

② 雇主依第十三條至第七十七條規定實施自動檢查，發現有異常時，應立即檢修及採取必要措施。

第八二條

雇主依第十三條至第七十七條規定實施之自動檢查，於其他法令另有規定者外，應依該規定為之。

第八三條

雇主依第十三條至第七十七條規定之自動檢查，除依本法所定之其他法令另有規定者外，應指定具專業知能或操作資格之適當人員為之。

第八四條

① 事業單位以其事業之全部或部分交付承攬或再承攬時，如該承攬人使用之機械、設備或器具係由原事業單位提供者，該機械、設備或器具應由原事業單位實施定期檢查及重點檢查。

② 前項定期檢查及重點檢查於有必要時得由承攬人或再承攬人會同實施。

③ 第一項之定期檢查及重點檢查如承攬人或再承攬人具有實施之能力時，得以書面約定由承攬人或再承攬人為之。

第八五條

① 事業單位承租、承借機械、設備或器具供勞工使用者，應對該機械、設備或器具實施自動檢查。

② 前項自動檢查之定期檢查及重點檢查，於事業單位承租、承借機械、設備或器具時，得以書面約定由出租、出借人為之。

第五章　報　告

第八六條

勞工人數在三十人以上之事業單位，依第二條之一至第三條之一、第六條規定設管理單位或置管理人員時，應依中央主管機關公告之內容及方式登錄，陳報勞動檢查機構備查。

第八七條

雇主依第十條規定設委員會時，應製作委員會名冊（如附表三）留存備查。

第六章 附 則

第八八條

於本辦法發布日前，依已廢止之工廠安全衛生管理人員設置辦法、勞工安全衛生組織及管理人員設置辦法及修正前之勞工安全衛生組織管理及自動檢查辦法規定，取得勞工安全衛生管理人員資格者，於本辦法施行後，其資格不受影響。

第八九條 （刪除）

第八九條之一

政府機關（構），對於第二條之一、第三條及第六條之規定，因其他法規限制，得於組織修編完成前，以報經中央主管機關核定之職業安全衛生管理規章或職業安全衛生管理計畫替代之。

第八九條之二

雇主依第五條之一、第十二條至第十二條之六及第八十條規定所作之紀錄，應以紙本保存。但以電子紀錄形式保存，並能隨時調閱查對者，不在此限。

第九〇條 111

① 本辦法自發布日施行。但除中華民國九十七年一月九日修正發布之第二條之一第一項第一款、第六條第二項第一款已另定施行日期者外，第二條、第二條之一、第三條、第三條之一、第三條之二、第五條之一、第六條、第七條、第十條、第十二條之一至第十二條之六規定，自發布後六個月施行。

② 本辦法中華民國一百零三年六月二十六日修正發布之條文，自一百零三年七月三日施行。

③ 本辦法中華民國一百零五年二月十九日修正發布之條文，除第六條之一及第十二條之七規定，自一百零五年七月一日施行外，自一百零六年一月一日施行。

④ 本辦法中華民國一百零九年九月二十四日修正發布之第四條規定，自發布後六個月施行。

⑤ 本辦法中華民國一百十一年一月五日修正發布之第四條規定，自一百十一年一月七日施行。

附表一 事業之分類

一 第一類事業

　（一）礦業及土石採取業。

　　1.煤礦業。

　　2.石油、天然氣及地熱礦業。

　　3.金屬礦業。

　　4.土礦及石礦業。

　　5.化學與肥料礦業。

　　6.其他礦業。

　　7.土石採取業。

(二)製造業中之下列事業：
　　1.紡織業。
　　2.木竹製品及非金屬家具製造業。
　　3.造紙、紙製品製造業。
　　4.化學材料製造業。
　　5.化學品製造業。
　　6.石油及煤製品製造業。
　　7.橡膠製品製造業。
　　8.塑膠製品製造業。
　　9.水泥及水泥製品製造業。
　　10.金屬基本工業。
　　11.金屬製品製造業。
　　12.機械設備製造修配業。
　　13.電力及電子機械器材製造修配業中之電力機械器材製造修配業。
　　14.運輸工具製造修配業。
　　15.電力及電子機械器材製造修配業中之電子機械器材製造業及電池製造業。
　　16.食品製造業。
　　17.飲料及菸草製造業。
　　18.皮革、毛皮及其製品製造業。
　　19.電腦、電子產品及光學製品製造業。
　　20.電子零組件製造業。
　　21.其他非金屬礦物製品製造業。
(三)營造業：
　　1.土木工程業。
　　2.建築工程業。
　　3.電路及管道工程業。
　　4.油漆、粉刷、裱蓆業。
　　5.其他營造業。
(四)水電燃氣業中之下列事業：
　　1.電力供應業。
　　2.氣體燃料供應業。
　　3.暖氣及熱水供應業。
(五)運輸、倉儲及通信業之下列事業：
　　1.運輸業中之水上運輸業及航空運輸業。
　　2.運輸業中之陸上運輸業及運輸服務業。
　　3.倉儲業。
(六)機械設備租賃業中之生產性機械設備租賃業。
(七)環境衛生服務業。
(八)洗染業。
(九)批發零售業中之下列事業：

1.建材批發業。

2.建材零售業。

3.燃料批發業。

4.燃料零售業。

(十)其他服務業中之下列事業：

1.建築物清潔服務業。

2.病媒防治業。

3.環境衛生及污染防治服務業。

(土)公共行政業中之下列事業：

1.從事營造作業之事業。

2.從事廢棄物清除、處理、廢（污）水處理事業之工作場所。

(圭)國防事業中之生產機構。

(圭)中央主管機關指定達一定規模之事業。

二 第二類事業：

(一)農、林、漁、牧業：

1.農藝及園藝業。

2.農事服務業。

3.畜牧業。

4.林業及伐木業。

5.漁業。

(二)礦業及土石採取業中之鹽業。

(三)製造業中之下列事業：

1.普通及特殊陶瓷製造業。

2.玻璃及玻璃製品製造業。

3.密器械製造業。

4.雜項工業製品製造業。

5.成衣及服飾品製造業。

6.印刷、出版及有關事業。

7.藥品製造業。

8.其他製造業。

(四)水電燃氣業中之自來水供應業。

(五)運輸、倉儲及通信業中之下列事業：

1.電信業。

2.郵政業。

(六)餐旅業：

1.飲食業。

2.旅館業。

(七)機械設備租賃業中之下列事業：

1.事務性機器設備租賃業。

2.其他機械設備租賃業。

(八)醫療保健服務業：

  1.醫院。

  2.診所。

  3.衛生所及保健站。

  4.醫事技術業。

  5.助產業。

  6.獸醫業。

  7.其他醫療保健服務業。

（九）修理服務業：

  1.鞋、傘、皮革品修理業。

  2.電器修理業。

  3.汽車及機踏車修理業。

  4.鐘錶及首飾修理業。

  5.家具修理業。

  6.其他器物修理業。

（十）批發零售業中之下列事業：

  1.家庭電器批發業。

  2.機械器具批發業。

  3.回收物料批發業。

  4.家庭電器零售業。

  5.機械器具零售業。

  6.綜合商品零售業。

（土）不動產及租賃業中之下列事業：

  1.不動產投資業。

  2.不動產管理業。

（圭）輸入、輸出或批發化學原料及其製品之事業。

（圭）運輸工具設備租賃業中之下列事業：

  1.汽車租賃業。

  2.船舶租賃業。

  3.貨櫃租賃業。

  4.其他運輸工具設備租賃業。

（齒）專業、科學及技術服務業中之下列事業：

  1.建築及工程技術服務業。

  2.廣告業。

  3.環境檢測服務業。

（宝）其他服務業中之下列事業：

  1.保全服務業。

  2.汽車美容業。

  3.浴室業。

（夫）個人服務業中之停車場業。

（宅）政府機關（構）、職業訓練事業、顧問服務業、學術研究及
 服務業、教育訓練服務業之大專院校、高級中學、高級職業
 學校等之實驗室、試驗室、實習工場或試驗工場（含試驗

　船、訓練船）。

㈥公共行政業組織條例或組織規程明定組織任務為從事工程規劃、設計、施工、品質管制、進度管控及竣工驗收等之工務機關（構）。

㈦工程顧問業從事非破壞性檢測之工作場所。

㈧零售化學原料之事業，使勞工裝卸、搬運、分裝、保管上述物質之工作場所。

㈨批發業、零售業中具有冷凍（藏）設備、使勞工從事荷重一公噸以上之堆高機操作及儲存貨物高度三公尺以上之工作場所者。

㈩休閒服務業。

㈢動物園業。

㈣國防事業中之軍醫院、研究機構。

㈤零售車用燃料油（氣）、化學原料之事業，使勞工裝卸、搬運、分裝、保管上述物質之工作場所。

㈥教育訓練服務業之大專校院有從事工程施工、品質管制、進度管控及竣工驗收等之工作場所。

㈦國防部軍備局有從事工程施工、品質管制、進度管控及竣工驗收等之工作場所。

㈧中央主管機關指定達一定規模之事業。

三　第三類事業
　上述指定之第一類及第二類事業以外之事業。

附表二　各類事業之事業單位應置職業安全衛生人員表

事業		規模（勞工人數）	應置之管理人員
壹、第一類事業之事業單位（顯著風險事業）	營造業之事業單位	一、未滿三十人者	丙種職業安全衛生業務主管。
		二、三十人以上未滿一百人者	乙種職業安全衛生業務主管及職業安全衛生管理員各一人。
		三、一百人以上未滿三百人者	甲種職業安全衛生業務主管及職業安全衛生管理員各一人。
		四、三百人以上未滿五百人者	甲種職業安全衛生業務主管一人、職業安全（衛生）管理師一人及職業安全衛生管理員二人。
		五、五百人以上者	甲種職業安全衛生業務主管一人、職業安全（衛生）管理師及職業安全衛生管理員各二人以上。
	營造業以外之事業單位	一、未滿三十人者	丙種職業安全衛生業務主管。
		二、三十人以上未滿一百人者	乙種職業安全衛生業務主管。
		三、一百人以上未滿三百人者	甲種職業安全衛生業務主管及職業安全衛生管理員各一人。
		四、三百人以上未滿五百人者	甲種職業安全衛生業務主管一人、職業安全（衛生）管理師及職業安全衛生管理員各一人。
		五、五百人以上未滿一千人者	甲種職業安全衛生業務主管一人、職業安全（衛生）管理師一人及職業安全衛生管理員二人。
		六、一千人以上者	甲種職業安全衛生業務主管一人、職業安全（衛生）管理師及職業安全衛生管理員各二人以上。
貳、第二類事業之事業單位（中度風險事業）		一、未滿三十人者	丙種職業安全衛生業務主管。
		二、三十人以上未滿一百人者	乙種職業安全衛生業務主管。
		三、一百人以上未滿三百人者	甲種職業安全衛生業務主管。
		四、三百人以上未滿五百人者	甲種職業安全衛生業務主管及職業安全衛生管理員各一人。
		五、五百人以上者	甲種職業安全衛生業務主管、職業安全（衛生）管理師及職業安全衛生管理員各一人以上。
參、第三類事業之事業單位（低度風險事業）		一、未滿三十人者	丙種職業安全衛生業務主管。
		二、三十人以上未滿一百人者	乙種職業安全衛生業務主管。
		三、一百人以上未滿五百人者	甲種職業安全衛生業務主管。
		四、五百人以上者	甲種職業安全衛生業務主管及職業安全衛生管理員各一人以上。

附註：
1. 依上述規定置職業安全（衛生）管理師二人以上者，其中至少一人應為職業衛生管理師。但於中華民國一百零三年七月三日前，已置有職業安全衛生人員者，不在此限。
2. 本表為至少應置之管理人員人數，事業單位仍應依其事業規模及危害風險，增置管理人員。

危害性化學品標示及通識規則

①民國96年10月19日行政院勞工委員會令訂定發布全文24條。
　民國96年12月19日行政院勞工委員會令發布定自97年12月31日施行。
②民國103年6月27日勞動部令修正發布名稱及全文23條；並自103年7月3日施行（原名稱：危險物與有害物標示及通識規則示及通識規則）。
③民國107年11月9日勞動部令修正發布第4、5、13、18、23條條文及第12條附表四；並增訂第18-1條條文；除第12條附表四自109年1月1日施行外，自發布日施行。

第一章　總　則

第一條

本規則依職業安全衛生法（以下簡稱本法）第十條第三項規定訂定之。

第二條

本法第十條所稱具有危害性之化學品（以下簡稱危害性化學品），指下列危險物或有害物：
一　危險物：符合國家標準CNS 15030分類，具有物理性危害者。
二　有害物：符合國家標準CNS 15030分類，具有健康危害者。

第三條

本規則用詞，定義如下：
一　製成品：指在製造過程中，已形成特定形狀或依特定設計，而其最終用途全部或部分決定於該特定形狀或設計，且在正常使用狀況下不會釋放出危害性化學品之物品。
二　容器：指任何袋、筒、瓶、箱、罐、桶、反應器、儲槽、管路及其他可盛裝危害性化學品者。但不包含交通工具內之引擎、燃料槽或其他操作系統。
三　製造者：指製造危害性化學品供批發、零售、處置或使用之廠商。
四　輸入者：指從國外進口危害性化學品之廠商。
五　供應者：指批發或零售危害性化學品之廠商。

第四條

下列物品不適用本規則：
一　事業廢棄物。
二　菸草或菸草製品。
三　食品、飲料、藥物、化粧品。

四　製成品。

五　非工業用途之一般民生消費商品。

六　滅火器。

七　在反應槽或製程中正進行化學反應之中間產物。

八　其他經中央主管機關指定者。

第二章　標　示

第五條

①雇主對裝有危害性化學品之容器，應依附表一規定之分類及標示要項，參照附表二之格式明顯標示下列事項，所用文字以中文為主，必要時並輔以作業勞工所能瞭解之外文：

一　危害圖式。

二　內容：

㈠名稱。

㈡危害成分。

㈢警示語。

㈣危害警告訊息。

㈤危害防範措施。

㈥製造者、輸入者或供應者之名稱、地址及電話。

②前項容器內之危害性化學品為混合物者，其標示之危害成分指混合物之危害性中符合國家標準CNS 15030分類，具有物理性危害或健康危害之所有危害物質成分。

③第一項容器之容積在一百毫升以下者，得僅標示名稱、危害圖式及警示語。

第六條

①雇主對前條第二項之混合物，應依其混合後之危害性予以標示。

②前項危害性之認定方式如下：

一　混合物已作整體測試者，依整體測試結果。

二　混合物未作整體測試者，其健康危害性，除有科學資料佐證外，應依國家標準CNS 15030分類之混合物分類標準，對於燃燒、爆炸及反應性等物理性危害，使用有科學根據之資料評估。

第七條

第五條標示之危害圖式形狀為直立四十五度角之正方形，其大小需能辨識清楚。圖式符號應使用黑色，背景為白色，圖式之紅框有足夠警示作用之寬度。

第八條

雇主對裝有危害性化學品之容器屬下列情形之一者，得免標示：

一　外部容器已標示，僅供內襯且不再取出之內部容器。

二　內部容器已標示，由外部可見到標示之外部容器。

三　勞工使用之可攜帶容器，其危害性化學品取自有標示之容器，且僅供裝入之勞工當班立即使用。

四 危害性化學品取自有標示之容器，並供實驗室自行作實驗、研究之用。

第九條

①雇主對裝有危害性化學品之容器有下列情形之一者，得於明顯之處，設置標示有第五條第一項規定事項之公告板，以代替容器標示。但屬於管系者，得掛使用牌或漆有規定識別顏色及記號替代之：

一 裝同一種危害性化學品之數個容器，置放於同一處所。
二 導管或配管系統。
三 反應器、蒸餾塔、吸收塔、析出器、混合器、沈澱分離器、熱交換器、計量槽或儲槽等化學設備。
四 冷卻裝置、攪拌裝置或壓縮裝置等設備。
五 輸送裝置。

②前項第二款至第五款之容器有公告板者，其內容之製造者、輸入者或供應者之名稱、地址及電話經常變更，但備有安全資料表者，得免標示第五條第一項第二款第六目之事項。

第一〇條

①雇主對裝有危害性化學品之容器，於運輸時已依交通法規有關運輸之規定設置標示者，該容器於工作場所內運輸時，得免再依附表一標示。

②勞工從事卸放、搬運、處置或使用危害性化學品作業時，雇主應依本規則辦理。

第一一條

①製造者、輸入者或供應者提供危害性化學品與事業單位或自營作業者前，應於容器上予以標示。

②前項標示，準用第五條至第九條之規定。

第三章 安全資料表、清單、揭示及通識措施

第一二條

①雇主對含有危害性化學品或符合附表三規定之每一化學品，應依附表四提供勞工安全資料表。

②前項安全資料表所用文字以中文為主，必要時並輔以作業勞工所能瞭解之外文。

第一三條

①製造者、輸入者或供應者提供前條之化學品與事業單位或自營作業者前，應提供安全資料表，該化學品為含有二種以上危害成分之混合物時，應依其混合後之危害性，製作安全資料表。

②前項化學品，應列出其危害成分之化學名稱，其危害性之認定方式如下：

一 混合物已作整體測試者，依整體測試結果。
二 混合物未作整體測試者，其健康危害性，除有科學資料佐證外，依國家標準CNS 15030分類之混合物分類標準；對於燃

　　燒、爆炸及反應性等物理性危害，使用有科學根據之資料評
　　估。
③第一項所定安全資料表之內容項目、格式及所用文字，適用前條
　規定。

第一四條

前條所定混合物屬同一種類之化學品，其濃度不同而危害成分、
用途及危害性相同時，得使用同一份安全資料表，但應註明不同
化學品名稱。

第一五條

①製造者、輸入者、供應者或雇主，應依實際狀況檢討安全資料表
　內容之正確性，適時更新，並至少每三年檢討一次。
②前項安全資料表更新之內容、日期、版次等更新紀錄，應保存三
　年。

第一六條

①雇主對於裝載危害性化學品之車輛進入工作場所後，應指定經相
　關訓練之人員，確認已有本規則規定之標示及安全資料表，始得
　進行卸放、搬運、處置或使用之作業。
②前項相關訓練應包括製造、處置或使用危害性化學品之一般安全
　衛生教育訓練及中央交通主管機關所定危險物品運送人員專業訓
　練之相關課程。

第一七條

①雇主為防止勞工未確實知悉危害性化學品之危害資訊，致引起之
　職業災害，應採取下列必要措施：
　一　依實際狀況訂定危害通識計畫，適時檢討更新，並依計畫確
　　　實執行，其執行紀錄保存三年。
　二　製作危害性化學品清單，其內容、格式參照附表五。
　三　將危害性化學品之安全資料表置於工作場所易取得之處。
　四　使勞工接受製造、處置或使用危害性化學品之教育訓練，其
　　　課程內容及時數依職業安全衛生教育訓練規則之規定辦理。
　五　其他使勞工確實知悉危害性化學品資訊之必要措施。
②前項第一款危害通識計畫，應含危害性化學品清單、安全資料
　表、標示、危害通識教育訓練等必要項目之擬訂、執行、紀錄及
　修正措施。

第一八條

①製造者、輸入者或供應者為維護國家安全或商品營業秘密之必
　要，而保留揭示安全資料表中之危害性化學品成分之名稱、化學
　文摘社登記號碼、含量或製造者、輸入者或供應者名稱時，應檢
　附下列文件，向中央主管機關申請核定：
　一　認定為國家安全或商品營業秘密之證明。
　二　為保護國家安全或商品營業秘密所採取之對策。
　三　對申請者及其競爭者之經濟利益評估。
　四　該商品中危害性化學品成分之危害性分類說明及證明。

②前項申請檢附之文件不齊全者，申請者應於收受中央主管機關補正通知後三十日內補正，補正次數以二次為限；逾期未補正者，不予受理。

③中央主管機關辦理第一項事務，於核定前得聘學者專家提供意見。

④申請者取得第一項安全資料表中之保留揭示核定後，經查核有資料不實或未依核定事項辦理者，中央主管機關得撤銷或廢止其核定。

第一八條之一

①危害性化學品成分屬於下列規定者，不得申請保留安全資料表內容之揭示：

一　勞工作業場所容許暴露標準所列之化學物質。

二　屬於國家標準CNS 15030分類之下列級別者：

(一)急毒性物質第一級、第二級或第三級。

(二)腐蝕或刺激皮膚物質第一級。

(三)嚴重損傷或刺激眼睛物質第一級。

(四)呼吸道或皮膚過敏物質。

(五)生殖細胞致突變性物質。

(六)致癌物質。

(七)生殖毒性物質。

(八)特定標的器官系統毒性物質－單一暴露第一級。

(九)特定標的器官系統毒性物質－重複暴露第一級。

三　其他經中央主管機關指定公告者。

②前條及本條有關保留揭示申請範圍、核定後化學品標示、安全資料表之保留揭示，按中央主管機關所定之技術指引及申請工具辦理。

第一九條

①主管機關、勞動檢查機構為執行業務或醫師、緊急應變人員為緊急醫療及搶救之需要，得要求製造者、輸入者、供應者或事業單位提供安全資料表及其保留揭示之資訊，製造者、輸入者、供應者或事業單位不得拒絕。

②前項取得商品營業秘密者，有保密之義務。

第四章　附　則

第二〇條

對裝有危害性化學品之船舶、航空器或運送車輛之標示，應依交通法規有關運輸之規定辦理。

第二一條

對放射性物質、國家標準CNS 15030分類之環境危害性化學品之標示，應依游離輻射及環境保護相關法規規定辦理。

第二二條

對農藥及環境用藥等危害性化學品之標示，應依農藥及環境用藥

相關法規規定辦理。

第二三條

①本規則自中華民國一百零三年七月三日施行。

②本規則修正條文，自發布日施行。但第十二條附表四自中華民國
　一百零九年一月一日施行。

危害性化學品評估及分級管理辦法

民國103年12月31日勞動部令訂定發布全文12條；並自104年1月1日施行。

第一條

本辦法依職業安全衛生法第十一條第二項規定訂定之。

第二條

本辦法用詞，定義如下：

一 暴露評估：指以定性、半定量或定量之方法，評量或估算勞工暴露於化學品之健康危害情形。

二 分級管理：指依化學品健康危害及暴露評估結果評定風險等級，並分級採取對應之控制或管理措施。

第三條

本辦法所定化學品，優先適用特定化學物質危害預防標準、有機溶劑中毒預防規則、四烷基鉛中毒預防規則、鉛中毒預防規則及粉塵危害預防標準之相關設置危害控制設備或採行措施之規定。但依前開法規所定方法，仍未能降低暴露風險者，雇主應依本辦法設置危害控制設備或採取更有效之危害控制或管理措施。

第四條

雇主使勞工製造、處置或使用之化學品，符合國家標準CNS 15030化學品分類，具有健康危害者，應評估其危害及暴露程度，劃分風險等級，並採取對應之分級管理措施。

第五條

下列情形不適用本辦法：

一 製造、處置或使用下列物品者：

　(一)有害事業廢棄物。

　(二)菸草或菸草製品。

　(三)食品、飲料、藥物、化粧品。

　(四)製成品。

　(五)非工業用途之一般民生消費商品。

　(六)滅火器。

　(七)在反應槽或製程中正進行化學反應之中間產物。

二 化學品僅作為貯存用途且勞工不致有暴露危害之虞者。

三 其他經中央主管機關指定者。

第六條

第四條之評估及分級管理，雇主應至少每三年執行一次，因化學品之種類、操作程序或製程條件變更，而有增加暴露風險之虞者，應於變更前或變更後三個月內，重新進行評估與分級。

第七條

雇主辦理前條之評估及分級管理，應參照中央主管機關公告之技術指引，或採取其他具同等科學基礎之評估及管理方法辦理。

第八條

①中央主管機關對於第四條之化學品，定有容許暴露標準，而事業單位從事特別危害健康作業之勞工人數在一百人以上，或總勞工人數五百人以上者，雇主應依有科學根據之之採樣分析方法或運用定量推估模式，實施暴露評估。

②雇主應就前項暴露評估結果，依下列規定，定期實施評估：

一　暴露濃度低於容許暴露標準二分之一之者，至少每三年評估一次。

二　暴露濃度低於容許暴露標準但高於或等於其二分之一者，至少每年評估一次。

三　暴露濃度高於或等於容許暴露標準者，至少每三個月評估一次。

③游離輻射作業不適用前二項規定。

④化學品之種類、操作程序或製程條件變更，有增加暴露風險之虞者，應於變更前或變更後三個月內，重新實施暴露評估。

第九條

雇主應依勞工作業環境監測實施辦法所定之監測及期程，實施前條化學品之暴露評估，必要時並得輔以其他半定量、定量之評估模式或工具實施之。

第一○條

雇主對於前二條化學品之暴露評估結果，應依下列風險等級，分別採取控制或管理措施：

一　第一級管理：暴露濃度低於容許暴露標準二分之一者，除應持續維持原有之控制或管理措施外，製程或作業內容變更時，並採行適當之變更管理措施。

二　第二級管理：暴露濃度低於容許暴露標準但高於或等於其二分之一者，應就製程設備、作業程序或作業方法實施檢點，採取必要之改善措施。

三　第三級管理：暴露濃度高於或等於容許暴露標準者，應即採取有效控制措施，並於完成改善後重新評估，確保暴露濃度低於容許暴露標準。

第一一條

雇主依本辦法採取之評估方法及分級管理措施，應作成紀錄留存備查，至少保存三年。

第一二條

本辦法自中華民國一百零四年一月一日施行。

勞工作業環境監測實施辦法

①民國81年2月14日行政院勞工委員會令訂定發布全文31條。
②民國90年10月31日行政院勞工委員會令修正發布全文32條。
③民國91年10月30日行政院勞工委員會令修正發布第6、7、9條條文。
④民國93年12月31日行政院勞工委員會令修正發布第5～7、9、12、14、15、19、24、27、31條條文；並增訂第12-1、28-1條條文。
⑤民國98年12月16日行政院勞工委員會令修正發布全文28條；並自發布日施行。
⑥民國103年7月2日勞動部令修正發布名稱及全文25條；並自103年7月3日施行（原名稱：勞工作業環境測定實施辦法）。
⑦民國103年12月31日勞動部令修正發布第12、14、19、22、24、25條條文；並增訂第10-1、10-2、14-1、14-2條條文；除第10-2條自104年7月1日施行外，自104年1月1日施行。
⑧民國105年11月2日勞動部令修正發布第25條條文；增訂第12-1條條文；並自發布日施行。

第一章　總　則

第一條

本辦法依職業安全衛生法（以下簡稱本法）第十二條第五項規定訂定之。

第二條

本辦法用詞，定義如下：

一　作業環境監測：指為掌握勞工作業環境實態與評估勞工暴露狀況，所採取之規劃、採樣、測定及分析之行為。

二　作業環境監測機構：指依本辦法規定申請，並經中央主管機關認可，執行作業環境監測業務之機構（以下簡稱監測機構）。

三　臨時性作業：指正常作業以外之作業，其作業期間不超過三個月，且一年內不再重複者。

四　作業時間短暫：指雇主使勞工每日作業時間在一小時以內者。

五　作業期間短暫：指作業期間不超過一個月，且確知自該作業終了日起六個月，不再實施該作業者。

六　第三者認證機構：指取得國際實驗室認證聯盟相互認可協議，並經中央主管機關公告之認證機構。

七　認證實驗室：指經第三者認證機構認證合格，於有效期限內，辦理作業環境監測樣本化驗分析之機構。

第三條

本辦法之作業環境監測，分類如下：

一 化學性因子作業環境監測：指第七條第一款、第二款、第八條第二款至第七款及其他經中央主管機關指定者。

二 物理性因子作業環境監測：指第七條第三款、第八條第一款及其他經中央主管機關指定者。

第四條

① 本辦法之作業環境監測人員（以下簡稱監測人員），其分類及資格如下：

一 甲級化學性因子監測人員，為領有下列證照之一者：

　㈠工礦衛生技師證書。

　㈡化學性因子作業環境監測甲級技術士證照。

　㈢中央主管機關發給之作業環境測定服務人員證明並經講習。

二 甲級物理性因子監測人員，為領有下列證照之一者：

　㈠工礦衛生技師證書。

　㈡物理性因子作業環境監測甲級技術士證照。

　㈢中央主管機關發給之作業環境測定服務人員證明並經講習。

三 乙級化學性因子監測人員，為領有化學性因子作業環境監測乙級技術士證照者。

四 乙級物理性因子監測人員，為領有物理性因子作業環境監測乙級技術士證照者。

② 本辦法施行前，已領有作業環境測定技術士證照者，可繼續從事作業環境監測業務。

第五條

第二條第七款之認證實驗室，其化驗分析類別如下：

一 有機化合物分析。

二 無機化合物分析。

三 石綿等礦物性纖維分析。

四 游離二氧化矽等礦物性粉塵分析。

五 粉塵重量分析。

六 其他經中央主管機關指定者。

第六條

作業環境監測之採樣、分析及儀器測量之方法，應參照中央主管機關公告之建議方法辦理。

第二章 監測作業場所及監測頻率

第七條

本法施行細則第十七條第二項第一款至第三款規定之作業場所，雇主應依下列規定，實施作業環境監測。但臨時性作業、作業時間短暫或作業期間短暫之作業場所，不在此限：

一 設有中央管理方式之空氣調節設備之建築物室內作業場所，

應每六個月監測二氧化碳濃度一次以上。

二　下列坑內作業場所應每六個月監測粉塵、二氧化碳之濃度一次以上：

(一)礦場地下礦物之試掘、採掘場所。

(二)隧道掘削之建設工程之場所。

(三)前二目已完工可通行之地下通道。

三　勞工噪音暴露工作日八小時日時量平均音壓級八十五分貝以上之作業場所，應每六個月監測噪音一次以上。

第八條

①本法施行細則第十七條第二項第四款規定之作業場所，雇主應依下列規定，實施作業環境監測：

一　下列作業場所，其勞工工作日時量平均綜合溫度熱指數在中央主管機關規定值以上者，應每三個月監測綜合溫度熱指數一次以上：

(一)於鍋爐房從事工作之作業場所。

(二)處理灼熱鋼鐵或其他金屬塊之壓軋及鍛造之作業場所。

(三)鑄造間內處理熔融鋼鐵或其他金屬之作業場所。

(四)處理鋼鐵或其他金屬類物料之加熱或熔煉之作業場所。

(五)處理搪瓷、玻璃及高溫熔料或操作電石熔爐之作業場所。

(六)於蒸汽機車、輪船機房從事工作之作業場所。

(七)從事蒸汽操作、燒窯等之作業場所。

二　粉塵危害預防標準所稱之特定粉塵作業場所，應每六個月監測粉塵濃度一次以上。

三　製造、處置或使用附表一所列有機溶劑之作業場所，應每六個月監測其濃度一次以上。

四　製造、處置或使用附表二所列特定化學物質之作業場所，應每六個月監測其濃度一次以上。

五　接近煉焦爐或於其上方從事煉焦作業之場所，應每六個月監測溶於苯之煉焦爐生成物之濃度一次以上。

六　鉛中毒預防規則所稱鉛作業之作業場所，應每年監測鉛濃度一次以上。

七　四烷基鉛中毒預防規則所稱四烷基鉛作業之作業場所，應每年監測四烷基鉛濃度一次以上。

②前項作業場所之作業，屬臨時性作業、作業時間短暫或作業期間短暫，且勞工不致暴露於超出勞工作業場所容許暴露標準所列有害物之短時間時量平均容許濃度，或最高容許濃度之虞者，得不受前項規定之限制。

第九條

前二條作業場所，雇主於引進或修改製程、作業程序、材料及設備時，應評估其勞工暴露之風險，有增加暴露風險之虞者，應即實施作業環境監測。

第三章　監測實施及監測結果處理

第一〇條

①雇主實施作業環境監測前，應就作業環境危害特性、監測目的及中央主管機關公告之相關指引，規劃採樣策略，並訂定含採樣策略之作業環境監測計畫（以下簡稱監測計畫），確實執行，並依實際需要檢討更新。

②前項監測計畫，雇主應於作業勞工顯而易見之場所公告或以其他公開方式揭示之，必要時應向勞工代表說明。

③雇主於實施監測十五日前，應將監測計畫依中央主管機關公告之網路登錄系統及格式，實施通報。但依前條規定辦理之作業環境監測者，得於實施後七日內通報。

第一〇條之一

前條監測計畫，應包括下列事項：

一　危害辨識及資料收集。
二　相似暴露族群之建立。
三　採樣策略之規劃及執行。
四　樣本分析。
五　數據分析及評估。

第一〇條之二

①事業單位從事特別危害健康作業之勞工人數在一百人以上，或依本辦法規定應實施化學性因子作業環境監測，且勞工人數五百人以上者，監測計畫應由下列人員組成監測評估小組研訂之：

一　工作場所負責人。
二　依職業安全衛生管理辦法設置之職業安全衛生人員。
三　受委託之執業工礦衛生技師。
四　工作場所作業主管。

②游離輻射作業或化學性因子作業環境監測依第十一條規定得以直讀式儀器監測方式為之者，不適用前項規定。

③第一項監測計畫，雇主應使監測評估小組成員共同簽名及作成紀錄，留存備查，並保存三年。

④第一項第三款之技師不得為監測機構之人員，且以經附表二之一所定課程訓練合格者為限。

⑤前項訓練得由中央主管機關自行辦理，或由中央主管機關認可之專業團體辦理。

第一一條

雇主實施作業環境監測時，應設置或委託監測機構辦理。但監測項目屬物理性因子或得以直讀式儀器有效監測之下列化學性因子者，得僱用乙級以上之監測人員或委由執業之工礦衛生技師辦理：

一　二氧化碳。
二　二硫化碳。

三　二氯聯苯胺及其鹽類。

四　次乙亞胺。

五　二異氰酸甲苯。

六　硫化氫。

七　汞及其無機化合物。

八　其他經中央主管機關指定公告者。

第一二條

① 雇主依前二條訂定監測計畫，實施作業環境監測時，應會同職業安全衛生人員及勞工代表實施。

② 前項監測結果應依附表三記錄，並保存三年。但屬附表四所列化學物質者，應保存三十年；粉塵之監測紀錄應保存十年。

③ 第一項之監測結果，雇主應於作業勞工顯而易見之場所公告或以其他公開方式揭示之，必要時應向勞工代表說明。

④ 雇主應於採樣或測定後四十五日內完成監測結果報告，通報至中央主管機關指定之資訊系統。所通報之資料，主管機關得作為研究及分析之用。

第一二條之一

雇主依第十一條規定以直讀式儀器方式監測二氧化碳濃度者，其監測計畫及監測結果報告，免依第十條及前條規定辦理通報。

第一三條

① 雇主得委由監測機構辦理監測計畫及監測結果之通報。

② 前項委託方式，應以書面方式為之。

③ 監測機構受託辦理第一項通報，準用第十條及前條之規定。

第四章　監測機構與監測人員資格及條件

第一四條

監測機構應具備下列資格條件：

一　必要之採樣及測定儀器設備（附表五）。

二　三人以上甲級監測人員或一人以上執業工礦衛生技師。

三　專屬之認證實驗室。

四　二年內未經撤銷或廢止認可。

第一四條之一

具備前條資格條件者，得向中央主管機關檢具下列資料，申請認可：

一　申請書（附表六）及機構設立登記或執業證明文件影本。

二　採樣及測定儀器設備清單。

三　監測人員名冊及資格證明影本。

四　認證實驗室及化驗分析類別之合格證明文件影本。

五　委託或設置實驗室之證明文件影本（協議書如附表六之一）。

六　具結符合第十四條第四款之情事。

七　其他經中央主管機關指定公告者。

第一四條之二

監測機構應依中央主管機關認可之類別，辦理勞工作業環境監測業務。

第一五條

① 監測機構就下列事項有變更者，應依附表七填具變更事項申報表，並檢附相關資料，於十五日內報請中央主管機關備查：

一　負責人、地址及聯絡方式。

二　監測人員。

三　必要之採樣及測定儀器設備。

四　認證實驗室有效期限及化驗分析類別。

五　其他經中央主管機關指定者。

② 前項第二款之報備，得於變更後三十日內為之。

第一六條

認證實驗室應符合國家標準CNS 17025或國際標準ISO/IEC 17025及中央主管機關公告之實驗室認證規範。

第一七條

① 監測機構之監測人員應親自執行作業環境監測業務。

② 監測機構於執行作業環境監測二十四小時前，應將預定辦理作業環境監測之行程，依中央主管機關公告之網路申報系統辦理登錄。

第一八條

① 監測機構應訂定作業環境監測之管理手冊，並依管理手冊所定內容，記載執行業務及實施管理，相關紀錄及文件應保存三年。

② 前項管理手冊內容及記載事項，由中央主管機關公告之。

第一九條

監測機構之監測人員及第十條之二之執業工礦衛生技師，應參加中央主管機關認可之各種勞工作業環境監測相關講習會、研討會或訓練，每年不得低於十二小時。

第五章　查核及管理

第二〇條

① 中央主管機關或勞動檢查機構對雇主設置或委託監測機構執行作業環境監測相關業務，得實施查核。

② 前項查核結果，有應改善事項，經限期命其改正者，雇主或監測機構應於期限內完成改正，並提出改善之書面報告。

③ 第一項之查核，中央主管機關得委託相關專業團體辦理，並將查核結果公開之。

第二一條

監測機構有下列情事之一者，得依本法第四十八條規定，予以警告，並限期命其改正：

一　採樣、分析及儀器測量之方法未依第六條規定辦理。

二　變更事項未依第十五條規定辦理。

三　監測人員違反第十七條第一項、第十九條之規定。

四　未依第十七條第二項規定，登錄預定監測行程。

五　違反第十八條第一項規定。

第二二條

監測機構有下列情事之一者，得依本法第四十八條規定，處以罰鍰，並限期令其改正：

一　申請認可文件及監測紀錄有虛偽不實。

二　監測計畫及監測結果，未依第十三條第三項規定辦理。

三　資格條件未符合第十四條之規定。

四　未依第十四條之二認可之類別辦理。

五　經查核有應改善事項，未依第二十條第二項規定辦理。

六　拒絕、規避或妨礙主管機關業務查核。

七　未依監測計畫內容實施，情節重大。

八　未依前條規定改正。

第二三條

①監測機構違反前二條規定，屆期未改正或情節重大者，得撤銷或廢止其認可，並得依本法第四十八條規定，定期停止執行監測業務之一部或全部。

②前項機構人員涉及刑責者，應移送司法機關偵辦。

③工礦衛生技師違反本辦法有關規定時，得移請中央技師主管機關依技師法予以懲處。

第六章　附　則

第二四條

本辦法中華民國一百零三年七月三日施行前，原經中央主管機關認可之作業環境測定機構或實驗室，應於本辦法施行後一年內重新申請認可。

第二五條

①本辦法自中華民國一百零三年七月三日施行。

②本辦法修正發布之條文，除第十條之二規定，自中華民國一百零四年七月一日施行外，自中華民國一百零四年一月一日施行。

③本辦法中華民國一百零五年十一月二日修正發布之條文，自發布日施行。

勞工作業場所容許暴露標準

①民國84年6月30日行政院勞工委員會令修正發布名稱及全文11條（原名稱：勞工作業環境中有害物質容許濃度標準）。

②民國92年12月31日行政院勞工委員會令修正發布全文11條；並自發布日施行，附表一自93年7月1日施行。

③民國99年1月5日行政院勞工委員會令修正發布第2條附表一、二；並自99年2月1日施行。

④民國99年1月26日行政院勞工委員會令修正發布第11條條文。

⑤民國103年6月27日勞動部令修正發布名稱及全文11條；並自103年7月3日施行（原名稱：勞工作業環境空氣中有害物容許濃度標準）。

⑥民國107年3月14日勞動部令修正發布第11條條文及第2條附表一、二；除第2條附表一編號四、四十三、二百三十一、四百七十七自107年7月1日施行外，自發布日施行。

第一條

本標準依職業安全衛生法第十二條第二項規定訂定之。

第二條

雇主應確保勞工作業場所之危害暴露低於附表一或附表二之規定。附表一中未列有容許濃度值之有害物經測出者，視為超過標準。

第三條

本標準所稱容許濃度如下：

一　八小時日時量平均容許濃度：除附表一符號欄註有「高」字外之濃度，為勞工每天工作八小時，一般勞工重複暴露此濃度以下，不致有不良反應者。

二　短時間時量平均容許濃度：附表一符號欄未註有「高」字及附表二之容許濃度乘以下表變量係數所得之濃度，為一般勞工連續暴露在此濃度以下任何十五分鐘，不致有不可忍受之刺激、慢性或不可逆之組織病變、麻醉昏暈作用、事故增加之傾向或工作效率之降低者。

容許濃度	變量係數	備註
未滿1	3	表中容許濃度氣狀物以ppm、粒狀物以mg/m、石綿f/cc為單位。
1以上，未滿10	2	
10以上，未滿100	1.5	
100以上，未滿1000	1.25	
1000以上	1	

三　最高容許濃度：附表一符號欄註有「高」字之濃度，爲不得使一般勞工有任何時間超過此濃度之暴露，以防勞工不可忍受之刺激或生理病變者。

第四條

本標準所稱時量平均濃度，其計算方式如下：

（第一次某有害物空氣中濃度×工作時間＋第二次某有害物空氣中濃度×工作時間＋第n次某有害物空氣中濃度×工作時間）÷總工作時間＝時量平均濃度

第五條

本標準所稱ppm爲百萬分之一單位，指溫度在攝氏二十五度、一大氣壓條件下，每立方公尺空氣中氣狀有害物之立方公分數。

第六條

本標準所稱mg/m³爲每立方公尺毫克數，指溫度在攝氏二十五度、一大氣壓條件下，每立方公尺空氣中粒狀或氣狀有害物之毫克數。

第七條

本標準所稱f/cc爲每立方公分根數，指溫度在攝氏二十五度、一大氣壓條件下，每立方公分纖維根數。

第八條

勞工作業環境空氣中有害物之濃度應符合下列規定：

一　全程工作日之時量平均濃度不得超過相當八小時日時量平均容許濃度。

二　任何一次連續十五分鐘內之時量平均濃度不得超過短時間時量平均容許濃度。

三　任何時間均不得超過最高容許濃度。

第九條

作業環境空氣中有二種以上有害物存在而其相互間效應非屬於相乘效應或獨立效應時，應視爲相加效應，並依下列規定計算，其總和大於一時，即屬超出容許濃度。

總和＝（甲有害物成分之濃度÷甲有害物成分之容許濃度）＋（乙有害物成分之濃度÷乙有害物成分之容許濃度）＋（丙有害物成分之濃度÷丙有害物成分之容許濃度）＋……

第一〇條

本標準不適用於下列事項之判斷：

一　以二種不同有害物之容許濃度比作爲毒性之相關指標。

二　工作場所以外之空氣污染指標。

三　職業疾病鑑定之唯一依據。

第一一條

①本標準自中華民國一百零三年七月三日施行。

②本標準修正條文，除第二條附表一編號四、四十三、二百三十一、四百七十七自中華民國一百零七年七月一日施行外，自發布日施行。

新化學物質登記管理辦法

①民國103年12月31日勞動部令訂定發布全文31條；並自104年1月1日施行。
②民國104年8月19日勞動部令修正發布第6、7、31條條文；並自發布日施行。

第一章　總　則

第一條
本辦法依職業安全衛生法第十三條第三項規定訂定之。

第二條
本辦法用詞，定義如下：

一　化學物質：指自然狀態或經製造過程所得之化學元素或化合物，包括維持產品穩定所需之任何添加劑，或製程衍生而非預期存在於化學物質中之成分。但不包括可分離而不影響物質穩定性，或改變其組成結構之任何溶劑。

二　登記人：指依本辦法規定，申請中央主管機關核准輸入或在國內製造新化學物質，並完成登記程序之廠商或機構。

三　天然物質：指未經加工或只經人力、重力、機械等作用，溶解於水、以水萃取、蒸氣蒸餾、浮力、加熱移除水分，或用任何方法從空氣中分離出，且未產生任何化學變化之物質、來自於生物體之大分子，或未經化學加工之天然聚合物。

四　混合物：指含二種以上不會互相反應之物質、溶液或配方。

五　成品：指製造過程中，已形成特定形狀之物品或依特定設計之物品。

六　聚合物：指符合下列條件之化學物質：
　　㈠由一種或多種類型之單體單元，按序列聚合成大分子之化學物質。
　　㈡由三個以上之單體單元，以共價鍵形式相連而成之分子，其在化學物質中之總重量百分比大於百分之五十，且分子量相同者之重量百分比小於百分之五十。
　　㈢分子量分布差異係因其單體單元數目之差異而造成。

七　百分之二規則之聚合物：指聚合物名稱以單體基礎式命名時，可選擇包括或不包括未滿重量百分之二之單體及反應體，且單體基礎式命名，指聚合物名稱以其組成單體為基礎加以命名者。

八　中間產物：指於一連串化學反應程序中，部分化學反應程序之產物作為後續反應原料之化學物質。

九　限定場址中間產物：指在單一場所製造並消耗之中間產物。

十　雜質：指非預期而存在於化學物質中之成分，源自化學物質原料、反應過程中次要反應或不完全反應；化學物質中之不純物亦屬雜質。最終化學物質中出現之雜質，其為非刻意加入，亦不會增加該化學物質之商業價值。但單一雜質成分含量，不得超過該化學物質之重量百分之十，多重雜質成分總量，不得超過該化學物質之重量百分之二十。

十一　副產物：指在使用或儲存過程中，因環境變化發生化學反應而生成之化學物質。

十二　海關監管化學物質：指儲存於海關監管之碼頭專區、貨棧、貨櫃集散站、保稅倉庫、物流中心或自由貿易港區等，待出口之化學物質。

十三　科學研發用途：指在科學學術環境與控制條件下，執行之科學性實驗、教育、分析或研究等用途。

十四　產品與製程研發用途：指在試驗工廠產製試驗，用於發展生產程序或測試物質應用領域之過程，與產品開發或製程物質發展直接相關之研發過程。

十五　低關注聚合物：指經中央主管機關審查，並符合下列條件之一者：

　　㈠聚合物之數目平均分子量介於一千至一萬道爾頓（Dalton）之間者，其分子量小於五百道爾頓之寡聚物含量少於百分之十，分子量小於一千道爾頓之寡聚物含量少於百分之二十五。

　　㈡聚合物之數目平均分子量大於一萬道爾頓者，其分子量小於五百道爾頓之寡聚物含量少於百分之二，且分子量小於一千道爾頓之寡聚物含量少於百分之五。

　　㈢聚酯聚合物。

　　㈣不可溶性聚合物（Insoluble Polymers）。

十六　致癌性、生殖細胞致突變性或生殖毒性物質第一級化學物質（簡稱CMR物質第一級）：指化學物質依國家標準CNS 15030危害分類，具致癌物質第一級、生殖細胞致突變性物質第一級或生殖毒性物質第一級。

第三條
中央主管機關公告於資訊網站之化學物質清單（以下簡稱公告清單）以外之新化學物質屬下列性質者，不適用本辦法：

一　天然物質。

二　伴隨試車之機械或設備之化學物質。

三　於反應槽或製程中正進行化學反應且不可分離之中間產物。

四　涉及國家安全或國防需求之化學物質。

五　無商業用途之副產物或雜質。

六　海關監管之化學物質。

七　廢棄物。

八　已列於公告清單適用百分之二規則之聚合物。

九　混合物。但其組成之化學物質為新化學物質者，不在此限。

十　成品。

十一　其他經中央主管機關指定公告者。

第四條

新化學物質依其用途，其他目的事業主管機關已訂有許可及管制規定者，不適用本辦法。

第二章　核准登記及安全評估報告

第五條

①製造者或輸入者對於公告清單以外之新化學物質，未向中央主管機關繳交化學物質安全評估報告（以下簡稱評估報告），並經核准登記前，不得製造或輸入含有該物質之化學品。

②前項製造者或輸入者，得委託國內之廠商或機構，代為申請核准登記。

③第一項公告清單之化學物質，中央環境保護主管機關依毒性化學物質管理法另有規定者，從其規定。

第六條

①製造者或輸入者應依其新化學物質之登記類型，按中央主管機關所定之技術指引及登記工具，繳交評估報告，申請核准登記。

②前項申請核准登記之類型及應繳交評估報告之資訊項目及內容如下：

一　標準登記，如附表一。

二　簡易登記，如附表二。

三　少量登記，如附表三。

③前項新化學物質屬簡易登記、少量登記或經中央主管機關公告者，其製造者或輸入者已依毒性化學物質管理法取得中央環境保護主管機關核准登錄，得免依第一項規定申請核准登記。

第七條

①製造者或輸入者申請前條新化學物質核准登記，應依附表四之年製造或輸入量，選擇登記類型。

②前項新化學物質符合下列情形之一者，得依附表五之年製造或輸入量，選擇登記類型：

一　科學研發用途。

二　產品與製程研發用途。

三　限定場址中間產物。

四　聚合物或低關注聚合物。

③申請前項第四款低關注聚合物之核准登記者，應於事前向中央主管機關提出審查申請，並取得符合第二條第十五款所定條件之確認文件。

④中央環境保護主管機關依毒性化學物質管理法審定為低關注聚合物者，於其申請核准登記時，得免前項規定之文件。

第八條

依前二條規定申請核准登記之新化學物質，符合簡易登記及少量登記類型者，經確認該新化學物質屬CMR物質第一級時，中央主管機關得要求申請人依標準登記之規定辦理。

第九條

新化學物質符合科學研發用途、產品與製程研發用途或經中央主管機關指定公告者，申請人除使用登記工具繳交評估報告外，應另繳交中央主管機關指定之相關資料。

第一〇條

①二個以上製造者或輸入者申請登記相同之新化學物質時，得共同申請核准登記，其化學物質總合合併計算。

②申請人對於中央主管機關已核准登記之新化學物質，得經原登記人同意，於核准登記文件所載有效期間內，向中央主管機關申請核准共同登記。

③前項共同登記，其登記文件之核發日期與有效期間，應與原登記文件所記載者相同，但須加註變更為共同核准登記之日期，且其共同核准登記之物質總量合併計算。

④相同之新化學物質全國之年製造或輸入合計達一定數量者，中央主管機關得指定變更登記類型或指定進行共同核准登記。

第一一條

①本辦法施行前製造或輸入之新化學物質，製造者或輸入者得檢具製造或輸入該新化學物質之證明文件，自中華民國一百零四年一月一日起至一百零四年三月三十一日止之期間，向中央主管機關申請核准登記，並依附表六繳交評估報告，不受第六條及第七條規定之限制。

②前項核准登記文件之有效期間為一年，期滿不得展延。

第一二條

①自本辦法施行日起至中華民國一百零四年十二月三十一日止，製造或輸入之新化學物質，製造者或輸入者得於該期限內依少量登記類型，繳交評估報告，申請核准登記，不受第六條及第七條規定之限制。

②前項核准登記文件之有效期間為一年，期滿不得展延。

第三章　審查程序

第一三條

申請人申請核准登記之文件，有下列情形之一者，中央主管機關得不予受理或原件退還：

一　未依中央主管機關指定之登記工具或表單提交登記資料。

二　未依申請收費標準繳費。

第一四條

①中央主管機關，應就申請人申請核准登記之文件，實施審查。

②前項審查，中央主管機關得邀集相關專業領域之專家學者，組成

審查小組辦理之。

第一五條

①中央主管機關審查評估報告，認其資料有誤或不足者，得要求申請人補正。

②申請人應於要求補正通知書送達之日起三十個工作天內完成補正，逾期未補正者，視同審查未通過。

③前項補正次數，以二次為限。

第一六條

①申請人對於登記審查結果有疑義者，得於審查結果通知送達之日起三十個工作天內，以書面敘明理由申覆。

②前項申覆次數，以一次為限。

第一七條

申請人使用申請登記工具所檢附之文件及核准登記文件，應保存五年。

第一八條

中央主管機關得委託相關專業團體，辦理新化學物質之核准登記作業。

第一九條

申請人繳交之評估報告，經檢視符合規定並經審查合格後，中央主管機關應核發核准登記文件。

第二〇條

新化學物質之核准登記文件，應記載下列事項：

一　登記人基本資料。

二　新化學物質編碼。

三　核准登記類型。

四　核發日期及有效期間。

第四章　核准登記之管理

第二一條

登記人供應鏈之廠商，需前條核准登記文件證明者，登記人應提供其前條第二款至第四款所記載之資訊。

第二二條

①中央主管機關依登記類型發給核准登記文件之有效期間如下：

一　標準登記：五年。

二　簡易登記：二年。

三　少量登記：二年。但少量登記之低關注聚合物之有效期間為五年。

②前項簡易登記、少量登記之核准登記文件有效期間屆滿前三個月，登記人得申請展延，經審查後發給新登記文件。

第二三條

①新化學物質於核准登記文件之有效期間內，登記人基本資料有異動者，應於異動後三十個工作天內，檢具相關文件向中央主管機

關辦理變更。

②新化學物質之登記類型與原登記文件不符時，登記人應依第六條及第七條規定，重新申請登記並繳交評估報告。

第二四條

經核准登記之新化學物質，有下列情形之一者，登記人應主動或依中央主管機關之要求，提出補充資訊：

一　發現有新危害證據或新資訊。

二　發現有新用途。

三　其他經中央主管機關指定公告者。

第二五條

①登記人取得新化學物質核准登記文件後，有下列情形之一者，中央主管機關得撤銷或廢止其核准登記：

一　經查核確認登記人無適當措施管理新化學物質，經通知限期改善，屆期未改善。

二　登記人繳交之評估報告內容不實，或未依核准登記事項辦理。

三　登記人歇業或經目的事業主管機關撤銷、廢止其工商登記或學術機構證明文件。

四　未依前二條規定辦理登記文件變更或未依中央主管機關要求提出補充資訊，經通知限期改善，屆期未改善。

②登記人經撤銷或廢止登記後，二年內不得再申請該新化學物質之核准登記。

第二六條

為預防新化學物質嚴重危害工作者健康，必要時，中央主管機關得廢止登記人之核准登記文件、縮短登記有效期間，或依其危害風險，公告限制其運作方法或用途。

第五章　資訊公開及其他應遵循事項

第二七條

①中央主管機關審查申請人檢送之評估報告後，得公開化學物質之下列資訊：

一　新化學物質編碼。

二　危害分類及標示。

三　物理及化學特性資訊。

四　毒理資訊。

五　安全使用資訊。

六　為因應緊急措施或維護工作者安全健康，有必要揭露予特定人員之資訊。

②前項第六款之資訊範圍如下：

一　新化學物質名稱及基本辨識資訊。

二　製造或輸入新化學物質之數量。

三　新化學物質於混合物之組成。

四 新化學物質之製造、用途及暴露資訊。

第二八條

符合下列規定之新化學物質，中央主管機關得列入公告清單：

一 標準登記滿五年者。

二 少量登記滿五年且屬於低關注聚合物者。

三 依附表一標準登記資訊要求，並繳交危害評估資訊及暴露評估資訊，經登記人申請提前列入清單者。

四 少量登記且屬於低關注聚合物，經登記人申請提前列入清單者。

第二九條

①前條之新化學物質，登記人有下列情形之一，且須保留化學物質名稱者，得於列入公告清單前三個月至六個月向中央主管機關申請資訊保護：

一 要求保護之化學物質屬於登記人之商業機密。

二 登記人已採取行動，並將持續維持化學物質之保密性。

三 物質名稱除登記人同意外，尚未被第三者以合理且合法之管道取得。

②前項申請經核准者，有效期間為五年，登記人得於有效期間屆滿前三個月申請展延一次。

第六章 附 則

第三〇條

中央主管機關對於本辦法所定申請新化學物質核准登記案件之受理、審查及核發許可文件之程序，得會商中央環境保護主管機關辦理之。

第三一條

①本辦法自中華民國一百零四年一月一日施行。

②本辦法修正條文自發布日施行。

管制性化學品之指定及運作許可管理辦法

民國103年12月31日勞動部令訂定發布全文19條；並自104年1月1日施行。

第一章　總　則

第一條

本辦法依職業安全衛生法（以下簡稱本法）第十四條第三項規定訂定之。

第二條

本辦法所定管制性化學品，指本法施行細則第十九條規定之化學品，如附表一。

第三條

① 本辦法所稱運作，指對於管制性化學品之製造、輸入、供應或供工作者處置、使用之行為。

② 本辦法所稱運作者，指從事前項行為之製造者、輸入者、供應者或雇主。

第四條

下列物品不適用本辦法：

一　有害事業廢棄物。

二　菸草或菸草製品。

三　食品、飲料、藥物、化粧品。

四　製成品。

五　非工業用途之一般民生消費商品。

六　滅火器。

七　在反應槽或製程中正進行化學反應之中間產物。

八　其他經中央主管機關指定者。

第五條

中央主管機關得邀請專家學者組成技術諮議會，辦理下列事項之諮詢或建議：

一　管制性化學品之篩選及指定。

二　管制性化學品申請許可之審查。

三　其他管制性化學品管理事項之研議。

第二章　申請許可條件及程序

第六條

① 運作者於運作管制性化學品前，應向中央主管機關申請許可，非

經許可者，不得運作。

②本辦法施行前，已於國內運作第二條之管制性化學品者，運作者應於本辦法施行後一年內取得許可文件，附表一有變更者，亦同。

第七條

①運作者申請前條管制性化學品運作許可，應檢附下列資料：

一　運作者基本資料，如附表二。

二　管制性化學品運作資料，如附表三。

②前項之申請，應依中央主管機關公告之方法，登錄於指定之資訊網站，並依中央主管機關公告之收費標準繳納費用。

③第一項申請之管制性化學品為混合物者，其成分相同而濃度不同，但用途、危害分類及暴露控制措施相同時，得合併申請。

第八條

中央主管機關受理前條申請案之審查，必要時得至運作場所進行現場查核。

第九條

中央主管機關處理前條申請案，應自受理日起三十個工作日內，將申請許可結果通知運作者，必要時得延長三十個工作日。但因可歸責於運作者之事由，而未能於期限內處理完成者，不在此限。

第一○條

運作者申請許可案件，有下列情形之一者，中央主管機關得不予受理：

一　未依第七條規定登錄資料。

二　未依申請收費標準繳費。

三　經通知限期補正資料，屆期未補正。

第一一條

運作者申請許可案件，有下列情形之一者，中央主管機關得不予許可：

一　經技術諮議會認有重大風險。

二　二年內曾因違反本法或本辦法，而由中央主管機關撤銷或廢止同一管制性化學品許可。

第三章　許可期間及查核管理

第一二條

管制性化學品之許可文件，應記載下列事項：

一　許可編號、核發日期及有效期限。

二　運作者名稱及登記地址。

三　運作場所名稱及地址。

四　許可運作事項：

　　(一)管制性化學品名稱。

　　(二)運作行為及用途。

五　其他備註事項。

第一三條

①前條許可文件之有效期限為五年，中央主管機關認有必要時，得依化學品之危害性或運作行為，縮短有效期限為三年。

②運作者於前項期限屆滿仍有運作需要者，應於期滿前三個月至六個月期間，依第七條規定，重新提出申請。

第一四條

運作者取得許可文件後，應依下列規定辦理：

一　每年四月至九月期間，定期更新附表三之實際運作資料，並登錄於第七條規定之資訊網站。

二　依前條核發之許可文件與相關申請資料，至少留存五年備查。

三　就下列事項建立工作者之暴露資料，至少留存十年備查：

　　㈠工作者姓名。

　　㈡從事之作業概況及作業期間。

　　㈢工作者暴露情形。

　　㈣其他經中央主管機關指定之事項。

第一五條

①運作者於許可有效期限內，有下列異動情形之一者，應於異動後三十日內，依附表四於指定之資訊網站申請變更：

一　運作者名稱或負責人。

二　運作場所名稱或地址。

②運作者於許可有效期限內，有下列情形之一者，應依第七條規定重新提出申請：

一　運作行為或用途變更。

二　前項第一款之異動涉及運作者主體變更。

三　前項第二款之地址異動，經技術諮議會認有風險。

第一六條

許可文件遺失或毀損者，得依附表五於指定之資訊網站提出補發之申請。

第一七條

中央主管機關及勞動檢查機構得就運作者之運作及管理情形實施查核，有下列情形之一者，經限期令其改正，屆期未改正或情節重大者，得撤銷或廢止其許可，並得限期停止其運作行為之全部或一部：

一　違反第十四條或第十五條之規定。

二　運作事項與許可文件不符。

三　規避、妨礙或拒絕中央主管機關或勞動檢查機構之查核。

第一八條

①運作者歇業，或經目的事業主管機關撤銷、廢止其工商登記等證明文件時，應通報中央主管機關。

②中央主管機關於知悉前項情形時，應廢止其許可。

第四章　附　則

第一九條
本辦法自中華民國一百零四年一月一日施行。

優先管理化學品之指定及運作管理辦法

①民國103年12月30日勞動部令訂定發布全文12條；並自104年1月1日施行。

②民國110年11月5日勞動部令修正發布全文13條；除第6～9條自111年4月1日施行外，自發布日施行。

③民國113年6月6日勞動部令修正發布全文15條；並自發布日施行。

第一條

本辦法依職業安全衛生法（以下簡稱本法）第十四條第三項規定訂定之。

第二條

本辦法所定優先管理化學品如下：

一　本法第二十九條第一項第三款及第三十條第一項第五款規定之危害性化學品，如附表一。

二　依國家標準CNS 15030分類，屬下列化學品之一，並經中央主管機關指定公告者：

(一)致癌物質、生殖細胞致突變性物質、生殖毒性物質。

(二)呼吸道過敏性物質第一級。

(三)嚴重損傷或刺激眼睛物質第一級。

(四)特定標的器官系統毒性物質屬重複暴露第一級。

三　依國家標準CNS 15030分類，具物理性危害或健康危害之化學品，並經中央主管機關指定公告。

四　其他經中央主管機關指定公告者。

第三條

本辦法用詞，定義如下：

一　運作：指對於化學品之製造、輸入、供應或供工作者處置、使用之行為。

二　運作者：指從事前款行為之製造者、輸入者、供應者或雇主。

三　處置：指對於化學品之處理、置放或貯存之行為。

四　最大運作總量：指化學品於任一時間存在於運作場所之最大數量。

第四條

下列物品不適用本辦法：

一　事業廢棄物。

二　菸草或菸草製品。

三　食品、飲料、藥物、化粧品。

四　製成品。

五　非工業用途之一般民生消費商品。

六　滅火器。

七　在反應槽或製程中正進行化學反應之中間產物。

八　其他經中央主管機關指定公告者。

第五條

優先管理化學品經中央主管機關指定公告為管制性化學品者，運作者應依管制性化學品之指定及運作許可管理辦法之規定辦理。

第六條

①運作者依本法第十四條第二項規定，應報請備查之優先管理化學品如下：

一　運作第二條第一款所定之優先管理化學品。

二　運作第二條第二款所定之優先管理化學品，其濃度及任一運作行為之年運作總量，達附表二規定者。

三　運作第二條第三款所定之優先管理化學品，其最大運作總量達附表三規定之臨界量。該運作場所中，其他最大運作總量未達附表三所定臨界量之化學品，應一併報請備查。

四　運作二種以上屬於第二條第三款之優先管理化學品，其個別之最大運作總量均未達附表三之臨界量，但依下列計算方式，其總和達一以上者：

五　其他經中央主管機關指定公告者。

②前項各款之優先管理化學品濃度不同，而危害成分、用途及危害性相同時，應合併計算其最大運作總量及年運作總量。

③第一項第三款及第四款化學品之計算，應依下列規定辦理：

一　化學品最大運作總量等於或小於其臨界量百分之二時，得免報請備查，並免納入總和計算。

二　化學品危害性包含二個以上之危害分類時，其臨界量以最低者為準。

第七條

①運作者對於前條之優先管理化學品，應檢附下列資料報請中央主管機關首次備查：

一　運作者基本資料，如附表四。

二　優先管理化學品運作資料，如附表五。

三　其他中央主管機關指定公告之資料。

②前項報請首次備查之期限如下：

一　運作者勞工人數達一百人以上者，應於中央主管機關公告生效日起六個月內報請備查。

二　運作者勞工人數未滿一百人者：應於中央主管機關公告生效日起十二個月內報請備查。

③運作者應於完成第一項備查之次年起，每年四月至九月之期間內，再行報請中央主管機關備查。

④第一項及前項報請備查之運作資料，以報請備查日前一年度之資料為準。

第八條

運作者於完成前條首次備查後，應依下列規定期限，再行檢附前條第一項所定資料，報請中央主管機關定期備查：

一　依第六條第一項第一款或第二款規定完成首次備查者，應於該備查之次年起，每年四月至九月期間辦理。

二　依第六條第一項第三款或第四款規定完成首次備查者，應於該備查後，每年一月及七月分別辦理。

第九條

運作者依第六條第一項第三款或第四款規定，完成首次備查或定期備查後，其運作之最大運作總量超過該備查數量，且超過部分之數量達第六條附表三臨界量以上者，應於超過事實發生之日起三十日內，檢附第七條第一項所定資料，再行報請中央主管機關動態備查。

第一〇條

運作者辦理第七條至第九條之備查時，應依中央主管機關公告之方法，登錄於指定之資訊網站。

第一一條

運作者於第七條第二項規定之報請備查期限後，始於運作場所發生優先管理化學品之運作事實，應於該事實發生之日起三十日內，依第七條第一項規定報請中央主管機關首次備查，並按第八條及第九條規定辦理。前項報請首次備查之資料，得不包括第七條附表五所列實際運作資料。

第一二條

中央主管機關為評估優先管理化學品之暴露風險，認有必要補充其他相關運作資料時，得要求運作者於指定期限內，依附表六填具附加運作資料，並登錄於指定之資訊網站。

第一三條

運作者報請備查之資料，有下列情形之一者，應於變更後三十日內依附表七辦理變更，並將更新資料登錄於指定之資訊網站：

一　運作者名稱、負責人、運作場所名稱或地址變更。

二　其他經中央主管機關指定之情形。

第一四條

運作者報請備查之事項，有下列情形之一者，由中央主管機關依本法第四十三條規定，處以罰鍰：

一　資料有虛偽不實。

二　未依第六條至第十三條規定辦理。

三　資料有誤寫、誤算、缺漏或其他類此之顯然錯誤，經通知限期補正，屆期未補正。

第一五條

本辦法自發布日施行。

製程安全評估定期實施辦法

①民國103年12月31日勞動部令訂定發布全文11條；並自104年1月1日施行。
②民國109年7月17日勞動部令修正發布第3、6～8、11條條文；並自發布日施行。

第一條
本辦法依職業安全衛生法（以下簡稱本法）第十五條第三項規定訂定之。

第二條
本辦法適用於下列工作場所：
一 勞動檢查法第二十六條第一項第一款所定從事石油產品之裂解反應，以製造石化基本原料之工作場所。
二 勞動檢查法第二十六條第一項第五款所定製造、處置或使用危險物及有害物，達勞動檢查法施行細則附表一及附表二規定數量之工作場所。

第三條
①本辦法所稱製程安全評估，指利用結構化、系統化方式，辨識、分析前條工作場所潛在危害，而採取必要預防措施之評估。
②本辦法所稱製程修改，指前條工作場所既有安全防護措施未能控制新潛在危害之製程化學品、技術、設備、操作程序或規模之變更。

第四條
①第二條之工作場所，事業單位應每五年就下列事項，實施製程安全評估：
一 製程安全資訊，如附表一。
二 製程危害控制措施，如附表二。
②實施前項評估之過程及結果，應予記錄，並製作製程安全評估報告及採取必要之預防措施，評估報告內容應包括下列各項：
一 實施前項評估過程之必要文件及結果。
二 勞工參與，如附表三。
三 標準作業程序，如附表四。
四 教育訓練，如附表五。
五 承攬管理，如附表六。
六 啟動前安全檢查，如附表七。
七 機械完整性，如附表八。
八 動火許可，如附表九。
九 變更管理，如附表十。

十　事故調查，如附表十一。

十一　緊急應變，如附表十二。

十二　符合性稽核，如附表十三。

十三　商業機密，如附表十四。

③前二項有關製程安全評估之規定，於製程修改時，亦適用之。

第五條

前條所定製程安全評估，應使用下列一種以上之安全評估方法，以評估及確認製程危害：

一　如果—結果分析。

二　檢核表。

三　如果—結果分析／檢核表。

四　危害及可操作性分析。

五　失誤模式及影響分析。

六　故障樹分析。

七　其他經中央主管機關認可具有同等功能之安全評估方法。

第六條

第四條所定每五年應實施製程安全評估，其期間分別依下列各款所定之日起算：

一　依本辦法規定完成製程安全評估，並報經勞動檢查機構備查之日。

二　於本辦法施行前，依危險性工作場所審查及檢查辦法審查合格，取得審查合格之日。

三　於本辦法施行前，依危險性工作場所審查及檢查辦法規定，完成製程安全重新評估之日。

第七條

①第四條所定製程安全評估，應由下列人員組成評估小組實施之：

一　工作場所負責人。

二　曾受國內外製程安全評估專業訓練或具有製程安全評估專業能力，持有證明文件，且經中央主管機關認可者（以下簡稱製程安全評估人員）。

三　依職業安全衛生管理辦法設置之職業安全衛生人員。

四　工作場所作業主管。

五　熟悉該場所作業之勞工。

②事業單位未置前項第二款所定製程安全評估人員者，得以在國內完成製程安全評估人員訓練之下列執業技師任之：

一　工業安全技師及下列技師之一：

　(一)化學工程技師。

　(二)職業衛生技師。

　(三)機械工程技師。

　(四)電機工程技師。

二　技術顧問機構僱用之工業安全技師及前款各目所定技師之一。

③前項人員兼具工業安全技師資格及前項第一款各目所定技師資格之一者，得爲同一人。

第八條

①事業單位應於第六條所定製程安全評估之五年期間屆滿日之三十日前，或製程修改日之三十日前，填具製程安全評估報備書，如附表十五，並檢附製程安全評估報告，報請勞動檢查機構備查；評估過程相關資料得留存事業單位備查。

②前項報告，應登錄於中央主管機關指定之資訊網站。

第九條

依前條規定所報製程安全評估報告，其內容不完備者，勞動檢查機構得限期令其補正。

第一○條

①事業單位有工作場所發生下列情事之一者，應檢討並修正其製程安全評估報告後，留存備查：

一　本法第三十七條第二項規定之職業災害。

二　火災、爆炸、有害氣體洩漏。

三　其他認有製程風險之情形。

②勞動檢查機構得請事業單位就評估報告內容提出說明，必要時，並得邀請專家學者提出建議。

第一一條

①本辦法自中華民國一百零四年一月一日施行。

②本辦法修正條文，自發布日施行。

危險性機械及設備安全檢查規則

①民國84年12月13日行政院勞工委員會令訂定發布全文168條。

②民國88年12月31日行政院勞工委員會令修正發布第153條條文；並增訂附表三十九之一。

③民國90年12月12日行政院勞工委員會令修正發布第6、12、23、33、43、53、63、82、106、130條條文。

④民國93年10月20日行政院勞工委員會令修正發布第1、6、86、92、109～111、117、126、132、133、135、141、151、153、155～157、160條條文；並增訂第157-1、162-1、162-2條條文。

⑤民國95年1月6日行政院勞工委員會令增訂發布第167-1條條文。

⑥民國96年8月9日行政院勞工委員會令修正發布第6、126、157-1條條文。

⑦民國100年2月15日行政院勞工委員會令修正發布第45、50、55、65、78、89、91、102、114、116、126、130、138、140、155、157-1、158、160、163條條文。

⑧民國103年6月27日勞動部令修正發布第1～4、6、9～13、19、22～24、29、32～34、39、42～54、59、62、63、69、71～75、79、82、84、90、92～99、103、106、108～110、115、118～123、127、132、133、139、142～148、151、152、156、161、162-2、164、168條條文、第二章第四節節名及第14條附表五、六、第16條附表八、九、第17條附表十、第18條附表十一、第20條附表十二、第21條附表十三、第26條附表十六、十七、第27條附表十、第28條附表十八、第30條附表十二、第31條附表十三、第36條附表九、二十、第37條附表十、第38條附表二十一、第40條附表十二、第41條附表十三、第56條附表二十七、第57條附表十、第60條附表十二、第61條附表十三、第66條附表十七、二十九、第67條附表十、第68條附表三十、第70條附表十三、第78條附表三十五、三十六、第83條附表四十、第87條附表四十一、第102條附表三十五、四十四、第107條附表十、第112條附表四十六、第126條附表三十五、四十四、第130條附表三十七、三十九、四十五、第131條附表四十、第136條附表四十六、第153條附表三十九、三十九之一、第154條附表四十、第158條附表四十六、第166條附表四十七；增訂第167-2條條文；並自103年7月3日施行。

⑨民國105年11月21日勞動部令修正發布第7、13、16、93條條文。

第一章 總 則

第一條
本規則依職業安全衛生法（以下稱本法）第十六條第四項規定訂定之。

第二條
有關危險性機械及設備之用詞，除本規則另有定義外，適用職業

安全衛生相關法規之規定。

第三條

本規則適用於下列容量之危險性機械：

一　固定式起重機：吊升荷重在三公噸以上之固定式起重機或一公噸以上之斯達卡式起重機。

二　移動式起重機：吊升荷重在三公噸以上之移動式起重機。

三　人字臂起重桿：吊升荷重在三公噸以上之人字臂起重桿。

四　營建用升降機：設置於營建工地，供營造施工使用之升降機。

五　營建用提升機：導軌或升降路高度在二十公尺以上之營建用提升機。

六　吊籠：載人用吊籠。

第四條

本規則適用於下列容量之危險性設備：

一　鍋爐：

㈠最高使用壓力（表壓力，以下同）超過每平方公分一公斤，或傳熱面積超過一平方公尺（裝有內徑二十五公厘以上開放於大氣中之蒸汽管之蒸汽鍋爐、或在蒸汽部裝有內徑二十五公厘以上之U字形豎立管，其水頭壓力超過五公尺之蒸汽鍋爐，為傳熱面積超過三點五平方公尺），或胴體內徑超過三百公厘，長度超過六百公厘之蒸汽鍋爐。

㈡水頭壓力超過十公尺，或傳熱面積超過八平方公尺以上且液體使用溫度超過其在一大氣壓之沸點之熱媒鍋爐以外之熱水鍋爐。

㈢水頭壓力超過十公尺，或傳熱面積超過八平方公尺之熱媒鍋爐。

㈣鍋爐中屬貫流式者，其最高使用壓力超過每平方公分十公斤（包括具有內徑超過一百五十公厘之圓筒形集管器，或剖面積超過一百七十七平方公分之方形集管器之多管式貫流鍋爐），或其傳熱面積超過十平方公尺者（包括具有汽水分離器者，其汽水分離器之內徑超過三百公厘，或其內容積超過零點零七立方公尺者）。

二　壓力容器：

㈠最高使用壓力超過每平方公分一公斤，且內容積超過零點二立方公尺之第一種壓力容器。

㈡最高使用壓力超過每平方公分一公斤，且胴體內徑超過五百公厘，長度超過一千公厘之第一種壓力容器。

㈢以「每平方公分之公斤數」單位所表示之最高使用壓力數值與以「立方公尺」單位所表示之內容積數值之積，超過零點二之第一種壓力容器。

三　高壓氣體特定設備：指供高壓氣體之製造（含與製造相關之儲存）設備及其支持構造物（供進行反應、分離、精鍊、蒸

餾等製程之塔槽類者，以其最高位正切線至最低位正切線間之長度在五公尺以上之塔，或儲存能力在三百立方公尺或三公噸以上之儲槽爲一體之部分爲限），其容器以「每平方公分之公斤數」單位所表示之設計壓力數值與以「立方公尺」單位所表示之內容積數值之積，超過零點零四者。但下列各款容器，不在此限：

(一)泵、壓縮機、蓄壓機等相關之容器。

(二)緩衝器及其他緩衝裝置相關之容器。

(三)流量計、液面計及其他計測機器、濾器相關之容器。

(四)使用於空調設備之容器。

(五)溫度在攝氏三十五度時，表壓力在每平方公分五十公斤以下之空氣壓縮裝置之容器。

(六)高壓氣體容器。

(七)其他經中央主管機關指定者。

四　高壓氣體容器：指供灌裝高壓氣體之容器中，相對於地面可移動，其內容積在五百公升以上者。但下列各款容器，不在此限：

(一)於未密閉狀態下使用之容器。

(二)溫度在攝氏三十五度時，表壓力在每平方公分五十公斤以下之空氣壓縮裝置之容器。

(三)其他經中央主管機關指定者。

第五條

本規則所稱製造人（含修改人）係指製造（含修改）危險性機械或設備之承製廠負責人。所稱所有人係指危險性機械或設備之所有權人。

第六條

①國內製造之危險性機械或設備之檢查，應依本規則、職業安全衛生相關法規及中央主管機關指定之國家標準、國際標準或團體標準等之全部或部分內容規定辦理。

②外國進口或於國內依合約約定採用前項國外標準設計、製造之危險性機械或設備，得採用該國外標準實施檢查。但與該標準相關之材料選用、機械性質、施工方法、施工技術及檢查方式等相關規定，亦應一併採用。

③前二項國外標準之指定，應由擬採用該國外標準實施者，於事前檢具各該國外標準送中央主管機關認可後爲之。檢查機構於實施檢查時，得要求提供相關檢查證明文件佐證。

④對於構造或安裝方式特殊之地下式液化天然氣儲槽、混凝土製外槽與鋼製內槽之液化天然氣雙重槽、覆土式儲槽等，事業單位應於事前依下列規定辦理，並將風險評估報告送交中央主管機關審查，非經審查通過及確認檢查規範，不得申請各項檢查：

一　風險評估報告審查時，應提供規劃設計考量要項、實施檢查擬採規範及承諾之風險承擔文件。

二　風險評估報告及風險控制對策，應經規劃設計者或製造者簽認。

三　風險評估報告之內容，應包括風險情境描述、量化風險評估、評估結果、風險控制對策及承諾之風險控制措施。

第七條

①本法第十六條第一項規定之危險性機械或設備之檢查，由勞動檢查機構或中央主管機關指定之代行檢查機構（以下合稱檢查機構）實施。

②前項檢查所必要之檢查合格證，由檢查機構核發。

第八條

檢查機構於實施危險性機械或設備各項檢查，認有必要時，得要求雇主、製造人或所有人實施分解、除去被檢查物體上被覆物等必要措施。

第二章　危險性機械

第一節　固定式起重機

第九條

①固定式起重機之製造或修改，其製造人應於事前填具型式檢查申請書（附表一），並檢附載有下列事項之書件，向所在地檢查機構申請檢查：

一　申請型式檢查之固定式起重機型式、強度計算基準及組配圖。

二　製造過程之必要檢驗設備概要。

三　主任設計者學經歷概要。

四　施工負責人學經歷概要。

②前項第二款之設備或第三款、第四款之人員變更時，應向所在地檢查機構報備。

③第一項型式檢查，經檢查合格者，檢查機構應核發製造設施型式檢查合格證明（附表二）。

④未經檢查合格，不得製造或修改。但與業經型式檢查合格之型式及條件相同者，不在此限。

第一〇條

前條所稱強度計算基準及組配圖應記載下列事項：

一　強度計算基準：將固定式起重機主要結構部分強度依相關法令規定，以數學計算式具體詳實記載。

二　組配圖係以圖示法足以表明該起重機具下列主要部分之組配情形：

(一)起重機具之外觀及主要尺寸。

(二)依起重機具種類型式不同，應能表明其主要部分構造概要，包括：全體之形狀、尺寸，結構材料之種類、材質及尺寸，接合方法及牽索之形狀、尺寸。

（三）吊升裝置、起伏裝置、走行裝置及迴旋裝置之概要，包括：捲胴形狀、尺寸，伸臂形狀、尺寸，動力傳動裝置主要尺寸等。

（四）安全裝置、制動裝置型式及配置等。

（五）原動機配置情形。

（六）吊具形狀及尺寸。

（七）駕駛室或駕駛台之操作位置。

第一一條

①製造人應實施品管及品保措施，其設備及人員並應合於下列規定：

一 具備萬能試驗機、放射線試驗裝置等檢驗設備。

二 主任設計者應合於下列資格之一：

　（一）具有機械相關技師資格者。

　（二）大專機械相關科系畢業，並五年以上型式檢查對象機具相關設計、製造或檢查實務經驗者。

　（三）高工機械相關科組畢業，並八年以上型式檢查對象機具相關設計、製造或檢查實務經驗者。

　（四）具有十二年以上型式檢查對象機具相關設計、製造或檢查實務經驗者。

三 施工負責人應合於下列資格之一：

　（一）大專機械相關科系畢業，並三年以上型式檢查對象機具相關設計、製造或檢查實務經驗者。

　（二）高工機械相關科組畢業，並六年以上型式檢查對象機具相關設計、製造或檢查實務經驗者。

　（三）具有十年以上型式檢查對象機具相關設計、製造或檢查實務經驗者。

②前項第一款之檢驗設備能隨時利用，或與其他事業單位共同設置者，檢查機構得認定已具有該項設備。

③第一項第二款之主任設計者，製造人已委託具有資格者擔任，檢查機構得認定已符合規定。

第一二條

雇主於固定式起重機設置完成或變更設置位置時，應填具固定式起重機竣工檢查申請書（附表三），檢附下列文件，向所在地檢查機構申請竣工檢查：

一 製造設施型式檢查合格證明（外國進口者，檢附品管等相關文件）。

二 設置場所平面圖及基礎概要。

三 固定式起重機明細表（附表四）。

四 強度計算基準及組配圖。

第一三條

①固定式起重機竣工檢查，包括下列項目：

一 構造與性能檢查：包括結構部分強度計算之審查、尺寸、材

料之選用、吊升荷重之審查、安全裝置之設置及性能、電氣及機械部分之檢查、施工方法、額定荷重及吊升荷重等必要標示、在無負載及額定荷重下各種裝置之運行速率及其他必要項目。

二　荷重試驗：指將相當於該起重機額定荷重一點二五倍之荷重（額定荷重超過二百公噸者，爲額定荷重加上五十公噸之荷重）置於吊具上實施必要之吊升、直行、旋轉及吊運車之橫行等動作試驗。

三　安定性試驗：指將相當於額定荷重一點二七倍之荷重置於吊具上，且使該起重機前方操作之最不利安定之條件下實施，並停止其逸走防止裝置及軌夾裝置等之使用。

四　其他必要之檢查。

②固定式起重機屬架空式或橋型式等無虞翻覆者，得免實施前項第三款所定之試驗。

③外國進口具有相當檢查證明文件者，檢查機構得免除第一項所定全部或一部之檢查。

④經檢查合格，隨施工進度變更設置位置，且結構及吊運車未拆除及重新組裝者，檢查機構得免除第一項所定全部或一部之檢查。

第一四條

①雇主設置固定式起重機，如因設置地點偏僻等原因，無法實施荷重試驗或安定性試驗時，得委由製造人於製造後，填具固定式起重機假荷重試驗申請書（附表五），檢附固定式起重機明細表向檢查機構申請實施假荷重試驗，其試驗方法依前條第一項第二款、第三款規定。

②檢查機構對經前項荷重試驗合格者，應發給假荷重試驗結果報告表（附表六）。

③實施第一項假荷重試驗合格之固定式起重機，於竣工檢查時，得免除前條規定之荷重試驗或安定性試驗。

第一五條

檢查機構對製造人或雇主申請固定式起重機之假荷重試驗或竣工檢查，應於受理檢查後，將檢查日期通知製造人或雇主，使其準備荷重試驗、安定性試驗用荷物及必要之吊掛器具。

第一六條

①檢查機構對竣工檢查合格或依第十三條第三項及第四項認定爲合格之固定式起重機，應在固定式起重機明細表上加蓋檢查合格戳記（附表七），勞動檢查員或代行檢查員（以下合稱檢查員）簽章後，交付申請人一份，並在被檢查物體上明顯部位打印、漆印或張貼檢查合格標章，以資識別。

②竣工檢查合格之固定式起重機，檢查機構應發給竣工檢查結果報告表（附表八）及檢查合格證（附表九），其有效期限最長爲二年。

③雇主應將前項檢查合格證或其影本置掛於該起重機之駕駛室或作

第一七條

① 雇主於固定式起重機檢查合格證有效期限屆滿前一個月，應填具固定式起重機定期檢查申請書（附表十），向檢查機構申請定期檢查；逾期未申請檢查或檢查不合格者，不得繼續使用。

② 前項定期檢查，應就該起重機各部分之構造、性能、荷重試驗及其他必要項目實施檢查。

③ 前項荷重試驗係將相當於額定荷重之荷物，於額定速率下實施吊升、直行、旋轉及吊運車之橫行等動作試驗。但檢查機構認無必要時，得免實施。

④ 第二項荷重試驗準用第十五條規定。

第一八條

① 檢查機構對定期檢查合格之固定式起重機，應於原檢查合格證上簽署，註明使用有效期限，最長為二年。

② 檢查員於實施前項定期檢查後，應填報固定式起重機定期檢查結果報告表（附表十一），並將定期檢查結果通知雇主。

第一九條

① 雇主對於固定式起重機變更下列各款之一時，應檢附變更部分之圖件，報請檢查機構備查：

一　原動機。

二　吊升結構。

三　鋼索或吊鏈。

四　吊鉤、抓斗等吊具。

五　制動裝置。

② 前項變更，材質、規格及尺寸不變者，不在此限。

③ 雇主變更固定式起重機之吊升荷重為未滿三公噸或斯達卡式起重機為未滿一公噸者，應報請檢查機構認定後，註銷其檢查合格證。

第二〇條

① 雇主變更固定式起重機之桁架、伸臂、腳、塔等構造部分時，應填具固定式起重機變更檢查申請書（附表十二）及變更部分之圖件，向檢查機構申請變更檢查。

② 檢查機構對於變更檢查合格之固定式起重機，應於原檢查合格證上記載檢查日期、變更部分及檢查結果。

③ 第一項變更檢查準用第十三條及第十五條之規定。

第二一條

① 雇主對於停用超過檢查合格證有效期限一年以上之固定式起重機，如擬恢復使用時，應填具固定式起重機重新檢查申請書（附表十三），向檢查機構申請重新檢查。

② 檢查機構對於重新檢查合格之固定式起重機，應於原檢查合格證上記載檢查日期、檢查結果及使用有效期限，最長為二年。

③ 第一項重新檢查準用第十三條及第十五條規定。

第二節　移動式起重機

第二二條

①移動式起重機之製造或修改，其製造人應於事前填具型式檢查申請書（附表一），並檢附載有下列事項之書件，向所在地檢查機構申請檢查：

一　申請型式檢查之移動式起重機型式、強度計算基準及組配圖。

二　製造過程之必要檢驗設備概要。

三　主任設計者學經歷概要。

四　施工負責人學經歷概要。

②前項第二款之設備或第三款、第四款之人員變更時，應向所在地檢查機構報備。

③第一項型式檢查之品管、品保措施、設備及人員準用第十一條規定，經檢查合格者，檢查機構應核發製造設施型式檢查合格證明（附表二）。

④未經檢查合格，不得製造或修改。但與業經型式檢查合格之型式及條件相同者，不在此限。

第二三條

雇主於移動式起重機製造完成使用前或從外國進口使用前，應填具移動式起重機使用檢查申請書（附表十四），檢附下列文件，向當地檢查機構申請使用檢查：

一　製造設施型式檢查合格證明（外國進口者，檢附品管等相關文件）。

二　移動式起重機明細表（附表十五）。

三　強度計算基準及組配圖。

第二四條

①移動式起重機使用檢查，包括下列項目：

一　構造與性能檢查：包括結構部分強度計算之審查、尺寸、材料之選用、吊升荷重之審查、安全裝置之設置及性能、電氣及機械部分之檢查、施工方法、額定荷重及吊升荷重等必要標示、在無負載及額定荷重下之各種裝置之運行速率及其他必要項目。

二　荷重試驗：指將相當於該起重機額定荷重一點二五倍之荷重（額定荷重超過二百公噸者，為額定荷重加上五十公噸之荷重）置於吊具上實施吊升、旋轉及必要之走行等動作試驗。

三　安定性試驗：分方向實施之，前方安定性試驗係將相當於額定荷重一點二七倍之荷重置於吊具上，且使該起重機於前方最不利安定之條件下實施；左右安定度及後方安定度以計算為之。

四　其他必要之檢查。

②對外國進口具有相當檢查證明文件者，檢查機構得免除本條所定

全部或一部之檢查。

第二五條

檢查機構對雇主申請移動式起重機之使用檢查，應於受理檢查後，將檢查日期通知雇主，使其準備荷重試驗、安定性試驗用荷物及必要之吊掛器具。

第二六條

①檢查機構對於使用檢查合格或依第二十四條第二項認定為合格之移動式起重機，應在移動式起重機明細表上加蓋檢查合格戳記（附表七），檢查員簽章後，交付申請人一份，並在被檢查物體上明顯部位打印、漆印或張貼檢查合格標章，以資識別。

②使用檢查合格之移動式起重機，檢查機構應發給使用檢查結果報告表（附表十六）及檢查合格證（附表十七），其有效期限最長為二年。

③雇主應將前項檢查合格證或其影本置掛於該起重機之駕駛室或作業場所明顯處。

第二七條

①雇主於移動式起重機檢查合格證有效期限屆滿前一個月，應填具移動式起重機定期檢查申請書（附表十），向檢查機構申請定期檢查；逾期未申請檢查或檢查不合格者，不得繼續使用。

②前項定期檢查，應就該起重機各部分之構造、性能、荷重試驗及其他必要項目實施檢查。

③前項荷重試驗係將相當額定荷重之荷物，於額定速率下實施吊升、旋轉及必要之走行等動作試驗。但檢查機構認無必要時，得免實施。

④第二項荷重試驗準用第二十五條規定。

第二八條

①檢查機構對定期檢查合格之移動式起重機，應於原檢查合格證上簽署，註明使用有效期限，最長為二年。

②檢查員於實施前項定期檢查後，應填報移動式起重機定期檢查結果報告表（附表十八），並將定期檢查結果通知雇主。

第二九條

①雇主對於移動式起重機變更下列各款之一時，應檢附變更部分之圖件，報請檢查機構備查：

一　原動機。

二　吊升結構。

三　鋼索或吊鏈。

四　吊鉤、抓斗等吊具。

五　制動裝置。

②前項變更，材質、規格及尺寸不變者，不在此限。

③雇主變更移動式起重機之吊升荷重為未滿三公噸者，應報請檢查機構認定後，註銷其檢查合格證。

第三○條

①雇主變更移動式起重機之伸臂、架台或其他構造部分時，應填具移動式起重機變更檢查申請書（附表十二）及變更部分之圖件，向檢查機構申請變更檢查。

②檢查機構對於變更檢查合格之移動式起重機，應於原檢查合格證上記載檢查日期、變更部分及檢查結果。

③第一項變更檢查準用第二十四條及第二十五條規定。

第三一條

①雇主對於停用超過檢查合格證有效期限一年以上之移動式起重機，如擬恢復使用時，應填具移動式起重機重新檢查申請書（附表十三），向檢查機構申請重新檢查。

②檢查機構對於重新檢查合格之移動式起重機，應於原檢查合格證上記載檢查日期、檢查結果及使用有效期限，最長為二年。

③第一項重新檢查準用第二十四條及第二十五條規定。

第三節　人字臂起重桿

第三二條

①人字臂起重桿之製造或修改，其製造人應於事前填具型式檢查申請書（附表一），並檢附載有下列事項之書件，向所在地檢查機構申請檢查：

一　申請型式檢查之人字臂起重桿型式、強度計算基準及組配圖。

二　製造過程之必要檢驗設備概要。

三　主任設計者學經歷概要。

四　施工負責人學經歷概要。

②前項第二款之設備或第三款、第四款之人員變更時，應向所在地檢查機構報備。

③第一項型式檢查之品管、品保措施、設備及人員準用第十一條規定，經檢查合格者，檢查機構應核發製造設施型式檢查合格證明（附表二）。

④未經檢查合格，不得製造或修改。但與業經型式檢查合格之型式及條件相同者，不在此限。

第三三條

雇主於人字臂起重桿設置完成或變更設置位置時，應填具人字臂起重桿竣工檢查申請書（附表三），檢附下列文件，向所在地檢查機構申請竣工檢查：

一　製造設施型式檢查合格證明（外國進口者，檢附品管等相關文件）。

二　設置場所平面圖及基礎概要。

三　人字臂起重桿明細表（附表十九）。

四　設置固定方式。

五　強度計算基準及組配圖。

第三四條

① 人字臂起重桿竣工檢查項目為構造與性能之檢查、荷重試驗及其他必要之檢查。

② 前項荷重試驗，指將相當於該人字臂起重桿額定荷重一點二五倍之荷重（額定荷重超過二百公噸者，為額定荷重加上五十公噸之荷重）置於吊具上實施吊升、旋轉及起伏等動作試驗。

③ 第一項之檢查，對外國進口具有相當檢查證明文件者，檢查機構得免除本條所定全部或一部之檢查。

第三五條

檢查機構對雇主申請人字臂起重桿之竣工檢查，應於受理檢查後，將檢查日期通知雇主，使其準備荷重試驗用荷物及必要之吊掛器具。

第三六條

① 檢查機構對竣工檢查合格或依第三十四條第三項認定為合格之人字臂起重桿，應在人字臂起重桿明細表上加蓋檢查合格戳記（附表七），檢查員簽章後，交付申請人一份，並在被檢查物體上明顯部位打印、漆ml或張貼檢查合格標章，以資識別。

② 竣工檢查合格之人字臂起重桿，檢查機構應發給竣工檢查結果報告表（附表二十）及檢查合格證（附表九），其有效期限最長為二年。

③ 雇主應將前項檢查合格證或其影本置掛於該人字臂起重桿之作業場所明顯處。

第三七條

① 雇主於人字臂起重桿檢查合格證有效期限屆滿前一個月，應填具人字臂起重桿定期檢查申請書（附表十），向檢查機構申請定期檢查；逾期未申請檢查或檢查不合格者，不得繼續使用。

② 前項定期檢查，應就該人字臂起重桿各部分之構造、性能、荷重試驗及其他必要之項目實施檢查。

③ 前項荷重試驗係將相當額定荷重之荷物，於額定速率下實施吊升、旋轉、起伏等動作試驗。但檢查機構認無必要時，得免實施。

④ 第二項荷重試驗準用第三十五條規定。

第三八條

① 檢查機構對定期檢查合格之人字臂起重桿，應於原檢查合格證上簽署，註明使用有效期限，最長為二年。

② 檢查員於實施前項定期檢查後，應填報人字臂起重桿定期檢查結果報告表（附表二十一），並將定期檢查結果通知雇主。

第三九條

① 雇主對於人字臂起重桿變更下列各款之一時，應檢附變更部分之圖件，報請檢查機構備查：

一　原動機。
二　吊升結構。
三　鋼索或吊鏈。

　四　吊鉤、抓斗等吊具。
　五　制動裝置。
②前項變更，材質、規格及尺寸不變者，不在此限。
③雇主變更人字臂起重桿之吊升荷重爲未滿三公噸者，應報請檢查機構認定後，註銷其檢查合格證。

第四〇條

①雇主變更人字臂起重桿之主桿、吊桿、拉索、基礎或其他構造部分時，應填具人字臂起重桿變更檢查申請書（附表十二）及變更部分之圖件，向檢查機構申請變更檢查。
②檢查機構對於變更檢查合格之人字臂起重桿，應於原檢查合格證上記載檢查日期、變更部分及檢查結果。
③第一項變更檢查準用第三十四條及第三十五條規定。

第四一條

①雇主對於停用超過檢查合格證有效期限一年以上之人字臂起重桿，如擬恢復使用時，應填具人字臂起重桿重新檢查申請書（附表十三），向檢查機構申請重新檢查。
②檢查機構對於重新檢查合格之人字臂起重桿，應於原檢查合格證上記載檢查日期、檢查結果及使用有效期限，最長爲二年。
③第一項重新檢查準用第三十四條及第三十五條規定。

第四節　營建用升降機

第四二條

①營建用升降機之製造或修改，其製造人應於事前填具型式檢查申請書（附表一），並檢附載有下列事項之書件，向所在地檢查機構申請檢查：
　一　申請型式檢查之營建用升降機型式、強度計算基準及組配圖。
　二　製造過程之必要檢驗設備概要。
　三　主任設計者學經歷概要。
　四　施工負責人學經歷概要。
②前項第二款之設備或第三款、第四款之人員變更時，應向所在地檢查機構報備。
③第一項型式檢查之品管、品保措施、設備及人員準用第十一條規定，經檢查合格者，檢查機構應核發製造設施型式檢查合格證明（附表二）。
④未經檢查合格，不得製造或修改。但與業經型式檢查合格之型式及條件相同者，不在此限。

第四三條

雇主於營建用升降機設置完成時，應填具營建用升降機竣工檢查申請書（附表三），檢附下列文件，向所在地檢查機構申請竣工檢查：
　一　製造設施型式檢查合格證明（外國進口者，檢附品管等相關

文件）。

二　設置場所四周狀況圖。

三　營建用升降機明細表（附表二十二）。

四　強度計算基準及組配圖。

第四四條

①營建用升降機竣工檢查項目為構造與性能之檢查、荷重試驗及其他必要之檢查。

②前項荷重試驗，指將相當於該營建用升降機積載荷重一點二倍之荷重置於搬器上實施升降動作試驗。

③第一項之檢查，對外國進口具有相當檢證明文件者，檢查機構得免除本條所定全部或一部之檢查。

第四五條

檢查機構對雇主申請營建用升降機之竣工檢查，應於受理檢查後，將檢查日期通知雇主，使其準備荷重試驗用荷物及必要之運搬器具。

第四六條

①檢查機構對竣工檢查合格或依第四十四條第三項認定為合格之營建用升降機，應在營建用升降機明細表上加蓋檢查合格戳記（附表七），檢查員簽章後，交付申請人一份，並在被檢查物體上明顯部位打印、漆印或張貼檢查合格標章，以資識別。

②竣工檢查合格之營建用升降機，檢查機構應發給竣工檢查結果報告表（附表二十三）及檢查合格證（附表二十四），其有效期限最長為一年。

③雇主應將前項檢查合格證或其影本置掛於該營建用升降機之明顯位置。

第四七條

①雇主於營建用升降機檢查合格證有效期限屆滿前一個月，應填具營建用升降機定期檢查申請書（附表十），向檢查機構申請定期檢查；屆期未申請檢查或檢查不合格者，不得繼續使用。

②前項定期檢查，應就該營建用升降機各部分之構造、性能、荷重試驗及其他必要項目實施檢查。

③前項荷重試驗指將相當積載荷重之荷物，於額定速率下實施升降動作試驗。但檢查機構認無必要時，得免實施。

④第二項荷重試驗準用第四十五條規定。

第四八條

①檢查機構對定期檢查合格之營建用升降機，應於原檢查合格證上簽署，註明使用有效期限，最長為一年。

②檢查員於實施前項定期檢查後，應填報營建用升降機定期檢查結果報告表（附表二十五），並將定期檢查結果通知雇主。

第四九條

①雇主對於營建用升降機變更下列各款之一時，應檢附變更部分之圖件，報請檢查機構備查：

一　捲揚機。

二　原動機。

三　鋼索或吊鏈。

四　制動裝置。

②前項變更，材質、規格及尺寸不變者，不在此限。

第五○條

①雇主變更營建用升降機之搬器、配重、升降路塔、導軌支持塔或拉索時，應填具營建用升降機變更檢查申請書（附表十二）及變更部分之圖件，向檢查機構申請變更檢查。

②檢查機構對於變更檢查合格之營建用升降機，應於原檢查合格證上記載檢查日期、變更部分及檢查結果。

③第一項變更檢查準用第四十四條及第四十五條規定。

第五一條

①雇主對於停用超過檢查合格證有效期限一年以上之營建用升降機，恢復使用前，應填具營建用升降機重新檢查申請書（附表十三），向檢查機構申請重新檢查。

②檢查機構對於重新檢查合格之營建用升降機，應於原檢查合格證上記載檢查日期、檢查結果及使用有效期限，最長為一年。

③第一項重新檢查準用第四十四條及第四十五條規定。

第五節　營建用提升機

第五二條

①營建用提升機之製造或修改，其製造人應於事前填具型式檢查申請書（附表一），並檢附載有下列事項之書件，向所在地檢查機構申請檢查：

一　申請型式檢查之營建用提升機型式、強度計算基準及組配圖。

二　製造過程之必要檢驗設備概要。

三　主任設計者學經歷概要。

四　施工負責人學經歷概要。

②前項第二款之設備或第三款、第四款之人員變更時，應向所在地檢查機構報備。

③第一項型式檢查之品管、品保措施、設備及人員準用第十一條規定，經檢查合格者，檢查機構應核發製造設施型式檢查合格證明（附表二）。

④未經檢查合格，不得製造或修改。但與業經型式檢查合格之型式及條件相同者，不在此限。

第五三條

雇主於營建用提升機設置完成時，應填具營建用提升機竣工檢查申請書（附表三），檢附下列文件，向所在地檢查機構申請竣工檢查：

一　製造設施型式檢查合格證明（外國進口者，檢附品管等相關

　　　　文件）。
二　設置場所平面圖及基礎概要。
三　營建用提升機明細表（附表二十六）。
四　強度計算基準及組配圖。

第五四條

①營建用提升機竣工檢查項目爲構造與性能之檢查、荷重試驗及其他必要之檢查。

②前項荷重試驗，指將相當於該提升機積載荷重一點二倍之荷重置於搬器上實施升降動作試驗。

③第一項之檢查，對外國進口具有相當檢查證明文件者，檢查機構得免除本條所定全部或一部之檢查。

第五五條

檢查機構對雇主申請營建用提升機之竣工檢查，應於受理檢查後，將檢查日期通知雇主，使其準備荷重試驗用荷物及必要之運搬器具。

第五六條

①檢查機構對竣工檢查合格或依第五十四條第三項認定爲合格之營建用提升機，應在營建用提升機明細表上加蓋檢查合格戳記（附表七），檢查員簽章後，交付申請人一份，並在被檢查物體上明顯部位打印、漆印或張貼檢查合格標章，以資識別。

②竣工檢查合格之營建用提升機，檢查機構應發給檢查合格證（附表二十七）其有效期限最長爲二年。

③雇主應將前項檢查合格證或其影本置掛於該營建用提升機明顯處。

第五七條

①雇主於營建用提升機檢查合格證有效期限屆滿前一個月，應填具營建用提升機定期檢查申請書（附表十），向檢查機構申請定期檢查；逾期未申請檢查或檢查不合格者，不得繼續使用。

②前項定期檢查，應就該營建用提升機各部分之構造、性能、荷重試驗及其他必要項目實施檢查。

③前項荷重試驗係將相當積載荷重之荷物置於搬器上實施升降動作試驗。但檢查機構認無必要時，得免實施。

④第二項荷重試驗準用第五十五條規定。

第五八條

①檢查機構對定期檢查合格之營建用提升機，應於原檢查合格證上簽署，註明使用有效期限，最長爲二年。

②檢查員於實施前項定期檢查後，應填報營建用提升機定期檢查結果報告表，並將定期檢查結果通知雇主。

第五九條

①雇主對於營建用提升機變更下列各款之一時，應檢附變更部分之圖件，報請檢查機構備查：
一　原動機。

二　絞車。

三　鋼索或吊鏈。

四　制動裝置。

②前項變更，材質、規格及尺寸不變者，不在此限。

③雇主變更營建用提升機之導軌或升降路之高度為未滿二十公尺者，應報請檢查機構認定後，註銷其檢查合格證。

第六〇條

①雇主變更營建用提升機之導軌、升降路或搬器時，應填具營建用提升機變更檢查申請書（附表十二）及變更部分之圖件，向檢查機構申請變更檢查。

②檢查機構對於變更檢查合格之營建用提升機，應於原檢查合格證上記載檢查日期、變更部分及檢查結果。

③第一項變更檢查準用第五十四條及第五十五條規定。

第六一條

①雇主對於停用超過檢查合格證有效期限一年以上之營建用提升機，如擬恢復使用時，應填具營建用提升機重新檢查申請書（附表十三），向檢查機構申請重新檢查。

②檢查機構對於重新檢查合格之營建用提升機，應於原檢查合格證上記載檢查日期、檢查結果及使用有效期限，最長為二年。

③第一項重新檢查準用第五十四條及第五十五條規定。

第六節　吊　籠

第六二條

①吊籠之製造或修改，其製造人應於事前填具型式檢查申請書（附表一），並檢附載有下列事項之書件，向所在地檢查機構申請檢查：

一　申請型式檢查之吊籠型式、強度計算基準及組配圖。

二　製造過程之必要檢驗設備概要。

三　主任設計者學經歷概要。

四　施工負責人學經歷概要。

②前項第二款之設備或第三款、第四款之人員變更時，應向所在地檢查機構報備。

③第一項型式檢查之品管、品保措施、設備及人員準用第十一條規定，經檢查合格者，檢查機構應核發製造設施型式檢查合格證明（附表二）。

④未經檢查合格，不得製造或修改。但與業經型式檢查合格之型式及條件相同者，不在此限。

第六三條

雇主於吊籠製造完成使用前或從外國進口使用前，應填具吊籠使用檢查申請書（附表十四），並檢附下列文件，向當地檢查機構申請使用檢查：

一　製造設施型式檢查合格證明（外國進口者，檢附品管等相關

　　文件）。
二　吊籠明細表（附表二十八）。
三　強度計算基準及組配圖。
四　設置固定方式。

第六四條

①吊籠使用檢查項目為構造與性能之檢查、荷重試驗及其他必要之檢查。

②前項荷重試驗，係將相當於該吊籠積載荷重之荷物置於工作台上，於額定速率下實施上升，或於容許下降速率下實施下降等動作試驗。但不能上升者，僅須實施下降試驗。

③第一項之檢查，對外國進口具有相當檢查證明文件者，檢查機構得免除所本條所定全部或一部之檢查。

第六五條

檢查機構對雇主申請吊籠之使用檢查，應於受理檢查後，將檢查日期通知雇主，使其將該吊籠移於易檢查之位置，並準備荷重試驗用荷物及必要之運搬器具。

第六六條

①檢查機構對使用檢查合格或依第六十四條第三項認定為合格之吊籠，應在吊籠明細表上加蓋檢查合格戳記（附表七），檢查員簽章後，交付申請人一份，並在被檢查物體上明顯部位打印、漆印或張貼檢查合格標章，以資識別。

②使用檢查合格之吊籠，檢查機構應發給使用檢查結果報告表（附表二十九）及檢查合格證（附表十七），其有效期限最長為一年。

③雇主應將前項檢查合格證或其影本置掛於該吊籠之工作台上明顯處。

第六七條

①雇主於吊籠檢查合格證有效期限屆滿前一個月，應填具吊籠定期檢查申請書（附表十），向檢查機構申請定期檢查；逾期未申請檢查或檢查不合格者，不得繼續使用。

②前項定期檢查，應就該吊籠各部分之構造、性能、荷重試驗及其他必要項目實施檢查。

③前項荷重試驗準用第六十四條第二項及第十五條規定。

第六八條

①檢查機構對定期檢查合格之吊籠，應於原檢查合格證上簽署，註明使用有效期限，最長為一年。

②檢查員於實施前項定期檢查後，應填報吊籠定期檢查結果報告表（附表三十），並將定期檢查結果通知雇主。

第六九條

①雇主變更吊籠下列各款之一時，應填具吊籠變更檢查申請書（附表十二）及變更部分之圖件，向檢查機構申請變更檢查：
一　工作台。

二　吊臂及其他構造部分。

三　升降裝置。

四　制動裝置。

五　控制裝置。

六　鋼索或吊鏈。

七　固定方式。

②前項變更，材質、規格及尺寸不變者，不在此限。

③檢查機構對於變更檢查合格之吊籠，應於原檢查合格證上記載檢查日期、變更部分及檢查結果。

④第一項變更檢查準用第六十四條及第六十五條規定。

第七〇條

①雇主對於停用超過檢查合格證有效期限一年以上之吊籠，如擬恢復使用時，應填具吊籠重新檢查申請書（附表十三），向檢查機構申請重新檢查。

②檢查機構對於重新檢查合格之吊籠，應於原檢查合格證上記載檢查日期、檢查結果及使用有效期限，最長為一年。

③第一項重新檢查準用第六十四條及第六十五條規定。

第三章　危險性設備

第一節　鍋　爐

第七一條

①鍋爐之製造或修改，其製造人應於事前填具型式檢查申請書（附表三十一），並檢附載有下列事項之書件，向所在地檢查機構申請檢查：

一　申請型式檢查之鍋爐型式、構造詳圖及強度計算書。

二　製造、檢查設備之種類、能力及數量。

三　主任設計者學經歷概要。

四　施工負責人學經歷概要。

五　施工者資格及人數。

六　以熔接製造或修改者，應檢附熔接人員資格證件、熔接程序規範及熔接程序資格檢定紀錄。

②前項第二款之設備或第三款、第四款之人員變更時，應向所在地檢查機構報備。

③第一項型式檢查，經檢查合格者，檢查機構應核發製造設施型式檢查合格證明（附表二）。

④未經檢查合格，不得製造或修改。但與業經型式檢查合格之型式及條件相同者，不在此限。

第七二條

①鍋爐之製造人應確實施行品管及品保措施，其設備及人員並應合於下列規定：

一　製造及檢查設備：

（一）以鉚接製造或修改者應具備：彎板機、空氣壓縮機、衝床、鉚釘錘、斂縫機及水壓試驗設備。

（二）以熔接製造或修改者應具備：

1. 全部熔接製造或修改：彎板機、熔接機、衝床、退火爐、萬能試驗機、水壓試驗設備及放射線檢查設備。

2. 部分熔接製造或修改：彎板機、熔接機、衝床、萬能試驗機、水壓試驗設備及放射線檢查設備。

3. 置有胴體內徑超過三百公厘之汽水分離器之貫流鍋爐之製造：彎板機、彎管機、熔接機、衝床、退火爐、萬能試驗機、水壓試驗設備及放射線檢查設備。

4. 置有胴體內徑在三百公厘以下之汽水分離器之貫流鍋爐之製造：彎管機、熔接機及水壓試驗設備。

5. 未具汽水分離器之貫流鍋爐之製造：彎管機、熔接機及水壓試驗設備。

6. 供作鍋爐胴體用大直徑鋼管之製造：彎板機、熔接機、衝床、退火爐、萬能試驗機、水壓試驗設備及放射線檢查設備。

7. 胴體內徑在三百公厘以下之鍋爐之圓周接合或僅安裝管板、凸緣之熔接，而其他部分不實施熔接；熔接機、水壓試驗設備。

8. 製造波浪型爐筒或伸縮接頭：彎板機、衝床或成型裝置、熔接機、水壓試驗設備及放射線檢查設備。但實施波浪型爐筒縱向接合之熔接者，得免設放射線檢查設備。

（三）以鑄造者應具備：鑄造設備、水壓試驗設備。

二　主任設計者應合於下列資格之一：

（一）具有機械相關技師資格者。

（二）大專機械相關科系畢業，並具五年以上型式檢查對象設備相關設計、製造或檢查實務經驗者。

（三）高工機械相關科組畢業，並具八年以上型式檢查對象設備相關設計、製造或檢查實務經驗者。

（四）具有十二年以上型式檢查對象設備相關設計、製造或檢查實務經驗者。

三　施工負責人應合於下列資格之一：

（一）大專機械相關科系畢業或機械相關技師，並具二年以上型式檢查對象設備相關設計、製造或檢查實務經驗者。

（二）高工機械相關科組畢業，並具五年以上型式檢查對象設備相關設計、製造或檢查實務經驗者。

（三）具有八年以上型式檢查對象設備相關設計、製造或檢查實務經驗者。

四　施工者應合於下列資格：

（一）以鉚接製造或修改者應具有從事相關鉚接工作三年以上經

驗者。

（二）以熔接製造或修改者應具有熔接技術士資格者。

（三）以鑄造者應具有從事相關鑄造工作三年以上經驗者。

②前項第一款，衝床之設置，以製造最高使用壓力超過每平方公分七公斤之鍋爐為限；退火爐之設置，以相關法規定須實施退火者為限。

③第一項第一款第一目、第二目之1至之3、之6及之8之衝床、第一款第二目之1、之3及之6之退火爐、第一款第二目之1至之3及之6之萬能試驗機、第一項第二目之1至之3、之6及之8之放射線檢查設備等設備能隨時利用，或與其他事業單位共同設置者，檢查機構得認定已具有該項設備。

④第一項第一款第三目之鑄造者，應設有檢查鑄造品之專責單位。

⑤第一項第二款之主任設計者，製造人已委託具有資格者擔任，檢查機構得認定已符合規定。

第七三條

①以熔接製造之鍋爐，應於施工前由製造人向製造所在地檢查機構申請熔接檢查。但符合下列各款之一者，不在此限：

一　附屬設備或僅對不產生壓縮應力以外之應力部分，施以熔接者。

二　貫流鍋爐。但具有內徑超過三百公厘之汽水分離器者，不在此限。

三　僅有下列部分施以熔接者：

（一）內徑三百公厘以下之主蒸氣管、給水管或集管器之圓周接頭。

（二）加強材料、管、管台、凸緣及閥座等熔接在胴體或端板上。

（三）機車型鍋爐或豎型鍋爐等之加煤口周圍之熔接。

（四）支持架或將其他不承受壓力之物件熔接於胴體或端板上。

（五）防漏熔接。

（六）內徑三百公厘以下之鍋爐汽包，僅汽包胴體與冠板、或汽包胴體與鍋爐胴體接合處使用熔接者。

②前項熔接檢查項目為材料檢查、外表檢查、熔接部之機械性能試驗、放射線檢查、熱處理檢查及其他必要檢查。

第七四條

製造人申請鍋爐之熔接檢查時，應填具鍋爐熔接檢查申請書（附表三十二），並檢附下列書件：

一　材質證明一份。

二　熔接明細表（附表三十三）二份及施工位置分類圖一份。

三　構造詳圖及強度計算書二份。

四　熔接施工人員之熔接技術士資格證件。

五　製造設施型式檢查合格證明、熔接程序規範及熔接程序資格

檢定紀錄等影本各一份。

第七五條

①檢查機構實施鍋爐之熔接檢查時，應就製造人檢附之書件先行審查合格後，依熔接檢查項目實施現場實物檢查。

②實施現場實物檢查時，製造人或其指派人員應在，並應事前備妥下列事項：

一　機械性能試驗片。

二　放射線檢查。

第七六條

鍋爐經熔接檢查合格者，檢查機構應在熔接明細表上加蓋熔接檢查合格戳記（附表三十四），檢查員簽章後，交付申請人一份，做為熔接檢查合格證明，並應在被檢查物體上明顯部位打印，以資識別。

第七七條

製造鍋爐本體完成時，應由製造人向製造所在地檢查機構申請構造檢查。但水管鍋爐、組合式鑄鐵鍋爐等分割組合式鍋爐，得在安裝築爐前，向設置所在地檢查機構申請構造檢查。

第七八條

①製造人申請鍋爐之構造檢查時，應填具鍋爐構造檢查申請書（附表三十五）一份，並檢附下列書件：

一　鍋爐明細表（附表三十六）二份。

二　構造詳圖及強度計算書各二份。

三　以熔接製造者，附加蓋熔接檢查合格戳記之熔接明細表。

四　以鉚接製造者，附製造設施型式檢查合格證明。

②由同一檢查機構實施同一座鍋爐之熔接檢查及構造檢查者，得免檢附前項第二款、第三款之書件。

③第一項構造檢查項目為施工方法、材料厚度、構造、尺寸、傳熱面積、最高使用壓力、強度計算審查、人孔、清掃孔、安全裝置之規劃、耐壓試驗、胴體、端板、管板、煙管、火室、爐筒等使用之材料及其他必要之檢查。

第七九條

檢查機構實施鍋爐之構造檢查時，製造人或其指派人員應在場，並應事先備妥下列事項：

一　將被檢查物件放置於易檢查位置。

二　準備水壓等耐壓試驗。

第八〇條

鍋爐經構造檢查合格者，檢查機構應在鍋爐明細表上加蓋構造檢查合格戳記（附表三十四），檢查員簽章後，交付申請人一份，做為構造檢查合格證明，並應在被檢查物體上明顯部位打印，以資識別。

第八一條

①雇主於鍋爐設置完成時，應向檢查機構申請竣工檢查；未經竣工

檢查合格，不得使用。

②檢查機構實施前項竣工檢查時，雇主或其指派人員應在場。

第八二條

①雇主申請鍋爐之竣工檢查時，應填具鍋爐竣工檢查申請書（附表三十七），並檢附下列書件：

一 加蓋構造檢查或重新檢查合格戳記之鍋爐明細表。

二 鍋爐設置場所及鍋爐周圍狀況圖。

②鍋爐竣工檢查項目為安全閥數量、容量、吹洩試驗、水位計數量、位置、給水裝置之容量、數量、排水裝置之容量、數量、水處理裝置、鍋爐之安全配置、鍋爐房之設置、基礎、出入口、安全裝置、壓力表之數量、尺寸及其他必要之檢查。

③經竣工檢查合格者，檢查機構應核發鍋爐竣工檢查結果報告表（附表三十八）及檢查合格證（附表三十九），其有效期限最長為一年。

④雇主應將前項檢查合格證或其影本置掛於鍋爐房或作業場所明顯處。

第八三條

雇主於鍋爐檢查合格證有效期限屆滿前一個月，應填具定期檢查申請書（附表四十）向檢查機構申請定期檢查。

第八四條

①雇主於鍋爐竣工檢查合格後，第一次定期檢查時，應實施內、外部檢查。

②前項定期檢查後，每年應實施外部檢查一次以上；其內部檢查期限應依下列規定：

一 以管路連接從事連續生產程序之化工設備所附屬鍋爐、或發電用鍋爐及其輔助鍋爐，每二年檢查一次以上。

二 前款以外之鍋爐每年檢查一次以上。

③前項外部檢查，對於發電容量二萬瓩以上之發電用鍋爐，得延長其期限，並與內部檢查同時辦理。但其期限最長為二年。

第八五條

①檢查機構受理實施鍋爐內部檢查時，應將檢查日期通知雇主，使其預先對鍋爐之內部恢復至常溫、常壓、排放內容物、通風換氣、整理清掃內部及為其他定期檢查必要準備事項。

②前項內部檢查項目為鍋爐內部之表面檢查及厚度、腐蝕、裂痕、變形、污穢等之檢測，必要時實施之非破壞檢查、以檢查結果判定需要實施之耐壓試驗及其他必要之檢查。

第八六條

①鍋爐外部檢查之項目為外觀檢查、外部之腐蝕、裂痕、變形、污穢、洩漏之檢測、必要時實施之非破壞檢查、易腐蝕處之定點超音波測厚、附屬品及附屬裝置檢查。必要時，得以適當儀器測其內部，發現有異狀者，應併實施內部檢查。

②前項超音波測厚，因特別高溫等致測厚確有困難者，得免實施。

③檢查機構受理實施鍋爐外部檢查時，應將檢查日期通知雇主。實施檢查時，雇主或其指派人員應在場。

第八七條

①檢查機構對定期檢查合格之鍋爐，應於原檢查合格證上簽署，註明使用有效期限，最長為一年。但第八十四條第三項，最長得為二年。

②檢查員於實施前項定期檢查後，應填報鍋爐定期檢查結果報告表（附表四十一），並將定期檢查結果通知雇主。

第八八條

鍋爐經定期檢查不合格者，檢查員應即於檢查合格證記事欄內記載不合格情形並通知改善；其情形嚴重有發生危害之虞者，並應報請所屬檢查機構限制其最高使用壓力或禁止使用。

第八九條

①鍋爐有下列各款情事之一者，應由所有人或雇主向檢查機構申請重新檢查：

一　從外國進口。

二　構造檢查、重新檢查、竣工檢查或定期檢查合格後，經閒置一年以上，擬裝設或恢復使用。

三　經禁止使用，擬恢復使用。

四　固定式鍋爐遷移裝置地點而重新裝設。

五　擬提升最高使用壓力。

六　擬變更傳熱面積。

②對外國進口具有相當檢查證明文件者，檢查機構得免除本條所定全部或一部之檢查。

第九〇條

①所有人或雇主申請鍋爐之重新檢查時，應填具鍋爐重新檢查申請書（附表四十二）一份，並檢附下列書件：

一　鍋爐明細表二份。

二　構造詳圖及強度計算書各二份。但檢查機構認無必要者，得免檢附。

三　前經檢查合格證明文件或其影本。

②第七十八條第三項及第七十九條規定，於重新檢查時準用之。

第九一條

①鍋爐經重新檢查合格者，檢查機構應在鍋爐明細表上加蓋重新檢查合格戳記（附表三十四），檢查員簽章後，交付申請人一份，做為重新檢查合格證明，以辦理竣工檢查。但符合第八十九條第二款之竣工檢查或定期檢查後停用或第三款，其未遷移裝設或遷移至廠內其他位置重新裝設，經檢查合格者，得在原檢查合格證上記載檢查日期、檢查結果及註明使用有效期限，最長為一年。

②外國進口者，應在被檢查物體上明顯部位打印，以資識別。

第九二條

①鍋爐經修改致有下列各款之一變動者，所有人或雇主應向檢查機

構申請變更檢查：

一 鍋爐之胴體、集管器、爐筒、火室、端板、管板、汽包、頂蓋板或補強支撐。

二 過熱器或節煤器。

三 燃燒裝置。

四 安裝基礎。

②鍋爐經變更檢查合格者，檢查員應在原檢查合格證事欄內記載檢查日期、變更部分及檢查結果。

③鍋爐之胴體或集管器經修改達三分之一以上，或其爐筒、火室、端板或管板全部修改者，應依第七十一條規定辦理。

第九三條

①所有人或雇主申請鍋爐變更檢查時，應填具鍋爐變更檢查申請書（附表四十三）一份，並檢附下列書件：

一 製造設施型式檢查合格證明。

二 鍋爐明細表二份。

三 變更部分圖件。

四 構造詳圖及強度計算書各二份。但檢查機構認無必要者，得免檢附。

五 前經檢查合格證明或其影本。

②第七十八條第三項及第七十九條規定，於變更檢查時準用之。

第九四條

①檢查機構於實施鍋爐之構造檢查、竣工檢查、定期檢查、重新檢查或變更檢查認有必要時，得告知鍋爐所有人、雇主或其代理人為下列各項措施：

一 除去被檢查物體上被覆物之全部或一部。

二 拔出鉚釘或管。

三 在板上或管上鑽孔。

四 鑄鐵鍋爐之解體。

五 其他認為必要事項。

②前項第三款，申請人得申請改為非破壞檢查，並提出證明文件。

第二節 壓力容器

第九五條

①第一種壓力容器之製造或修改，其製造人應於事前填具型式檢查申請書（附表三十一），並檢附載有下列事項之書件，向所在地檢查機構申請檢查：

一 申請型式檢查之第一種壓力容器型式、構造詳圖及強度計算書。

二 製造、檢查設備之種類、能力及數量。

三 主任設計者學經歷概要。

四 施工負責人學經歷概要。

五 施工者資格及人數。

六 以熔接製造或修改者，應檢附熔接人員資格證件、熔接程序規範及熔接程序資格檢定記錄。

②前項第二款之設備或第三款、第四款之人員變更時，應向所在地檢查機構報備。

③第一項型式檢查，經檢查合格者，檢查機構應核發製造設施型式檢查合格證明（附表二）。

④未經檢查合格，不得製造或修改。但與業經型式檢查合格之型式及條件相同者，不在此限。

第九六條

①第一種壓力容器之製造，除整塊材料挖製者外，應實施品管及品保措施，其設備及人員，準用第七十二條規定。

②前項以整塊材料挖製之第一種壓力容器，除主任設計者應適用第七十二條第一項第二款規定外，其設備及人員，應依下列規定：

一 製造及檢查設備應具備：挖製裝置及水壓試驗設備。

二 施工負責人應合於下列資格之一：

　(一)大專機械相關科系畢業或取得機械相關技師資格，並具一年以上型式檢查對象設備相關設計、製造或檢查實務經驗者。

　(二)高工機械相關科組畢業，並具二年以上型式檢查對象設備相關設計、製造或檢查實務經驗者。

　(三)具有五年以上型式檢查對象設備相關設計、製造或檢查實務經驗者。

三 施工者資格應具有從事相關挖製工作二年以上經驗者。

第九七條

①以熔接製造之第一種壓力容器，應於施工前由製造人向製造所在地檢查機構申請熔接檢查。但符合下列各款之一者，不在此限：

一 附屬設備或僅對不產生壓縮應力以外之應力部分，施以熔接者。

二 僅有下列部分施以熔接者：

　(一)內徑三百公厘以下之管之圓周接頭。

　(二)加強材料、管、管台、凸緣及閥座等熔接在胴體或端板上。

　(三)支持架或將其他不承受壓力之物件熔接於胴體或端板上。

　(四)防漏熔接。

②前項熔接檢查項目為材料檢查、外表檢查、熔接部之機械性能試驗、放射線檢查、熱處理檢查及其他必要之檢查。

第九八條

製造人申請第一種壓力容器之熔接檢查時，應填具第一種壓力容器熔接檢查申請書（附表三十二）並檢附下列書件：

一 材質證明一份。

二 熔接明細表（附表三十三）二份及施工位置分類圖一份。

三 構造詳圖及強度計算書各二份。

　　四　熔接施工人員之熔接技術士資格證件。

　　五　製造設施型式檢查合格證明、熔接程序規範及熔接程序資格檢定紀錄等影本各一份。

第九九條

① 檢查機構實施第一種壓力容器之熔接檢查時，應就製造人檢附之書件先行審查合格後，依熔接檢查項目實施現場實物檢查：

② 實施現場實物檢查時，製造人或其指派人員應在場，並應事前備妥下列事項：

　　一　機械性能試驗片。

　　二　放射線檢查。

第一〇〇條

第一種壓力容器經熔接檢查合格者，檢查機構應在熔接明細表上加蓋熔接檢查合格戳記（附表三十四），檢查員簽章後，交付申請人一份，做為熔接檢查合格證明，並應在被檢查物體上明顯部位打印，以資識別。

第一〇一條

製造第一種壓力容器本體完成時，應由製造人向製造所在地檢查機構申請構造檢查。但設置地組合之分割組合式第一種壓力容器，得在安裝前，向設置所在地檢查機構申請構造檢查。

第一〇二條

① 製造人申請第一種壓力容器之構造檢查時，應填具第一種壓力容器構造檢查申請書（附表三十五）一份，並檢附下列書件：

　　一　第一種壓力容器明細表（附表四十四）二份。

　　二　構造詳圖及強度計算書各二份。

　　三　以熔接製造者，附加蓋熔接檢查合格戳記之熔接明細表。

　　四　以鉚接製造者，附製造設施型式檢查合格證明。

② 由同一檢查機構實施同一座第一種壓力容器之熔接檢查及構造檢查者，得免檢附前項第二款、第三款之書件。

③ 第一項構造檢查項目為施工方法、材料厚度、構造、尺寸、最高使用壓力、強度計算審查、人孔、清掃孔、安全裝置之規劃、耐壓試驗、胴體、端板、管板等使用之材料及其他必要之檢查。

第一〇三條

檢查機構實施第一種壓力容器之構造檢查時，製造人或其指派人員應在場，並應事先備妥下列事項：

　　一　將被檢查物件放置於易檢查位置。

　　二　準備水壓等耐壓試驗。

第一〇四條

第一種壓力容器經構造檢查合格者，檢查機構應在第一種壓力容器明細表上加蓋構造檢查合格戳記（附表三十四），檢查員簽章後，交付申請人一份，做為構造檢查合格證明，並應在被檢查物體上明顯部位打印，以資識別。

第一〇五條

①雇主於第一種壓力容器設置完成時，應向檢查機構申請竣工檢查；未經竣工檢查合格，不得使用。

②檢查機構實施前項竣工檢查時，雇主或其指派人員應在場。

第一○六條

①雇主申請第一種壓力容器之竣工檢查時，應填具第一種壓力容器竣工檢查申請書（附表三十七），並檢附下列書件：

一　加蓋構造檢查或重新檢查合格戳記之第一種壓力容器明細表。

二　第一種壓力容器設置場所及設備周圍狀況圖。

②前項竣工檢查項目為安全閥數量、容量、吹洩試驗、安全裝置、壓力表之數量、尺寸及其他必要之檢查。

③經竣工檢查合格者，檢查機構應核發第一種壓力容器竣工檢查結果報告表（附表四十五）及檢查合格證（附表三十九），其有效期限最長為一年。

第一○七條

雇主於第一種壓力容器檢查合格證有效期限屆滿前一個月，應填具定期檢查申請書（附表四十）向檢查機構申請定期檢查。

第一○八條

①第一種壓力容器之定期檢查，應每年實施外部檢查一次以上，其內部檢查期限應依下列規定：

一　兩座以上之第一種壓力容器以管路連接從事連續生產程序之化工設備，或發電用第一種壓力容器，每二年檢查一次以上。

二　前款以外之第一種壓力容器每年檢查一次以上。

②前項外部檢查，對發電容量二萬瓩以上之發電用第一種壓力容器，得延長其期限，並與內部檢查同時辦理。但其期限最長以二年為限。

第一○九條

①雇主對於下列第一種壓力容器無法依規定期限實施內部檢查時，得於內部檢查有效期限屆滿前三個月，檢附其安全衛生管理狀況、自動檢查計畫暨執行紀錄、該容器之構造檢查合格明細表影本、構造詳圖、生產流程圖、緊急應變處置計畫、自動控制系統及檢查替代方式建議等資料，報經檢查機構核定後，延長其內部檢查期限或以其他檢查方式替代：

一　依規定免設人孔或構造上無法設置人孔、掃除孔或檢查孔者。

二　內存觸媒、分子篩或其他特殊內容物者。

三　連續生產製程中無法分隔之系統設備者。

四　其他實施內部檢查困難者。

②前項第一種壓力容器有附屬鍋爐時，其檢查期限得隨同延長之。

第一一○條

①檢查機構受理實施第一種壓力容器內部檢查時，應將檢查日期通

知雇主，使其預先將第一種壓力容器之內部恢復至常溫、常壓、排放內容物、通風換氣、整理清掃內部及為其他定期檢查必要準備事項。

②前項內部檢查項目為第一種壓力容器內部之表面檢查及厚度、腐蝕、裂痕、變形、污穢等之檢測，必要時實施之非破壞檢查、以檢查結果判定需要實施之耐壓試驗及其他必要之檢查。

③內容物不具腐蝕性之第一種壓力容器之內部檢查有困難者，得以常用壓力一點五倍以上壓力實施耐壓試驗或常用壓力一點一倍以上壓力以內容物實施耐壓試驗，並以常用壓力以上壓力實施氣密試驗及外觀檢查等代替之。

第一一一條

①第一種壓力容器外部檢查之項目為外觀檢查、外部之腐蝕、裂痕、變形、污穢、洩漏之檢測、必要時實施之非破壞檢查、易腐蝕處之定點超音波測厚及其他必要之檢查。必要時，得以適當儀器檢測其內部，發現有異狀者，應併實施內部檢查。

②前項超音波測厚，因特別高溫等致測厚確有困難者，得免實施。

③檢查機構受理實施第一種壓力容器外部檢查時，應將檢查日期通知雇主。實施檢查時，雇主或其指派人員應在場。

第一一二條

①檢查機構對定期檢查合格之第一種壓力容器，應於原檢查合格證上簽署，註明使用有效期限，最長為一年。但第一百零八條第二項，最長得為二年。

②檢查員於實施前項定期檢查後，應填報第一種壓力容器定期檢查結果報告表（附表四十六），並將定期檢查結果通知雇主。

第一一三條

第一種壓力容器經定期檢查不合格者，檢查員應即於檢查合格證記事欄內記載不合格情形並通知改善；其情形嚴重有發生危害之虞者，並應報請所屬檢查機構限制其最高使用壓力或禁止使用。

第一一四條

①第一種壓力容器有下列各款情事之一者，應由所有人或雇主向檢查機構申請重新檢查：

一 從外國進口。

二 構造檢查、重新檢查、竣工檢查或定期檢查合格後，經閒置一年以上，擬裝設或恢復使用。但由檢查機構認可者，不在此限。

三 經禁止使用，擬恢復使用。

四 固定式第一種壓力容器遷移裝置地點而重新裝設。

五 擬提升最高使用壓力。

六 擬變更內容物種類。

②因前項第六款致第一種壓力容器變更設備種類為高壓氣體特定設備者，應依高壓氣體特定設備相關規定辦理。

③對外國進口具有相當檢查證明文件者，檢查機構得免除本條所定

全部或一部之檢查。

第一一五條

①所有人或雇主申請第一種壓力容器之重新檢查時，應填具第一種壓力容器重新檢查申請書（附表四十二），並檢附下列書件：

一　第一種壓力容器明細表二份。

二　構造詳圖及強度計算書各二份。但檢查機構認無必要者，得免檢附。

三　前經檢查合格證明文件或其影本。

②第一百零二條第三項及第一百零三條規定，於重新檢查時準用之。

第一一六條

①第一種壓力容器經重新檢查合格者，檢查機構應在第一種壓力容器明細表上加蓋重新檢查合格戳記（附表三十四），檢查員簽章後，交付申請人一份，做為重新檢查合格證明，以辦理竣工檢查。但符合第一百十四條第二款之竣工檢查或定期檢查合格後停用或第三款，其未遷移裝設或遷移至廠內其他位置重新裝設，經檢查合格者，得在原檢查合格證上記載檢查日期、檢查結果及註明使用有效期限，最長為一年。

②外國進口者，應在被檢查物體上明顯部位打印，以資識別。

第一一七條

①第一種壓力容器經修改致其胴體、集管器、端板、管板、頂蓋板、補強支撐等有變動者，所有人或雇主應向所在地檢查機構申請變更檢查。

②第一種壓力容器經變更檢查合格者，檢查員應在原檢查合格證記事欄內記載檢查日期、變更部分及檢查結果。

③第一種壓力容器之胴體或集管器經修改達三分之一以上，或其端板、管板全部修改者，應依第九十五條規定辦理。

第一一八條

①所有人或雇主申請第一種壓力容器變更檢查時，應填具第一種壓力容器變更檢查申請書（附表四十三）一份，並檢附下列書件：

一　製造設施型式檢查合格證明。

二　第一種壓力容器明細表二份。

三　變更部分圖件。

四　構造詳圖及強度計算書各二份。但檢查機構認無必要者，得免檢附。

五　前經檢查合格證明或其影本。

②第一百零二條第三項及第一百零三條規定，於變更檢查時準用之。

第一一九條

①檢查機構於實施第一種壓力容器之構造檢查、竣工檢查、定期檢查、重新檢查或變更檢查認有必要時，得告知所有人、雇主或其代理人為下列各項措施：

一　除去被檢查物體上被覆物之全部或一部。

二　拔出鉚釘或管。

三　在板上或管上鑽孔。

四　熱交換器之分解。

五　其他認為必要事項。

②前項第三款，申請人得申請改以非破壞檢查，並提出證明文件。

第三節　高壓氣體特定設備

第一二○條

①高壓氣體特定設備之製造或修改，其製造應於事前填具型式檢查申請書（附表三十一），並檢附載有下列事項之書件，向所在地檢查機構申請檢查：

一　申請型式檢查之高壓氣體特定設備型式、構造詳圖及強度計算書。

二　製造、檢查設備之種類、能力及數量。

三　主任設計者學經歷概要。

四　施工負責人學經歷概要。

五　施工者資格及人數。

六　以熔接製造或修改者，應檢附熔接人員資格證件、熔接程序規範及熔接程序資格檢定紀錄。

②前項第二款之設備或第三款、第四款人員變更時，應向所在地檢查機構報備。

③第一項型式檢查之品管、品保措施、設備及人員，準用第九十六條規定，經檢查合格者，檢查機構應核發製造施型式檢查合格證明（附表二）。

④未經檢查合格，不得製造或修改。但與業經型式檢查合格之型式及條件相同者，不在此限。

第一二一條

①以熔接製造之高壓氣體特定設備，應於施工前由製造人向製造所在地檢查機構申請熔接檢查。但符合下列各款之一者，不在此限：

一　附屬設備或僅對不產生壓縮應力以外之應力部分，施以熔接者。

二　僅有下列部分施以熔接者：

　　㈠內徑三百公厘以下之管之圓周接頭。

　　㈡加強材料、管、管台、凸緣及閥座等熔接在胴體或端板上。

　　㈢支持架或將其他不承受壓力之物件熔接於胴體或端板上。

　　㈣防漏熔接。

②前項熔接檢查項目為材料檢查、外表檢查、熔接部之機械性能試驗、放射線檢查、熱處理檢查及其他必要檢查。

第一二二條

製造人申請高壓氣體特定設備之熔接檢查時，應填具高壓氣體特定設備熔接檢查申請書（附表三十二），並檢附下列書件：

一　材質證明一份。

二　熔接明細表（附表三十三）二份及施工位置分類圖一份。

三　構造詳圖及強度計算書各二份。

四　熔接施工人員之熔接技術士資格證件。

五　製造設施型式檢查合格證明、熔接程序規範及熔接程序資格檢定紀錄等影本各一份。

第一二三條

①檢查機構實施高壓氣體特定設備之熔接檢查時，應就製造人檢附之書件先行審查合格後，依熔接檢查項目實施現場實物檢查。

②實施現場實物檢查時，製造人或其指派人員應在場，並應事前備妥下列事項：

一　機械性能試驗片。

二　放射線檢查。

第一二四條

高壓氣體特定設備經熔接檢查合格者，檢查機構應在熔接明細表上加蓋熔接檢查合格戳記（附表三十四），檢查員簽章後，交付申請人一份，做為熔接檢查合格證明，並應在被檢查物體上明顯部位打印，以資識別。

第一二五條

製造高壓氣體特定設備之塔、槽等本體完成時，應由製造人向製造所在地檢查機構申請構造檢查。但在設置地組合之分割組合式高壓氣體特定設備，得在安裝前，向設置所在地檢查機構申請構造檢查。

第一二六條

①製造人申請高壓氣體特定設備之構造檢查時，應填具高壓氣體特定設備構造檢查申請書（附表三十五）一份，並檢附下列書件：

一　高壓氣體特定設備明細表（附表四十四）二份。

二　構造詳圖及強度計算書各二份。

三　以熔接製造者，附加蓋熔接檢查合格戳記之熔接明細表。

四　以鉚接製造者，附製造設施型式檢查合格證明。

②由同一檢查機構實施同一座高壓氣體特定設備之熔接檢查及構造檢查者，得免檢附前項第二款、第三款之書件。

③第一項構造檢查項目為施工方法、材料厚度、構造、尺寸、最高使用壓力、強度計算審查、人孔、清掃孔、安全裝置之規劃、耐壓試驗、超低溫設備之絕熱性能試驗、胴體、端板、管板等使用之材料及其他必要之檢查。

④前項超低溫設備之絕熱性能試驗，得採絕熱性能相關佐證文件資料認定之。

第一二七條

檢查機構實施高壓氣體特定設備之構造檢查時，製造人或其指派

人員應在場，並應事先備妥下列事項：

一　將被檢查物件放置於易檢查位置。

二　準備水壓等耐壓試驗。

第一二八條

高壓氣體特定設備經構造檢查合格者，檢查機構應在高壓氣體特定設備明細表上加蓋構造檢查合格戳記（附表三十四），檢查員簽章後，交付申請人一份，做為構造檢查合格證明，並應在被檢查物體上明顯部位打印，以資識別。

第一二九條

①雇主於高壓氣體特定設備設置完成時，應向檢查機構申請竣工檢查；未經竣工檢查合格，不得使用。

②檢查機構實施前項竣工檢查時，雇主或其指派人員應在場。

第一三〇條

①雇主申請高壓氣體特定設備之竣工檢查時，應填具高壓氣體特定設備竣工檢查申請書（附表三十七），並檢附下列書件：

一　加蓋構造檢查或重新檢查合格戳記之高壓氣體特定設備明細表。

二　高壓氣體特定設備設置場所及設備周圍狀況圖。

②前項竣工檢查項目為安全閥數量、容量、吹洩試驗、安全裝置、壓力指示裝置及其他必要之檢查。

③經竣工檢查合格者，檢查機構應核發高壓氣體特定設備竣工檢查結果報告表（附表四十五）及檢查合格證（附表三十九），其有效期限最長為一年。

第一三一條

雇主於高壓氣體特定設備檢查合格證有效期限屆滿前一個月，應填具定期檢查申請書（附表四十）向檢查機構申請定期檢查。

第一三二條

①高壓氣體特定設備之定期檢查，應每年實施外部檢查一次以上。

②實施前項外部檢查發現缺陷者，經檢查機構認有必要時，得併實施內部檢查。

③高壓氣體特定設備應依下表規定期限實施內部檢查：

設備種類	使用材料等	期限
儲槽	一、沃斯田鐵系不銹鋼。 二、鋁。	十五年。
	鎳鋼（2.5%～9%）	十年。
	相當於低溫壓力容器用碳鋼鋼板之材料，其抗拉強度未滿58kg/mm²者。	八年（以低溫儲槽為限）。
		除第一次檢查為竣工檢查後二年外，其後五年。

	相當於鍋爐及熔接構造用壓延鋼材之材料，其抗拉強度未滿58kg/mm²者。	除第一次檢查為竣工檢查後二年外，其後五年。
儲槽	一、使用高強度鋼而在爐內實施退火者，以熔接改造、修理（含輕微者外）後，未於爐內實施退火時。 二、其他材料。	除第一次檢查為竣工檢查後二年外，其後三年。
儲槽以外之高壓氣體設備	不致發生腐蝕及其他產生材質劣化之虞之材料。	三年。
	其他材料。	除第一次檢查為竣工檢查後二年外，其後三年。

備註：
一、高壓氣體特定設備應依其使用條件，使用適當之材料。
二、二重殼構造、隔膜式及低溫蒸發器等低溫或超低溫儲槽內部檢查有困難者，以非破壞檢測確認無裂隙、損傷及腐蝕，得以常用壓力一點五倍以上壓力實施耐壓試驗或常用壓力一點一倍以上壓力以內容物實施耐壓試驗，並以常用壓力以上壓力實施氣密試驗及實施外觀檢查等代替之。
三、儲槽以外之高壓氣體特定設備，因其大小，內部構造等，於自內部實施檢查為困難者，以自其外部實施非破壞檢查、開口部之檢查或自連結於該高壓氣體特定設備同等條件之設備的開放檢查等可確認時，得以此代替。
四、對使用材料有顯著之腐蝕或裂隙等缺陷時，應依其實況，縮短前述之期間。
五、高壓氣體特定設備不受開放檢查時期之限制，每年應以外觀檢查、氣密試驗等，確認有無異常。
六、稱「輕微」者，指適化於「熔接補修中無須熱處理之界限及條件」者，其期間與熔接後於爐內實施消除應力之退火時相同。

第一三三條

①雇主對於下列高壓氣體特定設備無法依規定期限實施內部檢查時，得於內部檢查有效期限屆滿前三個月，檢附其安全衛生管理狀況、自動檢查計畫暨執行紀錄、該設備之構造檢查合格明細表影本、構造詳圖、生產流程圖，緊急應變處置計畫、自動控制系統及檢查替代方式建議等資料，報經檢查機構核定後，延長其內部檢查期限或以其他檢查方式替代：

一　依規定免設人孔或構造上無法設置人孔、掃除孔或檢查孔者。

二　冷箱、平底低溫儲槽、液氧儲槽、液氮儲槽、液氫儲槽、低溫蒸發器及其他低溫或超低溫之高壓氣體特定設備。

　　三　內存觸媒、分子篩或其他特殊內容物者。
　　四　連續生產製程中無法分隔之系統設備者。
　　五　隔膜式儲槽或無腐蝕之虞者。
　　六　其他實施內部檢查困難者。
②前項高壓氣體特定設備有附屬鍋爐或第一種壓力容器時，其檢查期限得隨同延長之。

第一三四條

①檢查機構受理實施高壓氣體特定設備內部檢查時，應將檢查日期通知雇主，使其預先將高壓氣體特定設備之內部恢復至常溫、常壓、排放內容物、通風換氣、整理清掃內部及為其他定期檢查必要準備事項。
②前項內部檢查項目為高壓氣體特定設備內部之表面檢查及厚度、腐蝕、裂痕、變形、污穢等之檢測、必要時實施之非破壞檢查，以檢查結果判定需要實施之耐壓試驗及其他必要之檢查。

第一三五條

①高壓氣體特定設備外部檢查之項目為外觀檢查、外部之腐蝕、裂痕、變形、污穢、洩漏之檢測、必要時實施之非破壞檢查、易腐蝕處之定點超音波測厚及其他必要之檢查。必要時，得以適當儀器檢測其內部，發現有異狀者，應併實施內部檢查。
②前項超音波測厚，對具一體成形之保溫材、夾套型或因特別高溫等致測厚確有困難者，得免實施。
③檢查機構受理實施高壓氣體特定設備外部檢查時，應將檢查日期通知雇主。實施檢查時，雇主或其指派人員應在場。

第一三六條

①檢查機構對經定期檢查合格之高壓氣體特定設備，應於原檢查合格證上簽署，註明使用有效期限，最長為一年。
②檢查員於實施前項定期檢查後，應填報高壓氣體特定設備定期檢查結果報告表（附表四十六），並將定期檢查結果通知雇主。

第一三七條

高壓氣體特定設備經定期檢查不合格者，檢查員應即於檢查合格證記事欄內記載不合格情形並通知改善；其情形嚴重有發生危害之虞者，並應報請所屬檢查機構限制其最高使用壓力或禁止使用。

第一三八條

①高壓氣體特定設備有下列各款情事之一者，應由所有人或雇主向檢查機構申請重新檢查：
　　一　從外國進口。
　　二　構造檢查、重新檢查、竣工檢查或定期檢查合格後，經閒置一年以上，擬裝設或恢復使用。但由檢查機構認可者，不在此限。
　　三　經禁止使用，擬恢復使用。
　　四　遷移裝置地點而重新裝設。
　　五　擬提升最高使用壓力。

六　擬變更內容物種類。

②對外國進口具有相當檢查證明文件者，檢查機構得免除本條所定全部或一部之檢查。

第一三九條

①所有人或雇主申請高壓氣體特定設備之重新檢查時，應填具高壓氣體特定設備重新檢查申請書（附表四十二），並檢附下列書件：

一　高壓氣體特定設備明細表二份。

二　構造詳圖及強度計算書各二份。但檢查機構認無必要者，得免檢附。

三　前經檢查合格證明文件或其影本。

②第一百二十六條第三項及第一百二十七條規定，於重新檢查時準用之。

第一四〇條

①高壓氣體特定設備經重新檢查合格者，檢查機構應在高壓氣體特定設備明細表上加蓋重新檢查合格戳記（附表三十四），檢查員簽章後，交付申請人一份，做為重新檢查合格證明，以辦理竣工檢查。但符合第一百三十八條第二款之竣工檢查或定期檢查合格後停用或第三款，其未遷移裝設或遷移至廠內其他位置重新裝設，經檢查合格者，得在原檢查合格證上記載檢查日期、檢查結果及註明使用有效期限，最長為一年。

②外國進口者，應在被檢物體上明顯部位打印，以資識別。

第一四一條

①高壓氣體特定設備經修改致其塔槽、胴體、端板、頂蓋板、管板、集管器或補強支撐等有變動者，所有人或雇主應向所在地檢查機構申請變更檢查。

②高壓氣體特定設備經變更檢查合格者，檢查員應在原檢查合格證記事欄內記載檢查日期、變更部分及檢查結果。

③高壓氣體特定設備之塔槽、胴體或集管器經修改達三分之一以上，或其端板、管板全部修改者，應依第一百二十條規定辦理。

第一四二條

①所有人或雇主申請高壓氣體特定設備變更檢查時，應填具高壓氣體特定設備變更檢查申請書（附表四十三）一份，並檢附下列書件：

一　製造設施型式檢查合格證明。

二　高壓氣體特定設備明細表二份。

三　變更部分圖件。

四　構造詳圖及強度計算書各二份。但檢查機構認無必要者，得免檢附。

五　前經檢查合格證明或其影本。

②第一百二十六條第三項及第一百二十七條規定，於變更檢查時準用之。

第一四三條

①檢查機構於實施高壓氣體特定設備之構造檢查、竣工檢查、定期檢查、重新檢查或變更檢查認有必要時，得告知所有人、雇主或其代理人為下列各項措施：

一　除去被檢查物體上被覆物之全部或一部。

二　拔出鉚釘或管。

三　在板上或管上鑽孔。

四　其他認為必要事項。

②前項第三款，申請人得申請改以非破壞檢查，並提出證明文件。

第四節　高壓氣體容器

第一四四條

①高壓氣體容器之製造或修改，其製造人應於事前填具型式檢查申請書（附表三十一），並檢附載有下列事項之書件，向所在地檢查機構申請檢查：

一　申請型式檢查之高壓氣體容器型式、構造詳圖及強度計算書。

二　製造、檢查設備之種類、能力及數量。

三　主任設計者學經歷概要。

四　施工負責人學經歷概要。

五　施工者資格及人數。

六　以熔接製造或修改者，經檢附熔接人員資格證件、熔接程序規範及熔接程序資格檢定紀錄。

②前項第二款之設備或第三款、第四款之人員變更時，應向所在地檢查機構報備。

③第一項型式檢查，經檢查合格後，檢查機構應核發製造設施型式檢查合格證明（附表二）。

④未經檢查合格，不得製造或修改。但與業經型式檢查合格之型式及條件相同者，不在此限。

第一四五條

高壓氣體容器之製造人，應實施品管及品保措施，其設備及人員，除準用本第九十六條規定外，應依下列規定設置適應各該容器製造所必要之設備：

一　無縫容器：

(一)鍛造設備或成型設備。

(二)以接合底部製造者：底部接合設備。

(三)以使用熱處理材料製造容器者：退火爐及可測定該爐內溫度之溫度測定裝置。

(四)洗滌設備。

(五)確認厚度之器具。

二　無縫容器以外之容器，除設置前款第三目至第五目之設備外，並應依下列規定設置適應各該容器製造所必要之設備：

（一）成型設備。

（二）熔接設備或硬焊設備。

（三）防銹塗裝設備。但製造灌裝液化石油氣之容器，其使用不銹鋼、鋁合金或其他不易腐蝕之材料者，不在此限。

第一四六條

① 以熔接製造之高壓氣體容器，應於施工前由製造人向製造所在地檢查機構申請熔接檢查。但符合下列各款之一者，不在此限：

一　附屬設備或僅對不產生壓縮應力以外之應力部分，施以熔接者。

二　僅有下列部分施以熔接者：

（一）內徑在三百公厘以下之管之圓周接頭。

（二）加強材料、管、管台、凸緣及閥座等熔接在胴體或端板上。

（三）支持架或將其他不承受壓力之物件熔接於胴體或端板上。

（四）防漏熔接。

② 前項熔接檢查項目為材料檢查、外表檢查、熔接部之機械性能試驗、放射線檢查、熱處理檢查及其他必要檢查。

第一四七條

製造人申請高壓氣體容器之熔接檢查時，應填具高壓氣體容器熔接檢查申請書（附表三十二），並檢附下列書件：

一　材質證明一份。

二　熔接明細表（附表三十三）二份。

三　構造詳圖及強度計算書各二份。

四　熔接施工人員之熔接技術士資格證件。

五　製造設施型式檢查合格證明、熔接程序規範及熔接程序資格檢定紀錄等影本各一份。

第一四八條

① 檢查機構實施高壓氣體容器之熔接檢查時，應就製造人檢附之書件先行審查合格後，依熔接檢查項目實施現場實物檢查。

② 實施現場實物檢查時，製造人或其指派人員應在場，並應事前備妥下列事項：

一　機械性能試驗片。

二　放射線檢查。

第一四九條

高壓氣體容器經熔接檢查合格者，檢查機構應在熔接明細表上加蓋熔接檢查合格戳記（附表三十四），檢員簽章後，交付申請人一份，做為熔接檢查合格證明，並應在被檢查物體上明顯部位打印，以資識別。

第一五○條

製造高壓氣體容器完成時，應由製造人向製造所在地檢查機構申請構造檢查。

第一五一條

① 製造人申請高壓氣體容器之構造檢查時，應填具高壓氣體容器構造檢查申請書（附表三十五）一份，並檢附下列書件：

一 高壓氣體容器明細表（附表四十四）二份。

二 構造詳圖及強度計算書各二份。

三 以熔接製造者，附加蓋熔接檢查合格戳記之熔接明細表。

四 以鉚接製造者，附製造設施型式檢查合格證明。

② 由同一檢查機構實施熔接檢查及構造檢查者，得免檢附前項第二款及第三款之書件。

③ 第一項構造檢查項目為施工方法、材料厚度、構造、尺寸、最高使用壓力、強度計算審查、氣密試驗、耐壓試驗、安全裝置、附屬品及附屬裝置、超低溫容器之絕熱性能試驗及其他必要之檢查。

第一五二條

檢查機構實施高壓氣體容器之構造檢查時，製造人或其指派人員應在場，並應事先備妥下列事項：

一 將被檢查物件放置於易檢查位置。

二 準備水壓等耐壓試驗。

第一五三條

① 高壓氣體容器經構造檢查合格者，檢查機構應核發檢查合格證（附表三十九、附表三十九之一）及在高壓氣體容器明細表上加蓋構造檢查合格戳記（附表三十四），檢查員簽章後，交付申請人一份，並應在被檢查物體上明顯部位打印，以資識別。但固定於車輛之高壓氣體容器，應經組裝完成並固定於車架後，始得核發檢查合格證。

② 前項檢查合格證有效期限依第一百五十五條規定。

第一五四條

雇主於高壓氣體容器檢查合格證有效期限屆滿前一個月，應填具定期檢查申請書（附表四十）向檢查機構申請定期檢查。

第一五五條

① 高壓氣體容器之定期檢查，應依下列規定期限實施內部檢查及外部檢查：

一 內部檢查：

㈠自構造檢查合格日起算，未滿十五年者，每五年一次；十五年以上未滿二十年者，每二年一次；二十年以上者，每年一次。

㈡無縫高壓氣體容器，每五年一次。

二 外部檢查：

㈠固定於車輛之高壓氣體容器，每年一次。

㈡非固定於車輛之無縫高壓氣體容器，每五年一次。

㈢前二目以外之高壓氣體容器，依前款第一目規定之期限。

② 高壓氣體容器從國外進口，致未實施構造檢查者，前項起算日，以製造日期為準。

第一五六條

雇主對於下列高壓氣體容器無法依規定期限實施內部檢查時，得於檢查合格證有效期限屆滿前三個月，檢附其安全衛生管理狀況、自動檢查計畫及執行紀錄、該容器之構造詳圖、緊急應變處置計畫、安全保護裝置及檢查替代方式建議等資料，報經檢查機構核定後，延長其內部檢查期限或以其他檢查方式替代：

一　依規定免設人孔或構造上無法設置人孔、掃除孔或檢查孔者。

二　低溫或超低溫之高壓氣體容器。

三　夾套式或無腐蝕之虞者。

四　其他實施內部檢查困難者。

第一五七條

檢查機構受理實施高壓氣體容器內部檢查時，應將檢查日期通知雇主，使其預先將高壓氣體容器之內部恢復至常溫、常壓、排放內容物、通風換氣、整理清掃內部及為其他定期檢查必要準備事項。

第一五七條之一

①高壓氣體容器外部檢查項目為外觀檢查、外部之腐蝕、裂痕、變形、污穢、洩漏之檢測、必要時實施之非破壞檢查、易腐蝕處之定點超音波測厚及其他必要之檢查；發現有異狀者，應併實施內部檢查。

②高壓氣體容器內部檢查項目為容器內部之表面檢查、厚度、腐蝕、裂痕、變形、污穢等之檢測、必要時實施之非破壞檢查、以檢查結果判定需要實施之耐壓試驗及其他必要之檢查。

③低溫或超低溫等高壓氣體容器之內部檢查，得以常用壓力一點五倍以上壓力實施耐壓試驗或常用壓力一點一倍以上壓力以內容物實施耐壓試驗，並以常用壓力以上壓力實施氣密試驗及實施外觀檢查等代替之。

④第二項高壓氣體容器實施必要檢查時，熔接容器應實施防銹塗飾檢查，超低溫容器應實施氣密試驗。

⑤第一項超音波測厚，對具一體成形之保溫材、夾套型或因特別低溫等致測厚確有困難者，得免實施。

⑥檢查機構受理實施高壓氣體容器內外部檢查時，應將檢查日期通知雇主。實施檢查時，雇主或其指派人員應在場。

⑦高壓氣體容器於國際間運送時，對具有他國簽發之檢查合格證明文件者，檢查機構得視其檢驗項目之相當性，審酌免除前六項所定全部或一部之檢查。

第一五八條

①檢查機構對經定期檢查合格之高壓氣體容器，應依第一百五十五條規定之期限，於原檢查合格證上簽署，註明使用有效期限，最長為五年。但固定於車輛之罐槽體者，應重新換發新證。

②檢查員於實施前項定期檢查後，應填報高壓氣體容器定期檢查結果報告表（附表四十六），並將定期檢查結果通知雇主。

第一五九條

高壓氣體容器經定期檢查不合格者，檢查員應即於檢查合格證記事欄內記載不合格情形並通知改善；其情形嚴重有發生危害之虞者，並應請報所屬檢查機構限制其最高使用壓力或禁止使用。

第一六○條

①高壓氣體容器有下列各款情事之一者，應由所有人或雇主向檢查機構申請重新檢查：

一 從外國進口。

二 構造檢查、重新檢查、定期檢查合格後，經閒置一年以上，擬恢復使用。但由檢查機構認可者，不在此限。

三 經禁止使用，擬恢復使用。

四 擬提升最高灌裝壓力。

五 擬變更灌裝氣體種類。

②對外國進口具有相當檢查證明文件者，檢查機構得免除本條所定全部或一部之檢查。

第一六一條

①所有人或雇主申請高壓氣體容器之重新檢查時，應填具高壓氣體容器重新檢查申請書（附表四十二），並檢附下列書件：

一 高壓氣體容器明細表二份。

二 構造詳圖及強度計算書各二份。但檢查機構認無必要者，得免檢附。

三 前經檢查合格證明文件或其影本。

②第一百五十一條第三項及第一百五十二條規定，於重新檢查時準用之。

第一六二條

①高壓氣體容器經重新檢查合格者，檢查機構應核發檢查合格證，並註明使用有效期限。但符合第一百六十條第二款或第三款，經檢查合格者，得在原檢查合格證上記載檢查日期、檢查結果及註明使用有效期限。

②前項檢查合格證有效期限準用第一百五十五條，最長為五年。

③外國進口者，應在被檢查物體上明顯部位打印，以資識別。

第一六二條之一

①高壓氣體容器經修改致其構造部分有變動者，所有人或雇主應向檢查機構申請變更檢查。

②高壓氣體容器經變更檢查合格者，檢查員應在原檢查合格證記事欄內記載檢查日期、變更部分及檢查結果。

第一六二條之二

①所有人或雇主申請高壓氣體容器變更檢查時，應填具高壓氣體容器變更檢查申請書（附表四十三）一份，並檢附下列書件：

一 製造設施型式檢查合格證明。

二 高壓氣體容器明細表二份。

三 變更部分圖件。

四 構造詳圖及強度計算書各二份。但檢查機構認無必要者，得

免檢附。

五　前經檢查合格證明或其影本。

②第一百五十一條第三項及第一百五十二條規定，於變更檢查時準用之。

第四章　附　則

第一六三條

①雇主對於不堪使用或因故擬不再使用之危險性機械或設備，應填具廢用申請書向檢查機構繳銷檢查合格證。

②前項危險性機械或設備經辦妥廢用申請者，雇主不得以任何理由申請恢復使用。

③第一項廢用申請書之格式，由中央主管機關定之。

第一六四條

雇主停用危險性機械或設備時，停用期間超過檢查合格證有效期限者，應向檢查機構報備。

第一六五條

危險性機械或設備轉讓時，應由受讓人向當地檢查機構申請換發檢查合格證。

第一六六條

危險性機械或設備檢查合格證遺失或損毀時，應填具檢查合格證補發申請書（附表四十七），向原發證檢查機構申請補發或換發。

第一六七條

定期檢查合格之危險性機械或設備，其檢查合格證有效期限，自檢查合格日起算。但該項檢查於檢查合格證有效期限屆滿前三個月內辦理完竣者，自檢查合格證有效期限屆滿日之次日起算。

第一六七條之一

納入本法適用範圍前，或本規則發布施行前已設置之危險性機械及設備之檢查，得依既有危險性機械及設備安全檢查規則辦理。

第一六七條之二

自營作業者，準用本規則有關雇主義務之規定。

第一六八條

①本規則自發布日施行。但第九條、第二十二條、第三十二條、第四十二條、第五十二條、第六十二條規定，自本規則發布後一年施行。

②本規則中華民國一百零三年六月二十七日修正發布之條文，自一百零三年七月三日施行。

起重升降機具安全規則

①民國85年4月17日行政院勞工委員會令修正發布全文150條。
②民國97年5月8日行政院勞工委員會令修正發布全文107條；並自發布日施行。
③民國103年6月25日勞動部令修正發布第1、4、76、102、106、107條條文及第六章章名；增訂第106-1條條文；刪除第75條條文；並自103年7月3日施行。
④民國109年8月20日勞動部令修正發布第2、19、35、56、77、85、102條條文。

第一章　總　則

第一條

本規則依職業安全衛生法第六條第三項規定訂定之。

第二條

本規則適用於下列起重升降機具：

一　固定式起重機：指在特定場所使用動力將貨物吊升並將其作水平搬運爲目的之機械裝置。

二　移動式起重機：指能自行移動於非特定場所並具有起重動力之起重機。

三　人字臂起重桿：指以動力吊升貨物爲目的，具有主柱、吊桿，另行裝置原動機，並以鋼索操作升降之機械裝置。

四　升降機：指乘載人員及（或）貨物於搬器上，而該搬器沿軌道鉛直升降，並以動力從事搬運之機械裝置。但營建用提升機、簡易提升機及吊籠，不包括之。

五　營建用提升機：指於土木、建築等工程作業中，僅以搬運貨物爲目的之升降機。但導軌與水平之角度未滿八十度之吊斗捲揚機，不包括之。

六　吊籠：指由懸吊式施工架、升降裝置、支撐裝置、工作台及其附屬裝置所構成，並供人員升降施工之設備。

七　簡易提升機：指僅以搬運貨物爲目的之升降機，其搬器之底面積在一平方公尺以下或頂高在一點二公尺以下者。但營建用提升機，不包括之。

第三條

①本規則所稱中型起重升降機具如下：

一　中型固定式起重機：指吊升荷重在零點五公噸以上未滿三公噸之固定式起重機或未滿一公噸之斯達卡式起重機。

二　中型移動式起重機：指吊升荷重在零點五公噸以上未滿三公噸之移動式起重機。

三　中型人字臂起重桿：指吊升荷重在零點五公噸以上未滿三公噸之人字臂起重桿。

四　中型升降機：指積載荷重在零點二五公噸以上未滿一公噸之升降機。

五　中型營建用提升機：指導軌或升降路之高度在十公尺以上未滿二十公尺之營建用提升機。

②前項第一款所稱斯達卡式起重機，指以鋼索或吊鏈懸吊起重機之駕駛室（台），且能與貨物同時升降之起重機。

第四條

①下列起重升降機具不適用本規則：

一　吊升荷重未滿零點五公噸之固定式起重機、移動式起重機及人字臂起重桿。

二　積載荷重未滿零點二五公噸之升降機、營建用提升機及簡易提升機。

三　升降路或導軌之高度未滿十公尺之營建用提升機。

②前項所定起重升降機具依職業安全衛生設施規則辦理。

第五條

①本規則所稱吊升荷重，指依固定式起重機、移動式起重機、人字臂起重桿等之構造及材質，所能吊升之最大荷重。

②具有伸臂之起重機之吊升荷重，應依其伸臂於最大傾斜角、最短長度及於伸臂之支點與吊運車位置為最接近時計算之。

③具有吊桿之人字臂起重桿之吊升荷重，應依吊桿於最大傾斜角時計算之。

第六條

①本規則所稱額定荷重，在未具伸臂之固定式起重機或未具吊桿之人字臂起重桿，指自吊升荷重扣除吊鉤、抓斗等吊具之重量所得之荷重。

②具有伸臂之固定式起重機及移動式起重機之額定荷重，應依其構造及材質、伸臂之傾斜角及長度、吊運車之位置，決定其足以承受之最大荷重後，扣除吊鉤、抓斗等吊具之重量所得之荷重。

③具有吊桿之人字臂起重桿之額定荷重，應依其構造、材質及吊桿之傾斜角，決定其足以承受之最大荷重後，扣除吊鉤、抓斗等吊具之重量所得之荷重。

第七條

①本規則所稱積載荷重，在升降機、簡易提升機、營建用提升機或未具吊臂之吊籠，指依其構造及材質，於搬器上乘載人員或荷物上升之最大荷重。

②具有吊臂之吊籠之積載荷重，指於其最小傾斜角狀態下，依其構造、材質，於其工作台上乘載人員或荷物上升之最大荷重。

③僅供下降使用之吊籠之積載荷重，指依其構造、材質，於其工作台上乘載人員或荷物所能承受之最大荷重。

第八條

① 本規則所稱額定速率，在固定式起重機、移動式起重機或人字臂起重桿，指在額定荷重下使其上升、直行、迴轉或橫行時之各該最高速率。

② 升降機、簡易提升機、營建用提升機或吊籠之額定速率，指搬器在積載荷重下，使其上升之最高速率。

第九條

本規則所稱容許下降速率，指吊籠工作台上加予相當於積載荷重之重量，使其下降之最高容許速率。

第二章 固定式起重機之安全管理

第一〇條

① 雇主對於固定式起重機之使用，不得超過額定荷重。但必要時，經採取下列各項措施者，得報經檢查機構放寬至實施之荷重試驗之值：

一 事先實施荷重試驗，確認無異狀。

二 指定作業監督人員，從事監督指揮工作。

② 前項荷重試驗之值，指相當於該起重機額定荷重一點二五倍之荷重（額定荷重超過二百公噸者，為額定荷重加上五十公噸之荷重）置於吊具上實施吊升、直行、旋轉及吊運車之橫行等動作試驗之荷重值。

③ 第一項荷重試驗紀錄應保存三年。

第一一條

① 雇主於中型固定式起重機設置完成時，應實施荷重試驗及安定性試驗，確認安全後，方得使用。但該起重機如屬架空式、橋型式等無翻覆之虞者，得免實施安定性試驗。

② 前項荷重試驗，指將相當於該起重機額定荷重一點二五倍之荷重置於吊具上，實施吊升、直行、旋轉及吊運車之橫行等動作之試驗。

③ 第一項安定性試驗，指在逸走防止裝置、軌夾裝置等停止作用狀態中，且使該起重機於最不利於安定性之條件下，將相當於額定荷重一點二七倍之荷重置於吊具上所實施之試驗。

④ 第一項試驗紀錄應保存三年。

第一二條

雇主對於固定式起重機之設置，其有關結構空間應依下列規定：

一 除不具有起重機桁架及未於起重機桁架上設置人行道者外，凡設置於建築物內之走行固定式起重機，其最高部（集電裝置除外）與建築物之水平支撐、樑、橫樑、配管、其他起重機或其他設備之置於該走行起重機上方者，其間隔應在零點四公尺以上。其桁架之人行道與建築物之水平支撐、樑、橫樑、配管、其他起重機或其他設備之置於該人行道之上方者，其間隔應在一點八公尺以上。

二 走行固定式起重機或旋轉固定式起重機與建築物間設置之人

行道寬度，應在零點六公尺以上。但該人行道與建築物支柱接觸部分之寬度，應在零點四公尺以上。

三 固定式起重機之駕駛室（台）之端邊與通往該駕駛室（台）之人行道端邊，或起重機桁架之人行道端邊與通往人行道端邊之間隔，應在零點三公尺以下。但勞工無墜落之虞者，不在此限。

第一三條

雇主對於固定式起重機之構造，應符合固定式起重機安全檢查構造標準。

第一四條

雇主應注意固定式起重機之使用，其負荷次數及吊升荷物之重量，不得超過該起重機設計時之負荷條件，並應防止起重機構造部分之鋼材、接合處或銲接處等，有發生變形、折損或破斷等情形。

第一五條

雇主對於固定式起重機之過捲預防裝置，其吊鉤、抓斗等吊具或該吊具之捲揚用槽輪上方與捲胴、槽輪及桁架等（傾斜伸臂除外）有碰撞之虞之物體下方間，應調整其間距，使其符合法定值。

第一六條

雇主對於使用液壓為動力之固定式起重機，應裝置防止該液壓過度升高之安全閥，此安全閥應調整在額定荷重（伸臂起重機為額定荷重之最大值）以下之壓力即能作用。但實施荷重試驗及安定性試驗時，不在此限。

第一七條

雇主對於伸臂固定式起重機之使用，伸臂之傾斜角不得超過該起重機明細表內記載之範圍。但吊升荷重未滿三公噸者，以製造者指定之伸臂傾斜角為準。

第一八條

①雇主對於固定式起重機，應於其機身明顯易見處標示其額定荷重，並使操作人員及吊掛作業者周知。

②雇主對於前項額定荷重隨作業半徑而改變具伸臂功能之起重機，得標示最大作業半徑之額定荷重，並採取於操作室張貼荷重表及置備攜帶式荷重表等措施。

第一九條

①雇主對於固定式起重機之使用，以吊物為限，不得乘載或吊升勞工從事作業。但從事貨櫃裝卸、船舶維修、高煙囪施工等尚無其他安全作業替代方法，或臨時性、小規模、短時間、作業性質特殊，經採取防止墜落等措施者，不在此限。

②雇主對於前項但書所定防止墜落措施，應辦理事項如下：

一 以搭乘設備乘載或吊升勞工，並防止其翻轉及脫落。

二 搭乘設備需設置安全母索或防墜設施，並使勞工佩戴安全帽

及符合國家標準CNS 14253-1同等以上規定之全身背負式安全帶。

三　搭乘設備之使用不得超過限載員額。

四　搭乘設備自重加上搭乘者、積載物等之最大荷重，不得超過該起重機作業半徑所對應之額定荷重之百分之五十。

五　搭乘設備下降時，採動力下降之方法。

③雇主應依前項第二款及第三款規定，要求起重機操作人員，監督搭乘人員確實辦理。

第二〇條

雇主對於前條第二項所定搭乘設備，應依下列規定辦理：

一　搭乘設備應有足夠強度，其使用之材料不得有影響構造強度之損傷、變形或腐蝕等瑕疵。

二　搭乘設備周圍設置高度九十公分以上之扶手，並設中欄杆及腳趾板。

三　搭乘設備之懸吊用鋼索或鋼線之安全係數應在十以上；吊鏈、吊帶及其支點之安全係數應在五以上。

四　依搭乘設備之構造及材質，計算積載之最大荷重，並於搭乘設備之明顯易見處，標示自重及最大荷重。

第二一條

①雇主於固定式起重機作業時，應採取防止人員進入吊舉物下方及吊舉物通過人員上方之設備或措施。但吊舉物之下方已有安全支撐設施、其他安全設施或使用吊舉物不致掉落，而無危害勞工之虞者，不在此限。

②雇主於纜索固定式起重機作業時，為防止捲上用鋼索、橫行用鋼索通過槽輪或其他安裝部分而發生破損飛落或鋼索震脫彈出等危險，應禁止人員進入有發生危害之虞之鋼索內角側。

第二二條

雇主對於固定式起重機之檢修、調整、操作、組配或拆卸等，應依下列規定辦理：

一　設置於屋外之走行起重機，應設有固定基礎與軌夾等防止逸走裝置，其原動機馬力應能在風速每秒十六公尺時，仍能安全駛至防止逸走裝置之處；瞬間風速有超過每秒三十公尺之虞時，應採取使防止逸走裝置作用之措施。

二　從事檢修、調整作業時，應指定作業監督人員，從事監督指揮工作。但無虞危險或採其他安全措施，確無危險之虞者，不在此限。

三　操作人員於起重機吊有荷重時，不得擅離操作位置。

四　組配、拆卸或爬升高度時，應選派適當人員從事該作業，作業區內禁止無關人員進入，必要時並設置警告標示。

五　以塔式起重機進行高層建築工程等作業，於該起重機爬升樓層及安裝基座等時，應事前擬妥安全作業方法及標準作業程序，使勞工遵循，並採穩固該起重機等必要措施，以防止倒

塌。

六　因強風、大雨、大雪等惡劣氣候，致作業有危險之虞時，應禁止工作。

七　設置於室外之伸臂起重機，因強風來襲而有起重機伸臂受損之虞者，應採取必要防範措施。

八　起重機之操作，應依原設計之操作方法吊升荷物，不得以伸臂搖撼或拖拉物件等不當方式從事起重作業。

第三章　移動式起重機之安全管理

第二三條
雇主對於移動式起重機之使用，不得超過額定荷重。

第二四條
①雇主於中型移動式起重機設置完成時，應實施荷重試驗及安定性試驗，確認安全後，方得使用。

②前項荷重試驗，指將相當於該起重機額定荷重一點二五倍之荷重置於吊具上，實施吊升、直行、旋轉或必要之走行等動作之試驗。

③第一項安定性試驗，指該起重機於最不利於安定性之條件下，將相當於額定荷重一點二七倍之荷重置於吊具上所實施之試驗。

④第一項試驗紀錄應保存三年。

第二五條
雇主對於移動式起重機之構造，應符合移動式起重機安全檢查構造標準。

第二六條
雇主應注意移動式起重機使用時，其負荷次數及吊升荷物之重量，不得超過該起重機設計時之負荷條件，並應防止起重機構造部分之鋼材、接合處或銲接處等，有發生變形、折損或破斷等情形。

第二七條
雇主對於移動式起重機之過捲預防裝置及過捲警報裝置，其吊鉤、抓斗等吊具或該吊具之捲揚用槽輪之上方與伸臂前端槽輪及其他有碰撞之虞之物體（傾斜之伸臂除外）之下方間，應調整其間距，使其符合法定值。

第二八條
雇主對於使用液壓為動力之移動式起重機，應裝置防止該液壓過度升高用之安全閥，此安全閥應調整在額定荷重之最大值以下之壓力即能作用。但實施荷重試驗及安定性試驗時，不在此限。

第二九條
①雇主對於移動式起重機，為防止其作業中發生翻倒、被夾、感電等危害，應事前調查該起重機作業範圍之地形、地質狀況、作業空間、運搬物重量與所用起重機種類、型式或性能等，並適當決定下列事項及採必要措施：

一　移動式起重機之作業方法、吊掛方法及運搬路徑等。
二　對軟弱地盤等承載力不足之場所採取地面舖設鐵板、墊料及使用外伸撐座等補強方法，以防止移動式起重機翻倒。
三　配置移動式起重機之操作者、吊掛作業者、指揮者及其他相關作業者之職務與作業指揮體系。

②雇主對於前項移動式起重機之作業，應採取下列各款措施：
一　決定前項各款事項後，於作業開始前告知相關勞工，使其遵行。
二　確認移動式起重機之種類、型式，符合作業之需求。
三　查核前項措施執行情形，認有未符安全條件者，於改善前不得從事起重吊掛作業。

③雇主對於第一項移動式起重機之作業，應辦理事項如下：
一　事前調查現場危害因素、使用條件限制及作業需求等情況，或要求委託施工者告知，並以檢查表逐項確認。
二　對於前款之現場危害因素等調查結果，採取必要之預防或改善措施。
三　相關檢點表、派車文件及其他相關紀錄表單，於施工結束前，留存備查。

第三〇條

雇主對於移動式起重機，在其作業範圍有地盤軟弱、埋設脆弱地下物或路肩崩塌等情形，致其有翻倒之虞者，不得使用移動式起重機從事作業。但在該起重機下方舖設具有充分強度及足夠面積之鐵板或墊料等，可防止其翻倒者，不在此限。

第三一條

雇主對於使用外伸撐座之移動式起重機，其下方舖有鐵板或墊料時，應先確認該外伸撐座之支撐，已置放於鐵板或墊料之中央範圍或位於不致造成該起重機有翻倒之虞之位置。

第三二條

雇主使用具有外伸撐座之移動式起重機，或擴寬式履帶起重機作業時，應將其外伸撐座或履帶伸至最大極限位置。但因作業場所狹窄或有障礙物等限制，致其外伸撐座或履帶無法伸至最大極限位置時，具有下列各款之一，且能確認其吊掛之荷重較作業半徑所對應之額定荷重為輕者，不在此限：
一　過負荷預防裝置有因應外伸撐座之外伸寬度，自動降低設定額定荷重之機能者。
二　過負荷預防裝置有可輸入外伸撐座之外伸寬度演算要素，以降低設定額定荷重狀態之機能者。
三　移動式起重機之明細表或使用說明書等已明確記載外伸撐座無法最大外伸時，具有額定荷重表或性能曲線表提供外伸撐座未全伸時之對應外伸寬度之較低額定荷重者。

第三三條

雇主對於具有伸臂之移動式起重機之使用，伸臂之傾斜角不得超

過該起重機明細表內記載之範圍。但吊升荷重未滿三公噸者，以製造者指定之伸臂傾斜角爲準。

第三四條

① 雇主對於移動式起重機，應於其機身明顯易見處標示其額定荷重，並使操作人員及吊掛作業者周知。

② 雇主對於前項額定荷重隨作業半徑而改變之移動式起重機，得標示最大作業半徑之額定荷重，並採取於操作室張貼荷重表及置備攜帶式荷重表等措施。

第三五條

① 雇主對於移動式起重機之使用，以吊物爲限，不得乘載或吊升勞工從事作業。但從事貨櫃裝卸、船舶維修、高煙囪施工等尚無其他安全作業替代方法，或臨時性、小規模、短時間、作業性質特殊，經採取防止墜落等措施者，不在此限。

② 雇主對於前項但書所定防止墜落措施，應辦理事項如下：

一 以搭乘設備乘載或吊升勞工，並防止其翻轉及脫落。

二 搭乘設備需設置安全母索或防墜設施，並使勞工佩戴安全帽及符合國家標準CNS 14253-1同等以上規定之全身背負式安全帶。

三 搭乘設備之使用不得超過限載員額。

四 搭乘設備自重加上搭乘者、積載物等之最大荷重，不得超過該起重機作業半徑所對應之額定荷重之百分五十。

五 搭乘設備下降時，採動力下降之方法。

六 垂直高度超過二十公尺之高處作業，禁止使用直結式搭乘設備。但設有無線電通訊聯絡及作業監視或預防碰撞警報裝置者，不在此限。

③ 雇主應依前項第二款及第三款規定，要求起重機操作人員，監督搭乘人員確實辦理。

第三六條

雇主對於前條第二項所定搭乘設備，應依下列規定辦理：

一 搭乘設備應有足夠強度，其使用之材料不得有影響構造強度之損傷、變形或腐蝕等瑕疵。

二 搭乘設備周圍設置高度九十公分以上之扶手，並設中欄杆及腳趾板。

三 搭乘設備之懸吊用鋼索或鋼線之安全係數應在十以上；吊鏈、吊帶及其支點之安全係數應在五以上。

四 依搭乘設備之構造及材質，計算積載之最大荷重，並於搭乘設備之明顯易見處，標示自重及最大荷重。

第三七條

移動式起重機從事垂直高度二十公尺以下之高處作業，不適用第三十五條第一項但書規定。但使用道路或鄰接道路作業者，不在此限。

第三八條

① 雇主使用移動式起重機吊掛搭乘設備搭載或吊升人員作業時，應依下列規定辦理：

一　搭乘設備及懸掛裝置（含熔接、鉚接、鉸鏈等部分之施工），應妥予安全設計，並事前將其構造設計圖、強度計算書及施工說等，委託中央主管機關認可之專業機構簽認，其簽認效期最長二年；效期屆滿或構造有變更者，應重新簽認之。

二　起重機載人作業前，應先以預期最大荷重之荷物，進行試吊測試，將測試荷物置於搭乘設備上，吊升至最大作業高度，保持五分鐘以上，確認其平衡性及安全性無異常。該起重機移動設置位置者，應重新辦理試吊測試。

三　確認起重機所有之操作裝置、脫防裝置、安全裝置及制動裝置等，均保持功能正常；搭乘設備之本體、連接處及配件等，均無構成有害結構安全之損傷；吊索等，無變形、損傷及扭結情形。

四　起重機作業時，應置於水平堅硬之地盤面；具有外伸撐座者，應全部伸出。

五　起重機載人作業進行期間，不得走行。進行升降動作時，勞工位於搭乘設備內者，身體不得伸出箱外。

六　起重機載人作業時，應採低速及穩定方式運轉，不得有急速、突然等動作。當搭載人員到達工作位置時，該起重機之吊升、起伏、旋轉、走行等裝置，應使用制動裝置確實制動。

七　起重機載人作業時，應指派指揮人員負責指揮。無法派指揮人員者，得採無線電通訊聯絡等方式替代。

② 雇主對於前項起重機之載人作業，應依據作業風險因素，事前擬訂作業方法、作業程序、安全作業標準及作業安全檢核表，使作業勞工遵行。

③ 雇主應指派適當人員實施作業前檢點、作業中查核及自動檢查等措施，隨時注意作業安全，相關表單紀錄於作業完成前，並應妥存備查。

第三九條

① 雇主於移動式起重機作業時，應採取防止人員進入吊舉物下方及吊舉物通過人員上方之設備或措施。但吊舉物之下方已有安全支撐設施、其他安全設施或使用吊舉物不致掉落，而無危害勞工之虞者，不在此限。

② 雇主於移動式起重機作業時，為防止移動式起重機上部旋轉體之旋轉動作引起碰撞危害，應禁止人員進入有發生碰撞危害之虞之起重機作業範圍內。

第四〇條

雇主對於移動式起重機之檢修、調整、操作、組配或拆卸等，應依下列規定：

一　從事檢修、調整作業時，應指定作業監督人員，從事監督指揮工作。但無虞危險或採其他安全措施，確無危險之虞者，不在此限。

二　操作人員或駕駛人員於起重機吊有荷重時，不得擅離操作位置或駕駛室。

三　組配、拆卸時，應選用適當人員擔任，作業區內禁止無關人員進入，必要時並設置警告標示。

四　因強風、大雨、大雪等惡劣氣候，致作業有危險之虞時，應禁止工作。

五　移動式起重機之操作，應依原設計功能之操作方法吊升荷物，不得以搖撼伸臂或拖拉物件等不當方式從事起重作業。

六　移動式起重機行駛時，應將其吊桿長度縮至最短、傾斜角降為最小及固定其吊鉤。必要時，積載型卡車起重機得採用吊桿定位警示裝置，提醒注意。

第四章　人字臂起重桿之安全管理

第四一條

①雇主對於人字臂起重桿之使用，不得超過額定荷重。但必要時，經採取下列各款措施者，得報經檢查機構放寬至實施荷重試驗之值：

一　事先實施荷重試驗，確認無異狀。

二　指定作業監督人員，從事監督指揮工作。

②前項荷重試驗之值，指將相當於該人字臂起重桿額定荷重一點二五倍之荷重（額定荷重超過二百公噸者，為額定荷重加上五十公噸之荷重）置於吊具上實施吊升、旋轉及吊桿之起伏等動作試驗之荷重值。

③第一項荷重試驗紀錄應保存三年。

第四二條

①雇主於中型人字臂起重桿設置完成時，應實施荷重試驗，確認安全後，方得使用。

②前項荷重試驗，指將相當於該人字臂起重桿額定荷重一點二五倍之荷重置於吊具上，實施吊升、旋轉及吊桿之起伏等動作之試驗。

③第一項試驗紀錄應保存三年。

第四三條

雇主對於人字臂起重桿之吊升裝置及起伏裝置，應設過捲預防裝置。但使用絞車為動力之吊升裝置及起伏裝置者，不在此限。

第四四條

雇主於調整人字臂起重桿之過捲預防裝置時，應使吊鉤、抓斗等吊具或該吊具之捲揚用槽輪之上方與吊桿前端槽輪（除吊桿外）下方間之間距在零點二五公尺以上。但直動式過捲預防裝置之間距為零點零五公尺以上。

第四五條

雇主對於具有吊桿之人字臂起重桿之使用，吊桿傾斜角不得超過該人字臂起重桿明細表內記載之範圍。但吊升荷重未滿三公噸者，以製造者指定之傾斜角為準。

第四六條

①雇主對於人字臂起重桿，應於其機身明顯易見處標示其額定荷重，並使操作人員及吊掛作業者周知。

②前項起重桿應以銘牌等標示下列事項：

一　製造者名稱。

二　製造年月。

三　吊升荷重。

第四七條

雇主對於人字臂起重桿之使用，以吊物為限，不得乘載或吊升勞工從事作業。

第四八條

①雇主於人字臂起重桿作業時，應採取防止人員進入吊舉物下方及吊舉物通過人員上方之設備或措施。

②雇主於人字臂起重桿作業時，為防止鋼索震脫，槽輪或其他安裝部分飛落等危險，應禁止人員進入有發生危害之虞之鋼索內角側。

第四九條

雇主對於人字臂起重桿之檢修、調整、操作、組配或拆卸等，應依下列規定辦理：

一　設置於屋外之人字臂起重桿，瞬間風速有超過每秒三十公尺之虞時，為預防吊桿動搖，致人字臂起重桿破損，應採取吊桿固定緊縛於主桿或地面固定物等必要措施。

二　操作人員於起重桿吊有荷重時，不得擅離操作位置。

三　組配、拆卸時，應選用適當人員擔任，作業區內禁止無關人員進入，必要時並設置警告標示。

四　因強風、大雨、大雪等惡劣氣候，致作業有危險之虞時，應禁止工作。

第五〇條

雇主對於人字臂起重桿之拉條，應依下列規定辦理：

一　牽索人字臂起重桿之拉條數，為六條以上；單索人字臂起重桿之拉條數，為三條以上。

二　不得接近架空電路。

三　以鋼索為拉條時，以鋏、鬆緊螺旋扣、套管等金屬具緊結於支柱、牽索用固定錨或具有同等以上效能之堅固物。

四　以鬆緊螺旋扣等金屬具拉緊，並有防止螺旋扣扭轉鬆脫之措施。

第五一條

①雇主對於主柱長度超過二十公尺之人字臂起重桿，應設攀登梯。

②前項攀登梯，應依下列規定辦理：

一　踏板應等距離設置，其間隔應在二十五公分以上三十五公分以下。

二　踏板與吊桿及其他最近固定物間之水平距離，應在十五公分以上。

三　踏板未設置側木者，應有防止足部橫滑之構造。

第五二條

①雇主對於人字臂起重桿之吊升裝置及起伏裝置，應設控制荷重或吊桿下降所必要之制動裝置。

②前項制動裝置，應設起重桿動力被遮斷時，能自行制動之設備。但以人力操作者，不在此限。

第五三條

雇主對於人字臂起重桿之鋼索與吊升裝置之捲胴、吊桿、有鉤滑車等之連結，應以灌注合金或使用銷、壓夾、栓銷等方法緊結之。

第五四條

雇主對於人字臂起重桿捲揚用鋼索，當吊具置於最低位置時，應有二捲以上鋼索留置於吊升裝置之捲胴上；對於吊桿起伏用鋼索，當吊桿置於最低位置時，應有二捲以上鋼索留置於起伏裝置之捲胴上。

第五五條

雇主對於具有起伏動作之人字臂起重桿，應於操作人員易見處，設置吊桿傾斜角之指示裝置，以防止過負荷操作。

第五六條

①雇主對於人字臂起重桿結構部分之材料，除使用耐蝕鋁合金等材料經中央主管機關認可者外，應符合下列國家標準，或具有同等以上化學成分及機械性質之鋼材：

一　國家標準CNS 575鉚釘用鋼棒規定之鋼材。

二　國家標準CNS 2473一般結構用軋鋼料規定之SS400鋼材。

三　國家標準CNS 2947銲接結構用軋鋼料規定之鋼材。

四　國家標準CNS 4269銲接結構用耐候性熱軋鋼料規定之鋼材。

五　國家標準CNS 4435一般結構用碳鋼鋼管規定之STK400、STK490或STK540鋼材。

六　國家標準CNS 4437機械結構用碳鋼鋼管規定之十三種、十八種、十九種或二十種之鋼材。

七　國家標準CNS 7141一般結構用矩形碳鋼鋼管規定之鋼材。

八　國家標準CNS 11109銲接結構用高降伏強度鋼板規定之鋼材。

九　國家標準CNS 13812建築結構用軋鋼料規定之鋼材。

②前項結構部分不包括階梯、駕駛室、護圍、覆蓋、鋼索、機械部分及其他非供支撐吊升荷物之部分。

第五七條

①雇主對於吊升荷重未滿五公噸或主柱、吊桿長度未滿十二公尺之人字臂起重桿，其結構部分之材料，得使用木材。

②前項木材不得有顯著之蛀蝕、裂隙、節或傾斜纖維等強度上之缺陷。

第五八條

雇主對於人字臂起重桿結構部分，應使其具有充分強度，並保持防止板材挫曲、變形等有礙安全使用之剛性。

第五九條

雇主對於人字臂起重桿結構部分之鉚釘孔或螺釘孔，應使用鑽孔機鑽孔，且該孔不得有迴紋或裂紋等瑕疵。

第六〇條

雇主對於人字臂起重桿結構部分之螺栓、螺帽、螺釘等，應有防止鬆脫之措施。但使用強力螺栓接合者，不在此限。

第六一條

①雇主對於人字臂起重桿，應設置駕駛室或駕駛台。

②前項駕駛室或駕駛台，應符合下列規定：

一　不妨礙操作人員視界。但操作人員與吊掛作業者能保持確實連絡者，不在此限。

二　開關器、控制器、制動器及警報裝置等操作部分，應設於操作人員易於操作之位置。

三　有物體飛落危害操作人員安全之虞之場所，其駕駛台，應設有防護網或其他防止物體飛落危害之設施。

第五章　起重吊掛作業安全管理

第六二條

①雇主對於使用固定式起重機、移動式起重機或人字臂起重桿（以下簡稱起重機具）從事吊掛作業之勞工，應僱用曾受吊掛作業訓練合格者擔任。但已受吊升荷重在三公噸以上之起重機具操作人員訓練合格或具有起重機具操作技能檢定技術士資格者，不在此限。

②雇主對於前項起重機具操作及吊掛作業，應分別指派具法定資格之勞工擔任之。但於地面以按鍵方式操作之固定式起重機，或積載型卡車起重機，其起重及吊掛作業，得由起重機操作者一人兼任之。

③前二項所稱吊掛作業，指使用鋼索、吊鏈、鉤環等，使物件懸掛於起重機具之吊鉤等吊具上，引導起重機吊升荷物，並移動至預定位置後，再將荷物卸放、堆置等一連串相關作業。

第六三條

雇主對於使用起重機具從事吊掛作業之勞工，應使其辦理下列事項：

一　確認起重機具之額定荷重，使所吊荷物之重量在額定荷重值

以下。

二　檢視荷物之形狀、大小及材質等特性，以估算荷物重量，或查明其實際重量，並選用適當吊掛用具及採取正確吊掛方法。

三　估測荷物重心位置，以決定吊掛懸掛荷物之適當位置。

四　起吊作業前，先行確認其使用之鋼索、吊鏈等吊掛用具之強度、規格、安全率等之符合性；並檢點吊掛用具，汰換不良品，將堪用品與廢棄品隔離放置，避免混用。

五　起吊作業時，以鋼索、吊鏈等穩妥固定荷物，懸掛於吊具後，再通知起重機具操作者開始進行起吊作業。

六　當荷物吊離地後，不得以手碰觸荷物，並於荷物剛離地面時，引導起重機具暫停動作，以確認荷物之懸掛有無傾斜、鬆脫等異狀。

七　確認吊運路線，並警示、清空擅入吊運路線範圍內之無關人員。

八　與起重機具操作者確認指揮手勢，引導起重機具吊升荷物及水平運行。

九　確認荷物之放置場所，決定其排列、放置及堆疊方法。

十　引導荷物下降至地面。確認荷物之排列、放置安定後，將吊掛用具卸離荷物。

十一　其他有關起重吊掛作業安全事項。

第六四條

雇主對於起重機具之作業，應規定一定之運轉指揮信號，並指派專人負責指揮。但起重機具操作者單獨作業時，不在此限。

第六五條

①雇主對於起重機具之吊掛用鋼索，其安全係數應在六以上。

②前項安全係數為鋼索之斷裂荷重值除以鋼索所受最大荷重值所得之值。

第六六條

①雇主對於起重機具之吊鏈，其安全係數應依下列各款規定辦理：

一　符合下列各目之一者：四以上。

　　(一)以斷裂荷重之二分之一拉伸時，其伸長率為百分之零點五以下者。

　　(二)抗拉強度值為每平方毫米四百牛頓以上，且其伸長率為下表所列抗拉強度值分別對應之值以上者。

抗拉強度 （單位：牛頓／平方毫米）	伸長率 （單位：%）
四百以上六百三十未滿	二十
六百三十以上一千未滿	十七
一千以上	十五

二　前款以外者：五以上。

②前項安全係數為吊鏈之斷裂荷重值除以該吊鏈所受最大荷重值所得之值。

第六七條

①雇主對於起重機具之吊鉤，其安全係數應在四以上。馬鞍環之安全係數應在五以上。

②前項安全係數為吊鉤或馬鞍環之斷裂荷重值除以吊鉤或馬鞍環個別所受最大荷重值所得之值。

第六八條

雇主不得以有下列各款情形之一之鋼索，供起重吊掛作業使用：

一　鋼索一撚間有百分之十以上素線截斷者。

二　直徑減少達公稱直徑百分之七以上者。

三　有顯著變形或腐蝕者。

四　已扭結者。

第六九條

雇主不得以有下列各款情形之一之吊鏈，供起重吊掛作業使用：

一　延伸長度超過製造時長度百分之五以上者。

二　斷面直徑減少超過製造時之百分之十者。

三　有龜裂者。

第七〇條

雇主不得使用已變形或龜裂之吊鉤、馬鞍環、鉤環、鏈環等吊掛用具，供起重吊掛作業使用。

第七一條

雇主不得以有下列各款情形之一之纖維索或纖維帶，供起重吊掛作業使用：

一　已斷一股子索者。

二　有顯著之損傷或腐蝕者。

第七二條

雇主對於吊鏈或未設環結之鋼索，其兩端非設有吊鉤、鉤環、鏈環、編結環首、壓縮環首或可保持同等以上強度之物件者，不得供起重吊掛作業使用。

第七三條

①雇主對於使用鏈條吊升裝置、鏈條拉桿吊升裝置或以電磁、真空吸著方式之吊掛用具等，進行吊掛作業時，應確認在各該吊掛用具之荷重容許範圍內使用。

②前項使用以電磁或真空吸著方式之吊掛用具，應適於其吊掛荷物之形狀及表面狀態等。

③雇主對於使用吊鉗、吊夾從事吊掛作業時，應注意該吊鉗、吊夾，為橫吊用或直吊用等之用途限制，並應在該吊鉗、吊夾之荷重容許條件範圍內使用。

④使用吊鉗、吊夾從事吊掛作業時，如吊舉物有傾斜或滑落之虞時，應搭配使用副索及安全夾具。

第六章　升降機作業之安全管理

第七四條

雇主對於升降機之使用，不得超過積載荷重。

第七五條　（刪除）

第七六條

雇主對於營建用升降機之構造，應符合升降機安全檢查構造標準或國家標準CNS 13627規定。

第七七條

① 雇主對於升降機之終點極限開關、緊急停止裝置及其他安全裝置，應維持其效能。

② 雇主應使勞工不得擅自使用鎖匙或其他工具等，自外面開啓升降機之出入門扉。但升降機維修人員實施搶救、維護、保養或檢查者，不在此限。

③ 雇主應於前項鎖匙上，懸掛標示牌，以文字載明警語，告知開啓者有墜落之危險。

第七八條

雇主對於設計上專供載貨用之升降機，不得搭載人員。

第七九條

雇主應將升降機之操作方法及故障時之處置方法等，揭示於使用該升降機有關人員易見處。

第八〇條

雇主對於設置於室外之升降機，瞬間風速有超過每秒三十公尺之虞時，應增設拉索以防止升降機倒塌。

第八一條

雇主於從事室外升降機之升降路塔或導軌支持塔之檢修、調整、組配或拆卸等時，應依下列規定辦理：

一　選任作業監督人員，從事指揮作業方法、配置勞工、檢點材料、器具及監督勞工作業。

二　禁止無關人員進入作業區，並設置警告標示。

三　因強風、大雨、大雪等惡劣氣候，致作業有危險之虞時，應禁止工作。

第八二條

雇主對於設置室外之升降機，發生瞬間風速達每秒三十公尺以上或於四級以上地震後，應於再使用前，就該升降機之終點極限開關、緊急停止裝置、制動裝置、控制裝置及其他安全裝置、鋼索或吊鏈、導軌、導索結頭等部分，確認無異狀後，方得使用。

第七章　營建用提升機之安全管理

第八三條

雇主對於營建用提升機之使用，不得超過積載荷重。

第八四條

① 雇主於中型營建用提升機設置完成時，應實施荷重試驗，確認安

全後，方得使用。

②前項荷重試驗，指將相當於該提升機積載荷重一點二倍之荷重置於搬器上，實施升降動作之試驗。

③第一項試驗紀錄應保存三年。

第八五條

雇主對於營建用提升機之構造，應符合國家標準CNS 13628營建用提升機規定。

第八六條

雇主對於營建用提升機，應於捲揚用鋼索上加註標識或設警報裝置等，以預防鋼索過捲。

第八七條

雇主對於營建用提升機之使用，不得乘載人員。但實施檢修或調整等作業時，經採取足以防範人員墜落或物體飛落等措施者，不在此限。

第八八條

雇主對於營建用提升機之使用，應禁止勞工進入下列工作場所：

一　因營建用提升機搬器之升降而可能危及勞工之場所。

二　捲揚用鋼索之內角側或鋼索通過之槽輪而可能危及勞工之場所。

三　因安裝部分破裂引起鋼索之震脫、槽輪或其他安裝部分之飛落，致可能危及勞工之場所。

第八九條

雇主對於實施營建用提升機之豎坑或基底部分打掃作業時，應於搬器下方橫置足以承受搬器重量之角材、原木等，並使用制動裝置確實防止搬器之落下。

第九〇條

雇主對於營建用提升機，瞬間風速有超過每秒三十公尺之虞時，應增設拉條以預防其倒塌。

第九一條

雇主對於營建用提升機之檢修、調整、操作、組配或拆卸等，應依下列規定辦理：

一　從事檢修、調整、組配、拆卸作業時，應選任作業監督人員，從事指揮作業方法、配置勞工、檢點材料、器具及監督勞工作業。

二　操作人員於運轉中，不得擅離操作位置。

三　禁止無關人員進入作業區，並設置警告標示。

四　因強風、大雨、大雪等惡劣氣候，致作業有危險之虞時，應禁止工作。

第九二條

雇主對於營建用提升機，遭受瞬間風速達每秒三十公尺以上或於四級以上地震後，應於再使用前就其制動裝置、離合器、鋼索通過部分狀況等，確認無異狀後，方得使用。

第八章　簡易提升機之安全管理

第九三條
雇主對於簡易提升機之使用，不得超過積載荷重。

第九四條
①雇主於簡易提升機設置完成時，應實施荷重試驗，確認安全後，方得使用。

②前項荷重試驗，係將相當於該提升機積載荷重一點二倍之荷重置於搬器上，實施升降動作之試驗。

③第一項試驗紀錄應保存三年。

第九五條
雇主對於簡易提升機之過捲預防裝置及其他安全裝置，應維持其效能。

第九六條
雇主對於簡易提升機之使用，不得搭乘人員。但實施檢修或調整等作業時，經採取足以防範人員墜落或物體飛落等措施者，不在此限。

第九章　吊籠之安全管理

第九七條
雇主對於吊籠之使用，不得超過積載荷重。

第九八條
雇主對於吊籠之構造，應符合吊籠安全檢查構造標準。

第九九條
①雇主對於可搬式吊籠懸吊於建築物或構造物等時，應考量吊籠自重、積載荷重及風力等受力情形，妥為固定於具有足夠支撐強度之處。

②前項固定處之支撐強度，雇主應事前確認該建築物或構造物相關結構圖面資料。無圖面資料可查者，得以其他同等方式確認之。

第一○○條
雇主於吊籠之工作台上，不得設置或放置腳墊、梯子等供勞工使用。

第一○一條
雇主於吊籠運轉中，應禁止操作人員擅離操作位置。

第一○二條
雇主對勞工於吊籠工作台上作業時，應使勞工佩戴安全帽及符合國家標準CNS 14253-1同等以上規定之全身背負式安全帶。

第一○三條
雇主於吊籠使用時，應禁止無關人員進入作業場所下方之危險區域，並設置警告標示。

第一○四條
雇主對吊籠於強風、大雨、大雪等惡劣氣候，勞工作業有發生危險之虞時，應禁止工作。

第一〇五條

雇主使用吊籠作業時，於夜間或光線不良之場所，應提供安全作業所必要之照度。

第十章 附 則

第一〇六條

下列起重升降機具之管理權責分工，應由目的事業主管機關依其主管法規或權責辦理：

一 敷設於建築物之升降機，依建築法規定由建築主管機關檢查及管理。

二 設於客貨船舶，並固定於船上之貨物裝卸機具等之起重升降機具，依船舶法規定由航政主管機關檢查及管理。

三 前二款以外，涉及國防軍事作戰範圍之起重升降機具，由國防主管機關檢查及管理。

第一〇六條之一

① 自營作業者，準用本規則有關雇主義務之規定。

② 受工作場所負責人指揮或監督從事勞動之人員，於事業單位工作場所從事勞動，比照該事業單位之勞工，適用本規則之規定。

第一〇七條

① 本規則自發布日施行。

② 本規則中華民國一百零三年六月二十五日修正條文，自一百零三年七月三日施行。

鍋爐及壓力容器安全規則

①民國85年2月14日行政院勞工委員會令修正發布全文36條。
②民國96年8月13日行政院勞工委員會令修正發布全文37條；並自發布日施行。
③民國103年7月1日勞動部令修正發布第1、20、37條條文；增訂第35-1、36-1條條文；並自103年7月3日施行。

第一章　總則

第一條
本規則依職業安全衛生法第六條第三項規定訂定之。

第二條
本規則所稱鍋爐，分為下列二種：

一　蒸汽鍋爐：指以火焰、燃燒氣體、其他高溫氣體或以電熱加熱於水或熱媒，使發生超過大氣壓之壓力蒸汽，供給他用之裝置及其附屬過熱器與節煤器。

二　熱水鍋爐：指以火焰、燃燒氣體、其他高溫氣體或以電熱加熱於有壓力之水或熱媒，供給他用之裝置。

第三條
本規則所稱小型鍋爐，指鍋爐合於下列規定之一者：

一　最高使用壓力（表壓力，以下同）在每平方公分一公斤以下或零點一百萬帕斯卡（MPa）以下，且傳熱面積在一平方公尺以下之蒸汽鍋爐。

二　最高使用壓力在每平方公分一公斤以下或零點一百萬帕斯卡（MPa）以下，且胴體內徑在三百毫米以下，長度在六百毫米以下之蒸汽鍋爐。

三　傳熱面積在三點五平方公尺以下，且裝有內徑二十五毫米以上開放於大氣中之蒸汽管之蒸汽鍋爐。

四　傳熱面積在三點五平方公尺以下，且在蒸汽部裝有內徑二十五毫米以上之U字形豎立管，其水頭壓力在五公尺以下之蒸汽鍋爐。

五　水頭壓力在十公尺以下，且傳熱面積在八平方公尺以下之熱水鍋爐。

六　最高使用壓力在每平方公分十公斤以下或一百萬帕斯卡（MPa）以下，（不包括具有內徑超過一百五十毫米之圓筒形集管器，或剖面積超過一百七十七平方公分之方形集管器之多管式貫流鍋爐），且傳熱面積在十平方公尺以下之貫流鍋爐（具有汽水分離器者，限其汽水分離器之內徑在三百毫

米以下，且其內容積在零點零七立方公尺以下）。

第四條

① 本規則所稱壓力容器，分爲下列二種：

一　第一種壓力容器，指合於下列規定之一者：

　　㈠接受外來之蒸汽或其他熱媒或使在容器內產生蒸氣加熱固體或液體之容器，且容器內之壓力超過大氣壓。

　　㈡因容器內之化學反應、核子反應或其他反應而產生蒸氣之容器，且容器內之壓力超過大氣壓。

　　㈢爲分離容器內之液體成分而加熱該液體，使產生蒸氣之容器，且容器內之壓力超過大氣壓。

　　㈣除前三目外，保存溫度超過其在大氣壓下沸點之液體之容器。

二　第二種壓力容器，指內存氣體之壓力在每平方公分二公斤以上或零點二百萬帕斯卡（MPa）以上之容器而合於下列規定之一者：

　　㈠內容積在零點零四立方公尺以上之容器。

　　㈡胴體內徑在二百毫米以上，長度在一千毫米以上之容器。

② 前項壓力容器如屬高壓氣體特定設備、高壓氣體容器或高壓氣體設備，應依高壓氣體安全相關法規辦理。

第五條

本規則所稱小型壓力容器，指第一種壓力容器合於下列規定之一者：

一　最高使用壓力在每平方公分一公斤以下或零點一百萬帕斯卡（MPa）以下，且其內容積在零點二立方公尺以下。

二　最高使用壓力在每平方公分一公斤以下或零點一百萬帕斯卡（MPa）以下，且胴體內徑在五百毫米以下，長度在一千毫米以下。

三　以「每平方公分之公斤數」單位所表示之最高使用壓力數值與以「立方公尺」單位所表示之內容積數值之乘積在零點二以下，或以「百萬帕斯卡」（MPa）單位所表示之最高使用壓力數值與以「立方公尺」單位所表示之內容積數值之乘積在零點零二以下。

第六條

本規則所稱最高使用壓力，指蒸汽鍋爐、熱水鍋爐、第一種壓力容器、第二種壓力容器在指定溫度下，其構造上最高容許使用之壓力或水頭壓力。

第七條

本規則所稱傳熱面積，指按照鍋爐型式，依國家標準二一三九陸用鋼製鍋爐規定方法計算，且依下列規定分別測計之面積。但不包括過熱器及節煤器之傳熱面積：

一　貫流鍋爐：以燃燒室入口至過熱器入口之水管，與火焰、燃燒氣體或其他高溫氣體（以下簡稱燃燒氣體等）接觸面之面

積。

二　電熱鍋爐：以電力設備容量二十瓩相當一平方公尺，按最大輸入電力設備容量換算之面積。

三　貫流鍋爐以外之水管鍋爐，就水管及集管器部分按下列規定測計面積之總和：

（一）胴體、水管或集管器，其一部或全部接觸燃燒氣體等，另一接觸水、汽水混合物或熱媒之面，為其接觸燃燒氣體等面之面積。

（二）以縱向裝設鰭片之水管，其鰭片兩面均接觸燃燒氣體等者，依其熱傳遞種類，以鰭片之單面面積乘以下表相對應之係數所得之面積與水管外周面積相加之面積。

熱傳遞種類	係數
兩面受輻射熱時	一・〇
一面受輻射熱，另一面接燃氣體等時	〇・七
兩面均接觸燃燒氣體等時	〇・四

（三）以縱向裝設鰭片之水管，其單面接觸燃燒氣體等者，依其熱傳遞種類，以鰭片之單面面積乘以下表相對應之係數所得之面積與水管外周接觸燃燒氣體等部分之面積相加之面積。

熱傳遞種類	係數
受輻射熱時	〇・五
接觸燃燒氣體等時	〇・二

（四）以圓周方向或螺旋狀裝設鰭片之水管，以鰭片之單面面積（螺旋狀鰭片者，以鰭片之捲數視同圓周方向之鰭片片數計算所得之面積）之百分之二十與水管外周面積相加之面積。

（五）以耐火材（含耐火磚）包覆之水管者，為管外側對壁面之投影面積。

（六）以耐火材包覆之植釘管而單面接觸燃燒氣體等，為管之半周面積；包覆物全周接觸燃燒氣體等者，為管之外周面積。

（七）接觸燃燒氣體等之植釘管者，為植釘管外側面面積總和之百分之十五與水管外周面積相加之面積。

（八）具襟式水冷壁者，為接觸燃燒氣體等面之展開面積。

四　水管鍋爐及電熱鍋爐以外之鍋爐：鍋爐本體中一面接觸燃燒氣體等，另一面接觸水、汽水混合物或熱媒之部分之面，為其接觸燃燒氣體等之面所測得之面積。

第二章　鍋爐之安全管理

第八條

雇主應將鍋爐安裝於專用建築物內或安裝於建築物內以障壁分隔之場所（以下稱為鍋爐房）。但移動式鍋爐、屋外式鍋爐或傳熱面積在三平方公尺以下之鍋爐，不在此限。

第九條

雇主對鍋爐之基礎及構架，應使鍋爐安裝維持穩固與防止發生基礎沉陷及構架扭曲，並妥為安全設計及維護。

第一○條

雇主應於鍋爐房設置二個以上之出入口。但無礙鍋爐操作人員緊急避難者，不在此限。

第一一條

①雇主對於鍋爐最頂端至鍋爐房頂部之天花板、樑、配管或其他鍋爐上方構造物之間，應維持一點二公尺以上之淨距。但對於安全閥及其他附屬品之檢查、調整或操作等無礙者，不在此限。

②雇主對於豎型鍋爐或本體外側未加以被覆物之鍋爐，由鍋爐外壁至牆壁、配管或其他鍋爐側方構造物等之間，應維持四十五公分以上之淨距。但胴體內徑在五百毫米以下，且長度在一千毫米以下之鍋爐，其淨距得維持三十公分以上。

第一二條

雇主對於鍋爐及其附設之金屬製煙囪或煙道，如未裝設厚度十公分以上之非金屬不燃性材料被覆者，其外側十五公分內，不得堆置可燃性物料。但可燃性物料以非金屬不燃性材料被覆者，不在此限。

第一三條

雇主於鍋爐房或鍋爐設置場所儲存燃料時，固體燃料應距離鍋爐外側一點二公尺以上，液體燃料或氣體燃料應距離鍋爐外側二公尺以上。但鍋爐與燃料或燃料容器之間，設有適當防火障壁或其他同等防火效能者，其距離得縮減之。

第一四條

①雇主對於鍋爐之操作管理，應僱用專任操作人員，於鍋爐運轉中不得使其從事與鍋爐操作無關之工作。

②前項操作人員，應經相當等級以上之鍋爐操作人員訓練合格或鍋爐操作技能檢定合格。

第一五條

①雇主對於同一鍋爐房內或同一鍋爐設置場所中，設有二座以上鍋爐者，應依下列規定指派鍋爐作業主管，負責指揮、監督鍋爐之操作、管理及異常處置等有關工作：

一　各鍋爐之傳熱面積合計在五百平方公尺以上者，應指派具有甲級鍋爐操作人員資格者擔任鍋爐作業主管。但各鍋爐均屬貫流式者，得由具有乙級以上鍋爐操作人員資格者為之。

二　各鍋爐之傳熱面積合計在五十平方公尺以上未滿五百平方公尺者，應指派具有乙級以上鍋爐操作人員資格者擔任鍋爐作

業主管。但各鍋爐均屬貫流式者，得由具有丙級以上鍋爐操作人員資格為之。

三 各鍋爐之傳熱面積合計未滿五十平方公尺者，應指派具有丙級以上鍋爐操作人員資格者擔任鍋爐作業主管。

②前項鍋爐之傳熱面積合計方式，得依下列規定減列計算傳熱面積：

一 貫流鍋爐：為其傳熱面積乘十分之一所得之值。

二 對於以火焰以外之高溫氣體為熱源之廢熱鍋爐：為其傳熱面積乘二分之一所得之值。

三 具有自動控制裝置，其機能應具備於壓力、溫度、水位或燃燒狀態等發生異常時，確能使該鍋爐安全停止，或具有其他同等安全機能設計之鍋爐：為其傳熱面積五分之一所得之值。

第一六條

①雇主應使鍋爐操作人員實施下列事項：

一 監視壓力、水位、燃燒狀態等運轉動態。

二 避免發生急劇負荷變動之現象。

三 防止壓力上升超過最高使用壓力。

四 保持壓力表、安全閥及其他安全裝置之機能正常。

五 每日檢點水位測定裝置之機能一次以上。

六 確保鍋爐水質，適時化驗鍋爐用水，並適當實施沖放鍋爐水，防止鍋爐水之濃縮。

七 保持給水裝置機能正常。

八 檢點及適當調整低水位燃燒遮斷裝置、火焰檢出裝置及其他自動控制裝置，以保持機能正常。

九 發現鍋爐有異狀時，應即採取必要措施。

②置有鍋爐作業主管者，雇主應使其指揮、監督操作人員實施前項規定。

③第一項業務執行紀錄及簽認表單，應保存三年備查。

第一七條

雇主對於鍋爐之安全閥及其他附屬品，應依下列規定管理：

一 安全閥應調整於最高使用壓力以下吹洩。但設有二具以上安全閥者，其中至少一具應調整於最高使用壓力以下吹洩，其他安全閥可調整於超過最高使用壓力至最高使用壓力之一點零三倍以下吹洩；具有釋壓裝置之貫流鍋爐，其安全閥得調整於最高使用壓力之一點一六倍以下吹洩。經檢查後，應予固定設定壓力，不得變動。

二 過熱器使用之安全閥，應調整在鍋爐本體上之安全閥吹洩前吹洩。

三 釋放管有凍結之虞者，應有保溫設施。

四 壓力表或水高計應避免於使用中發生有礙機能之振動，且應採取防止其內部凍結或溫度超過攝氏八十度之措施。

五　壓力表或水高計之刻度板上，應明顯標示最高使用壓力之位置。

六　在玻璃水位計上或與其接近之位置，應適當標示蒸汽鍋爐之常用水位。

七　有接觸燃燒氣體之給水管、沖放管及水位測定裝置之連絡管等，應用耐熱材料防護。

八　熱水鍋爐之回水管有凍結之虞者，應有保溫設施。

第一八條

雇主對於鍋爐房或鍋爐設置場所，應禁止無關人員擅自進入，並應依下列規定為安全管理：

一　在作業場所入口明顯處設置禁止進入之標示。

二　非有必要且無安全之虞時，禁止攜入與作業無關之危險物及易燃物品。

三　置備水位計之玻璃管或玻璃板、各種填料、修繕用工具及其他必備品，以備緊急修繕用。

四　應將鍋爐檢查合格證及鍋爐操作人員資格證件影本揭示於明顯處所；如屬移動式鍋爐，應將檢查合格證影本交鍋爐操作人員隨身攜帶。

五　鍋爐之燃燒室、煙道等之砌磚發生裂縫時，或鍋爐與鄰接爐磚之間發生隙縫時，應儘速予以適當修補。

第一九條

雇主於鍋爐點火前，應使鍋爐操作人員確認節氣閘門確實開放，非經燃燒室及煙道內充分換氣後，不得點火。

第二○條

雇主應改善鍋爐之燃燒方法，避免鍋爐燃燒產生廢氣滯留室內，並應於鍋爐房設置必要之通風設備或採其他排除廢氣措施。但無廢氣滯留之虞者，不在此限。

第二一條

雇主於鍋爐操作人員沖放鍋爐水時，不得使其從事其他作業，並不得使單獨一人同時從事二座以上鍋爐之沖放工作。

第二二條

雇主對於鍋爐用水，應合於國家標準一○二三一鍋爐給水與鍋爐水水質標準之規定，並應適時清洗胴體內部，以防止累積水垢。

第二三條

雇主對於勞工進入鍋爐或其燃燒室、煙道之內部，從事清掃、修繕、保養等作業時，應依下列規定辦理：

一　將鍋爐、燃燒室或煙道適當冷卻。

二　實施鍋爐、燃燒室或煙道內部之通風換氣。

三　鍋爐、燃燒室或煙道內部使用之移動電線，應為可撓性雙重絕緣電纜或具同等以上絕緣效力及強度者；移動電燈應裝設適當護罩。

四　與其他使用中之鍋爐或壓力容器有管連通者，應確實隔斷或

　　阻斷。

五　置監視人員隨時保持連絡，如有災害發生之虞時，立即採取
　　危害防止、通報、緊急應變及搶救等必要措施。

第二四條

雇主對於小型鍋爐之構造，應合於國家標準一〇八九七小型鍋爐之規定。

第二五條

雇主對於小型鍋爐之安全閥，應調整於每平方公分一公斤以下或零點一百萬帕斯卡（MPa）以下之壓力吹洩。但小型貫流鍋爐應調整於最高使用壓力以下吹洩。

第三章　壓力容器之安全管理

第二六條

①雇主對於第一種壓力容器之操作管理，應僱用專任操作人員，於該容器運轉中，不得使其從事與第一種壓力容器操作無關之工作。

②前項操作人員，應經第一種壓力容器操作人員訓練合格或壓力容器操作技能檢定合格。

第二七條

①雇主對於同一作業場所中，設有二座以上第一種壓力容器者，應指派具有第一種壓力容器操作人員資格及相當專業知識經驗者，擔任第一種壓力容器作業主管，負責指揮、監督第一種壓力容器之操作、管理與異常處置等有關工作。

②前項業務執行紀錄及簽認表單，應保存三年備查。

第二八條

雇主應使第一種壓力容器操作人員實施下列事項：

一　監視溫度、壓力等運轉動態。

二　避免發生急劇負荷變動之現象。

三　防止壓力上升超過最高使用壓力。

四　保持壓力表、安全閥及其他安全裝置之機能正常。

五　檢點及調整自動控制裝置，以保持機能正常。

六　保持冷卻裝置之機能正常。

七　發現第一種壓力容器及配管有異狀時，應即採取必要措施。

第二九條

雇主對於第一種壓力容器於初次使用、變更操作方法或變更內容物種類時，應事前將相關作業方法及操作必要注意事項告知操作勞工，使其遵循，並由第一種壓力容器作業主管或指派專人指揮、監督該作業。

第三〇條

雇主對於壓力容器之安全閥及其他附屬品，應依下列規定管理：

一　安全閥應調整於最高使用壓力以下吹洩。但設有二具以上安全閥者，其中至少一具應調整於最高使用壓力以下吹洩，其

他安全閥可調整於超過最高使用壓力至最高使用壓力之一點零三倍以下吹洩。經檢查後，應予固定設定壓力，不得變動。

二　壓力表應避免在使用中發生之礙機能之振動，且應採取防止其內部凍結或溫度超過攝氏八十度之措施。

三　壓力表之刻度板上，應明顯標示最高使用壓力之位置。

第三一條

雇主對於勞工進入壓力容器內部，從事壓力容器之清掃、修繕、保養等作業時，應依下列規定辦理：

一　將壓力容器適當冷卻。

二　實施壓力容器內部之通風換氣。

三　壓力容器內部使用之移動電線，應為可撓性雙重絕緣電纜或具同等以上絕緣效力及強度者；移動電燈應裝設適當護罩。

四　與其他使用中之鍋爐或壓力容器有管連通者，應確實隔斷或阻斷。

五　置監視人員隨時保持連絡，如有災害發生之虞時，立即採取危害防止、通報、緊急應變及搶救等必要措施。

第三二條

雇主對於小型壓力容器之構造，應合於國家標準一四九六七小型壓力容器之規定。

第三三條

雇主對於第五條第一款、第二款之小型壓力容器之安全閥，應調整於每平方公分一公斤以下或零點一百萬帕斯卡（MPa）以下之壓力吹洩；第五條第三款之小型壓力容器之安全閥，應調整於最高使用壓力以下吹洩。

第四章　附　則

第三四條

① 雇主對於鍋爐或壓力容器發生破裂、爆炸等事故，致其構造損傷、爐筒凹潰、胴體膨出等時，應迅即向檢查機構報告。

② 檢查機構接獲前項報告後，應即派員調查，並將調查結果報請中央主管機關備查。

第三五條

鍋爐或壓力容器裝設於航空器、船舶、鐵公路交通工具者，應由交通主管機關依其相關規定管理。使用於核能設施之核子反應器壓力槽、壓水式反應槽之蒸汽發生器及調壓器者，由中央核能主管機關管理。國防軍事用途之鍋爐或壓力容器，由國防主管機關管理。

第三五條之一

有關鍋爐通風設備之排煙裝置、排煙風管、逆氣檔及鍋爐房之防火區劃等，應依建築管理法規及消防法規之相關規定辦理。

第三六條

下列鍋爐或壓力容器不適用本規則：

一 最高使用壓力在每平方公分一公斤以下或零點一百萬帕斯卡（MPa）以下，且傳熱面積在零點五平方公尺以下之蒸汽鍋爐。

二 最高使用壓力在每平方公分一公斤以下或零點一百萬帕斯卡（MPa）以下，且胴體內徑在二百毫米以下，長度在四百毫米以下之蒸汽鍋爐。

三 最高使用壓力在每平方公分三公斤以下或零點三百萬帕斯卡（MPa）以下，且內容積在零點零零三立方公尺以下之蒸汽鍋爐。

四 傳熱面積在二平方公尺以下，且裝有內徑二十五毫米以上開放於大氣中之蒸汽管之蒸汽鍋爐。

五 傳熱面積在二平方公尺以下，且在蒸汽部裝有內徑二十五毫米以上之U字形豎立管，其水頭壓力在五公尺以下之蒸汽鍋爐。

六 水頭壓力在十公尺以下，且傳熱面積在四平方公尺以下之熱水鍋爐。

七 最高使用壓力在每平方公分十公斤以下或一百萬帕斯卡（MPa）以下（不包括具有內徑超過一百五十毫米之圓筒形集管器，或剖面積超過一百七十七平方公分之方形集管器之多管式貫流鍋爐），且傳熱面積在五平方公尺以下之貫流鍋爐（具有汽水分離器者，限其汽水分離器之內徑在二百毫米以下，且其內容積在零點零二立方公尺以下）。

八 內容積在零點零零四立方公尺以下，且未具集管器及汽水分離器之貫流鍋爐，其以「每平方公分之公斤數」單位所表示之最高使用壓力數值與以「立方公尺」單位所表示之內容積數值之乘積在零點二以下，或以「百萬帕斯卡」（MPa）單位所表示之最高使用壓力數值與以「立方公尺」單位所表示之內容積數值之乘積在零點零二以下者。

九 最高使用壓力在每平方公分一公斤以下或零點一百萬帕斯卡（MPa）以下，且內容積在零點零四立方公尺以下之第一種壓力容器。

十 最高使用壓力在每平方公分一公斤以下或零點一百萬帕斯卡（MPa）以下，且胴體內徑在二百毫米以下，長度在一千毫米以下之第一種壓力容器。

十一 以「每平方公分之公斤數」單位所表示之最高使用壓力數值與以「立方公尺」單位所表示之內容積數值之乘積在零點零二以下，或以「百萬帕斯卡」（MPa）單位所表示之最高使用壓力數值與以「立方公尺」單位所表示之內容積數值之乘積在零點零零四以下之第一種壓力容器。

第三六條之一

①自營作業者，準用本規則有關雇主義務之規定。

②受工作場所負責人指揮或監督從事勞動之人員，於事業單位工作場所從事勞動，比照該事業單位之勞工，適用本規則之規定。

第三七條

①本規則自發布日施行。

②本規則中華民國一百零三年七月一日修正條文，自一百零三年七月三日施行。

固定式起重機安全檢查構造標準

①民國94年5月12日行政院勞工委員會令訂定發布全文68條；並自發布日施行。

②民國103年6月27日勞動部令修正發布第1、13、15～17、38、42、68條條文；刪除第67條條文；並自103年7月3日施行。

第一章　總　則

第一條

本標準依據職業安全衛生法第六條第三項及第十六條第四項訂定之。

第二條

固定式起重機構造特殊者，得經中央主管機關認可後，免除本標準所定全部或部分之適用。

第二章　結構部分

第一節　材　料

第三條

①固定式起重機結構部分之材料，應符合下列國家標準（以下簡稱CNS），或具有同等以上化學成分及機械性質之鋼材。但經中央主管機關認可之耐蝕鋁合金等材料，不在此限。

一　CNS 575規定之鋼材。

二　CNS 2473規定之SS400鋼材。

三　CNS 2947規定之鋼材。

四　CNS 4269規定之鋼材。

五　CNS 4435規定之STK400、STK490或STK540鋼材。

六　CNS 4437規定之十三種、十八種、十九種或二十種鋼材。

七　CNS 7141規定之鋼材。

八　CNS 11109規定之鋼材。

九　CNS 13812規定之鋼材。

②前項結構部分不包括階梯、攀登梯、扶手、走道、駕駛室、護圍、覆罩、鋼索、機械部分及其他非供支撐吊荷物部分等。

③吊升荷重未滿五公噸之纜索起重機，其結構部分之塔、支柱及牽條之材料，得使用木材。但不得有影響強度之裂隙、蛀蝕、節疤或木紋傾斜纖維等缺陷。

第四條

結構部分鋼材計算應使用之常數如下：

常數種類	數值
縱彈性係數E（Modulus of elasticity） 單位：牛頓／平方公厘（公斤／平方公分）	206,000 （2,100,000）
剪彈性係數G（Shear modulus of elasticity） 單位：牛頓／平方公厘（公斤／平方公分）	79,000 （810,000）
蒲松氏比ν（Poisson's ratio）	0.3
線膨脹係數α（Coefficients of thermal expansion）單位：℃⁻¹	0.000012
比重γ（Specific gravity）	7.85

第二節　容許應力

第五條

結構部分使用第三條第一項規定之鋼材時，其容許抗拉應力、容許抗壓應力、容許抗拉彎曲應力、容許抗壓彎曲應力、容許抗剪應力及容許承壓應力值，應依下列各式計算：

$\sigma_{ta} = \sigma_a$

$\sigma_{ca} = \dfrac{\sigma_a}{1.15}$

$\sigma_{bat} = \sigma_a$

$\sigma_{bac} = \dfrac{\sigma_a}{1.15}$

$\tau = \dfrac{\sigma_a}{\sqrt{3}}$

$\sigma_{da} = 1.42\sigma_a$

式中σ_a、σ_{ta}、σ_{ca}、σ_{bat}、σ_{bac}、τ及σ_{da}分別表示下列之值：

σ_a：取下列任一較小者：
  1. 降伏強度或降伏點除以1.5。單位：牛頓／平方公厘（公斤／平方公分），以下均同。
  2. 抗拉強度除以1.8。

σ_{ta}：容許抗拉應力。

σ_{ca}：容許抗壓應力。

σ_{bat}：容許抗拉彎曲應力。

σ_{bac}：容許抗壓彎曲應力。

τ：容許抗剪應力。

σ_{da}：容許承壓應力。

第六條

結構部分使用第三條第一項之鋼材時，其容許挫曲應力值，應依下列各式計算：

$\lambda < 20$ 時，$\sigma_k = \sigma_{ca}$

$20 \leq \lambda \leq 200$ 時，$\sigma_k = \dfrac{1}{\omega}\sigma_{ca}$

式中之λ、σ_k、σ_{ca}及ω分別表示下列之值：

職業安全

λ：有效細長比。

σ_k：容許挫曲應力。

σ_ca：容許抗壓應力。

ω：挫曲係數，依附表一規定。

第七條

①結構部分使用第三條第一項規定之鋼材時，焊接部分之容許應力值，應不得大於第五條規定之值（填角焊接者取其容許抗剪應力值）乘以下表之焊接效率所得之值。

焊接方式	鋼材種類	焊接效率			
		容許抗拉應力	容許抗壓應力	容許彎曲應力	容許抗剪應力
對接焊接	A	0.84	0.945	0.84	0.84
	B	0.80	0.90	0.80	0.80
填角焊接	A	0.84	0.84	—	0.84
	B	0.80	0.80	—	0.80

備註：表中符號A及B分別表示如下：

1. 符號A：為CNS 2947規定之鋼材、CNS 4269規定之鋼材、CNS 4435規定之STK490鋼材、CNS 4437規定之18種鋼材、CNS 7141規定之STKR490鋼材、CNS 11109、規定之鋼材CNS 13812規定之SN400B、SN400C、SN490B、SN490C鋼材或具有與此種規格同等以上機械性質之鋼材，且具有優良焊接性者。

2. 符號B：為A以外之鋼材。

②結構部分之對接焊接處全長百分之二十以上實施放射線檢查，符合下列規定者，其容許抗拉應力、容許抗壓應力及容許彎曲應力得取第五條規定之值（即焊接效率取一‧○）。

一　依CNS 3710規定之缺陷種類及等級分類，無第三種缺陷者。

二　前款之檢查結果，有第一種或第二種缺陷時，為二級之容許值以下；同時有第一種及第二種缺陷存在時，分別為各該缺陷二級之容許值之二分之一以下。

③實施放射線檢查時，焊接處之補強層，應削除至與母材表面同一平面上。但補強層中央部分之高度與母材厚度之關係如下表所示高度以下者，不在此限。

母材厚度（公厘）	補強層高度（公厘）
12以下	1.5
超過12，25以下	2.5
超過25者	3.0

第八條

使用第三條第一項但書規定之材料時，其容許應力值及其結構部分焊接處之容許應力值，應於中央主管機關認可材料之化學成分

及機械性質之值以下。

第九條

承載應力值隨垂直動荷重之位置或大小，及水平動荷重方向或大小而變時，應依CNS 6426第6.4節規定，確認容許疲勞應力值為第五條至第八條規定之容許應力值以下。

第一〇條

① 結構部分使用第三條第三項規定之木材時，其木材纖維方向之容許抗拉應力、容許抗壓應力、容許彎曲應力及容許抗剪應力值，如下表：

木材之種類	木材種類容許應力值（牛頓／平方公厘）			
	容許抗拉應力	容許抗壓應力	容許彎曲應力	容許抗剪應力
赤松、黑松、美國松	6.0	7.5	9.5	0.8
落葉松、羅漢柏、檜、美國檜	5.5	7.0	9.0	0.7
鐵杉、美國鐵杉	5.0	6.5	8.5	0.7
樅樹、蝦夷松、椴松、紅松、杉、美國杉、針樅	4.5	6.0	7.5	0.6
橡樹	8.0	9.0	13.0	1.4
栗樹、枹樹、山毛櫸、櫸木	6.0	7.0	10.0	1.0

② 前項木材纖維方向之容許挫曲應力值，應依下列各式計算：

$\lambda \leq 100$ 時，$\sigma_k = \sigma_{ca}(1 - 0.007\lambda)$

$\lambda > 100$ 時，$\sigma_k = \sigma_{ca} \dfrac{0.3}{\left(\dfrac{\lambda}{100}\right)^2}$

式中之 λ、σ_k 及 σ_{ca} 分別表示下列之值：

λ：有效細長比

σ_k：容許挫曲應力。

σ_{ca}：容許抗壓應力。

第一一條

第五條至第八條規定之容許應力值，於第二十條第一項表中荷重狀態B之荷重組合，應於百分之十五限定範圍內增值；同表中荷重狀態C之荷重組合，應於百分之三十限定範圍內增值。

第三節 荷 重

第一二條

結構部分承載之荷重種類如下：

一 垂直動荷重。

二 垂直靜荷重。

三 水平動荷重。

四 熱荷重。

五　風荷重。

六　地震荷重。

七　衝擊荷重。

第一三條

垂直動荷重指額定荷重、吊鉤組、吊具（抓斗、吊樑、電磁吸盤等）與揚程五十公尺以上之鋼索等重量之總合。

第一四條

垂直靜荷重爲構成起重機之荷重，扣除垂直動荷重部分之重量。可移動之吊運車，置於漏斗內與起重機內輸送機上之零組件重量，應計入垂直靜荷重。

第一五條

水平動荷重，應依下列規定計算：

一　慣性力：指起重機因橫行、直行、平動與轉動動作等因加減速度所產生之力，其值爲垂直靜荷重與垂直動荷重總合之β倍，β值下表規定計算。但橫行、直行中以車輪驅動時，以動輪荷重之百分之十五爲上限。

平動	$β=0.01\sqrt{v}$
橫行、直行	$β=0.008\sqrt{v}$
轉動	$β=0.006\sqrt{v}$

備註：
1. v：各種運動之速度值（公尺／每分鐘）。
2. 轉動動作時，應視荷重在伸臂前端。

二　離心力：指隨轉動動作而作用於轉動半徑方向外端之力，並應依下式計算：

$$F=\frac{WV^2}{gr}$$

式中之 F、W、g、r 及 V 分別表示下列之值：

F：離心力（牛頓）。

W：吊升荷重（牛頓）。

g：重力加速度（公尺／秒²）。

r：轉動半徑（公尺）。

V：圓周切線速度（公尺／秒）。

三　車輪之側向力：指與車輪之進行方向成直角之水平力，並應依下式計算：

$$r=λr \cdot R$$

式中之 Sr、λr 及 R 分別表示下列之值：

Sr：車輪之側向力（牛頓）。

λr：車輪橫力係數，以跨距與有效軸距之比，由下圖求得，其中 L 爲桁架或吊運車跨距（公尺），a 爲有效軸距（公尺）。

R：車輪負荷（牛頓）。

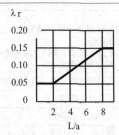

λr

0.20
0.15
0.10
0.05
0

2　4　6　8

L/a

四　前款有效軸距（a），應依下列規定計算：

㈠一軌上有四車輪時，為外側車輪之中心間距。

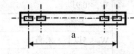

a

㈡一軌上有超過四車輪至八車輪時，為外側二車輪之中心間距。

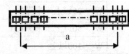

a

㈢一軌上有超過八車輪時，為外側三車輪之中心間距。但設有水平導輪者，其有效軸距為外側兩導輪之中心間距。

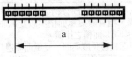

a

第一六條

①除中央主管機關認可者外，風荷重應依下式計算：

W＝qCA

式中之W、q、C及A分別表示下列之值：

W：風荷重。單位：牛頓。

q：速度壓。單位：牛頓／平方公尺。

C：風力係數

A：受風面積。單位：平方公尺。

②前項之速度壓，應依下表起重機之狀態及其對應之計算式計算：

起重機之狀態	q之計算式
作業時	$q＝83\sqrt[4]{h}$
停止時	$q＝980\sqrt[4]{h}$

備註：
1. h為起重機自地面起算之受風面高度值（公尺）。但高度未滿16公尺者，以16計。
2. 速度壓q值之計算式，係以作業時之風速為16公尺／秒，停止時之風速為55公尺／秒計算導出。

③除風洞試驗者，依其試驗值外，第一項之風力係數如下：

受風面之種類		風力係數
平面桁架（鋼管製平面桁架除外）構成之面	W_1：未滿0.1	2.0
	W_1：0.1以上，未滿0.3	1.8
	W_1：0.3以上，未滿0.9	1.6
	W_1：0.9以上	2.0
平板構成之面	W_2：未滿5	1.2
	W_2：5以上，未滿10	1.3
	W_2：10以上，未滿15	1.4
	W_2：15以上，未滿25	1.6
	W_2：25以上，未滿50	1.7
	W_2：50以上，未滿100	1.8
	W_2：100以上	1.9
圓筒面或鋼管製之平面桁架構成之面	W_3：未滿3	1.2
	W_3：3以上	0.7

備註：表中 W_1、W_2 及 W_3 分別表示如下：
1. W_1：充實率，指實際擋風面積與該受風面（係指迎風之受風面，以下均同）面積之比值。
2. W_2：指受風面長邊長度與同一受風面短邊長度之比值。
3. W_3：指圓筒面或鋼管外徑（公尺）乘以速度壓（牛頓／平方公尺）之平方根值。圓筒面包括鋼索等。

④第一項之受風面積，為受風面與風向成直角之投影面積（以下稱投影面積），其受風面有二面以上重疊情形時，應依下式計算：

$$A = A_1 + Am + An$$

式中之A、A_1、Am及An分別表示下列之值：

A：總受風面積（平方公尺）。

A_1：第一受風面之投影面積（平方公尺）。

Am：第二受風面以後各面與前一面未重疊部分投影面積之和（平方公尺）。

An：第二受風面以後各面與前一面重疊部分投影面積乘以對應於各該面依附表二所示之減低率，所得面積之和（平方公尺）。

第一七條

①熱荷重指結構部分之構件材料，因溫度變化膨脹或收縮受阻礙所
生之力。

②前項溫度計算之範圍，為攝氏負二十五度至四十五度。

第一八條

除中央主管機關認可者外，地震荷重係以相當於垂直靜荷重百分
之二十之水平動荷重計算之。

第一九條

衝擊荷重，應依下列規定計算：

一　起重機設有緩衝裝置時，於無吊掛物之狀態下，以額定速度
　　之百分之七十，計算其吸收運動能所造成之力。但於緩衝裝
　　置前方設置有自動減速之裝置者，得以其減速後之速度計
　　算。

二　起重機之吊掛物，自吊運車以剛體構造引導者，該吊掛物之
　　影響應予以計算。

三　吊掛物或引導部分，有撞擊地面障礙物之虞時，應列計吊運
　　車可能被舉上之一側車輪之水平荷重。

第四節　強　度

第二〇條

①結構部分材料承載荷重所生之應力值，除不得超過第五條至第八
條規定之容許應力值外，並應依下表規定計算：

荷重狀態	荷重組合
A	M〔Ψ（垂直動荷重）＋（垂直靜荷重）＋（水平動荷重）〕＋（熱荷重）
B	M〔Ψ（垂直動荷重）＋（垂直靜荷重）＋（水平動荷重）〕＋（作業時之風荷重）＋（熱荷重）
C	（垂直動荷重＋垂直靜荷重＋地震荷重＋熱荷重）或（垂直動荷重＋垂直靜荷重＋衝擊荷重＋熱荷重）或（垂直靜荷重＋停止時之風荷重＋熱荷重）

備註：表中Ψ及M分別表示下列之值：

1. Ψ：衝擊係數，依下式計算之值。

　(1)伸臂起重機

　　　$\Psi = 1 + 0.3V$

　　　但 $1 + 0.3V < 1.10$ 時，$\Psi = 1.10$

　　　$1 + 0.3V > 1.30$ 時，$\Psi = 1.30$

　(2)其他類型起重機

　　　$\Psi = 1 + 0.6V$

　　　但 $1 + 0.6V < 1.10$ 時，$\Psi = 1.10$

　　　$1 + 0.6V > 1.60$ 時，$\Psi = 1.60$

　　　式中之V：上升之額定速率值（公尺／秒）。

2. M：作業係數，依附表三規定。

②前項之應力值，應取荷重組合中最不利之情形計算之。

第二一條

吊鉤之斷裂荷重與所承受之最大荷重比，應為四以上，或依CNS 5394規定辦理。

第二二條

結構部分應具有充分強度及保持防止板材挫曲、變形等妨礙安全使用之剛性。

第二三條

架空式起重機之桁架，以額定荷重置於最不利之位置吊升時，最大撓度應為起重機桁架跨距八百分之一以下。但起重機桁架跨距小，不因撓度致荷重物晃動而發生危險之虞者，不在此限。

第五節　安定度

第二四條

①除無翻倒之虞者外，起重機之安定度，應依下列規定計算，以確認其翻倒支點之安定力矩值大於翻倒力矩值：

一　承受相當於垂直動荷重之〇．三倍之荷重，於承載額定荷重之反方向時。

二　承受相當於垂直動荷重之一．六倍之荷重時。但營建用之塔式起重機為一．四倍。

三　承受相當於垂直動荷重之一．三五倍之荷重、水平動荷重及作業時之風荷重等組合荷重時。但營建用之塔式起重機為一．一倍。

四　設置於屋外之起重機，於無吊升物狀態，承受停止時之風荷重時。

②前項安定度，應依下列規定計算：

一　影響安定度之重量，應取最不利安定之狀態。

二　風向應取以最不利之方向。

三　設置於屋外之直行起重機，防止逸走裝置應處於使用狀態。

第六節　拉　條

第二五條

纜索起重機之拉條，應符合下列規定：

一　安定支柱頂部之拉條數，應為二條以上。

二　不得接近於架空電路。

三　以鋼索為拉條時，應以鋏、環首、套管等金屬具緊結於支柱、牽索用固定錨或具有同等以上堅固物。

四　應以鬆緊螺旋扣等金屬具拉緊，並應有防止螺旋扣扭轉鬆脫之措施。

第三章　機械部分

第一節　制動器

第二六條

① 吊升裝置及起伏裝置，應設置控制荷物或伸臂下降之制動器。但使用液壓或氣（汽）壓爲動力者，不在此限。

② 前項之制動器，應符合下列規定：

一 制動轉矩值應爲承載相當於額定荷重時，起重機吊升裝置或起伏裝置中最大轉矩值之一·五倍以上。

二 吊升裝置或起伏裝置分別設置二個以上之制動器時，制動轉矩值爲各制動器制動轉矩值之總合。

三 應設置起重機動力被遮斷時，能自行制動之設備。但以人力操作者，不在此限。

四 使用人力操作者，應設置擋齒裝置或擋鍵，並應符合下表規定：

操作方式	制動力（牛頓）	制動行程（公分）
腳踏式	300以下	30以下
手動式	200以下	60以下

③ 前項第一款之制動轉矩值，摩擦阻力不予列計。但使用效率值在百分之七十五以下之蝸桿蝸輪機構時，其摩擦阻力所生轉矩值之二分之一，得計入制動轉矩。

第二七條

起重機之直行裝置應設制動器。但下列起重機，不在此限：

一 設置在屋內，操作人員於地面上操作，並隨荷物移動，且符合下列規定之一者：

　　㈠直行輪軸承爲滑動軸承。

　　㈡直行輪軸承爲滾動軸承，且直行額定速度在每分鐘二十公尺以下。

二 以油壓作動者。

三 以人力作動者。

第二八條

起重機之橫行裝置應設制動器。但下列起重機，不在此限：

一 設置在屋內，且橫行輪軸承爲滑動軸承者。

二 設置在屋內，操作人員於地面上操作，橫行輪軸承爲滾動軸承，且橫行額定速度爲每分鐘二十公尺以下者。

三 吊運車以油壓作動者。

四 吊運車以人力作動者。

第二節　捲　胴

第二九條

① 以鋼索供作荷物之吊升、直行、吊運車橫行等動作之裝置（以下稱吊升裝置等），其捲胴、槽輪或平衡輪之節圓直徑與鋼索直徑之比，應大於下表之值：

吊升裝置等之等級	捲胴等之類別	比值		
		第一組	第二組	第三組
A	捲胴	14	18	22.4
	槽輪	16	20	25
	平衡輪	10	10	10
B	捲胴	16	20	25
	槽輪	18	22.4	28
	平衡輪	10	10	10
C	捲胴	18	22.4	28
	槽輪	20	25	31.5
	平衡輪	10	10	10
D	捲胴	22.4	28	35.5
	槽輪	25	31.5	40
	平衡輪	10	10	10
E	捲胴	28	35.5	45
	槽輪	31.5	40	50
	平衡輪	12.5	12.5	12.5
F	捲胴	35.5	45	56
	槽輪	40	50	63
	平衡輪	14	14	14

備註：
1. 表中之A、B、C、D、E及F分別表示附表四規定之吊升裝置等之等級。
2. 表中之第一組、第二組及第三組鋼索種類如下：
　(1)第一組鋼索：非不銹鋼材質之鋼索，其構造為6股或8股採平行（蘭式Lang's）撚法者及6股37絲者。
　(2)第二組鋼索：鋼索之構造為3股、4股或多層撚鋼索（Multilayer strands）者。非不銹鋼材質之鋼索，其構造為6股（6股37絲除外）或8股採交叉（普通）撚法者；不銹鋼材質之鋼索，其構造為6股或8股採平行（蘭式Lang's）撚法者及6股37絲者。
　(3)第三組鋼索：第一組及第二組以外之其他鋼索。
②前項規定之吊升裝置等之捲胴、槽輪或平衡輪之節圓直徑與鋼索直徑之比值，得依下式計算，且其值不得低於等級A對應之值：

$$\frac{D}{d} = \left\{ \left[\left(\frac{D}{d} \right)_s - 9 \right] \frac{\frac{\sigma_B}{\mu_2} + 4g}{\frac{\sigma_B}{\mu_1} + 4g} + 9 \right\} \frac{1}{H}$$

式中之 $\frac{D}{d}$、$\left(\frac{D}{d} \right)_s$、$\sigma_B$、$\mu_1$、$\mu_2$、g及H分別表示下列之值：

$\frac{D}{d}$：吊升裝置等之捲胴、槽輪或平衡輪之節圓直徑與鋼索直徑之比值。

$\left(\frac{D}{d} \right)_s$：前項表中各該吊升裝置等之等級及捲胴等類別之對應值。

σ_B：鋼索之抗拉強度值。

μ_1：第六十三條第一項第一款表中規定之安全係數值。

μ_2：第六十三條第一項第一款經計算所得鋼索之安全係數值。

g：重力加速度（公尺／秒²）。

H：修正係數，依附表五規定。

③供作過負荷預防裝置使用之槽輪節圓直徑與通過該槽輪鋼索之比值，應爲五以上。

第三〇條

①固定式起重機之有槽式捲胴捲進鋼索時，鋼索中心線與所進入之槽之中心線間夾角，應爲四度以下。

②固定式起重機使用無槽式捲胴時，其遊角應爲二度以下。

第三一條

鋼索與捲胴、伸臂、吊運車架、吊鉤組等之連結，應使用合金套筒、壓夾或栓銷等方法緊結之。

第三二條

構成吊升裝置等之捲胴、軸、銷及其他組件應具有充分之強度，且不得有妨礙吊升裝置等作動之磨耗、變形或裂隙等缺陷。

第三節　安全裝置

第三三條

使用鋼索或吊鏈之吊升裝置及起伏裝置，應設置過捲預防裝置。但使用液壓、氣壓、絞車或內燃機爲動力之吊升裝置及起伏裝置，不在此限。

第三四條

①過捲預防裝置，應符合下列規定：

一　具有自動遮斷動力及制動動作之機能。

二　具有吊鉤、抓斗等吊具或該吊具之捲揚用槽輪之上方與捲胴、槽輪、吊運車、桁架或其他有碰撞之虞物體（傾斜之伸臂除外）下方間之間隔，保持在〇‧二五公尺以上之構造。但直動式者爲〇‧〇五公尺以上。

三　具有易於調整及檢點之構造。

②過捲預防裝置爲電氣式者，除應符合前項規定外，並應依下列規

定辦理：

一 接點、端子、線圈及其他通電部分（以下稱通電部分）之外殼，應使用鋼板或其他堅固之材料，且具有不因水或粉塵等之侵入，致使機能發生障礙之構造。

二 於外殼易見處，以銘板標示額定電壓及額定電流。

三 具有於接點開放時，防止過捲之構造。

四 通電部分與外殼間之絕緣部分，其絕緣效力、絕緣電阻試驗及耐電壓試驗應符合CNS 2930規定。

五 直接遮斷動力回路之構造者，其通電部分應施以溫升試驗，並符合CNS 2930規定。

第三五條

伸臂起重機，應設置過負荷預防裝置。但符合下列規定，並已裝有其他預防裝置（第三十七條規定之安全閥除外）而能防止過負荷者，不在此限：

一 吊升荷重未滿三公噸。

二 伸臂之傾斜角及長度保持一定者。

三 額定荷重保持一定者。

第三六條

具有起伏動作之伸臂起重機，應於操作人員易見處，設置伸臂傾斜角之指示裝置，以防止過負荷操作。

第三七條

①使用液壓或氣壓為動力之固定式起重機之吊升裝置及起伏裝置，應設置防止壓力過度升之安全閥。

②前項吊升裝置及起伏裝置，應設置防止液壓或氣壓異常下降，致吊具等急劇下降之逆止閥。但設置符合第二十六條第二項第一款至第三款規定之制動器者，不在此限。

第三八條

①齒輪、軸、聯結器等回轉部分，有接觸人體引起危害之虞者，應設置護圍或覆罩。

②前項護圍或覆罩設置於工作者踏足之處者，其強度應能承受九十公斤之負荷，且不產生變形。

第三九條

走行固定式起重機應設電鈴、警報器等警報裝置。但操作人員於地面上操作，且隨荷物移動或以人力移動之起重機，不在此限。

第四○條

吊鉤應設置防止吊掛用鋼索等脫落之阻擋裝置。但於特殊環境吊掛特定荷物，實施全程安全分析，報經檢查機構認可者，不在此限。

第四一條

操作人員於地面上操作，並隨荷物移動之起重機，其直行及橫行速度，不得逾每分鐘六十三公尺。

第四二條

①頂升式吊升裝置之保持機構，應符合下列規定：
　一　具有保持鋼索等必要之功能。
　二　具有防止所有保持機構同時開放及失去功能者。
②前項頂升式吊升裝置，指具有數個保持機構，以動力伸縮使交互開閉該等保持機構，藉由鋼索等吊升或卸放荷物之裝置。
③前二項所定之保持機構，指夾緊鋼索、鋼棒等加以保持之機構。

第四節　電氣部分

第四三條

①固定式起重機之電磁接觸器之操作回路接地時，該電磁接觸器有接通之虞者，應依下列規定辦理：
　一　線圈之一端應連接於接地側之電線。
　二　線圈與接地側電線間，不得有開關裝置。
②操作回路應為停電時，切斷所有電動機電路，使操作用開關器未回復至停止之作動位置時，電源無法啟動。但操作用開關器之操作部分具有能自動恢復至停止作動位置，並停止該起重機作動之構造者，不在此限。

第四四條

固定式起重機之控制裝置，應於操作人員易見處標示起重機之動作種別、動作方向及動作停止位置。但具有操作人員自控制裝置之操作部分放手時，能自動恢復至停止位置之構造者，得不標示該停止動作位置。

第四五條

操作人員於地面上操作，並隨荷物移動之固定式起重機，其操作用開關器，應符合下列規定：
　一　應具有操作人員自操作部分放手時，能自動使動作停止之構造。
　二　操作用開關器之操作部分為引索構造者，應有防止該引索扭結之措施。
　三　應於操作人員易見處標示該操作用開關器所控制之動作種類及動作方向。
　四　電纜線不得作為支撐操作用開關器重量之引索。但該電纜線具有足夠強度時，不在此限。

第四六條

供電線電壓為七百五十伏特以下之直流電或六百伏特以下之交流電時，不得設置於起重機桁架之走道、階梯、攀登梯或檢點台（供電線檢點專用之檢點台除外）上方未滿二・三公尺處，或其側方未滿一・二公尺之位置。但設有防止感電之圍柵或絕緣覆蓋者，不在此限。

第四七條

供電線電壓超過七百五十伏特之直流電或超過六百伏特之交流電時，應設於專用之坑穴或套管內。但設有防止感電之圍柵或絕緣

覆蓋者，不在此限。

第四章　附屬部分

第一節　緩衝裝置

第四八條

①架空式起重機、鎚頭型伸臂起重機、牆裝起重機、橋型起重機及卸載機之橫行軌道，應在其兩端或適當場所設置緩衝裝置、緩衝材或相當於吊運車輪直徑四分之一以上高度之車輪阻擋器。

②起重機之直行軌道，應在其兩端或其適當場所設置緩衝裝置、緩衝材或相當於該起重機之直行車輪直徑二分之一以上高度之車輪阻擋器。

第四九條

二部以上之起重機並置於同一軌道上時，應分別於各該起重機相對側，設置防撞裝置、緩衝裝置或緩衝材。但操作人員於地面上操作，並隨荷物移動之起重機，不在此限。

第二節　防止逸走裝置等

第五〇條

①設置於屋外之起重機，應設有直行之防止逸走裝置，其性能應足以承受依下式計算所得之風荷重：

$$W = 1180 \sqrt[4]{h}\ CA$$

式中之W、h、C及A分別表示下列之值：

W：風荷重。單位：牛頓

H：起重機受風面自地面起算之高度值（公尺）。但高度未滿十六公尺者，以十六計。

C：風力係數，依第十六條第三項規定。

A：受風面積，依第十六條第四項規定。

②前項之風荷重，應以起重機之逸走最不利之狀態計算之。

第五一條

設置於屋外之起重機，其直行之原動機馬力應在風速每秒十六公尺時，能安全行駛至防止逸走裝置之處。

第三節　走道等

第五二條

①吊升荷重在三公噸以上之架空式起重機、橋型式起重機或卸載機等起重機之桁架及伸臂起重機之水平伸臂，應以其全長設置走道。但設有檢點台及其他為檢點該起重機之設備者，不在此限。

②前項走道，應依下列規定辦理：

一　寬度應為四十公分以上。

二　走道兩側應設有自走道面起高度九十公分以上之堅固扶手、中欄杆及自走道面起高三公分以上之腳趾板。但有礙吊運車

或其他裝置橫行之側及水平伸臂之旋轉，另設有防止人員墜落設施者，不在此限。

三 走道面不得有踩倒、滑倒、絆倒等之危險。

第五三條

吊升荷重在三公噸以上之伸臂起重機，其水平伸臂以外之伸臂，應設攀登梯。但設有檢點台或其他為檢點該起重機之設備，或在地面上易於檢點該起重機者，不在此限。

第五四條

前條攀登梯或其他起重機之攀登梯，應依下列規定辦理：

一 踏板應等距離設置，其間隔應在二十五公分以上三十五公分以下。

二 踏板與伸臂及其他最近之物間之水平距離，應在十五公分以上。

三 踏板未設置側木者，應有防止足部橫滑之構造。

四 通往上方走道、檢點台之部分，應設高出該處地板面七十五公分以上之側木，且其前端應彎向各該處所地板面。

五 長度超過十五公尺者，每十公尺以內設一平台。

六 高度超過六公尺時，應於距梯底二公尺以上部分設置護籠或其他保護裝置。

第五五條

固定式起重機設置之階梯，應依下列規定辦理：

一 對水平面之傾斜度，應在七十五度以下。

二 每一階之高度應在三十公分以下，且各階梯間距應相等。

三 階面寬度應在十公分以上，且各階面應相等。

四 高度超過十公尺者，應每七‧五公尺以內設置平台。

五 設置高度七十五公分以上之堅固扶手。

第四節 駕駛室及駕駛台

第五六條

① 下列起重機，應設駕駛室：

一 設置於顯著飛散粉塵場所者。

二 設置於顯著低溫場所者。

三 設置於屋外者。但不易設置且經檢查機構認可者，不在此限。

② 前項以外之起重機，應設置駕駛台。但於地面上操作之起重機，得免設駕駛室及駕駛台。

第五七條

裝設在起重機之駕駛室或駕駛台，應符合下列規定：

一 其結構應能確保操作人員之視界。但操作人員與吊掛作業者間能保持確實之連絡者，不在此限。

二 開關器、控制器、制動器、警報裝置等操作部，應設於操作人員容易操作之位置。

三　應設置防止感電用之圍柵或絕緣覆蓋，以預防操作人員因接觸充電部分，發生感電危害。

四　前條第一項第一款列舉之起重機駕駛室之構造，應能防止粉塵侵入。

五　具有物體飛落危害操作人員安全之虞之場所，其起重機駕駛台，應設有防護網或其他防止物體飛落危害之設施。

第五八條

①使用鋼索或吊鏈懸吊駕駛室或駕駛台，並隨荷物同時升降之固定式起重機，應於該駕駛室或駕駛台置有二條以上獨立捲揚用鋼索或吊鏈懸吊之。

②前項起重機，應設有如捲揚用鋼索或吊鏈斷裂時，能自動控制該駕駛室或駕駛台下降之裝置。但駕駛室或駕駛台之揚程在二‧五公尺以下者，不在此限。

第五章　加　工

第五九條

結構部分之鋼材實施焊接時，應依下列規定辦理：

一　使用電弧焊接。

二　使用符合CNS 13719或具有同等以上性能之焊接材料。

三　不得在攝氏零度以下之場所實施焊接。但母材經事前預熱者，不在此限。

四　有焊接及鉚釘之部分，應先實施以焊接後再鉚接。鉚釘部分不得實施焊接。

五　焊接部分應充分熔入，不得有裂隙、熔陷、堆搭及焊疤等足以影響強度之缺陷。

六　使用第三條第一項但書規定之材料，應依指定之方法實施焊接。

第六〇條

結構部分之鉚釘孔及螺栓孔，應使用鑽孔機開孔，且不得有迴紋或裂紋等瑕疵。

第六一條

結構部分之螺栓、螺帽、螺釘、銷、鍵及栓等，除使用高張力螺栓摩擦接合者外，應設有防止鬆弛或脫落之設施。

第六二條

吊升裝置或起伏裝置用之絞車應安裝穩固，不得有上浮、偏倚或搖曳等情形。

第六章　鋼索及吊鏈

第六三條

①除頂升式吊升裝置使用者外，鋼索應依下列規定辦理：

一　安全係數應依下式計算，且為下表所列之值以上：

$$安全係數 = \frac{鋼索之斷裂荷重}{鋼索所承受之最大荷重}$$

鋼索之種類	安全係數值					
	A	B	C	D	E	F
捲揚用鋼索（捲揚駕駛室用鋼索除外）、伸臂起伏用鋼索、橫行用鋼索或纜索起重機之直行用鋼索。	3.55	4.0	4.5	5.0	5.0	5.0
伸臂支持用鋼索、拉緊用鋼索或牽索。	3.0	3.5	4.0	4.0	4.0	4.0
纜索起重機之主索或軌索。	2.7	2.7	2.7	2.7	2.7	2.7
駕駛室之捲揚用鋼索。	9.0	9.0	9.0	9.0	9.0	9.0
備註：表中之A、B、C、D、E、F分別表示附表四所規定之吊升裝置等之等級。						

二 鋼索不得有下列情形之一：

㈠鋼索一撚間有百分之十以上素線截斷者。

㈡直徑減少達公稱直徑百分之七以上者。

㈢有顯著變形或腐蝕者。

㈣已扭結者。

三 對於捲揚用鋼索，當吊具置於最低位置時，應有二捲以上鋼索留置於吊升裝置之捲胴上。

四 對於伸臂起伏用鋼索，當伸臂置於最低位置時，應有二捲以上鋼索留置於起伏裝置之捲胴上。

五 使用於顯著高溫作業場所之固定式起重機，應採用鋼心鋼索。但於吊具下採設置遮熱板等方法，使溫度保持在攝氏一百五十度以下者，不在此限。

②前項第一款安全係數之計算，應就鋼索自重及鋼索通過槽輪之效率。但起重機揚程為五十公尺以下者，其鋼索自重免計入。

③前項槽輪之效率，應符合附表六規定。

第六四條

①吊鏈及滾子鏈條（以下稱吊鏈等）之安全係數值，應在五以上（第五十八條規定之吊鏈，應在十以上），並應依下式計算：

$$安全係數 = \frac{吊鏈等之斷裂荷重}{吊鏈等所承受之最大荷重}$$

②吊鏈並不得有下列情形之一：

一 延伸長度超過原製造時之百分之五者。

二 斷面直徑減少超過原製造時之百分之十者。

三 有龜裂者。

③滾子鏈條並不得有下列情形之一：

一 延伸長度超過原製造時之百分之二者。

二 鏈環板斷面積減少超過原製造時之百分之十者。

三 有龜裂者。

第六五條

①除中央主管機關認可者外，頂升式吊升裝置用之鋼索等之安全係

數，應依下式計算：

$$安全係數 = \frac{鋼索等之斷裂荷重}{鋼索等所承受之最大荷重}$$

②前項安全係數值，應符合下列規定：

一　鋼索為三・五五以上。

二　鋼帶及鋼棒為二・五以上。

三　預力鋼絞線為二・五以上。

③第一項安全係數計算，起重機揚程超過五十公尺者，其鋼索自重應計入。

第七章　附　則

第六六條

固定式起重機應於操作人員及吊掛作業人員易見處，置有額定荷重之明顯標示，並以銘牌標示下列事項：

一　製造者名稱。

二　製造年月。

三　吊升荷重。

第六七條　(刪除)

第六八條

①本標準自發布日施行。

②本標準修正條文，自中華民國一百零三年七月三日施行。

移動式起重機安全檢查構造標準

①民國94年5月12日行政院勞工委員會令訂定發布全文48條；並自發
布日施行。
②民國103年6月27日勞動部令修正發布第1、34、48條條文；並自
103年7月3日施行。

第一章　總　則

第一條
　　本標準依職業安全衛生法第六條第三項及第十六條第四項規定訂
定之。

第二條
　　移動式起重機構造特殊者，得經中央主管機關認可後，免除本標
準所定全部或部分之適用。

第二章　結構部分

第一節　材　料

第三條
①移動式起重機結構部分之材料，應符合下列國家標準（以下簡稱
CNS），或具有同等以上化學成分及機械性質之鋼材。但經中央
主管機關認可之耐蝕鋁合金等材料，不在此限。
一　CNS 575規定之鋼材。
二　CNS 2473規定之SS400鋼材。
三　CNS 2947規定之鋼材。
四　CNS 4269規定之鋼材。
五　CNS 4435規定之STK400、STK490或STK540鋼材。
六　CNS 4437規定之十三種、十八種、十九種或二十種鋼材。
七　CNS 7141規定之鋼材。
八　CNS 11109規定之鋼材。
九　CNS 13812規定之鋼材。
②前項結構部分不包括階梯、駕駛室、護圍、覆罩、鋼索、機械部
分及其他非供支撐吊升荷物部分等。

第四條
　　結構部分鋼材計算應使用之常數如下：

常數種類	數值
縱彈性係數E（Modulus of elasticity）單位：牛頓／平方公厘（公斤／平方公分）	206,000（2,100,000）
剪彈性係數G（Shear modulus of elasticity）單位：牛頓／平方公厘（公斤／平方公分）	79,000（810,000）
蒲松氏比 ν（Poisson's ratio）	0.3
線膨脹係數α（Coefficients of thermal expansion）單位：℃⁻¹	0.000012
比重 γ（Specific gravity）	7.85

第二節　容許應力

第五條

結構部分使用第三條第一項規定之鋼材時，其容許抗拉應力、容許抗壓應力、容許抗拉彎曲應力、容許抗壓彎曲應力、容許抗剪應力及容許承壓應力值，應依下列各式計算：

$$\sigma_{ta} = \sigma_a$$

$$\sigma_{ca} = \frac{\sigma_a}{1.15}$$

$$\sigma_{bat} = \sigma_a$$

$$\sigma_{bac} = \frac{\sigma_a}{1.15}$$

$$\tau = \frac{\sigma_a}{\sqrt{3}}$$

$$\sigma_{da} = 1.42\sigma_a$$

式中σ_a、σ_{ta}、σ_{ca}、σ_{bat}、σ_{bac}、τ及σ_{da}分別表示下列之值：

σ_a：取下列任一較小者：

　　1.降伏強度或降伏點除以1.5。單位：牛頓／平方公厘（公斤／平方公分），以下均同。

　　2.抗拉強度除以1.8。

σ_{ta}：容許抗拉應力。

σ_{ca}：容許抗壓應力。

σ_{bat}：容許抗拉彎曲應力。

σ_{bac}：容許抗壓彎曲應力。

τ：容許抗剪應力。

σ_{da}：容許承壓應力。

第六條

結構部分使用第三條第一項之鋼材時，其容許挫曲應力值，應依下列各式計算：

$\lambda < 20$時，$\sigma_k = \sigma_{ca}$

$20 \leq \lambda \leq 200$時，$\sigma_k = \dfrac{1}{\omega} \sigma_{ca}$

式中之λ、σ_k、σ_{ca}及ω分別表示下列之值：

λ：有效細長比。

σ_k：容許挫曲應力。

σ_{ca}：容許抗壓應力。

ω：挫曲係數，依附表一規定。

第七條

① 結構部分使用第三條第一項規定之鋼材時，焊接部分之容許應力值，應不得大於第五條規定之值（填角焊接者取其容許抗剪應力值）乘以下表之焊接效率所得之值。

焊接方式	鋼材種類	焊接效率			
		容許抗拉應力	容許抗壓應力	容許彎曲應力	容許抗剪應力
對接焊接	A	0.84	0.945	0.84	0.84
	B	0.80	0.90	0.80	0.80
填角焊接	A	0.84	0.84	—	0.84
	B	0.80	0.80	—	0.80

備註：表中符號A及B分別表示如下：

1. 符號A：為CNS 2947規定之鋼材、CNS 4269規定之鋼材、CNS 4435規定之STK490鋼材、CNS 4437規定之18種鋼材、CNS 7141規定之STKR490鋼材、CNS 11109、規定之鋼材CNS 13812規定之SN400B、SN400C、SN490B、SN490C鋼材或具有與此種規格同等以上機械性質之鋼材，且具有優良焊接性者。

2. 符號B：為A以外之鋼材。

② 結構部分之對接焊接處全長百分之二十以上實施放射線檢查，符合下列規定者，其容許抗拉應力、容許抗壓應力及容許彎曲應力得取第五條規定之值（即焊接效率取一‧○）。

一 依CNS 3710規定之缺陷種類及等級分類，無第三種缺陷者。

二 前款之檢查結果，有第一種或第二種缺陷時，為二級之容許值以下；同時有第一種及第二種缺陷存在時，分別為各該缺陷二級之容許值之二分之一以下。

母材厚度（公厘）	補強層高度（公厘）
12以下	1.5
超過12，25以下	2.5
超過25者	3.0

③ 實施放射線檢查時，焊接處之補強層，應削除至與母材表面同一平面上。但補強層中央部分之高度與母材厚度之關係如下表所示高度以下者，不在此限。

第八條

使用第三條第一項但書規定之材料時，其容許應力值及其結構部分焊接處之容許應力值，應於中央主管機關認可材料之化學成分及機械性質之值以下。

第九條

承載應力值隨垂直動荷重之位置或大小，及水平動荷重方向或大小而變時，應確認容許疲勞應力值為第五條至第八條規定之容許應力值以下。

第一〇條

第五條至第八條規定之容許應力值，於第十四條第一項第二款之荷重組合時，應於百分之十五限定範圍內增值。

第三節　荷　重

第一一條

結構部分承載之荷重種類如下：

一　垂直動荷重。

二　垂直靜荷重。

三　水平動荷重。

四　風荷重。

第一二條

水平動荷重為相當於水平移動部分之自重及額定荷重各百分之五之荷重，同時作用於水平方向計算之值。

第一三條

①除中央主管機關認可者外，風荷重應依下式計算：

$W = qCA$

式中之W、q、C及A分別表示下列之值：

W：風荷重。單位：牛頓。

q：速度壓。單位：牛頓／平方公尺。

C：風力係數。

A：受風面積。單位：平方公尺。

②前項之速度壓應依下式計算：

$q = 83\sqrt{h}$

式中之h為自地面起算之受風面高度值（公尺）。但高度未滿十六公尺者，以十六計。

③除風洞試驗者，依其試驗值外，第一項之風力係數如下：

受風面之種類		風力係數
平面桁架（鋼管製平面桁架除外）構成之面	W_1：未滿0.1	2.0
	W_1：0.1以上，未滿0.3	1.8
	W_1：0.3以上，未滿0.9	1.6
	W_1：0.9以上	2.0
平板構成之面	W_2：未滿5	1.2
	W_2：5以上，未滿10	1.3

	W₂：10以上，未滿15	1.4
平板構成之面	W₂：15以上，未滿25	1.6
	W₂：25以上，未滿50	1.7
	W₂：50以上，未滿100	1.8
	W₂：100以上	1.9
圓筒面或鋼管製之平面桁架構成之面	W₃：未滿3	1.2
	W₃：3以上	0.7

備註：表中W_1、W_2及W_3分別表示如下：
1. W_1：充實率，係指實際擋風面積與該受風面（係指迎風之受風面，以下均同）面積之比值。
2. W_2：係指受風面長邊長度與同一受風面短邊長度之比值。
3. W_3：係指圓筒面或鋼管外徑（公尺）乘以速度壓（牛頓／平方公尺）之平方根值。圓筒面包括鋼索等。

④第一項之受風面積，為受風面與風向成直角之投影面積（以下稱投影面積），其受風面有二面以上重疊情形時，應依下式計算：

$$A＝A_1＋Am＋An$$

⑤式中之A、A_1、Am及An分別表示下列之值：

A：總受風面積（平方公尺）。

A_1：第一受風面之投影面積（平方公尺）。

Am：第二受風面以後各面與前一面未重疊部分投影面積之和（平方公尺）。

An：第二受風面以後各面與前一面重疊部分投影面積乘以對應於各該面依附表二所示之減低率，所得面積之和（平方公尺）。

第四節　強　度

第一四條

①結構部分材料承載荷重所生之應力值，除不得超過第五條至第八條規定之容許應力值外，並應依下列規定計算：

一　垂直靜荷重與靜荷重係數之乘積，垂直動荷重與動荷重係數之乘積，二者之綜合應力。

二　垂直靜荷重與靜荷重係數之乘積，垂直動荷重與動荷重係數之乘積，水平荷重及風荷重，四者之綜合應力。

②前項之應力值，應取荷重組合中最不利之情形計算之。

③第一項第一款及第二款之靜荷重係數應取一・一以上，動荷重係數應取一・二五以上。

第一五條

吊鉤之斷裂荷重與所承受之最大荷重比，應為四以上，或依CNS 5394規定辦理。

第一六條

結構部分應具有充分強度及保持防止板材挫曲、變形等妨礙安全使用之剛性。

第五節　安定度

第一七條

① 除履帶式及水上起重機外，移動式起重機之後方安定度，應依下列規定計算：

一　伸臂中心線之鉛直面與起重機之行駛方向成直角時，位於伸臂所在側支點上之重量，應為起重機重量之百分之十五以上。

二　伸臂中心線之鉛直面與起重機之行駛方向一致時，位於伸臂所在側支點上之重量，應大於起重機重量之百分之十五與平均輪距和軸距之比值之乘積。

② 履帶式起重機之後方安定度，位於伸臂所在側支點上之重量，應為起重機重量之百分之十五以上。

③ 第一項及第二項之後方安定度，應依下列規定計算：

一　影響後方安定度之重量，應取最不利安定之狀態。

二　處於無吊升荷物狀態。

三　處於水平且堅固之地面上。

四　具有外伸撐座者，其外伸撐座處於停止使用狀態。但具有自動偵測外伸撐座或外伸履帶寬度功能，以及限制迴轉角度或伸臂傾斜角度之安全裝置者，得以使用外伸撐座或外伸履帶寬度之狀態計算。

第一八條

① 除水上起重機外，移動式起重機之前方安定度值，應為一‧一五以上，並應依下式計算：

$$S_F = \frac{W_p + W_a + W_o}{W_p + W_a}$$

式中之 S_F、W_p、W_a 及 W_o 分別表示下列之值：

S_F：前方安定度。

W_p：伸臂重量中之前端等價質量（公噸）。

W_a：額定荷重與吊具之質量和（公噸）。

W_o：安定餘裕荷重（公噸）。

② 前項之前方安定度，應依下列規定計算：

一　影響前方安定度之重量，應取最不利安定之狀態。

二　處於水平且堅固之地面上。

第一九條

水上起重機之安定度，為其處於穩靜水面上，且吊升相當額定荷重之荷物時，其翻倒端之乾舷高度應大於○‧三公尺。

第二○條

除履帶式起重機外，移動式起重機應具有於行駛方向為水平且堅固地面上，左右方向傾斜三十度時，不致翻倒之左右安定度，並依下列規定計算：

一　在無負載狀態下。但燃料、潤滑油、冷卻水等均為滿載，並

　　　裝有運轉所必需之設備及裝置等。
二　伸臂中心線之鉛直面與起重機行駛方向一致。

第三章　機械部分

第一節　制動器等

第二一條

移動式起重機行駛所必要之原動機、動力傳導裝置、制動器、操縱裝置及其他裝置等，應符合下列規定：

一　具有適於使用目的之必要強度。
二　無顯著之損傷、磨耗、變形或腐蝕。

第二二條

①移動式起重機，應設置有效控制其行駛及保持停止狀態所必要之二系統以上獨立作用之制動系統。但履帶式起重機、拖車式起重機或以液壓為行駛動力之起重機，液壓系統設有制動閥者，不在此限。

②前項用於控制行駛之制動系統，應符合下表規定：

最高速度（公里／小時）	制動初速度（公里／小時）	停止距離（公尺）	
		起重機總重未滿20公噸	起重機總重在20公噸以上
80以上	50	22	―
35以上，未滿80	35	14	20
20以上，未滿35	20	5	8
未滿20	等於最高行駛速度	5	8
備註：起重機總重，為其在無荷重狀態之重量，加上乘坐人員以每人六十五公斤計算之重量。			

③第一項用於保持停止狀態之制動系統，應具有使起重機於無荷重狀態，停止於地面斜度五分之一之性能。

第二三條

①吊升裝置、起伏裝置及伸縮裝置，應設置控制荷物或伸臂下降之制動器。但使用液壓為動力者，不在此限。

②前項之制動器，應符合下列規定：

一　制動轉矩值應為承載相當於額定荷重時，起重機吊升裝置、起伏裝置或伸縮裝置中最大轉矩值之一・五倍以上。
二　吊升裝置、起伏裝置或伸縮裝置分別設置二個以上之制動器時，制動轉矩值為各制動器制動轉矩值之總合。
三　應設置起重機動力（行駛為目的之動力除外）被遮斷時，能自行制動之設備。但以人力操作者，不在此限。
四　使用人力操作者，應設置擋齒裝置或擋鍵，並應符合下表規

定：

操作方式	制動力（牛頓）	制動行程（公分）
腳踏式	300以下	30以下
手動式	200以下	60以下

③前項第一款之制動轉矩值，摩擦阻力不予列計。但使用效率值在百分之七十五以下之蝸桿蝸輪機構時，其摩擦阻力所生轉矩值之二分之一，得計入制動轉矩。

第二節　捲胴等

第二四條

①吊升裝置、起伏裝置或伸縮裝置所用之捲胴、槽輪或平衡輪之節圓直徑與鋼索直徑之比，應大於下表之值：

鋼索種類	捲胴等之類別	比值		
		第一組	第二組	第三組
供升升或起伏使用之鋼索	捲胴	16	20	25
	槽輪	16	20	25
供伸縮使用之鋼索	捲胴	14	18	22.4
	槽輪	16	20	25
其他類型鋼索	平衡輪	10	12.5	16

備註：表中第一組、第二組及第三組鋼索種類如下：
1. 第一組：非不銹鋼材質之鋼索，其構造為6股或8股採平行（蘭式Lang's）撚法者及6股37絲者。
2. 第二組：鋼索之構造為3股、4股或多層撚鋼索（Multilayer strands）者。非不銹鋼材質之鋼索，其構造為6股（6股37絲者除外）或8股採交叉（普通）撚法者；不銹鋼材質之鋼索，其構造為6股或8股採平行（蘭式Lang's）撚法者及6股37絲者。
3. 第三組：第一組及第二組以外之其他鋼索。

②供作過負荷預防裝置使用之槽輪節圓直徑與通過該槽輪鋼索之比值，應為五以上。

第二五條

①移動式起重機之有槽式捲胴捲進鋼索時，鋼索中心線與所進入之槽中心線間夾角，應為四度以下。

②移動式起重機使用無槽式捲胴時，其遊角應為二度以下。

第二六條

鋼索與捲胴、伸臂、吊鉤組等之連結，應使用合金套筒、壓夾或栓銷等方法緊結之。

第二七條

構成吊升裝置等之捲胴、軸、銷及其他組件應具有充分之強度，且不得有妨礙吊升裝置等作動之磨耗、變形或裂隙等缺陷。

第三節　安全裝置

第二八條
使用鋼索或吊鏈之吊升裝置、起伏裝置及伸縮裝置，應設置過捲預防裝置或預防過捲警報裝置。

第二九條
①過捲預防裝置，應符合下列規定：
一　具有自動遮斷動力及制動動作之機能。
二　具有吊鉤、抓斗等吊具或該吊具之捲揚用槽輪之上方與伸臂前端槽輪及其他與該上方有接觸之虞之物體（傾斜之伸臂除外）下方間之間隔，保持於〇‧二五公尺以上之構造。但直動式者為〇‧〇五公尺以上。
三　具有易於調整及檢點之構造。
②過捲預防裝置為電氣式者，除應符合前項規定外，並應依下列規定辦理：
一　接點、端子、線圈及其他通電部分（以下稱通電部分）之外殼，應使用鋼板或其他堅固之材料，且具有不因水或粉塵等之侵入，致使機能發生障礙之構造。
二　於外殼易見處，以銘板標示額定電壓及額定電流。
三　具有於接點開放時，防止過捲之構造。
四　通電部分與外殼間之絕緣部分，其絕緣效力、絕緣電阻試驗及耐電壓試驗應符合CNS 2930規定。
五　直接遮斷動力回路之構造者，其通電部分應施以溫升試驗，並符合CNS 2930規定。

第三〇條
預防過捲警報裝置，應符合下列規定：
一　具有吊鉤、抓斗等吊具或該吊具之捲揚用槽輪上方，與伸臂前方之槽輪及其他與該吊具上方有接觸之虞之物體（傾斜之伸臂除外）之下方，其間隔為該起重機之額定速度（公尺／秒）之一‧五倍等值之長度（公尺）時，能確實動作發出警報之構造。但荷重之吊升或伸臂外伸之動作能以單一操作步驟停止者，為額定速度一倍等值之長度。
二　具有不因水或粉塵等之侵入，致使警報裝置發生故障之構造。
三　具有易於檢點及堅固之構造。
四　具有能發出警報音響之構造。

第三一條
移動式起重機，應設置過負荷預防裝置。但符合下列規定，並已裝有其他預防裝置（第三十三條規定之安全閥除外）而能防止過負荷者，不在此限：
一　吊升荷重未滿三公噸者。
二　伸臂之傾斜角及長度保持一定者。

第三二條

具有起伏動作之移動式起重機，應於操作人員易見處，設置伸臂傾斜角之指示裝置，以防止過負荷操作。

第三三條

①使用液壓或氣壓為動力之移動式起重機之吊升裝置、起伏裝置或伸縮裝置，應設置防止壓力過度升高之安全閥。

②前項吊升裝置、起伏裝置或伸縮裝置，應設置防止液壓或氣壓異常下降，致吊具等急劇下降之逆止閥。但設置符合第二十三條第二項第一款至第三款規定之制動器者，不在此限。

第三四條

①齒輪、軸、聯結器等回轉部分，有接觸人體引起危害之虞者，應設置護圍或覆罩。

②前項護圍或覆罩設置於工作者踏足之處者，其強度應能承受九十公斤之負荷，且不產生變形。

第三五條

移動式起重機，應設置電鈴、警鳴器等警告裝置。

第三六條

吊鉤應設置防止吊掛用鋼索等脫落之阻擋裝置。

第三七條

移動式起重機，應依公路監理有關規定設置各種燈具、照後鏡、喇叭等裝置。

第三八條

移動式起重機之電磁接觸器之操作回路接地時，該電磁接觸器有接通之虞者，應依下列規定辦理：

一　線圈之一端應連接於接地側之電線。

二　線圈與接地側電線間，不得有開關裝置。

第四節　操作部分等

第三九條

①吊升裝置、起伏裝置、伸縮裝置、迴轉裝置、警報裝置、開關裝置、制動器等操作部分，不得妨礙操作人員之視界，且應置於操作人員易於操作之位置。

②吊升裝置主、副捲之動力切換裝置操作部分，應設置卡榫等裝置，以防止切換裝置鬆脫或誤動作。但設有切換動力時，能防止吊掛物掉落之安全裝置者，不在此限。

③吊升裝置、起伏裝置及伸縮裝置之操作部分，應於操作人員易見處標示起重機之動作種別、動作方向及動作停止位置。但具有操作人員自控制裝置之操作部分放手時，能自動將其動作恢復至停止位置之構造者，得不標示該停止動作位置。

第四〇條

駕駛室應符合下列規定：

一　具有安全駕駛所必須之視界。

二　能防止因行駛中之振動、衝擊、搖盪以致操作人員墜落之構造。

三　前方窗戶應使用安全玻璃遮護，並應具有確保清晰之自動擦拭裝置。

第四一條

伸臂為伸縮式者，伸臂伸縮時各節長度之比，應自根部向前端逐漸減小。但置有自動偵測各節伸臂長度，當吊掛物超過額定荷重時，能立即切斷其動作之過負荷預防裝置者，不在此限。

第四章　加　工

第四二條

結構部分之鋼材實施焊接時，應依下列規定辦理：

一　使用電弧焊接。

二　使用符合CNS 13719或具有同等級以上性能之焊接材料。

三　不得在攝氏零度以下之場所實施焊接。但母材經事前預熱者，不在此限。

四　有焊接與鉚釘之部分，應先施以焊接後再鉚接。鉚釘部分不得實施焊接。

五　焊接部分應充分熔入，不得有裂隙、熔陷、堆搭及焊疤等足以影響強度之缺陷。

第四三條

結構部分之鉚釘孔及螺栓孔，應使用鑽孔機開孔，且不得有迴紋或裂紋等瑕疵。

第四四條

結構部分之螺栓、螺帽、螺釘、銷、鍵及栓等，除使用高張力螺栓摩擦接合者外，應設有防止鬆脫或脫落之設施。

第五章　鋼索及吊鏈等

第四五條

①鋼索應依下列規定辦理：

一　安全係數應依下式計算，且為下表所列之值以上：

$$安全係數 = \frac{鋼索之斷裂荷重}{鋼索所承受之最大荷重}$$

鋼索種類	安全係數
捲揚用鋼索或伸臂起伏用鋼索	4.5
伸臂伸縮用鋼索	3.55
支持伸臂用鋼索	3.75

二　鋼索不得有下列情形之一：

(一)鋼索一撚間有百分之十以上素線截斷者。

(二)直徑減少達公稱直徑百分之七以上者。

(三)有顯著變形或腐蝕者。

（四）已扭結者。

三　對於捲揚用鋼索，當吊具置於最低位置時，應有二捲以上鋼索留置於吊升裝置之捲胴上。

四　對於伸臂起伏用鋼索，當伸臂置於最低位置時，應有二捲以上鋼索留置於起伏裝置之捲胴上。

五　對於伸臂伸縮用鋼索，當伸臂長度縮至最短時，應有二捲以上鋼索留置於伸縮裝置之捲胴上。

②前項第一款安全係數之計算，應含鋼索自重及鋼索通過槽輪之效率。但起重機揚程為五十公尺以下者，其鋼索自重免計入。

③前項槽輪之效率，應符合附表三規定。

第四六條

①吊鏈及滾子鏈條（以下稱吊鏈等）之安全係數值，應在五以上，並應依下式計算：

$$安全係數 = \frac{鋼吊鏈等之斷裂荷重}{吊鏈等所承受之最大荷重}$$

②吊鏈並不得有下列情形之一：

一　延伸長度超過原製造時之百分之五者。

二　斷面直徑減少超過原製造時之百分之十者。

三　有龜裂者。

③滾子鏈條並不得有下列情形之一：

一　延伸長度超過原製造時之百分之二者。

二　鏈環板斷面積減少超過原製造時之百分之十者。

三　有龜裂者。

第六章　附　則

第四七條

移動式起重機應於操作人員及吊掛作業人員易見處配置荷重表，並以銘牌標示下列事項：

一　製造者名稱。

二　製造年月。

三　吊升荷重。

第四八條

①本標準自發布日施行。

②本標準修正條文，自中華民國一百零三年七月三日施行。

升降機安全檢查構造標準

①民國95年2月20日行政院勞工委員會令訂定發布全文52條；並自發布日施行。
②民國103年6月27日勞動部令修正發布第1、2、52條條文；並自103年7月3日施行。

第一章 總則

第一條

本標準依職業安全衛生法第六條第三項及第十六條第四項規定訂定之。

第二條

①升降機構造特殊者，得經中央主管機關認可後，免除本標準全部或部分之適用。

②敷設於建築物之升降機，其構造於建築法有規定者，從其規定。

第三條

本標準用詞定義如下：

一 升降路：指以牆壁或圍護物圍護，供作搬器升降之通路者。

二 攀登梯：專供升降機操作、維護、檢點等人員使用之梯子。

三 支持塔：用以支持導軌、捲揚用鋼索、或攀登齒條之塔或柱型結構物。

四 工程用升降機：指土木、建築等工程作業用之升降機。

五 長跨度工程用升降機：工程用升降機中，搬器之長度在三公尺以上，額定速率在每秒〇‧一七公尺以下者。

六 病床用升降機：專供病床、輪椅等使用之升降機。

七 液壓升降機：使用水壓或油壓為動力之升降機。包括以液壓柱塞直接支撐搬器作升降之直接式液壓升降機，及以液壓柱塞帶動鋼索或鏈條使搬器作升降之間接式液壓升降機。

八 頂部安全距離：升降機之搬器抵達最高停止位置時，自該搬器之上樑或搬器之最高部分至升降路頂部天花板下端所測得之垂直距離；搬器無上樑者，為自搬器天花板或搬器之最高部分所測得之值；搬器無天花板者，為自最上層出入口上緣所測得之值。

九 機坑深度：升降機之搬器停止於最低位置時，搬器內部底面或由最下層出入口地板面至升降路底部地板面之垂直距離。

第二章 結構部分

第一節 材料

第四條

①升降機結構部分使用之材料，應符合下列國家標準（以下簡稱CNS），或具有同等以上化學成分及機械性質之鋼材。但經中央主管機關認可之耐蝕鋁合金等材料，不在此限：

一　CNS 575規定之鋼材。

二　CNS 2473規定之SS330及SS400鋼材。

三　CNS 2947規定之鋼材。

四　CNS 4269規定之鋼材。

五　CNS 4435規定之STK400、STK490或STK540鋼材。

六　CNS 4437規定之十三種、十八種、十九種或二十種鋼材。

七　CNS 7141規定之鋼材。

八　CNS 13812規定之鋼材。

②前項結構部分不包括梯子、護圍、護罩、其他非供人員或貨物升降之支撐部分及機械部分等。

③升降機之支持樑、導軌、拉條及非工程用升降機之搬器等使用之材料，不受第一項規定限制。

④工程用升降機搬器之底板材料，得使用木材。但使用木材時，不得有影響強度之裂隙、蛀蝕、節疤或木紋纖維傾斜等缺陷。

第五條

結構部分材料計算應使用之常數如下：

常數種類	材料種類	常數值
縱彈性係數E（Modulus of elasticity）單位：牛頓／平方公厘（公斤／平方公分）	鋼材	206,000（2,100,000）
	鋁合金	69,000（703,800）
剪彈性係數G（Shear modulus of elasticity）單位：牛頓／平方公厘（公斤／平方公分）	鋼材	79,000（810,000）
	鋁合金	26,000（265,200）
蒲松氏比ν（Poisson's ratio）	鋼材	0.3
	鋁合金	0.33
線膨脹係數α（Coefficients of thermal expansion）單位：℃$^{-1}$	鋼材	0.000012
	鋁合金	0.000024
比重γ（Specific gravity）	鋼材	7.85
	鋁合金	2.7

第六條

升降機之支持樑應為鋼骨、鋼筋水泥或鋼骨水泥構造。

第二節 容許應力

第七條

①結構部分使用第四條第一項規定之鋼材時，其容許抗拉應力、容許抗壓應力、容許彎曲應力、容許抗剪應力及容許承壓應力之值，應依下列各式計算：

$$\sigma_{ta} = \sigma_a$$

$$\sigma_{ca} = \frac{\sigma_a}{1.15}$$

$$\sigma_{bat} = \sigma_a$$

$$\sigma_{bac} = \frac{\sigma_a}{1.15}$$

$$\tau = \frac{\sigma_a}{\sqrt{3}}$$

$$\sigma_{da} = 1.42\sigma_a$$

式中 σ_a、σ_{ta}、σ_{ca}、σ_{bat}、σ_{bac}、τ 及 σ_{da} 分別表示下列之值：

σ_a：取下列任一較小者：

    1.降伏點或降伏強度除以一‧五。單位：牛頓／平方公厘（公斤／平方公分），以下均同。

    2.抗拉強度除以一‧八。

σ_{ta}：容許抗拉應力。

σ_{ca}：容許抗壓應力。

σ_{bat}：容許抗拉彎曲應力。

σ_{bac}：容許抗壓彎曲應力。

τ：容許抗剪應力。

σ_{da}：容許承壓應力。

②支持樑、拉條（牽索除外）及非工程用升降機之搬器使用第四條第一項鋼材之容許抗拉應力、容許抗壓應力及容許彎曲應力之值，應在其抗拉強度除以三‧○所得之值以下。

第八條

結構部分使用第四條第一項規定之鋼材時，其容許挫曲應力值，應依下式計算：

$\lambda < 20$ 時，$\sigma_k = \sigma_{ca}$

$20 \leq \lambda \leq 200$ 時，$\sigma_k = \dfrac{1}{\omega} \sigma_{ca}$

式中之 σ_k、σ_{ca}、ω 及 λ 分別代表下列之值：

σ_k：容許挫曲應力。

σ_{ca}：容許抗壓應力。

ω：挫曲係數如附表規定。

λ：有效細長比。。

第九條

①結構部分使用第四條第一項規定之鋼材時，焊接部分之容許應力值，不得大於第七條第一項規定之值（填角焊接者取其容許抗剪應力值）乘以下表之焊接效率所得之值。

焊接方式	鋼材種類	焊接效率			
		容許抗拉應力	容許抗壓應力	容許彎曲應力	容許抗剪應力
對接焊接	A	0.84	0.945	0.84	0.84
	B	0.80	0.90	0.80	0.80
填角焊接	A	0.84	0.84	—	0.84
	B	0.80	0.80	—	0.80

備註：表中符號A及B別表示：
1. 符號A：為CNS 2947規定之鋼材、CNS 4269規定之鋼材、CNS 4435規定之STK490鋼材、CNS 7141規定之STKR490鋼材、CNS4437規定之18種鋼材、CNS 13812規定之SN400B、SN400C、SN490B、SN490C鋼材或具有與此種規格同等以上機械性質之鋼材，且具有優良之焊接性者。
2. 符號B：表示符號A以外之鋼材。

②結構部分之對接焊接處全長百分之二十以上實施放射線檢查，符合下列規定者，其容許抗拉應力、容許抗壓應力及容許彎曲應力值，得取第七條第一項規定之值（即焊接效率取一‧○）。
一 依CNS 3710規定之缺陷種類及等級分類，無第三種缺陷者。
二 前款之檢查結果，有第一種或第二種缺陷時，為二級之容許值以下；同時有第一種及第二種缺陷存在時，分別為各該缺陷二級之容許值之二分之一以下。

③實施放射線檢查時，其焊接處之補強層應削除至母材表面同一平面上。但補強層中央部分之高度與母材厚度之關係如下表規定高度以下時，不在此限。

母材厚度（公厘）	補強層高度（公厘）
12以下	1.5
超過12，25以下	2.5
超過25	3.0

第一○條
使用第四條第一項但書規定之材料，其容許應力值及其結構部分焊接處之容許應力值，應在中央主管機關認可材料之化學成分及機械性質之值以下。

第一一條
結構部分之應力值隨垂直動荷重之位置或大小，以及水平動荷重之方向或大小而變時，應依最大應力值與最小應力值之比及應力值反復變化次數，確認各該規定之容許應力值。

第一二條
第七條至第九條規定之容許應力值，於結構部分所生應力之綜合

計算，其容許應力於第十九條第一項附表荷重狀態二之荷重組合，應於百分之十五限定範圍內增值；同表荷重狀態三或荷重狀態四之荷重組合，應於百分之三十限定範圍內增值。

第一三條

升降機於下表所列各部分使用第四條第一項或其但書規定以外之材料時，其容許抗拉應力、容許抗壓應力及容許彎曲應力，應依下式計算，並依其種類取下表規定之值以上：

$$容許應力 = \frac{材料之抗拉強度}{安全係數}$$

升降機部分		安全係數值
支持樑	鋼材之部分	3.0
	混凝土部分	7.0
拉條（牽索除外）		3.0
導軌（鋼材製造者除外）		3.0
非工程用升降機之搬器		3.0

第一四條

搬器底板使用木材時，其纖維方向之容許彎曲應力值，應爲下表規定之值以下：

木材之種類	容許彎曲應力值 單位：牛頓／平方公釐
赤松、黑松、美國松	9.5
落葉松、羅漢柏、檜、美國檜	9.0
鐵杉、美國鐵杉	8.5
樅樹、蝦夷松、椴松、紅松、杉、美國杉、針樅	7.5
橡樹	13.0
栗樹、枹樹、山毛櫸、櫸木	10.0
柳安	8.0
大花羯布羅香、龍腦香	11.0

第三節　荷　重

第一五條

①結構部分承載之荷重種類如下：

一　垂直動荷重。

二　垂直靜荷重。

三　水平動荷重。

四　風荷重。

五　地震荷重。

②升降機設置於室內者，前項第四款得不列入計算。

第一六條

①機械室之頂樑、地板或基礎與其承載之設計荷重，不得小於下列二款之和：

一　總負荷，包括地板及其上所支持之機具設備等全部之重量。

二　通過該槽輪或捲胴上全部鋼索或鏈條，在積載荷重時張力之二倍。

②機具設備、槽輪等未在升降路正上方時，支持樑及支撐件應依下列規定設計：

一　該基礎須能支持機具設備、槽輪及其他設備連同地板之總重量。

二　槽輪之支持樑及基礎螺栓須能承受各鋼索上荷重垂直及水平分量總值之二倍以上。

三　基礎須能承受各鋼索上張力所生翻轉力矩總值之二倍以上。

第一七條

①風荷重應依下式計算：

W＝qCA，式中之W、q、C及A分別表示下列之值：

W：風荷重（單位：牛頓）。

q：速度壓（單位：牛頓／平方公尺）。

C：風力係數。

A：受風面積（單位：平方公尺）。

②前項之速度壓值係相對於下表風之狀態，以同表右欄之計算式計算：

風之狀態	q之計算式
暴風	$q=400\sqrt[4]{h}$
非暴風	$q=83\sqrt[4]{h}$

備註：
1. h為升降機自地面起算之受風面高度值（公尺）。但高度未滿15公尺者，以15計。
2. 暴風時風速為每秒35公尺以上，非暴風時為每秒16公尺以上。

③除風洞試驗者，依其試驗值外，第一項之風力係數如下：

受風面之種類		風力係數
平面桁架（鋼管製平面桁架除外）構成之面	W_1：未滿0.1	2.0
	W_1：0.1以上，未滿0.3	1.8
	W_1：0.3以上，未滿0.9	1.6
	W_1：0.9以上	2.0
以平板構成之面		1.2

圓筒面或鋼管製之平面桁架構成之面	W₂：未滿3	1.2
	W₂：3以上	0.7

備註：表中W₁、W₂分別表示：

1. W₁：充實率，係指實際擋風面積與該受風（係指迎風之受風面，以下均同）面積之比值。

2. W₂：係指圓筒面或鋼管外徑（公尺）乘以速度壓（牛頓／平方公尺）之平方根之值。圓筒面包括鋼索等。

④第一項之受風面積，為受風面與風向成垂直之投影面積（以下稱投影面積）。如受風面有二面以上重疊情形時，依下列各式計算：

一　二受風面重疊時：

$$A = A_1 + A_2 + A_{12}$$

二　三個以上受風面重疊時：

$$A = A_1 + A_2 + A_{12} + A_3 + A_4$$，式中之A、A₁、A₂、A₁₂、A₃及A₄分別表示下列之值：

　　A：總受風面積。（平方公尺）

　　A₁：第一受風面之投影面積。（平方公尺）

　　A₂：第二受風面之未重疊部分之投影面積。（平方公尺）

　　A₁₂：第一、二兩受風面之重疊部分投影面積百分之六十。（平方公尺）

　　A₃：第三面以下各面與各該前一面重疊部分投影面積百分之五十。（平方公尺）

　　A₄：第三面以下各面未重疊部分面積之和。（平方公尺）

第一八條

地震荷重為相當於升降機之垂直動荷重及垂直靜荷重各百分之二十以上之荷重，同時作用於水平方向計算之值。

第四節　強　度

第一九條

①結構部分所用材料之應力值，除不得超過規定之容許應力值外，並應依下表荷重組合計算：

荷重狀態	荷重之組合
一	Φ_D×垂直靜荷重＋Φ_L×垂直動荷重
二	Φ_D×垂直靜荷重＋Φ_L×垂直動荷重＋Φ_L×〔水平動荷重＋風荷重（暴風時除外）〕
三	垂直靜荷重＋垂直動荷重（人員及負荷之荷重除外）＋暴風時之風荷重
四	垂直靜荷重＋垂直動荷重（人員及負荷之荷重除外）＋地震荷重

備註：
表中 Φ_D 為靜荷重係數、Φ_L 為動荷重係數，分別為下列之值：
1. 工程用升降機之 Φ_D 取1.1以上，Φ_L 取1.25以上。
2. 非工程用升降機之 Φ_D 及 Φ_L，應分別依該升降機之種類、載重率、運轉時間率、額定速率、衝擊及結構部分形狀取其對應之值。

②前項之應力值，應取荷重組合中最不利之情形計算之。

第二〇條

結構部分應具有不致因變形而妨礙升降機安全使用之剛性及強度。

第五節　升降路等

第二一條

升降機應依下列規定設置升降路。但長跨度工程用升降機不在此限：

一　升降路之出入口、周圍之牆壁或其圍護物須以不燃性材料建造，並使升降路外面之人、物均不能與搬器或配重接觸。

二　每一搬器在同一樓層所設之升降路出入口，不得超過一處。但載貨用及病床用升降機，於無廁人員安全者，不在此限。

三　搬器在各樓層停止時，出入口之樓地板與搬器地板邊緣須互相齊平，其水平方向間隔在四公分以內。但工程用升降機安全無礙者，不在此限。

四　升降路牆壁與搬器出入口地板前緣間隔，須在一二·五公分以下，但工程用升降機安全無礙者，不在此限。

五　出入口處設置不燃性材料之門扉。

六　升降路出入口處之牆壁或其圍護物，須具有能支持門件及其連鎖裝置保持定位之足夠強度。

七　升降路內除搬器、配重及其附屬品、必要之繩索、配線、配管等裝置外，不得裝置或設置與升降機無關之任何物件，並預留適當空間，以保持搬器運轉安全。

八　同一升降路內安裝之搬器，不得超過四具。

九　升降路之強度須能安全支持搬器及配重之導軌。

十　升降路頂部之地板須以鐵材或混凝土建造，並具有能安全支持必要機具之強度。

十一　密閉型升降路之上下兩端須設置通風管。

第二二條

①升降機之頂部安全距離及機坑深度，應在下表規定之值以上。但長跨度工程用升降機及液壓升降機不在此限：

升降機之額定速率（公尺／秒）	頂部安全距離（公尺）	機坑深度（公尺）
0.75以下	1.2	1.2

超過0.75，1.0以下	1.4	1.5
超過1.0，1.5以下	1.6	1.8
超過1.5，2.0以下	1.8	2.1
超過2.0，2.5以下	2.0	2.4
超過2.5，3.0以下	2.3	2.7
超過3.0，3.5以下	2.7	3.2
超過3.5，4.0以下	3.3	3.8
超過4.0	4.0	4.0

②同一升降路有二個搬器之雙層升降機，其頂部安全距離係以上搬器計算。

③液壓升降機頂部安全距離，依下表計算式計算：

升降機型式	計算式
直接式液壓升降機	$Ct=Cp+0.6$
間接式液壓升降機	$Ct=Cp+0.6+(V^2/19.6)$

備註：Ct、Cp及V分別代表下列之值：
　　　Ct：頂部安全距離（公尺）。
　　　Cp：柱塞餘隙衝程（公尺）。
　　　V：額定速率（公尺／秒）。

④液壓升降機之機坑深度應在下表規定之值以上。但直接式液壓升降機無礙安全者，不在此限。

額定速率（m/s）	機坑深度（m）	
	直接式	間接式
0.75以下		1.2以上
超過0.75，1.0以下	1.2以上	1.5以上
超過1.0，1.5以下		1.8以上

第二三條

升降路採用塔式結構支持其導軌者，應符合下列規定：

一　自基礎至每十公尺以內高度（工程用升降機為十二公尺以內）之處所及頂部，應固定於建築物或以拉條支持。但如頂部對其承載之全部負荷具有足夠強度時，該頂部得免設拉條或實施固定。

二　基礎不得發生有不同程度之沉陷現象。

三　除設置於地面之機坑外，機坑之周圍應設有堅固之擋土。

四　攀登梯應設置至頂部。但如該支持塔為易於實施檢點、修理者，不在此限。

五　支持塔周圍應設置圍柵或其他能防止無關人員接近之措施。

第二四條

升降機之升降路塔或導軌支持塔之拉條，應不得接近架空電路；以鋼索為拉條者，應符合下列規定：

一　以索夾、鬆緊螺旋扣、套管等金屬具拉緊。

二　以鋼索固定用錨腳螺栓或具有同等以上堅固之固定物確實固定。

三　以鉤環、套管等金屬具與升降路塔緊結。

四　使用鬆緊螺旋扣時，須有防止其鬆弛之措施。

第二五條

升降路塔或導軌支持塔設置之攀登梯，應符合下列規定：

一　踏板須等距離設置，其間隔在二十五公分以上三十五公分以下。

二　踏板與最近固定物間之水平距離，在十五公分以上。

三　踏板未設置側木者，須有防止足部橫滑之構造。

第二六條

機坑之構造應符合下列規定：

一　機坑底在地面或地面以下者，須為防水構造，並留有適當空間，以保持操作之安全。

二　設置手動照明設備及停機開關。

三　機坑深度在一‧四公尺以上時，須裝設易於維修人員進入機坑底部之固定爬梯。

四　相鄰機坑間，須以鐵絲網隔開。

第二七條

升降機導軌應符合下列規定：

一　載人及載貨用之升降機，均須裝置搬器及配重之導軌。

二　導軌、導軌托架、軌夾、魚尾板及其固定器均為鋼製或其他符合國家標準規定之材料。

三　導軌使用之鋼材依下列規定：

　㈠導軌、導軌托架、魚尾板、軌夾，須為平爐鋼或其相當品。

　㈡螺栓及鉚釘材料須符合國家標準之規定。

　㈢導軌之斷面性質，須符合其強度要求。

　㈣導軌須以金屬固定件確實固定於升降路或導軌支持塔，且於調速機裝置發生作用時，仍為安全之構造。

第二八條

①升降機之搬器應符合下列規定。但工程用升降機之搬器，得不適用第二款之規定，長跨度工程用升降機之搬器，得不適用第三款至第五款之規定：

一　能耐搬器內之人或物所引起之衝擊之堅固構造。

二　搬器之結構部分，以不燃性材料構造或被覆。

三　除出入口外，設有牆壁或圍柵。

四　出入口處設置不燃性材料之門扉。

五　設有發生異常狀況時，能將搬器內人員安全救出之開口。

六　出入口設置二個以上時，須有不能同時開啓二個以上門扇之構造。

七　連接於搬器上之可撓性電線須具有抗火性及防濕性。

②長跨度工程用升降機之搬器，除依前項規定外，並應依下列規定：

一　人員搭乘區周圍應設一‧八公尺高之圍欄。但人員搭乘區與搬器上其他部分之連接處，得以隔離設備隔離之。

二　人員搭乘區上方應設堅固頂蓋，以防止物體飛落之危害。

三　搬器周圍（人員搭乘區除外）應設置高度九十公分以上之堅固扶手，且該扶手須設置中欄杆及腳趾板。

第二九條

升降機積載荷重值，應視其搬器種類，取下表規定之值以上：

搬器種類		積載荷重值ω（公斤）
載人用或工程用升降機之搬器	底面積在1.5平方公尺以下者	$\omega=370\times A$ （A為搬器底面積，單位：平方公尺，以下均同）
	底面積超過1.5平方公尺，而在3平方公尺以下者	$\omega=500\times(A-1.5)+550$
	底面積超過3平方公尺者	$\omega=600\times(A-3)+1300$
長跨度工程用升降機之搬器		$\omega=260\times A_1+100\times A_2$ （A_1為人員搭乘區底面積，A_2為人員搭乘區以外底面積）
載貨用或病床用升降機之搬器		$\omega=250\times A$ （但載汽車者$\omega=150\times A$）

第三〇條

升降機之電動機、牽引機、控制器等與牆或柱之間隔，應留有三十公分（液壓升降機之主要機器與牆或柱之間隔爲五十公分）之保養空間。但無阻礙管理保養時，不在此限。

第三章　機械部分

第一節　升降裝置

第三一條

每一升降機搬器應設置專用之原動機、控制裝置及升降裝置。但雙層升降機不在此限。

第三二條

升降裝置之捲胴、軸、銷等重要配件，應具有充分強度，且不得

有妨礙升降裝置動作之磨耗、變形、裂隙等缺陷。

第三三條

① 升降機之升降裝置，除使用液壓或氣壓爲動力者外，應置備制動器。

② 前項之制動器應符合下列規定：

一 具有配重之升降機，制動轉矩值須爲承載相當於積載荷重時，其升降裝置最大轉矩值之一‧二倍以上。

二 除前款升降機外，其他升降機制動器之制動轉矩值，須爲承載相當於積載荷重時，其升降裝置最大轉矩值之一‧五倍以上。

三 須置備動力被遮斷時，能自動動作之設備。

③ 前項第一款及第二款之升降裝置之制動轉矩值，其阻力值不予計入。但該升降裝置具有效率值在百分之七十五以下之蝸桿蝸輪機構者，得計入該機構阻力所生轉矩值之二分之一。

第三四條

升降機之槽輪節圓直徑與通過該槽輪之捲揚用鋼索直徑之比值，以及捲揚機之捲胴節圓直徑與捲進該捲胴之鋼索直徑之比值，應在四十以上。但升降機符合下列規定之一者，與鋼索直徑之比值得在三十六以上：

一 捲揚用鋼索與通過該槽輪接觸長度在槽輪周長之四分之一以下者。

二 揚程在十三公尺以下者。

三 額定速率在每秒○‧七五公尺以下者。

四 積載荷重在三百二十公斤以下者。

第三五條

① 升降機之有槽式捲胴捲進鋼索時，鋼索中心線與所進入槽中心線間之夾角，應在四度以下。

② 升降機使用無槽式捲胴時，其遊角應在二度以下。

第三六條

① 升降機之捲揚用鋼索與搬器、配重等物體之緊結部分，每條應以合金套筒或鋼套內附自動緊縮式楔子固定。但捲胴式升降機之捲揚用鋼索與捲揚機捲胴之緊結部分，得每條以壓夾固定。

② 工程用升降機之捲揚用鋼索與搬器、配重等之緊結部分，得每條以合金套筒、栓銷或壓夾等方式固定之。

③ 捲揚用鏈條與搬器之緊結部分，每一鏈條應使用鋼製套筒緊結固定之。

第二節 安全裝置

第三七條

① 升降機應設置下列裝置：

一 搬器及升降路上所有出入口之任一門扉未完全關閉前，升降機不能開動，及升降機在開動中任一門扉開啓時，能停止搬

　　器升降之連鎖裝置。

二　搬器未停止於升降路出入口之正確位置時，非使用鎖匙無法自外面開啓該出入口門扉之連鎖裝置，或其他安全裝置。

三　操縱裝置於人工操作停止時，該操縱裝置須能將搬器自動恢復至停止時之狀態。

四　在搬器內及搬器上可遮斷動力之裝置。

五　在搬器超過額定速率而未超過額定速率之一‧三倍前（額定速率爲每秒〇‧七五尺以下之升降機，爲每秒一‧〇五公尺），能自動遮斷動力之裝置。

六　搬器下降速率超過前款自動遮斷動力裝置之應用速率（額定速率每秒〇‧七五尺以下之升降機，爲搬器下降速率達到同款規定之裝置之應用速率或超過該速率）時，能使搬器之速率在未超過相當於額定速率一‧四倍時（額定速率每秒〇‧七五公尺以下之升降機爲每秒一‧一四公尺）即行自動制止下降之裝置。

七　升降機須設有防止搬器與升降路頂部底面，以及與升降路底部衝撞之終點極限開關。但直接式液壓升降機除外。

八　如搬器或配重於第六款規定之裝置應用速率下降衝撞於升降路底部時，須設有保護搬器內人員安全之緩衝裝置。但直接式液壓升降機柱塞降至最低時，搬器底部與升降路底部距離在六十公分以上者除外。

九　捲胴式升降機應設有捲揚用鋼索或鏈條鬆弛時，即能自動遮斷動力之裝置。

十　雙層升降機須設置能固定二搬器之外框（支持該二搬器之框架）之裝置。

十一　頂部安全距離未滿一‧二公尺之液壓升降機，須設置在搬器（雙層升降機時爲上搬器）上方作業時，能保持自搬器上樑至升降路頂部之底面或樑下端之垂直距離在一‧二公尺以上之裝置。

十二　機坑深度未滿一‧二公尺之升降機，須設置能在機坑內作業時保持搬器（雙層升降機時爲下搬器）底部與升降路之底部在一‧二公尺以上垂直距離之裝置。

十三　防止升降機超過積載荷重之超載防止及警報裝置。

②工程用升降機於安全無礙時，得不設置前項第一款規定之裝置。

③長跨度工程用升降機，得不設置第一項第二款及第五款規定之裝置。

④直接式液壓升降機設有防爆閥者，得不設置第一項第五款及第六款規定之裝置。

⑤升降機符合下列各項規定者，得不設置第一項第四款規定在搬器上可遮斷動力之裝置：

一　揚程在十公尺以下者。

二　搬器無頂蓋者。

⑥升降機符合下列各項規定者，得不設置第一項第五款、第六款及第八款規定之裝置：

一　揚程在五公尺以下者。

二　額定速率在每秒○‧二五公尺以下者。

三　搬器之底面積在一‧五平方公尺以下者。

四　設置有捲揚用鋼索或鏈條斷裂時，能自動阻止搬器下降之制動裝置者。

⑦升降機符合下列各項規定者，得不設置第一項第六款規定之裝置：

一　揚程在十三公尺以下者。

二　額定速率在每秒○‧七五公尺以下者。

三　積載荷重在三百二十公斤以下者。

四　設置有捲揚用鋼索或鏈條斷裂時，能自動阻止搬器下降之制動裝置者。

第三八條

①升降機除依前條第一項規定外，應設置下列裝置：

一　防止因閥或液壓缸等之水或油洩漏，引起搬器下降之裝置，以及防止液壓過度上升之裝置。

二　防止柱塞自由壓缸脫離之裝置。

三　能保持油溫在攝氏五度以上六十度以下之裝置。

四　動力遮斷時，能自動防止搬器因油流逆流而下降之裝置者。

五　間接式液壓升降機並應設置下列裝置：

　　㈠捲揚用鋼索或鏈條鬆弛時，能自動遮斷動力之裝置。

　　㈡捲揚用鋼索或鏈條伸長時，防止柱塞超過行程之裝置。但柱塞餘裕行程安全無礙者，不在此限。

　　㈢搬器下降速率，在未超過額定速率之一‧四倍前，應設自動制止搬器下降之漸進式緊急停止裝置。但額定速率在每秒○‧七五公尺以下者，得設置捲揚用鋼索或鏈條鬆弛時，能自動制止搬器之下降之裝置。

　　㈣當搬器衝撞於升降路之底部時，能保護搬器內人員安全之緩衝裝置。

②升降機以液壓馬達驅動者，除應符合前條規定外，應設置前項第一款、第二款及第四款之裝置。

第三九條

①長跨度工程用升降機除依第三十七條規定辦理外，並應設置下列裝置：

一　搬器升降之警報裝置。

二　易於矯正搬器傾斜之裝置。

三　在前款搬器傾斜未超過十分之一時，能自動切斷動力之裝置。

四　有隔離設備者，須設隔離設備未關閉時，搬器無法升降之裝置。

五　屬走行式者，於搬器未置於最下層時，即無法走行之裝置。

②長跨度工程用升降機如安全無礙者，得不設前項第一款之裝置。

第四○條

①第三十七條第一項第六款規定之安全裝置，應為漸進式停止裝置。但對額定速率在每秒○‧七五公尺以下之升降機，得採用立即式停止裝置。

②第三十七條第一項第七款規定之終點極限開關，應符合下列規定：

一　能自動遮斷動力，並引發制動之機能。

二　易於實施調整及檢點之構造。

③終點極限開關如為電氣式構造者，除依前項規定外，並應符合下列規定：

一　接點、端子、線圈及其他通電部分（以下稱通電部分）之外殼，應使用鋼板或其他堅固之材料，且具有不因水或粉塵等之侵入，致使機能發生障礙之構造。

二　於外殼易見處，以銘板標示額定電壓及額定電流。

三　具有於接點開放時，防止過捲之構造。

四　通電部分與外殼間之絕緣部分，其絕緣效力、絕緣電阻試驗及耐電壓試驗應符合CNS 2930規定。

第四一條

升降機應設停電或其他緊急情況發生時，能自搬器內對外連絡之裝置。但載貨用及工程用升降機，於安全無礙時，不在此限。

第四二條

①無機房式升降機應設置下列裝置：

一　維護保養照明裝置。

二　受電盤主開關。

三　控制盤設於升降路外時，控制盤與搬器間聯絡之對講機。

四　於保養或維修時，應具有適當照明、圍欄及防止搬器非預期移動之安全裝置。

五　於動力遮斷情況下，無需進入升降路即可援救受困人員之配置。

②無機房式升降機搬器或配重於壓縮緩衝器時，不得碰觸捲揚機。

第三節　電氣部分

第四三條

升降機之電磁接觸器之操作回路如接地時，該電磁接觸器有被接通之虞者，應符合下列規定：

一　線圈之一端聯接於接地側之電線。

二　線圈與接地側之電線間，不得設置開關器。

第四四條

升降機之運轉用回路與緊急信號用回路或電話用回路，不得併集於同一電纜。

第四章　鋼索及鏈條

第四五條

升降機使用之鋼索應符合下列規定：

一　安全係數依下式計算；並依種類取下表所列之值以上。但揚程在五十公尺以下之升降機，其鋼索自重及槽輪阻力不予計入：

$$安全係數 = \frac{鋼索之斷裂荷重}{鋼索所承受之最大荷重}$$

鋼索種類	安全係數值
捲揚用鋼索	10
牽索	4

二　升降機符合下列規定之一者，捲揚用鋼索之安全係數得為八以上，不受前款限制：

(一)揚程在十三公尺以下者。

(二)額定速率在每秒〇‧七五公尺以下者。

(三)積載荷重在三百二十公斤以下者。

三　鋼索不得有下列情形之一：

(一)鋼索一撚間有百分之十以上素線截斷者。

(二)直徑減少，公稱直徑百分之七以上者。

(三)有顯著變形或腐蝕者。

(四)已扭結者。

四　捲揚用鋼索應符合下列規定：

(一)使用符合國家標準之鋼索或同等以上性能者。

(二)公稱直徑在十二公厘以上。但經中央主管機關認可者，不在此限。

(三)每一搬器應有三條以上。但間接式液壓升降機及捲胴式升降機為二條以上。

(四)捲胴式升降機之搬器在最低停止位置時，應有二捲以上鋼索留置在捲胴上。

第四六條

升降機捲揚用滾子鏈條應符合下列規定：

一　安全係數依下式計算，其值須在十以上：

$$安全係數 = \frac{鏈條之斷裂荷重}{鏈條所承受之最大荷重}$$

二　升降機適於下列規定之一者，捲揚用滾子鏈條之安全係數得在八以上：

(一)揚程在十三公尺以下者。

(二)額定速率在每秒〇‧七五公尺以下者。

(三)積載荷重在三百二十公斤以下者。

三　鏈環板斷面積之縮減，不得超過原製造時之百分之十。

四　不得有裂痕。

五　每一搬器應有二條以上。

第五章　加　工

第四七條

結構部分之鋼材實施焊接時，應符合下列規定：

一　使用電弧焊接。

二　使用符合CNS 13719或具有同等以上性能之焊接材料。

三　不得在攝氏零度以下之場所實施焊接。但母材經預熱者不在此限。

四　有焊接及鉚接之部分，應先焊接後再鉚接。

五　焊接部分應充分熔入，且不得有裂隙、熔陷、堆搭、焊疤等足以影響強度之缺陷。

第四八條

結構部分之鉚釘孔及螺栓孔，應使用鑽孔機鑽成光滑之孔，且不得有迴紋或粗糙不平之旋紋。

第四九條

結構部分之螺栓、螺帽、螺釘、銷、鍵及栓等，除使用高張力螺栓摩擦接合者外，應設有防止鬆弛或脫落之設施。

第五〇條

升降機之安裝應符合下列規定：

一　電氣部分依本標準及電業法相關規定為之。

二　機器、配件、槽輪等予以有效之支承及固定，任何機件不得鬆弛或移位。但樓地板合於本標準之強度要求時，支持樑得無須直接置放於受支持件之下方。

第六章　附　則

第五一條

①升降機之操作方法及故障時之處置方式等，應揭示於明顯易見處。

②升降機應於搬器內顯而易見之場所，置有標示下列事項之銘牌：

一　製造者名稱。

二　用途。

三　積載荷重。

四　如屬載人用升降機、病床用升降機或工程用升降機時，應標示其最大搭乘人數（積載荷重依第二十九條及其附表規定，每人以六十五公斤重計算，長跨度工程用升降機以人員搭乘區每人佔〇‧二五平方公尺面積計算）。

第五二條

①本標準自發布日施行。

②本標準修正條文，自中華民國一百零三年七月三日施行。

吊籠安全檢查構造標準

①民國94年5月12日行政院勞工委員會令訂定發布全文49條；並自發
　布日施行。
②民國103年6月27日勞動部令修正發布第1、6、36、49條條文；並
　自103年7月3日施行。
③民國108年11月11日勞動部令修正發布第33、39、49條條文；並自
　發布日施行。

第一章　總　則

第一條

本標準依據職業安全衛生法第六條第三項及第十六條第四項訂定
之。

第二條

吊籠構造特殊者，得經中央主管機關認可後，免除本標準所定全
部或部分之適用。

第二章　結構部分

第一節　材　料

第三條

①吊籠結構部分使用之材料，應符合下列國家標準（以下簡稱
　CNS），或為具有同等以上化學成分及機械性質之鋼材。但經中
　央主管機關認可之耐蝕鋁合金等材料，不在此限。
　一　CNS 575規定之鋼材。
　二　CNS 2473規定之SS330或SS400鋼材。
　三　CNS 2947規定之鋼材。
　四　CNS 4435規定之STK400或STK490系列鋼材。
　五　CNS 4437規定之十三種鋼材。
　六　CNS 5802規定之304系列不銹鋼材。
　七　CNS 6183規定之鋼材。
　八　CNS 7141規定之鋼材。
　九　CNS 7794規定之304系列不銹鋼材。
　十　CNS 8497規定之304系列不銹鋼材。
②前項結構部分不包括護圍、護罩、機械部分及供人員升降之支撐
　部分等。
③吊籠之工作台底板得使用木材或耐蝕鋁合金板材。但使用木材
　時，不得有影響強度之裂隙、蝕蛀、節疤或木紋纖維傾斜等缺
　陷。

第四條

結構部分材料計算應使用之常數如下：

常數種類	材料種類	常數值
縱彈性係數 E（Modulus of elasticity）單位：牛頓／平方公厘（公斤／平方公分）	鋼材	206,000 (2,100,000)
	鋁合金	69,000
剪彈性係數 G（Shear modulus of elasticity）單位：牛頓／平方公厘（公斤／平方公分）	鋼材	79,000 (810,000)
	鋁合金	26,000
蒲松氏比 ν（Poisson's ratio）	鋼材	0.3
	鋁合金	0.33
線膨脹係數 α（Coefficients of thermal expansion）單位：℃$^{-1}$	鋼材	0.000012
	鋁合金	0.000024
比重 γ（Specific gravity）	鋼材	7.85
	鋁合金	2.7

第二節　容許應力

第五條

結構部分使用第三條第一項規定之鋼材時，其容許抗拉應力、容許抗壓應力、容許抗剪應力、容許彎曲壓力及容許承壓應力值，應依下列各式計算：

$\sigma_{ta} = F / 1.7$

$\sigma_{ca} = \sigma_{ta}$

$\sigma_{ba} = \sigma_{ta}$

$\tau = \sigma_{ta} /$

$\sigma_{da} = 1.42\sigma_{ta}$

式中之 F、σ_{ta}、σ_{ca}、σ_{ba}、τ 及 σ_{da} 分別表示下列之值：

F：取下列任一較小值者：

　　1.降伏強度或降伏點。單位：牛頓／平方公厘（公斤／平方公分），以下均同。

　　2.抗拉強度除以1.2。

σ_{ta}：容許抗拉應力。

σ_{ca}：容許抗壓應力。

σ_{ba}：容許彎曲壓力。

τ：容許抗剪應力。

σ_{da}：容許承壓應力。

第六條

結構部分使用第三條第一項之鋼材及其但書規定之材料時，其容許挫曲應力值，應依下列各式計算：

λ≦Λ時

$\sigma_k = 1.7\{1-(1-\theta)(\lambda/\Lambda)^2\}\sigma_{ca}/\mu$

λ＞Λ時

$\sigma_k = 0.68\theta\sigma_{ca}/(\lambda/\Lambda)^2$

式中之σ_k、σ_{ca}、θ、λ、Λ及μ分別表示下列之值：

σ_k：容許挫曲應力。

σ_{ca}：容許抗壓應力。

θ：鋼材為0.6，鋁合金為0.4。

λ：有效細長比。

Λ：界限細長比，依下式計算：

$$\Lambda = \sqrt{\frac{\pi^2 E}{\alpha F}}$$

式中之π、E及F分別表示下列之值：

π：圓周率。

E：縱彈性係數。

F：取下列任一較小值者：

　　1.降伏強度或降伏點。

　　2.抗拉強度除以1.2。

μ：安全率，依下式計算：

　　1.鋼材：$\mu = 1.7+0.8(\lambda/\Lambda)^2$

　　2.鋁合金材料：$\mu = 1.7\{0.9+0.6(\lambda/\Lambda)\}$。但μ的數值未超過1.7時，以1.7計。

第七條

①結構部分使用第三條第一項規定之鋼材時，焊接部分之容許應力值，應不得大於第五條規定之值（塡角焊接者取其容許抗剪應力值）乘以下表之焊接效率所得之值。

焊接方式	鋼材種類	焊接效率			
		容許抗拉應力	容許抗壓應力	容許彎曲應力	容許抗剪應力
對接焊接	A	0.84	0.945	0.84	0.84
	B	0.80	0.90	0.80	0.80
對接焊接	A	0.84	0.84	—	0.84
	B	0.80	0.80	—	0.80

備註：表中符號A及B分別表示：

　1.符號A：為CNS 2947規定之鋼材、CNS 4435規定之STK490鋼材、CNS 7141規定之STKR490鋼材或具有與此種規格同等以上機械性質之鋼材，且具有優良之焊接性者。

　2.符號B：為A以外之鋼材。

②結構部分之對接焊接處全長百分之二十以上實施放射線檢查，並符合下列規定者，其容許抗拉應力、容許抗壓應力及容許彎曲應力得取第五條規定之值（即焊接效率取一‧〇）。

一　依CNS 3710規定之缺陷種類及等級分類，無第三種缺陷者。

二　前款之檢查結果，有第一種或第二種缺陷時，為二級之容許值以下；同時有第一種及第二種缺陷存在時，分別為各該缺陷二級之容許值之二分之一以下。

③實施放射線檢查時，其焊接處之補強層應削除至母材表面同一平面上。但補強層中央部分之高度與母材厚度之關係如下表所示高度以下者，不在此限。

母材厚度（公厘）	補強層高度（公厘）
12以下	1.5
超過12至25以下	2.5
超過25	3.0

第八條

使用第三條第一項但書規定之材料時，其容許應力值及其結構部分焊接處之容許應力值，應在中央主管機關認可材料之化學成分及機械性質之值以下。

第九條

①吊籠工作台底板使用鋁合金材料之容許彎曲應力值，應依下式計算：

$\sigma_{ba} = F / 1.7$，式中之 σ_{ba} 及 F 分別表示下列之值：

σ_{ba}：容許彎曲應力。

F：取下列之任一較小值者：

　1.降伏強度。

　2.抗拉強度除以1.2。

②工作台底板使用木材時，其纖維方向之容許彎曲應力值，應為下表規定之值以下：

木材之種類	容許彎曲應力值（牛頓／平方公厘）
赤松、黑松、美國松	9.5
落葉松、羅漢柏、檜、美國檜	9.0
鐵杉、美國鐵杉	8.5
樅樹、蝦夷松、椴松、紅松、杉、美國杉、針樅	7.5
橡樹	13.0
栗樹、枹樹、山毛櫸、櫸木	10.0
柳安	8.0
大花羯布羅香、龍腦香	11.0

第一○條

第五條至第八條規定之容許應力值，於結構部分所生應力之綜合計算，其容許應力於第十七條第二款規定應於百分之十五限定範圍內增值，同條第三款應於百分之三十限定範圍內增值。

第三節　荷　重

第一一條

① 結構部分承載之荷重種類如下：

一　吊籠之自重。

二　積載荷重。

三　升降慣性力。

四　走行慣性力。

五　風荷重。

六　地震荷重。

② 吊籠工作台不能水平移動者，前項第四款得不列入計算；如設置於室內者，前項第五款得不列入計算。

第一二條

① 積載荷重係指作用於工作台底板中心之集中荷重，其值應為下式計算結果以上：

W＝75（A＋1），式中之W及A分別表示下列之值：

W：積載荷重（公斤）。

A：工作台底板面積（平方公尺）。

② 椅式吊籠之積載荷重應為一百公斤以上。

第一三條

升降慣性力係指吊籠垂直方向之作用力，應依下式計算：

$F_v＝(0.15＋0.0025u)(W_{d1}＋W)g$，式中之$F_v$、u、$W_{d1}$、W及g分別表示下列之值：

F_v：升降慣性力（牛頓）。

u：升降速率（公尺／分）。

W_{d1}：升降部分之自重（公斤）。

W：積載荷重（公斤）。

g：重力加速度（公尺／秒²）。

第一四條

走行慣性力係指吊籠水平方向之作用力，應依下式計算：

$F_h＝0.05(W_{d2}＋W)g$，式中之F_h、W_{d2}、W及g分別表示下列之值：

F_h：走行慣性力（牛頓）。

W_{d2}：走行部分之自重（公斤）。

W：積載荷重（公斤）。

g：重力加速度（公尺／秒²）。

第一五條

① 風荷重應依下式計算：

F＝qCA，式中之F、q、C及A分別表示下列之值：

F：風荷重（牛頓）。

q：速度壓（牛頓／平方公尺）。

C：風力係數。

A：受風面積（平方公尺）。

②前項之速度壓值係相對於下表風作用方向，以同表右欄之計算式計算：

風作用方向	q之計算式
水平方向	$q=83\sqrt[4]{h}$
垂直方向	$q=21\sqrt[4]{h}$

備註：
1. 式中之h值係表示吊籠自地面起算受風面之高度（公尺），高度未滿15公尺者，以15計算。
2. 速度壓q值之計算式，係以風速在水平方向為每秒16公尺，在垂直方向者為每秒8公尺計算導出。

③除風洞試驗者，依其試驗值外，第一項之風力係數如下：

受風面之種類		風力係數
平面桁架（鋼管製平面桁架除外）構成之面	W_1：未滿0.1	2.0
	W_1：0.1以上，未滿0.3	1.8
	W_1：0.3以上，未滿0.9	1.6
	W_1：0.9以上	2.0
平板構成之面		1.1
圓筒面或鋼管製之平面桁架構成之面	W_2：未滿3	1.1
	W_2：3以上	0.7

備註：表中之 W_1、W_2 分別表示：
1. W_1：充實率，係指實際擋風面積與該受風面（係指迎風之受風面，以下同）面積之比值。
2. W_2：圓筒面或鋼管外徑（公尺）乘以速度壓（牛頓／平方公尺）之平方根值。圓筒面係包括卸放用鋼索與電纜等。

④第一項規定之受風面積，為受風面與風向成垂直之投影面積（以下稱投影面積），其受風面有二面以上重疊情形時，依下列各式計算：

一　二受風面重疊時：

$A＝A_1＋A_2＋A_{12}$

二　三受風面重疊時：

$A＝A_1＋A_2＋A_{12}＋A_3＋A_4$，式中之A、A_1、A_2、A_{12}、A_3及A_4分別表示下列之值：

A：總受風面積（平方公尺）。

A_1：第一受風面之投影面積（平方公尺）。

A_2：第二受風面之未重疊部分之投影面積（平方公尺）。

A_{12}：第一、二兩受風面之重疊部分投影面積百分之六十（平方公尺）。

A_3：為第三面以下各面與各該前一面重疊部分投影面積百分之五十（平方公尺）。

A_4：為第三面以下各面未重疊部分面積之和（平方公尺）。

第一六條

地震荷重為相當於吊籠之自重及積載荷重各百分之二十以上之荷重，同時作用於水平方向計算之值。

第一七條

①結構部分材料承載荷重所生之應力值，除不得超過第五條至第十條規定之容許應力值外，並應依下列規定計算：

一 自重、積載荷重、升降慣性力及走行慣性力之組合。

二 自重、積載荷重、升降慣性力、走行慣性力及風荷重之組合。

三 自重、積載荷重、升降慣性力、風荷重及地震荷重之組合。

②前項之應力值應取荷重組合中最不利之情形計算之。

第四節　強　度

第一八條

吊籠工作台之底板材之強度，應以每平方公尺二、四五〇牛頓以上之平均分佈荷重計算之。

第一九條

①吊籠有翻覆之虞者，其結構部分安定度之值，應依下式計算；並視其應力計算情形，如係第十七條第一款者，此值為一・五以上；同條第二款者，此值為一・三五以上；同條第三款者，此值為一・二以上。

$S=Ms / Mo$，式中之S、Ms及Mo分別表示下列之值：

S：安定度。

Ms：安定力矩（牛頓公分）。

Mo：反轉力矩（牛頓公分）。

②前項安定度應以結構部分之安定度最為不利之狀態下計算；軌道式吊籠應將軌道等之固定效果納入計算。

第二〇條

①吊籠之工作台應依下列規定：

一 底板材不得有間隙，且確實固定於框架。

二 周圍依下列規定設置圍柵或扶手：

（一）堅固之構造，並確實與底框結合。

（二）所用材料不得有顯著之損傷、腐蝕等缺陷。

（三）高度在九十公分以上。

三 設置扶手時，應於周圍置有中欄杆及高度在十公分以上之腳趾板。

②前項第二款及第三款之規定，於椅式吊籠不適用。

第二一條

吊籠應設置有效固定安全帶用之金屬安裝具。但椅式吊籠不在此限。

第二二條

①軌道式吊籠之軌道末端，應設置車輪阻擋器、緩衝裝置或緩衝材，車輪阻擋器之高度應在走行車輪直徑五分之一以上。

②軌道式吊籠設有可切換軌道之裝置者，應具有當無法正確切換軌道時，能於該軌道切換裝置前停止走行之構造。

③吊籠之走行軌道應以確實可靠方法固定於建物上，各軌條間應以魚尾板或其他方法連接之，並不得有影響吊籠安定之撓曲、腐蝕或損傷。

第二三條

①吊籠之支架、吊臂及其基礎座，應具有在積載荷重下，保持必要穩定性之構造。

②結構部分應具有足夠強度及剛性，不得有影響該吊籠安全之變形。

第三章　機械部分

第一節　制動器等

第二四條

①吊籠之升降裝置、起伏吊臂之裝置（以下稱起伏裝置）及伸縮吊臂之裝置（以下稱伸縮裝置）（以下統稱為升降裝置等），除使用液壓為動力者外，應置備制動器。

②前項之制動器應符合下列規定：

一　制動轉矩值應為承載相當於積載荷重時，吊籠之升降裝置等轉矩值中最大值之一‧五倍以上。

二　升降裝置等分別置有二組以上制動器者，制動轉矩值為各制動器制動轉矩值之總和。

三　須置備動力被遮斷時，能自動動作之設備。

③前項第一款之升降裝置等之制動轉矩值，其阻力值不予計入。但該升降裝置等具有效率在百分之七十五以下之蝸桿蝸輪機構者，得計入該機構阻力所生轉矩之二分之一。

第二五條

走行式吊籠應置備控制其走行之制動器。

第二節　捲胴等

第二六條

吊籠之捲胴節圓直徑與捲進該捲胴之鋼索直徑之比或通過鋼索之槽輪節圓直徑與通過該槽輪之鋼索直徑之比，應分別在二十倍以上。

第二七條

①吊籠之有槽式捲胴捲進鋼索時，鋼索中心線與所進入槽中心線間之夾角，應在四度以下。

②吊籠使用無槽式捲胴時，其遊角應在二度以下。

第二八條

①捲胴式吊籠之捲揚用鋼索與捲胴、吊臂或工作台緊結之部分，應使用合金套筒、壓夾、栓銷等方法緊結之。

②非捲胴式吊籠所用鋼索之端部應具有防止與升降裝置脫離之固定設施。

第二九條

構成升降裝置等之捲胴、軸、銷等及其他組件，應具有充分強度，且不得有妨礙升降裝置等動作之磨耗、變形、裂隙等缺陷。

第三節　安全裝置

第三〇條

①使用鋼索之升降裝置、起伏裝置及伸縮裝置，應置有過捲預防裝置，並符合下列規定：

一　具有自動遮斷動力及制動動作之機能。

二　易於調整及檢點之構造。

三　與上方有接觸之虞之物體間隔，應保持在〇‧二公尺以上。

②過捲預防裝置如為電氣式者，除依前項規定外，應符合下列規定：

一　接點、端子、線圈及其他通電部分（以下稱通電部分）之外殼，應使用鋼板或其他堅固之材料，且具有不因水或粉塵等之侵入，致使機能發生障礙之構造。

二　於外殼易見處，以銘板標示額定電壓及額定電流。

三　具有於接點開放時，防止過捲之構造。

四　通電部分與外殼間之絕緣部分，其絕緣效力、絕緣電阻試驗及耐電壓試驗應符合CNS 2930規定。

五　直接遮斷動力回路之構造者，其通電部分應施以溫升試驗，並符合CNS 2930規定。

第三一條

①吊籠使用液壓或氣壓為動力之升降裝置等裝置時，應有防止壓力過度上升之安全閥。

②前項吊升裝置等除置備符合第二十四條規定之制動器者外，應設置防止壓力異常下降，致工作台及吊臂急遽下降之逆止閥。

第三二條

吊籠之控制裝置，應有自操作部放手時，能自動將該吊籠之動作停止之構造。但其操作部如分設於二處以上時，該裝置應為不能同時操作之構造。

第三三條

吊籠應置有下列裝置之一：

一　工作台之下降速度未超過容許下降速度之一點三倍前，能自動控制其速度之裝置。

二　工作台之下降速度未超過容許下降速度之一點四倍前，能自動制止其下降之裝置，且該裝置應設於二條獨立之救命用鋼索。但升降裝置爲捲胴式且設置四條卸放工作台用鋼索者，不在此限。

第三四條

吊籠應設有易於矯正工作台傾斜之裝置。

第三五條

吊籠應置備有供工作人員使用之救命用纖維索等設施。但設置四條卸放工作台用鋼索者，或裝置第三十三條規定能自動制止工作台下降之裝置者，不在此限。

第三六條

吊籠之齒輪、軸、聯軸器等有危害工作者之虞之部分，應有防止接觸之護圍或護罩等設備。

第四節　電氣部分

第三七條

吊籠之控制裝置、制動器、警報裝置及開關器之操作部分，應置於易於操作之位置。並應於易見處標示控制吊籠之動作種類、動作方向、電路之開閉狀態等。

第三八條

吊籠之電磁接觸器之操作回路，如接地時，該電磁接觸器有接通之虞者，應符合下列規定：

一　線圈之一端連接於接地側電線。

二　線圈與接地側之電線間，不得設置開關器。

第三九條

吊籠應具有漏電時能自動遮斷電源之裝置。但吊籠使用電壓在二十四伏特以下，且人員無感電危害之虞者，不在此限。

第四章　加　工

第四〇條

結構部分之鋼材實施焊接時，應符合下列規定：

一　使用電弧焊接。

二　使用符合CNS 13719或具有同等以上性能之焊接材料。

三　不得在攝氏零度以下之場所實施焊接。但母材經事前預熱者，不在此限。

四　有焊接及鉚接之部分，應先焊接後再鉚接。

五　焊接部分應充分熔入，且不得有裂隙、熔陷、堆搭、焊疤等足以影響強度之缺陷。

第四一條

結構部分之鉚釘孔或螺栓孔，應使用鑽孔機鑽成光滑之孔，且不

得有迴紋或粗糙不平之旋紋。

第四二條

結構部分之螺栓、螺帽、螺釘、銷、鍵及栓等，除使用高張力螺栓摩擦接合者外，應設有防止鬆弛或脫落之設施。

第四三條

吊籠安裝時，應將各固定件確實緊固，有配合關係之機件互相對妥。變更使用位置時亦同。

第四四條

鋼索不得與任何突出物間發生磨擦或接觸銳邊。

第五章　鋼索及纖維索

第四五條

除椅式吊籠外，卸放吊籠工作台之鋼索應使用二條以上。

第四六條

鋼索之安全係數等應符合下列規定：

一　安全係數依下式計算，並依其種類取下表所列之值以上。但槽輪之阻力不予計入：

$$安全係數 = \frac{鋼索之斷裂荷重}{承載於該鋼索之最大荷重}$$

鋼索之種類	安全係數
卸放工作台用鋼索、吊臂起伏用鋼索、吊臂伸縮用鋼索或救命用鋼索	10
其他鋼索	6

二　鋼索不得有下列情形之一：
　㈠鋼索一撚間有百分之十以上素線截斷者。
　㈡直徑減少達公稱直徑百分之七以上者。
　㈢有顯著變形或腐蝕者。
　㈣已扭結者。

三　對於捲胴式吊籠之卸放工作台用鋼索，當其工作台放置於最低位置時，應有二捲以上鋼索留置於升降裝置之捲胴上。

四　對於吊臂起伏用鋼索，當其吊臂放置於最低位置時，應有二捲以上鋼索留置於起伏裝置之捲胴上。

五　對於吊臂伸縮用鋼索，當其吊臂之長度為最短時，應有二捲以上鋼索留置於伸縮裝置之捲胴上。

第四七條

使用救命用纖維索應依下列規定：

一　安全係數依下式計算，其值取十以上。

$$安全係數 = \frac{該纖維索切斷荷重}{所承載之最大荷重}$$

二　不得有顯著之損傷或腐蝕。

第六章 附 則

第四八條

吊籠應於機架及工作台上之顯而易見處，置有標示下列事項之銘牌：

一 製造年月。

二 製造者名稱。

三 積載荷重。

第四九條

①本標準自發布日施行。

②本標準修正條文，除中華民國一百零三年六月二十七日修正發布之條文，自一百零三年七月三日施行外，自發布日施行。

壓力容器安全檢查構造標準

①民國97年11月7日行政院勞工委員會令訂定發布全文76條；並自發布日施行。
②民國103年6月27日勞動部令修正發布第1、76條條文；並自103年7月3日施行。

第一章 總則

第一條

本標準依據職業安全衛生法第六條第三項及第十六條第四項訂定之。

第二條

本標準用詞及符號定義如下：

一 第一種壓力容器：指鍋爐及壓力容器安全規則第四條第一項第一款規定者。但不包括小型壓力容器。

二 第二種壓力容器：指鍋爐及壓力容器安全規則第四條第一項第二款規定者。

三 MPa：壓力單位，百萬帕斯卡。

四 最小厚度：指依本標準規定算得之安全強度所必要之材料厚度。

第二章 第一種壓力容器

第一節 材料

第三條

第一種壓力容器之主要材料，應為鋼鐵材料或非鐵系金屬材料，且各該材料對應最高使用壓力及最高使用溫度所引起之化學性、物理性影響，應具有安全上之化學成分及機械性質者。

第四條

第一種壓力容器或第一種壓力容器之受壓部分，不得使用附表一規定之材料。

第五條

①材料之容許抗拉應力，應依下列規定。但鑄造件，不在此限：

一 鋼鐵材料及非鐵系金屬材料之容許抗拉應力，取下列各目規定算得之值中之最小之值：

　(一)常溫時之抗拉強度之最小值之四分之一。

　(二)材料於使用溫度時之抗拉強度之四分之一。

　(三)常溫時之降伏點或百分之零點二耐力之最小值之一點五分之一。

　㈣材料於使用溫度時之降伏點或百分之零點二耐力之一點五分之一；沃斯田鐵系不銹鋼鋼料使用於可因使用處所而允許稍微變形之部位者，得取材料於使用溫度時之百分之零點二耐力之百分之九十。

二　國家標準CNS四二七一「壓力容器用鋼板」、國家標準CNS八八七三「壓力容器用調質型錳鉬鋼及錳鉬鎳鋼鋼板」、國家標準CNS八六九七「低溫壓力容器用碳鋼鋼板」與國家標準CNS八六六八「低溫壓力容器用鎳鋼鋼板」規定之鋼鐵材料及具有同等以上機械性質者，其容許抗拉應力，得取下列各目規定算得之值中較小之值，不受前款規定之限制：

　㈠常溫時之降伏點或百分之零點二耐力之最小值之0.5（1.6−γ）倍之值；其中，γ為降伏點或百分之零點二耐力與抗拉強度之比值。但γ值未滿零點七時應取零點七；第二目之γ，亦同。

　㈡材料於使用溫度時之降伏點或百分之零點二耐力之0.5（1.6−γ）倍之值。

三　以熱處理提高強度之螺栓，其容許抗拉應力，應取第一款規定算得之值及依下列規定算得之值中最小之值，不受第一款規定之限制：

　㈠常溫時之抗拉強度之最小值之五分之一。

　㈡常溫時之降伏點或百分之零點二耐力之最小值之四分之一。

②材料之使用溫度在該材料之潛變領域內者，其容許抗拉應力，應取下列規定算得之值中最小之值，不受前項規定之限制：

一　在該溫度下，於一千小時內發生百分之零點零一潛變之應力之平均值。

二　在該溫度下，於十萬小時即發生破裂之應力之平均值之一點五分之一。

三　在該溫度下，於十萬小時即發生破裂之應力之最小值之一點二五分之一

第六條

鑄造件之容許抗拉應力，應依下列各款規定：

一　鑄鐵件之容許抗拉應力，取下列規定算得之值：

　㈠國家標準CNS二九三六「黑心展性鑄鐵件」、國家標準CNS二八六九「球狀石墨鑄鐵件」之FCD四○○、FCD四五○及具有與其同等以上之機械性質者：材料於使用溫度時之抗拉強度之六點二五分之一。

　㈡其他鑄鐵件：材料於使用溫度時之抗拉強度之十分之一。

二　鑄鋼件之容許抗拉應力，取下列規定之鑄造係數與依前條第一項第一款或第二項之規定算得之值相乘所得之值：

　㈠國家標準CNS二九○六「碳鋼鑄鋼件」，其化學成分含量，在依附表二規定值以下者，及國家標準CNS七一四三

「熔接結構用鑄鋼件」、國家標準CNS四○○○「不銹鋼鑄鋼件」、國家標準CNS七一四七「高溫高壓用鑄鋼件」、國家標準CNS七一四九「低溫高壓用鑄鋼件」之鑄造係數：零點八。

（二）經依附表三規定檢查合格者，分別依同表之檢查種類及方法，取其鑄造係數：零點九或一。

（三）其他鑄鋼件之鑄造係數：零點六七。

三　非鐵系金屬鑄造件之容許抗拉應力，取前條第一項第一款算得之值乘以鑄造係數零點八所得之值。

第七條

護面鋼之容許抗拉應力，依下式計算：

$$\sigma_a = \frac{\sigma_{a1}t_1 + \sigma_{a2}t_2}{t_1 + t_2}$$

式中，σ_a、σ_{a1}、t_1、σ_{a2} 及 t_2 各表示下列之值：

σ_a：護面鋼之容許抗拉應力（N/mm²）。

σ_{a1}：母材之容許抗拉應力（N/mm²）。

t_1：母材厚度（mm）。

σ_{a2}：合併材之容許抗拉應力（N/mm²）。

t_2：合併材厚度（mm）。

第八條

①鑄鐵以外之材料之容許壓縮應力，取與容許抗拉應力相等之值。

②鑄鐵之容許壓縮應力，取容許抗拉應力之二倍之值。

第九條

①材料之容許彎曲應力，取容許抗拉應力之一點五倍之值。

②鋼鐵材料及非鐵系金屬材料之使用溫度在該材料之潛變領域時之容許彎曲應力，取與容許抗拉應力相等之值，不受前項規定之限制。

第一○條

材料之容許剪應力，取容許抗拉應力之百分之八十之值。

第二節　構　造

第一一條

①管之厚度，應在最小厚度以上。

②管以外之部分，其厚度應在最小厚度減去零點二五毫米或減去標稱厚度之百分之六之值中較小之值以上。

第一二條

胴體或其他承受壓力部分所使用之板之厚度，應依下列規定：

一　碳鋼鋼板及低合金鋼鋼板：二點五毫米以上。

二　高合金鋼鋼板及非鐵系金屬板：

（一）無需考量腐蝕者：一點五毫米以上。

（二）需考量腐蝕者：二點五毫米以上。

第一三條

胴體或其他承受壓力部分所使用之板之腐蝕裕度，應在一毫米以

上。但碳鋼鋼料及低合金鋼鋼料以外之材料，依經驗實績認無腐蝕或磨耗之虞者，不在此限。

第一四條

內面承受壓力之圓筒胴體或球形胴體之板，其最小厚度應取於承受最高使用壓力時，發生於該板之應力與該板之容許抗拉應力相等時之板厚加腐蝕裕度之厚度。

第一五條

①外面承受壓力之圓筒胴體之板，其最小厚度應取於承受最高使用壓力之三倍之壓力時，發生於該板之應力與該板發生挫曲時之應力相等時之板厚加腐蝕裕度之厚度。

②外面承受壓力之球形胴體之板，其最小厚度應取於承受最高使用壓力之四倍之壓力時，發生於該板之應力與該板發生挫曲時之應力相等時之板厚加腐蝕裕度之厚度。

第一六條

①內面承受壓力之圓錐胴體之板之最小厚度，準用第十四條規定。

②圓錐胴體裝接於圓筒胴體者，其裝接方法應使裝接部具有安全所必要之強度。

第一七條

外面承受壓力之圓錐胴體之板之最小厚度，準用第十五條第一項規定。

第一八條

①內面承受壓力之管之最小厚度，準用第十四條規定。

②外面承受壓力之管之最小厚度，準用第十五條第一項規定。

③U字型管之中心線，應有不致使該U字型管發生過剩應力集中之彎曲半徑。

④於管之端部切削螺紋時，該管為內面承受壓力者，該螺紋部之管厚應取依第一項規定之管最小厚度加螺紋高度之值，不受第一項規定之限制。

⑤前項端部切削螺紋之管，該管為外面承受壓力者，該螺紋部之管厚應取依第二項規定之管最小厚度加螺紋高度之值，不受第二項規定之限制。

第一九條

全半球型端板以外之端板之厚度，應在無縫胴體板之最小厚度以上。

第二○條

端板應有不致使其發生過剩應力集中之形狀。

第二一條

中低面承受壓力之端板，且形成球面之部分未以牽條支撐者，其最小厚度準用第十四條規定。

第二二條

將第三十五條但書規定之未補強之孔設置於端板時，應以不致使人孔周圍及端板彎緣部發生過剩應力集中之方法設置。

第二三條

①內面承受壓力之圓錐體型端板及中低面承受壓力之碟型蓋板設有鎖緊螺栓用之凸緣者，該端板部分之最小厚度，準用第十四條規定。

②圓錐體型端板接合於胴體時，應以能使其裝接部具有安全所必要強度之方法裝接。

第二四條

構成球面之一部且未以牽條支撐之端板，其中高面承受壓力時之最小厚度，應取下列規定值中之較大值。但鑄鐵製端板，不在此限：

一 視同中低面承受最高使用壓力時，於該端板所生應力與該端板之容許抗拉應力相等時之端板厚度乘以一點六七所得之值加腐蝕裕度之厚度。

二 以中高面承受最高使用壓力之四倍壓力時，於該端板所生應力與該端板發生挫曲之應力相等時之端板厚度加腐蝕裕度之厚度。

第二五條

構成球面之一部且未以牽條支撐之鑄鐵製端板，其中高面承受壓力時之最小厚度，就該端板視同中低面承受壓力時之最小厚度與該端板凸緣部內徑之百分之一之值，取二者中較大之值。

第二六條

外面承受壓力之圓錐體型端板之最小厚度，準用第十五條第一項規定。

第二七條

①平型端板、平型蓋板、平型底板等未以牽條支撐之平板及將夾套熔接於胴體時之夾套封閉部，其最小厚度準用第十四條規定。

②前項夾套封閉部，應有不致使其發生過剩應力集中之形狀。

第二八條

①熱交換器及其類似設備之未以管牽條支撐之平型管板及具有平型蓋板功能之平型管板，其各該管板最小厚度，應取下列規定值之中較大之值：

一 承受最高使用壓力時，於該平型管板所生應力與容許彎曲應力相等時之該平型管板之厚度加腐蝕裕度之厚度。

二 承受最高使用壓力時，於該平型管板所生應力與容許剪應力相等時之該平型管板之厚度加腐蝕裕度之厚度。

②將管裝設於平型管板時，應採取使其接合部具有安全所必要強度之方法實施。

第二九條

①二管板固定式熱交換器因其胴體及管之伸縮狀態，致在胴體及管所生之應力值分別超過各該容許應力者，應在其胴體設置伸縮接頭。

②伸縮接頭應確認具有疲勞強度之安全性。

第三〇條

①牽條之斷面積，應在承受最高使用壓力時，於該斷面所生之應力與該斷面之容許抗拉應力除以一點一所得之值相等時之該斷面之面積以上。

②牽條以熔接連接者，該牽條之斷面積，應在承受最高使用壓力時，於該斷面所生之應力與該斷面之容許抗拉應力除以一點一所得之值相等時之該斷面之面積，再除以零點六所得之值以上，不受前項規定之限制。

③裝設牽條時，應採取使其接合部具有安全所必要強度之方法實施。

第三一條

①以牽條支撐之板之厚度，應在八毫米以上。但棒牽條以熔接方法裝設者，不在此限。

②前項但書之棒牽條，應有不致使其熔接部發生過剩應力集中之節距。

第三二條

以牽條支撐之平板、熱交換器及其類似設備之平型管板之最小厚度，準用第十四條規定。

第三三條

為實施第一種壓力容器內部之清掃及檢查，應在其胴體或端板設置下列之孔。但受第一種壓力容器之構造限制而設有能替代各該孔者，不在此限：

一　能進入內部之適當大小之人孔。
二　能清除結垢物或其他沉澱物之適當大小之清掃孔。
三　能檢查內部之適當大小之檢查孔。

第三四條

①第一種壓力容器於作業中有檢視內部狀況之必要者，得於其胴體或端板設置玻璃製之窺視窗。

②前項窺視窗使用之玻璃板，應符合國家標準CNS二二一七「強化玻璃」，或具有與其同等以上之機械性質。

③前項玻璃板之最小厚度，應依下式計算：

$$t = 5\sqrt{\dfrac{PA}{\sigma_b}}$$

式中，t、P、A及σ_b，分別表示下列之值：

t：玻璃板之最小厚度（mm）。
P：設置窺視窗之胴體、端板等之最高使用壓力（MPa）。
A：玻璃板受壓部分之面積（cm^2）。
σ_b：玻璃板之容許彎曲應力（N/mm^2），強化玻璃者取十五N/mm^2；其他玻璃者取彎曲強度之十分之一。

第三五條

設置於胴體、端板等之孔，應以具有充分強度之補強材實施補強。但在孔之周邊無發生過剩應力集中情形之虞者，不在此限。

第三六條

①外徑超過九十毫米之管及管台，不得以螺紋旋裝之方法裝設於最高使用壓力超過一MPa之胴體或端板。但供檢查孔使用之螺紋塞子及其他類似配件，不在此限。

②外徑超過一百十五毫米之管，不得以螺紋旋裝之方法裝設於發生引火性蒸氣之第一種壓力容器。

第三七條

①於胴體、端板或管板等裝設管、管台等時，應採取使其接合部具有安全所必要強度之方法實施。

②對於發生引火性或毒性蒸氣之第一種壓力容器，於其胴體、管板等所設之孔裝設管及其他類似物件時，應實施止漏熔接。

第三八條

①胴體之凸緣應視其種類，使用符合國家標準CNS七一一八「鐵金屬製管凸緣之壓力定額」、國家標準CNS七五五三至CNS七五五七「滑入熔接式鋼製管凸緣」、國家標準CNS七五五八「熔接頸鋼製管凸緣」及國家標準CNS七五五九「銅合金製管凸緣基準尺度」，或具有同等以上機械性質者。但凸緣不得使用於壓力超過國家標準CNS七一一八及國家標準CNS七五五九規定標稱壓力之胴體。

②裝設胴體管凸緣之胴體之外徑（單位mm）與最高使用壓力（單位MPa）相乘之值，超過五百者，該凸緣應使用連體型凸緣。

③胴體凸緣以外之凸緣，應使用符合國家標準CNS七一一八、國家標準CNS七五五三至國家標準CNS七五五七、國家標準CNS七五五八及國家標準CNS七五五九，或具有同等以上機械性質者。

第三九條

於中低面承受壓力之碟型蓋板所設之鎖緊螺栓用之凸緣之最小厚度，準用第十四條規定。

第四〇條

作業中須經常拆卸之蓋板，其鎖緊螺栓應有必要之安全強度。

第三節　製作及水壓試驗

第四一條

第一種壓力容器受壓部分之熔接，應依本條至第六十四條規定實施。但對於不發生應力或僅發生壓縮應力之部分實施熔接者，不在此限。

第四二條

①熔接時，應採用使其熔接部具有必要安全強度之方法實施。

②有產生顯著彎曲應力之虞之部位，應避免熔接。

第四三條

①熔接部或距離熔接金屬邊緣六毫米以內之部分，不得開孔。但熔接部經放射線透射試驗合格者，不在此限。

②前項但書之放射線透射試驗，應自孔之中心起算向二側在孔徑之一點五倍以上之範圍內實施。

第四四條

①熔接部之容許抗拉應力，應取依第五條或第六條算得之值乘以熔接接頭效率所得之值。

②前項熔接接頭效率，應取附表四規定之值。

第四五條

①碳鋼及合金鋼之熔接部，應實施熔接後熱處理。但止漏熔接部、沃斯田鐵系不銹鋼之熔接及其他無實施熔接後熱處理之必要者，不在此限。

②大型第一種壓力容器於設置場所實施熔接者，於其熔接部實施熔接後熱處理有困難時，得以預熱或其他降低應力之方法替代熔接後熱處理，不受前項規定之限制。

③熔接後熱處理，應依國家標準CNS一二六七〇「熔接後熱處理」或與其同等之標準規定，於加熱爐內實施。但胴體、管等之周向接頭，確認以局部加熱方法實施熔接部熔接後熱處理可行者，得以局部加熱方法實施。

④前項於加熱爐內以及以局部加熱方法實施之熔接後熱處理，得降低其依規定實施之維持溫度及時間者，僅以因現場熔接、使用材料或構造限制等因素，導致依國家標準或其同等標準之維持溫度及時間規定實施有困難或不適宜者為限。

⑤因材料特殊或構造限制等原因，致依第三項規定之方法實施熔接後熱處理有困難或不適宜者，得依檢查機構認可之方法實施。

第四六條

熔接部應充分熔入，且不得有龜裂、熔蝕、重疊、熔池、夾渣或氣孔等有害缺陷。

第四七條

熔接部應依下列規定製作試驗板，並經實施第四十九條至第五十五條規定之機械試驗合格：

一 實施胴體縱向接頭之熔接時，應就胴體全體製作一個試驗板裝設於胴體端部，並使其熔接線與胴體縱向接頭在同一直線上，與胴體縱向接頭同時實施熔接。但多節胴體之各節胴體縱向接頭之熔接不在同一條件下實施者，應就每節胴體各製作一個試驗板。

二 實施胴體周向接頭之熔接時，應就胴體全體製作一個試驗板與胴體或其類似構件分開備妥，並於胴體周向接頭之熔接時，延續以同一條件實施試驗板之熔接。但前款試驗板與胴體或其他構件之周向接頭在同一條件下實施熔接，且實施第四十九條至第五十五條規定之機械試驗者，得免置備周向熔接試驗板。

第四八條

①試驗板應與符合國家標準或與其同等以上之標準規定之母材同規格及同種類，並由具有同一厚度之材料製作。

②試驗板熔接時，應防止其反翹變形；發生反翹變形者，在實施熔

接後熱處理前，應妥予修整。

③試驗板應與本體熔接部實施相同之熔接後熱處理。

第四九條

①試驗板實施機械試驗時，其機械試驗種類及試驗片數量，應視其試驗板厚度，依附表五之規定辦理。

②前項機械試驗用試驗片之取材，應符合國家標準CNS九八〇〇「壓力容器之熔接接頭之機械試驗」或與其同等之標準規定。

第五〇條

①抗拉試驗方法及抗拉試驗片之形狀、尺寸，應符合國家標準CNS一二四五五「對接熔接拉伸試驗方法」或與其同等之標準規定。

②因試驗片厚度較厚致無法實施抗拉試驗者，得以薄鋸將其鋸成試驗可能之厚度實施抗拉試驗，不受前項規定之限制。

③前項經切開之全部試驗片，均應實施抗拉試驗合格。

第五一條

①實施抗拉試驗時，其試驗片之抗拉強度，應依母材種類分別在下列規定值以上：

一　百分之九鎳鋼、鋁及鋁合金、銅及銅合金、鈦及鈦合金，其在標準容許抗拉應力值以下使用者：依已調降之容許抗拉應力值之四倍之值。

二　前款以外之母材：依母材標準抗拉強度之最小值。

②於實施前項抗拉試驗，其試驗片在母材部斷裂時，試驗片之抗拉強度在前項各款規定值之百分之九十五以上且熔接部無缺陷者，該抗拉試驗視為合格。

③第一項抗拉試驗之不合格原因，為試驗片之母材缺陷造成者，該抗拉試驗視為無效。

第五二條

①正面彎曲試驗片、背面彎曲試驗片、側面彎曲試驗片、縱向彎曲試驗片之形狀、尺寸與各該試驗之試驗方法及試驗用夾具等，應符合國家標準CNS三九四〇「金屬材料彎曲試驗試片」、國家標準CNS三九四一「金屬材料之彎曲試驗法」及國家標準CNS一二六七六「對接熔接縫模彎試驗法」或與其同等之標準規定。

②彎曲試驗準用第五十條第二項及第三項規定。

第五三條

彎曲試驗結果，在試驗片之熔接部外側發生長度超過三毫米之龜裂者，為不合格。但位於角緣之小龜裂者，不在此限。

第五四條

①衝擊試驗應符合國家標準CNS三〇三四「金屬材料衝擊試驗法」或與其同等之標準規定，並就個別熱影響部及熔接金屬部分別實施，且應在第一種壓力容器之最低使用溫度以下為之。

②衝擊試驗片之形狀及尺寸，應符合國家標準CNS三〇三三「金屬材料衝擊試驗試片」之試驗片或與其同等之標準規定。該試驗片之採取，應符合國家標準CNS九八〇〇「壓力容器熔接接頭之機

械試驗」或與其同等之標準規定。

第五五條

衝擊試驗之合格認定，應符合國家標準CNS九七八八「壓力容器通則」或與其同等之標準規定。

第五六條

依第五十一條或第五十三條規定認定機械試驗不合格者，或依前條認定衝擊試驗不合格，其再試驗時，應符合國家標準CNS九七八八「壓力容器通則」或與其同等之標準規定。

第五七條

①抗拉試驗或彎曲試驗之再試驗，應自試驗結果不合格試驗片之同一試驗板，或於同時製作之試驗板，採取二個試驗片實施；試驗片依第五十一條或第五十三條規定辦理抗拉試驗或彎曲試驗均合格者，為合格。

②衝擊試驗之再試驗合格之認定，應符合國家標準CNS九七八八「壓力容器通則」或與其同等之標準規定。

③實施前二項試驗，因試驗板尺寸不足以再採取試驗片時，得由製作原試驗板之熔接技術士，以同一條件重新製作試驗板。

第五八條

①下列各款物件之熔接接頭，應就其全線實施放射線透射試驗，且其試驗結果應符合第六十條規定。但實施放射線透射試驗有困難者，不在此限：

一 以厚度超過三十八毫米之碳鋼鋼板製作之胴體、端板及其他類似部分。

二 以厚度超過二十五毫米之低合金鋼鋼板或沃斯田鐵系不銹鋼鋼板製作之胴體、端板及其他類似部分。

三 經檢查機構認定以沃斯田鐵系不銹鋼鋼板以外之高合金鋼鋼板製作之胴體、端板及其他類似部分。

四 因儲存放射性物質、致死物質等有害性內容物而需要氣密構造之第一種壓力容器。

五 以適用第五條第一項第二款規定之容許抗拉應力之鋼材製作之第一種壓力容器。

六 擬實施氣壓試驗之第一種壓力容器。

②前項熔接接頭以外之縱向接頭、周向接頭及其他類似接頭，應就相當於其全長之百分之二十之部分實施放射線透射試驗，且其試驗結果應符合第六十條規定。但經檢查機構認定無實施放射線透射試驗之必要或僅承受外壓之熔接接頭者，不在此限。

③前項縱向接頭與周向接頭有交叉者，實施放射線透射試驗應包含該交叉部分；相當於熔接接頭全長百分之二十之部分，其長度未滿三百毫米者，其取三百毫米。

第五九條

①應實施放射線透射試驗之熔接接頭，其補強層應不妨礙實施放射線透射試驗。

②使用背面墊板之對頭單面熔接，其背面墊板不妨礙放射線透射試驗者，得於留置該背面墊板之情形下，實施放射線透射試驗。

第六○條

放射線透射試驗方法及試驗結果，應視母材種類，分別符合下列各款規定：

一　不銹鋼鋼材以外之鋼材：依國家標準CNS三七一○「鋼焊接部之放射線透過試驗法及照相底片之等級分類法」或國家標準CNS一一二二六「碳鋼熔接件射線檢測法」，或以其同等方法實施且具有同等試驗結果。

二　不銹鋼鋼材：依國家標準CNS一二六七一「不銹鋼熔接縫放射線透過試驗法及透過照片之等級分類」，或以其同等方法實施且具有同等試驗結果。

三　鋁及鋁合金：依國家標準CNS一二六七二「鋁熔接縫放射線透過試驗法及透過照片之等級分類」；其缺陷點數及缺陷長度，應在國家標準CNS一二六七二規定之透過照片缺陷之像分類法之一類或二類，且無龜裂或夾銅，或以其同等方法實施且具有同等試驗結果。

四　鈦及鈦合金：依國家標準CNS一二六六三「鈦熔接縫放射線透射試驗法及透過照片之等級分類」；其缺陷點數應在國家標準CNS一二六六三規定之透過照片缺陷之像分類法之一類或二類，且無龜裂、熔入不足或融合不良，或以其同等方法實施且具有同等試驗結果。

第六一條

①對於第五十八條第一項各款規定之熔接接頭，除厚度在十毫米以下之熔接部、沃斯田鐵系不銹鋼及百分之九鎳鋼之熔接部外，其實施放射線透射試驗有困難之部分，應實施超音波探傷試驗，且其試驗結果應符合第二項規定。

②超音波探傷試驗，應依國家標準CNS一二六六八「鋼熔接縫超音波探傷試驗法及試驗結果之等級分類」；其缺陷回波高度之領域及依缺陷指示長度之缺陷分類，應在國家標準CNS一二六六八規定試驗結果之分類方法之一類或二類，或以其同等方法實施且具有同等試驗結果。

第六二條

①對於第五十八條第一項第五款之熔接接頭與因存有放射性物質、致死物質等有害性內容物而需具氣密構造之第一種壓力容器之開口部及補強材之熔接部，應就其全長實施磁粉探傷試驗，且該試驗結果應符合第二項規定。但其為非磁性或其他實施磁粉探傷試驗有困難者，不在此限。

②磁粉探傷試驗，應依國家標準CNS一二六五七「鋼鐵材料磁粉探傷試驗法及瑕疵磁粉花紋之等級分類」或同等之方法實施。

③磁粉探傷試驗之合格認定，應符合國家標準CNS九七八八「壓力容器通則」或與其同等之標準規定。

第六三條

①適用前條第一項但書規定者，應就其全長實施滲透探傷試驗，且該試驗結果，應符合第三項規定。

②滲透探傷試驗，應依國家標準CNS一二六六一「滲透探傷試驗法及瑕疵顯現條紋之等級分類」或其同等之標準規定實施。

③滲透探傷試驗之合格認定，應符合國家標準CNS九七八八「壓力容器通則」或與其同等之標準規定。

第六四條

①放射線透射試驗結果未符合第六十條規定者，應視其接頭種類，分別依下列規定實施補修及再檢查：

一 對於第五十八條第一項各款之熔接接頭，應將導致不合格結果之缺陷部完全去除再實施熔接，並對該再熔接之部分實施放射線透射試驗，其試驗結果應符合第六十條規定。

二 對於第五十八條第二項所定之熔接接頭，應就該接頭之任意二個處所（以下簡稱二處所），依下列規定實施放射線透射試驗。但對該接頭之試驗得以同條第一項規定之放射線透射試驗替代之：

　(一)再試驗結果，二處所均符合規定要件者，應將導致不合格結果之缺陷部完全去除再實施熔接，並對該再熔接部分實施放射線透射試驗，其試驗結果應符合第六十條規定。

　(二)第一目規定以外者，應就該接頭全長實施放射線透射試驗，其試驗結果未符合規定要件者，應將導致不合格結果之缺陷部完全去除再實施熔接，並對該再熔接部分實施放射線透射試驗，其試驗結果應符合第六十條規定。

②超音波探傷試驗、磁粉探傷試驗或滲透探傷試驗之結果，分別不符第六十一條第二項、第六十二條第三項或第六十三條第三項者，應將導致不合格結果之缺陷部完全去除再實施熔接，並對該再熔接部分實施試驗，其試驗結果應分別符合第六十一條第二項、第六十二條第三項或第六十三條第三項規定。

第六五條

①第一種壓力容器應依其種類，分別依下列規定之壓力實施水壓試驗，且不得有異狀：

一 鋼製或非鐵系金屬製之第一種壓力容器：最高使用壓力之一點五倍之壓力再依第五項規定進行溫度修正後之壓力。

二 最高使用壓力在零點一MPa以下之鑄鐵製第一種壓力容器：零點二MPa。

三 最高使用壓力超過零點一MPa之鑄鐵製第一種壓力容器：最高使用壓力之二倍之壓力。

四 以琺瑯或玻璃為內襯之第一種壓力容器：在其琺瑯或玻璃內襯施工前者，為前三款規定之壓力；於施工後者，為最高使用壓力。

②實施電鍍之第一種壓力容器，其水壓試驗得於電鍍後實施。

③大型第一種壓力容器及其他因構造不適於裝滿水之第一種壓力容器，得以實施氣壓試驗替代水壓試驗，並應無異狀。此時之試驗壓力為最高使用壓力之一點二五倍之壓力再依第五項規定進行溫度修正後之壓力。

④前項氣壓試驗，應升壓至最高使用壓力之百分之五十，再以每次最高使用壓力之百分之十階段性升壓至試驗壓力後，再降壓至最高使用壓力檢視之。

⑤水壓試驗或氣壓試驗壓力之溫度修正，依下式之規定：

$$P_a = P \times \frac{\sigma_n}{\sigma_a}$$

式中，P_a、P、σ_n 及 σ_a，分別表示下列之值：

P_a：修正後之水壓試驗壓力或氣壓試驗壓力（MPa）。

P：修正前之水壓試驗壓力或氣壓試驗壓力（MPa）。

σ_n：實施水壓試驗或氣壓試驗時之材料溫度之容許抗拉應力（N/mm^2）。

σ_a：使用溫度時材料之容許抗拉應力（N/mm^2）。

第四節　附屬品

第六六條

①第一種壓力容器應在承受不同壓力之部分，分別裝設能保持其內部壓力於最高使用壓力以下之安全閥或可替代之安全裝置。但反應器以外之第一種壓力容器，其與鍋爐或其他壓力源直接連通，且其最高使用壓力在該壓力源最高使用壓力以上者，不在此限。

②安全閥應裝設於第一種壓力容器本體或其附設之管之易於檢查位置，且應使其閥軸呈垂直狀態。

③第一種壓力容器有發生易燃蒸氣或毒性蒸氣者，其安全閥應為密閉式構造，或該壓力容器具有以燃燒、吸收該氣體等能安全處理之構造。

第六七條

①最高使用壓力超過零點一MPa之第一種壓力容器，裝設之揚程在閥座口徑之十五分之一以上之揚程式安全閥及全量式安全閥，其材料及構造應符合國家標準CNS九九六九「蒸汽及壓力氣體用彈簧式安全閥」或具同等以上機械性質者。

②前項安全閥，應於明顯易見處裝設記載下列事項之銘板：

一　製造者名稱或其商標。

二　標稱閥徑。

三　設定壓力（MPa）。

四　噴出量（kg/h）。

第六八條

將鄰接二座以上之第一種壓力容器連結使用，且各該壓力容器間均未設閥者，該連結使用之第一種壓力容器得視為一座第一種壓力容器，並適用第六十六條、第六十七條及第七十條規定。

第六九條

第一種壓力容器蓋板之急速開閉裝置，應具有該壓力容器內部殘留壓力未與外部壓力相等時無法開啓該蓋板之構造。

第七〇條

第一種壓力容器裝設壓力表應符合下列規定：

一　容易察知旋塞或閥之開閉狀況。

二　壓力表之最大指度，能表示最高使用壓力之一點五倍以上三倍以下之壓力。

第七一條

第一種壓力容器應裝設能表示其內部流體溫度之溫度計。但使用時，其材料溫度無超過該材料可允許溫度範圍之虞者，不在此限。

第五節　特殊設計

第七二條

不符合本章第一節至第四節規定之第一種壓力容器，其屬特殊設計或依國際標準製造者，經檢查機構就該壓力容器之材料、構造、製作等，認定與符合規定之第一種壓力容器具有同等以上之安全性者，視同符合各該規定。

第七三條

①二重殼構造之第一種壓力容器最高使用壓力，應在各承受不同壓力之部分，分別表示之。其他第一種壓力容器之最高使用壓力，於容器本體表示之。

②檢查機構認定第一種壓力容器有材料腐蝕、製作上缺陷或其他缺陷者，得視其損傷程度，重新核定最高使用壓力。

第三章　第二種壓力容器

第七四條

第二種壓力容器應於明顯易見處裝設記載下列事項之銘板：

一　製造者名稱或其商標。

二　製造年月。

三　最高使用壓力（MPa）。

四　水壓試驗壓力（MPa）。

第七五條

①第二章規定於第二種壓力容器準用之。但不包括第四條之附表一第二款至第四款、第四十五條、第四十七條至第六十四條規定。

②第四十四條第二項之附表四規定之熔接接頭效率，熔接接頭由非熔接技術士實施者，應取同表規定之值之百分之八十五。

第四章　附　則

第七六條

①本標準自發布日施行。

②本標準修正條文，自中華民國一百零三年七月三日施行。

既有危險性機械及設備安全檢查規則

①民國95年1月11日行政院勞工委員會令訂定發布全文20條；並自發布日施行。
②民國101年9月19日行政院勞工委員會令修正發布第2、5、15、16條條文。
③民國103年7月3日勞動部令修正發布第1～4、10、20條條文及第18條附表三；增訂第19-1條條文；並自103年7月3日施行。

第一條

為使既有危險性機械及設備納入檢查管理，依職業安全衛生法（以下簡稱本法）第十六條第四項規定訂定本規則。

第二條

①本規則所稱既有危險性機械及設備如下：

一　職業安全衛生法施行前，已設置且目前未經檢查合格者。

二　危險性機械及設備安全檢查規則施行前，已設置且目前未經檢查合格者。

三　國家標準或危險性機械及設備法規規範相關構造規格前，已設置且目前未經檢查合格者。

四　中央主管機關指定適用國外檢查標準前，已設置且目前未經檢查合格者。

②本規則未規定者，適用危險性機械及設備安全檢查規則之規定。

第三條

事業單位對於既有危險性機械及設備，依本法第十六條規定，向勞動檢查機構或中央主管機關指定之代行檢查機構（以下合稱檢查機構）申請檢查時，得不受危險性機械及設備安全檢查規則所定型式檢查、熔接檢查及構造檢查等規定之限制。

第四條

①事業單位申請既有危險性機械檢查時，應填具檢查申請書（附表一）及明細表，並檢附下列書件：

一　組配圖及強度計算書。

二　固定式起重機之設置場所平面圖及基礎概要。

三　營建用升降機之設置場所四周狀況圖。

四　人字臂起重桿或吊籠之設置固定方式。

五　符合第二條規定之設置時間相關證明文件。

②前項明細表，依危險性機械及設備安全檢查規則所定格式。

第五條

事業單位依前條檢附書件之原始資料欠缺者，檢查機構依下列規定辦理：

一　具有原製造廠簽署之相關證明文件者，得以資料審查方式認

定材質及強度。

二　使用材質不明者，得依最低強度採計。

三　事業單位自行繪製之整體組配圖，並註明尺寸者，得予採認。但繪製整體組配圖有困難者，得就繪圖困難部分採用能表明各該部位之外觀、形狀及組配情形，並具有同等圖示效果之拍攝影像採認之。

四　得依原設計標準或製造當時之相關標準實施強度計算。

五　原始強度計算書不全者，得依事業單位實施桁架、伸臂、搬器等主要結構之強度計算，予以採認。

第六條

① 檢查機構對於事業單位依第四條所附之書件資料齊全者，於實施檢查時，得依原設計內容審查，並依檢查結果核定既有危險性機械之吊升荷重或積載荷重。

② 事業單位檢附證明資料不齊全者，檢查機構得依其提供之構造明細表、組配圖、強度計算書等相關文件審查，並依檢查結果核定吊升荷重或積載荷重。

第七條

檢查機構對事業單位申請既有危險性機械及設備檢查，應於受理檢查後，將檢查日期通知申請人。

第八條

檢查機構實施既有危險性機械檢查時，雇主或其指派人員應在場，並應事先準備荷重試驗、安定性試驗用荷物及必要之吊掛器具。

第九條

既有危險性機械檢查項目，依危險性機械及設備安全檢查規則所定竣工檢查或使用檢查項目。

第一○條

既有危險性機械與建築物間之設置空間不足，如無礙使用安全者，得依下列規定辦理，並註記於相關檢查文件：

一　於保養、檢修時，將架空式起重機駛至兩橫樑間加以固定，使屋頂與其人行道間保持一點八公尺以上或於其人行道設置高一點五公尺以上有簷之頂蓬，並於顯著地點懸掛警告標示。

二　架空式起重機無法依規定設置人行道時，得改設具有防止人員墜落設施之檢點台。

三　營建用升降機之頂部安全距離或機坑深度不足者，得採取維修保養之必要安全設施及措施，並顯著標示。

第一一條

① 事業單位申請既有危險性設備檢查時，應填具檢查申請書（附表二）及明細表，並檢附下列書件：

一　構造詳圖及強度計算書。

二　熔接部之機械試驗結果。

三　必要之非破壞試驗結果。

四　安全閥構造圖及必要吹洩量計算書。

五　設備設置場所及其周圍狀況圖。

六　符合第二條規定之設置時間相關證明文件。

②前項明細表，依危險性機械及設備安全檢查規則所定格式。

第一二條

事業單位依前條檢附書件之原始資料欠缺者，檢查機構依下列規定辦理：

一　具有原製造廠簽署之相關證明文件者，得以資料審查方式認定放射線檢查、熔接效率、材質及強度。

二　使用材質不明者，得依最低強度採計。

三　得依原設計標準或製造當時之相關標準實施強度計算。

四　如具有前經熔接、構造檢查合格打印號碼可資識別者，得予採認。

五　事業單位自行繪製之整體組配構造詳圖，並註明容器內徑、長度、端板、管板型式、厚度、孔之尺寸及位置、傳熱管之配置等項目者，得予採認。

六　未檢附熔接部之機械試驗結果、必要之非破壞試驗結果或強度計算書不全者，事業單位如實施爐筒、胴體、端板、管板等主要結構之強度計算，經執業之機械技師簽認後，得予以採認。

第一三條

①檢查機構對於事業單位依第十一條檢附之書件資料齊全者，於實施檢查時，得依原設計內容審查，並依檢查結果核定其最高使用壓力或設計壓力。

②事業單位檢附證明資料不齊全者，檢查機構得依其提供之構造明細表、構造詳圖、強度計算書、安全閥設定壓力等相關文件審查，並依檢查結果核定最高使用壓力或設計壓力。

第一四條

檢查機構實施既有危險性設備檢查時，雇主或其指派人員應在場，並事先完成下列準備事項：

一　應將受檢查物件放置於易檢查位置。

二　準備水壓等耐壓試驗。

第一五條

既有危險性設備檢查項目為材料厚度、構造、尺寸、最高使用壓力、強度計算之審查、人孔、檢查孔、清掃孔、安全閥數量、吹洩試驗、壓力表數量、安全裝置、耐壓試驗及其他必要檢查項目。

第一六條

①檢查機構於實施既有危險性設備檢查之耐壓試驗有困難者，得依下列規定辦理：

一　鍋爐、蒸氣類壓力容器，以最高使用壓力一點一倍以上壓力

實施水壓試驗。

二　高壓氣體類設備、超低溫設備、內存觸媒等特殊內容物之設備或其他實施水壓試驗有困難者，以常用壓力一點一倍以上壓力就內容物或無危害之虞之液體實施耐壓試驗。

②前項耐壓試驗，以液體實施有困難者，得以同等壓力之空氣、氮氣或其他無危害之虞之氣體實施耐壓試驗。

③前二項耐壓試驗曾於一年內實施合格，並有紀錄證明者，得免實施。

第一七條

①既有危險性設備檢查時，應實施外部檢查及內部檢查。

②外部檢查為外觀檢查、外部腐蝕、裂痕、變形、污穢、洩漏之檢測、必要時實施之非破壞檢查、易腐蝕處之定點超音波測厚及其他必要檢查。

③前項外部檢查，檢查機構如發現有洩漏等情形時，得要求事業單位拆除保溫材被覆。

④內部檢查為內部之表面檢查、厚度、腐蝕、裂痕、變形、污穢等檢測、耐壓試驗、必要時實施之非破壞檢查及其他必要檢查。

⑤前項內部檢查確有困難者，得僅實施耐壓試驗。但應於歲修時補行實施。

第一八條

①檢查機構對於檢查合格之既有危險性機械及設備，應在被檢查物體上明顯部位打印檢查號碼，以資識別，並填具檢查結果報告表及核發檢查合格證明（附表三、附表四），其有效期限為一年。但檢查機構得依檢查結果，予以縮短之。

②前項檢查結果報告表，依危險性機械及設備安全檢查規則所定格式。

第一九條

事業單位至遲應於既有危險性機械及設備檢查合格證明有效期限屆滿前一個月，依危險性機械及設備安全檢查規則之規定，向檢查機構申請定期檢查。

第一九條之一

自營作業者，準用本規則有關雇主之義務規定。

第二○條

①本規則自發布日施行。

②本規則中華民國一百零三年七月三日修正條文，自一百零三年七月三日施行。

高壓氣體勞工安全規則

①民國77年6月29日行政院勞工委員會令訂定發布全文245條。
②民國87年6月30日行政院勞工委員會令修正發布第1、71、76、
　84、87、92、97、98、100、113、174、178、192、218、240、
　245條文；並刪除第73、171、188、244條條文。
③民國100年12月16日行政院勞工委員會令修正發布第1、36、37、
　41、53、70、71、116、125～127、129、132、133、218、220～
　225、227～229、232～237、240條文；增訂第37-1、37-2條條
　文；並刪除第123、135～142、144～152條條文。
④民國103年6月27日勞動部令修正發布第1、37-1、60、63、71、
　92、93、167、219、225、245條文；並自103年7月3日施行。
⑤民國111年9月14日勞動部令修正發布第6、20、23、192、220、221、
　227、228、232、234～237、245條文，增訂第191-1條條文；除
　第191-1、192條條文，自112年9月14日施行外，自發布日施行。

第一章　總　則

第一條
本規則依職業安全衛生法第六條第三項及第二十三條第四項規定
訂定之。

第二條
本規則所稱高壓氣體如左：
一　在常用溫度下，表壓力（以下簡稱壓力）達每平方公分十公
　　斤以上之壓縮氣體或溫度在攝氏三十五度時之壓力可達每平
　　方公分十公斤以上之壓縮氣體，但不含壓縮乙炔氣。
二　在常用溫度下，壓力達每平方公分二公斤以上之壓縮乙炔氣
　　或溫度在攝氏十五度時之壓力可達每平方公分二公斤以上之
　　壓縮乙炔氣。
三　在常用溫度下，壓力達每平方公分二公斤以上之液化氣體或
　　壓力達每平方公分二公斤時之溫度在攝氏三十五度以下之液
　　化氣體。
四　前款規定者外，溫度在攝氏三十五度時，壓力超過每平方公
　　分零公斤以上之液化氣體中之液化氰化氫、液化溴甲烷、液
　　化環氧乙烷或其他中央主管機關指定之液化氣體。

第三條
本規則所稱特定高壓氣體，係指高壓氣體中之壓縮氫氣、壓縮天
然氣、液氧、液氨及液氯、液化石油氣。

第四條
本規則所稱可燃性氣體，係指丙烯腈、丙烯醛、乙炔、乙醛、
氨、一氧化碳、乙烷、乙胺、乙苯、乙烯、氯乙烷、氯甲烷、氫

乙烯、環氧乙烷、環氧丙烷、氰化氫、環丙烷、二甲胺、氫、三甲胺、二硫化碳、丁二烯、丁烷、丁烯、丙烷、丙烯、溴甲烷、苯、甲烷、甲胺、二甲醚、硫化氫及其他爆炸下限在百分之十以下或爆炸上限與下限之差在百分之二十以上之氣體。

第五條

本規則所稱原料氣體係指前條規定之氣體及氧氣。

第六條 111

①本規則所稱毒性氣體，指丙烯腈、丙烯醛、二氧化硫、氨、一氧化碳、氯、氯甲烷、氯丁二烯、環氧乙烷、氰化氫、二乙胺、三甲胺、二硫化碳、氟、溴甲烷、苯、光氣、甲胺、硫化氫及其他容許濃度在百萬分之二百以下之氣體。

②前項所稱容許濃度，指勞工作業場所容許暴露標準規定之容許濃度。

第七條

本規則所稱容器，係指純供灌裝高壓氣體之移動式壓力容器。

第八條

本規則所稱灌氣容器，係指灌裝有高壓氣體之容器，而該氣體之質量在灌裝時質量之二分之一以上者。

第九條

本規則所稱殘氣容器，係指灌裝有高壓氣體之容器，而該氣體之質量未滿灌裝時質量之二分之一者。

第一〇條

本規則所稱超低溫容器，係指可灌裝攝氏零下五十度以下之液化氣體，並使用絕熱材料被覆，使容器內氣體溫度不致上升至超過常用溫度之容器。

第一一條

本規則所稱低溫容器，係指使用絕熱材料被覆或利用冷凍設備冷卻，使容器內氣體溫度不致上升至超過常用溫度，供作灌裝液化氣體之前條以外之容器。

第一二條

本規則所稱儲槽，係指固定於地盤之高壓氣體儲存設備。

第一三條

本規則所稱可燃性氣體低溫儲槽，係將大氣壓時沸點為攝氏零度以下之可燃性氣體於攝氏零度以下或以該氣體氣相部分之常用壓力於每平方公分一公斤以下之液態下儲存，並使用絕熱材料被覆或利用冷凍設備冷卻，使槽內氣體溫度不致上升至常用溫度之儲槽。

第一四條

本規則所稱氣體設備，係指製造設備（不含與製造有關所用之導管）中擬製造之高壓氣體之氣體（包括原料氣體）流通之部分。

第一五條

本規則所稱高壓氣體設備，係指氣體設備中有高壓氣體流通之部分。

第一六條

本規則所稱處理設備，係指以壓縮、液化及其他方法處理氣體之高壓氣體製造設備。

第一七條

本規則所稱減壓設備，係指將高壓氣體變換為非高壓氣體之設備。

第一八條

本規則所稱儲存能力，係指儲存設備可儲存之高壓氣體之數量，其計算式如左：

一　壓縮氣體儲存設備：$Q=(P+1) \times V_1$

二　液化氣體儲存設備：$W=0.9 \times w \times V_2$

三　液化氣體容器：$W=V_2 / C$

算式中：

Q：儲存設備之儲存能力（單位：立方公尺）值。

P：儲存設備之溫度在攝氏三十五度（乙炔氣為攝氏十五度）時之最高灌裝壓力（單位：每平方公分之公斤數）值。

V_1：儲存設備之內容積（單位：立方公尺）值。

W：儲存設備之儲存能力（單位：公斤）值。

w：儲槽於常用溫度時液化氣體之比重（單位：每公升之公斤數）值。

V_2：儲存設備之內容積（單位：公升）值。

C：中央主管機關指定之值。

第一九條

本規則所稱處理能力，係指處理設備或減壓設備以壓縮、液化或其他方法一日可處理之氣體容積（換算於溫度在攝氏零度、壓力為每平方公分零公斤狀態時之容積）值。

第二〇條 111

本規則所稱冷凍能力，指下列規定之一者：

一　使用離心式壓縮機之製造設備，以該壓縮機之原動機額定輸出一‧二瓩為一日冷凍能力一公噸。

二　使用吸收式冷凍設備，以一小時加熱於發生器之入熱量六千六百四十仟卡為一日冷凍能力一公噸。

三　除前二款規定者外，依下式計算：

$R=V / C$

算式中：

R：一日之冷凍能力（單位：公噸）值。

V：以多段壓縮方式或多元冷凍方式之製造設備，依下列㈠計算所得之數值；回轉活塞型壓縮機，依下列㈡計算所得之數值；其他以壓縮機一小時標準回轉速度之活塞壓縮量（單位：立方公尺）值。

㈠ $V_H + 0.08 \times V_L$

㈡ $60 \times 0.785 \times t \times n \ (D^2 - d^2)$

算式中：

V_H：於壓縮機額定回轉速度時最終段或最終元氣筒一小時活塞壓縮量（單位：立方公尺）值。

V_L：於壓縮機額定回轉速度時最終段或最終元之前一氣筒一小時活塞壓縮量（單位：立方公尺）值。

t：回轉活塞之氣體壓縮部分之厚度（單位：公尺）值。

n：回轉活塞一分鐘之標準回轉數值。

D：氣筒內徑（單位：公尺）值。

d：回轉活塞之外徑（單位：公尺）值。

C：依冷媒氣體決定之中央主管機關之指定值。

第二一條

本規則所稱移動式製造設備，係指可於地盤上移動之製造（含與該製造有關之儲存或導管之輸送）設備。

第二二條

本規則所稱固定式製造設備，係指前條規定之移動式製造設備以外之製造設備。

第二三條 111

本規則所稱液化石油氣製造設備，指下列設備之一者：

一 第一種製造設備：指加氣站以外設有儲槽或導管之固定式製造設備。

二 第二種製造設備：指加氣站以外未設有儲槽或導管之固定式製造設備。

第二四條

本規則所稱供應設備如左：

一 第一種供應設備：在供應事業場所以灌氣容器或殘氣容器（含儲存設備及導管之輸送）供應液化石油氣之各該設備。

二 第二種供應設備：前款以外之從事供應液化石油氣時之各該設備。

第二五條

本規則所稱加氣站，係指直接將液化石油氣裝於固定在使用該氣體為燃料之車輛之容器之固定式製造設備。

第二六條

本規則所稱冷凍機器，係指專供冷凍設備使用之機械，且一日之冷凍能力在三公噸以上者。

第二七條

本規則所稱製造事業單位如左：

一 甲類製造事業單位：使用壓縮、液化或其他方法處理之氣體容積（係指換算成溫度在攝氏零度、壓力在每平方公分零公斤時之容積）一日在三十立方公尺以上或一日冷凍能力在二十公噸（適於中央主管機關規定者，從其規定）以上之設備從事高壓氣體之製造（含灌裝於容器；以下均同）者。

二 乙類製造事業單位：前款以外之高壓氣體製造者。但冷凍能

力以三公噸以上者爲限。

第二八條

本規則所稱特定高壓氣體消費事業單位係指設置之特定高壓氣體儲存設備之儲存能力適於左列之一或使用導管自其他事業單位導入特定高壓氣體者。

一　壓縮氫氣之容積在三百立方公尺以上者。

二　壓縮天然氣之容積在三百立方公尺以上者。

三　液氧之質量在三千公斤以上者。

四　液氨之質量在三千公斤以上者。

五　液氯之質量在一千公斤以上者。

第二九條

本規則所稱特定液化石油氣消費事業單位係指設置之液化石油氣儲存設備之儲存能力，其質量在三千公斤以上或使用導管自其他事業單位導入液化石油氣者。

第三〇條

本規則所稱一般液化石油氣消費事業單位，係指前條以外之液化石油氣消費事業單位。

第二章　製造安全設施

第一節　甲類製造事業單位之固定式製造設備

第三一條

事業場所應有明確之境界線，並於該場所外面設置容易辨識之警戒標示。

第三二條

冷凍設備之壓縮機、油分離器、冷凝器或承液器及此等間之配管，不得設置於堆積有中央主管機關指定之危險性物質（以下簡稱危險性物質）或煙火場所之附近。

第三三條

自可燃性氣體製造設備（以可燃性氣體可流通之部分爲限；經中央主管機關指定者除外）之外面至處理煙火（不含該製造設備內使用之煙火）之設備，應保持八公尺以上距離或設置防止可燃性氣體自製造設備漏洩時不致流竄至處理煙火之設備之措施。

第三四條

自可燃性氣體製造設備之高壓氣體設備（不含供作其他高壓氣體設備之冷却用冷凍設備）之外面至其他可燃性氣體製造設備之高壓氣體設備（以可燃性氣體可流通之部分爲限）應保持五公尺以上之距離，與氧氣製造設備之高壓氣體設備（以氧氣可流通之部分爲限）應保持十公尺以上距離。但依第八十條之導管設置規定設置之配管，不在此限。

第三五條

自儲存能力在三百立方公尺或三千公斤以上之可燃性氣體儲槽外面至其他可燃性氣體或氧氣儲槽間應保持一公尺或以該儲槽、其

他可燃性氣體儲槽或氧氣儲槽之最大直徑和之四分之一以上較大者之距離。但設有水噴霧裝置或具有同等以上有效防火及滅火能力之設施者，不在此限。

第三六條

可燃性氣體儲槽應塗以紅色或在該槽壁上明顯部分以紅字書明該氣體名稱。但標示於槽壁缺乏識別效果之地下儲槽、埋設於地盤內儲槽、覆土式儲槽及其他儲槽，得採設置標示牌或其他易於識別之方式爲之。

第三七條

下列設備應於其四周設置可防止液化氣體漏洩時流竄至他處之防液堤或其他同等設施：

一 儲存能力在一千公噸以上之液化可燃性氣體儲槽。

二 儲存能力在一千公噸以上之液化氧氣儲槽。

三 儲存能力在五公噸以上之液化毒性氣體儲槽。

四 以毒性氣體爲冷媒氣體之冷媒設備，其承液器內容積在一萬公升以上者。

第三七條之一

依前條規定設置防液堤者，其防液堤內側及堤外十公尺範圍內，除下列設備及儲槽之附屬設備外，不得設置其他設備。但液化毒性氣體儲槽防液堤外之距離範圍，應依第三十七條之二規定辦理，不受十公尺規定限制：

一 設置於防液堤內側者：

　㈠與該儲槽有關之低溫儲槽之輸液設備。

　㈡惰性氣體儲槽。

　㈢水噴霧裝置。

　㈣撒水裝置及儲槽外面至防液堤間超過二十公尺者，可自防液堤外側操作之滅火設備。

　㈤氣體漏洩檢知警報設備之感應部。

　㈥除毒設備之吸收洩漏氣體之部分。

　㈦照明設備。

　㈧計測設備。

　㈨排水設備。

　㈩配管及配管架臺。

　㈤其他不妨礙安全之設備。

二 設置於防液堤外側者：

　㈠與該儲槽有關之輸液設備。

　㈡惰性氣體儲槽或空氣儲槽。

　㈢冷凍設備。

　㈣熱交換器。

　㈤氣化器。

　㈥氣體漏洩檢知警報設備。

　㈦除毒設備。

(八)照明設備。

(九)防止氣體擴散漏洩之構築物。

(十)計測設備。

(土)配管及配管架臺。但配管膨脹接頭以外之部分，以距地面四公尺以上高度者爲限。

(土)導管及導管架臺。

(土)消防設備。

(士)事業場所設置之通路。

(圭)具有可承受地盤荷重而埋設於地下之設施。

(圭)其他不妨礙安全之設備。

第三七條之二

液化毒性氣體儲槽，應依下列公式計算前條所定防液堤外側應維持之距離：

一 毒性氣體中之可燃性氣體：

(一)當 $5 \leqq X < 1000$ 時：

$$L = \frac{4}{995}(X-5) + 6$$

(二)當 $X \geqq 1000$，$L = 10$

X：儲存能力（公噸）

L：距離（公尺）

二 前款以外之毒性氣體：

(一)當 $5 \leqq X < 1000$，

$$L = \frac{4}{995}(X-5) + 4$$

(二)當 $X \geqq 1000$，$L = 8$

X：儲存能力（公噸）

L：距離（公尺）

第三八條

設置可燃性氣體製造設備或冷媒設備之壓縮機、油分離器、冷凝器或承液器及此等間之配管（以製造可燃性氣體或毒性氣體之製造設備者爲限）之廠房，不得因可燃性氣體或冷媒氣體之漏洩致使其滯留於廠內之構造。

第三九條

可燃性氣體、毒性氣體及氧氣之氣體設備（除高壓氣體設備及空氣取氣口外）應具氣密之構造。

第四〇條

冷凍用高壓氣體之製造設備應具有不因振動、衝擊或腐蝕等致使冷媒氣體漏洩之構造。

第四一條

高壓氣體設備應以常用壓力一點五倍以上之壓力實施耐壓試驗，並以常用壓力以上之壓力實施氣密試驗測試合格。但不包括下列設備：

一　第七條所列之容器。

二　經重新檢查或構造檢查實施耐壓試驗、氣密試驗測試合格之高壓氣體特定設備。

三　經中央主管機關認定具有同等效力之試驗合格者。

第四二條

冷媒設備（冷凍設備中，冷媒氣體可流通之部分；以下均同）應經以最高使用壓力以上之壓力實施氣密試驗及以最高使用壓力一‧五倍以上壓力實之耐壓試驗或具有同等以上效力之試驗合格者。

第四三條

高壓氣體設備（容器及中央主管機關規定者外）應具有以常用壓力二倍以上壓力加壓時，不致引起降伏變形之厚度或經中央主管機關認定具有同等以上強度者。

第四四條

氣體設備之材料，應使用足以適應該氣體之種類、性狀、溫度及壓力等諸性質之要求者。

第四五條

高壓氣體設備，除配管、泵、壓縮機之部分外，其基礎不得有不均勻沈陷致使該設備發生有害之變形；儲存能力在一百立方公尺或一公噸以上之儲槽之支柱（未置支柱之儲槽者爲其底座）應置於同一基礎，並緊密結合。

第四六條

塔（供進行反應、分離、精煉、蒸餾等製程之高壓氣體設備，以其最高位正切線至最低位正切線間之長度在五公尺以上者）、儲槽（以儲存能力在三百立方公尺或三公噸以上之儲槽）、冷凝器（豎式圓胴型者，以胴部長度在五公尺以上者爲限）及承液器（以內容積在五千公升以上者爲限）及支撐各該設備之支持構築物與基礎之結構，應能承受地震影響之耐震構造。

第四七條

高壓氣體設備之可進行溫度變化之反應、分離、精煉、蒸餾、冷卻、冷凝、熱交換及加熱設備，應設置適當之溫度計，且應採取該設備內溫度超過常用溫度時，可迅使其溫度下降至常用溫度範圍內之措施。

第四八條

高壓氣體設備、儲存設備或冷媒設備，應設置適當之壓力表，且應置該設備內壓力超過最高使用壓力時，可迅使其壓力恢復至最高使用壓力以下之安全裝置。

第四九條

前條安全裝置（除設置於惰性高壓氣體設備者外）中之安全閥或破裂板應置釋放管；釋放管開口部之位置，應依左列規定：

一　設於可燃性氣體儲槽者：應置於距地面五公尺或距槽頂二公尺高度之任一較高之位置以上，且其四周應無著火源等之安全位置。

二 設於毒性氣體高壓氣體設備者：應置於該氣體之除毒設備內。

三 設於其他高壓氣體設備者：應置於高過鄰近建築物或工作物之高度，且其四周應無著火源等之安全位置。

第五○條

可燃性氣體低溫儲槽，應採取防止其內壓降低至較外壓爲低時不致使該儲槽發生破裂之措施。

第五一條

①以可燃性氣體或毒性氣體爲冷媒氣體之冷媒設備之承液器及液化氣體儲槽應裝設液面計（氧氣或惰性氣體之超低溫儲槽以外之儲槽，以採用圓型玻璃管以外之液面計爲限）；該液面計如爲玻璃管液面計者，應有防止該玻璃管不致遭受破損之措施。

②連接前項玻璃管液面計與承液器或儲槽（以儲存可燃性氣體及毒性氣體爲限）間之配管，應設置自動及手動式停止閥。

第五二條

設置於儲存可燃性氣體、毒性氣體或氧氣之儲槽（不含中央主管機關規定者）之配管（以輸出或接受該氣體之用者爲限；包括儲槽與配管之連接部分）除依次條規定設置緊急遮斷裝置之閥類外，應設二具以上之閥；其一應置於該儲槽之近接處，該閥在輸出或接受氣體以外之期間，應經常關閉。

第五三條

①設置於內容積在五千公升以上之可燃性氣體、毒性氣體或氧氣等之液化氣體儲槽之配管，應於距離該儲槽外側五公尺以上之安全處所設置可操作之緊急遮斷裝置。但僅用於接受該液態氣體之配管者，得以逆止閥代替。

②前項配管，包括儲槽與配管間之連接部分，以輸出或接受液化之可燃性氣體、毒性氣體或氧氣之用者爲限。

③液氧儲槽僅供應醫療用途者，除應依第一項規定設置緊急遮斷裝置外，得另裝旁通閥。但旁通閥應經常保持關閉狀態，並加鉛封或上鎖，非遇有緊急情況或維修需要，不得開啓。

第五四條

可燃性氣體（氨及溴甲烷以外）之高壓氣體設備或冷媒設備使用之電氣設備，應具有適應其設置場所及該氣體種類之防爆性能構造。

第五五條

自動控制進行反應、分離、精煉、蒸餾等製造設備之控制裝置、依次條、第五十七條或第六十二條規定設置之撒水裝置、依第六十七條規定設置之消防設備、製造設備之冷卻水泵、緊急照明設備及其他爲確保製造安全經中央主管機關規定之設施，應設置不因停電導致該設施失卻安全功能之緊急電源或採取其他輔助措施。

第五六條

灌裝壓縮乙炔氣於容器之場所及第七十九條之灌氣容器放置場應設不因火災致使容器發生破裂之撒水裝置。

第五七條

設置於地盤上之液化石油氣儲槽及其支柱，應以不燃性絕熱材料被覆等構築之耐熱性構造；或於距離該儲槽及其支柱之外面五公尺以上之處所設置可操作之冷卻用撒水設備或其他冷卻裝置。

第五八條

放置壓縮機或灌裝壓縮乙炔氣於容器之場所或與第七十九條之灌氣容器放置場間及灌裝液氣體於容器之場所與第七十九條之灌氣容器放置場間，應分設厚度在十二公分以上鋼筋混凝土造或具有與此同等以上強度結構之防護牆。

第五九條

壓縮機與使用每平方公分一百公斤以上之壓力灌注壓縮氣體於容器之場所或與第七十九條規定之灌氣容器放置場間，應分設厚度在十二公分以上鋼筋混凝土造或具有與此同等以上強度結構之防護牆。

第六〇條

可燃性氣體或毒性氣體之製造設備中，有氣體漏洩致積滯之虞之場所，應設可探測該漏洩氣體，且自動發出警報之氣體漏洩檢知警報設備。

第六一條

毒性氣體之製造設備（中央主管機關規定者外），應依左列規定設置氣體漏洩時之防毒措施：

一　可適當防止漏洩氣體擴散之裝置。

二　應依該氣體毒性、氣體種類、數量及製程，選擇吸收各該毒性氣體之設備及吸收劑。

三　防毒面罩及其他防護具，應保管於安全場所，並經常維護於適當狀態。

第六二條

可燃性氣體或毒性氣體之儲槽或此等儲槽以外之儲槽而鄰近於可燃性氣體儲槽或處置可燃性物質之設備之四周及此等之支柱，應採取防止溫升之必要措施。

第六三條

為區別毒性氣體製造設施與其他製造設施，應於其外部設置容易辨識其為毒性氣體製造設施之必要措施，且在該設施之泵、閥、接頭及其他有漏洩氣體之虞之處所，標示其具有毒性之危害。

第六四條

毒性氣體之氣體設備之配管、管接頭及閥之接合；應採用熔接接合。但不適於熔接接合者，得以在安全上具有必要強度之凸緣接合代替。

第六五條

毒性氣體之氣體設備之配管，應依各該氣體之種類、性狀、壓力及該配管鄰近狀況，在必要處採用二重管構造。

第六六條

可燃性氣體製造設備，應採取可除卻該設備產生之靜電之措施。

第六七條

可燃性氣體及氧氣之製造設備，應依消防法有關規定設必要之消防設備。

第六八條

事業場所應依其規模及製造設施之形態，在事業場所內發生緊急災害時，可迅速聯絡之通報設備。

第六九條

設於製造設備之閥或旋塞及以按鈕方式等操作該閥或旋塞之開閉按鈕等（以下於本條文中簡稱閥之相關裝置）除依左列規定外，並應採取可使作業人員適當操作之措施：

一　在閥之相關裝置應設可明確表示其開閉方向之標示外，如該閥之相關裝置之操作對製造設備在安全上有重大影響者，應設表示其開閉狀況之標示。

二　與該閥之相關裝置有關之配管，應於近接該裝置之部位，以容易識別之方法標示該配管內之氣體或其他流體之種類及流動方向。但使用按鈕操作者，不在此限。

三　閥之相關裝置之操作對製造設備在安全上有重大影響且不經常使用者，應予加鎖、鉛封或採取其他同等有效之措施。但供緊急使用者，不在此限。

四　在閥之相關裝置操作場所，應視該裝置之機能及使用頻率，設置可確實操作該裝置之作業台。

第七○條

對高壓氣體之製造，於其生成、分離、精煉、反應、混合、加壓或減壓過程，應下列規定維持於安全狀態：

一　附設於安全閥或釋放閥之停止閥，應經常維持於全開放狀態。但從事安全閥或釋放閥之修理致有關斷必要者，不在此限。

二　當空氣液化分離裝置之液氧積存器內，每公升液氧中碳氫化合物濃度有下列情形之一時，應採取即刻停止該空氣液化分離裝置運轉，且迅即將液氧排放之措施：

　　㈠乙炔質量超過一毫克。

　　㈡甲烷中之碳質量超過二百毫克。

　　㈢前二款以外之其他碳氫化合物之碳質量超過一百毫克。

　　㈣碳氫化合物中之碳質量合計超過二百毫克。

三　下列氣體不得予以壓縮：

　　㈠乙炔、乙烯及氫氣以外之可燃性氣體中，含氧容量佔全容量之百分之四以上者。

　　㈡乙炔、乙烯或氫氣中之含氧容量佔全容量之百分之二以上者。

　　㈢氧氣中之乙炔、乙烯及氫氣之容量之合計佔全容量之百分

之二以上者。

㈣氧氣中之乙炔、乙烯及氫氣以外之可燃性氣體，其容量佔全容量之百分之四以上者。

四 製造壓力超過每平方公分二十五公斤之壓縮乙炔時，應添加稀釋劑。

第七一條

從事高壓氣體製造中之灌裝作業，應依下列規定辦理：

一 將液化氣體灌注於儲槽時，應控制該液化氣體之容量不得超過在常用溫度下該液槽內容積之百分之九十；對液化毒性氣體儲槽，應具有可自動探測液化氣體之容量及超過槽內容積百分之九十上限時可發出警報之設施。

二 將乙炔以外之壓縮氣體及液氨、液化二氧化碳及液氨灌注於無縫容器時，應於事前對該容器實施音響檢查；對有異音者應實施內部檢查；發現內部有腐蝕或異物時不得使用。

三 將高壓氣體灌注於固定在車輛之內容積在五千公升以上之容器或自該容器抽出高壓氣體時，應在該車輛設置適當之輪擋並予以固定。

四 將乙炔灌注於容器時，應維持其灌裝壓力在每平方公分二十五公斤以下，且應於灌注後靜置至其壓力在攝氏十五度時為每平方公分十五點五公斤以下。

五 將環氧乙烷灌注於儲槽或灌注於容器時，應於事前使用氮氣或二氧化碳置換該儲槽或容器內原有之氣體，使其不含有酸或鹼等物質。

六 應在事前確認灌注液化石油氣於容器或受灌注自該容器之製造設備之配管與容器之配管連接部分無漏洩液化石油氣之虞，且於灌注或抽出並將此等配管內之流體緩緩排放至無虞危險後，始得拆卸該配管。

七 高壓氣體之灌裝，應使用符合現行法令規定之合格容器或儲槽。

第七二條

為防止灌裝後氣體之漏洩或爆炸，高壓氣體之灌裝，應依左列規定：

一 乙炔應灌注於浸潤有多孔質物質性能試驗合格之丙酮或二甲基甲醯胺之多孔性物質之容器。

二 氰化氫之灌裝，應在純度百分之九十八以上氰化氫中添加穩定劑。

三 氰化氫之灌裝容器，應於灌裝後靜置二十四小時以上，確認無氰化氫之漏洩後，於其容器外面張貼載明有製造年月日之貼籤。

四 儲存環氧乙烷之儲槽，應經常以氮、二氧化碳置換其內部之氮、二氧化碳及環氧乙烷以外之氣體，且維持其溫度於攝氏五度以下。

五　環氧乙烷之灌氣容器，應灌注氮或二氧化碳，使其溫度在攝氏四十五度時內部氣體之壓力可達每平方公分四公斤以上。

第七三條　（刪除）

第七四條

供為製造霧劑、打火機用氣體或其他工業用液化石油氣之灌氣容器，應張貼以紅字書寫「未添加臭劑」之貼籤，或灌注於有類似意旨表示之容器；其他液化石油氣應添加當該氣體漏洩於空氣中之含量達容量之千分之一時即可察覺臭味之臭劑。

第七五條

從事氣體設備之修理、清掃等作業（以下簡稱修理等相關作業），應依左列規定：

一　從事修理等相關作業時，應於事前訂定作業計畫，並指定作業負責人，且應於該作業負責人監督下依作業計畫實施作業。

二　從事可燃性氣體、毒性氣體或氧氣之氣體設備之修理等相關作業時，應於事前以不易與其內部氣體反應之氣體或液體置換其內部原有之氣體。

三　從事修理等相關作業而認有必要使勞工進入氣體設備內部時，前款置換用氣體或液體應另以空氣再度置換。

四　開放氣體設備從事修理等相關作業時，為防範來自其他部分之氣體流入該開放部分，應將該開放部分前後之閥及旋塞予以關閉，且設置盲板等加以阻隔。

五　依前款規定關閉之閥或旋塞（以操作按鈕等控制該閥或旋塞之開閉者，為該操作按鈕等）或盲板，應懸掛「禁止操作」之標示牌並予以加鎖。

六　於修理等相關作業終了後，非經確認該氣體設備已可安全正常動作前，不得供製造作業使用。

第七六條

儲存能力在一百立方公尺或一公噸以上之儲槽，應隨時注意有無沈陷現象，如有沈陷現象時，應視其沈陷程度採取適當因應措施。

第七七條

操作製造設備之閥時，應考慮該閥之材質、構造及使用狀況、採取必要措施以防止過巨之力加諸於閥上，並訂入工作守則中。

第七八條

霧劑之製造作業，應依左列規定：

一　製造霧劑所使用之容器應適於目的事業主管機關之規定者。

二　霧劑製造設備之四周二公尺以內，不得置放中央主管機關指定之危險性物質。

三　霧劑應在使用不燃性材料或該建築物內以不燃性材料被覆之室內製造，且應嚴禁煙火。

四　在霧劑製造室內不得放置作業所需以外之物品。

五　霧劑應控制於溫度攝氏三十五度時該容器內壓可維持在每平方公分八公斤以下，且霧劑容量應保持在該容器內容積百分之九十以下之條件下製造。

六　為製造霧劑而必需加熱灌氣容器、閥或灌液管路時，應使用熱濕布或溫度在攝氏四十度以下之溫水。

七　必須將容器顛倒從事製造霧劑時，應使用可固定該容器之倒轉台。

八　灌裝有霧劑之容器，應全數置於溫水試驗槽內維持其溫度於攝氏四十八度或依中央主管機關規定方法試驗時，不致使該霧劑發生漏洩。

第七九條

容器放置場、灌氣容器及殘氣容器（以下簡稱灌氣容器等），應依左列規定：

一　容器放置場應明確標示，且於外面明顯處所設置警戒標示。

二　以絕熱材料被覆以外之可燃性氣體或氧氣灌氣容器等之容器放置場，應使用不燃性或難燃性材料構築輕質屋頂。

三　可燃性氣體之容器放置場，應使儲存之氣體漏洩時不致滯留之構造。

四　二氧化硫、氨、氯、氯甲烷、環氧乙烷、氰化氫、光氣或硫化氫之容器放置場，應設該氣體可漏洩時可除毒之設備。

五　可燃性氣體或氧氣之容器放置場，應依消防法有關規定設滅火設備。

六　灌氣容器等應按灌氣容器及殘氣容器區分，分別放置於容器放置場；可燃性氣體、毒性氣體或氧氣之灌氣容器或殘氣容器亦同。

七　容器放置場不得放置計量器等作業上必要以外之物品。

八　容器放置場四周二公尺以內不得有煙火或放置危險性物質。但在容器放置場以厚度九公分以上鋼筋混凝土造或具有與此同等以上強度構築防護牆時，不在此限。

九　灌氣容器等應經常保持其溫度於攝氏四十度（超低溫容器或低溫容器則以該容器內氣體之常用溫度中之最高溫度）以下。

十　灌氣容器等（內容積在五公升以下者除外）應採取防止因容器之翻倒、掉落引起衝擊及損傷附屬之閥等措施。

十一　可燃性氣體之容器放置場，不得攜帶有產生火源之機具或設備。

第八○條

導管之設置應依左列規定：

一　導管不得設置在有發生地場、山崩或地基不均勻沈陷之虞等之場所及其他中央主管機關規定之場所、建築物內部或其基礎之下面。

二　將導管設在地盤上時，應距地面安裝，且應在顯明易見處所

設置詳細標明有高壓氣體種類、發現導管有異常之連絡處所及其他應注意事項之標示。

三　將導管埋設於地盤下時，埋設深度應距離地面六十公分以上，且在顯明易見處所設置詳細標明有高壓氣體種類。發現導管有異常時之連絡處所及其他應注意事項之標示。

四　將導管設置於水中時，應置於不受船舶、波浪等影響之深度。

五　導管應經以常用壓力一‧五倍以上壓力實施之耐壓試驗及以常用壓力以上壓力實施之氣密試驗或經中央主管機關認定具有同等以上效力之試驗合格者。

六　導管應具有以常用壓力二倍以上壓力加壓時不致引起降伏變形之厚度或經中央主管機關認定具有同等以上強度者。

七　導管應施予防蝕及吸收應力之措施。

八　導管應採取不致使其超過常用溫度之措施。

九　導管應採取防止導管內壓超過常用壓力時能迅即恢復至常用壓力以下之措施。

十　在輸送氧氣或天然甲烷之導管及與此連接之壓縮機（壓縮氧氣之壓縮機以使用水為其內部潤滑劑者為限）間，應設除卻水分之設備。

第八一條

經中央主管機關及目的事業主管機關認定對公共具有危險之液化石油氣儲槽應埋設於地盤內。

第八二條

前條之儲槽，應依左列規定：

一　儲槽應設於厚度在三十公分以上混凝土造或具同等以上強度之頂蓋、牆壁及底板構築之儲槽室內，且採取左列之一之措施。但將施有防鏽措施之儲槽固定於地盤，且其頂部可耐地盤及地面荷重，得直接埋設於地盤內。
　　㈠儲槽四周填足乾砂。
　　㈡將儲槽埋設於水中。
　　㈢在儲槽室內強制換氣。

二　埋設於地盤內之儲槽，其頂部至少應距離地面六十公分。

三　併設二個以上儲槽時，儲槽面間距離應在一公尺以上。

四　儲槽外應有易辨識之警戒標示。

第八三條

前條之儲槽之一部分埋於地盤內時，在該設部分應施以防鏽措施。

第二節　甲類製造事業單位之第二種製造設備

第八四條

甲類製造事業單位之第二種製造設備，準用第三十一條、第三十三條、第三十八條、第三十九條、第四十一條、第四十三

條、第四十四條、第四十五條前段、第四十八條至第四十九條、第五十四條及第六十條、第六十六條至第六十九條、第七十條第一款、第七十一條第七款、第七十四條至第七十七條及第七十九條之規定。

第三節　甲類製造事業單位之加氣站

第八五條

承受灌裝之車輛應距離設置在地面上之儲槽外面三公尺以上。但在儲槽與車輛間設置防護柵時，不在此限。

第八六條

液化石油氣之灌裝，應採取防止氣體漏洩或爆炸之措施，並依左列規定：

一　應拆卸容器與裝卸設備之連接部分後，始得移動車輛。

二　應添加當液化石油氣漏洩於空氣中之含量達容量之千分之一即可察覺臭味之臭劑。

第八七條

加氣站除依前二條規定外，並準用第三十一條、第三十三條、第三十五條至第三十九條、第四十一條、第四十三條至第四十六條、第四十八條至第五十四條、第五十七條、第六十條、第六十六條至第六十九條、第七十條第一款、第七十五條至第七十七條、第七十九條、第八十一條至第八十三條之規定。

第四節　甲類製造事業單位之移動式製造設備

第八八條

製造設備不得靠近危險性物質之堆積場所。

第八九條

製造設備在從事製造作業中，應於外面明顯處所設置警戒標示。

第九〇條

①高壓氣體設備（除容器及中央主管機關規定者外）應經耐壓試驗、氣密試驗合格，並具一定之厚度。

②前項試驗及厚度，準用第四十一條及第四十三條之規定。

第九一條

可燃性氣體及氧氣之製造設備，應依消防法有關規定設置必要之滅火設備。

第九二條

對高壓氣體之製造，於其生成、混合、加壓、減壓或灌裝之過程，應依下列規定：

一　高壓氣體之灌裝，應使用符合現行法令規定之合格容器或儲槽。

二　灌注液化氣體於儲槽時，應控制該液化氣體容量不超過該儲槽在常用溫度下槽內容積之百分之九十。

三　使用液化石油氣、環丙烷、甲胺、二甲醚及此等之混合物製

造設備灌裝高壓氣體時，應採防止該設備之原動機產生之火花。

四　使用可燃性氣體、毒性氣體或氧氣之製造設備灌注高壓氣體於儲槽時，應於事前確認該製造設備之配管與該儲槽配管間之連接部位無虞高壓氣體漏洩，且於灌注後，將留存於配管內之剩餘氣體以不致發生危害之程度，微量逐予排放後，始可拆卸配管。

五　灌裝可燃性氣體時，應採取可除卻該設備可能產生靜電之措施。

六　將高壓氣體灌注於固定在車輛上內容積在五千公升以上之容器或自該容器抽出高壓氣體時，應在該車輛設置適當之輪擋並加以固定。

第九三條

從事液化石油氣之灌裝應依下列規定：

一　不得灌注於內容積在一千公升以下之容器。

二　液化石油氣之灌裝，應使用經檢查合格之容器或儲槽。

三　灌裝時，應於事前確認承注之容器或儲槽已設有液面計或過裝防止裝置。

四　灌注於儲槽時，應控制該液化石油氣容量不超過該儲槽在常用溫度下槽內容積之百分之九十。

五　灌裝時，應採取防止該設備之原動機產生之火花。

六　將液化石油氣灌注於儲槽或容器，或自儲槽或容器抽出時，應於事前確認該製造設備之配管與該儲槽或容器配管間連接部位無虞液化石油氣之漏洩，且於灌注後，將留存於配管內之剩餘氣體以不致發生危害之程度，微量逐予排放後，始可拆卸配管。

七　灌裝高壓氣體時，應採取可除卻該設備可能產生靜電之措施。

八　將液化石油氣灌注於固定在車輛上內容積在五千公升以上之容器或自該容器抽出液化石油氣時，應在該車輛設置適當之輪擋並加以固定。

九　準用第三十一條、第四十一條、第四十三條、第六十七條之規定。

第九四條

冷凍用高壓氣體製造設備，準用第三十一條、第三十二條、第三十八條、第四十條、第四十二條、第四十八條、第五十條、第五十一條、第六十七條之規定。

第五節　乙類製造事業單位之製造設備

第九五條

固定式製造設備之設置，準用第三十一條、第三十三條、第三十六條、第三十八條、第三十九條、第四十一條、第四十三

條、第四十八條、第四十九條、第五十一條、第五十四條、第六十條、第六十三條至第六十七條之規定。

第九六條

移動式製造設備之設置，準用第八十八條至第九十一條之規定。

第九七條

製造作業，應依左列規定：

一　灌注高壓氣體於容器時，應距離處置煙火場所、多數人聚集場所或堆置有危險性物質場所五公尺以上。

二　灌注氧氣於容器時，應於事前將附著於閥及容器之石油類或油脂類除卻；容器與閥間不得使用可燃性墊圈。

三　從事加熱灌裝用高壓氣體之容器、閥或配管時，應使用熱濕布或溫度在攝氏四十度以下之溫水。

四　擬將灌裝於容器之氰化氫移注於其他容器時，應於灌裝之日起六十日內為之。但純度在百分之九十八以上，且未曾著色者，不在此限。

五　除前列各款規定者外，準用第七十條第一款、第三款及第四款、第七十一條第二款、第四款、第五款及第七款、第七十二條第一款至第三款及第五款、第七十三條、第七十五條至第七十八條及第七十九條第六款至第十一款之規定。

第九八條

乙類液化石油氣製造事業單位之製造設施如左：

一　固定式製造設備之設置，準用第三十一條、第三十三條、第三十六條、第三十八條、第三十九條、第四十一條、第四十三條至第四十六條、第四十八條、第四十九條、第五十一條、第五十四條、第六十六條、第六十七條之規定。

二　移動式製造設備之設置，準用第八十八條至第九十一條及第九十三條之規定。

三　製造作業，應依左列規定：

　㈠灌裝液化石油氣時，應距離處置煙火場所，多數人聚集場所或堆置有危險性物質場所五公尺以上。

　㈡不得灌裝於固定在車輛之容器。

　㈢前二款規定者外，準用第七十一條第七款、第七十四條及第七十九條之規定。

第九九條

乙類冷凍高壓氣體製造事業單位之製造設施如左：

一　固定式製造設備之設置，準用第三十一條、第三十二條、第三十八條、第四十條、第四十二條、第四十八條至第五十一條及第五十四條、第六十條、第六十一條、第六十七條、第六十九條之規定。

二　移動式製造設備之設置，準用第三十一條、第三十八條、第四十條、第四十二條、第四十八條後段、第五十條至第五十一條、第六十七條之規定。

三 製造作業，應依左列規定：

㈠設置或變更製造設備之工程終了時，非經以氧氣以外之氣體試運轉或以最高使用壓力以上之壓力實施氣密試驗（使用空氣時，應於事前排除冷媒設備中之可燃性氣體後實施者爲限）後，不得供製造作業使用。

㈡除前款規定外，並準用第七十三條、第七十五條、第七十七條之規定。

第一○○條

甲類製造事業單位及乙類製造事業單位以外之製造事業單位（不含液化石油氣及冷凍用高壓氣體之事業單位；次條亦同）之製造設施如左：

一 以緩衝裝置及中央主管機關規定之設施從事高壓氣體之製造者，準用第四十一條、第四十三條及第七十條第一款之規定。

二 除前款以外之設施從事高壓氣體之製造者，準用第七十條第一款、第三款及第四款、第七十一條第二款、第四款、第五款及第七款、第七十二條第一款至第三款、第五款及第九十七條第一款至第四款之規定。

第一○一條

將原料氣體以導管供應甲類製造事業單位之製造事業單位，其製造設施除依有關製造設施標準規定外，對左列氣體不得製造。

一 可燃性氣體（除乙炔、乙烯及氫氣外）中，含氧容量佔全體容量之百分之四以上者。

二 乙炔、乙烯或氫氣中之含氧容量佔全體容量之百分之二以上者。

三 氧氣中之乙炔、乙烯及氫氣之容量之合計佔全體容量之百分之二以上者。

四 氧氣中可燃性氣體之容量佔全體容量之百分之四以上者。

第一○二條

甲類製造事業單位及乙類製造事業單位以外之液化石油氣製造事業單位之製造設施準用第七十四條及第九十八條第三款㈠及㈡之規定。

第一○三條

甲類製造事業單位及乙類製造事業單位以外之冷凍高壓氣體製造事業單位之製造設施，其製造作業準用第九十九條第三款第一目之規定。

第三章　供應安全設施

第一○四條

供應（含與供應有關之儲存及以導管之輸送，以下均同）高壓氣體予高壓氣體消費事業單位（以下簡稱「消費事業單位」）之高壓氣體供應事業單位（以下簡稱「供應事業單位」），應置備記

載有消費事業單位安全狀況之紀錄簿冊。

第一〇五條

以第一種供應設備供應（含與供應有關之儲存及以導管之輸送，以下均同）液化石油氣予液化石油氣消費事業單位（以下簡稱「消費事業單位」，以下均同）之液化石油氣供應事業單位（以下簡稱「第一種供應事業單位」，以下均同），應置備記載有消費事業單位安全狀況之紀錄簿冊。

第一〇六條

高壓氣體灌氣容器等，不得有腐蝕、裂隙、裂痕、皺紋等，且無漏氣者。

第一〇七條

壓縮天然氣之灌氣容器等，應明確標示使用期間不得超過有效期限六月。

第一〇八條

供應冷媒氣體時，其設備不得有腐蝕、裂隙、裂痕、皺紋等致減弱其強度，且無漏洩冷媒氣體者。

第一〇九條

將壓縮天然氣、液化石油氣供予消費事業單位爲燃料使用時，應確認消費事業單位之消費設備適於左列規定：

一 內容積在二十公升以上之灌氣容器等應放置於室外，並在其四周二公尺以內設置可遮斷火源之措施。但將容器置於室外確有困難，且已採取自灌氣容器等及其配件漏洩氣體時不致滯留室內之措施者，不在此限。

二 灌氣容器等及其鋼裙應採取避免濕氣、水滴導致生鏽之措施。

三 灌氣容器等之溫度應經常保持於攝氏四十度以下。

四 內容積超過五公升之灌氣容器等，應採取因翻落、翻倒等引起之衝擊及損傷其閥之預防措施。

五 灌氣容器（不含次款規定者）等與停止閥間應設調整器；調整器高壓側之耐壓性能及氣密性能，應具有容器上所刻調整耐壓試驗值以上之壓力實施耐壓試驗及以該耐壓試驗值之五分之三以上之壓力實施之氣密試驗合格者。

六 灌氣容器等與停止閥間應設調整器；調整器之高壓側應具有經以每平方公分二十六公斤實施耐壓試驗及以每平方公分十六公斤實施之氣密試驗合格之耐壓及氣密性能。

七 灌氣容器等與調整器間之配管，應使用容器上所刻耐壓試驗壓力以上之壓力、調整器與停止閥間之部分則以每平方公分八公斤（長度未滿〇．三公尺者，爲每平方公分二公斤）以上之壓力實施之耐壓試驗或經中央主管機關認定具有同等以上之試驗合格者。

八 灌氣容器等與調整器間之配管，應使用每平方公分二十六公斤實施之耐壓試驗、調整器與停止閥間之部分則以每平方公

分八公斤（長度未滿○・三公尺者，爲每平方公分二公斤）以上之壓力實施之耐壓試驗或經中央主管機關認定具有同等以上之試驗合格者。

九　以硬管以外之管與硬管或調整器連接時，該部分應以管帶鎖緊。

第一一○條

供應事業單位（不含液化石油氣及冷凍用高壓氣體之供應事業單位）之供應設施，除依第一百零四條、第一百零六條、第一百零七條、第一百零九條（不含第六款、第八款）者外，依左列規定：

一　容器以配管連接者，其容器放置場及灌氣容器等，準用第一百十六條及第一百二十一條第一款，其他者準用第七十九條之規定。

二　儲槽準用第一百十三條及第一百十九條之規定。

三　導管準用第八十條之規定。

第一一一條

液化石油氣容器放置場及灌氣容器等，準用第七十九條之規定。

第一一二條

以第二種供應設備供應液化石油氣時，其設置準用第六十七條、第一百零五條至第一百零七條、第一百零九條、第一百十三條、第一百十六條、第一百二十條、第一百二十二條之規定。

第四章　儲存安全設施

第一一三條

以儲槽儲存高壓氣體時，應依左列規定：

一　儲存可燃性氣體或毒性氣體之儲槽，應設置於通風良好場所。

二　儲槽四周二公尺以內不得有煙火或放置危險物質。

三　液化氣體之儲存不得超過該液化氣體之容量於常用溫度下該槽內容積之百分之九十。

四　從事修理等相關作業，準用第七十五條之規定。

五　儲存能力在一百立方公尺或一公噸以上之儲槽，應隨時注意有無沈陷現象，如有沉陷現象時，應視其沈陷程度採取適當因應措施。

六　操作安裝於儲槽配管之閥時，應考慮閥之材料、構造及其狀況，採取必要措施以防止過巨之力加諸於閥上。

第一一四條

冷凍設備應採取因翻落、翻倒等引起之衝擊之預防措施。

第一一五條

冷凍高壓氣體之儲存，準用前條之規定。

第一一六條

以容器儲存高壓氣體時，應依下列規定辦理：

一　儲存可燃性氣體或毒性氣體之容器，應放置在通風良好之場所。

二　儲存氰化氫之容器，應每日檢點一次以上。

三　氰化氫之儲存，應自灌裝於容器之日起算，不得超過六十日。但純度在百分之九十八以上，且未著色者，不在此限。

四　不得固定或積載於船舶、車輛或鐵路車輛。但符合下列用途之一者，不在此限：

　　㈠滅火用之二氧化碳、氮氣及不活性氣體。

　　㈡搭載於消防車、救護車或救援車輛之救急用高壓氣體。

　　㈢其他經目的事業主管機關同意者。

五　前列各款規定外，準用第七十九條第六款至第十一款之規定。

第一一七條

①儲槽或容器之容積在○‧一五立方公尺以下者，不受第一百十三條及前條規定之限制。

②高壓氣體為液化氣體時，前項之容積以質量十公斤換算為容積一立方公尺。

第一一八條

儲存高壓氣體之容積在三百立方公尺或三千公斤以上之事業單位應設專用儲存場（以下簡稱「高壓氣體儲存場」）。但甲類製造事業單位、供應事業單位經許可者，不在此限。

第一一九條

以儲槽儲存高壓氣體之高壓氣體儲存場（不含次條規定者），其設置準用第三十一條、第三十三條、第三十五條至第三十八條、第四十一條、第四十三條至第四十八條、第四十九條第一款及第二款、第五十條至第五十三條及第六十條、第六十二條至第六十九條之規定。

第一二○條

以儲槽儲存液化石油氣之液化石油氣儲存場，其設置準用第三十一條、第三十三條、第三十五條至第三十九條、第四十一條、第四十三條至第四十六條、第四十八條至第五十三條、第五十七條、第六十條、第六十六條至第六十九條及第八十一條至第八十三條之規定。

第一二一條

以容器儲存高壓氣體之高壓氣體儲存場（不含次條規定者），其設置應依左列規定：

一　容器以配管連接者，準用第七十九條第一款至第五款之規定；其可流通高壓氣體之配管者，且應準用第四十一條及第四十三條高壓氣體設備之規定。

二　容器未以配管連接者，準用第七十九條第一款至第五款之規定。

第一二二條

以容器儲存液化石油氣之液化石油氣儲存場，其設置應依左列規定：

一　容器以配管連接者，準用第七十九條第一款至第五款（不含第四款）之規定。

二　容器未以配管連接者，準用第七十九條第一款至第六款（不含第四款）之規定。

第五章　運輸安全設施

第一節　固定於車輛之容器之運輸

第一二三條（刪除）

第一二四條

於同一車輛上固定二個以上之容器連成一體（以下簡稱集合容器）時，應依左列規定：

一　應設可使容器相互間及集合容器與車輛間緊結之措施。

二　每一容器應設供氣體之輸出及輸入用閥（以下簡稱容器原閥）。

三　在灌裝管上應設安全閥、壓力表及緊急洩壓閥。

第一二五條

①固定於車輛運輸之灌氣容器等，應經常保持其溫度於攝氏四十度以下。

②前項容器內存液化氣體者，應設溫度計或可適當檢知溫度之計測裝置。

③第一項所定溫度，對可計測氣體溫度之灌氣容器等，指該氣體之溫度。

第一二六條

固定於車輛運輸之液化氣體之灌氣容器等，應設可防止容器內部液面搖動之防波板。但符合國際規格之運輸用罐式集裝箱（ISO Tank）及無縫容器，不在此限。

第一二七條

固定於車輛運輸之容器，其容器頂部或該容器設置之突出物最高部，超過該車輛最高點者，應設高度檢知桿。

第一二八條

容器原閥置於容器後方之容器（以下簡稱後方卸出式容器）應使容器原閥及緊急遮斷裝置之閥與車輛後保險桿後面間之水平距離保持在四十公分以上。

第一二九條

後方卸出式容器以外之容器，其容器之固定，應使容器之後面與車輛後保險桿後面間之水平距離保持在三十公分以上。

第一三○條

容器之原閥、緊急遮斷裝置之閥及其他主要零件突出者，應將此等零件收容於設置於車輛左側以外之堅固工作箱內，且使工作箱

與車輛後保險桿後面間之水平距離保持在二十公分以上。

第一三一條

零件突出之容器除依第一百二十八條至前條規定外，應採取防止因此等零件引起之損傷致漏洩氣體之措施。

第一三二條

固定於車輛運輸之容器，其容器內存液化可燃性氣體、液化毒性氣體或液化氧氣者，不得使用玻璃或其他易破損之材料製造之液面計。

第一三三條

固定於車輛運輸之容器，其容器之閥或旋塞，應採取自其外面易於識別開閉方向及開閉狀態之措施。但該閥或旋塞使用按鈕方式操作者，應在該操作按鈕採取辨識措施。

第一三四條

於運輸之開始或終止時，應檢點有否漏氣等之異常；發現異常時，應即採取整修或防止危害之必要措施。

第一三五條至第一四一條 （刪除）

第二節　非固定於車輛之容器之運輸

第一四二條 （刪除）

第一四三條

灌氣容器等應經常保持其溫度（可計測氣體溫度之灌氣容器等，為氣體之溫度）於攝氏四十度以下。

第一四四條至第一五二條 （刪除）

第三節　導管運輸

第一五三條

以導管運輸高壓氣體時，準用第八十條之規定。

第六章　高壓氣體消費設施

第一節　特定高壓氣體消費設施

第一五四條

事業場所應有明確之境界線，並於該場所外設置易於辨識之警戒標示。

第一五五條

設置可燃性氣體消費設備之廠房，應具氣體自該設備漏洩時不致滯留之構造。

第一五六條

特定高壓氣體消費設備（以下簡稱消費設備）之材料，應使用足以適應該氣體之種類、性狀、溫度及壓力等諸性質之要求者。

第一五七條

消費設備（除配管之基礎外）不得有不均勻沈陷致使該設備發生有害之變形；儲存能力在一百立方公尺或一公噸以上之儲槽之支

柱（未置支柱之儲槽者為其底座）應置於同一基礎，並緊密結合。

第一五八條

消費設備之儲存設備、導管、減壓設備及此等設備之配管等（以下簡稱儲存相關設備，但容器除外；且液氯儲存設備以儲存能力在一千公斤以上未滿三千公斤者為限。以下於次條及第一百六十三條均同）應經以常用壓力一・五倍以上壓力實施之耐壓試驗及以常用壓力以上壓力實施之氣密試驗或具有同等以上效力之試驗合格者。

第一五九條

儲存相關設備應具有以常用壓力二倍以上之壓力加壓時，不致引起降伏變形之厚度或經中央主管機關認定具有同等以上強度者。

第一六〇條

儲存相關設備（不含壓縮氣體之減壓設備）應設置適當之壓力表，且應置該設備內壓力超過最高使用壓力時可迅使其壓力恢復至最高使用壓力以下之安全裝置。

第一六一條

液氨或液氯之減壓設備與該氣體進行之反應、燃燒設備間之配管，應設逆流防止裝置。

第一六二條

可燃性氣體低溫儲槽，應有防止其內壓降低至較外壓為低時不致使該儲槽發生破裂之設施。

第一六三條

液氨或液氯之消費設備（中央主管機關規定者外），應依左列規定設置氣體漏洩時之除毒措施。

一　可適當防止漏洩氣體擴散之裝置。

二　應依該氣體毒性、氣體種類、數量及消費狀況，選擇吸收各該氣體之設備及吸收劑。

三　除毒使用之防毒面罩及其他防護具，應保管於安全場所，並經常維護於良好狀態。

第一六四條

液氨或液氯之消費設備之配管、管接頭及閥之接合，應採用熔接接合。但不適於熔接接合者，得以安全上具有必要強度之凸緣接合代替。

第一六五條

液氨或液氯之消費設備之配管，應依各該氣體之種類、性狀、壓力及該配管鄰近狀況，在必要處所採用二重管構造。

第一六六條

可燃性氣體之消費設備，應採取可除卻該設備產生之靜電之措施。

第一六七條

消費設備中有氣體漏洩致積滯之虞之場所，應設置可探測該漏洩

氣體，且自動發出警報之氣體漏洩檢知警報設備，但液氧除外。

第一六八條

壓縮氫氣、壓縮天然氣、液氧及液氫之消費設備，應依消防法有關規定設置必要之消防設備。

第一六九條

儲存相關設備之四周五公尺以內應嚴禁煙火（該設備內者除外），且不得置放危險性物質。

第一七〇條

供消費液氧使用之閥及器具，應於事前除卻石油類、油脂類及可燃性物質。

第一七一條 （刪除）

第一七二條

設置於消費設備之閥或旋塞以及按鈕方式等操作該閥或旋塞之開閉按鈕等準用第六十九條之規定採取可使作業人員適當操作該閥或旋塞之措施。

第一七三條

從事消費設備之修理等相關作業，準用第七十五條之規定。

第一七四條

儲槽應隨時注意有無沈陷現象，如有沉陷現象時，應視其沉陷程度採取適當因應措施。

第一七五條

操作消費設備之閥時，應考慮該閥之材料、構造及使用狀況，採取必要之措施以防止過巨之力加諸於閥上，並訂入工作守則中。

第二節 特定液化石油氣消費設施

第一七六條

自特定液化石油氣消費設備（以下簡稱特定消費設備）之儲存設備、導管、減壓設備及此等設備之配管（以下簡稱儲存相關設備）外面至處理煙火（不含消費設備內使用之煙火）之設備應保持八公尺以上距離，或在該儲存相關設備與處理煙火之設備間設置防止氣體自該設備漏洩時，不致使其流竄至煙火設備之措施。

第一七七條

特定消費設備，應依消防法有關規定設置必要之消防設備。

第一七八條

特定消費設備除依前二條規定外，準用第一百五十四條至第一百六十條、第一百六十二條、第一百六十七條、第一百六十九條及第一百七十二條至第一百七十五條之規定。

第三節 可燃性氣體等消費設施

第一七九條

操作可燃性氣體、毒性氣體及氧氣（以下簡稱可燃性氣體等）之灌氣容器等之閥，準用第一百七十五條之規定。

第一八〇條

加熱灌氣容器等、閥或配管時，應使用熱濕布或溫度在攝氏四十度以下之溫水。但設有安全閥及可調節壓力或溫度之自動控制之加熱器內之配管，不在此限。

第一八一條

可燃性氣體或毒性氣體之消費，應在通風良好之場所爲之，且應保持其容器在攝氏四十度以下。

第一八二條

氰化氫之消費，應使用灌裝於容器後不超過六十日者。但純度在百分之九十八以上，且未著色者，不在此限。

第一八三條

環氧乙烷之消費，應於事前以氮氣或二氧化碳置換設備內部之氣體，且在環氧乙烷容器與消費所使用之設備間之配管，設逆流防止裝置。

第一八四條

距可燃性氣體或氧氣之消費設備五公尺以內，應嚴禁煙火（該設備內所使用者除外），且不得放置危險性物質。

第一八五條

氧氣之消費所使用之閥或器具，非除卻石油類、油脂類及其他可燃性物質後，不得使用。

第一八六條

可燃性氣體等應於消費後嚴閉其閥，並採取防止容器翻倒及損傷其閥之措施。

第一八七條

從事高壓氣體消費設備之修理或清掃時，應於事前以不易與其內部氣體反應之氣體或液體置換其內部之氣體等防止危險措施後爲之，且於其修理或清掃終了後，未確認該設施可正常安全運轉前，不得從事消費。

第一八八條 （刪除）

第一八九條

可燃性氣體等之消費，除依第一百七十九條至前條規定外，準用第一百五十四條至第一百七十五條之規定。

第一九○條

一般液化石油氣之消費應於通風良好之處所爲之，且其灌氣容器等之溫度應保持於攝氏四十度以下。

第一九一條

一般液化石油氣之消費後應予防止損傷閥等之措施。

第一九一條之一 111

①消費事業單位將液化石油氣容器串接供廠場使用，依下列規定辦理：

一　使用及備用容器串接總容量不得超過一千公斤，並應訂定容器串接供應使用管理計畫。

二　容器及氣化器應設置於室外。

三　容器及配管應採取防止液封措施。

四　連接容器與配管之軟管或可撓性管（以下簡稱撓管），連結容器處應加裝防止氣體噴洩裝置。

五　接用撓管之液化石油氣配管應設逆止閥。

六　撓管及配管之選用及安裝，應符合對應流體性質使用環境之CNS國家標準或ISO國際標準。

七　應設置漏洩及地震偵測自動緊急遮斷裝置。

八　應於明顯易見處標示緊急聯絡人姓名及電話。

②前項消費事業單位將液化石油氣容器串接供廠場使用，依消防法有關規定設置必要之消防設備。

第一九二條 111

一般液化石油氣之消費除依第一百九十條至前條規定外，準用第一百六十九條、第一百七十二條、第一百七十三條及第一百八十條之規定。

第七章　冷凍機器

第一九三條

冷凍機器之冷媒設備（除一日之冷凍能力未滿二十公噸者外）所使用之容器（除與泵或壓縮機相關者外；以下本章中簡稱爲容器），其材料應因應該容器之設計壓力（謂該容器可使用之最高壓力而設計之壓力）、設計溫度（謂該容器可使用之最高或最低之溫度而設計之溫度）等，採用適當之材料，且應經中央主管機關認可實施之超音波探傷檢查合格者。

第一九四條

容器之胴板、端板、蓋板或管板之厚度，應適應該容器之設計壓力、形狀及尺寸、材料種類、熔接接頭之有無或熔接接頭之效率等。

第一九五條

容器之熔接，應適應接頭之種類，以適當方法實施。

第一九六條

容器之熔接部（謂熔著金屬部分及承受熔接之熱影響而致材質產生變化之母材部分。以下均同），應具有與母材同等以上之強度。

第一九七條

在容器之胴板、端板或蓋板開啓之孔，應適應其板厚、孔徑等，必要時應施以補強材補強。

第一九八條

容器之熔接部應消除應力。但依母材之材質或厚度、熔接方法、預熱溫度等，被認無須實施消除應力者，不在此限。

第一九九條

容器之實施對頭熔接之熔接部，應依中央主管機關規定實施接頭拉伸試驗、自由彎曲試驗、側面彎曲試驗、反面彎曲試驗及衝擊

試驗合格者。

第二〇〇條

使用對頭熔接之熔接部中，經中央主管機關指定者，應對其全長依中央主管機關規定之方法實施放射線檢查。

第二〇一條

前條規定熔接部以外之對頭熔接部，應以同一熔接方法及同一條件之每一熔接部，就其全長之百分之二十以上長度實施前條規定之放射線檢查。但設計上被認無須實施放射線檢查或僅自其外面承受壓力之熔接部，不在此限。

第二〇二條

中央主管機關指定之容器之熔接部，應經中央主管機關規定之超音波探傷檢查合格。

第二〇三條

中央主管機關指定之容器之熔接部，應就其全長依中央主管機關規定之方法就其全長實施磁粉探傷試驗合格。

第二〇四條

前條之熔接部及耐蝕、耐熱合金及其他可因熔接而易生缺陷之金屬為母材之熔接部者中，被認實施磁粉探傷試驗為困難者，應依中央主管機關之規定實施浸透探傷試驗。

第二〇五條

冷凍機器應就冷媒設備以設計壓力以上之壓力實施氣密試驗；其配管以外之部分，應以設計壓力一‧五倍以上之壓力實施耐壓試驗。

第二〇六條

冷凍機器之冷媒設備，應具有可防止振動、衝擊、腐蝕等致使冷媒氣體外洩者。

第二〇七條

冷凍機器之冷媒設備（除第一百九十三條至第二百零四條規定之容器外）之材料及構造，應適合第二百零五條及前條之規定者。

第八章　設施之其他規定

第二〇八條

中央主管機關對高壓氣體之製造，依各該氣體之種類、製造設施之規模、事業場所四周環境之狀況、製造方法及其他相關事項，認定製造事業單位之設施情況特殊，得使其不受第二章規定之限制，另以適當標準為製造設施標準。

第二〇九條

中央主管機關對高壓氣體之儲存，依各該氣體之種類、高壓氣體儲存場所之規模、儲存場所四周環境之狀況、儲存方法及其他相關事項，認定高壓氣體儲存場所之儲存設施情況特殊，得使其不受第四章規定之限制，另以適當標準為儲存設施標準。

第九章　可燃性氣體等之廢棄

第二一〇條

可燃性氣體等不得併同容器廢棄。

第二一一條

可燃性氣體之廢棄，不得近接於煙火之處置場所或放置有危險性物質之場所及其附近場所為之；排放於大氣中時，應於通風良好之場所緩緩排放。

第二一二條

排放毒性氣體於大氣中時，應依環境保護有關規定。

第二一三條

連續廢棄可燃性氣體或毒性氣體時，應檢測各該氣體之滯留濃度，並採取適當之措施。

第二一四條

氧氣之廢棄所使用之閥或器具，非除卻石油類、油脂類及其他可燃性氣體後，不得使用。

第二一五條

可燃性氣體等應於廢棄後嚴閉其閥，並採取防止容器翻倒及損傷其閥之措施。

第二一六條

灌氣容器等之閥類，準用第一百七十五條之規定。

第二一七條

加熱於灌氣容器等、閥或配管時，應使用熱濕布或溫度在攝氏四十度以下之溫水。

第十章　安全管理

第二一八條

甲類製造事業單位應就下列事項，訂定災害防止規章，使勞工遵行：

一　安全衛生管理體制及該事業內各層級人員應擔負之職責。

二　製造設備之安全運轉及操作之必要事項。

三　安全巡視、檢點、檢查之必要事項。

四　製造設施之新設、增設、變更之管理，與設備、管線之維護、保養、檢修、汰換及其他必要事項。

五　製造設施遭遇緊急狀態時之應變措施及演練事項。

六　對於承攬人、再承攬人之管理、協調事項。

七　其他防止災害及安全衛生應注意之必要事項。

第二一九條

甲類製造事業單位應於製造開始之日就製造事業單位實際負責人指派為高壓氣體製造安全負責人（以下簡稱製造安全負責人），綜理高壓氣體之製造安全業務，並向勞動檢查機構報備。但適於下列之一之冷凍高壓氣體製造事業單位，不在此限。

一　製造設備係使用可燃性氣體或毒性氣體以外之氣體為冷媒氣體，限於單元型，且置有自動控制裝置者。

二　製造氟氯冷一百十四之製造設備。

三　試驗研究用製造設備，經勞動檢查機構核准者。

第二二〇條 111

①液化石油氣、冷凍用高壓氣體製造事業單位以外之甲類製造事業單位，應於製造開始之日，依各該事業製程狀況，按第二百二十一條規定分別選任高壓氣體製造安全主任，輔助高壓氣體製造安全負責人從事製造安全技術管理事務。

②擔任前項高壓氣體製造安全主任者，應依職業安全衛生教育訓練規則規定，接受高壓氣體製造安全主任安全衛生教育訓練。

第二二一條 111

①前條之甲類製造事業單位，應於下表所定製造設備設置之日，依高壓氣體之製造種類，分別選任高壓氣體製造安全作業主管：

高壓氣體之製造種類	製造設備之種類
一、製造石油精及石臘有關之高壓氣體。	一、蒸餾設備。 二、催化重組設備。 三、催化分解設備。 四、加氫脫硫設備。 五、脫臘設備。 六、裝卸設備。 七、氫氣製造設備。
二、分解石油精製造乙烯及丙烯之高壓氣體。	一、石油精之分解設備。 二、精製分解氣體之製造設備。 三、低溫蒸餾設備。 四、高溫蒸餾設備。
三、製造苯、甲苯、二甲苯之高壓氣體。	一、蒸餾設備。 二、精製設備。
四、製造聚乙烯及聚丙烯之高壓氣體。	一、聚合及分離設備。 二、精製設備。
五、製造氯乙烯單體之高壓氣體。	一、反應設備。 二、二氯乙烷之蒸餾設備。 三、分解設備。 四、精製設備。 五、回收設備。
六、製造氯乙烯單體之高壓氣體。	一、聚合設備。 二、回收設備。
七、製造氧化乙烯之高壓氣體。	反應設備。
八、製造氨或甲醇之高壓氣體。	一、重組設備。 二、精製設備。 三、合成設備。

九、製造尿素之高壓氣體。	一、二氧化碳之壓縮設備。 二、合成設備。 三、氨回收設備。
十、以電石從事乙炔。	一、氣體之生成設備。 二、灌裝設備。
十一、以電解製造液氨。	一、乾燥設備。 二、冷凝及液化設備。
十二、二氧化碳之製造（設置儲槽純供灌裝者除外）。	一、液化及精製設備。 二、儲槽及其附屬製造設備。
十三、製造氟氯冷之高壓氣體。	一、氟氯冷製造設備（次項規定者除外）。 二、供製造氟氯冷之冷凍設備。 三、儲槽及其附屬製造設備。
十四、製造氫以外之高壓氣體。	一、重組設備。 二、精製設備。 三、深冷液化分離設備。
十五、以空氣液化分離裝置製造氧、氬、氖等（設置儲槽純供灌裝者除外）。	一、空氣液化分離裝置及其附屬製造設備。 二、儲槽及其附屬灌裝用製造設備。
十六、供進口用設施之製造設備內之液化石油氣之製造。	一、儲槽及其附屬製造設備。 二、灌裝用製造設施（前項規定者外）。
十七、製造純供製鋼或非鐵金屬用之高壓氣體。	燃燒、氧化及還原之高壓氣體製造設備。
十八、其他高壓氣體之製造。	反應、合成、聚合、分離、精製、分解、重組、蒸餾、回收、混合、壓縮、冷凝、乾燥、燃燒、氧化、還原、灌裝或冷凍之高壓氣體製造設備。

②擔任前項高壓氣體製造安全作業主管者，應依職業安全衛生教育訓練規則規定，接受高壓氣體製造安全作業主管安全衛生教育訓練。

第二二二條

依前條規定選任高壓氣體製造安全作業主管時，該條表列第一款至第十七款所列之一種或二種以上之製造設備與同表第十八款所列之一種或二種以上之製造設備相鄰接，且其配置設計為一體實施管理，並於同一計器室內控制其操作，或在安全管理具有同等功能者，該製造設備等可歸納於同一種類，並得依此選任高壓氣體製造安全作業主管；對同一高壓氣體製造種類內之二種以上之

製造設備，亦同。

第二二三條

①依第二百二十一條規定選任高壓氣體製造安全作業主管時，該條表列第一款至第十七款所列之一種或二種以上之製造設備與同表第十八款所列之一種或二種以上之製造設備相鄰接，且其配置設計為一體實施管理，而設備之任一設備以外之設備之全部適於下列規定之一者，該設備等可歸納於同一類：

一　處理設備之處理能力在一百立方公尺以下時。但設有可燃性氣體之液化氣體加壓泵者，不在此限。

二　使用氣化器或減壓閥製造氧氣、氮氣、氬氣或氦氣之製造設備時。

三　使用氣化器製造二氧化碳之製造設備，包含使用一日之冷凍能力未滿十公噸之冷凍設備冷卻氣化器相關裝置所屬儲存設備內之二氧化碳時。

②前條規定之設備，雖屬同一製造種類欄內之高壓氣體之製造，其製造設備之操作由二以上系列所形成，且非於同一計器室內控制，或同一製造設備之操作人員採用輪班制時，應依操作控制系列或依班次分別選任高壓氣體製造安全作業主管。

第二二四條

依第二百二十一條規定選任之高壓氣體製造安全作業主管，應擔負維持製造設備之安全、監視製造方法與其高壓氣體之製造有關之下列技術事項，並監督、指揮勞工作業：

一　維持製造設備符合法令規定基準。

二　維持作業方法符合法令規定基準。

三　監督實施自動檢查。

四　實施巡視與檢點。

五　對與高壓氣體之製造有關之安全作業標準、設備管理基準、承攬管理基準及災害之發生或有虞發生災害之必要措施，提供建議。

六　於發生災害或有發生災害之虞時，採取必要措施。

第二二五條

①第二百二十條之甲類製造事業單位中，一日製造之高壓氣體容積在一百萬立方公尺以上者，應就大專校院理工科系畢業，並符合下列規定資格之一者，選任高壓氣體製造安全規劃人員，於事業開始之日報請勞動檢查機構備查。但製造安全負責人具有同等資格者，不在此限：

一　擔任高壓氣體製造安全主任五年以上者。

二　擔任高壓氣體製造安全作業主管及高壓氣體製造安全主任合計七年以上者。

②設置儲槽純供灌裝高壓氣體之事業單位，前項高壓氣體之容積為二百萬立方公尺以上，不受前項規定限制。

③下列高壓氣體之容積，不列入前二項之計算：

一　空氣或供保安用不活性氣體以外之不活性氣體之四分之三容積。

二　供保安用不活性氣體之全部容積。

第二二六條

前條之製造安全規劃人員，輔導製造安全負責人規劃左列高壓氣體製造安全有關事項。

一　規劃訂定有關高壓氣體製造安全工作守則。

二　規劃安全教育計畫並予推展。

三　前二款規定外，有關製造安全之基本對策。

四　提供有關製造安全之作業標準、設備管理基準或承攬管理及發生災害或防範發生災害之措施基準之建議並實施指導等。

五　規劃防災訓練及推展。

六　發生災害時之災害原因調查及檢討防災對策。

七　蒐集有關製造高壓氣體之資料。

第二二七條 111

①處理能力在一百萬立方公尺以上之液化石油氣甲類製造事業單位，應於製造開始之日，依各該事業製程狀況，分別選任高壓氣體製造安全主任，輔助製造安全負責人從事製造安全技術管理事務。

②設置儲槽純供灌裝液化石油氣之事業單位，前項處理能力爲二百萬立方公尺以上，不受前項規定限制。

③擔任第一項高壓氣體製造安全主任者，應依職業安全衛生教育訓練規則規定，接受高壓氣體製造安全主任安全衛生教育訓練。

第二二八條 111

①前項之甲類製造事業單位，於溫度在攝氏三十五度時，其處理設備之每小時液化石油氣輸液量之合計量（以下簡稱輸液總量）在一百六十立方公尺以上者，應於該設備設置之日，選任高壓氣體製造安全作業主管。

②前項輸液總量之計算，對氣體狀態之液化石油氣，應以容積十立方公尺換算爲輸液量一立方公尺。

③擔任第一項高壓氣體製造安全作業主管者，應依職業安全衛生教育訓練規則規定，接受高壓氣體製造安全作業主管安全衛生教育訓練。

第二二九條

依前條規定選任之高壓氣體製造安全作業主管，應擔負維持製造設備之安全、監視製造方法與其液化石油氣之製造有關之下列技術事項，並監督、指揮勞工作業：

一　維持製造設備符合法令規定基準。

二　維持製造方法符合法令規定基準。

三　監督實施自動檢查。

四　實施巡視與檢點。

五　對與液化石油氣之製造有關之安全作業標準、設備管理基

　　準、承攬管理基準及災害之發生或有虞發生災害之必要措施，提供建議。

六　於發生災害或有發生災害之虞時，立即採取必要措施。

第二三〇條

第二百二十七條規定之甲類製造事業單位應就大專院校理工科系畢業，並具有左列規定者中選任液化石油氣製造安全規劃人員（以下簡稱製造安全規劃人員）。但製造安全負責人具有同等資格者，不在此限。

一　曾擔任製造安全主任之經驗年資在五年以上者。

二　曾擔任製造安全作業主管及製造安全主任之合計經驗年資在七年以上者。

第二三一條

前條之製造安全規劃人員，輔助製造安全負責人規劃左列液化石油氣製造安全有關事項。

一　規劃訂定有關液化石油氣製造安全工作守則。

二　規劃安全教育計畫並予推展。

三　前二款規定外，有關製造安全之基本對策。

四　提供有關製造安全之作業標準、設備管理基準或承攬管理及發生災害或防範發生災害之措施基準之建議並實施指導等。

五　規劃防災訓練及推展。

六　發生災害時之災害原因調查及檢討防災對策。

七　蒐集有關製造液化石油氣之資料。

第二三二條 111

①第二百十九條之冷凍用高壓氣體製造事業單位，應於製造開始之日，選任高壓氣體製造安全作業主管，輔助製造安全負責人從事製造安全技術管理業務。

②擔任前項高壓氣體製造安全作業主管者，應依職業安全衛生教育訓練規則規定，接受高壓氣體製造安全作業主管安全衛生教育訓練。

第二三三條

依前條規定選任之高壓氣體製造安全作業主管，應擔負維持製造設備之安全、監視製造方法與其高壓氣體之製造有關之下列技術事項，並監督、指揮勞工作業：

一　維持製造設備符合法令規定基準。

二　維持作業方法符合法令規定基準。

三　監督實施檢點。

四　實施巡視與自動檢查。

五　對與高壓氣體之製造有關之安全作業標準、設備管理、承攬管理及防止災害之發生或有發生災害之虞時之必要措施，提供建議。

六　於發生災害或有發生災害之虞時，立即採取必要措施。

第二三四條 111

① 供應下列高壓氣體之事業場所，應於供應開始之日，依其供應場所之分類，分別選任高壓氣體供應安全作業主管，擔任高壓氣體供應安全技術事項：

一　氨、氯甲烷或氰化氫。

二　乙炔、丁二烯、丁烯、丙烯或甲烷。

三　氯。

四　氫。

五　氧。

六　丁烷。

② 擔任前項高壓氣體供應安全作業主管者，應依職業安全衛生教育訓練規則規定，接受高壓氣體供應及消費作業主管安全衛生教育訓練。

第二三五條 111

① 供應液化石油氣之供應事業單位，應於供應開始之日，選任高壓氣體供應安全作業主管，擔任液化石油氣供應安全技術事項。

② 擔任前項高壓氣體供應安全作業主管者，應依職業安全衛生教育訓練規則規定，接受高壓氣體供應及消費作業主管安全衛生教育訓練。

第二三六條 111

① 特定高壓氣體消費事業單位，應於消費開始之日，依消費事業單位或各分支消費事業單位，選任高壓氣體消費作業主管，擔任高壓氣體消費安全技術事項。

② 擔任前項高壓氣體消費作業主管者，應依職業安全衛生教育訓練規則規定，接受高壓氣體供應及消費作業主管安全衛生教育訓練。

第二三七條 111

① 特定液化石油氣消費事業單位，應於消費開始之日，依消費事業單位，選任高壓氣體消費作業主管，擔任液化石油氣消費安全技術事項。

② 擔任前項高壓氣體消費作業主管者，應依職業安全衛生教育訓練規則規定，接受高壓氣體供應及消費作業主管安全衛生教育訓練。

第二三八條

製造事業單位，平時即應選任第二百十九條至第二百二十一條及第二百二十五條、第二百二十七條、第二百二十八條、第二百三十條、第二百三十二條規定之人員（以下簡稱製造安全管理人員）之代理人，於製造安全管理人員因故未能執行職務時，代理其職務。

第二三九條

製造事業單位、供應事業單位及消費事業單位應對其僱用從事管理、監督、指揮及操作高壓氣體作業者，施予擔負工作所必要之安全知識教育訓練。

第二四〇條

① 製造、供應及消費高壓氣體之事業單位，應對所設置之高壓氣體設備及其管線，實施定期安全維護、保養及檢點，並對有發生腐蝕、劣化、缺損、破裂等有礙安全部分，採取必要補修、汰換或其他改善措施，以確保高壓氣體設施之安全運作。

② 前項安全維護、保養、檢點、補修或汰換等措施，應於高壓氣體製造安全主任、高壓氣體製造安全作業主管、高壓氣體供應及消費作業主管或其他專業技術主管之督導下實施。

③ 前二項所定事項之執行，應置備紀錄，並留存三年備查。

第十一章 附 則

第二四一條

本規則不適用於左列高壓氣體。

一 高壓鍋爐及其導管內之高壓蒸氣。

二 鐵路車輛設置之冷氣設備內之高壓氣體。

三 船舶設備內使用之高壓氣體。

四 礦場設施內以壓縮、液化及其他方法處理氣體之設備內之高壓氣體。

五 航空器內使用之高壓氣體。

六 供發電、變電、輸電設置之電力設備及其設置之變壓器、反應器、開閉器及自動遮斷器內以壓縮、液化及其他方法處理氣體之設備內高壓氣體。

七 原子能設施內使用之高壓氣體。

八 內燃機之起動、輪胎之充氣、打鉚或鑽岩或土木工程用壓縮裝置內之壓縮氣體。

九 冷凍能力未滿三公噸之冷凍設備內之高壓氣體。

十 液化溴甲烷製造設備外之該液化溴甲烷。

十一 高壓蒸氣鍋內之高壓氣體（除氫氣、乙炔及氯乙烯）。

十二 液化氣體與液化氣體以外之液體之混合液中，液化氣體之質量佔總質量之百分之十五以下，且溫度在攝氏三十五度時之壓力在每平方公分六公斤以下之清涼飲料水、水果酒、啤酒及發泡酒用高壓氣體。

十三 液化氣體製造設備外之質量在五百公克以下之該氣體，且於溫度攝氏三十五度時，壓力在每平方公分八公斤以下者中，經中央主管機關指定者。

第二四二條

本規則第三十四條、第四十七條、第五十八條、第五十九條、第六十一條至第六十五條、第七十一條第二款至第五款、第七十二條、第七十八條、第九十二條、第九十五條至第九十七條、第一百零四條、第一百二十四條、第一百七十九條、第一百八十一條至第一百八十七條、第一百八十九條、第二百零八條、第二百十二條、第二百十四條、第二百十六條不適用於液石化油氣。

第二四三條

本規則第三十三條至第三十六條、第三十九條、第四十一條、第四十三條至第四十五條、第四十七條、第五十二條、第五十三條、第五十五條、第五十六條、第五十八條、第五十九條、第六十二條至第六十六條、第六十八條、第七十條至第七十二條、第七十六條、第七十八條至第八十條、第八十八條至第九十二條、第九十五條至第九十七條、第一百零六條、第一百零七條、第一百十三條、第一百十六條至第一百十九條、第一百二十一條、第五章、第六章、第二百十條、第二百十三條至第二百十七條不適用於冷凍用高壓氣體。

第二四四條 （刪除）

第二四五條 111

① 本規則自發布後六個月施行。

② 本規則修正條文，除中華民國一百零三年六月二十七日修正發布之條文，自一百零三年七月三日施行；一百十一年九月十四日修正發布之第一百九十一條之一及第一百九十二條，自一百十二年九月十四日施行外，自發布日施行。

有機溶劑中毒預防規則

①民國89年12月27日行政院勞工委員會令修正發布全文27條；並自發布日起實施。
②民國92年12月31日行政院勞工委員會令修正發布第9、14、19、22條條文及第15條附表四；並刪除第4條條文及第14條附表三。
③民國103年6月25日勞動部令修正發布第1、3、6、11、14、27條條文；增訂第4-1條條文；並自103年7月3日施行。

第一章 總 則

第一條

本規則依職業安全衛生法第六條第三項規定訂定之。

第二條

本規則適用於從事下列各款有機溶劑作業之事業：

一 製造有機溶劑或其混存物過程中，從事有機溶劑或其混存物之過濾、混合、攪拌、加熱、輸送、倒注於容器或設備之作業。

二 製造染料、藥物、農藥、化學纖維、合成樹脂、染整助劑、有機塗料、有機顏料、油脂、香料、調味料、火藥、攝影藥品、橡膠或可塑劑及此等物品之中間物過程中，從事有機溶劑或其混存物之過濾、混合、攪拌、加熱、輸送、倒注於容器或設備之作業。

三 使用有機溶劑混存物從事印刷之作業。

四 使用有機溶劑混存物從事書寫、描繪之作業。

五 使用有機溶劑或其混存物從事上光、防水或表面處理之作業。

六 使用有機溶劑或其混存物從事爲粘接之塗敷作業。

七 從事已塗敷有機溶劑或其混存物之物品之粘接作業。

八 使用有機溶劑或其混存物從事清洗或擦拭之作業。但不包括第十二款規定作業之清洗作業。

九 使用有機溶劑混存物之塗飾作業。但不包括第十二款規定作業之塗飾作業。

十 從事已附著有機溶劑或其混存物之物品之乾燥作業。

十一 使用有機溶劑或其混存物從事研究或試驗。

十二 從事曾裝儲有機溶劑或其混存物之儲槽之內部作業。但無發散有機溶劑蒸氣之虞者，不在此限。

十三 於有機溶劑或其混存物之分裝或回收場所，從事有機溶劑或其混存物之過濾、混合、攪拌、加熱、輸送、倒注於容器或設備之作業。

十四　其他經中央主管機關指定之作業。

第三條

本規則用詞，定義如下：

一　有機溶劑：本規則所稱之有機溶劑指附表一規定之有機溶劑，其分類如下：

（一）第一種有機溶劑，指附表一第一款規定之有機溶劑。

（二）第二種有機溶劑，指附表一第二款規定之有機溶劑。

（三）第三種有機溶劑，指附表一第三款規定之有機溶劑。

二　有機溶劑混存物：指有機溶劑與其他物質混合時，所含之有機溶劑佔其重量百分之五以上者，其分類如下：

（一）第一種有機溶劑混存物：指有機溶劑混存物中，含有第一種有機溶劑佔該混存物重量百分之五以上者。

（二）第二種有機溶劑混存物：指有機溶劑混存物中，含有第二種有機溶劑或第一種有機溶劑及第二種有機溶劑之和佔該混存物重量百分之五以上而不屬於第一種有機溶劑混存物者。

（三）第三種有機溶劑混存物：指第一種有機溶劑混存物及第二種有機溶劑混存物以外之有機溶劑混存物。

三　密閉設備：指密閉有機溶劑蒸氣之發生源使其蒸氣不致發散之設備。

四　局部排氣裝置：指藉動力強制吸引並排出已發散有機溶劑蒸氣之設備。

五　整體換氣裝置：指藉動力稀釋已發散有機溶劑蒸氣之設備。

六　通風不充分之室內作業場所：指室內對外開口面積未達底面積之二十分之一以上或全面積之百分之三以上者。

七　儲槽等：指下列之一之作業場所：

（一）儲槽之內部。

（二）貨櫃之內部。

（三）船艙之內部。

（四）凹窪之內部。

（五）坑之內部。

（六）隧道之內部。

（七）暗溝或人孔之內部。

（八）涵箱之內部。

（九）導管之內部。

（十）水管之內部。

（十一）其他經中央主管機關指定者。

八　作業時間短暫：指雇主使勞工每日作業時間在一小時以內。

九　臨時性之有機溶劑作業：指正常作業以外之有機溶劑作業，其作業期間不超過三個月且一年內不再重覆者。

第四條　（刪除）

第四條之一

雇主使勞工從事有機溶劑作業者，對於健康管理、作業環境監測、妊娠與分娩後女性勞工及未滿十八歲勞工保護與入槽安全等事項，應依勞工健康保護規則、勞工作業環境監測實施辦法、妊娠與分娩後女性及未滿十八歲勞工禁止從事危險性或有害性工作認定標準、缺氧症預防規則及勞工安全衛生設施規則所定之局限空間作業等相關規定辦理。

第五條

① 雇主使勞工從事第二條第三款至第十一款之作業，合於下列各款規定之一時，得不受第二章、第十八條至第二十四條規定之限制：

一　於室內作業場所（通風不充分之室內作業場所除外），從事有機溶劑或其混存物之作業時，一小時作業時間內有機溶劑或其混存物之消費量不超越容許消費量者。

二　於儲槽等之作業場所或通風不充分之室內作業場所，從事有機溶劑或其混存物之作業時，一日間有機溶劑或其混存物之消費量不超越容許消費量者。

② 前項之容許消費量及計算之方式，依附表二之規定。

③ 下列各款列舉之作業，其第一項第一款規定之一小時及同項第二款規定之一日作業時間內消費之有機溶劑量，分別依下列各該款之規定。但第二條第七款規定之作業，於同一作業場所延續至同條第六款規定之作業或同條第十款規定之作業於同一作業場所延續使用有機溶劑或其混存物粘接擬乾燥之物品時，第二條第七款或第十款規定之作業消費之有機溶劑或其混存物之量，應除外計算之：

一　從事第二條第三款至第六款、第八款、第九款或第十一款規定之作業者，第一項第一款規定之一小時或同項第二款規定之一日作業時間內消費之有機溶劑或其混存物之量應乘中央主管機關規定之指定值。

二　從事第二條第七款或第十款規定之一之作業者，第一項第一款規定之一小時或同項第二款規定之一日作業時間內已塗敷或附著於乾燥物品之有機溶劑或其混存物之量應乘中央主管機關規定之指定值。

第二章　設　施

第六條

① 雇主使勞工於下列規定之作業場所作業，應依下列規定，設置必要之控制設備：

一　於室內作業場所或儲槽等之作業場所，從事有關第一種有機溶劑或其混存物之作業，應於各該作業場所設置密閉設備或局部排氣裝置。

二　於室內作業場所或儲槽等之作業場所，從事有關第二種有機溶劑或其混存物之作業，應於各該作業場所設置密閉設備、

　　　局部排氣裝置或整體換氣裝置。

三　於儲槽等之作業場所或通風不充分之室內作業場所，從事有
　　關之第三種有機溶劑或其混存物之作業，應於各該作業場所設
　　置密閉設備、局部排氣裝置或整體換氣裝置。

②前項控制設備，應依有機溶劑之健康危害分類、散布狀況及使用
　量情形，評估風險等級，並依風險等級選擇有效之控制設備。

③第一項各款對於從事第二條第十二款及同項第二款、第三款對於
　以噴布方式從事第二條第四款至第六款、第八款或第九款規定之
　作業者，不適用之。

第七條

雇主使勞工以噴布方式於下列各款規定之作業場所，從事各該款
有關之有機溶劑作業時，應於各該作業場所設置密閉設備或局部
排氣裝置：

一　於室內作業場所或儲槽等之作業場所，使用第二種有機溶劑
　　或其混存物從事第二條第四款至第六款、第八款或第九款規
　　定之作業。

二　於儲槽等之作業場所或通風不充分之室內作業場所，使用第
　　三種有機溶劑或其混存物從事第二條第四款至第六款、第八
　　款或第九款規定之作業。

第八條

雇主使勞工於室內作業場所（通風不充分之室內作業場所除
外），從事臨時性之有機溶劑作業時，不受第六條第一款、第二
款及前條第一款規定之限制，得免除設置各該條規定之設備。

第九條

①雇主使勞工從事下列各款規定之一之作業，經勞動檢查機構認定
　後，免除設置下列各款規定之設備：

一　於周壁之二面以上或周壁面積之二分之一以上直接向大氣開
　　放之室內作業場所，從事有機溶劑作業，得免除第六條第一
　　款、第二款或第七條規定之設備。

二　於室內作業場所或儲槽等之作業場所，從事有機溶劑作業，
　　因有機溶劑蒸氣擴散面之廣泛不易設置第六條第一款、第七
　　條之設備時，得免除各該條規定之設備。

②前項雇主應檢具下列各款文件，向勞動檢查機構申請認定之：

一　免設有機溶劑設施申請書。（如格式一，略）

二　可辨識清楚之作業場所略圖。

三　工作計畫書。

③經認定免除設置第一項設備之雇主，於勞工作業環境變更，致不
　符合第一項各款規定時，應即依法設置符合標準之必要設備，並
　以書面報請檢查機構備查。

第一〇條

①雇主使勞工從事有機溶劑作業，如設置第六條或第七條規定之設
　備有困難，而已採取一定措施時，得報經中央主管機關核定，免

除各該條規定之設備。

②前項之申報，準用前條第二項至第四項之規定。

第一一條

雇主使勞工於下列各款規定範圍內從事有機溶劑作業，已採取一定措施時，得免除設置各款規定之設備：

一　適於下列情形之一而設置整體換氣裝置時，不受第六條第一款或第七條規定之限制，得免除設置密閉設備或局部排氣裝置：

　㈠於儲槽等之作業場所或通風不充分之室內作業場所，從事臨時性之有機溶劑作業。

　㈡於室內作業場所（通風不充分之室內作業場所除外），從事有機溶劑作業，其作業時間短暫。

　㈢於經常置備處理有機溶劑作業之反應槽或其他設施與其他作業場所隔離，且無須勞工常駐室內。

　㈣於室內作業場所或儲槽等之作業場所之內壁、地板、頂板從事有機溶劑作業，因有機溶劑蒸氣擴散面之廣泛不易設置第六條第一款或規定之設備。

二　於儲槽等之作業場所或通風不充分之室內作業場所，從事有機溶劑作業，而從事該作業之勞工已使用輸氣管面罩且作業時間短暫時，不受第六條規定之限制，得免除設置密閉設備、局部排氣裝置或整體換氣裝置。

三　適於下列情形之一時，不受第六條規定之限制，得免除設置密閉設備、局部排氣裝置或整體換氣裝置：

　㈠從事紅外線乾燥爐或具有溫熱設備等之有機溶劑作業，如設置有利用溫熱上升氣流之排氣煙囪等設備，將有機溶劑蒸氣排出作業場所之外，不致使有機溶劑蒸氣擴散於作業場所內者。

　㈡藉水等覆蓋開放槽內之有機溶劑或其混存物，或裝置有效之逆流凝縮機於槽之開口部使有機溶劑蒸氣不致擴散於作業場所內者。

四　於汽車之車體、飛機之機體、船段之組合體或鋼樑、鋼構等大型物件之外表從事有機溶劑作業時，因有機溶劑蒸氣廣泛擴散不易設置第六條或第七條規定之設備，且已設置吹吸型換氣裝置時，不受第六條或第七條規定之限制，得免設密閉設備、局部排氣裝置或整體換氣裝置。

第一二條

雇主設置之局部排氣裝置之氣罩及導管，應依下列之規定：

一　氣罩應設置於每一有機溶劑蒸氣發生源。

二　外裝型氣罩應盡量接近有機溶劑蒸氣發生源。

三　氣罩應視作業方法、有機溶劑蒸氣之擴散狀況及有機溶劑之比重等，選擇適於吸引該有機溶劑蒸氣之型式及大小。

四　應盡量縮短導管長度、減少彎曲數目，且應於適當處所設置

易於清掃之清潔口與測定孔。

第一三條

①雇主設置有空氣清淨裝置之局部排氣裝置，其排氣機應置於空氣清淨裝置後之位置。但不會因所吸引之有機溶劑蒸氣引起爆炸且排氣機無腐蝕之虞時，不在此限。

②雇主設置之整體換氣裝置之送風機、排氣機或其導管之開口部，應儘量接近有機溶劑蒸氣發生源。

③雇主設置之局部排氣裝置、吹吸型換氣裝置、整體換氣裝置或第十一條第三款第一目之排氣煙囪等之排氣口，應直接向大氣開放。對未設空氣清淨裝置之局部排氣裝置（限設於室內作業場所者）或第十一條第三款第一目之排氣煙囪等設備，應使排出物不致回流至作業場所。

第一四條

雇主設置之局部排氣裝置及吹吸型換氣裝置，應於作業時間內有效運轉，降低空氣中有機溶劑蒸氣濃度至勞工作業場所容許暴露標準以下。

第一五條

①雇主設置之整體換氣裝置應依有機溶劑或其混存物之種類，計算其每分鐘所需之換氣量，具備規定之換氣能力。

②前項應具備之換氣能力及其計算之方法，依附表四之規定。

③同時使用種類相異之有機溶劑或其混存物時，第一項之每分鐘所需之換氣量應分別計算後合計之。

④第一項一小時作業時間內有機溶劑或其混存物之消費量係指下列各款規定之一之值：

一　第二條第一款或第二款規定之一之作業者，為一小時作業時間內蒸發之有機溶劑量。

二　第二條第三款至第六款、第八款、第九款或第十一款規定之一之作業者，為一小時作業時間內有機溶劑或其混存物之消費量乘中央主管機關規定之指定值。

三　第二條第七款或第十款規定之一之作業者，為一小時作業時間內已塗敷或附著於乾燥物品之有機溶劑或其混存物之量乘中央主管機關規定之指定值。

⑤第四項之一小時作業時間內有機溶劑或其混存物之消費量準用第五項條文後段之規定。

第一六條

①雇主設置之局部排氣裝置、吹吸型換氣裝置或整體換氣裝置，於有機溶劑作業時，不得停止運轉。

②設有前項裝置之處所，不得阻礙其排氣或換氣功能，使之有效運轉。

第三章　管　理

第一七條

雇主設置之密閉設備、局部排氣裝置、吹吸型換氣裝置或整體換氣裝置，應由專業人員妥為設計，並維持其有效性能。

第一八條

雇主使勞工從事有機溶劑作業時，對有機溶劑作業之室內作業場所及儲槽等之作業場所，實施通風設備運轉狀況、勞工作業情形、空氣流通效果及有機溶劑或其混存物使用情形等，應隨時確認並採取必要措施。

第一九條

雇主使勞工從事有機溶劑作業時，應指定現場主管擔任有機溶劑作業主管，從事監督作業。但從事第二條第十一款規定之作業時，得免設置有機溶劑作業主管。

第二〇條

雇主應使有機溶劑作業主管實施下列監督工作：

一　決定作業方法，並指揮勞工作業。

二　實施第十八條規定之事項。但雇主指定有專人負責者，不在此限。

三　監督個人防護具之使用。

四　勞工於儲槽之內部作業時，確認第二十一條規定之措施。

五　其他為維護作業勞工之健康所必要之措施。

第二一條

雇主使勞工於儲槽之內部從事有機溶劑作業時，應依下列規定：

一　派遣有機溶劑作業主管從事監督作業。

二　決定作業方法及順序於事前告知從事作業之勞工。

三　確實將有機溶劑或其混存物自儲槽排出，並應有防止連接於儲槽之配管流入有機溶劑或其混存物之措施。

四　前款所採措施之閥、旋塞應予加鎖或設置盲板。

五　作業開始前應全部開放儲槽之人孔及其他無虞流入有機溶劑或其混存物之開口部。

六　以水、水蒸汽或化學藥品清洗儲槽之內壁，並將清洗後之水、水蒸氣或化學藥品排出儲槽。

七　應送入或吸出三倍於儲槽容積之空氣，或以水灌滿儲槽後予以全部排出。

八　應以測定方法確認儲槽之內部之有機溶劑濃度未超過容許濃度。

九　應置備適當的救難設施。

十　勞工如被有機溶劑或其混存物污染時，應即使其離開儲槽內部，並使該勞工清洗身體除卻污染。

第四章　防護措施

第二二條

① 雇主使勞工從事下列作業時，應供給該作業勞工輸氣管面罩，並使其確實佩戴使用：

一　從事第二條第十二款規定之作業。

二　於依第十一條第二款未設置密閉設備、局部排氣裝置或整體換氣裝置之儲槽等之作業場所或通風不充分之室內作業場所，從事有機溶劑作業，其作業時間短暫。

②前項規定之輸氣管面罩，應具不使勞工吸入有機溶劑蒸氣之性能。

第二三條

①雇主使勞工從事下列作業時，應使該作業勞工佩戴輸氣管面罩或適當之有機氣體用防毒面罩：

一　於依第十一條第一款規定准許以整體換氣裝置代替密閉設備或局部排氣裝置之室內作業場所或儲槽等之作業場所，從事有機溶劑作業。

二　於依第六條第二款、第三款之規定設置整體換氣裝置之儲槽等之作業場所，從事有機溶劑作業。

三　於室內作業場所或儲槽等之作業場所，開啓尚未清除有機溶劑或其混存物之密閉設備。

四　於室內作業場所從事有機溶劑作業設置吹吸型換氣裝置，因貨物台上置有工作物致換氣裝置內氣流有引起擾亂之虞者。

②雇主依前條及本條規定使勞工戴用輸氣管面罩之連續作業時間，每次不得超過一小時，並給予適當之休息時間。

第二四條

雇主對於前二條規定作業期間，應置備與作業勞工人數相同數量以上之必要防護具，保持其性能及清潔，並使勞工確實使用。

第五章　儲藏及空容器之處理

第二五條

雇主對於室內儲藏有機溶劑或其混存物時，應使用備有栓蓋之堅固容器，以免有機溶劑或其混存物之溢出、漏洩、滲洩或擴散，該儲藏場所應依下列規定：

一　防止與作業無關人員進入之措施。

二　將有機溶劑蒸氣排除於室外。

第二六條

雇主對於曾儲存有機溶劑或其混存物之容器而有發散有機溶劑蒸氣之虞者，應將該容器予以密閉或堆積於室外之一定場所。

第六章　附　則

第二七條

①本規則自發布日施行。

②本規則中華民國一百零三年六月二十五日修正條文，自一百零三年七月三日施行。

特定化學物質危害預防標準

①民國90年12月31日行政院勞工委員會令修正發布全文51條。
②民國97年7月31日行政院勞工委員會令修正發布第2條條文。
③民國103年6月25日勞動部令修正發布第1～5、8、51條條文；增訂第6-1、16-1條條文；刪除第48條條文；並自103年7月3日施行。
④民國105年1月30日勞動部令修正發布第3、7～11、37條條文及第2條附表一。
⑤民國110年9月16日勞動部令修正發布第2、3、16、17、20、24、34、36、38、50、51條條文；並增訂第38-1條條文；除第2條附表一第3款第1目之22～24、第3目之13～15、第17條第2項、第38條第2～4項、第38-1條自112年7月1日施行外，自發布日施行。

第一章　總則

第一條

本標準依職業安全衛生法第六條第三項規定訂定之。

第二條

①本標準所稱特定化學物質如下：

一　甲類物質：指附表一第一款規定之物質。

二　乙類物質：指附表一第二款規定之物質。

三　丙類物質：指下列規定之物質。

　㈠丙類第一種物質：指附表一第三款第一目規定之物質。

　㈡丙類第二種物質：指附表一第三款第二目規定之物質。

　㈢丙類第三種物質：指附表一第三款第三目規定之物質。

四　丁類物質：指附表一第四款規定之物質。

②前項特定化學物質屬危害性化學品標示及通識規則第三條第一款所定之製成品，不適用本標準。

第三條

本標準所稱特定管理物質，指下列規定之物質：

一　二氯聯苯胺及其鹽類、α-萘胺及其鹽類、鄰-二甲基聯苯胺及其鹽類、二甲氧基聯苯胺及其鹽類、次乙亞胺、氯乙烯、3,3-二氯-4,4-二胺基苯化甲烷、四羰化鎳、對-二甲胺基偶氮苯、β-丙內酯、環氧乙烷、奧黃、苯胺紅、石綿（不含青石綿、褐石綿）、鉻酸及其鹽類、砷及其化合物、鎳及其化合物、重鉻酸及其鹽類、1,3-丁二烯及甲醛（各含該列舉物佔其重量超過百分之一之混合物）。

二　鈹及其化合物、含鈹及其化合物之重量比超過百分之一或鈹合金含鈹之重量比超過百分之三之混合物（以下簡稱鈹等）。

三　三氯甲苯或其重量比超過百分之零點五之混合物。

四　苯或其體積比超過百分之一之混合物。

五　煤焦油或其重量比超過百分之五之混合物。

第四條

本標準所稱特定化學設備，指製造或處理、置放（以下簡稱處置）、使用丙類第一種物質、丁類物質之固定式設備。

第五條

本標準所稱特定化學管理設備，指特定化學設備中進行放熱反應之反應槽等，且有因異常化學反應等，致漏洩丙類第一種物質或丁類物質之虞者。

第六條

為防止特定化學物質引起職業災害，雇主應致力確認所使用物質之毒性，尋求替代物之使用、建立適當作業方法、改善有關設施與作業環境並採取其他必要措施。

第六條之一

雇主使勞工從事特定化學物質作業者，對於健康管理、作業環境監測、妊娠與分娩後女性勞工及未滿十八歲勞工保護與入槽安全等事項，應依勞工健康保護規則、勞工作業環境監測實施辦法、妊娠與分娩後女性及未滿十八歲勞工禁止從事危險性或有害性工作認定標準、缺氧症預防規則及職業安全衛生設施規則所定之局限空間作業等相關規定辦理。

第二章　設　施

第七條

① 雇主不得使勞工從事製造、處置或使用甲類物質。但供試驗或研究者，不在此限。

② 前項供試驗或研究之甲類物質，雇主應依管制性化學品之指定及運作許可管理辦法規定，向中央主管機關申請許可。

第八條

雇主使勞工從事試驗或研究甲類物質時，應依下列規定辦理：

一　製造設備應為密閉設備。但在作業性質上設置該項設備顯有困難，而將其置於氣櫃內者，不在此限。

二　設置製造設備場所之地板及牆壁應以不浸透性材料構築，且應為易於用水清洗之構造。

三　從事製造或使用甲類物質者，應具有預防該物質引起危害健康之必要知識。

四　儲存甲類物質時，應採用不漏洩、不溢出等之堅固容器，並應依危害性化學品標示及通識規則規定予以標示。

五　甲類物質應保管於一定之場所，並將其意旨揭示於顯明易見之處。

六　供給從事製造或使用甲類物質之勞工使用不浸透性防護圍巾及防護手套等個人防護具。

七 製造場所應禁止與該作業無關之人員進入，並將其意旨揭示於顯明易見之處。

第九條

雇主使勞工從事製造、處置或使用經中央主管機關指定為管制性化學品之乙類物質，除依管制性化學品之指定及運作許可管理辦法申請許可外，應依本標準規定辦理。

第一〇條

雇主使勞工從事製造鈹等以外之乙類物質時，應依下列規定辦理：

一 製造場所應與其他場所隔離，且該場所之地板及牆壁應以不浸透性材料構築，且應為易於用水清洗之構造。

二 製造設備應為密閉設備，且原料、材料及其他物質之供輸、移送或搬運，應採用不致使作業勞工之身體與其直接接觸之方法。

三 為預防反應槽內之放熱反應或加熱反應，自其接合部分漏洩氣體或蒸氣，應使用墊圈等密接。

四 為預防異常反應引起原料、材料或反應物質之溢出，應在冷凝器內充分注入冷卻水。

五 必須在運轉中檢點內部之篩選機或真空過濾機，應為於密閉狀態下即可觀察其內部之構造，且應加鎖；非有必要，不得開啟。

六 處置鈹等以外之乙類物質時，應由作業人員於隔離室遙控操作。但將粉狀鈹等以外之乙類物質充分濕潤成泥狀或溶解於溶劑中者，不在此限。

七 從事鈹等以外之乙類物質之計量、投入容器、自該容器取出或裝袋作業，於採取前款規定之設備顯有困難時，應採用不致使作業勞工之身體與其直接接觸之方法，且該作業場所應設置包圍型氣罩之局部排氣裝置；局部排氣裝置應置除塵裝置。

八 為預防鈹等以外之乙類物質之漏洩及其暴露對勞工之影響，應就下列事項訂定必要之操作程序，並依該程序實施作業：

(一)閥、旋塞等（製造鈹等以外之乙類物質之設備於輸送原料、材料時，以及自該設備取出製品等時為限）之操作。

(二)冷卻裝置、加熱裝置、攪拌裝置及壓縮裝置等之操作。

(三)計測裝置及控制裝置之監視及調整。

(四)安全閥、緊急遮斷裝置與其他安全裝置及自動警報裝置之調整。

(五)蓋板、凸緣、閥、旋塞等接合部分之有否漏洩鈹等以外之乙類物質之檢點。

(六)試料之採取及其所使用之器具等之處理。

(七)發生異常時之緊急措施。

(八)個人防護具之穿戴、檢點、保養及保管。

（九）其他爲防止漏洩等之必要措施。

九　自製造設備採取試料時，應依下列規定：

（一）使用專用容器。

（二）試料之採取，應於事前指定適當地點，並不得使試料飛散。

（三）經使用於採取試料之容器等，應以溫水充分洗淨，並保管於一定之場所。

十　勞工從事鈹等以外之乙類物質之處置作業時，應使該勞工穿戴工作衣、不浸透性防護手套及防護圍巾等個人防護具。

第一一條

雇主使勞工從事製造鈹等之乙類物質時，應依下列規定辦理：

一　鈹等之燒結或煆燒設備（自氫氧化鈹製造高純度氧化鈹製程中之設備除外）應設置於與其他場所隔離之室內，且應設置局部排氣裝置。

二　經燒結、煆燒之鈹等，應使用吸出之方式自匣鉢取出。

三　經使用於燒結、煆燒之匣鉢之打碎，應與其他場所隔離之室內實施，且應設置局部排氣裝置。

四　鈹等之製造場所之地板及牆壁，應以不浸透性材料構築，且應爲易於用水清洗之構造。

五　鈹等之製造設備（從事鈹等之燒結或煆燒設備、自電弧爐融出之鈹等製造鈹合金製程中之設備及自氫氧化鈹製造高純度氧化鈹製程中之設備除外）應爲密閉設備或設置覆圍等。

六　必須於運轉中檢點內部之前款設備，應爲於密閉狀態或覆圍狀態下可觀察其內部之構造，且應加鎖；非有必要，不得開啓。

七　以電弧爐融出之鈹等製造鈹合金製程中實施下列作業之場所，應設置局部排氣裝置。

（一）於電弧爐上之作業。

（二）自電弧爐泄漿之作業。

（三）熔融鈹等之抽氣作業。

（四）熔融鈹等之浮碴之清除作業。

（五）熔融鈹等之澆注作業。

八　爲減少電弧爐插入電極部分之間隙，應使用砂封。

九　自氫氧化鈹製造高純度氧化鈹製程中之設備，應依下列規定：

（一）熱分解爐應設置於與其他場所隔離之室內場所。

（二）其他設備應爲密閉設備、設置覆圍或加蓋形式之構造。

十　鈹等之供輸、移送或搬運，應採用不致使作業勞工之身體與其直接接觸之方法。

十一　處置粉狀之鈹等時（除供輸、移送或搬運外），應由作業人員於隔離室遙控操作。

十二　從事粉狀之鈹等之計量、投入容器、自該容器取出或裝袋

作業，於採取前款規定之設施顯有困難時，應採用不致使作業勞工之身體與其直接接觸之方法，且該作業場所應設置包圍型氣罩之局部排氣裝置。

十三　為預防鈹等之粉塵、燻煙、霧滴之飛散致勞工遭受污染，應就下列事項訂定必要之操作程序，並依該程序實施作業：

（一）將鈹等投入容器或自該容器取出。

（二）儲存鈹等之容器之搬運。

（三）鈹等之空氣輸送裝置之檢點。

（四）過濾集塵方式之集塵裝置（含過濾除塵方式之除塵裝置）之濾材之更換。

（五）試料之採取及其所使用之器具等之處理。

（六）發生異常時之緊急措施。

（七）個人防護具之穿戴、檢點、保養及保管。

（八）其他為防止鈹等之粉塵、燻煙、霧滴之飛散之必要措施。

十四　勞工從事鈹等之處置作業時，應使該勞工穿戴工作衣及防護手套（供處置濕潤狀態之鈹等之勞工應著不浸透性之防護手套）等個人防護具。

第一二條

雇主為試驗或研究使勞工從事製造乙類物質時，應依下列規定：

一　製造設備應為密閉設備。但在作業性質上設置該項設備顯有困難，而將其置於氣櫃內者，不在此限。

二　製造場所應與其他場所隔離，且該場所之地板及牆壁應以不浸透性材料構築，且應為易於用水清洗之構造。

三　使從事製造乙類物質之勞工，具有預防該物質引起危害健康之必要知識。

第一三條

雇主使勞工處置、使用乙類物質，將乙類物質投入容器、自容器取出或投入反應槽等之作業時，應於該作業場所設置可密閉各該物質之氣體、蒸氣或粉塵發生源之密閉設備或使用包圍型氣罩之局部排氣裝置。

第一四條

雇主使勞工從事鈹等之加工作業（將鈹等投入容器、自容器取出或投入反應槽等之作業除外）時，應於該作業場所設置可密閉鈹等之粉塵發生源之密閉設備或局部排氣裝置。

第一五條

①雇主使勞工從事製造丙類第一種物質或丙類第二種物質時，製造設備應採用密閉型，由作業人員於隔離室遙控操作。但將各該粉狀物質充分濕潤成泥狀或溶解於溶劑中者，不在此限。

②因計量、投入容器、自該容器取出或裝袋作業等，於採取前項設施顯有困難時，應採用不致使勞工之身體與其直接接觸之方法，

且於各該作業場所設置包圍型氣罩之局部排氣裝置。

第一六條

①雇主對散布有丙類物質之氣體、蒸氣或粉塵之室內作業場所，應於各該發生源設置密閉設備或局部排氣裝置。但設置該項設備顯有困難或為臨時性作業者，不在此限。

②依前項但書規定未設密閉設備或局部排氣裝置時，仍應設整體換氣裝置或將各該物質充分濕潤成泥狀或溶解於溶劑中，使不致危害勞工健康。

③第一項規定之室內作業場所不包括散布有丙類第一種物質之氣體、蒸氣或粉塵之下列室內作業場所：

一　於丙類第一種物質製造場所，處置該物質時。

二　於燻蒸作業場所處置氰化氫、溴甲烷或含各該物質佔其重量超過百分之一之混合物（以下簡稱溴甲烷等）時。

三　將苯或含有苯佔其體積比超過百分之一之混合物（以下簡稱苯等）供為溶劑（含稀釋劑）使用時。

第一六條之一

第十三條、第十四條及前條應設置之控制設備，應依特定化學物質之健康危害分類、散布狀況及使用量等情形，評估風險等級，並依風險等級選擇有效之控制設備。

第一七條

①雇主依本標準規定設置之局部排氣裝置，應依下列規定：

一　氣罩應置於每一氣體、蒸氣或粉塵發生源；如為外裝型或接受型之氣罩，則應儘量接近各該發生源設置。

二　應儘量縮短導管長度、減少彎曲數目，且應於適當處所設置易於清掃之清潔口與測定孔。

三　設置有除塵裝置或廢氣處理裝置者，其排氣機應置於該裝置之後。但所吸引之氣體、蒸氣或粉塵無爆炸之虞且不致腐蝕該排氣機者，不在此限。

四　排氣口應置於室外。

五　於製造或處置特定化學物質之作業時間內有效運轉，降低空氣中有害物濃度。

②雇主依第三十八條第二項規定設置之局部排氣裝置，應於氣罩連接導管適當處所，設置監測靜壓、流速或其他足以顯示該設備正常運轉之裝置。

第一八條

雇主對排水系統、坑或槽桶等，有因含有鹽酸、硝酸或硫酸等之酸性廢液與含有氰化物、硫化物或多硫化物等之廢液接觸或混合，致生成氰化氫或硫化氫之虞時，不得使此等廢液接觸或混合。

第一九條

雇主對受特定化學物質污染之破布、紙屑等，為防止勞工遭受危害，應收存於不浸透性容器，並加栓、蓋等措施。

第二○條

①雇主對其設置之特定化學設備（不含設備之閥或旋塞）有丙類第一種物質或丁類物質之接觸部分，為防止其腐蝕致使該物質等之漏洩，應對各該物質之種類、溫度、濃度等，採用不易腐蝕之材料構築或施以內襯等必要措施。

②雇主對特定化學設備之蓋板、凸緣、閥或旋塞等之接合部分，應使用足以防止前項物質自該部分漏洩之墊圈密接等必要措施。

第二一條

①雇主對特定化學設備之閥、旋塞或操作此等之開關、按鈕等，為防止誤操作致丙類第一種物質或丁類物質之漏洩，應明顯標示開閉方向。

②前項之閥或旋塞，除依前項規定外，應依下列規定：

一　因應開關頻率及所製造之丙類第一種物質或丁類物質之種類、溫度、濃度等，應使用耐久性材料製造。

二　特定化學設備使用必須頻繁開啟或拆卸之過濾器等及與此最近之特定化學設備（不含配管；以下於次條至第三十六條均同）之間設置雙重開關。但設置有可確認該過濾器等與該特定化學設備間設置之閥或旋塞確實關閉之裝置者，不在此限。

第二二條

①雇主對於設置特定化學設備之室內作業場所及其建築物，應有二處以上直接通達地面之避難梯、斜坡道；僅能設置一處避難梯者，其另一部得以滑梯、避難用梯、避難橋、救助袋或避難用升降梯等避難用具代替。

②前項規定之避難梯或斜坡道之一應置於室外，但設置前項後段規定者，不在此限。

第二三條

雇主使勞工處置、使用丙類第一種物質或丁類物質之合計在一百公升（氣體以其容積一立方公尺換算為二公升。以下均同）以上時，應置備該物質等漏洩時能迅速告知有關人員之警報用器具及除卻危害之必要藥劑、器具等設施。

第二四條

①雇主對處置、使用乙類物質之作業場所或製造、處置、使用丙類物質之作業場所及設置特定化學設備之室內作業場所之地板及牆壁，應以不浸透性材料構築，且應為易於用水清洗之構造。

②前項處置乙類物質之作業場所，不包括乙類物質製造場所。

第二五條

雇主為防止供輸原料、材料及其他物料於特定化學設備之勞工因誤操作致丙類第一種物質或丁類物質之漏洩，應於該勞工易見之處，標示該原料、材料及其他物料之種類、輸送對象設備及其他必要事項。

第二六條

（接上頁）雇主對特定化學管理設備，為早期掌握其異常化學反應等之發生，應設適當之溫度計、流量計及壓力計等計測裝置。

第二七條

① 雇主對製造、處置或使用丙類第一種物質或丁類物質之合計在一百公升以上之特定化學管理設備，為早期掌握其異常化學反應等之發生，應設置適當之溫度、壓力、流量等發生異常之自動警報裝置。

② 雇主對設置前項自動警報裝置有顯著困難時，應置監視人於設備之運轉中從事監視工作。

第二八條

① 雇主對特定化學管理設備，為防止異常化學反應等導致大量丙類第一種物質或丁類物質之漏洩，應設置遮斷原料、材料、物料之供輸或卸放製品等之裝置，或供輸惰性氣體、冷卻用水等之裝置，以因應異常化學反應等之必要措施。

② 設置於前項裝置之閥或旋塞，應依下列規定：

一　具有確實動作之機能。

二　保持於可圓潤動作之狀態。

三　可安全且正確操作者。

③ 第一項卸放製品等之裝置應為密閉式構造或可將卸出之特定化學物質等導引至安全處所或具有可安全處置之構造。

第二九條

雇主對特定化學管理設備及其配管或其附屬設備之動力源，應依下列規定：

一　為防止動力源之異常導致丙類第一種物質或丁類物質之漏洩，應置備可迅速使用之備用動力源。

二　為防止對閥、旋塞或開關等之誤操作，應明顯標示開閉方向。在安全上有重大影響且不經常使用者，應予加鎖、鉛封或採取其他同等有效之措施，但供緊急使用者，不在此限。

第三〇條

① 雇主對製造、處置或使用乙類物質、丙類物質或丁類物質之設備，或儲存可生成該物質之儲槽等，因改造、修理或清掃等而拆卸該設備之作業或必須進入該設備等內部作業時，應依下列規定：

一　派遣特定化學物質作業主管從事監督作業。

二　決定作業方法及順序，於事前告知從事作業之勞工。

三　確實將該物質自該作業設備排出。

四　為使該設備連接之所有配管不致流入該物質，應將該閥、旋塞等設計為雙重開關構造或設置盲板等。

五　依前款規定設置之閥、旋塞等予以加鎖或設置盲板，並將「不得開啟」之標示揭示於顯明易見之處。

六　作業設備之開口部，不致流入該物質至該設備者，均應予開放。

七　使用換氣裝置將設備內部充分換氣。

八　以測定方法確認作業設備內之該物質濃度未超過容許濃度。

九　拆卸第四款規定設置之盲板等時，有該物質流出之虞者，應於事前確認在該盲板與其最接近之閥或旋塞間有否該物質之滯留，並採取適當措施。

十　在設備內部應發生意外時能使勞工立即避難之設備或其他具有同等性能以上之設備。

十一　供給從事該作業之勞工穿著不浸透性防護衣、防護手套、防護長鞋、呼吸用防護具等個人防護具。

②雇主在未依前項第八款規定確認該設備適於作業前，應將「不得將頭部伸入設備內」之意旨，告知從事作業之勞工。

第三一條

雇主對丙類第一種物質或丁類物質發生漏洩致有危害勞工之虞時，應立即使勞工自作業場所避難。在未確認不危害勞工之前，雇主應於顯明易見之處，揭示「禁止進入」之標示。但在使用防護具及特定化學物質作業主管指導下搶救人命及處理現場之必要作業者，不在此限。

第三二條

雇主應禁止與作業無關人員進入下列作業場所，並標示於顯明易見之處。

一　製造、處置或使用乙類物質或丙類物質之作業場所。

二　設置特定化學設備之作業場所或設置特定化學設備之場所以外之場所中，處置或使用丙類第一種物質或丁類物質之合計在一百公升以上者。

第三三條

①雇主使勞工從事特定化學物質之搬運或儲存時，為防止該物質之漏洩、溢出，應使用適當之容器或確實包裝，並保管該物質於一定之場所。

②雇主對曾使用於特定化學物質之搬運、儲存之容器或包裝，應採取不致使該物質飛散之措施；保管時應堆置於一定之場所。

第三四條

雇主對設置特定化學設備之作業場所，為因應丙類第一種物質及丁類物質之漏洩，應設搶救組織，並每年對有關人員實施急救、避難知識之訓練；其相關執行紀錄，應保存三年。

第三五條

①雇主應於製造、處置或使用乙類物質或丙類物質之作業場所以外之場所設置休息室。

②前項物質為粉狀時，其休息室應依下列規定：

一　應於入口附近設置清潔用水或充分濕潤之墊席等，以清除附著於鞋底之附著物。

二　入口處應置有衣服用刷。

三　地面應為易於使用真空吸塵機吸塵或水洗之構造，並每日清

　　　　掃一次以上。

③雇主使勞工進入前項規定之休息室之前，應使其將附著物清除。

第三六條

①雇主使勞工從事製造、處理或使用特定化學物質時，其身體或衣著有被污染之虞時，應設置洗眼、洗澡、漱口、更衣及洗濯等設備。

②前項特定化學物質為丙類第一種物質、丁類物質、鉻酸及其鹽類，或重鉻酸及其鹽類者，其作業場所，應另設置緊急洗眼及沖淋設備。

第三章 管 理

第三七條

①雇主使勞工從事特定化學物質之作業時，應指定現場主管擔任特定化學物質作業主管，實際從事監督作業。

②雇主應使前項作業主管執行下列規定事項：

一 預防從事作業之勞工遭受污染或吸入該物質。

二 決定作業方法並指揮勞工作業。

三 保存每月檢點局部排氣裝置及其他預防勞工健康危害之裝置一次以上之紀錄。

四 監督勞工確實使用防護具。

第三八條

①雇主設置之密閉設備、局部排氣裝置或整體換氣裝置，應由專業人員妥為設計，並維持其性能。

②雇主設置局部排氣裝置時，應派或委託經中央主管機關訓練合格之專業人員設計，並依附表二內容製作局部排氣裝置設計報告書。

③前項局部排氣裝置設置完成後，應實施原始性能測試，並依測試結果製作附表三內容之原始性能測試報告書；其相關文件、紀錄應保存十年。

④雇主依第二項規定設置之局部排氣裝置，於改裝時，應依前二項規定辦理。但對其性能未有顯著影響者，不在此限。

第三八條之一

①前條從事局部排氣裝置設計之專業人員，應具備附表四之資格，並依附表五規定之課程訓練合格。

②前項從事局部排氣裝置設計之專業人員，應接受在職教育訓練，其訓練時數每三年不得低於十二小時。

③前二項訓練，得由中央主管機關或勞動檢查機構自行辦理，或由中央主管機關認可之專業團體、機構或訓練單位辦理。

第三九條

雇主使用特定化學設備或其附屬設備實施作業時，為防止丙類第一種物質或丁類物質之漏洩，應就下列事項訂定操作程序，並依該程序實施作業：

一　供輸原料、材料予特定化學設備或自該設備取出製品等時，使用之閥或旋塞等之操作。

二　冷卻裝置、加熱裝置、攪拌裝置或壓縮裝置等之操作。

三　計測裝置、控制裝置等之監視及調整。

四　安全閥、緊急遮斷裝置與其他安全裝置及自動警報裝置之調整。

五　檢點蓋板、凸緣、閥或旋塞等之接合部分有否漏洩丙類第一種物質或丁類物質。

六　試料之採取。

七　特定化學管理設備，其運轉暫時或部分中斷時，於其運轉中斷或再行運轉時之緊急措施。

八　發生異常時之緊急措施。

九　除前列各款規定者外，為防止丙類第一種物質或丁類物質之漏洩所必要之措施。

第四〇條

雇主應禁止勞工在特定化學物質作業場所吸菸或飲食，且應將其意旨揭示於該作業場所之顯明易見之處。

第四一條

雇主對製造、處置或使用特定管理物質之作業，應就下列事項記錄，並自該作業勞工從事作業之日起保存三十年：

一　勞工之姓名。

二　從事之作業概況及作業期間。

三　勞工顯著遭受特定管理物質污染時，其經過概況及雇主所採取之緊急措施。

第四章　特殊作業管理

第四二條

雇主使勞工從事處置多氯聯苯等之作業，應依下列規定：

一　於作業當日開始前，檢點儲存多氯聯苯等之容器狀況及放置該容器之場所有否遭受該物質等之污染。

二　實施前款檢點而發現異常時，應將該容器加以整修，並擦拭清除漏洩之多氯聯苯等之必要措施。

三　將多氯聯苯等投入容器或自該容器取出時，應使用可與該容器投入口或卸放口直接緊連結之器具，以防止該多氯聯苯等之漏洩。

四　對曾供為搬運或儲存多氯聯苯等之容器而附著有該物質等者，應於顯明易見之處標示該容器曾受污染。

第四三條

雇主不得使勞工使用石綿或含有石綿佔其重量超過百分之一之混合物（以下簡稱石綿等）從事吹噴作業。但為建築物隔熱防火需要採取下列措施從事樑柱等鋼架之石綿吹噴作業者，不在此限。

一　將吹噴用石綿等投入容器或自該容器取出或從事混合石綿等

之作業場所應於與吹噴作業場所隔離之作業室內實施。

二　使從事吹噴作業勞工使用輸氣管面罩或空氣呼吸器及防護衣。

第四四條

①雇主使勞工從事下列之一作業時，應將石綿等加以濕潤。但濕潤石綿等有顯著困難者，不在此限。

一　石綿等之截斷、鑽孔或研磨等作業。

二　塗敷、注入或襯貼有石綿等之物之破碎、解體等作業。

三　將粉狀石綿等投入容器或自該容器取出之作業。

四　粉狀石綿等之混合作業。

②雇主應於前項作業場所設置收容石綿等之切屑所必要之有蓋容器。

第四五條

雇主使勞工從事煉焦作業必須使勞工於煉焦爐上方或接近該爐作業時，應依下列規定：

一　煉焦爐用輸煤裝置、卸焦裝置、消熱車用導軌裝置或消熱車等之駕駛室內部，應具有可防止煉焦爐生成之特定化學物質之氣體、蒸氣或粉塵（以下簡稱煉焦爐生成物）流入之構造。

二　煉焦爐之投煤口及卸焦口等場所，應設置可密煉焦爐生成物之密閉設備或局部排氣裝置。

三　依前款規定設置之局部排氣裝置或供焦煤驟冷之消熱設備，應設濕式或過濾除塵裝置或具有同等性能以上之除塵裝置。

四　為煤碳等之輸入而需使煉焦爐內減壓，應在上升管部分採取適當之裝置。

五　為防止上升管與上升管蓋接合部分漏洩煉焦爐生成物，應將該接合部分緊密連接。

六　為防止勞工輸煤於煉焦爐致遭受煉焦爐生成物之污染，輸煤口蓋之開閉，應由作業人員於隔離室遙控操作。

七　從事煉焦作業，應依下列事項訂定操作程序，並依該程序作業。

　㈠輸煤裝置之操作。

　㈡設置於上升管部之設備之操作。

　㈢關閉輸煤口時，其與蓋間及上升管與上升管蓋板間漏洩煉焦爐生成物時之檢點方法。

　㈣附著於輸煤口蓋附著物之除卻方法。

　㈤附著於上升管內附著物之除卻方法。

　㈥防護具之檢點及管理。

　㈦其他為防止勞工遭受煉焦爐生成物污染之必要措施。

第四六條

①雇主僱用勞工使用氰化氫或溴甲烷（以下簡稱溴甲烷等）等從事燻蒸作業時，應依下列規定：

一　供燻蒸之倉庫、貨櫃、船艙等場所（以下簡稱燻蒸作業場所）空氣中溴甲烷等濃度之測定，應可於各該場所外操作者。

二　投藥應於燻蒸作業場所外實施。但從事燻蒸作業之勞工佩戴適當之輸氣管面罩、空氣呼吸器或隔離式防毒面罩（以下簡稱輸氣防護具）者，不在此限。

三　應檢點有否自燻蒸作業場所溴甲烷等之漏洩。

四　實施前款檢點發現異常時，應即糊縫或採取必要措施。

五　應禁止勞工進入燻蒸作業場所，並將其意旨揭示於顯明易見之處。但為確認燻蒸效果，使勞工佩戴輸氣防護具且配置監視人監視時，得使作業勞工進入燻蒸作業場所。

六　必須開啟燻蒸作業場所之門扉或艙蓋等時，為防止自該場所流出之溴甲烷等致勞工遭受污染，應確認風向等必要措施。

七　倉庫燻蒸作業或貨櫃燻蒸作業，應依下列規定：

㈠倉庫或貨櫃燻蒸場所應予糊縫，以防止溴甲烷等之漏洩。

㈡投藥開始前應確認糊縫已完整，且勞工均已自燻蒸場所退出。

㈢在倉庫內實施局部性燻蒸作業時，同倉庫內之非燻蒸場所亦應禁止其從事作業勞工進入，且將其意旨揭示於顯明易見之處。

㈣倉庫或貨櫃等燻蒸場所於燻蒸終止開門扉等之後，使勞工進入該場所或使勞工進入同一倉庫未曾實施局部性燻蒸之場所時，應在事前測定該倉庫或貨櫃之燻蒸場所或未曾燻蒸之場所空氣中氰化氫或溴甲烷之濃度；未曾燻蒸場所之測定，應於該場所外操作。

八　帳幕燻蒸作業，應依下列規定：

㈠供燻蒸用帳幕，應使用網、索等確實固定，其裙部應以土、砂等埋塡，以防止溴甲烷等之漏洩。

㈡投藥前應檢點帳幕有否破損。

㈢實施前款檢點發現異常時應即採取修補或其他必要措施。

九　穀倉燻蒸作業，應依下列規定：

㈠應將供燻蒸倉倉開口部等全予關閉，以防止溴甲烷等之漏洩。但在作業上關閉開口部顯有困難者，不在此限。

㈡投藥後應確認穀倉均已封閉。

㈢燻蒸後非經確認勞工無被溴甲烷等污染之虞前，應禁止勞工進入穀倉，並將意旨揭示於顯明易見之處。

十　駁船燻蒸作業，應依下列規定：

㈠燻蒸場所應以帳幕覆蓋，以防止溴甲烷等之漏洩。

㈡鄰接於燻蒸場所之居住室，應為可防止溴甲烷等滲入之構造或採取不致使溴化甲烷等滲入之糊縫措施。

㈢投藥前應檢點帳幕有否破損。

㈣實施前款檢點發現異常時，應即修補或採取其他必要措

　　施。

　　(五)為防止溴甲烷等之滲入居住室，應於投藥前確認已確實糊縫及勞工自燻蒸場所退離。

　　(六)拆除帳幕後，使勞工進入燻蒸場所或鄰近於該場所之居住室等時，應測定各該場所空氣中氰化氫或溴甲烷之濃度，測定人員應於各該場所外操作。

十一　輪船燻蒸作業，應依下列規定：

　　(一)擬燻蒸之船艙，為防止溴甲烷等之漏洩，應以塑膠遮布等遮蔽開口部等。

　　(二)投藥前應確認已實施前款規定及勞工已自船艙退離。

　　(三)拆除遮布後，使勞工進入燻蒸場所或鄰近於該場所之居住室等時，應測定各該場所空氣中氰化氫或溴甲烷之濃度；測定時應使測定人員佩戴輸氣防護具，並於各該場所外操作。

十二　依第七款第四目、第十款第六目或前款第三目測定結果，各該場所空氣中氰化氫或溴甲烷之濃度，超過表下欄規定值時，應禁止勞工進入各該場所。

物質名稱	規定值	
	ppm	mg/m³
氰化氫	十	十一
溴甲烷	十五	六○

備註：表中之值，係於溫度攝氏二十五度、一氣壓下每立方公尺空氣中該物質所佔有之重量或容積。

②雇主使從事燻蒸作業以外之勞工於燻蒸作業場所或鄰近該場所之居住室等作業時，應依下列規定。但可明確確定該勞工等不致遭受溴甲烷等污染時，不在此限。

一　應測定各該場所空氣中氰化氫或溴甲烷之濃度。

二　實施前款測定結果，各該場所空氣中氰化氫或溴甲烷之濃度超過規定時，應即禁止勞工進入各該場所。

第四七條

雇主不得使勞工從事以苯等為溶劑之作業。但作業設備為密閉設備或採用不使勞工直接與苯等接觸並設置包圍型局部排氣裝置者，不在此限。

第五章　健康管理及防護措施

第四八條　（刪除）

第四九條

雇主因特定化學物質之漏洩，致勞工吸入或遭受其污染時，應迅即使其接受醫師之診察及治療。

第五○條

雇主對製造、處置或使用特定化學物質之作業場所，應依下列規定置備與同一工作時間作業勞工人數相同數量以上之適當必要防護具，並保持其性能及清潔，使勞工於有暴露危害之虞時，確實使用：

一　為防止勞工於該作業場所吸入該物質之氣體、蒸氣或粉塵引起之健康危害，應置備必要之呼吸用防護具。

二　為防止勞工於該作業場所接觸該物質等引起皮膚障害或由皮膚吸收引起健康危害，應置備必要之不浸透性防護衣、防護手套、防護鞋及塗敷劑等。

三　為防止特定化學物質對視機能之影響，應置備必要之防護眼鏡。

第六章　附　則

第五一條

① 本標準自發布日施行。

② 本標準中華民國一百零三年六月二十五日修正發布之條文，自一百零三年七月三日施行；一百十年九月十六日修正發布之第二條附表一第三款第一目之22至24、第三目之13至15、第十七條第二項、第三十八條第二項至第四項、第三十八條之一，自一百十二年七月一日施行。

鉛中毒預防規則

①民國86年4月16日行政院勞工委員會令修正發布全文50條。
②民國91年12月30日行政院勞工委員會令修正發布第2、3、30、40、45條條文；並刪除第4條條文。
③民國103年6月30日勞動部令修正發布第1、3、24、30、36、50條條文；增訂第4-1條條文；並自103年7月3日施行。
④民國113年6月13日勞動部令修正發布第4-1、15、16、26、27、31、34、36、37、40、45、50條條文；增訂第31-1條條文；除第26條條文之第2項、第31條條文之第2～5項及第31-1條條文，自114年7月1日施行外，自發布日施行。

第一章　總　則

第一條

本規則依職業安全衛生法第六條第三項規定訂定之。

第二條

①本規則適用於從事鉛作業之有關事業。

②前項鉛作業，指下列之作業：

一　鉛之冶煉、精煉過程中，從事焙燒、燒結、熔融或處理鉛、鉛混存物、燒結礦混存物之作業。

二　含鉛重量在百分之三以上之銅或鋅之冶煉、精煉過程中，當轉爐連續熔融作業時，從事熔融及處理煙灰或電解漿泥之作業。

三　鉛蓄電池或鉛蓄電池零件之製造、修理或解體過程中，從事鉛、鉛混存物等之熔融、鑄造、研磨、軋碎、製粉、混合、篩選、捏合、充填、乾燥、加工、組配、熔接、熔斷、切斷、搬運或將粉狀之鉛、鉛混存物倒入容器或取出之作業。

四　前款以外之鉛合金之製造，鉛製品或鉛合金製品之製造、修理、解體過程中，從事鉛或鉛合金之熔融、被覆、鑄造、熔鉛噴布、熔接、熔斷、切斷、加工之作業。

五　電線、電纜製造過程中，從事鉛之熔融、被覆、剝除或被覆電線、電纜予以加硫處理、加工之作業。

六　鉛快削鋼之製造過程中，從事注鉛之作業。

七　鉛化合物、鉛混合物製造過程中，從事鉛、鉛混存物之熔融、鑄造、研磨、混合、冷卻、攪拌、篩選、煆燒、烘燒、乾燥、搬運倒入容器或取出之作業。

八　從事鉛之襯墊及表面上光作業。

九　橡膠、合成樹脂之製品、含鉛塗料及鉛化合物之繪料、釉藥、農藥、玻璃、黏著劑等製造過程中，鉛、鉛混存物等之

熔融、鑄注、研磨、軋碎、混合、篩選、被覆、剝除或加工之作業。

十　於通風不充分之場所從事鉛合金軟焊之作業。

十一　使用含鉛化合物之釉藥從事施釉或該施釉物之烘燒作業。

十二　使用含鉛化合物之繪料從事繪畫或該繪畫物之烘燒作業。

十三　使用熔融之鉛從事金屬之淬火、退火或該淬火、退火金屬之砂浴作業。

十四　含鉛設備、襯墊物或已塗布含鉛塗料物品之軋碎、壓延、熔接、熔斷、切斷、加熱、熱鉚接或剝除含鉛塗料等作業。

十五　含鉛、鉛塵設備內部之作業。

十六　轉印紙之製造過程中，從事粉狀鉛、鉛混存物之散布、上粉之作業。

十七　機器印刷作業中，鉛字之檢字、排版或解版之作業。

十八　從事前述各款清掃之作業。

第三條

本規則用詞，定義如下：

一　鉛合金：指鉛與鉛以外金屬之合金中，鉛佔該合金重量百分之十以上者。

二　鉛化合物：指氧化鉛類、氫氧化鉛、氯化鉛、碳酸鉛、矽酸鉛、硫酸鉛、鉻酸鉛、鈦酸鉛、硼酸鉛、砷酸鉛、硝酸鉛、醋酸鉛及硬脂酸鉛。

三　鉛混合物：指燒結礦、煙灰、電解漿泥及礦渣以外之鉛、鉛合金或鉛化合物與其他物質之混合物。

四　鉛混存物：指鉛合金、鉛化合物、鉛混合物。

五　燒結礦：指鉛之冶煉、精煉過程中生成之燒結物。

六　礦渣：指鉛之冶煉、精煉過程中生成之殘渣。

七　煙灰：指鉛、銅或鋅之冶煉、精煉過程中生成之灰狀物。

八　電解漿泥：指鉛、銅或鋅之冶煉、精煉過程中電解生成之漿泥狀物。

九　燒結礦混存物：指燒結礦、礦渣、煙灰及電解漿泥。

十　含鉛塗料：指含有鉛化合物之塗料。

十一　鉛塵：指加工、研磨、加熱等產生之固體粒狀物及其氧化物如燻煙等。

十二　密閉設備：指密閉鉛塵之發生源，使鉛塵不致散布之設備。

十三　局部排氣裝置：指藉動力強制吸引並排出已發散鉛塵之設備。

十四　整體換氣裝置：指藉動力稀釋已發散鉛塵之設備。

十五　作業時間短暫：指雇主使勞工每日作業時間在一小時以內之作業。

十六　臨時性作業：指正常作業以外之作業，其作業期間不超過

　　三個月且一年內不再重覆者。

十七　通風不充分之場所：指室內對外開口面積未達底面積二十
　　　分之一以上或全面積百分之三以上者。

第四條　（刪除）

第四條之一　113

雇主使勞工從事本規則所定之鉛作業者，對於健康管理、作業環
境監測、妊娠與分娩後女性勞工及未滿十八歲勞工保護與入槽
安全等事項，應依勞工健康保護規則、勞工作業環境監測實施辦
法、妊娠與分娩後女性及未滿十八歲勞工禁止從事危險性或有害
性工作認定標準、缺氧症預防規則及職業安全衛生設施規則所定
之局限空間作業等相關規定辦理。

第二章　設　施

第五條

雇主使勞工從事第二條第二項第一款之作業時，依下列規定：

一　鉛之冶煉、精煉過程中，從事焙燒、燒結、熔融及鉛、鉛混
　　存物、燒結礦混存物等之熔融、鑄造、烘燒等作業場所，應
　　設置局部排氣裝置。

二　非以濕式作業方式從事鉛、鉛混存物、燒結礦混存物等之軋
　　碎、研磨、混合或篩選之室內作業場所，應設置密閉設備或
　　局部排氣裝置。

三　非以濕式作業方式將粉狀之鉛、鉛混存物、燒結礦混存物等
　　倒入漏斗、容器、軋碎機或自其取出時，應於各該作業場所
　　設置局部排氣裝置及承受溢洩之設備。

四　臨時儲存燒結礦混存物時，應設置儲存場所或容器。

五　鉛、鉛混存物、燒結礦混存物等之熔融、鑄造作業場所，應
　　設置儲存浮渣之容器。

第六條

雇主使勞工從事第二條第二項第二款之作業時，依下列規定：

一　以鼓風爐或電解漿泥熔融爐從事冶煉、熔融或煙灰之段燒作
　　業場所，應設置局部排氣裝置。

二　非以濕式作業方法從事煙灰、電解漿泥之研磨、混合或篩選
　　之室內作業場所，應設置密閉設備或局部排氣裝置。

三　非以濕式作業方式將煙灰、電解漿泥倒入漏斗、容器、軋碎
　　機等或自其中取出之作業，應於各該室內作業場所設置局部
　　排氣裝置及承受溢洩之設備。

四　臨時儲存煙灰、電解漿泥時，應設置儲存場所或容器。

五　以電解漿泥熔融爐從事熔融之作業場所，應有儲存浮渣之容
　　器。

第七條

雇主使勞工從事第二條第二項第三款之作業時，依下列規定：

一　從事鉛、鉛混存物之熔融、鑄造、加工、組配、熔接、熔斷

或極板切斷之室內作業場所，應設置局部排氣裝置。

二　非以濕式作業方法從事鉛、鉛混存物之研磨、製粉、混合、篩選、捏合之室內作業場所，應設置密閉設備或局部排氣裝置。

三　非以濕式作業方法將粉狀之鉛、鉛混存物倒入容器或取出之作業，應於各該室內作業場所設置局部排氣裝置及承受溢流之設備。

四　從事鉛、鉛混存物之解體、軋碎作業場所，應與其他之室內作業場所隔離。但鉛、鉛混存物之熔融、鑄造作業場所或軋碎作業採密閉形式者，不在此限。

五　鑄造過程中，如有熔融之鉛或鉛合金從自動鑄造機中飛散之虞，應設置防止其飛散之設備。

六　從事充填黏狀之鉛、鉛混存物之工作台或吊運已充填有上述物質之極板時，為避免黏狀之鉛掉落地面，應設置承受容器承受之。

七　以人工搬運裝有粉狀之鉛、鉛混存物之容器，為避免搬運之勞工被上述物質所污染，應於該容器上裝設把手或車輪或置備有專門運送該容器之車輛。

八　室內作業場所之地面，應為易於使用真空除塵機或以水清除之構造。

九　從事鉛、鉛混存物之熔融、鑄造作業場所，應設置儲存浮渣之容器。

第八條

雇主使勞工從事第二條第二項第四款或第六款之作業時，依下列規定：

一　從事鉛或鉛合金之熔融、被覆、鑄造、熔鉛噴布、熔接、熔斷及以動力從事切斷、加工或鉛快削鋼注銷之室內作業場所，應設置局部排氣裝置。

二　暫時儲存鉛或鉛合金之切屑時，應設置儲存切屑之容器。

三　從事鉛或鉛合金之熔融、鑄造作業場所，應設置儲存浮渣之容器。

四　鑄造過程中，如有熔融之鉛或鉛合金從自動鑄造機中飛散之虞，應設置防止其飛散之設備。

五　室內作業場所之地面，應為易於使用真空除塵機或以水清除之構造。

第九條

雇主使勞工從事第二條第二項第五款之作業時，依下列規定：

一　從事鉛之熔融室內作業場所，應設置局部排氣裝置及儲存浮渣之容器。

二　室內作業場所之地面，應為易於使用真空除塵機或以水清除之構造。

第一〇條

雇主使勞工從事第二條第二項第七款之作業時，依下列規定：

一　從事鉛、鉛混存物之熔融、鑄造段燒及烘燒之室內作業場所，應設置局部排氣裝置。

二　從事鉛或鉛混存物冷卻攪拌之室內作業場所，應設置密閉設備或局部排氣裝置。

三　從事鉛、鉛混存物之熔融、鑄造作業場所，應設置儲存浮渣之容器。

四　非以濕式作業方法事鉛、鉛混存物之研磨、混合、篩選之室內作業場所，應設置密閉設備或局部排氣裝置。

五　非以濕式作業方法將粉狀之鉛、鉛混存物倒入容器或取出之作業，應於各該室內作業場所設置局部排氣裝置及承受溢流之設備。

六　以人工搬運裝有粉狀之鉛、鉛混存物之容器為避免搬運之勞工被上述物質所污染，應於該容器上裝設把手或車輪或置備有專門運送該容器之車輛。

七　室內作業場所之地面，應為易於使用真空除塵機或以水清除之構造。

第一一條

雇主使勞工從事第二條第二項第八款之作業時，依下列規定：

一　從事鉛、鉛混存物之熔融、熔接、熔斷、熔鉛噴布或真空作業等塗布及表面上光之室內作業場所，應設置局部排氣裝置。

二　從事鉛、鉛混存物之熔融作業場所，應設置儲存浮渣之容器。

第一二條

雇主使勞工從事第二條第二項第九款之作業時，依下列規定：

一　從事鉛、鉛混存物熔融或鑄注之室內作業場所，應設置局部排氣裝置及儲存浮渣之容器。

二　從事鉛、鉛混存物軋碎之作業場所，應與其他作業場所隔離。

三　非以濕式作業從事鉛、鉛混存物之研磨、混合、篩選之室內作業場所，應設置密閉設備或局部排氣裝置。

第一三條

雇主使勞工從事第二條第二項第十款之作業時，應於該作業場所設置局部排氣裝置或整體換氣裝置。

第一四條

雇主使勞工於室內作業場所以散布或噴布方式從事第二條第二項第十一款之施釉作業時，應於該作業場所設置局部排氣裝置。

第一五條 113

雇主使勞工於室內作業場所，以噴布從事第二條第二項第十二款之繪畫作業時，應於該作業場所設置局部排氣裝置。

第一六條 113

雇主使勞工從事第二條第二項第十三款規定之淬火或退火作業時，應設置局部排氣裝置及儲存浮渣之容器。

第一七條

雇主使勞工從事第二條第二項第十四款之作業時，依下列規定：

一　從事鉛之襯墊或已塗布含鉛塗料物品之壓延、熔接、熔斷、加熱、熱鉚接之室內作業場所，應設置局部排氣裝置。

二　非以濕式作業方式從事鉛之襯墊或已塗布含鉛塗料物品軋碎之室內作業場所，應設置密閉設備或局部排氣裝置。

第一八條

雇主使勞工從事第二條第二項第十四款之剝除含鉛塗料時，依下列規定：

一　應採取濕式作業，但有顯著困難者，不在此限。

二　應將剝除之含鉛塗料立即清除。

第一九條

雇主使勞工從事第二條第二項第十六款之作業時，應於該作業場所設置局部排氣裝置。

第二〇條

本規則第五條第二款及第三款、第六條第二款及第三款、第七條第二款及第三款、第十條第二款、第四款、第五款及第十二條第三款規定設置之局部排氣裝置之氣罩，應採用包圍型。但作業方法上設置此種型式之氣罩困難時，不在此限。

第二一條

雇主使勞工於室內作業場所搬運粉狀之鉛、鉛混存物、燒結礦混存物之輸送機，依下列規定：

一　供料場所及轉運場所，應設置密閉設備或局部排氣裝置。

二　斗式輸送機，應設置有效防止鉛塵飛揚之設備。

第二二條

雇主使勞工從事乾燥粉狀之鉛、鉛混存物作業之場所，依下列規定：

一　應防止鉛、鉛混存物之鉛塵溢出於室內。

二　乾燥室之地面、牆壁或棚架之構造，應易於使用真空除塵機或以水清除者。

第二三條

雇主使用粉狀之鉛、鉛混存物、燒結礦混存物等之過濾式集塵裝置，依下列規定：

一　濾布應設有護圍。

二　固定式排氣口應設於室外，應避免迴流至室內作業場所。

三　應易於將附著於濾材上之鉛塵移除。

四　集塵裝置應與勞工經常作業場所適當隔離。

第二四條

雇主使勞工從事下列各款規定之作業時，得免設置局部排氣裝置或整體換氣裝置。但第一款至第三款勞工有遭鉛污染之虞時，應

提供防護具：

一　與其他作業場所有效隔離而勞工不必經常出入之室內作業場所。

二　作業時間短暫或臨時性作業。

三　從事鉛、鉛混存物、燒結礦混存物等之熔融、鑄造或第二條第二項第二款規定使用轉爐從事熔融之作業場所等，其牆壁面積一半以上為開放，而鄰近四公尺無障礙物者。

四　於熔融作業場所設置利用溫熱上升氣流之排氣煙囪，且以石灰覆蓋熔融之鉛或鉛合金之表面者。

第二五條

雇主設置之局部排氣裝置之氣罩，依下列規定：

一　應設置於每一鉛、鉛混存物、燒結礦混存物等之鉛塵發生源。

二　應視作業方法及鉛塵散布之狀況，選擇適於吸引該鉛塵之型式及大小。

三　外裝型或接受型氣罩之開口，應儘量接近於鉛塵發生源。

第二六條 113

①雇主設置之局部排氣裝置之導管其內部之構造，應易於清掃及測定，並於適當位置開設清潔口及測定孔。

②雇主依第三十一條第二項規定設置之局部排氣裝置，應於氣罩連接導管適當處所，設置監測靜壓、流速或其他足以顯示該設備正常運轉之裝置。

第二七條 113

①雇主使勞工從事下列鉛作業而設置下列之設備時，應設置有效污染防制過濾式集塵設備或同等性能以上之集塵設備：

一　第二條第二項第一款規定之鉛作業，而具下列設備之一者：

　　㈠直接連接於焙燒爐、燒結爐、熔解爐或烘燒爐，將各該爐之鉛塵排出之密閉設備。

　　㈡第五條第一款至第三款之局部排氣裝置。

二　第二條第二項第二款規定之鉛作業，而具下列設備之一者：

　　㈠直接連接於焙燒爐、燒結爐、熔解爐或烘燒爐，將各該爐之鉛塵排出之密閉設備。

　　㈡第六條第一款至第三款之局部排氣裝置。

三　第二條第二項第三款規定之鉛作業，而具下列設備之一者：

　　㈠設置於第七條第一款之製造過程中，鉛、鉛混存物之熔融或鑄造之局部排氣裝置。

　　㈡第七條第二款及第三款之局部排氣裝置。

四　第二條第二項第四款規定之鉛作業，於第八條第一款製造過程中，其鉛或鉛合金之熔融或鑄造作業設置之局部排氣裝置者。

五　第二條第二項第七款規定之鉛作業，而具下列設備之一者：

　　㈠直接連接於段燒爐或烘燒爐，將各該爐之鉛塵排出之密閉

設備。

　　㈡依第十條規定設置之局部排氣裝置。

六　第二條第二項第八款規定之鉛作業於第十一條第一款製造過程中，具鉛襯墊物之表面上光作業場所設置之局部排氣裝置者。

七　第二條第二項第九款規定之鉛作業，而具下列設備之一者：

　　㈠直接連接於製造混有氧化鉛之玻璃熔解爐，將該爐之鉛塵排出之密閉設備。

　　㈡第十二條第一款混有氧化鉛之玻璃製造過程中，熔融鉛、鉛混存物之熔融場所設置之局部排氣裝置。

　　㈢依第十二條第三款規定設置之局部排氣裝置。

八　第二條第二項第十三款規定之鉛作業，依第十六條規定設置之局部排氣裝置者。

②雇主使勞工從事鉛或鉛合金之熔融或鑄造作業，而該熔融或坩堝等之總容量未滿五十公升者，得免設集塵裝置。

第二八條

①雇主設置局部排氣裝置之排氣機，應置於空氣清淨裝置後之位置。但無累積鉛塵之虞者，不在此限。

②雇主設置整體換氣裝置之排氣機或設置導管之開口部，應接近鉛塵發生源，務使污染空氣有效換氣。

第二九條

雇主設置局部排氣裝置或整體換氣裝置之排氣口，應設置於室外。但設有移動式集塵裝置者，不在此限。

第三〇條

雇主設置之局部排氣裝置，應於鉛作業時間內有效運轉，並降低空氣中鉛塵濃度至勞工作業場所容許暴露標準以下。

第三一條 113

①雇主設置密閉設備、局部排氣裝置或整體換氣裝置者，應由專業人員妥為設計，並維持其有效性能。

②雇主設置局部排氣裝置時，應指派或委託經中央主管機關訓練合格之專業人員設計，並製作局部排氣裝置設計報告書。

③前項局部排氣裝置設置完成後，應實施原始性能測試，並依測試結果製作原始性能測試報告書；其相關文件、紀錄應保存十年。

④雇主設置局部排氣裝置屬化學排氣櫃型式者，不受前二項規定之限制。

⑤雇主依第二項規定設置之局部排氣裝置，於改裝時，應依第二項及第三項規定辦理。但對其性能未有顯著影響者，不在此限。

第三一條之一 113

前條第二項及第三項所定從事局部排氣裝置設計專業人員應具備之資格、訓練課程與時數、訓練單位、局部排氣裝置設計報告書及原始性能測試報告書之內容，準用特定化學物質危害預防標準第三十八條及第三十八條之一之規定。

第三二條

雇主使勞工從事第二條第二項第十款規定之作業，其設置整體換氣裝置之換氣量，應為每一從事鉛作業勞工平均每分鐘一‧六七立方公尺以上。

第三三條

① 雇主設置之局部排氣裝置或整體換氣裝置，於鉛作業時不得停止運轉。但裝置內部清掃作業，不在此限。

② 雇主設置之局部排氣裝置或整體換氣裝置之處所，不得阻礙其排氣或換氣功能。

第三四條 113

① 雇主使勞工從事鉛作業時，應於作業場所外設置合於下列規定之休息室：

一 休息室之出入口，應設置沖洗用水管或充分濕潤之墊蓆，以清除附著於勞工足部之鉛塵，並於入口設置清除鉛塵用毛刷或真空除塵機。

二 休息室之地面構造應易於使用真空除塵機或以水清洗者。雇主應使勞工於進入休息室前，將附著於工作衣上之鉛塵適當清除。

② 前項規定，雇主應揭示於勞工顯而易見之處所。

③ 第一項與第二項之規定，於鉛作業場所勞工無附著鉛塵之虞者，不適用之。

第三五條

雇主使勞工從事粉狀之鉛、鉛混存物或燒結礦混存物之處理作業者，應設置淋浴設備。

第三六條 113

雇主為防止鉛、鉛混存物或燒結礦混存物等之鉛塵污染，應每日以水沖洗，或以真空除塵機、適當溶液清潔作業場所、休息室、餐廳等一次以上。但無鉛塵污染之虞者，不在此限。

第三七條 113

雇主使勞工從事鉛作業時，應於作業場所備置指甲刷、肥皂或適當溶液等洗手、漱口用之盥洗設備，供給作業勞工洗滌，以避免鉛塵之污染

第三八條

雇主使勞工從事第二條第二項第十五款之作業時，依下列規定：

一 設置淋浴及更衣設備，以供勞工使用。

二 使勞工將污染之衣服置於密閉容器內。

第三九條

雇主使勞工從事鉛作業時，應設置專用洗衣設備，供勞工於必要時，洗滌附著於工作衣上之鉛塵。

第四〇條 113

雇主使勞工從事鉛作業時，應指派現場作業主管擔任鉛作業主管，並執行下列規定事項：

一 採取必要措施預防從事作業之勞工遭受鉛污染。

二 決定作業方法並指揮勞工作業。

三 保存每月檢點局部排氣裝置及其他預防勞工健康危害之裝置一次以上之紀錄。

四 監督勞工確實使用防護具。

第四一條

雇主使勞工將粉狀之鉛、鉛混存物或燒結礦混存物等倒入漏斗時，如有鉛塵溢漏情形，應令勞工立即停止作業。但如係臨時性作業，且勞工確實戴用有效呼吸防護具者，不在此限。

第四二條

①雇主使勞工從事第二條第二項第一款、第二款自焙燒爐中取出鉛混存物、燒結礦混存物之作業時，依下列規定：

一 應於烘燒爐口設置承დ容器，以儲存鉛混存物、燒結礦混存物。

二 應設置長柄工具或採取機械取出方式。

②前項設備之使用，應公告使作業勞工周知。

第四三條

雇主使勞工從事第二條第二項第十五款之作業時，依下列規定：

一 作業開始前，應確實隔離該設備與其他設備間之連結部分，並將該設備給予充分換氣。

二 應將附著或堆積該設備內部之鉛、鉛混存物或燒結礦混存物等之鉛塵充分濕潤以防止其飛揚。

第四四條

雇主應公告鉛作業場所禁止飲食或吸菸，並揭示於明顯易見之處所。

第四五條 113

①雇主使勞工從事下列作業時，應置備適當之呼吸防護具，並訂定計畫，使勞工確實遵守：

一 第二條第二項第一款、第二款或第七款之作業或清掃該作業場所。

二 第二條第二項第十三款砂浴作業之攪拌或換砂。

三 非以濕式作業方法從事第二條第二項第十四款之作業中，剝除含鉛塗料。

四 第二條第二項第十五款之作業。

五 第二十二條之乾燥作業。

六 第二十三條集塵裝置濾布之更換作業。

七 從事鉛、鉛混存物之軋碎、熔接、熔斷或熔鉛噴布之作業。

八 於船舶、儲槽內部及其他通風不充分之作業場所從事鉛作業。

②前項第四款作業，並應置備適當防護衣著，使勞工確實使用。

③第一項第七款及第八款作業情形，已有局部排氣裝置或整體換氣裝置之設備，且有效運轉者不在此限。

④第一項及第二項規定之呼吸防護具、防護衣著，應設置專用保管設備，並於使用後與其他衣物隔離保管，且禁止攜入鉛作業場所以外之處所。

第四六條

雇主使勞工戴用輸氣管面罩之連續作業時間，每次不得超過一小時。

第四七條

雇主依第四十一條、第四十五條規定使勞工佩戴輸氣管面罩時，其面罩之入氣口，應置於新鮮空氣之位置，並保持有效運轉。

第四八條

雇主儲存、使用鉛、鉛混存物時，依下列規定：

一　應使用不致漏洩之密閉容器，將粉狀之鉛、鉛混存物適當儲存。

二　粉狀之鉛、鉛混存物漏洩時，應即以眞空除塵或以水清除之。

三　塊狀之鉛、鉛混存物，應適當儲存，避免鉛塵污染。

第四九條

雇主使勞工從事下列各款作業時，僅適用第一章及本章第四十一條、第四十五條、第四十七條及第四十八條之規定：

一　作業場所熔融鉛或鉛合金之坩堝、爐等之容量，總計不滿五十公升，且於攝氏四百五十度以下之溫度從事鉛或鉛合金之熔融或鑄造。

二　臨時從事第二條第二項第十款至第十三款規定之作業或從事該作業場所清掃之作業。

三　於隔離室以遙控方式從事鉛作業。

第三章　附　則

第五〇條 113

①本規則自發布日施行。

②本規則中華民國一百零三年六月三十日修正發布之條文，自一百零三年七月三日施行；一百十三年六月十三日修正發布之第二十六條第二項、第三十一條第二項至第五項、第三十一條之一，自一百十四年七月一日施行。

四烷基鉛中毒預防規則

①民國87年6月30日行政院勞工委員會令修正發布全文29條。
②民國103年6月30日勞動部令修正發布第1、3、4、8、20、29條條文；並自103年7月3日施行。
③民國111年6月29日勞動部令修正發布第1、4、20、29條條文；並自發布日施行。

第一條 111
　本規則依職業安全衛生法第六條第三項規定訂定之。

第二條
①本規則適用於從事下列各款四烷基鉛作業之一之事業：
　一　將四烷基鉛混入汽油或將其導入儲槽之作業。
　二　修護、改裝、拆卸、組配、破壞或搬運前款作業使用之裝置之作業。
　三　處理內部被四烷基鉛或加鉛汽油污染或有被污染之虞之儲槽或其他設備之作業。
　四　處理含有四烷基鉛或加鉛汽油之殘渣、廢液等之作業。
　五　處理存有四烷基鉛之桶或其他容器之作業。
　六　使用四烷基鉛研究或試驗之作業。
　七　清除被四烷基鉛或加鉛汽油污染或有被污染之虞之物品或場所之作業。
②事業單位從事前項二款以上之作業，應同時符合各款作業之規定。

第三條
　本規則用詞，定義如下：
　一　四烷基鉛：指四甲基鉛、四乙基鉛、一甲基三乙基鉛、二甲基二乙基鉛、三甲基一乙基鉛及含有上列物質之抗震劑。
　二　加鉛汽油：指添加四烷基鉛之汽油。
　三　裝置：指第二條第一項第一款作業中使用之機械或設備。
　四　局部排氣裝置：指藉動力吸引並排出已發散四烷基鉛蒸氣之設備。
　五　換氣裝置：指藉動力輸入外氣置換儲槽、地下室、船艙、坑井或通風不充分之場所等內部空氣之設備。

第四條 111
　雇主使勞工從事四烷基鉛作業者，對於健康管理、作業環境監測、妊娠與分娩後女性勞工及未滿十八歲勞工保護與入槽安全等事項，應依勞工健康保護規則、勞工作業環境監測實施辦法、妊娠與分娩後女性及未滿十八歲勞工禁止從事危險性或有害性工作

認定標準、缺氧症預防規則及職業安全衛生設施規則所定之局限空間作業等相關規定辦理。

第五條

雇主使勞工從事第二條第一項第一款規定之作業時，依下列規定：

一　裝置之構造應能防止從事該作業勞工被四烷基鉛污染或吸入蒸氣。

二　作業場所建築物之牆壁至少應有三面為開放且能充分通風者。

三　由四烷基鉛桶內抽吸四烷基鉛注入裝置時，應完全予以吸盡。並以汽油清洗後栓密，及清除桶外污染之四烷基鉛。

四　應供給作業勞工不滲透性防護圍裙、不滲透性長統手套、不滲透性長靴及有機氣體用防毒面罩，並使其確實使用。

五　作業場所應與其他作業場所或勞工經常進出之場所隔離。

六　作業場所之地面，應採用不滲透性材料構築，且為易於清除四烷基鉛污染之構造。

七　設置休息室、盥洗設備及淋浴設備供給勞工使用。

八　每日應確認裝置之狀況一次以上，發現有四烷基鉛或其蒸氣漏洩或有漏洩之虞時，應即採取必要措施。

第六條

雇主使勞工從事第二條第一項第二款規定之作業時，依下列規定：

一　應於作業前清除已污染該裝置之四烷基鉛或加鉛汽油。

二　應供給作業勞工不滲透性防護圍裙，不滲透性長統手套、不滲透性長靴及有機氣體用防毒面罩，並使其確實使用。但雇主或工作場所負責人認為作業勞工不致受四烷基鉛污染或無吸入蒸氣之虞時；不在此限。

第七條

①雇主使勞工從事第二條第一項第三款規定有關四烷基鉛用儲槽作業時，依下列規定：

一　自儲槽內抽出四烷基鉛後，應有防止自所有與該儲槽有關之管線倒流四烷基鉛於儲槽內部之措施。

二　使用汽油或煤油等洗淨儲槽內部，將其排出儲槽外。

三　使用適當氧化劑如百分之五過錳酸鉀溶液等，將儲槽內部充分氧化，並將該氧化劑排出儲槽外。

四　儲槽之人孔、排放閥及其他不致使四烷基鉛流入內部之開口部分，應全部開放。

五　使用水或水蒸氣清洗排除儲槽內部之氧化劑等排出儲槽外，如使用水蒸氣清洗時，該儲槽應妥為接地。

六　作業開始前或在作業期間，均應使用換氣裝置，將儲槽內部充分換氣。

七　應設置於發生緊急狀況時，能使儲槽內之勞工即刻避難之設

備或器材等設施。

八　應指派監視人員一人以上監視作業狀況，發現有異常時，應立即報告四烷基鉛作業主管及其他有關人員。

九　應供給從事第一款至第五款作業勞工不滲透性防護衣著、不滲透性長統手套、不滲透性長靴、防護帽及輸氣管面罩，並使其確實使用。

十　應供給從事第一款至第五款有關措施之作業勞工及第八款監視作業勞工不滲透性防護衣著、不滲透性長靴及有機氣體用防毒面罩。但雇主或工作場所負責人認為作業勞工不致受四烷基鉛污染或無吸入其蒸氣之虞時，不在此限。

②前項第一款至第五款規定，應於作業開始前依序為之。

第八條

①雇主使勞工從事第二條第一項第三款規定有關加鉛汽油用儲槽作業時，依下列規定：

一　自儲槽內抽出加鉛汽油後，應有防止自所有與該儲槽有關之管線倒流四烷基鉛或加鉛汽油於儲槽內部之措施。

二　儲槽之人孔、排放閥及其他不致使四烷基鉛或加鉛汽油流入內部之開口部分，應全部開放。

三　使用水或水蒸氣清洗儲槽內部，如使用水蒸氣清洗時，該儲槽應妥為接地。

四　作業開始前或在作業期間，均應使用換氣裝置，將儲槽內部充分換氣。

五　應設置於發生緊急狀況時，能使儲槽內之勞工即刻避難之設備或器材等設施。

六　應指派監視人員一人以上監視作業狀況，發現有異常時，應立即報告四烷基鉛作業主管及其他有關人員。

七　應供給從事第一款至第三款作業勞工不滲透性防護衣著、不滲透性長統手套、不滲透性長靴、防護帽及輸氣管面罩，並使其確實使用。

八　應供給第一款至第三款有關措施之作業勞工及第六款監視作業勞工不滲透性防護衣著、不滲透性長靴及有機氣體用防毒面罩。但雇主或工作場所負責人認為作業勞工不致受四烷基鉛污染或無吸入其蒸氣之虞時，不在此限。

②前項第四款之換氣裝置，需將槽內空氣中汽油濃度降低至符合勞工作業場所容許暴露標準之規定。

第九條

①雇主使勞工從事第二條第一項第四款規定之作業時，依下列規定：

一　搬運或臨時儲存殘渣時，應使用不致使該殘渣漏洩或溢出且具有堅固覆蓋或栓塞之容器。

二　搬運或臨時儲存廢液時，應使用不致使該廢液漏洩或溢出之堅固容器。

②雇主應供給前項作業之勞工不滲透性防護衣著、不滲透性長統手套、不滲透性長靴，對於以人工從事殘渣移入或排出容器作業勞工，並應供給有機氣體用防毒面罩，並使其確實使用。殘渣、廢液等廢棄物之清除及處理依環境保護有關法令規定辦理。

第一〇條

雇主使勞工從事第二條第一項第五款規定之作業時，依下列規定：

一　應於作業開始前確認四烷基鉛桶或其他容器之狀況，對有漏洩四烷基鉛或加鉛汽油之虞或被四烷基鉛污染之容器，應予整補或採取其他必要措施。置放四烷基鉛桶之場所如已被四烷基鉛污染者，應以氧化劑清洗乾淨。

二　雇主應供給前款作業勞工不滲透性防護衣、不滲透性防護手套、不滲透性防護長靴及有機氣體用防毒面罩，並使其確實使用。但對於前款以外之作業勞工應供給不滲透性防護手套，並使其確實使用。

第一一條

雇主使勞工從事第二條第一項第六款規定之作業時，依下列規定：

一　應於各四烷基鉛蒸氣發生源設置局部排氣裝置。

二　應供給作業勞工不滲透性防護圍裙及不滲透性長統手套，並使其確實使用。

第一二條

雇主使勞工於地下室、船艙、坑井或通風不充分之場所，從事第二條第一項第七款規定之作業時，依下列規定：

一　應設置於發生緊急事故時，能使勞工即刻避難之設備或器材等設施。

二　作業前除使用該場所之換氣裝置予以充分換氣外，作業時間內亦應使該換氣裝置維持有效運轉。

三　指派監視人員一人以上監視作業，如有異常狀況，應立即報告四烷基鉛作業主管及其他有關人員。

四　應供給非以動力換氣作業之勞工不滲透性防護衣著，不滲透性防護手套、不滲透性防護長靴、防護帽及輸氣管面罩或有機氣體用防毒面罩，並使其確實使用。

五　應供給換氣作業以外之作業勞工不滲透性防護衣著、不滲透性長統手套、不滲透性長靴、防護帽及輸氣管面罩，並使其確實使用。

六　應於清除四烷基鉛等污染作業完畢時，確認四烷基鉛已被清除。

第一三條

雇主使勞工從事清洗作業或供給勞工清洗手足、身體之清洗劑時，不得使用加鉛汽油。

第一四條

雇主設置之局部排氣裝置，其導管應爲易於清掃及測定之構造，並於適當位置開設清潔口及測定孔。

第一五條

雇主設置之局部排氣裝置，應由專業人員妥爲設計，並維持其有效性能。

第一六條

雇主使勞工從事第二條第一項第六款以外之四烷基鉛作業時，應派遣四烷基鉛作業主管從事下列監督作業：

一　決定作業方法，並指揮勞工作業。

二　預防從事該作業之勞工被四烷基鉛污染或吸入該物質。

三　每日確認第七條第一項第六款、第八條第一項第四款及第十二條第二款之換氣裝置運轉狀況。

四　監督勞工對防護具使用狀況。

五　對四烷基鉛作業場所確認結果，如有發生四烷基鉛中毒之虞時，應即採取必要措施。

六　發現作業勞工身體或衣服被四烷基鉛污染時，應即以肥皂或其他適當清洗劑洗除污染。

第一七條

雇主使勞工從事處理四烷基鉛或加鉛汽油之作業時，於作業完畢後，應供給肥皂使其洗淨雙手及身體被污染之部分。

第一八條

雇主使勞工從事四烷基鉛作業時，應將下列規定事項公告於作業場所中顯明之處，使作業勞工週知：

一　四烷基鉛對人體之影響。

二　處置四烷基鉛應注意事項。

三　發生四烷基鉛中毒時之緊急措施。

第一九條

雇主應禁止非從事四烷基鉛作業有關勞工進入從事四烷基鉛作業之場所或儲存裝有四烷基鉛之儲槽、桶等之場所，並將有關禁止事項揭示於顯明易見之處所。

第二○條 111

①勞工從事四烷基鉛作業，發生下列事故致有發生四烷基鉛中毒之虞時，雇主或工作場所負責人應即令停止作業，並使勞工退避至安全場所；勞工在不危及其他工作者安全之情形下，亦得自行停止作業及退避至安全場所，並立即向直屬主管報告：

一　因設備或換氣裝置故障致降低、失去效能。

二　四烷基鉛之漏洩或溢流。

三　作業場所被四烷基鉛或其蒸氣污染。

②前項事故下之作業場所，在未確認四烷基鉛已完全清除，勞工無發生四烷基鉛中毒之虞前，不得使相關勞工進入該場所。但在職業安全衛生管理人員或四烷基鉛作業主管指導下搶救人員及處理現場之必要作業者，不在此限。

第二一條

雇主使勞工從事四烷基鉛作業時，依下列規定：

一　作業期間應對四烷基鉛作業之作業場所、儲槽、船艙及坑井等每週實施通風設備運轉狀況、勞工作業情形、空氣流通效果及四烷基鉛使用情形等確認一次以上，有四烷基鉛中毒之虞時，應即採取必要措施。

二　預防發生四烷基鉛中毒之必要注意事項，應通告全體有關之勞工。

第二二條

雇主依本規則規定供給勞工使用輸氣管面罩時，面罩之空氣入口應置於新鮮空氣之位置。

第二三條

雇主使勞工戴用輸氣管面罩之連續作業時間，每次不得超過一小時。

第二四條

①雇主使勞工從事四烷基鉛作業時，對於防護具依下列規定：

一　每天作業前應確認防護具之狀況，發覺防護具有異常時應予整補或更換。

二　有機氣體用防毒面罩之吸收罐應保持有效。

三　作業完畢時，應確認勞工使用之防護具、工作衣、器具等之狀況。認有四烷基鉛或加鉛汽油污染者，應予清除或以其他方法妥善處理。

②雇主使勞工從事四烷基鉛作業時，應於作業場所外設置存放防護具、工作衣等之金屬材質保管設備，並與其他衣物隔離保管。

第二五條

雇主於處理四烷基鉛或加鉛汽油作業之場所，應置備下列規定之藥品材料等：

一　肥皂或其他適當清洗劑。

二　洗眼液、吸附劑及其他急救藥品等。

三　氧化劑、活性白土及其他防止擴散之材料等。

四　整補材料。

第二六條

雇主於儲藏四烷基鉛或加鉛汽油時，應使用具有栓蓋之牢固容器並使桶蓋向上以避免四烷基鉛或加鉛汽油之溢出、漏洩、滲透或擴散，該儲藏場所應依下列規定：

一　防止與作業無關人員進入之設施及標示。

二　將四烷基鉛蒸氣排除於室外。

三　防止因不慎漏洩而引起意外之措施。

第二七條

雇主應將曾儲裝四烷基鉛之空容器予以密閉或放置於室外之一定場所，並予標示。

第二八條

雇主使勞工於隔離室以遙控方式從事四烷基鉛作業時，僅適用第
十三條、第二十條、第二十五條、第二十六條及第二十七條之規
定。

第二九條 111

① 本規則自發布日施行。

② 本規則中華民國一百零三年六月三十日修正發布之條文，自一百
零三年七月三日施行。

粉塵危害預防標準

①民國70年7月27日內政部函訂定發布全文34條。
②民國87年6月30日行政院勞工委員會令修正發布全文25條。
③民國92年12月31日行政院勞工委員會令修正發布第3、7、9、23條條文；刪除第4、8條條文；並增訂第11-1條條文。
④民國103年6月25日勞動部令修正發布第1、3、25條條文；並自103年7月3日施行。

第一條
本標準依職業安全衛生法第六條第三項規定訂定之。

第二條
本標準適用於附表一甲欄所列粉塵作業之有關事業。

第三條
本標準用詞，定義如下：

一　粉塵作業：指附表一甲欄所列之作業。

二　特定粉塵發生源：指附表一乙欄所列作業之處所。

三　特定粉塵作業：指粉塵作業中，其粉塵發生源為特定粉塵發生源者。

四　礦物等：指下列之一之物質。

　　(一)存在於地殼中之土石、岩石或礦物。

　　(二)化學及物理性質與前款相同且均一之人工固體物質者。

五　密閉設備：指密閉粉塵之發生源，使其不致散布之設備。

六　局部排氣裝置：指藉動力強制吸引並排出已發散粉塵之設備。

七　整體換氣裝置：指藉動力稀釋已發散之粉塵之設備。

八　臨時性作業：指正常作業以外之作業，其作業期間不超過三個月且一年內不再重覆者。

九　作業時間短暫：指同一特定粉塵發生源之特定粉塵作業，其每日作業不超過一小時者。

十　作業期間短暫：指同一特定粉塵發生源之特定粉塵作業，其作業期間不超過一個月，且確知自該作業終了日起六個月以內，不再實施該作業者。

第四條 （刪除）

第五條
下列各款粉塵作業之設備如以連續注水或注油操作時，該作業得免適用第六條至第二十四條之規定。

一　粉塵作業(三)所列作業中，從事礦物等之篩選作業。

二　粉塵作業(六)所列之作業。

三　粉塵作業(七)所列作業中，以研磨材料吹噴研磨或用研磨材以動力研磨岩石、礦物或從事金屬或削除毛邊或切斷金屬之作業場所之作業。

四　粉塵作業(八)所列作業中，以動力從事篩選土石、岩石、礦物或碳原料之作業。

五　粉塵作業(八)所列作業中，在室外以動力從事搗碎或粉碎土石、岩石、礦物或碳原料之作業。

六　粉塵作業(五)所列之砂再生作業。

第六條

雇主為防止特定粉塵發生源之粉塵之發散，應依附表一乙欄所列之每一特定粉塵發生源，分別設置對應同表該欄所列設備之任何之一種或具同等以上性能之設備。

第七條

雇主依前條規定設置之局部排氣裝置（在特定粉塵發生源設置有磨床、鼓式砂磨機等除外），應就附表二所列之特定粉塵發生源，設置同表所列型式以外之氣罩。

第八條　（刪除）

第九條

雇主就第六條或第二十三條但書設置局部排氣裝置之特定粉塵發生源，設置有磨床、鼓式砂磨機等回轉機械時，應依下列之一設置氣罩：

一　可將回轉體機械裝置等全部包圍之方式。

二　設置之氣罩可在氣罩開口面覆蓋粉塵之擴散方向。

三　僅將回轉體部分包圍之方式。

第一〇條

雇主對從事特定粉塵作業以外之粉塵作業之室內作業場所，為防止粉塵之發散，應設置整體換氣裝置或具同等以上性能之設備。但臨時性作業、作業時間短暫或作業期間短暫，且供給勞工使用適當之呼吸防護具時，不在此限。

第一一條

①雇主對於從事特定粉塵作業以外之粉塵作業之坑內作業場所（平水坑除外），為防止粉塵之擴散，應設置換氣裝置或同等以上性能之設備。但臨時性作業、作業時間短暫或作業期間短暫，且供給勞工使用適當之呼吸防護具時，不在此限。

②前項換氣裝置應具動力輸入外氣置換坑內空氣之設備。

第一一條之一

雇主設置之密閉設備、局部排氣裝置或整體換氣裝置，應由專業人員妥為設計，並維持其性能。

第一二條

適於下列各款之一者，雇主已供給從事特定粉塵作業之勞工使用適當之呼吸防護具時，不適用第六條之規定。

一　從事臨時性作業時。

二　從事同一特定粉塵發生源之作業時間短暫或作業期間短暫時。

第一三條

適於下列各款之一之特定粉塵作業，雇主除於室內作業場所設置整體換氣裝置及於坑內作業場所設置第十一條第二項之換氣裝置外，並使各該作業勞工使用適當之呼吸防護具時，得不適用第六條之規定。

一　於使用前直徑小於三十公分之研磨輪從事作業時。

二　使用搗碎或粉碎之最大能力每小時小於二十公斤之搗碎機或粉碎機從事作業時。

三　使用篩選面積小於七百平方公分之篩選機從事作業時。

四　使用內容積小於十八公升之混合機從事作業時。

第一四條

①從事第六條規定之特定粉塵作業時，依作業場所之構造、作業性質等設置同條規定之設施顯有困難者，得由雇主填具下列各款規定之書面文件，向勞動檢查機構申請免除同條規定之設施。

一　免適用設施許可申請書（如格式）。

二　比例在百分之一以上之作業場所略圖。

三　工作計畫書。

②取得許可之雇主，其所從事之作業不適於原許可時，應以書面報告勞動檢查機構。

③勞動檢查機構接獲前項雇主之報告，或認為雇主之作業不適於原許可時，應即取銷該許可。

第一五條

雇主設置之局部排氣裝置，應依下列之規定：

一　氣罩宜設置於每一粉塵發生源，如採外裝型氣罩者，應儘量接近發生源。

二　導管長度宜儘量縮短，肘管數應儘量減少，並於適當位置開啟易於清掃及測定之清潔口及測定孔。

三　局部排氣裝置之排氣機，應置於空氣清淨裝置後之位置。

四　排氣口應設於室外。但移動式局部排氣裝置或設置於附表一乙欄㈐所列之特定粉塵發生源之局部排氣裝置設置過濾除塵方式或靜電除塵方式者，不在此限。

五　其他經中央主管機關指定者。

第一六條

①局部排氣裝置或整體換氣裝置，於粉塵作業時間內，應不得停止運轉。

②局部排氣裝置或整體換氣裝置，應置於使排氣或換氣不受阻礙之處，使之有效運轉。

第一七條

雇主依第六條規定設置之濕式衝擊式鑿岩機於實施特定粉塵作業時，應使之有效給水。

第一八條

雇主依第六條或第二十三條但書規定設置維持粉塵發生源之濕潤狀態之設備，於粉塵作業時，對該粉塵發生處所應保持濕潤狀態。

第一九條

雇主使勞工從事粉塵作業時，應依下列規定辦理：

一　對粉塵作業場所實施通風設備運轉狀況、勞工作業情形、空氣流通效果及粉塵狀況等隨時確認，並採取必要措施。

二　預防粉塵危害之必要注意事項，應通告全體有關勞工。

第二〇條

雇主僱用勞工從事粉塵作業時，應指定粉塵作業主管，從事監督作業。

第二一條

雇主應公告粉塵作業場所禁止飲食或吸菸，並揭示於明顯易見之處所。

第二二條

①雇主對室內粉塵作業場所至少每日應清掃一次以上。

②雇主至少每月應定期使用真空吸塵器或以水沖洗等不致發生粉塵飛揚之方法，清除室內作業場所之地面、設備。但使用不致發生粉塵飛揚之清掃方法顯有困難，並已供給勞工使用適當之呼吸防護具時，不在此限。

第二三條

雇主使勞工從事附表一丙欄所列之作業時，應提供並令該作業勞工使用適當之呼吸防護具。但該作業場所粉塵發生源設置有效之密閉設備、局部排氣裝置或對該粉塵發生源維持濕潤狀態者，不在此限。

第二四條

雇主使勞工戴用輸氣管面罩之連續作業時間，每次不得超過一小時。

第二五條

①本標準自發布日施行。

②本標準中華民國一百零三年六月二十五日修正條文，自一百零三年七月三日施行。

缺氧症預防規則

①民國63年9月6日內政部令訂定發布全文32條。
②民國87年6月10日行政院勞工委員會令修正發布全文32條。
③民國103年6月26日勞動部令修正發布第1、3、24、32條條文；並自103年7月3日施行。

第一章 總則

第一條
　本規則依職業安全衛生法第六條第三項規定訂定之。

第二條
①本規則適用於從事缺氧危險作業之有關事業。
②前項缺氧危險作業，指從事下列缺氧危險場所從事之作業：

一　長期間未使用之水井、坑井、豎坑、隧道、沈箱、或類似場所等之內部。

二　貫通或鄰接下列之一之地層之水井、坑井、豎坑、隧道、沈箱、或類似場所等之內部。
　　㈠上層覆有不透水層之砂礫層中，無含水、無湧水或含水、湧水較少之部分。
　　㈡含有亞鐵鹽類或亞錳鹽類之地層。
　　㈢含有甲烷、乙烷或丁烷之地層。
　　㈣湧出或有湧出碳酸水之虞之地層。
　　㈤腐泥層。

三　供裝設電纜、瓦斯管或其他地下敷設物使用之暗渠、人孔或坑井之內部。

四　滯留或曾滯留雨水、河水或湧水之槽、暗渠、人孔或坑井之內部。

五　滯留、曾滯留、相當期間置放或曾置放海水之熱交換器、管、槽、暗渠、人孔、溝或坑井之內部。

六　密閉相當期間之鋼製鍋爐、儲槽、反應槽、船艙等內壁易於氧化之設備之內部。但內壁為不銹鋼製品或實施防銹措施者，不在此限。

七　置放煤、褐煤、硫化礦石、鋼材、鐵屑、原木片、木屑、乾性油、魚油或其他易吸收空氣中氧氣之物質等之儲槽、船艙、倉庫、地窖、貯煤器或其他儲存設備之內部。

八　以含有乾性油之油漆塗敷天花板、地板、牆壁或儲具等，在油漆未乾前即予密閉之地下室、倉庫、儲槽、船艙或其他通風不充分之設備之內部。

九 穀物或飼料之儲存、果蔬之燜熟、種子之發芽或蕈類之栽培等使用之倉庫、地窖、船艙或坑井之內部。

十 置放或曾置放醬油、酒類、胚子、酵母或其他發酵物質之儲槽、地窖或其他釀造設備之內部。

十一 置放糞尿、腐泥、污水、紙漿液或其他易腐化或分解之物質之儲槽、船艙、槽、管、暗渠、人孔、溝、或坑井等之內部。

十二 使用乾冰從事冷凍、冷藏或水泥乳之脫鹼等之冷藏庫、冷凍庫、冷凍貨車、船艙或冷凍貨櫃之內部。

十三 置放或曾置放氦、氬、氮、氟氯烷、二氧化碳或其他惰性氣體之鍋爐、儲槽、反應槽、船艙或其他設備之內部。

十四 其他經中央主管機關指定之場所。

第三條

本規則用詞，定義如下：

一 缺氧：指空氣中氧氣濃度未滿百分之十八之狀態。

二 缺氧症：指因作業場所缺氧引起之症狀。

第二章 設 施

第四條

雇主使勞工從事缺氧危險作業時，應置備測定空氣中氧氣濃度之必要測定儀器，並採取隨時可確認空氣中氧氣濃度、硫化氫等其他有害氣體濃度之措施。

第五條

①雇主使勞工從事缺氧危險作業時，應予適當換氣，以保持該作業場所空氣中氧氣濃度在百分之十八以上。但為防止爆炸、氧化或作業上有顯著困難致不能實施換氣者，不在此限。

②雇主依前項規定實施換氣時，不得使用純氧。

第六條

雇主使勞工從事隧道或坑井之開鑿作業時，為防止甲烷或二氧化碳之突出導致勞工罹患缺氧症，應於事前就該作業場所及其四周，藉由鑽探孔或其他適當方法調查甲烷或二氧化碳之狀況，依調查結果決定甲烷、二氧化碳之處理方法、開鑿時期及程序後實施作業。

第七條

雇主於地下室、機械房、船艙或其他通風不充分之室內作業場所，置備以二氧化碳等為滅火劑之滅火器或滅火設備時，依下列規定：

一 應有預防因勞工誤觸導致翻倒滅火器或確保把柄不易誤動之設施。

二 禁止勞工不當操作，並將禁止規定公告於顯而易見之處所。

第八條

雇主使勞工於冷藏室、冷凍室、地窖及其他密閉使用之設施內部

作業時，於該作業期間，應採取該設施出入口之門或蓋等不致閉鎖之措施。但該門或蓋有易自內部開啓之構造或該設施內部設置有通報裝置或警報裝置等得與外部有效聯絡者，不在此限。

第九條

①雇主使勞工於儲槽、鍋爐或反應槽之內部或其他通風不充分之場所，使用氬、二氧化碳或氦等從事熔接作業時，應予適當換氣以保持作業場所空氣中氧氣濃度在百分之十八以上。但爲防止爆炸、氧化或作業上有顯著困難致不能實施換氣者，不在此限。

②雇主依前項規定實施換氣時，不得使用純氧。

第一〇條

①雇主使勞工於設置有輸送氮、氬、氮、氟氯烷、二氧化碳及其他惰性氣體等配管之鍋爐、儲槽、反應槽或船艙等內部從事作業時，依下列規定：

一　應關閉輸送配管之閥、旋塞或設置盲板。

二　應於顯而易見之處所標示配管內之惰性氣體名稱及開閉方向，以防誤操作。

②雇主依前項規定關閉閥、旋塞或設置盲板時，應予上鎖外，並將其意旨公布於勞工易見之場所。

第一一條

雇主使勞工於通風不充分之室內作業場所作業時，爲防止儲槽、反應槽等容器之安全閥等排出之惰性氣體流入，應設置可使安全閥等所排出之氣體直接排放於外部之設施。

第一二條

雇主使勞工於銜接有吸引內部空氣之配管之儲槽、反應槽或其他密閉使用之設施內部作業時，於該作業期間，應採取該設施等出入口之門或蓋等不致閉鎖之措施。

第一三條

雇主採用壓氣施工法實施作業之場所，如存有或鄰近第二條第二項第二款第一目或第二目規定之地層時，應調查該作業之井或配管有否空氣之漏洩、漏洩之程度及該作業場所空氣中氧氣之濃度。

第一四條

雇主使勞工於接近第二條第二項第二款第一目或第二目規定之地層或貫通該地層之井或置有配管之地下室、坑等之內部從事作業時，應設置將缺氧空氣直接排出外部之設備或將可能漏洩缺氧空氣之地點予以封閉等預防缺氧空氣流入該作業場所之必要措施。

第一五條

雇主使勞工於地下室或溝之內部及其他通風不充分之室內作業場所從事拆卸或安裝輸送主成分爲甲烷、乙烷、丙烷、丁烷或此類混入空氣的氣體配管作業時，應採取確實遮斷該氣體之設施，使其不致流入拆卸或安裝作業場所。

第一六條

① 雇主使勞工從事缺氧危險作業時，於當日作業開始前、所有勞工離開作業場所後再次開始作業前及勞工身體或換氣裝置等有異常時，應確認該作業場所空氣中氧氣濃度、硫化氫等其他有害氣體濃度。

② 前項確認結果應予記錄，並保存三年。

第一七條

雇主使勞工從事缺氧危險作業時，對進出各該場所勞工，應予確認或點名登記。

第一八條

① 雇主使勞工於缺氧危險場所或其鄰接場所作業時，應將下列注意事項公告於作業場所入口顯而易見之處所，使作業勞工周知：

一　有罹患缺氧症之虞之事項。

二　進入該場所時應採取之措施。

三　事故發生時之緊急措施及緊急聯絡方式。

四　空氣呼吸器等呼吸防護具、安全帶等、測定儀器、換氣設備、聯絡設備等之保管場所。

五　缺氧作業主管姓名。

② 雇主應禁止非從事缺氧危險作業之勞工，擅自進入缺氧危險場所；並應將禁止規定公告於勞工顯而易見之處所。

第一九條

雇主依第十三條規定之調查結果，發現有缺氧空氣漏洩入作業場所時，應即通知有關人員及將緊急措施公告於勞工顯而易見之處所，並禁止與作業無關人員進入。

第二〇條

雇主使勞工從事缺氧危險作業時，應於每一班次指定缺氧作業主管從事下列監督事項：

一　決定作業方法並指揮勞工作業。

二　第十六條規定事項。

三　當班作業前確認換氣裝置、測定儀器、空氣呼吸器等呼吸防護具、安全帶等及其他防止勞工罹患缺氧症之器具或設備之狀況，並採取必要措施。

四　監督勞工對防護器具或設備之使用狀況。

五　其他預防作業勞工罹患缺氧症之必要措施。

第二一條

雇主使勞工從事缺氧危險作業時，應指派一人以上之監視人員，隨時監視作業狀況，發覺有異常時，應即與缺氧作業主管及有關人員聯繫，並採取緊急措施。

第二二條

雇主使勞工從事缺氧危險作業，如受鄰接作業場所之影響致有發生缺氧危險之虞時，應與各該作業場所密切保持聯繫。

第二三條

① 雇主使勞工從事缺氧危險作業，如發現從事該作業之勞工有立即

發生缺氧危險之虞時，雇主或工作場所負責人應即令停止作業，並使從事該作業之全部勞工即刻退避至安全場所。

②前項作業場所在未確認危險已解除前，雇主不得使指定人員以外之勞工進入該場所，並將該意旨公告於勞工顯而易見之處所。

第二四條

雇主對從事缺氧危險作業之勞工，應依職業安全衛生教育訓練規則規定施予必要之安全衛生教育訓練。

第二五條

雇主使勞工從事缺氧危險作業，未能依第五條或第九條規定實施換氣時，應置備適當且數量足夠之空氣呼吸器等呼吸防護具，並使勞工確實戴用。

第二六條

雇主使勞工從事缺氧危險作業，勞工有因缺氧致墜落之虞時，應供給該勞工使用之梯子、安全帶或救生索，並使勞工確實使用。

第二七條

雇主使勞工從事缺氧危險作業時，應置備空氣呼吸器等呼吸防護具、梯子、安全帶或救生索等設備，供勞工緊急避難或救援人員使用。

第二八條

雇主應於缺氧危險作業場所置救援人員，於其擔任救援作業期間，應提供並使其使用空氣呼吸器等呼吸防護具。

第二九條

雇主使勞工從事缺氧危險作業時，應定期或每次作業開始前確認第二十五條至第二十八條規定防護設備之數量及效能，認有異常時，應立即採取必要之措施。

第三〇條

雇主使勞工戴用輸氣管面罩之連續作業時間，每次不得超過一小時。

第三一條

雇主對從事缺氧危險作業之勞工，發生下列症狀時，應即由醫師診治：

一　顏面蒼白或紅暈、脈搏及呼吸加快、呼吸困難，目眩或頭痛等缺氧症之初期症狀。

二　意識不明、痙攣、呼吸停止或心臟停止跳動等缺氧症之末期症狀。

三　硫化氫、一氧化碳等其他有害物中毒症狀。

第三章　附　則

第三二條

①本規則自發布日施行。

②本規則修正條文，自中華民國一百零三年七月三日施行。

高溫作業勞工作息時間標準

①民國63年8月28日內政部令訂定發布全文11條。
②民國87年3月25日行政院勞工委員會令修正發布全文10條。
③民國103年7月1日勞動部令修正發布第1、2、10條條文；增訂第6-1條條文；並自103年7月3日施行。

第一條

本標準依職業安全衛生法第十九條第二項規定訂定之。

第二條

①本標準所稱高溫作業，爲勞工工作日時量平均綜合溫度熱指數達第五條連續作業規定值以上之下列作業：

一　於鍋爐房從事之作業。

二　灼熱鋼鐵或其他金屬塊壓軋及鍛造之作業。

三　於鑄造間處理熔融鋼鐵或其他金屬之作業。

四　鋼鐵或其他金屬類物料加熱或熔煉之作業。

五　處理搪瓷、玻璃、電石及熔爐高溫熔料之作業。

六　於蒸汽火車、輪船機房從事之作業。

七　從事蒸汽操作、燒窯等作業。

八　其他經中央主管機關指定之高溫作業。

②前項作業，不包括已採取自動化操作方式且勞工無暴露熱危害之虞者。

第三條

①綜合溫度熱指數計算方法如下：

一　戶外有日曬情形者：

綜合溫度熱指數＝0.7×（自然濕球溫度）＋0.2×（黑球溫度）＋0.1×（乾球溫度）

二　戶內或戶外無日曬情形者：

綜合溫度熱指數＝0.7×（自然濕球溫度）＋0.3×（黑球溫度）

②時量平均綜合溫度熱指數計算方法如下：

（第一次綜合溫度熱指數×第一次工作時間＋第二次綜合溫度熱指數×第二次工作時間＋……＋第n次綜合溫度熱指數×第n次工作時間）÷（第一次工作時間＋第二次工作時間＋……＋第n次工作時間）

③依前二項各測得之溫度及綜合溫度熱指數均以攝氏溫度表示之。

第四條

本標準所稱輕工作，指僅以坐姿或立姿進行手臂部動作以操縱機器者。所稱中度工作，指於走動中提舉或推動一般重量物體者。

所稱重工作，指鏟、掘、推等全身運動之工作者。

第五條

高溫作業勞工如為連續暴露達一小時以上者，以每小時計算其暴露時量平均綜合溫度熱指數，間歇暴露者，以二小時計算其暴露時量平均綜合溫度熱指數，並依下表規定，分配作業及休息時間。

時量平均綜合溫度熱指數值 ℃	輕工作	30.6	31.4	32.2	33.0
	中度工作	28.0	29.4	31.1	32.6
	重工作	25.9	27.9	30.0	32.1
每小時作息時間比例	連續作業	25%休息75%作業	50%休息50%作業	75%休息25%作業

第六條

①勞工於操作中須接近黑球溫度五十度以上高溫灼熱物體者，雇主應供給身體熱防護設備並使勞工確實使用。

②前項黑球溫度之測定位置為勞工工作時之位置。

第六條之一

雇主對於首次從事高溫作業之勞工，應規劃適當之熱適應期間，並採取必要措施，以增加其生理機能調適能力。

第七條

實施本標準後降低工作時間之勞工，其原有工資不得減少。

第八條

雇主原訂高溫作業勞工之工作條件優於本標準者，從其規定。

第九條

雇主使勞工從事高溫作業時，應充分供應飲用水及食鹽，並採取指導勞工避免高溫作業危害之必要措施。

第一〇條

①本標準自發布日施行。

②本標準修正條文，自中華民國一百零三年七月三日施行。

高架作業勞工保護措施標準

①民國71年7月15日內政部令訂定發布全文12條。
②民國86年5月7日行政部勞工委員會令修正發布全文9條。
③民國103年6月25日勞動部令修正發布第1、9條條文；並自103年7月3日施行。

第一條
本標準依職業安全衛生法第十九條第二項規定訂定之。

第二條
本標準適用於從事高架作業之有關事業。

第三條
①本標準所稱高架作業，係指雇主使勞工從事之下列作業：
一　未設置平台、護欄等設備而已採取必要安全措施，其高度在二公尺以上者。
二　已依規定設置平台、護欄等設備，並採取防止墜落之必要安全措施，其高度在五公尺以上者。
②前項高度之計算方式依下列規定：
一　露天作業場所，自勞工站立位置，半徑三公尺範圍內最低點之地面或水面起至勞工立足點平面間之垂直距離。
二　室內作業或儲槽等場所，自勞工站立位置與地板間之垂直距離。

第四條
雇主使勞工從事高架作業時，應減少工作時間，每連續作業二小時，應給予作業勞工下列休息時間：
一　高度在二公尺以上未滿五公尺者，至少有二十分鐘休息。
二　高度在五公尺以上未滿二十公尺者，至少有二十五分鐘休息。
三　高度在二十公尺以上者，至少有三十五分鐘休息。

第五條
前條所定休息時間，雇主因搶修或其他特殊作業需要，經採取相對減少工作時間或其他保護措施，得調整之。

第六條
雇主應使作業勞工於安全設施良好之地面或平台等處所休息。

第七條
雇主僱用勞工從事高架作業時，應依勞工健康保護規則之規定，實施勞工健康檢查及管理。

第八條
勞工有下列情事之一者，雇主不得使其從事高架作業：

一　酒醉或有酒醉之虞者。

二　身體虛弱，經醫師診斷認為身體狀況不良者。

三　情緒不穩定，有安全顧慮者。

四　勞工自覺不適從事工作者。

五　其他經主管人員認定者。

第九條

① 本標準自發布日施行。

② 本標準修正條文，自中華民國一百零三年七月三日施行。

精密作業勞工視機能保護設施標準

①民國85年7月3日行政院勞工委員會令修正發布全文12條。
②民國103年6月30日勞動部令修正發布第1、3、12條條文；並自103年7月3日施行。

第一條

本標準依職業安全衛生法第六條及第十九條規定訂定之。

第二條

本標準適用於從事精密作業之有關事業。

第三條

本標準所稱精密作業，係指雇主使勞工從事下列凝視作業，且每日凝視作業時間合計在二小時以上者：

一　小型收發機用天線及信號耦合器等之線徑在零點一六毫米以下非自動繞線機之線圈繞線。

二　精密零件之切削、加工、量測、組合、檢試。

三　鐘、錶、珠寶之鑲製、組合、修理。

四　製圖、印刷之繪製及文字、圖案之校對。

五　紡織之穿針。

六　織物之瑕疵檢驗、縫製、刺繡。

七　自動或半自動瓶裝藥品、飲料、酒類等之浮游物檢查。

八　以放大鏡、顯微鏡或外加光源從事記憶盤、半導體、積體電路元件、光纖等之檢驗、判片、製造、組合、熔接。

九　電腦或電視影像顯示器之調整或檢視。

十　以放大鏡或顯微鏡從事組織培養、微生物、細胞、礦物等之檢驗或判片。

十一　記憶盤製造過程中，從事磁蕊之穿線、檢試、修理。

十二　印刷電路板上以人工插件、焊接、檢視、修補。

十三　從事硬式磁碟片（鋁基板）拋光後之檢視。

十四　隱形眼鏡之拋光、切削鏡片後之檢視。

十五　蒸鍍鏡片等物品之檢視。

第四條

雇主使勞工從事精密作業時，應依其作業實際需要施予適當之照明，除從事第三條第八款至第十一款之作業時，其照明得酌減外，其作業台局部照明不得低於一千米燭光。

第五條

雇主使勞工從事第三條第一款至第三款及第十一款至第十五規定之作業時，作業台面不得產生反射耀眼光線，其彩色並應與處理物件有較佳對比之顏色。

第六條

雇主使勞工從事第三條第六款，第七款規定之作業，如採用發光背景時，應使光度均勻。

第七條

雇主使勞工從事精密作業時，其工作台面照明與其半徑一公尺以內接鄰地區照明之比率不得低於一比五分之一，與鄰近地區照明之比率不得低於一比二十分之一。

第八條

雇主採用輔助局部照明時，應使勞工眼睛與光源之連線和眼睛與注視工作點之連線所成之角度，在三十度以上。如在三十度以內應設置適當之遮光裝置，不得產生眩目之大面積光源。

第九條

雇主使勞工從事精密作業時，應縮短工作時間，於連續作業二小時，給予作業勞工至少十五分鐘之休息。

第一○條

雇主使勞工從事精密作業時，應注意勞工作業姿態，使其眼球與工作點之距離保持在明視距離約三十公分。但使用放大鏡或顯微鏡等器具作業者，不在此限。

第一一條

雇主應採取指導勞工保護眼睛之必要措施。

第一二條

① 本標準自發布日施行。

② 本標準中華民國一百零三年六月三十日修正條文，自一百零三年七月三日施行。

異常氣壓危害預防標準

①民國76年5月18日內政部令訂定發布全文70條。
②民國84年10月28日行政院勞工委員會令修正發布全文94條。
③民國101年1月4日行政院勞工委員會令修正發布第2、3、6、7、10、14、16、18～21、23、25、27、28、30、34、37、39～45、46～49、51、54～56、62、64、74、78、80、86、90、94條條文；增訂第15-1、37-1、45-1條條文；並自101年1月1日施行。
④民國103年6月25日勞動部令修正發布第1、34、41、94條條文；並自103年7月3日施行。

第一章　總　則

第一條

本標準依職業安全衛生法第六條第三項及第十九條第二項規定訂定之。

第二條

本標準所稱異常氣壓作業，種類如下：

一　高壓室內作業：指沈箱施工法或壓氣潛盾施工法及其他壓氣施工法中，於表壓力（以下簡稱壓力）超過大氣壓之作業室（以下簡稱作業室）或豎管內部實施之作業。

二　潛水作業：指使用潛水器具之水肺或水面供氣設備等，於水深超過十公尺之水中實施之作業。

第三條

本標準用詞，定義如下：

一　氣閘室：指對高壓室內作業之勞工於進出作業室之際，實施加、減壓之處所。

二　耐氧試驗：指對從事異常氣壓作業勞工在高壓艙以每平方公分一點八公斤（六十呎）之壓力，使其呼吸純氧三十分鐘之試驗。

第四條

雇主僱用勞工從事異常氣壓作業時，應依勞工健康保護規則之規定，實施勞工健康檢查及管理。

第二章　作業設備

第一節　高壓室內作業設備

第五條

雇主使勞工於作業室內從事高壓室內作業時，其每一勞工占有之氣積應在四立方公尺以上。

第六條

雇主使勞工於氣閘室接受加、減壓時，其每一勞工占有之氣積應在零點六立方公尺以上；底面積應在零點三平方公尺以上。

第七條

雇主對輸往沈箱之作業室或氣閘室之輸氣管，不得通過豎管；輸往作業室者，應在該管接近作業之處設置逆止閥。

第八條

雇主應於空氣壓縮機與作業室或與氣閘室之間，設置空氣清淨裝置，以清淨輸往各該室之空氣。

第九條

雇主在作業室或氣閘室應設置專用之排氣管。雇主對氣閘室內供勞工減壓用之排氣管，其內徑在五十三公釐以下。

第一〇條

① 雇主將輸往作業室之輸氣調節用閥或旋塞之操作場所設於沈箱、壓氣潛盾等之外部時，應於該場所設置可表示各該室內壓力之壓力表，設於其內部時，應使各該操作勞工攜帶攜帶式壓力表；將供高壓室內作業勞工加、減壓用之輸、排氣調節用閥或旋塞之操作場所設於氣閘室外部或內部時，亦同。

② 前項壓力表之刻度盤，應使用單位刻度在每平方公分零點二公斤以下者。

第一一條

雇主為防止產生自空氣壓縮機之空氣及通過其附設冷卻裝置之空氣，輸往作業室或氣閘室時，發生異常升溫，應設置能迅即告知操作該空氣壓縮機之勞工及其他有關人員之自動警報裝置。

第一二條

雇主應在氣閘室外設置可觀察室內之觀察孔或可掌握室內狀況之設施。

第一三條

雇主使勞工從事高壓室內作業時，應置備呼吸用防護具、繩索、緊急照明裝置及發生緊急狀況時可使勞工迅即避難或救出之必要用具。

第二節　潛水作業設備

第一四條

① 雇主使勞工從事潛水作業而使用水面供氣時，應對每一從事潛水作業勞工分別設置可調節供氣之儲氣槽（以下簡稱調節用氣槽）及緊急備用儲氣槽（以下簡稱備用氣槽）。但調節用氣槽符合第二項規定者，得免設備用氣槽。

② 前項備用氣槽，應符合下列規定：

一　槽內空氣壓力應經常維持在最深潛水深度時壓力之一點五倍以上。

二　槽之內容積應大於下列計算所得之值：

$$V=\frac{(0.03D+4)\times 60}{P}$$

V：槽之內容積（單位：公升）。

D：最深潛水深度（單位：公尺）。

P：槽內空氣壓力（單位：公斤／平方公分）。

第一五條

雇主使勞工從事潛水作業而使用水面供氣時，應設置空氣清淨裝置及計測供氣量之流量計及壓力表。

第一五條之一

雇主使勞工從事潛水作業深度超過三十點五公尺（一百呎），且超過附表之一、附表四之四、附表四之七、附表五、附表五之一、附表五之二所定免減壓潛水時間限制者，應於現場設置減壓艙。

第三章　作業管理

第一節　高壓室內作業管理

第一六條

雇主使勞工從事高壓室內作業時，應於每一高壓室內置高壓室內作業主管，使其從事下列事項：

一　勞工之配置及直接指揮作業。

二　檢點測定二氧化碳、一氧化碳、甲烷、硫化氫及具有危險或有害氣體濃度之儀器。

三　清點進出作業室之作業勞工。

四　與操作作業室輸氣調節用閥或旋塞之勞工密切連繫，維持作業室內之壓力於適當狀態。

五　與操作氣閘室輸、排氣調節用閥或旋塞之勞工密切連繫，使接受加、減壓之勞工所受加、減壓速率及加、減壓時間符合第十八條至第二十二條及第二十五條之規定。

六　作業室內勞工發生健康異常時，能即採取緊急措施。

第一七條

雇主應嚴禁與工作無關人員擅進作業室及氣閘室，並將有關禁止事項揭示於沈箱、壓氣潛盾等之外面顯明易見之處所。

第一八條

雇主在氣閘室對高壓室內作業實施加壓時，其加壓速率每分鐘應維持在每平方公分零點八公斤以下。

第一九條

雇主使勞工從事高壓室內作業時，該勞工自開始加壓至開始減壓之高壓下時間，應符合下列規定：

一　作業壓力在每平方公分四公斤以下且勞工之一日作業次數在二次以下者：

　　(一)初次作業時，於附表一「作業壓力欄」取該次作業壓力對

照「高壓下時間欄」規定之最長時間。

(三)第二次作業時，附表一「作業壓力欄」及「高壓下時間欄」取得最高作業壓力初次高壓下時間對照「第二次高壓下時間欄」規定之時間。

二 作業壓力超過每平方公分四公斤或勞工之一日作業次數超過二次者：

(一)初次作業時，於附表二「作業壓力欄」取該次作業壓力對照「高壓下時間欄」規定之最長時間。

(二)第二次以後之作業時，於附表二「作業壓力欄」取最高作業壓力對照「高壓下時間欄」規定之最長時間，減去自附表三求得之修正時間；當日該作業勞工之高壓下時間之合計，超過附表二「作業壓力欄」所取最高作業壓力對照「一日內高壓下時間欄」規定之時間者，應再減去該超過之部分。

第二○條

雇主使勞工於當日從事二次以上高壓室內作業時，為減少其體內氮氣殘留，應於前次減壓終了時起算，連續給與下列規定以上之時間為「中間壓減時間」，且在此時間內不得使其從事重體力作業：

一 合於前條第一款規定者，於附表一「作業壓力欄」及「高壓下時間欄」取初次之作業壓力及高壓下時間對照「中間壓減時間欄」規定之時間。

二 合於前條第二款規定者，於附表二「作業壓力欄」及「高壓下時間欄」取前次作業壓力及高壓下時間對照「中間壓減時間欄」規定之時間。

第二一條

雇主對當日從事高壓室內作業終了之勞工，為減少其體內氮氣殘留，應於最後一次減壓終了時起算，連續給與下列規定以上之時間，為「終工壓減時間」，且在此時間內不得使其從事重體力作業：

一 合於第十九條第一款規定者，於附表一「作業壓力欄」及「高壓下時間欄」取最後一次之作業壓力及高壓下時間對照「終工壓減時間欄」規定之時間。

二 合於第十九條第二款規定者，於附表二「作業壓力欄」及「高壓下時間欄」取最後一次作業壓力及高壓下時間對照「終工壓減時間欄」規定之時間。

第二二條

雇主對一日從事二次以上高壓室內作業之勞工，於第二次以後之作業給與之減壓時間，有關第二十條第二款及前條之高壓下時間，應依附表三加算修正時間。

第二三條

①雇主為防止二氧化碳危害高壓室內作業勞工，應在作業室及氣閘

室採取換氣及其他必要措施，以抑制二氧化碳之分壓，使其不超過相當一大氣壓下之濃度爲五千ppm。

②前項壓力與濃度依下列公式換算：

$$C = P_1 \times 1,000,000 / P$$

C：二氧化碳之濃度（單位：ppm）。

P_1：二氧化碳之分壓（單位：公斤／平方公分）。

P：高壓室內之絶對壓力（單位：公斤／平方公分）。

ppm：溫度在攝氏二十五度、一大氣壓條件下，每立方公尺空氣中氣狀物之立方公分數。

第二四條

雇主爲防止作業室內之危險或有害氣體危害高壓室內作業勞工，應採取換氣、測定氣體濃度及其他必要措施。

第二五條

雇主在氣閘室爲高壓室內作業實施減壓時，其減壓時間，應依下列規定：

一　減壓速率每分鐘應維持在每平方公分零點八公斤以下。合於第十九條第一款規定者，於附表一「作業壓力欄」及「高壓下時間欄」取該次作業壓力及高壓下時間對照「減壓階欄」規定之時間實施減壓；當減壓至各階壓力時，應迅即停止減壓，且其停止時間不得少於同欄規定之時間。

二　合於第十九條第二款規定者，於附表二「作業壓力欄」及「高壓下時間欄」取該次作業壓力及高壓下時間對照「減壓階欄」規定之時間實施減壓；當減壓至各階壓力時，應迅即停止減壓，且其停止時間不得少於同欄規定之時間。

三　雇主對一日從事二次以上高壓室內作業之勞工實施第二次以後作業減壓時，前項第二款或第三款之高壓下時間，依第二十二條之規定加算修正時間。

第二六條

①雇主因緊急事故必須使高壓室內作業勞工避難或救出時，在必要限度內得增加前條規定之減壓速率或縮短停止減壓時間。

②雇主爲前項行爲時，應於勞工避難或救出後，迅即將該勞工送入再壓室或氣閘室，加壓至原高壓室內作業相等之壓力。

③依前項實施加壓時，其加壓速率依第十八條之規定。

第二七條

雇主在氣閘室爲高壓室內作業實施減壓時，應採取下列必要措施：

一　氣閘室底面之照明應在二十米燭光以上。

二　氣閘室溫度在攝氏十度以下時，應供給毛毯或其他適當保暖用具。

三　減壓時間在一小時以上者，應供給椅子或其他休憩用具。

四　在事前將當次減壓時間告知該勞工。

第二八條

雇主實施高壓室內作業時，應在氣閘室內設置壓力自動記錄表，將每一勞工在氣閘室內受減壓之狀況，併同勞工姓名、減壓日期及時間，每日作成紀錄，並保存十五年。

第二九條

① 雇主實施高壓室內作業時，應設置必要之通話設備，並於氣閘室附近配置連絡員，使其擔任高壓室內作業勞工與空氣壓縮機操作勞工間之連絡及採取必要措施。

② 雇主應規定前項通話設備發生故障時之連絡方法，事前告知相關勞工，並揭示於勞工易見之處所。

第三〇條

① 雇主實施高壓室內作業時，應依下列各款規定實施檢點，並採取必要措施：

一　每日應實施檢點者：

　　(一)第七條之輸氣管、第九條之排氣管及前條之通話設備。

　　(二)輸往作業室、氣閘室之輸氣調節用閥及旋塞。

　　(三)作業室、氣閘室之排氣調節用閥及旋塞。

　　(四)作業室、氣閘室之輸氣用空氣壓縮機之附屬冷卻裝置。

　　(五)第十三條之用具。

二　每週應實施檢點者：

　　(一)第十一條之自動警報裝置。

　　(二)作業室、氣閘室之輸氣用空氣壓縮機。

三　每月應實施檢點者：

　　(一)第十條及第三十六條之壓力表。

　　(二)第八條之空氣清淨裝置。

　　(三)設置於沈箱、壓氣潛盾等之電路。

② 雇主依前項規定實施檢點，其檢點、改善或採取必要措施，應作成紀錄，保存三年。

第三一條

① 雇主於輸氣設備發生故障、出水或其他異常，致高壓室內作業勞工有遭受危害之虞時，應迅即使勞工自沈箱、壓氣潛盾等撤離，並採取避難等措施。

② 雇主於採取前項措施後，應即確認輸氣設備是否正常，沈箱等有無異常沈降或傾斜及其他必要安全事項。非確認安全前，不得使指定人員以外之其他人員進入沈箱、壓氣潛盾等。

第三二條

① 雇主為沈降沈箱而抽出作業室內之空氣時，應先撤出該室內作業之勞工。

② 雇主於前項作業後，應即確認無出水或有害氣體及其他必要安全事項。非確認安全前，不得使指定人員以外之其他人員進入沈箱。

第三三條

雇主於作業室內施炸後，為防止缺氧或有害氣體之危害，在確認

該作業室內之空氣恢復至正常狀態前，應嚴禁任何人進入作業室。

第三四條

雇主實施高壓室內作業前，應將超過大氣壓下可著燃之物質之燃燒危險性告知勞工，並就沈箱、壓氣潛盾等應有下列必要之設備及措施：

一　使用置有護罩之安全電燈或使用不因燈泡之破裂而著燃之電燈。

二　使用不發生火花或電弧之電路開關。

三　使用不因高溫而有引火之虞之暖氣設備。

四　嚴禁煙火，並禁止任何人攜帶火柴、打火機等產生火源之物品進入，並將有關禁止事項揭示於氣閘室外顯明易見之處所。

五　不得在作業室內從事熔接、熔斷、或使用煙火、電弧作業。

第三五條

雇主為防止沈箱之異常沈降致危害高壓室內作業勞工，刃口下方之掘深度不得超過五十公分。

第三六條

雇主應使高壓室內作業主管攜帶手電筒、緊急用信號設備、壓力表，及在高壓下可測定二氧化碳或其他有害氣體等濃度之測定儀器。

第二節　潛水作業管理

第三七條

①雇主實施潛水作業所僱用之勞工，應選任符合下列規定之一者擔任：

一　持有依法設立之訓練項目載有職業潛水職類之職業訓練機構，依中央主管機關公告之課程、時數、設備及師資所辦理之職業訓練結訓證書。

二　領有中央主管機關認可之潛水人員技術士證。

三　於國外接受訓練，並領有相當職業潛水之執照，經報請中央主管機關認可。

②前項潛水作業，應依下列潛水作業種類及工作範圍之規定辦理：

一　空氣潛水作業：

　(一)水肺空氣潛水：使用水肺空氣潛水，並具減壓艙之操作能力，其潛水作業最大深度限制為三十九點六公尺（一百三十呎）。

　(二)水面供氣空氣潛水：使用水肺空氣潛水，並具水面供氣空氣潛水能力，其潛水作業最大深度限制為五十七點九公尺（一百九十呎）。

二　人工調和混合氣潛水作業，應具前款空氣潛水作業操作能力、人工調和混合氣供氣系統檢驗及潛水鐘之操作能力者，

其潛水作業深度限制如下：

(一)潛水最大作業深度限制爲九十一點五公尺（三百呎）。但使用氮氧混合氣體從事潛水作業時，不得超過四十二點七公尺（一百四十呎）。

(二)潛水深度達六十七點一公尺（二百二十呎）至九十一點五公尺（三百呎）或減壓時間超過一百二十分鐘者，需使用潛水鐘。

三　飽和潛水作業：具前二款及飽和潛水系統檢驗之操作能力。

③本標準中華民國一百零一年一月一日修正生效前，已領有潛水作業特殊安全衛生訓練合格證書者，可繼續從事潛水作業。

第三七條之一

雇主使勞工從事潛水作業前，應訂定潛水作業安全衛生計畫據以實施，內容包括潛水目的、作業環境、作業編組、人員名冊與資格、器具設備、作業時間、正常程序及緊急應變處理程序等。

第三八條

雇主使勞工從事潛水作業，作業現場應設置救援潛水員一名。該救援潛水員應於潛水作業全程穿著潛水裝備（水面供氣之頭盔及配重帶除外），待命下水。

第三九條

①雇主使勞工從事潛水作業時，應置潛水作業主管，辦理下列事項：

一　確認潛水作業安全衛生計畫。

二　潛水作業安全衛生管理及現場技術指揮。

三　確認潛水人員進出工作水域時與潛水作業主管之快速連繫方法。

四　確認緊急時救起潛水人員之待命船隻、人員及後送程序。

五　確認勞工置備之工作手冊中，記載各種訓練、醫療、投保、作業經歷、緊急連絡人等紀錄。

六　於潛水作業前，實施潛水設備檢點，並就潛水人員資格、體能狀況及使用個人裝備等，實施作業檢點，相關紀錄應保存五年。

七　填具潛水日誌，記錄每位潛水人員作業情形、減壓時間及工作紀錄，資料保存十五年。

②前項潛水作業主管應符合第三十七條所定之潛水作業種類及工作範圍，並經潛水作業主管教育訓練合格。

③第一項第六款之設備檢點，依下列規定辦理，發現異常時，採取必要措施：

一　使用水面供氣設備者：應檢點潛水器、供氣管、信號索、安全索及壓力調節器，並於作業期間，每小時檢查風向及調整空壓機進氣口位置。

二　使用緊急用氣瓶外之水肺供氣者：應檢點潛水器及第五十二條之壓力調節器。

三　使用水肺以外之氣瓶供氣者：應檢點潛水器、供氣管、信號
　　索、安全索及第五十二條之壓力調節器。
四　使用人工調和混合氣者：應檢點混合氣比例及氣瓶壓力，並
　　檢測空氣中氧濃度。

第四〇條

雇主使勞工從事潛水作業前，應備置必要之急救藥品及器材，並
公告下列資料：
一　減壓艙所在地。
二　潛水病醫療機構及醫師。
三　海陸空運輸有關資訊。
四　國軍或其他急難救援單位。

第四一條

①雇主使勞工從事潛水作業，其作業場所有船隻進入或進行爆破、
　拖網等危害勞工作業之虞者，應安排船舶戒護，並於作業場所設
　置必要而顯著之警告標示及措施。
②前項警告標示，應具有警告功能並包括下列項目：
一　符合規定之潛水作業警告旗誌。
二　警示燈、錨標。

第四二條

雇主使勞工從事下列特殊危險潛水作業時，應依其作業特性，提
供必要之潛水作業裝備與工具，並告知特殊危害預防事項：
一　水下爆破之潛水作業。
二　水下切割及熔接之潛水作業。
三　進出沈船、洞穴，佈設海底管線之潛水作業。
四　寒冷或高溫水域之潛水作業。
五　海域探測之潛水作業。
六　水域遭受有毒或其他污染之潛水作業。
七　夜間及低能見度水域之潛水作業。
八　高速水流或渦流之水域之潛水作業。
九　特殊海洋生物危害勞工作業安全之潛水作業。

第四三條

雇主使勞工從事潛水作業而使用水肺或水面供氣供給空氣，正常
上浮速率不得超過每分鐘九點一公尺（三十呎），勞工之潛水程
序應依其潛水深度、自開始下潛至開始上浮之滯底時間、至第一
減壓站時間、減壓站深度之停留時間、總上浮時間、重複潛水代
號或組群等從事潛水作業，不得超過附表四、附表四之一、附表
四之二之規定，並每次作成紀錄，保存五年。

第四四條

①雇主使勞工從事潛水作業而使用水肺或水面供氣方式供給空氣，
　勞工在水面使用氧氣減壓時，應符合下列規定：
一　於離開潛水深度十二點二公尺（四十呎）之減壓站開始，以
　　每分鐘十二點二公尺（四十呎）速率上浮至水面、卸裝、進

入減壓艙，並使用空氣以每分鐘三十點五公尺（一百呎）速率加壓至減壓艙內十五點二公尺（五十呎）深度，此正常的水面間歇總時間不得超過五分鐘。

二　依附表四之規定，參照表內之潛水深度、滯底時間、艙內氧氣呼吸單元數量（每一單元為呼吸純氧三十分鐘及呼吸空氣休息五分鐘）、總上浮時間等從事潛水作業。

②前項水面間歇總時間超過五分鐘時，應依附表四之三規定辦理，並每次作成紀錄，保存五年。

第四五條

①雇主使勞工於九十一點五公尺（三百呎）以上高海拔地區從事潛水作業，應依附表四之四、附表四之五規定辦理。

②雇主使勞工從事前項潛水作業後，該勞工欲離開該潛水據點至他處，其間換算海拔高程壓力差超過三百零六公尺（一千呎），應依附表四之六規定辦理，完成水面上休息，並每次作成紀錄，保存五年。

第四五條之一

雇主使勞工從事潛水作業而使用氦氧人工調和混合氣供給氣體時，應參照附表四之七之相當空氣潛水深度，並依其減壓時程作業，其氧氣濃度不得超過百分之四十，且氧分壓不得超過一點四絕對大氣壓力。

第四六條

雇主使勞工從事潛水作業而使用氦氧人工調和混合氣供給氣體時，勞工自開始下潛至開始上浮之滯底時間，應依附表五之規定，參照表內之潛水深度、滯底時間、至第一減壓站時間、減壓站深度之停留時間、總上浮時間等從事潛水作業，並每次作成紀錄，保存五年。

第四七條

①雇主使勞工從事潛水作業而使用人工調和混合氣供氣，勞工在水面使用氧氣減壓時，應符合下列規定：

一　於離開潛水深度十二點二公尺（四十呎）之減壓站開始，以每分鐘十二點二公尺（四十呎）速率上浮至水面、卸裝、進入減壓艙，並使用空氣以每分鐘三十點五公尺（一百呎）速率加壓至減壓艙內十五點二公尺（五十呎）深度，此正常的水面間歇總時間不得超過五分鐘。

二　依附表五之規定，參照表內之潛水深度、滯底時間、艙內氧氣呼吸單元數量（每一單元為呼吸純氧三十分鐘及呼吸空氣休息五分鐘）、總上浮時間等從事潛水作業。

②前項水面間歇總時間超過五分鐘時，應依附表五之三規定辦理，並每次作成紀錄，保存五年。

第四八條

①雇主因發生緊急事故，為救出潛水作業勞工，得在必要限度內增加第四十三條至第四十七條規定之上浮速率或縮短減壓站停留時

間。

②雇主依前項增加上浮速率或縮短減壓站停留時間者，應於勞工救出後，採取下列措施：

一　有症狀者，立即送醫治療。

二　無症狀者，依附表四之三處置。

三　進入減壓艙再加壓時，加壓速率依潛水人員可容忍範圍為之。但不得超過每分鐘二十四點四公尺（八十呎）。

第四九條

雇主使勞工從事飽和潛水作業時，潛水鐘往下巡潛之距離與深度限制，應符合附表五之一；往上巡潛之距離與深度限制，應符合附表五之二規定，並作成紀錄，保存五年。

第五〇條

雇主使用水面供氣設備供氣時，應於潛水深度壓力下，對每一潛水作業勞工每分鐘供給六十公升以上。

第五一條

雇主使用緊急用氣瓶外之水肺供氣時，應採取下列必要措施：

一　於潛水前，應告知潛水作業勞工該氣瓶現有之供氣能力。

二　設置潛水作業主管，全程掌握作業實況，以利採取必要措施。

三　單人潛水需以繩索繫著；二人共潛需隨時在互相視線可及之處。

第五二條

雇主使用充填壓力超過每平方公分十公斤之氣瓶供氣時，應使用有二段以上減壓方式的壓力調節器。

第五三條

①雇主使勞工從事潛水作業時，應供給下潛或上浮使用之安全索，並監督勞工確實使用。

②前項安全索，應依減壓站之停留深度以木標或布條作記錄。

第五四條

①雇主使勞工從事潛水作業，應依下列規定就其設備實施一次以上之檢點，有異常應採取必要措施：

一　使用水面供氣設備者：

　㈠每週檢點空氣壓縮機或手動氣泵。

　㈡每月檢點第十五條之空氣清淨裝置及第五十七條之深度表。

　㈢每季檢點第五十七條之水中計時器。

　㈣每半年檢點第十五條之流量計。

二　使用緊急用氣瓶外之水肺供氣者：

　㈠每月檢點第五十七條之深度表。

　㈡每季檢點第五十七條之水中計時器。

　㈢每半年檢點氣瓶。

三　使用人工調和混合氣者：

㈠每週檢點空氣及人工調和混合氣之供氣設備。

㈡每月檢點空氣清淨裝置及校對深度表。

㈢每季檢點水中計時器。

㈣每半年檢點流量計。

四　每月依附表九檢點飽和潛水作業裝備。

五　充填氧氣、空氣、混合氣之水肺氣瓶、緊急備用氣瓶、高壓氣瓶每五年應送至合格檢驗單位，以工作壓力之一點五倍實施水壓測試。

②雇主依前項規定實施檢點，或改善採取必要措施時，應將其概要作成紀錄，保存五年。

第五五條

①雇主實施潛水作業所需之呼吸供氣，不得使用純氧。

②前項供氣使用之氣體標準換算為一大氣壓力，應符合下列規定：

一　水氣低於六十七ppm。

二　一氧化碳低於十ppm。

三　二氧化碳低於一千ppm。

四　油霧低於每立方公尺五毫克。

第五六條

雇主使勞工使用水面供氣設備實施潛水作業時，應至少置連絡員一名，潛水作業勞工超過一人者，每增加二人再置連絡員一名，使其從事下列事項：

一　與潛水作業勞工密切連繫，指導該勞工適當下潛或上浮。

二　與操作供氣設備之勞工密切連繫，供應潛水作業勞工所必要之空氣。

三　因供氣設備發生故障或其他異常致有危害潛水作業勞工之虞時，應立即與該勞工連繫。

四　使用頭盔式潛水器實施潛水作業者，應確認該勞工正確著裝。

第五七條

①雇主使用水面供氣設備實施潛水作業時，應使潛水作業勞工攜帶緊急用水肺、信號索、水中計時器、深度表及潛水刀。但潛水作業勞工與連絡員得以通話裝置通話時，得免攜帶信號索。

②雇主使用水肺從事潛水作業時，應使潛水作業勞工攜帶水中計時器、深度表及潛水刀外，並應使其著用救生衣。

第四章　潛水設備

第五八條

雇主使勞工從事潛水作業而使用水肺供給空氣時，應按潛水作業深度及工作環境特性，於適當處所置附表六規定之裝備，並適時定期檢查及保持清潔。

第五九條

雇主使勞工從事潛水作業而使用水面供氣供給空氣時，應按潛水

作業深度及工作環境特性，於適當處所置附表七規定之裝備，並適時定期檢查及保持清潔。

第六〇條

雇主使勞工從事潛水作業而使用水面供氣供給人工調和混合氣時，應按潛水作業深度及工作環境特性，於適當處所置附表八規定之裝備，並適時定期檢查及保持清潔。

第六一條

雇主使勞工從事飽和潛水作業時，應按潛水作業深度及工作環境特性，於適當之處所置附表九規定之裝備，並適時定期檢查及保持清潔。

第五章　再壓室及減壓艙

第一節　再壓室

第六二條

①雇主實施高壓室內作業時，應設再壓室或採取可隨時利用再壓室之措施。

②前項再壓室應避免接近下列場所：

一　危險物、火藥類或大量易燃性物質之處置、儲存場所。

二　有出水、土砂崩塌之虞之場所。

第六三條

雇主應嚴禁與工作無關人員進入再壓室及其操作場所，並將有關禁止事項揭示於勞工易見之處所。

第六四條

雇主使用再壓室時，依下列規定：

一　於當日使用前，應檢點再壓室之輸氣設備、排氣設備、通話設備及警報裝置之動作狀況，認有異常時應即改善。

二　不得使用純氧加壓。

三　除進出之必要外，應關閉主室與副室間之門，且使各室內之壓力相等。

四　應持續監視加壓及減壓狀況。

五　應記錄每次之加壓及減壓狀況。

第六五條

雇主應嚴禁任何人攜帶危險物、有著火、爆炸或因高溫而有引火之虞之物質進入再壓室，並將其有關禁止事項揭示於勞工易見之處所。

第六六條

再壓室應設置主再壓室及副再壓室。但移動型者，不在此限。

第六七條

再壓室之主再壓室及副再壓室之門應保持各該再壓室之氣密，且各室之壓力相等時，其門亦可易於開啟。

第六八條

再壓室之主再壓室及副再壓室，均應設置可自外面觀察之視窗。

第六九條

表示再壓室內壓力之壓力表，應設置於再壓室之輸氣及排氣調節用閥或旋塞之操作場所。

第七〇條

再壓室應設專用輸氣管及排氣管，排氣管之前端應予開放。

第七一條

再壓室之地面、內部裝飾、床台、床具及其他器具，應使用不燃性、耐燃或經耐燃處理之材料。

第七二條

再壓室內部之暖氣設備應具有不著火或不因高溫而有引火之虞者。

第七三條

再壓室內部不得設置開關及插座等電路連接器。

第七四條

再壓室內部之電氣機械器具不得有產生火花、電弧或因高溫而有引火之虞者再壓室之照明器具，除前項規定外，依下列規定辦理：

一　應直接附置於再壓室頂上。

二　應具可耐再壓室之最高使用壓力。

三　應置有堅固之金屬製護罩。

第七五條

再壓室內部之電路不得有分歧。

第七六條

再壓室內部及外部應設置通訊及警報設備，並將使用方法揭示於勞工易見之處所。

第七七條

再壓室內應備滅火所必要之水、砂或其他物品。但設有防火用灑水裝置、軟質水管或移動刑再壓室者，不在此限。

第二節　減壓艙

第七八條

①減壓艙應具有下列設備：

一　內、外雙向通話系統。

二　可調節式氧氣呼吸口罩。

三　內、外控制供氣及排氣系統。

四　水、砂桶等滅火器具。

五　內部照明系統。

六　視窗。

七　供氣及排氣之深度控制閥及深度表。

八　計時表。

九　安全閥。

②前項減壓艙應置於潛水工作船或工作站等之安全處所。

第七九條

雇主應嚴禁與工作無關人員進入減壓艙及操作區域，並將有關安全須知揭示於勞工易見之處所。

第八〇條

雇主使用減壓艙時，依下列規定：

一　由具有資格之減壓艙操作員操作該減壓艙。使用減壓艙治療潛水病時，應依醫師指示為之。

二　使用前，應檢點減壓艙之供、排氣設備及第七十八條第一項裝備。

三　潛水人員進入減壓艙後，應按空氣或人工調和混和氣減壓表內規定之深度、時間及減壓艙標準操作程序執行減壓。

四　如醫師需要，使潛水人員呼吸純氧減壓時，應確定該潛水人員曾通過耐氧試驗，並於執行前通知該潛水人員。

五　從事減壓艙操作人員應持續監視減壓全程狀況，如有異常應立即作緊急處置。

六　減壓艙使用前，應事先與最近之潛水醫療單位連絡，並保持通訊，以利緊急支援。

七　應記錄每次作業之狀況。

第八一條

雇主應嚴禁與任何人攜帶危險物、有著火、爆炸或因高溫而有引火之虞之物質進入減壓艙，並將其有關禁止事項及正確滅火程序揭示於勞工易見之處所。

第八二條

減壓艙應設置主艙及副艙。但移動型者，不在此限。

第八三條

減壓艙之主艙及副艙之門，應保持各該艙之氣密，且各艙內之壓力相等時，其門亦可易於開啟。

第八四條

減壓艙之主艙及副艙，均應設置可自外面觀察之視窗。

第八五條

表示減壓艙內壓力之壓力表，應設置於減壓艙之供氣及排氣調用閥或旋塞之操作場所。

第八六條

減壓艙應設下列供氣系統：

一　主供氣系統：足夠供減壓艙加壓至五十公尺深度兩次，並安全上升至水面全程供氣之氣量。

二　副供氣系統：足夠供減壓艙加壓至五十公尺深度一次及安全上升之一小時供氣之氣量。

三　減壓艙內之供氣及排氣管應為專用，排氣口應確保開放。

四　呼吸用之專用空氣壓縮機及空氣過濾器。

五　呼吸用之純氧供氣瓶組及其專用調節器。

第八七條

減壓艙之地面、內部裝飾、床台、床具及其他器具，應使用不燃性、耐燃性或經耐燃處理之材料。

第八八條

減壓艙內部之暖氣設備應具有不著火或不因高溫而有引火之虞者。

第八九條

減壓艙內部不得設置開關及插座等電路連接器。

第九〇條

減壓艙內部之電氣機械器具不得有產生火花、電弧或因高溫而有引火之虞者。減壓艙之照明器具，除前項規定外，應依下列規定辦理：

一 應直接附置於減壓艙頂上。

二 應具可耐減壓艙之最高使用壓力。

三 應置有堅固之金屬製護罩。

第九一條

減壓艙內部之電路，不得有分歧。

第九二條

減壓艙內部及外部應設置通訊及警報設備，並將使用方法揭示於勞工易見之處所。

第九三條

減壓艙內應置減火所必要之水、砂或其他物品。但設有防火用灑水裝置、軟質水管或移動型減壓艙者，不在此限。

第六章 附 則

第九四條

①本標準自發布日施行。

②本標準中華民國一百零一年一月四日修正條文，自一百零一年一月一日施行。

③本標準中華民國一百零三年六月二十五日修正條文，自一百零三年七月三日施行。

重體力勞動作業勞工保護措施標準

①民國67年6月27日內政部令訂定發布全文9條。
②民國87年4月15日行政院勞工委員會令修正發布全文8條。
③民國103年6月30日勞動部令修正發布第1、2、8條條文；並自103年7月3日施行。

第一條
本標準依職業安全衛生法第十九條規定訂定之。

第二條
本標準所定重體力勞動作業，指下列作業：
一　以人力搬運或揹負重量在四十公斤以上物體之作業。
二　以站立姿勢從事伐木作業。
三　以手工具或動力手工具從事鑽岩、挖掘等作業。
四　坑內人力搬運作業。
五　從事薄板壓延加工，其重量在二十公斤以上之人力搬運作業及壓延後之人力剝離作業。
六　以四點五公斤以上之鎚及動力手工具從事敲擊等作業。
七　站立以鏟或其他器皿裝盛五公斤以上物體做投入與出料或類似之作業。
八　站立以金屬棒從事鎔融金屬熔液之攪拌、除渣作業。
九　站立以壓床或氣鎚從事十公斤以上物體之鍛造加工作業，且鍛造物必須以人力固定搬運者。
十　鑄造時雙人以器皿裝盛熔液其總重量在八十公斤以上或單人揹金屬熔液之澆鑄作業。
十一　以人力拌合混凝土之作業。
十二　以人工拉力達四十公斤以上之纜索拉線作業。
十三　其他中央主管機關指定之作業。

第三條
雇主使勞工從事重體力勞動作業時，應考慮勞工之體能負荷情形，減少工作時間給予充分休息，休息時間每小時不得少於二十分鐘。

第四條
雇主僱用勞工從事重體力勞動作業時，應依勞工健康保護規則之規定，實施勞工健康檢查及管理。

第五條
雇主使勞工從事重體力勞動作業時，應充分供應飲用水及食鹽，並採取必要措施指導勞工避免重體力勞動之危害。

第六條

　　雇主使勞工從事重體力勞動作業時，應致力於作業方法之改善、作業頻率之減低、搬運距離之縮短、搬運物體重量之減少及適當搬運速度之調整，並儘量以機械代替人力。

第七條

　　雇主原訂重體力勞動作業勞工保護措施標準，優於本標準者，從其規定。

第八條

①本標準自發布日施行。

②本標準修正條文，自中華民國一百零三年七月三日施行。

勞工健康保護規則

① 民國79年4月16日行政院勞工委員會令修正發布名稱及全文23條（原名稱：勞工健康管理規則）。
② 民國86年6月25日行政院勞工委員會令修正發布全文26條。
③ 民國89年12月27日行政院勞工委員會令修正發布第2、10、11、12、15、19條條文；並刪除第24、25條條文。
④ 民國91年11月20日行政院勞工委員會令修正發布第12、19條條文。
⑤ 民國94年2月18日行政院勞工委員會令修正發布第2、3、4、7、11、12、15、19、23條條文；增訂第3-1條條文；並刪除第9條條文。
⑥ 民國100年1月21日行政院勞工委員會令修正發布全文19條；並自發布日施行。
⑦ 民國102年1月22日行政院勞工委員會令修正發布第4、5、13、19條條文及第2條附表一、第4條附表五、第13條附表十二、十六、三十一、三十七之一、三十七之二、第6條附表三十八；除第2條附表一、第5、13條自103年1月1日施行外，餘自發布日施行。
⑧ 民國103年6月30日勞動部令修正發布全文22條；除第2、10條自104年1月1日施行外，自103年7月3日施行。
⑨ 民國105年3月23日勞動部令修正發布第5、10、11～13、15、18、22條條文、第2條附表一、第6條附表六；並增訂第5-1、10-1條條文；除第2條附表一、第10條附表十編號二十八至三十一、第5、5-1、18條自106年1月1日施行外，自發布日施行。
⑩ 民國106年11月13日勞動部令修正發布全文26條；除第4條第1項所定事業單位勞工總人數在二百人至二百九十九人者，自107年7月1日施行；勞工總人數在一百人至二百九十九人者，自109年1月1日施行；勞工總人數在五十人至九十九人者，自111年1月1日施行；第5條第3項、第6條第3項、第7條第2項、第8條第4、5項、第11條第1項自107年7月1日施行，及第16條附表九編號十六、二十四、三十及三十一自108年1月1日施行外，自發布日施行。
⑪ 民國110年12月22日勞動部令修正發布全文28條；除第4條第1項條文所定事業單位勞工人數在五十人以上未達一百人辦理勞工健康服務之規定、第16條附表十編號二十七及三十二自111年1月1日施行，第5、7條及第8條第3項自111年7月1日施行外，自發布日施行。

第一章　總　則

第一條

本規則依職業安全衛生法（以下簡稱本法）第六條第三項、第二十條第三項、第二十一條第三項及第二十二條第四項規定訂定之。

第二條

本規則用詞，定義如下：

一　特別危害健康作業：指本法施行細則第二十八條規定之作業；其作業名稱，如附表一。

二　第一類事業、第二類事業及第三類事業：指職業安全衛生管理辦法第二條及其附表所定之事業。

三　臨時性作業：指正常作業以外之作業，其作業期間不超過三個月，且一年內不再重複者。

第二章　勞工健康服務醫護人員與相關人員資格及措施

第三條

① 事業單位勞工人數在三百人以上或從事特別危害健康作業之勞工人數在五十人以上者，應視其規模及性質，分別依附表二與附表三所定之人力配置及臨場服務頻率，僱用或特約從事勞工健康服務之醫師及僱用從事勞工健康服務之護理人員（以下簡稱醫護人員），辦理勞工健康服務。

② 前項所定事業單位，經醫護人員評估勞工有心理或肌肉骨骼疾病預防需求者，得僱用勞工健康服務相關人員提供服務；其僱用之人員，於勞工人數在三千人以上者，得納入附表三計算。但僱用從事勞工健康服務護理人員之比例，應達四分之三以上。

第四條

① 事業單位勞工人數在五十人以上未達三百人者，應視其規模及性質，依附表四所定特約醫護人員臨場服務頻率，辦理勞工健康服務。

② 前項所定事業單位，經醫護人員評估勞工有心理或肌肉骨骼疾病預防需求者，得特約勞工健康服務相關人員提供服務；其服務頻率，得納入附表四計算。但各年度由從事勞工健康服務護理人員之總服務頻率，應達二分之一以上。

第五條

① 事業單位特約醫護人員或勞工健康服務相關人員辦理勞工健康服務，應委託下列機構之一，由該機構指派其符合第七條所定資格之人員為之：

一　全民健康保險特約之醫院或診所，且聘僱有符合資格之醫護人員或勞工健康服務相關人員者。

二　中央主管機關認可具勞工健康顧問服務類之職業安全衛生顧問服務機構。

三　其他經中央主管機關指定公告之機構。

② 中央主管機關得對前項之機構實施查核，並將查核結果公開之。

③ 前項之查核，中央主管機關得委託學術機構或相關團體辦理之。

第六條

① 第三條或第十三條第三項所定僱用之醫護人員及勞工健康服務相

關人員，不得兼任其他法令所定專責（任）人員或從事其他與勞
工健康服務無關之工作。

②前項人員因故依勞動相關法令請假超過三十日，未能執行職務
時，雇主得委託前條第一項所定之機構，指派符合第七條規定資
格之人員代理之。

③雇主對於依本規則規定僱用或特約之醫護人員或勞工健康服務相
關人員，應依中央主管機關公告之方式報請備查；變更時，亦
同。

第七條

①從事勞工健康服務之醫師，應符合下列資格之一：

一　職業醫學科專科醫師資格。

二　具中央衛生福利主管機關所定之專科醫師資格，並依附表五
規定之課程訓練合格。

②從事勞工健康服務之護理人員、勞工健康服務相關人員，應符合
下列資格，且具實務工作經驗二年以上，並依附表六規定之課程
訓練合格：

一　護理人員：護理師或護士資格。

二　勞工健康服務相關人員：心理師、職能治療師或物理治療師
資格。

第八條

①雇主應使其醫護人員或勞工健康服務相關人員，接受下列課程之
在職教育訓練，其訓練時間每三年合計至少十二小時，且每一類
課程至少二小時：

一　職業安全衛生相關法規。

二　職場健康風險評估。

三　職場健康管理實務。

②從事勞工健康服務之醫師為職業醫學科專科醫師者，應接受前項
第一款所定課程之在職教育訓練，其訓練時間每三年合計至少二
小時，不受前項規定之限制。

③第五條第一項所定之機構，應依前二項規定，使其醫護人員或勞
工健康服務相關人員，接受在職教育訓練。

④第一項及第二項訓練，得於中央主管機關建置之網路學習，其時
數之採計，不超過六小時。

⑤前條課程訓練、第一項及第二項所定之在職教育訓練，得由各級
勞工、衛生主管機關或勞動檢查機構自行辦理，或由中央主管機
關認可之機構或訓練單位辦理。

⑥前項辦理訓練之機關（構）或訓練單位，應依中央主管機關公告
之內容及方式登錄系統。

第九條

雇主應使醫護人員及勞工健康服務相關人員臨場辦理下列勞工健
康服務事項：

一　勞工體格（健康）檢查結果之分析與評估、健康管理及資料

　　保存。
二　協助雇主選配勞工從事適當之工作。
三　辦理健康檢查結果異常者之追蹤管理及健康指導。
四　辦理未滿十八歲勞工、有母性健康危害之虞之勞工、職業傷病勞工與職業健康相關高風險勞工之評估及個案管理。
五　職業衛生或職業健康之相關研究報告及傷害、疾病紀錄之保存。
六　勞工之健康教育、衛生指導、身心健康保護、健康促進等措施之策劃及實施。
七　工作相關傷病之預防、健康諮詢與急救及緊急處置。
八　定期向雇主報告及勞工健康服務之建議。
九　其他經中央主管機關指定公告者。

第一〇條
①事業單位對其他受工作場所負責人指揮或監督從事勞動之人員，應比照該事業單位勞工，辦理前條所定勞工健康服務事項。
②前項從事勞動之人員不提供個人健康資料及書面同意者，事業單位仍應辦理前條第五款至第八款規定之事項。

第一一條
為辦理前二條所定勞工健康服務，雇主應使醫護人員與勞工健康服務相關人員，配合職業安全衛生、人力資源管理及相關部門人員訪視現場，辦理下列事項：
一　辨識與評估工作場所內環境、作業及組織內部影響勞工身心健康之危害因子，並提出改善措施之建議。
二　提出作業環境安全衛生設施改善規劃之建議。
三　調查勞工健康情形與作業之關連性，並採取必要之預防及健康促進措施。
四　提供復工勞工之職能評估、職務再設計或調整之諮詢及建議。
五　其他經中央主管機關指定公告者。

第一二條
前三條所定勞工健康服務事項，事業單位依第三條規定僱用勞工健康服務護理人員或勞工健康服務相關人員辦理者，應依勞工作業環境特性及性質，訂定勞工健康服務計畫，據以執行，每年評估成效及檢討；依第四條規定以特約勞工健康服務護理人員或勞工健康服務相關人員辦理者，其勞工健康服務計畫，得以執行紀錄或文件代替。

第一三條
①屬第二類事業或第三類事業之雇主，使其勞工提供勞務之場所有下列情形之一者，得訂定勞工健康管理方案，據以辦理，不受第三條及第四條有關辦理勞工健康服務規定之限制：
一　工作場所分布不同地區。
二　勞工提供勞務之場所，非於雇主設施內或其可支配管理處。

②前項勞工健康管理方案之內容，包括下列事項，並應每年評估成效及檢討：

一　工作環境危害性質。

二　勞工作業型態及分布。

三　高風險群勞工健康檢查情形評估。

四　依評估結果採行之下列勞工健康服務措施：

　　㈠安排醫師面談及健康指導。

　　㈡採取書面或遠端通訊等方式，提供評估、建議或諮詢服務。

③雇主執行前項規定，應僱用勞工健康服務護理人員或委由中央主管機關認可具勞工健康顧問服務類之職業安全衛生顧問服務機構或其他機構，指派符合資格之醫護人員為之，並實施必要之臨場健康服務，其服務頻率依附表七規定辦理。

第一四條

①雇主執行第九條至第十三條所定相關事項，應依附表八規定項目填寫紀錄表，並依相關建議事項採取必要措施。

②前項紀錄表及採行措施之文件，應保存三年。

第一五條

①事業單位應參照工作場所大小、分布、危險狀況與勞工人數，備置足夠急救藥品及器材，並置急救人員辦理急救事宜。但已具有急救功能之醫療保健服務業，不在此限。

②前項急救人員應具下列資格之一，且不得有失聰、兩眼裸視或矯正視力後均在零點六以下、殘能及健康不良等，足以妨礙急救情形：

一　醫護人員。

二　經職業安全衛生教育訓練規則所定急救人員之安全衛生教育訓練合格。

三　緊急醫療救護法所定救護技術員。

③第一項所定急救藥品與器材，應置於適當固定處所及保持清潔，至少每六個月定期檢查。對於被污染或失效之物品，應隨時予以更換及補充。

④第一項急救人員，每一輪班次應至少置一人；其每一輪班次勞工人數超過五十人者，每增加五十人，應再置一人。但事業單位有下列情形之一，且已建置緊急連線、通報或監視裝置等措施者，不在此限：

一　第一類事業，每一輪班次僅一人作業。

二　第二類或第三類事業，每一輪班次勞工人數未達五人。

⑤急救人員因故未能執行職務時，雇主應即指定具第二項資格之人員，代理其職務。

第三章　健康檢查及管理

第一六條

①雇主僱用勞工時，除應依附表九所定之檢查項目實施一般體格檢查外，另應按其作業類別，依附表十所定之檢查項目實施特殊體格檢查。

②有下列情形之一者，得免實施前項所定一般體格檢查：

一　非繼續性之臨時性或短期性工作，其工作期間在六個月以內。

二　其他法規已有體格或健康檢查之規定。

三　其他經中央主管機關指定公告。

③第一項所定檢查距勞工前次檢查未超過第十七條或第十八條規定之定期檢查期限，經勞工提出證明者，得免實施。

第一七條

①雇主對在職勞工，應依下列規定，定期實施一般健康檢查：

一　年滿六十五歲者，每年檢查一次。

二　四十歲以上未滿六十五歲者，每三年檢查一次。

三　未滿四十歲者，每五年檢查一次。

②前項所定一般健康檢查之項目與檢查紀錄，應依前條附表九及附表十一規定辦理。但經檢查為先天性辨色力異常者，得免再實施辨色力檢查。

第一八條

①雇主使勞工從事第二條規定之特別危害健康作業，應每年或於變更其作業時，依第十六條附表十所定項目，實施特殊健康檢查。

②雇主使勞工接受定期特殊健康檢查時，應將勞工作業內容、最近一次之作業環境監測紀錄及危害暴露情形等作業經歷資料交予醫師。

③前項作業環境監測紀錄及危害暴露情形等資料，屬游離輻射作業者，應依游離輻射防護法相關規定辦理。

第一九條

前三條規定之檢查紀錄，應依下列規定辦理：

一　第十六條附表九之檢查結果，應依第十七條附表十一所定格式記錄。檢查紀錄至少保存七年。

二　第十六條附表十之各項特殊體格（健康）檢查結果，應依中央主管機關公告之格式記錄。檢查紀錄至少保存十年。

第二○條

從事下列作業之各項特殊體格（健康）檢查紀錄，應至少保存三十年：

一　游離輻射。

二　粉塵。

三　三氯乙烯及四氯乙烯。

四　聯苯胺與其鹽類、4-胺基聯苯及其鹽類、4-硝基聯苯及其鹽類、β-萘胺及其鹽類、二氯聯苯胺及其鹽類及α-萘胺及其鹽類。

五　鈹及其化合物。

六　氯乙烯。

七　苯。

八　鉻酸與其鹽類、重鉻酸及其鹽類。

九　砷及其化合物。

十　鎳及其化合物。

十一　1,3-丁二烯。

十二　甲醛。

十三　銦及其化合物。

十四　石綿。

十五　鎘及其化合物。

第二一條

①雇主使勞工從事第二條規定之特別危害健康作業時，應建立其暴露評估及健康管理資料，並將其定期實施之特殊健康檢查，依下列規定分級實施健康管理：

一　第一級管理：特殊健康檢查或健康追蹤檢查結果，全部項目正常，或部分項目異常，而經醫師綜合判定為無異常者。

二　第二級管理：特殊健康檢查或健康追蹤檢查結果，部分或全部項目異常，經醫師綜合判定為異常，而與工作無關者。

三　第三級管理：特殊健康檢查或健康追蹤檢查結果，部分或全部項目異常，經醫師綜合判定為異常，而無法確定此異常與工作之相關性，應進一步請職業醫學科專科醫師評估者。

四　第四級管理：特殊健康檢查或健康追蹤檢查結果，部分或全部項目異常，經醫師綜合判定為異常，且與工作有關者。

②前項所定健康管理，屬於第二級管理以上者，應由醫師註明其不適宜從事之作業與其他應處理及注意事項；屬於第三級管理或第四級管理者，並應由醫師註明臨床診斷。

③雇主對於第一項所定第二級管理者，應提供勞工個人健康指導；第三級管理者，應請職業醫學科專科醫師實施健康追蹤檢查，必要時應實施疑似工作相關疾病之現場評估，且應依評估結果重新分級，並將分級結果及採行措施依中央主管機關公告之方式通報；屬於第四級管理者，經職業醫學科專科醫師評估現場仍有工作危害因子之暴露者，應採取危害控制及相關管理措施。

④前項健康追蹤檢查紀錄，依前二條規定辦理。

第二二條

特別危害健康作業之管理、監督人員或相關人員及於各該場所從事其他作業之人員，有受健康危害之虞者，適用第十八條規定。但臨時性作業者，不在此限。

第二三條

①雇主於勞工經體格檢查、健康檢查或健康追蹤檢查後，應採取下列措施：

一　參採醫師依附表十二規定之建議，告知勞工，並適當配置勞

　　工於工作場所作業。

二　對檢查結果異常之勞工，應由醫護人員提供其健康指導；其經醫師健康評估結果，不能適應原有工作者，應參採醫師之建議，變更其作業場所、更換工作或縮短工作時間，並採取健康管理措施。

三　將檢查結果發給受檢勞工。

四　彙整受檢勞工之歷年健康檢查紀錄。

②前項第二款規定之健康指導及評估建議，應由第三條、第四條或第十三條規定之醫護人員為之。但依規定免僱用或特約醫護人員者，得由辦理勞工體格及健康檢查之醫護人員為之。

③第一項規定之勞工體格及健康檢查紀錄、健康指導與評估等勞工醫療資料之保存及管理，應保障勞工隱私權。

第二四條

①雇主使勞工從事本法第十九條規定之高溫度、異常氣壓、高架、精密或重體力勞動作業時，應參採從事勞工健康服務醫師綜合評估勞工之體格或健康檢查結果之建議，適當配置勞工之工作及休息時間。

②前項醫師之評估，依第三條或第四條規定免僱用或特約醫師者，得由辦理勞工體格及健康檢查之醫師為之。

第二五條

離職勞工要求提供其健康檢查有關資料時，雇主不得拒絕。但超過保存期限者，不在此限。

第二六條

雇主實施勞工特殊健康檢查，應將辦理期程、作業類別與辦理勞工體格及健康檢查之醫療機構等內容，登錄於中央主管機關公告之系統。

第四章　附　則

第二七條

①依癌症防治法規定，對於符合癌症篩檢條件之勞工，於事業單位實施勞工健康檢查時，得經勞工同意，一併進行口腔癌、大腸癌、女性子宮頸癌及女性乳癌之篩檢。

②前項之檢查結果不列入健康檢查紀錄表。

③前二項所定篩檢之對象、時程、資料申報、經費及其他規定事項，依中央衛生福利主管機關規定辦理。

第二八條

本規則除第四條第一項所定事業單位勞工人數在五十人以上未達一百人辦理勞工健康服務之規定、第十六條附表十編號二十七及三十二，自中華民國一百十一年一月一日施行，及第五條、第七條、第八條第三項自一百十一年七月一日施行外，自發布日施行。

女性勞工母性健康保護實施辦法

①民國103年12月30日勞動部令訂定發布全文16條；並自104年1月1日施行。

②民國109年9月16日勞動部令修正發布第3、5～7、11、12、16條條文；除第3條及第5條第3項自110年3月1日施行外，自發布日施行。

③民國113年5月31日勞動部令修正發布第3、5、13、14、16條條文；除第3、5條條文自113年7月1日施行外，自發布日施行。

第一條

本辦法依職業安全衛生法（以下簡稱本法）第三十一條第三項規定訂定之。

第二條

本辦法用詞，定義如下：

一 母性健康保護：指對於女性勞工從事有母性健康危害之虞之工作所採取之措施，包括危害評估與控制、醫師面談指導、風險分級管理、工作適性安排及其他相關措施。

二 母性健康保護期間（以下簡稱保護期間）：指雇主於得知女性勞工妊娠之日起至分娩後一年之期間。

第三條 113

事業單位勞工人數依勞工健康保護規則第三條或第四條規定，應配置醫護人員辦理勞工健康服務者，其勞工於保護期間，從事可能影響胚胎發育、妊娠或哺乳期間之母體及嬰兒健康之下列工作，應實施母性健康保護：

一 工作暴露於具有依國家標準CNS15030類，屬生殖毒性物質第一級、生殖細胞致突變性物質第一級或其他對哺乳功能有不良影響之化學品者。

二 易造成健康危害之工作，包括勞工作業姿勢、人力提舉、搬運、推拉重物、輪班、夜班、單獨工作及工作負荷等。

三 其他經中央主管機關指定公告者。

第四條

具有鉛作業之事業中，雇主使女性勞工從事鉛及其化合物散布場所之工作者，應實施母性健康保護。

第五條 113

①雇主使保護期間之勞工暴露於本法第三十條第一項或第二項之危險性或有害性工作之作業環境或型態，應實施危害評估。

②雇主使前項之勞工，從事本法第三十條第一項第五款至第十四款及第二項第三款至第五款之工作，應實施母性健康保護。

③前二條及前項之母性健康保護，雇主應參照中央主管機關公告之技術指引辦理之；事業單位勞工人數依勞工健康保護規則第三條

或第四條規定，應配置醫護人員辦理勞工健康服務者，雇主另應依勞工作業環境特性、工作型態及身體狀況，訂定母性健康保護計畫，並據以執行。

第六條

①雇主對於前三條之母性健康保護，應使職業安全衛生人員會同從事勞工健康服務護理人員，辦理下列事項：

一 辨識及評估工作場所環境及作業之危害，包含物理性、化學性、生物性、人因性、工作流程及工作型態等。

二 依評估結果區分風險等級，並實施分級管理。

三 協助雇主實施工作環境改善與危害之預防及管理。

四 其他經中央主管機關指定公告者。

②雇主執行前項業務時，應依附表一填寫作業場所危害評估及採行措施，並使從事勞工健康服務醫護人員告知勞工其評估結果及管理措施。

第七條

①勞工於保護期間，雇主應使從事勞工健康服務醫護人員與其面談，並提供健康指導及管理。

②前項之面談，發現勞工健康狀況異常，需進一步評估或追蹤檢查者，雇主應轉介婦產科專科醫師或其他專科醫師，並請其註明臨床診斷與應處理及注意事項。

③勞工於接受第一項之面談時，應依附表二填寫健康情形，並提供孕婦健康手冊予護理人員。

第八條

勞工於保護期間，因工作條件改變、作業程序變更、健康異常或有不適反應，經醫師診斷證明不適原有工作者，雇主應依前二條規定重新辦理。

第九條

①雇主使保護期間之勞工從事第三條或第五條第二項之工作，應依下列原則區分風險等級：

一 符合下列條件之一者，屬第一級管理：

(一)作業場所空氣中暴露濃度低於容許暴露標準十分之一。

(二)第三條或第五條第二項之工作或其他情形，經醫師評估無害母體、胎兒或嬰兒健康。

二 符合下列條件之一者，屬第二級管理：

(一)作業場所空氣中暴露濃度在容許暴露標準十分之一以上未達二分之一。

(二)第三條或第五條第二項之工作或其他情形，經醫師評估可能影響母體、胎兒或嬰兒健康。

三 符合下列條件之一者，屬第三級管理：

(一)作業場所空氣中暴露濃度在容許暴露標準二分之一以上。

(二)第三條或第五條第二項之工作或其他情形，經醫師評估有危害母體、胎兒或嬰兒健康。

②前項規定對於有害輻射散布場所之工作，應依游離輻射防護安全標準之規定辦理。

第一〇條

雇主使女性勞工從事第四條之鉛及其化合物散布場所之工作，應依下列血中鉛濃度區分風險等級，但經醫師評估須調整風險等級者，不在此限：

一　第一級管理：血中鉛濃度低於五µg/dl者。

二　第二級管理：血中鉛濃度在五µg/dl以上未達十µg/dl。

三　第三級管理：血中鉛濃度在十µg/dl以上者。

第一一條

①前二條風險等級屬第二級管理者，雇主應使從事勞工健康服務醫師提供勞工個人面談指導，並採取危害預防措施；屬第三級管理者，應即採取工作環境改善及有效控制措施，完成改善後重新評估，並由醫師註明其不適宜從事之作業與其他應處理及注意事項。

②雇主使保護期間之勞工從事第三條或第五條第二項之工作，經採取母性健康保護，風險等級屬第一級或第二級管理者，應經醫師評估可繼續從事原工作，並向當事人說明危害資訊，經當事人書面同意後，始得為之；風險等級屬第三級管理者，應依醫師適性評估建議，採取變更工作條件、調整工時、調換工作等母性健康保護。

第一二條

①對保護期間之勞工為適性評估者，雇主應將第六條、第七條之評估結果與最近一次之健康檢查、作業環境監測紀錄及危害暴露情形等資料，提供予勞工健康服務之醫師或職業醫學科專科醫師，並由醫師依附表三，提供工作適性安排之建議。

②雇主應參照前項醫師之建議，採取必要之母性健康保護，對其建議有疑慮時，應再請職業醫學科專科醫師進行現場訪視，提供綜合之適性評估及變更工作條件、調整工時、調換工作等母性健康保護之建議。

第一三條 113

①雇主對於前條適性評估之建議，應使從事勞工健康服務之醫師與勞工面談，告知工作調整之建議，並聽取勞工及單位主管意見。

②雇主所採取母性健康保護，應尊重勞工意願，並依勞動基準法、性別平等工作平等法及游離輻射防護法之規定辦理。

③勞工對於雇主所採取之母性健康管理措施，有配合之義務。

第一四條 113

①雇主依本辦法採取之危害評估、控制方法、面談指導、適性評估及相關採行措施之執行情形，均應予記錄，並將相關文件及紀錄至少保存三年。

②前項文件或紀錄等勞工個人資料之蒐集、處理及利用，應遵守本法、本辦法及個人資料保護法等相關規定。

第一五條

女性勞工分娩滿一年後，仍在哺乳者，得請求雇主採取母性健康

保護。

第一六條 113

① 本辦法自中華民國一百零四年一月一日施行。

② 本辦法修正條文，除中華民國一百零九年九月十六日修正發布之第三條及第五條，自一百十年三月一日施行；一百十三年五月三十一日修正發布之第三條及第五條，自一百十三年七月一日施行外，自發布日施行。

職業安全

妊娠與分娩後女性及未滿十八歲勞工禁止從事危險性或有害性工作認定標準

①民國80年11月27日行政院勞工委員會令訂定發布全文5條。
②民國103年6月25日勞動部令修正發布名稱及全文5條；並自103年7月3日施行（原名稱：童工女工禁止從事危險性或有害性工作認定標準）。
③民國106年8月10日勞動部令修正發布第5條條文及第2條附表一；並自發布日施行。

第一條
本標準依職業安全衛生法（以下簡稱本法）第二十九條第二項及第三十條第四項規定訂定之。

第二條
①本法第二十九條第一項所定危險性或有害性工作之認定標準如附表一。
②未滿十五歲者，不得從事本法第二十九條第一項所定危險性或有害性工作。

第三條
本法第三十條第一項所定危險性或有害性工作之認定標準如附表二。

第四條
本法第三十條第二項所定危險性或有害性工作之認定標準如附表三。

第五條
①本標準自中華民國一百零三年七月三日施行。
②本標準修正條文自發布日施行。

附表一　雇主不得使未滿十八歲者從事危險性或有害性工作認定表

工作別	危險性或有害性之場所或作業
一、坑內之工作。	從事下列場所之工作： 一、地下礦場。 二、隧道掘削之建設工程。 前項第二款之工程已完工或鐵路等與道路同等安全衛生設施之可通行通道者，不在此限。
二、處理爆炸性、易燃性等物質之工作。	從事下列場所之工作：裝卸、搬運、保管或使用爆炸性、易燃性等物質之作業。但臨時性裝置、使用或於符合相關法令規定之加油站站從事加油作業者，不在此限。
三、鉛、汞、鉻、砷、黃磷、氯氣、氰化氫、苯胺等有害物散布場所之工作。	從事下列場所之工作： 一、工作場所空氣中有害物之氣體、蒸氣或粉塵濃度，超過下表之規定值：

濃度　　　　　規定值 有害物	ppm	mg/m³
鉛及其無機化合物（以鉛計）		〇・〇五
汞及其無機化合物（以汞計）		〇・〇五
六價鉻化合物（以鉻計）		〇・〇五
砷及其無機化合物（以砷計）		〇・〇〇五
黃磷		〇・〇五
氯氣	〇・二五	〇・七五
氰化氫	五	五・五
苯胺	一	三・八

妊娠與分娩後女性及未滿十八歲之工女禁止從事性質或有害危險之工作

二、下列鉛作業場所之作業：

（一）鉛之冶煉、精煉過程中，從事焙燒、燒結、熔融或處理鉛、鉛混合物、燒結礦粉存物或其他含鉛物料之作業。

（二）鉛重量在百分之三以上之銅或鋅之冶煉、精煉過程中，當轉爐熔融及處理煙灰或電解鉛泥或清掃之作業。

（三）鉛蓄電池或鉛蓄電池零件之製造、修理或解體過程中，從事鉛、鉛混存物之熔融、鑄造、研磨、軋碎、熔鍊、切斷或清掃之作業。

（四）含鉛、鉛混存物或鉛混合物塗料等刮除之作業。

三、製造、處置或使用汞及其無機化合物、鉻酸及其鹽類、重鉻酸及其鹽類、砷及其無機化合物、黃磷、氰化氫、氯氣、氧化氮等之作業。惟處置或使用於試驗或研究之業務，或從事有關其作業設備自動化或於作業設備內部作業等，依特定化學物質危害預防標準所規定，應使勞工戴用呼吸用防護具之作業者，不在此限。

四、有害輻射散布場所之工作。

依游離輻射防護法規「游離輻射防護安全標準」之規定，從事游離輻射作業，其個人年劑量限度在規定值以上者。

五、有害粉塵散布場所之工作。

工作場所空氣中有害粉塵之濃度，超過下表之規定值者：

種類	粉塵	規定值	
		可呼吸性粉塵	總粉塵
第一種粉塵	含結晶型游離二氧化矽10%以上之礦物性粉塵	$\dfrac{5mg/m^3}{\%SiO_2+2}$	$\dfrac{15mg/m^3}{\%SiO_2+2}$
第二種粉塵	未滿10%結晶型游離二氧化矽之礦物性粉塵	$0.5mg/m^3$	$2mg/m^3$
第三種粉塵	石綿纖維	$0.075f/cc$	
第四種粉塵	厭惡性粉塵	$2.5mg/m^3$	$5mg/m^3$

備註：

一、可呼吸性粉塵係指可透過離心式水平析出式分粒裝置所測得之粒徑者。

二、總粉塵係未使用分粒裝置所測得之粒徑者。

三、結晶型游離二氧化矽係指石英、方矽石、鱗矽石及矽藻土。

四、石綿粉塵係指纖維長度在五微米以上，長寬比在三以上之粉塵。

六、運轉中機器或機器動力傳導裝置危險部分之插除、上油、檢查、修理或上開皮帶、繩索等工作。

從事運轉中機器或動力傳導裝置危險部分之插除、上油、檢查、修理或上開皮帶、繩索等作業。

七、超過二百二十伏特電力線之銜接工作。

從事導線之銜接、其線間電壓或線對地電壓超過二百二十伏特之作業。

八、已被礦物或礦渣之處理工作。

從事高溫礦物或礦渣之處理、裝卸、搬運、清除等作業。

九、鍋爐之燃火及除灰之工作。

從事鍋爐之點火及除灰等作業。

十、鑿岩機及其他有顯著振動之工作。

從事鑿岩機、鏈鋸、鉚釘機（衝程七公分以下、重量二公斤以下者除外）及岩土機等有顯著振動之作業。

十一、一定重量以上之重物處理工作。

從事重物處理作業，其重量為下表之規定以上者：

年齡＼重量	斷續性作業	持續性作業
	規定值（公斤）	
十五歲以上未滿十六歲	十二	八
十六歲以上未滿十八歲	二十五	十五

十二、起重機、人字臂起重桿之運轉工作。

從事起重機、人字臂起重桿之運轉作業。

十三、動力捲揚機、動力運搬機及索道之運轉工作。

從事動力捲揚機、動力運搬機及索道之運轉作業。

十四、橡膠煉合或合成樹脂之滾輾工作。

從事橡膠煉合物及合成樹脂之滾輾作業。

十五、其他經中央主管機關規定之危險性或有害性之工作。

一、從事製造或處置爆炸性、引火性大類物品之作業。
二、從事鉛直衝程在七十五公分以上之蒸汽鎚或汽鎚直徑在二十五公分以上之圓盤鋸或置有自動輸送裝置及其他安全裝置而仍危險者，不在此限。
三、以動力剪切機械、鍛造機械、鍛造金屬之加工作業。但經金屬之加工等從事金屬之加工作業者，不在此限。
四、從事下列異常氣壓作業：

勞 安 衛 彙編

（一）高壓室內作業：係指於沉箱施工法或壓氣施工法及其他壓氣施工法中，於表壓力超過大氣壓之作業室或管室內部實施之作業。

（二）潛水作業：係指於水深超過十公尺之水中實施之作業。

五、從事製造、處置或使用下列化學物質或其重量比超過百分之一之混合物之作業：

（一）聯苯胺及其鹽類。

（二）4-胺基聯苯及其鹽類。

（三）4-硝基聯苯及其鹽類。

附表二　雇主不得使妊娠中之女性勞工從事危險性或有害性工作認定表

工作別	危險性或有害性之場所或作業
一、礦坑工作。	從事礦場地下礦物試掘、採掘之作業。
二、鉛及其化合物散布場所之工作。	從事下列危險性之作業： 一、鉛之冶煉、精鍊過程中，從事焙燒、燒結、熔結、熔融或煆燒、熔燒或處理過程中，鉛混存放存物或改善中改善之作業。 二、含鉛重量在百分之三以上之鉛混合物之製造之作業。 三、鉛蓄電池或鉛蓄電池零件之製造、修理或解體過程中，從事鉛、鉛存存物等粉末之容器、鑄造、研磨、熔接、切斷或清掃之作業。 四、含鉛、鉛塵設備內部之作業。 五、將粉狀之鉛、鉛混合物或燒結礦混合存存物等倒入漏斗、有鉛塵溢霧情形之作業。 六、工作場所空氣中鉛及其化合物之濃度，超過〇‧〇五mg/m³規定値之作業。
三、常溫以下異常氣壓之工作。	從事下列異常氣壓之作業： 一、高壓室內作業：係指於沉箱施工法或壓氣施工法及其他壓氣施工法中，於表壓力超過大氣壓之作業室或管室內部實施之作業。 二、潛水作業：係指於水深超過十公尺之水中實施之作業。
四、處理或暴露於弓形蟲、德國麻疹等影響胎兒健康之工作。	一、從事處理或暴露於弓形蟲之作業。但經檢附醫師證明已具免疫者，不在此限。 二、從事處理或暴露於德國麻疹感染之作業。

從事下列場所之工作：

一、工作場所空氣中危害性化學品濃度，超過下表之規定值者：

濃度 有害物	規定值	
	ppm	mg/m³
二硫化碳	五	十五、五
三氯乙烯	二五	一三四、五
環氧乙烷	〇、五	〇、九
丙烯醯胺		〇、〇一五
次乙亞胺	〇、二五	〇、四四
砷及其無機化合物（以砷計）		〇、〇〇五
汞及其無機化合物（以汞計）		〇、〇二五

二、於室內、儲槽或通風不充分之室內作業場所，從事二硫化碳及三氯乙烯等作業，依有機溶劑中毒預防規則之規定，應使勞工佩戴輸氣管面罩或適用之有機氣體用防毒面罩面罩之作業。

三、製造、處置或使用丙烯醯胺、次乙亞胺、砷及其無機化合物與汞及其無機化合物之設備，或儲存可生成該物質之儲槽、因改造、修理或清掃等而拆卸該設備或進入該設備內部從事作業等，依特定化學物質危害預防標準之規定，應使勞工戴用吸收防護具之作業。

五、處理或暴露於二硫化碳、三氯乙烯、環氧乙烷、丙烯醯胺、次乙亞胺、砷及其無機化合物、汞及其無機化合物等經中央主管機關規定之危害性化學品之工作。

六、鑿岩機及其他有顯著振動勞動之工作。

從事鑿岩機、鏟釘機、鋤釘機（衝程七公斤以下、重量二公斤以下者除外）及勞土機等有顯著振動勞動之作業。

勞 安 衛

工作別	危險性或有害性場所或作業
七、一定重量以上之重物處理工作。	從事重物處理操作作業，其重量符合下表之規定值以上者： 作業別 ／ 規定值（公斤） 斷續性作業 ／ 十 持續性作業 ／ 六
八、有害輻射散布場所之工作。	依游離輻射防護法附屬法規中「游離輻射防護安全標準」之規定，從事游離輻射作業之年劑量限度在規定值以上者。
九、已鉛中毒或鉛處理之處理工作。	從事高溫鑄物或鑄造之落砂、裝卸、搬運、清除等作業。
十、起重機、人字臂起重桿之運轉工作。	從事起重機、人字臂起重桿之運轉作業。
十一、動力捲揚機、動力運搬機及索道之運轉工作。	從事動力捲揚機、動力運搬機及索道之運轉作業。
十二、橡膠化合物及合成樹脂之滾輾工作。	從事橡膠化合物及合成樹脂之滾輾作業。
十三、處理或暴露於經中央主管機關規定有致病或致死之微生物感染風險之工作。	從事處理或暴露於下列具有致病或致死之微生物感染風險之作業： 一、處理或暴露於B型肝炎或水痘感染風險之作業，但經檢附醫師證明已具免疫者，不在此限。 二、處理或暴露於C型肝炎或人類免疫缺乏病毒感染風險之作業，但無執照人員治療者，不在此限。 三、處理或暴露於肺結核等感染風險之作業。
十四、其他經中央主管機關規定之危險性或有害性之工作。	製造或處理抗細胞分裂劑及具細胞毒性藥物等之作業。

附表三　雇主不得使分娩後未滿一年之女性勞工從事危險性或有害性工作認定表

工作別	危險性或有害性場所或作業
一、礦坑工作。	從事礦場地下礦物之探採、採掘之作業。

下列鉛作業場所之作業：

一、鉛冶煉、精煉過程中，從事鉛烆結、熔結、熔融或處理鉛、鉛混存物、鉛氧化物、燒結礦混存物等粉狀之作業。

二、含鉛重量在百分之三以上之銅或鋅之冶煉、精煉過程中，當轉爐連續熔融作業時，從事熔爐及處理熔渣灰或電解熔渣灰或電解清掃等之作業。

三、鉛蓄電池或鉛蓄電池零件之製造、修理或解體過程中，從事鉛、鉛混存物等之熔融、鑄造、研磨、軋碎、熔接、熔斷、切斷之作業，及清掃該作業場所內部之作業。

四、含鉛、鉛混存物或燒結礦混存物等倒入漏斗、有鉛鹽溢漏情形之作業。

五、將粉狀之鉛、鉛混存物或燒結礦混存物等於漏斗給料及其化合物的濃度，超過○．○二五mg/m³規定值之作業。

六、工作場所空氣中鉛及其化合物的濃度，超過○．○二五mg/m³規定值之作業。

從事鑿岩機、鏈鋸、鉚釘機，其重量為下表之規定值以上者，不在此限。

| | 規定值（公斤） | |
作業別	分娩未滿六個月者	分娩滿六個月但未滿一年者
斷續性作業	十五	三十
持續性作業	十	二十

從事重物處理作業，其重量超過下表之規定值以上者。

| | 重量（公斤） | |
作業別	分娩未滿六個月者	分娩滿六個月但未滿一年者
斷續性作業	十五	三十
持續性作業	十	二十

二、鉛及其化合物散布場所之工作。

三、整岩機及其他有顯著振動之工作。

四、一定重量以上之重物處理工作。

五、其他經中央主管機關規定之危險性或有害性之工作。

職業安全衛生教育訓練規則

①民國97年1月8日行政院勞工委員會令修正發布全文39條；並自發布日施行。但第4條、第20條第3項、第22條第3項、第23、32條自發布後一年施行。

②民國97年9月25日行政院勞工委員會令修正發布第4條條文。

③民國98年9月7日行政院勞工委員會令修正發布第14、31、32條條文。

④民國100年11月8日行政院勞工委員會令修正發布第2、10、14、17、18、22～25、27、35、39條條文及第11條附表九、第12條附表十、第21條格式九、第31條格式十五；並增訂第14-1、20-1條條文；除第14條附表十二自101年1月1日施行外，自發布日施行。

⑤民國101年10月8日行政院勞工委員會令修正發布第23、24條條文。

⑥民國102年2月21日行政院勞工委員會令修正發布第14-1、31條條文。

⑦民國103年6月27日勞動部令修正發布名稱及第1～6、10、16～18、20、29、34～37、39條條文及第7條附表五、第14條附表十二、第14-1條附表十二之一、第31條附表十五、第21條格式六及第三章章名；並增訂第13-1、18-1條條文；除第3條第3項第3款及第18-1條自104年1月1日施行外，自103年7月3日施行（原名稱：勞工安全衛生教育訓練規則）。

⑧民國105年9月22日勞動部令修正發布第3、15、17、18、18-1、21、22、25、26、29、30、34、35、37～39條條文及第5條附表三、第14-1條附表十二之一、第16條附表十四、第31條附表十五；增訂第17-1條條文；並自106年1月1日施行。

⑨民國110年7月7日勞動部令修正發布全文43條；除第3條附表一、第4條附表二、第5條附表三、第13條附表十一、第16條附表十三自發布後六個月施行，第14條第1項第6款、第18條第1項第12款、第20條第3項、第21條第1項第1款、第17條附表十四自發布後一年施行外，自發布日施行。

第一章　總　則

第一條

本規則依職業安全衛生法（以下簡稱本法）第三十二條第二項規定訂定之。

第二條

本規則之安全衛生教育訓練分類如下：

一　職業安全衛生業務主管之安全衛生教育訓練。

二　職業安全衛生管理人員之安全衛生教育訓練。

三　勞工作業環境監測人員之安全衛生教育訓練。

四　施工安全評估人員及製程安全評估人員之安全衛生教育訓

　　練。

五　高壓氣體作業主管、營造作業主管及有害作業主管之安全衛生教育訓練。

六　具有危險性之機械或設備操作人員之安全衛生教育訓練。

七　特殊作業人員之安全衛生教育訓練。

八　勞工健康服務護理人員及勞工健康服務相關人員之安全衛生教育訓練。

九　急救人員之安全衛生教育訓練。

十　一般安全衛生教育訓練。

十一　前十款之安全衛生在職教育訓練。

十二　其他經中央主管機關指定之安全衛生教育訓練。

第二章　必要之教育訓練事項

第三條

①雇主對擔任職業安全衛生業務主管之勞工，應於事前使其接受職業安全衛生業務主管之安全衛生教育訓練。雇主或其代理人擔任職業安全衛生業務主管者，亦同。

②前項教育訓練課程及時數，依附表一之規定。

③第一項人員，具備下列資格之一者，得免接受第一項之安全衛生教育訓練：

一　具有職業安全管理師、職業衛生管理師、職業安全衛生管理員資格。

二　經職業安全管理師、職業衛生管理師、職業安全衛生管理員教育訓練合格領有結業證書。

三　接受職業安全管理師、職業衛生管理師、職業安全衛生管理員之教育訓練期滿，並經第二十八條第三項規定之測驗合格，領有職業安全衛生業務主管教育訓練結業證書。

第四條

①雇主對擔任營造業職業安全衛生業務主管之勞工，應於事前使其接受營造業職業安全衛生業務主管之安全衛生教育訓練。雇主或其代理人擔任營造業職業安全衛生業務主管者，亦同。

②前項教育訓練課程及時數，依附表二之規定。

③第一項人員，於中華民國九十八年一月八日前，具下列資格之一，且有一年以上營造工作經歷者，得免接受第一項之安全衛生教育訓練：

一　勞工安全管理師。

二　勞工衛生管理師。

三　勞工安全衛生管理員。

四　經勞工安全管理師、勞工衛生管理師、勞工安全衛生管理員、勞工安全衛生業務主管訓練合格領有結業證書者。

第五條

①雇主對擔任下列職業安全衛生管理人員之勞工，應於事前使其接

受職業安全衛生管理人員之安全衛生教育訓練：

一　職業安全管理師。

二　職業衛生管理師。

三　職業安全衛生管理員。

②前項訓練課程及時數，依附表三之規定。

第六條

①雇主對擔任下列作業環境監測人員之勞工，應於事前使其接受作業環境監測人員之安全衛生教育訓練：

一　甲級化學性因子作業環境監測人員。

二　甲級物理性因子作業環境監測人員。

三　乙級化學性因子作業環境監測人員。

四　乙級物理性因子作業環境監測人員。

②前項訓練課程及時數，依附表四之規定。

第七條

①雇主對擔任施工安全評估之勞工，應於事前使其接受施工安全評估人員之安全衛生教育訓練。

②前項教育訓練課程及時數，依附表五之規定。

第八條

①雇主對擔任製程安全評估之勞工，應於事前使其接受製程安全評估人員之安全衛生教育訓練。

②前項教育訓練課程及時數，依附表六之規定。

第九條

①雇主對擔任下列作業主管之勞工，應於事前使其接受高壓氣體作業主管之安全衛生教育訓練：

一　高壓氣體製造安全主任。

二　高壓氣體製造安全作業主管。

三　高壓氣體供應及消費作業主管。

②前項教育訓練課程及時數，依附表七之規定。

第一〇條

①雇主對擔任下列作業主管之勞工，應於事前使其接受營造作業主管之安全衛生教育訓練：

一　擋土支撐作業主管。

二　露天開挖作業主管。

三　模板支撐作業主管。

四　隧道等挖掘作業主管。

五　隧道等襯砌作業主管。

六　施工架組配作業主管。

七　鋼構組配作業主管。

八　屋頂作業主管。

九　其他經中央主管機關指定之人員。

②前項教育訓練課程及時數，依附表八之規定。

第一一條

①雇主對擔任下列作業主管之勞工，應於事前使其接受有害作業主管之安全衛生教育訓練：
一　有機溶劑作業主管。
二　鉛作業主管。
三　四烷基鉛作業主管。
四　缺氧作業主管。
五　特定化學物質作業主管。
六　粉塵作業主管。
七　高壓室內作業主管。
八　潛水作業主管。
九　其他經中央主管機關指定之人員。
②前項教育訓練課程及時數，依附表九之規定。

第一二條

①雇主對擔任下列具有危險性之機械操作之勞工，應於事前使其接受具有危險性之機械操作人員之安全衛生教育訓練：
一　吊荷重在三公噸以上之固定式起重機或吊升荷重在一公噸以上之斯達卡式起重機操作人員。
二　吊升荷重在三公噸以上之移動式起重機操作人員。
三　吊升荷重在三公噸以上之人字臂起重桿操作人員。
四　導軌或升降路之高度在二十公尺以上之營建用提升機操作人員。
五　吊籠操作人員。
六　其他經中央主管機關指定之人員。
②前項人員，係指須經具有危險性之機械操作人員訓練或技能檢定取得資格者。
③自營作業者擔任第一項各款具有危險性之機械操作人員，應於事前接受第一項所定職類之安全衛生教育訓練。
④第一項教育訓練課程及時數，依附表十之規定。

第一三條

①雇主對擔任下列具有危險性之設備操作之勞工，應於事前使其接受具有危險性之設備操作人員之安全衛生教育訓練：
一　鍋爐操作人員。
二　第一種壓力容器操作人員。
三　高壓氣體特定設備操作人員。
四　高壓氣體容器操作人員。
五　其他經中央主管機關指定之人員。
②前項人員，係指須經具有危險性設備操作人員訓練或技能檢定取得資格者。
③自營作業者擔任第一項各款具有危險性之設備操作人員，應於事前接受第一項所定職類之安全衛生教育訓練。
④第一項教育訓練課程及時數，依附表十一之規定。

第一四條

①雇主對下列勞工，應使其接受特殊作業安全衛生教育訓練：
- 一　小型鍋爐操作人員。
- 二　荷重在一公噸以上之堆高機操作人員。
- 三　吊升荷重在零點五公噸以上未滿三公噸之固定式起重機操作人員或吊升荷重未滿一公噸之斯達卡式起重機操作人員。
- 四　吊升荷重在零點五公噸以上未滿三公噸之移動式起重機操作人員。
- 五　吊升荷重在零點五公噸以上未滿三公噸之人字臂起重桿操作人員。
- 六　高空工作車操作人員。
- 七　使用起重機具從事吊掛作業人員。
- 八　以乙炔熔接裝置或氣體集合熔接裝置從事金屬之熔接、切斷或加熱作業人員。
- 九　火藥爆破作業人員。
- 十　胸高直徑七十公分以上之伐木作業人員。
- 十一　機械集材運材作業人員。
- 十二　高壓室內作業人員。
- 十三　潛水作業人員。
- 十四　油輪清艙作業人員。
- 十五　其他經中央主管機關指定之人員。

②自營作業者擔任前項各款之操作或作業人員，應於事前接受前項所定職類之安全衛生教育訓練。

③第一項第九款火藥爆破作業人員，依事業用爆炸物爆破專業人員訓練及管理辦法規定，參加爆破人員專業訓練，受訓期滿成績及格，並提出結業證書者，得予採認。

④第一項教育訓練課程及時數，依附表十二之規定。

第一五條

①雇主對從事勞工健康服務之護理人員及勞工健康服務相關人員，應使其接受勞工健康服務之安全衛生教育訓練。

②前項教育訓練課程、時數及講師資格，依勞工健康保護規則之規定。

第一六條

①雇主對工作場所急救人員，應使其接受急救人員之安全衛生教育訓練。但醫護人員及緊急醫療救護法所定之救護技術員，不在此限。

②前項教育訓練課程及時數，依附表十三之規定。

第一七條

①雇主對新僱勞工或在職勞工於變更工作前，應使其接受適於各該工作必要之一般安全衛生教育訓練。但其工作環境、工作性質與變更前相當者，不在此限。

②無一定雇主之勞工或其他受工作場所負責人指揮或監督從事勞動之人員，應接受前項安全衛生教育訓練。

③前二項教育訓練課程及時數，依附表十四之規定。

④中央主管機關指定之職業安全衛生教育訓練網路教學課程，事業單位之勞工上網學習，取得認證時數後，得採認為一般安全衛生教育訓練時數。但中央主管機關認可之職業安全衛生教育訓練網路教學課程，其時數至多採認二小時。

第一八條

①雇主對擔任下列工作之勞工，應依工作性質使其接受安全衛生在職教育訓練：

一　職業安全衛生業務主管。

二　職業安全衛生管理人員。

三　勞工健康服務護理人員及勞工健康服務相關人員。

四　勞工作業環境監測人員。

五　施工安全評估人員及製程安全評估人員。

六　高壓氣體作業主管、營造作業主管及有害作業主管。

七　具有危險性之機械及設備操作人員。

八　特殊作業人員。

九　急救人員。

十　各級管理、指揮、監督之業務主管。

十一　職業安全衛生委員會成員。

十二　下列作業之人員：

　　㈠營造作業。

　　㈡車輛系營建機械作業。

　　㈢起重機具吊掛搭乘設備作業。

　　㈣缺氧作業。

　　㈤局限空間作業。

　　㈥氧乙炔熔接裝置作業。

　　㈦製造、處置或使用危害性化學品作業。

十三　前述各款以外之一般勞工。

十四　其他經中央主管機關指定之人員。

②無一定雇主之勞工或其他受工作場所負責人指揮或監督從事勞動之人員，亦應接受前項第十二款或第十三款規定人員之一般安全衛生在職教育訓練。

第一九條

①雇主對擔任前條第一項各款工作之勞工，應使其接受下列時數之安全衛生在職教育訓練：

一　第一款之勞工：每二年至少六小時。

二　第二款之勞工：每二年至少十二小時。

三　第三款之勞工：每三年至少十二小時。

四　第四款至第六款之勞工：每三年至少六小時。

五　第七款至第十三款之勞工：每三年至少三小時。

②前項第三款教育訓練之課程及講師資格，依勞工健康保護規則之規定。

③中央主管機關指定之安全衛生在職教育訓練數位學習課程，事業單位之勞工上網學習，取得認證時數後，得採認為第一項之時數。

第三章　訓練單位之資格條件及管理

第二〇條

①安全衛生之教育訓練，得由下列單位（以下簡稱訓練單位）辦理：

一　勞工主管機關、衛生主管機關、勞動檢查機構或目的事業主管機關。

二　依法設立之非營利法人。

三　依法組織之雇主團體。

四　依法組織之勞工團體。

五　中央衛生福利主管機關醫院評鑑合格者或大專校院設有醫、護科系者。

六　報經中央主管機關核可之非以營利為目的之急救訓練單位。

七　大專校院設有安全衛生相關科系所或訓練種類相關科系所者。

八　事業單位。

九　其他經中央主管機關核可者。

②前項第二款之非營利法人對外招生辦理教育訓練，應符合下列各款規定，並經中央主管機關認可：

一　依法設立職業訓練機構，並與其設立目的相符。

二　推廣安全衛生之績效良好。

③第一項第三款、第四款之雇主團體、勞工團體及第八款之事業單位，辦理第三條至第十四條、第十六條至第十八條之教育訓練，應依法設立職業訓練機構後，始得對外招訓。但有下列情形之一者，不在此限：

一　雇主團體、勞工團體對所屬會員、員工辦理之非經常性安全衛生教育訓練。

二　事業單位對所屬員工或其承攬人所屬勞工辦理之非經常性安全衛生教育訓練。

三　其他經中央主管機關核可辦理之安全衛生教育訓練。

④中央主管機關所屬機關（構）辦理第三條至第十六條、第十八條之教育訓練，應報請中央主管機關備查，並依第二十三條、第二十五條、第二十六條、第二十九條及第三十條第一項之規定辦理。

第二一條

①依法設立職業訓練機構之訓練單位，辦理下列教育訓練，應參照中央主管機關公告之相關指引，建立安全衛生教育訓練自主管理制度，並報請中央主管機關認可：

一　第五條、第十二條第一項第一款、第二款、第十三條第一項

　　　第一款、第二款及第十四條第一項第二款之教育訓練。
二　第十八條第一項第二款之在職教育訓練。
三　其他經中央主管機關指定者。
②前項及前條第二項之認可，中央主管機關得委託學術機構或相關團體辦理之。

第二二條

①第二十條第一項第五款之訓練單位，以辦理勞工健康服務護理人員、勞工健康服務相關人員及急救人員安全衛生教育訓練為限；第六款之訓練單位，以辦理急救人員安全衛生教育訓練為限。

②第二十條第一項第二款至第四款及第七款至第九款之訓練單位，辦理急救訓練時，應與中央衛生福利主管機關醫院評鑑合格或大專校院設有醫、護科系者合辦。

③第二十條第一項第二款至第四款及第六款至第九款之訓練單位，除為醫護專業團體外，辦理勞工健康服務護理人員及勞工健康服務相關人員訓練時，應與中央衛生福利主管機關醫院評鑑合格者或大專校院設有醫、護科系者合辦。

第二三條

①訓練單位辦理第三條至第十六條之教育訓練前，應填具教育訓練場所報備書（格式一），並檢附下列文件，報請直轄市、縣（市）政府（以下簡稱地方主管機關）核定；變更時亦同：
一　符合第二十條第一項第六款、第九款、第二項、第三項及第二十一條規定之資格文件。
二　置備之安全衛生量測設備及個人防護具（格式二、格式三）。
三　使用之術科場地、實習機具及設備（格式四）。
四　教育訓練場所之設施（格式五）。
五　符合各類場所消防安全設備設置標準之文件。
六　建築主管機關核可有關訓練場所符合教學使用之建物用途證明。

②前項第二款應置備之安全衛生量測設備及個人防護具，應為申請訓練場所專用，使用之實習機具及設備，於實習或實作期間，不得做為其他用途使用。

③第一項第三款之實習機具及設備，於實習或實作期間，不得做為其他用途使用。辦理中央主管機關公告之教育訓練職類者，其場地、實習機具及設備，應經技術士技能檢定術科測試場地及機具設備評鑑合格或經中央主管機關認可。

④第一項第六款，有下列情形之一者，不適用之：
一　政府機關（構）、大專校院相關科系所辦理之安全衛生教育訓練。
二　中央衛生福利主管機關醫院評鑑合格者辦理之急救人員安全衛生教育訓練。
三　事業單位對所屬員工或其承攬人所屬勞工辦理之安全衛生教

育訓練。

四　雇主團體、勞工團體對所屬會員、員工於其會所或政府機關場所辦理之安全衛生教育訓練。

五　其他因特殊需要，經地方主管機關許可之安全衛生教育訓練。

第二四條

前經經核定之訓練單位，應於地方主管機關核定之區域內辦理安全衛生教育訓練。但依第四十一條規定經中央主管機關評鑑職類優等以上者，不在此限。

第二五條

①訓練單位辦理第三條至第十六條之教育訓練者，應於十五日前檢附下列文件，報請地方主管機關備查：

一　教育訓練計畫報備書（格式六）。

二　教育訓練課程表（格式七）。

三　講師概況（格式八）。

四　學員名冊（格式九）。

五　負責之專責輔導員名單。

②前項訓練課程，學科、術科每日上課時數，不得逾八小時，術科實習應於日間實施，學科得於夜間辦理。但夜間上課每日以三小時為原則，惟不得超過午後十時。

③第一項第二款至第四款之文件內容有變動者，訓練單位應檢附變更事項之文件，至遲於開訓前一日報請地方主管機關備查，始可開訓。

第二六條

①訓練單位辦理第十八條第一項第一款至第九款之安全衛生在職教育訓練，應於十五日前檢附前條第一項第一款至第四款所定之文件，報請地方主管機關備查。

②前項規定，勞工主管機關或勞動檢查機構不適用之。

③中央主管機關得公告安全衛生在職教育訓練課程綱要，供訓練單位辦理。

④第一項檢附之前條第一項第二款至第四款所定之文件內容有變動者，訓練單位應檢附變更事項之文件，至遲於開訓前一日報請地方主管機關備查，始可開訓。

第二七條

①第三條至第十六條之教育訓練技術或管理職類，中央主管機關得就其一部或全部，公告測驗方式為技術士技能檢定，或依第二十八條第三項規定辦理。

②訓練單位對於接受前項職類教育訓練期滿者，應於結訓後十五日內，發給訓練期滿證明（格式十）。

第二八條

①訓練單位對於接受前條以外之第三條至第十六條之教育訓練，應實施結訓測驗；測驗合格者，應於結訓後十五日內，發給結業證

書（格式十一）。

②前項測驗文字及語文應為中文。

③訓練單位辦理前條第一項經中央主管機關公告之教育訓練者，其測驗應於中央主管機關認可之測驗試場辦理；測驗合格者，應發給結業證書（格式十一）。

④前項測驗試務及測驗試場之認可，中央主管機關得委託相關專業團體辦理。

⑤測驗所需費用，由訓練單位所收取之訓練費用支應。

第二九條

訓練單位對於第三條至第十六條之教育訓練，應將第二十五條第一項規定之文件及下列文件，於教育訓練結束後十日內做成電子檔，至少保存十年：

一　學員簽到紀錄（格式十二）。

二　受訓學員點名紀錄（格式十三）。

三　受訓學員成績冊（格式十四）。

四　受訓學員訓練期滿證明核發清冊（格式十五）或結業證書核發清冊（格式十六）。

第三〇條

①訓練單位對於第二十三條、第二十五條、第二十六條及前條規定之文件，應依中央主管機關公告之內容、期限及方式登錄。

②訓練單位停止辦理安全衛生教育訓練業務，應於十五日前報請地方主管機關備查，並將前條規定建置資料之電子檔移送中央主管機關。

第三一條

①訓練單位辦理第十七條及第十八條之教育訓練，應將包括訓練教材、課程表相關之訓練計畫、受訓人員名冊、簽到紀錄、課程內容等實施資料保存三年。

②依法設立職業訓練機構對外招訓之訓練單位，於辦理前項教育訓練時，應依中央主管機關公告之內容、期限及方式登錄。

③訓練單位對於接受第十八條教育訓練者，應於其結業證書（格式十一）背面記錄或發給在職教育訓練紀錄（格式十七）。

第三二條

①地方主管機關對於訓練單位辦理本規則之教育訓練，得予查核；中央主管機關於必要時，得予抽查。

②前項主管機關為查核及監督訓練單位辦理之教育訓練成效，得向其索取教育訓練相關資料。

第三三條

①訓練單位辦理安全衛生教育訓練時，應辦理下列事項：

一　指派專責輔導員。

二　查核受訓學員之參訓資格。

三　查核受訓學員簽到紀錄及點名等相關事項。

四　查核受訓學員之上課情形。

五　調課或代課之處理。

六　隨時注意訓練場所各項安全衛生設施。

七　協助學員處理及解決訓練有關問題。

八　其他經中央主管機關認有必要之事項。

②訓練單位對受訓學員缺課時數達課程總時數五分之一以上者，應通知其退訓；受訓學員請假超過三小時或曠課者，應通知其補足全部課程。

③第一項第一款專責輔導員，應具職業安全衛生管理員資格。但辦理急救人員教育訓練之專責輔導員，得由具醫護人員資格、高級或中級救護技術員合格證書者擔任之。

④訓練單位對於第一項之專責輔導員，應使其接受中央主管機關指定之講習，每二年至少六小時。

第三四條

訓練單位辦理安全衛生教育訓練所收取之費用，應用於講師授課酬勞、講師培訓、測驗費、證書費、職員薪津、辦公費、房租、必要教學支出及從事安全衛生活動之用。

第三五條

訓練單位辦理第三條至第十四條及第十六條之教育訓練時，講師資格應符合附表十五之規定。

第三六條

①訓練單位對第三條至第十六條之教育訓練教材之編製，應設編輯及審查會，並依法定課程名稱、時數及中央主管機關公告之課程綱要編輯，於審查完成後，將編輯及審查之相關資料連同教材，報請中央主管機關備查；修正時亦同。

②前項教育訓練教材經中央主管機關指定或統一編製者，訓練單位應以其為教材使用，不得自行編製。

第三七條

前條教材內容之編撰，應依下列原則辦理：

一　符合勞動法令及著作權法有關規定。

二　使用中文敘述，輔以圖說、實例或職業災害案例等具體說明，如有必要引用國外原文者，加註中文，以為對照。

三　使用公制單位，如有必要使用公制以外之單位者，換算為公制，以為對照。

四　編排以橫式為之，由左至右。

五　載明編輯委員。

第三八條

訓練單位有下列情事之一者，主管機關得依本法第四十八條規定，予以警告，並命其限期改正：

一　未依第三十三條規定辦理。

二　訓練教材、訓練方式或訓練目標違反勞動法令規定。

三　未依訓練計畫內容實施。

四　經主管機關查核，發現違反本規則之情事。

五 其他違反中央主管機關規定之情事。

第三九條

訓練單位有下列情事之一者，主管機關得依本法第四十八條規定，處以罰鍰，並令其限期改正：

一 訓練場所、訓練設備、安全衛生設施不良，未能符合核備之條件。

二 招訓廣告或簡章內容有虛偽不實。

三 未於核備之訓練場所實施教育訓練。

四 訓練計畫未依規定報請訓練所在地主管機關備查。

五 未置備第二十五條第一項規定之資料或資料紀錄不實。

六 未依規定辦理結訓測驗。

七 未依規定辦理訓練期滿證明或結業證書之發給。

八 未依公告之規定，登錄指定文件。

九 未核實登載訓練期滿證明或結業證書核發清冊資料。

十 拒絕、規避或阻撓主管機關業務查核或評鑑。

十一 未依訓練計畫內容實施，情節重大。

十二 未依第二十條第二項、第三項規定對外招訓或未依第二十一條第一項規定辦理教育訓練。

十三 停止辦理訓練業務，未依第三十條第二項規定報請地方主管機關備查，或未將教育訓練建置資料之電子檔移送中央主管機關。

十四 經主管機關依前條規定令其限期改正，屆期未改正。

第四〇條

①訓練單位有前二條之情形，屆期未改正或情節重大者，主管機關得依本法第四十八條規定，撤銷或廢止其認可，或定期停止其訓練業務之一部或全部。

②前項訓練單位相關人員涉及刑責者，應移送司法機關偵辦。

③不具訓練單位資格之團體，經查證確有假冒訓練單位名義，辦理本規則所定安全衛生教育訓練之情事者，除移請原許可之主管機關依規定處理外，其相關人員涉及刑責者，並移送司法機關偵辦。

第四一條

①中央主管機關對於第二十條第一項設有職業訓練機構之訓練單位，得會同地方主管機關，就其安全衛生教育訓練之講師、教材、教學、環境、設施、行政、資訊管理及其他中央主管機關認有必要之事項實施評鑑，評鑑結果，得分級公開之。

②前項評鑑結果，訓練單位有第三十八條或第三十九條所列情事之一者，主管機關應依本法第四十八條規定，予以警告或處以罰鍰，並得令其限期改正；屆期未改正或違反法令情節重大者，得定期停止訓練單位訓練業務之全部或一部。

③第一項之評鑑，中央主管機關得委託學術機構或相關團體辦理之。

第四章　附　則

第四二條

第五條、第十二條第一項第一款及第二款規定之安全衛生教育訓練課程及時數，於二年內已受相同種類之教育訓練課程及時數相同，且有證明者，得抵充之。

第四三條

本規則除第三條附表一、第四條附表二、第五條附表三、第十三條附表十一、第十六條附表十三，自發布後六個月施行，及第十四條第一項第六款、第十八條第一項第十二款、第二十條第三項、第二十一條第一項第一款、第十七條附表十四自發布後一年施行外，自發布日施行。

工業用機器人危害預防標準

①民國76年1月19日內政部令訂定發布全文53條。
②民國87年6月30日行政院勞工委員會令修正發布全文37條。
③民國103年6月30日勞動部令修正發布第1、15、34、37條條文；並自103年7月3日施行。
④民國107年2月14日勞動部令修正發布第2、5、8、18、21～33、37條條文；並自發布日施行。

第一條

本標準依職業安全衛生法第六條第三項規定訂定之。

第二條

本標準用詞，定義如下：

一　工業用機器人（以下簡稱機器人）：指具有操作機及記憶裝置（含可變順序控制裝置及固定順序控制裝置），並依記憶裝置之訊息，操作機可以自動作伸縮、屈伸、移動、旋轉或為前述動作之複合動作之機器。

二　操作機：指具有類似人體上肢之功能，可以自動作伸縮、屈伸、移動、旋轉或為前述動作之複合動作，以從事下列作業之一者：

(一)使用設置於其前端之機器手或藉吸盤等握持物件，並使之作空間性移動之作業。

(二)使用裝設於其前端之噴布用噴槍、熔接用焊槍等工具，實施噴布、噴膠或熔接等作業。

三　可動範圍：指依記憶裝置之訊息，操作機及該機器人之各部（含設於操作機前端之工具）在構造上可動之最大範圍。

四　教導相關作業：指機器人操作機之動作程序、位置或速度之設定、變更或確認。

五　檢查相關作業：指從事機器人之檢查、修理、調整、清掃、上油及其結果之確認。

六　協同作業：指使工作者與固定或移動操作之機器人，共同合作之作業。

七　協同作業空間：指使工作者與固定或移動操作之機器人，共同作業之安全防護特定範圍。

第三條

雇主選用機器人時，應採取避免下列危害之措施：

一　錯誤操作、錯誤動作及故障時引起之危害。

二　動力源異常引起之危害。

三　因人、物之進入可動範圍引起之危害。

四　關連機器故障引起之危害。

第四條

雇主設置之機器人，應具有發生異常時可立即停止動作並維持安全之緊急停止裝置。

第五條

雇主為防止工作者與機器人接觸引起之危害，機器人應具備下列機能：

一　從運轉狀態變換為教導狀態時，可自動降低操作機之動作速度。但使用固定順序型之機器人，不在此限。

二　如操作機可調整者，從運轉狀態變換為教導狀態時，可自動降低其輸出。

三　遇下列狀態時，可自動停止動作，並設置指示燈：

(一)因油壓、氣壓或電壓之變動，有發生錯誤動作之虞時。

(二)因停電等致動力源被遮斷時。

(三)因關連機器發生故障時。

(四)因控制裝置發生異常時。

四　機器人因緊急停止裝置或因前款機能停止後，非經人為再啟動之操作，不能開始動作。

五　因工作者碰觸致對操作機產生衝擊力時，能自動停止運轉。

第六條

機器人遇有第四條緊急停止或前條第三款狀況停止運轉時，其握持部應仍能繼續穩定握持其所握持之物件。

第七條

雇主設置之機器人之控制面盤，應依下列規定：

一　控制面盤具有下列機能者，其開關之位置及使用狀態等應明確標示：

(一)電源之開、關。

(二)油壓或氣壓之開、關。

(三)起動、停止。

(四)自動、手動、教導或確認等動作狀態之變換。

(五)操作機動作速度之設定。

(六)操作機之動作。

(七)緊急停止裝置之動作。

二　緊急停止裝置用開關，應為易操作之構造，且應設在易操作之位置，並應設置紅色標示。

三　緊急停止裝置用開關，其四周不得設置可能發生錯誤操作之其他開關。

第八條

雇主設置之機器人之固定式控制面盤，應符合下列規定：

一　設置可作自動、手動動作狀態變換之開關。但使用固定順序型之機器人，不在此限。

二　於手動動作狀態時，設置可顯示動作狀態之指示燈。但使用

固定順序型之機器人，不在此限。

三　設置可顯示自動動作狀態之指示燈。

四　設置接地用端子。

五　緊急停止裝置用開關以外之開關，設置護圈或為埋頭型。

第九條

雇主設置之機器人之移動式控制面盤，應依下列規定：

一　使用控制面盤操作機器人時，除操作緊急停止裝置外，無法再以該控制面盤以外之其他裝置使該機器人發生動作。

二　在教導狀態下，控制面盤動作之開關，放手時可自動使該機器人立即停止動作之構造。

三　連接於控制面盤之移動電纜線，應有必要之強度及耐磨性。

第一〇條

雇主所使用之機器人應設置下列端子：

一　可將緊急停止裝置動作或第五條第三款自動停止之顯示訊號，以及停止關連機器之訊號輸出之端子。

二　當關連機器發生故障時，可輸入停止機器人運轉所需訊號之端子。

三　可自第十八條第五款之開關輸入使緊急停止裝置動作所需訊號之端子。

第一一條

雇主設置之機器人，應具有易於安全實施教導相關作業及檢查相關作業之性能。

第一二條

雇主設置之機器人，除在使用上有必要之部分外，不得有凸出、銳角或齒輪之露出等危險部分。

第一三條

雇主使用氣壓驅動之機器人，應具有使驅動用汽缸內之殘壓易於安全排放之構造。

第一四條

雇主設置之機器人，其操作機關節部分等可標示動作方向者，其標示之動作方向應與控制面盤上該操作機動作開關之標示一致。

第一五條

雇主設置之機器人，應具有適應環境之下列性能：

一　不受設置場所之溫度、溼度、粉塵、振動等影響。

二　於易燃液體之蒸氣、可燃性氣體、可燃性粉塵等滯留或爆燃性粉塵積存之場所，而有火災爆炸之虞者，其使用之電氣設備，應依危險區域劃分，具有適合該區域之防爆性能構造。

第一六條

雇主應於機器人顯明易見之位置標示下列事項：

一　製造者名稱。

二　製造年月。

三　型式。

四　驅動用原動機之額定輸出。

第一七條

雇主設置機器人，應就下列事項依說明書確實查對：

一　型式。

二　構造（包括主要部分之名稱）及動作原理（控制方式、驅動方式等）。

三　驅動用原動機之額定輸出。

四　額定搬運重量。

五　於自動運轉中操作機前端部之最大動作速度及教導運轉中操作機前端部之動作速度。

六　操作機最大之力或力矩，以及教導運轉中操作機之力或力矩。

七　可動範圍。

八　油壓、氣壓及電壓之容許變動範圍。

九　噪音音壓級。

十　安全機能之種類及性能。

十一　設置方法及設置時安全上應注意事項。

十二　搬運方法及搬運時安全上應注意事項。

十三　自動運轉時（包括起動及發生異常時）安全上應注意事項。

十四　教導相關作業方法及實施該作業時應注意事項。

十五　檢查相關作業方法及實施該作業時應注意事項，以及確保安全所應保留之作業空間。

十六　作業前之檢點及定期檢查項目、方法、判定基準及實施時期。

十七　其他與設置機器人有關之事項。

第一八條

雇主對機器人之配置，應符合下列規定：

一　確保能安全實施作業之必要空間。

二　固定式控制面盤設於可動範圍之外，且使操作工作者可泛視機器人全部動作之位置。

三　壓力表、油壓表及其他計測儀器設於顯明易見之位置，並標示安全作業範圍。

四　電氣配線及油壓配管、氣壓配管設於不致受到操作機、工具等損傷之處所。

五　緊急停止裝置用開關，設置於控制面盤以外之適當處所。

六　於機器人顯明易見之位置，設置緊急停止裝置及指示燈等。

第一九條

雇主設置之機器人阻擋裝置，依下列規定：

一　機械性阻擋裝置，應有充分之強度。

二　電氣性阻擋裝置之動作回路，應與控制機器人之程式回路分別設置。

第二〇條

機器人於設置後，應確認該機器人之動作與關連機器間之運動狀況及阻擋裝置之機能，無異常後始得使用。

第二一條

①雇主於機器人可動範圍之外側，依下列規定設置圍柵或護圍：

一　出入口以外之處所，應使工作者不易進入可動範圍內。

二　設置之出入口應標示並告知工作者於運轉中禁止進入，並應採取下列措施之一：

　　㈠出入口設置光電式安全裝置、安全墊或其他具同等功能之裝置。

　　㈡在出入口設置門扉或張設支柱穩定、從其四周容易識別之繩索、鏈條等，且於開啟門扉或繩索、鏈條脫開時，其緊急停止裝置應具有可立即發生動作之機能。

②雇主使用協同作業之機器人時，應符合國家標準CNS 14490系列、國際標準ISO 10218系列或與其同等標準之規定，並就下列事項實施評估，製作安全評估報告留存後，得不受前項規定之限制：

一　從事協同作業之機器人運作或製程簡介。

二　安全管理計畫。

三　安全驗證報告書或符合聲明書。

四　試運轉試驗安全程序書及報告書。

五　啟始起動安全程序書及報告書。

六　自動檢查計畫及執行紀錄表。

七　緊急應變處置計畫。

③雇主使用協同作業之機器人，應於其設計變更時及至少每五年，重新評估前項資料，並記錄、保存相關報告等資料五年。

④前二項所定評估，雇主應召集下列各款人員，組成評估小組實施之：

一　工作場所負責人。

二　機器人之設計、製造或安裝之專業人員。但實施前項所定至少每五年之重新評估時，得由雇主指定熟稔協同作業機器人製程之人員擔任。

三　依職業安全衛生管理辦法設置之職業安全衛生人員。

四　工作場所作業主管。

五　熟悉該場所作業之工作者。

第二二條

前條之光電式安全裝置，應符合下列規定：

一　檢知有工作者接近可動範圍時，可使緊急停止裝置立即動作。

二　具有可檢知工作者進入可動範圍內所必要之光軸數目。

三　採取使受光器不致受到非來自投光器之其他光線感應之措施。

第二三條

① 雇主對運轉中之機器人，應於可動範圍外可泛視機器人動作之位置設置監視人員，並禁止工作者任意進入機器人可動範圍內。

② 雇主應禁止非協同作業之相關工作者，進入協同作業空間。

第二四條

雇主應就下列事項訂定安全作業標準，並使工作者依該標準實施作業：

一　機器人之操作方法及步驟，包括起動方法及開關操作方法等作業之必要事項。

二　實施教導相關作業時，該作業中操作機之速度。

三　工作者二人以上共同作業時之聯絡信號。

四　發生異常狀況時，工作者採取之應變措施。

五　因緊急停止裝置動作致機器人停止運轉後再起動前，確認異常狀況解除及確認安全之方法。

第二五條

雇主使工作者從事機器人操作作業時，為防止從事作業工作者以外人員誤觸或擅自操作起動開關、切換開關等，應在各開關處標示「作業中」或在控制面盤盤上鎖。

第二六條

① 雇主使工作者於機器人可動範圍內實施作業時，應採取下列之一或具有相同作用之措施，以便發生異常狀況時能立即停止該機器人運轉：

一　於可動範圍外可泛視機器人全部動作之位置設置監視人員從事下列事項：

　（一）於發生異常狀況時，立即使緊急停止裝置發生動作。

　（二）嚴禁從事作業以外之人員進入可動範圍內。

二　將緊急停止裝置用開關交付在可動範圍內從事作業之工作者自行操作。

三　使用具有第九條第一款、第二款構造之移動式控制面盤實施作業。

② 從事操作機器人之工作者如無法掌握機器人可動部分之全部動作狀態者，應採取前項第一款之措施。

第二七條

① 雇主使工作者從事教導相關作業前，應確認下列事項，如發現有異常時，應即改善並採取必要措施：

一　外部電纜線之被覆或外套管有無損傷。

二　操作機之動作有無異常。

三　控制裝置及緊急停止裝置之機能是否正常。

四　空氣或油有無由配管漏洩。

② 前項第一款之確認作業應於停止運轉後實施；第二款及第三款之確認作業應於可動範圍外側實施。

第二八條

雇主在操作機前端設置焊槍、噴布用噴槍等作業工具之機器人，如須對其工具加以清理時，應採用自動清理之方式，以避免工作者進入可動範圍。但作業有困難者，不在此限。

第二九條

雇主使工作者從事氣壓系統部分之分解、零配件之更換等作業時，應於事前排放驅動用汽缸內之殘壓。

第三〇條

雇主使工作者從事機器人之運轉狀況確認作業時，應在可動範圍外實施。但作業有困難者，不在此限。

第三一條

雇主使工作者於可動範圍內從事教導相關作業或檢查相關作業時，應採取第二十四條至第三十條之必要措施。但關閉驅動源從事教導相關作業或停止運轉實施檢查相關作業時，則不適用第二十四條及第二十六條之規定。

第三二條

雇主使工作者起動機器人前，應先確認下列事項，並規定一定之聯絡信號：

一　在可動範圍內無任何人存在。
二　移動式控制面盤、工具等均已置於規定位置。
三　機器人或關連機器之異常指示燈等均未顯示有異常。

第三三條

雇主對自動運轉之機器人，在其起動後應確認指示燈等顯示在自動運轉中。因機器人或關連機器發生異常而必須進入可動範圍內搶修時，應於人員進入前，以緊急停止裝置動作等方式停止機器人之運轉，除使工作者攜帶安全栓外，應在啟動開關處作禁止觸動之標示。

第三四條

雇主為防止機器人握持物件或加工件之飛落、掉落引起危害，應依各該物件之重量、溫度、化學性質等，採取適當防護設施。

第三五條

雇主對儲存機器人作業程式之磁帶、磁片、磁碟、光碟或穿孔帶等及其容器應標示該程式之內容，以防止選用錯誤。

第三六條

雇主應有防止粉塵、溫度、濕度、磁力等影響磁帶、磁片、磁碟、光碟或穿孔帶等造成機器人錯誤動作之措施。

第三七條

①本標準自發布日施行。
②本標準修正條文，自中華民國一百零三年七月三日施行。
③本標準中華民國一百零七年二月十四日修正發布之條文，自發布日施行。

碼頭裝卸安全衛生設施標準

①民國99年3月18日行政院勞工委員會、交通部令會銜修正發布全文
68條；並自發布日施行。
②民國103年9月5日勞動部、交通部令會銜修正發布第1～3、7、
10～12、17、19、21、24、26、36、37、40～42、46、49、55、
56、58～60、63、64、66、67條條文；並增訂第67-1條條文。

第一章 總則

第一條

本標準依職業安全衛生法第六條第三項規定訂定之。

第二條

本標準所稱港口管理機關（構）如下：

一 商港：交通部所設國營事業機構、交通部航港局或行政院指
定機關。

二 工業專用港：經濟部核准投資興建及經營管理工業專用港之
公民營事業機構。

第三條

本標準用詞，定義如下：

一 裝卸作業：指在港區之船上或陸上從事貨物之裝卸、搬運及
處理等作業。

二 艙口：指船舶甲板上為裝卸或供人員進出之開口。

三 貨艙：指自露天甲板至艙底甲板之全部載貨空間。

四 裝卸機具：指用於裝卸之起重機、堆高機、吸穀機、挖掘
機、推貨機、抓斗、側載機、跨載機、拖車、卡車、電動搬
運車、貨櫃裝卸機、絞盤、起卸機、鏟裝機、散裝輸送機、
吸取機、門式移載機、人字臂起重桿及其他供貨物裝卸有關
之機具。

五 貨方：指貨物之託運人、受貨人或其代理人。

六 船方：指船舶所有人、運送人、船長或其代理人。

七 碼頭經營者：指與港口管理機關（構）以約定興建、租賃或
依促進民間參與公共建設法等方式，取得碼頭設施經營權之
公民營事業機構。

第四條

靠泊我國港口裝卸之船舶，其機具及裝卸設備，應符合船舶法及
船舶設備規則等有關規定。

第五條

雇主對於進入港區之危險性機械或設備，應備檢查合格證明供港

口管理機關（構）查驗。

第六條

① 港區內使用之裝卸機具，雇主或所有人應依相關法規規定實施定期自動檢查、重點檢查及必要之維修保養，並經常保持安全狀態。

② 使用前項裝卸機具者，應於使用前實施檢點；發現有異常，應妥為處理。

③ 第一項之陸上裝卸機具，及船舶設施不符裝卸作業有關規定或有異常，因屬他人所有而雇主無權限處理者，應依下列規定辦理：

一 船上裝卸機具：要求船方改善；船方未改善者，得洽港口管理機關（構）責成改善。

二 港口管理機關（構）所有之陸上裝卸機具：協調港口管理機關（構）改善。

第二章　工作場所及通路

第七條

港口管理機關（構）或碼頭經營者對港區碼頭供工作者作業來往之通路、作業車輛出入之工作及停車場所，有導致交通事故之虞者，應設置必要之交通號誌、標誌、柵欄、標線、行車分隔設施或行人專用道等設施，並妥為維護，保持路線暢通。

第八條

港口管理機關（構）或碼頭經營者對裝卸作業場所及陸上通道，其接近開口邊緣、斷裂處、穿越轉角、便橋或船渠走道等具有危險部分，應設置高度七十五公分以上之穩固欄柵或適當強度之繩柵，並設置明顯警告標示。

第九條

雇主、港口管理機關（構）或碼頭經營者沿碼頭或岸邊設置通道者，應依下列規定設置：

一 堆放貨物於碼頭者，保持一條自碼頭至船上暢通無阻之通道。

二 通道寬度保持一公尺以上，除固定之構造物、使用中之器械及工具外，不得有其他障礙物留置其間。

第一〇條

供工作者通達船艙、駁船或碼頭使用之便橋，船方應依下列規定設置：

一 寬度不得小於五十五公分。

二 長度自岸邊或船舷延長一點五公尺以上。

三 兩旁圍以高度七十五公分以上之欄柵或繩柵。

第一一條

裝卸作業工作者需自船舶貨堆上方通過時，船方應設置安全之通道，以供通行。

第一二條

船方不得使工作者使用艙口樑為通道，並不得藉調整及運轉機械等理由，使工作者在艙口樑走動；雇主使勞工從事相關作業者，亦同。

第一三條

雇主應使勞工使用依規定設置之通道，進行裝卸作業；不得任其通行於不安全之通道。

第一四條

雇主及船方不得任意移動碼頭或船上設置之欄柵。但因執行特定作業，有移動之必要者，應在必要因素消失後，立即恢復原狀。

第一五條

雇主對於碼頭或船舶設置之舷梯、傳動裝置、扶梯、艙口蓋板、救生器具、燈光、警告標誌或臺階等，非經港口管理機關（構）、碼頭經營者或船方之授權，不得移動。但因情況緊急，確有移動之必要者，應於其原因消失後，立即恢復原狀。

第一六條

雇主對於勞工為從事船舶裝卸作業，須搭船經由水上往返作業場所者，應使勞工搭乘符合船舶法規規定之交通船。

第三章　扶　梯

第一七條

船方為便利裝卸作業之實施，於船舶靠岸或靠近其他船舶時，應設置上下船舶之安全設備，以供工作者往返船岸之用。

第一八條

①船方設置舷梯、梯或其他類似設備供前條所定之用途者，應依下列規定設置：

一　船舶隨帶舷梯或其他類似設備，應穩妥固定，寬度五十五公分以上，材料堅韌、構造牢固及加設安全護網。

二　梯應穩妥固定，二側設欄柵直達兩端，欄柵上下欄桿之桿距七十五公分以下，並加設扶繩、扶索或其他具有同等安全作用之防護設施。

②前項梯之一側緊靠船舷而有適當之穩固安全措施者，得僅於梯之外側，加設欄柵或扶繩。

③岸上至船舷高度在一點五公尺以下之船舶，得設寬度五十五公分以上、兩旁圍以七十五公分以上高度之欄柵或繩柵之便梯，不受前二項規定之限制。

第一九條

①船舶停泊於他船外側或浮動碼頭，工作者進出該船須經由他船或浮動碼頭者，船方應於他船或浮動碼頭設置安全通道，供工作者使用。但通行無礙，無需借助其他設備且無危險之虞者，不在此限。

②前項安全通道，應由排水量較大之船舶提供之。

第二〇條

①駁船、筏或木排在船邊作業者，除另有其他適當之安全設施外，船方應置備供上下船舶用之適當繩梯。

②前項繩梯，應依下列規定設置：

一　具有足夠長度及寬度，使能安全上下船舶。

二　具有二十五公分以上，三十五公分以下等距離之腳踏板，以利攀登。

三　保持穩定及牢繫，使攀登時，不致發生捲曲、擺動及傾斜。

第二一條

甲板至艙底之高度深逾一點五公尺者，船方應於甲板與艙底間設置安全通道，供工作者從事貨艙裝卸作業。

第二二條

進出艙口之梯，船方應依下列規定設置：

一　梯為踏條者，二踏條間之垂直距離不大於三十三公分，梯寬不得小於二十五公分，梯後空間保持十六點五公分以上之淨距，並設置穩固之把手。

二　梯為踏板者，踏板深度不得小於十一點五公分，寬度不得小於二十五公分，並設置穩固之把手。

三　梯之上端設置固定之欄桿或扶手。

四　貨物堆放之位置與梯之間，保持適當淨空，以利通行。

第二三條

船艙之孔道，船方應依下列規定設置：

一　孔道二面均設適當扶手及踏腳。

二　無甲板之船艙內，使用扶梯者，其梯頂設掛鉤或其他固定設備，使其穩固。

第二四條

①船方不得使工作者使用航政機關准許以外之設備進出艙口。

②前項艙口，自貨物甲板至艙底深逾一點五公尺，且在艙口周圍未設圍柵、圍板或其他防護設備者，在未供貨物進出之作業期間，船方應圍以高度七十五公分以上之欄柵、設置護蓋、安全網或其他防止墜落之設備。

第四章　照　明

第二五條

①港區作業場所及碼頭通道之危險部分，港口管理機關（構）或碼頭經營者應設置充分之照明，採取安全有效之照明方法。

②前項照明，除由港口管理機關（構）或碼頭經營者設置外，船邊裝卸作業區照度不足者，應由負責裝卸之雇主洽船方於作業前增設之。

第二六條

依前條所設之照明，不得有損害工作者安全健康、妨礙船舶航行及影響作業安全之情形。

第二七條

①船上裝卸作業場所之照明，船方應提供安全作業所必要之照度。

②在艙內或船上未設燈光之任何處所，雇主應禁止勞工使用打火機、火柴或明火照明。

第二八條

港區裝卸作業場所設置之照明設備，因風雨、海浪或裝載液態物滲漏等，有濕氣侵入照明燈具內部致生危險之虞者，港口管理機關（構）或碼頭經營者應裝設有防濕功能之遮蓋物。

第五章 蓋 板

第二九條

①船方應保持艙口蓋板及支持蓋板之艙口樑於完整無缺狀態，並預留堆放位置。

②前項艙口蓋板因船上無適當位置可供堆放，致須留置於碼頭上者，船方應在其堆放區周圍設置適當圍欄或警告標示。

第三〇條

進行與艙口有關作業前，船方應將艙口樑及艙口蓋板適度移去，或妥為固定安置，以避免其移位。

第三一條

船方應依艙口蓋板之大小及重量，配以相稱之把手，以利蓋板之移動或更換。但貨艙或艙蓋結構特殊無須把手者，不在此限。

第三二條

船方應於艙口樑配備適當之掛鉤、拉索或絞轆，以利移動或更換艙口樑。

第三三條

艙口蓋板及艙口樑不能互相通用者，船方應標明其所屬甲板、艙口編號及所在位置，以利識別。

第三四條

①船方不得將艙口蓋板及艙口樑移作過貨棧台或其他用途，以免損壞。

②船方應於艙口樑之兩端，設置安全插梢或鎖緊設備，以保持艙口樑之平穩及固定，防止其移位。

第三五條

船方應於艙口緣圍設置堅固之插口，以供安裝金屬製之艙口樑或艙口蓋板。但船舶具有取代插口之功能設計者，不在此限。

第三六條

①雇主及船方於使用起重裝置自貨艙內部捲升貨物或往貨艙內部捲卸作業前，應檢點下列構件之固定狀態：

一 艙口樑。

二 置有開啟合葉之艙口蓋板。

②雇主應確認前項構件之固定狀態無異狀後，方得使勞工從事各該作業。

第六章 起重裝置

第三七條

船方對於船舶甲板上之齒輪、發動機、鏈條、傳動軸、帶電導體及蒸汽管線等供起重裝置之構件，在不妨礙船舶安全操作下，應設置圍柵、護網、蓋板或其他防護物隔離之。但各該機件之位置及構造確無妨礙工作者作業安全者，不在此限。

第三八條

① 船方應提供適當設備，以預防船上起重機具、吊桿、絞盤及所吊物件於吊舉過程中掉落。

② 前項利用槓桿以控制其高低之反復運動機件之起重機具或絞盤，船方應設適當彈簧控制器、掣鎖設備或其他安全設施，以防止危險。

第三九條

① 船方應於船上起重機具之駕駛台，或動力驅動之輪送帶頂端，設適當護柵或護圍，並設置安全通道。

② 前項通道為扶梯者，依下列規定設置：

一 梯之二邊應延伸至超越駕駛台適當長度或提供適當把手。

二 駕駛台之踏腳位置應保持淨空。

三 垂直豎立梯之長度超過三十公尺者，應每隔十五公尺至少設一休息平台。

第四○條

① 雇主於以起重機具吊載貨櫃或散裝貨物時，應檢視所吊物件重量及吊掛點之標示，並對照船方、貨方提供之艙單、過磅單登載之物重，不得超載。

② 前項起重機具作業，不得吊載勞工或使勞工隨貨物起卸。但起重升降機安全規則另有規定者，從其規定。

第四一條

雇主於使用起重機具從事貨艙內部貨物之捲升作業時，對於在艙口正方下以外之貨物，應將貨物移至正下方後，方得使勞工從事作業。

第四二條

雇主於貨櫃裝卸時，須拆除或安放墊腳鎖栓之作業，應備置安全扶梯或其他安全上下貨櫃之設備，供勞工使用。

第七章 裝卸作業

第四三條

艙口上層進行裝卸作業，有導致物體飛落之虞時，雇主不得使勞工同時在同一艙口之下層貨艙或甲板從事作業。但設有防護網或防護帆布等，足以防止物體飛落危害者，不在此限。

第四四條

貨艙、甲板或陸上裝卸作業時，雇主應禁止勞工進入吊舉物下方。

及其他有發生危害之虞之區域。

第四五條

雇主不得使勞工進入下列場所：

一　實施艙口蓋板之開閉、艙口樑之安裝、拆卸等作業場所之下方，蓋板、艙口樑有掉落之虞之危險區域。

二　實施起重機具之伸臂、吊桿起伏作業，有傾倒之虞之危險區域。

第四六條

雇主於從事船舶卸貨前，待卸貨物在下層，而中上層有其他貨物者，應先翻艙或洽由船方採取有效之圍檔處理。但經確認無礙作業安全者，不在此限。

第四七條

雇主對於出貨、進貨、堆貨、卸貨或其他類似作業，須借助船方、港口管理機關（構）或碼頭經營者始能安全作業者，應共同採取預防災變之適當措施。

第四八條

①實施船舶裝卸作業前，船方應向雇主提供船舶裝卸設施及作業環境詢問書（如附表），預先說明及標明船舶裝卸作業有安全顧慮事項。

②雇主對於前項所定詢問書之記載事項，認有影響裝卸作業安全之虞者，應要求船方即採必要改善措施；必要時，報請港口管理機關（構）責成船方改善後，再行作業。

第四九條

①實施船舶裝卸作業時，在貨艙內部、甲板或陸上之待裝卸貨物有下列物質者，船方或貨方應告知雇主：

一　氯、氰酸、四烷基鉛等有引起急性中毒之虞之物質。

二　腐蝕性物質。

三　火藥類物質。

四　危險物。

②雇主對於從事前項物質之裝卸作業時，除船方依船舶危險品裝載規則、工業專用港或工業專用碼頭規劃興建經營管理辦法等規定辦理外，應採取下列措施，使勞工遵循：

一　擬具裝卸安全作業方法及標準作業程序。

二　擬具危險、有害物飛散、漏洩之必要處置及應變方法。

三　前二款所定事項，應視各該物質之種類、性質、數量及安全處置方法等，妥為規劃擬定。

第五〇條

①貨艙作業空間因艙口方孔之限制，除從事解除或連結吊索外，雇主不得使勞工利用索鉤鉤住捆紮於棉花、羊毛、軟木、麻袋或其他類似貨物捆紮之打包帶、箍帶、繩索或緊固件上。

②圓桶貨物及其掛鉤之構造或狀況不安全者，雇主不得使勞工使用該貨桶之掛鉤起降貨桶。

第五一條

①船方對於堆置於船舶中層艙之貨物與艙口緣圍間之距離，應保持一公尺以上，以利開啓艙口蓋板或移動艙口樑，並防止貨物移動造成掉落事故。

②船方對於露天甲板之艙口蓋板與艙口緣圍並置時，應放置整齊，堆放高度不得超過艙口緣圍之高度，且與艙口緣圍保持一公尺以上之距離，並妥為固定之。

第五二條

雇主對於起重機具、絞盤或其他裝卸機具，除正在運轉操作者外，不得任令物件懸留其上。

第五三條

①使用起重機具或吊索由艙口裝卸貨物者，雇主應指派人員擔任指揮作業。

②前項作業，於同一艙口在同一時間有二組以上人員分別作業者，雇主應各指派人員負責指揮。

第五四條

雇主對於待裝卸之貨物，每單件重量在四十公斤以上者，應以機械、手推車或其他方法代替人力搬運，不得強迫勞工背負。

第五五條

雇主於使用裝卸車輛至貨艙內作業前，應經船方確認貨艙內之空間配置、行車動線及裝卸作業流程等確無危險之處，始得使勞工作業。

第五六條

雇主於貨艙內或其他自然通風不充分之場所作業時，應確認空氣中氧氣濃度不得低於百分之十八；除設有效通風換氣設施外，不得使用內燃機之機械，以免排氣危害勞工。但在艙口蓋板全開無危害之虞者，得使用柴油內燃機之機械。

第五七條

船舶散裝貨物卸載作業時，雇主應依下列規定辦理：

一　開挖面傾斜度達六十度以上未滿九十度，開挖深度不得超過五公尺。

二　開挖面傾斜度達九十度，開挖深度不得超過二公尺。

第五八條

雇主於從事起重吊掛作業前，應檢點陸上起重機具使用之吊鏈、鋼索及纜繩等吊具，不得使用不符規格及不堪用之吊具。

第五九條

雇主於從事起重吊掛作業時，應依下列規定辦理：

一　不得以打結方式縮短鋼索、鏈條等之長度。

二　麻繩、鋼索、鏈條避免與所吊堅硬物體之尖銳邊緣相接觸，或使用襯墊，以防止磨損。

三　吊運貨物注意包裝及綑綁，並採取安全吊掛方法。

第六〇條

船方應採取適當措施，防止起重機具或絞盤之原動機排出廢氣或蒸汽妨礙工作者之視線；雇主使勞工從事起重作業者，亦同。

第六一條

雇主及船方應採適當設備或措施，預防貨櫃起重機等之機架底盤意外出軌或人字臂起重桿脫離基座。

第六二條

① 遭遇強風、大雨或雷電交加等惡劣天候，致作業有危險之虞時，雇主不得使勞工從事船舶裝卸作業。

② 前項碼頭裝卸之停止作業，得由當地港口管理機關（構）依各該港口之地理環境、氣象預報及實際天候等狀況，統一規定，以供雇主遵循。

第六三條

雇主於船舶甲板從事裝卸作業，有物料移位、倒塌之虞時，應妥為固定或採取其他安全措施。

第六四條

① 雇主於總噸位在五百公噸以上之船舶，使用起重裝置從事船舶貨物之裝載、卸載或搬移等作業時，應指派船舶裝卸作業主管辦理下列事項：

一　決定作業方法，直接指揮作業。

二　通行設備、裝卸機具、防護具、作業器具、工具等之檢點及整備，並督導使用狀況。

三　與周邊作業者間之連絡及調整。

四　其他為維持裝卸作業安全必要事項。

② 前項船舶裝卸作業主管，雇主應自具有從事船舶裝卸作業三年以上經驗者選任之。

第八章　防護具

第六五條

雇主應於各作業碼頭舷側加掛護網，或採取其他安全措施，以防止作業人員落水。

第六六條

雇主於從事碼頭裝卸作業時，應依其作業之危害性質，使勞工戴用安全帽、使用安全帶、穿著反光背心或選用其他必要個人防護具或防護衣物，以防止作業引起之危害。

第六七條

雇主於從事處理毒性物質、有害物質、易於飛散物質或有粉塵飛揚等之作業時，應使勞工佩戴適當防護具、穿著必要防護衣物或使用相關安全裝備。

第九章　附　則

第六七條之一

① 自營作業者準用本標準有關雇主義務之規定。

②受工作場所負責人指揮或監督從事勞動之人員，於碼頭從事裝卸作業，比照該事業單位之勞工，適用本標準之規定。

第六八條

本標準自發布日施行。

船舶清艙解體職業安全規則

①民國79年2月7日行政院勞工委員會令訂定發布全文62條。
②民國89年12月27日行政院勞工委員會令修正發布第1、5、24、28、36、46、49、62條條文；刪除第45、53～57、59～61條條文；並自發布日起實施。
③民國103年7月2日勞動部令修正發布第1、12、21、46、62條條文；刪除第37條條文；並自103年7月3日施行。
④民國110年9月10日勞動部令修正發布名稱及第35、36、62條條文；並自發布日施行（原名稱：船舶清艙解體勞工安全規則）。

第一章 總　則

第一條
　本規則依職業安全衛生法第六條第三項規定訂定之。

第二條
　本規則所稱油輪係指貨艙構造主要用於運用原油及散裝液體油類貨物之船舶。

第三條
　本規則所稱化學液體船係指裝載危險性或毒性液體物質貨物之船舶，或部分裝戴散裝危險性或毒性液體貨物之船舶。

第四條
　本規則所稱油輪清艙作業（以下簡稱清艙作業）如左：
一　油輪之清洗。
二　油氣之清除。
三　油泥之清除及下卸。
四　油渣之清除及下卸。

第五條
　清艙作業就業場所應設辦公室、餐廳、浴室、盥洗及左列設備或具有同等以上性能之設備。
一　具有水槽、燃油槽及最高使用壓力在每平方公分十公斤、每小時可產生蒸發量七噸以上蒸氣之鍋爐一座。
二　可供四具洗艙機使用之洗艙水加熱器一座。
三　具有洗艙管及控制閥之洗艙機八具。
四　具有容量在二千立方公尺以上，並有安全設備之錐頂形儲泔槽一座。
五　具有容量在三千立方公尺以上，並有安全設備且可將含油污水導入油分離器之錐頂型含油污水槽二座。
六　容量在三千立方公尺以上之油泥收集池一座。
七　每日總處理容量在四千立方公尺以上之油水分離器一座。

八　防爆型抽油幫浦及掃艙幫浦各一具。

九　防爆型電動馬達或氣動馬達帶動之鼓風機二具。

十　自動放流水偵測器一套。

十一　防爆型對講機三部。

十二　惰性氣體產生器或惰性氣槽一具（座）。

十三　氣動吊重機二具。

十四　可燃性氣體測定器四具。

十五　氧氣測定器二具。

十六　自給式呼吸器四具及備用空氣罐八套。

十七　硫化氫及其他毒性氣體測定器二具。

十八　廢燃油槽一座。

十九　攔油索、吸油材或其他具備防止油類流竄之設備。

第六條

雇主應於工作場所岸邊設置橡膠或繩編防舷碰墊。

第二章　安全設施

第一節　油輪清艙

第七條

雇主應依左列規定設置上、下船設備：

一　設置長度超過甲板、寬度在五十五公分以上、扶手高度在八十公分以上之扶梯。但該清艙船原有舷梯或其他登岸設備，具有適當長度及強度者，不在此限。

二　張設安全網。

第八條

雇主對工作場所之通道、出入口應依左列規定辦理：

一　保持暢通。

二　以顯明標示，標明進出方向。

三　設置適當之採光或照明；照明燈具應使用防爆型。

第九條

有發散油氣之虞之工作場所，應嚴禁煙火，並指定適當吸菸場所，且予適當標示。

第一〇條

雇主對所有進入清艙作業場所之人員，均應使其穿戴安全帽、安全鞋及工作服。

第一一條

雇主對所有落水之虞之場所，應使勞工穿著救生衣，其於艙邊或高處作業而有墜落之虞者，應繫縛安全帶，並於船舷適當位置懸掛繫有適當長度救生繩之救生圈。

第一二條

雇主應於清艙作業場所備置適當規格及數量之呼吸用防護具、防毒面具或其他防護具。

第二節　船舶解體

第一三條

雇主設於岸上之工作場所應設置適當之通道，並保持地面牢固、平坦、暢通。

第一四條

雇主對堆放於岸上工作場所待割切或已割切之鋼材，應注意其穩定性，並設警戒標示。

第一五條

為便利海上作業人員往來船岸之間，雇主應依左列規定設置上、下船之安全設備。

一　利用該船原有之舷梯或其他類似之設備。

二　前款設備應具有五十五公分以上之寬度，質料堅硬，構造堅固，其穩度足以防止移動，並保持適當斜度。

三　梯之兩側應設柵欄，直達兩端，其柵欄高度不得低於八十公分，或設扶繩、扶索或其他具有同等性能以上之防護設施。

四　無舷梯之船舶，應設繩梯；繩梯應有適當長度，其踏板表面應有效防滑，寬度不得小於四十八公分，深不得小於十一‧四公分，厚度不得小於二‧五公分，踏板間距應在三十‧五公分至三十八公分間，並穩定牢繫，使踏板能保持水平。

第一六條

雇主對解體船甲板上臨時切割之洞口或艙口，應設圍欄、擋板或以堅固之蓋板覆蓋。圍欄或擋板應高出甲板八十公分。

第一七條

雇主對船上工作場所之通道、出入口應依左列規定辦理。

一　保持暢通。

二　以顯明標示。

三　設置適當之採光照明。採用照明者，應使用防爆型。

第一八條

雇主對原無通道、舷梯或艙口過小之船上工作場所，應先行切開洞口及裝置鐵製攀梯，再行施工。

第一九條

雇主對進入工作場所之人員，均應使其佩戴安全帽及著安全鞋，對切割作業勞工並應使其佩戴護目鏡及口罩或面罩；搬運作業之勞工並應使其佩戴保護用手套。

第二〇條

雇主對上層甲板或船邊擔任切割作業之勞工，如無柵欄防護時，雇主應供其繫縛安全帶，並於船舶、船舯、船艉舷邊，各懸掛繫有適當長度救生繩之救生圈。

第二一條

雇主對工作中有墜落或物體飛落之虞者，應採取適當防護設施。

第二二條

①爲防止火災、中毒等災害，雇主應於工作場所設置救生索及特殊防護具。

②雇主對防護具應經常檢查、保養、維護，並予必要之消毒，且妥爲保管；遇有損壞應隨時補充。

第二三條

舊船解體所使用之乙炔，如系利用電石（碳化鈣）自行發生者，雇主應將其發生筒置於碼頭之一角，其殘渣應予適當處理，不得棄置港內水域，以每十天清除一次爲原則，完工後原工作區域應全面清除，確保碼頭整潔。

第三章　安全作業

第一節　油輪清艙作業

第二四條

雇主對清艙作業，應依左列規定辦理：

一　訂定操作程序、清艙作業流程圖及應注意事項，並告知勞工。

二　應於岸上及船上工作場所分置急救人員。

第二五條

雇主對清艙作業之準備，應依左列規定辦理：

一　繫船應使用合於安全標準之繫泊纜索，並應適當收緊。

二　安置上、下船設備。

三　拆除甲板上連接輕便電力裝備之電線與電源。

四　關閉甲板上有吸入油氣之虞之空調系統進氣口。

五　建立船與岸間通訊系統。

六　關閉通往甲板之通道及門窗。

七　除去甲板上裸露之燈火及電具。

八　艙內如有積水或殘油時，應先行抽送至污油艙，並注入惰性氣體。

九　清艙前應確認洗艙機橡皮管、電氣導電部分均已接妥，並使其電阻低於每公尺十五歐姆。

第二六條

雇主對洗艙作業應依左列規定辦理：

一　洗艙中應防止油氣進入艙內。

二　油輪之輕排水在三萬五千公噸以上者，應避免使用高壓洗艙機、化學除油劑、循環沖洗水及加熱沖洗水；使用未加熱之清潔海水洗艙時，於同一艙內不得同時使用三具以上之洗艙機。但艙內注有惰性氣體，而氧氣含量低於百分之八者，不在此限。

三　艙內未注有前款惰性氣體者，洗艙機之海水流量每小時不得超過三十五公噸，溫度不得超過攝氏六十度。

四　洗艙水應隨時排乾。

五　作業前必須沖洗所有清艙船舶各艙之艙壁、管路、各支管內部、船梯及其他有積存油泥之處所等。

六　各艙清洗所得之污油水應以收艙泵抽至污油艙；於使用鼓風機通風前，應確認艙內及各管路均已清洗淨盡。

第二七條

雇主對洗艙機作業之勞工應告知左列事項：

一　洗艙機之正確使用方法。

二　洗艙機放入艙內時，應使用專用索。

三　洗艙機之上油、保養方法。

四　艙內油氣未完全排除前，不得將洗艙機放入艙內。

第二八條

雇主使勞工進入艙內作業時，應依左列規定辦理：

一　確認艙內可燃性氣體濃度未超過爆炸下限之百分之四、含氧量在百分之十八以上及其他毒性氣體均在容許濃度以下。

二　設置適當照明。

三　檢點踏梯及扶手。

四　作業勞工應予適當編班，並告知工作任務及連絡有關事項。

五　檢查穿著不浸透性工作服、工具、安全帽、安全鞋及其他個人防護具。

六　禁止穿著或攜帶易產生靜電之衣服、履物或其他工具、器具。

七　禁止穿著或攜帶有產生火花之虞之釘鞋、電具或工具等。

八　使勞工在艙內工作時，應維持適當通風運轉；如遇停止通風時，應即將勞工撤出，非俟恢復通風達到第一款規定前，不得再度使勞工進入艙內工作。

九　使勞工於艙內工作時，應置安全監視人員，並在甲板上備置安全索及緊急援救用之呼吸器。

第二九條

雇主對仍有動力之油輪，洗艙後污油水之處理，應依左列規定：

一　各艙抽出之污油水輸入污油艙時，其出水口應低於各艙之污油水液面。

二　污油艙污油水之排放應待全部之各艙管路及泵間污油水輸送淨盡，俟污油艙之油與水都已分離後，其底層待排放之放流水合於環境保護法令規定時，始得排放。但以管路等輸送至岸上之接收槽者，不在此限。

三　排放前款放流水時，應先關閉洗艙泵、收艙泵及其他必要之閥。

四　清潔作業設置之接收槽應靠近下卸污油水之位置。

五　輸送至接收槽內之污油水，應靜置及去乳化處理後，始得將已分離之水依環境保護法令之規定排放。

第三〇條

①雇主對油氣清除作業，依左列規定辦理：

一　油輪清洗後，以鼓風機自油艙之一端注入新鮮空氣，由另一
　　端排出。必要時得在排出端加裝抽氣機排出。

二　油氣清除後，應檢查艙內氧氣及可燃性氣體，保持含氧量在
　　百分之十八以上，且可燃性氣體之測試結果，其測定器指針
　　讀數在零之位置而不移動之程度。

②前項第二款之測點應於艙內垂直深度取三點以上，其最低測點應
接近於艙底。

第三一條

雇主對油泥、油渣之清除及下卸作業，應依左列規定辦理：

一　應確實實施通風。

二　人員進艙前，應測定艙內毒性氣體、可燃性氣體及含氧量。
　　工作中及工作後亦應經常測定，並符合第二十八條第一款規
　　定，且保持記錄。

三　應使用安全工具。

四　油泥、油渣及沈積物之清除應由上而下，並將其沈積於艙底
　　後，再以氣動吊車機吊運並儲存處理。

五　作業時，應防止硫化鐵產生自然發火。

六　使用化學藥品處理油泥、油渣時，不得使其污染環境。

七　人員進艙前應予適當編班，每班以負責清除一艙為限，同一
　　時間以不超過兩艙為原則。

八　相鄰之兩艙不得同時實施作業。

九　人員進出時應予登記管制。

十　艙內應設置適當之防爆型照明燈具。

十一　對高處作業應依規定繫縛安全帶。

十二　各艙作業時，均應於甲板上設置安全監視人員。

十三　吊桶作業時，不得使勞工在其下停留或通行。

十四　遇雷電或暴風雨時，應立即停止作業。

十五　甲板上之洗艙機孔應設置黃銅蓋帽。

第二節　船舶解體作業

第三二條

解體船上之危險物及硫磺、穀物等未全部清除與二氧化碳滅火系
統裝置未拆除前，雇主不得派人實施切割。

第三三條

雇主對切割工作應規定由上而下、由外而內，不得上下或內外同
時動工；上層甲板實施切割時，下層甲板禁止人員進入。

第三四條

雇主對切割物應隨時搬離現場，不得阻塞通路，並注意清除切割
之尖銳金屬碎片。在通路附近之切割尖銳物或洞隙，均應有明顯
標示或圍柵。

第三五條

雇主使勞工以氧乙炔焰從事切割工作時，其對有關乙炔熔接裝

置、氧乙炔熔接裝置及其他氣體集合熔接裝置作業，應依職業安全衛生設施規則第八章第六節之規定辦理。

第三六條

雇主對氧氣及乙炔鋼瓶之運輸、搬運與儲存，應依職業安全衛生設施規則第四章第三節及高壓氣體勞工安全規則之規定辦理。

第三七條 （刪除）

第三八條

雇主於船舶解體前，除依有關規定迅速處理船上存放之各種油料，並應將船上易燃之油布、木料或爆炸性物質、石綿等予以清除；如屬油輪應依本規則有關清艙之規定辦理。

第三九條

雇主對油輪解體作業應依左列規定辦理：

一　油管之拆除，應使用不發生火花之工具。

二　啓開油艙蓋，封閉艙內油管。

三　於切割油艙時，應設可燃性氣體警報器，並於作業前測定燃性氣體之含量，使其含量不超過爆施下限之百分之四。

四　於甲板或油艙兩側開啓多處相對窗戶或使用通風管或其他抽風設備，以便排除艙內可能積存之可燃性氣體、有害氣體，以保持艙內通風。

第四○條

雇主對裝載硫磺、小麥穀類及其他因化學作用而產生有害人體之物質之船舶應實施掃艙清艙。

第四一條

雇主對於冷凍艙解體，應將冷凍夾層之木板拆除，次拆中層防熱體（軟木及玻璃棉、泡棉），分區（段）拆除，並隨時搬運離船。雇主使勞工進入艙內前，應開啓冷陳艙蓋，並測定艙內有無缺氧、毒性氣體及可燃性氣體，確認安全無虞後始可進入工作。工作中不得使用明火照明。

第四二條

雇主對船舶拆解冷凍設備管路或釋放冷媒時應指派具有實際經驗人員操作。

第四三條

雇主使勞工進入油艙、機艙、貨艙、冷凍艙或客艙中，清除存油、木料或其他廢品時，至少應有二人以上交前進方式同行；進入前，應測定艙內有無缺氧、毒性氣體及可燃性氣體，確認安全無虞後，始可進入工作。作業中，勞工應攜帶氣體自動警報器。

第四四條

雇主遇強風、大雨、雷電交加及不良天候時，不得使勞工從事掃艙、打撈、切割、搬運拆除木料及廢品等工作。

第四章　安全管理

第四五條 （刪除）

第四六條

事業單位應於清艙或解體作業前指派清艙作業或解體作業之實際負責人為安全負責人，綜理作業安全業務，並報勞動檢查機構備查。

第四七條

①事業單位應於作業前依清艙或解體艘數選任清艙或解體安全作業主任，輔助安全負責人從事安全技術管理業務。

②解體作業應於船上及岸上分別設置解體安全作業主任。

第四八條

①清艙安全作業主任應以高中以上畢業，具左列資格之一者選任之：

一　曾任油輪二副以上職位三年以上。

二　從事油輪解體工作三年以上。

②前項清艙安全作業主任之任務如左：

一　督導設備合於法令規定基準。

二　規劃訂定安全作業計畫、安全作業標準。

三　決定清艙作業順序及週期並協調、監督清艙作業情形。

四　督導實施自動檢查、巡視、檢點。

五　督導測定作業環境中可燃性氣體、毒性氣體及缺氧情形，並採取必要措施。於作業前告知安全作業負責人當日作業計畫及清艙事項。

六　作業前督導檢查船上清艙設備、機具及作業環境。

七　督導、指揮船上清艙作業並檢查已完成清艙船內之清潔及積水情形。

八　於發生災害或有發生災害之虞時，應立即採取必要措施。

第四九條

①解體安全作業主任應以國中以上畢業並從事船舶解體工作三年以上者選任之。

②前項解體安全作業主任之任務如左：

一　督導設備合於法令規定基準。

二　規劃訂定安全作業計畫、安全作業標準。

三　督導實施自動檢查、巡視與檢點。

　　㈠規劃每日細部工作計畫。

　　㈡每日施工後應督導切實施自動檢查。

　　㈢應經常保持解體場附近儲放救難器材、消防器材、測定儀器處於正常備用狀態。

　　㈣應督導切實檢查吊桿、吊索，使處於正常狀態。

　　㈤不得將大量乙炔與氧氣儲存，並應確知氧氣、乙炔存量、位置及使用情形，如採集合供應之乙炔時，則每日開（收）工時應指派專人檢查乙炔分支開關。

　　㈥應督導作業勞工佩戴個人防護具。

(七)應嚴格限制非作業人員進入解體現場。

(八)施工期間應留駐現場。

(九)有可燃性氣體存在之場所，應督導隨時測定可燃性氣體之含量，如超過爆炸下限之百分之四時，應立即停工，並採取必要措施。

四 於發生災害或有發生災害之虞時，應立即採取必要措施。

③船上解體安全作業主任應負前項任務外，並應負左列任務：

一 同一時間只能擔任一艘船舶之解體工作，督導施工，不得他離。

二 （刪除）

三 應確知每一組作業人員之姓名、位置及其工作情形。

四 應確知船上氧氣、乙炔儲存量、位置及其使用情形。

五 每日開工前應切實督導檢查左列事項：

(一)上下長扶梯是否安全。

(二)船艙蓋板及艙內門戶是否全部打開、門是否固定。

(三)船上層開口部分，是否有適當防護。

(四)氣體設備是否正常。

(五)吊具、索等起重設備是否正常。

(六)可燃性氣體、毒性氣體、氧氣之含量是否在安全狀態。

(七)緊急用救災、救難器材是否正常。

(八)作業勞工是否佩戴個人防護具。

六 應切實遵守解體作業施工程序及施工方法。

七 督導解體油輪、油艙、機器艙等，應每兩小時測定可燃性氣體含量一次。

八 督導切割之尖銳物、洞隙道路之標示或圍柵等防護措施之採取。

九 應嚴格限制穿著帶有釘類鞋之人員登上解體中之船舶。

第五〇條

①事業單位應於作業開始之日於清艙作業或船上解體作業及岸上解體作業場所遴選安全作業管理員，受安全作業主任之指揮監督。

②前項安全作業管理員任務如左：

一 執行安全作業主任交付之作業事項。

二 分配作業勞工之任務，並促使勞工佩帶個人防護具。

三 督導勞工依安全作業標準從事作業。

四 經常督導實施自動檢查、安全巡視、檢點。

五 隨時督導測定可燃性氣體之含量，如超過爆炸下限百分之四，應立即停工，並採必要措施。

第五一條

油輪清艙事業單位對於洗艙作業勞工應予分班，每班三人至四人，受船上清艙安全作業管理員指揮、監督。

第五二條

油輪清艙事業單位使用水泵為洗艙機動力從事洗艙作業，應置機

械安全管理員，其任務如左：

一　進入水泵間之前應測定四周環境之油氣。

二　清艙前檢點洗艙機之電氣連接性，並確認其電阻低於每公尺十五歐姆。

三　連接洗艙橡皮管時，應使用洗艙機專用板手。

四　放置於艙內之洗艙機，應以相對之螺絲固定洗艙孔蓋，固定後，應確認能否自由旋轉。

五　開始洗艙前，先行微開供應水，確認水壓。

六　檢視機械是否正確運轉。

七　確認艙內已無積水，始得開動動力從事清洗。

第五三條至第五六條　（刪除）

第五章　附　則

第五七條　（刪除）

第五八條

天然氣、化學液體之船舶或冷凍船舶之清艙，準用本規則之規定。

第五九條至第六一條　（刪除）

第六二條

①本規則自發布日起六個月施行。

②本規則修正條文，除中華民國一百零三年七月二日修正發布條文自一百零三年七月三日施行外，自發布日施行。

林場安全衛生設施規則

①民國87年6月10日行政院勞工委員會令修正發布全文58條。
②民國103年7月1日勞動部令修正發布第1、44、53、58條條文；並自103年7月3日施行。

第一章　總　則

第一條

本規則依職業安全衛生法第六條第三項規定訂定之。

第二條

本規則適用於林業及伐木業。

第二章　作業管制

第三條

林場從事機械集材裝置或運材索道之組合、解體、變更、維修或以該等設備從事集材及運材作業，有下列各款情形之一者，雇主應分別選任技術熟練人員監督作業：

一　原動機之額定輸出在七・五千瓦或十馬力以上者。

二　桂木間之斜距離合計三百五十公尺以上者。

第四條

在強風、濃霧、大雨、大雪、雷電交加及昏暗等惡劣氣候情況下，雇主或工作場所負責人應令停止從事造林、伐木、造材、機械集運材、木馬運材等作業，並使勞工退避至安全場所。

第五條

①雇主為預防危險發生，對於各危險作業，應建立一定信號標準，公告實施，並依下列規定辦理之：

一　信號標準應在適當明顯場所標示，並做成手冊使作業人員隨身攜帶。

二　對作業人員，應教導其規定之信號標準。

三　每一項作業均應有其特定之信號。

四　開始作業信號須已確認不致危及其他勞工時，方能為之。

五　使用手信號時，必須使各作業人員均能看到時，方能為之。

六　使用音號時，必須使各作業人員平均能清晰聽到時，方能為之。

七　信號手或信號指揮人員於從事指揮時，不得從事其他職務。

八　信號手或信號指揮人員應指定專人擔任。

九　使用之無線電收發信器，應保持情況良好，並定期加以檢查保養。

十　使用無線電收發信器時，應遵守有關電信法令規定，並標示
　　其頻率。

②前項危險作業，包括伐木、機械集運材作業之吊放等作業在內。

第六條

雇主或工作場所負責人對於爲造林、伐木、造材、集材、運材而
從事機械集運材作業之場所下方，或對於因伐倒木、枯立木、原
木等木材易生滾落、滑動導致勞工危險之地區，應禁止勞工進
入。

第七條

雇主對於深入山區工作之勞工，應注意下列事項：

一　儘可能避免其單獨一人工作。如必須單獨一人進入山區，應
　　將工作計畫告知工作有關人員。

二　在進入山區之前，使其攜帶簡單急救用具、乾糧、蛇藥、指
　　南針、火柴、打火機、小刀、手斧及夜間照明用手電筒等必
　　須用具。

第三章　伐木、造林

第八條

雇主對於伐木作業區，應採取下列措施，並指定專人負責監督：

一　凡接近作業地點、道路、住所之危險性枝條或枯立木，易受
　　吹倒或阻絆作業之樹枝，於正式作業前由具經驗之伐木勞工
　　伐除之。

二　於伐木作業區各出入口，設置警戒標示及嚴禁煙火標示。

三　凡有危及公路或鐵路交通之伐木作業，在採取適當安全措施
　　後，始得進行作業。

四　伐木作業有危及鋼索等裝備時，該作業應在鋼索等設備開始
　　設置前完成。

五　伐木作業時，使非作業人員遠離伐木場所。

六　凡在高壓電及其他有電力線存在之區域，非在適當監督人員
　　監視下或已採有特殊措施足以避免危險時，不得從事伐木有
　　關作業。

第九條

雇主僱用勞工於坡度大於三十五度之場所從事伐木作業，應於砍
伐區下方及各出入口劃定安全地帶。但有崩落或倒塌危險之場
所，不得從事伐木作業。

第一〇條

雇主對於下列伐木作業，不得使勞工單獨作業，且應選擇具經驗
之勞工擔任，並保持其作業地點與其他勞工之距離於緊急狀況
時，在可相呼應之位置：

一　處理風倒木及焚燃立木。

二　以手工具砍伐巨木。

三　處理枯立木、懸掛木及其他危險立木。

第一一條

雇主作為控制倒木方向之木楔，其品材應依下列規定：

一　為鐵製品或堅硬之木料。

二　必須有一面為粗糙面。

第一二條

①雇主僱用勞工從事伐木作業，應使伐木勞工為下列事項：

一　伐木前應先審度趨避之路線。

二　伐木前整理現場，並將周圍之枯立木、懸掛木及其他伐倒時可能導致危險之樹、藤、浮石等加以清除。

三　採伐胸高直徑超過四十公分之立木時，其倒口應有採伐點直徑四分之一以上深度。

②以油壓式伐木機伐木者，得不受前項第一款、第三款之限制。

第一三條

雇主供勞工使用之鏈鋸應有防振裝置，油壓式伐木機應有堅固之頂篷。

第一四條

雇主僱用勞工從事造材作業時，為避免其因伐倒木滾落、滑動等危害，應採取固定防護措施。

第四章　機械集材裝置及運材索道

第一五條

雇主設置機械集材裝置或運材索道時，應事先指定專人負責，並告知其下列事項：

一　架線方式。

二　柱木及主要機器配置場所。

三　使用鋼索之種類及其直徑。

四　中央垂下比。

五　最大使用荷重及搬器之最大積載荷重。

六　機械集材裝置集材機之最大牽引力。

第一六條

雇主對於集材及裝材作業場所之設施，依下列規定：

一　索具及器具之放置應有定所。

二　於集材、裝材及貯木場所，應清除所有妨礙勞工行動之雜物。

三　集材機四週應設置穩實之扶手及人行道。

四　於裝材場及貯木場應設置擋材等安全設施。

第一七條

雇主於架線作業使用柱木時，依下列規定：

一　柱木之材質應良好並具有足夠強度。

二　以枯死之樹為柱木時，應將樹皮去除。

三　於豎立柱木時，拉緊支持索之根株部應切溝，並以鋼索勒緊。

四　架空索及裝材索之主柱木、尾柱木及吊臂裝材場之重錘柱應加支持索。

第一八條

雇主對於架線柱木上索具之佈置，應注意不得使鋼索、掛索及滑車等相互擦損；滑車之掛索位置應以貼木或夾鈑支持，其與滑車反面之支持索連接處，不得低於二十五公分。

第一九條

雇主對於機械集材裝置或運材索道之安全措施，依下列規定：

一　應設有能適時停止搬運或吊貨之有效煞車裝置。

二　主索、支持索及裝於固定物之作業索應在支柱、立木、根枝等堅固固定物上繞捲二捲以上，並用鋼索夾等確實固定。

三　安定柱木頂部之支持索應有二條以上，其與支柱之角度應在三十度以上。

四　三角滑車、導索滑車等使用之勾環等安裝用具，不得因安裝部分荷重而有破壞或脫落之虞，其安裝時應確實固定。

五　搬器、主索支持器及其他附屬索具，應有足夠強度。

六　曳索或作業索之端部連接於機器或吊材滑車時，應以鋼索夾、眼環接頭等確實固定。

第二○條

①雇主對於機械集材裝置或運材索道之鋼索，其安全係數依下列規定：

一　主索應在二‧四以上；如為新設者應在二‧七以上。

二　曳索、作業索（吊材索除外）、安裝索及支持索應在四‧○以上。

三　吊材索應在六‧○以上。

②前項主索如用於載運人員時，應有其他足以預防墜落之安全裝置。

第二一條

雇主對於機械集材裝置或運材索道，不得使用下列鋼索：

一　一撚間有百分之十以上素線截斷者。

二　直徑減少達公稱直徑百分之七以上者。

三　有顯著變形或腐蝕者。

四　已扭結者。

第二二條

雇主對於機械集材裝置之作業索，除循環索外，依下列規定：

一　長度在最大充分使用時，仍應保留有圍繞捲胴二捲以上。

二　末端應以鋼索夾等緊固於捲揚機之捲胴。

第二三條

雇主於機械集材裝置之吊材索上，應有顯著標示或設置警報裝置，以防止過度捲揚。

第二四條

雇主應依搬器構造及搬器之間隔等，訂定機械集材裝置及運材索

道之最大使用荷重，並公告有關人員遵行。

第二五條

①雇主應訂定機械集材裝置及運材索道之安全工作守則，並公告有關人員遵行。

②前項守則應包括機械集材裝置及運材索道之運轉、掛材、卸材、集材機保養等事項。

第二六條

雇主對於機械集材裝置，依下列規定：

一　集材機置放位置應穩固。

二　集材機之捲胴底徑應為其所使用鋼索直徑之二十倍以上。

三　集材機應有完備之警報裝置。

四　集材機應有充分之捲索容量及變速裝置。

五　在主索（架空索）上吊運木材時，集材搬器應備有二只以上之走行滑輪，其直徑（溝底最小直徑）應為主索直徑六倍以上，如使用四只以上滑輪時，應為五倍以上。

六　集材用導索滑車之滑輪直徑（溝底最小直徑），應為使用鋼索直徑之十五倍以上，三角滑輪（鞍滑車）應為七倍以上，緊張滑車應為十二倍以上，吊材滑車（裝材滑車）應為十八倍以上。

七　集材徑間距離，應較搬器走行區間距離增加百分之二十以上，並不得在主索（架空索）兩端各百分之十區間內走行搬器。

第二七條

雇主對於運材索道，依下列規定：

一　索道應有二種類以上獨立之煞車系統，每天須以逐增負荷方法分別試驗各項獨立煞車系統，如有故障，應於修復後方得作業。

二　地形上曳索垂下比較大之索道，應在曳索容易接觸地面之地面上裝設曳索承索滾輪，每天並能確實檢查。

三　鳥居、盤台及錨錠等結構部分須經常檢查，如發現損壞時，應立即停止運轉並修復。

四　運轉速度不得超過每秒二・五公尺。

第二八條

雇主對於機械集材裝置或運材索道，應規定操作人員於運轉作業中，不得離開作業位置。

第二九條

雇主對於機械集材裝置及運材索道之搬器、吊荷物重錘等懸掛物，應禁止勞工乘坐。但對於搬器、鋼索等器材之檢修等臨時作業不致有墜落危險時，不在此限。

第三○條

雇主使勞工依木材本身之重量而從事集材或運材等作業時，依下列規定：

一　木材滑走時，應禁止勞工進入該滑路區。

二　於集材場、轉運站從事處理作業或於滑道中處理停止之木材時，應令勞工先向上方從事木材滑走作業人員發出停止信號，並確認木材停止後，始得作業。

第三一條

雇主對使用架線等作業，應於下列各款時機，確認所定項目之狀況，並採取必要之安全措施：

一　組裝或變更時：
　（一）支柱及固定錨之狀況。
　（二）集材機、運材機及制動機之有無異常及其安裝狀況。

二　試運轉時：
　（一）主索、曳索、作業索、支持索及安裝索等之有無異常及其安裝狀況。
　（二）搬器或吊材滑車與鋼索之連結狀況。
　（三）信號聯絡裝置有無異常。

三　每日作業開始前：
　（一）煞車裝置機能。
　（二）作業索、吊材索等之有無異常。
　（三）運材索道之搬有無異常及搬器與曳索之連結狀況。
　（四）信號聯絡裝置有無異常。

四　強風、大雨、大雪等惡劣氣候及中級以上地震後：
　（一）支柱及固定錨之狀況。
　（二）集材機、運材機及制動機之有無異常。
　（三）主索、曳索、作業索、支持索及安裝索等之有無異常及其安裝狀況。
　（四）信號聯絡裝置有無異常。

第五章　木馬道及森林道路

第三二條

雇主使勞工從事運材作業，應避免使用木馬道，如環境關係，必須使用時，應使木馬於木馬道行駛時，能穩妥且具制動功能，並應準備勾釘、索具等適用木馬運材之器具，供勞工使用。

第三三條

①雇主使勞工從事木馬運材作業，應於每日作業前，確認下列事項，並採取必要之安全措施：
一　木馬道之狀況。
二　備有制動用鋼索之木馬道，其制動用鋼索狀況。
三　制動用鋼索機能。

②木馬運材作業，木馬道棧橋使用已超過一個月或颱風豪雨後，須事先派人確認該棧橋之橋腳、橋樑、銜接及補強等處之耐用狀況，以及橋腳有無浮動。

第三四條

僱主對於森林道路設施，依下列規定：

一 應能承受行走車輛機械之荷重。

二 道路沿線橋樑及懸崖、山澗等危險區，應設防止人員或車輛掉落之防護設施，如設置有困難時，得以適當標示警告之。

三 應定期維護道路（包括橋涵等）狀況，如發現有危害車輛機械行駛之情況，應予排除。

四 應清除道路兩旁危及交通安全之樹木、樹椿及灌木。

五 路面應維持雨天不致打滑或沉陷。

六 應在道路適當地點開闢避車道，各避車道距離以不超過三百公尺為原則。

七 排水系統應維持良好。

八 道路、橋樑應按序編訂號碼，並設標示。

第三五條

僱主對於森林道路應維護路面平坦，遇有坍方時應予清除。

第六章　貯木作業

第三六條

僱主對於貯木池之卸材盤台，應使用堅實之卵石或堅固之木板舖墊，並應有擋木及楪材。

第三七條

僱主對於貯木池，應有足量之浮道與適當之錨柱。

第三八條

僱主對於浮道，依下列規定：

一 應具適當之強度。

二 表面不得有突出之結、釘、樹皮、螺絲、及其他可能導致勞工絆倒之物。

三 首尾相接時，其間距不得超過六十公分。

第三九條

僱主對於貯木池及水道，依下列規定：

一 水深一・三公尺以上者，應有警告標示，並置備救生設備，使作業勞工確實使用。

二 人工貯木池應定期換水。

三 水道不得建造於高壓電力線附近。

四 水道不得有枝條、沉木、岩石及其他阻礙物。

第四○條

貯木場應設於平坦穩固之地面，其上空及通路不得有高壓電力線或其他障礙物。

第四一條

僱主對於貯木場存放之木材，應穩定排列，每堆之間保持適當距離，並採取防止木材翻落之措施。

第四二條

為防止火災，僱主於貯木場應嚴禁煙火，並不得堆存易燃材料及

危險化學物品等。

第七章　搬　運

第四三條

雇主對於木材運輸所使用之木楔、墊板、綑繩及綑鏈等，依下列規定：

一　應具能承受所負荷強度。

二　綑鏈應為高抗拉強度之鋼鐵或以相等強度之材料鍛造者。

三　木楔應為高強度者，為鋼、硬金屬或堅硬之木料製成。

四　綑鏈有接合、加長或修理之必要時，至少應以鍛造或焊接方式為之，且其強度至少應與鏈上其他鏈接處相同之強度。

第四四條

雇主對於載運木材之軌道動力車，其裝載易燃液體超過二百公升者，應使搭乘人員之車廂與該裝載易燃液體車廂之間，隔離一車廂以上。

第四五條

雇主使勞工將木材裝運於卡車等車輛時，不得將木材三分之一以上之長度伸置於車外。

第八章　機　電

第四六條

雇主對於電氣設備之裝設、配置，除電業法規及有關法令規定外，依下列規定：

一　在電力線附近從事伐木作業，應有防止倒木撞及電力線之措施。

二　電話線不得架設在電力線上方，應與電力線保持適當間隔。

三　不得在電力線附近焚燒林木。

四　設置於室外露天之電氣設備，應有適當之防蝕及防濕措施。

第四七條

雇主對於鏈鋸之使用，應規定勞工遵守下列事項：

一　應在安全平穩之處，由單人操作起動。起動前先關閉電氣開關，空拉起動索，確認各部無異常後，始可啓動。

二　不得在加燃料處或溢流燃料時啓動。

三　使用或保養鏈鋸時，不得吸煙。

四　拆除火星塞檢查火花時，應先關閉電氣開關後，拉動起動索排出氣缸內可燃性氣體。

五　林地內攜帶鏈鋸移動時，應確實停止引擎。

六　鋸木時不得拆除空氣濾清器及消音器。

第四八條

雇主對於鋼索夾之使用，應規定勞工遵守下列事項：

一　鋼索夾之鞍部，應確實壓著鋼索長端（張力側）並鎖緊。

二　鋼索夾之尺寸，應依鋼索直徑大小適當配合。

三　鋼索夾間之間隔，應在鋼索直徑之六倍以上，末端之鋼索夾與鋼索繞回部分端之距離，應在鋼索直徑三倍以上。

第九章　防護具

第四九條

雇主對於從事山區作業勞工，應供給安全帽，並使勞工確實使用。

第五〇條

雇主於勞工攀樹時，應供給護腿等防護具；於勞工使用鏈鋸時，應供給防振手套等防護具，並使勞工確實使用。

第五一條

雇主對於從事伐木、造材、造林、集材等作業勞工，應供給適當之手套及腿部防護具，並使勞工確實使用。

第十章　衛　生

第五二條

雇主對於林場作業區之環境衛生，依下列規定：

一　各作業場所之配置，應注意環境衛生。

二　應指定人員負責工作場所環境衛生之維護。

三　工作站之四周，應有適當之排水設施。

四　工作站與運材鐵道及公路，應保持安全距離，並與庫房、堆肥場、動物圍欄或其他堆積物，保持適當之距離。

第五三條

雇主對於林場內設置供居住用之建築物，應依下列規定辦理：

一　溫度、濕度及有害氣體有危害健康之虞者，具有適當防護設施，必要時，置有保暖設備。

二　具有防止動物及植物造成危害之措施。

三　供應飲用水及洗濯用水。

四　具有適當之通風及照明。

五　置有適當之烹飪、廢料與衛生處理設備，並有清淨及足敷使用之盥洗、餐飲、浴廁等設施。

六　依實際需要設置易腐物之貯藏裝置。

七　置備急救藥品。

第五四條

雇主設置山區臨時性便坑，依下列規定：

一　便坑之位置應距離作業場所至少二十公尺。

二　便坑內應覆以砂、石灰、木屑或其他適當之物。

三　便坑之深度減至〇‧六公尺時，應以泥沙覆蓋，並不得再使用。

第五五條

雇主對於勞工寢室，依下列規定：

一　洞穴、儲藏室及畜舍不得做為寢室。

二　茅舍及帳篷不得做爲永久性之寢室。

三　寢室及其設備應經常保持清潔。

第五六條

雇主於有毒植物或動物出沒有危害勞工之虞場所，對作業勞工應實施危害預防教育及急救方法。

第五七條

雇主使勞工從事伐木、造林等作業時，應採防止勞工因毒蛇、毒蟲、有毒植物及農藥危害之必要措施，並置備蛇藥及其他必要急救藥品。

第十一章　附　則

第五八條

①本規則自發布日施行。

②本規則修正條文，自中華民國一百零三年七月三日施行。

礦場職業衛生設施標準

①民國64年7月3日內政部令訂定發布全文24條。
②民國87年6月30日行政院勞工委員會令修正發布名稱及全文14條
（原名稱：礦場衛生設施標準）。
③民國103年6月25日勞動部令修正發布名稱及第1、2、11、14條條
文；並自103年7月3日施行（原名稱：礦場勞工衛生設施標準）。

第一條

本標準依職業安全衛生法（以下簡稱本法）第六條第三項規定訂
定之。本標準未規定者，適用其他有關職業安全衛生法令之規
定。

第二條

本標準適用於中華民國行業分類標準規定之礦業。

第三條

雇主對坑內作業場所，視其溫濕條件狀況依下列規定採取措施：

一　附圖甲區之溫濕作業環境者，雇主應充分供應勞工清潔之飲
用水及食鹽。

二　附圖乙區之溫濕作業環境者，雇主應充分供應勞工清潔之飲
用水、食鹽、維生素乙及維生素丙。

三　附圖丙區之溫濕作業環境者，雇主應使勞工停止作業。但從
事搶救人員、處理現場之通風系統、排水系統等設備或經核
准從事間歇性作業無危險之虞者，不在此限。

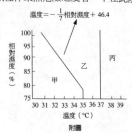

$$溫度 = -\frac{1}{7}相對濕度 + 46.4$$

附圖

第四條

①雇主對坑內作業場所之通風，作作業面人數、有害氣體、礦道掘
進深度、溫濕條件等妥為設計，並符合下列規定：

一　應有充分沖淡或排除有害氣體之必要通風量及通風速度。

二　通風速度不得超過每分鐘四百五十公尺。但直井及專用坑道
得增至六百公尺。

三　入風坑之通風量，應以一日中同時在坑內作業之最高人數為

標準，每人每分鐘在三立方公尺以上。

②前項第二款及第三款情形，有自然發火或其他特殊安全原因時，依礦場安全相關法令辦理。

第五條

雇主對坑內照明，依下列規定辦理：

一　應供應勞工使用合格有效之帽用安全燈，其照明在照度計貼近帽燈測定時，不得低於二千米燭光。但坑內如無火災爆炸危險之虞時，得以其他相同照明性質之燈具代替。

二　捲揚機室、排水機室、扇風機室等設有機械設備供勞工作業或休息之場所，其照明不得低於一百米燭光。

第六條

雇主對坑內作業場所之一氧化碳濃度超過百萬分之五十時，應立即使作業勞工退避至安全處所，並予標示。但戴用空氣呼吸器等呼吸防護具從事搶救人員或處理現場之通風系統等設備者，不在此限。

第七條

雇主對於坑內作業場所空氣中氧氣濃度，應保持在百分之十九以上，如低於百分之十九時，不得使勞工在該場所作業。但戴用空氣呼吸器等呼吸防護具從事搶救人員或處理現場之通風系統等設備者，不在此限。

第八條

雇主應於適當場所充分供應勞工清潔之飲用水。

第九條

雇主應於坑外適當場所設置更衣櫃、盥洗設備及浴室。浴室內並應經常供應充足溫水及肥皂等清潔用品。

第一○條

雇主應於坑外適當場所依下列規定設置廁所及盥洗設備：

一　男女廁所以分別設置為原則，並明顯標示之。

二　男女廁所之便坑數：

　(一)同時於坑內作業勞工人數每一百人以內，應設置一個以上。

　(二)同時於坑外作業勞工人數每二十五人以內，應設置一個以上。

三　男用廁所之便池數：

　(一)同時於坑內作業勞工人數每六十人以內，設置一個以上。

　(二)同時於坑外作業勞工人數每十五人以內，設置一個以上。

四　女用廁所之便坑數，應以同時作業女工每十五人以內，設置一個以上。

五　女用廁所應設加蓋桶。

六　便坑之構造，應為不得使污物滲透於土中之構造。

七　應設置充分供應清潔水質之洗手設備。

八　廁所不得與工作場所直接通連，廁所與廚房及餐廳應距離

三十公尺以上。但衛生沖水式廁所不在此限。

九　廁所與便池每日至少應清洗一次，並每週消毒一次。

十　廁所應保持良好通風。

第一一條

雇主在發爆產生之粉塵或有害氣體未沖淡至容許暴露標準以下前，不得使勞工接近該作業場所。但戴用適當防護具，從事搶救人員或處理現場之通風系統等設備者，不在此限。

第一二條

雇主使勞工從事坑內作業時，應置備不滲透性工作鞋，並使勞工確實使用。

第一三條

雇主對坑內作業場所，每週應確認其通風量一次以上，並採必要之措施。其採用自然通風之坑內作業場所，於季節更換之際應每日為之。

第一四條

①本標準自發布日施行。

②本標準修正條文，自中華民國一百零三年七月三日施行。

營造安全衛生設施標準

①民國83年1月31日行政院勞工委員會令修正發布全文162條。
②民國90年12月31日行政院勞工委員會令修正發布全文174條。
③民國93年12月31日行政院勞工委員會令修正發布第2、3、8、11、19、21、22、23、27、28、40～46、48、51、59、63、65、66、73、74、81、83、84、102、131、133、135、136、149、161、162條條文及第四章章名；增訂第10-1、11-1、62-1、62-2、101-1、131-1條條文；並刪除第10、38、49、50條條文。
④民國96年10月2日行政院勞工委員會令修正發布第40、41、43、45、48、58、59、66、71、131條條文。
⑤民國99年11月30日行政院勞工委員會令修正發布第1、14、18、20、22～24、35、37、40、41、45、46、48、51、56、59、60、73、74、129、131-1、132～137、144、148、149、151、155、157、159～161條條文；並增訂第60-1、131-2、149-1條條文。
⑥民國103年6月26日勞動部令修正發布第1、3、4、6、13、17、18、19、22、23、25、27、34、39、40、42、43、45、48、51、54、56、59、60-1、65、73、131、131-1、142、155、163、171、174條條文及第四章章名；並增訂第1-1、79-1、173-1條條文；除第18條第2項自104年7月3日施行外，餘自103年7月3日施行。
⑦民國110年1月6日勞動部令修正發布第1-1、6、10-1、18～20、22～24、34、35、39～41、44、45、56、59、60、61、62-1、62-2、66、67、69、71、73、74、77～79-1、82、102、103、107、131～139、142、146、148、149、151、153、157、162、173、174條條文；並增訂第8-1、18-1條條文；除第18-1條自111年1月1日施行外，自發布日施行。

第一章　總　則

第一條
①本標準依職業安全衛生法第六條第三項規定訂定之。
②本標準未規定者，適用其他有關職業安全衛生法令之規定。

第一條之一
　本標準用詞，定義如下：
一　露天開挖：指於室外採人工或機械實施土、砂、岩石等之開挖，包括土木構造物、建築物之基礎開挖、地下埋設物之管溝開挖與整地，及其他相關之開挖。
二　露天開挖作業：指使勞工從事露天開挖之作業。
三　露天開挖場所：指露天開挖區及與其相鄰之場所，包括測量、鋼筋組立、模板拆組、灌漿、管道及管路設置、擋土支撐組拆與搬運，及其他與露天開挖相關之場所。

第二條

本標準適用於從事營造作業之有關事業。

第三條

① 本標準規定之一切安全衛生設施，雇主應依下列規定辦理：

一　安全衛生設施於施工規劃階段須納入考量。

二　依營建法規等規定須有施工計畫者，應將安全衛生設施列入施工計畫內。

三　前二款規定，於工程施工期間須切實辦理。

四　經常注意與保養以保持其效能，發現有異常時，應即補修或採其他必要措施。

五　有臨時拆除或使其暫時失效之必要時，應顧及勞工安全及作業狀況，使其暫停工作或採其他必要措施，於其原因消失後，應即恢復原狀。

② 前項第三款之工程施工期間包含開工前之準備及竣工後之驗收、保固維修等工作期間。

第四條

本標準規定雇主應設置之安全衛生設備及措施，雇主應規定勞工遵守下列事項：

一　不得任意拆卸或使其失效，以保持其應有效能。

二　發現被拆卸或失效時，應即停止作業並應報告雇主或直屬主管人員。

第二章　工作場所

第五條

雇主對於工作場所暴露之鋼筋、鋼材、鐵件、鋁件及其他材料等易生職業災害者，應採取彎曲尖端、加蓋或加裝護套等防護設施。

第六條

① 雇主使勞工於營造工程工作場所作業前，應指派所僱之職業安全衛生人員、工作場所負責人或專任工程人員等專業人員，實施危害調查、評估，並採適當防護設施，以防止職業災害之發生。

② 依營建法規等規定應有施工計畫者，均應將前項防護設施列入施工計畫執行。

第七條

雇主對於營造工程用之模板、施工架等材料拆除後，應採取拔除或釘入凸出之鐵釘、鐵條等防護措施。

第八條

雇主對於工作場所，應依下列規定設置適當圍籬、警告標示：

一　工作場所之周圍應設置固定式圍籬，並於明顯位置裝設警告標示。

二　大規模施工之土木工程，或設置前款圍籬有困難之其他工程，得於其工作場所周圍以移動式圍籬、警示帶圍成之警示區替代之。

第八條之一

① 雇主對於車輛機械，為避免於作業時發生該機械翻落或表土崩塌等情事，應就下列事項事先進行調查：

一　該作業場所之天候、地質及地形狀況等。

二　所使用車輛機械之種類及性能。

三　車輛機械之行經路線。

四　車輛機械之作業方法。

② 依前項調查，有危害勞工之虞者，應整理工作場所。

③ 第一項第三款及第四款事項，應於作業前告知勞工。

第九條

雇主對工作場所中原有之電線、電力配管、電信管線、電線桿及拉線、給水管、石油或石油產品管線、煤氣事業管線、危險物或有害物管線等，如有妨礙工程施工安全者，應確實掌握狀況予以妥善處理；如有安全之虞者，非經管線權責單位同意，不得任意挖掘、剪接、移動或於其鄰近從事加熱工作。

第一〇條　（刪除）

第一〇條之一

雇主對於軌道上作業或鄰近軌道之場所從事作業時，為防止軌道機械等碰觸引起之危害，應依下列規定辦理：

一　設置於坑道、隧道、橋梁等供勞工通行之軌道，應於適當間隔處設置避難處所。但軌道側有相關空間，與軌道運行之機械無碰觸危險，或採人車分行管制措施者，不在此限。

二　通行於軌道上之車輛有碰觸勞工之虞時，應設置於車輛接近作業人員前，能發出電鈴或蜂鳴器等監視警報裝置或配置監視人員。

三　對於從事軌道維護作業或通行於軌道機械之替換、連結、解除連結作業時，應保持作業安全所必要之照明。

第一一條

雇主對於工作場所人員及車輛機械出入處，應依下列規定辦理：

一　事前調查地下埋設物之埋置深度、危害物質，並於評估後採取適當防護措施，以防止車輛機械輾壓而發生危險。

二　工作場所出入口應設置方便人員及車輛出入之拉開式大門，作業上無出入必要時應關閉，並標示禁止無關人員擅入工作場所。但車輛機械出入頻繁之場所，必須打開工地大門等時，應置交通引導人員，引導車輛機械出入。

三　人員出入口與車輛機械出入口應分隔設置。但設有警告標誌足以防止交通事故發生者不在此限。

四　應置管制人員辦理下列事項：

　　㈠管制出入人員，非有適當防護具不得讓其出入。

　　㈡管制、檢查出入之車輛機械，非具有許可文件上記載之要件，不得讓其出入。

　　五　規劃前款第二目車輛機械接受管制所需必要之停車處所，不得影響工作場所外道路之交通。

　　六　維持車輛機械進出有充分視線淨空。

第一一條之一

雇主對於進入營繕工程工作場所作業人員，應提供適當安全帽，並使其正確戴用。

第一二條

雇主對於工作場所儲存有易燃性物料時，應有防止太陽直接照射之遮蔽物外，並應隔離儲存、設置禁止煙火之警告標誌及適當之滅火器材。

第一三條

雇主使勞工於下列有發生倒塌、崩塌之虞之場所作業者，應有防止發生倒塌、崩塌之設施：

　　一　邊坡上方或其周邊。

　　二　構造物或其他物體之上方、內部或其周邊。

第一四條

雇主使勞工鄰近溝渠、水道、埤池、水庫、河川、湖潭、港灣、堤堰、海岸或其他水域場所作業，致勞工有落水之虞者，應依下列規定辦理：

　　一　設置防止勞工落水之設施或使勞工著用救生衣。

　　二　於作業場所或其附近設置下列救生設備。但水深、水流及水域範圍等甚小，備置船筏有困難，且使勞工著用救生衣、提供易於攀握之救生索、救生圈或救生浮具等足以防止溺水者，不在此限：

　　　（一）依水域危險性及勞工人數，備置足敷使用之動力救生船、救生艇、輕艇或救生筏；每艘船筏應配備長度十五公尺，直徑九點五毫米之聚丙烯纖維繩索，且其上掛繫與最大可救援人數相同數量之救生圈、船鉤及救生衣。

　　　（二）有湍流、潮流之情況，應預先架設延伸過水面且位於作業場所上方之繩索，其上掛繫可支持拉住落水者之救生圈。

　　　（三）可通知相關人員參與救援行動之警報系統或電訊連絡設備。

第一五條

雇主使勞工於有發生水位暴漲或土石流之地區作業者，除依前條之規定外，應依下列規定辦理：

　　一　建立作業連絡系統，包括無線連絡器材、連絡信號、連絡人員等。

　　二　選任專責警戒人員，辦理下列事項：

　　　（一）隨時與河川管理當局或相關機關連絡，了解該地區及上游降雨量。

　　　（二）監視作業地點上游河川水位或土石流狀況。

　　　（三）獲知上游河川水位暴漲或土石流時，應即通知作業勞工迅

即撤離。

　(四)發覺作業勞工不及撤離時，應即啓動緊急應變體系，展開救援行動。

第一六條

雇主使勞工於有遭受溺水或土石流淹沒危險之地區中作業，應依下列規定辦理：

一　依作業環境、河川特性擬訂緊急應變計畫，內容應包括通報系統、撤離程序、救援程序，並訓練勞工使用各種逃生、救援器材。

二　對於第十四條及前條之救生衣、救生圈、救生繩索、救生船、警報系統、連絡器材等應維護保養。作業期間應每日實施檢點，以保持性能。

三　通報系統之通報單位、救援單位等之連絡人員姓名、電話等，應揭示於工務所顯明易見處。

四　第一款規定之緊急應變計畫、訓練紀錄，第二款規定之逃生、救援器材之維護保養、檢點紀錄，在完工前，應留存備查。

第一七條

雇主對於高度二公尺以上之工作場所，勞工作業有墜落之虞者，應訂定墜落災害防止計畫，依下列風險控制之先後順序規劃，並採取適當墜落災害防止設施：

一　經由設計或工法之選擇，儘量使勞工於地面完成作業，減少高處作業項目。

二　經由施工程序之變更，優先施作永久構造物之上下設備或防墜設施。

三　設置護欄、護蓋。

四　張掛安全網。

五　使勞工佩掛安全帶。

六　設置警示線系統。

七　限制作業人員進入管制區。

八　對於因開放邊線、組模作業、收尾作業等及採取第一款至第五款規定之設施致增加其作業危險者，應訂定保護計畫並實施。

第一八條

①雇主使勞工於屋頂從事作業時，應指派專人督導，並依下列規定辦理：

一　因屋頂斜度、屋面性質或天候等因素，致勞工有墜落、滾落之虞者，應採取適當安全措施。

二　於斜度大於三十四度，即高底比爲二比三以上，或爲滑溜之屋頂，從事作業者，應設置適當之護欄，支承穩妥且寬度在四十公分以上之適當工作臺及數量充分、安裝牢穩之適當梯子。但設置護欄有困難者，應提供背負式安全帶使勞工佩

掛，並掛置於堅固錨錠、可供鉤掛之堅固物件或安全母索等裝置上。

三　於易踏穿材料構築之屋頂作業時，應先規劃安全通道，於屋架上設置適當強度，且寬度在三十公分以上之踏板，並於下方適當範圍裝設堅固格柵或安全網等防墜設施。但雇主設置踏板面積已覆蓋全部易踏穿屋頂或採取其他安全工法，致無踏穿墜落之虞者，不在此限。

②於前項第三款之易踏穿材料構築屋頂作業時，雇主應指派屋頂作業主管於現場辦理下列事項：

一　決定作業方法，指揮勞工作業。

二　實施檢點，檢查材料、工具、器具等，並汰換其不良品。

三　監督勞工確實使用個人防護具。

四　確認安全衛生設備及措施之有效狀況。

五　前二款未確認前，應管制勞工或其他人員不得進入作業。

六　其他為維持作業勞工安全衛生所必要之設備及措施。

③前項第二款之汰換不良品規定，對於進行拆除作業之待拆物件不適用之。

第一八條之一

①雇主對於新建、增建、改建或修建工廠之鋼構屋頂，勞工有遭受墜落危險之虞者，應依下列規定辦理：

一　於邊緣及屋頂突出物頂版周圍，設置高度九十公分以上之女兒牆或適當強度欄杆。

二　於易踏穿材料構築之屋頂，應於屋頂頂面設置適當強度且寬度在三十公分以上通道，並於屋頂採光範圍下方裝設堅固格柵。

②前項所定工廠，為事業單位從事物品製造或加工之固定場所。

第一九條

①雇主對於高度二公尺以上之屋頂、鋼梁、開口部分、階梯、樓梯、坡道、工作臺、擋土牆、擋土支撐、施工構臺、橋梁墩柱及橋梁上部結構、橋臺等場所作業，勞工有遭受墜落危險之虞者，應於該處設置護欄、護蓋或安全網等防護設備。

②雇主設置前項設備有困難，或因作業之需要臨時將護欄、護蓋或安全網等防護設備開啟或拆除者，應採取使勞工使用安全帶等防止墜落措施。但其設置困難之原因消失後，應依前項辦理。

第二〇條

雇主依規定設置之護欄，應依下列規定辦理：

一　具有高度九十公分以上之上欄杆、中間欄杆或等效設備（以下簡稱中欄杆）、腳趾板及杆柱等構材；其上欄杆、中欄杆及地盤面與樓板面間之上下開口距離，應不大於五十五公分。

二　以木材構成者，其規格如下：

(一)上欄杆應平整，且其斷面應在三十平方公分以上。

（二）中欄杆斷面應在二十五平方公分以上。

（三）腳趾板高度應在十公分以上，厚度在一公分以上，並密接於地盤面或樓板面舖設。

（四）杆柱斷面應在三十平方公分以上，相鄰間距不得超過二公尺。

三 以鋼管構成者，其上欄杆、中欄杆及杆柱之直徑均不得小於三點八公分，杆柱相鄰間距不得超過二點五五公尺。

四 採用前二款以外之其他材料或型式構築者，應具同等以上之強度。

五 任何型式之護欄，其杆柱、杆件之強度及錨錠，應使整個護欄具有抵抗於上欄杆之任何一點，於任何方向加以七十五公斤之荷重，而無顯著變形之強度。

六 除必須之進出口外，護欄應圍繞所有危險之開口部分。

七 護欄前方二公尺內之樓板、地板，不得堆放任何物料、設備，並不得使用梯子、合梯、踏凳作業及停放車輛機械供勞工使用。但護欄高度超過堆放之物料、設備、梯、凳及車輛機械之最高部達九十公分以上，或已採取適當安全設施足以防止墜落者，不在此限。

八 以金屬網、塑膠網遮覆上欄杆、中欄杆與樓板或地板間之空隙者，依下列規定辦理：

（一）得不設腳趾板。但網應密接於樓板或地板，且杆柱之間距不得超過一點五公尺。

（二）網應確實固定於上欄杆、中欄杆及杆柱。

（三）網目大小不得超過十五平方公分。

（四）固定網時，應有防止網之反彈設施。

第二一條

雇主設置之護蓋，應依下列規定辦理：

一 應具有能使人員及車輛安全通過之強度。

二 應以有效方法防止滑溜、掉落、掀出或移動。

三 供車輛通行者，得以車輛後軸載重之二倍設計之，並不得妨礙車輛之正常通行。

四 為柵狀構造者，柵條間隔不得大於三公分。

五 上面不得放置機動設備或超過其設計強度之重物。

六 臨時性開口處使用之護蓋，表面漆以黃色並書以警告訊息。

第二二條

雇主設置之安全網，應依下列規定辦理：

一 安全網之材料、強度、檢驗及張掛方式，應符合下列國家標準規定之一：

（一）CNS 14252。

（二）CNS 16079-1及CNS 16079-2。

二 工作面至安全網架設平面之攔截高度，不得超過七公尺。但鋼構組配作業得依第一百五十一條之規定辦理。

三　為足以涵蓋勞工墜落時之拋物線預測路徑範圍，使用於結構物四周之安全網時，應依下列規定延伸適當之距離。但結構物外緣牆面設置垂直式安全網者，不在此限：

　　（一）攔截高度在一點五公尺以下者，至少應延伸二點五公尺。

　　（二）攔截高度超過一點五公尺且在三公尺以下者，至少應延伸三公尺。

　　（三）攔截高度超過三公尺者，至少應延伸四公尺。

四　工作面與安全網間不得有障礙物；安全網之下方應有足夠之淨空，以避免墜落人員撞擊下方平面或結構物。

五　材料、垃圾、碎片、設備或工具等掉落於安全網上，應即清除。

六　安全網於攔截勞工或重物後應即測試，其防墜性能不符第一款之規定時，應即更換。

七　張掛安全網之作業勞工應在適當防墜設施保護之下，始可進行作業。

八　安全網及其組件每週應檢查一次。有磨損、劣化或缺陷之安全網，不得繼續使用。

第二三條

雇主提供勞工使用之安全帶或安裝安全母索時，應依下列規定辦理：

一　安全帶之材料、強度及檢驗應符合國家標準CNS 7534高處作業用安全帶、CNS 6701安全帶（繫身型）、CNS 14253背負式安全帶、CNS 14253-1全身背負式安全帶及CNS 7535高處作業用安全帶檢驗法之規定。

二　安全母索得由鋼索、尼龍繩索或合成纖維之材質構成，其最小斷裂強度應在二千三百公斤以上。

三　安全帶或安全母索繫固之錨錠，至少應能承受每人二千三百公斤之拉力。

四　安全帶之繫索或安全母索應予保護，避免受切斷或磨損。

五　安全帶或安全母索不得鉤掛或繫結於護欄之杆件。但該等杆件之強度符合第三款規定者，不在此限。

六　安全帶、安全母索及其配件、錨錠，在使用前或承受衝擊後，應進行檢查，有磨損、劣化、缺陷或其強度不符第一款至第三款之規定者，不得再使用。

七　勞工作業中，需使用補助繩移動之安全帶，應具備補助掛鉤，以供勞工作業移動中可交換鉤掛使用。但作業中水平移動無障礙，中途不需拆鉤者，不在此限。

八　水平安全母索之設置，應依下列規定辦理：

　　（一）水平安全母索之設置高度應大於三點八公尺，相鄰二錨錠點間之最大間距得採下式計算之值，其計算值超過十公尺者，以十公尺計：

　　　　$L=4（H-3）$，其中$H≧3.8$，且$L≦10$

　　　L：母索錨錠點之間距（單位：公尺）。

　　　H：垂直淨空高度（單位：公尺）。

　　㈡錨錠點與另一繫掛點間、相鄰二錨錠點間或母索錨錠間之安全母索僅能繫掛一條安全帶。

　　㈢每條安全母索能繫掛安全帶之條數，應標示於母索錨錠端。

　九　垂直安全母索之設置，應依下列規定辦理：

　　㈠安全母索之下端應有防止安全帶鎖扣自尾端脫落之設施。

　　㈡每條安全母索應僅提供一名勞工使用。但勞工作業或爬梯位置之水平間距在一公尺以下者，得二人共用一條安全母索。

第二四條

①雇主對於坡度小於十五度之勞工作業區域，距離開口部分、開放邊線或其他有墜落之虞之地點超過二公尺時，得設置警示線、管制通行區，代替護欄、護蓋或安全網之設置。

②設置前項之警示線、管制通行區，應依下列規定辦理：

　一　警示線應距離開口部分、開放邊線二公尺以上。

　二　每隔二點五公尺以下設置高度九十公分以上之杆柱，杆柱之上端及其二分之一高度處，設置黃色或紅色之警示繩、帶，其最小張力強度至少二百二十五公斤以上。

　三　作業進行中，應禁止作業勞工跨越警示線。

　四　管制通行區之設置依前三款之規定辦理，僅供作業相關勞工通行。

第二五條

雇主對廢止使用之開口應予封閉，對暫不使用之開口應採取加蓋等設備，以防止勞工墜落。

第二六條

雇主對於置放於高處，位能超過十二公斤·公尺之物件有飛落之虞者，應予以固定之。

第二七條

雇主設置覆網攔截位能小於十二公斤·公尺之高處物件時，應依下列規定辦理：

　一　方形、菱形之網目任一邊長不得大於二公分，其餘形狀之網目，每一網目不得大於四平方公分，其強度應能承受直徑四十五公分、重七十五公斤之物體自高度一公尺處落下之衝擊力，其張掛方式比照第二十二條第一款之安全網規定。

　二　覆網之最低點應離作業勞工工作平面三公尺以上，如其距離不足三公尺，應改以其他設施防護。

　三　覆網攔截之飛落物件應隨時清理。

　四　覆網有劣化、破損、腐蝕等情況應即更換。

第二八條

①雇主不得使勞工以投擲之方式運送任何物料。但採取下列安全設

施者不在此限：

一 劃定充分適當之滑槽承受飛落物料區域，設置能阻擋飛落物落地彈跳之圍屏，並依第二十四條第二項第二款之規定設置警示線。

二 設置專責監視人員於地面全時監視，嚴禁人員進入警示線之區域內，非俟停止投擲作業，不得使勞工進入。

②前項作業遇有強風大雨，致物料有飛落偏離警示線區域之虞時，應即停止作業。

第三章 物料之儲存

第二九條

雇主對於營造用各類物料之儲存、堆積及排列，應井然有序；且不得儲存於距庫門或升降機二公尺範圍以內或足以妨礙交通之地點。倉庫內應設必要之警告標示、護圍及防火設備。

第三〇條

雇主對於放置各類物料之構造物或平臺，應具安全之負荷強度。

第三一條

雇主對於各類物料之儲存，應妥為規劃，不得妨礙火警警報器、滅火器、急救設備、通道、電氣開關及保險絲盒等緊急設備之使用狀態。

第三二條

雇主對於鋼材之儲存，應依下列規定辦理：

一 預防傾斜、滾落，必要時應用纜索等加以適當捆紮。

二 儲存之場地應為堅固之地面。

三 各堆鋼材之間應有適當之距離。

四 置放地點應避免在電線下方或上方。

五 採用起重機吊運鋼材時，應將鋼材重量等顯明標示，以便易於處理及控制其起重負荷量，並避免在電力線下操作。

第三三條

雇主對於砂、石等之堆積，應依下列規定辦理：

一 不得妨礙勞工出入，並避免於電線下方或接近電線之處。

二 堆積場於勞工進退路處，不得有任何懸垂物。

三 砂、石清倉時，應使勞工佩掛安全帶並設置監視人員。

四 堆積場所經常灑水或予以覆蓋，以避免塵土飛揚。

第三四條

雇主對於樁、柱、鋼套管、鋼筋籠等易滑動、滾動物件之堆放，應置於堅實、平坦之處，並加以適當之墊襯、擋樁或其他防止滑動之必要措施。

第三五條

雇主對於磚、瓦、木塊、管料、鋼筋、鋼材或相同及類似營建材料之堆放，應置放於穩固、平坦之處，整齊緊靠堆置，其高度不得超過一點八公尺，儲存位置鄰近開口部分時，應距離該開口部

分二公尺以上。

第三六條

雇主對於袋裝材料之儲存，應依下列規定辦理，以保持穩定：

一 堆放高度不得超過十層。

二 至少每二層交錯一次方向。

三 五層以上部分應向內退縮，以維持穩定。

四 交錯方向易引起材料變質者，得以不影響穩定之方式堆放。

第三七條

雇主對於管料之儲存，應依下列規定辦理：

一 儲存於堅固而坦平之臺架上，並預防尾端突出、伸展或滾落。

二 依規格大小及長度分別排列，以利取用。

三 分層疊放，每層中置一隔板，以均勻壓力及防止管料滑出。

四 管料之置放，避免在電線上方或下方。

第三八條 （刪除）

第四章 施工架、施工構臺、吊料平臺及工作臺

第三九條

雇主對於不能藉高空工作車或其他方法安全完成之二公尺以上高處營造作業，應設置適當之施工架。

第四○條

① 雇主對於施工構臺、懸吊式施工架、懸臂式施工架、高度七公尺以上且立面面積達三百三十平方公尺之施工架、高度七公尺以上之吊料平臺、升降機直井工作臺、鋼構橋橋面板下方工作臺或其他類似工作臺等之構築及拆除，應依下列規定辦理：

一 事先就預期施工時之最大荷重，應由所僱之專任工程人員或委由相關執業技師，依結構力學原理妥為設計，置備施工圖說及強度計算書，經簽章確認後，據以執行。

二 建立按施工圖說施作之查驗機制。

三 設計、施工圖說、簽章確認紀錄及查驗等相關資料，於未完成拆除前，應妥存備查。

② 有變更設計時，其強度計算書及施工圖說，應重新製作，並依前項規定辦理。

第四一條

① 雇主對於懸吊式施工架、懸臂式施工架及高度五公尺以上施工架之組配及拆除（以下簡稱施工架組配）作業，應指派施工架組配作業主管於作業現場辦理下列事項：

一 決定作業方法，指揮勞工作業。

二 實施檢點，檢查材料、工具、器具等，並汰換其不良品。

三 監督勞工確實使用個人防護具。

四 確認安全衛生設備及措施之有效狀況。

五 前二款未確認前，應管制勞工或其他人員不得進入作業。

六　其他為維持作業勞工安全衛生所必要之設備及措施。

②前項第二款之汰換不良品規定，對於進行拆除作業之待拆物件不適用之。

第四二條

①雇主使勞工從事施工架組配作業，應依下列規定辦理：

一　將作業時間、範圍及順序等告知作業勞工。

二　禁止作業無關人員擅自進入組配作業區域內。

三　強風、大雨、大雪等惡劣天候，實施作業預估有危險之虞時，應即停止作業。

四　於紮緊、拆卸及傳遞施工架構材等之作業時，設寬度在二十公分以上之施工架踏板，並採取使勞工使用安全帶等防止發生勞工墜落危險之設備與措施。

五　吊升或卸放材料、器具、工具等時，要求勞工使用吊索、吊物專用袋。

六　構築使用之材料有突出之釘類均應釘入或拔除。

七　對於使用之施工架，事前依本標準及其他安全規定檢查後，始得使用。

②勞工進行前項第四款之作業而被要求使用安全帶等時，應遵照使用之。

第四三條

雇主對於構築施工架之材料，應依下列規定辦理：

一　不得有顯著之損壞、變形或腐蝕。

二　使用之竹材，應以竹尾末梢外徑四公分以上之圓竹為限，且不得有裂隙或腐蝕者，必要時應加防腐處理。

三　使用之木材，不得有顯著損及強度之裂隙、蛀孔、木結、斜紋等，並應完全剝除樹皮，方得使用。

四　使用之木材，不得施以油漆或其他處理以隱蔽其缺陷。

五　使用之鋼材等金屬材料，應符合國家標準CNS 4750鋼管施工架同等以上抗拉強度。

第四四條

雇主對於施工架及施工構臺，應經常予以適當之保養並維持各部分之牢穩。

第四五條

雇主為維持施工架及施工構臺之穩定，應依下列規定辦理：

一　施工架及施工構臺不得與混凝土模板支撐或其他臨時構造連接。

二　對於未能與結構體連接之施工架，應以斜撐材或其他相關設施作適當而充分之支撐。

三　施工架在適當之垂直、水平距離處與構造物妥實連接，其間隔在垂直方向以不超過五點五公尺，水平方向以不超過七點五公尺為限。但獨立而無傾倒之虞或已依第五十九條第五款規定辦理者，不在此限。

四　因作業需要而局部拆除繫牆桿、壁連座等連接設施時，應採取補強或其他適當安全設施，以維持穩定。

五　獨立之施工架在該架最後拆除前，至少應有三分之一之踏腳桁不得移動，並使之與橫檔或立柱紮牢。

六　鬆動之磚、排水管、煙囪或其他不當材料，不得用以建造或支撐施工架及施工構臺。

七　施工架及施工構臺之基礎地面應平整，且夯實緊密，並襯以適當材質之墊材，以防止滑動或不均勻沈陷。

第四六條

①雇主對於施工架上物料之運送、儲存及荷重之分配，應依下列規定辦理：

一　於施工架上放置或搬運物料時，避免施工架發生突然之振動。

二　施工架上不得放置或運轉動力機械及設備，或以施工架作為固定混凝土輸送管、垃圾管槽之用，以免因振動而影響作業安全。但無作業危險之虞者，不在此限。

三　施工架上之載重限制應於明顯易見之處明確標示，並規定不得超過其荷重限制及應避免發生不均衡現象。

②雇主對於施工構臺上物料之運送、儲存及荷重之分配，準用前項第一款及第三款規定。

第四七條

雇主不得使勞工在施工架上使用梯子、合梯或踏凳等從事作業。

第四八條

①雇主使勞工於高度二公尺以上施工架從事作業時，應依下列規定辦理：

一　應供給足夠強度之工作臺。

二　工作臺寬度應在四十公分以上並舖滿密接之踏板，其支撐點應有二處以上，並應綁結固定，使其無脫落或位移之虞，踏板間縫隙不得大於三公分。

三　活動式踏板使用木板時，其寬度應在二十公分以上，厚度應在三點五公分以上，長度應在三點六公尺以上；寬度大於三十公分時，厚度應在六公分以上，長度應在四公尺以上，其支撐點應有三處以上，且板端突出支撐點之長度應在十公分以上，但不得大於板長十八分之一，踏板於板長方向重疊時，應於支撐點處重疊，重疊部分之長度不得小於二十公分。

四　工作臺應低於施工架立柱頂點一公尺以上。

②前項第三款之板長，於狹小空間場所得不受限制。

第四九條　（刪除）

第五〇條　（刪除）

第五一條

雇主於施工架上設置人員上下設備時，應依下列規定辦理：

一　確實檢查施工架各部分之穩固性，必要時應適當補強，並將上下設備架設處之立柱與建築物之堅實部分牢固連接。

二　施工架任一處步行至最近上下設備之距離，應在三十公尺以下。

第五二條

雇主構築施工架時，有鄰近結構物之周遭或跨越工作走道者，應於其下方設計斜籬及防護網等，以防止物體飛落引起災害。

第五三條

雇主構築施工架時，有鄰近或跨越車輛通道者，應於該通道設置護籠等安全設施，以防車輛之碰撞危險。

第五四條

雇主對於原木施工架，應依下列規定辦理：

一　立柱應垂直或稍向構造物傾斜，並應有適當之排列間距，且不大於二點五公尺。

二　立柱柱腳應依土壤性質，埋入適當深度或襯以墊板、座鈑等以防止滑動或下沈。

三　立柱延伸之接頭屬搭接式接頭者，其搭接部分應有一公尺以上之長度，且捆綁二處以上，屬對接式接頭者，應以一點八公尺以上長度之補強材捆綁於二對接之立柱，並捆綁四處以上。

四　二施工架於一構造物之轉角處相遇時，於該轉角處之施工架外面，至少應裝一立柱或採取其他補強措施。

五　施工架之橫檔應確實平放，並以螺栓、鐵鉤、繩索或其他方法使與立柱紮結牢固。橫檔垂直間距不得超過四公尺以上，其最低位置不得高於地面三公尺以上。

六　水平位置連接之橫檔接頭，至少應重疊一公尺以上，其連接端應緊紮於立柱上。但經採用特殊方法，足以保持其受力之均衡者，不在此限。

七　施工架上之踏腳桁，應依下列規定：

(一)應平直並與橫檔紮牢。

(二)不用橫檔時，踏腳桁應紮於立柱上，並用已紮穩之三角木支撐。

(三)踏腳桁之一端利用牆壁支撐時，則該端至少應有十公分深之接觸面。

(四)踏腳桁之尺寸，應依預期之荷重決定。

(五)支持工作臺之兩相鄰踏腳桁之間距，應視預期載重及工作臺舖板之材質及厚度定之。以不及四公分厚之踏板構築者，間距不得超過一公尺；以四至五公分厚之踏板構築者，不得超過一點五公尺；以五公分厚以上之踏板構築者，不得超過二公尺。

八　施工架之立柱、橫檔、踏腳桁之連接及交叉部分，應以鐵線、螺栓或其他適當方式紮結牢固，並以適當之斜撐材及對

角撐材補強。

第五五條

雇主對於使用圓竹構築之施工架，應依下列規定辦理：

一　以獨立直柱式施工架為限。

二　立柱間距不得大於一‧八公尺，其柱腳之固定應依前條第二款之規定。

三　主柱、橫檔之延伸應於節點處搭接，並以十號以下鍍鋅鐵線紮結牢固，其搭接長度、方式應依前條第三款之規定。

四　橫檔垂直間距不得大於二公尺，其最低位置不得高於地面二公尺以上。

五　踏腳桁以使用木材為原則，並依前條第七款之規定。

六　立柱、橫檔、踏腳桁之連接及交叉部分應以鐵線或其它適當方法紮結牢固，並以適當之斜撐材及對角撐材使整個施工架構築穩固。

七　二施工架於一構造物之轉角處相遇時，於該轉角處之施工架外面，至少應裝一立柱。

第五六條

雇主對於懸吊式施工架，應依下列規定辦理：

一　懸吊架及其他受力構件應具有充分強度，並確實安裝及繫固。

二　工作臺寬度不得小於四十公分，且不得有隙縫。但於工作臺下方及側方已裝設安全網及防護網等，足以防止勞工墜落或物體飛落者，不在此限。

三　吊纜或懸吊鋼索之安全係數應在十以上，吊鉤之安全係數應在五以上，施工架下方及上方支座之安全係數，其為鋼材者應在二點五以上；其為木材者應在五以上。

四　懸吊之鋼索，不得有下列情形之一：
　(一)鋼索一撚間有百分之十以上素線截斷者。
　(二)直徑減少達公稱直徑百分之七以上者。
　(三)有顯著變形或腐蝕者。
　(四)已扭結者。

五　懸吊之鏈條，不得有下列情形之一：
　(一)延伸長度超過該鏈條製造時長度百分之五以上者。
　(二)鏈條斷面直徑減少超過該鏈條製造時斷面直徑百分之十以上者。
　(三)有龜裂者。

六　懸吊之鋼線及鋼帶，不得有顯著損傷、變形或腐蝕者。

七　懸吊之纖維索，不得有下列情形之一：
　(一)股線截斷者。
　(二)有顯著損傷或變形者。

八　懸吊之鋼索、鏈條、鋼線、鋼帶或纖維索，應確實安裝繫固，一端繫於施工架桁架、橫梁等，另一端繫於梁、錨錠裝置或建築物之梁等。

九　工作臺之踏板，應固定於施工架之桁架或橫梁，不得有位移或脫落情形。

十　施工架之桁架、橫梁及工作臺，應採用控索等設施，以防止搖動或位移。

十一　設置吊棚式施工架時，橫梁之連接處及交叉處，應使用連接接頭或繫固接頭，確實連接及繫固，每一橫梁應有三處以上之懸吊點支持。

第五七條

雇主對於棧橋式施工架，應依下列規定辦理：

一　其寬度應使工作臺留有足夠運送物料及人員通行無阻之空間。

二　棧橋應設牢固以防止移動，並具適當之強度。

三　不能構築兩層以上。

四　構築高度不得高出地面或地板四公尺以上者。

五　不得建於輕型懸吊式施工架之上。

第五八條

雇主對於懸臂式施工架，應依下列規定辦理：

一　依其長度及斷面，設計足夠之強度，必要時以斜撐補強，並與構造物妥為錨定。

二　施工架之各部分，應以構造物之堅固部分支持之。

三　工作臺置於嵌入牆內之托架上者，該托架應設斜撐並與牆壁梁牢。

第五九條

①雇主對於鋼管施工架之設置，應依下列規定辦理：

一　使用國家標準CNS 4750型式之施工架，應符合國家標準同等以上之規定；其他型式之施工架，其構材之材料抗拉強度、試驗強度及製造，應符合國家標準CNS 4750同等以上之規定。

二　前款設置之施工架，於提供使用前應確認符合規定，並於明顯易見之處明確標示。

三　裝有腳輪之移動式施工架，勞工作業時，其腳部應以有效方法固定之；勞工於其上作業時，不得移動施工架。

四　構件之連接部分或交叉部分，應以適當之金屬附屬配件確實連接固定，並以適當之斜撐材補強。

五　屬於直柱式施工架或懸臂式施工架者，應依下列規定設置與建築物連接之壁連座連接：

（一）間距應小於下表所列之值為原則。

鋼管施工架之種類	間距（單位：公尺）	
	垂直方向	水平方向
單管施工架	五	五點五
框式施工架（高度未滿五公尺者除外）	九	八

　　㈡應以鋼管或原木等使該施工架構築堅固。

　　㈢以抗拉材料與抗壓材料合構者，抗壓材與抗拉材之間距應在一公尺以下。

六　接近高架線路設置施工架，應先移設高架線路或裝設絕緣用防護裝備或警告標示等措施，以防止高架線路與施工架接觸。

七　使用伸縮桿件及調整桿時，應將其埋入原桿件足夠深度，以維持穩固，並將插銷鎖固。

②前項第一款因工程施作需要，將內側交叉拉桿移除者，其內側應設置水平構件，並與立桿連結穩固，提供施工架必要強度，以防止作業勞工墜落危害。

③前項內側以水平構件替換交叉拉桿之施工架，替換後之整體施工架強度計算，除依第四十條規定辦理外，其水平構件強度應與國家標準CNS 4750相當。

第六○條

①雇主對於單管式鋼管施工架之構築，應依下列規定辦理：

一　立柱之間距：縱向為一點八五公尺以下；梁間方向為一點五公尺以下。

二　橫檔垂直間距不得大於二公尺。距地面上第一根橫檔應置於二公尺以下之位置。

三　立柱之上端量起自三十一公尺以下部分之立柱，應使用二根鋼管。

四　立柱之載重應以四百公斤為限。

②雇主因作業之必要而無法依前項第一款之規定，而以補強材有效補強時，不受該款規定之限制。

第六○條之一

①雇主對於系統式施工架之構築，應依下列規定辦理：

一　所有立柱、橫桿及斜撐等，應以輪盤、八角盤或其他類似功能之構件及插銷扣件等組配件，連接成一緊密牢固之系統構架，其連接之交叉處不得以各式活扣緊結或鐵線代替。

二　施工架之金屬材料、管徑、厚度、表面處理、輪盤或八角盤等構件之雙面全周焊接、製造方法及標示等，應符合國家標準CNS 4750鋼管施工架之規定。

三　輪盤、插銷扣件及續連端之金屬連接材料，應採用SS400或具有同等以上抗拉強度之金屬材質。

四　立柱續連端應有足夠強度，避免立柱初始破壞發生於續連端。

②前項設置之施工架，雇主於提供使用前應確認符合規定，並於明顯易見之處明確標示。

第六一條

雇主對於框式鋼管式施工架之構築，應依下列規定辦理：

一　最上層及每隔五層應設置水平梁。

二　框架與托架，應以水平牽條或鉤件等，防止水平滑動。

三　高度超過二十公尺及架上載有物料者，主框架應在二公尺以下，且其間距應保持在一點八五公尺以下。

第六二條

雇主對於同一作業場所使用之鋼管，其厚度、外徑及強度相異時，為防止鋼管之混淆，應分別對該鋼管以顏色或其他方式標示等，使勞工易於識別。

第六二條之一

雇主對於施工構臺，應依下列規定辦理：

一　支柱應依施工場所之土壤性質，埋入適當深度或於柱腳部襯以墊板、座鈑等以防止滑動或下沈。

二　支柱、支柱之水平繫條、斜撐材及構臺之梁等連結部分、接觸部分及安裝部分，應以螺栓或鉚釘等金屬之連結器材固定，以防止變位或脫落。

三　高度二公尺以上構臺之覆工板等板料間隙應在三公分以下。

四　構臺設置寬度應足供所需機具運轉通行之用，並依施工計畫預留起重機外伸撐座伸展及材料堆置之場地。

第六二條之二

①雇主於施工構臺遭遇強風、大雨等惡劣氣候或四級以上地震後或施工構臺局部解體、變更後，使勞工於施工構臺上作業前，應依下列規定確認主要構材狀況或變化：

一　支柱滑動或下沈狀況。

二　支柱、構臺之梁等之損傷情形。

三　構臺覆工板之損壞或舖設狀況。

四　支柱、支柱之水平繫條、斜撐材及構臺之梁等連結部分、接觸部分及安裝部分之鬆動狀況。

五　螺栓或鉚釘等金屬之連結器材之損傷及腐蝕狀況。

六　支柱之水平繫材、斜撐材等補強材之安裝狀況及有無脫落。

七　護欄等有無被拆下或脫落。

②前項狀況或變化，有異常未經改善前，不得使勞工作業。

第五章　露天開挖

第六三條

①雇主僱用勞工從事露天開挖作業，為防止地面之崩塌及損壞地下埋設物致有危害勞工之虞，應事前就作業地點及其附近，施以鑽探、試挖或其他適當方法從事調查，其調查內容，應依下列規定：

一　地面形狀、地層、地質、鄰近建築物及交通影響情形等。

二　地面有否龜裂、地下水位狀況及地層凍結狀況等。

三　有無地下埋設物及其狀況。

四　地下有無高溫、危險或有害之氣體、蒸氣及其狀況。

②依前項調查結果擬訂開挖計畫，其內容應包括開挖方法、順序、

進度、使用機械種類、降低水位、穩定地層方法及土壓觀測系統等。

第六四條

① 雇主僱用勞工以人工開挖方式從事露天開挖作業，其自由面之傾斜度，應依下列規定辦理：

一　由砂質土壤構成之地層，其開挖面之傾斜度不得大於水平一‧五與垂直一之比（三十五度），其開挖面高度應不超過五公尺。

二　因爆破等易引起崩壞、崩落或龜裂狀態之地層，其開挖面之傾斜度不得大於水平一與垂直一之比（四十五度），其開挖面高度應不超過二公尺。

三　岩磐（可能引致崩壞或岩石飛落之龜裂岩磐除外）或堅硬之粘土構成之地層，及穩定性較高之其他地層之開挖面之傾斜度，應依下表之規定。

地層之種類	開挖面高度	開挖面傾斜度
岩盤或堅硬之黏土構成之地層	未滿五公尺	九十度以下
	五公尺以上	七十五度以下
其他	未滿二公尺	九十度以下
	二公尺以上未滿五公尺	七十五度以下
	五公尺以上	六十度以下

② 若開挖面含有不同地層時，應採取較安全之開挖傾斜度，如依統一土壤分類法細分之各種地質計算出其所允許開挖深度及開挖角度施工者，得依其方式施工。

第六五條

雇主僱用勞工從事露天開挖作業時，為防止地面之崩塌或土石之飛落，應採取下列措施：

一　作業前、大雨或四級以上地震後，應指定專人確認作業地點及其附近之地面有無龜裂、有無湧水、土壤含水狀況、地層凍結狀況及其他地層變化等情形，並採取必要之安全措施。

二　爆破後，應指定專人檢查爆破地點及其附近有無浮石或龜裂等狀況，並採取必要之安全措施。

三　開挖出之土石應常清理，不得堆積於開挖面之上方或與開挖面高度等值之坡肩寬度範圍內。

四　應有勞工安全進出作業場所之措施。

五　應設置排水設備，隨時排除地面水及地下水。

第六六條

雇主使勞工從事露天開挖作業，為防止土石崩塌，應指定專人，於作業現場辦理下列事項。但開挖垂直深度達一點五公尺以上者，應指定露天開挖作業主管：

一　決定作業方法，指揮勞工作業。

二　實施檢點，檢查材料、工具、器具等，並汰換其不良品。

三　監督勞工確實使用個人防護具。

四　確認安全衛生設備及措施之有效狀況。

五　前二款未確認前，應管制勞工或其他人員不得進入作業。

六　其他為維持作業勞工安全衛生所必要之設備及措施。

第六七條

雇主於接近磚壁或水泥隔牆等構造物之場所從事開挖作業前，為防止構造物損壞、變形或倒塌致危害勞工，應採取地盤改良及構造物保護等有效之預防設施。

第六八條

雇主對於露天開挖作業，為防止損壞地下管線致危害勞工，應採取懸吊或支撐該管線，予以移設等必要措施，並指派專人於現場指揮施工。

第六九條

雇主使勞工以機械從事露天開挖作業，應依下列規定辦理：

一　使用之機械有損壞地下電線、電纜、危險或有害物管線、水管等地下埋設物，而有危害勞工之虞者，應妥為規劃該機械之施工方法。

二　事前決定開挖機械、搬運機械等之運行路線及此等機械進出土石裝卸場所之方法，並告知勞工。

三　於搬運機械作業或開挖作業時，應指派專人指揮，以防止機械翻覆或勞工自機械後側接近作業場所。

四　嚴禁操作人員以外之勞工進入營建用機械之操作半徑範圍內。

五　車輛機械應裝設倒車或旋轉之警示燈及蜂鳴器，以警示周遭其他工作人員。

第七〇條

雇主僱用勞工於採光不良之場所從事露天開挖作業，應裝設作業安全所必需之照明設備。

第七一條

雇主僱用勞工從事露天開挖作業，其開挖垂直最大深度應妥為設計；其深度在一點五公尺以上，使勞工進入開挖面作業者，應設擋土支撐。但地質特殊或採取替代方法，經所僱之專任工程人員或委由相關執業技師簽認其安全性者，不在此限。

第七二條

雇主對於供作擋土支撐之材料，不得有顯著之損傷、變形或腐蝕。

第七三條

①雇主對於擋土支撐之構築，應依下列規定辦理：

一　依擋土支撐構築處所之地質鑽探資料，研判土壤性質、地下水位、埋設物及地面荷載現況，妥為設計，且繪製詳細構築

　　　圖樣及擬訂施工計畫，並據以構築之。

二　構築圖樣及施工計畫應包括樁或擋土壁體及其他襯板、橫檔、支撐及支柱等構材之材質、尺寸配置、安裝時期、順序、降低水位之方法及土壓觀測系統等。

三　擋土支撐之設置，應於未開挖前，依照計畫之設計位置先行打樁，或於擋土壁體達預定之擋土深度後，再行開挖。

四　為防止支撐、橫檔及牽條等之脫落，應確實安裝固定於樁或擋土壁體上。

五　壓力構材之接頭應採對接，並應加設護材。

六　支撐之接頭部分或支撐與支撐之交叉部應墊以承鈑，並以螺栓緊接或採用焊接等方式固定之。

七　備有中間柱之擋土支撐者，應將支撐確實妥置於中間直柱上。

八　支撐非以構造物之柱支持者，該支持物應能承受該支撐之荷重。

九　不得以支撐及橫檔作為施工架或承載重物。但設計時已預作考慮或另行設置支柱或加強時，不在此限。

十　開挖過程中，應隨時注意開挖區及鄰近地質及地下水位之變化，並採必要之安全措施。

十一　擋土支撐之構築，其橫檔背土回填應緊密、螺栓應栓緊，並應施加預力。

②前項第一款擋土支撐設計，應由所僱之專任工程人員或委由相關執業技師，依土壤力學原理妥為設計，置備施工圖說及強度計算書，經簽章確認後，據以執行。

③雇主對於擋土支撐之拆除，除依第一項第七款至第九款規定辦理外，並應擬訂拆除計畫據以執行；拆除壓力構件時，應俟壓力完全解除後，得行拆除護材。

第七四條

①雇主對於擋土支撐組配、拆除（以下簡稱擋土支撐）作業，應指派擋土支撐作業主管於作業現場辦理下列事項：

一　決定作業方法，指揮勞工作業。

二　實施檢點，檢查材料、工具、器具等，並汰換其不良品。

三　監督勞工確實使用個人防護具。

四　確認安全衛生設備及措施之有效狀況。

五　前二款未確認前，應管制勞工或其他人員不得進入作業。

六　其他為維持作業勞工安全衛生所必要之設備及措施。

②前項第二款之汰換不良品規定，對於進行拆除作業之待拆物件不適用之。

第七五條

①雇主於擋土支撐設置後開挖進行中，除指定專人確認地盤之變化外，並於每週或於四級以上地震後，或因大雨等致使地層有急劇變化之虞，或觀測系統顯示土壓變化未按預期行徑時，依下列規

定實施檢查：

一　構材之有否損傷、變形、腐蝕、移位及脫落。

二　支撐桿之鬆緊狀況。

三　構材之連接部分、固定部分及交叉部分之狀況。

②依前項認有異狀，應即補強、整修採取必要之施設。

第七六條

雇主對於設置擋土支撐之工作場所，必要時應置備加強、修補擋土支撐工程用材料與器材。

第七七條

雇主對於露天開挖場所有地面崩塌或土石飛落之虞時，應依地質及環境狀況，設置適當擋土支撐或邊坡保護等防護設施。

第七八條

雇主對於露天開挖作業之工作場所，應設有警告標示、標誌杆或防禦物，禁止與工作無關人員進入。

第七九條

雇主對於傾斜地面上之開挖作業，應依下列規定辦理：

一　不得使勞工同時在不同高度之地點從事作業。但已採取保護低位置工作勞工之安全措施者，不在此限。

二　隨時清除開挖面之土石方；其有崩塌、落石之虞，應即清除、裝置防護網、防護架及作適當之擋土支撐等承受落物。

三　二人以上同時作業，應切實保持連繫，並指派其中一人擔任領班指揮作業。

四　勞工有墜落之虞時，應使勞工佩帶安全帶。

第七九條之一

雇主使勞工於非露天開挖場所從事開挖作業，準用本章之規定。

第六章　隧道、坑道開挖

第八〇條

雇主對於隧道、坑道開挖作業，為防止落磐、湧水等危害勞工，應依下列規定辦理：

一　事前實施地質調查：以鑽探、試坑、震測或其他適當方法，確定開挖區之地表形狀、地層、地質、岩層變動情形及斷層與含水砂土地帶之位置、地下水位之狀況等作成紀錄，並繪出詳圖。

二　依調查結果訂定合適之施工計畫，並依該計畫施工。該施工計畫內容應包括開挖方法、開挖順序與時機，隧道、坑道之支撐、換氣、照明、搬運、通訊、防火及湧水處理等事項。

三　雇主應於勞工進出隧道、坑道時，予以清點或登記。

第八一條

①雇主對於隧道、坑道開挖作業，應就開挖現場及周圍之地表、地質及地層之狀況，採取適當措施，以防止發生落磐、湧水、高溫氣體、蒸氣、缺氧空氣、粉塵、可燃性氣體等危害。

② 雇主依前條及前項實施確認之結果，發現依前條第二款訂定之施工計畫已不合適時，應即變更該施工計畫，並依變更之新施工計畫施工。

第八二條

雇主對於隧道、坑道開挖作業，為防止落磐、湧水、開炸炸傷等危害勞工，應即派專人確認下列事項：

一 於每日或四級以上地震後，隧道、坑道等內部無浮石、岩磐嚴重龜裂、含水、湧水不正常之變化等。

二 施炸前鑽孔之裝藥適當。

三 施炸後之場所及其周圍無浮石及岩磐龜裂，鑽孔及爆落之石碴堆、出碴堆無未引爆之炸藥，施工軌道無損壞狀況。

四 不得同時作業鑽孔及裝炸藥作業，以免引起爆炸傷及人員。

第八三條

雇主對於隧道、坑道作業為防止落磐或土石崩塌危害勞工，應設置支撐、岩栓、噴凝土、環片等支持構造，並清除浮石等。

第八四條

雇主對於隧道、坑道作業，為防止隧道、坑道進出口附近表土之崩塌或土石之飛落致有危害勞工之虞者，應設置擋土支撐、張設防護網、清除浮石或採取邊坡保護。如地質惡劣時應採用鋼筋混凝土洞口或邊坡保護等措施。

第八五條

雇主應禁止非工作必要人員進入下列場所：

一 正在清除浮石或其下方有土石飛落之虞之場所。

二 隧道、坑道支撐作業及支撐之補強或整修作業中，有落磐或土石崩塌之虞之場所。

第八六條

雇主對於隧道、坑道作業，有因落磐、出水、崩塌或可燃性氣體、粉塵存在，引起爆炸火災或缺氧、氣體中毒等危險之虞，應即使作業勞工停止作業，離開作業場所，非經測定確認無危險及採取適當通風換氣後，不得恢復作業。

第八七條

雇主對於隧道、坑道作業，應使作業勞工佩戴安全帽、穿著反光背心或具反光標示之服裝及其他必要之防護具。並置備緊急安全搶救器材、吊升搶救設施、安全燈、呼吸防護材、氣體檢知警報系統及通訊信號、備用電源等必要裝置。

第八八條

雇主使用搬運機械從事隧道、坑道作業時，應依下列規定辦理：

一 事前決定運行路線、進出交會地點及此等機械進出土石裝卸場所之方法，並告知勞工。

二 應指派指揮人員，從事指揮作業。

三 作業場所應有適當之安全照明。

四 搬運機械應加裝防撞擋板等安全防護設施。

第八九條

雇主對於隧道、坑道支撐之構築，不得使用有顯著損傷、變形或腐蝕之材料，該材料並應具足夠強度。

第九〇條

雇主對於隧道、坑道支撐之構築，應事前就支撐場所之表土、地質、含水、湧水、龜裂、浮石狀況及開挖方法等因素，妥為設計施工。

第九一條

雇主對於隧道、坑道支撐之構築或重組，應依下列規定辦理：

一　構成支撐組之主構材應置於同一平面內。

二　木製之隧道、坑道支撐，應使支撐之各部構材受力平衡。

第九二條

雇主對於隧道、坑道之支撐，如有腳部下沉、滑動之虞，應襯以墊板、座鈑等措施。

第九三條

雇主對於隧道、坑道之鋼拱支撐，應依下列規定辦理：

一　支撐組之間隔應在一‧五公尺以下。但以噴凝土或安裝岩栓來支撐岩體荷重者，不在此限。

二　使用連接螺栓、連接桿或斜撐等，將主構材相互堅固連接之。

三　為防止沿隧道之縱向力量致傾倒或歪斜，應採取必要之措施。

四　為防止土石崩塌，應設有襯板等。

第九四條

雇主對於隧道、坑道之木拱支撐，應依下列規定辦理：

一　為防止接近地面之水平支撐移位，其兩端應以斜撐材固定於側壁上。

二　為防止沿隧道之縱向力量致傾倒或歪斜，應採取必要之措施。

三　構材連接部分，應以牽條等固定。

第九五條

雇主於拆除承受有荷重之隧道、坑道支撐之構材時，應先採取荷重移除措施。

第九六條

雇主對於隧道、坑道設置之支撐，應於每日或四級以上地震後，就下列事項予以確認，如有異狀時，應即採取補強或整補措施：

一　構材有無損傷、變形、腐蝕、移位及脫落。

二　構材緊接是否良好。

三　構材之連接及交叉部分之狀況是否良好。

四　腳部有無滑動或下沉。

五　頂磐及側壁有無鬆動。

第九七條

雇主應使隧道、坑道模板支撐，具有承受負荷之堅固構造。

第九八條

雇主對於隧道、坑道開挖作業，如其豎坑深度超過二十公尺者，應設專供人員緊急出坑之安全吊升設備。

第九九條

雇主對於隧道、坑道之電力及其它管線系統，應依下列規定辦理：

一　電力系統應與水管、電訊、通風管系統隔離。

二　水、電、通訊或其他因施工需要而設置之管、線路，應沿隧道適當距離標示其用途，並應懸掛於隧道壁顯明易見之場所。

三　應沿工作人員通路上方裝置安全路燈號及停電時能自動開啟之緊急照明裝置。

四　照明設施均應裝置在工作人員通路同側之隧道壁上方。

五　應於每五百公尺設置與外界隨時保持正常通訊之有線通訊設備。

六　隧道內行駛之動力車，應裝置閃光燈號或警報措施。

七　有大量湧水之虞時，應配備足夠抽水能力之設備，並備設備失效時會發出警報之裝置。

八　電力系統均應予以接地（爆破開挖之隧道除外）或裝置感電防止用漏電斷路器，其佈設之主要電力線路，均應爲雙層絕緣之電纜。

第一○○條

雇主對於隧道、坑道之通路，應依下列規定辦理：

一　規劃作業人員專用通路，並於車輛或軌道動力車行駛之路徑，以欄杆或其他足以防護通路安全之設施加以隔離。

二　除工作人員專用通路外，應避免舖設踏板，以防人員誤入危險區域。

三　因受限於隧道、坑道之斷面設計、施工等因素，無法規劃工作人員專用道路時，如以車輛或軌道動力車運輸人員者，得不設置專用通路。

第一○一條

雇主對於以潛盾工法施工之隧道、坑道開挖作業，應依下列規定：

一　未經許可禁止在隧道內進行氣體熔接、熔斷或電焊作業。

二　未經許可禁止攜帶火柴、打火機等火源進入隧道。

三　柴油引擎以外之內燃機不得在隧道內使用。

第一○一條之一

雇主對於以潛盾工法施工之隧道、坑道開挖作業，爲防止地下水、土砂自鏡面開口處與潛盾機殼間滲湧，應於出發及到達工作井處採取防止地下水、土砂滲湧等必要工程設施。

第一○二條

雇主對於隧道、坑道挖掘（以下簡稱隧道等挖掘）作業或襯砌（以下簡稱隧道等襯砌）作業，應指定隧道等挖掘作業主管或隧道等襯砌作業主管於作業現場辦理下列事項：

一　決定作業方法，指揮勞工作業。

二　實施檢點，檢查材料、工具、器具等，並汰換其不良品。

三　監督勞工確實使用個人防護具。

四　確認安全衛生設備及措施之有效狀況。

五　前二款未確認前，應管制勞工或其他人員不得進入作業。

六　其他為維持作業勞工安全衛生所必要之設備及措施。

第七章　沉箱、沉筒、井筒、圍堰及壓氣施工

第一〇三條

雇主對於沉箱、沉筒、井筒等內部從事開挖作業時，為防止其急速沈陷危害勞工，應依下列規定辦理：

一　依下沉關係圖，決定開挖方法及載重量。

二　刃口至頂版或梁底之淨距應在一點八公尺以上。

三　刃口下端不得下挖五十公分以上。

第一〇四條

雇主對於沉箱、沉筒、井筒等之設備內部，從事開挖作業時，應依下列規定辦理：

一　應測定空氣中氧氣及有害氣體之濃度。

二　應有使勞工安全升降之設備。

三　開挖深度超過二十公尺或有異常氣壓之虞時，該作業場所應設置專供連絡用之電話或電鈴等通信系統。

四　開挖深度超過二十公尺或依第一款規定測定結果異常時，應設置換氣裝置並供應充分之空氣。

第一〇五條

雇主以預鑄法施放沉箱時，應依下列規定辦理：

一　預鑄沉箱堆置應平穩、堅固。

二　於沉箱面上作業時應有防止人員、車輛、機具墜落之設備。

三　施放作業前對拖船、施放鋼索、固定裝置等，應確認無異常狀態。

四　對拖曳航道應事先規劃，如深度不足時，應即予疏濬。

五　水面、水下作業人員，於共同作業時，應建立統一信號系統，要求作業人員遵守。

第一〇六條

雇主藉壓氣沉箱施工法、壓氣沉筒施工法、壓氣潛盾施工法等作業時，應選任高壓室內作業主管，辦理下列事項：

一　應就可燃物品於高氣壓狀況下燃燒之危險性，告知勞工。

二　禁止攜帶火柴、打火機等火源，並將上項規定揭示於氣閘室外明顯易見之地點。

三　禁止從事氣體熔接、熔斷或電焊等具有煙火之作業。

四　禁止藉煙火、高溫或可燃物供作暖氣之用。

五　禁止使用可能造成火源之機械器具。

六　禁止使用可能發生火花或電弧之電源開關。

七　規定作業人員穿著不易引起靜電危害之服裝及鞋靴。

八　作業人員離開異常氣壓作業環境時，依異常氣壓危害預防標準辦理。

第一〇七條

雇主使勞工從事圍堰作業，應依下列規定辦理：

一　圍堰強度應依設計施工之水位高度設計，保持適當強度。

二　如高水位之水有自堰頂溢進堰內之虞時，應有清除堰內水量之設備。

三　建立於緊急時能迅速警告勞工退避之緊急信號，並告知勞工。

四　備有梯子、救生圈、救生衣及小船等供勞工於情況危急時能及時退避。

五　圍堰之走道、橋梁，至少應設二個緊急出口之坡道，並依規定設置護欄。

六　靠近航道設置之圍堰，應有防範通行船隻撞及堰體之措施，夜間或光線不良時，應裝設閃光警示燈。

第八章　基樁等施工設備

第一〇八條

雇主對於以動力打擊、振動、預鑽等方式從事打樁、拔樁等樁或基樁施工設備（以下簡稱基樁等施工設備）之機體及其附屬裝置、零件，應具有適當其使用目的之必要強度，並不得有顯著之損傷、磨損、變形或腐蝕。

第一〇九條

雇主為了防止動力基樁等施工設備之倒塌，應依下列規定辦理：

一　設置於鬆軟地磐上者，應襯以墊板、座鈑、或敷設混凝土等。

二　裝置設備物時，應確認其耐用及強度；不足時應即補強。

三　腳部或架台有滑動之虞時，應以樁或鏈等固定之。

四　以軌道或滾木移動者，為防止其突然移動，應以軌夾等固定之。

五　以控杆或控索固定該設備頂部時，其數目應在三以上，其末端應固定且等間隔配置。

六　以重力均衡方式固定者，為防止其平衡錘之移動，應確實固定於腳架。

第一一〇條

雇主對於基樁等施工設備之捲揚鋼纜，有下列情形之一者不得使用：

一　有接頭者。

二　鋼纜一撚間有百分之十以上素線截斷者。

三　直徑減少達公稱直徑百分之七以上者。

四　已扭結者。

五　有顯著變形或腐蝕者。

第一一一條

雇主使用於基樁等施工設備之捲揚鋼纜，應依下列規定辦理：

一　打樁及拔樁作業時，其捲揚裝置之鋼纜在捲胴上至少應保留二卷以上。

二　應使用夾鉗、鋼索夾等確實固定於捲揚裝置之捲胴。

三　捲揚鋼纜與落錘或樁錘等之套結，應使用夾鉗或鋼索夾等確實固定。

第一一二條

雇主於拔樁設備之捲揚鋼纜、滑車等，應使用具有充分強度之鉤環或金屬固定具與樁等確實連結等。

第一一三條

雇主對於基樁設備等施工設備之捲揚機，應設固定夾或金屬擋齒等剎車裝置。

第一一四條

雇主對於基樁等施工設備，應能充分抗振，且各部分結合處應安裝牢固。

第一一五條

①雇主對於基樁等施工設備，應能將其捲揚裝置之捲胴軸與頭一個環槽滑輪軸間之距離，保持在捲揚裝置之捲胴寬度十五倍以上。

②前項規定之環槽滑輪應通過捲揚裝置捲胴中心，且置於軸之垂直面上。

③基樁等施工設備，其捲揚用鋼纜於捲胴時，如構造設計良好使其不致紊亂者，得不受前二項規定之限制。

第一一六條

雇主對於基樁等施工設備之環槽滑輪之安裝，應使用不因荷重而破裂之金屬固定具、鉤環或鋼纜等確實固定之。

第一一七條

雇主對於以蒸氣或壓縮空氣為動力之基樁等施工設備，應依下列規定：

一　為防止落錘動作致蒸氣或空氣軟管與落錘接觸部分之破損或脫落，應使該等軟管固定於落錘接觸部分以外之處所。

二　應將遮斷蒸氣或空氣之裝置，設置於落錘操作者易於操作之位置。

第一一八條

雇主對於基樁等施工設備之捲揚裝置，當其捲胴上鋼纜發生亂股時，不得在鋼纜上加以荷重。

第一一九條

雇主對於基樁等施工設備之捲揚裝置於有荷重下停止運轉時，應

以金屬擋齒阻擋或以固定夾確實剎車，使其完全靜止。

第一二○條

雇主不得使基樁等設備之操作者，於該機械有荷重時擅離操作位置。

第一二一條

雇主為防止因基樁設備之環槽滑輪、滑車裝置破損致鋼纜彈躍或環槽滑輪、滑車裝置等之破裂飛散所生之危險，應禁止勞工進入運轉中之捲揚用鋼纜彎曲部分之內側。

第一二二條

雇主對於以基樁等施工設備吊升樁時，其懸掛部分應吊升於環槽滑輪或滑車裝置之正下方。

第一二三條

①雇主對於基樁等施工設備之作業，應訂定一定信號，並指派專人於作業時從事傳達信號工作。

②基樁等施工設備之操作者，應遵從前項規定之信號。

第一二四條

雇主對於基樁等施工設備之裝配、解體、變更或移動等作業，應指派專人依安全作業標準指揮勞工作業。

第一二五條

雇主對於藉牽條支持之基樁等施工設備之支柱或雙桿架等整體藉動力驅動之捲揚機或其他機械移動其腳部時，為防止腳部之過度移動引起之倒塌，應於對側以拉力配重、捲揚機等確實控制。

第一二六條

雇主對於基樁等施工設備之組配，應就下列規定逐一確認：

一　構件無異狀方得組配。

二　機體繫結部分無鬆弛及損傷。

三　捲揚用鋼纜、環槽滑輪及滑車裝置之安裝狀況良好。

四　捲揚裝置之剎車系統之性能良好。

五　捲揚機安裝狀況良好。

六　牽條之配置及固定狀況良好。

七　基腳穩定避免倒塌。

第一二七條

雇主對於基樁等施工設備控索之放鬆時，應使用拉力配重或捲揚機等適當方法，並不得加載荷重超過從事放鬆控索之勞工負荷之程度。

第一二八條

雇主對於基樁等施工設備之作業，為防止損及危險物或有害物管線、地下電纜、自來水管或其他埋設物等，致有危害勞工之虞時，應事前就工作地點實施調查並查詢該等埋設之管線權責單位，確認其狀況，並將所得資料通知作業勞工。

第九章　鋼筋混凝土作業

第一二九條

雇主對於從事鋼筋混凝土之作業時，應依下列規定辦理：

一　鋼筋應分類整齊放置。

二　使從事搬運鋼筋作業之勞工戴用手套。

三　利用鋼筋結構作為通道時，表面應舖以木板，使能安全通行。

四　使用吊車或索道運送鋼筋時，應予紮牢以防滑落。

五　吊運長度超過五公尺之鋼筋時，應在適當距離之二端以吊鏈鉤住或拉索捆紮拉緊，保持平穩以防擺動。

六　構結牆、柱、墩基及類似構造物之直立鋼筋時，應有適當支持；其有傾倒之虞者，應使用拉索或撐桿支持，以防傾倒。

七　禁止使用鋼筋作為拉索支持物、工作架或起重支持架等。

八　鋼筋不得散放於施工架上。

九　暴露之鋼筋應採取彎曲、加蓋或加裝護套等防護設施。但其正上方無勞工作業或勞工無虞跌倒者，不在此限。

十　基礎頂層之鋼筋上方，不得放置尚未組立之鋼筋或其他物料。但其重量未超過該基礎鋼筋支撐架之荷重限制並分散堆置者，不在此限。

第一三〇條

雇主對於供作模板支撐之材料，不得有明顯之損壞、變形或腐蝕。

第一三一條

雇主對於模板支撐，應依下列規定辦理：

一　為防止模板倒塌危害勞工，高度在七公尺以上，且面積達三百三十平方公尺以上之模板支撐，其構築及拆除，應依下列規定辦理：

　(一)事先依模板形狀、預期之荷重及混凝土澆置方法等，應由所僱之專任工程人員或委由相關執業技師，依結構力學原理妥為設計，置備施工圖說及強度計算書，經簽章確認後，據以執行。

　(二)訂定混凝土澆置計畫及建立按施工圖說施工之查驗機制。

　(三)設計、施工圖說、簽章確認紀錄、混凝土澆置計畫及查驗等相關資料，於未完成拆除前，應妥存備查。

　(四)有變更設計時，其強度計算書及施工圖說應重新製作，並依本款規定辦理。

二　前款以外之模板支撐，除前款第一目規定得指派專人妥為設計，簽章確認強度計算書及施工圖說外，應依前款各目規定辦理。

三　支柱應視土質狀況，襯以墊板、座板或敷設水泥等方式，以防止支柱之沉陷。

四　支柱之腳部應予以固定，以防止移動。

五　支柱之接頭，應以對接或搭接之方式妥為連結。

六　鋼材與鋼材之接觸部分及搭接重疊部分，應以螺栓或鉚釘等金屬零件固定之。

七　對曲面模板，應以繫桿控制模板之上移。

八　橋梁上構模板支撐，其模板支撐架應設置側向支撐及水平支撐，並於上、下端連結牢固穩定，支柱（架）腳部之地面應夯實整平，排水良好，不得積水。

九　橋梁上構模板支撐，其模板支撐架頂層構臺應舖設踏板，並於構臺下方設置強度足夠之安全網，以防止人員墜落、物料飛落。

第一三一條之一

雇主對於橋梁工程採支撐先進工法、懸臂工法及以起重機從事節塊吊裝工法或全跨吊裝工法等方式施工時，應依下列規定辦理：

一　對於工作車之構築及拆除、節塊之構築，應依下列程序辦理：

　(一)事先就工作車及其支撐、懸吊及錨定系統，依預期之荷重、混凝土澆置方法及工作車推進時之移動荷重等因素，應由所僱之專任工程人員或委由相關執業技師，依結構力學原理妥為設計，置備施工圖說及強度計算書，經簽章確認後，據以執行。

　(二)訂定混凝土澆置計畫及建立按施工圖說施作之查驗機制。

　(三)設計、施工圖說、簽章確認紀錄及查驗等相關資料，於工作車未完成拆除前，應妥存備查。

　(四)有變更設計時，其強度計算書及施工圖說應重新製作，並依本款規定辦理。

二　組立、拆除工作車時，應指派專人決定作業方法及於現場直接指揮作業，並確認下列事項：

　(一)依前款組立及拆除之施工圖說施工。

　(二)工作車推進前，軌道應確實錨錠。

　(三)工作車推進或灌漿前，承載工作車之箱型梁節塊，應具備充分之預力強度。

三　工作車之支撐、懸吊及錨定系統之材料，不得有明顯之損傷、變形或腐蝕。使用錨錠之鋼棒型號不同時，鋼棒應標示區別之。

四　工作車推進或灌漿前，工作車連接構件之螺栓、插銷等應安實設置。

五　工作車、節塊推進時，應設置防止人員進入推進路線下方之設施。

六　工作車應設置制動停止裝置。

七　工作車千斤頂之墊片或墊塊，應採取繫固措施，以防止滑脫偏移。

第一三一條之二

①雇主對於預力混凝土構造物之預力施作，應俟混凝土達一定之強

度，始得放鬆或施拉鋼鍵，且施拉預力之千斤頂及油壓機等機具，應妥為固定。

②施拉預力時及施拉預力後，雇主應設置防止鋼鍵等射出危害勞工之設備，並採取射出方向禁止人員出入之設施及設置警告標示。

第一三二條

雇主對於模板支撐支柱之基礎，應依土質狀況，依下列規定辦理：

一 挖除表土及軟弱土層。

二 回填碎石、再生粒料或其他相關回填料。

三 整平並滾壓夯實。

四 鋪築混凝土層。

五 鋪設足夠強度之覆工板。

六 注意場掘基地週邊之排水，豪大雨後，排水應宣洩流暢，不得積水。

七 農田路段或軟弱地盤應加強改善，並強化支柱下之土壤承載力。

第一三三條

①雇主對於模板支撐組配、拆除（以下簡稱模板支撐）作業，應指派模板支撐作業主管於作業現場辦理下列事項：

一 決定作業方法，指揮勞工作業。

二 實施檢點，檢查材料、工具、器具等，並汰換其不良品。

三 監督勞工確實使用個人防護具。

四 確認安全衛生設備及措施之有效狀況。

五 前二款未確認前，禁管制勞工或其他人員不得進入作業。

六 其他為維持作業勞工安全衛生所必要之設備及措施。

②前項第二款之汰換不良品規定，對於進行拆除作業之待拆物件不適用之。

第一三四條

雇主以一般鋼管為模板支撐之支柱時，應依下列規定辦理：

一 高度每隔二公尺內應設置足夠強度之縱向、橫向之水平繫條，並與牆、柱、橋墩等構造物或穩固之牆模、柱模等妥實連結，以防止支柱移位。

二 上端支以梁或軌枕等貫材時，應置鋼製頂板或托架，並將貫材固定其上。

第一三五條

雇主以可調鋼管支柱為模板支撐之支柱時，應依下列規定辦理：

一 可調鋼管支柱不得連接使用。

二 高度超過三點五公尺者，每隔二公尺內設置足夠強度之縱向、橫向之水平繫條，並與牆、柱、橋墩等構造物或穩固之牆模、柱模等妥實連結，以防止支柱移位。

三 可調鋼管支撐於調整高度時，應以制式之金屬附屬配件為之，不得以鋼筋等替代使用。

四　上端支以梁或軌枕等貫材時，應置鋼製頂板或托架，並將貫
　　材固定其上。

第一三六條

雇主以鋼管施工架為模板支撐之支柱時，應依下列規定辦理：

一　鋼管架間，應設置交叉斜撐材。

二　於最上層及每隔五層以內，模板支撐之側面、架面及每隔五
　　架以內之交叉斜撐材面方向，應設置足夠強度之水平繫條，
　　並與牆、柱、橋墩等構造物或穩固之牆模、柱模等妥實連
　　結，以防止支柱移位。

三　於最上層及每隔五層以內，模板支撐之架面方向之二端及每
　　隔五架以內之交叉斜撐材面方向，應設置水平繫條或橫架。

四　上端支以梁或軌枕等貫材時，應置鋼製頂板或托架，並將貫
　　材固定其上。

五　支撐底部應以可調型基腳座鈑調整在同一水平面。

第一三七條

雇主以型鋼之組合鋼柱為模板支撐之支柱時，應依下列規定辦
理：

一　支柱高度超過四公尺者，應每隔四公尺內設置足夠強度之縱
　　向、橫向之水平繫條，並與牆、柱、橋墩等構造物或穩固之
　　牆模、柱模等妥實連結，以防止支柱移位。

二　上端支以梁或軌枕等貫材時，應置鋼製頂板或托架，並將貫
　　材固定其上。

第一三八條

雇主以木材為模板支撐之支柱時，應依下列規定辦理：

一　木材以連接方式使用時，每一支柱最多僅能有一處接頭，以
　　對接方式連接使用時，應以二個以上之牽引板固定之。

二　上端支以梁或軌枕等貫材時，應使用牽引板將上端固定於貫
　　材。

三　支柱底部須固定於有足夠強度之基礎上，且每根支柱之淨高
　　不得超過四公尺。

四　木材支柱最小斷面積應大於三十一點五平方公分，高度每二
　　公尺內設置足夠強度之縱向、橫向水平繫條，以防止支柱之
　　移動。

第一三九條

雇主對模板支撐以梁支持時，應依下列規定辦理：

一　將梁之兩端固定於支撐物，以防止滑落及脫落。

二　於梁與梁之間設置繫條，以防止橫向移動。

第一四〇條

雇主對於置有容積一立方公尺以上之漏斗之混凝土拌合機，應有
防止人體自開口處捲入之防護裝置、清掃裝置與護欄。

第一四一條

雇主對於支撐混凝土輸送管之固定架之設計，應考慮荷重及振動

之影響。輸送管之管端及彎曲處應妥善固定。

第一四二條

雇主對於混凝土澆置作業，應依下列規定辦理：

一　裝有液壓或氣壓操作之混凝土吊桶，其控制出口應有防止骨材聚集於桶頂及桶邊緣之裝置。

二　使用起重機具吊運混凝土桶以澆置混凝土時，如操作者無法看清楚澆置地點，應指派信號指揮人員指揮。

三　禁止勞工乘坐於混凝土澆置桶上，及位於混凝土輸送管下方作業。

四　以起重機具或索道吊運之混凝土桶下方，禁止人員進入。

五　混凝土桶之載重量不得超過容許限度，其擺動夾角不得超過四十度。

六　混凝土拌合機具或車輛停放於斜坡上作業時，除應完全刹車外，並應將機具或車輛墊穩，以免滑動。

七　實施混凝土澆置作業，應指定安全出入路口。

八　澆置混凝土前，須詳細檢查模板支撐各部分之連接及斜撐是否安全，澆置期間有異常狀況必須停止作業者，非經修妥後不得作業。

九　澆置梁、樓板或曲面屋頂，應注意偏心載重可能產生之危害。

十　澆置期間應注意避免過大之振動。

十一　以泵輸送混凝土時，其輸送管與接頭應有適當之強度，以防止混凝土噴濺及物體飛落。

第一四三條

雇主對於以泵輸送混凝土作業前，應確認攪拌器及輸送管接頭狀況良好，作業時攪拌器攪刀之護蓋不得開啓。

第一四四條

雇主對於模板之吊運，應依下列規定辦理：

一　使用起重機或索道吊運時，應以足夠強度之鋼索、纖維索或尼龍繩索捆紮牢固，吊運前應檢查各該吊掛索具，不得有影響強度之缺陷，且所吊物件已確實掛妥於起重機之吊具。

二　吊運垂直模板或將模板吊於高處時，在未設妥支撐受力處或安放妥當前，不得放鬆吊索。

三　吊升模板時，其下方不得有人員進入。

四　放置模板材料之地點，其下方支撐強度須事先確認結構安全。

第一四五條

雇主於拆除模板時，應將該模板物料於拆除後妥爲整理堆放。

第一四六條

雇主對於拆除模板後之部分結構物施工時，非經由專人之周詳設計、考慮，不得荷載超過設計規定之容許荷重；新澆置之樓板上繼續澆置其上層樓板之混凝土時，應充分考慮該新置樓板之受力

荷重。

第一四七條

雇主應依構造物之物質、形狀、混凝土之強度及其試驗結果、構造物上方之工作情形及當地氣候之情況，確認構造物已達到安全強度之拆模時間，方得拆除模板。

第十章　鋼構組配作業

第一四八條

雇主對於鋼構吊運、組配作業，應依下列規定辦理：

一　吊運長度超過六公尺之構架時，應在適當距離之二端以拉索捆紮拉緊，保持平穩防止擺動，作業人員在其旋轉區內時，應以穩定索繫於構架尾端，使之穩定。

二　吊運之鋼材，應於放置前，檢視其確實捆妥或繫固於安定之位置，再卸離吊掛用具。

三　安放鋼構時，應由側方及交叉方向安全支撐。

四　設置鋼構時，其各部尺寸、位置均須測定，並妥為校正，並用臨時支撐或螺栓等使其充分固定，再行熔接或鉚接。

五　鋼梁於最後安裝吊索鬆放前，鋼梁二端腹鈑之接頭處，應有二個以上之螺栓裝妥或採其他設施固定之。

六　中空格柵構件於鋼構未熔接或鉚接牢固前，不得置於該鋼構上。

七　鋼構組配進行中，柱子尚未於二個以上之方向與其他構架組配牢固前，應使用格柵當場栓接，或採其他設施，以抵抗橫向力，維持構架之穩定。

八　使用十二公尺以上長跨度格柵梁或桁架時，於鬆放吊索前，應安裝臨時構件，以維持橫向之穩定。

九　使用起重機吊掛構件從事組配作業，其未使用自動脫鉤裝置者，應設置施工架等設施，供作業人員安全上下及協助鬆脫吊具。

第一四九條

① 雇主對於鋼構之組立、架設、爬升、拆除、解體或變更等（以下簡稱鋼構組配）作業，應指派鋼構組配作業主管於作業現場辦理下列事項：

一　決定作業方法，指揮勞工作業。

二　實施檢點，檢查材料、工具及器具等，並汰換其不良品。

三　監督勞工確實使用個人防護具。

四　確認安全衛生設備及措施之有效狀況。

五　前二款未確認前，應管制勞工或其他人員不得進入作業。

六　其他為維持作業勞工安全衛生所必要之設備及措施。

② 前項第二款之汰換不良品規定，對於進行拆除作業之待拆物件不適用之。

③ 第一項所定鋼構，其範圍如下：

一　高度在五公尺以上之鋼構建築物。

二　高度在五公尺以上之鐵塔、金屬製煙囪或類似柱狀金屬構造物。

三　高度在五公尺以上或橋梁跨距在三十公尺以上，以金屬構材組成之橋梁上部結構。

四　塔式起重機或升高伸臂起重機。

五　人字臂起重桿。

六　以金屬構材組成之室外升降機升降路塔或導軌支持塔。

七　以金屬構材組成之施工構臺。

第一四九條之一

①雇主進行前條鋼構組配作業前，應擬訂包括下列事項之作業計畫，並使勞工遵循：

一　安全作業方法及標準作業程序。

二　防止構材及其組配件飛落或倒塌之方法。

三　設置能防止作業勞工發生墜落之設備及其設置方法。

四　人員進出作業區之管制。

②雇主應於勞工作業前，將前項作業計畫內容使勞工確實知悉。

第一五○條

雇主於鋼構組配作業進行組合時，應逐次構築永久性之樓板，於最高永久性樓板上組合之骨架，不得超過八層。但設計上已考慮構造物之整體安全性者，不在此限。

第一五一條

雇主對於鋼構建築之臨時性構臺之舖設，應依下列規定辦理：

一　用於放置起重機或其他機具之臨時性構臺，應依預期荷重妥為設計具充分強度之木板或座鈑，緊密舖設及防止移動，並於下方設置支撐物，且確認其結構安全。

二　不適用舖設臨時性構臺之鋼構建築，且未使用施工架而落距差超過二層樓或七點五公尺以上者，應張設安全網，其下方應具有足夠淨空，以防彈動下沉，撞及下面之結構物。安全網於使用前須確認已實施耐衝擊試驗，並維持其效能。

三　以地面之起重機從事鋼構組配之高處作業，使勞工於其上方從事熔接、上螺絲等接合，或上漆作業者，其鋼梁正下方二層樓或七點五公尺高度內，應安裝密實之舖板或採取相關安全防護措施。

第一五二條

雇主對於鋼構之組配，地面或最高永久性樓板層上，不得有超過四層樓以上之鋼構尚未鉚接、熔接或螺栓緊者。

第一五三條

雇主對於鋼構組配作業之焊接、栓接、鉚接及鋼構之豎立等作業，應依下列規定辦理：

一　於鈙出栓桿、衝梢或鉚釘頭時，應採取適當之方法及工具，以防止其任意飛落。

二　撞擊栓緊板手應有防止套座滑出之鎖緊裝置。

三　不得於人員、通道上方或可燃物堆集場所之附近從事焊接、栓接、鉚接工作。但已採取防風防火架、火花承接盒、防火毯或其他適當措施者，不在此限。

四　使用氣動鉚釘鎚之把手及鉚釘頭模，應適當安裝安全鐵線；裝置於把手及鉚釘頭模之鐵線，分別不得小於九號及十四號鐵線。

五　豎立鋼構時所使用之接頭，應有防止其脫開之裝置。

六　豎立鋼構所使用拉索之安裝，應能使勞工控制其接頭點，拉索之移動時應由專人指揮。

七　鬆開受力之螺栓時，應能防止其脫開。

第一五四條

雇主對於鋼構組配作業之勞工從事栓接、鉚接、熔接或檢測作業，應使其佩帶適當之個人防護具。

第十一章　構造物之拆除

第一五五條

①雇主於拆除構造物前，應依下列規定辦理：

一　檢查預定拆除之各構件。

二　對不穩定部分，應予支撐穩固。

三　切斷電源，並拆除配電設備及線路。

四　切斷可燃性氣體管、蒸汽管或水管等管線。管中殘存可燃性氣體時，應打開全部門窗，將氣體安全釋放。

五　拆除作業中須保留之電線管、可燃性氣體管、蒸氣管、水管等管線，其使用應採取特別安全措施。

六　具有危險性之拆除作業區，應設置圍柵或標示，禁止非作業人員進入拆除範圍內。

七　在鄰近通道之人員保護設施完成前，不得進行拆除工程。

②雇主對於修繕作業，施工時須鑿開或鑽入構造物者，應比照前項拆除規定辦理。

第一五六條

雇主對於前條構造物之拆除，應選任專人於現場指揮監督。

第一五七條

雇主於拆除構造物時，應依下列規定辦理：

一　不得使勞工同時在不同高度之位置從事拆除作業。但具有適當設施足以維護下方勞工之安全者，不在此限。

二　拆除應按序由上而下逐步拆除。

三　拆除之材料，不得過度堆積致有損樓板或構材之穩固，並不得靠牆堆放。

四　拆除進行中，隨時注意控制拆除構造物之穩定性。

五　遇強風、大雨等惡劣氣候，致構造物有崩塌之虞者，應立即停止拆除作業。

六　構造物有飛落、震落之虞者，應優先拆除。

七　拆除進行中，有塵土飛揚者，應適時予以灑水。

八　以拉倒方式拆除構造物時，應使用適當之鋼纜、纜繩或其他方式，並使勞工退避，保持安全距離。

九　以爆破方法拆除構造物時，應具有防止爆破引起危害之設施。

十　地下擋土壁體用於擋土及支持構造物者，在構造物未適當支撐或以板樁支撐土壓前，不得拆除。

十一　拆除區內禁止無關人員進入，並明顯揭示。

第一五八條

①雇主對構造物拆除區，應設置勞工安全出入通路，如使用樓梯者，應設置扶手。

②勞工出入之通路、階梯等，應有適當之採光照明。

第一五九條

雇主對於使用機具拆除構造物時，應依下列規定辦理：

一　使用動力系鏟斗機、推土機等拆除機具時，應配合構造物之結構、空間大小等特性妥慎選用機具。

二　使用重力錘時，應以撞擊點為中心，構造物高度一點五倍以上之距離為半徑設置作業區，除操作人員外，禁止無關人員進入。

三　使用夾斗或具曲臂之機具時，應設置作業區，其周圍應大於夾斗或曲臂之運行線八公尺以上，作業區內除操作人員外，禁止無關人員進入。

四　機具拆除，應在作業區內操作。

五　使用起重機具拆除鋼構造物時，其裝置及使用，應依起重機具有關規定辦理。

六　使用施工架時，應注意其穩定，並不得緊靠被拆除之構造物。

第一六〇條

雇主受環境限制，未能依前條第二款、第三款設置作業區時，應於預定拆除構造物之外牆邊緣，設置符合下列規定之承受臺：

一　承受臺寬應在一點五公尺以上。

二　承受臺面應由外向內傾斜，且密舖板料。

三　承受臺應能承受每平方公尺六百公斤以上之活載重。

四　承受臺應維持臺面距拆除層位之高度，不超過二層以上。但拆除層位距地面三層高度以下者，不在此限。

第一六一條

雇主於拆除結構物之牆、柱或其他類似構造物時，應依下列規定辦理：

一　自上至下，逐次拆除。

二　拆除無支撐之牆、柱或其他類似構造物時，應以適當支撐或控制，避免其任意倒塌。

三　以拉倒方式進行拆除時，應使勞工站立於作業區外，並防範

　　　破片之飛擊。

四　無法設置作業區時，應設承受臺、施工架或採取適當防範
　　措施。

五　以人工方式切割牆、柱或其他類似構造物時，應採取防止粉
　　塵之適當措施。

第一六二條

雇主對於樓板或橋面板等構造物之拆除，應依下列規定辦理：

一　拆除作業中或勞工須在作業場所行走時，應採取防止人體墜
　　落及物體飛落之措施。

二　卸落拆除物之開口邊緣，應設護欄。

三　拆除樓板、橋面板等後，其底下四層應加圍柵。

第一六三條

雇主對鋼鐵等構造物之拆除，應依下列規定辦理：

一　拆除鋼構、鐵構件或鋼筋混凝土構件時，應有防止各該構件
　　突然扭轉、反彈或倒塌等之適當設備或措施。

二　應由上而下逐層拆除。

三　應以纜索卸落構件，不得自高處拋擲。但經採取特別措施
　　者，不在此限。

第一六四條

雇主對於高煙囪、高塔等之拆除，應依下列規定辦理：

一　指派專人負責監督施工。

二　不得以爆破或整體翻倒方式拆除高煙囪。但四週有足夠地
　　面，煙囪能安全倒置者，不在此限。

三　以人工拆除高煙囪時，應設置適當之施工架。該施工架並應
　　隨拆除工作之進行隨時改變其高度，不得使工作臺高出煙囪
　　頂二十五公分及低於一‧五公尺。

四　不得使勞工站立於煙囪壁頂。

五　拆除物料自煙囪內卸落時，煙囪底部應有適當開孔，以防物
　　料過度積集。

六　不得於上方拆除作業中，搬運拆下之物料。

第一六五條

雇主對於從事構造物拆除作業之勞工，應使其佩帶適當之個人防
護具。

第十二章　油漆、瀝青工程作業

第一六六條

雇主對於油漆作業場所，應有適當之通風、換氣，以防易燃或有
害氣體之危害。

第一六七條

雇主對於噴漆作業場所，不得有明火、加熱器或其他火源發生之
虞之裝置或作業，並在該範圍內揭示嚴禁煙火之標示。

第一六八條

雇主對於正在加熱中之瀝青鍋，應採取防止勞工燙傷之設施。

第一六九條

雇主不得使熱瀝青之噴撒作業人員在柏油機噴撒軟管下操作，如人工操作噴撒時，應有隔離之把手及可彎曲之金屬軟管。

第一七○條

雇主應提供給從事瀝青作業所必須之防護具，並使勞工確實使用。

第十三章　衛　生

第一七一條

雇主對於營造工程工作場所應保持環境衛生。寢室、廚房、浴室或廁所應指定專人負責環境衛生之維護，以保持清潔。

第一七二條

雇主對於臨時房舍，應依下列規定辦理：

一　應選擇乾燥及排水良好之地點搭建。必要時應自行挖掘排水溝。

二　應有適當之通風及照明。

三　應使用合於飲用水衛生標準規定之飲用水及一般洗濯用水。

四　用餐地點、寢室及盥洗設備等應予分設並保持清潔。

五　應依實際需要設置冰箱、食品貯存及餐具櫥櫃、處理廢物、廢料等衛生設備。

第一七三條

雇主對於工作場所之急救設施，除依一般工作場所之急救設施規定外，並應依下列規定辦理：

一　於有毒樹木、危險蟲類等出現場所作業之勞工，應教以有關預防急救方法及疾病症候等。

二　於毒蛇經常出入之地區，應備置防治急救品。

三　應防止昆蟲、老鼠等孳生並予以撲滅。

四　其他必要之急救設備或措施。

第十四章　附　則

第一七三條之一

①自營作業者，準用本標準有關雇主義務之規定。

②受工作場所負責人指揮或監督從事勞動之人員，比照該事業單位之勞工，適用本標準之規定。

第一七四條

①本標準自發布日施行。

②本標準中華民國一百零三年六月二十六日修正發布之條文，除第十八條第二項自一百零四年七月三日施行外，自一百零三年七月三日施行。

③本標準中華民國一百十年一月六日修正發布之第十八條之一，自一百十一年一月一日施行。

職業安全衛生標示設置準則

①民國87年4月29日行政院勞工委員會令修正發布名稱及全文8條（原名稱：工業安全標示設置準則）。

②民國103年7月2日勞動部令修正發布名稱及全文8條；並自103年7月3日施行（原名稱：工業安全衛生標示設置準則）。

第一條
本準則依職業安全衛生法第六條第三項規定訂定之。

第二條
雇主設置之標示，除其他法規或國家標準另有規定外，應依本準則之規定辦理。

第三條
本準則所稱安全衛生標示（以下簡稱標示），其用途種類及告知事項如下：

一 防止危害：
- (一)禁止標示：嚴格管制有發生危險之虞之行為，包括禁止煙火、禁止攀越、禁止通行等。
- (二)警告標示：警告既存之危險或有害狀況，包括高壓電、墜落、高熱、輻射等危險。
- (三)注意標示：提醒避免相對於人員行為而發生之危害，包括當心地面、注意頭頂等。

二 一般說明或提示：
- (一)用途或處所之標示，包括反應塔、鍋爐房、安全門、伐木區、急救箱、急救站、救護車、診所、消防栓、機房等。
- (二)操作或儀程之標示，包括有一定順序之機具操作方法、儀表控制盤之說明、安全管控方法等。
- (三)說明性質之標示，包括工作場所各種行動方向、管制信號意義等。

第四條
標示之形狀種類如下：
- 一 圓形：用於禁止。
- 二 尖端向上之正三角形：用於警告。
- 三 尖端向下之正三角形：用於注意。
- 四 正方形或長方形：用於一般說明或提示。

第五條
標示應依設置之永久性或暫時性，採固定式或移動式，並應依下列規定設置：
- 一 大小及位置力求明顯易見，安裝穩妥。

二　材質堅固耐久，並適當處理所有尖角銳邊，以免危險。

第六條

①標示應力求簡明，並以文字及圖案併用。文字以中文為主，不得採用難以辨識之字體。

②前項標示之文字書寫方式如下：

一　直式：由上而下，由右而左。

二　橫式：由左而右。但有箭號指示方向者，依箭號方向。

第七條

標示之顏色，應依國家標準CNS 9328安全用顏色通則之規定，其底色、外廓、文字及圖案之用色，應力求對照顯明，以利識別。

第八條

本準則自中華民國一百零三年七月三日施行。

職業安全衛生顧問服務機構與其顧問服務人員之認可及管理規則

①民國103年12月30日勞動部令訂定發布全文22條；並自104年1月1日施行。

②民國109年4月30日勞動部令修正發布第8～11、15、22條條文及第5條附表一；並自發布日施行。

③民國111年1月24日勞動部令修正發布全文26條；除第5條第1項第5款自111年7月1日施行，及第6條第2項、第13條第2項、第16條第3項自112年1月1日施行外，自發布日施行。

第一章　總　則

第一條

本規則依職業安全衛生法（以下簡稱本法）第三十六條第三項規定訂定之。

第二條

本規則所稱職業安全衛生顧問服務機構（以下簡稱顧問機構），指經中央主管機關認可，提供事業單位職業安全衛生相關技術性或專業性服務之法人或團體。

第三條

顧問機構之服務類別及其服務範圍如下：

一　工業防火防爆技術顧問服務：提供事業單位進行廠場防火防爆系統之規劃、設計、施工管理及性能確認維護等服務。

二　工業通風技術顧問服務：提供事業單位進行廠場通風系統之規劃、設計、施工管理及性能確認維護等服務。

三　暴露評估技術顧問服務：提供事業單位進行廠場危害及暴露風險之評估、控制或管理等服務。

四　勞工健康顧問服務：提供事業單位進行勞工身心健康及健康管理措施之規劃或指導等服務。

五　職業安全衛生管理顧問服務：提供事業單位進行安全衛生及營運管理整合，或職業安全衛生管理系統效能提升之規劃或指導等服務。

第四條

①本規則所稱職業安全衛生顧問服務人員（以下簡稱顧問人員），指符合本規則所定資格條件，並任職於顧問機構，從事職業安全衛生相關顧問服務之人員。

②前項顧問人員之類別如下：

一　提供工業防火防爆技術服務之人。

二　提供工業通風技術服務之人。

三　提供暴露評估技術服務之人。

四　提供勞工健康顧問服務之人。

五　提供職業安全衛生管理顧問服務之人。

第二章　顧問機構與其顧問服務人員之資格條件及認可程序

第五條

①顧問機構應具備下列條件：

一　置專任負責人。

二　具有從事安全衛生服務或勞工健康服務實績。

三　具有固定服務營業處所，且須為建築物使用類組及變更使用辦法所定G2使用類組之場所。

四　依第三條服務類別，各申請類別分別置專職顧問人員四人以上，且不計入第一款之專任負責人。

五　顧問機構服務類別為勞工健康顧問服務者，其人力配置除依前款規定外，應另符合下列規定：

　㈠特約職業醫學科專科醫師至少一人。

　㈡專職顧問人員之組成，應包括第十條第三款勞工健康服務護理人員，及同條第四款勞工健康服務相關人員所列資格之一。

　㈢前目人員，至少一人具甲種職業安全衛生業務主管資格。

②前項第一款專任負責人之資格及第二款服務實績，如附表一。

③第一項第一款之專任負責人，不得兼任其他職業安全衛生顧問服務之法人或團體負責人。

第六條

①具備前條顧問機構條件者，得填具申請書（如附表二），並檢附下列文件，向中央主管機關申請認可：

一　依法設立登記或執業登記之證明文件影本。

二　前款設立登記之營業處所，依建築物使用類組及變更使用辦法取得G2使用類組之建造執照或使用執照影本。

三　顧問人員名冊（如附表三）及其資格證明文件（如附表四）影本。

四　具結符合前條第三項規定之文件。

五　其他經中央主管機關公告之事項。

②前項申請，應依中央主管機關公告之內容及方式登錄系統。

第七條

①從事防爆區域劃分或防爆電器之選用、設計施作、維護管理之工作年數及資格條件，符合下列各款規定之一者，得由顧問機構檢附相關資料，報請中央主管機關登錄為該顧問機構之工業防火防爆技術顧問人員：

一　經國內外電氣防爆相關訓練合格，並領有證照，且工作達三年以上。

二　國內外大專校院以上理工或工業安全衛生相關科系畢業，且工作達三年以上。

三　工業安全技師，且工作達一年以上。

②前項第一款之國外證照，應報經中央主管機關認可。

第八條

從事工業通風設計施作、維護管理之工作年數及資格條件，符合下列各款規定之一者，得由顧問機構檢附相關資料，報請中央主管機關登錄為該顧問機構之工業通風技術顧問人員：

一　國內外大專校院以上理工或工業安全衛生相關科系畢業，並修畢工業通風或流體力學相關課程至少三個學分，且工作達三年以上。

二　工業安全、職業衛生、冷凍空調、環境工程技師，且工作達一年以上。

第九條

從事勞工作業環境監測之工作達一年以上，且具符合職業衛生技師資格，並經勞工作業環境監測實施辦法第十條之二附表二之一所定勞工作業環境監測及暴露評估訓練課程合格者，得由顧問機構檢附相關資料，報請中央主管機關登錄為該顧問機構之暴露評估技術顧問人員。

第一〇條

從事勞工健康服務之工作年數及資格條件，符合下列各款規定之一者，得由顧問機構檢附相關資料，報請中央主管機關登錄為該顧問機構之勞工健康顧問人員：

一　職業醫學科專科醫師，且工作達二年以上。

二　具勞工健康保護規則所定勞工健康服務醫師資格，且工作達三年以上。

三　具勞工健康保護規則所定勞工健康服務護理人員資格，且工作達三年以上。

四　具勞工健康保護規則所定勞工健康服務相關人員資格，且工作達一年以上。

第一一條

從事職業安全衛生管理系統建置、輔導、驗證或績效提升之工作年數及資格條件，符合下列各款規定之一者，得由顧問機構檢附相關資料，報請中央主管機關登錄為該顧問機構之職業安全衛生管理顧問人員：

一　國內外大專校院以上理工、管理或工業安全衛生相關科系畢業，並經職業安全衛生管理系統主任稽核員訓練合格，且工作達三年以上。

二　工業安全技師、職業衛生技師，且工作達三年以上。

三　曾於勞工人數達一千人以上之事業單位擔任一級職業安全衛

生管理單位主管，或於政府機關（構）擔任職業安全衛生相關部門簡任以上主管等職務達五年以上。

第一二條

①顧問機構認可之有效期間最長爲三年；期滿繼續辦理者，於屆滿前九十日，應檢附第六條第一項所定文件，送中央主管機關重新申請認可。

②依第六條及前項申請認可之機構，有不符本法或本規則所定事項者，中央主管機關得限期補正，屆期未補正或補正未完全者，不予受理。

③中央主管機關辦理第一項認可者，其有效期間之核定，得審酌下列事項：

一　過去三年內之服務實績。

二　違反本規則之情形。

三　品質查核之結果。

四　其他需評估事項。

④經認可之顧問機構，中央主管機關得登錄及公告於網站。

第三章　顧問機構與其顧問人員之監督及管理

第一三條

①顧問機構就下列事項有變更者，應填具變更事項申報表（如附表五），檢附相關資料，於變更之次日起十五日內報請中央主管機關核定：

一　專任負責人。

二　登記地址及聯絡方式。

三　顧問人員。

四　其他經中央主管機關公告之事項。

②前項變更，應依第六條第二項公告之方式登錄系統。

③第一項第三款顧問人員之變更，未經中央主管機關完成核定，並予以登錄前，顧問機構不得使其執行顧問服務業務。

第一四條

顧問機構有下列情形之一者，應於事實發生後三十日內，主動向中央主管機關申請廢止其認可：

一　停業或歇業。

二　原申請認可條件變更致資格不符。

三　考量營運因素終止辦理顧問服務業務。

四　其他經中央主管機關公告之事項。

第一五條

①顧問機構應依認可之類別，辦理顧問業務，並訂定職業安全衛生顧問服務管理手冊，據以執行。

②前項職業安全衛生顧問服務管理手冊，其內容應包括下列事項：

一　組織及權責。

二　人員資格及訓練。

　三　儀器設備資料及清單。

　四　顧問服務執行程序。

　五　文件及紀錄管制。

　六　顧問服務之管理及審查。

　七　顧問服務年度業務報告。

　八　其他經中央主管機關公告之事項。

③第一項所定執行業務與實施管理之文件及紀錄，應至少保存五年。

第一六條

①顧問機構應定期評估及確保顧問人員之技術能力，相關紀錄至少保存三年。

②顧問機構應使顧問人員參加與其從事顧問服務專業事項有關之講習、研討會或訓練（以下併稱教育訓練），每年不得低於十二小時。

③前項教育訓練，顧問機構應依第六條第二項公告之方式登錄系統。

第一七條

①顧問機構執行臨場服務，應由專任負責人或其指定之代理人，擔任相關服務工作之負責人。

②前項臨場服務執行過程及結果，應作成紀錄，其內容應包括下列事項：

　一　事業單位名稱、地址。

　二　服務之日期、內容及結果。

　三　事業單位配合人員之姓名。

　四　執行之顧問人員及專任負責人或其指定代理人之姓名。

　五　其他經中央主管機關公告之事項。

③前項紀錄，應由顧問人員簽署後建檔備查，並至少保存五年。紀錄影本應交付事業單位存查。

④第一項之代理人，應由專職顧問人員中選任。

第一八條

①顧問機構應於年度結束之次日起九十日內完成年度業務報告書，並應至少保存年度業務報告書十年。

②前項報告書，應包括下列事項：

　一　顧問人員名冊與其資格及教育訓練等執行情形。

　二　顧問服務之執行實績。

　三　受服務之事業單位滿意度調查結果。

　四　業務檢討及改進情形。

第一九條

①中央主管機關得對顧問機構執行顧問服務之實績及品質情形，實施查核，並將查核結果公開之。

②前項查核結果，顧問機構有應改善之事項者，中央主管機關得令其限期改善，並由其提出改善之書面報告。

③第一項之查核及第六條之認可，中央主管機關得委託相關專業團體辦理。

第二○條

主管機關或勞動檢查機構得派員查核顧問機構之業務，並要求其提出證明文件、表冊及有關資料；顧問機構不得規避、妨礙或拒絕。

第二一條

顧問機構違反第十三條至第十九條者，主管機關得依本法第四十八條規定，予以警告，並令其限期改正。

第二二條

顧問機構有下列情形之一者，主管機關得依本法第四十八條規定，處以罰鍰處分，並令其限期改正：

一　顧問人員未符合第五條第一項第四款或第五款規定。

二　認可期間未符合第五條第一項第一款或第三款規定，繼續辦理顧問服務工作。

三　執行顧問服務工作有虛偽不實情事。

四　指派非顧問人員提供服務。

五　規避、妨礙或拒絕主管機關、勞動檢查機構或受中央主管機關委託之專業團體之查核。

六　未依前條規定期限改正。

第二三條

①顧問機構有前二條規定之情形，其相關人員有涉及刑責者，移送司法機關偵辦；中央主管機關並得依本法第四十八條規定，視違反規定情節之輕重，撤銷或廢止其認可，或定期停止其業務之全部或一部。

②顧問機構經前項撤銷或廢止其認可者，自撤銷或廢止之日起三年內，不得提出認可之申請。

第二四條

①顧問人員有下列情形之一者，中央主管機關得註銷其登錄：

一　未依規定每年接受必要之教育訓練。

二　未依規定執行顧問服務工作，或顧問服務報告有虛偽不實。

三　顧問服務經中央主管機關認定能力不佳。

四　對因執行顧問服務而取得事業單位資訊或其服務結果，未能善盡保密責任。

五　執行顧問服務過程，違反事業單位之規定或有其他損及其利益之情事。

六　經顧問機構報備離職。

七　經顧問機構重複登錄。

八　其他經中央主管機關認有違反本法或本規則情節重大。

②顧問人員因前項第一款至第三款之事由而被註銷登錄者，自註銷之日起三年內，顧問機構不得再為其提出登錄之申請。

③顧問人員因第一項第四款、第五款及第八款之事由而被註銷登錄

者，自註銷之日起五年內，顧問機構不得再爲其提出登錄之申請。

④主管機關或勞動檢查機構對於具有醫療法所定醫事人員資格之顧問人員，涉有違反醫療法相關規定者，得依職權移請直轄市、縣（市）衛生主管機關處理。

第四章 附 則

第二五條

本規則施行前已取得認可之顧問機構，應於本規則施行之日起六個月內，具備第五條第一項第三款規定固定服務營業處所之條件，並依第十三條規定辦理。

第二六條

本規則除第五條第一項第五款自中華民國一百十一年七月一日施行，及第六條第二項、第十三條第二項、第十六條第三項自一百十二年一月一日施行外，自發布日施行。

第四章　附則

陸、勞動檢查

勞動檢查法

①民國20年2月10日國民政府制定公布全文20條。
②民國24年4月16日國民政府修正公布第3、5、15條條文。
③民國82年2月3日總統令修正公布名稱及全文40條（原名稱：工廠檢查法）。
④民國89年7月19日總統令修正公布第2、3、5、25條條文。
⑤民國91年5月29日總統令修正公布第28條條文。
民國103年2月14日行政院公告第2條所列屬「行政院勞工委員會」之權責事項，自103年2月17日起改由「勞動部」管轄；第24條所列屬「勞工安全衛生研究所」之權責事項，自103年2月17日起改由「勞動部勞動及職業安全衛生研究所」管轄。
⑥民國104年2月4日總統令修正公布第2、24、33條條文。
⑦民國109年6月10日總統令修正公布第3、4、7、33、35條條文。

第一章 總則

第一條
為實施勞動檢查，貫徹勞動法令之執行、維護勞僱雙方權益、安定社會、發展經濟，特制定本法。

第二條
本法所稱主管機關：在中央為勞動部；在直轄市為直轄市政府；在縣（市）為縣（市）政府。

第三條
本法用詞定義如下：
一 勞動檢查機構：指中央或直轄市主管機關或有關機關為辦理勞動檢查業務所設置之專責檢查機構。
二 代行檢查機構：指由中央主管機關指定為辦理危險性機械或設備檢查之行政機關、學術機構或非營利法人。
三 勞動檢查員：指領有勞動檢查證執行勞動檢查職務之人員。
四 代行檢查員：指領有代行檢查證執行代行檢查職務之人員。

第四條
勞動檢查事項範圍如下：
一 依本法規定應執行檢查之事項。
二 勞動基準法令規定之事項。
三 職業安全衛生法令規定之事項。
四 其他依勞動法令應辦理之事項。

第二章 勞動檢查機構

第五條
①勞動檢查由中央主管機關設勞動檢查機構或授權直轄市主管機關

或有關機關專設勞動檢查機構辦理之。勞動檢查機構認有必要時，得會同縣（市）主管機關檢查。

②前項授權之勞動檢查，應依本法有關規定辦理，並受中央主管機關之指揮監督。

③勞動檢查機構之組織、員額設置基準，依受檢查事業單位之數量、地區特性，由中央主管機關擬訂，報請行政院核定之。

第六條

①中央主管機關應參酌我國勞動條件現況、安全衛生條件、職業災害嚴重率及傷害頻率之情況，於年度開始前六個月公告並宣導勞動檢查方針，其內容為：

一 優先受檢查事業單位之選擇原則。

二 監督檢查重點。

三 檢查及處理原則。

四 其他必要事項。

②勞動檢查機構應於前項檢查方針公告後三個月內，擬定勞動監督檢查計畫，報請中央主管機關核備後實施。

第七條

①勞動檢查機構應建立事業單位有關勞動檢查之資料，必要時得請求有關機關或團體提供。

②對於前項之請求，除其他法律有特別規定者外，有關機關或團體不得拒絕。

③中央主管機關應每年定期公布勞動檢查年報。

第三章 勞動檢查員

第八條

勞動檢查員之任用，除適用公務人員有關法令之規定外，其遴用標準由中央主管機關定之。

第九條

①勞動檢查員應接受專業訓練。

②前項訓練辦法，由中央主管機關定之。

第一〇條

勞動檢查員由勞動檢查機構依其專長及任務之特性指派，執行第四條所定之職務。

第一一條

①勞動檢查員不得有左列行為：

一 為變更、隱匿或捏造事實之陳報。

二 洩漏受檢查事業單位有關生產技術、設備及經營財務等秘密；離職後亦同。

三 處理秘密申訴案件，洩漏其申訴來源。

四 與受檢查事業單位發生不當財務關係。

②勞動檢查員有違法或失職情事者，任何人得根據事實予以舉發。

第一二條

勞動檢查員與受檢查事業單位有利害關係者，應自行迴避，不得執行職務，其辦法由中央主管機關定之。

第一三條

勞動檢查員執行職務，除左列事項外，不得事先通知事業單位：

一　第二十六條規定之審查或檢查。

二　危險性機械或設備檢查。

三　職業災害檢查。

四　其他經勞動檢查機構或主管機關核准者。

第一四條

①勞動檢查員為執行檢查職務，得隨時進入事業單位，雇主、雇主代理人、勞工及其他有關人員均不得無故拒絕、規避或妨礙。

②前項事業單位有關人員之拒絕、規避或妨礙，非警察協助不足以排除時，勞動檢查員得要求警察人員協助。

第一五條

①勞動檢查員執行職務時，得就勞動檢查範圍，對事業單位之雇主、有關部門主管人員、工會代表及其他有關人員為左列行為：

一　詢問有關人員，必要時並得製作談話紀錄或錄音。

二　通知有關人員提出必要報告、紀錄、工資清冊及有關文件或作必要之說明。

三　檢查事業單位依法應備置之文件資料、物品等，必要時並得影印資料，拍攝照片、錄影或測量等。

四　封存或於擊給收據逕抽取物料、樣品、器材、工具，以憑檢驗。

②勞動檢查員依前項所為之行為，事業單位或有關人員不得拒絕、規避或妨礙。

③勞動檢查員依第一項第三款所為之錄影、拍攝之照片等，事業單位認有必要時，得向勞動檢查機構申請檢視或複製。

④對於前項事業單位之請求，勞動檢查機構不得拒絕。

第一六條

勞動檢查員對違反勞動法律規定之犯罪嫌疑者，必要時，得聲請檢察官簽發搜索票，就其相關物件、處所執行搜索、扣押。

第四章　代行檢查機構與代行檢查員

第一七條

中央主管機關對於危險性機械或設備之檢查，除由勞動檢查機構派勞動檢查員實施外，必要時亦得指定代行檢查機構派代行檢查員實施。

第一八條

代行檢查機構之資格條件與所負責任、考評及獎勵辦法，暨代行檢查員之資格、訓練，由中央主管機關定之。

第一九條

代行檢查業務為非營利性質，其收費標準之計算，以收支平衡為

原則，由代行檢查機構就其代行檢查所需經費列計標準，報請中央主管機關核定之。

第二○條

代行檢查機構擬變更代行檢查業務時，應檢附擬增減之機械或設備種類、檢查類別、區域等資料，向中央主管機關申請核准。

第二一條

第十一條及第十二條之規定，於代行檢查員適用之。

第五章　檢查程序

第二二條

①勞動檢查員進入事業單位進行檢查時，應主動出示勞動檢查證，並告知雇主及工會。事業單位對未持勞動檢查證者，得拒絕檢查。

②勞動檢查員於實施檢查後應作成紀錄，告知事業單位違反法規事項及提供雇主、勞工遵守勞動法令之意見。

③第一項之勞動檢查證，由中央主管機關製發之。

第二三條

①勞動檢查員實施勞動檢查認有必要時，得報請所屬勞動檢查機構核准後，邀請相關主管機關、學術機構、相關團體或專家、醫師陪同前往鑑定，事業單位不得拒絕。

②第十一條第一項第二款及第十二條之規定，於前項陪同人員適用之。

第二四條

勞動檢查機構辦理職業災害檢查、鑑定、分析等事項，得由中央主管機關所屬勞動部勞動及職業安全衛生研究所或其他學術、研究機構提供必要之技術協助。

第二五條

①勞動檢查員對於事業單位之檢查結果，應經由所屬勞動檢查機構依法處理；其有違反勞動法令規定事項者，勞動檢查機構並應於十日內以書面通知事業單位立即改正或限期改善，並副知直轄市、縣（市）主管機關督促改善。對公營事業單位檢之結果，應另副知其目的事業主管機關督促其改善。

②事業單位對前項檢查結果，應於違規場所顯明易見處公告七日以上。

第二六條

①左列危險性工作場所，非經勞動檢查機構審查或檢查合格，事業單位不得使勞工在該場所作業：

一　從事石油裂解之石化工業之工作場所。

二　農藥製造工作場所。

三　爆竹煙火工廠及火藥類製造工作場所。

四　設置高壓氣體類壓力容器或蒸汽鍋爐，其壓力或容量達中央主管機關規定者之工作場所。

五　製造、處置、使用危險物、有害物之數量達中央主管機關規

定數量之工作場所。

六　中央主管機關會商目的事業主管機關指定之營造工程之工作場所。

七　其他中央主管機關指定之工作場所。

②前項工作場所應審查或檢查之事項，由中央主管機關定之。

第二七條

勞動檢查機構對事業單位工作場所發生重大職業災害時，應即指派勞動檢查員前往實施檢查，調查職業災害原因及責任；其發現非立即停工不足以避免職業災害擴大者，應就發生災害場所以書面通知事業單位部分或全部停工。

第二八條

①勞動檢查機構指派勞動檢查員對各事業單位工作場所實施安全衛生檢查時，發現勞工有立即發生危險之虞，得就該場所以書面通知事業單位逕予先行停工。

②前項有立即發生危險之虞之情事，由中央主管機關定之。

第二九條

勞動檢查員對事業單位未依勞動檢查機構通知限期改善事項辦理，而有發生職業災害之虞時，應陳報所屬勞動檢查機構；勞動檢查機構於認有必要時，得以書面通知事業單位部分或全部停工。

第三〇條

經依第二十七條至第二十九條規定通知停工之事業單位，得於停工之原因消滅後，向勞動檢查機構申請復工。

第三一條

①代行檢查員進入事業單位實施檢查時，應主動出示代行檢查證，並告知雇主指派人員在場。

②代行檢查員於實施危險性機械或設備之檢查後，合格者，應即於原合格證上簽署，註明有效期限；不合格者，應告知事業單位不合格事項，並陳報所屬代行檢查機構函請勞動檢查機構依法處理。

③前項不合格之危險性機械或設備，非經檢查合格，不得使用。

④第一項之代行檢查證，由中央主管機關製發之。

第三二條

①事業單位應於顯明而易見之場所公告左列事項：

一　受理勞工申訴之機構或人員。

二　勞工得申訴之範圍。

三　勞工申訴書格式。

四　申訴程序。

②前項公告書由中央主管機關定之。

第三三條

①勞動檢查機構於受理勞工申訴後，應儘速就其申訴內容派勞動檢查員實施檢查，並應於十四日內將檢查結果通知申訴人。

②勞工向工會申訴之案件，由工會依申訴內容查證後，提出書面改

善建議送事業單位，並副知申訴人及勞動檢查機構。

③事業單位拒絕前項之改善建議時，工會得向勞動檢查機構申請實施檢查。

④事業單位不得對勞工申訴人終止勞動契約或爲其他不利勞工之處分。

⑤勞動檢查機構受理勞工申訴必須保持秘密，不得洩漏勞工申訴人身分。

第六章 罰 則

第三四條

①有左列情形之一者，處三年以下有期徒刑、拘役或科或併科新臺幣十五萬元以下罰金：

一 違反第二十六條規定，使勞工在未經審查或檢查合格之工作場所作業者。

二 違反第二十七條至第二十九條停工通知者。

②法人之代表人、法人或自然人之代理人、受僱人或其他從業人員，因執行業務犯前項之罪者，除處罰其行爲人外，對該法人或自然人亦科以前項之罰金。

第三五條

事業單位或行爲人有下列情形之一者，處新臺幣三萬元以上十五萬元以下罰鍰，並得按次處罰：

一 違反第十四條第一項規定。

二 違反第十五條第二項規定。

第三六條

有左列情形之一者，處新臺幣三萬元以上六萬元以下罰鍰：

一 事業單位違反第二十五條第二項或第三十二條第一項規定者。

二 有關團體違反第七條第二項規定者。

第三七條

依本法所處之罰鍰，經通知而逾期不繳納者，移送法院強制執行。

第七章 附 則

第三八條

本法修正施行前已依法令設立之屬第二十六條所定危險性工作場所，應於中央主管機關指定期限內，申請該管勞動檢查機構審查或檢查；逾期不辦理或審查、檢查不合格，而仍使勞工在該場所作業者，依第三十四條規定處則。

第三九條

本法施行細則，由中央主管機關定之。

第四〇條

本法自公布日施行。

勞動檢查法施行細則

①民國82年8月25日行政院勞工委員會令訂定發布全文41條。
②民國86年4月16日行政院勞工委員會令修正發布第26、27、28、29條條文；並刪除第30條條文。
③民國90年1月17日行政院勞工委員會令發布刪除第六章章名及第40條條文。
④民國91年3月20日行政院勞工委員會令修正發布第26、28、29條條文；並增訂第27-1條條文。
⑤民國91年12月31日行政院勞工委員會令發布刪除第32條條文。
　民國103年2月27日行政院公告第4條所列屬「行政院國家科學委員會」所屬各園區管理局之權責事項，自103年3月3日起改由「科技部」所屬各園區管理局管轄。
⑥民國103年6月26日勞動部令修正發布第2～4、6、8、13、17、18、22、27-1、28、39、41條條文；並自103年7月3日施行。
⑦民國109年9月26日勞動部令修正發布第4、7、18、24、34、39條條文及第29條附表二。
　民國111年7月27日行政院公告第4條所列屬「科技部」所屬各園區管理局之權責事項，自111年7月27日起改由「國家科學及技術委員會」所屬各園區管理局管轄。
⑧民國112年12月7日勞動部令修正發布第4條條文。

第一章　總　則

第一條
本細則依勞動檢查法（以下簡稱本法）第三十九條規定訂定之。

第二條
本法所稱危險性機械或設備，指職業安全衛生法第十六條所定之具有危險性之機械或設備。

第三條
本法第四條第四款所稱勞動法令，指勞工保險、勞工福利、就業服務及其他相關法令。

第二章　勞動檢查機構

第四條　112
本法第五條第一項所稱有關機關，指經濟部產業園區管理局、國家科學及技術委員會科學園區管理局及其他經中央主管機關授權辦理勞動檢查之機關。

第五條
依本法第五條第一項授權之勞動檢查機構應定期將其實施監督與檢查之結果，報請中央主管機關核備。中央主管機關應實定期及不定期督導考評。

第六條

本法第六條所稱職業災害嚴重率，指每百萬工時之失能傷害總損失日數；傷害頻率，係指每百萬工時之失能傷害次數。

第七條

①勞動檢查機構依本法第七條第一項規定，得向有關團體請求提供之勞動檢查資料，包括事業單位、雇主之名稱（姓名）、地址、電話、勞工人數及其他相關資料。

②中央主管機關依本法第七條第三項規定，應於每年第三季，公布前一年之勞動檢查年報。

第三章　勞動檢查員

第八條

本法第九條所稱專業訓練，指新進人員之職前訓練、現職人員之在職訓練及進修。

第九條

新進勞動檢查員未經前條規定之職前訓練合格前，勞動檢查機構不得指派其單獨執行檢查職務。但特殊情況，經勞動檢查機構敘明理由陳報中央主管機關核准者，不在此限。

第一〇條

勞動檢查員依本法第十三條第一款規定通知事業單位檢查行程，應確認事業單位依本法第二十六條或第三十八條規定之申請審查或檢查之文件已完成查核，檢查日期業經勞動檢查機構排定後為之。

第一一條

勞動檢查員依本法第十三條第二款規定通知事業單位檢查行程，應確認事業單位申請危險性機械或設備檢查之文件已完成查核，檢查日期業經勞動檢查機構排定後為之。

第一二條

勞動檢查員依本法第十三條第三款規定通知事業單位檢查行程，應事前完成事業單位發生職業災害之登錄後為之。

第一三條

①勞動檢查員依本法第十五條第一項第四款規定實施封存時，以有下列情事之一者為限：

一　有違反職業安全衛生法令所禁止使用者。

二　有違反勞動法令者。

三　有職業災害原因鑑定所必須者。

四　其他經勞動檢查機構核准者。

②前項封存於其原因消滅或事業單位之申請，經勞動檢查機構許可者，得啓封之。

第一四條

①勞動檢查員依本法第十五條第一項第四款規定實施封存時，應開列封存物件清單及貼封條。

②前項之封條應加蓋勞動檢查機構印信，並載明左列事項：

一　勞動檢查機構名稱。

二　封存物件名稱。

三　封存日期。

四　法令依據。

第一五條

事業單位依本法第十五條第三項之規定向勞動檢查機構申請檢視或複製時，應於受檢之次日起三十日內以書面提出；勞動檢查機構應於接獲申請書之次日起三十日內提供。

第一六條

勞動檢查員依本法第十六條之規定執行搜索、扣押，應依刑事訴訟法相關規定。

第四章　代行檢查機構與代行檢查員

第一七條

本法第十七條所定得由代行檢查機構指派代行檢查員實施之具有危險性之機械或設備檢查，指定期檢查及其他經中央主管機關指定公告之檢查。

第一八條

依本法第十七條受指定之代行檢查機構為行政機關者，其代行檢查範圍以所屬事業所有之具有危險性之機械或設備為限。

第五章　檢查程序

第一九條

勞動檢查員依本法第二十二條規定進入事業單位進行檢查前，應將檢查目的告知雇主及工會，並請其派員陪同。

第二〇條

勞動檢查證每二年換發一次，勞動檢查員離職時應繳回。勞動檢查證應貼勞動檢查員之照片，並記載左列事項：

一　所屬單位名稱。

二　姓名、職稱及編號。

三　檢查法令依據及檢查範圍。

四　使用期限。

第二一條

①事業單位對勞動檢查機構所發檢查結果通知書有異議時，應於通知書送達之次日起十日內，以書面敘明理由向勞動檢查機構提出。

②前項通知書所定改善期限在勞動檢查機構另為適當處分前，不因事業單位之異議而停止計算。

第二二條

本法第二十五條第二項所稱檢查結果，指勞動檢查機構向事業單位所發立即改正或限期改善之檢查結果通知書。

第二三條

事業單位依本法第二十五條第二項之規定公告檢查結果，以左列方式之一為之：

一　以勞動檢查機構所發檢查結果通知書之全部內容公告者，應公告於左列場所之一：

　　(一)事業單位管制勞工出勤之場所。

　　(二)餐廳、宿舍及各作業場所之公告場所。

　　(三)與工會或勞工代表協商同意之場所。

二　以違反規定單項內容公告者，應公告於違反規定之機具、設備或場所。

第二四條

本法第二十六條至第二十八條所稱工作場所，指於勞動契約存續中，勞工履行契約提供勞務時，由雇主或代理雇主指示處理有關勞工事務之人所能支配、管理之場所。

第二五條

本法第二十六條第一項第一款所稱石油裂解之石化工業之工作場所，係指從事石油產品之裂解反應，以製造石化基本原料之工作場所。

第二六條

本法第二十六條第一項第二款所稱農藥製造工作場所，係指使用異氰酸甲酯、氯化氫、氨、甲醛、過氧化氫或吡啶為原料，從事農藥原體合成之工作場所。

第二七條

本法第二十六條第一項第三款所稱爆竹煙火工廠，係指利用氯酸鹽類、過氯酸鹽類、硝酸鹽類、硫、硫化物、磷化物、木炭粉、金屬粉末及其他原料製造爆竹煙火類物品之工廠；火藥類製造工作場所，係指從事以化學物質製造爆炸性物品之工作場所。

第二七條之一

①本法第二十六條第一項第四款所稱高壓氣體類壓力容器，指供處理及儲存高壓氣體之盛裝容器。但左列各款設備或機器不包括之：

一　移動式製造設備。

二　非屬有毒性或可燃性高壓氣體之單座固定式製造設備。

三　減壓設備。

四　空調設備及以氟氯烷為冷媒之冷凍機器。

②本法第二十六條第一項第四款所稱蒸汽鍋爐，指以火焰、燃燒氣體或其他高溫氣體加熱於水或熱媒，使其發生超過大氣壓之壓力蒸汽，供給他用之裝置與其附屬過熱器及節煤器。

第二八條

本法第二十六條第一項第四款所稱容量，指蒸汽鍋爐之傳熱面積在五百平方公尺以上，或高壓氣體類壓力容器一日之冷凍能力在一百五十公噸以上或處理能力符合左列規定之一者：

一 一千立方公尺以上之氧氣、有毒性或可燃性高壓氣體。

二 五千立方公尺以上之前款以外之高壓氣體。

第二九條

本法第二十六條第一項第五款所稱危險物、有害物之數量，依附表一及附表二之規定。

第三○條 （刪除）

第三一條

本法第二十七條所稱重大職業災害，係指左列職業災害之一：

一 發生死亡災害者。

二 發生災害之罹災人數在三人以上者。

三 氨、氯、氟化氫、光氣、硫化氫、二氧化硫等化學物質之洩漏，發生一人以上罹災勞工需住院治療者。

四 其他經中央主管機關指定公告之災害。

第三二條 （刪除）

第三三條

①勞動檢查機構依本法第二十七條至第二十九條之規定通知事業單位部分或全部停工時，其停工日數由勞動檢查機構視其情節決定之。

②前項全部停工日數超過七日者，應陳報中央主管機關核定。

第三四條

①本法第二十七條至第二十九條之停工通知書，應記載下列事項：

一 受停工處分事業單位、雇主名稱（姓名）及地址。

二 法令依據。

三 停工理由。

四 停工日期。

五 停工範圍。

六 申請復工之條件及程序。

七 執行停工處分之機構。

②前項第五款停工範圍，必要時得以圖說或照片註明。

第三五條

勞動檢查機構依本法第二十七條至第二十九條規定以書面通知事業單位部分或全部停工，於必要時得於停工範圍張貼停工通知書，並得以顯明之警告或禁止之標誌標示停工區域。

第三六條

①事業單位依本法第三十條之規定申請復工，勞動檢查機構於查明停工原因消滅後，應以書面通知其復工。

②前項復工通知書應記載左列事項：

一 申請復工之事業單位、雇主名稱（姓名）及地址。

二 復工日期。

三 復工範圍。

第三七條

代行檢查員於實施危險性機械或設備之檢查後，對不合格者應即

於原檢查合格證記事欄或其他必要文件內記載不合格情形，作成紀錄，並經會同人員簽章。

第三八條

第二十條之規定，於本法第三十一條第四項代行檢查證適用之。

第三九條

①本法第三十二條所稱顯明而易見之場所，指第二十三條第一款規定之場所。

②事業單位於前項場所張貼本法第三十二條所定公告書時，應依下列規定辦理：

一　字體大小、張貼高度及位置應適於勞工能清晰閱讀為原則。

二　為永久張貼，污損時應即更換。

第六章　（刪除）

第四○條　（刪除）

第七章　附　則

第四一條

①本細則自發布日施行。

②本細則中華民國一百零三年六月二十六日修正條文，自一百零三年七月三日施行。

違反勞動基準法裁處罰鍰共通性原則

①民國106年8月22日勞動部函訂定發布全文6點；並自即日生效。
②民國107年9月4日勞動部函修正發布全文7點；並自107年10月1日生效。
③民國110年3月11日勞動部函修正發布第4點；並自110年5月1日生效。
④民國111年6月27日勞動部函修正發布第4點；並自111年8月1日生效。

一　勞動部為使直轄市、縣（市）政府（以下簡稱主管機關）依勞動基準法（以下簡稱本法）規定裁處罰鍰之案件，有一致性之處理規範，特訂定本原則。

二　主管機關裁處罰鍰，應遵守明確性原則、平等原則、比例原則等一般法律原則，並踐行行政程序法及行政罰法所定之法定程序。

三　主管機關應依本法第八十條之一第二項及行政罰法第十八條第一項規定，於裁處罰鍰時，審酌下列各款情事，為量罰輕重之標準：
　㈠違反行為有關之勞工人數。
　㈡累計違法次數。
　㈢未依法給付之金額。
　㈣違反本法義務行為應受責難程度、所生影響。
　㈤因違反本法義務所得之利益。
　㈥受處罰者之資力。
　事業單位有本法第七十九條第一項至第三項規定行為之一者，主管機關裁處罰鍰時，除審酌前項各款情事外，並得依本法第七十九條第四項規定，衡酌加重其罰鍰至法定罰鍰最高額二分之一。

四　下列違反本法第二十四條、第三十二條、第三十四條、第三十六條或第三十九條規定者，主管機關應審酌其資力及三年內次違反同種規定之次數，依本法第七十九條第一項規定，處新臺幣五萬元以上一百萬元以下罰鍰，並得依同條第四項規定，加重其罰鍰至法定罰鍰最高額二分之一：
　㈠上市或上櫃之事業單位。
　㈡依法辦理公司登記或商業登記，且實收資本額或在中華民國境內營運資金超過新臺幣一億元之事業單位。
　㈢依信用合作社法設立之信用合作社。

五　本法第七十九條第四項所定事業規模，參照本法施行細則第二十二條之一第一項規定，以事業單位違反本法義務時僱用

適用本法之勞工人數計算，包括分支機構之僱用人數；所定違反人數，依事業單位該次違反本法義務之人數認定。

六　事業單位違反本法規定，主管機關除處罰鍰外，經限期令其改善，屆期未改善者，應按次處罰。

七　事業單位之董事或其他有代表權之人因故意或重大過失，而有下列情形之一，主管機關應審酌依行政罰法第十五條、第十六條規定，對其處以本法同一規定罰鍰之處罰：

(一)因執行其職務或為事業單位之利益為行為，致使事業單位違反本法義務應受處罰者。

(二)對於事業單位之職員、受僱人或從業人員，因執行其職務或為事業單位之利益為行為，致使事業單位違反本法義務應受處罰，未盡其防止義務者。

事業單位為中央、地方機關或其他公法組織者，不適用前項規定，主管機關依行政罰法第十七條規定辦理。

危險性工作場所審查及檢查辦法

①民國83年5月2日行政院勞工委員會令訂定發布全文17條。
②民國86年6月18日行政院勞工委員會令修正發布全文34條。
③民國88年6月30日行政院勞工委員會令修正發布全文21條；並自發布後一年施行。
④民國91年7月10日行政院勞工委員會令修正發布第2、3、6、17、18、21～24條條文；並自發布日施行。
⑤民國94年6月10日行政院勞工委員會令修正發布第2條條文；並增訂第23-1條條文。
⑥民國101年7月13日行政院勞工委員會令修正發布第2、23-1條條文。
⑦民國104年8月4日勞動部令修正發布名稱及第2～4、6、8、17、18條條文及第5條附件一～三、五（原名稱：危險性工作場所審查暨檢查辦法）。
⑧民國102年8月11日勞動部令修正發布第2、6、17、18、20條條文。
⑨民國106年12月1日勞動部令修正發布第2條條文。
⑩民國109年7月17日勞動部令修正發布第2、3、5～9、13條條文及第二章章名。

第一章 總 則

第一條
本辦法依勞動檢查法（以下簡稱本法）第二十六條第二項規定訂定之。

第二條
本法第二十六條第一項規定之危險性工作場所分類如下：

一 甲類：指下列工作場所：
  (一)從事石油產品之裂解反應，以製造石化基本原料之工作場所。
  (二)製造、處置、使用危險物、有害物之數量達本法施行細則附表一及附表二規定數量之工作場所。

二 乙類：指下列工作場所或工廠：
  (一)使用異氰酸甲酯、氯化氫、氨、甲醛、過氧化氫或吡啶，從事農藥原體合成之工作場所。
  (二)利用氯酸鹽類、過氯酸鹽類、硝酸鹽類、硫、硫化物、磷化物、木炭粉、金屬粉末及其他原料製造爆竹煙火類物品之爆竹煙火工廠。
  (三)從事以化學物質製造爆炸性物品之火藥類製造工作場所。

三 丙類：指蒸汽鍋爐之傳熱面積在五百平方公尺以上，或高壓氣體類壓力容器一日之冷凍能力在一百五十公噸以上或處理能力符合下列規定之一者：

(一)一千立方公尺以上之氧氣、有毒性及可燃性高壓氣體。

(二)五千立方公尺以上之前款以外之高壓氣體。

四　丁類：指下列之營造工程：

(一)建築物高度在八十公尺以上之建築工程。

(二)單跨橋梁之橋墩跨距在七十五公尺以上或多跨橋梁之橋墩跨距在五十公尺以上之橋梁工程。

(三)採用壓氣施工作業之工程。

(四)長度一千公尺以上或需開挖十五公尺以上豎坑之隧道工程。

(五)開挖深度達十八公尺以上，且開挖面積達五百平方公尺以上之工程。

(六)工程中模板支撐高度七公尺以上，且面積達三百三十平方公尺以上者。

五　其他經中央主管機關指定公告者。

第三條

本辦法用詞，定義如下：

一　製程修改：指危險性工作場所既有安全防護措施未能控制新潛在危害之製程化學品、技術、設備、操作程序或規模之變更。

二　液化石油氣：指混合三個碳及四個碳之碳氫化合物為主要成分之碳氫化合物。

三　冷凍用高壓氣體：指使用於冷凍、冷卻、冷藏、製冰及其他凍結使用之高壓氣體。

四　一般高壓氣體：指液化石油氣及冷凍用高壓氣體以外之高壓氣體。

五　加氣站：指直接將液化石油氣或壓縮天然氣灌裝於「固定在使用該氣體為燃料之車輛之容器」之固定式製造設備。

六　審查：指勞動檢查機構對工作場所有關資料之書面審查。

七　檢查：指勞動檢查機構對工作場所有關資料及設施之現場檢查。

第四條

①事業單位應於甲類工作場所、丁類工作場所使勞工作業三十日前，向當地勞動檢查機構（以下簡稱檢查機構）申請審查。

②事業單位應於乙類工作場所、丙類工作場所使勞工作業四十五日前，向檢查機構申請審查及檢查。

第二章　甲類工作場所之審查及檢查

第五條

①事業單位向檢查機構申請審查甲類工作場所，應填具申請書（如格式一），並檢附下列資料各三份：

一　安全衛生管理基本資料，如附件一。

二　製程安全評估定期實施辦法第四條所定附表一至附表十四。

②前項之申請，應登錄於中央主管機關指定之資訊網站。

第六條

①前條資料事業單位應依作業實際需要，於事前由下列人員組成評估小組實施評估：

一　工作場所負責人。

二　曾受國內外製程安全評估專業訓練或具有製程安全評估專業能力，並有證明文件，且經中央主管機關認可者（以下簡稱製程安全評估人員）。

三　依職業安全衛生管理辦法設置之職業安全衛生人員。

四　工作場所作業主管。

五　熟悉該場所作業之勞工。

②事業單位未置前項第二款所定製程安全評估人員者，得以在國內完成製程安全評估人員訓練之下列執業技師任之：

一　工業安全技師及下列技師之一：

　　㈠化學工程技師。

　　㈡職業衛生技師。

　　㈢機械工程技師。

　　㈣電機工程技師。

二　工程技術顧問公司僱用之工業安全技師及前款各目所定技師之一。

③前項人員兼具工業安全技師資格及前項第一款各目所定技師資格之一者，得為同一人。

④第一項實施評估之過程及結果，應予記錄。

第七條

①檢查機構對於第五條之申請，應依其檢附之資料實施審查，並得就該工作場所之職業安全衛生設施及管理實施檢查。

②審查之結果，檢查機構應於受理申請後三十日內，以書面通知事業單位。但可歸責於事業單位者，不在此限。

第八條

①事業單位對經檢查機構審查合格之工作場所，應於製程修改時或至少每五年重新評估第五條檢附之資料，為必要之更新及記錄，並報請檢查機構備查。

②前項重新評估，準用第六條之規定。

第三章　乙類工作場所之審查及檢查

第九條

事業單位向檢查機構申請審查及檢查乙類工作場所，應填具申請書（如格式二），並檢附下列資料各三份：

一　安全衛生管理基本資料，如附件一。

二　製程安全評估報告書，如附件二。

三　製程修改安全計畫，如附件三。

四　緊急應變計畫，如附件四。

五　稽核管理計畫，如附件五。

第一〇條

①前條資料事業單位應依作業實際需要，於事前組成評估小組實施評估。

②前項評估小組之組成及評估，準用第六條之規定。

第一一條

①檢查機構對第九條之申請，應依同條檢附之資料，實施審查。

②檢查機構於審查後，應對下列設施實施檢查：

一　火災爆炸危害預防設施，如附件七。

二　有害物洩漏及中毒危害預防設施，如附件八。

③審查及檢查之結果，檢查機構應於受理申請後四十五日內，以書面通知事業單位。但可歸責於事業單位者，不在此限。

第一二條

①事業單位對經檢查機構審查及檢查合格之工作場所，應於製程修改時或至少每五年依第九條檢附之資料重新評估一次，為必要之更新並記錄之。

②前項重新評估，準用第六條之規定。

第四章　丙類工作場所之審查及檢查

第一三條

事業單位向檢查機構申請審查及檢查丙類工作場所，應填具申請書（如格式三），並檢附第九條各款規定之應受審查資料各三份。

第一四條

①前條資料事業單位應依作業實際需要，於事前組成評估小組實施評估。

②前項評估小組之組成及評估，準用第六條之規定。

第一五條

①檢查機構對第十三條之申請，應依同條檢附之資料，實施審查。

②檢查機構於審查後，應對下列設施實施檢查：

一　一般高壓氣體製造設施，如附件九。

二　液化石油氣製造設施，如附件十。

三　冷凍用高壓氣體製造設施，如附件十一。

四　加氣站製造設施，如附件十二。

五　鍋爐設施，如附件十三。

③審查及檢查之結果，檢查機構應於受理申請後四十五日內，以書面通知事業單位。但可歸責於事業單位者，不在此限。

第一六條

①事業單位對經檢查機構審查及檢查合格之工作場所，應於製程修改時或至少每五年依第十三條檢附之資料重新評估一次，為必要之更新並記錄之。

②前項重新評估，準用第六條之規定。

第五章　丁類工作場所之審查

第一七條

① 事業單位向檢查機構申請審查丁類工作場所，應填具申請書（如格式四），並檢附施工安全評估人員及其所僱之專任工程人員、相關執業技師或開業建築師之簽章文件，及下列資料各三份：

一　施工計畫書，內容如附件十四。

二　施工安全評估報告書，內容如附件十五。

② 前項專任工程人員、相關執業技師或開業建築師簽章文件，以職業安全衛生設施涉及專業技術部分之事項爲限。

③ 事業單位提出審查申請時，應確認專任工程人員、相關執業技師或開業建築師之簽章無誤。

④ 對於工程內容較複雜、工期較長、施工條件變動性較大等特殊狀況之營造工程，得報經檢查機構同意後，分段申請審查。

第一八條

① 前條資料事業單位應於事前由下列人員組成評估小組實施評估：

一　工作場所負責人。

二　曾受國內外施工安全評估專業訓練或具有施工安全評估專業能力，具有證明文件，且經中央主管機關認可者（以下簡稱施工安全評估人員）。

三　專任工程人員。

四　依職業安全衛生管理辦法設置之職業安全衛生人員。

五　工作場所作業主管（含承攬人之人員）。

② 事業單位未置前項第二款之施工安全評估人員者，得以在國內完成施工安全評估人員訓練之下列開（執）業人員任之：

一　工業安全技師及下列人員之一：

　㈠建築師。

　㈡土木工程技師。

　㈢結構工程技師。

　㈣大地工程技師。

　㈤水利工程技師。

二　工程技術顧問公司僱用之工業安全技師及前款第二目至第五目所定人員之一。

③ 前項人員兼具工業安全技師資格及前項第一款各目所定人員資格之一者，得爲同一人。

④ 第一項實施評估之過程及結果，應予記錄。

第一九條

① 第十七條之審查，檢查機構認有必要時，得前往該工作場所實施檢查。

② 第十七條審查之結果，檢查機構應於受理申請後三十日內，以書面通知事業單位。但可歸責於事業單位者，不在此限。

第二○條

①事業單位對經審查合格之工作場所，於施工過程中變更主要分項工程施工方法時，應就變更部分重新評估後，就評估之危害，採取必要之預防措施，更新施工計畫書及施工安全評估報告書，並記錄之。

②前項重新評估，準用第十八條之規定。

③第一項所定變更主要分項工程施工方法，如附件十六例示施工方法變更之情形。

第六章 附 則

第二一條

檢查機構爲執行危險性工作場所審查、檢查，得就個案邀請專家學者協助之。

第二二條

檢查機構實施危險性工作場所審查、檢查時，製程安全評估小組、施工安全評估小組成員應列席說明。

第二三條

檢查機構實施危險性工作場所審查、檢查時，應摘要記錄過程及決議等事項。

第二三條之一

爆竹煙火工廠向檢查機構申請審查或檢查時，應檢附由爆竹煙火管理條例主管機關核發之製造許可文件影本。

第二四條

本辦法自發布日施行。

附件一 安全衛生管理基本資料

一 事業單位組織系統圖。
二 危害性化學品之管理。
三 勞工作業環境監測計畫。
四 危險性機械或設備之管理。
五 勞工健康服務與管理措施。
六 職業安全衛生組織、人員設置及運作。
七 職業安全衛生管理規章。
八 自動檢查計畫。
九 承攬管理計畫。
十 職業安全衛生教育訓練計畫。
十一 事故調查處理制度。
十二 工作場所之平面配置圖並標示下列規定事項，其比例尺以能辨識其標示內容爲度：
　　　㈠危險性之機械或設備所在位置及名稱、數量。
　　　㈡危害性化學品所在位置及名稱、數量。
　　　㈢控制室所在位置。
　　　㈣消防系統所在位置。

(五)可能從事作業勞工、承攬人及所僱勞工、外來訪客之位置及人數。

附件二　製程安全評估報告書

一　製程說明：
- (一)工作場所流程圖。
- (二)製程設計規範。
- (三)機械設備規格明細。
- (四)製程操作手冊。
- (五)維修保養制度。

二　實施初步危害分析（Preliminary Hazard Analysis）以分析發掘工作場所重大潛在危害並針對重大潛在危害實施下列之一之安全評估方法，實施過程應予記錄並將改善建議彙整：
- (一)檢核表（Checklist）。
- (二)如果－結果分析（What If）。
- (三)如果－結果分析檢核表（What If/Checklist）。
- (四)危害及可操作性分析（Hazard and Operability Studies）。
- (五)故障樹分析（Fault Tree Analysis）。
- (六)失誤模式與影響分析（Failure Modes and Effects Ana-lysis）。
- (七)其他經中央主管機關認可具有上列同等功能之安全評估方法。

三　製程危害控制。

四　參與製程安全評估人員應於報告書中具名簽認（註明單位、職稱、姓名，其為執業技師者應加蓋技師執業圖記），及本辦法第六條規定之相關證明、資格文件。

附件三　製程修改安全計畫

製程修改安全計畫至少應含下列事項：
一　製程修改程序。
二　安全衛生影響評估措施。
三　製程操作手冊修正措施。
四　製程資料更新措施。
五　職業安全衛生教育訓練措施。
六　其他配合措施。

附件四　緊急應變計畫

緊急應變計畫至少應含下列事項：
一　緊急應變運作流程與組織：
- (一)應變組織架構與權責。
- (二)緊急應變控制中心位置與設施。
- (三)緊急應變運作流程與說明。
二　緊急應變設備之置備與外援單位之聯繫。

三　緊急應變演練計畫與演練記錄（演練模擬一般及最嚴重危害之狀況）。

四　緊急應變計畫之修正。

附件五　稽核管理計畫

稽核管理計畫至少應含下列事項：

一　稽核事項

(一)製程安全評估。

(二)正常操作程序。

(三)緊急操作程序。

(四)製程修改安全計畫。

(五)職業安全衛生教育訓練計畫。

(六)自動檢查計畫。

(七)承攬管理計畫。

(八)緊急應變計畫。

二　稽核程序

(一)稽核組織與職責。

(二)稽核紀錄及追蹤處理。

附件七　乙類工作場所應檢查之火災爆炸危害預防設施

一　危險物品倉庫之避雷裝置。

二　發火源之管制。

三　靜電危害預防措施。

四　危險性蒸氣、氣體及粉塵濃度測定及管理。

五　危險物製造及處置場所之安全措施。

六　化學設備安全設施。

七　危險物乾燥室之結構。

八　危險物乾燥設備之安全設施。

九　電氣防爆設備。

附件八　乙類工作場所應檢查之有害物洩漏及中毒危害預防設施

一　一般設施：化學設備之洩漏預防設施。

二　特定化學物質危害預防設施：

(一)特定化學設備之洩漏預防設施。

(二)設置特定化學設備之室內作業場所之避難設施。

(三)警報器具及除卻危害之藥劑。

(四)地板及牆壁之構造。

(五)特定化學設備之標示。

(六)特定管理設備之計測裝置及警報裝置。

(七)特定管理設備因應異常化學反應之措施。

(八)特定管理設備之備用電源。

(九)特定化學物質之搬運與儲存。

(十)緊急沖淋設備。

(土)作業管理人員之設置。

(圭)防護具。

三 有機溶劑中毒危害預防設施：

(一)有機溶劑作業之密閉設備或局部排氣裝置。

(二)輸氣管面罩及防毒面罩。

四 粉塵危害預防設施：

(一)局部排氣裝置及整體排氣裝置。

(二)呼吸防護具。

附件九 一般高壓氣體製造設施之應檢查事項

一 境界線、警戒標示。

二 處理煙火之設備。

三 設備間距離。

四 儲槽間距離。

五 警告標示。

六 防液堤。

七 壓力表。

八 安全裝置。

九 安全閥之釋放管。

十 液面計。

十一 緊急遮斷裝置。

十二 電氣設備。

十三 緊急電源。

十四 撒水裝置。

十五 防護牆。

十六 氣體漏洩檢知警報設備。

十七 防毒措施。

十八 防止溫升措施。

十九 識別及危險標示。

二十 靜電消除措施。

二一 通報設備。

附件十 液化石油氣製造設施之應檢查事項

一 第一種製造設施之應檢查項目

(一)境界線、警戒標示。

(二)水噴霧裝置等。

(三)防蝕措施。

(四)處理煙火之設備。

(五)設備間距離。

(六)防液堤。

(七)壓力表。

(八)安全裝置。

(九)安全閥之釋放管。

(十)負壓防止措施。

(十一)液面計。

(十二)緊急遮斷裝置。

(十三)電氣設備。

(十四)防止溫升措施。

(十五)氣體漏洩檢知警報設備。

(十六)靜電除卻措施。

(十七)通報設備。

(十八)耐震構造。

(十九)警告標示。

二　第二種製造設施之應檢查項目

(一)境界線、警戒標示。

(二)水噴霧裝置等。

(三)處理煙火之設備。

(四)壓力表。

(五)安全裝置。

(六)安全閥之釋放管。

(七)電氣設備。

(八)氣體漏洩檢知警報設備。

(九)靜電除卻措施。

(十)緊急電源。

(十一)通報設備。

附件十一　冷凍用高壓氣體製造設施之應檢查事項

一　警戒標示。

二　不滯留之構造。

三　壓力表。

四　安全閥之釋放管。

五　承液器之液位計。

六　氣體漏洩檢知警報設備。

七　防液堤。

八　毒性氣體之防毒措施。

九　電氣設備等。

十　煙火之隔離。

附件十二　加氣站製造設施之應檢查事項

一　境界線、警戒標示。

二　水噴霧裝置等。

三　防蝕措施。

四　處理煙火之設備。

五　設備間距離。

六　防液堤。

七　壓力表。

八　安全裝置。

九　安全閥之釋放管。

十　負壓防止措施。

十一　液面計。

十二　緊急遮斷裝置。

十三　電氣設備。

十四　防止溫升措施。

十五　氣體漏洩檢知警報設備。

十六　靜電除卻措施。

十七　通報設備。

十八　警告標示。

附件十三　鍋爐設施應檢查事項

一　鍋爐房。

二　鍋爐房出入口。

三　鍋爐之基礎及構架。

四　鍋爐房頂部淨距。

五　鍋爐房側方構造淨距。

六　可燃性物料堆置淨距。

七　鍋爐燃料儲存淨距。

八　鍋爐設置場所安全管理標示。

附件十四　施工計畫書

事業單位應依執行該工程製訂之施工計畫書於事前實施安全評估；其內容分列如下：

一　工程概要

　　㈠工程內容概要。

　　㈡施工方法及程序。

　　㈢現況調查。

二　職業安全衛生管理計畫

　　㈠職業安全衛生組織、人員。

　　㈡職業安全衛生協議計畫。

　　㈢職業安全衛生教育訓練計畫。

　　㈣自動檢查計畫。

　　㈤緊急應變計畫及急救救系。

　　㈥稽核管理計畫（稽核事項應包括對模板支撐、隧道支撐、擋土支撐、施工架及壓氣設施等臨時性假設工程，查驗是否具經專任工程人員、相關執業技師或開業建築師簽章之

　　　　整體結構系統計算書、結構圖、施工圖說等，以及施作時
　　　　是否以拍照或檢核表等留存相關檢驗紀錄）。
三　分項工程作業計畫
　　㈠分項工程內容（範圍）。
　　㈡作業方法及程序（建築工程之升降機按裝工程宜採無架施
　　　工法施工；橋梁工程之上部結構工程如位於過河段及軟弱
　　　地質區，其支撐部分除採取適當防護設施外，宜避免採就
　　　地支撐工法）。
　　㈢作業組織。
　　㈣使用機具及設施設置計畫。
　　㈤作業日程計畫（依進度日程編列作業項目與需用之人員機
　　　具、材料等）。
　　㈥職業安全衛生設施設置計畫。

附件十五　施工安全評估報告書

一　初步危害分析表。
二　主要作業程序分析表。
三　施工災害初步分析表。
四　基本事項檢討評估表：就附件十四所列施工計畫書作業內容
　　之施工順序逐項依職業安全衛生相關法規及工程經驗予以檢
　　討評估。
五　特有災害評估表：對施工作業潛在之特有災害（如倒塌、崩
　　塌、落磐、異常出水、可燃性及毒性氣體災害、異常氣壓災
　　害及機械災害等），應就詳細拆解之作業程序及計畫內容實
　　施小組安全評估，有關評估過程及安全設施予以說明。
六　施工計畫書之修改：應依前五項評估結果修改、補充施工計
　　畫書。
七　報告簽章：參與施工安全評估人員應於報告書中具名簽章
　　（註明單位、職稱、姓名，其為開業建築師或執業技師者應
　　簽章），及本辦法第十七條規定之相關證明、資格文件。

附件十六　變更主要分項工程施工方法例示表

要分項工程	施工方法變更之例示
一、開挖擋土工程	開挖方法：邊坡式開挖與擋土式開挖互為變更。擋土方法：兵樁（包括鋼軌、H型鋼）、鋼鈑樁、預壘排樁、鑽掘排樁、手掘式排樁及連續壁等互為變更。支撐方法：內撐式支撐設施（H型鋼）與背拉式支撐設施（地錨）互為變更。
二、結構體工程	構築方法：順築工法（亦稱順打工法）、逆築工法（亦稱逆打工法）及雙順打工法等互為變更。

三、橋梁上部結構工程	鋼梁吊裝工法、預鑄梁吊裝工法、預鑄節塊工法、場撐箱梁工法、支撐先進工法、平衡懸臂工法、節塊推進工法、預鑄斜撐版配合場鑄箱型梁工法等互為變更。	
四、隧道開挖工程	開挖方法：鑽炸法（D&B）、破碎機或旋頭削掘機開挖工法、全斷面隧道鑽掘機（TBM）開挖工法等互為變更。	
五、其他經中央主管機關指定公告者		

勞動檢查員遴用及專業訓練辦法

①民國83年4月20日行政院勞工委員會令訂定發布全文10條。
②民國88年6月29日行政院勞工委員會令修正發布第4、9條條文。
③民國91年1月2日行政院勞工委員會令修正發布全文11條。
④民國108年2月23日勞動部令修正發布第2條附表二。

第一條

本辦法依勞動檢查法（以下簡稱本法）第八條及第九條之規定訂定之。

第二條

①勞動檢查員之遴用，應具有下列資格之一：

一　公務人員高等考試或相當高等考試之理、工、醫、農、教育、管理、勞工、社會、法律等相關類科及格者。

二　國內外大學或獨立學院理、工、醫、農、勞工、社會、法律等或相關學系畢業，具有公務人員或技術人員任用資格者。

三　國內外理、工、醫、農、教育、管理、勞工、社會、法律等或相關研究所畢業，具有聘用人員聘用條例或派用人員派用條例聘用或派用資格者。

②曾依法任用擔任檢查員者，不受前項遴用資格之限制。

③第一項第一款相當類科，依附表一之規定，第二款相關學系及第三款相關研究所，依附表二之規定。

第三條

①勞動檢查員應接受執行職務之專業訓練，其種類如下：

一　職前訓練。

二　在職訓練及進修。

②前項勞動檢查員職務分成勞動條件檢查、一般安全衛生檢查、營造業安全衛生專業檢查、特殊有害作業環境專業檢查及危險性機械設備專業檢查等。

③第一項之專業訓練由中央主管機關統籌規劃；直轄市主管機關依其需要辦理勞動檢查員在職訓練時，應於訓練前，將訓練名稱、課程內容及實際參加訓練人員名冊等報中央主管機關核備。

第四條

勞動檢查員之職前訓練如下：

一　學科訓練：時數不得少於一百五十小時，其課程應包括勞工行政、勞動法令、勞動條件與勞工安全衛生知識、勞動檢查程序與技能等訓練。

二　術科訓練：應在指定勞動檢查員指導下實習本法規定之勞動檢查，實習檢查不得少於六十場（座）次。

第五條

①勞動檢查員之在職訓練，依檢查員執行職務或個人專長發展需要，分成以下之訓練方式實施：

一 專業檢查訓練。

二 法規研討。

三 檢查新知研討。

四 工作專長研討。

五 檢查專長研討。

六 其他專題或技術研討。

②前項第一款專業檢查訓練，分成營造業安全衛生專業檢查、特殊有害作業環境專業檢查及危險性機械設備專業檢查等訓練，各項專業檢查訓練時數不得低於六十小時。

③經勞動檢查機構指派參加前項訓練之勞動檢查員，非有正當理由不得拒絕。

第六條

勞動檢查機構不得指派未完成前條規定之專業檢查訓練者，單獨執行各該專業檢查之職務。

第七條

①勞動檢查員服務成績優良者，得由其所屬機關選送國內外大學、研究所或訓練機構，進修或專題研究與其工作性質相關之學識技能。

②勞動檢查機構執行前項選送進修或專題研究訓練，得將訓練計畫報經其上級主管機關初審後，送中央主管機關複審；複審合格後，得補助其所需經費。

③依第一項經選送進修或專題研究之勞動檢查員，應遵守公務人員進修研究實習相關規定。

第八條

勞動檢查員每人每年接受第五條第一項第二款至第六款規定之在職訓練時數，不得低於二十小時。但新進勞動檢查員於該年接受職前訓練者，不在此限。

第九條

①勞動檢查員於受訓期間，應遵守訓練規定，有曠課情事或無正當理由受訓時數未達規定者，由其所屬機關視其情節予以處理。

②勞動檢查員之訓練，勞動檢查機構應予記錄。

第一〇條

①勞動檢查機構之勞動檢查員，由所屬單位檢附資格證明、派令等文件，報請中央主管機關核發勞動檢查證。

②勞動檢查機構之上級主管機關內負責督導勞動檢查業務之人員，中央主管機關亦得核發勞動檢查證。

第一一條

本辦法自發布日施行。

勞動檢查員執行職務迴避辦法

①民國82年12月29日行政院勞工委員會令訂定發布全文6條。
②民國91年1月9日行政院勞工委員會令修正發布第2、3條條文。
③民國109年4月17日勞動部令修正發布第2條條文。

第一條

本辦法依勞動檢查法第十二條規定訂定之。

第二條

勞動檢查員有下列各款情形之一者，應自行迴避：

一　投資受檢事業單位達其資本額百分之五以上。

二　現與或曾與受檢查事業單位事業主或事業經營負責人發生非屬執行檢查職務所致之糾紛，而為訴訟事件之當事人，依情形足認執行職務有偏頗之虞。

三　本人或其配偶、前配偶、四親等內之血親、三親等內血親之配偶、配偶之三親等內血親或其配偶，或曾有此關係者為受檢查事業單位事業主或事業經營負責人。

第三條

①勞動檢查員有下列各款情形之一者，受檢查事業單位之雇主、工會或其他從業人員得於檢查結果通知書送達翌日起三十日內提出異議：

一　有前條所定之情形而不自行迴避者。

二　有具體事實，足認其執行職務有偏頗之虞者。

②前項異議，應舉其原因及事實，以書面向勞動檢查機構提出；勞動檢查員就前項異議得提出意見書。

③勞動檢查機構對第一項之異議，應於十日內函復事業單位，並副知其上級主管機關、中央主管機關及該勞動檢查員。

④第一項之異議有理由時，勞動檢查機構應另行指派人員重新實施檢查。

第四條

第二條之規定，於代行檢查員適用之。

第五條

第三條之規定，於代行檢查機構及代行檢查員適用之。

第六條

本辦法自發布日施行。

危險性機械或設備代行檢查機構管理規則

①民國88年4月7日行政院勞工委員會令修正發布全文46條。
②民國92年12月31日行政院勞工委員會令修正發布全文35條。
③民國97年12月31日行政院勞工委員會令修正發布全文35條；並自發布日施行。
④民國102年6月28日行政院勞工委員會令修正發布第8條條文。
⑤民國103年6月27日勞動部令修正發布第1、2、32、35條條文；並自103年7月3日施行。
⑥民國106年10月2日勞動部令修正發布第3、9、10、13、22條條文；並刪除第16條條文。

第一章 總　則

第一條

本規則依職業安全衛生法第十六條第三項及勞動檢查法第十八條規定訂定之。

第二章　代檢機構之資格及條件

第二條

代行檢查機構（以下簡稱代檢機構）應具備下列資格之一：

一 曾從事具有危險性之機械或設備（以下稱機械或設備）之研究、設計、檢查或相關教育訓練等工作二年以上著有成績之行政機關、學術機關、公營事業機構或非由受檢事業單位人員擔任代表人之非營利法人。

二 訂有機械或設備之專業團體標準或發行專業技術期刊著有成績之學術機關或非由受檢事業單位人員擔任代表人之非營利法人。

三 中央主管機關設立之職業安全衛生非營利法人。

第三條

代檢機構經指定辦理代行檢查業務（以下簡稱代檢業務）期間，應具備下列規定之設施及專職人員：

一 固定獨立設置之代行檢查辦事處所，並設有檔案室、檢查設備存放室及足夠容納全部代檢機構人員辦公作息之空間。

二 符合附表一規定之檢查設備及器具。

三 置代檢業務一級主管、副主管及二級主管（以下簡稱代檢業務各級主管）。

四 置承辦轄區代行檢查項目、數量所需之代行檢查員（以下簡稱代檢員）。

五　置有配合承辦代行檢查行政業務所需之事務人員。

六　其他經中央主管機關認有必要者。

第三章　代檢機構之指定與變更及代檢業務之停止

第四條

①中央主管機關指定代檢機構時，應就下列事項考量：

一　代行檢查區域之大小。

二　代行檢查機械或設備之數量。

三　代行檢查項目之種類。

四　勞動檢查機構之人力負擔。

五　代檢機構之資格條件。

②前項指定，必要時以公開甄選方式辦理。

第五條

①代檢業務應獨立運作。

②代檢機構聘用、資遣、解聘或變更第三條第三款至第五款所定人員，應報中央主管機關核准後為之。

③前項人員，中央主管機關認有不適任者，應通知代檢機構限期改善。

④代檢機構代表人變更時，應報請中央主管機關備查。

第六條

①代檢機構非經廢止指定，不得停止其全部或部分之代檢業務。

②代檢機構經廢止指定後，應將實施代檢業務之專職人員、資料與以中央主管機關委託費用購置之檢查設備及器具等，於三十日內移交指定機構。

第四章　代檢機構人員之資格及訓練

第七條

①代檢員應具備下列資格之一：

一　專科以上學校有關科系畢業，符合附表二規定資格，經代檢員職前訓練合格，取得證書者。

二　高等考試或相當高等考試相關類科考試及格，經代檢員職前訓練合格，取得證書者。

三　曾任勞動檢查員，經勞動檢查員遴用及專業訓練辦法所定之相關專業訓練合格者。

四　曾經代檢員職前訓練合格，取得證書者。

五　其他經中央主管機關認具有相當資格者。

②前項職前訓練之訓練項目及時數，依附表三規定。

③第一項之職前訓練，中央主管機關得委託專業機構辦理。

第八條

有下列情事之一，不得為代檢業務人員：

一　未具或喪失中華民國國籍者。

二　曾犯內亂罪、外患罪，經判刑確定或通緝有案尚未結案者。

三 曾服公務有貪污行為，經判刑確定或通緝有案尚未結案者。

四 犯前二款以外之罪，判處有期徒刑以上之刑確定，尚未執行或執行未畢者。但受緩刑宣告者，不在此限。

五 因服公務依法停止任用或受休職處分尚未期滿，或因案停止職務，其原因尚未消滅者。

六 褫奪公權尚未復權者。

七 受監護或輔助宣告，尚未撤銷者。

八 曾遭中央主管機關撤銷代檢員資格或因案離職者。

第九條

代檢業務各級主管，應具曾任勞動檢查員或代檢員，並從事相關機械或設備之檢查工作五年以上之資格。

第一〇條

代檢業務各級主管及代檢員，應接受中央主管機關指定之在職訓練。

第五章 代檢機構之責任

第一一條

代檢機構應依本規則及相關法令，訂定作業要點、職務說明書及分層負責明細表，報請中央主管機關備查，修正時亦同。

第一二條

代檢機構得向勞動檢查機構申請發給實施代行檢查所必要之有關資料或前往以抄寫、複印或攝影等方式複製資料。

第一三條

代檢機構辦理代檢業務，應於中央主管機關指定之資訊系統登載下列事項：

一 申請代行檢查之事業單位（以下簡稱受檢單位）之名稱、地址、代表人及電話號碼。

二 受檢機械或設備之型式及容量。

三 受檢機械或設備之編號、檢查合格證明號碼、代行檢查日期及有效期限。

四 其他有關事項。

第一四條

①代檢機構受理申請檢查時，應依約定日期指派代檢員前往檢查。

②受檢單位於約定日期因故不能配合檢查，於檢查三日前已通知代檢機構延期者，得不另行繳費，並另約期檢查。

③受檢單位不能配合檢查為不可抗力者，不受前項通知期限之限制。

第一五條

①代檢機構應置足夠之檢查設備及安全器具，提供代檢員使用。

②代檢機構於代檢員實施檢查前，應使其完成下列事項：

一 充分瞭解受檢單位之機械或設備概況及以往檢查情形。

二 熟悉相關法令規定。

三　準備必要資料、檢查儀器、工作服及個人防護器具。

四　其他執行檢查必要事項。

第一六條　（刪除）

第一七條

代檢機構將受檢機械或設備主要原始發證資料保存至廢用止，其他檢查資料應至少保存十年。但經微縮、電子化或以其他方式儲存者，得保存三年，並依檔案法相關規定銷毀。

第一八條

①代檢機構及其人員不得向與業務無關人員洩漏因業務知悉之秘密，人員離職後，亦同。

②代檢機構對業務檔案應設置檔案室專人管理，非檢查相關人員不得進入調閱。

第一九條

代檢機構執行業務因故意或過失，不法侵害受檢單位之權益，致其遭受損害，依相關法令規定辦理。

第二○條

受檢單位對檢查結果不服，提出訴願或行政訴訟時，代檢機構應提供中央主管機關答辯之相關資料。

第二一條

代檢員應依代檢機構排定之日程親自執行職務，不得擅自委由他人代理或變更日程。

第二二條

代檢員實施機械或設備之檢查後，應作成紀錄。對應發給檢查合格證明者，於檢查合格後，應依規定在該機械或設備打印、漆印或張貼檢查合格標章，並報請所屬代檢機構核發檢查明細表或檢查合格證；對已持有檢查合格證者，經檢查合格後，應在原檢查合格證或其他必要文件上簽署，並註明有效期限。

第二三條

代檢員對機械或設備檢查不合格者，應告知事業單位不合格事項，並由代檢機構報請勞動檢查機構依法處理；對已持有檢查合格證者，應於原檢查合格證記事欄或其他必要文件上記載不合格情形，並通知受檢單位改善。

第二四條

①代檢機構應使代檢員獨立行使代檢業務，不受他人不當干預。

②代檢業務之執行，遇有不當干預者，代檢機構應向中央主管機關報告。

③執行代檢業務之人員與受檢事業單位有利害關係時，代檢機構應使其依勞動檢查法相關規定迴避之。

第二五條

代檢機構應依危險性機械及設備檢查費收費標準收費，並依規定期限解繳國庫，受中央主管機關之監督。

第二六條

代檢機構執行代行檢查之經費，應獨立設立專戶儲存。

第二七條

代檢機構對中央主管機關撥付之執行代檢業務經費、代收之檢查費等，應善盡管理之責。

第六章　監　督

第二八條

對代檢機構之考評，區分為下列三種：

一　平時督導。

二　檢查品質監督。

三　年終考評。

第二九條

①中央主管機關應就下列項目實施平時督導：

一　代檢業務執行情形。

二　代行檢查費用收支情形。

三　代檢機構財產管理情形。

四　其他必要之項目。

②中央主管機關必要時，得會同勞動檢查機構辦理。

第三〇條

①中央主管機關或勞動檢查機構於下列情形，得對代檢機構實施檢查品質監督：

一　不定期對代檢業務實施品質管理抽查。

二　對代檢機構報告之檢查結果資料審核有必要者。

三　代行檢查判定結果有疑義者。

四　受檢單位申訴代行檢查品質不良者。

②勞動檢查機構應將前項品質督導實施結果，報中央主管機關。

第三一條

①中央主管機關得就下列項目實施年終考評：

一　代行檢查之設備。

二　代檢業務之管理。

三　代檢機構人員之管理。

四　代行檢查之經費收支。

五　代檢業務之財產管理。

六　其他必要項目。

②各代檢機構於受考評時，應提出說明資料、有關簿冊及儀器設備，以備查驗。

第三二條

代檢機構有下列情事之一，中央主管機關得終止指定：

一　未依職業安全衛生相關法令執行代檢業務者。

二　利用代行檢查職權，推介相關教育訓練或技術服務者。

三　使第三條第三款至第五款之專職人員，從事與代檢業務無關之事務者。

四　違反契約、無正當理由不履行契約或未有效執行者。

五　主動申請廢止指定者。

六　其他經中央主管機關認定情節重大者。

第七章　表揚及獎勵

第三三條

代檢機構有下列情形之一者，中央主管機關得公開表揚：

一　平時督導及年終考評成績優良者。

二　自行研究有關檢查技術規範具有功效者。

三　其他特殊優異項目。

第三四條

①代檢機構人員有下列情形之一，中央主管機關得予獎勵：

一　執行代行檢查業務，表現優良有具體事蹟者。

二　自行研究有關檢查技術規範提出心得，經中央主管機關認定具有貢獻者。

三　發現事業單位安全衛生缺失，能主動協助改善，消弭重大災害發生者。

四　其他經中央主管機關認定者。

②有前項情形之代檢員，得由代檢機構選送相關訓練機構進修或專題研究與其工作性質相關之學識技能。

第八章　附　則

第三五條

①本規則自發布日施行。

②本規則中華民國一百零三年六月二十七日修正條文，自一百零三年七月三日施行。

勞動檢查法第二十八條所定勞工有立即發生危險之虞認定標準

①民國91年12月31日行政院勞工委員會令訂定發布全文9條。
②民國94年6月10日行政院勞工委員會令修正發布名稱及第3、4、6、7條條文（原名稱：勞動檢查法第二十八條所定有立即發生危險之虞認定標準）。

第一條

本標準依勞動檢查法第二十八條第二項規定訂定之。

第二條

有立即發生危險之虞之類型如下：

一 墜落。

二 感電。

三 倒塌、崩塌。

四 火災、爆炸。

五 中毒、缺氧。

第三條

有立即發生墜落危險之虞之情事如下：

一 於高差二公尺以上之工作場所邊緣及開口部分，未設置符合規定之護欄、護蓋、安全網或配掛安全帶之防墜設施。

二 於高差二公尺以上之處所進行作業時，未使用高空工作車，或未以架設施工架等方法設置工作臺；設置工作臺有困難時，未採取張掛安全網或配掛安全帶之設施。

三 於石綿板、鐵皮板、瓦、木板、茅草、塑膠等易踏穿材料構築之屋頂從事作業時，未於屋架上設置防止踏穿及寬度三十公分以上之踏板、裝設安全網或配掛安全帶。

四 於高差超過一·五公尺以上之場所作業，未設置符合規定之安全上下設備。

五 高差超過二層樓或七·五公尺以上之鋼構建築，未張設安全網，且其下方未具有足夠淨空及工作面與安全網間具有障礙物。

六 使用移動式起重機吊掛平台從事貨物、機械等之吊升，鋼索於負荷狀態且非不得已情形下，使人員進入高度二公尺以上平台運搬貨物或駕駛車輛機械，平台未採取設置圍欄、人員未使用安全母索、安全帶等足以防止墜落之設施。

第四條

有立即發生感電危險之虞之情事如下：

一 對電氣機具之帶電部分，於作業進行中或通行時，有因接觸

（含經由導電體而接觸者）或接近致發生感電之虞者，未設防止感電之護圍或絕緣被覆。

二　使用對地電壓在一百五十伏特以上移動式或攜帶式電動機具，或於含水或被其他導電度高之液體濕潤之潮濕場所、金屬板上或鋼架上等導電性良好場所使用移動式或攜帶式電動機具，未於各該電動機具之連接電路上設置適合其規格，具有高敏感度、高速型，能確實動作之防止感電用漏電斷路器。

三　於良導體機器設備內之狹小空間，或於鋼架等有觸及高導電性接地物之虞之場所，作業時所使用之交流電焊機（不含自動式焊接者），未裝設自動電擊防止裝置。

四　於架空電線或電氣機具電路之接近場所從事工作物之裝設、解體、檢查、修理、油漆等作業及其附屬性作業或使用車輛系營建機械、移動式起重機、高空工作車及其他有關作業時，該作業使用之機械、車輛或勞工於作業中或通行之際，有因接觸或接近該電路引起感電之虞者，未使勞工與帶電體保持規定之接近界線距離，未設置護圍或於該電路四周裝置絕緣用防護裝備或採取移開該電路之措施。

五　從事電路之檢查、修理等活線作業時，未使該作業勞工戴用絕緣用防護具，或未使用活線作業用器具或其他類似之器具，對高壓電路未使用絕緣工作台及其他裝置，或使勞工之身體、其使用中之工具、材料等導電體接觸或接近有使勞工感電之虞之電路或帶電體。

第五條

有立即發生倒塌、崩塌危險之虞之情事如下：

一　施工架之垂直方向五・五公尺、水平方向七・五公尺內，未與穩定構造物安實連結。

二　露天開挖場所開挖深度在一・五公尺以上，或有地面崩塌、土石飛落之虞時，未設擋土支撐、反循環樁、連續壁、邊坡保護或張設防護網之設施。

三　隧道、坑道作業有落磐或土石崩塌之虞，未設置支撐、岩栓或噴凝土之支持構造及未清除浮石；隧道、坑道進出口附近表土有崩塌或土石飛落，未設置擋土支撐、張設防護網、清除浮石或邊坡保護之措施，進出口之地質惡劣時，未採鋼筋混凝土從事洞口之防護。

四　模板支撐支柱基礎之周邊易積水，導致地盤軟弱，或軟弱地盤未強化承載力。

第六條

有立即發生火災、爆炸危險之虞之情事如下：

一　對於有危險物或有油類、可燃性粉塵等其他危險物存在之配管、儲槽、油桶等容器，從事熔接、熔斷或使用明火之作業或有發生火花之虞之作業，未事先清除該等物質，並確認安

　　　全無虞。

二　對於存有易燃液體之蒸氣或有可燃性氣體滯留，而有火災、爆炸之作業場所，未於作業前測定前述蒸氣、氣體之濃度；或其濃度爆炸下限值之百分之三十以上時，未即刻使勞工退避至安全場所，並停止使用煙火及其他點火源之機具。

三　對於存有易燃液體之蒸氣、可燃性氣體或可燃性粉塵，致有引起火災、爆炸之工作場所，未有通風、換氣、除塵、去除靜電等必要設施。

四　對於化學設備及其附屬設備之改善、修理、清掃、拆卸等作業，有危險物洩漏致危害作業勞工之虞，未指定專人依規定將閥或旋塞設置雙重關閉或設置盲板。

五　對於設置熔融高熱物處理設備之建築物及處理、廢棄高熱礦渣之場所，未設有良好排水設備及其他足以防止蒸氣爆炸之必要措施。

六　局限空間作業場所，使用純氧換氣。

第七條

有立即發生中毒、缺氧危險之虞之情事如下：

一　於曾裝儲有機溶劑或其混合物之儲槽內部、通風不充分之室內作業場所，或在未設有密閉設備、局部排氣裝置或整體換氣裝置之儲槽等之作業場所，未供給作業勞工輸氣管面罩，並使其確實佩戴使用。

二　製造、處置或使用特定化學物質危害預防標準所稱之丙類第一種或丁類物質之特定化學管理設備時，未設置適當之溫度、壓力及流量之計測裝置及發生異常之自動警報裝置。

三　製造、處置或使用特定化學物質危害預防標準所稱之丙類第一種及丁類物質之特定化學管理設備，未設遮斷原料、材料、物料之供輸、未設卸放製品之裝置、未設冷卻用水之裝置，或未供輸惰性氣體。

四　處置或使用特定化學物質危害預防標準所稱之丙類第一種或丁類物質時，未設洩漏時能立即警報之器具及除卻危害必要藥劑容器之設施。

五　在人孔、下水道、溝渠、污（蓄）水池、坑道、隧道、水井、集水（液）井、沈箱、儲槽、反應器、蒸餾塔、生（消）化槽、穀倉、船艙、逆打工法之地下層、筏基坑、溫泉業之硫磺儲水桶及其他自然換氣不充分之工作場所有下列情形之一時：

（一）空氣中氧氣濃度未滿百分之十八　硫化氫濃度超過十PPM或一氧化碳濃度超過三十五PPM時，未確實配戴空氣呼吸器等呼吸防護具、安全帶及安全索。

（二）未確實配戴空氣呼吸器等呼吸防護具時，未置備通風設備予以適當換氣，或未置備空氣中氧氣、硫化氫、一氧化碳濃度之測定儀器，並未隨時測定保持氧氣濃度在百分

之十八以上、硫化氫濃度在十PPM以下及一氧化碳濃度在三十五PPM以下。

第八條

中央主管機關得指定其他有立即發生危險之虞之情事，並公告之。

第九條

本標準自發布日施行。

職業訓練法

①民國72年12月5日總統令制定公布全文44條；並自公布日施行。
②民國89年7月19日總統令修正公布第2條條文。
③民國91年5月29日總統令修正公布第33條條文。
④民國100年11月9日總統令修正公布第3、8、10、13、20、31、34、39、43、44條條文及第六章章名；增訂第4-1、31-1、31-2、38-1、39-1、39-2條條文；並刪除第21～23、42條條文及第五節節名；除第31-1、31-2、39-1、39-2條自公布後一年施行外，餘自公布日施行。
民國103年2月14日行政院公告第2條所列屬「行政院勞工委員會」之權責事項，自103年2月17日起改由「勞動部」管轄。
⑤民國104年7月1日總統令修正公布第2條條文。

第一章　總　則

第一條

為實施職業訓練，以培養國家建設技術人力，提高工作技能，促進國民就業，特制定本法。

第二條

本法所稱主管機關：在中央為勞動部；在直轄市為直轄市政府；在縣（市）為縣（市）政府。

第三條

①本法所稱職業訓練，指為培養及增進工作技能而依本法實施之訓練。

②職業訓練之實施，分為養成訓練、技術生訓練、進修訓練及轉業訓練。

③主管機關得將前項所定養成訓練及轉業訓練之職業訓練事項，委任所屬機關（構）或委託職業訓練機構、相關機關（構）、學校、團體或事業機構辦理。

④接受前項委任或委託辦理職業訓練之資格條件、方式及其他應遵行事項之辦法，由中央主管機關定之。

第四條

職業訓練應與職業教育、補習教育及就業服務，配合實施。

第四條之一

中央主管機關應協調、整合各中央目的事業主管機關所定之職能基準、訓練課程、能力鑑定規範與辦理職業訓練等服務資訊，以推動國民就業所需之職業訓練及技能檢定。

第二章　職業訓練機構

第五條

職業訓練機構包括左列三類：

一 政府機關設立者。

二 事業機構、學校或社團法人等團體附設者。

三 以財團法人設立者。

第六條

①職業訓練機構之設立，應經中央主管機關登記或許可；停辦或解散時，應報中央主管機關核備。

②職業訓練機構，依其設立目的，辦理訓練；並得接受委託，辦理訓練。

③職業訓練機構之設立及管理辦法，由中央主管機關定之。

第三章 職業訓練之實施

第一節 養成訓練

第七條

養成訓練，係對十五歲以上或國民中學畢業之國民，所實施有系統之職前訓練。

第八條

養成訓練，除本法另有規定外，由職業訓練機構辦理。

第九條

經中央主管機關公告職類之養成訓練，應依中央主管機關規定之訓練課程、時數及應具設備辦理。

第一○條

養成訓練期滿，經測驗成績及格者，由辦理職業訓練之機關（構）、學校、團體或事業機構發給結訓證書。

第二節 技術生訓練

第一一條

①技術生訓練，係事業機構為培養其基層技術人力，招收十五歲以上或國民中學畢業之國民，所實施之訓練。

②技術生訓練之職類及標準，由中央主管機關訂定公告之。

第一二條

事業機構辦理技術生訓練，應先擬訂訓練計畫，並依有關法令規定，與技術生簽訂書面訓練契約。

第一三條

主管機關對事業機構辦理技術生訓練，應予輔導及提供技術協助。

第一四條

技術生訓練期滿，經測驗成績及格者，由事業機構發給結訓證書。

第三節 進修訓練

第一五條

進修訓練，係爲增進在職技術員工專業技能與知識，以提高勞動生產力所實施之訓練。

第一六條

進修訓練，由事業機構自行辦理、委託辦理或指派其參加國內外相關之專業訓練。

第一七條

專業機構辦理進修訓練，應於年度終了後二個月內將辦理情形，報主管機關備查。

第四節　轉業訓練

第一八條

轉業訓練，係爲職業轉換者獲得轉業所需之工作技能與知識，所實施之訓練。

第一九條

①主管機關爲因應社會經濟變遷，得辦理轉業訓練需要之調查及受理登記，配合社會福利措施，訂定訓練計畫。

②主管機關擬定前項訓練計畫時，關於農民志願轉業訓練，應會商農業主管機關訂定。

第二〇條

轉業訓練，除本法另有規定外，由職業訓練機構辦理。

第五節　（刪除）

第二一條至第二三條　（刪除）

第四章　職業訓練師

第二四條

①職業訓練師，係指直接擔任職業技能與相關知識教學之人員。

②職業訓練師之名稱、等級、資格、甄審及遴聘辦法，由中央主管機關定之。

第二五條

①職業訓練師經甄審合格者，其在職業訓練機構之教學年資，得與同等學校教師年資相互採計。其待遇並得比照同等學校教師。

②前項採計及比照辦法，由中央主管機關會同教育主管機關定之。

第二六條

①中央主管機關，得指定職業訓練機構，辦理職業訓練師之養成訓練、補充訓練及進修訓練。

②前項職業訓練師培訓辦法，由中央主管機關定之。

第五章　事業機構辦理訓練之費用

第二七條

①應辦職業訓練之事業機構，其每年實支之職業訓練費用，不得低

於當年度營業額之規定比率。其低於規定比率者，應於規定期限內，將差額繳交中央主管機關設置之職業訓練基金，以供統籌辦理職業訓練之用。

②前項事業機構之業別、規模、職業訓練費用比率、差額繳納期限及職業訓練基金之設置、管理、運用辦法，由行政院定之。

第二八條

①前條事業機構，支付職業訓練費用之項目如左：

一　自行辦理或聯合辦理訓練費用。

二　委託辦理訓練費用。

三　指派參加訓練費用。

②前項費用之審核辦法，由中央主管機關定之。

第二九條

依第二十七條規定，提列之職業訓練費用，應有獨立之會計科目，專款專用，並以業務費用列支。

第三〇條

應辦職業訓練之事業機構，須於年度終了從二個月內將職業訓練費用動支情形，報主管機關審核。

第六章　技能檢定、發證及認證

第三一條

①為提高技能水準，建立證照制度，應由中央主管機關辦理技能檢定。

②前項技能檢定，必要時中央主管機關得委託或委辦有關機關（構）、團體辦理。

第三一條之一

①中央目的事業主管機關或依法設立非以營利為目的之全國性專業團體，得向中央主管機關申請技能職類測驗能力之認證。

②前項認證業務，中央主管機關得委託非以營利為目的之專業認證機構辦理。

③前二項機關、團體、機構之資格條件、審查程序、審查費數額、認證職類、等級與期間、終止委託及其他管理事項之辦法，由中央主管機關定之。

第三一條之二

①依前條規定經認證之機關、團體（以下簡稱經認證單位），得辦理技能職類測驗，並對測驗合格者，核發技能職類證書。

②前項證書之效力比照技術士證，其等級比照第三十二條規定；發證及管理之辦法，由中央主管機關定之。

第三二條

辦理技能檢定之職類，依其技能範圍及其精熟程度，分甲、乙、丙三級；不宜分三級者。由中央主管機關定之。

第三三條

①技能檢定合格者稱技術士，由中央主管機關統一發給技術士證。

②技能檢定題庫之設置與管理、監評人員之甄審訓練與考核、申請檢定資格、學、術科測試委託辦理、術科測試場地機具、設備評鑑與補助、技術士證發證、管理及對推動技術士證照制度獎勵等事項，由中央主管機關另以辦法定之。

③技能檢定之職類開發、規範製訂、試題命製與閱卷、測試作業程序、學科場địa、術科監評及試場須知等事項，由中央主管機關另以規則定之。

第三四條

進用技術性職位人員，取得乙級技術士證者，得比照專科學校畢業程度遴用；取得甲級技術士證者，得比照大學校院以上畢業程度遴用。

第三五條

技術上與公共安全有關業別之事業機構，應僱用一定比率之技術士；其業別及比率由行政院定之。

第七章　輔導及獎勵

第三六條

①主管機關得隨時派員查察職業訓練機構及事業機構辦理職業訓練情形。

②職業訓練機構或事業機構，對前項之查察不得拒絕，並應提供相關資料。

第三七條

主管機關對職業訓練機構或事業機構辦理職業訓練情形，得就考核結果依左列規定辦理：

一　著有成效者，予以獎勵。

二　技術不足者，予以指導。

三　經費困難者，酌予補助。

第三八條

私人、團體或事業機構，捐贈財產辦理職業訓練，或對職業訓練有其他特殊貢獻者，應予獎勵。

第三八條之一

①中央主管機關為鼓勵國民學習職業技能，提高國家職業技能水準，應舉辦技能競賽。

②前項技能競賽之實施、委任所屬機關（構）或委託有關機關（構）、團體辦理、裁判人員遴聘、選手資格與限制、競賽規則、爭議處理及獎勵等事項之辦法，由中央主管機關定之。

第八章　罰　則

第三九條

職業訓練機構辦理不善或有違反法令或設立許可條件者，主管機關得視其情節，分別為下列處理：

一　警告。

二　限期改善。

三　停訓整頓。

四　撤銷或廢止許可。

第三九條之一

① 依第三十一條之一規定經認證單位，不得有下列情形：

一　辦理技能職類測驗，爲不實之廣告或揭示。

二　收取技能職類測驗規定數額以外之費用。

三　謀取不正利益、圖利自己或他人。

四　會務或財務運作發生困難。

五　依規定應提供資料，拒絕提供、提供不實或失效之資料。

六　違反中央主管機關依第三十一條之一第三項所定辦法關於資格條件、審查程序或其他管理事項規定。

② 違反前項各款規定者，處新臺幣三萬元以上三十萬元以下罰鍰，中央主管機關並得視其情節，分別爲下列處理：

一　警告。

二　限期改善。

三　停止辦理測驗。

四　撤銷或廢止認證。

③ 經認證單位依前項第四款規定受撤銷或廢止認證者，自生效日起，不得再核發技能職類證書。

④ 經認證單位違反前項規定或未經認證單位，核發第三十一條之二規定之技能職類證書者，處新臺幣十萬元以上一百萬元以下罰鍰。

第三九條之二

① 取得技能職類證書者，有下列情形之一時，中央主管機關應撤銷或廢止其證書：

一　以詐欺、脅迫、賄賂或其他不正方法取得證書。

二　證書租借他人使用。

三　違反第三十一條之二第二項所定辦法關於證書效力等級、發證或其他管理事項規定，情節重大。

② 經認證單位依前條規定受撤銷或廢止認證者，其參加技能職類測驗人員於生效日前合法取得之證書，除有前項行爲外，效力不受影響。

第四〇條

依第二十七條規定，應繳交職業訓練費用差額而未依規定繳交者，自規定期限屆滿之次日起，至差額繳清日止，每逾一日加繳欠繳差額百分之零點二滯納金。但以不超過欠繳差額一倍爲限。

第四一條

本法所定應繳交之職業訓練費用差額及滯納金，經通知限期繳納而逾期仍未繳納者，得移送法院強制執行。

第九章　附　則

第四二條 （刪除）

第四三條

　本法施行細則，由中央主管機關定之。

第四四條

①本法自公布日施行。

②本法修正條文，除中華民國一百年十月二十五日修正之第三十一條之一、第三十一條之二、第三十九條之一及第三十九條之二自公布後一年施行外，自公布日施行。

職業訓練法施行細則

①民國75年3月21日行政院令訂定發布全文12條。
②民國89年12月30日行政院令修正發布第2、8、9條條文。
③民國101年5月30日行政院勞工委員會令修正發布第4條條文；增訂第2-1條條文；並刪除第8、9條條文。

第一條

本細則依職業訓練法（以下簡稱本法）第四十三條規定訂定之。

第二條

本法第四條所定職業訓練及就業服務之配合實施，依下列規定辦理：

一　職業訓練機構規劃及辦理職業訓練時，應配合就業市場之需要。

二　職業訓練機構應提供未就業之結訓學員名冊，送由公立就業服務機構推介就業。

三　職業訓練機構應接受公立就業服務機構之委託，辦理職業訓練。

四　職業訓練機構得接受其他機構之委託，辦理職業訓練。

第二條之一

①中央主管機關為辦理本法第四條之一所定事項，應訂定各項服務資訊之提供期間及方式。

②各中央目的事業主管機關應依前項規定配合辦理。

第三條

①辦理未經公告職類之養成訓練，由職業訓練機構擬具訓練計畫，同時報請中央主管機關備查。

②前項訓練計畫，應包括左列事項：

一　訓練職類及班別。
二　訓練目標。
三　受訓學員資格。
四　訓練期間。
五　訓練課程。
六　訓練時間配置及進度。
七　訓練場所。
八　訓練設備。
九　訓練方式。
十　經費概算。

第四條

①養成訓練結訓證書應記載下列事項：

一　結訓學員姓名、身分證明文件字號及出生年、月、日。
二　訓練班別。
三　訓練起訖年、月、日。
四　訓練課程及其時數。
五　訓練單位名稱。
六　證書字號。

②訓練單位依本法第三條第三項接受委託辦理養成訓練者，其結訓證書除應記載前項事項外，應再列明委託機關名稱。

第五條

事業機構辦理技術生訓練，應由具備左列資格之技術熟練人員擔任技術訓練及輔導工作：

一　已辦技能檢定之職類，經取得乙級以上技術士證者。
二　未辦技能檢定之職類，具有五年以上相關工作經驗者。

第六條

事業機構辦理技術生訓練，依本法第十二條擬訂之訓練計畫，除應依第三條第二項規定辦理外，並應包括左列事項：

一　事業機構名稱。
二　擔任技術訓練及輔導工作人員之姓名及資格。
三　配合訓練單位。

第七條

技術生訓練結訓證書之應記載事項，準用第四條之規定。

第八條　（刪除）

第九條　（刪除）

第一〇條

本法所稱年度，為各職業訓練機構依其應適用之年度。

第一一條

私人、團體或事業機構對於職業訓練機構捐贈現金、有價證券或其他動產時，受贈機構應出具收據；捐贈不動產時，應即會同受贈機構辦理所有權移轉登記手續，並均應列帳。

第一二條

本細則自發布日施行。

技術士技能檢定及發證辦法

①民國84年1月27日行政院勞工委員會令修正發布全文29條。
②民國85年12月4日行政院勞工委員會令修正發布第26條條文。
③民國87年12月2日行政院勞工委員會令修正發布第3、4、6、7、
　10、11、15、16、17、20、21、24、25、27條條文。
④民國88年6月29日行政院勞工委員會令修正發布第2、4、15、23條
　條文。
⑤民國88年8月25日行政院勞工委員會令修正發布第2條條文。
⑥民國89年12月20日行政院勞工委員會令修正發布第5、6、7、10、
　12、15、16、20、26、27條條文。
⑦民國92年12月31日行政院勞工委員會令修正發布全文55條；並自
　發布日施行。
⑧民國94年12月30日行政院勞工委員會令修正發布第11、18、21、
　22、27、29、31~33、36、39、41、45條條文。
⑨民國97年12月26日行政院勞工委員會令修正發布第3、7、8、11、
　15、17、21、23、30、33~36、39、41、42、44、45條條文；並
　刪除第52、53條條文。
⑩民國98年10月19日行政院勞工委員會令修正發布第39條條文；並
　增訂第36-1、36-2條條文。
⑪民國99年11月24日行政院勞工委員會令修正發布第6、7、8、11、
　24、31~36-1、39、41、42、44、45、49條條文及第五章章名；並
　刪除第36-2條條文。
⑫民國100年11月18日行政院勞工委員會令修正發布第2、4、7~
　10、12、15、16、19、23、25、28、39、42、46條條文；增訂第
　10-1、46-1條條文；並刪除第3、50條條文。
⑬民國102年1月23日行政院勞工委員會令修正發布第7、8、11、14~
　18、21、28、29、32、33、36、36-1、39、41、48、49、51條條文。
⑭民國103年1月10日行政院勞工委員會令修正發布第21~23、27、
　29、31、34~36、38、39條條文；並增訂第39-1條條文。
⑮民國103年12月19日勞動部令修正發布第28條條文。
⑯民國104年12月7日勞動部令修正發布第7、8、15~17、23、33條
　條文。
⑰民國106年10月3日勞動部令修正發布第11、16、39-1、48、49條條
　文。
⑱民國108年8月27日勞動部令修正發布第9、13、14、20、29、39、
　39-1、45條條文；並增訂第9-1條條文。
⑲民國110年1月20日勞動部令修正發布第10、15~17、33、36、41
　條條文；並刪除第10-1條條文。
⑳民國112年1月11日勞動部令修正發布第7、8、34、36、47條條
　文。
㉑民國112年11月2日勞動部令修正發布第2、12~17、22、25、29、
　47條條文及第三章章名；並刪除第4條條文。

第一章　總　則

第一條

本辦法依職業訓練法第三十三條第二項規定訂定之。

第二條 112

①中央主管機關掌理事項如下：

一　法規之訂定、修正及解釋。

二　技能檢定學科、術科題庫之建立。

三　技能檢定學科、術科收費標準之審定及支出之規定。

四　技能檢定監評人員資格甄審、訓練、考核及發證。

五　技能檢定術科測試場地及機具設備之評鑑及發證。

六　全國技能檢定計畫之訂定、公告及辦理。

七　技能檢定之專案辦理。

八　技術士證與證書之核發及管理。

九　技術士證照效用之協調推動。

十　辦理技能檢定優良單位及人員之獎勵。

十一　其他技能檢定業務之推動、辦理、監督、協調、稽核及考評。

②前項第二款、第四款至第八款及第十一款業務，中央主管機關得委任所屬機關（構）辦理之。

③第一項第六款全國技能檢定計畫之辦理及第七款業務，中央主管機關得委託其他機關（構）、學校或法人團體或委辦直轄市、縣（市）主管機關辦理之。

第三條 （刪除）

第四條 （刪除）112

第二章　申請檢定資格

第五條

技能檢定職類分為甲、乙、丙三級，不宜分三級者，定為單一級。

第六條

①年滿十五歲或國民中學畢業者，得參加丙級或單一級技術士技能檢定。

②前項年齡計算，以檢定辦理單位同一梯次學科測試日期之第一日為準。

第七條 112

①具有下列資格之一者，得參加乙級技術士技能檢定：

一　取得申請檢定相關職類丙級以上技術士證，並接受相關職類職業訓練時數累計八百小時以上，或從事申請檢定職類相關工作二年以上。

二　取得申請檢定相關職類丙級以上技術士證，並具有高級中等學校畢業或同等學力證明，或高級中等學校在校最高年級。

三　取得申請檢定相關職類丙級以上技術士證，並為五年制專科三年級以上、二年制及三年制專科、技術學院、大學之在校學生。

四　接受相關職類職業訓練時數累計四百小時，並從事申請檢定職類相關工作三年以上。

五　接受相關職類職業訓練時數累計八百小時，並從事申請檢定職類相關工作二年以上。

六　接受相關職類職業訓練時數累計一千六百小時以上。

七　接受相關職類職業訓練時數累計八百小時以上，並具有高級中等學校畢業或同等學力證明。

八　接受相關職類職業訓練時數累計四百小時，並從事申請檢定職類相關工作一年以上，且具有高級中等學校畢業或同等學力證明。

九　接受相關職類技術生訓練二年，並從事申請檢定職類相關工作二年以上。

十　具有高級中等學校畢業或同等學力證明，並從事申請檢定職類相關工作二年以上。

十一　具有大專校院以上畢業或同等學力證明，或大專校院以上在校最高年級。

十二　從事申請檢定職類相關工作六年以上。

②前項相關職類丙級以上技術士證，由中央主管機關認定，並公告之。

③第一項相關職類職業訓練及技術生訓練由中央主管機關認定，並以在職業訓練機關（構）或政府委辦單位參訓者為限。

④參加國際技能競賽或國際展能節職業技能競賽之國手培訓時數，經中央主管機關認定，得納入第一項相關職類職業訓練時數。

第八條 112

①具有下列資格之一者，得參加甲級技術士技能檢定：

一　取得申請檢定相關職類乙級以上技術士證，並從事申請檢定職類相關工作二年以上。

二　取得申請檢定相關職類乙級以上技術士證，並接受相關職類職業訓練時數累計八百小時以上。

三　取得申請檢定相關職類乙級以上技術士證，並接受相關職類職業訓練時數累計四百小時以上者，並從事申請檢定職類相關工作一年以上。

四　取得申請檢定相關職類乙級以上技術士證，並具有技術學院、大學畢業或同等學力證明，且從事申請檢定職類相關工作一年以上。

五　具有專科畢業或同等學力證明，並從事應檢職類相關工作四年以上。

六　具有技術學院或大學畢業或同等學力證明，並從事應檢職類相關工作三年以上。

② 前項相關職類乙級以上技術士證，由中央主管機關認定，並公告之。

③ 第一項相關職類職業訓練由中央主管機關認定，並以在職業訓練機關（構）或政府委辦單位參訓者為限。

④ 參加國際技能競賽或國際展能節職業技能競賽之國手培訓時數，經中央主管機關認定，得納入第一項相關職類職業訓練時數。

第九條

① 前三條規定之申請檢定資格，中央目的事業主管機關另有法規規定者，從其規定。

② 申請檢定資格特殊之職類，由中央主管機關公告其申請檢定資格，必要時得會商中央目的事業主管機關後公告之。

第九條之一

前四條學歷證明之採認、訓練時數或工作年資之採計，計算至受理檢定報名當日為止。

第一〇條

① 同一職類級別之技能檢定，學科測試成績及術科測試成績均及格者，為檢定合格。

② 前項術科測試成績及格者，該測試成績自下年度起，三年內參加檢定時，得予保留。

③ 不適用前二項規定之職類，由中央主管機關公告檢定合格方式。

④ 第二項保留年限，得扣除暫停辦理檢定之年限，或配合停辦之職類縮短保留年限。

第一〇條之一 （刪除）

第一一條

① 參加技能競賽之下列人員，得向中央主管機關申請免術科測試：

一 國際技能組織主辦之國際技能競賽、國際奧林匹克身心障礙聯合會主辦之國際展能節職業技能競賽，獲得前三名或優勝獎，自獲獎日起五年內參加相關職類各級技能檢定者。

二 中央主管機關主辦之全國技能競賽或全國身心障礙者技能競賽成績及格，自及格日起三年內，參加相關職類乙級、丙級或單一級技能檢定者。

三 中央主管機關主辦之分區技能競賽或經認可之機關（構）、學校或法人團體舉辦之技能及技藝競賽獲得前三名，自獲獎日起三年內，參加相關職類丙級或單一級技能檢定者。

② 前項得免術科測試之人員，應以獲獎日或及格日已開辦之職類擇一參加，其年限之計算依第十條第四項規定辦理。

③ 前項得免術科測試之職類、級別及項目，由中央主管機關公告之。

④ 第一項第三款有關經認可單位之資格條件，由中央主管機關公告之。

第三章 學、術科測試辦理 112

第一二條 112

① 中央主管機關應於年度開始前公告辦理全國技能檢定之梯次、職類級別、報名及測試等相關事項，為非特定對象舉辦全國技能檢定。

② 中央主管機關於必要時，得為特定對象及特定目的辦理專案技能檢定。

第一三條 112

受委任、委託或委辦理技能檢定術科測試試務工作單位，其術科測試採筆試非測驗題以外之方式者，其場地及機具設備應經中央主管機關評鑑合格。

第一四條 112

受委任、委託或委辦理技能檢定單位有下列情形之一者，中央主管機關得終止委任、委託或委辦：

一　對參加技能檢定人員之資格有故意或重大過失審查不實，經查證屬實。

二　未依相關規定辦理各項試務工作，經通知限期改善，屆期仍未改善完成。

三　辦理職業訓練、技能檢定收取規定標準以外之費用或不當利益，經查證屬實。

四　未經許可將受委任、委託或委辦業務，再委任、委託或委辦其他單位。

五　違反本辦法及相關法令規定情節重大。

第一五條 112

受委任、委託或委辦理專案技能檢定之下列單位，得辦理所屬特定對象技能檢定學科、術科測試試務工作：

一　政府機關設立之職業訓練機關（構）：自行辦理受訓學員技能檢定。

二　法務部所屬矯正機關：辦理收容人技能檢定。

三　事業機構：辦理在職員工技能檢定。

四　國防部所屬機關（構）：辦理國軍人員技能檢定。

五　教育部：辦理在校生技能檢定。

六　依法設立之公會：辦理所屬廠商僱用之員工技能檢定。

七　依法設立之工會：辦理所屬會員技能檢定。

八　其他依法或經專案核准之機關（構）：辦理技能檢定。

第一六條 112

受委任、委託或委辦理專案技能檢定之單位，應符合下列資格條件：

一　政府機關設立之職業訓練機關（構）及法務部所屬矯正機關：辦理之職類，應與訓練課程相關，且當期訓練時數至少符合下列規定：

　　㈠甲、乙級檢定：依職業訓練主管機關公告之養成訓練課程或報經職業訓練主管機關核准之養成訓練課程訓練完畢。

（二）丙級檢定：八十小時以上。

二　事業機構：
　　（一）依法領有登記證明文件，且營業項目與辦理技能檢定職類相關。
　　（二）內部規章訂有從事某項工作須參加技能檢定合格人員，或對參加技能檢定合格人員給予核敘職級、薪給等激勵措施。
　　（三）為在職員工辦理短期訓練，報經該主管機關核准，並負擔或補助參檢費用。

三　國防部所屬機關（構）：為國軍人員辦理短期訓練報經國防部核准。

四　中央教育主管機關：其辦理程序及承辦單位等事項，由中央主管機關會商中央教育主管機關另定年度實施計畫規定之。

五　依法設立之公會或工會：
　　（一）章程所定任務與申辦技能檢定職類具有相關性。
　　（二）持有經主管機關核准設立之立案證書滿三年以上者。
　　（三）持有經主管機關出具證明文件確認其會務運作正常者。
　　（四）擬訂技能檢定推動計畫書及提經會員（代表）大會通過且列有紀錄，並報經主管機關核准者。
　　（五）備有一次可容納十人以上學科測試專用場地者。
　　（六）為其所屬會員或廠商僱用之員工辦理短期訓練，報經主管機關核准，並負擔或補助參檢費用。

第一七條 112

①申請檢定各項專案技能檢定人員，除符合第二章申請檢定資格外，並應符合下列資格條件：

一　受訓學員：參加職業訓練機關（構）之當期學員，且申請檢定職類與受訓課程內容相關。

二　收容人：參加法務部所屬矯正機關之當期學員，且申請檢定職類與受訓課程內容相關。

三　在職員工：經參加短期技能訓練班結訓且參加公教人員保險、勞工保險或勞工職業災害保險之在職員工。

四　國軍人員：經參加短期技能訓練班結訓之國軍官兵、軍事校院學生及國軍單位之聘僱人員。

五　在校生：為具有學籍之在校學生。

六　公會所屬廠商僱用之員工：經參加短期技能訓練班結訓，且已參加勞工保險或勞工職業災害保險者。

七　工會所屬會員：經參加短期技能訓練班結訓，且已參加勞工保險或勞工職業災害保險者。

②前項申請專案技能檢定人員，同一梯次以申請一職類為限。

第一八條

辦理專案技能檢定，應以公告之全國技能檢定職類及級別為限。但術科試題測試前列入保密之職類及級別，應經中央主管機關核准，始得辦理。

第一九條

辦理專案技能檢定之單位，除情形特殊經中央主管機關核准者外，應符合下列事項：

一 每一梯次之同一職類同一級別參加檢定人數須在十人以上。

二 甲、乙級之學科測試採筆試測驗題方式者，須配合全國技能檢定舉辦學科測試。但中央主管機關必要時，得另定各職類級別統一學科試題及測試日期。

第四章 術科測試場地機具設備評鑑與補助

第二〇條

技能檢定術科測試採筆試非測驗題以外之方式者，其場地及機具設備應先經中央主管機關評鑑。但術科測試場地設在海上、海下或空中者，其場地得不列入評鑑。

第二一條

申請技能檢定術科測試場地及機具設備評鑑之單位，除經中央主管機關專案核定者外，應符合下列資格之一：

一 職業訓練機構：依職業訓練機構設立及管理辦法登記或許可設立，領有職業訓練機構設立證書，且其設立證書登載之訓練職類與申請評鑑職類相關者。

二 學校：經教育主管機關核准設立之公私立高級中等以上學校，並設有與評鑑職類相關科系者。

三 事業機構：依公司法或商業登記法登記，領有公司登記證明文件或商業登記證明文件之公司行號，其所營事業與申請評鑑職類相關，且其登記資本額在新臺幣一千五百萬元以上或僱用員工人數達一百人以上者。

四 團體：

(一)設立三年以上領有登記證書，且申請評鑑職類與其會員本業相關之工會或同業公會。

(二)設立三年以上領有登記證書，且申請評鑑職類與其捐助章程所定任務相關之全國性財團法人。

五 政府機關（構）或政府輔助設立之法人機構：依政府組織法規設置之機關（構）或政府輔助設立之法人機構。

第二二條 112

①中央主管機關應依各職類級別，公告技能檢定術科測試場地及機具設備評鑑自評表（以下簡稱自評表）。

②中央主管機關應於每年一月底前，公告辦理當年度術科測試場地及機具設備評鑑之職類、級別。

③前二項情形特殊者，得另行公告辦理。

第二三條

①申請技能檢定術科測試場地及機具設備評鑑之單位，應分依據各職類級別自評表自行評鑑符合規定後，檢附下列文件及自評表一式二份向中央主管機關申請評鑑：

一　設立證明文件影本。但機關及公立學校不在此限。

二　測試場地之土地所有權狀影本或土地登記簿謄本、建築物所有權狀影本或建築物登記簿謄本。但機關、學校或得由地政資訊網際網路服務系統進行確認者，不在此限。

三　學校應檢附與申請評鑑職類級別相關科系之課程表。

四　團體應檢附經主管機關備查之會務運作相關之證明文件。

②前項第二款測試場地屬租借者，應另檢附自受理申請日起二年以上期間之租約或使用同意書。

③同一場地及機具設備不得提供作為二個以上單位申請評鑑使用。

④申請評鑑職類級別術科測試場地，具有獨特性、單一場地、就業市場需求、從業管理法規效用或其他情形特殊者，中央主管機關得專案核定之。

第二四條

技能檢定術科測試場地、機具及設備評鑑之審核程序如下：

一　初審：由中央主管機關以書面審查方式為之。

二　實地評鑑：初審合格者，由中央主管機關聘請題庫命製人員或監評人員資格者二人至三人實地評鑑，評鑑結果應填列評鑑結果表。

第二五條 112

①經實地評鑑合格單位，由中央主管機關核發技能檢定術科測試場地及機具設備評鑑合格證書，並載明下列事項：

一　評鑑合格者之名稱。

二　職類名稱及級別。

三　每場檢定崗位數量。

四　場地地址。

五　有效期限。

②前項第一款至第四款事項或機具發生變更時，評鑑合格單位應於辦理測試前三個月內，報中央主管機關核定。

③第一項第五款所稱有效期限，自發證日起算五年，場地租借期間少於五年者，有效期限與場地租約或使用同意書終止日期相同。但遇有第二十七條情事者，從其規定。

④評鑑合格單位應於有效期限屆滿前三個月內重新填報自評表送中央主管機關備查。必要時，中央主管機關得隨時辦理實地評鑑。

第二六條

中央主管機關得視經費預算編列情形，補助術科測試辦理單位技能檢定所需機具設備。

第二七條

①中央主管機關於技能檢定職類級別測試試題有重大修訂並更動自評表時，應於適用該新試題三個月前公告新訂自評表。

②評鑑合格單位應依前項自評表重新自評，並於中央主管機關所訂期間內提出評鑑申請或填報調整情形。

第二八條

①離島地區、偏遠地區或符合第十五條第二款規定資格之單位，申請評鑑經中央主管機關核准者，不受評鑑自評表所定每場最少辦理崗位數量之限制。

②符合第十五條第二款規定資格之單位，因矯治及管理需要，得向中央主管機關申請免設置自評表所定之部分場地共同設施。

第二九條 112

①評鑑合格單位有下列情形之一者，中央主管機關應為廢止其職類級別場地合格之處分，並註銷其合格證書：

一 場地及機具設備嚴重毀損或變更用途，致已無法辦理術科測試。

二 場地經建管、環保、消防、安全衛生或相關機關（構）檢查不符規定，經各該目的事業主管機關限期改善，屆期未改善。

三 評鑑合格後縮減場地空間、機具設備，經中央主管機關限期改善，屆期未改善。

四 拒絕接受中央主管機關委託或委辦辦理術科測試連續三次以上或五年內累計達五次以上。

五 違反第二十三條第三項規定。

六 違反第二十五條第二項規定。

七 未依第二十七條第二項規定辦理。

八 辦理技能檢定有徇私舞弊。

九 其他違反本辦法及相關法令規定情事重大。

②評鑑合格單位有前項第一款、第二款情形時，應立即停止辦理技能檢定，並通知中央主管機關，未通知經查獲者，除註銷其評鑑合格證書外，不再受理其申請同職類級別場地評鑑。

第三〇條

評鑑合格單位所提供申請評鑑之資料、文件，有偽造、變造或其他虛偽不實情事者，中央主管機關得撤銷其評鑑合格證書。

第五章 監評人員資格甄審、訓練及考核

第三一條

中央主管機關有下列情形之一者，應公告辦理監評人員資格之培訓：

一 新開發之職類級別。

二 經評估各監評人員資格者數量不足之職類級別。

三 其他有必要辦理之職類級別。

第三二條

下列單位得向中央主管機關推派人員參加監評人員資格之培訓：

一 培訓職類之術科測試辦理單位。

二 培訓職類之技能檢定規範製訂及學、術科題庫命製人員服務單位。

三 培訓職類技能檢定術科測試場地及機具設備經評鑑合格之單

位。

四　設有與培訓職類相同或相關科別之職業訓練機關（構）或學校。

五　具有與培訓職類相同技術、設備等之事業單位。

六　與培訓職類相關之職業工會、同業公會及專業團體。

七　各有關目的事業主管機關。

八　其他經中央主管機關指定者。

第三三條

①具下列資格條件之一者，得經前條單位推派或自我推薦參加監評人員資格之培訓：

一　專科學校以上畢業，現任或曾任培訓職類依法領有登記證明文件相關機構之技術人員、高中（職）以上學校教師、軍事學校教官、技術人員或職業訓練機關（構）訓練師，並從事與培訓職類相關工作達八年以上。

二　現任或曾接受中央主管機關聘請擔任培訓職類技能檢定規範製訂或學、術科題庫命製人員。

三　由各有關目的事業主管機關或中央主管機關指定推薦具有相當學經歷之專家或主管（辦）人員。

四　取得培訓職類乙級以上技術士證，並從事相關工作達十年以上。

五　高中（職）以上學校畢業，具所開辦職類級別技術士證，並從事相關工作達十三年以上，而培訓之職類未開辦乙級檢定。

六　參加國際技能競賽或國際展能節職業技能競賽，獲得優勝以上，並從事相關工作三年以上，且競賽職類與培訓職類相關。

七　參加全國技能競賽，獲得前三名，並從事相關工作八年以上，且競賽職類與培訓職類相關。

②前項單位推派或自我推薦人員之甄選，由中央主管機關公開辦理。

③符合第一項所列資格條件之人員，以培訓職類相關科系畢業、實際教授培訓職類相關課程並持有培訓職類技術士證者，優先遴選參加監評人員之培訓。

④前項人員參加監評人員培訓，以一個職類為限。但經中央主管機關公告者，不在此限。

⑤擔任監評相關職類之補習班等相同性質單位之負責人或行政、教學工作者，不得參加培訓。

⑥情形特殊之職類，其資格條件得由中央主管機關專案核定之。

第三四條 112

①參加監評人員資格培訓者，應全程參與培訓課程，經測試成績合格取得監評人員資格後，由中央主管機關發給監評人員資格證書。

②前項證書效期自發證日起算五年。

③取得第一項監評人員資格證書者，於有效期間內，得向中央主管機關申請註銷監評人員資格證書。

第三五條

中央主管機關有下列情形之一者，應對已具有監評人員資格者辦理監評人員研討：

一 技能檢定術科測試試題或監評標準有重大修訂之職類級別。

二 五年內未辦理監評研討之職類級別。

三 其他有必要辦理之職類級別。

第三六條 112

①參加監評研討之人員，應全程參與課程，並經測試成績合格，始得擔任該職類級別之監評工作。

②具監評人員資格者，擔任監評相關職類之補習班等相同性質單位之負責人或行政、教學工作，不得參加前項研討。

③未參加第一項研討、未全程參與或研討成績不合格者，暫停執行監評工作。

④參加第一項研討之監評人員資格證書定有效期者，應重新核發資格證書，其效期自發證日起算五年。

⑤因天災、事變或突發事件，致中央主管機關未能於效期內辦理第一項研討，得專案核定延長其資格效期六個月；必要時，得再延長之，每次最長為六個月。

第三六條之一

具監評人員資格者報名參加其所擔任監評職類技能檢定術科測試，不得受聘擔任當梯次該職類所有場次監評工作。

第三六條之二 (刪除)

第三七條

監評人員對於術科測試成績或因職務及業務知悉或持有之秘密事項，應保守秘密。

第三八條

①具監評人員資格者，無正當理由不得拒絕至指定術科測試場地擔任監評工作。

②違反前項規定者，應停止遴聘其擔任監評工作二年。

第三九條

①具監評人員資格者有下列情形之一，經查證屬實者，中央主管機關應撤銷或廢止監評人員資格證書：

一 洩漏或盜用屬於保密性試題、審評標準、評審表、參考答案、測試成績或因職務、業務知悉或持有秘密事項之資料。

二 資格證明文件有偽造、變造或其他虛偽不實情事。

三 受有期徒刑一年以上刑之宣告確定。但過失犯不在此限。

四 以詐術、冒名頂替或其他不正當手法，參加監評人員培訓或研討。

五 其他因故意或重大疏忽致影響應檢人權益或測試事宜。

②前項監評人員資格者之證書經撤銷或廢止後，其不得再參加任何職類級別監評人員資格培訓。

第三九條之一

①具監評人員資格者有下列情形之一，經查證屬實者，中央主管機關應撤銷或廢止該職類級別監評人員資格證書：

一 擔任監評相關職類之補習班等相同性質單位之負責人或行政、教學工作。

二 應檢人為其配偶、前配偶、四親等內之血親、三親等內之姻親，應自行迴避而未迴避。

三 現任或自報名梯次首日前二年內曾任應檢人之授課人員，應自行迴避而未迴避。

四 現任應檢人機關（構）、團體、學校或事業機構之首長（負責人）或直屬長官，應自行迴避而未迴避。

五 在術科測試辦理單位專任、兼任之授課人員及協同教學業界專家，監評對象為該單位學員或學生，應自行迴避而未迴避。

六 其他有具體事實足認其執行職務有偏頗之虞，應自行迴避而未迴避。

②具監評人員資格者於暫停或停止執行監評工作期間有前項第一款情形者，不予撤銷或廢止監評人員資格證書。

③第一項具監評人員資格者之證書經撤銷或廢止後，其不得再參加該職類級別監評人員資格培訓。

第六章 題庫設置與管理

第四〇條

①中央主管機關為統一管理技能檢定試題，應設置題庫並指定管理人員負責試題管理事項。

②前項管理人員應保守秘密。

第四一條

①各職類題庫命製人員之遴聘資格，應符合下列條件之一：

一 現任或曾任大學校院助理教授以上職務，並有相關科系五年以上教學經驗者。

二 大學校院以上畢業，並有十年以上相關職類教學經驗者。

三 大專以上畢業，現任或曾任檢定相關職類，政府機關或依法領有登記證明文件相關機構技術部門或訓練部門之主管職位五年以上或非主管職位八年以上者。

四 高中職以上畢業，具有現已辦理檢定相關職類最高級別技能檢定合格者，並在相關職類有現場實務經驗十年以上者或擔任相關職業訓練工作十年以上者。

五 各級主管機關或目的事業主管機關推薦之代表。

②性質特殊職類之命製人員無法依前項規定遴聘時，不受前項之限制。

③每一職類題庫命製人員為六人至十二人；每人限擔任一職類題庫命製人員，但經中央主管機關專案核定者，不在此限。

第四二條

①中央主管機關遴聘前條人員，得請相關目的事業主管機關、學校、機構及團體推薦之；其經遴聘者，發給題庫命製人員聘書。

②前項聘書效期，自聘任日起至當年十二月三十一日止。

第四三條

題庫命製人員對命製過程中持有或知悉未公開之試題及其相關資料，應保守秘密，不得洩漏或據以編印書本、講義。

第四四條

有下列情事之一者，不得遴聘為題庫命製人員，已遴聘者應予解聘：

一　投資或經營相關職類之補習班等營利單位。

二　於技能檢定相關職類之補習班等營利單位，擔任行政或教學工作。

三　違反前條規定。

第四五條

①題庫命製人員於參與命製題庫及試題使用期間，不得報名參加該職類技能檢定。但試題使用逾二年者，不在此限。

②前項命製題庫及試題使用期間，題庫命製人員有下列情形之一，應予迴避：

一　題庫命製人員之配偶、前配偶、四親等內之血親或三親等內之姻親應檢者。

二　有具體事實足認其執行職務有偏頗之虞者。

③違反前二項規定者，適用前條規定。

第四六條

①學、術科測試試題應由題庫管理人員密封後，點交學、術科測試辦理單位領題人員簽收，或密交辦理單位首長。

②測試辦理單位相關人員於試題之領取、印製、分送等過程，應保守秘密。

第四六條之一

保密性之學、術科試題職類級別，由中央主管機關公告之。

第七章　技術士證發證與管理

第四七條 112

①技能檢定合格者，由中央主管機關發給技術士證，並得應技能檢定合格者之申請，發給技術士證書。技術士證或證書毀損或遺失者，得申請換發或補發。

②中央主管機關得應中央目的事業主管機關之請求，於其執行法定職務必要範圍內，提供技術士名冊等相關資料。

第四八條

①技術士證應記載之事項及內容如下：

一　姓名、出生年月日及國民身分證統一編號。

二　照片。

三　職類（項）名稱及等級。

四　技術士證總編號。

五　發證機關。

六　生效日期。

七　製發日期。

八　其他經中央主管機關認定應記載事項。

②技術士證書應記載姓名及前項第二款至第八款所列事項。

第四九條

①技術士證及證書不得租借他人使用。違反規定者，中央主管機關應廢止其技術士證，並註銷其技術士證書。

②應檢人有下列情形之一者，撤銷其報檢資格或學、術科測試成績，並不予發證；已發技術士證及證書者，應撤銷其技術士證，並註銷其技術士證書：

一　參加技能檢定者之申請檢定資格與規定不合。

二　參加技能檢定違反學、術科測試規定。

三　冒名頂替。

四　偽造或變造應考證件。

五　擾亂試場內外秩序，經監場人員勸阻不聽。

六　以詐術或其他不正當手法，使檢定發生不正確結果。

七　其他舞弊情事。

③應檢人或參與人員涉及前項所定情形之一者，中央主管機關應通知其相關學校或機關依規定究辦，其涉及刑事責任者，中央主管機關應移送檢察機關。

④中央主管機關於撤銷技術士證或註銷技術士證書時，應通知相關中央目的事業主管機關。

第五〇條　（刪除）

第八章　附　則

第五一條

中央主管機關對推廣技能檢定績效優良之個人、事業機構、學校、職業訓練及就業服務機關（構），應予公開獎勵。

第五二條　（刪除）

第五三條　（刪除）

第五四條

本辦法所定之各項書證格式，由中央主管機關定之。

第五五條

本辦法自發布日施行。

捌、就業服務

附・施業明細書

就業服務法

①民國81年5月8日總統令制定公布全文70條。
②民國86年5月21日總統令修正公布第49條條文。
③民國89年1月26日總統令修正公布第43、51條條文。
④民國91年1月21日總統令修正公布全文83條；除第48條第1～3項施行日期由行政院以命令定之外，自公布日施行。
　民國93年1月9日行政院令發布第48條第1～3項定自93年1月15日施行。
⑤民國92年5月13日總統令修正公布第46、48、51～53條條文。
⑥民國92年5月16日總統令修正公布第52條條文。
⑦民國95年5月30日總統令修正公布第64、83條條文；並自95年7月1日施行。
⑧民國96年5月23日總統令修正公布第5、40、55、58、60條條文。
⑨民國96年7月11日總統令修正公布第52條條文。
⑩民國97年8月6日總統令修正公布第48條條文。
⑪民國98年5月13日總統令修正公布第2、24、26條條文。
⑫民國101年1月30日總統令修正公布第52、55條條文。
⑬民國101年11月28日總統令修正公布第5條條文。
⑭民國102年12月25日總統令修正公布第20、22、40、46、54、56、58、60、62、67～69條條文。
　民國103年2月14日行政院公告第6條第1項所列屬「行政院勞工委員會」之權責事項，自103年2月17日起改由「勞動部」管轄。
　民國103年3月24日行政院公告第6條第2項所列屬「行政院原住民委員會」之權責事項，自103年3月26日起改由「原住民族委員會」管轄。
⑮民國104年6月17日總統令修正公布第6、7、17、24、29、46、48、50條條文；並刪除第15條條文。
⑯民國104年10月7日總統令修正公布第52、55條條文；並增訂第48-1條條文。
⑰民國105年11月3日總統令修正公布第52條條文。
　民國107年4月27日行政院公告第62條第1項所列屬「海岸巡防機關」之權責事項原由「行政院海岸巡防署及所屬機關」管轄，自107年4月28日起改由「海洋委員會海巡署及所屬機關（構）」管轄。
⑱民國107年11月28日總統令修正公布第5、24、40、46、54、56、65～68、70條條文。
⑲民國112年5月10日總統令修正公布第58條條文。

第一章　總　則

第一條
　為促進國民就業，以增進社會及經濟發展，特制定本法；本法未規定者，適用其他法律之規定。

第二條

本法用詞定義如下：

一 就業服務：指協助國民就業及雇主徵求員工所提供之服務。

二 就業服務機構：指提供就業服務之機構；其由政府機關設置者，為公立就業服務機構；其由政府以外之私人或團體所設置者，為私立就業服務機構。

三 雇主：指聘、僱用員工從事工作者。

四 中高齡者：指年滿四十五歲至六十五歲之國民。

五 長期失業者：指連續失業期間達一年以上，且辦理勞工保險退保當日前三年內，保險年資合計滿六個月以上，並於最近一個月內向公立就業服務機構辦理求職登記者。

第三條

國民有選擇職業之自由。但為法律所禁止或限制者，不在此限。

第四條

國民具有工作能力者，接受就業服務一律平等。

第五條

①為保障國民就業機會平等，雇主對求職人或所僱用員工，不得以種族、階級、語言、思想、宗教、黨派、籍貫、出生地、性別、性傾向、年齡、婚姻、容貌、五官、身心障礙、星座、血型或以往工會會員身分為由，予以歧視；其他法律有明文規定者，從其規定。

②雇主招募或僱用員工，不得有下列情事：

一 為不實之廣告或揭示。

二 違反求職人或員工之意思，留置其國民身分證、工作憑證或其他證明文件，或要求提供非屬就業所需之隱私資料。

三 扣留求職人或員工財物或收取保證金。

四 指派求職人或員工從事違背公共秩序或善良風俗之工作。

五 辦理聘僱外國人之申請許可、招募、引進或管理事項，提供不實資料或健康檢查檢體。

六 提供職缺之經常性薪資未達新臺幣四萬元而未公開揭示或告知其薪資範圍。

第六條

①本法所稱主管機關：在中央為勞動部；在直轄市為直轄市政府；在縣（市）為縣（市）政府。

②中央主管機關應會同原住民族委員會辦理相關原住民就業服務事項。

③中央主管機關掌理事項如下：

一 全國性國民就業政策、法令、計畫及方案之訂定。

二 全國性就業市場資訊之提供。

三 就業服務作業基準之訂定。

四 全國就業服務業務之督導、協調及考核。

五 雇主申請聘僱外國人之許可及管理。

六 辦理下列仲介業務之私立就業服務機構之許可、停業及廢止

　　　　許可：
　　　㈠仲介外國人至中華民國境內工作。
　　　㈡仲介香港或澳門居民、大陸地區人民至臺灣地區工作。
　　　㈢仲介本國人至臺灣地區以外之地區工作。
　七　其他有關全國性之國民就業服務及促進就業事項。
④直轄市、縣（市）主管機關掌理事項如下：
　一　就業歧視之認定。
　二　外國人在中華民國境內工作之管理及檢查。
　三　仲介本國人在國內工作之私立就業服務機構之許可、停業及
　　　廢止許可。
　四　前項第六款及前款以外私立就業服務機構之管理。
　五　其他有關國民就業服務之配合事項。

第七條

①主管機關得遴聘勞工、雇主、政府機關之代表及學者專家，研
　議、諮詢有關就業服務及促進就業等事項；其中勞工、雇主及學
　者專家代表，不得少於二分之一。
②前項代表單一性別，不得少於三分之一。

第八條

　主管機關為增進就業服務工作人員之專業知識及工作效能，應定
　期舉辦在職訓練。

第九條

　就業服務機構及其人員，對雇主與求職人之資料，除推介就業之
　必要外，不得對外公開。

第一〇條

①在依法罷工期間，或因終止勞動契約涉及勞方多數人權利之勞資
　爭議在調解期間，就業服務機構不得推介求職人至該罷工或有勞
　資爭議之場所工作。
②前項所稱勞方多數人，係指事業單位勞工涉及勞資爭議達十人以
　上，或雖未達十人而占該勞資爭議場所員工人數三分之一以上
　者。

第一一條

①主管機關對推動國民就業有卓越貢獻者，應予獎勵及表揚。
②前項獎勵及表揚之資格條件、項目、方式及其他應遵行事項之辦
　法，由中央主管機關定之。

第二章　政府就業服務

第一二條

①主管機關得視業務需要，在各地設置公立就業服務機構。
②直轄市、縣（市）轄區內原住民人口達二萬人以上者，得設立因
　應原住民族特殊文化之原住民公立就業服務機構。
③前兩項公立就業服務機構設置準則，由中央主管機關定之。

第一三條

公立就業服務機構辦理就業服務，以免費爲原則。但接受雇主委託招考人才所需之費用，得向雇主收取之。

第一四條

公立就業服務機構對於求職人及雇主申請求職、求才登記，不得拒絕。但其申請有違反法令或拒絕提供爲推介就業所需之資料者，不在此限。

第一五條 （刪除）

第一六條

公立就業服務機構應蒐集、整理、分析其業務區域內之薪資變動、人力供需及未來展望等資料，提供就業市場資訊。

第一七條

① 公立就業服務機構對求職人應先提供就業諮詢，再依就業諮詢結果或職業輔導評量，推介就業、職業訓練、技能檢定、創業輔導、進行轉介或失業認定及轉請核發失業給付。

② 前項服務項目及內容，應作成紀錄。

③ 第一項就業諮詢、職業輔導及其他相關事項之辦法，由中央主管機關定之。

第一八條

公立就業服務機構與其業務區域內之學校應密切聯繫，協助學校辦理學生職業輔導工作，並協同推介畢業學生就業或參加職業訓練及就業後輔導工作。

第一九條

公立就業服務機構爲輔導缺乏工作知能之求職人就業，得推介其參加職業訓練；對職業訓練結訓者，應協助推介其就業。

第二〇條

公立就業服務機構對申請就業保險失業給付者，應推介其就業或參加職業訓練。

第三章 促進就業

第二一條

政府應依就業與失業狀況相關調查資料，策訂人力供需調節措施，促進人力資源有效運用及國民就業。

第二二條

中央主管機關爲促進地區間人力供需平衡並配合就業保險失業給付之實施，應建立全國性之就業資訊網。

第二三條

① 中央主管機關於經濟不景氣致大量失業時，得鼓勵雇主協商工會或勞工，循縮減工作時間、調整薪資、辦理教育訓練等方式，以避免裁減員工；並得視實際需要，加強實施職業訓練或採取創造臨時就業機會、辦理創業貸款利息補貼等輔導措施；必要時，應發給相關津貼或補助金，促進其就業。

② 前項利息補貼、津貼與補助金之申請資格條件、項目、方式、期

間、經費來源及其他應遵行事項之辦法，由中央主管機關定之。

第二四條

①主管機關對下列自願就業人員，應訂定計畫，致力促進其就業；
必要時，得發給相關津貼或補助金：

一　獨力負擔家計者。

二　中高齡者。

三　身心障礙者。

四　原住民。

五　低收入戶或中低收入戶中有工作能力者。

六　長期失業者。

七　二度就業婦女。

八　家庭暴力被害人。

九　更生受保護人。

十　其他經中央主管機關認為有必要者。

②前項計畫應定期檢討，落實其成效。

③主管機關對具照顧服務員資格且自願就業者，應提供相關協助措施。

④第一項津貼或補助金之申請資格、金額、期間、經費來源及其他相關事項之辦法，由主管機關定之。

第二五條

公立就業服務機構應主動爭取適合身心障礙者及中高齡者之就業機會，並定期公告。

第二六條

主管機關為輔導獨力負擔家計者就業，或因妊娠、分娩或育兒而離職之婦女再就業，應視實際需要，辦理職業訓練。

第二七條

主管機關為協助身心障礙者及原住民適應工作環境，應視實際需要，實施適應訓練。

第二八條

公立就業服務機構推介身心障礙者及原住民就業後，應辦理追蹤訪問，協助其工作適應。

第二九條

①直轄市及縣（市）主管機關應將轄區內低收入戶及中低收入戶中有工作能力者，列冊送當地公立就業服務機構，推介就業或參加職業訓練。

②公立就業服務機構推介之求職人為低收入戶、中低收入戶或家庭暴力被害人中有工作能力者，其應徵工作所需旅費，得酌予補助。

第三〇條

公立就業服務機構應與當地役政機關密切聯繫，協助推介退伍者就業或參加職業訓練。

第三一條

公立就業服務機構應與更生保護會密切聯繫，協助推介受保護人就業或參加職業訓練。

第三二條

① 主管機關為促進國民就業，應按年編列預算，依權責執行本法規定措施。

② 中央主管機關得視直轄市、縣（市）主管機關實際財務狀況，予以補助。

第三三條

① 雇主資遣員工時，應於員工離職之十日前，將被資遣員工之姓名、性別、年齡、住址、電話、擔任工作、資遣事由及需否就業輔導等事項，列冊通報當地主管機關及公立就業服務機構。但其資遣係因天災、事變或其他不可抗力之情事所致者，應自被資遣員工離職之日起三日內為之。

② 公立就業服務機構接獲前項通報資料後，應依被資遣人員之志願、工作能力，協助其再就業。

第三三條之一

中央主管機關得將其於本法所定之就業服務及促進就業掌理事項，委任所屬就業服務機構或職業訓練機構、委辦直轄市、縣（市）主管機關或委託相關機關（構）、團體辦理之。

第四章　民間就業服務

第三四條

① 私立就業服務機構及其分支機構，應向主管機關申請設立許可，經發給許可證後，始得從事就業服務業務；其許可證並應定期更新之。

② 未經許可，不得從事就業服務業務。但依法設立之學校、職業訓練機構或接受政府機關委託辦理訓練、就業服務之機關（構），為其畢業生、結訓學員或求職人免費辦理就業服務者，不在此限。

③ 第一項私立就業服務機構及其分支機構之設立許可條件、期間、廢止許可、許可證更新及其他管理事項之辦法，由中央主管機關定之。

第三五條

① 私立就業服務機構得經營下列就業服務業務：

一　職業介紹或人力仲介業務。

二　接受委任招募員工。

三　協助國民釐定生涯發展計畫之就業諮詢或職業心理測驗。

四　其他經中央主管機關指定之就業服務事項。

② 私立就業服務機構經營前項就業服務業務得收取費用；其收費項目及金額，由中央主管機關定之。

第三六條

① 私立就業服務機構應置符合規定資格及數額之就業服務專業人

員。

②前項就業服務專業人員之資格及數額，於私立就業服務機構許可及管理辦法中規定之。

第三七條

就業服務專業人員不得有下列情事：

一 允許他人假藉本人名義從事就業服務業務。

二 違反法令執行業務。

第三八條

辦理下列仲介業務之私立就業服務機構，應以公司型態組織之。但由中央主管機關設立，或經中央主管機關許可設立、指定或委任之非營利性機構或團體，不在此限：

一 仲介外國人至中華民國境內工作。

二 仲介香港或澳門居民、大陸地區人民至臺灣地區工作。

三 仲介本國人至臺灣地區以外之地區工作。

第三九條

私立就業服務機構應依規定備具及保存各項文件資料，於主管機關檢查時，不得規避、妨礙或拒絕。

第四○條

①私立就業服務機構及其從業人員從事就業服務業務，不得有下列情事：

一 辦理仲介業務，未依規定與雇主或求職人簽訂書面契約。

二 為不實或違反第五條第一項規定之廣告或揭示。

三 違反求職人意思，留置其國民身分證、工作憑證或其他證明文件。

四 扣留求職人財物或收取推介就業保證金。

五 要求、期約或收受規定標準以外之費用，或其他不正利益。

六 行求、期約或交付不正利益。

七 仲介求職人從事違背公共秩序或善良風俗之工作。

八 接受委任辦理聘僱外國人之申請許可、招募、引進或管理事項，提供不實資料或健康檢查檢體。

九 辦理就業服務業務有恐嚇、詐欺、侵占或背信情事。

十 違反雇主或勞工之意思，留置許可文件、身分證件或其他相關文件。

十一 對主管機關規定之報表，未依規定填寫或填寫不實。

十二 未依規定辦理變更登記、停業申報或換發、補發證照。

十三 未依規定揭示私立就業服務機構許可證、收費項目及金額明細表、就業服務專業人員證書。

十四 經主管機關處分停止營業，其期限尚未屆滿即自行繼續營業。

十五 辦理就業服務業務，未善盡受任事務，致雇主違反本法或依本法所發布之命令，或致勞工權益受損。

十六 租借或轉租私立就業服務機構許可證或就業服務專業人員

　　　　證書。

十七　接受委任引進之外國人入國三個月內發生行蹤不明之情事，並於一年內達一定之人數及比率者。

十八　對求職人或受聘僱外國人有性侵害、人口販運、妨害自由、重傷害或殺人行為。

十九　知悉受聘僱外國人疑似遭受僱主、被看護者或其他共同生活之家屬、僱主之代表人、負責人或代表僱主處理有關勞工事務之人為性侵害、人口販運、妨害自由、重傷害或殺人行為，而未於二十四小時內向主管機關、入出國管理機關、警察機關或其他司法機關通報。

二十　其他違反本法或依本法所發布之命令。

②前項第十七款之人數、比率及查核方式等事項，由中央主管機關定之。

第四一條

接受委託登載或傳播求才廣告者，應自廣告之日起，保存委託者之姓名或名稱、住所、電話、國民身分證統一編號或事業登記字號等資料二個月，於主管機關檢查時，不得規避、妨礙或拒絕。

第五章　外國人之聘僱與管理

第四二條

為保障國民工作權，聘僱外國人工作，不得妨礙本國人之就業機會、勞動條件、國民經濟發展及社會安定。

第四三條

除本法另有規定外，外國人未經僱主申請許可，不得在中華民國境內工作。

第四四條

任何人不得非法容留外國人從事工作。

第四五條

任何人不得媒介外國人非法為他人工作。

第四六條

①僱主聘僱外國人在中華民國境內從事之工作，除本法另有規定外，以下列各款為限：

一　專門性或技術性之工作。

二　華僑或外國人經政府核准投資或設立事業之主管。

三　下列學校教師：

　㈠公立或經立案之私立大專以上校院或外國僑民學校之教師。

　㈡公立或已立案之私立高級中等以下學校之合格外國語文課程教師。

　㈢公立或已立案私立實驗高級中等學校雙語部或雙語學校之學科教師。

四　依補習及進修教育法立案之短期補習班之專任教師。

五　運動教練及運動員。

六　宗教、藝術及演藝工作。

七　商船、工作船及其他經交通部特許船舶之船員。

八　海洋漁撈工作。

九　家庭幫傭及看護工作。

十　為因應國家重要建設工程或經濟社會發展需要，經中央主管機關指定之工作。

十一　其他因工作性質特殊，國內缺乏該項人才，在業務上確有聘僱外國人從事工作之必要，經中央主管機關專案核定者。

②從事前項工作之外國人，其工作資格及審查標準，除其他法律另有規定外，由中央主管機關會商中央目的事業主管機關定之。

③雇主依第一項第八款至第十款規定聘僱外國人，須訂立書面勞動契約，並以定期契約為限；其未定期限者，以聘僱許可之期限為勞動契約之期限。續約時，亦同。

第四七條

①雇主聘僱外國人從事前條第一項第八款至第十一款規定之工作，應先以合理勞動條件在國內辦理招募，經招募無法滿足其需要時，始得就該不足人數提出申請，並應於招募時，將招募全部內容通知其事業單位之工會或勞工，並於外國人預定工作之場所公告之。

②雇主依前項規定在國內辦理招募時，對於公立就業服務機構所推介之求職人，非有正當理由，不得拒絕。

第四八條

①雇主聘僱外國人工作，應檢具有關文件，向中央主管機關申請許可。但有下列情形之一，不須申請許可：

一　各級政府及其所屬學術研究機構聘請外國人擔任顧問或研究工作者。

二　外國人與在中華民國境內設有戶籍之國民結婚，且獲准居留者。

三　受聘僱於公立或經立案之私立大學進行講座、學術研究經教育部認可者。

②前項申請許可、廢止許可及其他有關聘僱管理之辦法，由中央主管機關會商中央目的事業主管機關定之。

③第一項受聘僱外國人入境前之健康檢查管理辦法，由中央衛生主管機關定之。

④前項受聘僱外國人入境後之健康檢查，由中央衛生主管機關指定醫院辦理之；其受指定之資格條件、指定、廢止指定及其他管理事項之辦法，由中央衛生主管機關定之。

⑤受聘僱之外國人健康檢查不合格經限令出國者，雇主應即督促其出國。

⑥中央主管機關對從事第四十六條第一項第八款至第十一款規定工

作之外國人，得規定其國別及數額。

第四八條之一

① 本國雇主於第一次聘僱外國人從事家庭看護工作或家庭幫傭前，應參加主管機關或其委託非營利組織辦理之聘前講習，並於申請許可時檢附已參加講習之證明文件。

② 前項講習之對象、內容、實施方式、受委託辦理之資格、條件及其他應遵行事項之辦法，由中央主管機關定之。

第四九條

各國駐華使領館、駐華外國機構、駐華各國際組織及其人員聘僱外國人工作，應向外交部申請許可；其申請許可、廢止許可及其他有關聘僱管理之辦法，由外交部會商中央主管機關定之。

第五〇條

雇主聘僱下列學生從事工作，得不受第四十六條第一項規定之限制；其工作時間除寒暑假外，每星期最長為二十小時：

一　就讀於公立或已立案私立大專校院之外國留學生。

二　就讀於公立或已立案私立高級中等以上學校之僑生及其他華裔學生。

第五一條

① 雇主聘僱下列外國人從事工作，得不受第四十六條第一項、第三項、第四十七條、第五十二條、第五十三條第三項、第四項、第五十七條第五款、第七十二條第四款及第七十四條規定之限制，並免依第五十五條規定繳納就業安定費：

一　獲准居留之難民。

二　獲准在中華民國境內連續受聘僱從事工作，連續居留滿五年，品行端正，且有住所者。

三　經獲准與其在中華民國境內設有戶籍之直系血親共同生活者。

四　經取得永久居留者。

② 前項第一款、第三款及第四款之外國人得不經雇主申請，逕向中央主管機關申請許可。

③ 外國法人為履行承攬、買賣、技術合作等契約之需要，須指派外國人在中華民國境內從事第四十六條第一項第一款或第二款契約範圍內之工作，於中華民國境內未設立分公司或代表人辦事處者，應由訂約之事業機構或授權之代理人，依第四十八條第二項及第三項所發布之命令規定申請許可。

第五二條

① 聘僱外國人從事第四十六條第一項第一款至第七款及第十一款規定之工作，許可期間最長為三年，期滿有繼續聘僱之需要者，雇主得申請展延。

② 聘僱外國人從事第四十六條第一項第八款至第十款規定之工作，許可期間最長為三年。有重大特殊情形者，雇主得申請展延，其情形及期間由行政院以命令定之。但屬重大工程者，其展延期

間，最長以六個月爲限。

③前項每年得以進總人數，依外籍勞工聘僱警戒指標，由中央主管機關邀集相關機關、勞工、雇主、學者代表協商之。

④受聘僱之外國人於聘僱許可期間無違反法令規定情事而因聘僱關係終止、聘僱許可期間屆滿出國或因健康檢查不合格經返國治療再檢查合格者，得再入國工作。但從事第四十六條第一項第八款至第十款規定工作之外國人，其在中華民國境內工作期間，累計不得逾十二年，且不適用前條第一項第二款之規定。

⑤前項但書所定之外國人於聘僱許可期間，得請假返國，雇主應予同意；其請假方式、日數、程序及其他相關事項之辦法，由中央主管機關定之。

⑥從事第四十六條第一項第九款規定家庭看護工作之外國人，且經專業訓練或自力學習，而有特殊表現，符合中央主管機關所定之資格、條件者，其在中華民國境內工作期間累計不得逾十四年。

⑦前項資格、條件、認定方式及其他相關事項之標準，由中央主管機關會商中央目的事業主管機關定之。

第五三條

①雇主聘僱之外國人於聘僱許可有效期間內，如需轉換雇主或受聘僱於二以上之雇主者，應由新雇主申請許可。申請轉換雇主時，新雇主應檢附受聘僱外國人之離職證明文件。

②第五十一條第一項第一款、第三款及第四款規定之外國人已取得中央主管機關許可者，不適用前項之規定。

③受聘僱從事第四十六條第一項第一款至第七款規定工作之外國人轉換雇主或工作者，不得從事同條項第八款至第十一款規定之工作。

④受聘僱從事第四十六條第一項第八款至第十一款規定工作之外國人，不得轉換雇主或工作。但有第五十九條第一項各款規定之情事，經中央主管機關核准者，不在此限。

⑤前項受聘僱之外國人經許可轉換雇主或工作者，其受聘僱期間應合併計算之，並受第五十二條規定之限制。

第五四條

①雇主聘僱外國人從事第四十六條第一項第八款至第十一款規定之工作，有下列情事之一者，中央主管機關應不予核發招募許可、聘僱許可或展延聘僱許可之一部或全部；其已核發招募許可者，得中止引進：

一　於外國人預定工作之場所有第十條規定之罷工或勞資爭議情事。

二　於國內招募時，無正當理由拒絕聘僱公立就業服務機構所推介之人員或自行前往職者。

三　聘僱之外國人行蹤不明或藏匿外國人達一定人數或比率。

四　曾非法僱用外國人工作。

五　曾非法解僱本國勞工。

六　因聘僱外國人而降低本國勞工勞動條件，經當地主管機關查證屬實。

七　聘僱之外國人妨害社區安寧秩序，經依社會秩序維護法裁處。

八　曾非法扣留或侵占所聘僱外國人之護照、居留證件或財物。

九　所聘僱外國人遣送出國所需旅費及收容期間之必要費用，經限期繳納屆期不繳納。

十　於委任招募外國人時，向私立就業服務機構要求、期約或收受不正利益。

十一　於辦理聘僱外國人之申請許可、招募、引進或管理事項，提供不實或失效資料。

十二　刊登不實之求才廣告。

十三　不符申請規定經限期補正，屆期未補正。

十四　違反本法或依第四十八條第二項、第三項、第四十九條所發布之命令。

十五　違反職業安全衛生法規定，致所聘僱外國人發生死亡、喪失部分或全部工作能力，且未依法補償或賠償。

十六　其他違反保護勞工之法令情節重大者。

②前項第三款至第十六款規定情事，以申請之日前二年內發生者為限。

③第一項第三款之人數、比率，由中央主管機關公告之。

第五五條

①雇主聘僱外國人從事第四十六條第一項第八款至第十款規定之工作，應向中央主管機關設置之就業安定基金專戶繳納就業安定費，作為加強辦理有關促進國民就業、提升勞工福祉及處理有關外國人聘僱管理事務之用。

②前項就業安定費之數額，由中央主管機關考量國家經濟發展、勞動供需及相關勞動條件，並依其行業別及工作性質會商相關機關定之。

③雇主或被看護者符合社會救助法規定之低收入戶或中低收入戶、依身心障礙者權益保障法領取生活補助費，或依老人福利法領取中低收入生活津貼者，其聘僱外國人從事第四十六條第一項第九款規定之家庭看護工作，免繳納第一項之就業安定費。

④第一項受聘僱之外國人有連續曠職三日失去聯繫或聘僱關係終止之情事，經雇主依規定通知而廢止聘僱許可者，雇主無須再繳納就業安定費。

⑤雇主未依規定期限繳納就業安定費者，得寬限三十日；於寬限期滿仍未繳納者，自寬限期滿之翌日起至完納前一日止，每逾一日加徵其未繳就業安定費百分之零點三滯納金。但以其未繳之就業安定費百分之三十為限。

⑥加徵前項滯納金三十日後，雇主仍未繳納者，由中央主管機關就其未繳納之就業安定費及滯納金移送強制執行，並得廢止其聘僱

許可之一部或全部。

⑦主管機關並應定期上網公告基金運用之情形及相關會議紀錄。

第五六條

①受聘僱之外國人有連續曠職三日失去聯繫或聘僱關係終止之情事，雇主應於三日內以書面載明相關事項通知當地主管機關、入出國管理機關及警察機關。但受聘僱之外國人有曠職失去聯繫之情事，雇主得以書面通知入出國管理機關及警察機關執行查察。

②受聘僱外國人有遭受雇主不實之連續曠職三日失去聯繫通知情事者，得向當地主管機關申訴。經查證確有不實者，中央主管機關應撤銷原廢止聘僱許可及限令出國之行政處分。

第五七條

雇主聘僱外國人不得有下列情事：

一　聘僱未經許可、許可失效或他人所申請聘僱之外國人。

二　以本人名義聘僱外國人為他人工作。

三　指派所聘僱之外國人從事許可以外之工作。

四　未經許可，指派所聘僱從事第四十六條第一項第八款至第十款規定工作之外國人變更工作場所。

五　未依規定安排所聘僱之外國人接受健康檢查或未依規定將健康檢查結果函報衛生主管機關。

六　因聘僱外國人致生解僱或資遣本國勞工之結果。

七　對所聘僱之外國人以強暴脅迫或其他非法之方法，強制其從事勞動。

八　非法扣留或侵占所聘僱外國人之護照、居留證件或財物。

九　其他違反本法或依本法所發布之命令。

第五八條 112

①外國人於聘僱許可有效期間內，因不可歸責於雇主之原因出國、死亡或發生行蹤不明之情事經依規定通知入出國管理機關及警察機關滿三個月仍未查獲者，雇主得向中央主管機關申請遞補。

②雇主聘僱外國人從事第四十六條第一項第九款規定之家庭看護工作，因不可歸責之原因，並有下列情事之一者，亦得向中央主管機關申請遞補：

一　外國人於入出國機場或收容單位發生行蹤不明之情事，依規定通知入出國管理機關及警察機關。

二　外國人於雇主處所發生行蹤不明之情事，依規定通知入出國管理機關及警察機關滿一個月仍未查獲。

三　外國人於聘僱許可有效期間內經雇主同意轉換雇主或工作，由新雇主接續聘僱，或經中央主管機關廢止聘僱許可逾一個月未由新雇主接續聘僱。

③前二項遞補之聘僱許可期間，以補足原聘僱許可期間為限；原聘僱許可所餘期間不足六個月者，不予遞補。

第五九條

①外國人受聘僱從事第四十六條第一項第八款至第十一款規定之工

作，有下列情事之一者，經中央主管機關核准，得轉換雇主或工作：

一　雇主或被看護者死亡或移民者。

二　船舶被扣押、沈沒或修繕而無法繼續作業者。

三　雇主關廠、歇業或不依勞動契約給付工作報酬經終止勞動契約者。

四　其他不可歸責於受聘僱外國人之事由者。

②前項轉換雇主或工作之程序，由中央主管機關另定之。

第六○條

①雇主所聘僱之外國人，經入出國管理機關依規定遣送出國者，其遣送所需之旅費及收容期間之必要費用，應由下列順序之人負擔：

一　非法容留、聘僱或媒介外國人從事工作者。

二　遣送事由可歸責之雇主。

三　被遣送之外國人。

②前項第一款有數人者，應負連帶責任。

③第一項費用，由就業安定基金先行墊付，並於墊付後，由該基金主管機關通知應負擔者限期繳納；屆期不繳納者，移送強制執行。

④雇主所繳納之保證金，得檢具繳納保證金款項等相關證明文件，向中央主管機關申請返還。

第六一條

外國人在受聘僱期間死亡，應由雇主代為處理其有關喪葬事務。

第六二條

①主管機關、入出國管理機關、警察機關、海岸巡防機關或其他司法警察機關得指派人員攜帶證明文件，至外國人工作之場所或可疑有外國人違法工作之場所，實施檢查。

②對前項之檢查，雇主、雇主代理人、外國人及其他有關人員不得規避、妨礙或拒絕。

第六章　罰　則

第六三條

①違反第四十四條或第五十七條第一款、第二款規定者，處新臺幣十五萬元以上七十五萬元以下罰鍰。五年內再違反者，處三年以下有期徒刑、拘役或科或併科新臺幣一百二十萬元以下罰金。

②法人之代表人、法人或自然人之代理人、受僱人或其他從業人員，因執行業務違反第四十四條或第五十七條第一款、第二款規定者，除依前項規定處罰其行為人外，對該法人或自然人亦科前項之罰鍰或罰金。

第六四條

①違反第四十五條規定者，處新臺幣十萬元以上五十萬元以下罰鍰。五年內再違反者，處一年以下有期徒刑、拘役或科或併科新臺幣六十萬元以下罰金。

②意圖營利而違反第四十五條規定者，處三年以下有期徒刑、拘役或科或併科新臺幣一百二十萬元以下罰金。

③法人之代表人、法人或自然人之代理人、受僱人或其他從業人員，因執行業務違反第四十五條規定者，除依前二項規定處罰其行為人外，對該法人或自然人亦（科處）各該項之罰鍰或罰金。

第六五條

①違反第五條第一項、第二項第一款、第四款、第五款、第三十四條第二項、第四十條第一項第二款、第七款至第九款、第十八款規定者，處新臺幣三十萬元以上一百五十萬元以下罰鍰。

②未經許可從事就業服務業務違反第四十條第一項第二款、第七款至第九款、第十八款規定者，依前項規定處罰之。

③違反第五條第一項規定經處以罰鍰者，直轄市、縣（市）主管機關應公布其姓名或名稱、負責人姓名，並限期令其改善；屆期未改善者，應按次處罰。

第六六條

①違反第四十條第一項第五款規定者，按其要求、期約或收受超過規定標準之費用或其他不正利益相當之金額，處十倍至二十倍罰鍰。

②未經許可從事就業服務業務違反第四十條第一項第五款規定者，依前項規定處罰之。

第六七條

①違反第五條第二項第二款、第三款、第六款、第十條、第三十六條第一項、第三十七條、第三十九條、第四十條第一項第一款、第三款、第四款、第六款、第十款至第十七款、第十九款、第二十款、第五十七條第五款、第八款、第九款或第六十二條第二項規定，處新臺幣六萬元以上三十萬元以下罰鍰。

②未經許可從事就業服務業務違反第四十條第一項第一款、第三款、第四款、第六款或第十款規定者，依前項規定處罰之。

第六八條

①違反第九條、第三十三條第一項、第四十一條、第四十三條、第五十六條第一項、第五十七條第三款、第四款或第六十一條規定者，處新臺幣三萬元以上十五萬元以下罰鍰。

②違反第五十七條第六款規定者，按被解僱或資遣之人數，每人處新臺幣二萬元以上十萬元以下罰鍰。

③違反第四十三條規定之外國人，應即令其出國，不得再於中華民國境內工作。

④違反第四十三條規定或有第七十四條第一項、第二項規定情事之外國人，經限期令其出國，屆期不出國者，入出國管理機關得強制出國，於未出國前，入出國管理機關得收容。

第六九條

私立就業服務機構有下列情事之一者，由主管機關處一年以下停業處分：

一　違反第四十條第一項第四款至第六款、第八款或第四十五條

　　規定。

二　同一事由，受罰鍰處分三次，仍未改善。

三　一年內受罰鍰處分四次以上。

第七〇條

①私立就業服務機構有下列情事之一者，主管機關得廢止其設立許可：

一　違反第三十八條、第四十條第一項第二款、第七款、第九款、第十四款、第十八款規定。

二　一年內受停業處分二次以上。

②私立就業服務機構經廢止設立許可者，其負責人或代表人於五年內再行申請設立私立就業服務機構，主管機關應不予受理。

第七一條

就業服務專業人員違反第三十七條規定者，中央主管機關得廢止其就業服務專業人員證書。

第七二條

雇主有下列情事之一者，應廢止其招募許可及聘僱許可之一部或全部：

一　有第五十四條第一項各款所定情事之一。

二　有第五十七條第一款、第二款、第六款至第九款規定情事之一。

三　有第五十七條第三款、第四款規定情事之一，經限期改善，屆期未改善。

四　有第五十七條第五款規定情事，經衛生主管機關通知辦理仍未辦理。

五　違反第六十條規定。

第七三條

雇主聘僱之外國人，有下列情事之一者，廢止其聘僱許可：

一　為申請許可以外之雇主工作。

二　非依雇主指派即自行從事許可以外之工作。

三　連續曠職三日失去聯繫或聘僱關係終止。

四　拒絕接受健康檢查、提供不實檢體、檢查不合格、身心狀況無法勝任所指派之工作或罹患經中央衛生主管機關指定之傳染病。

五　違反依第四十八條第二項、第三項、第四十九條所發布之命令，情節重大。

六　違反其他中華民國法令，情節重大。

七　依規定應提供資料，拒絕提供或提供不實。

第七四條

①聘僱許可期間屆滿或經依前條規定廢止聘僱許可之外國人，除本法另有規定者外，應即令其出國，不得再於中華民國境內工作。

②受聘僱之外國人有連續曠職三日失去聯繫情事者，於廢止聘僱許可前，入出國業務之主管機關得即令其出國。

③有下列情事之一者，不適用第一項關於即令出國之規定：
一　依本法規定受聘僱從事工作之外國留學生、僑生或華裔學生，聘僱許可期間屆滿或有前條第一款至第五款規定情事之一。
二　受聘僱之外國人於受聘僱期間，未依規定接受定期健康檢查或健康檢查不合格，經衛生主管機關同意其再檢查，而再檢查合格。

第七五條

本法所定罰鍰，由直轄市及縣（市）主管機關處罰之。

第七六條

依本法所處之罰鍰，經限期繳納，屆期未繳納者，移送強制執行。

第七章　附　則

第七七條

本法修正施行前，已依有關法令申請核准受聘僱在中華民國境內從事工作之外國人，本法修正施行後，其原核准工作期間尚未屆滿者，在屆滿前，得免依本法之規定申請許可。

第七八條

①各國駐華使領館、駐華外國機構及駐華各國際組織人員之眷屬或其他經外交部專案彙報中央主管機關之外國人，其在中華民國境內有從事工作之必要者，由該外國人向外交部申請許可。
②前項外國人在中華民國境內從事工作，不適用第四十六條至第四十八條、第五十條、第五十二條至第五十六條、第五十八條至第六十一條及第七十四條規定。
③第一項之申請許可、廢止許可及其他應遵行事項之辦法，由外交部會同中央主管機關定之。

第七九條

無國籍人、中華民國國民兼具外國國籍而未在國內設籍者，其受聘僱從事工作，依本法有關外國人之規定辦理。

第八〇條

大陸地區人民受聘僱於臺灣地區從事工作，其聘僱及管理，除法律另有規定外，準用第五章相關之規定。

第八一條

主管機關依本法規定受理申請許可及核發證照，應收取審查費及證照費；其費額，由中央主管機關定之。

第八二條

本法施行細則，由中央主管機關定之。

第八三條

本法施行日期，除中華民國九十一年一月二十一日修正公布之第四十八條第一項至第三項規定由行政院以命令定之，及中華民國九十五年五月五日修正之條文自中華民國九十五年七月一日施行外，自公布日施行。

就業服務法施行細則

①民國81年8月5日行政院勞工委員會令訂定發布全文22條。
②民國83年5月18日行政院勞工委員會令修正發布第5、19、20條條文。
③民國85年5月29日行政院勞工委員會令修正發布第15條條文。
④民國86年7月1日行政院勞工委員會令修正發布第15、19條條文。
⑤民國90年10月31日行政院勞工委員會令修正發布第5、9、10、12、13、15、19條條文；並刪除第4條條文。
⑥民國93年1月13日行政院勞工委員會令修正發布全文15條；並自發布日施行。
⑦民國100年8月18日行政院勞工委員會令修正發布第11條條文；並增訂第9-1條條文。
⑧民國102年6月7日行政院勞工委員會令增訂發布第1-1條條文。
⑨民國103年4月25日勞動部令修正發布第9-1、11、12條條文。
　民國107年4月27日行政院公告第12條所列屬「海岸巡防機關」之權責事項原由「行政院海岸巡防署及所屬機關」管轄，自107年4月28日起改由「海洋委員會海巡署及所屬機關（構）」管轄。
⑩民國107年6月8日勞動部令修正發布第6、9條條文；並刪除第3條條文。
⑪民國113年6月18日勞動部令修正發布第9、9-1、15條條文；並自113年1月1日施行。

第一條

本細則依就業服務法（以下簡稱本法）第八十二條規定訂定之。

第一條之一

①本法第五條第二項第二款所定隱私資料，包括下列類別：

一　生理資訊：基因檢測、藥物測試、醫療測試、HIV檢測、智力測驗或指紋等。

二　心理資訊：心理測驗、誠實測試或測謊等。

三　個人生活資訊：信用紀錄、犯罪紀錄、懷孕計畫或背景調查等。

②雇主要求求職人或員工提供隱私資料，應尊重當事人之權益，不得逾越基於經濟上需求或維護公共利益等特定目的之必要範圍，並應與目的間具有正當合理之關聯。

第二條

直轄市、縣（市）主管機關依本法第六條第四項第一款規定辦理就業歧視認定時，得邀請相關政府機關、單位、勞工團體、雇主團體代表及學者專家組成就業歧視評議委員會。

第三條　（刪除）

第四條

本法第十三條所定接受雇主委託招考人才所需之費用如下：

一　廣告費。

二　命題費。

三　閱卷或評審費。

四　場地費。

五　行政事務費。

六　印刷、文具及紙張費。

七　郵寄費。

第五條

①公立就業服務機構對於雇主或求職人依本法第十四條規定提出之求才或求職申請表件，經發現有記載不實、記載不全或違反法令時，應通知其補正。

②申請人不為前項之補正者，公立就業服務機構得拒絕受理其申請。

第六條

本法第二十四條第一項第五款及第二十九條所稱低收入戶或中低收入戶，指依社會救助法規定認定者。

第七條

①公立就業服務機構應定期蒐集其業務區域內之薪資變動、人力供需之狀況及分析未來展望等資料，並每三個月陳報其所屬之中央、直轄市或縣（市）主管機關。

②直轄市、縣（市）主管機關應彙整前項資料，陳報中央主管機關，作為訂定人力供需調節措施之參據。

第八條

公立就業服務機構依本法第十七條規定提供就業諮詢時，應視接受諮詢者之生理、心理狀況及學歷、經歷等條件，提供就業建議；對於身心障礙者，並應協助其參加職業重建，或就其職業能力及意願，給予適當之就業建議與協助。

第九條　113

本法第二十四條第一項第三款、第二十五條、第二十七條及第二十八條所稱身心障礙者，指依身心障礙者權益保障法規定領有身心障礙證明者。

第九條之一　113

本法第四十八條第一項第二款所定獲准居留，包括經入出國管理機關依入出國及移民法之下列規定辦理者：

一　第二十三條第一項第一款、第九款或第十款規定許可居留。

二　第二十五條規定許可永久居留。

三　第三十一條第四項第一款至第四款規定情形之一，准予繼續居留。

第一〇條

本法第四十九條所稱駐華外國機構，指依駐華外國機構及其人員特權暨豁免條例第二條所稱經外交部核准設立之駐華外國機構。

第一一條

本法第五十一條第一項第三款所稱經獲准與其在中華民國境內設有戶籍之直系血親共同生活者，指經入出國管理機關以依親為由許可居留者。但獲准與在中華民國境內設有戶籍之直系血親共同生活前，已為中華民國國民之配偶而有第九條之一所定入出國及移民法相關規定情形者，其在中華民國境內從事工作，仍依本法第四十八條第一項第二款規定辦理。

第一二條

①本法第六十二條第一項所稱證明文件，指主管機關、入出國管理機關、警察機關、海岸巡防機關或其他司法警察機關所製發之服務證件、勞動檢查證或其他足以表明其身分之文件及實施檢查之公文函件。

②主管機關、入出國管理機關、警察機關、海岸巡防機關或其他司法警察機關得視實際情形，會同當地里、鄰長，並持前項規定之證明文件，至外國人工作之場所或可疑有外國人違法工作之場所，實施檢查。

第一三條

本法第六十九條第二款所稱同一事由，指私立就業服務機構違反本法同一條項款所規定之行為。

第一四條

本法第六十九條第三款及第七十條第一項第二款所稱一年內，指以最後案件處分日往前計算一年之期間。

第一五條 113

①本細則自發布日施行。

②本細則中華民國一百十三年六月十八日修正發布之條文，自一百十三年一月一日施行。

公立就業服務機構設置準則

①民國89年12月27日行政院勞工委員會令訂定發布全文7條；並自發布日起實施。
②民國92年7月14日行政院勞工委員會令修正發布名稱及全文7條；並自發布日施行（原名稱：直轄市公立就業服務機構設置準則）。

第一條

本準則依就業服務法（以下簡稱本法）第十二條第三項規定訂定之。

第二條

①公立就業服務機構之設置，應符合本準則之規定。

②公立就業服務機構得視業務區域勞動供需、經濟發展及交通狀況，設立就業服務站或就業服務台辦理就業服務。

第三條

①公立就業服務機構掌理下列事項：

一　求職、求才登記及推介就業事項。

二　職業輔導及就業諮詢。

三　就業後追蹤及輔導工作。

四　被資遣員工再就業之協助。

五　雇主服務。

六　應屆畢業生、退伍者、更生保護會受保護人等專案就業服務。

七　職業分析、職業訓練諮詢及安排。

八　就業市場資訊蒐集、分析及提供。

九　雇主申請聘僱外國人辦理國內招募之協助。

十　特定對象之就業服務及就業促進。

十一　就業保險失業給付申請、失業認定等事項。

十二　中央主管機關委任或委辦之就業服務或促進就業事項。

十三　其他法令規定應辦理事項。

②公立就業服務機構得將前項所定掌理事項，委託相關機關（構）、團體辦理之。

第四條

①公立就業服務機構置主管一人，綜理業務；並得依實際業務需求，置若干工作人員。

②前項工作人員之員額、職稱及官、職等，由主管機關另以編制表定之。

③就業服務站或就業服務台所需工作人員，就前項所定公立就業服

務機構編制員額內派充之。

第五條

公立就業服務機構所置工作人員之員額，由主管機關參考下列因素定之：

一 勞動力。

二 失業率。

三 廠商家數。

四 學校數。

五 業務量。

六 業務績效。

七 交通狀況。

八 區域發展需要。

九 財務狀況。

第六條

直轄市、縣（市）主管機關設置原住民公立就業服務機構，應符合本法第十二條第二項及本準則之規定，並應依原住民族工作權保障法之規定優先進用原住民。

第七條

本準則自發布日施行。

私立就業服務機構許可及管理辦法

①民國81年7月27日行政院勞工委員會令訂定發布全文39條。
②民國81年12月11日行政院勞工委員會令修正發布第4、10～15條條文。
③民國84年1月23日行政院勞工委員會令修正發布全文41條。
④民國85年6月26日行政院勞工委員會令修正發布第16、38條條文。
⑤民國86年3月5日行政院勞工委員會令修正發布第14、15、31、32條條文；並增訂第15-1條條文。
⑥民國87年6月30日行政院勞工委員會令修正發布全文42條。
⑦民國93年1月13日行政院勞工委員會令修正發布全文44條；並自發布日施行。
⑧民國96年1月3日行政院勞工委員會令修正發布第2、3、5、8、11～16、18～21、25、27、31、32、39條條文；並增訂第13-1條條文。
⑨民國97年1月8日行政院勞工委員會令修正發布第5、6、7條條文；增訂第5-1條條文；並刪除第32條條文。
⑩民國99年3月2日行政院勞工委員會令修正發布第15、19條條文。
⑪民國102年1月4日行政院勞工委員會令修正發布第3、15、31條條文。
⑫民國103年10月8日勞動部令修正發布第1、15、19、33、42條條文及第31條附表二；並增訂第15-1條條文。
⑬民國109年2月14日勞動部令修正發布第11、20、21條條文及第15條附表一、第31條附表二。
⑭民國110年3月23日勞動部令修正發布第9、18條條文。
⑮民國110年6月2日勞動部令修正發布第3、21條條文。
⑯民國112年9月4日勞動部令修正發布第44條條文及第31條附表二；並增訂第10-1、31-1條條文；除第31-1條及第31條附表二自112年12月16日施行外，自發布日施行。
⑰民國113年1月30日勞動部令修正發布第15、15-1、31、31-1條條文。

第一章 總　則

第一條

本辦法依就業服務法（以下簡稱本法）第三十四條第三項及第四十條第二項規定訂定之。

第二條

本法所稱私立就業服務機構，依其設立目的分為營利就業服務機構及非營利就業服務機構，其定義如下：

一　營利就業服務機構：謂依公司法所設立之公司或依商業登記法所設立之商業組織，從事就業服務業務者。

二　非營利就業服務機構：謂依法設立之財團、以公益為目的之

社團或其他非以營利爲目的之組織，從事就業服務業務者。

第三條

本法第三十五條第一項第四款所定其他經中央主管機關指定之就業服務事項如下：

一　接受雇主委任辦理聘僱外國人之招募、引進、接續聘僱及申請求才證明、招募許可、聘僱許可、展延聘僱許可、遞補、轉換雇主、轉換工作、變更聘僱許可事項、通知外國人連續曠職三日失去聯繫之核備。

二　接受雇主或外國人委任辦理在中華民國境內工作外國人之生活照顧服務、安排入出國、安排接受健康檢查、健康檢查結果函報衛生主管機關、諮詢、輔導及翻譯。

三　接受從事本法第四十六條第一項第八款至第十一款規定工作之外國人委任，代其辦理居留業務。

第四條

① 私立就業服務機構收取費用時，應掣給收據，並保存收據存根。

② 介紹費之收取，應於聘僱契約生效後，始得爲之。

③ 聘僱契約生效後四十日內，因可歸責於求職人之事由，致聘僱契約終止者，雇主得請求私立就業服務機構免費重行推介一次，或退還百分之五十之介紹費。

④ 聘僱契約生效後四十日內，因可歸責於雇主之事由，致聘僱契約終止者，求職人得請求私立就業服務機構免費重行推介一次，或退還百分之五十之介紹費。

⑤ 求職人或雇主已繳付登記費者，得請求原私立就業服務機構於六個月內推介三次。但經推介於聘僱契約生效或求才期限屆滿者，不在此限。

第五條

① 本法第三十六條所稱就業服務專業人員，應具備下列資格之一者：

一　經中央主管機關發給測驗合格證明，並取得就業服務專業人員證書。

二　就業服務職類技能檢定合格，經中央主管機關發給技術士證，並取得就業服務專業人員證書。

② 參加就業服務職類技術士技能檢定者，應具備經教育部立案或認可之國內外高中職以上學校畢業或同等學力資格。

第五條之一

① 就業服務專業人員以取得一張就業服務專業人員證書爲限。

② 就業服務專業人員經依本法第七十一條規定廢止證書者，自廢止之日起二年內不得再行申請核發證書。

③ 本辦法中華民國九十三年一月十三日修正發布後，取得就業服務專業人員效期證書者，由中央主管機關換發就業服務專業人員證書。

第六條

① 本法第三十六條所稱就業服務專業人員之數額如下：

一 從業人員人數在五人以下者，應置就業服務專業人員至少一人。

二 從業人員人數在六人以上十人以下者，應置就業服務專業人員至少二人。

三 從業人員人數逾十人者，應置就業服務專業人員至少三人，並自第十一人起，每逾十人應另增置就業服務專業人員一人。

② 私立就業服務機構或其分支機構依前項規定所置之就業服務專業人員，已為其他私立就業服務機構或分支機構之就業服務專業人員者，不計入前項所定之數額，且不得從事第七條第一項第四款所定之職責。

第七條

① 就業服務專業人員之職責如下：

一 辦理暨分析職業性向。

二 協助釐定生涯發展計畫之就業諮詢。

三 查對所屬私立就業服務機構辦理就業服務業務之各項申請文件。

四 依規定於雇主相關申請書簽證。

② 就業服務專業人員執行前項業務，應遵守誠實信用原則。

第八條

① 本法第三十九條所稱各項文件資料包括：

一 職員名冊應記載職員姓名、國民身分證統一編號、性別、地址、電話及到職、離職日期等事項。

二 各項收費之收據存根，含第四條第一項規定之收據存根。

三 會計帳冊。

四 求職登記及求才登記表應記載求職人或雇主名稱、地址、電話、登記日期及求職、求才條件等事項。

五 求職、求才狀況表。

六 與雇主、求職人簽訂之書面契約。

七 仲介外國人從事本法第四十六條第一項第八款至第十一款工作之外國人報到紀錄表及外國人入國工作費用及工資切結書。

八 主管機關規定之其他文件資料。

② 前項文件資料應保存五年。

第九條

私立就業服務機構，受理求職登記或推介就業，不得有下列情形：

一 推介十五歲以上未滿十六歲之童工，及十六歲以上未滿十八歲之人，從事危險性或有害性之工作。

二 受理未滿十五歲者之求職登記或為其推介就業。但國民中學畢業或經主管機關認定其工作性質及環境無礙其身心健康而

許可者，不在此限。

三　推介未滿十八歲且未具備法定代理人同意書及其年齡證明文
件者就業。

第一○條

私立就業服務機構除經許可外，不得以其他形式設立分支機構，
從事就業服務業務。

第一○條之一 112

① 私立就業服務機構及其分支機構申請許可，及就業服務專業人員
申請證書，主管機關得公告採網路傳輸方式申請項目。

② 依前項規定公告之項目，私立就業服務機構及其分支機構申請許
可，及就業服務專業人員申請證書，應採網路傳輸方式為之。但
有正當理由，經主管機關同意者，不在此限。

第二章　私立就業服務機構之許可及變更

第一一條

① 辦理仲介本國人在國內工作之營利就業服務機構最低實收資本總
額為新臺幣五十萬元，每增設一分支機構，應增資新臺幣二十萬
元。但原實收資本總額已達增設分支機構所須之實收資本總額
者，不在此限。

② 仲介外國人至中華民國工作、或依規定仲介香港或澳門居民、大
陸地區人民至臺灣地區工作、或仲介本國人至臺灣地區以外工作
之營利就業服務機構，最低實收資本總額為新臺幣五百萬元，每
增設一分公司，應增資新臺幣二百萬元。但原實收資本總額已達
增設分支機構所須之實收資本總額者，不在此限。

③ 仲介外國人至中華民國工作、或依規定仲介香港或澳門居民、大
陸地區人民至臺灣地區工作、或仲介本國人至臺灣地區以外工作
之非營利就業服務機構，應符合下列規定：

一　依法向主管機關登記設立二年以上之財團法人或公益社團法
人；其為公益社團法人者，應為職業團體或社會團體。

二　申請之日前二年內，因促進社會公益、勞雇和諧或安定社會
秩序等情事，受主管機關或目的事業主管機關獎勵或有具體
事蹟者。

第一二條

① 私立就業服務機構及其分支機構之設立，應向所在地之主管機關
申請許可。但從事仲介外國人至中華民國工作、或依規定仲介香
港或澳門居民、大陸地區人民至臺灣地區工作、或仲介本國人至
臺灣地區以外工作者，應向中央主管機關申請許可。

② 申請設立私立就業服務機構及其分支機構者，應備下列文件申請
籌設許可：

一　申請書。

二　法人組織章程或合夥契約書。

三　營業計畫書或執行業務計畫書。

四　收費項目及金額明細表。

五　實收資本額證明文件。但非營利就業服務機構免附。

六　主管機關規定之其他文件。

③主管機關於必要時，得要求申請人繳備前項文件之正本。

④經中央主管機關許可籌設之從事仲介外國人至中華民國工作、或依規定仲介香港或澳門居民、大陸地區人民至臺灣地區工作、或仲介本國人至臺灣地區以外工作者，應於申請設立許可前，通知當地主管機關檢查。

⑤前項檢查項目由中央主管機關公告之。

第一三條

①前條經許可籌設者，應自核發籌設許可之日起三個月內，依法登記並應備下列文件向主管機關申請設立許可及核發許可證：

一　申請書。

二　從業人員名冊。

三　就業服務專業人員證書及其國民身分證正反面影本。

四　公司登記、商業登記證明文件或團體立案證書影本。

五　銀行保證金之保證書正本。但分支機構、非營利就業服務機構及辦理仲介本國人在國內工作之營利就業服務機構免附。

六　經當地主管機關依前條第四項規定檢查確有籌設事實之證明書。

七　主管機關規定之其他文件。

②主管機關於必要時，得要求申請人繳備前項文件之正本。

③未能於第一項規定期限內檢具文件申請者，應附其理由向主管機關申請展延，申請展延期限最長不得逾二個月，並以一次為限。

④經審核合格發給許可證者，本法第三十四條第一項及第二項之許可始為完成。

⑤經中央主管機關許可之私立就業服務機構，並得從事仲介本國人在國內工作之就業服務業務。

第一三條之一

①主管機關得自行或委託相關機關（構）、團體辦理私立就業服務機構評鑑，評鑑成績分為A、B及C三級。

②前項評鑑辦理方式、等級、基準及評鑑成績優良者之表揚方式，由主管機關公告之。

第一四條

①辦理仲介外國人至中華民國工作、或依規定仲介香港或澳門居民、大陸地區人民至臺灣地區工作、或仲介本國人至臺灣地區以外工作之營利就業服務機構，依第十三條第一項第五款規定應繳交由銀行出具金額新臺幣三百萬元保證金之保證書，作為民事責任之擔保。

②前項營利就業服務機構於許可證有效期間未發生擔保責任及最近一次經評鑑為A級者，每次許可證效期屆滿換發新證時，保證金依次遞減新臺幣一百萬元之額度。但保證金數額最低遞減至新臺

幣一百萬元。

③前二項營利就業服務機構發生擔保責任，經以保證金支付後，其餘額不足法定數額者，應由該機構於不足之日起一個月內補足，並於其許可證效期間屆滿換發新證時，保證金數額調為新臺幣三百萬元。未補足者，由中央主管機關廢止其設立許可。

④營利就業服務機構所繳交銀行保證金之保證書，於該機構終止營業繳銷許可證或註銷許可證或經主管機關廢止設立許可之日起一年後，解除保證責任。

第一五條 113

①私立就業服務機構及其分支機構申請籌設許可、設立許可或重新申請設立許可有下列情形之一，主管機關應不予許可：

一 不符本法或本辦法之申請規定者。

二 機構或機構負責人、經理人、董（理）事或代表人曾違反本法第三十四條第二項或第四十五條規定，受罰鍰處分、經檢察機關起訴或法院判決有罪者。

三 機構負責人、經理人、董（理）事或代表人曾任私立就業服務機構，因其行為致使該機構有下列情事之一者：

　㈠違反本法第四十條第一項第四款至第九款或第四十五條規定。

　㈡違反本法第四十條第一項第二款或第十四款規定，經限期改善，屆期未改善。

　㈢同一事由，受罰鍰處分三次，仍未改善。

　㈣一年內受罰鍰處分四次以上。

　㈤一年內受停業處分二次以上。

四 機構負責人、經理人、董（理）事或代表人從事就業服務業務或假借業務上之權力、機會或方法對求職人、雇主或外國人曾犯刑法第二百二十一條至第二百二十九條、第二百三十一條至第二百三十三條、第二百九十六條至第二百九十七條、第三百零二條、第三百零四條、第三百零五條、第三百三十五條、第三百三十六條、第三百三十九條、第三百四十一條、第三百四十二條或第三百四十六條規定之罪，經檢察機關起訴或法院判決有罪者。

五 機構負責人、經理人、董（理）事或代表人曾犯人口販運防制法所定人口販運罪，經檢察機關起訴或法院判決有罪者。

六 非營利就業服務機構曾因妨害公益，受主管機關或目的事業主管機關處罰鍰、停業或限期整理處分。

七 營利就業服務機構申請為營業處所之公司登記地址或商業登記地址，已設有私立就業服務機構者。

八 非營利就業服務機構申請之機構地址，已設有私立就業服務機構者。

九 評鑑為C級，經限期令其改善，屆期不改善或改善後仍未達B級者。

　十　申請設立分支機構，未曾接受評鑑而無評鑑成績或最近一次評鑑成績爲C級者。

　十一　規避、妨礙或拒絕接受評鑑者。

　十二　接受委任辦理聘僱許可，外國人於下列期間發生行蹤不明情事達附表一規定之人數及比率者：

　　　㈠入國第三十一日至第九十日。

　　　㈡入國三十日內，因私立就業服務機構及其分支機構未盡受任事務所致。

②前項第二款至第六款及第十二款規定情事，以申請之日前二年內發生者爲限。

③直轄市或縣（市）主管機關核發許可證者，不適用第一項第九款及第十二款規定。

第一五條之一 113

①本法第四十條第一項第十七款所稱接受委任引進之外國人入國三個月內發生行蹤不明之情事，並於一年內達一定之人數及比率者，指接受委任引進之外國人於下列期間發生行蹤不明情事達第十五條附表一規定之人數及比率者：

　一　入國第三十一日至第九十日。

　二　入國三十日內，因私立就業服務機構及其分支機構未善盡受任事務所致。

②中央主管機關應定期於每年三月、六月、九月及十二月，依第十五條附表一規定查核私立就業服務機構。

③中央主管機關經依前項規定查核，發現私立就業服務機構達第十五條附表一規定之人數及比率者，應移送直轄市或縣（市）主管機關裁處罰鍰。

第一六條

①外國人力仲介公司辦理仲介其本國人或其他國家人民至中華民國、或依規定仲介香港或澳門居民、大陸地區人民至臺灣地區，從事本法第四十六條第一項第八款至第十款規定之工作者，應向中央主管機關申請認可。

②外國人力仲介公司取得前項認可後，非依第十七條規定經主管機關許可，不得在中華民國境內從事任何就業服務業務。

③第一項認可有效期間爲二年；其申請應備文件如下：

　一　申請書。

　二　當地國政府許可從事就業服務業務之許可證或其他相關證明文件影本及其中譯本。

　三　最近二年無違反當地國勞工法令證明文件及其中譯本。

　四　中央主管機關規定之其他文件。

④前項應備文件應於申請之日前三個月內，經當地國政府公證及中華民國駐當地國使館驗證。

⑤外國人力仲介公司申請續予認可者，應於有效認可期限屆滿前三十日內提出申請。

⑥中央主管機關為認可第一項規定之外國人力仲介公司，得規定其國家或地區別、家數及業務種類。

第一七條

①主管機關依國內經濟、就業市場狀況，得許可外國人或外國人力仲介公司在中華民國境內設立私立就業服務機構。

②外國人或外國人力仲介公司在中華民國境內設立私立就業服務機構，應依本法及本辦法規定申請許可。

第一八條

①私立就業服務機構及其分支機構變更機構名稱、地址、資本額、負責人、經理人、董（理）事或代表人等許可登記事項前，應備下列文件向原許可機關申請變更許可：

一 申請書。

二 股東同意書或會議決議紀錄；屬外國公司在臺分公司申請變更負責人時，應檢附改派在中華民國境內指定之負責人授權書。

三 許可證影本。

四 主管機關規定之其他文件。

②前項經許可變更者，應自核發變更許可之日起三個月內依法辦理變更登記，並應備下列文件向主管機關申請換發許可證：

一 申請書。

二 公司登記、商業登記證明文件或團體立案證書影本。

三 許可證正本。

四 主管機關規定之其他文件。

③未能於前項規定期限內檢具文件申請者，應附其理由向主管機關申請展延，申請展延期限最長不得逾二個月，並以一次為限。

第一九條

①私立就業服務機構及其分支機構申請變更許可，有下列情形之一，主管機關應不予許可：

一 申請變更後之機構負責人、經理人、董（理）事或代表人，曾違反本法第三十四條第二項或第四十五條規定，受罰鍰處分、經檢察機關起訴或法院判決有罪者。

二 申請變更後之機構負責人、經理人、董（理）事或代表人，曾任職私立就業服務機構，因執行業務致使該機構有下列情事之一者：

㈠違反本法第四十條第一項第四款至第九款或第四十五條規定。

㈡違反本法第四十條第一項第二款或第十四款規定，經限期改善，屆期未改善。

㈢同一事由，受罰鍰處分三次，仍未改善。

㈣一年內受罰鍰處分四次以上。

㈤一年內受停業處分二次以上。

三 申請變更後之機構負責人、經理人、董（理）事或代表人從

事就業服務業務或假借業務上之權力、機會或方法對求職人、雇主或外國人曾犯刑法第二百二十一條至第二百二十九條、第二百三十一條至第二百三十三條、第二百九十六條至第二百九十七條、第三百零二條、第三百零四條、第三百零五條、第三百三十五條、第三百三十六條、第三百三十九條、第三百四十一條、第三百四十二條或第三百四十六條規定之罪，經檢察機關起訴或法院判決有罪者。

四　申請變更後之機構負責人、經理人、董（理）事或代表人曾犯人口販運防制法所定人口販運罪，經檢察機關起訴或法院判決有罪者。

五　營利就業服務機構申請變更後之營業處所之公司登記地址或商業登記地址，已設有私立就業服務機構者。

六　非營利就業服務機構申請變更後之機構地址，已設有私立就業服務機構者。

七　未依前條規定申請變更許可者。

②前項第一款至第四款規定情事，以申請之日前二年內發生者為限。

第三章　私立就業服務機構之管理

第二〇條

①私立就業服務機構為雇主辦理聘僱外國人或香港或澳門居民、大陸地區人民在臺灣地區工作之申請許可、招募、引進、接續聘僱或管理事項前，應與雇主簽訂書面契約。辦理重新招募或聘僱時亦同。

②前項書面契約應載明下列事項：

一　費用項目及金額。

二　收費及退費方式。

三　外國人或香港或澳門居民、大陸地區人民未能向雇主報到之損害賠償事宜。

四　外國人或香港或澳門居民、大陸地區人民入國後之交接、安排接受健康檢查及健康檢查結果函報衛生主管機關事宜。

五　外國人或香港或澳門居民、大陸地區人民之遣返、遞補、展延及管理事宜。

六　違約之損害賠償事宜。

七　中央主管機關規定之其他事項。

③雇主聘僱外國人從事本法第四十六條第一項第九款規定之家庭幫傭或看護工作，第一項之書面契約，應由雇主親自簽名。

第二一條

①私立就業服務機構為從事本法第四十六條第一項第八款至第十一款規定工作之外國人，辦理其在中華民國境內工作之就業服務事項，應與外國人簽訂書面契約，並載明下列事項：

一　服務項目。

二　費用項目及金額。

三　收費及退費方式。

四　中央主管機關規定之其他事項。

②外國人從事本法第四十六條第一項第九款規定之家庭幫傭或看護工作，前項之書面契約，應由外國人親自簽名。

③第一項契約應作成外國人所瞭解之譯本。

第二二條

主管機關依第十七條規定許可外國人或外國人力仲介公司在中華民國境內設立之私立就業服務機構，其負責人離境前，應另指定代理人，並將其姓名、國籍、住所或居所及代理人之同意書，向原許可機關辦理登記。

第二三條

私立就業服務機構之就業服務專業人員異動時，應自異動之日起三十日內，檢附下列文件報請原許可機關備查：

一　就業服務專業人員異動申請表。

二　異動後之從業人員名冊。

三　新聘就業服務專業人員證書及其國民身分證正反面影本。

四　主管機關規定之其他文件。

第二四條

①私立就業服務機構之許可證，不得租借或轉讓。

②前項許可證或就業服務專業人員證書污損者，應繳還原證，申請換發新證；遺失者，應備具結書及申請書，並載明原證字號，申請補發遺失證明書。

第二五條

①私立就業服務機構許可證有效期限爲二年，有效期限屆滿前三十日內，應備下列文件重新申請設立許可及換發許可證：

一　申請書。

二　從業人員名冊。

三　公司登記、商業登記證明文件或團體立案證書影本。

四　銀行保證金之保證書正本。但分支機構、非營利就業服務機構及辦理仲介本國人在國內工作之營利就業服務機構免附。

五　申請之日前二年內，曾違反本法規定受罰鍰處分者，檢附當地主管機關所開具已繳納罰鍰之證明文件。

六　許可證正本。

七　主管機關規定之其他文件。

②未依前項規定申請許可者，應依第二十七條之規定辦理終止營業，並繳銷許可證。未辦理或經不予許可者，由主管機關註銷其許可證。

第二六條

①私立就業服務機構暫停營業一個月以上者，應於停止營業之日起十五日內，向原許可機關申報備查。

②前項停業期間最長不得超過一年；復業時應於十五日內申報備

查。

第二七條

私立就業服務機構終止營業時，應於辦妥解散、變更營業項目或歇業登記之日起三十日內，向原許可機關繳銷許可證。未辦理者，由主管機關廢止其設立許可。

第二八條

私立就業服務機構應將許可證、收費項目及金額明細表、就業服務專業人員證書，揭示於營業場所內之明顯位置。

第二九條

①私立就業服務機構於從事職業介紹、人才仲介及甄選服務時，應告知所推介工作之內容、薪資、工時、福利及其他有關勞動條件。

②私立就業服務機構接受委任仲介從事本法第四十六條第一項第八款至第十款規定工作之外國人，應向雇主及外國人告知本法或依本法發布之命令所規定之事項。

第三〇條

①私立就業服務機構應於每季終了十日內，填報求職、求才狀況表送直轄市或縣（市）主管機關。

②直轄市及縣（市）主管機關應於每季終了二十日內彙整前項資料，層報中央主管機關備查。

第三一條 113

①第十六條之外國人力仲介公司或其從業人員從事就業服務業務有下列情形之一，中央主管機關得不予認可、廢止或撤銷其認可：

一　不符申請規定經限期補正，屆期未補正者。

二　逾期申請續予認可者。

三　經其本國廢止或撤銷營業執照或從事就業服務之許可者。

四　違反第十六條第二項規定者。

五　申請認可所載事項或所繳文件有虛偽情事者。

六　接受委任辦理就業服務業務，違反本法第四十五條規定，或有提供不實資料或外國人健康檢查檢體者。

七　辦理就業服務業務，未善盡受任事務，致雇主違反本法第四十四條或第五十七條規定者。

八　接受委任仲介其本國人或其他國家人民至中華民國工作、或依規定仲介香港或澳門居民、大陸地區人民至臺灣地區工作，未善盡受任事務，致外國人發生行蹤不明失去聯繫之情事者。

九　辦理就業服務業務，違反雇主之意思，留置許可文件或其他相關文件者。

十　辦理就業服務業務，有恐嚇、詐欺、侵占或背信情事，經第一審判決有罪者。

十一　辦理就業服務業務，要求、期約或收受外國人入國工作費用及工資切結書或規定標準以外之費用，或不正利益者。

| 十二 | 辦理就業服務業務，行求、期約或交付不正利益者。 |

十二　辦理就業服務業務，行求、期約或交付不正利益者。

十三　委任未經許可者或接受其委任辦理仲介外國人至中華民國境內工作事宜者。

十四　在其本國曾受與就業服務業務有關之處分者。

十五　於申請之日前二年內，曾接受委任仲介其本國人或其他國家人民至中華民國境內工作，其仲介之外國人入國三十日內發生行蹤不明情事達附表二規定之人數及比率者。

十六　其他違法或妨礙公共利益之行為，情節重大者。

②中央主管機關依前項規定不予認可、廢止或撤銷其認可者，應公告之。

第三一條之一 113

①中央主管機關應定期於每年三月、六月、九月及十二月，依第三十一條附表二規定查核外國人力仲介公司接受委任仲介其本國人或其他國家人民至中華民國境內工作，其所仲介之外國人入國三十日內發生行蹤不明情事之人數及比率。

②中央主管機關經依前項規定查核後發現，外國人力仲介公司達第三十一條附表二規定人數及比率之次數，應通知外交部及駐外館處，依下列規定日數，暫停其接受外國人委任辦理申請簽證：

一　第一次：暫停七日。

二　第二次以上：暫停日數按次增加七日，最長為二十八日。

第三二條　（刪除）

第三三條

本法第四十條第一項第十一款所定報表如下：

一　求職、求才狀況表。

二　從業人員名冊。

三　就業服務專業人員異動申請表。

四　外國人招募許可之申請表。

五　外國人聘僱許可之申請表。

六　外國人展延聘僱許可之申請表。

七　外國人轉換雇主或工作之申請表。

八　外國人行蹤不明失去聯繫之申報表。

九　主管機關規定之其他報表。

第三四條

私立就業服務機構接受委任辦理就業服務業務，應依規定於雇主或求職人申請書（表）加蓋機構圖章，並經負責人簽章及所置就業服務專業人員簽名。

第三五條

私立就業服務機構刊播或散發就業服務業務廣告，應載明機構名稱、許可證字號、機構地址及電話。

第三六條

從業人員或就業服務專業人員離職，私立就業服務機構應妥善處理其負責之業務及通知其負責之委任人。

第三七條

①私立就業服務機構經委任人終止委任時，應將保管之許可文件及其他相關文件，歸還委任人。

②私立就業服務機構終止營業或經註銷許可證、廢止設立許可者，應通知委任人，並將保管之許可文件及其他相關文件歸還委任人，或經委任人書面同意，轉由其他私立就業服務機構續辦。

第三八條

第十六條規定之外國人力仲介公司經廢止或撤銷認可者，於二年內重行申請認可，中央主管機關應不予認可。

第三九條

主管機關對私立就業服務機構所為評鑑成績、罰鍰、停止全部或一部營業、撤銷或廢止其設立許可者，應公告之。

第四○條

①主管機關得隨時派員檢查私立就業服務機構業務狀況及有關文件資料；經檢查後，對應改善事項，應通知其限期改善。

②主管機關依前項所取得之資料，應保守秘密，如令業者提出證明文件、表冊、單據及有關資料為正本者，應於收受後十五日內發還。

第四一條

直轄市及縣（市）主管機關應於每季終了二十日內，統計所許可私立就業服務機構之設立、變更、停業、復業、終止營業及違規受罰等情形，層報中央主管機關備查。

第四二條

依身心障礙者權益保障法規定向主管機關申請結合設立之身心障礙者就業服務機構，不得有下列行為：

一 未依主管機關核定設立計畫執行者。

二 規避、妨礙或拒絕會計帳目查察者。

第四章 附 則

第四三條

本辦法有關書表格式由中央主管機關定之。

第四四條 112

①本辦法自發布日施行。

②本辦法中華民國一百十二年九月四日修正發布之第三十一條之一及第三十一條附表二，自一百十二年十二月十六日施行。

就業安定基金收支保管及運用辦法

①民國81年9月18日行政院主計處、勞工委員會令會銜訂定發布全文17條。

②民國86年3月26日行政院勞工委員會、主計處、財政部令會銜修正發布全文19條。

③民國89年2月16日行政院勞工委員會、主計處、財政部令會銜修正發布全文18條；並自發布日起施行。

④民國90年11月7日行政院勞工委員會、主計處、財政部令會銜修正發布全文18條；並自發布日起施行。

⑤民國92年1月28日行政院勞工委員會、主計處、財政部令會銜修正發布第1、12條條文。

⑥民國93年7月15日行政院勞工委員會、主計處、財政部令會銜修正發布第3、12條條文；並刪除第2條條文。

⑦民國96年6月15日行政院勞工委員會、主計處、財政部令會銜修正發布第8、10～12條條文。

⑧民國97年3月21日行政院令修正發布第1、3、12條條文。

⑨民國98年12月2日行政院令修正發布第5、8條條文。

⑩民國99年4月29日行政院令修正發布第3～5、9、16、18條條文；並自99年1月1日施行。

⑪民國99年12月9日行政院令修正發布第3～6、18條條文；刪除第12、13條條文；並自100年1月1日施行。

民國100年12月16日行政院公告第8條第1項第1款所列屬「行政院秘書處」事項，自101年1月1日起改由「行政院相關業務處」管轄。

民國101年2月3日行政院公告第8條第1項第5款所列屬「行政院主計處」之權責事項，自101年2月6日起改由「行政院主計總處」管轄。

⑫民國103年1月20日行政院令修正發布第3～5、8、9、18條條文；除第3～5、9條自103年1月1日施行外，自發布日施行。

民國103年1月21日行政院公告第8條第1項第6款所列屬「行政院經濟建設委員會」之權責事項，自103年1月22日起改由「國家發展委員會」管轄。

民國103年2月14日行政院公告第3條、第8條第1項序文、第2款、第10條所列屬「行政院勞工委員會」之權責事項，自103年2月17日起改由「勞動部」管轄；第10條所列屬「行政院勞工委員會職業訓練局」權責事項，自103年2月17日起改由「勞動部勞動力發展署」管轄。

⑬民國104年3月11日行政院令修正發布第3、8、10條條文。

⑭民國110年5月3日行政院令修正發布第8條條文。

⑮民國113年3月11日行政院令修正發布第5、7、16條條文。

第一條

為加強辦理有關促進國民就業、提升勞工福祉及處理有關外國人聘僱管理事務，特設置就業安定基金（以下簡稱本基金），並依預算法第二十一條規定，訂定本辦法。

第二條 （刪除）

第三條

本基金為預算法第四條第一項第二款所定之特種基金，編製附屬單位預算，下設勞工權益基金，編製附屬單位預算之分預算，以勞動部為主管機關。

第四條

①本基金之來源如下：

一 就業安定費收入。

二 本基金之孳息收入。

三 勞工權益基金收入。

四 其他有關收入。

②前項第三款所定勞工權益基金之來源如下：

一 勞工權益基金（專戶）賸餘專款。

二 由政府循預算程序之撥款。

三 勞工權益基金之孳息收入。

四 捐贈收入。

五 其他有關收入。

第五條 113

①本基金之用途如下：

一 辦理加強實施職業訓練及就業資訊等事項。

二 辦理加強實施就業安定及就業促進等事項。

三 辦理創業貸款事項。

四 辦理失業輔助事項。

五 辦理獎助雇主配合推動就業安定事項。

六 辦理提升勞工福祉事項。

七 辦理外國人聘僱管理事項。

八 辦理技能檢定、技能競賽及就業甄選等事項。

九 補助直轄市及縣（市）政府辦理有關促進國民就業、職業訓練提升勞工福祉及外國人在中華民國境內工作管理事項。

十 勞工權益基金支出。

十一 管理及總務支出。

十二 其他有關支出。

②直轄市及縣（市）政府申請前項第九款經費補助時，應編列配合款。

③第一項第九款經費補助規定，由主管機關另定之。

④第一項第十款所定勞工權益基金之用途如下：

一 勞工訴訟之法律扶助。

二 勞工訴訟期間必要生活費用之補助。

三 其他相關勞工權益扶助事項。

第六條

本基金之保管及運用，應注重收益性及安全性，其存儲並應依公庫法及其相關法令規定辦理。

第七條 113

本基金為增加收益，得購買政府公債、國庫券或其他短期票券。

第八條

①本基金應設就業安定基金管理會（以下簡稱本會），置委員十九人至二十九人，任期二年，其中一人為召集人，由勞動部長兼任之；其餘由勞動部就下列人員聘兼之：

一 行政院內政衛福勞動處代表一人。

二 勞動部代表二人。

三 財政部代表一人。

四 經濟部代表一人。

五 行政院主計總處代表一人。

六 國家發展委員會代表一人。

七 直轄市或縣（市）政府代表三人。

八 勞工團體代表二人至五人。

九 雇主團體代表二人至五人。

十 專家、學者四人至八人。

②本會委員任一性別比例不得少於三分之一。

③本會委員及派兼人員，均為無給職。

第九條

本會之任務如下：

一 就業安定費數額之審議。

二 本基金及下設基金收支、保管及運用之審議。

三 本基金及下設基金年度預算及決算之審議。

四 本基金及下設基金運用執行情形之考核。

五 其他有關事項。

第一○條

本會置執行秘書一人，由勞動部指派人員兼任之，承召集人之命，執行本會決議事項及處理日常事務；所需工作人員，由勞動部就該部勞動力發展署現職人員調兼之；必要時視業務需要聘僱八人至十五人。

第一一條

①本會每三個月舉行會議一次，必要時得召開臨時會議，均由召集人召集之；召集人因故不能出席時，由召集人指定委員一人召集之。

②本會會議之決議，應經過半數之委員出席及出席委員過半數之同意。

③本會舉行會議時，得視需要邀請相關直轄市或縣（市）政府派員列席。

第一二條 （刪除）

第一三條 （刪除）

第一四條

本基金有關預算編製與執行及決算編造，應依預算法、會計法、

決算法、審計法及相關法令規定辦理。

第一五條

本基金會計事務之處理，應依規定訂定會計制度。

第一六條 113

本基金年度決算如有賸餘，應依規定累存基金餘額或解繳國庫。

第一七條

本基金結束時，應予結算，其餘存權益應解繳國庫。

第一八條

本辦法施行日期，除中華民國九十九年四月二十九日修正發布之條文，自九十九年一月一日施行，九十九年十二月九日修正發布之條文，自一百年一月一日施行，一百零三年一月二十日修正發布之第三條至第五條及第九條條文，自一百零三年一月一日施行外，自發布日施行。

取得華僑身分香港澳門居民聘僱及管理辦法

①民國86年6月28日行政院勞工委員會令訂定發布全文14條。
②民國90年11月28日行政院勞工委員會令修正發布第8、10、12、14條條文。
③民國93年12月22日行政院勞工委員會令修正發布第5、7～10條條文；並刪除第12條條文。
④民國98年4月29日行政院勞工委員會令修正發布第8條條文。
民國103年2月14日行政院公告第3條所列屬「行政院勞工委員會」之權責事項，自103年2月17日起改由「勞動部」管轄。
⑤民國104年9月21日勞動部令修正發布第3、7、8條條文。
⑥民國112年10月12日勞動部令修正發布第7～9、14條條文；並自發布日施行。

第一條

本辦法依香港澳門關係條例（以下簡稱本條例）第十三條第二項規定訂定之。

第二條

本辦法適用對象係指香港或澳門居民，於香港或澳門分別於英國或葡萄牙結束其治理前，取得華僑身分者及其符合中華民國國籍取得要件之配偶及子女。

第三條

本辦法之主管機關為勞動部。

第四條

①申請聘僱第二條所定人員，應由雇主向主管機關申請許可。
②第二條所定人員經許可在臺灣地區居留者，得不經雇主申請，逕向主管機關申請許可。

第五條

雇主聘僱第二條所定人員在臺灣地區從事工作，得不受就業服務法第四十六條第一項、第四十七條、第五十二條、第五十三條、第五十六條及第七十四條第一項規定之限制，並免依第五十五條規定繳納就業安定費。

第六條

①雇主聘僱第二條所定人員，其工作期間最長為三年；期滿後如有繼續聘僱之必要者，雇主應申請展延，展延每次以一年為限。
②第四條第二項所定人員經許可工作者，其有效期間與許可居留期間同；居留期間屆滿，如有繼續工作之必要者，應於獲准延長居留後，向主管機關依第七條第二項規定申請許可。

第七條 112

① 雇主向主管機關申請核發聘僱許可，應檢具下列文件：
　一　申請書。
　二　雇主或公司負責人之身分證明文件；公司、有限合夥或商業登記證明、工廠登記證明、特許事業許可證等影本。但依相關法令規定，免辦工廠登記證明或特許事業許可證者，免附。
　三　受聘僱人最近三個月經我國中央衛生福利主管機關指定或認可之臺灣或香港、澳門地區醫院開具之健康檢查證明。
　四　受聘僱人之華僑身分證明、其配偶或子女符合中華民國國籍取得要件之證明文件。
　五　勞動契約或僱傭契約。
　六　審查費收據正本。
　七　其他經主管機關規定之文件。
② 第四條第二項所定人員應檢具居留證影本及前項第一款、第四款、第六款及第七款之文件，向主管機關申請許可。

第八條 112

① 本辦法所稱之健康檢查，應包括下列項目：
　一　胸部Ｘ光攝影檢查肺結核。
　二　梅毒血清檢查。
　三　一般體格檢查（含精神狀態）。
　四　麻疹及德國麻疹之抗體陽性檢驗報告或預防接種證明。但經醫師評估有接種禁忌者，得免予檢查。
② 中央衛生福利主管機關得依第二條所定人員之工作性質及香港或澳門地區疫情，增、減或變更前項健康檢查項目，並公告之。

第九條 112

① 依第四條及第七條規定申請許可而有下列情形之一者，主管機關應不予許可：
　一　依本辦法之規定所提出之申請文件記載不實或不詳。
　二　其他不符申請規定，經通知補正，仍不為補正。
　三　健康檢查結果不合格。
　四　違反本辦法或其他法令規定，情節重大。
② 前項第一款記載不詳之文件可以補正者，主管機關應通知申請人限期補正。

第一〇條

① 聘僱許可有效期限屆滿日前六十日期間內，雇主如有繼續聘僱之必要者，應檢具下列文件，向主管機關申請展延聘僱許可：
　一　展延聘僱申請書。
　二　主管機關原核發聘僱許可文件。
　三　最近三個月內該受聘僱人健康檢查合格證明。
　四　勞動契約或僱傭契約。
　五　審查費收據正本。
　六　其他經主管機關規定之文件。

②前項申請經許可者，主管機關應核發展延聘僱許可。

第一一條

①第二條所定人員在聘僱許可有效期間內，如需轉換雇主或受聘僱於二以上之雇主，應由新雇主申請許可；申請轉換雇主時，新雇主應檢附受聘僱人之離職證明文件。

②依第四條第二項規定經許可之工作者，其轉換雇主或受聘僱於二以上之雇主，不受前項規定之限制。

第一二條　（刪除）

第一三條

本辦法所規定之書表及格式，由主管機關另定之。

第一四條　112

①本辦法自本條例施行之日施行。但有本條例第六十二條第一項但書情形時，分別自本條例一部或全部施行之日施行。

②本辦法修正條文自發布日施行。

身心障礙者權益保障法

①民國69年6月2日總統令制定公布全文26條。
②民國79年1月24四日總統令修正公布全文31條。
③民國84年6月16日總統令修正公布第3條條文。
④民國86年4月23日總統令修正公布名稱及全文75條（原名稱：殘障福利法）。
⑤民國86年4月26日總統令修正公布第65條條文。
⑥民國90年11月21日總統令修正公布第2、3、6、7、9、11、16、19、20、36～42、47、49、50、51、58、60、67條條文。
⑦民國92年6月25日總統令修正公布第26、62條條文；並增訂第64-1條條文。
⑧民國93年6月23日總統令增訂公布第51-1、65-1條條文。
⑨民國96年7月11日總統令修正公布名稱及全文109條；除第38條自公布後二年施行；第5～7、13～15、18、26、50、51、56、58、59、71條自公布後五年施行；餘自公布日施行（原名稱：身心障礙者保護法）。
⑩民國98年1月23日總統令修正公布第61條條文。
⑪民國98年7月8日總統令修正公布第80、81、107條條文；並自98年11月23日施行。
⑫民國100年2月1日總統令修正公布第2～4、6、16、17、20、23、31、32、38、46、48、50～53、56、58、64、76、77、81、95、98、106條條文；增訂第30-1、38-1、46-1、52-1、52-2、60-1、69-1條條文；並自公布日施行；但第60-1條第2項及第64條第3項自公布後二年施行；另第46條第1項定於100年10月31日失其效力。
⑬民國100年6月29日總統令修正公布第35、53、57、98、99條條文；並增訂第58-1條條文。
⑭民國101年12月19日總統令修正公布第52、59條條文；並增訂第104-1條條文。
⑮民國102年6月11日總統令修正公布第53條條文。
　民國102年7月19日行政院公告第2條第1項所列屬「內政部」之權責事項，自102年7月23日起改由「衛生福利部」管轄。
⑯民國103年6月4日總統令修正公布第30-1、50、51、64、92條條文；並增訂第30-2、63-1條條文。
⑰民國104年2月4日總統令修正公布第60、100條條文。
⑱民國104年12月16日總統令修正公布第2、6、20、30、31、33、36、53、57、61、84、99、107條條文；並增訂第71-1條條文；除第61條公布後二年施行外，餘自公布日施行。
⑲民國110年1月20日總統令修正公布第14、106條條文。

第一章　總　則

第一條

　為維護身心障礙者之權益，保障其平等參與社會、政治、經濟、

文化等之機會，促進其自立及發展，特制定本法。

第二條

①本法所稱主管機關：在中央為衛生福利部；在直轄市為直轄市政府；在縣（市）為縣（市）政府。

②本法所定事項，涉及各目的事業主管機關職掌者，由各目的事業主管機關辦理。

③前二項主管機關及各目的事業主管機關權責劃分如下：

一　主管機關：身心障礙者人格維護、經濟安全、照顧支持與獨立生活機會等相關權益之規劃、推動及監督等事項。

二　衛生主管機關：身心障礙者之鑑定、保健醫療、醫療復健與輔具研發等相關權益之規劃、推動及監督等事項。

三　教育主管機關：身心障礙者教育權益維護、教育資源與設施均衡配置、專業服務人才之培育等相關權益之規劃、推動及監督等事項。

四　勞工主管機關：身心障礙者之職業重建、就業促進與保障、勞動權益與職場安全衛生等相關權益之規劃、推動及監督等事項。

五　建設、工務、住宅主管機關：身心障礙者住宅、公共建築物、公共設施之總體規劃與無障礙生活環境等相關權益之規劃、推動及監督等事項。

六　交通主管機關：身心障礙者生活通信、大眾運輸工具、交通設施與公共停車場等相關權益之規劃、推動及監督等事項。

七　財政主管機關：身心障礙者、身心障礙福利機構及庇護工場稅捐之減免等相關權益之規劃、推動及監督等事項。

八　金融主管機關：金融機構對身心障礙者提供金融、商業保險、財產信託等服務之規劃、推動及監督等事項。

九　法務主管機關：身心障礙者犯罪被害人保護、受刑人更生保護與收容環境改善等相關權益之規劃、推動及監督等事項。

十　警政主管機關：身心障礙者人身安全保護與失蹤身心障礙者協尋之規劃、推動及監督等事項。

十一　體育主管機關：身心障礙者體育活動、運動場地及設施設備與運動專用輔具之規劃、推動及監督等事項。

十二　文化主管機關：身心障礙者精神生活之充實與藝文活動參與之規劃、推動及監督等事項。

十三　採購法規主管機關：政府採購法有關採購身心障礙者之非營利產品與勞務之規劃、推動及監督等事項。

十四　通訊傳播主管機關：主管身心障礙者無障礙資訊和通訊技術及系統、網路平台、通訊傳播傳輸內容無歧視等相關事宜之規劃、推動及監督等事項。

十五　科技研究事務主管機關：主管身心障礙者輔助科技研發、技術研究、移轉、應用與推動等事項。

十六　經濟主管機關：主管身心障礙輔具國家標準訂定、產業推

動、商品化開發之規劃及推動等事項。

十七　其他身心障礙權益保障措施：由各相關目的事業主管機關依職權規劃辦理。

第三條

中央主管機關掌理下列事項：

一　全國性身心障礙福利服務權益保障政策、法規與方案之規劃、訂定及宣導事項。

二　對直轄市、縣（市）政府執行身心障礙福利服務權益保障之監督及協調事項。

三　中央身心障礙福利經費之分配及補助事項。

四　對直轄市、縣（市）身心障礙福利服務之獎助及評鑑之規劃事項。

五　身心障礙福利服務相關專業人員訓練之規劃事項。

六　國際身心障礙福利服務權益保障業務之聯繫、交流及合作事項。

七　身心障礙者保護業務之規劃事項。

八　全國身心障礙者資料統整及福利服務整合事項。

九　全國性身心障礙福利機構之輔導、監督及全國評鑑事項。

十　輔導及補助民間參與身心障礙福利服務之推動事項。

十一　其他全國性身心障礙福利服務權益保障之策劃及督導事項。

第四條

直轄市、縣（市）主管機關掌理下列事項：

一　中央身心障礙福利服務權益保障政策、法規及方案之執行事項。

二　直轄市、縣（市）身心障礙福利服務權益保障政策、自治法規與方案之規劃、訂定、宣導及執行事項。

三　直轄市、縣（市）身心障礙福利經費之分配及補助事項。

四　直轄市、縣（市）身心障礙福利服務之獎助與評鑑之規劃及執行事項。

五　直轄市、縣（市）身心障礙福利服務相關專業人員訓練之規劃及執行事項。

六　身心障礙者保護業務之執行事項。

七　直轄市、縣（市）轄區身心障礙者資料統整及福利服務整合執行事項。

八　直轄市、縣（市）身心障礙福利機構之輔導設立、監督及評鑑事項。

九　民間參與身心障礙福利服務之推動及協助事項。

十　其他直轄市、縣（市）身心障礙福利服務權益保障之策劃及督導事項。

第五條

本法所稱身心障礙者，指下列各款身體系統構造或功能，有損傷

或不全導致顯著偏離或喪失，影響其活動與參與社會生活，經醫事、社會工作、特殊教育與職業輔導評量等相關專業人員組成之專業團隊鑑定及評估，領有身心障礙證明者：

一　神經系統構造及精神、心智功能。

二　眼、耳及相關構造與感官功能及疼痛。

三　涉及聲音與言語構造及其功能。

四　循環、造血、免疫與呼吸系統構造及其功能。

五　消化、新陳代謝與內分泌系統相關構造及其功能。

六　泌尿與生殖系統相關構造及其功能。

七　神經、肌肉、骨骼之移動相關構造及其功能。

八　皮膚與相關構造及其功能。

第六條

①直轄市、縣（市）主管機關受理身心障礙者申請鑑定時，應交衛生主管機關指定相關機構或專業人員組成專業團隊，進行鑑定並完成身心障礙鑑定報告。

②前項鑑定報告，至遲應於完成後十日內送達申請人戶籍所在地之衛生主管機關。衛生主管機關除核發鑑定費用外，至遲將該鑑定報告於十日內核轉直轄市、縣（市）主管機關辦理。

③第一項身心障礙鑑定機構或專業人員之指定、鑑定人員之資格條件、身心障礙類別之程度分級、鑑定向度與基準、鑑定方法、工具、作業方式及其他應遵行事項之辦法，由中央衛生主管機關定之。

④辦理有關身心障礙鑑定服務必要之診察、診斷或檢查等項目之費用，應由直轄市、縣（市）衛生主管機關編列預算支應，並由中央衛生主管機關協調直轄市、縣（市）衛生主管機關公告規範之。

⑤前項身心障礙鑑定之項目符合全民健康保險法之規定給付者，應以該保險支應，不得重複申領前項費用。

第七條

①直轄市、縣（市）主管機關應於取得衛生主管機關所核轉之身心障礙鑑定報告後，籌組專業團隊進行需求評估。

②前項需求評估，應依身心障礙者障礙類別、程度、家庭經濟情況、照顧服務需求、家庭生活需求、社會參與需求等因素為之。

③直轄市、縣（市）主管機關對於設籍於轄區內依前項評估合於規定者，應核發身心障礙證明，據以提供所需之福利及服務。

④第一項評估作業得併同前條鑑定作業辦理，有關評估作業與鑑定作業併同辦理事宜、評估專業團隊人員資格條件、評估工具、作業方式及其他應遵行事項之辦法，由中央主管機關會同中央衛生主管機關定之。

第八條

各級政府相關目的事業主管機關，應本預防原則，針對遺傳、疾病、災害、環境污染及其他導致身心障礙因素，有計畫推動生育

保健、衛生教育等工作，並進行相關社會教育及宣導。

第九條

① 主管機關及各目的事業主管機關應置專責人員辦理本法規定相關事宜；其人數應依業務繁增減而調整之。

② 身心障礙者福利相關業務應遴用專業人員辦理。

第一〇條

① 主管機關應遴聘（派）身心障礙者或其監護人代表、身心障礙福利學者或專家、民意代表與民間相關機構、團體代表及各目的事業主管機關代表辦理身心障礙者權益保障事項；其中遴聘身心障礙者或其監護人代表及民間相關機構、團體代表之比例，不得少於三分之一。

② 前項之代表，單一性別不得少於三分之一。

③ 第一項權益保障事項包括：

一　整合規劃、研究、諮詢、協調推動促進身心障礙者權益保障相關事宜。

二　受理身心障礙者權益受損協調事宜。

三　其他促進身心障礙者權益及福利保障相關事宜。

④ 第一項權益保障事項與運作、前項第二款身心障礙權益受損協調之處理及其他應遵行事項之辦法，由各級主管機關定之。

第一一條

① 各級政府應至少每五年舉辦身心障礙者之生活狀況、保健醫療、特殊教育、就業與訓練、交通及福利等需求評估及服務調查研究，並應出版、公布調查研究結果。

② 行政院每十年辦理全國人口普查時，應將身心障礙者人口調查納入普查項目。

第一二條

① 身心障礙福利經費來源如下：

一　各級政府按年編列之身心障礙福利預算。

二　社會福利基金。

三　身心障礙者就業基金。

四　私人或團體捐款。

五　其他收入。

② 前項第一款身心障礙福利預算，應以前條之調查報告為依據，按年從寬編列。

③ 第一項第一款身心障礙福利預算，直轄市、縣（市）主管機關財政確有困難者，應由中央政府補助，並應專款專用。

第一三條

① 身心障礙者對障礙鑑定及需求評估有異議者，應於收到通知書之次日起三十日內，以書面向直轄市、縣（市）主管機關提出申請重新鑑定及需求評估，並以一次為限。

② 依前項申請重新鑑定及需求評估，應負擔百分之四十之相關作業費用；其異議成立者，應退還之。

③逾期申請第一項重新鑑定及需求評估者，其相關作業費用，應自行負擔。

第一四條

①身心障礙證明有效期間最長為五年。但身心障礙情況符合第六條第三項所定辦法有關身心障礙無法減輕或恢復之基準，免重新鑑定者，直轄市、縣（市）主管機關應核發無註記有效期間之身心障礙證明，並每五年就該個案進行第七條之需求評估。

②領有記載有效期間之身心障礙證明者，應於效期屆滿前九十日內向戶籍所在地之直轄市、縣（市）主管機關申請辦理重新鑑定及需求評估。

③身心障礙於其證明效期屆滿六十日前尚未申請辦理重新鑑定及需求評估者，直轄市、縣（市）主管機關應以書面通知其辦理。

④身心障礙有正當理由，無法於效期屆滿前申請重新鑑定及需求評估者，應於效期屆滿前附具理由提出申請，經直轄市、縣（市）主管機關核可者，得於效期屆滿後六十日內辦理。

⑤身心障礙者障礙情況改變時，應自行向直轄市、縣（市）主管機關申請重新鑑定及需求評估。

⑥直轄市、縣（市）主管機關發現身心障礙者障礙情況改變時，得以書面通知其於六十日內辦理重新鑑定與需求評估。

⑦經依第二項至前項規定申請重新鑑定及需求評估，其身心障礙情況符合第六條第三項所定辦法有關身心障礙無法減輕或恢復之基準，免重新鑑定者，直轄市、縣（市）主管機關應依第一項但書規定辦理。

⑧中華民國一百零一年七月十一日前執永久效期身心障礙手冊者，直轄市、縣（市）主管機關得逕予換發無註記有效期間之身心障礙證明。

第一五條

①依前條第一項至第三項規定辦理重新鑑定及需求評估者，於原證明效期屆滿至新證明生效期間，得經直轄市、縣（市）主管機關註記後，暫以原證明繼續享有本法所定相關權益。

②經重新鑑定結果，其障礙程度有變更者，其已依前項規定以原證明領取之補助，應由直轄市、縣（市）主管機關於新證明生效後，依新證明之補助標準予以追回或補發。

③身心障礙者於障礙事實消失或死亡時，其本人、家屬或利害關係人，應將其身心障礙證明繳還直轄市、縣（市）主管機關辦理註銷；未繳還者，由直轄市、縣（市）主管機關逕行註銷，並取消本法所定相關權益或追回所溢領之補助。

第一六條

①身心障礙者之人格及合法權益，應受尊重及保障，對其接受教育、應考、進用、就業、居住、遷徙、醫療等權益，不得有歧視之對待。

②公共設施場所營運者，不得使身心障礙者無法公平使用設施、設

備或享有權利。

③公、私立機關（構）、團體、學校與企業公開辦理各類考試，應依身心障礙應考人個別障礙需求，在考試公平原則下，提供多元化適性協助，以保障身心障礙者公平應考機會。

第一七條

①身心障礙者依法請領各項現金給付或補助，得檢具直轄市、縣（市）主管機關出具之證明文件，於金融機構開立專戶，並載明金融機構名稱、地址、帳號及戶名，報直轄市、縣（市）主管機關核可後，專供存入各項現金給付或補助之用。

②前項專戶內之存款，不得作為抵銷、扣押、供擔保或強制執行之標的。

第一八條

①直轄市、縣（市）主管機關應建立通報系統，並由下列各級相關目的事業主管機關負責彙送資訊，以掌握身心障礙者之情況，適時提供服務或轉介：

一 衛生主管機關：疑似身心障礙者、發展遲緩或異常兒童資訊。

二 教育主管機關：疑似身心障礙學生資訊。

三 勞工主管機關：職業傷害資訊。

四 警政主管機關：交通事故資訊。

五 戶政主管機關：身心障礙者人口異動資訊。

②直轄市、縣（市）主管機關受理通報後，應即進行初步需求評估，並於三十日內主動提供協助服務或轉介相關目的事業主管機關。

第一九條

各級主管機關及目的事業主管機關應依服務需求之評估結果，提供個別化、多元化之服務。

第二〇條

①為促進身心障礙輔具資源整合、研究發展及服務，中央主管機關應整合各目的事業主管機關推動辦理身心障礙輔具資源整合、研究發展及服務等相關事宜。

②前項輔具資源整合、研究發展及服務辦法，由中央主管機關會同中央教育、勞工、科技研究事務、經濟主管機關定之。

第二章 保健醫療權益

第二一條

①中央衛生主管機關應規劃整合醫療資源，提供身心障礙者健康維護及生育保健。

②直轄市、縣（市）主管機關應定期舉辦身心障礙者健康檢查及保健服務，並依健康檢查結果及身心障礙者意願，提供追蹤服務。

③前項保健服務、追蹤服務、健康檢查項目及方式之準則，由中央衛生主管機關會同中央主管機關定之。

第二二條

各級衛生主管機關應整合醫療資源，依身心障礙者個別需求提供保健醫療服務，並協助身心障礙福利機構提供所需之保健醫療服務。

第二三條

① 醫院應為身心障礙者設置服務窗口，提供溝通服務或其他有助於就醫之相關服務。

② 醫院應為住院之身心障礙者提供出院準備計畫；出院準備計畫應包括下列事項：

一　居家照護建議。

二　復健治療建議。

三　社區醫療資源轉介服務。

四　居家環境改善建議。

五　輔具評估及使用建議。

六　轉銜服務。

七　生活重建服務建議。

八　心理諮商服務建議。

九　其他出院準備相關事宜。

③ 前項出院準備計畫之執行，應由中央衛生主管機關列入醫院評鑑。

第二四條

① 直轄市、縣（市）衛生主管機關應依據身心障礙者人口數及就醫需求，指定醫院設立身心障礙者特別門診。

② 前項設立身心障礙者特別門診之醫院資格條件、診療科別、人員配置、醫療服務設施與督導考核及獎勵辦法，由中央衛生主管機關定之。

第二五條

① 為加強身心障礙者之保健醫療服務，直轄市、縣（市）衛生主管機關應依據各類身心障礙者之人口數及需要，設立或獎助設立醫療復健機構及護理之家，提供醫療復健、輔具服務、日間照護及居家照護等服務。

② 前項所定機構及服務之獎助辦法，由中央衛生主管機關定之。

第二六條

① 身心障礙者醫療復健所需之醫療費用及醫療輔具，尚未納入全民健康保險給付範圍者，直轄市、縣（市）主管機關應依需求評估結果補助之。

② 前項補助辦法，由中央衛生主管機關會同中央主管機關定之。

第三章　教育權益

第二七條

① 各級教育主管機關應根據身心障礙者人口調查之資料，規劃特殊教育學校、特殊教育班或以其他方式教育不能就讀於普通學校或

普通班級之身心障礙者，以維護其受教育之權益。

②各級學校對於經直轄市、縣（市）政府鑑定安置入學或依各級學校入學方式入學之身心障礙者，不得以身心障礙、尚未設置適當設施或其他理由拒絕其入學。

③各級特殊教育學校、特殊教育班之教師，應具特殊教育教師資格。

④第一項身心障礙學生無法自行上下學者，應由政府免費提供交通工具；確有困難，無法提供者，應補助其交通費；直轄市、縣（市）教育主管機關經費不足者，由中央教育主管機關補助之。

第二八條

各級教育主管機關應主動協助身心障礙者就學；並應主動協助正在接受醫療、社政等相關單位服務之身心障礙學齡者，解決其教育相關問題。

第二九條

各級教育主管機關應依身心障礙者之家庭經濟條件，優惠其本人及其子女受教育所需相關經費；其辦法，由中央教育主管機關定之。

第三〇條

各級教育主管機關辦理身心障礙者教育及入學考試時，應依其障礙類別、程度、學習及生活需要，提供各項必需之專業人員、特殊教材與各種教育輔助器材、無障礙校園環境、點字讀物及相關教育資源，以符公平合理接受教育之機會與應考條件。

第三〇條之一

①中央教育主管機關應依視覺功能障礙者、學習障礙者、聽覺障礙者或其他感知著作有困難之特定身心障礙者之需求，考量資訊共享及廣泛利用現代化數位科技，由其指定之圖書館專責規劃、整合及典藏，以可接觸之數位格式提供圖書資源，以利視覺功能障礙者及其他特定身心障礙者之運用。

②前項指定之圖書館，對於視覺功能障礙者及前項其他特定身心障礙者提出需求之圖書資源，應優先提供。

③第一項規劃、整合與典藏之內容、利用方式及所需費用補助等辦法，由中央教育主管機關定之。

第三〇條之二

①經中央教育主管機關審定之教科用書，其出版者應於該教科用書出版時，向中央教育主管機關指定之機關（構）或學校提供所出版教科用書之數位格式，以利製作專供視覺功能障礙者及前條第一項其他特定身心障礙者接觸之無障礙格式。各級政府機關（構）出版品亦同。

②前項所稱數位格式由中央教育主管機關指定之。

第三一條

①各級教育主管機關應依身心障礙者教育需求，規劃辦理學前教育，並獎勵民間設立學前機構，提供課後照顧服務，研發教具教

材等服務。

②公立幼兒園、課後照顧服務，應優先收托身心障礙兒童，辦理身心障礙幼童學前教育、托育服務及相關專業服務；並獎助民間幼兒園、課後照顧服務收托身心障礙兒童。

第三二條

①身心障礙者繼續接受高級中等以上學校之教育，各級教育主管機關應予獎助；其獎助辦法，由中央教育主管機關定之。

②中央教育主管機關應積極鼓勵輔導大專校院開辦按摩、理療按摩或醫療按摩相關科系，並應保障視覺功能障礙者入學及就學機會。

③前二項學校提供身心障礙者無障礙設施，得向中央教育主管機關申請補助。

第四章　就業權益

第三三條

①各級勞工主管機關應參考身心障礙者之就業意願，由職業重建個案管理員評估其能力與需求，訂定適切之個別化職業重建服務計畫，並結合相關資源，提供職業重建服務，必要時得委託民間團體辦理。

②前項所定職業重建服務，包括職業重建個案管理服務、職業輔導評量、職業訓練、就業服務、職務再設計、創業輔導及其他職業重建服務。

③前項所定各項職業重建服務，得由身心障礙者本人或其監護人向各級勞工主管機關提出申請。

第三四條

①各級勞工主管機關對於具有就業意願及就業能力，而不足以獨立在競爭性就業市場工作之身心障礙者，應依其工作能力，提供個別化就業安置、訓練及其他工作協助等支持性就業服務。

②各級勞工主管機關對於具有就業意願，而就業能力不足，無法進入競爭性就業市場，需長期就業支持之身心障礙者，應依其職業輔導評量結果，提供庇護性就業服務。

第三五條

①直轄市、縣（市）勞工主管機關為提供第三十三條第二項之職業訓練、就業服務及前條之庇護性就業服務，應推動設立下列機構：

一　職業訓練機構。

二　就業服務機構。

三　庇護工場。

②前項各款機構得單獨或綜合設立。機構設立因業務必要使用所需基地為公有，得經該公有基地管理機關同意後，無償使用。

③第一項之私立職業訓練機構、就業服務機構、庇護工場，應向當地直轄市、縣（市）勞工主管機關申請設立許可，經發給許可證

後，始得提供服務。

④未經許可，不得提供第一項之服務。但依法設立之機構、團體或學校接受政府委託辦理者，不在此限。

⑤第一項機構之設立許可、設施與專業人員配置、資格、遴用、培訓及經費補助之相關準則，由中央勞工主管機關定之。

第三六條

各級勞工主管機關應協調各目的事業主管機關及結合相關資源，提供庇護工場下列輔導項目：

一 經營及財務管理。

二 市場資訊、產品推廣及生產技術之改善與諮詢。

三 員工在職訓練。

四 其他必要之協助。

第三七條

①各級勞工主管機關應分別訂定計畫，自行或結合民間資源辦理第三十三條第二項職業輔導評量、職業再設計及創業輔導。

②前項服務之實施方式、專業人員資格及經費補助之相關準則，由中央勞工主管機關定之。

第三八條

①各級政府機關、公立學校及公營事業機構員工總人數在三十四人以上者，進用具有就業能力之身心障礙者人數，不得低於員工總人數百分之三。

②私立學校、團體及民營事業機構員工總人數在六十七人以上者，進用具有就業能力之身心障礙者人數，不得低於員工總人數百分之一，且不得少於一人。

③前二項各級政府機關、公、私立學校、團體及公、民營事業機構為進用身心障礙者義務機關（構）；其員工總人數及進用身心障礙者人數之計算方式，以各義務機關（構）每月一日參加勞保、公保人數為準；第一項義務機關（構）員工員額經核定為員額凍結或列為出缺不補者，不計入員工總人數。

④前項身心障礙員工之月領薪資未達勞動基準法按月計酬之基本工資數額者，不計入進用身心障礙者人數及員工總人數。但從事部分工時工作，其月領薪資達勞動基準法按月計酬之基本工資數額二分之一以上者，進用二人得以一人計入身心障礙者人數及員工總人數。

⑤辦理庇護性就業服務之單位進用庇護性就業之身心障礙者，不計入進用身心障礙者人數及員工總人數。

⑥依第一項、第二項規定進用重度以上身心障礙者，每進用一人以二人核計。

⑦警政、消防、關務、國防、海巡、法務及航空站等單位定額進用總人數之計算範圍，得於本法施行細則另定之。

⑧依前項規定不列入定額進用總人數計算範圍之單位，其職務應經職務分析，並於三年內完成。

⑨前項職務分析之標準及程序，由中央勞工主管機關另定之。

第三八條之一

①事業機構依公司法成立關係企業之進用身心障礙者人數達員工總人數百分之二十以上者，得與該事業機構合併計算前條之定額進用人數。

②事業機構依前項規定投資關係企業達一定金額或僱用一定人數之身心障礙者應予獎勵與輔導。

③前項投資額、僱用身心障礙者人數、獎勵與輔導及第一項合併計算適用條件等辦法，由中央各目的事業主管機關會同中央勞工主管機關定之。

第三九條

各級政府機關、公立學校及公營事業機構為進用身心障礙者，應洽請考試院依法舉行身心障礙人員特種考試，並取消各項公務人員考試對身心障礙人員體位之不合理限制。

第四〇條

①進用身心障礙者之機關（構），對其所進用之身心障礙者，應本同工同酬之原則，不得為任何歧視待遇，其所核發之正常工作時間薪資，不得低於基本工資。

②庇護性就業之身心障礙者，得依其產能核薪；其薪資，由進用單位與庇護性就業者議定，並報直轄市、縣（市）勞工主管機關核備。

第四一條

①經職業輔導評量符合庇護性就業之身心障礙者，由辦理庇護性就業服務之單位提供工作，並由雙方簽訂書面契約。

②接受庇護性就業之身心障礙者，經第三十四條之職業輔導評量單位評量確認不適合庇護性就業時，庇護性就業服務單位應依其實際需求提供轉銜服務，並得不發給資遣費。

第四二條

①身心障礙者於支持性就業、庇護性就業時，雇主應依法為其辦理參加勞工保險、全民健康保險及其他社會保險，並依相關勞動法規確保其權益。

②庇護性就業者之職業災害補償所採薪資計算之標準，不得低於基本工資。

③庇護工場給付庇護性就業者之職業災害補償後，得向直轄市、縣（市）勞工主管機關申請補助；其補助之資格條件、期間、金額、比率及方式之辦法，由中央勞工主管機關定之。

第四三條

①為促進身心障礙者就業，直轄市、縣（市）勞工主管機關應設身心障礙者就業基金；其收支、保管及運用辦法，由直轄市、縣（市）勞工主管機關定之。

②進用身心障礙者人數未達第三十八條第一項、第二項標準之機關（構），應定期向所在地直轄市、縣（市）勞工主管機關之身心

障礙者就業基金繳納差額補助費；其金額，依差額人數乘以每月基本工資計算。

③直轄市、縣（市）勞工主管機關之身心障礙者就業基金，每年應就收取前一年度差額補助費百分之三十撥交中央勞工主管機關之就業安定基金統籌分配；其提撥及分配方式，由中央勞工主管機關定之。

第四四條

①前條身心障礙者就業基金之用途如下：

一　補助進用身心障礙者達一定標準以上之機關（構），因進用身心障礙者必須購置、改裝、修繕器材、設備及其他為協助進用必要之費用。

二　核發超額進用身心障礙者之私立機構獎勵金。

三　其他為辦理促進身心障礙者就業權益相關事項。

②前項第二款核發之獎勵金，其金額最高按超額進用人數乘以每月基本工資二分之一計算。

第四五條

①各級勞工主管機關對於進用身心障礙者工作績優之機關（構），應予獎勵。

②前項獎勵辦法，由中央勞工主管機關定之。

第四六條

①非視覺功能障礙者，不得從事按摩業。

②各級勞工主管機關為協助視覺功能障礙者從事按摩及理療按摩工作，應自行或結合民間資源，輔導提升其專業技能、經營管理能力，並補助其營運所需相關費用。

③前項輔導及補助對象、方式及其他應遵行事項之辦法，由中央勞工主管機關定之。

④醫療機構得僱用視覺功能障礙者於特定場所從事非醫療按摩工作。

⑤醫療機構、車站、民用航空站、公園營運者及政府機關（構），不得提供場所供視覺功能障礙者從事按摩或理療按摩工作。其提供場地供視覺功能障礙者從事按摩或理療按摩工作者應予優惠。

⑥第一項規定於中華民國一百年十月三十一日失其效力。

第四六條之一

①政府機關（構）及公營事業自行或委託辦理諮詢性電話服務工作，電話值機人數在十人以上者，除其他法規另有規定外，應進用視覺功能障礙者達電話值機人數十分之一以上。但因工作性質特殊或進用確有困難，報經電話值機所在地直轄市、縣（市）勞工主管機關同意者，不在此限。

②於前項但書所定情形，電話值機所在地直轄市、縣（市）勞工主管機關與自行或委託辦理諮詢性電話服務工作之機關相同者，應報經中央勞工主管機關同意。

第四七條

為因應身心障礙者提前老化，中央勞工主管機關應建立身心障礙勞工提早退休之機制，以保障其退出職場後之生活品質。

第五章　支持服務

第四八條

①為使身心障礙者不同之生涯福利需求得以銜接，直轄市、縣（市）主管機關相關部門，應積極溝通、協調，制定生涯轉銜計畫，以提供身心障礙者整體性及持續性服務。

②前項生涯轉銜計畫服務流程、模式、資料格式及其他應遵行事項之辦法，由中央主管機關會同中央目的事業主管機關定之。

第四九條

①身心障礙者支持服務，應依多元連續服務原則規劃辦理。

②直轄市、縣（市）主管機關應自行或結合民間資源提供支持服務，並不得有設籍時間之限制。

第五○條

直轄市、縣（市）主管機關應依需求評估結果辦理下列服務，提供身心障礙者獲得所需之個人支持及照顧，促進其生活品質、社會參與及自立生活：

一　居家照顧。
二　生活重建。
三　心理重建。
四　社區居住。
五　婚姻及生育輔導。
六　日間及住宿式照顧。
七　家庭托顧。
八　課後照顧。
九　自立生活支持服務。
十　其他有關身心障礙者個人照顧之服務。

第五一條

①直轄市、縣（市）主管機關應依需求評估結果辦理下列服務，以提高身心障礙者家庭生活品質：

一　臨時及短期照顧。
二　照顧者支持。
三　照顧者訓練及研習。
四　家庭關懷訪視及服務。
五　其他有助於提昇家庭照顧者能力及其生活品質之服務。

②前條及前項之服務措施，中央主管機關及中央目的事業主管機關於必要時，應就其內容、實施方式、服務人員之資格、訓練及管理規範等事項，訂定辦法管理之。

第五二條

①各級及各目的事業主管機關應辦理下列服務，以協助身心障礙者

參與社會：

一　休閒及文化活動。

二　體育活動。

三　公共資訊無障礙。

四　公平之政治參與。

五　法律諮詢及協助。

六　無障礙環境。

七　輔助科技設備及服務。

八　社會宣導及社會教育。

九　其他有關身心障礙者社會參與之服務。

②前項服務措施屬付費使用者，應予以減免費用。

③第一項第三款所稱公共資訊無障礙，係指應對利用網路、電信、廣播、電視等設施者，提供視、聽、語等功能障礙國民無障礙閱讀、觀看、轉接或傳送等輔助、補助措施。

④前項輔助及補助措施之內容、實施方式及管理規範等事項，由各中央目的事業主管機關定之。

⑤第一項除第三款之服務措施，中央主管機關及中央各目的事業主管機關，應就其內容及實施方式制定實施計畫。

第五二條之一

①中央目的事業主管機關，每年應主動蒐集各國軟、硬體產品無障礙設計規範（標準），訂定各類產品設計或服務提供之國家無障礙規範（標準），並藉由獎勵與認證措施，鼓勵產品製造商或服務提供者於產品開發、生產或服務提供時，符合前項規範（標準）。

②中央目的事業主管機關應就前項獎勵內容、資格、對象及產品或服務的認證標準，訂定辦法管理之。

第五二條之二

①各級政府及其附屬機關（構）、學校所建置之網站，應通過第一優先等級以上之無障礙檢測，並取得認證標章。

②前項檢測標準、方式、頻率與認證標章核發辦法，由目的事業主管機關定之。

第五三條

①運輸營運者應於所服務之路線、航線或區域內，規劃適當路線、航線、班次、客車（機船）廂（艙），提供無障礙運輸服務。

②前項路線、航線或區域確實無法提供無障礙運輸服務者，各級交通主管機關應依實際需求，邀集相關身心障礙者團體代表、當地運輸營運者及該管社政主管機關研商同意後，不適用前項規定。

③大眾運輸工具應規劃設置便於各類身心障礙者行動與使用之無障礙設施及設備。未提供對號座之大眾運輸工具應設置供身心障礙者及老弱婦孺優先乘坐之博愛座，其比率不低於總座位數百分之十五，座位應設於鄰近車門、艙門或出入口處，至車門、艙門或出入口間之地板應平坦無障礙，並視需要標示或播放提醒禮讓座位

位之警語。

④國內航空運輸業者除民航主管機關所定之安全因素外，不得要求身心障礙者接受特殊限制或拒絕提供運輸服務。

⑤第三項大眾運輸工具無障礙設施項目、設置方式及其他應遵行事項之辦法，應包括鐵路、公路、捷運、空運、水運等，由中央交通主管機關分章節定之。

⑥大眾運輸工具之無障礙設備及設施不符合前項規定者，各級交通主管機關應命令運輸營運者於一定期限內提具改善計畫。但因大眾運輸工具構造或設備限制等特殊情形，依當時科技或專業水準設置無障礙設備及設施確有困難者，得由運輸營運者提具替代改善計畫，並訂定改善期限。

⑦前項改善計畫應報請交通主管機關核定；變更時亦同。

第五四條

市區道路、人行道及市區道路兩旁建築物之騎樓，應符合中央目的事業主管機關所規定之無障礙相關法規。

第五五條

①有關道路無障礙之標誌、標線、號誌及識別頻率等，由中央目的事業主管機關定之。

②直轄市、縣（市）政府應依前項規定之識別頻率，推動視覺功能障礙語音號誌及語音定位。

第五六條

①公共停車場應保留百分之二停車位，作為行動不便之身心障礙者專用停車位，車位未滿五十個之公共停車場，至少應保留一個身心障礙者專用停車位。非領有專用停車位識別證明者，不得違規占用。

②前項專用停車位識別證明，應依需求評估結果核發。

③第一項專用停車位之設置地點、空間規劃、使用方式、識別證明之核發及違規占用之處理，由中央主管機關會同交通、營建等相關單位定之。

④提供公眾服務之各級政府機關、公、私立學校、團體及公、民營事業機構設有停車場者，應依前三項辦理。

第五七條

①新建公共建築物及活動場所，應規劃設置便於各類身心障礙者行動與使用之設施及設備。未符合規定者，不得核發建築執照或對外開放使用。

②公共建築物及活動場所應至少於其室外通道、避難層坡道及扶手、避難層出入口、室內出入口、室內通路走廊、樓梯、升降設備、哺（集）乳室、廁所盥洗室（含移動式）、浴室、輪椅觀眾席位周邊、停車場等其他必要處設置無障礙設備及設施。其項目與規格，由中央目的事業主管機關於其相關法令或依本法定之。

③公共建築物及活動場所之無障礙設備及設施不符合前項規定者，各級目的事業主管機關應令其所有權人或管理機關負責人改善。

但因軍事管制、古蹟維護、自然環境因素、建築物構造或設備限制等特殊情形，設置無障礙設備及設施確有困難者，得由所有權人或管理機關負責人提具替代改善計畫，申報各級目的事業主管機關核定，並核定改善期限。

第五八條

①身心障礙者搭乘國內大眾運輸工具，憑身心障礙證明，應予半價優待。

②身心障礙者經需求評估結果，認需人陪伴者，其必要陪伴者以一人為限，得享有前項之優待措施。

③第一項之大眾運輸工具，身心障礙者得優先乘坐，其優待措施並不得有設籍之限制。

④國內航空業者除民航主管機關所訂之安全因素外，不認同身心障礙者可單獨旅行，而特別要求應有陪伴人共同飛行者，不得向陪伴人收費。

⑤前四項實施方式及內容之辦法，由中央目的事業主管機關定之。

第五八條之一

直轄市、縣（市）主管機關辦理復康巴士服務，自中華民國一百零一年一月一日起不得有設籍之限制。

第五九條

①身心障礙者進入收費之公營或公設民營風景區、康樂場所或文教設施，憑身心障礙證明應予免費；其為民營者，應予半價優待。

②身心障礙者經需求評估結果，認需人陪伴者，其必要陪伴者以一人為限，得享有前項之優待措施。

第六○條

①視覺、聽覺、肢體功能障礙者由合格導盲犬、導聾犬、肢體輔助犬陪同或導盲犬、導聾犬、肢體輔助犬專業訓練人員於執行訓練時帶同幼犬，得自由出入公共場所、公共建築物、營業場所、大眾運輸工具及其他公共設施。

②前項公共場所、公共建築物、營業場所、大眾運輸工具及其他公共設施之所有人、管理人或使用人，不得對導盲幼犬、導聾幼犬、肢體輔助幼犬或合格導盲犬、導聾犬、肢體輔助犬收取額外費用，且不得拒絕其自由出入或附加其他出入條件。

③導盲犬、導聾犬、肢體輔助犬引領視覺、聽覺、肢體功能障礙者時，他人不得任意觸摸、餵食或以各種聲響、手勢等方式干擾導盲犬、導聾犬及肢體輔助犬。

④有關合格導盲犬、導聾犬、肢體輔助犬及其幼犬之資格認定、使用管理、訓練單位之認可、認可之撤銷或廢止及其他應遵行事項之辦法，由中央主管機關定之。

第六○條之一

①中央主管機關應會同中央勞工主管機關協助及輔導直轄市、縣（市）政府辦理視覺功能障礙者生活及職業重建服務。

②前項服務應含生活技能及定向行動訓練，其服務內容及專業人員

培訓等相關規定，由中央主管機關會同中央勞工主管機關定之。

③第二項於本條文修正公布後二年施行。

第六一條

①直轄市、縣（市）政府應設置申請手語翻譯服務窗口，依聽覺功能或言語功能障礙者實際需求，提供其參與公共事務所需之服務；並得依身心障礙者之實際需求，提供同步聽打服務。

②前項受理手語翻譯或同步聽打之服務範圍及作業程序等相關規定，由直轄市、縣（市）主管機關定之。

③依第一項規定提供手語翻譯服務，應於本法公布施行滿五年之日起，由手語翻譯技術士技能檢定合格者擔任之。

第六二條

①直轄市、縣（市）主管機關應按轄區內身心障礙者人口特性及需求，推動或結合民間資源設立身心障礙福利機構，提供生活照顧、生活重建、福利諮詢等服務。

②前項機構所提供之服務，應以提高家庭照顧身心障礙者能力及協助身心障礙者參與社會為原則，並得支援第五十條至第五十二條各項服務之提供。

③第一項機構類型、規模、業務範圍、設施及人員配置之標準，由中央主管機關定之。

④第一項機構得就其所提供之設施或服務，酌收必要費用；其收費規定，應報由直轄市、縣（市）主管機關核定。

⑤第一項機構，其業務跨及其他目的事業者，得綜合設立，並應依各目的事業主管機關相關法規之規定辦理。

第六三條

①私人或團體設立身心障礙福利機構，應向直轄市、縣（市）主管機關申請設立許可。

②依前項規定許可設立者，應自許可設立之日起三個月內，依有關法規辦理財團法人登記，於登記完成後，始得接受補助，或經主管機關核准後對外募捐並專款專用。但有下列情形之一者，得免辦理財團法人登記：

一 依其他法律申請設立之財團法人或公益社團法人申請附設者。

二 小型設立且不對外募捐、不接受補助及不享受租稅減免者。

③第一項機構未於前項規定期間辦理財團法人登記，而有正當理由者，得申請直轄市、縣（市）主管機關核准延長一次，期間不得超過三個月；屆期不辦理者，原許可失其效力。

④第一項機構申請設立之許可要件、申請程序、審核期限、撤銷與廢止許可、停辦、擴充與遷移、督導管理及其他相關事項之辦法，由中央主管機關定之。

第六三條之一

①有下列情事之一者，不得擔任身心障礙福利機構之業務負責人：

一 有施打毒品、暴力犯罪、性騷擾、性侵害行為，經有罪判決

　　確定。

二　行為不檢損害身心障礙者權益，其情節重大，經有關機關查
　　證屬實。

②主管機關對前項負責人應主動進行查證。

③現職工作人員於身心障礙福利機構服務期間有第一項各款情事之
一者，身心障礙福利機構應即停止其職務，並依相關規定予以調
職、資遣、令其退休或終止勞動契約。

第六四條

①各級主管機關應定期輔導、查核及評鑑身心障礙福利機構，其輔
導、查核及改善情形應納入評鑑指標項目，其評鑑結果應分為以
下等第：

一　優等。

二　甲等。

三　乙等。

四　丙等。

五　丁等。

②前項機構經評鑑成績優等及甲等者，應予獎勵；經評鑑成績為丙
等及丁等者，主管機關應輔導其改善。

③第一項機構之定期輔導、查核及評鑑之項目、方式、獎勵及輔
導、改善等事項之辦法，由中央主管機關定之。

第六五條

①身心障礙福利機構應與接受服務者或其家屬訂定書面契約，明定
其權利義務關係。

②直轄市、縣（市）主管機關應與接受委託安置之身心障礙福利機
構訂定轉介安置書面契約，明定其權利義務關係。

③前二項書面契約之格式、內容，中央主管機關應訂定定型化契約
範本及其應記載及不得記載事項。

④身心障礙福利機構應將中央主管機關訂定之定型化契約書範本公
開並印製於收據憑證交付立約者，除另有約定外，視為已依第一
項規定訂定。

第六六條

①身心障礙福利機構應投保公共意外責任保險及具有履行營運之擔
保能力，以保障身心障礙者權益。

②前項應投保之保險範圍及金額，由中央主管機關會商中央目的事
業主管機關定之。

③第一項履行營運之擔保能力，其認定標準，由所在地直轄市、縣
（市）主管機關定之。

第六七條

①身心障礙者申請在公有公共場所開設零售商店或攤販，申請購買
或承租國民住宅、停車位，政府應保留一定比率優先核准；其保
留比率，由直轄市、縣（市）政府定之。

②前項受核准者之經營條件、出租轉讓限制，依各目的事業主管機

關相關規定辦理；其出租、轉讓對象應以其他身心障礙者為優先。

③身心障礙者購買或承租第一項之商店或攤販，政府應提供低利貸款或租金補貼；其辦法由中央主管機關定之。

第六八條

①身心障礙福利機構、團體及符合設立庇護工場資格者，申請在公共場所設立庇護工場，或申請在國民住宅提供居住服務，直轄市、縣（市）政府應保留名額，優先核准。

②前項保留名額，直轄市、縣（市）目的事業主管機關於規劃興建時，應洽商直轄市、縣（市）主管機關後納入興建計畫辦理。

③第一項受核准者之經營條件、出租轉讓限制，依各目的事業主管機關相關規定辦理；其出租、轉讓對象應以身心障礙福利相關機構或團體為限。

第六九條

①身心障礙福利機構或團體、庇護工場，所生產之物品及其提供之服務，於合理價格及一定金額以下者，各級政府機關、公立學校、公營事業機構及接受政府補助之機構、團體、私立學校應優先採購。

②各級主管機關應定期公告或發函各義務採購單位，告知前項物品及服務，各義務採購單位應依相關法令規定，採購該物品及服務至一定比率。

③前二項物品及服務項目、比率、一定金額、合理價格、優先採購之方式及其他應遵行事項之辦法，由中央主管機關定之。

第六九條之一

①各級主管機關應輔導視覺功能障礙者設立以從事按摩為業務之勞動合作社。

②前項勞動合作社之社員全數為視覺功能障礙，並依法經營者，其營業稅稅率應依加值型及非加值型營業稅法第十三條第一項規定課徵。

第六章 經濟安全

第七〇條

①身心障礙者經濟安全保障，採生活補助、日間照顧及住宿式照顧補助、照顧者津貼、年金保險等方式，逐步規劃實施。

②前項年金保險之實施，依相關社會保險法律規定辦理。

第七一條

①直轄市、縣（市）主管機關對轄區內之身心障礙者，應依需求評估結果，提供下列經費補助，並不得有設籍時間之限制：
一 生活補助費。
二 日間照顧及住宿式照顧費用補助。
三 醫療費用補助。
四 居家照顧費用補助。

　　五　輔具費用補助。
　　六　房屋租金及購屋貸款利息補貼。
　　七　購買停車位貸款利息補貼或承租停車位補助。
　　八　其他必要之費用補助。
②前項經費申請資格、條件、程序、補助金額及其他相關事項之辦法，除本法及其他法規另有規定外，由中央主管機關及中央目的事業主管機關分別定之。
③直轄市、縣（市）主管機關為辦理第一項第一款、第二款、第六款、第七款業務，應於會計年度終了前，主動將已核定補助案件相關資料，併同有關機關提供之資料重新審核。但直轄市、縣（市）主管機關於申領人申領資格變更或審核認有必要時，得請申領人提供相關證明文件。
④不符合請領資格而領取補助者，由直轄市、縣（市）主管機關以書面命本人自事實發生之日起六十日內繳還；屆期未繳還者，依法移送行政執行。

第七一條之一

①為辦理前條補助業務所需之必要資料，主管機關得洽請相關機關（構）、團體、法人或個人提供之，受請求者有配合提供資訊之義務。
②主管機關依前項規定所取得之資料，應盡善良管理人之注意義務，確實辦理資訊安全稽核作業，其保有、處理及利用，並應遵循個人資料保護法之規定。

第七二條

①對於身心障礙者或其扶養者應繳納之稅捐，依法給予適當之減免。
②納稅義務人或與其合併申報納稅之配偶或扶養親屬為身心障礙者，應准予列報身心障礙特別扣除額，其金額於所得稅法定之。
③身心障礙者或其扶養者依本法規定所得之各項補助，應免納所得稅。

第七三條

①身心障礙者加入社會保險，政府機關應依其家庭經濟條件，補助保險費。
②前項保險費補助辦法，由中央主管機關定之。

第七章　保護服務

第七四條

①傳播媒體報導身心障礙者或疑似身心障礙者，不得使用歧視性之稱呼或描述，並不得有與事實不符或誤導閱聽人對身心障礙者產生歧視或偏見之報導。
②身心障礙者涉及相關法律事件，未經法院判決確定其發生原因可歸咎於當事人之疾病或其身心障礙狀況，傳播媒體不得將事件發生原因歸咎於當事人之疾病或其身心障礙狀況。

第七五條

對身心障礙者不得有下列行為：

一 遺棄。

二 身心虐待。

三 限制其自由。

四 留置無生活自理能力之身心障礙者於易發生危險或傷害之環境。

五 利用身心障礙者行乞或供人參觀。

六 強迫或誘騙身心障礙者結婚。

七 其他對身心障礙者或利用身心障礙者為犯罪或不正當之行為。

第七六條

①醫事人員、社會工作人員、教育人員、警察人員、村（里）幹事及其他執行身心障礙服務業務人員，知悉身心障礙者有前條各款情形之一者，應立即向直轄市、縣（市）主管機關通報，至遲不得超過二十四小時。

②村（里）長及其他任何人知悉身心障礙者有前條情形者，得通報直轄市、縣（市）主管機關。

③前二項通報人之身分資料，應予保密。

④直轄市、縣（市）主管機關知悉或接獲第一項及第二項通報後，應自行或委託其他機關、團體進行訪視、調查，至遲不得超過二十四小時，並應於受理案件後四日內提出調查報告。調查時得請求警政、醫院及其他相關單位協助。

⑤第一項、第二項及前項通報流程及後續處理辦法，由中央主管機關定之。

第七七條

①依法令或契約對身心障礙者有扶養義務之人，有喪失扶養能力或有違反第七十五條各款情形之一，致使身心障礙者有生命、身體之危難或生活陷於困境之虞者，直轄市、縣（市）主管機關得依本人、扶養義務人之申請或依職權，經調查評估後，予以適當安置。

②前項之必要費用，除直轄市、縣（市）主管機關依第七十一條第一項第二款給予補助者外，由身心障礙者或扶養義務人負擔。

第七八條

①身心障礙者遭受第七十五條各款情形之一者，情況危急非立即給予保護、安置或其他處置，其生命、身體或自由有立即之危險或有危險之虞者，直轄市、縣（市）主管機關應予緊急保護、安置或為其他必要之處置。

②直轄市、縣（市）主管機關為前項緊急保護、安置或為其他必要之處置時，得請求檢察官或當地警察機關協助。

第七九條

①前條之緊急安置服務，得委託相關身心障礙福利機構辦理。安置

　期間所必要之費用，由前條第一項之行為人支付。

②前項費用，必要時由直轄市、縣（市）主管機關先行支付，並檢具支出憑證影本及計算書，請求前條第一項之行為人償還。

③前項費用，經直轄市、縣（市）主管機關以書面定十日以上三十日以下期間催告償還，而屆期未償還者，得移送法院強制執行。

第八○條

①第七十八條身心障礙者之緊急保護安置，不得超過七十二小時；非七十二小時以上之安置，不足以保護身心障礙者時，得聲請法院裁定繼續保護安置。繼續保護安置以三個月為限；必要時，得聲請法院裁定延長之。

②繼續保護安置期間，直轄市、縣（市）主管機關應視需要，協助身心障礙者向法院提出監護或輔助宣告之聲請。

③繼續保護安置期滿前，直轄市、縣（市）主管機關應經評估協助轉介適當之服務單位。

第八一條

①身心障礙者有受監護或輔助宣告之必要時，直轄市、縣（市）主管機關得協助其向法院聲請。受監護或輔助宣告之原因消滅時，直轄市、縣（市）主管機關得協助進行撤銷宣告之聲請。

②有改定監護人或輔助人之必要時，直轄市、縣（市）主管機關應協助身心障礙者為相關之聲請。

③法院為身心障礙者選定之監護人或輔助人為社會福利機構、法人者，直轄市、縣（市）主管機關應對其執行監護或輔助職務進行監督；相關監督事宜之管理辦法，由中央主管機關定之。

第八二條

直轄市、縣（市）主管機關、相關身心障礙福利機構，於社區中提供身心障礙者居住安排服務，遭受居民以任何形式反對者，直轄市、縣（市）政府應協助其排除障礙。

第八三條

為使無能力管理財產之身心障礙者財產權受到保障，中央主管機關應會同相關目的事業主管機關，鼓勵信託業者辦理身心障礙者財產信託。

第八四條

①法院或檢察機關於訴訟程序實施過程，身心障礙者涉訟或須作證時，應就其障礙類別之特別需要，提供必要之協助。

②刑事被告或犯罪嫌疑人因精神障礙或其他心智缺陷無法為完全之陳述時，直轄市、縣（市）主管機關得依刑事訴訟法第三十五條規定，聲請法院同意指派社會工作人員擔任輔佐人。

③依刑事訴訟法第三十五條第一項規定得為輔佐人之人，未能擔任輔佐人時，社會福利機構、團體得依前項規定向直轄市、縣（市）主管機關提出指派申請。

第八五條

身心障礙者依法收容於矯正機關時，法務主管機關應考量矯正機

關收容特性、現有設施狀況及身心障礙者特殊需求，作必要之改善。

第八章 罰 則

第八六條

①違反第十六條第一項規定，處新臺幣十萬元以上五十萬元以下罰鍰。

②違反第七十四條規定，由目的事業主管機關處新臺幣十萬元以上五十萬元以下罰鍰。

第八七條

違反第四十條第一項規定者，由直轄市、縣（市）勞工主管機關處新臺幣十萬元以上五十萬元以下罰鍰。

第八八條

①違反第五十七條第三項規定未改善或未提具替代改善計畫或未依核定改善計畫之期限改善完成者，各級目的事業主管機關除得勒令停止其使用外，處其所有權人或管理機關負責人新臺幣六萬元以上三十萬元以下罰鍰，並限期改善；屆期未改善者，得按次處罰至其改善完成為止；必要時，得停止供水、供電或封閉、強制拆除。

②前項罰鍰收入應成立基金，供作改善及推動無障礙設備與設施經費使用；基金之收支、保管及運用辦法，由中央目的事業主管機關定之。

第八九條

①設立身心障礙福利機構未依第六十三條第一項規定申請許可設立，或應辦理財團法人登記而未依第六十三條第二項或第三項規定期限辦理者，處其負責人新臺幣六萬元以上三十萬元以下罰鍰及公告其姓名，並令限期改善。

②於前項限期改善期間，不得增加收容身心障礙者，違者另處其負責人新臺幣六萬元以上三十萬元以下罰鍰，並得按次處罰。

③經依第一項規定限期令其改善，屆期未改善者，再處其負責人新臺幣十萬元以上五十萬元以下罰鍰，得按次處罰，並得公告其名稱，且得令其停辦。

④經依前項規定令其停辦而拒不遵守者，處新臺幣二十萬元以上一百萬元以下罰鍰，並得按次處罰。

第九〇條

身心障礙福利機構有下列情形之一，經主管機關查明屬實者，處新臺幣六萬元以上三十萬元以下罰鍰，並令限期改善；屆期未改善者，得按次處罰：

一 有第七十五條各款規定情形之一。

二 提供不安全之設施設備或供給不衛生之餐飲。

三 有其他重大情事，足以影響身心障礙者身心健康。

第九一條

① 身心障礙福利機構停辦或決議解散時，主管機關對於該機構服務之身心障礙者，應即予適當之安置，身心障礙福利機構應予配合。不予配合者，強制實施之，並處新臺幣六萬元以上三十萬元以下罰鍰；必要時，得予接管。

② 前項接管之實施程序、期限與受接管機構經營權及財產管理權之限制等事項之辦法，由中央主管機關定之。

③ 第一項停辦之機構完成改善時，得檢附相關資料及文件，向主管機關申請復業；經主管機關審核後，應將復業申請計畫書報經中央主管機關備查。

第九二條

① 身心障礙福利機構於主管機關依第九十條、第九十三條、第九十四條規定限期改善期間，不得增加收容身心障礙者，違者另處新臺幣六萬元以上三十萬元以下罰鍰，並按次處罰。

② 經主管機關依第九十條、第九十三條第一款至第三款規定令其限期改善；屆期仍未改善者，得令其停辦一個月以上一年以下，並公告其名稱。

③ 經主管機關依第九十三條第四款規定令其限期改善屆期仍未改善者，應令其停辦一個月以上一年以下，並公告其名稱。

④ 停辦期限屆滿仍未改善或違反法令情節重大者，應廢止其許可；其屬法人者，得予解散。

⑤ 依第二項、第三項規定令其停辦而拒不遵守者，再處新臺幣二十萬元以上一百萬元以下罰鍰，並得按次處罰。

第九三條

主管機關依第六十四條第一項規定對身心障礙福利機構輔導或評鑑，發現有下列情形之一者，應令限期改善；屆期未改善者，處新臺幣五萬元以上二十五萬元以下罰鍰，並按次處罰：

一　業務經營方針與設立目的或捐助章程不符。

二　違反原許可設立之標準。

三　財產總額已無法達成目的事業或對於業務財務為不實之陳報。

四　經主管機關評鑑為丙等或丁等。

第九四條

身心障礙福利機構有下列情形之一者，應令其一個月內改善；屆期未改善者，處新臺幣三萬元以上十五萬元以下罰鍰，並按次處罰：

一　收費規定未依第六十二條第四項規定報主管機關核定，或違反規定超收費用。

二　停辦、擴充或遷移未依中央主管機關依第六十三條第四項規定所定辦法辦理。

三　違反第六十五條第一項規定，未與接受服務者或其家屬訂定書面契約或將不得記載事項納入契約。

四　違反第六十六條第一項規定，未投保公共意外責任險或未具

履行營運擔保能力，而辦理身心障礙福利機構。

第九五條

①違反第七十五條各款規定情形之一者，處新臺幣三萬元以上十五萬元以下罰鍰，並得公告其姓名。

②身心障礙者之家庭照顧者或家庭成員違反第七十五條各款規定情形之一者，直轄市、縣（市）主管機關應令其接受八小時以上五十小時以下之家庭教育及輔導，並收取必要之費用；其收費規定，由直轄市、縣（市）主管機關定之。

③拒不接受前項家庭教育及輔導或時數不足者，處新臺幣三千元以上一萬五千元以下罰鍰，經再通知仍不接受者，得按次處罰至其參加為止。

第九六條

有下列情形之一者，由直轄市、縣（市）勞工主管機關處新臺幣二萬元以上十萬元以下罰鍰：

一　職業訓練機構、就業服務機構、庇護工場，違反第三十五條第三項規定，經直轄市、縣（市）政府勞工主管機關令其停止提供服務，並限期改善，未停止服務或屆期未改善。

二　私立學校、團體及民營事業機構無正當理由違反第三十八條第二項規定。

第九七條

接受政府補助之機構、團體、私立學校無正當理由違反第六十九條第二項規定者，由各目的事業主管機關處新臺幣二萬元以上十萬元以下罰鍰。

第九八條

①違反第四十六條第一項者，由直轄市、縣（市）勞工主管機關處新臺幣一萬元以上五萬元以下罰鍰；其於營業場所內發生者，另處罰場所之負責人或所有權人新臺幣二萬元以上十萬元以下罰鍰，並令限期改善；屆期未改善者，按次處罰。

②違反第四十六條第五項規定，直轄市、縣（市）勞工主管機關得令限期改善；屆期未改善者，處新臺幣一萬元以上五萬元以下罰鍰，並得按次處罰。

③前二項罰鍰之收入，應納入直轄市、縣（市）政府身心障礙者就業基金，專供作促進視覺功能障礙者就業之用。

第九九條

①國內航空運輸業者違反第五十三條第四項規定限制或拒絕提供身心障礙者運輸服務及違反第五十八條第四項規定而向陪伴者收費，或運輸營運者違反第五十三條第六項規定未改善或未提具替代改善計畫或未依核定改善計畫之期限改善完成者，該管交通主管機關得處新臺幣一萬元以上五萬元以下罰鍰，並限期改善；屆期未改善者，得按次處罰至其改善完成為止。

②公共停車場未依第五十六條第一項規定保留一定比率停車位者，目的事業主管機關應令限期改善；屆期未改善者，處其所有人或

管理人新臺幣一萬元以上五萬元以下罰鍰。

第一〇〇條

違反第十六條第二項或第六十條第二項規定者，應令限期改善；屆期未改善者，處新臺幣一萬元以上五萬元以下罰鍰，並命其接受四小時之講習。

第一〇一條

提供庇護性就業服務之單位違反第四十一條第一項規定者，直轄市、縣（市）勞工主管機關應令限期改善；屆期未改善者，處新臺幣六千元以上三萬元以下罰鍰，並得按次處罰。

第一〇二條

公務員執行職務有下列行為之一者，應受懲處：

一　違反第十六條第一項規定。

二　無正當理由違反第三十八條第一項、第六十七條第一項、第六十八條第一項或第六十九條第二項規定。

第一〇三條

①各級政府勞工主管機關對於違反第三十八條第一項或第二項之規定者，應予公告之。

②未依第四十三條第二項規定定期繳納差額補助費者，自期限屆滿之翌日起至完納前一日止，每逾一日加徵其未繳差額補助費百分之零點二滯納金。但以其未繳納之差額補助費一倍為限。

③前項滯納金之收入，應繳入直轄市、縣（市）政府身心障礙者就業基金專款專用。

第一〇四條

本法所定罰則，除另有規定者外，由直轄市、縣（市）主管機關處罰之。

第一〇四條之一

違反第五十九條規定者，經主管機關令限期改善，仍不改善者，予以警告；經警告後仍不改善者，處新臺幣一萬元以上五萬元以下罰鍰；其情節重大者，並得公告其事業單位及負責人姓名。

第九章　附　　則

第一〇五條

各級政府每年應向其民意機關報告本法之執行情形。

第一〇六條

①中華民國九十六年七月十一日修正公布之條文全面施行前已領有身心障礙手冊者，應依直轄市、縣（市）主管機關指定期日及方式，辦理重新鑑定及需求評估或換發身心障礙證明；屆期未辦理者，直轄市、縣（市）主管機關應主動協助其辦理相關申請程序；無正當理由拒絕辦理者，直轄市、縣（市）主管機關得逕予廢止身心障礙手冊。

②依前項規定辦理重新鑑定及需求評估或換發身心障礙證明之身心障礙者，於直轄市、縣（市）主管機關發給身心障礙證明前，得

依中華民國九十六年七月十一日修正公布前之規定，繼續享有原有身心障礙福利服務。

③無法於直轄市、縣（市）主管機關指定期日辦理重新鑑定及需求評估者，應於指定期日前，附具理由向直轄市、縣（市）主管機關申請展延，經認有正當理由者，得予展延，最長以六十日為限。

④直轄市、縣（市）主管機關應於中華民國九十六年七月十一日修正公布之條文全面施行後七年內，完成第一項執永久效期手冊者之相關作業。

第一○七條

①中華民國九十六年六月五日修正之第三十八條自公布後二年施行；第五條至第七條、第十三條至第十五條、第十八條、第二十六條、第五十條、第五十一條、第五十六條及第七十一條，自公布後五年施行；九十八年六月十二日修正之條文，自九十八年十一月二十三日施行。

②中華民國一百零四年十二月一日修正之條文，除第六十一條自公布後二年施行外，自公布日施行。

第一○八條

本法施行細則，由中央主管機關定之。

第一○九條

本法除另定施行日期者外，自公布日施行。

身心障礙者權益保障法施行細則

①民國70年4月30日內政部令訂定發布全文34條。
②民國80年3月11日內政部令修正發布全文24條。
③民國87年4月8日內政部令修正發布名稱及全文20條（原名稱：殘障福利法施行細則）。
④民國90年11月14日內政部令增訂發布第14-1條條文。
⑤民國92年2月21日內政部令發布刪除第4條條文。
⑥民國97年4月15日內政部令修正發布名稱及全文29條；並自發布日施行（原名稱：身心障礙者保護法施行細則）。
⑦民國98年7月7日內政部令修正發布第5、11、13、15、16、17、21、26、28、29條條文；增訂第12-1、22-1、27-1條條文；並自98年7月11日施行。
⑧民國101年7月3日內政部令修正發布第3、4、7、13、24、29條條文；增訂第18-1條條文；刪除第5、6、8、10、19、28條條文；並自101年7月11日施行。
⑨民國105年2月19日衛生福利部令修正發布第11、13條條文；並增訂第21-1條條文。

第一條

本細則依身心障礙者權益保障法（以下簡稱本法）第一百零八條規定訂定之。

第二條

主管機關及各目的事業主管機關應依本法規定之權責，編訂年度預算規劃辦理。

第三條

①本法第九條第一項所稱專責人員，指全職辦理身心障礙福利工作，未兼辦其他業務者。
②本法第九條第二項所稱專業人員，指依規定遴用訓練，從事身心障礙相關福利工作之服務人員。

第四條

直轄市、縣（市）衛生主管機關應公告轄區內身心障礙鑑定之醫療機構。

第五條 （刪除）
第六條 （刪除）
第七條

依本法第十五條第三項所稱障礙事實消失，指經重新鑑定已非屬本法所稱身心障礙者，或已逾身心障礙手冊或證明所註明之有效時間者。

第八條 （刪除）
第九條

直轄市、縣（市）主管機關應對轄區內身心障礙者建立檔案，並按月將其基本資料送直轄市、縣（市）戶政主管機關比對；身心障礙者基本資料比對結果，應彙送直轄市、縣（市）主管機關。

第一〇條 （刪除）

第一一條

本法第十六條第二項所定公共設施場所，包括下列場所：

一　道路、公園、綠地、廣場、游泳池、航空站、車站、停車場所、展覽場及電影院。

二　政府機關、學校、社教機構、體育場所、市場、醫院。

三　郵政、電信、自來水及電力等公用事業機構。

四　其他經中央主管機關認定之場所。

第一二條

勞工主管機關得將其依本法第三十三條所定應提供之職業重建服務事項，委任所屬就業服務機構、職業訓練機構或委託相關機關（構）、學校、團體辦理。

第一二條之一

本法第三十八條第三項所稱義務機關（構）員工員額經核定為員額凍結或列為出缺不補者，指經總統府、國家安全會議、五院及所屬一級機關、省政府、臺灣省諮議會、直轄市、縣（市）政府，以公文書核定現有人員出缺不再遞補之定期或不定期員額管理措施。

第一三條

本法第三十八條第七項所定下列單位人員，不予計入員工總人數：

一　警政單位：依警察人員人事條例任官授階，擔任警勤區工作、犯罪偵防、交通執法、群眾抗爭活動處理、人犯押送、戒護、刑事案件處理、警衛安全之警察任務之人員。

二　消防單位：實際從事救災救護之人員。

三　關務單位：擔任機動巡查、理船、艦艇駕駛、輪機之人員。

四　國防單位：從事軍情、國安情報及特勤工作之人員。

五　海巡單位：從事海岸、海域巡防、犯罪查緝、安全檢查、海難救助、海洋災害救護及漁業巡護之人員。

六　法務單位：擔任調查、法警事務、駐衛警察及矯正機關安全警戒勤務、收容人教化工作之人員。

七　航空站：實際從事消防救災救護之人員。

第一四條

進用身心障礙者義務機關（構），其進用身心障礙者人數，以整數為計算標準，未達整數部分不予計入。

第一五條

進用身心障礙者義務機關（構），其人員有下列情事之一者，得不予計入員工總人數之計算：

一　因機關（構）裁減、歇業或停業，其人員被資遣、退休而自

願繼續參加勞工保險。

二　經機關（構）依法核予留職停薪，仍繼續參加勞工保險或公教人員保險。

第一六條

①進用身心障礙者人數未達本法第三十八條第一項、第二項所定標準之機關（構），應於每月十日前，向所在地直轄市、縣（市）勞工主管機關設立之身心障礙者就業基金，繳納上月之差額補助費。

②直轄市、縣（市）勞工主管機關應按月繕具載有計算說明之差額補助費核定書，通知未依本法第四十三條第二項繳納差額補助費之未足額進用身心障礙者義務機關（構）。

③前項通知繳納差額補助費之期間，不得少於三十日。

第一七條

直轄市、縣（市）勞工主管機關應建立進用身心障礙者之義務機關（構）名冊，通知其定期申報，並不定期抽查進用之實際狀況，義務機關（構）應予配合，並提供相關資料。

第一八條

本法第四十三條第一項所定身心障礙者就業基金屬預算法第四條所定之特種基金，編製附屬單位預算，專款專用；其會計事務，應由直轄市、縣（市）政府之主計機構或人員，依相關法令規定辦理。

第一八條之一

本法第四十六條所稱視覺功能障礙者從事按摩，指視覺功能障礙者運用輕擦、揉捏、指壓、扣打、震顫、曲手、運動及其他特殊手技，為他人緩解疲勞之行為；所稱視覺功能障礙者從事理療按摩，指視覺功能障礙者運用按摩手技或其輔助工具，為患者舒緩病痛或維護健康之按摩行為。

第一九條　（刪除）

第二〇條

直轄市、縣（市）主管機關應依身心障礙者多元需求，輔導依本法第六十二條第一項規定設立之身心障礙福利機構提供下列服務：

一　住宿或日間生活照顧服務。

二　日間活動服務。

三　復健服務。

四　自立生活訓練服務。

五　膳食服務。

六　緊急送醫服務。

七　休閒活動服務。

八　社交活動服務。

九　家屬諮詢服務。

十　其他相關之服務。

第二一條

①直轄市、縣（市）主管機關爲提供本法第六十二條第一項後段所定生活照顧、生活重建、福利諮詢等服務，得按轄區內身心障礙者需要，提供場地、設備、經費或其他結合民間資源之方式辦理之。

②本法第六十二條第五項所稱得綜合設立，指身心障礙福利機構得依各目的事業主管機關相關法規規定辦理身心障礙者職業訓練、就業服務、庇護工場、早期療育、醫療復健及照護等業務。

第二一條之一

有關本法第六十三條之一第一項第二款所稱行爲不檢損害身心障礙者權益，其情節重大之認定原則爲：

一　有本法第七十五條各款規定情形之一，經有關機關查證屬實。

二　有其他重大情事，足以影響身心障礙者身心健康，經有罪判決確定。

第二二條

主管機關依本法第六十九條第二項規定定期公告或發函各義務採購單位，至遲應每六個月一次。

第二二條之一

本法第七十四條所定傳播媒體，範圍如下：

一　報紙。

二　雜誌。

三　廣播。

四　電視。

五　電腦網路。

第二三條

本法第七十七條所稱依法令對身心障礙者有扶養義務之人，指依民法規定順序定其履行義務之人。

第二四條

①直轄市、縣（市）主管機關依本法第七十九條第三項規定，移送法院強制執行時，應提出緊急安置必要費用之支出憑證影本、計算書及該機關限期催告償還而未果之證明文件，並以書狀表明當事人、代理人及請求實現之權利。

②前項書狀宜併記載執行之標的物、應爲之執行行爲或強制執行法所定其他事項。

第二五條

本法第八十條第一項所定七十二小時，自依本法第七十八條第一項規定緊急安置身心障礙者之時起，即時起算。但下列時間不予計入：

一　在途護送時間。

二　交通障礙時間。

三　其他不可抗力之事由所生不得已之遲滯時間。

第二六條

本法第八十四條第二項所定社會工作人員，包括下列人員：

一 直轄市、縣（市）主管機關編制內或聘僱之社會工作及社會行政人員。

二 受直轄市、縣（市）主管機關委託之社會福利團體、機構之社會工作人員。

三 醫療機構之社會工作人員。

四 執業之社會工作師。

五 學校之社會工作人員。

第二七條

主管機關依本法第九十條或第九十三條規定通知身心障礙福利機構限期改善者，應令其提出改善計畫書；必要時，會同目的事業主管機關評估其改善情形。

第二七條之一

本法第一百零三條第二項所定滯納金總額以新臺幣元為單位，角以下四捨五入。

第二八條 （刪除）

第二九條

①本細則自發布日施行。

②本細則中華民國九十八年七月七日修正條文，自九十八年七月十一日施行。

③本細則中華民國一百零一年七月三日修正條文，自一百零一年七月十一日施行。

進用身心障礙者工作績優機關（構）獎勵辦法

①民國87年6月30日行政院勞工委員會令訂定發布全文9條。
②民國88年6月29日行政院勞工委員會令修正發布第4條條文。
③民國92年10月2日行政院勞工委員會令修正發布第2、4、6條條文。
④民國96年4月30日行政院勞工委員會令修正發布全文12條；並自發布日施行。
⑤民國97年1月28日行政院勞工委員會令修正發布第1、3條條文。
⑥民國98年6月19日行政院勞工委員會令修正發布第3、5條條文。
　民國103年2月14日行政院公告第2條所列屬「行政院勞工委員會」之權責事項，自103年2月17日起改由「勞動部」管轄。
⑦民國105年5月17日勞動部令修正發布第2條條文。
⑧民國110年4月28日勞動部令修正發布全文13條；並自發布日施行。

第一條
　本辦法依身心障礙者權益保障法（以下簡稱本法）第四十五條第二項規定訂定之。

第二條
　本辦法所稱主管機關：在中央為勞動部；在直轄市為直轄市政府，在縣（市）為縣（市）政府。

第三條
①機關（構）符合下列資格之一，並對身心障礙者有協助及輔導之優良事蹟，得申請獎勵：
一　依本法第三十八條規定進用身心障礙者。
二　未具進用身心障礙者義務，而仍進用身心障礙者。
②最近二年內有違反本法第十六條、第三十八條規定，或經就業歧視評議委員會認有身心障礙歧視之事實者，不予獎勵。

第四條
　機關（構）依前條第一項各款申請者，應依下列組別分別評比：
一　政府機關、公立學校及公營事業機構。
二　私立學校及團體。
三　民營事業機構。

第五條
①前條評比項目如下：
一　建立身心障礙者友善進用之機制。
二　友善身心障礙者職場環境之規劃。
三　促進身心障礙者職涯發展之措施。

四　實際進用身心障礙員工百分比及身心障礙員工平均工作年資之乘積。

五　進用身心障礙者障別及職類之多樣性。

②前項各款評比項目之指標、配分權重、評分基準及其他事項，由主管機關公告之。

③進用身心障礙者人數、年資計算基準日，為申請獎勵之前一年十二月三十一日。

第六條

①本辦法獎勵名額，應由主管機關每年公告，並經評審小組視各組別申請獎勵狀況調整分配之，並得從缺。

②主管機關對績優機關（構），除發給獎牌或獎座外，得以下列方式予以獎勵：

一　發給獎金。

二　補助參加與業務相關之國內外交流活動。

三　其他具激勵效益之適當方式。

第七條

機關（構）依第三條第一項規定申請獎勵，應於每年主管機關公告期間內，檢附下列文件向地方主管機關提出：

一　進用身心障礙者績優機關（構）獎勵申請表。

二　身心障礙者名冊及其工作年資。

三　協助身心障礙者措施及實績說明。

四　其他經主管機關指定之相關證明文件。

第八條

曾獲第六條獎勵之機關（構），依第三條第一項規定申請獎勵者，應提出前次獲獎後之精進作法及成效。

第九條

依第三條第一項申請中央主管機關獎勵者，由地方主管機關受理後，送中央主管機關進行評審。

第一〇條

主管機關為辦理評審作業，得邀請專家學者或社會公正人士五人至七人組成評審小組，且任一性別比例不得少於總人數三分之一。

第一一條

本辦法評審作業方式、期程及資料等事項，由主管機關公告之。

第一二條

本辦法所定之獎勵，應公開表揚之。

第一三條

本辦法自發布日施行。

就業促進津貼實施辦法

①民國91年12月30日行政院勞工委員會令訂定發布全文46條；並自發布日施行。
②民國95年3月2日行政院勞工委員會令修正發布全文38條；並自發布日施行。
③民國96年5月24日行政院勞工委員會令修正發布第22條條文。
④民國96年12月31日行政院勞工委員會令修正發布第12條條文。
⑤民國98年2月24日行政院勞工委員會令修正發布第29條條文。
⑥民國99年4月27日行政院勞工委員會令修正發布第2、5條條文。
⑦民國100年1月14日行政院勞工委員會令修正發布第12、38條條文；並自100年1月1日施行。
⑧民國101年1月6日行政院勞工委員會令修正發布第12、38條條文；並自101年1月1日施行。
⑨民國102年2月20日行政院勞工委員會令修正發布第12、38條條文；並自102年1月1日施行。
⑩民國102年7月31日行政院勞工委員會令修正發布第3、10、16、18、20～23、28、29、33條條文；並增訂第20-1條條文。
⑪民國103年8月4日勞動部令修正發布第5條條文。
⑫民國104年12月31日勞動部令修正發布第5、6、14、33、34條條文。
⑬民國107年6月12日勞動部令修正發布第5條條文。
⑭民國109年1月8日勞動部令修正發布全文32條；並自發布日施行。
⑮民國110年7月2日勞動部令修正發布第10、12條條文。
⑯民國111年4月29日勞動部令修正發布第4、5、17、32條條文；刪除第22～24、27條條文及第四節節名；並自111年5月1日施行。

第一章　總　則

第一條

本辦法依就業服務法（以下簡稱本法）第二十三條第二項及第二十四條第四項規定訂定之。

第二條

①本辦法之適用對象如下：
一　非自願離職者。
二　本法第二十四條第一項各款所列之失業者。
②前項所定人員須具有工作能力及工作意願。

第三條

①前條第一項所定人員有下列情事之一者，不適用本辦法：
一　已領取公教人員保險養老給付或勞工保險老年給付。
二　已領取軍人退休俸或公營事業退休金。
②前項人員符合社會救助法低收入戶或中低收入戶資格、領取中低

收入老人生活津貼或身心障礙者生活補助費者，得適用本辦法。

第四條 111

①中央主管機關得視國內經濟發展、國民失業及經費運用等情形，發給下列就業促進津貼：

一 求職交通補助金。

二 臨時工作津貼。

三 職業訓練生活津貼。

②前項津貼發給業務，得委任、委託公立就業服務機構或職業訓練單位辦理。

③第一項津貼之停止發給，應由中央主管機關公告之。

第五條 111

第二條第一項所定人員，領取前條第一項第一款至第三款津貼者，除檢具國民身分證正反面影本及同意代為查詢勞工保險資料委託書外，並應附下列文件：

一 獨力負擔家計者：本人及受扶養親屬戶口名簿等戶籍資料證明文件影本；其受撫養親屬為年滿十五歲至六十五歲者，另檢具該等親屬之在學或無工作能力證明文件影本。

二 身心障礙者：身心障礙手冊或證明影本。

三 原住民：註記原住民身分之戶口名簿等戶籍資料證明文件影本。

四 低收入戶或中低收入戶：低收入戶或中低收入戶證明文件影本。

五 二度就業婦女：因家庭因素退出勞動市場之證明文件影本。

六 家庭暴力被害人：直轄市、縣（市）政府開立之家庭暴力被害人身分證明文件、保護令影本或判決書影本。

七 更生受保護人：出監證明或其他身分證明文件影本。

八 非自願離職者：原投保單位或直轄市、縣（市）主管機關開具之非自願離職證明文件影本或其他足資證明文件。

九 其他經中央主管機關規定之文件。

第二章 津貼申請及領取

第一節 求職交通補助金

第六條

第二條第一項所定人員親自向公立就業服務機構辦理求職登記後，經公立就業服務機構諮詢並開立介紹卡推介就業，而有下列情形之一者，得發給求職交通補助金：

一 其推介地點與日常居住處所距離三十公里以上。

二 為低收入戶、中低收入戶或家庭暴力被害人。

第七條

申請前條補助金者，應備下列文件：

一 第五條規定之文件。

二　補助金領取收據。

三　其他經中央主管機關規定之文件。

第八條

①第六條補助金，每人每次得發給新臺幣五百元。但情形特殊者，得核實發給，每次不得超過新臺幣一千二百五十元。

②前項補助金每人每年度以發給四次為限。

第九條

領取第六條補助金者，應於推介就業之次日起七日內，填具推介就業情形回覆卡通知公立就業服務機構，逾期未通知者，當年度不再發給。

第二節　臨時工作津貼

第一○條

①公立就業服務機構受理第二條第一項所定人員之求職登記後，經就業諮詢並推介就業，有下列情形之一者，公立就業服務機構得指派其至用人單位從事臨時性工作，並發給臨時工作津貼：

一　於求職登記日起十四日內未能推介就業。

二　有正當理由無法接受推介工作。

②前項所稱正當理由，指工作報酬未達原投保薪資百分之六十，或工作地點距離每日常居住處所三十公里以上者。

③第一項所稱用人單位，指政府機關（構）或合法立案之非營利團體，並提出臨時工作計畫書，經公立就業服務機構審核通過者。但不包括政治團體及政黨。

④用人單位應代發臨時工作津貼，並為扣繳義務人，於發給津貼時扣繳稅款。

第一一條

用人單位申請前條津貼，應備下列文件：

一　執行臨時工作計畫之派工紀錄及領取津貼者之出勤紀錄表。

二　經費印領清冊。

三　臨時工作計畫執行報告。

四　領據。

五　其他經中央主管機關規定之文件。

第一二條

第十條津貼發給標準，按中央主管機關公告之每小時基本工資核給，且一個月合計不超過月基本工資，最長六個月。

第一三條

①領取第十條津貼者，經公立就業服務機構推介就業時，應於推介就業之次日起七日內，填具推介就業情形回覆卡通知公立就業服務機構。期限內通知者，應徵當日給予四小時或八小時之有給求職假。

②前項求職假，每週以八小時為限。

③第一項人員之請假事宜，依用人單位規定辦理；用人單位未規定

者，參照勞動基準法及勞工請假規則辦理。請假天數及第一項求職假日應計入臨時工作期間。

第一四條

① 公立就業服務機構得不定期派員實地查核臨時工作計畫執行情形。

② 用人單位有下列情形之一，得終止其計畫：

一 規避、妨礙或拒絕查核。

二 未依第十條第三項之臨時工作計畫書及相關規定執行，經書面限期改正，屆期未改正者。

三 違反勞工相關法令。

③ 臨時工作計畫經終止者，公立就業服務機構應以書面限期命用人單位繳回終止後之津貼；屆期未繳回，依法移送行政執行。

第一五條

① 臨時工作計畫經終止，致停止臨時工作之人員，公立就業服務機構得指派其至其他用人單位從事臨時性工作，並發給臨時工作津貼。

② 前項工作期間應與原從事之臨時工作合併計算。

第一六條

申領第十條津貼者，有下列情形之一，應予撤銷、廢止、停止或不予給付臨時工作津貼：

一 於領取津貼期間已就業。

二 違反用人單位之指揮及規定，經用人單位通知公立就業服務機構停止其臨時性工作。

三 原從事之臨時性工作終止後，拒絕公立就業服務機構指派之其他臨時性工作。

四 拒絕公立就業服務機構推介就業。

第一七條 111

用人單位應為從事臨時工作之人員辦理參加勞工保險、勞工職業災害保險及全民健康保險。

第三節 職業訓練生活津貼

第一八條

① 第二條第一項第二款人員經公立就業服務機構就業諮詢並推介參訓，或經政府機關主辦或委託辦理之職業訓練單位甄選參訓，其所參訓性質為各類全日制職業訓練，得發給職業訓練生活津貼。

② 前項所稱全日制職業訓練，應符合下列條件：

一 訓練期間一個月以上。

二 每星期訓練四日以上。

三 每日訓練日間四小時以上。

四 每月總訓練時數一百小時以上。

第一九條

申請前條津貼者，應備下列文件，於開訓後十五日內向訓練單位

提出：
一　第五條規定之文件。
二　津貼申請書。
三　其他經中央主管機關規定之文件。

第二○條

①第十八條津貼每月按基本工資百分之六十發給，最長以六個月為限。申請人為身心障礙者，最長發給一年。

②第十八條津貼依受訓學員參加訓練期間以三十日為一個月計算，一個月以上始發給；超過三十日之畸零日數，應達十日以上始發給，並依下列方式辦理：
一　十日以上且訓練時數達三十小時者，發給半個月。
二　二十日以上且訓練時數達六十小時者，發給一個月。

第二一條

申領第十八條津貼，有下列情形之一者，應予撤銷、廢止、停止或不予核發職業訓練生活津貼：
一　於領取津貼期間已就業、中途離訓或遭訓練單位退訓。
二　同時具有第二條第一項第一款及第二款身分者，未依第二十六條第二項優先請領就業保險法職業訓練生活津貼。

第四節　（刪除）111

第二二條至第二四條　（刪除）111

第三章　津貼申請及領取之限制

第二五條

第二條第一項所定人員，依本辦法、就業保險促進就業實施辦法領取之臨時工作津貼及政府機關其他同性質之津貼或補助，二年內合併領取期間以六個月為限。

第二六條

①第二條第一項第二款人員，依本辦法、就業保險法領取之職業訓練生活津貼及政府機關其他同性質之津貼或補助，二年內合併領取期間以六個月為限。但申請人為身心障礙者，以一年為限。

②前項人員同時具有第二條第一項第一款身分者，應優先請領就業保險法所定之職業訓練生活津貼。

③第一項人員領取就業保險法之失業給付或職業訓練生活津貼期間，不得同時請領第十八條之津貼。

④前項情形為扣除不得同時請領期間之津貼後，賸餘之職業訓練生活津貼依第二十條第二項規定辦理。

第二七條　（刪除）111

第二八條

①不符合請領資格而領取津貼或有溢領情事者，發給津貼單位得撤銷或廢止，並以書面限期命其繳回已領取之津貼；屆期未繳回者，依法移送行政執行。

②因不實領取津貼經依前項規定撤銷者，自撤銷之日起二年內不得申領本辦法之津貼。

第二九條

①中央主管機關、公立就業服務機構或職業訓練單位為查核就業促進津貼執行情形，必要時得查對相關資料，領取津貼者不得規避、妨礙或拒絕。

②領取津貼者違反前項規定時，發給津貼單位得予撤銷或廢止，並以書面限期命其繳回已領取之津貼；屆期未繳回者，依法移送行政執行。

第四章　附　則

第三〇條

本辦法所規定之書表、文件，由中央主管機關另定之。

第三一條

本辦法之經費，由就業安定基金支應。

第三二條 111

①本辦法自發布日施行。

②本辦法中華民國一百十一年四月二十九日修正發布之條文，自一百十一年五月一日施行。

雇主聘僱外國人許可及管理辦法

①民國93年1月13日行政院勞工委員會令訂定發布全文48條；並自93年1月15日起施行。

②民國94年12月30日行政院勞工委員會令修正發布第12、14、16、19、24、43、48條條文；增訂第12-1條條文；刪除第23條條文；並自發布日施行。

③民國95年10月3日行政院勞工委員會令修正發布第7、8、11、13、16、17、25、27、28、40、41、45、48條條文；增訂第11-1、11-2、16-1、27-1、40-1、46-1條條文；並自95年11月1日施行。

④民國97年1月3日行政院勞工委員會令修正發布第11、20、27、27-1、31、43條條文。

⑤民國97年12月24日行政院勞工委員會令修正發布第5、9、11、16、17、19、27-1、40、40-1、43條條文；增訂第17-1、19-1、27-2、40-2、40-3條條文；並刪除第16-1條條文。

⑥民國99年12月30日行政院勞工委員會令修正發布第16、22、25條條文；並增訂第15-1、46-2條條文。

⑦民國100年12月30日行政院勞工委員會令修正發布第4、7、16、30、31、36條條文。

⑧民國101年12月19日行政院勞工委員會令修正發布第12-1、27-1、29條條文；並增訂第11-3、28-1條條文。

⑨民國102年12月10日行政院勞工委員會令修正發布第5、6、11-3、12、14、31、33、46-2、48條條文；其中第12、14條自103年1月1日施行。

⑩民國103年3月28日勞動部令修正第11、17、17-1、19、20、27、27-1、28、40、45、48條條文；增訂第15-2條條文；除第15-2、28條自103年3月31日施行外，自發布日施行。

⑪民國104年3月3日勞動部令修正發布第12-1、16條條文；增訂第6-1、6-2條條文；並刪除第15-1、15-2條條文。

⑫民國104年8月6日勞動部令修正發布第12-1條條文。

⑬民國104年11月11日勞動部令修正發布第48條條文；增訂第28-2條條文；並自104年10月9日施行。

⑭民國105年11月15日勞動部令修正發布第20、26、27-1、27-2、28-1、45、48條條文；增訂第28-3、28-4條條文；並自105年11月5日施行。

⑮民國106年1月11日勞動部令修正發布第5、6-1、7、16、19-1、28、32、34、40、40-1、41條條文；並自發布日施行。

⑯民國106年7月6日勞動部令修正發布第19、27-1、48條條文；並自107年1月1日施行

⑰民國107年3月21日勞動部令修正發布第12-1、33、46條條文。

⑱民國108年1月30日勞動部令修正發布第6-1條條文。

⑲民國108年5月24日勞動部令修正發布第7、16、20、36條條文。

⑳民國109年9月2日勞動部令修正發布第16條條文。

㉑民國110年1月6日勞動部令修正發布第19條條文；並刪除第19-1條條文。

㉒民國110年12月30日勞動部令修正發布第7、31、36條條文。

㉓民國111年4月29日勞動部令修正發布全文73條；並自111年4月30日施行。

㉔民國111年10月12日勞動部令修正發布第43條條文。

㉕民國111年12月26日勞動部令修正發布第22、33、35、37、47、73條條文；並增訂第8-1、34-1～34-4條條文；並自112年1月1日施行。

㉖民國112年3月13日勞動部令修正發布第2、43、73條條文。

㉗民國112年5月18日勞動部令修正發布第23、24、26、49條條文；並增訂第24-1條條文。

㉘民國112年5月30日勞動部令修正發布第17、42、45、47、51、66條條文；並增訂第21-1條條文。

㉙民國112年10月13日勞動部令修正發布第9、22、30、43、44、56條條文。

第一章 總 則

第一條

本辦法依就業服務法（以下簡稱本法）第四十八條第二項規定訂定之。

第二條 112

本辦法用詞，定義如下：

一 第一類外國人：指受聘僱從事本法第四十六條第一項第一款至第六款規定工作之外國人。

二 第二類外國人：指受聘僱從事本法第四十六條第一項第八款至第十款規定工作之外國人。

三 第三類外國人：指下列受聘僱從事本法第四十六條第一項第十一款規定工作之外國人：

　(一)外國人從事就業服務法第四十六條第一項第八款至第十一款工作資格及審查標準（以下簡稱審查標準）規定之雙語翻譯工作、廚師及其相關工作。

　(二)審查標準規定中階技術工作之海洋漁撈工作、機構看護工作、家庭看護工作、製造工作、營造工作、屠宰工作、外展農務工作、農業工作或其他經中央主管機關會商中央目的事業主管機關指定之工作（以下併稱中階技術工作）。

　(三)其他經中央主管機關專案核定之工作。

四 第四類外國人：指依本法第五十條第一款或第二款規定從事工作之外國人。

五 第五類外國人：指依本法第五十一條第一項第一款至第四款規定從事工作之外國人。

第三條

中央主管機關就國內經濟發展及就業市場情勢，評估勞動供需狀況，得公告雇主聘僱前條第一類外國人之數額、比例及辦理國內招募之工作類別。

第四條

①非以入國工作為主要目的之國際書面協定，其內容載有同意外國

人工作、人數、居（停）留期限等者，外國人據以辦理之入國簽證，視爲工作許可。

②前項視爲工作許可之期限，最長爲一年。

第五條

①外國人有下列情形之一者，其停留期間在三十日以下之入國簽證或入國許可視爲工作許可：

一　從事本法第五十一條第三項規定之工作。

二　爲公益目的協助解決因緊急事故引發問題之需要，從事本法第四十六條第一項第一款規定之工作。

三　經各中央目的事業主管機關認定或受大專以上校院、各級政府機關及其所屬機構邀請之知名優秀專業人士，並從事本法第四十六條第一項第一款規定之演講或技術指導工作。

四　受各級政府機關、各國駐華使領館或駐華外國機構邀請，並從事非營利性質之表演或活動。

②經入出國管理機關核發學術及商務旅行卡，並從事本法第四十六條第一項第一款規定之演講或技術指導工作之外國人，其停留期間在九十日以下之入國簽證或入國許可視爲工作許可。

第六條

①外國人受聘僱在我國境內從事工作，除本法或本辦法另有規定外，雇主應向中央主管機關申請許可。

②中央主管機關爲前項許可前，得會商中央目的事業主管機關研提審查意見。

③雇主聘僱本法第四十八條第一項第二款規定之外國人從事工作前，應核對外國人之外僑居留證及依親戶籍資料正本。

第七條

①雇主申請聘僱外國人或外國人申請工作許可，中央主管機關得公告採網路傳輸方式申請項目。

②依前項規定公告之項目，雇主申請聘僱第一類外國人至第四類外國人申請工作許可時，應採網路傳輸方式爲之。但有正當理由，經中央主管機關同意者，不在此限。

③雇主依前二項規定之方式申請者，申請文件書面原本，應自行保存至少五年。

第八條

①雇主申請聘僱外國人之應備文件中，有經政府機關（構）或國營事業機構開具之證明文件，且得由中央主管機關自網路查知者，雇主得予免附。

②前項免附之文件，由中央主管機關公告之。

第八條之一　111

中央主管機關得應中央目的事業主管機關之請求，於其執行法定職務必要範圍內，提供外國人名冊等相關資料。

第二章　第一類外國人聘僱許可之申請

第九條 112

① 雇主申請聘僱第一類外國人，應備下列文件：

一　申請書。

二　申請人或公司負責人之身分證明文件；其公司登記證明、有限合夥登記證明、商業登記證明、工廠登記證明或特許事業許可證等影本。但依相關法令規定，免辦工廠登記證明或特許事業許可證者，免附。

三　聘僱契約書影本。

四　受聘僱外國人之名冊、護照影本或外僑居留證影本及畢業證書影本。但外國人入國從事本法第四十六條第一項第二款、第五款及第六款工作者，免附畢業證書影本。

五　審查費收據正本。

六　其他經中央主管機關規定之文件。

② 申請外國人入國從事本法第五十一條第三項規定之工作，除應備前項第一款、第五款及第六款規定之文件外，另應備下列文件：

一　承攬、買賣或技術合作等契約書影本。

二　訂約國內、國外法人登記證明文件。

三　外國法人出具指派履約工作之證明文件。

四　申請單位之登記或立案證明。特許事業應附特許證明文件影本及負責人身分證明文件影本。

五　履約外國人之名冊、護照或外僑居留證影本及畢業證書影本。但自申請日起前一年內履約工作期間與當次申請工作期間累計未逾九十日者，免附畢業證書影本。

③ 前二項檢附之文件係於國外作成者，中央主管機關得要求經我國駐外館處之驗證。

④ 雇主為人民團體者，除檢附第一項第一款、第三款至第六款規定之文件外，另應檢附該團體立案證書及團體負責人之身分證明文件影本。

第一○條

① 依國際書面協定開放之行業項目，外國人依契約在我國境內從事本法第四十六條第一項第一款或第二款規定之工作，除本法或本辦法另有規定外，應由訂約之事業機構，依第一類外國人規定申請許可。

② 前項外國人之訂約事業機構屬自由經濟示範區內事業單位，且於區內從事本法第四十六條第一項第一款或第二款規定之工作者，得不受國際書面協定開放行業項目之限制。

③ 前二項外國人入國後之管理適用第一類外國人規定。

④ 申請第一項或第二項許可，除應檢附前條第一項第一款、第五款、第六款及第二項第四款規定文件外，另應備下列文件：

一　契約書影本。

二　外國人名冊、護照影本、畢業證書或相關證明文件影本。但外國人入國從事本法第四十六條第一項第二款工作者，免附

畢業證書或相關證明文件。

⑤外國人從事第一項或第二項之工作，應取得執業資格、符合一定執業方式及條件者，另應符合中央目的事業主管機關所定之法令規定。

第一一條

聘僱許可有效期限屆滿日前四個月期間內，雇主如有繼續聘僱該第一類外國人之必要者，於該期限內應備具第九條第一項第一款、第三款至第六款規定之文件，向中央主管機關申請展延聘僱許可。但聘僱許可期間不足六個月者，應於聘僱許可期間逾三分之二後，始得申請。

第一二條

第五條之外國人，其停留期間在三十一日以上九十日以下者，得於該外國人入國後三十日內依第九條規定申請許可。

第一三條

中央主管機關於核發第一類外國人之聘僱許可或展延聘僱許可時，應副知外交部。

第一四條

雇主申請聘僱第一類外國人而有下列情形之一者，中央主管機關應不予聘僱許可或展延聘僱許可之全部或一部：

一　提供不實或失效資料。

二　依中央衛生福利主管機關訂定相關之受聘僱外國人健康檢查管理辦法規定，健康檢查不合格。

三　不符申請規定，經限期補正，屆期未補正。

四　不符本法第四十六條第二項所定之標準。

第一五條

雇主聘僱第一類外國人，依法有留職停薪之情事，應於三日內以書面通知中央主管機關。

第一六條

依本法第五十一條第三項規定入國工作之外國人，除本法另有規定者外，其申請及入國後之管理適用第二條第一款第一類外國人之規定。

第三章　第二類外國人招募及聘僱許可之申請

第一七條 112

①雇主申請聘僱第二類外國人應以合理勞動條件向工作場所所在地之公立就業服務機構辦理求才登記後次日起，在中央主管機關依本法第二十二條所建立全國性之就業資訊網登載求才廣告，並自登載之次日起至少七日辦理招募本國勞工。同時於中央主管機關指定之國內新聞紙中選定一家連續刊登二日者，自刊登期滿之次日起至少三日辦理招募本國勞工。

②前項求才廣告內容，應包括求才工作類別、人數、專長或資格、雇主名稱、工資、工時、工作地點、聘僱期間、供膳狀況與受理

- 一　聘僱外國人從事家庭幫傭及家庭看護工作。
- 二　未聘僱本國勞工之自然人雇主與合夥人約定採比例分配盈餘，聘僱外國人從事海洋漁撈工作。
- 三　未聘僱本國勞工之自然人雇主，聘僱外國人從事農、林、牧或養殖漁業工作。

④雇主為人民團體者，除檢附第一項第一款、第三款至第七款規定之文件外，另應檢附該團體立案證書及團體負責人之身分證明文件影本。

第二三條 112

①雇主聘僱之第二類外國人因不可歸責於雇主之原因出國，而依本法第五十八條第一項規定申請遞補者，應備下列文件：

- 一　申請書。
- 二　外國人出國證明文件。
- 三　直轄市、縣（市）政府驗證雇主與第二類外國人終止聘僱關係證明書。但雇主與外國人聘僱關係終止而依第六十八條規定公告無須驗證或外國人無新雇主接續聘僱而出國者，免附。
- 四　其他經中央主管機關規定之文件。

②前項雇主因外國人死亡而申請遞補者，應備下列文件：

- 一　申請書。
- 二　外國人死亡證明書。
- 三　其他經中央主管機關規定之文件。

③雇主因聘僱之第二類外國人行蹤不明，而依本法第五十八條第一項、第二項第一款或第二款規定申請遞補者，應備下列文件：

- 一　申請書。
- 二　其他經中央主管機關規定之文件。

④雇主同意聘僱之家庭看護工轉換雇主或工作，而依本法第五十八條第二項第三款規定申請遞補者，應備下列文件：

- 一　申請書。
- 二　外國人由新雇主接續聘僱許可函影本。但經廢止聘僱許可逾一個月未由新雇主接續聘僱者，免附。
- 三　其他經中央主管機關規定之文件。

第二四條 112

①雇主依本法第五十八條第一項規定申請遞補第二類外國人者，應於外國人出國、死亡或行蹤不明依規定通知入出國管理機關及警察機關屆滿三個月之日起，六個月內申請遞補。

②雇主依本法第五十八條第二項規定申請遞補家庭看護工者，應依下列規定期間申請：

- 一　依本法第五十八條第二項第一款規定申請者，於發生行蹤不明情事之日起六個月內。
- 二　依本法第五十八條第二項第二款規定申請者，於發生行蹤不明情事屆滿一個月之日起六個月內。

三　依本法第五十八條第二項第三款規定申請者：

(一)於新雇主接續聘僱之日起六個月內。

(二)於經廢止聘僱許可屆滿一個月未由新雇主接續聘僱之翌日起六個月內。

③雇主逾前二項申請遞補期間，中央主管機關應不予許可。

第二四條之一 112

①本辦法中華民國一百十二年五月二十日修正生效前，雇主聘僱之外國人有下列情形之一者，其申請遞補應於本辦法修正生效之日起六個月內為之：

一　發生行蹤不明之情事，依規定通知入出國管理機關及警察機關滿三個月且未逾六個月。

二　從事家庭看護工作之外國人，於雇主處所發生行蹤不明之情事，依規定通知入出國管理機關及警察機關滿一個月且未逾三個月。

三　從事家庭看護工作之外國人，經雇主同意轉換雇主或工作，並經廢止聘僱許可逾一個月未由新雇主接續聘僱。

②雇主逾前項申請遞補期間，中央主管機關應不予許可。

第二五條

雇主申請聘僱第二類外國人，不得於辦理國內招募前六個月內撤回求才登記。但有正當理由者，不在此限。

第二六條 112

雇主經中央主管機關核准重新申請第二類外國人，於原聘僱第二類外國人出國前，不得引進或聘僱第二類外國人。但有下列情形之一者，不在此限：

一　外國人於聘僱許可有效期間內經雇主同意轉換雇主或工作，並由新雇主接續聘僱。

二　外國人從事家庭看護工作，於聘僱許可有效期間內，經雇主同意轉換雇主或工作，並經廢止聘僱許可逾一個月尚未由新雇主接續聘僱。

三　外國人於聘僱許可有效期間屆滿，原雇主經許可繼續聘僱（以下簡稱期滿續聘）。

四　外國人於聘僱許可有效期間屆滿，由新雇主依外國人受聘僱從事就業服務法第四十六條第一項第八款至第十一款規定工作之轉換雇主或工作程序準則（以下簡稱轉換雇主準則）規定，許可接續聘僱（以下簡稱期滿轉換）。

五　外國人因受羈押、刑之執行、重大傷病或其他不可歸責於雇主之事由，致須延後出國，並經中央主管機關專案核定。

第二七條

雇主申請聘僱第二類外國人時，於申請日前二年內，有資遣或解僱本國勞工達中央主管機關所定比例者，中央主管機關得不予許可。

第二八條

雇主申請聘僱第二類外國人時，有下列情形之一，中央主管機關應不予許可：

一　雇主、被看護者或其他共同生活之親屬，對曾聘僱之第二類外國人，有刑法第二百二十一條至第二百二十九條規定情事之一者。

二　雇主之代表人、負責人或代表雇主處理有關勞工事務之人，對曾聘僱之第二類外國人，有刑法第二百二十一條至第二百二十九條規定情事之一者。

第二九條

雇主申請聘僱第二類外國人時，有違反依本法第四十六條第二項所定之標準或依本法第五十九條第二項所定之準則者，中央主管機關應不予許可。

第三〇條 112

①雇主申請招募第二類外國人，中央主管機關得規定各項申請文件之效期及申請程序。

②雇主依前項規定申請招募第二類外國人經許可者，應於許可通知所定之日起六個月內，自許可引進之國家，完成外國人入國手續。但未能於規定期限內完成外國人入國手續者，得於期限屆滿翌日起三個月內引進。

③雇主未依前項規定期限完成外國人入國手續者，招募許可失其效力。

第三一條

雇主不得聘僱已進入我國境內之第二類外國人。但有下列情形之一者，不在此限：

一　經中央主管機關許可期滿續聘或期滿轉換。

二　其他經中央主管機關專案核准。

第三二條

①第二類外國人依規定申請入國簽證，應備下列文件：

一　招募許可。

二　經我國中央衛生福利主管機關認可醫院或指定醫院核發之三個月內健康檢查合格報告。

三　專長證明。

四　行為良好之證明文件。但外國人出國後三十日內再入國者，免附。

五　經其本國主管部門驗證之外國人入國工作費用及工資切結書。

六　已簽妥之勞動契約。

七　外國人知悉本法相關工作規定之切結書。

八　其他經中央目的事業主管機關規定之簽證申請應備文件。

②雇主原聘僱之第二類外國人，由雇主自行辦理重新招募，未委任私立就業服務機構，並經中央主管機關轉申請文件者，免附前項第三款至第五款及第七款規定之文件。

第三三條 111

①雇主申請聘僱第二類外國人，應依外國人生活照顧服務計畫書確實執行。

②前項外國人生活照顧服務計畫書，應規劃下列事項：

一　飲食及住宿之安全衛生。

二　人身安全及健康之保護。

三　文康設施及宗教活動資訊。

四　生活諮詢服務。

五　住宿地點及生活照顧服務人員。

六　其他經中央主管機關規定之事項。

③雇主聘僱外國人從事家庭幫傭或家庭看護工之工作者，免規劃前項第三款及第四款規定事項。

④雇主違反第一項規定，經當地主管機關認定情節輕微者，得先以書面通知限期改善。

⑤雇主於第二項第五款規定事項有變更時，應於變更後七日內，通知外國人工作所在地或住宿地點之當地主管機關。

第三四條

①雇主申請聘僱第二類外國人者，應於外國人入國後三日內，檢附下列文件通知當地主管機關實施檢查：

一　外國人入國通報單。

二　外國人生活照顧服務計畫書。

三　外國人名冊。

四　經外國人本國主管部門驗證之外國人入國工作費用及工資切結書。但符合第三十二條第二項規定者，免附。

②當地主管機關受理雇主檢附之文件符合前項規定者，應核發受理雇主聘僱外國人入國通報證明書，並辦理前條規定事項之檢查。但核發證明書之日前六個月內已檢查合格者，得免實施前項檢查。

③期滿續僱之雇主，免依第一項規定辦理。

④期滿轉換之雇主，應依轉換雇主準則之規定，檢附文件通知當地主管機關實施檢查。

⑤外國人之住宿地點非雇主依前條第二項第五款規定者，當地主管機關於接獲雇主依第一項或前條第五項之通報後，應訪視外國人探求其真意。

第三四條之一 111

雇主申請聘僱外國人從事家庭幫傭或家庭看護之工作者，應於外國人入國日五日前，向中央主管機關申請並同意辦理下列事項：

一　安排外國人於入國日起接受中央主管機關辦理之入國講習。

二　代轉文件通知當地主管機關實施第三十三條規定事項之檢查。

三　申請聘僱許可。

第三四條之二 111

①雇主同意代轉前條第二款所定文件如下：

一　外國人生活照顧服務通報單。

二　外國人生活照顧服務計畫書。

三　經外國人本國主管部門驗證之外國人入國工作費用及工資切
　　結書。但符合第三十二條第二項規定者，免附。

②中央主管機關應將前項文件轉送當地主管機關；經當地主管機關
審查文件符合前項規定者，應辦理第三十三條規定事項之檢查。
但外國人入國日前六個月內已檢查合格者，得免實施檢查。

第三四條之三 111

①雇主辦理第三十四條之一第三款所定申請聘僱許可事項，應備下
列文件：

一　申請書。

二　審查費收據正本。

三　其他經中央主管機關規定之文件。

②雇主已依第三十四條之一、第三十四條之二及前項規定辦理完成
者，免依第三十四條第一項及第三十六條規定辦理。

第三四條之四 111

①外國人完成第三十四條之一第一款之入國講習後，由中央主管機
關發給五年效期之完訓證明。

②前項外國人因故未完成入國講習者，雇主應安排其於入國日起
九十日內，至中央主管機關所建立之入國講習網站參加入國講
習，以取得五年效期之完訓證明。

第三五條 111

①當地主管機關實施第二類外國人之入國工作費用或工資檢查時，
應以第三十四條第一項第四款或第三十四條之二第一項第三款規
定之外國人入國工作費用工資切結書記載內容為準。

②當地主管機關對期滿續聘之雇主實施前項規定檢查時，應以外國
人最近一次經其本國主管部門驗證之外國人入國工作費用及工資
切結書記載內容為準。

③當地主管機關對期滿轉換之雇主實施第一項規定檢查時，應以雇
主依轉換雇主群則規定通知時所檢附之外國人入國工作費用及工
資切結書記載內容為準。

④前三項所定外國人入國工作費用及工資切結書之內容，不得為不
利益於外國人之變更。

第三六條

雇主對所招募之第二類外國人入國後十五日內，應備下列文件申
請聘僱許可：

一　申請書。

二　審查費收據正本。

三　依前條規定，經當地主管機關核發受理通報之證明文件。

四　其他經中央主管機關規定之文件。

第三七條 111

①雇主應自引進第二類外國人入國日或期滿續聘之日起，依本法之

規定負雇主責任。

②雇主未依第三十四條之一第三款、第三十四條之三、前條或第三十九條規定申請、逾期申請或申請不符規定者，中央主管機關得核發下列期間之聘僱許可：

一 自外國人入國日起至不予核發聘僱許可之日。

二 自期滿續聘日起至不予核發聘僱許可之日。

第三八條

①雇主申請聘僱在我國境內工作期間屆滿十二年或將於一年內屆滿十二年之外國人，從事本法第四十六條第一項第九款規定家庭看護工作，應備下列文件申請外國人之工作期間得累計至十四年之許可：

一 申請書。

二 外國人具專業訓練或自力學習而有特殊表現之評點表及其證明文件。

②前項第二款所定之特殊表現證明文件，依審查標準第二十條附表四規定。

第三九條

第二類外國人之聘僱許可有效期間屆滿日前二個月至四個月內，雇主有繼續聘僱該外國人之必要者，於該期限內應備下列文件，向中央主管機關申請期滿續聘許可：

一 申請書。

二 勞雇雙方已合意期滿續聘之證明。

三 其他經中央主管機關規定之文件。

第四〇條

①第二類外國人之聘僱許可有效期間屆滿日前二個月至四個月內，雇主無繼續聘僱該外國人之必要者，於該期限內應備申請書及其他經中央主管機關規定之文件，為該外國人向中央主管機關申請期滿轉換。

②原雇主申請期滿轉換時，該外國人已與新雇主合意期滿接續聘僱者，新雇主得依轉換雇主準則規定，直接向中央主管機關申請接續聘僱外國人。

第四一條

有本法第五十二條第二項重大特殊情形、重大工程之工作，其聘僱許可有效期限屆滿日前六十日期間內，雇主如有繼續聘僱該等外國人之必要者，於該期限內應備展延聘僱許可申請書及其他經中央主管機關規定之文件，向中央主管機關申請展延聘僱許可。

第四章 第三類外國人聘僱許可之申請

第四二條 112

①雇主申請聘僱第三類外國人，應先以合理勞動條件向工作場所所在地之公立就業服務機構辦理國內招募，有正當理由無法滿足需求者，得向中央主管機關申請聘僱外國人。但申請聘僱外國人從

事中階技術家庭看護工作，應由直轄市及縣（市）政府之長期照護管理中心推介本國籍照顧服務員，無須辦理國內招募。

②前項辦理國內招募及撤回求才登記，適用第十七條至第二十一條之一、第二十五條規定。

第四三條 112

①第二類外國人在我國境內受聘僱從事工作，符合下列情形之一，得受聘僱從事中階技術工作：

一　現受聘僱從事工作，且連續工作期間達六年以上，或受聘僱於同一雇主，累計工作期間達六年以上者。

二　曾受聘僱從事工作期間累計達六年以上出國後，再次入國工作，其工作期間累計達十一年六個月以上者。

三　曾受聘僱從事工作，累計工作期間達十一年六個月以上，並已出國者。

②雇主應依下列規定期間，申請聘僱前項第一款規定之外國人從事中階技術工作：

一　原雇主：於聘僱許可有效期間屆滿日前二個月申請。

二　新雇主：於前款聘僱許可有效期間屆滿日前二個月至四個月內申請，並自其聘僱許可期間屆滿之翌日起聘僱。

③雇主應於聘僱許可有效期間屆滿日前二個月至四個月內，申請聘僱第一項第二款規定之外國人從事中階技術工作，並自其聘僱許可期間屆滿之翌日起聘僱。

④第一項第三款規定之外國人，除從事中階技術家庭看護工作者外，應由曾受聘僱之雇主，申請聘僱從事中階技術工作。

⑤第一項第三款規定之外國人從事中階技術家庭看護工作，雇主應符合下列情形之一：

一　曾聘僱該外國人從事家庭看護工作。

二　與曾聘僱該外國人之雇主，有審查標準第二十一條第一項親屬關係。

三　與曾受該外國人照顧之被看護者，有審查標準第二十一條第一項親屬關係。

四　為曾受該外國人照顧之被看護者本人，有審查標準第二十一條第三項規定情形。

五　與曾受該外國人照顧之被看護者無親屬關係，有審查標準第二十一條第三項規定情形。

第四四條 112

①雇主申請聘僱第三類外國人，應備下列文件：

一　申請書。

二　申請人或公司負責人之身分證明文件；其公司登記證明、有限合夥登記證明、商業登記證明、工廠登記證明或特許事業許可證等影本。但依相關法令規定，免辦工廠登記證明或特許事業許可證者，免附。

三　求才證明書。但聘僱外國人從事中階技術家庭看護工作者，

免附。

四　雇主依第四十二條規定辦理國內求才，所聘僱國內勞工之名冊。但聘僱外國人從事中階技術家庭看護工作者，免附。

五　直轄市或縣（市）政府就下列事項開具之證明文件：

　　(一)已依規定提撥勞工退休準備金及提繳勞工退休金。

　　(二)已依規定繳納積欠工資墊償基金。

　　(三)已依規定繳納勞工保險費及勞工職業災害保險費。

　　(四)已依規定繳納違反勞工法令所受之罰鍰。

　　(五)已依規定舉辦勞資會議。

　　(六)第三類外國人預定工作之場所，無具體事實足以認定有本法第十條規定之罷工或勞資爭議情事。

　　(七)無具體事實可推斷有業務緊縮、停業、關廠或歇業之情形。

　　(八)無因聘僱第三類外國人而降低本國勞工勞動條件之情事。

六　受聘僱外國人之名冊、護照影本或外僑居留證影本。

七　審查費收據正本。

八　其他經中央主管機關規定之文件。

②前項第五款第六目至第八目規定情事，以申請之日前二年內發生者為限。

③雇主申請聘僱外國人從事中階技術工作，有下列情形之一者，免附第一項第五款規定之證明文件：

一　從事中階技術家庭看護工作。

二　未聘僱本國勞工之自然人雇主與合夥人約定採比例分配盈餘，聘僱外國人從事中階技術海洋漁撈工作。

三　未聘僱本國勞工之自然人雇主，聘僱外國人從事中階技術外展農務工作或中階技術農業工作。

④雇主為人民團體者，除檢附第一項第一款、第三款至第八款規定之文件外，另應檢附該團體立案證書及團體負責人之身分證明文件影本。

⑤雇主申請聘僱第三類外國人，中央主管機關得規定各項申請文件之效期及申請程序。

第四五條 112

①雇主向中央主管機關申請自國外引進聘僱下列第三類外國人，外國人應依規定申請入國簽證：

一　從事雙語翻譯或廚師相關工作者。

二　曾在我國境內受其聘僱從事第二類外國人工作，且累計工作期間達本法第五十二條規定之上限者。

三　在我國大專校院畢業，取得副學士以上學位之外國留學生、僑生或其他華裔學生。

②前項外國人依規定申請入國簽證，應檢附下列文件：

一　聘僱許可。

二　經我國中央衛生福利主管機關認可醫院或指定醫院核發之三

　　個月內健康檢查合格報告。但外國人居住國家，未有經中央
　　衛生福利主管機關認可醫院或指定醫院者，得以該國合格設
　　立之醫療機構最近三個月內核發健康檢查合格報告代之。

三　外國人知悉本法相關工作規定之切結書。

四　其他經中央目的事業主管機關規定之簽證申請應備文件。

第四六條

雇主應自引進第三類外國人入國日或聘僱許可生效日起，依本法
之規定負雇主責任。

第四七條　112

①雇主申請聘僱外國人從事中階技術工作，應規劃並執行第三十三
條規定之外國人生活照顧服務計畫書，並依下列規定期間，通知
當地主管機關實施檢查：

一　由國外引進外國人從事中階技術工作，於外國人入國後三日
　　內。

二　於國內聘僱中階技術外國人，自申請聘僱許可日起三日內。

②前項通知，除免附經外國人本國主管部門驗證之外國人入國工作
費用及工資切結書外，其餘應檢附之文件、當地主管機關受理、
核發證明書及實施檢查，適用第三十三條及第三十四條規定。

③已在我國境內工作之第二類外國人，由同一雇主申請聘僱從事中
階技術工作者，免依第一項規定通知當地主管機關實施檢查。

第四八條

①雇主有繼續聘僱第三類外國人之必要者，應備第四十四條規定之
文件，於聘僱許可有效期限屆滿日前四個月內，向中央主管機關
申請展延聘僱許可。

②雇主無申請展延聘僱從事中階技術工作外國人之必要者，應備申
請書及其他經中央主管機關規定之文件，於聘僱許可有效期間屆
滿日前二個月至四個月內，為該外國人依轉換雇主準則規定，向
中央主管機關申請聘僱期間屆滿轉換，或得由新雇主依轉換雇主準則規
定，申請接續聘僱為第二類或第三類外國人。

③從事中階技術工作之外國人，經雇主依轉換雇主準則規定，接續
聘僱為第二類外國人者，除從事中階技術工作期間外，其工作期間
合計不得逾本法第五十二條規定之工作年限。

第四九條　112

雇主申請聘僱第三類外國人，申請及入國後管理，除第二十三條
至第二十四條之一及本章另有規定外，適用第二類外國人之規
定。

第五章　第四類外國人聘僱許可之申請

第五〇條

本法第五十條第一款之外國留學生，應符合外國學生來臺就學辦
法規定之外國學生身分。

第五一條　112

①前條外國留學生從事工作，應符合下列規定：
　一　正式入學修習科、系、所課程，或學習語言課程六個月以
　　　上。
　二　經就讀學校認定具下列事實之一者：
　　　㈠其財力無法繼續維持其學業及生活，並能提出具體證明。
　　　㈡就讀學校之教學研究單位須外國留學生協助參與工作。
②外國留學生符合下列資格之一者，不受前項規定之限制：
　一　具語文專長，且有下列情形之一，並經教育部專案核准：
　　　㈠入學後於各大專校院附設語文中心或外國在華文教機構附
　　　　設之語文中心兼任外國語文教師。
　　　㈡入學後協助各級學校語文專長相關教學活動。
　二　就讀研究所，並經就讀學校同意從事與修習課業有關之研究
　　　工作。

第五二條

①本法第五十條第二款之僑生，應符合僑生回國就學及輔導辦法規
　定之學生。
②本法第五十條第二款之華裔學生，應具下列身分之一：
　一　香港澳門居民來臺就學辦法規定之學生。
　二　就讀僑務主管機關舉辦之技術訓練班學生。

第五三條

第四類外國人申請工作許可，應備下列文件：
　一　申請書。
　二　審查費收據正本。
　三　其他經中央主管機關規定之文件。

第五四條

①第四類外國人之工作許可有效期間最長為六個月。
②前項許可工作之外國人，其工作時間除寒暑假外，每星期最長為
　二十小時。

第五五條

第四類外國人申請工作許可有下列情形之一者，中央主管機關應
不予許可：
　一　提供不實資料。
　二　不符申請規定，經限期補正，屆期未補正。

第六章　第五類外國人聘僱許可之申請

第五六條 112

①雇主申請聘僱第五類外國人，應備下列文件：
　一　申請書。
　二　申請人或公司負責人之身分證明文件；其公司登記證明、有
　　　限合夥登記證明、商業登記證明、工廠登記證明或特許事業
　　　許可證等影本。但依相關法令規定，免辦工廠登記證明或特
　　　許事業許可證者，免附。

三　聘僱契約書或勞動契約書影本。

四　受聘僱外國人之護照影本。

五　受聘僱外國人之外僑居留證或永久居留證影本。

六　審查費收據正本。

七　其他經中央主管機關規定之文件。

②雇主為人民團體者，除檢附前項第一款、第三款至第七款規定之
文件外，另應檢附該團體立案證書及團體負責人之身分證明文件
影本。

第五七條

聘僱許可有效期限屆滿日前六十日期間內，雇主如有繼續聘僱該
第五類外國人之必要者，於該期限內應備前條第一項第一款、第
三款至第七款規定之文件，向中央主管機關申請展延聘僱許可。

第五八條

第五類外國人依本法第五十一條第二項規定，逕向中央主管機關
申請者，應檢附第五十六條第一項第一款、第四款至第七款規定
之文件申請許可。

第五九條

雇主申請聘僱第五類外國人或外國人依本法第五十一條第二項規
定逕向中央主管機關申請許可，其有下列情形之一者，中央主管
機關應不予聘僱許可或展延聘僱許可：

一　提供不實資料。

二　不符申請規定，經限期補正，屆期未補正。

第七章　入國後之管理

第六〇條

①雇主聘僱外國人，從事本法第四十六條第一項第九款之機構看護
工作、第十款所定工作及第十一款所定中階技術工作達十人以上
者，應依下列規定設置生活照顧服務人員：

一　聘僱人數達十人以上未滿五十人者，至少設置一人。

二　聘僱人數達五十人以上未滿一百人者，至少設置二人。

三　聘僱人數達一百人以上者，至少設置三人；每增加聘僱一百
人者，至少增置一人。

②前項生活照顧服務人員應具備下列條件之一：

一　取得就業服務專業人員證書者。

二　從事外國人生活照顧服務工作二年以上經驗者。

三　大專校院畢業，並具一年以上工作經驗者。

③雇主違反前二項規定者，當地主管機關得通知限期改善。

第六一條

①私立就業服務機構接受前條雇主委任辦理外國人之生活照顧服務
者，應依下列規定設置生活照顧服務人員：

一　外國人人數達十人以上未滿五十人者，至少設置一人。

二　外國人人數達五十人以上未滿一百人者，至少設置二人。

三　外國人人數達一百人以上者，至少設置三人；每增加一百人者，至少增置一人。

②前項生活照顧服務人員應具備之條件，適用前條第二項規定。

③私立就業服務機構違反前二項規定者，當地主管機關得通知委任之雇主及受任之私立就業服務機構限期改善。

第六二條

雇主委任私立就業服務機構辦理外國人生活照顧服務計畫書所定事項者，應善盡選任監督之責。

第六三條

外國人從事本法第四十六條第一項第八款至第十一款規定之工作，經地方主管機關認定有安置必要者，得依中央主管機關所定之安置對象、期間及程序予以安置。

第六四條

①雇主聘僱第六十條之外國人達三十人以上者；其所聘僱外國人中，應依下列規定配置具有雙語能力者：

一　聘僱人數達三十人以上未滿一百人者，至少配置一人。

二　聘僱人數達一百人以上未滿二百人者，至少配置二人。

三　聘僱人數達二百人以上者，至少配置三人；每增加聘僱一百人者，至少增置一人。

②雇主違反前項規定者，當地主管機關得通知限期改善。

第六五條

雇主依本法第四十六條第三項規定與外國人簽訂之定期書面勞動契約，應以中文為之，並應作成該外國人母國文字之譯本。

第六六條 112

①雇主依勞動契約給付第二類外國人或第三類外國人之工資，應檢附印有中文及該外國人本國文字之薪資明細表，並記載下列事項，交予該外國人收存，且自行保存五年：

一　實領工資、工資計算項目、工資總額及工資給付方式。

二　應負擔之全民健康保險費、勞工保險費、所得稅、膳宿費及職工福利金。

三　依法院或行政執行機關之扣押命令所扣押之金額。

四　依其他法律規定得自工資逕予扣除之項目及金額。

②前項所定工資，包括雇主法定及約定應給付之工資。

③雇主應備置及保存下列文件，供主管機關檢查：

一　勞動契約書。

二　經驗證之第二類外國人入國工作費用及工資切結書。

④雇主依第三十二條第二項規定引進第二類外國人者，免備置及保存前項所定之切結書。

⑤第一項工資，除外國人應負擔之項目及金額外，雇主應全額以現金直接給付第二類外國人或第三類外國人。但以其他方式給付者，應提供相關證明文件，交予外國人收存，並自行保存一份。

⑥第一項工資，雇主未全額給付者，主管機關得限期令其給付。

第六七條

第二類外國人，不得攜眷居留。但受聘僱期間在我國生產子女並有能力扶養者，不在此限。

第六八條

① 雇主對聘僱之外國人有本法第五十六條規定之情事者，除依規定通知當地主管機關、入出國管理機關及警察機關外，並副知中央主管機關。

② 雇主對聘僱之第二類外國人或第三類外國人，於聘僱許可有效期間因聘僱關係終止出國，應於該外國人出國前通知當地主管機關，由當地主管機關探求外國人之真意，並驗證之；其驗證程序，由中央主管機關公告之。

③ 第一項通知內容，應包括外國人之姓名、性別、年齡、國籍、入國日期、工作期限、招募許可或聘僱許可文號及外僑居留證影本等資料。

④ 外國人未出國者，警察機關應彙報內政部警政署，並加強查緝。

第六九條

① 雇主應於所聘僱之外國人聘僱許可期限屆滿前，為其辦理手續並使其出國。

② 聘僱外國人有下列情事之一經令其出國者，雇主應於限令出國期限前，為該外國人辦理手續並使其出國；其經入出國管理機關依法限令其出國者，不得逾該出國期限：

一　聘僱許可經廢止者。

二　健康檢查結果表有不合格項目者。

三　未依規定辦理聘僱許可或經不予許可者。

③ 雇主應於前二項外國人出國後三十日內，檢具外國人名冊及出國證明文件，通知中央主管機關。但外國人聘僱許可期限屆滿出國，或聘僱關係終止並經當地主管機關驗證出國者，不在此限。

第七〇條

① 雇主因故不能於本辦法規定期限內通知或申請者，經中央主管機關認可後，得於核准所定期限內，補行通知或申請。

② 前項補行通知或申請，就同一通知或申請案別，以一次為限。

第七一條

① 雇主依本法第五十五條第一項規定繳納就業安定費者，應自聘僱之外國人入國翌日或接續聘僱日起至聘僱許可屆滿日或廢止聘僱許可前一日止，按聘僱外國人從事之行業別、人數及本法第五十五條第二項所定就業安定費之數額，計算當季應繳之就業安定費。

② 雇主繳納就業安定費，應於次季第二個月二十五日前，向中央主管機關設置之就業安定基金專戶繳納；雇主得不計息提前繳納。

③ 雇主聘僱外國人之當月日數未滿一個月者，其就業安定費依實際聘僱日數計算。

④ 雇主繳納之就業安定費，超過應繳納之數額者，得檢具申請書及

證明文件申請退還。

第八章 附 則

第七二條

本辦法所規定之書表格式，由中央主管機關定之。

第七三條 112

①本辦法自中華民國一百十一年四月三十日施行。

②本辦法修正條文，除中華民國一百十一年十月十二日修正發布之條文，自一百十一年四月三十日施行；一百十一年十二月二十六日修正發布之條文，自一百十二年一月一日施行外，自發布日施行。

外國人從事就業服務法第四十六條第一項第一款至第六款工作資格及審查標準

①民國93年1月13日行政院勞工委員會令訂定發布全文46條；並自發布日施行。
②民國94年5月24日行政院勞工委員會令修正發布全文48條；並自發布日施行。
③民國95年5月2日行政院勞工委員會令修正發布第4、7、9、38、42、46、47條條文；並增訂第8-1條條文。
④民國99年1月29日行政院勞工委員會令修正發布第4、7、15、27、32、36～40、43、48條條文；並增訂第2-1、25-1條條文；除第15條自104年1月29日施行者外，自發布日施行。
⑤民國102年5月17日行政院勞工委員會令修正發布第8、11、21、22、26、31、36～39、45、47條條文；並增訂第41-1條條文。
⑥民國103年7月1日勞動部令修正發布第6條條文；並增訂第5-1條條文。
⑦民國104年5月1日勞動部令修正發布第6、38條條文。
⑧民國106年7月26日勞動部令修正發布第43、44、46、47條條文；增訂第37-1、39-1條條文。
⑨民國107年5月9日勞動部令修正發布第2、28、45、47條條文；並刪除第40～41-1條條文。
⑩民國109年5月18日勞動部令修正發布第4、5-1、11、24、25-1、27、33、36～39、45、47條條文。
⑪民國110年10月25日勞動部令修正發布第48條條文；刪除第42條條文及第四章章名；並自110年10月25日施行。
⑫民國111年4月29日勞動部令修正發布第5-1、10、48條條文；並自111年4月30日施行。
⑬民國112年6月14日勞動部令修正發布第4、21、34條條文及第5-1條條文之附表；增訂第26-1條條文。
⑭民國113年8月1日勞動部令修正發布第5-1、37條條文。

第一章　總　則

第一條
本標準依就業服務法（以下簡稱本法）第四十六條第二項規定訂定之。

第二條
①外國人受聘僱從事本法第四十六條第一項第一款、第二款、第四款至第六款規定之工作，其工作資格應符合本標準規定。
②外國人受聘僱從事本法第四十六條第一項第三款規定之工作，其工作資格應符合教育部訂定之各級學校申請外國教師聘僱許可及管理辦法規定。

第二條之一

外國人從事前條所定工作，於申請日前三年內不得有下列情事之一：

一　未經許可從事工作。

二　為申請許可以外之雇主工作。

三　非依雇主指派即自行從事許可以外之工作。

四　連續曠職三日失去聯繫。

五　拒絕接受健康檢查或提供不實檢體。

六　違反本法第四十八條第二項、第三項、第四十九條所發布之命令，情節重大。

七　違反其他中華民國法令，情節重大。

八　依規定應提供資料，拒絕提供或提供不實。

第三條

為保障國民工作權，並基於國家之平等互惠原則，中央主管機關得會商相關中央目的事業主管機關，就國內就業市場情勢、雇主之業別、規模、用人計畫、營運績效及對國民經濟、社會發展之貢獻，核定其申請聘僱外國人之名額。

第二章　專門性或技術性工作

第四條 113

本法第四十六條第一項第一款所稱專門性或技術性工作，指外國人受聘僱從事下列具專門知識或特殊專長、技術之工作：

一　營繕工程或建築技術。

二　交通事業。

三　財稅金融服務。

四　不動產經紀。

五　移民服務。

六　律師、專利師。

七　技師。

八　社會工作師、醫療保健。

九　環境保護。

十　文化、運動及休閒服務。

十一　學術研究。

十二　獸醫師。

十三　製造業。

十四　批發業。

十五　其他經中央主管機關會商中央目的事業主管機關指定之工作。

第五條

外國人受聘僱從事前條工作，除符合本標準其他規定外，仍應符合下列資格之一：

一　依專門職業及技術人員考試法規定取得證書或執業資格者。

二　取得國內外大學相關系所之碩士以上學位者，或取得相關系所之學士學位而有二年以上相關工作經驗者。

三　服務跨國企業滿一年以上經指派來我國任職者。

四　經專業訓練，或自力學習，有五年以上相關經驗，而有創見及特殊表現者。

第五條之一 113

①外國留學生、僑生或其他華裔學生具下列資格之一，除符合本標準其他規定外，依附表計算之累計點數滿七十點者，得受聘僱從事第四條之工作，不受前條規定之限制：

一　在我國大學畢業，取得學士以上學位。

二　在我國大專校院畢業，取得製造、營造、農業、長期照顧或電子商務等相關科系之副學士學位。

②中央主管機關應就前項許可之申請文件及核發許可程序公告之。

第六條

①為因應產業環境變動，協助企業延攬專門性、技術性工作人員，經中央主管機關會商中央目的事業主管機關專案同意者，其依第五條第二款聘僱之外國人，得不受二年以上相關工作經驗之限制。

②經中央主管機關會商中央目的事業主管機關專案同意屬具創新能力之新創事業者，其依第五條第四款聘僱之外國人，得不受五年以上相關經驗之限制。

第七條

外國法人為履行承攬、買賣、技術合作等契約之需要，須指派所聘僱外國人在中華民國境內從事第四條範圍內之工作，其工作期間在九十日以下者，外國人資格不受第五條之限制。但自申請日起前一年內履約工作期間與當次申請工作期間累計已逾九十日者，外國人仍應符合第五條第一款、第二款及第四款之規定。

第八條

外國人受聘僱或依國際協定開放之行業項目所定契約，在中華民國境內從事第四條之工作，其薪資或所得報酬不得低於中央主管機關公告之數額。

第八條之一

外國人受聘僱從事營繕工程或建築技術工作，其內容應為營繕工程施工技術指導、品質管控或建築工程之規劃、設計、監造、技術諮詢。

第九條

聘僱前條外國人之雇主，應具備下列條件之一：

一　取得目的事業主管機關許可、登記之營造業者。

二　取得建築師開業證明及二年以上建築經驗者。

第一〇條 111

外國人受聘僱於下列交通事業，其工作內容應為：

一　陸運事業：

(一)鐵公路或大眾捷運工程規劃、設計、施工監造、諮詢及營運、維修之工作。

(二)由國外進口或外商於國內承製之鐵路、公路捷運等陸上客、貨運輸機具之安裝、維修、技術指導、測試、營運之工作。

(三)國外採購之機具查驗、驗證及有助提升陸運技術研究發展之工作。

二　航運事業：

(一)港埠、船塢、碼頭之規劃、設計、監造、施工評鑑之工作。

(二)商港設施及打撈業經營管理、機具之建造與維修、安裝、技術指導、測試、營運、裝卸作業之指揮、調度與機具操作及協助提升港埠作業技術研究發展之工作。

(三)船舶、貨櫃、車架之建造維修及協助提昇技術研究發展之工作。

(四)從事海運事業業務人員之訓練、經營管理及其他有助提升海運事業業務發展之工作。

(五)民航場站、助航設施之規劃建設之工作。

(六)有助提升航運技術研究發展之航空器維修採購民航設施查驗及技術指導之工作。

(七)航空事業之人才訓練、經營管理、航空器運渡、試飛、駕駛員、駕駛員訓練、營運飛航及其他有助提升航空事業業務發展之工作。

三　郵政事業：

(一)郵政機械設備系統之規劃、設計審查及施工監造之工作。

(二)有助提升郵政技術研究發展之國外採購郵用物品器材之查驗及生產技術指導之工作。

(三)郵政機械設備之研究、設計、技術支援、維修及郵政人才訓練之工作。

四　電信事業：

(一)電信工程技術之規劃、設計及施工監造之工作。

(二)有助提升電信技術研究發展之國外採購電信器材查驗、生產、技術指導之工作。

(三)電信設備之研究、設計、技術支援、技術指導及維修之工作。

(四)電信人才訓練之工作。

(五)電信加值網路之設計、技術支援之工作。

(六)廣播電視之電波技術及其設備之規劃、設計、監造、指導之工作。

五　觀光事業：

(一)觀光旅館業、旅館業、旅行業之經營管理、導遊、領隊及有助提升觀光技術研究發展之工作。

㈡觀光旅館業、旅館業經營及餐飲烹調技術為國內所缺乏者之工作。

㈢風景區或遊樂區之規劃開發、經營管理之工作。

六 氣象事業：

㈠國際間氣象、地震、海象資料之蒐集、研判、處理、供應及交換之工作。

㈡氣象、地震、海象、技術研究及指導之工作。

㈢國外採購之氣象、地震、海象儀器設備校驗、維護技術指導等有助提升氣象、地震、海象、技術研究發展之工作。

㈣氣象、地震、海象技術人才之培育與訓練及氣象、地震、海象、火山、海嘯等事實鑑定之工作。

七 從事第一款至第六款事業之相關規劃、管理工作。

第一一條

①聘僱前條外國人之雇主，應取得目的事業主管機關核發經營事業之證明。

②外國人受聘僱從事前條第五款規定之觀光事業導遊人員、領隊人員或旅行業經理人工作，應分別取得中央目的事業主管機關核發之導遊執業證照、領隊執業證照或旅行業經理人結業證書。

第一二條

外國人受聘僱從事航空器運渡或試飛工作，應具備下列資格：

一 具有雇主所需機型之航空器運渡或試飛駕駛員資格。

二 持有雇主所需機型之有效檢定證明。

三 持有有效體格檢查合格證明。

第一三條

外國人受聘僱從事航空器駕駛員訓練工作，應備下列資格：

一 具有航空器訓練教師資格。

二 持有雇主所需機型之有效檢定證明。

三 持有有效體格檢查合格證明。

第一四條

①外國人受聘僱從事航空器營運飛航工作，應備下列資格：

一 具有民航運輸駕駛員資格。

二 持有雇主所需機型之有效檢定證明。

三 持有民用航空醫務中心航空人員體格檢查合格證明。

②雇主聘僱國內外缺乏所需航空器機型之駕駛員時，得聘僱未取得該機型有效檢定證明之外國飛航駕駛員，經施予訓練，於取得該機型之有效檢定證明後，始得從事本條之工作。但本國合格飛航駕駛員應予優先訓練。

第一五條

聘僱前條外國籍駕駛員之雇主，應培訓本國籍駕駛員，其所聘僱外國籍駕駛員人數總和，不得超過自申請日起前七年內所自訓之本國籍駕駛員人數及該年度自訓本國籍駕駛員計畫人數總和之二點五倍。

第一六條

聘僱第十二條至第十四條外國人之雇主，應取得中央目的事業主管機關核發之民用航空運輸業許可證。

第一七條

外國人受聘僱從事本國籍普通航空業之駕駛員工作，應具備下列資格：

一　具有正駕駛員資格。

二　持有雇主所需機型之有效檢定證明。

三　持有有效體格檢查合格證明。

第一八條

聘僱前條外國人之雇主，應具備下列條件：

一　取得中央目的事業主管機關核發之中華民國普通航空業許可證。

二　所聘僱之外國人執行航空器之作業與訓練，限於未曾引進之機型。但曾引進之機型而無該機型之本國籍教師駕駛員或執行已具該機型執業資格之國籍駕駛員複訓者，不在此限。

第一九條

前條之雇主聘僱外國人，其申請計畫應符合下列規定之一：

一　單、雙座駕駛員機種，雇主派任一飛航任務，第一年許可全由外國人擔任；第二年起雙座駕駛員機種至少一人，應由本國籍駕駛員擔任。

二　單座駕駛員機種，自第二年起該機種飛行總時數二分之一以上，應由本國籍駕駛員擔任飛行操作。但工作性質及技能特殊，經中央主管機關會商中央目的事業主管機關核准者，不在此限。

第二〇條

外國人受聘僱從事航空器發動機、機體或通信電子相關簽證工作，應持有有效檢定證明及具備航空器維修或相關技術領域五年以上工作經驗。

第二一條 113

① 外國人受聘僱從事財稅金融服務工作，其內容應為：

一　證券、期貨事業：

　　㈠有價證券與證券金融業務之企劃、研究、分析、投資、管理、交易，及財務、業務之稽核或引進新技術之工作。

　　㈡期貨交易、投資、分析及財務、業務之稽核或引進新技術之工作。

二　金融事業：存款、授信、投資、信託、外匯及其他中央主管機關會商中央目的事業主管機關認定之相關金融業務，以及上開業務之企劃、研究分析、管理諮詢、業務之稽核、風險管理或引進新技術之工作。

三　保險事業：人身、財產保險之理賠、核保、精算、投資、資訊、再保、代理、經紀、訓練、公證、工程、風險管理或引

　　　進新技術之工作。
　　四　協助處理商業會計事務之工作。
　　五　協助處理會計師法所定業務之工作。
②聘僱前項第一款至第四款外國人之僱主，應取得中央目的事業主
　管機關核發經營證券、期貨事業、金融事業或保險事業之證明。
③聘僱第一項第五款外國人之僱主，應取得會計師執業登記。

第二二條

①外國人受聘僱從事不動產經紀工作，其內容應為執行不動產仲介
　或代銷業務。
②前項外國人應取得直轄市、縣（市）主管機關核發之不動產經紀
　人證書或中央目的事業主管機關指定之機構、團體發給之不動產
　經紀營業員證明。

第二三條

①外國人受聘僱於移民業務機構從事移民服務工作，其內容應為：
　　一　與投資移民有關之移民基金諮詢、仲介業務，並以保護移民
　　　　者權益所必須者為限。
　　二　其他與移民有關之諮詢業務。
②前項外國人應具備下列資格之一：
　　一　從事前項之移民業務二年以上。
　　二　曾任移民官員，負責移民簽證一年以上。
　　三　具律師資格，從事移民相關業務一年以上。

第二四條

　外國人受聘僱從事律師工作，應具備下列資格之一：
　　一　中華民國律師。
　　二　外國法事務律師。

第二五條

　聘僱前條外國人之僱主，應具備下列條件之一：
　　一　中華民國律師。
　　二　外國法事務律師。

第二五條之一

①外國人受聘僱從事專利師工作，應具備中華民國專利師資格。
②聘僱前項專利師之僱主應為經營辦理專利業務之事務所，並具備
　下列條件之一：
　　一　中華民國專利師。
　　二　中華民國律師。
　　三　中華民國專利代理人。

第二六條

①外國人受聘僱執行技師業務，應取得技師法所定中央主管機關核
　發之執業執照。
②聘僱前項外國人之僱主，應取得下列證明之一：
　　一　工程技術顧問公司登記證。
　　二　目的事業主管機關核發經營該業務之證明。

第二六條之一 113

① 外國人受聘僱從事社會工作師工作，應取得社會工作師法所定中央主管機關核發之社會工作師證書。

② 聘僱前項外國人之雇主，應聘有專職社會工作師或具社會工作專業背景之專職社會工作相關人員一名以上，並爲具備實習制度之下列社會工作師法

③ 定執業登記處所之一：

一 公立社會福利、勞工、司法或衛生機關（構）。

二 經立案之民間社會福利、勞工、司法或衛生機關（構）。

三 經立案之團體，其章程內容以社會工作、社會福利爲主要宗旨或任務。

四 公立及私立各大專校院、中學或小學。

五 經中央目的事業主管機關評鑑合格之機構。

六 其他社會工作之法定執業登記處所。

第二七條

外國人受聘僱於醫事機構從事醫療保健工作，應具備下列資格之一：

一 取得中央目的事業主管機關核發之醫事專門職業證書之醫師、中醫師、牙醫師、藥師、醫事檢驗師、醫事放射師、物理治療師、職能治療師、護理師、營養師、臨床心理師、諮商心理師、呼吸治療師、語言治療師、聽力師、牙體技術師、助產師或驗光師。

二 其他經中央主管機關會商中央目的事業主管機關認定醫療衛生業務上須聘僱之醫事專門性或技術性人員。

第二八條

前條所稱醫事機構，以下列各款爲限：

一 前條第一款所定人員之法定執業登記機構。

二 藥商。

三 衛生財團法人。

四 其他經中央主管機關會商中央目的事業主管機關認定得聘僱前條外國人之機構。

第二九條

外國人受聘僱從事環境保護工作，其內容應爲：

一 人才訓練。

二 技術研究發展。

三 污染防治機具安裝、操作、維修工作。

第三〇條

聘僱前條外國人之雇主，以下列各款爲限：

一 環境檢驗測定機構。

二 廢水代處理業者。

三 建築物污水處理設施清理機構。

四 廢棄物清除處理機構。

五　其他經中央主管機關會商中央目的事業主管機關認定得聘僱前條外國人之事業。

第三一條

① 外國人受聘僱從事文化、運動及休閒服務工作，其內容應為：

一　出版事業：新聞紙、雜誌、圖書之經營管理、外文撰稿、編輯、翻譯、編譯；有聲出版之經營管理、製作、編曲及引進新設備技術之工作。

二　電影業：電影片製作、編導、藝術、促銷、經營管理或引進新技術之工作。

三　無線、有線及衛星廣播電視業：節目策劃、製作、外文撰稿、編譯、播音、導播及主持、經營管理或引進新技術之工作。

四　藝文及運動服務業：文學創作、評論、藝文活動經營管理、藝人及模特兒經紀、運動場館經營管理、運動裁判、運動訓練指導或運動活動籌劃之工作。

五　圖書館及檔案保存業：各種資料之收藏及維護，資料製成照片、地圖、錄音帶、錄影帶及其他形式儲存或經營管理之工作。

六　博物館、歷史遺址及其他文化資產保存機構：對各類文化資產或其他具文化資產保存價值之保存、維護、陳列、展示（覽）、教育或經營管理之工作。

七　休閒服務業：遊樂園業經營及管理之工作。

② 聘僱前項第五款及第六款外國人之雇主，應取得目的事業主管機關核發從事圖書館、檔案保存業、博物館或歷史遺址等機構之證明。

第三二條

外國人受聘僱從事研究工作，其雇主應為專科以上學校、經中央目的事業主管機關依法核准立案之學術研究機構或教學醫院。

第三三條

外國人受聘僱於獸醫師之執業機構或其他經中央主管機關會商中央目的事業主管機關認定之機構從事獸醫師工作，應取得中央目的事業主管機關核發之獸醫師證書。

第三四條 113

外國人受聘僱於製造業工作，其內容應為經營管理、調度、督導、營運、指揮、研究、研發、開發、分析、設計、規劃、測試、檢驗、稽核、培訓、展、品質管控、維修、諮詢、機具安裝、技術指導或技術研發引進等。

第三五條

外國人受聘僱從事批發業工作，其工作內容應為經營管理、設計、規劃、技術指導等。

第三六條

聘僱第四條第十五款、第二十二條第一項、第二十三條第一項、第

二十九條、第三十一條第一項第一款至第四款及第七款、第三十四條或前條外國人之僱主，應符合下列條件之一：

一　本國公司：

（一）設立未滿一年者，實收資本額達新臺幣五百萬元以上、營業額達新臺幣一千萬元以上、進出口實績總額達美金一百萬元以上或代理佣金達美金四十萬元以上。

（二）設立一年以上者，最近一年或前三年度平均營業額達新臺幣一千萬元以上、平均進出口實績總額達美金一百萬元以上或平均代理佣金達美金四十萬元以上。

二　外國公司在我國分公司或大陸地區公司在臺分公司：

（一）設立未滿一年者，在臺營運資金達新臺幣五百萬元以上、營業額達新臺幣一千萬元以上、進出口實績總額達美金一百萬元以上或代理佣金達美金四十萬元以上。

（二）設立一年以上者，最近一年或前三年度在臺平均營業額達新臺幣一千萬元以上、平均進出口實績總額達美金一百萬元以上或平均代理佣金達美金四十萬元以上。

三　經中央目的事業主管機關許可之外國公司代表人辦事處或大陸地區公司在臺辦事處，且在臺有工作實績者。

四　經中央目的事業主管機關核准設立之研發中心、企業營運總部。

五　對國內經濟發展有實質貢獻，或因情況特殊，經中央主管機關會商中央目的事業主管機關專案認定者。

第三七條 113

① 聘僱外國人從事第四條工作之僱主為財團法人、社團法人、政府機關（構）、行政法人或國際非政府組織者，應符合下列條件之一：

一　財團法人：設立未滿一年者，設立基金達新臺幣一千萬元以上；設立一年以上者，最近一年或前三年度平均業務支出費用達新臺幣五百萬元以上。

二　社團法人：社員人數達五十人以上。

三　政府機關（構）：各級政府機關及其附屬機關（構）。

四　行政法人：依法設置之行政法人。

五　國際非政府組織：經中央目的事業主管機關許可設立之在臺辦事處、秘書處、總會或分會。

② 前項僱主為財團法人或社團法人，對國內經濟發展有實質貢獻，或因情況特殊，經中央主管機關會商中央目的事業主管機關專案認定者，得不受前項第一款或第二款所定條件之限制。

第三七條之一

① 外國人受僱從事本法第四十六條第一項第一款至第六款規定之工作，其隨同居留之外國籍配偶，受聘僱從事第四條之部分工時工作，其時薪或所得報酬，不得低於中央主管機關依第八條公告之數額。

明文件之機構或公司。

第四六條

外國人受聘僱從事本法第四十六條第一項第六款規定之藝術及演藝工作，應出具從事藝術、演藝工作證明文件或其所屬國官方機構出具之推薦或證明文件。但因情況特殊，經中央主管機關會商中央目的事業主管機關專案認定者，不在此限。

第四七條

聘僱前條外國人之雇主，應具備下列條件之一：

一　學校、公立社會教育文化機構。

二　觀光旅館。

三　觀光遊樂業者。

四　演藝活動業者。

五　文教財團法人。

六　演藝團體、學術文化或藝術團體。

七　出版事業者。

八　電影事業者。

九　無線、有線或衛星廣播電視業者。

十　藝文服務業者。

十一　政府機關（構）或行政法人。

十二　各國駐華領使館、駐華外國機構、駐華國際組織。

第六章　附　則

第四八條 111

①本標準自發布日施行。

②本標準中華民國九十九年一月二十九日修正發布之第十五條，自一百零四年一月二十九日施行；一百十年十月二十五日修正發布之條文，自一百十年十月二十五日施行；一百十一年四月二十九日修正發布之條文，自一百十一年四月三十日施行。

外國人從事就業服務法第四十六條第一項第八款至第十一款工作資格及審查標準

①民國93年1月13日行政院勞工委員會令訂定發布全文29條；並自發布日施行。

②民國94年4月15日行政院勞工委員會令修正發布第13～16、20、21條條文；並增訂第15-1條條文。

③民國94年12月30日行政院勞工委員會令修正發布第13、16、22、24條條文；增訂第15-2、15-3條條文；並刪除第15-1條條文。

④民國95年8月30日行政院勞工委員會令修正發布第13、15、15-3、24～27條條文。

⑤民國95年12月8日行政院勞工委員會令修正發布第13、15-2、15-3條條文。

⑥民國96年10月1日行政院勞工委員會令修正發布第6、13、16、18、22條條文；增訂第14-1、15-4～15-6條條文；並刪除第14、15、15-2、15-3條條文。

⑦民國98年3月5日行政院勞工委員會令修正發布第13、14-1、15-4、16條條文。

⑧民國99年9月29日行政院勞工委員會令修正發布第13、14-1、15-4、16條條文；並增訂第14-2、14-3、15-7、16-1條條文。

⑨民國100年9月16日行政院勞工委員會令修正發布第22條附表五。

⑩民國101年9月17日行政院勞工委員會令修正發布第6、10、11、14-2、16-1、22條條文及第13條附表六；並增訂第24-1條條文。

⑪民國102年3月11日行政院勞工委員會令修正發布第4、11、13、14-3、15-4、15-7、16-1條條文及第22條附表五；並增訂第14-4～14-8、15-8、24-2～24-4條條文及第七章之一章名。

⑫民國103年3月28日勞動部令修正發布第3、4、7～9、11、20、22、23、24-2條條文。

⑬民國103年6月5日勞動部令修正發布第22條附表五。

⑭民國104年3月3日勞動部令修正發布第24-2條條文；並增訂第22-1條條文。

⑮民國104年5月1日勞動部令修正發布第9、13、14-2、14-7條條文。

⑯民國104年8月6日勞動部令修正發布第22條條文。

⑰民國104年9月4日勞動部令修正發布第24-2、24-4條條文。

⑱民國104年11月11日勞動部令修正發布第1、29條條文及第22-1條附表八；增訂第22-2條條文；並104年10月9日施行。

⑲民國105年3月14日勞動部令修正發布第3、4、9、14-7、15-7、16條條文及第22-2條附表九；增訂第19-1～19-6條條文及第五章之一章名；並刪除第16-1條條文。

⑳民國105年11月16日勞動部令修正發布第1、6、7、9、14-7、21、26條條文。

㉑民國106年8月11日勞動部令修正發布第14-7、19-4條條文及第13條附表六。

㉒民國108年3月14日勞動部令修正發布第24、26條條文及第13條附表六。

㉓民國108年4月3日勞動部令修正發布第4、15-7條條文；並增訂第14-9～14-12、19-7～19-11條條文及第五章之二、第五章之三章名。

㉔民國108年8月26日勞動部令修正發布第10、14-10、20、21、22、23條條文。

㉕民國108年11月26日勞動部令修正發布第19-10條條文。

㉖民國109年1月20日勞動部令修正發布第10條條文。

㉗民國109年6月15日勞動部令修正發布第8條條文。

㉘民國109年7月31日勞動部令修正發布第4、14-7、17、18、19-1、19-9、19-11條條文；增訂第16-2～16-5、17-1、18-1～18-3、19-12條條文及第四章之一、第五章之四章名；並刪除第19、19-7、19-8條條文及第五章之二章名。

㉙民國110年7月30日勞動部令修正發布第4、17、17-1、18-1、19-12條條文及第13條附表六、第18條附表四。

㉚民國111年4月29日勞動部令修正發布全文65條；並自111年4月30日施行。

㉛民國111年8月15日勞動部令修正發布第8、17、65條條文及第24條附表五、第25條附表六、第49條附表十、第62條附表十三；並增訂第33-1條條文；除第8條自112年1月1日施行外，自發布日施行。

㉜民國111年10月12日勞動部令修正發布第62、65條條文；並自111年4月30日施行。

㉝民國111年11月24日勞動部令修正發布第11、14、17、22、26、39、54條條文及第44條附表九、第56條附表十二、第64條附表十四。

㉞民國112年3月13日勞動部令修正發布第6、9、61、63條條文及第62條附表十三、第64條附表十四。

㉟民國112年5月18日勞動部令修正發布第22條條文。

㊱民國112年6月15日勞動部令修正發布第6、16、25、26～28、31、33-1、34、49、56、58、61條條文及第24條附表五、第62條附表十三、第63條附表十三之一、第64條附表十四；並增訂第25-1、47-1～47-3條條文。

㊲民國112年10月13日勞動部令修正發布第6、9、16、18、19、34、58、61、62條條文及第24條附表五、第63條附表十三之一、第64條附表十四。

第一章　總則

第一條

本標準依就業服務法（以下簡稱本法）第四十六條第二項及第五十二條第七項規定訂定之。

第二條

外國人受聘僱從事本法第四十六條第一項第八款至第十一款規定之工作，其資格應符合本標準規定。

第三條

外國人受聘僱從事本法第四十六條第一項第八款規定海洋漁撈工

作，其工作內容，應爲從事漁船船長、動力小船駕駛人以外之幹部船員及普通船員、箱網養殖或與其有關之體力工作。

第四條

外國人受聘僱從事本法第四十六條第一項第九款規定之工作，其工作內容如下：

一　家庭幫傭工作：在家庭，從事房舍清理、食物烹調、家庭成員起居照料或其他與家事服務有關工作。

二　機構看護工作：在第十五條所定之機構或醫院，從事被收容之身心障礙者或病患之日常生活照顧等相關事務工作。

三　家庭看護工作：在家庭，從事身心障礙者或病患之日常生活照顧相關事務工作。

第五條

中央主管機關依本法第四十六條第一項第十款規定指定之工作，其工作內容如下：

一　製造工作：直接從事製造業產品製造或與其有關之體力工作。

二　外展製造工作：受僱主指派至外展製造服務契約履行地，直接從事製造業產品製造或與其有關之體力工作。

三　營造工作：在營造工地或相關場所，直接從事營造工作或與其有關之體力工作。

四　屠宰工作：直接從事屠宰工作或與其有關之體力工作。

五　外展農務工作：受僱主指派至外展農務服務契約履行地，直接從事農、林、牧、養殖漁業工作或與其有關之體力工作。

六　農、林、牧或養殖漁業工作：在農、林、牧場域或養殖場，直接從事農、林、牧、養殖漁業工作或與其有關之體力工作。

七　其他經中央主管機關指定之工作。

第六條 112

中央主管機關依本法第四十六條第一項第十一款規定專案核定之工作，其工作內容如下：

一　雙語翻譯工作：從事本標準規定工作之外國人，擔任輔導管理之翻譯工作。

二　廚師及其相關工作：從事本標準規定工作之外國人，擔任食物烹調等相關之工作。

三　中階技術工作：符合第十四章所定工作年資、技術或薪資，從事下列工作：

(一)中階技術海洋漁撈工作：在第十條所定漁船或箱網養殖漁業區，從事海洋漁撈工作。

(二)中階技術機構看護工作：在第十五條所定機構或醫院，從事被收容之身心障礙者或病患之生活支持、協助及照顧相關工作。

(三)中階技術家庭看護工作：在第十八條所定家庭，從事身心

障礙者或病患之個人健康照顧工作。

㈣中階技術製造工作：在第二十四條所定特定製程工廠，從事技藝、機械設備操作及組裝工作。

㈤中階技術營造工作：

　　1.在第四十二條或第四十三條所定工程，從事技藝、機械設備操作及組裝工作。

　　2.在第四十七條之一所定工程，從事技藝、機械設備操作及組裝工作。

㈥中階技術屠宰工作：在第四十八條所定場所，從事禽畜卸載、繫留、致昏、屠宰、解體及分裝工作。

㈦中階技術外展農務工作：在第五十三條所定外展農務服務契約履行地，從事農業生產工作。

㈧中階技術農業工作：在第五十六條第一項所定場所，從事農、林、牧或養殖漁業工作。

㈨其他經中央主管機關會商中央目的事業主管機關指定工作場所之中階技術工作。

四　其他經中央主管機關專案核定之工作。

第七條

外國人受聘僱從事本標準規定之工作，不得有下列情事：

一　曾違反本法第四十三條規定者。

二　曾違反本法第七十三條第一款、第二款、第三款之連續曠職三日失去聯繫、第五款至第七款規定之一者。

三　曾拒絕接受健康檢查或提供不實檢體者。

四　健康檢查結果不合格者。

五　在我國境內受聘僱從事第三條至第五條規定工作，累計工作期間逾本法第五十二條第四項或第六項規定期限者。但從事前條規定工作者，不在此限。

六　工作專長與原申請許可之工作不符者。

七　未持有行為良好證明者。

八　未滿十六歲者。

九　曾在我國境內受聘僱從事本標準規定工作，且於下列期間連續三日失去聯繫者：

　　㈠外國人入國未滿三日尚未取得聘僱許可。

　　㈡聘僱許可期間屆滿不足三日。

　　㈢經地方主管機關安置、轉換雇主期間或依法令應出國而尚未出國期間。

十　違反其他經中央主管機關規定之工作資格者。

第八條 111

①外國人受聘僱從事第四條之工作，其年齡須二十歲以上，並應具下列資格：

一　入國工作前，應經中央衛生福利主管機關認可之外國健康檢查醫院或其本國勞工部門指定之訓練單位訓練合格，或在我

　　　　國境內從事相同工作滿六個月以上者。

二　從事家庭幫傭或家庭看護工作之外國人，入國時應於中央主
　　管機關指定地點，接受八小時以上之講習，並取得完訓證
　　明。但曾於五年內完成講習者，免予參加。

②前項第二款之講習內容，包括下列事項：

一　外國人聘僱管理相關法令。

二　勞動權益保障相關法令。

三　衛生及防疫相關資訊。

四　外國人工作及生活適應相關資訊。

五　其他經中央主管機關規定事項。

第九條 112

①雇主申請聘僱外國人從事下列工作，其所聘僱本法第四十六條第
一項第一款及第八款至第十一款規定工作總人數，不得超過雇主
申請當月前二個月之前一年僱用員工平均人數之百分之五十：

一　製造工作或中階技術製造工作。

二　屠宰工作或中階技術屠宰工作。

三　第四十七條之一規定營造工作，或第六條第三款第五目之2
　　規定中階技術營造工作。

②前項僱用員工平均人數，依雇主所屬同一勞工保險證號之參加勞
工保險人數計算。但雇主依第六條第三款第五目之1、第四十二
條及第四十三條申請之人數，不予列計。

③雇主申請聘僱外國人從事第四十二條或第四十三條規定營造工
作，或第六條第三款第五目之1規定中階技術營造工作，其所聘
僱本法第四十六條第一項第一款及第八款至第十一款規定工作總
人數，不得超過以工程經費法人力需求模式計算所得人數百分之
五十。但經行政院核定增加外國人核配比率者，不在此限。

④第一項及前項雇主聘僱本法第四十六條第一項第一款規定工作之
人數，經中央主管機關會商中央目的事業主管機關專案同意者，
不計入所聘僱外國人總人數。

第二章　海洋漁撈工作

第一〇條

外國人受聘僱從事第三條之海洋漁撈工作，其雇主應具下列條件
之一：

一　總噸位二十以上之漁船漁業人，並領有目的事業主管機關核
　　發之漁業執照。

二　總噸位未滿二十之動力漁船漁業人，並領有目的事業主管機
　　關核發之漁業執照。

三　領有目的事業主管機關核發之箱網養殖漁業區劃漁業權執
　　照，或專用漁業權人出具之箱網養殖入漁證明。

第一一條 111

①外國人受前條第一款及第二款雇主聘僱從事海洋漁撈工作總人數

之認定，應包括下列人數，且不得超過該漁船漁業執照規定之船員人數：

一　申請初次招募外國人人數。

二　幹部船員出海最低員額或動力小船應配置員額人數，至少一人：

三　得申請招募許可人數、取得招募許可人數及已聘僱外國人人數。

四　申請日前二年內，因可歸責於雇主之原因，經廢止外國人招募許可及聘僱許可人數。

② 前項幹部船員出海最低員額，及動力小船應配置員額，依中央目的事業主管機關公告規定及小船管理規則有關規定認定之。

③ 同一漁船出海本國船員數高於前項出海最低員額者，應列計出海船員數。

④ 外國人受前條第三款雇主聘僱從事海洋漁撈工作者，依漁業權執照或入漁證明所載之養殖面積，每二分之一公頃，得聘僱外國人一人。但不得超過雇主僱用國內勞工人數之三分之二。

⑤ 前項僱用國內勞工人數，依雇主所屬同一勞工保險證號之申請當月前二個月之前一年參加勞工保險認定之。但雇主依勞工保險條例第六條規定，為非強制參加勞工保險且未成立投保單位者，得以經直轄市或縣（市）政府漁業主管機關驗查之證明文件認定之。

⑥ 第四項聘僱外國人總人數之認定，應包括下列人數：

一　申請初次招募外國人人數。

二　得申請招募許可人數、取得招募許可人數及已聘僱外國人人數。

三　申請日前二年內，因可歸責於雇主之原因，經廢止外國人招募許可及聘僱許可人數。

⑦ 前條第三款雇主與他人合夥從事第三條之箱網養殖工作，該合夥關係經公證，且合夥人名冊由直轄市或縣（市）政府漁業主管機關驗查者，其合夥人人數得計入前項僱用國內勞工人數。

⑧ 第一項第三款及第六項第二款已聘僱外國人人數，應列計從事中階技術海洋漁撈工作之人數。

第三章　家庭幫傭工作

第一二條

① 外國人受聘僱從事第四條第一款之家庭幫傭工作，雇主申請招募時，應具下列條件之一：

一　有三名以上之年齡六歲以下子女。

二　有四名以上之年齡十二歲以下子女，且其中二名為年齡六歲以下。

三　累計點數滿十六點者。

② 前項各款人員，與雇主不同戶籍、已申請家庭看護工、中階技術

家庭看護工或已列計為申請家庭幫傭者，其人數或點數，不予列計。

③第一項第三款累計點數之計算，以雇主未滿六歲之子女、年滿七十五歲以上之直系血親尊親屬或繼父母、配偶之父母或繼父母之年齡，依附表一計算。

第一三條

①外國人受聘僱從事第四條第一款之家庭幫傭工作，其雇主應符合下列條件之一：

一 受聘僱於外資金額在新臺幣一億元以上之公司，並任總經理級以上之外籍人員；或受聘僱於外資金額在新臺幣二億元以上之公司，並任各部門主管級以上之外籍人員。

二 受聘僱於上年度營業額在新臺幣五億元以上之公司，並任總經理級以上之外籍人員；或受聘僱於上年度營業額在新臺幣十億元以上之公司，並任各部門主管級以上之外籍人員。

三 上年度在我國繳納綜合所得稅之薪資所得新臺幣三百萬元以上；或當年度月薪新臺幣二十五萬元以上，並任公司、財團法人、社團法人或國際非政府組織主管以上之外籍人員。

四 經中央目的事業主管機關認定，曾任國外新創公司之高階主管或研發團隊核心技術人員，且有被其他公司併購交易金額達美金五百萬元以上實績之外籍人員。

五 經中央目的事業主管機關認定，曾任國外新創公司之高階主管或研發團隊核心技術人員，且有成功上市實績之外籍人員。

六 經中央目的事業主管機關認定，曾任創投公司或基金之高階主管，且投資國外新創或事業金額達美金五百萬元以上實績之外籍人員。

七 經中央目的事業主管機關認定，曾任創投公司或基金之高階主管，且投資國內新創或事業金額達美金一百萬元以上實績之外籍人員。

②前項第三款之外國人員，年薪新臺幣二百萬元以上或月薪新臺幣十五萬元以上，且於入國工作前於國外聘僱同一名外籍幫傭，得聘僱該名外國人從事家庭幫傭工作。

③第一項第四款至第七款之雇主，申請重新招募外國人時，應檢附經中央目的事業主管機關認定之雇主在國內工作實績。

④外國分公司之經理人或代表人辦事處之代表人，準用第一項外籍總經理之申請條件。

第一四條 111

①雇主依前二條聘僱家庭幫傭工作者，一戶以聘僱一人為限。

②前項聘僱外國人總人數之認定，應包括下列人數：

一 申請初次招募外國人人數。

二 得申請招募許可人數、取得招募許可人數及已聘僱外國人人數。

三　經同意轉換雇主或工作，尚未由新雇主接續聘僱或出國之外國人數。

四　申請日前二年內，因可歸責於雇主之原因，經廢止外國人招募許可及聘僱許可人數。

第四章　機構看護工作

第一五條

外國人受聘僱從事第四條第二款之機構看護工作，其雇主應具下列條件之一：

一　收容養護中度以上身心障礙者、精神病患及失智症患者之長期照顧機構、養護機構、安養機構或財團法人社會福利機構。

二　護理之家機構、慢性醫院或設有慢性病床、呼吸照護病床之綜合醫院、醫院、專科醫院。

三　依長期照顧服務法設立之機構住宿式服務類長期照顧服務機構。

第一六條　112

①外國人受聘僱於前條雇主，從事機構看護工作總人數如下：

一　前條第一款之機構，以其依法登記之許可業務規模床數每三床聘僱一人。

二　前條第二款之護理之家機構，以其依法登記之許可床數每五床聘僱一人。

三　前條第二款之醫院，以其依法登記之床數每五床聘僱一人。

四　前條第三款之機構，以其依法登記之許可服務規模床數每五床聘僱一人。

②前項外國人人數，除第三款醫院合計不得超過本國看護工人數外，不得超過本國看護工及護理人員之合計人數。

③前項本國看護工及護理人員人數之計算，應以申請招募許可當日該機構參加勞工保險人數為準。

第一七條　111

外國人受前條雇主聘僱從事機構看護工作總人數之認定，應包括下列人數：

一　申請初次招募外國人人數。

二　得申請招募許可人數、取得招募許可人數及已聘僱外國人人數。但有下列情形之一者，不予列計：

　　(一)外國人聘僱許可期限屆滿日前四個月期間內，雇主有繼續聘僱外國人之需要，向中央主管機關申請重新招募之外國人人數。

　　(二)原招募許可所依據之事實後發生變更，致無法申請遞補招募、重新招募或聘僱之外國人人數。

三　申請日前二年內，因可歸責於雇主之原因，經廢止外國人招募許可及聘僱許可人數。

第五章　家庭看護工作

第一八條 112

①外國人受聘僱於家庭從事第四條第三款之家庭看護工作，其照顧之被看護者，應具下列條件之一：

一　特定身心障礙項目之一者。

二　年齡未滿八十歲，經醫療機構以團隊方式所作專業評定有全日照護需要者。

三　年齡滿八十歲以上，經醫療機構以團隊方式所作專業評估，認定有嚴重依賴照護需要者。

四　年齡滿八十五歲以上，經醫療機構以團隊方式所作專業評估，認定有輕度依賴照護需要者。

五　符合長期照顧服務申請及給付辦法第七條及第九條附表四，且由各級政府補助使用居家照顧服務、日間照顧服務或家庭托顧服務連續達六個月以上者。

六　經神經科或精神科專科醫師開立失智症診斷證明書，並載明或檢附臨床失智評估量表（Clinical Dementia Rating, CDR）一分以上者。

②已依第十二條列計點數申請家庭幫傭之人員者，不得為前項被看護者。

③第一項第一款特定身心障礙項目如附表二，或中央主管機關公告之身心障礙類別鑑定向度。

④第一項第二款至第四款所定之醫療機構，由中央主管機關會商中央衛生福利主管機關公告。

⑤第一項第二款至第四款所定之專業評估方式，由中央衛生福利主管機關定之。

第一九條 112

雇主曾經中央主管機關核准聘僱外國人，申請重新招募許可，被看護者符合下列規定之一者，得免經前條所定醫療機構之專業評估：

一　附表三適用情形之一。

二　年齡滿七十五歲以上。

第二○條

從事本法第四十六條第一項第八款至第十款規定工作之外國人，除符合本標準其他規定外，其在我國境內工作期間累計屆滿十二年或將於一年內屆滿十二年，且依附表四計算之累計點數滿六十點者，經雇主申請聘僱從事家庭看護工作，該外國人在我國境內之工作期間得累計至十四年。

第二一條

①外國人受聘僱從事第四條第三款之家庭看護工作，雇主與被看護者間應有下列親屬關係之一：

一　配偶。

二　直系血親。

三　三親等內之旁系血親。

四　繼父母、繼子女、配偶之父母或繼父母、子女或繼子女之配偶。

五　祖父母與孫子女之配偶、繼祖父母與孫子女、繼祖父母與孫子女之配偶。

②雇主或被看護者為外國人時，應經主管機關許可在我國居留。

③被看護者在我國無親屬，或情況特殊經中央主管機關專案核定者，得由與被看護者無親屬關係之人擔任雇主或以被看護者為雇主申請聘僱外國人。但以被看護者為雇主者，應指定具行為能力人於其無法履行雇主責任時，代為履行。

第二二條 112

①外國人受聘僱於前條雇主，從事家庭看護工作或中階技術家庭看護工作者，同一被看護者以一人為限。但同一被看護者有下列情形之一者，得增加一人：

一　身心障礙手冊或證明記載為植物人。

二　經醫療專業診斷巴氏量表評為零分，且於六個月內病情無法改善。

②前項聘僱外國人總人數之認定，應包括下列人數：

一　申請初次招募外國人人數。

二　得申請招募許可人數、取得招募許可人數及已聘僱外國人人數。

三　經廢止聘僱許可，同意轉換雇主或工作，尚未由新雇主接續聘僱或出國之外國人人數。但經廢止聘僱許可逾一個月尚未由新雇主接續聘僱者，不在此限。

四　申請日前二年內，因可歸責於雇主之原因，經廢止外國人招募許可及聘僱許可人數。

第二三條

①外國人受聘僱從事家庭看護工或中階技術家庭看護工作之聘僱許可期間，經主管機關認定雇主有違反本法第五十七條第三款或第四款規定情事，中央主管機關得限期令雇主安排被看護者至指定醫療機構重新依規定辦理專業評估。

②雇主未依中央主管機關通知期限辦理，或被看護者經專業評估已不符第十八條第一項或前條資格者，中央主管機關應依本法第七十二條規定，廢止雇主招募許可及聘僱許可之一部或全部。

第六章　製造工作

第二四條

①外國人受聘僱從事第五條第一款之製造工作，其雇主之工廠屬異常溫度作業、粉塵作業、有毒氣體作業、有機溶劑作業、化學處理、非自動化作業及其他特定製程，且最主要產品之行業，經中央目的事業主管機關或自由貿易港區管理機關認定符合附表五規

定，得申請聘僱外國人初次招募許可。

②符合前項特定製程，而非附表五所定之行業者，得由中央主管機關會商中央目的事業主管機關專案核定之。

③中央主管機關、中央目的事業主管機關或自由貿易港區管理機關，得就前二項規定條件實地查核。

第二五條 112

①外國人受前條所定僱主聘僱從事製造工作，其僱主向中央目的事業主管機關或自由貿易港區管理機關申請特定製程經認定者，申請初次招募人數之核配比率、僱用員工人數及所聘僱外國人總人數，應符合附表六規定。

②前項所定僱用員工平均人數，不列計依第二十五條之一、第二十六條第一項各款及第二十八條第三項但書規定所聘僱之外國人人數。

第二五條之一 112

僱主符合第二十四條資格，經中央主管機關核准接續聘僱其他製造業僱主所聘僱之外國人，得於第二十五條附表六核配比率予以提高百分之五。但合計第二十五條附表六核配比率、第二十六條比率不得超過僱主申請當月前二個月之前一年僱用員工平均人數之百分之四十。

第二六條 112

①僱主依第二十五條申請初次招募人數及所聘僱外國人總人數之比率，得依下列情形予以提高。但合計第二十五條附表六核配比率、第二十五條之一比率不得超過僱主申請當月前二個月之前一年僱用員工平均人數之百分之四十：

一　提高比率至百分之五者：僱主聘僱外國人每人每月額外繳納就業安定費新臺幣三千元。

二　提高比率超過百分之五至百分之十者：僱主聘僱外國人每人每月額外繳納就業安定費新臺幣五千元。

三　提高比率超過百分之十至百分之十五者：僱主聘僱外國人每人每月額外繳納就業安定費新臺幣七千元。

四　提高比率超過百分之十五至百分之二十者：僱主聘僱外國人每人每月額外繳納就業安定費新臺幣九千元。

②僱主依前項各款提高比率引進外國人後，不得變更應額外繳納就業安定費之數額。

第二七條 112

①僱主符合下列資格之一，經向中央目的事業主管機關申請新增投資案之認定者，得申請聘僱外國人初次招募許可：

一　屬新設立廠場，取得工廠設立登記證明文件。

二　符合前款規定資格及下列條件之一：

　　㈠高科技產業之製造業投資金額達新臺幣五億元以上，或其他產業之製造業投資金額達新臺幣一億元以上。

　　㈡新增投資計畫書預估工廠設立登記證明核發之日起，一年

內聘僱國內勞工人數達一百人以上。

②前項申請認定之期間，自本標準中華民國一百零二年三月十三日修正生效日起，至一百零三年十二月三十一日止。

③第一項經認定之雇主，應一次向中央主管機關申請，且申請外國人及所聘僱外國人總人數，合計不得超過中央目的事業主管機關預估建議僱用員工人數乘以第二十五條附表六核配比率、第二十五條之一比率加前條所定之比率。

④前項聘僱外國人之比率，符合下列規定者，得免除前條所定應額外繳納就業安定費之數額三年：

一　第一項第一款：百分之五以下。

二　第一項第二款：百分之十以下。

第二八條 112

①雇主符合下列資格，向中央目的事業主管機關申請經認定後，得申請聘僱外國人初次招募許可：

一　經中央目的事業主管機關核准或認定赴海外地區投資二年以上，並認定符合下列條件之一者：

　　㈠自有品牌國際行銷最近二年海外出貨占產量百分之五十以上。

　　㈡國際供應鏈最近一年重要環節前五大供應商或國際市場占有率達百分之十以上。

　　㈢屬高附加價值產品及關鍵零組件相關產業。

　　㈣經中央目的事業主管機關核准新設立研發中心或企業營運總部。

二　經中央目的事業主管機關依前款規定核發認定函之日起三年內完成新設立廠場，並取得工廠設立登記證明文件，且符合前條第一項第二款第一目及第二目規定資格者。

②前項申請認定之期間如下：

一　前項第一款：自中華民國一百零一年十一月二十二日起，至一百零三年十二月三十一日止。

二　前項第二款：中央目的事業主管機關核發前項第一款之認定函之日起三年內。

③第一項經認定之雇主，應一次向中央主管機關申請，且申請外國人及所聘僱外國人人數，應依前條第三項規定計算。但雇主申請外國人之比率未達百分之四十者，得依第二十六條第一項第三款規定額外繳納就業安定費之金額，提高聘僱外國人比率至百分之四十。

④前項聘僱外國人之比率，符合下列規定者，得免除第二十六條第一項各款及前項但書所定應額外繳納就業安定費之數額五年：

一　第一項第一款第一目至第三目：百分之二十以下。

二　第一項第一款第四目：百分之十五以下。

第二九條

①雇主依前二條規定申請聘僱外國人，經中央主管機關核發初次招

募許可者，應於許可通知所定期間內，申請引進外國人。

②前項雇主申請引進外國人，不得逾初次招募許可人數之二分之一。但雇主聘僱國內勞工人數，已達其新增投資案預估聘僱國內勞工人數之二分之一者，不在此限。

第三〇條

①雇主符合行政院中華民國一百零七年十二月七日核定之歡迎臺商回臺投資行動方案，向中央目的事業主管機關申請經認定後，得申請聘僱外國人初次招募許可。

②雇主符合行政院中華民國一百十年七月二十六日核定之離岸風電產業人力補充行動方案，向中央目的事業主管機關申請經認定後，得申請聘僱外國人初次招募許可。

③雇主符合前二項規定者，應於認定函所定完成投資期限後一年內，一次向中央主管機關申請核發初次招募許可。

第三一條 112

①前條雇主申請外國人及所聘僱外國人總人數，合計不得超過中央目的事業主管機關預估僱用人數乘以第二十五條附表六核配比率、第二十五條之一比率加第二十六條所定之比率。

②前項雇主申請外國人之比率未達百分之四十，經依第二十六條第一項第三款規定額外繳納就業安定費者，得依下列規定提高聘僱外國人之比率，但合計比率最高不得超過百分之四十：
一　前條第一項：百分之十五。
二　前條第二項：百分之十。

③雇主依前二項比率計算聘僱外國人總人數，應符合第二十五條附表六規定。

④第一項及前項所定僱用人數及所聘僱外國人總人數，依雇主所屬工廠之同一勞工保險證號之參加勞工保險人數計算之。但所屬工廠取得中央目的事業主管機關或自由貿易港區管理機關認定特定製程之行業，達二個級別以上者，應分別設立勞工保險證號。

第三二條

①雇主符合第三十條規定向中央目的事業主管機關申請認定之期間，應符合下列規定期間：
一　符合第三十條第一項規定者，自中華民國一百零八年一月一日至一百十三年十二月三十一日止。
二　符合第三十條第二項規定者，自中華民國一百十年七月一日至一百十三年六月三十日止。

②雇主同一廠場申請第三十條第一項或第二項之認定，以一次為限，且中央主管機關及中央目的事業主管機關，得實地查核雇主相關資格。

第三三條

①雇主依第三十條規定申請聘僱外國人，經中央主管機關核發初次招募許可者，應於許可通知所定期間內，申請引進外國人。

②雇主依前項規定申請引進之外國人人數，不得逾初次招募許可人

數之二分之一。但所聘僱之國內勞工人數，已達預估聘僱國內勞工人數二分之一者，不在此限。

③前項但書之國內勞工人數，於雇主未新設勞工保險證號時，應以雇主至公立就業服務機構登記辦理國內求才之日當月起，至其申請之日前新增聘僱國內勞工人數計算之。

第三三條之一 112

①雇主所聘僱外國人於聘僱許可期間內，至我國大專校院在職進修製造、營造、農業、長期照顧等副學士以上相關課程，或就讀相關課程推廣教育學分班，每學期達九學分以上，且雇主已依第二十六條第一項第三款規定聘僱外國人者，雇主得以外國人在職進修人數，申請聘僱外國人招募許可。

②雇主依前項申請聘僱外國人之招募許可人數，經依第二十六條第一項第三款規定提高後，得再提高聘僱外國人比率百分之五。但合計比率最高不得超過百分之四十。

③雇主依前二項申請聘僱外國人，應依第二十六條第一項第三款規定額外繳納就業安定費，並依第三十四條規定辦理查核。

第三四條 112

①雇主聘僱外國人人數，與其引進第二十四、第二十五條及第三十七條所定外國人總人數，應符合下列規定：

一　屬自由貿易港區之製造業者：聘僱外國人人數不得超過僱用員工人數之百分之四十。

二　屬第二十四條附表五A+級行業：聘僱外國人人數不得超過僱用員工人數之百分之三十五。

三　屬第二十四條附表五A級行業：聘僱外國人人數不得超過僱用員工人數之百分之二十五。

四　屬第二十四條附表五B級行業：聘僱外國人人數不得超過僱用員工人數之百分之二十。

五　屬第二十四條附表五C級行業：聘僱外國人人數不得超過僱用員工人數之百分之十五。

六　屬第二十四條附表五D級行業：聘僱外國人人數不得超過僱用員工人數之百分之十。

②前項聘僱外國人人數為一人者，每月至少聘僱本國勞工一人以上。

③中央主管機關自雇主聘僱外國人引進入國或接續聘僱滿三個月起，每三個月依前二項規定查核雇主聘僱外國人之比率或人數，及聘僱本國勞工人數。

④第一項及第二項聘僱外國人人數、本國勞工人數及僱用員工人數，以中央主管機關查核當月之前二個月為基準月份，自基準月份起採計前三個月參加勞工保險人數之平均數計算。

⑤雇主聘僱外國人人數，與其引進第二十四條、第二十五條、第二十六條至第二十八條所定外國人總人數，及中央主管機關辦理查核雇主聘僱外國人之方式，應符合附表七規定。

⑥雇主聘僱第三十條所定外國人，中央主管機關除依前五項規定辦理查核外，並應檢附表八規定辦理下列查核：

一 雇主聘僱外國人人數及引進第二十四條、第二十五條、第二十六條至第二十八條、第三十一條所定外國人總人數。

二 雇主同一勞工保險證應新增聘僱國內勞工，其勞工保險投保薪資及勞工退休金提繳工資，應符合下列規定：

(一)符合第三十條第一項規定者：均達新臺幣三萬零三百元以上。

(二)符合第三十條第二項規定者：均達新臺幣三萬三千三百元以上。

⑦雇主聘僱外國人有下列情形之一者，應依本法第七十二條規定，廢止其未符合規定人數之招募許可及聘僱許可，並計入第二十五條附表六聘僱外國人總人數：

一 聘僱外國人超過第一項所定之比率或人數，及聘僱本國勞工人數未符第二項所定人數，經中央主管機關通知限期改善，屆期未改善。

二 違反前項第二款規定。

第三五條

①雇主聘僱外國人超過前條附表七規定之人數，經中央主管機關依本法第七十二條規定廢止招募許可及聘僱許可，應追繳第二十七條及第二十八條規定免除額外繳納就業安定費之數額。

②前項追繳就業安定費人數、數額及期間之計算方式如下：

一 人數：當次中央主管機關廢止招募許可及聘僱許可人數。但未免除額外繳納之就業安定費者，不予列計。

二 數額：前款廢止許可人數，依第二十六條第一項各款免除應額外繳納就業安定費數額。

三 期間：

(一)第一次查核：自外國人入國翌日至廢止聘僱許可前一日止。

(二)第二次以後查核：自中央主管機關通知雇主限期改善翌日至廢止聘僱許可前一日止。但外國人入國日在通知雇主限期改善日後，自入國翌日至廢止聘僱許可前一日止。

第三六條

①雇主聘僱外國人人數，與其引進第二十四條及第三十七條所定外國人總人數，應符合下列規定：

一 屬自由貿易港區之製造業者：聘僱外國人人數不得超過僱用員工人數之百分之四十。

二 非屬自由貿易港區之製造業者：聘僱外國人人數不得超過僱用員工人數之百分之二十，且每月至少聘僱本國勞工一人以上。

②中央主管機關應依第三十四條第三項及第四項規定，查核雇主聘僱外國人之比率及本國勞工人數。

③雇主聘僱外國人超過第一項所定之比率或人數，及聘僱本國勞工人數未符第一項第二款所定人數，經中央主管機關通知限期改善，屆期未改善者，應依本法第七十二條規定，廢止雇主超過規定人數之招募許可及聘僱許可，並計入第二十五條附表六聘僱外國人總人數。

第三七條

①外國人聘僱許可期限屆滿日前四個月期間內，製造業雇主如有繼續聘僱外國人之需要，得向中央主管機關申請重新招募，並以一次為限。

②前項申請重新招募人數，不得超過同一勞工保險證號之前次招募許可引進或接續聘僱許可人數。

第七章　外展製造工作

第三八條

①外國人受聘僱從事第五條第二款規定之外展製造工作，應由經中央目的事業主管機關會商中央主管機關指定試辦，依產業創新條例第五十條第一項成立之工業區管理機構，委由下列之一者擔任雇主：

一　財團法人。

二　非營利社團法人。

三　其他以公益為目的之非營利組織。

②前項外國人受聘僱從事外展製造工作，其外展製造服務契約履行地，應經中央目的事業主管機關認定具第二十四條第一項、第二項特定製程之生產事實場域。

第三九條 111

①雇主經向中央目的事業主管機關提報外展製造服務計畫書且經核定者，得申請聘僱外國人初次招募許可。

②前項外展製造服務計畫書，應包括下列事項：

一　雇主資格之證明文件。

二　服務提供、收費項目及金額、契約範本等相關規劃。

三　製造工作之人力配置、督導及教育訓練機制規劃。

四　外展製造服務契約履行地，使用外展製造服務之工作人數定期查核及管制規劃。

五　其他外展製造服務相關資料。

③雇主應依據核定之外展製造服務計畫書內容辦理。

④外國人受雇主聘僱從事外展製造工作人數，不得超過中央目的事業主管機關核定人數。

⑤前項聘僱外國人總人數之認定，應包括下列人數：

一　申請初次招募外國人人數。

二　得申請招募許可人數、取得招募許可人數及已聘僱外國人人數。

三　申請日前二年內，因可歸責於雇主之原因，經廢止外國人招

募許可及聘僱許可人數。

第四○條

①雇主指派外國人從事外展製造工作之服務契約履行地，其自行聘僱從事製造工作之外國人與使用從事外展製造工作之外國人，合計不得超過服務契約履行地參加勞工保險人數之百分之四十。

②前項外國人人數，依服務契約履行地受查核當月之前二個月之參加勞工保險人數計算。

③第三十八條第一項所定工業區管理機構，應自外國人至服務契約履行地提供服務之日起，每三個月依第一項規定查核服務契約履行地之外國人比率，並將查核結果通知中央主管機關。

④服務契約履行地自行聘僱從事製造工作之外國人及使用從事外展製造工作之外國人，合計超過第一項規定之比率者，中央主管機關應通知雇主不得再指派外國人至服務契約履行地提供服務。

第四一條

前條雇主有下列情事之一者，中央主管機關應依本法第七十二條規定，廢止其招募許可及聘僱許可之一部或全部：

一　指派外國人至未具第二十四條第一項或第二項規定之生產事實場域從事外展製造工作，經限期改善，屆期未改善。

二　違反外展製造服務計畫書內容，經中央目的事業主管機關廢止核定。

三　經中央主管機關依前條第四項規定通知應停止外展製造服務，未依通知辦理。

四　經營不善、違反相關法令或對公益有重大危害。

第八章　營造工作

第四二條

①外國人受聘僱從事第五條第三款之營造工作，其雇主應為承建公共工程，並由發包興建之政府機關（構）、行政法人或公營事業機構訂有工程契約之得標廠商，且符合下列條件之一，得申請聘僱外國人初次招募許可：

一　工程契約總金額達新臺幣一億元以上，且工程期限達一年六個月以上。

二　工程契約總金額達新臺幣五千萬元以上，未達新臺幣一億元，且工程期限達一年六個月以上，經累計同一雇主承建其他公共工程契約總金額達新臺幣一億元以上。但申請初次招募許可時，同一雇主承建其他公共工程已完工、工程契約總金額未達新臺幣五千萬元或工程期限未達一年六個月者，不予累計。

②前項各款工程由公營事業機構發包興建者，得由公營事業機構申請聘僱外國人初次招募許可。

③第一項得標廠商有下列情形之一，其與分包廠商簽訂之分包契約符合第一項規定者，經工程主辦機關同意後，分包廠商得就其分

包部分申請聘僱外國人初次招募許可：

一　選定之分包廠商，屬政府採購法施行細則第三十六條規定者。

二　為非屬營造業之外國公司，並選定分包廠商者。

④第一項公共工程，得由得標廠商或其分包廠商擇一申請聘僱外國人初次招募許可，以一家廠商為限；其經中央主管機關核發許可後，不得變更。

第四三條

①外國人受聘僱從事第五條第三款之營造工作，其雇主承建民間機構投資興建之重大經建工程（以下簡稱民間重大經建工程），並與民間機構訂有工程契約，且個別營造工程契約總金額達新臺幣二億元以上、契約工程期限達一年六個月以上，得申請聘僱外國人初次招募許可，並以下列工程為限：

一　經專案核准民間投資興建之公用事業工程。

二　經核准獎勵民間投資興建之工程或核定民間機構參與重大公共建設，或依促進民間參與公共建設法興建之公共工程。

三　私立之學校、社會福利機構、醫療機構或社會住宅興建工程。

四　製造業重大投資案廠房興建工程。

②雇主承建符合前項各款資格之一之民間重大經建工程，其契約總金額達新臺幣一億元以上，未達新臺幣二億元，且工程期限達一年六個月以上，經累計同一雇主承建其他民間重大經建工程契約總金額達新臺幣二億元以上者，亦得申請聘僱外國人初次招募許可。

③前項雇主承建其他民間重大經建工程，該工程已完工、工程契約總金額未達新臺幣一億元或工程期限未達一年六個月者，工程契約總金額不予累計。

④前三項雇主申請許可，應經目的事業主管機關認定符合前三項條件。

⑤第一項各款工程屬民間機構自行統籌規劃營建或安裝設備者，得由該民間機構申請聘僱外國人初次招募許可。

第四四條

①外國人受第四十二條之雇主聘僱在同一公共工程從事營造工作總人數，依個別營造工程契約所載工程金額及工期，按附表九計算所得人數百分之二十為上限。但個別工程有下列情事之一，分別依各該款規定計算之：

一　經依附表九分級指標及公式計算總分達八十分以上者，核配外國人之比率得依其總分乘以千分之四核配之。

二　中央目的事業主管機關認有增加外國人核配比率必要，報經行政院核定者。

②前項所定工程總金額、工期及分級指標，應經公共工程之工程主辦機關（構）及其上級機關認定。

第四五條

① 外國人受第四十三條之僱主聘僱在同一民間重大經建工程從事營造工作總人數，依個別營造工程契約所載工程總金額及工期，按前條附表九計算所得人數百分之二十為上限。但由民間機構自行統籌規劃營建或安裝設備，其個別營造工程契約金額未達新臺幣一億元，契約工程期限未達一年六個月者，不予列計。

② 前項所定工程總金額及工期，應由目的事業主管機關認定。但其工程未簽訂個別營造工程契約者，應由目的事業主管機關依該計畫工程認定營造工程總金額及工期。

第四六條

① 僱主承建之公共工程經工程主辦機關（構）開立延長工期證明，且於延長工期期間，有聘僱外國人之需要者，應於外國人原聘僱許可期限屆滿日前十四日至一百二十日期間內，向中央主管機關申請延長聘僱許可。

② 民間機構自行或投資興建之民間重大經建工程經目的事業主管機關開立延長工期證明，且於延長工期期間，有聘僱外國人之需要者，應於外國人原聘僱許可期限屆滿日前十四日至一百二十日期間內，向中央主管機關申請延長聘僱許可。

③ 前二項所定延長聘僱許可之外國人人數，由中央主管機關以原工期加計延長工期，依第四十四條附表九重新計算，且不得逾中央主管機關原核發初次招募許可人數。

④ 第一項及第二項所定外國人之延長聘僱許可期限，以延長工期期間為限，且其聘僱許可期間加計延長聘僱許可期間，不得逾三年。

第四七條

① 僱主承建之公共工程於工程驗收期間仍有聘僱外國人之需要，經工程主辦機關（構）開立工程預定完成驗收日期證明者，應於外國人原聘僱許可期限屆滿日前十四日至一百二十日期間內，向中央主管機關申請延長聘僱許可。

② 前項所定延長聘僱許可之外國人人數，不得逾該工程曾經聘僱之外國人人數百分之五十。

③ 經依規定通知主管機關有連續曠職三日失去聯繫之外國人，不列入前項曾經聘僱外國人人數。

④ 第一項所定外國人之延長聘僱許可期限，以工程預定完成驗收期間為限，且其聘僱許可期間加計延長聘僱許可期間，不得逾三年。

第四七條之一　112

外國人受聘僱從事第五條第三款之營造工作，其符合營造業法規定之僱主，經中央目的事業主管機關認定已承攬在建工程，且符合附表九之一規定，得申請聘僱外國人初次招募許可。

第四七條之二　112

① 外國人受前條所定僱主聘僱從事營造工作，其僱主申請初次招募

人數之核配比率、僱用員工人數及所聘僱外國人總人數，應符合附表九之二規定。

②前項所定僱用員工平均人數，不列計依第四十七條之三第一項各款規定所聘僱之外國人人數。

第四七條之三 112

①雇主依前條申請初次招募人數及所聘僱外國人總人數之比率，得依下列情形予以提高。但合計不得超過雇主申請當月前二個月之前一年僱用員工平均人數之百分之四十：

一　提高比率至百分之五者：雇主聘僱外國人每人每月額外繳納就業安定費新臺幣三千元。

二　提高比率超過百分之五至百分之十者：雇主聘僱外國人每人每月額外繳納就業安定費新臺幣五千元。

②雇主依前條及前項申請初次招募人數及所聘僱外國人總人數，不得超過中央目的事業主管機關核定人數。

③雇主依第一項各款提高比率引進外國人後，不得變更應額外繳納就業安定費之數額。

第九章　屠宰工作

第四八條

①外國人受僱從事第五條第四款之屠宰工作，其雇主從事禽畜屠宰、解體、分裝及相關體力工作，經中央目的事業主管機關認定符合規定者，得申請聘僱外國人初次招募許可。

②中央主管機關及中央目的事業主管機關得就前項規定條件實地查核。

第四九條 112

①外國人受僱從事前條所定雇主聘僱從事屠宰工作，其雇主經中央目的事業主管機關認定符合規定者，申請初次招募人數之核配比率、僱用員工人數及所聘僱外國人總人數，應符合附表十規定。

②前項所定僱用員工平均人數，不列計依第五十條第一項各款規定所聘僱之外國人人數。

第五〇條

①雇主依前條申請初次招募人數及所聘僱外國人總人數之比率，得依下列情形予以提高。但合計不得超過雇主申請當月前二個月之前一年僱用員工平均人數之百分之四十：

一　提高比率至百分之五者：雇主聘僱外國人每人每月額外繳納就業安定費新臺幣三千元。

二　提高比率超過百分之五至百分之十者：雇主聘僱外國人每人每月額外繳納就業安定費新臺幣五千元。

三　提高比率超過百分之十至百分之十五者：雇主聘僱外國人每人每月額外繳納就業安定費新臺幣七千元。

②雇主依前項各款提高比率引進外國人後，不得變更應額外繳納就業安定費之數額。

第五一條

①雇主聘僱外國人人數，與其引進第四十八條及第四十九條所定外國人總人數，不得超過僱用員工人數之百分之二十五，且每月至少聘僱本國勞工一人以上。

②雇主聘僱外國人人數與其引進第四十八條至第五十條所定外國人總人數，及中央主管機關辦理查核雇主聘僱外國人之方式，應符合附表十一規定。

③中央主管機關自雇主所聘僱之外國人引進入國或接續聘僱滿三個月起，每三個月應查核雇主依前二項規定聘僱外國人之比率或人數，及本國勞工人數。

④第一項及第二項聘僱外國人人數、本國勞工人數及僱用員工人數，以中央主管機關查核當月之前二個月為基準月份，自基準月份起採計前三個月參加勞工保險人數之平均數計算。

⑤雇主聘僱外國人超過第一項所定之比率或人數，及聘僱本國勞工人數未符第一項所定人數，經中央主管機關通知限期改善，屆期未改善者，應依本法第七十二條規定，廢止雇主超過規定人數之招募許可及聘僱許可，並計入第四十九條附表十僱用外國人總人數。

第五二條

①外國人聘僱許可期限屆滿日前四個月期間內，屠宰業雇主如有繼續聘僱外國人之需要，得向中央主管機關申請重新招募，並以一次為限。

②前項申請重新招募人數，不得超過同一勞工保險證號之前次招募許可引進或接續聘僱許可之外國人人數。

第十章　外展農務工作

第五三條

①外國人受聘僱從事第五條第五款規定之外展農務工作，其雇主屬農會、漁會、農林漁牧有關之合作社或非營利組織者，得申請聘僱外國人初次招募許可。

②外國人從事外展農務工作，其服務契約履行地應具有從事農、林、牧或養殖漁業工作事實之場域。

③依本標準規定已申請聘僱外國人從事下列工作之一者，不得申請使用外展農務服務：

一　海洋漁撈工作或中階技術海洋漁撈工作。
二　製造工作或中階技術製造工作。
三　屠宰工作。
四　農、林、牧或養殖漁業工作，或中階技術農業工作。

第五四條　111

①前條第一項之雇主，應向中央目的事業主管機關提報外展農務服務計畫書。

②前項外展農務服務計畫書，應包括下列事項：

一 雇主資格之證明文件。

二 服務提供、收費項目及金額、契約範本等相關規劃。

三 農務工作人力配置、督導及教育訓練機制規劃。

四 其他外展農務服務相關資料。

③外展農務服務計畫書經中央目的事業主管機關核定者，雇主應依據核定計畫書內容辦理。

④外國人受前條雇主聘僱從事外展農務工作人數，不得超過雇主所屬同一勞工保險證號申請當月前二個月之前一年參加勞工保險之僱用員工平均人數。

⑤前項聘僱外國人總人數之認定，應包括下列人數：

一 申請初次招募外國人人數。

二 得申請招募許可人數、取得招募許可人數及已聘僱外國人人數。

三 申請日前二年內，因可歸責於雇主之原因，經廢止外國人招募許可及聘僱許可人數。

第五五條

①中央主管機關及中央目的事業主管機關得就前二條規定條件實地查核。

②雇主有下列情事之一者，中央主管機關應依本法第七十二條規定，廢止其招募許可及聘僱許可之一部或全部：

一 指派外國人至未具有從事農、林、牧或養殖漁業工作事實之場域從事外展農務工作，經限期改善，屆期未改善。

二 違反相關法令或核定之外展農務服務計畫書內容，經中央目的事業主管機關或中央主管機關認定情節重大。

三 經營不善或對公益有重大危害。

第十一章 農林牧或養殖漁業工作

第五六條 112

①外國人受聘僱於第五條第六款所定場所，從事農、林、牧或養殖漁業工作，其雇主應從事下列工作之一：

一 經營畜牧場從事畜禽飼養管理、繁殖、擠乳、集蛋、畜牧場環境整理、廢污處理與再利用、飼料調製、疾病防治及畜牧相關之體力工作。

二 經營蔬菜、花卉、種苗、果樹、雜糧、特用作物等栽培及設施農業農糧相關之體力工作。但不包括檳榔、荖藤及荖草等栽培相關之體力工作。

三 經營育苗、造林撫育及伐木林業相關之體力工作。

四 經營養殖漁業水產物之飼養管理、繁殖、收成、養殖場環境整理及養殖漁業相關之體力工作。

五 經營其他經中央主管機關會商中央目的事業主管機關指定之農、林、牧或養殖漁業產業相關之體力工作。

②前項雇主經中央目的事業主管機關認定符合附表十二規定者，得

申請聘僱外國人初次招募許可。

③雇主依第一項規定聘僱外國人從事農、林、牧或養殖漁業工作，其核配比率、僱用員工人數及聘僱外國人總人數之認定，應符合附表十二規定。

第十二章　雙語翻譯工作

第五七條

外國人受聘僱從事第六條第一款之雙語翻譯工作，應具備國內外高級中等以上學校畢業資格，且其雇主應為從事跨國人力仲介業務之私立就業服務機構。

第五八條 112

①外國人受前條雇主聘僱從事雙語翻譯工作總人數如下：
一　以前條之機構從業人員人數之五分之一為限。
二　以前條之機構受委託管理外國人人數計算，同一國籍每五十人聘僱一人。

②前項第一款機構從業人員人數之計算，應以申請聘僱許可當日參加勞工保險人數為準。

第十三章　廚師及其相關工作

第五九條

外國人受聘僱從事第六條第二款之廚師及其相關工作，其雇主為從事跨國人力仲介業務之私立就業服務機構，且受委託管理從事本標準規定工作之同一國籍外國人達一百人者。

第六〇條

①外國人受前條雇主聘僱從事廚師及其相關工作總人數如下：
一　受委託管理外國人一百人以上未滿二百人者，得聘僱廚師二人及其相關工作人員一人。
二　受委託管理外國人二百人以上未滿三百人，得聘僱廚師三人及其相關工作人員二人。
三　受委託管理外國人達三百人以上，每增加管理外國人一百人者，得聘僱廚師及其相關工作人員各一人。

②前項受委託管理之外國人不同國籍者，應分別計算。

第十四章　中階技術工作

第六一條 112

①外國人受聘僱從事第六條第三款之中階技術工作，其雇主申請資格應符合第十條、第十五條、第十八條、第二十一條、第二十四條、第四十二條、第四十三條、第四十六條至第四十七條之一、第四十八條、第五十三條或第五十六條第一項規定。

②雇主申請聘僱外國人從事中階技術家庭看護工作，有下列情形之一者，被看護者得免經第十八條所定醫療機構專業評估：
一　雇主現有聘僱外國人從事第四條第三款規定家庭看護工作，

　　照顧同一被看護者。

二　被看護者曾受前款外國人照顧，且有第十九條所列各款情形之一。

三　申請展延聘僱許可。

③雇主依第四十六條規定，於延長工期期間，有申請聘僱中階技術營造工作外國人之需要者，延長聘僱許可之中階技術營造工作外國人人數，由中央主管機關以原工期加計延長工期，依第六十四條附表十四重新計算。

第六二條 112

外國人受聘僱從事第六條第三款之中階技術工作，應符合附表十三所定專業證照、訓練課程或實作認定資格條件，並具備下列資格之一：

一　現受聘僱從事本法第四十六條第一項第八款至第十款工作，連續工作期間達六年以上，或受聘僱於同一雇主，累計工作期間達六年以上者。

二　曾受聘僱從事前款所定工作期間累計達六年以上出國後，再次入國工作者，其工作期間累計達十一年六個月以上者。

三　曾受聘僱從事第一款所定工作，累計工作期間達十一年六個月以上，並已出國者。

四　在我國大專校院畢業，取得副學士以上學位之外國留學生、僑生或其他華裔學生。

第六三條 112

①外國人受聘僱從事第六條第三款之中階技術工作，其在我國薪資應符合附表十三之一所定之基本數額。

②前項外國人薪資達附表十三之一所定之一定數額以上者，不受前條附表十三有關專業證照、訓練課程或實作認定資格之限制。

第六四條

雇主依第六十二條規定聘僱外國人從事中階技術工作，其核配比率、僱用員工人數及聘僱外國人總人數之認定，應符合附表十四規定。

第十五章 附　則

第六五條 111

①本標準自中華民國一百十一年四月三十日施行。

②本標準修正條文，除中華民國一百十一年八月十五日修正發布之第八條自一百十二年一月一日施行；一百十一年十月十二日修正發布之條文，自一百十一年四月三十日施行外，自發布日施行。

外國人受聘僱從事就業服務法第四十六條第一項第八款至第十一款規定工作之轉換雇主或工作程序準則

① 民國92年9月25日行政院勞工委員會令訂定發布全文18條；並自發布日施行。
② 民國94年12月30日行政院勞工委員會令修正發布全文19條；並自發布日施行。
③ 民國97年2月27日行政院勞工委員會令修正發布全文20條；並自發布日施行。
④ 民國98年9月1日行政院勞工委員會令修正發布第10～12、15、16條條文；並增訂第15-1、15-2、16-1條條文。
⑤ 民國100年6月29日行政院勞工委員會令修正發布第5、12、13、15、17條條文及第16條附件二；並增訂第15-3條條文。
⑥ 民國103年10月17日勞動部令修正發布全文25條；並自發布日施行。
⑦ 民國105年6月29日勞動部令修正發布第13條附件一、第20條附件二。
⑧ 民國105年11月15日勞動部令修正發布全文36條；並自發布日施行。
⑨ 民國106年7月6日勞動部令修正發布第20、36條條文；並自107年1月1日施行。
⑩ 民國108年1月30日勞動部令修正發布第3條條文。
⑪ 民國109年7月7日勞動部令修正發布第11、15、17、23、27、28、31條條文及第13條附表一、第32條附表三。
⑫ 民國110年8月27日勞動部令修正發布第7、8、10、32、33條條文及第13條附表一、第22條附表二。
⑬ 民國111年4月29日勞動部令修正發布第3、6、7、17～20、22～24、28～32、33、36條條文及第13條附表一；並自111年4月30日施行。
⑭ 民國111年10月12日勞動部令修正發布第36條條文及第13條附表一、第29條附表三；並自111年8月17日施行。
⑮ 民國111年11月25日勞動部令修正發布第18條條文。
⑯ 民國112年6月15日勞動部令修正發布第7、9、17、32條條文。
⑰ 民國112年10月13日勞動部令修正發布第6、13、15、17、22、29條條文。
⑱ 民國113年1月3日勞動部令修正發布第29、36條條文及第13條附表一、第22條附表二；並自113年1月4日施行。

第一條

本準則依就業服務法（以下簡稱本法）第五十九條第二項規定訂定之。

第二條

①受聘僱之外國人有本法第五十九條第一項各款規定情事之一者，得由該外國人或原雇主檢附下列文件向中央主管機關申請轉換雇主或工作：

一　申請書。

二　下列事由證明文件之一：

　　㈠原雇主或被看護者死亡證明書或移民相關證明文件。

　　㈡漁船被扣押、沉沒或修繕而無法繼續作業之證明文件。

　　㈢原雇主關廠、歇業或不依勞動契約給付工作報酬，經終止勞動契約之證明文件。

　　㈣其他不可歸責受聘僱外國人事由之證明文件。

三　外國人同意轉換雇主或工作之證明文件。

②外國人依前項規定申請轉換雇主或工作，未檢齊相關文件者，得由主管機關查證後免附。

第三條 111

①雇主或外國人申請外國人轉換雇主或工作，依雇主聘僱外國人許可及管理辦法（以下簡稱聘僱許可辦法）第七條第一項規定所公告之項目，應採網路傳輸方式申請。但有正當理由，經中央主管機關同意者，不在此限。

②雇主或外國人申請外國人轉換雇主或工作之應備文件，經中央主管機關自資訊網路查得中央目的事業主管機關、自由貿易港區管理機關、公立就業服務機構、直轄市、縣（市）政府或國營事業已開具證明文件者，得免附。

③前項免附之文，由中央主管機關公告之。

第四條

①中央主管機關廢止原雇主之聘僱許可或不予核發聘僱許可，其所聘僱之外國人有本法第五十九條第一項各款規定情事之一時，中央主管機關應限期外國人轉換雇主或工作。

②原雇主應於中央主管機關所定期限內，檢附第二條第一項第一款、第三款及廢止聘僱許可函或不予核發聘僱許可函影本等，向公立就業服務機構辦理轉換登記。但外國人依本法或人口販運防制法相關規定安置者，不在此限。

第五條

①第二條第一項申請案件，中央主管機關經審核後，通知原勞動契約當事人。

②原勞動契約當事人得於中央主管機關指定之資訊系統登錄必要資料，由公立就業服務機構辦理外國人轉換程序。

第六條 112

①雇主申請接續聘僱外國人，應檢附下列文件：

一　申請書。

二　申請人或公司負責人之身分證明文件；其公司登記證明、有限合夥登記證明、商業登記證明、工廠登記證明或特許事業許可證等影本。但依相關法令規定，免辦工廠登記證明或特

許事業許可證者，免附。

三　申請月前二個月往前推算一年之僱用勞工保險投保人數明細表正本。但依外國人從事就業服務法第四十六條第一項第八款至第十一款工作資格及審查標準（以下簡稱審查標準）申請聘僱外國人，有下列情形之一者，免附：

㈠在漁船從事海洋漁撈工作或中階技術海洋漁撈工作。

㈡從事家庭幫傭工作、家庭看護工作或中階技術家庭看護工作。

㈢從事機構看護工作或中階技術機構看護工作。

四　符合第七條接續聘僱外國人資格之證明文件正本。

五　求才證明書正本。但申請接續聘僱外國人從事家庭看護工作或中階技術家庭看護工作者，免附。

六　外國人預定工作內容說明書。

七　直轄市或縣（市）政府依聘僱許可辦法第二十二條第一項第五款或第四十四條第一項第五款規定開具之證明文件。

②雇主持招募許可函申請接續聘僱外國人，免附前項第二款、第三款、第五款及第七款文件。

第七條 112

①雇主申請接續聘僱外國人，公立就業服務機構應依下列順位辦理：

一　持外國人原從事同一工作類別之招募許可函，在招募許可函有效期間，得引進外國人而尚未足額引進者。

二　符合中央主管機關規定聘僱外國人資格，且與外國人原從事同一工作類別，於聘僱外國人人數未達審查標準規定之比率或數額上限者。

三　在招募許可函有效期間，得引進外國人而尚未足額引進者。

四　符合中央主管機關規定聘僱外國人資格，且聘僱外國人人數未達審查標準規定之比率或數額上限者。

五　屬製造業或營造業之事業單位未聘僱外國人或聘僱外國人人數，未達中央主管機關規定之比率或數額上限，並依本法第四十七條規定辦理國內招募，經招募無法滿足其需要者。

②雇主申請接續聘僱外國人從事審查標準第六條第三款所定中階技術工作（以下簡稱中階技術外國人），公立就業服務機構應依前項第二款及第四款規定順位辦理。

③製造業雇主依審查標準第二十五條之一規定，申請接續聘僱外國人從事製造工作，應符合第一項第二款規定。

④公立就業服務機構經審核前三項申請接續聘僱登記符合規定後，應於中央主管機關指定之資訊系統登錄必要資料。

⑤依第一項至第三項規定申請登記，自登記日起六十日內有效。期滿後仍有接續聘僱需要時，應重新辦理登記。

第八條

①外國人辦理轉換登記，以原從事同一工作類別為限。但有下列情

事之一者，不在此限：

一 由具有前條第一項第三款或第四款規定資格之雇主申請接續聘僱。

二 遭受性侵害、性騷擾、暴力毆打或經鑑別為人口販運被害人。

三 經中央主管機關核准。

②看護工及家庭幫傭視為同一工作類別。

第九條 112

①公立就業服務機構應依第七條第一項及第三項規定之順位、外國人期待工作地點、工作類別、賸餘工作期間及其他中央主管機關指定之條件，辦理轉換作業。不能區分優先順位時，由中央主管機關指定之資訊系統隨機決定。

②公立就業服務機構辦理轉換作業，應依前項規定選定至少十名接續聘僱申請人，且其得接續聘僱外國人之人數應達辦理外國人轉換人數一點五倍。但得接續聘僱人數未達上開人數或比例時，不在此限。

第一〇條

①公立就業服務機構應每週以公開協調會議方式，辦理接續聘僱外國人之作業。

②前項協調會議應通知原雇主、接續聘僱申請人及外國人等相關人員參加。

③原雇主、接續聘僱申請人未到場者，可出具委託書委託代理人出席。接續聘僱申請人或其代理人未出席者，視同放棄當次接續聘僱。

④外國人應攜帶護照、居留證或其他相關證明文件，參加第一項之協調會議。但其護照及居留證遭非法留置者，不在此限。

⑤外國人無正當理由不到場者，視同放棄轉換雇主或工作。

⑥第一項之協調會議，接續聘僱申請人應說明外國人預定工作內容，並與外國人合意決定之。外國人人數超過雇主得接續聘僱外國人人數時，由公立就業服務機構協調之。

⑦中央主管機關規定之期間內，外國人無符合第七條第一項第一款或第二款規定之申請人登記接續聘僱者，始得由符合第七條第一項第三款至第五款規定之申請人，依序合意接續聘僱。

第一一條

①公立就業服務機構應自原雇主依第四條第二項規定辦理轉換登記之翌日起六十日內，依前二條規定辦理外國人轉換作業。但外國人有特殊情形經中央主管機關核准者，得延長轉換作業期間六十日，並以一次為限。

②外國人受雇主或其僱用員工、委託管理人、親屬或被看護者人身侵害，經中央主管機關廢止聘僱許可者，其申請延長轉換作業得不受前項次數限制。

③經核准轉換雇主或工作之外國人，於轉換作業或延長轉換作業期間，無正當理由未依前條規定出席協調會議，或已逾前二項轉換

作業期間仍無法轉換雇主或工作者，公立就業服務機構應通知原雇主於公立就業服務機構洽請會議翌日起十四日內，負責為該外國人辦理出國手續並使其出國。但外國人有特殊情形經中央主管機關核准者，不在此限。

④前項原雇主行蹤不明時，由直轄市、縣（市）主管機關洽請外國人工作所在地警察機關或移民主管機關，辦理外國人出國事宜。

⑤符合第一項但書規定特殊情形之外國人，應於原轉換作業期間屆滿前十四日內，申請延長轉換作業期間。

第一二條

公立就業服務機構完成外國人轉換作業後，應發給接續聘僱證明書予接續聘僱之雇主及原雇主。

第一三條 112

①接續聘僱之雇主應於取得接續聘僱證明書之翌日起十五日內，檢具下列文件向中央主管機關申請核發聘僱許可或展延聘僱許可：

一 申請書。

二 申請人或公司負責人之身分證明文件、公司登記證明、有限合夥登記證明、商業登記證明、工廠登記證明、特許事業許可證等影本。但依相關法令規定，免辦工廠登記證明或特許事業許可證者，免附。

三 依第二十條規定，經當地主管機關核發受理通報之證明文件。

四 其他如附表一之文件。

②雇主為人民團體者，除檢附前項第一款、第三款及第四款規定之文件外，應另檢附該團體負責人之身分證明文件及團體立案證書影本。

第一四條

接續聘僱之雇主聘僱許可期間最長為三年。但以遞補招募許可申請接續聘僱者，以補足所聘僱外國人原聘僱許可期間為限。

第一五條 112

接續聘僱之雇主依本準則接續聘僱外國人之人數，與下列各款人數之合計，不得超過中央主管機關規定之比率或數額上限：

一 得申請招募許可人數、已取得招募許可人數及已聘僱外國人人數。但有下列情形之一者，不予列計：

（一）已取得重新招募之外國人人數。

（二）原招募許可所依據之事實事後發生變更，致無法申請遞補招募、重新招募或聘僱之外國人人數。

二 申請接續聘僱日前二年內，因可歸責雇主之原因，經廢止招募許可及聘僱許可之人數。

第一六條

原雇主行蹤不明，外國人經工作所在地之直轄市或縣（市）主管機關認定有本法第五十九條第一項各款情事之一，且情況急迫需立即安置者，主管機關於徵詢外國人同意後，應逕行通知公立就

業服務機構爲其辦理登記。

第一七條 112

①有下列情形之一，申請人得直接向中央主管機關申請接續聘僱外國人，不適用第二條至第十三條規定：

一　原雇主有死亡、移民或其他無法繼續聘僱外國人之事由，申請人與原被看護者有第四項規定親屬關係或申請人爲聘僱家庭幫傭之原雇主配偶者。

二　審查標準第三條、第四條第二款、第五條第一款、第四款、第六款及第六條第三款第一目、第二目、第四目、第八目所定工作之自然人雇主，因變更船主或負責人，且於事由發生日當月之前六個月起開始接續聘僱原雇主全部本國勞工者。

三　承購或承租原製造業雇主之機器設備或廠房，或承購或承租原雇主之屠宰場，且於事由發生日當月前六個月起開始接續聘僱原雇主全部本國勞工者。

四　原雇主因關廠、歇業等因素造成重大工程停工，接續承建原工程者。

五　經中央主管機關廢止或不予核發聘僱許可之外國人及符合第七條第一項第一款、第二款或第三項申請資格之雇主，於中央主管機關核准外國人轉換雇主作業期間，簽署雙方合意接續聘僱證明文件者（以下簡稱雙方合意接續聘僱）。

六　外國人、原雇主及符合第七條第一項第一款、第二款或第三項申請資格之雇主簽署三方合意接續聘僱證明文件者（以下簡稱三方合意接續聘僱）。

②事業單位併購後存續、新設或受讓事業單位，於事由發生日當月前六個月內接續聘僱或留用原雇主全部或分割部分之本國勞工者，應直接向中央主管機關申請資料異動，不適用第二條至第十五條規定。

③事業單位為法人者，其船主或負責人變更時，應向中央主管機關申請船主或負責人資料異動，不適用第二條至第十五條規定。

④第一項第一款之親屬關係如下：

一　配偶。

二　直系血親。

三　三親等內之旁系血親。

四　繼父母、繼子女、配偶之父母或繼父母、子女或繼子女之配偶。

五　祖父母與孫子女之配偶、繼祖父母與孫子女、繼祖父母與孫子女之配偶。

第一八條 111

①雇主有前條第一項第三款情事，依第十五條規定接續聘僱第二類外國人總人數之比率，得依下列情形予以提高。但合計不得超過雇主申請當月前二個月之前一年僱用員工平均人數之百分之四十：

一 提高比率至百分之五者：雇主聘僱外國人每人每月額外繳納就業安定費新臺幣三千元。

二 提高比率超過百分之五至百分之十者：雇主聘僱外國人每人每月額外繳納就業安定費新臺幣五千元。

三 提高比率超過百分之十至百分之十五者：雇主聘僱外國人每人每月額外繳納就業安定費新臺幣七千元。

四 提高比率超過百分之十五至百分之二十者：雇主聘僱外國人每人每月額外繳納就業安定費新臺幣九千元。

②雇主依前項各款提高比率接續聘僱外國人後，不得變更應額外繳納就業安定費之數額。

第一九條 111

①第十七條第一項各款所定情形，其申請期間如下：

一 第一款至第四款：應於事由發生日起六十日內提出。

二 第五款及第六款：應於雙方或三方合意接續聘僱之翌日起十五日內提出。

②前項第一款事由發生日如下：

一 第十七條第一項第一款：原雇主死亡、移民或其他事由事實發生日。

二 第十七條第一項第二款及第三款：漁船、箱網養殖漁業、養護機構、工廠、屠宰場、農、林、牧場域或養殖場變更或註銷登記日。

三 第十七條第一項第四款：接續承原工程日。

③第十七條第二項所定情形，應於併購基準日起六十日內提出申請。

④原雇主於取得招募許可後至外國人未入國前有第十七條第一項第一款規定之情事者，符合同條第四項親屬關係之申請人，得於外國人入國後十五日內，向中央主管機關申請接續聘僱許可。

⑤第十七條第一項第二款、第三款及第二項之原雇主已取得招募許可，且於許可有效期間尚未足額申請或引進外國人之人數者，申請人應於第一項及第二項規定期間內一併提出申請。

第二○條 111

①雇主接續聘僱第二類外國人及中階技術外國人者，應檢附下列文件，通知當地主管機關實施檢查：

一 雇主接續聘僱外國人通報單。

二 外國人生活照顧服務計畫書。

三 外國人名冊。

四 外國人入國工作費用及工資切結書。但接續聘僱中階技術外國人者，免附。

五 中央主管機關規定之其他文件。

②前項雇主應於下列所定之期間，通知當地主管機關：

一 依第七條規定申請者：於公立就業服務機構發給接續聘僱證明書之日起三日內。

二　依第十七條第一項第一款至第四款及第二項規定申請者：於前條第二項及第三項所定之事由發生日起六十日內。但原雇主於取得招募許可後至外國人未入國前有第十七條第一項第一款規定之情事者，符合同條第四項親屬關係之申請人，於外國人入國後三日內。

三　依第十七條第一項第五款及第六款規定申請者：於雙方或三方合意接續聘僱日起三日內。

④雇主依前二項規定通知當地主管機關後，撤回不生效力。

④雇主檢附之文件符合第一項規定者，當地主管機關應核發受理雇主接續聘僱外國人通報證明書，並依聘僱許可辦法第三十三條及第三十四條規定辦理。但核發證明書之日前六個月內已檢查合格者，得免實施第一項檢查。

第二一條

接續聘僱之雇主或原雇主依本準則接續聘僱或轉出外國人時，不得以同一外國人名額，同時或先後簽署雙方或三方合意接續聘僱證明文件，或至公立就業服務機構接續聘僱或轉出外國人。

第二二條　112

①雇主依第十七條第一項規定申請接續聘僱外國人，應檢附下列文件：

一　申請書。

二　事由證明文件。

三　依第二十條規定，經當地主管機關核發受理通報之證明文件。

四　其他如附表二之文件。

②前項第二款事由證明如下：

一　依第十七條第一項第一款規定資格申請者：
　㈠原雇主死亡、移民或其他無法繼續聘僱外國人相關證明文件。
　㈡申請人及被看護者或受照顧人之戶口名簿影本。

二　依第十七條第一項第二款規定資格申請者：
　㈠審查標準第三條、第四條第二款、第五條第一款、第四款、第六款及第六條第三款第一目、第二目、第四目、第八目所定工作之自然人雇主變更船主或負責人證明文件影本。
　㈡原雇主聘僱本國勞工及申請人所接續聘僱本國勞工之勞工保險資料及名冊正本。

三　依第十七條第一項第三款規定資格申請者：
　㈠工廠或屠宰場買賣發票或依公證法公證之租賃契約書影本。
　㈡工廠、屠宰場或公司變更登記及註銷等證明文件影本。
　㈢原雇主聘僱本國勞工及申請人所接續聘僱本國勞工之勞工保險資料及名冊影本。

四　依第十七條第一項第四款規定資格申請者：
　　㈠原雇主關廠歇業證明文件影本。
　　㈡申請人公司登記證明文件影本。
　　㈢申請人承接原工程之工程契約書影本。
五　依第十七條第一項第五款規定資格申請者：雙方合意接續聘
　　僱之證明文件。
六　依第十七條第一項第六款規定資格申請者：
　　㈠第二條第一項第二款證明文件之一。
　　㈡三方合意接續聘僱之證明文件。

③依第十七條第二項資格申請資料異動，應檢附下列文件：
一　申請書。
二　事由證明文件。
三　負責人之身分證明文件、申請人及原雇主公司登記證明、有
　　限合夥登記證明、商業登記證明。

④依第十七條第三項資格申請資料異動，應檢附下列文件：
一　申請書。
二　事業單位依法變更登記相關證明文件。
三　負責人身分證明文件。

第二三條 111

①受聘僱為第二類外國人或中階技術外國人，於聘僱許可期間屆滿
前二個月至四個月內，經與原雇主協議不續聘，且願意轉由新雇
主接續聘僱者（以下簡稱期滿轉換之外國人），原雇主應檢附下
列文件向中央主管機關申請轉換雇主或工作。但外國人已於前開
期間由新雇主申請期滿轉換並經許可者，原雇主得免向中央主管
機關申請外國人轉換雇主或工作：
一　申請書。
二　外國人同意轉換雇主或工作之證明文件。

②中央主管機關應依前項外國人之意願，於指定之資訊系統登錄必
要資料。

③公立就業服務機構於前項資料登錄後，應依外國人期待工作地
點、工作類別及其他中央主管機關指定之條件，辦理外國人期滿
轉換作業；其程序依第九條第二項、第十條及第十二條規定。

第二四條 111

①雇主申請接續聘僱期滿轉換之第二類外國人，應以招募許可函有
效期間，尚未足額引進者為限。

②雇主申請接續聘僱期滿轉換之中階技術外國人，應符合審查標準
規定，其聘僱外國人人數，以尚未足額聘僱者為限。

第二五條

①期滿轉換之外國人辦理轉換雇主或工作，不以原從事之同一工作
類別為限。

②轉換工作類別之外國人，其資格應符合審查標準規定。

第二六條

①期滿轉換之外國人，應於中央主管機關核准轉換雇主或工作之日起至聘僱許可期間屆滿前十四日內，辦理轉換作業。

②前項所定轉換作業期間，不得申請延長。

③經中央主管機關核准轉換雇主或工作之期滿轉換外國人，逾第一項轉換作業期間仍無法轉換雇主或工作者，應由原雇主於聘僱許可期間屆滿前，負責為該外國人辦理出國手續並使其出國。

第二七條

符合第二十四條申請資格之雇主，於外國人聘僱許可可有效期間屆滿前，與期滿轉換之外國人簽署雙方合意接續聘僱證明文件者，應直接向中央主管機關申請接續聘僱外國人，不適用第二條至第十三條及第二十三條規定。

第二八條 111

①雇主接續聘僱期滿轉換之外國人，應於下列所定之日起三日內，檢附第二十條第一項所定文件通知當地主管機關實施檢查：

一　公立就業服務機構發給期滿轉換接續聘僱證明書之日。

二　與外國人簽署雙方合意接續聘僱證明文件之日。

②雇主依前項規定通知當地主管機關後，不得撤回。但有不可歸責於雇主之事由者，不在此限。

③雇主檢附之文件符合第一項規定者，當地主管機關應核發受理雇主接續聘僱期滿轉換之外國人通報證明書，並依聘僱許可辦法第三十三條及第三十四條規定辦理。但核發證明書之日前一年內已檢查合格者，得免實施第一項檢查。

第二九條 113

①雇主接續聘僱期滿轉換之第二類外國人，應於簽署雙方合意接續聘僱證明文件之翌日起十五日內，檢附下列文件向中央主管機關申請核發接續聘僱許可：

一　申請書。

二　申請人或公司負責人之身分證明文件；其公司登記證明、有限合夥登記證明、商業登記證明、工廠登記證明或特許事業許可證等影本。但依相關法令規定，免辦工廠登記證明或特許事業許可證者，免附。

三　依前條規定，經當地主管機關核發受理通報之證明文件。

四　招募許可函正本。但接續聘僱中階技術外國人者，免附。

五　審查費收據正本。

六　外國人向入出國管理機關申請居留之證明文件。

②前項第四款招募許可函未具引進效力者，應另檢附入國引進許可函及名冊正本。

③雇主接續聘僱期滿轉換之中階技術外國人，除檢具第一項第一款至第三款、第五款規定文件外，應另檢附下列文件：

一　求才證明書。但聘僱從事中階技術家庭看護工作者，免附。

二　雇主辦理國內招募時，其聘僱國內勞工之名冊。但聘僱從事中階技術家庭看護工作者，免附。

三　直轄市或縣（市）政府依聘僱許可辦法第四十四條第一項第五款開具之證明文件。

四　受聘僱外國人之護照影本或外僑居留證影本。

五　其他應檢附文件如附表三。

④雇主為人民團體者，除檢附第一項第一款、第三款至第六款及前項規定之文件外，應另檢附該團體負責人之身分證明文件及團體立案證書影本。

⑤中央主管機關應自期滿轉換外國人之原聘僱許可期間屆滿之翌日起核發接續聘僱許可，許可期間最長為三年。但以遞補招募許可申請接續聘僱者，以補足所聘僱外國人原聘僱許可期間為限。

第三○條　111

①接續聘僱外國人之雇主，應於下列所定之日起依本法之規定負雇主責任，並繳交就業安定費：

一　依第七條規定申請者，自公立就業服務機構核發接續聘僱證明書之日。

二　依第十七條第一項第一款至第四款規定申請者，自第十九條第二項規定之事由發生日。

三　依第十七條第一項第五款及第六款規定申請者，自雙方合意接續聘僱或三方合意接續聘僱日。

四　依第十七條第二項規定申請者，自第十九條第三項規定之事由發生日。

五　依第二十七條及第二十九條規定申請者，自原聘僱許可期間屆滿翌日。

②前項之雇主經中央主管機關不予核發聘僱許可者，中央主管機關得核發外國人自前項所定之日起至不予核發聘僱許可日之期間之接續聘僱許可。

③第一項之雇主，自第一項所定之日起對所接續聘僱外國人有本法第五十六條規定之情形者，應依規定通知當地主管機關、入出國管理機關及警察機關，並副知中央主管機關。但因聘僱關係終止而通知者，當地主管機關應依聘僱許可辦法第六十八條規定辦理。

第三一條　111

①接續聘僱之雇主應於聘僱許可期間屆滿前，依審查標準及相關規定辦理重新招募。但接續聘僱原經中央主管機關核准從事營造工作之外國人，接續聘僱之期間，以補足該外國人原聘僱許可期間為限。

②前項辦理重新招募外國人時，其重新招募外國人人數、已聘僱外國人人數及已取得招募許可人數，合計不得超過中央主管機關規定之比率或數額上限。

③審查標準第五條第一款所定製造工作之雇主，申請前項重新招募許可人數，以同一勞工保險證號之前次招募許可引進或接續聘僱許可人數為限。

④雇主依第十三條或第十七條規定辦妥聘僱許可或展延聘僱許可後，已逾重新招募辦理期間者，得於取得聘僱許可或展延聘僱許可四個月內辦理重新招募。

⑤雇主接續聘僱中階技術外國人，免辦理重新招募許可。

第三二條 112

①製造業雇主聘僱外國人數與其依第七條第一項第一款至第五款及第十七條第一項第三款規定接續聘僱外國人數、引進前條第一項外國人總人數，及中央主管機關辦理查核雇主聘僱外國人之比率及方式，應符合附表四規定。

②前項雇主，未依查核標準第二十五條規定聘僱外國人者，每月至少應聘僱本國勞工一人，始得聘僱外國人一人。

③中央主管機關自雇主接續聘僱第一項首名外國人滿三個月起，每三個月依前二項規定查核雇主聘僱外國人之比率或人數及本國勞工人數。

④第一項及第二項聘僱外國人人數、本國勞工人數及僱用員工人數，以中央主管機關查核當月之前二個月為基準月份，自基準月份起採計前三個月參加勞工保險人數之平均數計算。

⑤取得審查標準第三十條資格，依第七條第一項第一款至第四款及第十七條第一項第三款規定接續聘僱外國人之製造業雇主，中央主管機關除依前四項規定辦理查核外，並應依審查標準第三十四條附表八規定辦理下列查核：

一　雇主聘僱外國人人數及引進審查標準第二十四條、第二十五條、第二十六條至第二十八條、第三十一條所定外國人總人數。

二　雇主同一勞工保險證號應新增僱傭國內勞工，其勞工保險投保薪資及勞工退休金提繳工資，應符合下列規定：

　　㈠符合審查標準第三十條第一項規定者：均達新臺幣三萬零三百元以上。

　　㈡符合審查標準第三十條第二項規定者：均達新臺幣三萬三千三百元以上。

⑥雇主聘僱外國人超過第一項及前項第一款所定之比率或人數，及聘僱本國勞工人數未符第二項所定人數，經中央主管機關通知限期改善，屆期未改善者，或違反前項第二款規定，應依本法第七十二條規定，廢止雇主超過規定人數之招募許可及聘僱許可，並計入第十五條與審查標準第二十五條附表六之聘僱外國人總人數。

⑦第一項至第五項雇主聘僱外國人總人數，不計入中階技術外國人人數。

第三三條 111

①屠宰業雇主聘僱外國人人數與其依第七條第一項第一款至第四款及第十七條第一項第三款規定接續聘僱外國人數、引進第三十一條第一項外國人總人數，及中央主管機關辦理查核雇主聘

②應符合附表五規定。

②中央主管機關自雇主接續聘僱前項首名外國人滿三個月起，每三個月依前項規定查核雇主聘僱外國人之比率或人數。

③第一項聘僱外國人人數及僱用員工人數，以中央主管機關查核當月之前二個月為基準月份，自基準月份起採計前三個月參加勞工保險人數之平均數計算。

④雇主聘僱外國人超過第一項所定之比率或人數，經中央主管機關通知限期改善，屆期未改善者，應依本法第七十二條規定，廢止雇主超過規定人數之招募許可及聘僱許可，並分別計入第十五條與審查標準第四十九條附表十之聘僱外國人總人數。

第三四條

①雇主或外國人未依本準則所定期限通知或申請者，經中央主管機關認可後，得於所定期限屆滿後十五日內，補行通知或申請。

②前項雇主補行通知或申請，就同一通知或申請案別，以一次為限。

第三五條

本準則所規定之書表格式，由中央主管機關公告之。

第三六條 113

①本準則自發布日施行。

②本準則中華民國一百零六年七月六日修正發布之條文，自一百零七年一月一日施行；一百十一年四月二十九日修正發布之條文，自一百十一年四月三十日施行；一百十一年十月十二日修正發布之第十三條附表一、第二十九條附表三，自一百十一年八月十七日施行；一百十三年一月三日修正發布之條文，自一百十三年一月四日施行。

雇主接續聘僱外國人之比率或數額基準

①民國97年2月29日行政院勞工委員會令訂定發布全文2點；並自即日生效。
②民國97年9月29日行政院勞工委員會令修正發布第2點；並自即日生效。
③民國99年10月15日行政院勞工委員會令修正發布全文2點；並自即日生效。
④民國111年5月4日勞動部令修正發布全文4點；並自111年4月30日生效。

一 勞動部為執行外國人受聘僱從事就業服務法第四十六條第一項第八款至第十一款規定工作之轉換雇主或工作程序準則（以下簡稱本準則）第十五條及第三十一條第二項，有關雇主接續聘僱外國人或辦理重新招募外國人之人數，應符合之比率或數額規定，特訂定本基準。

二 雇主申請接續聘僱外國人或辦理接續聘僱案重新招募外國人之比率或數額，依外國人從事就業服務法第四十六條第一項第八款至第十一款工作資格及審查標準（以下簡稱本標準）規定辦理；本標準未規定者，依本基準之規定。

三 依本準則第七條第一項第五款申請接續聘僱外國人者，比率或數額基準如下：
(一)製造工作：以申請月前二個月往前推算一年平均之僱用勞工參加勞工保險人數之百分之三十為限。
(二)營造工作：以申請月前二個月往前推算一年平均之僱用勞工參加勞工保險人數之百分之二十為限。但僱用勞工人數不滿五人者，得僱用外國人一人。

四 依本準則第十七條第一項第三款申請接續聘僱外國人者，比率或數額基準如下：
(一)已依本標準第二十四條、第四十八條或第六十一條至第六十三條規定引進聘僱外國人者：
　1.接續聘僱外國人從事製造工作或屠宰工作，以申請月前二個月往前推算一年平均之僱用勞工參加勞工保險人數加接續聘僱原雇主勞工人數，乘以本標準第二十五條、第二十六條、第四十九條及第五十條所定之比率為限。
　2.接續聘僱外國人從事中階技術製造工作，以本標準第九條及第六十四條附表十四規定比率為限。
　3.接續聘僱人數合計，不得超過所接續聘僱原雇主本國勞工之半數。
(二)未依據本標準第二十四條、第四十八條或第六十一條至第

六十三條規定引進聘僱外國人者：以申請月前二個月往前推算一年平均之僱用勞工參加勞工保險人數加接續聘僱原雇主勞工人數之百分之三十為限，並不得超過所接續聘僱原雇主本國勞工之半數。

外國專業人才延攬及僱用法

①民國106年11月22日總統令制定公布全文22條。
 民國107年1月29日行政院令發布定自107年2月8日施行。
②民國110年1月27日總統令修正公布第7、14～17條條文。
 民國110年2月23日行政院令發布定自112年1月1日施行。
③民國110年7月7日總統令修正公布全文27條。
 民國110年10月19日行政院令發布定自110年10月25日施行。

第一條
　為加強延攬及僱用外國專業人才，以提升國家競爭力，特制定本法。

第二條
　外國專業人才在中華民國（以下簡稱我國）從事專業工作、尋職，依本法之規定；本法未規定者，適用就業服務法、入出國及移民法及其他相關法律之規定。

第三條
①本法之主管機關為國家發展委員會。
②本法所定事項，涉及中央目的事業主管機關職掌者，由各該機關辦理。

第四條
　本法用詞，定義如下：
一　外國專業人才：指得在我國從事專業工作之外國人。
二　外國特定專業人才：指外國專業人才具有中央目的事業主管機關公告之我國所需科技、經濟、教育、文化藝術、體育、金融、法律、建築設計、國防及其他領域之特殊專長，或經主管機關會商相關中央目的事業主管機關認定具有特殊專長者。
三　外國高級專業人才：指入出國及移民法所定為我國所需之高級專業人才。
四　專業工作：指下列工作：
　㈠就業服務法第四十六條第一項第一款至第三款、第五款及第六款所定工作。
　㈡就業服務法第四十八條第一項第一款及第三款所定工作。
　㈢依補習及進修教育法立案之短期補習班（以下簡稱短期補習班）之專任外國語文教師，或具專門知識或技術，且經中央目的事業主管機關會商教育部指定之短期補習班教師。
　㈣教育部核定設立招收外國專業人才、外國特定專業人才及外國高級專業人才子女專班之外國語文以外之學科教師。
　㈤學校型態實驗教育實施條例、公立高級中等以下學校委託

私人辦理實驗教育條例及高級中等以下教育階段非學校型態實驗教育實施條例所定學科、外國語文課程教學、師資養成、課程研發及活動推廣工作。

第五條

① 雇主聘僱外國專業人才在我國從事前條第四款之專業工作，除依第七條規定不須申請許可者外，應檢具相關文件，向勞動部申請許可，並依就業服務法規定辦理。但聘僱從事就業服務法第四十六條第一項第三款及前條第四款第四目、第五目之專業工作者，應檢具相關文件，向教育部申請許可。

② 依前項本文規定聘僱外國專業人才從事前條第四款第三目之專業工作，其工作資格及審查標準，由勞動部會商中央目的事業主管機關定之。

③ 依第一項但書規定聘僱外國專業人才從事所定之專業工作，其工作資格、審查基準、申請許可、廢止許可、聘僱管理及其他相關事項之辦法，由教育部定之。

④ 依第一項規定聘僱從事前條第四款第四目、第五目專業工作之外國專業人才，其聘僱之管理，除本法另有規定外，依就業服務法有關從事該法第四十六條第一項第一款至第六款工作者之規定辦理。

⑤ 外國專業人才經許可在我國從事前項專業工作者，其停留、居留及永久居留，除本法另有規定外，依入出國及移民法之規定辦理。

第六條

外國人取得國內外大學之碩士以上學位，或教育部公告世界頂尖大學之學士以上學位者，受聘僱在我國從事就業服務法第四十六條第一項第一款專門性或技術性工作，除應取得執業資格、符合一定執業方式及條件者，及應符合中央目的事業主管機關所定之法令規定外，無須具備一定期間工作經驗。

第七條

① 外國專業人才、外國特定專業人才及外國高級專業人才在我國從事專業工作，有下列情形之一者，不須申請許可：

一　受各級政府及其所屬學術研究機關（構）聘請擔任顧問或研究工作。

二　受聘僱於公立或已立案之私立大學進行講座、學術研究經教育部認可。

② 外國專業人才、外國特定專業人才及外國高級專業人才，其本人、配偶、未成年子女及因身心障礙無法自理生活之成年子女，經許可永久居留者，在我國從事工作，不須向勞動部或教育部申請許可。

第八條

① 雇主聘僱從事專業工作之外國特定專業人才，其聘僱許可期間最長為五年，期滿有繼續聘僱之需要者，得申請延期，每次最長為五年。

② 前項外國特定專業人才經內政部移民署許可居留者，其外僑居留

證之有效期間，自許可之翌日起算，最長為五年；期滿有繼續居留之必要者，得於居留期限屆滿前，向內政部移民署申請延期，每次最長為五年。該外國特定專業人才之配偶、未成年子女及因身心障礙無法自理生活之成年子女，經內政部移民署許可居留者，其外僑居留證之有效期間及延期期限，亦同。

第九條

① 外國特定專業人才擬在我國從事專業工作者，得逕向內政部移民署申請核發具工作許可、居留簽證、外僑居留證及重入國許可四證合一之就業金卡。內政部移民署許可核發就業金卡前，應會同勞動部及外交部審查。但已入國之外國特定專業人才申請就業金卡時得免申請居留簽證。

② 前項就業金卡有效期間為一年至三年；符合一定條件者，得於有效期間屆滿前申請延期，每次最長為三年。

③ 前二項就業金卡之申請程序、審查、延期之一定條件及其他相關事項之辦法，由內政部會商勞動部及外交部定之。

④ 依第一項申請就業金卡或第二項申請延期者，由內政部移民署收取規費；其收費標準，由內政部會商勞動部及外交部定之。

第一○條

① 外國專業人才為藝術工作者，得不經雇主申請，逕向勞動部申請許可，在我國從事藝術工作；其許可期間最長為三年，必要時得申請延期，每次最長為三年。

② 前項申請之工作資格、審查基準、申請許可、廢止許可、聘僱管理及其他相關事項之辦法，由勞動部會商文化部定之。

第一一條

① 外國專業人才擬在我國從事專業工作，須長期尋職者，得向駐外館處申請核發三個月有效期限、多次入國、停留期限六個月之停留簽證，總停留期限最長為六個月。

② 依前項規定取得停留簽證者，自總停留期限屆滿之日起三年內，不得再依該項規定申請核發停留簽證。

③ 依第一項規定核發停留簽證之人數，由外交部會同內政部並會商主管機關及中央目的事業主管機關，視人才需求及申請狀況每年公告之。

④ 第一項申請之條件、程序、審查及其他相關事項之辦法，由外交部會同內政部並會商中央目的事業主管機關，視人才需求定之。

第一二條

① 外國專業人才或外國特定專業人才以免簽證或持停留簽證入國，經許可或免許可在我國從事專業工作者，得逕向內政部移民署申請居留；經許可者，發給外僑居留證。

② 外國專業人才在我國從事專業工作及外國特定專業人才，經許可居留或永久居留者，其配偶、未成年子女及因身心障礙無法自理生活之成年子女，以免簽證或持停留簽證入國者，得逕向內政部移民署申請居留，經許可者，發給外僑居留證。

③依前二項許可居留並取得外僑居留證之人，因居留原因變更，而有入出國及移民法第二十三條第一項各款情形之一者，得向內政部移民署申請變更居留原因。但有該條第一項第一款但書規定者，不得申請。

④依前三項申請居留或變更居留原因，有入出國及移民法第二十四條第一項各款情形之一者，內政部移民署得不予許可；已許可者，得撤銷或廢止其許可，並註銷其外僑居留證。

⑤前項之人有入出國及移民法第二十四條第一項第十款或第十一款情形經不予許可者，不予許可之期間，自其出國之翌日起算至少為一年，並不得逾三年。

第一三條

①外國專業人才在我國從事專業工作、外國特定專業人才依第八條第二項規定取得外僑居留證或依第九條規定取得就業金卡，於居留效期或就業金卡有效期間屆滿前，仍有居留之必要者，其本人及原經許可居留之配偶、未成年子女及因身心障礙無法自理生活之成年子女，得向內政部移民署申請延期居留。

②前項申請延期居留經許可者，發給外僑居留證，其外僑居留證之有效期間，自原居留效期或就業金卡有效期間屆滿之翌日起延期六個月；延期屆滿前，有必要者，得再申請延期一次，總延長居留期間最長為一年。

第一四條

①外國專業人才在我國從事專業工作，合法連續居留五年，平均每年居住一百八十三日以上，並符合下列各款要件者，得向內政部移民署申請永久居留：

一　成年。
二　無不良素行，且無警察刑事紀錄證明之刑事案件紀錄。
三　有相當之財產或技能，足以自立。
四　符合我國國家利益。

②以下列各款情形之一為居留原因而經許可在我國居留之期間，不計入前項在我國連續居留期間：

一　在我國就學。
二　經許可在我國從事就業服務法第四十六條第一項第八款至第十款工作。
三　以前二款人員為依親對象經許可居留。

③外國特定專業人才在我國合法連續居留三年，平均每年居住一百八十三日以上，且其居留原因係依第八條第一項規定取得特定專業人才工作許可或依第九條規定取得就業金卡，並符合第一項各款要件者，得向內政部移民署申請永久居留。

④外國專業人才及外國特定專業人才在我國就學取得大學校院碩士以上學位者，得依下列規定折抵第一項及前項之在我國連續居留期間：

一　外國專業人才：取得博士學位者折抵二年，碩士學位者折抵

一年。二者不得合併折抵。

二　外國特定專業人才：取得博士學位者折抵一年。

⑤依第一項及第三項規定申請永久居留者，應於居留及居住期間屆滿後二年內申請之。

⑥第一項第二款及第十六條第一項第一款所定無不良素行之認定、程序及其他相關事項之標準，由內政部定之。

第一五條

①外國專業人才在我國從事專業工作、外國特定專業人才及外國高級專業人才，經內政部移民署許可永久居留者，其成年子女經內政部移民署認定符合下列要件之一，得不經僱主申請，逕向勞動部申請許可，在我國從事工作：

一　曾在我國合法累計居留十年，每年居住超過二百七十日。

二　未滿十四歲入國，每年居住超過二百七十日。

三　在我國出生，曾在我國合法累計居留十年，每年居住超過一百八十三日。

②僱主聘僱前項成年子女從事工作，得不受就業服務法第四十六條第一項、第三項、第四十七條、第五十二條、第五十三條第三項、第四項、第五十七條第五款、第七十二條第四款及第七十四條規定之限制，並免依第五十五條規定繳納就業安定費。

③第一項外國專業人才、外國特定專業人才及外國高級專業人才之子女於中華民國一百十二年一月一日前未滿十六歲入國者，得適用該項規定，不受該項第二款有關未滿十四歲入國之限制。

第一六條

①外國專業人才在我國從事專業工作，經內政部移民署許可永久居留後，其配偶、未成年子女及因身心障礙無法自理生活之成年子女，在我國合法連續居留五年，平均每年居住一百八十三日以上，並符合下列要件者，得向內政部移民署申請永久居留：

一　無不良素行，且無警察刑事紀錄證明之刑事案件紀錄。

二　符合我國國家利益。

②外國特定專業人才依第十四條第三項規定經內政部移民署許可永久居留後，其配偶、未成年子女及因身心障礙無法自理生活之成年子女，在我國合法連續居留三年，平均每年居住一百八十三日以上，並符合前項各款要件者，得向內政部移民署申請永久居留。

③前二項外國專業人才及外國特定專業人才之永久居留許可，依入出國及移民法第三十三條第一款至第三款及第八款規定經撤銷或廢止者，其配偶、未成年子女及因身心障礙無法自理生活之成年子女之永久居留許可，應併同撤銷或廢止。

④依第一項及第二項規定申請永久居留者，應於居留及居住期間屆滿後二年內申請之。

第一七條

①外國高級專業人才依入出國及移民法規定申請永久居留者，其配偶、未成年子女及因身心障礙無法自理生活之成年子女，得隨同

本人申請永久居留。

②前項外國高級專業人才之永久居留許可，依入出國及移民法第三十三條第一款至第三款及第八款規定經撤銷或廢止者，其配偶、未成年子女及因身心障礙無法自理生活之成年子女之永久居留許可，應併同撤銷或廢止。

第一八條

外國特定專業人才或外國高級專業人才經內政部移民署許可居留或永久居留者，其直系尊親屬得向外交部或駐外館處申請核發一年效期、多次入國、停留期限六個月及未加註限制不准延期或其他限制之停留簽證；期滿有繼續停留之必要者，得於停留期限屆滿前，向內政部移民署申請延期，並得免出國，每次總停留期間最長為一年。

第一九條

外國專業人才、外國特定專業人才及外國高級專業人才，其本人、配偶、未成年子女及因身心障礙無法自理生活之成年子女，經內政部移民署許可永久居留後，出國五年以上未曾入國者，內政部移民署得廢止其永久居留許可及註銷其外僑永久居留證。

第二〇條

①自一百零七年度起，在我國未設有戶籍並因工作而首次核准在我國居留且符合一定條件之外國特定專業人才，其從事專業工作，或依第九條規定取得就業金卡並在就業金卡有效期間受聘僱從事專業工作，於首次符合在我國居留滿一百八十三日且薪資所得超過新臺幣三百萬元之課稅年度起算五年內，其各該在我國居留滿一百八十三日之課稅年度薪資所得超過新臺幣三百萬元部分之半數免予計入綜合所得總額課稅，且不適用所得基本稅額條例第十二條第一項第一款規定。

②前項一定條件、申請適用程序、應檢附之證明文件及其他相關事項之辦法，由財政部會商相關機關定之。

第二一條

外國專業人才、外國特定專業人才及外國高級專業人才有下列情形之一者，其本人、配偶、未成年子女及因身心障礙無法自理生活之成年子女，經領有居留證明文件者，應參加全民健康保險為保險對象，不受全民健康保險法第九條第一款在臺居留滿六個月之限制：

一　受聘僱從事專業工作。

二　外國特定專業人才及外國高級專業人才，具全民健康保險法第十條第一項第一款第四目所定雇主或自營業主之被保險人資格。

第二二條

①從事專業工作之外國專業人才及外國特定專業人才，並經內政部移民署依本法規定許可永久居留者，於許可之日起適用勞工退休金條例之退休金制度。但其於本法中華民國一百十年六月十八日

修正之條文施行前已受僱且仍服務於同一事業單位，於許可之日起六個月內，以書面向雇主表明繼續適用勞動基準法之退休金規定者，不在此限。

②曾依前項以書面規定向雇主表明繼續適用勞動基準法之退休金規定者，不得再變更選擇適用勞工退休金條例之退休金制度。

③依第一項規定適用勞工退休金條例退休金制度者，其適用前之工作年資依該條例第十一條規定辦理。

④雇主應為適用勞工退休金條例退休金制度之外國專業人才及外國特定專業人才，向勞動部勞工保險局辦理提繳手續，並至遲於第一項規定期限屆滿之日起十五日內申報。

⑤第一項外國專業人才及外國特定專業人才於本法中華民國一百十年六月十八日修正之條文施行前已適用勞工退休金條例，或依法向雇主表明繼續適用勞動基準法之退休金制度者，仍依各該規定辦理，不適用前四項規定。

第二三條

①外國專業人才、外國特定專業人才及外國高級專業人才受聘僱擔任我國公立學校現職編制內專任合格有給之教師與研究人員，及政府機關與其所屬學術研究機關（構）現職編制內專任合格有給之研究人員，其退休事項準用公立學校教師之退休規定且經許可永久居留者，得擇一支領一次退休金或月退休金。

②已依前項規定支領月退休金而經內政部移民署撤銷或廢止其永久居留許可者，喪失領受月退休金之權利。但因回復我國國籍、取得我國國籍或兼具我國國籍經撤銷或廢止永久居留許可者，不在此限。

第二四條

香港或澳門居民在臺灣地區從事專業工作或尋職，準用第五條第一項至第四項、第六條、第七條第一項、第八條至第十一條、第十三條、第二十條及第二十一條規定；有關入境、停留及居留等事項，由內政部依香港澳門關係條例及其相關規定辦理。

第二五條

①我國國民兼具外國國籍而未在我國設有戶籍，並持外國護照至我國從事專業工作或尋職者，依本法有關外國專業人才之規定辦理。但其係因歸化取得我國國籍者，得免申請工作許可。

②經歸化取得我國國籍且兼具外國國籍而未在我國設有戶籍，並持我國護照入國從事專業工作或尋職者，得免申請工作許可。

第二六條

外國專業人才、外國特定專業人才及外國高級專業人才經歸化取得我國國籍者，其成年子女之工作許可、配偶與未成年子女及因身心障礙無法自理生活之成年子女之永久居留、直系尊親屬探親停留簽證，準用第十五條至第十九條規定。

第二七條

本法施行日期，由行政院定之。

外國特定專業人才申請就業金卡許可辦法

①民國107年2月6日內政部令訂定發布全文14條；並自107年2月8日施行。

②民國110年11月8日內政部令修正發布全文14條；並自110年10月25日施行。

第一條

本辦法依外國專業人才延攬及僱用法（以下簡稱本法）第九條第三項規定訂定之。

第二條

①外國特定專業人才申請就業金卡時，應向內政部移民署（以下簡稱移民署）建置之外國專業人才申辦窗口平臺（以下簡稱外國人才申辦平臺），依下列規定以網路傳輸方式辦理：

一 檢附下列文件之彩色掃描電子檔：

　(一)所餘效期六個月以上之護照。

　(二)最近六個月內所拍攝之二吋半身脫帽彩色照片。

　(三)經中央目的事業主管機關公告之外國特定專業人才資格認定文件。

　(四)其他申請工作許可、居留簽證、外僑居留證及重入國許可時之應備文件。

二 選擇就業金卡有效期限，並依規定繳納規費。

②外國特定專業人才由中央目的事業主管機關推薦申請就業金卡者，前項第一款文件得以書面方式為之。

③移民署受理申請案件，經勞動部依第三條第一項審查符合外國特定專業人才資格後，應通知申請人於六個月內持繳驗護照通知單及護照正本，臨櫃向駐外使領館、代表處或辦事處（以下簡稱駐外館處）繳驗。但已入國之外國特定專業人才申請就業金卡，得免繳驗護照。

第三條

①移民署受理申請案件後，應會同勞動部及外交部（以下簡稱審查機關）審查；必要時，審查機關得會商中央目的事業主管機關提供意見。但已入國之外國特定專業人才申請就業金卡，得免會同外交部審查。

②審查機關應於受理之日起，三十個工作天內完成審查；依前條第三項之繳驗護照等待期間、第四條之補正期間及其他不可抗力因素造成遲誤之期間，應予扣除。

第四條

① 申請案件資料不符或欠缺者，移民署應通知申請人於三十日內補正；申請資料須至境外申請者，其補正期間為六個月。屆期未補正或補正不完全者，駁回其申請。

② 申請人未依第二條第三項之通知繳驗護照者，駁回其申請。

第五條

申請案件有下列情形之一者，移民署得不予許可：

一　經勞動部審查不符規定。

二　經外交部審查不符規定。

三　有入出國及移民法第二十四條第一項或第二項所列情形之一。

四　其他不符本法或本辦法之規定。

第六條

① 申請案件經審查符合規定者，移民署應依下列規定辦理：

一　境內申請：核發就業金卡。

二　境外申請：核發就業金卡境外核准證明，並由申請人持憑入境後於三十日內向移民署換領就業金卡。

② 就業金卡之效期自核發之翌日起算。

③ 就業金卡有效期間內，外國特定專業人才得聘用在臺工作、居留及配合有效護照聘用多次重入國。

④ 申請人領有外僑居留證者，移民署依第一項規定核發就業金卡或就業金卡境外核准證明時，應廢止其居留許可，並註銷其外僑居留證。

第七條

就業金卡持有人有下列情形之一者，移民署應撤銷或廢止其就業金卡：

一　經勞動部或中央目的事業主管機關通知有撤銷或廢止其工作許可或外國特定專業人才資格之情事。

二　經外交部通知有撤銷或廢止其簽證之情事。

三　在我國居留期間，有入出國及移民法第三十二條各款情形之一。

第八條

移民署許可、不予許可申請案件或撤銷、廢止就業金卡時，應通知勞動部、外交部及中央目的事業主管機關。

第九條

任職於國內之公私企業機構之就業金卡持有人，依本法第八條第二項取得外僑居留證時，移民署應廢止其就業金卡。

第一○條

就業金卡持有人在臺居留地址、護照號碼或其他資料異動，或因卡片污損、無法辨識、滅失或遺失時，應於事實發生日起三十日內於外國人才申辦平臺申請補發就業金卡。

第一一條

① 就業金卡持有人無第五條第一款、第三款、第四款或第七條所列

情形之一，且仍符合外國特定專業人才資格者，得於就業金卡有效期間屆滿前四個月內，檢附第二條第一項第一款第一目至第三目規定文件及就業金卡之彩色掃描電子檔，於外國人才申辦平臺申請延長有效期間，每次得延長一年至三年。

②移民署受理前項申請後，應會同勞動部審查，必要時，勞動部得會商中央目的事業主管機關提供意見；申請案未符前項規定者，移民署得不予許可。

第一二條

①申請就業金卡依規定應檢附之文件係在國外製作者，必要時，審查機關得要求經駐外館處驗證；其在國內由外國駐華使領館或其授權代表機構製作者，必要時，得要求經外交部複驗。

②前項文件為外文者，應檢附英文或中文譯本。

③外國公文書之驗證，符合外交部及駐外館處文件證明條例第十五條之一規定者，從其規定。

第一三條

香港或澳門居民在臺灣地區從事專業工作或尋職，依本法第二十四條準用本法第九條規定，得依本辦法規定申請就業金卡或申請延長其有效期間。

第一四條

本辦法自本法施行之日施行。

農業部審核外展農務服務計畫書作業要點

①民國108年5月8日行政院令訂定發布全文11點。
民國112年7月25日行政院農業委員會公告農業部與所屬機關（構）組織法規，自中華民國112年8月1日施行，各行政規則內容涉及原行政院農業委員會及所屬機關（構）、國軍退除役官兵輔導委員會榮民森林保育事業管理處之權限業務規定未及配合修正者，自112年8月1日起，相關權限業務皆由農業部及所屬機關（構）承接辦理。

②民國112年9月25日農業部令修正發布名稱及全文11點；並自即日生效（原名稱：行政院農業委員會審核外展農務服務計畫書作業要點）。

一　農業部（以下簡稱本部）為建立外籍移工外展農務服務模式，提升農務服務品質，改善農業季節性缺工問題，並依外國人從事就業服務法第四十六條第一項第八款至第十一款工作資格及審查標準（以下簡稱本標準）第五十四條規定，核定外展農務服務計畫書，特訂定本要點。

二　農會、漁會、農林漁牧有關之合作社或非營利組織（以下簡稱外展機構），聘僱外國人從事外展農務工作，應填具申請書並檢附外展農務服務計畫書，向本部申請核定。

前項外展農務服務計畫書，應包括下列事項：

㈠雇主資格之證明文件。

㈡服務提供、收費項目及金額、契約範本等相關規劃。

㈢農務工作人力配置、督導及教育訓練機制規劃。

㈣其他外展農務服務相關資料。

前項第一款雇主資格之證明文件，指機構組織章程及依法設立或登記之證書影本。

三　前點申請核定有文件不齊全或其他得補正之情形者，本部應以書面通知申請人限期補正；屆期未補正或補正未完備者，本部應不予受理。

四　申請核定外展農務服務計畫書，有下列情形之一者，本部應予駁回：

㈠未符合第二點雇主資格規定。

㈡外展農務服務計畫書內容未符本要點規定或顯不合理，或不符相關法令規定。

五　外展農務服務計畫書經本部審查符合規定者，予以核定，並函復申請機構；再由外展機構持函向勞動部申請聘僱外籍移工。

六　外展機構指派外籍移工服務之場域，應依下列規定辦理：

(一)服務契約履行地應為具有農、林、漁、牧經營事實之場域。

(二)不得指派外籍移工至已依本標準規定申請聘僱外國人從事海洋漁撈工作、屠宰工作之場域。

前項外籍移工服務範圍如下：

(一)農作物栽培，包含種植、田間管理、採收、採後處理及包裝、搬運。

(二)林木、竹林之育苗、移植及種植。

(三)禽畜之飼育、放牧、榨乳及飼育場域環境維護，包含死廢畜禽、糞汙處理。

(四)水產生物採取或養殖之工作。

(五)其他直接從事農、林、漁、牧有關之體力工作。

七 經本部核定外展農務服務計畫書之外展機構應辦理工作內容如下：

(一)辦理外籍移工招募相關事項：依就業服務法第四十七條規定，以合理勞動條件在國內辦理招募，經招募無法滿足其需求，就該不足人數向勞動部申請招募許可，並引進或承接外籍移工。

(二)辦理外籍移工聘僱相關事項：為外籍移工辦理聘僱許可及居留證、入國健康檢查等事項，並與外籍移工簽訂勞動契約。

(三)辦理外籍移工管理相關事項：負擔僱用外籍移工衍生之法定生活管理、入國通報及安排接受定期健康檢查等義務，並繳交就業安定費。

(四)提供外展農務服務：依服務對象約定服務內容，評估農務需求，指派外籍移工前往工作場域，從事農、林、漁、牧工作或與其有關之工作，並與服務對象簽訂服務契約。

(五)建立督導機制：

　1.每三個月至少訪視服務對象一次，以瞭解服務對象農務需求之變動情形及外籍移工之工作狀況。

　2.每三個月至少召開督導會議一次，以增進外籍移工之服務品質。

(六)建立教育訓練機制：訂定人員素質提升計畫、工作績效考核獎懲規定與服務結果評估策略等，並應每三個月至少安排外籍移工接受在職訓練及職業安全衛生教育訓練一次。

(七)定期製作相關紀錄：

　1.每月五日前至本部農業人力資源平臺系統登錄前一月份外籍移工下列外展服務資料：

　　(1)服務對象之接案及評估紀錄。

　　(2)服務對象名冊。

　　(3)服務提供派案日程表。

　　(4)統計月報表。

　　(5)其他相關資料。

　2.每年一月三十一日前，將前一年度財務紀錄及包含下列

　　事項之成果報告書分別送本部及外展機構所在地之直轄
　　市或縣（市）政府：
　　⑴外籍移工名冊及聘僱許可影本。
　　⑵農務工作人力配置、服務模式及流程。
　　⑶訪視紀錄、督導會議紀錄、教育訓練紀錄、成果統計及
　　　自我評估等相關資料。
　前項第四款規定之服務契約，應包含下列約定事項：
　㈠服務期間。
　㈡服務地點。
　㈢服務項目及內容。
　㈣收費方式、項目及金額。
　㈤更換外籍移工或停止服務之條件。
　㈥契約訂定、變更、終止及損害賠償。

八　外展機構因故未能繼續辦理外展農務服務，應於終止辦理前三
　　個月內，向本部提出申請。
　　本部核准前項申請後，應廢止外展農務服務計畫書之核定，
　　並副知勞動部勞動力發展署，且外展機構須於指定期限內，
　　為所聘僱之外籍移工辦理手續並使其出國，或為其辦理轉換
　　雇主或工作。

九　本部及直轄市、縣（市）政府應不定期就第七點規定內容辦理
　　實地查核，受查核對象不得規避、妨礙或拒絕。經查核有缺
　　失者，應令其限期改善。

一〇　外展機構有下列情形之一，經本部認定屬情節重大者，本部得
　　廢止外展農務服務計畫書之核定，並副知勞動部勞動力發展
　　署：
　㈠違反就業服務法及其所發布之命令。
　㈡違反核定之外展農務服務計畫書內容。
　㈢服務場域或服務範圍違反第六點規定。
　㈣規避、妨礙或拒絕前點查核，或未依前點規定限期改
　　善。
　㈤其他違反本要點或相關法令規定。
　經本部廢止外展農務服務計畫書核定之外展機構，應依第八
　點第二項規定辦理外籍移工出國或轉換雇主或工作。

一一　本部得成立農業勞動力管理小組召開審查會議，辦理下列事
　　項：
　㈠審查外展農務服務計畫書（含核定計畫書後之變更）。
　㈡年度成果評估。
　㈢審議前點第一項情節重大案件之認定。
　前項審查會議，置審查委員五人至十一人，任一性別委員比
　例至少三分之一，由下列成員組成：
　㈠中央機關及地方政府相關單位代表。
　㈡勞工或農業相關領域專家學者。

審查委員應遵守下列迴避條款：
(一)知有利益衝突者，應即自行迴避。
(二)不得參與個人利益相關之外展機構申請之審查。

中高齡者及高齡者就業促進法

①民國108年12月4日總統令制定公布全文45條。
　民國109年11月19日行政院令發布定自109年12月4日施行。
②民國113年7月31日總統令修正公布第7、9、29、36條條文；施行
　日期，由行政院定之。

第一章 總則

第一條

①為落實尊嚴勞動，提升中高齡者勞動參與、促進高齡者再就業，
保障經濟安全，鼓勵世代合作與經驗傳承，維護中高齡者及高齡
者就業權益，建構友善就業環境，並促進其人力資源之運用，特
制定本法。

②中高齡者及高齡者就業事項，依本法之規定；本法未規定者，適
用勞動基準法、性別工作平等法、就業服務法、職業安全衛生
法、就業保險法、職業訓練法及其他相關法律之規定。

第二條

本法所稱主管機關：在中央為勞動部；在直轄市為直轄市政府；
在縣（市）為縣（市）政府。

第三條

本法用詞，定義如下：

一　中高齡者：指年滿四十五歲至六十五歲之人。
二　高齡者：指逾六十五歲之人。
三　受僱者：指受僱主僱用從事工作獲致薪資之人。
四　求職者：指向僱主應徵工作之人。
五　僱主：指僱用受僱者之人、公私立機構或機關。代表僱主行
　　使管理權或代表僱主處理有關受僱者事務之人，視同僱主。

第四條

本法適用對象為年滿四十五歲之下列人員：

一　本國國民。
二　與在中華民國境內設有戶籍之國民結婚，且獲准在臺灣地區
　　居留之外國人、大陸地區人民、香港或澳門居民。
三　前款之外國人、大陸地區人民、香港或澳門居民，與其配偶
　　離婚或其配偶死亡，而依法規規定得在臺灣地區繼續居留工
　　作者。

第五條

僱主應依所僱用之中高齡者及高齡者需要，協助提升專業知能、
調整職務或改善工作設施，提供友善就業環境。

第六條

中央主管機關爲推動中高齡者及高齡者就業，應蒐集中高齡者及高齡者勞動狀況，辦理供需服務評估、職場健康、職業災害等相關調查或研究，並進行性別分析，其調查及研究結果應定期公布。

第七條 113

①中央主管機關應會商中央目的事業主管機關及地方主管機關，至少每三年訂定中高齡者及高齡者就業計畫。

②前項就業計畫，應包括下列事項：

一 推動中高齡者及高齡者之職務再設計。

二 促進中高齡者及高齡者之職場友善。

三 提升中高齡者及高齡者之職業安全措施與輔具使用。

四 辦理提升中高齡者及高齡者專業知能之職業訓練。

五 獎勵雇主僱用失業中高齡者及高齡者。

六 推動中高齡者及高齡者之延緩退休及退休後再就業。

七 推動銀髮人才服務。

八 宣導雇主責任、受僱者就業及退休權益。

九 推動中高齡者及高齡者之部分時間工作模式。

其他促進中高齡者及高齡者就業之相關事項。

③地方主管機關應依前二項就業計畫，結合轄區產業特性，推動中高齡者及高齡者就業。

第八條

①主管機關得遴聘受僱者、雇主、學者專家及政府機關之代表，研議、諮詢有關中高齡者及高齡者就業權益事項；其中受僱者、雇主及學者專家代表，不得少於二分之一。

②前項代表中之單一性別、中高齡者及高齡，不得少於三分之一。

第九條 113

爲協助中高齡者及高齡者就業，主管機關應提供職場指引手冊，並至少每二年更新一次。

第一〇條

爲傳承中高齡者與高齡者智慧經驗及營造世代和諧，主管機關應推廣世代交流，支持雇主推動世代合作。

第一一條

主管機關應推動中高齡者與高齡者就業之國際交流及合作。

第二章 禁止年齡歧視

第一二條

①雇主對求職或受僱之中高齡者及高齡者，不得以年齡爲由予以差別待遇。

②前項所稱差別待遇，指雇主因年齡因素對求職者或受僱者爲下列事項之直接或間接不利對待：

一　招募、甄試、進用、分發、配置、考績或陞遷等。

二　教育、訓練或其他類似活動。

三　薪資之給付或各項福利措施。

四　退休、資遣、離職及解僱。

第一三條

前條所定差別待遇，屬下列情形之一者，不受前條第一項規定之限制：

一　基於職務需求或特性，而對年齡爲特定之限制或規定。

二　薪資之給付，係基於年資、獎懲、績效或其他非因年齡因素之正當理由。

三　依其他法規規定任用或退休年齡所爲之限制。

四　依本法或其他法令規定，爲促進特定年齡者就業之相關僱用或協助措施。

第一四條

求職或受僱之中高齡者及高齡者於釋明差別待遇之事實後，雇主應就差別待遇之非年齡因素，或其符合前條所定之差別待遇因素，負舉證責任。

第一五條

①求職或受僱之中高齡者及高齡者發現雇主違反第十二條第一項規定時，得向地方主管機關申訴。

②地方主管機關受理前項之申訴，由依就業服務法相關規定組成之就業歧視評議委員會辦理年齡歧視認定。

第一六條

雇主不得因受僱之中高齡者及高齡者提出本法之申訴或協助他人申訴，而予以解僱、調職或其他不利之處分。

第一七條

①求職或受僱之中高齡者及高齡者，因第十二條第一項之情事致受有損害，雇主應負賠償責任。

②前項之損害賠償請求權，自請求權人知有損害及賠償義務人時起，二年間不行使而消滅。自有違反行爲時起，逾十年者，亦同。

第三章　穩定就業措施

第一八條

①雇主依經營發展及穩定留用之需要，得自行或委託辦理所僱用之中高齡者及高齡者在職訓練，或指派其參加相關職業訓練。

②雇主依前項規定辦理在職訓練，中央主管機關得予訓練費用補助，並提供訓練輔導協助。

第一九條

①雇主對於所僱用之中高齡者及高齡者有工作障礙或家屬需長期照顧時，得依其需要爲職務再設計或提供就業輔具，或轉介適當之長期照顧服務資源。

②雇主依前項規定提供職務再設計及就業輔具，主管機關得予輔導或補助。

第二〇條

①雇主爲使所僱用之中高齡者與高齡者傳承技術及經驗，促進世代合作，得採同一工作分工合作等方式爲之。

②雇主依前項規定辦理時，不得損及受僱者原有勞動條件，以穩定其就業。

③雇主依第一項規定辦理者，主管機關得予輔導或獎勵。

第二一條

雇主繼續僱用符合勞動基準法第五十四條第一項第一款所定得強制退休之受僱者達一定比率及期間，中央主管機關得予補助。

第二二條

前四條所定補助、獎勵之申請資格條件、項目、方式、期間、廢止、經費來源及其他相關事項之辦法，由中央主管機關定之。

第四章　促進失業者就業

第二三條

公立就業服務機構爲協助中高齡者及高齡者就業，應依其能力及需求，提供職涯輔導、就業諮詢與推介就業等個別化就業服務與相關就業資訊。

第二四條

①中央主管機關爲提升中高齡者及高齡者工作技能，促進就業，應辦理職業訓練。

②雇主依僱用人力需求，得自行或委託辦理失業之中高齡者及高齡者職業訓練。

③雇主依前項規定辦理職業訓練，中央主管機關得予訓練費用補助。

第二五條

主管機關爲協助中高齡者及高齡者創業與與青年共同創業，得提供創業諮詢輔導、創業研習課程及創業貸款利息補貼等措施。

第二六條

主管機關對於失業之中高齡者及高齡者，應協助其就業，提供相關就業協助措施，並得發給相關津貼、補助或獎助。

第二七條

前三條所定補助、利息補貼、津貼或獎助之申請資格條件、項目、方式、期間、廢止、經費來源及其他相關事項之辦法，由中央主管機關定之。

第五章　支持退休後再就業

第二八條

六十五歲以上勞工，雇主得以定期勞動契約僱用之。

第二九條 113

① 雇主對於所僱用之中高齡者及高齡者，得於其符合勞動基準法第五十三條規定時，或第五十四條第一項第一款前二年內，提供退休準備、調適或再就業之相關協助措施。

② 雇主依前項規定辦理時，中央主管機關得予補助。

第三〇條

雇主僱用依法退休之高齡者，傳承其專業技術及經驗，中央主管機關得予補助。

第三一條

前二條所定補助之申請資格條件、項目、方式、期間、廢止、經費來源及其他相關事項之辦法，由中央主管機關定之。

第三二條

① 中央主管機關為提供退休之中高齡者及高齡者相關資料供查詢，以強化退休人力再運用，應建置退休人才資料庫，並定期更新。

② 退休人才資料庫之使用依個人資料保護法相關規定辦理。

第六章　推動銀髮人才服務

第三三條

中央主管機關為促進依法退休或年滿五十五歲之中高齡者及高齡者就業，應辦理下列事項，必要時得指定或委託相關機關（構）、團體推動之：

一　區域銀髮就業市場供需之調查。

二　銀髮人力資源運用創新服務模式之試辦及推廣。

三　延緩退休、友善職場與世代合作之倡議及輔導。

四　就業促進之服務人員專業知能培訓。

五　銀髮人才服務據點工作事項之輔導及協助。

第三四條

① 地方主管機關得成立銀髮人才服務據點，辦理下列事項：

一　開發臨時性、季節性、短期性、部分工時、社區服務等就業機會及就業媒合。

二　提供勞動法令及職涯發展諮詢服務。

三　辦理就業促進活動及訓練研習課程。

四　促進雇主聘僱專業銀髮人才傳承技術及經驗。

五　推廣世代交流及合作。

② 地方主管機關辦理前項服務，中央主管機關得予補助，其申請資格條件、項目、方式、期間、廢止、經費來源及其他相關事項之辦法，由中央主管機關定之。

第三五條

① 地方主管機關應定期向中央主管機關提送銀髮人才服務據點執行成果報告。

② 中央主管機關對地方主管機關推動銀髮人才服務據點應予監督及考核。

第七章　開發就業機會

第三六條 113

中央主管機關為配合國家產業發展需要，應會商中央目的事業主管機關，共同開發中高齡者及高齡者產業及就業機會。

第三七條

①公立就業服務機構應定期蒐集、整理與分析其業務區域內中高齡者及高齡者從事之行業與職業分布、薪資變動、人力供需及未來展望等資料。

②公立就業服務機構應依據前項調查結果，訂定中高齡者及高齡者工作機會之開發計畫。

第三八條

公立就業服務機構為協助中高齡者及高齡者就業或再就業，應開發適合之就業機會，並定期於勞動部相關網站公告。

第三九條

主管機關為協助雇主僱用中高齡者及高齡者，得提供相關人力運用指引、職務再設計及其他必要之措施。

第四○條

①主管機關對於促進中高齡者及高齡者就業有卓越貢獻者，得予獎勵。

②前項所定獎勵之申請資格條件、項目、方式、期間、廢止、經費來源及其他相關事項之辦法，由中央主管機關定之。

第八章　罰　則

第四一條

①違反第十二條第一項規定者，處新臺幣三十萬元以上一百五十萬元以下罰鍰。

②違反第十六條規定者，處新臺幣二萬元以上三十萬元以下罰鍰。

第四二條

有前條規定行為之一者，應公布其姓名或名稱、負責人姓名，並限期令其改善；屆期未改善者，應按次處罰。

第四三條

本法所定之處罰，由地方主管機關為之。

第九章　附　則

第四四條

本法施行細則，由中央主管機關定之。

第四五條

本法施行日期，由行政院定之。

中高齡者及高齡者就業促進法施行細則

民國109年12月3日勞動部令訂定發布全文11條；並自109年12月4日施行。

第一條
本細則依中高齡者及高齡者就業促進法（以下簡稱本法）第四十四條規定訂定之。

第二條
中央主管機關應至少每三年，公布本法第六條所定調查及研究之結果。

第三條
①依本法第七條訂定中高齡者及高齡者就業計畫，應包括下列事項：
一　推動中高齡者及高齡者之職務再設計。
二　促進中高齡者及高齡者之職場友善。
三　提升中高齡者及高齡者之職業安全措施與輔具使用。
四　辦理提升中高齡者及高齡者專業知能之職業訓練。
五　獎勵雇主僱用失業中高齡者及高齡者。
六　推動中高齡者及高齡者之退休後再就業。
七　推動銀髮人才服務。
八　宣導雇主責任、受僱者就業及退休權益。
九　其他促進中高齡者及高齡者就業之相關事項。
②前項計畫，應依目標期程及辦理情形適時檢討，以落實其成效。

第四條
本法第九條所定職場指引手冊，其內容包括下列事項：
一　勞動市場就業趨勢。
二　就業、轉業準備及職場適應相關資訊。
三　勞動相關法令。
四　促進中高齡者及高齡者就業措施。
五　其他有助於中高齡者及高齡者就業之相關資訊。

第五條
本法第十一條所定國際交流，為主管機關與其他國家之政府或民間組織合作辦理有關中高齡者及高齡者就業之觀摩考察、經驗交流或研討活動等事項。

第六條
本法第十九條所定職務再設計，為協助中高齡者及高齡者排除工作障礙，以提升其工作效能與穩定就業所進行之改善工作設備、工作條件、工作環境及調整工作方法之措施。

第七條

①雇主依本法第二十八條以定期勞動契約僱用六十五歲以上勞工，不適用勞動基準法第九條規定。

②前項定期契約期間，不適用勞動基準法第五十四條第一項第一款規定。

③第一項定期勞動契約期限逾三年者，於屆滿三年後，勞工得終止契約。但應於三十日前預告雇主。

第八條

本法第三十七條第二項所定中高齡者及高齡者工作機會之開發計畫，其內容包括下列事項：

一　轄區產業適合中高齡者及高齡者之就業機會。

二　轄區中高齡者及高齡者之就業需求。

三　加強就業媒合之策略及作法。

四　預期成效。

第九條

本法第三十九條所定人力運用指引，其內容包括下列事項：

一　中高齡及高齡就業者特性。

二　職場管理及溝通。

三　勞動相關法令。

四　各項獎助雇主僱用措施。

五　績優企業案例。

六　其他有助於提高雇主僱用中高齡者及高齡者意願之相關資訊。

第一〇條

中央主管機關得將本法第三章穩定就業措施、第四章促進失業者就業、第五章支持退休後再就業及第七章開發就業機會所定事項，委任所屬就業服務機關（構）或職業訓練機構、委辦直轄市、縣（市）主管機關或委託相關機關（構）、團體辦理之。

第一一條

本細則自中華民國一百零九年十二月四日施行。

失業中高齡者及高齡者就業促進辦法

①民國109年12月3日勞動部令訂定發布全文49條；並自109年12月4日施行。
②民國113年7月31日勞動部令修正發布第12、13、17、35、36、38、40、41、43、49條條文。

第一章　總　則

第一條

本辦法依中高齡者及高齡者就業促進法（以下簡稱本法）第二十七條規定訂定之。

第二條

①本辦法所稱雇主，為就業保險投保單位之民營事業單位、團體或私立學校。

②前項所稱團體，指依人民團體法或其他法令設立者。但不包括政治團體及政黨。

第三條

本法第二十七條所定補助、利息補貼、津貼或獎助如下：

一　職業訓練補助。

二　創業貸款利息補貼。

三　跨域就業補助。

四　臨時工作津貼。

五　職場學習及再適應津貼。

六　僱用獎助。

第二章　職業訓練補助

第四條

①失業之中高齡者及高齡者，參加中央主管機關自辦、委託或補助辦理之職業訓練課程，全額補助其訓練費用。

②申請前項補助者，應檢附下列文件、資料，向辦理職業訓練單位提出，送中央主管機關審核：

一　身分證明文件影本。

二　其他經中央主管機關規定之文件、資料。

第五條

①中央主管機關為提升失業之高齡者工作技能，促進就業，得自辦、委託或補助辦理高齡者職業訓練專班。

②前項高齡者職業訓練專班，應符合下列規定：

一　訓練對象為經公立就業服務機構或受託單位就業諮詢並推介

參訓，且由職業訓練單位甄選錄訓之高齡者。

二 訓練專班之規劃應切合高齡者就業市場，且其課程、教材、教法及評量方式，應適合失業之高齡者身心特性及需求。

第六條

雇主依本法第二十四條第二項規定辦理訓練，並申請訓練費用補助者，最低開班人數應達五人，且訓練時數不得低於八十小時。

第七條

①雇主依前條規定申請訓練費用補助者，應檢附下列文件、資料，送中央主管機關審核：

一 申請書。

二 招募計畫書，其內容應包括僱用結訓中高齡者及高齡者之勞動條件。

三 訓練計畫書。

四 依法設立登記之證明文件影本。

五 其他經中央主管機關規定之文件、資料。

②經核定補助者，補助標準分為下列二類，其餘未補助部分，由雇主自行負擔，不得向受訓學員收取任何費用：

一 由雇主自行辦理訓練：補助訓練費用百分之七十。

二 雇主委託辦理訓練：補助訓練費用百分之八十五。

第八條

①依第六條辦理職業訓練結訓後，雇主應依招募計畫書之勞動條件全部僱用；未僱用者，其全部或一部之訓練費用不予補助。但中途離退訓、成績考核不合格或因個人因素放棄致未僱用者，不在此限。

②前項僱用人數於結訓一個月內離職率達百分之三十以上，不予補助已離職者之訓練費用。

第九條

失業之中高齡者及高齡者參加職業訓練，中央主管機關得併發給職業訓練生活津貼；其申請資格條件、方式、期間及不予核發、撤銷或廢止等事項，準用就業促進津貼實施辦法第三條、第十八條至第二十一條及第二十六條規定。

第三章 創業貸款利息補貼

第一〇條

①失業之中高齡者及高齡者，符合下列規定，並檢具相關文件、資料，經中央主管機關同意核貸，得向金融機構辦理創業貸款：

一 登記為所營事業之負責人，並有實際經營該事業之事實。

二 未同時經營其他事業。

三 三年內曾參與政府創業研習課程至少十八小時。

四 所營事業設立登記未超過五年。

五 所營事業員工數未滿五人。

六 貸款用途以購置或租用廠房、營業場所、機器、設備或營運

　　週轉金爲限。

②前項失業者與二十九歲以下之青年共同創業，向金融機構辦理貸款時，應檢具共同實際經營該事業之創業計畫書。

③前項共同創業者不得爲配偶、三親等內血親、二親等內血親之配偶、配偶之二親等內血親或其配偶。

第一一條

創業貸款之利率，按中華郵政股份有限公司二年期定期儲金機動利率加百分之零點五七五機動計息。

第一二條 112

①第十條所定創業貸款，其利息補貼之最高貸款額度爲新臺幣二百萬元；所營事業爲商業登記法第五條規定得免辦理登記之小規模商業，並辦有稅籍登記者，利息補貼之最高貸款額度爲新臺幣五十萬元。

②貸款人貸款期間前二年之利息，由中央主管機關全額補貼。

③貸款人符合第十條第二項規定者，貸款期間前三年之利息，由中央主管機關全額補貼；第四年起負擔年息超過百分之一點五時，利息差額由中央主管機關補貼，但年息爲百分之一點五以下時，由貸款人負擔實際全額利息。

④前項利息補貼期間最長七年。

第一三條 113

①貸款人有下列情形之一者，自事實發生之日起停止或不予補貼利息；已撥付者，由承貸金融機構通知貸款人繳回，並返還中央主管機關：

一　所營事業停業、歇業或變更負責人。

二　貸款人積欠貸款本息達六個月。

②貸款人所營事業於利息補貼期間停業，已依規定繳付貸款本息，其後辦理復業登記者，得由承貸金融機構向中央主管機關申請自復業日起繼續補貼利息至原核定補貼期間屆滿。

③第一項第二款情形於貸款人清償積欠貸款本息且恢復正常繳款後，得繼續補貼利息。

第一四條

同一創業貸款案件，曾領取政府機關其他相同性質創業貸款利息補貼或補助者，不得領取本辦法之創業貸款利息補貼。

第四章　跨域就業補助

第一五條

本辦法所定跨域就業補助項目如下：

一　求職交通補助金。

二　異地就業交通補助金。

三　搬遷補助金。

四　租屋補助金。

第一六條

① 失業之中高齡者及高齡者，親自向公立就業服務機構辦理求職登記，經諮詢及開立介紹卡推介就業，有下列情形之一者，得發給求職交通補助金：

一　推介地點與日常居住處所距離三十公里以上。

二　為低收入戶、中低收入戶或家庭暴力被害人。

② 除前項規定外，其他補助資格條件、核發金額及相關事項，準用就業促進津貼實施辦法第三條、第八條及第九條規定。

第一七條 113

申請前條補助，應檢附下列文件、資料：

一　身分證明文件影本。

二　同意代為查詢勞工保險、就業保險、勞工職業災害保險資料委託書。

三　補助金額領取收據。

四　其他經中央主管機關規定之文件、資料。

第一八條

失業之中高齡者及高齡者依本辦法、就業促進津貼實施辦法及就業保險促進就業實施辦法申領之求職交通補助金應合併計算，每人每年度以四次為限。

第一九條

符合下列各款情形之失業者，親自向公立就業服務機構辦理求職登記，經諮詢及開立介紹卡推介就業，得向就業當地轄區之公立就業服務機構申請核發異地就業交通補助金：

一　高齡者、失業期間連續達三個月以上中高齡者或非自願性離職中高齡者。

二　就業地點與原日常居住處所距離三十公里以上。

三　因就業有交通往返之事實。

四　連續三十日受僱於同一僱主。

第二〇條

中高齡者及高齡者申請前條異地就業交通補助金，其申請程序、應備文件、資料、核發標準、補助期間及不予核發或撤銷等事項，準用就業保險促進就業實施辦法第二十七條、第二十八條及第三十六條規定。

第二一條

符合下列各款情形之失業者，親自向公立就業服務機構辦理求職登記，經諮詢及開立介紹卡推介就業，得向就業當地轄區之公立就業服務機構申請核發搬遷補助金：

一　高齡者、失業期間連續達三個月以上中高齡者或非自願性離職中高齡者。

二　就業地點與原日常居住處所距離三十公里以上。

三　因就業而需搬離原日常居住處所，搬遷後有居住事實。

四　就業地點與搬遷後居住處所距離三十公里以內。

五　連續三十日受僱於同一僱主。

第二二條

中高齡者及高齡者申請前條搬遷補助金，其申請程序、應備文件、資料、核發標準及不予核發或撤銷等事項，準用就業保險促進就業實施辦法第三十條、第三十一條及第三十六條規定。

第二三條

符合下列各款情形之失業者，親自向公立就業服務機構辦理求職登記，經諮詢及開立介紹卡推介就業，得向就業當地轄區之公立就業服務機構申請核發租屋補助金：

一 高齡者、失業期間連續達三個月以上中高齡者或非自願性離職中高齡者。

二 就業地點與原日常居住處所距離三十公里以上。

三 因就業而需租屋，並在租屋處所有居住事實。

四 就業地點與租屋處所距離三十公里以內。

五 連續三十日受僱於同一雇主。

第二四條

中高齡者及高齡者申請前條租屋補助金，其申請程序、應備文件、資料、核發標準、補助期間及不予核發或撤銷等事項，準用就業保險促進就業實施辦法第三十三條、第三十四條及第三十六條規定。

第二五條

中高齡者及高齡者申領租屋補助金或異地就業交通補助金，僅得按月擇一申領。

第二六條

中高齡者及高齡者依本辦法及就業保險促進就業實施辦法申領之租屋補助金、異地就業交通補助金及搬遷補助金應合併計算，租屋補助金及異地就業交通補助金申領期間最長十二個月；搬遷補助金最高新臺幣三萬元。

第五章 臨時工作津貼

第二七條

① 失業之中高齡者及高齡者，親自向公立就業服務機構辦理求職登記，經就業諮詢並推介就業，有下列情形之一者，得指派其至用人單位從事臨時性工作，並發給臨時工作津貼：

一 於求職登記日起十四日內未能推介就業。

二 有正當理由無法接受推介工作。

② 公立就業服務機構發給前項津貼之適用對象，準用就業促進津貼實施辦法第三條規定。

③ 第一項正當理由、用人單位及津貼發給方式，準用就業促進津貼實施辦法第十條第二項至第四項規定。

第二八條

前條津貼發給標準，按中央主管機關公告之每小時基本工資核給，且不超過每月基本工資，最長六個月。

第二九條

①用人單位申請津貼應備文件、資料，準用就業促進津貼實施辦法第十一條規定。

②失業之中高齡者及高齡者申領第二十七條津貼，其請假及給假事宜，準用就業促進津貼實施辦法第十三條規定。

③公立就業服務機構查核及終止用人單位計畫，準用就業促進津貼實施辦法第十四條及第十五條規定。

④失業之中高齡者及高齡者申領第二十七條津貼，其撤銷、廢止、停止或不予給付臨時工作津貼情形，準用就業促進津貼實施辦法第十六條規定。

⑤用人單位辦理保險事項，準用就業促進津貼實施辦法第十七條規定。

第三〇條

依本辦法、就業促進津貼實施辦法及就業保險促進就業實施辦法申領之臨時工作津貼應合併計算，二年內申領期間最長六個月。

第六章　職場學習及再適應津貼

第三一條

失業之中高齡者及高齡者，親自向公立就業服務機構辦理求職登記，經公立就業服務機構評估後，得推介至用人單位進行職場學習及再適應。

第三二條

①前條所稱用人單位，指依法登記或取得設立許可之民間團體、民營事業單位、公營事業機構、非營利組織或學術研究機構。但不包括政治團體及政黨。

②用人單位應向當地轄區公立就業服務機構提出職場學習及再適應工作計畫書，經公立就業服務機構審核通過後，進用其推介之中高齡者及高齡者。

③前項計畫執行完畢後，用人單位得向公立就業服務機構申請職場學習及再適應津貼、用人單位行政管理及輔導費。

第三三條

①用人單位請領職場學習及再適應津貼期間，應以不低於中央主管機關公告之基本工資進用。

②職場學習及再適應津貼，按每小時基本工資核給，且不超過每月基本工資。

③前項津貼補助期間最長三個月，高齡者經當地轄區公立就業服務機構評估後，得延長至六個月。

④中高齡者及高齡者轉換職場學習及再適應單位，其期間應合併計算，二年內合併之期間最長六個月。

第三四條

用人單位向公立就業服務機構申請第三十二條所定行政管理及輔導費，其發給金額，以實際核發職場學習及再適應津貼之百分之

三十核給。

第三五條 113

用人單位於計畫執行完畢或經公立就業服務機構終止六十日內，應檢附下列文件、資料，向當地轄區公立就業服務機構申請第三十二條津貼及補助：

一 計畫核准函影本。

二 領據。

三 津貼與行政管理及輔導費之印領清冊及工作輔導紀錄。

四 參加計畫人員之簽到表，或足以證明參與計畫之出勤文件影本。

五 參加計畫人員之勞工保險、勞工職業災害保險加保申報表或其他足資證明投保之文件。

六 延長補助之核准函影本。

七 已依身心障礙者權益保障法及原住民族工作權保障法規定，足額進用身心障礙者及原住民或繳納差額補助費、代金之文件影本。

八 其他經中央主管機關規定之文件、資料。

第三六條 113

公立就業服務機構補助用人單位職場學習及再適應津貼之人數限制如下：

一 以用人單位申請日前一個月之勞工保險、就業保險、勞工職業災害保險投保人數之百分之三十為限，不足一人者以一人計。但員工數為十人以下者，最多得補助三人。

二 同一用人單位各年度最高補助之人數不得超過十人。

第三七條

用人單位申領職場學習及再適應津貼、行政管理費及輔導費，有下列情形之一者，公立就業服務機構得視其違反情形，撤銷或廢止全部或一部之補助；已領取者，應限期命其返還：

一 進用負責人之配偶或三親等內之親屬。

二 同一用人單位再進用離職未滿一年者。

三 進用之人員，於同一時期已領取政府機關其他相同性質之就業促進相關補助或津貼。

四 自行進用未經公立就業服務機構推介之失業者。

第七章 僱用獎助

第三八條 113

①失業期間連續達三十日以上之中高齡者及高齡者，向公立就業服務機構辦理求職登記，經就業諮詢無法推介就業者，公立就業服務機構得發給僱用獎助推介卡。

②前項失業期間之計算，以中高齡者及高齡者未有參加就業保險、勞工保險或勞工職業災害保險紀錄之日起算。

第三九條

① 雇主僱用前條之中高齡者及高齡者連續滿三十日，由公立就業服務機構發給僱用獎助。

② 前項所定僱用，為雇主以不定期契約或一年以上之定期契約僱用勞工。

第四〇條 113

① 雇主連續僱用同一領有僱用獎助推介卡之中高齡者及高齡者，應於滿三十日之日起九十日內，檢附下列文件、資料，向原推介轄區之公立就業服務機構申請僱用獎助：

一 僱用獎助申請書。

二 僱用名冊、載明受僱者工作時數之薪資清冊、出勤紀錄。

三 受僱勞工之身分證明文件或有效期間居留證明文件影本。

四 請領僱用獎助之勞工保險、就業保險、勞工職業災害保險投保資料表或其他足資證明投保之文件。

五 其他經中央主管機關規定之文件、資料。

② 前項雇主，得於每滿三個月之日起九十日內，向原推介轄區之公立就業服務機構提出僱用獎助之申請。

③ 第一項僱用期間，一個月以三十日計算，其末月僱用時間超過二十日而未滿三十日者，以一個月計算。

第四一條 113

① 雇主依前二條規定申請僱用獎助，依下列規定核發：

一 高齡者與雇主約定以按月計酬全時工作受僱者：依受僱人數每人每月發給新臺幣一萬五千元。

二 高齡者與雇主約定按前款以外方式工作受僱者：依受僱人數每人每小時發給新臺幣八十元，每月最高發給新臺幣一萬五千元。

三 中高齡者與雇主約定以按月計酬全時工作受僱者：依受僱人數每人每月發給新臺幣一萬三千元。

四 中高齡者與雇主約定按前款以外方式工作受僱者：依受僱人數每人每小時發給新臺幣七十元，每月最高發給新臺幣一萬三千元。

② 勞工依勞動基準法及性別平等工作法等相關法令規定請假，致雇主給付薪資低於前項各款核發標準之情形，依勞工實際獲致薪資數額發給僱用獎助。

③ 同一雇主僱用同一勞工，雇主依本辦法、就業保險促進就業實施辦法申領之僱用獎助及政府機關其他相同性質之補助或津貼應合併計算；其申領期間最長十二個月。

④ 同一勞工於同一時期受僱於二以上雇主，並符合第一項第二款或第四款規定者，各雇主均得依規定申請獎助；公立就業服務機構應按雇主申請送達受理之時間，依序核發。但獎助金額每月合計不得超過第一項第二款或第四款規定之最高金額。

第四二條

雇主僱用第三十八條之失業者，公立就業服務機構不予核發或撤

銷僱用獎助之情形，準用就業保險促進就業實施辦法第十九條第
二項規定。

第八章　附　則

第四三條 113
第十九條、第二十一條、第二十三條及第四十條所定受僱或僱用
期間之認定，自勞工到職投保就業保險生效之日起算。但依法不
得辦理參加就業保險者，自其勞工職業災害保險生效之日起算。

第四四條
雇主、用人單位或勞工申請本辦法補助、補貼、津貼或獎助之文
件、資料未備齊者，應於主管機關或公立就業服務機構通知期間
內補正；屆期未補正者，不予受理。

第四五條
主管機關及公立就業服務機構為查核本辦法執行情形，得查對相
關文件、資料。雇主、用人單位、依本辦法領取補助、補貼、津
貼或獎助者，不得規避、妨礙或拒絕。

第四六條
①除本辦法另有規定者外，依本辦法領取補助、補貼、津貼及獎助
者，有下列情形之一，主管機關或公立就業服務機構應不予核
發；已發給者，經撤銷或廢止後，應限期命其返還：
一　不實請領或溢領。
二　規避、妨礙或拒絕主管機關或公立就業服務機構查核。
三　違反本辦法規定。
四　其他違反相關勞動法令，情節重大。
②有前項第一款所定情事，主管機關或公立就業服務機構得停止補
助二年。

第四七條
本辦法所規定之書表及文件，由中央主管機關定之。

第四八條
本辦法所需經費，由主管機關編列預算支應。

第四九條 113
①本辦法自中華民國一百零九年十二月四日施行。
②本辦法修正條文自發布日施行。

地方政府成立銀髮人才服務據點補助辦法

民國109年12月3日勞動部令訂定發布全文12條；並自109年12月4日施行。

第一條

本辦法依中高齡者及高齡者就業促進法（以下簡稱本法）第三十四條第二項規定訂定之。

第二條

①地方主管機關爲辦理本法第三十四條第一項所定銀髮人才服務據點及業務，得按年研提實施計畫報中央主管機關，經審核通過後發給補助。

②前項實施計畫，內容應包括下列事項：

一　計畫目標。

二　轄區勞動力現況及供需分析。

三　辦理方式。

四　服務項目。

五　預定進度。

六　預期績效。

七　經費概算表。

八　其他經中央主管機關規定之事項。

③前項第三款所定辦理方式，應包括成立之銀髮人才服務據點與中央主管機關所屬就業服務機關（構）及單位之合作或分工事項。

④第一項補助標準、申請、審核及核銷作業等事項，由中央主管機關公告之。

第三條

①前條第一項所定補助之項目如下：

一　開辦之設施設備費。

二　設施設備汰換費。

三　房屋租金。

四　人事費。

五　業務費。

②地方主管機關購置前項第一款及二款之設施設備，其採購及財產管理應依有關規定及法定程序辦理。

第四條

地方主管機關獲得第二條補助者，應依核定之實施計畫辦理；其計畫內容有變更者，應事前報請中央主管機關同意。

第五條

地方主管機關獲得第二條補助者，於中央主管機關辦理業務訪視及考核時，不得規避、妨礙或拒絕。

第六條

地方主管機關獲得第二條補助者，應於年度結束後一個月內，將執行成果報告送中央主管機關備查。

第七條

地方主管機關成立銀髮人才服務據點，辦理本法第三十四條第一項所定事項，中央主管機關得聘請專家學者或具實務經驗工作者，視地方主管機關需求提供協助及輔導措施。

第八條

地方主管機關推動銀髮人才服務績效優良者，中央主管機關得予以公開表揚或獎勵。

第九條

地方主管機關獲得第二條補助，有下列情事之一者，經通知限期改善而屆期未改善，中央主管機關得撤銷或廢止全部或一部之補助；已補助者，應限期命其返還：

一　不實請領或溢領。

二　執行內容與原核定計畫不符。

三　規避、妨礙或拒絕中央主管機關辦理業務訪視及考核。

四　經中央主管機關考核成效不佳。

第一〇條

本辦法所規定之書表及文件，由中央主管機關定之。

第一一條

本辦法所需經費，由中央主管機關編列預算支應。

第一二條

本辦法自中華民國一百零九年十二月四日施行。

在職中高齡者及高齡者穩定就業辦法

①民國109年12月3日勞動部令訂定發布全文27條；並自109年12月4日施行。
②民國112年9月4日勞動部令修正發布第5、7、13、15、20、21、27條條文；並自發布日施行。

第一章　總　則

第一條

本辦法依中高齡者及高齡者就業促進法（以下簡稱本法）第二十二條規定訂定之。

第二條

① 本辦法所定雇主，為就業保險投保單位之民營事業單位、團體或私立學校。

② 前項所稱團體，指依人民團體法或其他法令設立者。但不包括政治團體及政黨。

第三條

本法第三章穩定就業措施，其項目如下：

一　職業訓練之補助。
二　職務再設計與就業輔具之輔導及補助。
三　世代合作之輔導及獎勵。
四　繼續僱用之補助。

第二章　職業訓練之補助

第四條

中央主管機關補助雇主依本法第十八條第一項規定，指派所僱用之中高齡者及高齡者參加職業訓練，以國內訓練單位公開招訓之訓練課程為限。

第五條 112

① 雇主依前條指派所僱用之中高齡者或高齡者參加職業訓練，應檢附下列文件、資料，送中央主管機關審核：

一　申請書。
二　全年度訓練計畫書，其內容包括對象及經費概算總表。
三　依法設立登記之證明文件影本。
四　最近一期勞工保險費用繳款單及明細表影本。
五　最近一期繳納之營業稅證明或無欠稅證明。
六　其他經中央主管機關規定之文件、資料。

② 雇主應就各層級中高齡及高齡勞工參訓權益予以考量，以保障基

　　層中高齡及高齡勞工之受訓權益。

③第一項第二款所定訓練計畫書經核定後，雇主應於預定施訓日三日前至補助企業辦理訓練資訊系統登錄，並於每月十日前回報前一月已施訓之訓練課程。

④雇主變更訓練課程內容，應於訓練計畫原定施訓日三日前向中央主管機關申請變更。

⑤第一項文件、資料未備齊，應於中央主管機關通知期間內補正；屆期未補正者，不予受理。

第六條

雇主依第四條指派所僱用之中高齡者或高齡者參加職業訓練，得向中央主管機關申請訓練費用最高百分之七十之補助。但補助總額上限不得超過中央主管機關另行公告之金額。

第七條 112

雇主依第五條所送之訓練計畫書，經審核通過且實施完畢者，應於當年度檢附下列文件、資料向中央主管機關申請補助：

一　請款之領據或收據及存摺封面影本。

二　實際參訓人員總名冊。

三　訓練計畫實施與經費支出明細表及成果報告。

四　經費支用單據及明細表。

五　訓練紀錄表。

六　其他經中央主管機關規定之文件、資料。

第八條

雇主依第五條核定訓練計畫書實施訓練，無正當理由連續二年單一班次參訓率低於原預定參訓人數之百分之六十，且逾核定班次三分之一者，次一年度不予受理申請。

第九條

雇主於計畫執行期間有下列情形之一者，該課程不予補助，並廢止原核定處分之全部或一部：

一　未經同意，自行變更部分訓練計畫書內容，或未依核定之訓練計畫書及課程進度實施訓練。

二　未於預定施訓日三日前登錄，或施訓日之次月十日前辦理訓練課程回報。

三　同一訓練課程，已接受其他政府機關補助。

第一○條

雇主有下列情形之一者，中央主管機關應不予補助其訓練費用；已發給者，經撤銷或廢止原核定處分後，應限期命其返還：

一　未依據核定之訓練計畫書及課程進度實施訓練，且未於期限內申請辦理變更達二次以上。

二　未依核銷作業期規程辦理申領補助訓練費。

第三章　職務再設計與就業輔具之輔導及補助

第一一條

① 僱主依本法第十九條第一項所定爲職務再設計或提供就業輔具，得向主管機關申請輔導或補助。

② 前項補助金額，按所申請人數，每人每年以新臺幣十萬元爲限。但經評估有特殊需求，經主管機關事前核准者，不在此限。

第一二條

① 前條所定職務再設計或提供就業輔具之輔導或補助項目如下：

一　提供就業輔具：爲排除中高齡者及高齡者工作障礙，維持、改善、增加其就業能力之輔助器具。

二　改善工作設備或機具：爲提高中高齡者及高齡者工作效能，增進其生產力，所進行工作設備或機具之改善。

三　改善職場工作環境：爲穩定中高齡者及高齡者就業，所進行與工作場所環境有關之改善。

四　改善工作條件：爲改善中高齡者及高齡者工作狀況，提供必要之工作協助。

五　調整工作方法：透過分析與訓練，按中高齡者及高齡者特性，安排適當工作。

② 前項情形，屬職業安全衛生法所定之僱主義務或責任者，不予補助。

第一三條 112

① 僱主依第十一條規定申請職務再設計或提供就業輔具，應檢附下列文件、資料，送主管機關審核：

一　申請書。

二　依法設立登記之證明文件影本。

三　勞工保險、勞工職業災害保險投保證明文件或僱用證明文件影本。

四　其他經主管機關規定之文件、資料。

② 前項文件、資料未備齊，應於主管機關通知期間內補正；屆期未補正者，不予受理。

第一四條

主管機關受理職務再設計或就業輔具補助申請，爲評估申請案件之需要性、必要性、可行性、預算合理性及能否解決工作障礙等，得視需要邀請專家學者至現場訪視及提供諮詢輔導，並得召開審查會議審查。

第一五條 112

① 依第十三條規定申請補助費用，應於核定補助項目執行完畢三十日內檢附下列文件、資料，向主管機關申請撥款及經費核銷：

一　核准函影本。

二　領據。

三　成果報告。

四　會計報告或收支清單。

五　發票或收據等支用單據。

② 前項文件、資料未備齊，應於主管機關通知期間內補正；屆期未

補正者，不予受理。

第一六條

①雇主申請補助購置之就業輔具，符合下列各款情形，且於受補助後二年內該該補助項目之職位出缺，而未能僱用使用相同輔具之中高齡者或高齡者，應報請主管機關回收輔具：

一　全額補助，且具重複使用性質。

二　未逾使用期限。

三　經第十四條評估、審查應予回收。

②前項第二款所定使用期限，依下列順序定之：

一　屬衛生福利部身心障礙者輔具費用補助基準表所定輔具者，其使用年限從其規定。

二　依行政院主計總處財物標準分類規定之使用年限。

三　非屬前二款者，使用年限為二年。

第四章　世代合作之輔導及獎勵

第一七條

本法第二十條第一項所稱促進世代合作，指雇主透過同一工作分工合作、調整內容及其他方法，使所僱用之中高齡者及高齡者與差距年齡達十五歲以上之受僱者共同工作之方式。

第一八條

①雇主依前條推動世代合作之方式如下：

一　人才培育型：由中高齡者或高齡者教導跨世代員工，傳承知識、技術及實務經驗。

二　工作分享型：由不同世代共同合作，發展職務互補或時間分工，且雙方應有共同工作時段。

三　互為導師型：結合不同世代專長，雙方互為導師，共同提升營運效率。

四　能力互補型：依不同世代職務能力進行工作重組、工作規劃或績效調整。

五　其他世代合作之推動方式。

②主管機關為促進雇主辦理世代合作，推動世代交流及經驗傳承，得聘請專家學者或具實務經驗工作者，視雇主需求提供諮詢及輔導。

第一九條

①中央主管機關對推動前條世代合作項目著有績效之雇主，得公開表揚，頒發獎座（牌）及獎金。

②前項獎勵活動以每二年辦理一次為原則，獎勵相關事項，由中央主管機關公告之。

第五章　繼續僱用之補助

第二〇條 112

①雇主依本法第二十一條申請補助者，應符合下列資格條件：

一　繼續僱用符合勞動基準法第五十四條第一項第一款規定之受僱者，達其所僱用符合該規定總人數之百分之三十。但情況特殊，經中央主管機關另行公告行業及繼續僱用比率者，不在此限。

二　繼續僱用期間達六個月以上。

三　繼續僱用期間之薪資不低於原有薪資。

②前項第一款所定受僱者，不得為僱主之配偶或三親等內之親屬。

第二一條 112

①符合前條所定僱主，應於每年中央主管機關公告之期間及補助總額範圍內，檢附下列文件、資料，向公立就業服務機構提出申請次一年度繼續僱用補助，並送中央主管機關審核：

一　申請書。

二　繼續僱用計畫書。

三　依法設立登記之證明文件影本。

四　繼續僱用者投保勞工保險或勞工職業災害保險之證明文件。

五　連續僱用者最近三個月之薪資證明文件。

六　其他經中央主管機關規定之文件、資料。

②僱主應於繼續僱用期滿六個月之日起九十日內，檢附繼續僱用期間之僱用與薪資證明文件及中央主管機關核准函影本，向公立就業服務機構請領繼續僱用補助。

③僱主申請第一項補助時，不得同時請領與本辦法相同性質之津貼或補助。

第二二條

①繼續僱用之補助，僱用日數未達三十日者不予列計，並按僱主繼續僱用期間核發，其規定如下：

一　勞僱雙方約定按月計酬方式給付薪資者，依下列標準核發：

　(一)僱主繼續僱用期間滿六個月，自僱主僱用第一個月起，依受僱人數每人每月補助新臺幣一萬三千元，一次發給六個月僱用補助。

　(二)僱主繼續僱用期間逾六個月，自第七個月起依受僱人數每人每月補助新臺幣一萬五千元，按季核發，最高補助十二個月。

二　勞僱雙方約定按前款以外方式給付薪資者，依下列標準核發：

　(一)僱主繼續僱用期間滿六個月，自僱主僱用第一個月起，依受僱人數每人每小時補助新臺幣七十元，每月最高發給新臺幣一萬三千元，一次發給六個月僱用補助。

　(二)僱主繼續僱用期間逾六個月，自第七個月起依受僱人數每人每小時補助新臺幣八十元，每月最高發給新臺幣一萬五千元，按季核發，最高補助十二個月。

②僱主於申請前條補助期間，遇有勞僱雙方計酬方式變更情事，應報請公立就業服務機構備查。

第六章 附 則

第二三條

　　主管機關及公立就業服務機構爲查核本辦法執行情形，得查對相關文件、資料，雇主不得規避、妨礙或拒絕。

第二四條

①除本辦法另有規定者外，雇主有下列情形之一者，主管機關應不予核發獎勵或補助；已發給者，經撤銷或廢止後，應限期命其返還：

一　不實請領或溢領。

二　執行內容與原核定計畫不符。

三　未實質僱用中高齡者及高齡者。

四　規避、妨礙或拒絕主管機關或公立就業服務機構查核。

五　以同一事由領取政府機關相同性質之補助。

六　違反本辦法規定。

七　其他違反相關勞動法令，情節重大。

②有前項第一款所定情事，主管機關得停止補助二年。

第二五條

　　本辦法所規定之書表及文件，由中央主管機關定之。

第二六條

　　本辦法所需經費，由主管機關編列預算支應。

第二七條 112

①本辦法自中華民國一百零九年十二月四日施行。

②本辦法修正條文自發布日施行。

促進中高齡者及高齡者就業獎勵辦法

①民國109年12月3日勞動部令訂定發布全文12條；並自109年12月4日施行。

②民國112年6月14日勞動部令修正發布第4、12條條文；並自發布日施行。

第一條

本辦法依中高齡者及高齡者就業促進法第四十條第二項規定訂定之。

第二條

①本辦法適用於下列對象：

一　依法登記或取得設立許可之民營事業單位、非營利組織及民間團體。

二　從事促進中高齡者及高齡者就業事項之相關人員（以下簡稱從業人員）。

②政府機關（構）與公營事業單位及其從業人員，不適用本辦法。

第三條

①前條所定適用對象之評選，分為績優單位及從業人員二組。

②前項所定績優單位組，依其組織性質及規模分為下列四類：

一　中小企業類：依法辦理公司登記或商業登記，且合於中小企業認定標準之企業。

二　大型企業類：依法辦理公司登記或商業登記，且非屬中小企業之企業。

三　中小型之機構、非營利組織或團體類：經常僱用員工數未滿一百人者、診所或地區醫院。

四　大型之機構、非營利組織或團體類：經常僱用員工數滿一百人者、區域醫院或醫學中心。

第四條 112

①報名績優單位組者，應符合下列各款要件：

一　積極進用中高齡者及高齡者，並促進其穩定就業，有具體實績。

二　依法登記或取得設立許可滿三年，且營運中。

三　依法繳交勞工保險費、勞工職業災害保險費、全民健康保險費、提撥勞工退休準備金及提繳勞工退休金。

四　依身心障礙者權益保障法與原住民族工作權保障法，已足額進用身心障礙者及原住民，或繳納差額補助費及代金。

五　最近二年內未有重大違反相關勞動法令情事。

②報名從業人員組者，應為從事促進中高齡者及高齡者就業事項相關工作滿三年，有具體事蹟，並經相關單位或人員推薦之現職從

業人員。

第五條

①第二條所定對象參加評選，應檢具下列文件、資料：

一 基本資料表。

二 協助中高齡及高齡者措施及優良實績或事蹟說明表。

三 其他經主管機關指定之相關證明文件、資料。

②前項所定文件、資料、受理期間及評選作業等事項，由主管機關公告之。

第六條

①主管機關應成立評選小組，辦理第三條所定績優單位及從業人員評選。

②前項所定評選小組，置委員十一人至十九人，其組成如下：

一 專家學者代表五人至八人。

二 人力資源主管代表、非營利團體代表五人至八人。

三 主管機關代表一人至三人。

③評選小組委員，任一性別比例不得少於三分之一。

第七條

本辦法所定績優單位及從業人員，依下列項目評選：

一 建立及推動友善中高齡者及高齡者就業機制。

二 促進中高齡者及高齡者職場穩定就業措施。

三 結合單位組織特性，辦理中高齡及高齡人力發展之前瞻性或創意性措施。

四 執行前三款所定項目具有成效及影響力。

五 其他足為楷模之事蹟。

第八條

①本辦法之獎項如下：

一 績優單位獎。

二 績優人員獎。

②前項所定獎項名額由評選小組分配之，評選小組並得視參選狀況調整或從缺。

③獲獎者由主管機關公開表揚，頒發獎座（牌）及獎金，並得補助參加主管機關辦理與本項業務相關之國內外交流活動。

第九條

第三條所定評選，以每二年辦理一次為原則。

第一〇條

參選者於報名截止日前二年內、審查期間及獲獎後二年內，有下列情形之一，主管機關得撤銷或廢止其參選或獲獎資格，並應限期命其返還已頒發之獎金：

一 提報偽造、變造、不實或失效資料。

二 違反本辦法規定。

三 其他違反相關勞動法令，情節重大。

第一一條

本辦法所需經費，由主管機關編列預算支應。

第一二條 112

① 本辦法自中華民國一百零九年十二月四日施行。

② 本辦法修正條文自發布日施行。

退休中高齡者及高齡者再就業補助辦法

民國109年12月3日勞動部令訂定發布全文11條；並自109年12月4日施行。

第一條

本辦法依中高齡者及高齡者就業促進法（以下簡稱本法）第三十一條規定訂定之。

第二條

①本辦法所定僱主，為就業保險投保單位之民營事業單位、團體或私立學校。

②前項所稱團體，指依人民團體法或其他法令設立者。但不包括政治團體及政黨。

第三條

①僱主依本法第二十九條提供下列協助措施者，得向中央主管機關申請補助：

一　辦理勞工退休準備與調適之課程、團體活動、個別諮詢、資訊及文宣。

二　辦理勞工退休後再就業之職涯發展、就業諮詢、創業諮詢及職業訓練。

②僱主應於中央主管機關公告之受理期間提出申請。

③第一項各款補助額度，同一僱主每年最高新臺幣五十萬元。

④第一項與第二項所定受理期間、審查及核銷作業等事項，由中央主管機關公告之。

第四條

①僱主依前條規定申請補助，應檢附下列文件、資料，送中央主管機關審核：

一　申請書。

二　計畫書。

三　經費概算表。

四　依法設立登記之證明文件影本。

五　其他經中央主管機關規定之文件、資料。

②前項文件、資料未備齊者，應於中央主管機關通知期間內補正；屆期未補正者，不予受理。

第五條

①僱主依本法第三十條僱用高齡者傳承專業技術及經驗，得向中央主管機關申請下列補助：

一　傳承專業技術及經驗之實作或講師鐘點費。

二　非自有場地費。

三　其他必要之費用。

②雇主應於中央主管機關公告之受理期間提出申請。

③第一項補助額度，每位受僱用之高齡者每年最高補助雇主新臺幣十萬元，每位雇主每年最高補助新臺幣五十萬元；受僱用之高齡者，不得為雇主配偶或三親等以內親屬。

④第一項與第二項所定受理期間、審查及核銷作業等事項，由中央主管機關公告之。

第六條

①雇主依前條規定申請補助，應檢附下列文件、資料，送中央主管機關審核：

一　申請書。

二　計畫書。

三　經費概算表。

四　依法設立登記之證明文件影本。

五　講師為退休高齡者證明文件影本。

六　講師具專業技術及經驗證明文件影本。

七　僱用證明文件影本。

八　其他經中央主管機關規定之文件、資料。

②前項文件、資料未備齊者，應於中央主管機關通知期間內補正；屆期未補正者，不予受理。

第七條

中央主管機關為查核本辦法執行情形，得查對相關文件、資料，雇主不得規避、妨礙或拒絕。

第八條

①雇主有下列情形之一者，應不予核發補助；已發給者，經撤銷或廢止後，應限期命其返還：

一　不實請領或溢領。

二　執行內容與原核定計畫不符。

三　未實質僱用中高齡者及高齡者。

四　規避、妨礙或拒絕中央主管機關查核。

五　同一事由已領取政府機關相同性質之補助。

六　違反本辦法規定。

七　其他違反相關勞動法令，情節重大。

②有前項第一款所定情事，中央主管機關得停止補助二年。

第九條

本辦法所規定之書表及文件，由中央主管機關定之。

第一〇條

本辦法所需經費，由中央主管機關編列預算支應。

第一一條

本辦法自中華民國一百零九年十二月四日施行。

玖、勞資權益救濟

勞動事件法

①民國107年12月5日總統令制定公布全文53條。
民國108年8月16日司法院令發布定自109年1月1日施行。
②民國112年12月15日總統令修正公布第2、16、25、32條條文。
民國113年1月5日司法院令發布定自113年1月8日施行。

第一章 總 則

第一條
　為迅速、妥適、專業、有效、平等處理勞動事件，保障勞資雙方權益及促進勞資關係和諧，進而謀求健全社會共同生活，特制定本法。

第二條 112
①本法所稱勞動事件，係指下列事件：
一　基於勞工法令、團體協約、工作規則、勞資會議決議、勞動契約、勞動習慣及其他勞動關係所生民事上權利義務之爭議。
二　建教生與建教合作機構基於高級中等學校建教合作實施及建教生權益保障法、建教訓練契約及其他建教合作關係所生民事上權利義務之爭議。
三　因性別平等工作之違反、就業歧視、職業災害、工會活動與爭議行為、競業禁止及其他因勞動關係所生之侵權行為爭議。
②與前項事件相牽連之民事事件，得與其合併起訴，或於其訴訟繫屬中為追加或提起反訴。

第三條
①本法所稱勞工，係指下列之人：
一　受僱人及其他基於從屬關係提供其勞動力而獲致報酬之人。
二　技術生、養成工、見習生、建教生、學徒及其他與技術生性質相類之人。
三　求職者。
②本法所稱雇主，係指下列之人：
一　僱用人、代表雇主行使管理權之人，或依據要派契約，實際指揮監督管理派遣勞工從事工作之人。
二　招收技術生、養成工、見習生、建教生、學徒及其他與技術生性質相類之人者或建教合作機構。
三　招募求職者之人。

第四條

①爲處理勞動事件，各級法院應設立勞動專業法庭（以下簡稱勞動法庭）。但法官員額較少之法院，得僅設專股以勞動法庭名義辦理之。

②前項勞動法庭法官，應遴選具有勞動法相關學識、經驗者任之。

③勞動法庭或專股之設置方式，與該法院民事庭之事務分配，其法官之遴選資格、方式、任期，以及其他有關事項，由司法院定之。

第五條

①以勞工爲原告之勞動事件，勞務提供地或被告之住所、居所、事務所、營業所所在地在中華民國境內者，由中華民國法院審判管轄。

②勞動事件之審判管轄合意，違反前項規定者，勞工得不受拘束。

第六條

①勞動事件以勞工爲原告者，由被告住所、居所、主營業所、主事務所所在地或原告之勞務提供地法院管轄；以雇主爲原告者，由被告住所、居所、現在或最後之勞務提供地法院管轄。

②前項雇主爲原告者，勞工得於本案言詞辯論前，聲請將該訴訟事件移送於其所選定有管轄權之法院。但經勞動調解不成立而續行訴訟者，不得爲之。

③關於前項聲請之裁定，得爲抗告。

第七條

①勞動事件之第一審管轄合意，如當事人之一造爲勞工，按其情形顯失公平者，勞工得逕向其他有管轄權之法院起訴；勞工爲被告者，得於本案言詞辯論前，聲請移送於其所選定有管轄權之法院，但經勞動調解不成立而續行訴訟者，不得爲之。

②關於前項聲請之裁定，得爲抗告。

第八條

①法院處理勞動事件，應迅速進行，依事件性質，擬定調解或審理計畫，並於適當時期行調解或言詞辯論。

②當事人應以誠信方式協力於前項程序之進行，並適時提出事實及證據。

第九條

①勞工得於期日偕同工會或財團法人於章程所定目的範圍內選派之人到場爲輔佐人，不適用民事訴訟法第七十六條第一項經審判長許可之規定。

②前項之工會、財團法人及輔佐人，不得向勞工請求報酬。

③第一項之輔佐人不適爲訴訟行爲，或其行爲違反勞工利益者，審判長得於程序進行中以裁定禁止其爲輔佐人。

④前項規定，於受命法官行準備程序時準用之。

第一〇條

受聘僱從事就業服務法第四十六條第一項第八款至第十款所定工作之外國人，經審判長許可，委任私立就業服務機構之負責人、

職員、受僱人或從業人員為其勞動事件之訴訟代理人者，有害於委任人之權益時，審判長得以裁定撤銷其許可。

第一一條

因定期給付涉訟，其訴標的之價額，以權利存續期間之收入總數為準；期間未確定時，應推定其存續期間。但超過五年者，以五年計算。

第一二條

①因確認僱傭關係或給付工資、退休金或資遣費涉訟，勞工或工會起訴或上訴，暫免徵收裁判費三分之二。

②因前項給付聲請強制執行時，其執行標的金額超過新臺幣二十萬元者，該超過部分暫免徵收執行費，由執行所得扣還之。

第一三條

①工會依民事訴訟法第四十四條之一及本法第四十二條提起之訴訟，其訴標的之金額或價額超過新臺幣一百萬元者，超過部分暫免徵收裁判費。

②工會依第四十條規定提起之訴訟，免徵裁判費。

第一四條

①勞工符合社會救助法規定之低收入戶、中低收入戶，或符合特殊境遇家庭扶助條例第四條第一項之特殊境遇家庭，其聲請訴訟救助者，視為無資力支出訴訟費用。

②勞工或其遺屬因職業災害提起勞動訴訟，法院應依其聲請，以裁定准予訴訟救助。但顯無勝訴之望者，不在此限。

第一五條

有關勞動事件之處理，依本法之規定；本法未規定者，適用民事訴訟法及強制執行法之規定。

第二章　勞動調解程序

第一六條 112

①勞動事件，除有下列情形之一者外，於起訴前，應經法院行勞動調解程序：

一　有民事訴訟法第四百零六條第一項第二款、第四款、第五款所定情形之一。

二　因性別平等工作法第十二條所生爭議。

②前項事件當事人逕向法院起訴者，視為調解之聲請。

③不合於第一項規定之勞動事件，當事人亦得於起訴前，聲請勞動調解。

第一七條

①勞動調解事件，除別有規定外，由管轄勞動事件之法院管轄。

②第六條第二項、第三項及第七條規定，於勞動調解程序準用之。但勞工聲請移送，應於第一次調解期日前為之。

第一八條

①聲請勞動調解及其他期日外之聲明或陳述，應以書狀為之。但調

解標的之金額或價額在新臺幣五十萬元以下者，得以言詞爲之。

②以言詞爲前項之聲請、聲明或陳述，應於法院書記官前以言詞爲之；書記官應作成筆錄，並於筆錄內簽名。

③聲請書狀或筆錄，應載明下列各款事項：

一　聲請人之姓名、住所或居所；聲請人爲法人、機關或其他團體者，其名稱及公務所、事務所或營業所。

二　相對人之姓名、住所或居所；相對人爲法人、機關或其他團體者，其名稱及公務所、事務所或營業所。

三　有法定代理人者，其姓名、住所或居所，及法定代理人與關係人之關係。

四　聲請之意旨及其原因事實。

五　供證明或釋明用之證據。

六　附屬文件及其件數。

七　法院。

八　年、月、日。

④聲請書狀或筆錄內宜記載下列各款事項：

一　聲請人、相對人、其他利害關係人、法定代理人之性別、出生年月日、職業、身分證件號碼、營利事業統一編號、電話號碼及其他足資辨別之特徵。

二　有利害關係人者，其姓名、住所或居所。

三　定法院管轄及其適用程序所必要之事項。

四　有其他相關事件繫屬於法院者，其事件。

五　預可能之爭點及其相關之重要事實、證據。

六　當事人間曾爲之交涉或其他至調解聲請時之經過概要。

第一九條

①相牽連之數宗勞動事件，法院得依聲請或依職權合併調解。

②兩造得合意聲請將相牽連之民事事件合併於勞動事件調解，並視爲就該民事事件已有民事調解之聲請。

③合併調解之民事事件，如已繫屬於法院者，原民事程序停止進行。調解成立時，程序終結；調解不成立時，程序繼續進行。

④合併調解之民事事件，如原未繫屬於法院者，調解不成立時，依當事人之意願，移付民事裁判程序或其他程序；其不願移付者，程序終結。

第二〇條

①法院應遴聘就勞動關係或勞資事務具有專門學識、經驗者爲勞動調解委員。

②法院遴聘前項勞動調解委員時，委員之任一性別比例不得少於遴聘總人數三分之一。

③關於勞動調解委員之資格、遴聘、考核、訓練、解任及報酬等事項，由司法院定之。

④民事訴訟法有關法院職員迴避之規定，於勞動調解委員準用之。

第二一條

①勞動調解，由勞動法庭之法官一人及勞動調解委員二人組成勞動調解委員會行之。

②前項勞動調解委員，由法院斟酌調解委員之學識經驗、勞動調解委員會之妥適組成及其他情事指定之。

③勞動調解委員應基於中立、公正之立場，處理勞動調解事件。

④關於調解委員之指定事項，由司法院定之。

第二二條

①調解之聲請不合法者，勞動法庭之法官應以裁定駁回之。但其情形可以補正者，應定期間先命補正。

②下列事項，亦由勞動法庭之法官為之：

一　關於審判權之裁定。

二　關於管轄權之裁定。

③勞動法庭之法官不得逕以不能調解或顯無調解必要或調解顯無成立之望，或已經其他法定調解機關調解未成立為理由，裁定駁回調解之聲請。

第二三條

①勞動調解委員會行調解時，由該委員會之法官指揮其程序。

②調解期日，由勞動調解委員會之法官，依職權儘速定之；除有前條第一項、第二項情形或其他特別事由外，並應於勞動調解聲請之日起三十日內，指定第一次調解期日。

第二四條

①勞動調解程序，除有特別情事外，應於三個月內以三次期日內終結之。

②當事人應儘早提出事實及證據，除有不可歸責於己之事由外，應於第二次期日終結前為之。

③勞動調解委員會應儘速聽取當事人之陳述、整理相關之爭點與證據，適時曉諭當事人訴訟之可能結果，並得依聲請或依職權調查事實及必要之證據。

④前項調查證據之結果，應使當事人及知悉之利害關係人有到場陳述意見之機會。

第二五條 112

①勞動調解程序不公開。但勞動調解委員會認為適當時，得許就事件無妨礙之人旁聽。

②因性別平等工作法第十二條所生勞動事件，勞動調解委員會審酌事件情節、勞工身心狀況與意願，認為適當者，得以利用遮蔽或視訊設備為適當隔離之方式行勞動調解。

第二六條

①勞動調解，經當事人合意，並記載於調解筆錄時成立。

②前項調解成立，與確定判決有同一之效力。

第二七條

①勞動調解經兩造合意，得由勞動調解委員會酌定解決事件之調解條款。

②前項調解條款之酌定，除兩造另有約定外，以調解委員會過半數之意見定之；關於數額之評議，意見各不達過半數時，以次多額之意見定之。

③調解條款，應作成書面，記明年月日，或由書記官明於調解程序筆錄。其經勞動調解委員會之法官及勞動調解委員全體簽名者，視為調解成立。

④前項經法官及勞動調解委員簽名之書面，視為調解筆錄。

⑤前二項之簽名，勞動調解委員中有因故不能簽名者，由法官附記其事由；法官因故不能簽名者，由勞動調解委員附記之。

第二八條

①當事人不能合意成立調解時，勞動調解委員會應依職權斟酌一切情形，並求兩造利益之平衡，於不違反兩造之主要意思範圍內，提出解決事件之適當方案。

②前項方案，得確認當事人間權利義務關係、命給付金錢、交付特定標的物或為其他財產上給付，或定解決個別勞動紛爭之適當事項，並應記載方案之理由要旨，由法官及勞動調解委員全體簽名。

③勞動調解委員會認為適當時，得於全體當事人均到場之調解期日，以言詞告知適當方案之內容及理由，並由書記官記載於調解筆錄。

④第一項之適當方案，準用前條第二項、第五項之規定。

第二九條

①除依前條第三項規定告知者外，適當方案應送達於當事人及參加調解之利害關係人。

②當事人或參加調解之利害關係人，對於前項方案，得於送達或受告知日後十日之不變期間內，提出異議。

③於前項期間內合法提出異議者，視為調解不成立，法院並應告知或通知當事人及參加調解之利害關係人；未於前項期間內合法提出異議者，視為已依該方案成立調解。

④依前項規定調解不成立者，除調解聲請人於受告知或通知後十日之不變期間內，向法院為反對續行訴訟程序之意思外，應續行訴訟程序，並視為自調解聲請時，已經起訴；其於第一項適當方案送達前起訴者，亦同。以起訴視為調解者，仍自起訴時發生訴訟繫屬之效力。

⑤依前項情形續行訴訟程序者，由參與勞動調解委員會之法官為之。

第三〇條

①調解程序中，勞動調解委員或法官所為之勸導，及當事人所為不利於己之陳述或讓步，於調解不成立後之本案訴訟，不得採為裁判之基礎。

②前項陳述或讓步，係就訴訟標的、事實、證據或其他得處分之事項成立書面協議者，當事人應受其拘束。但經兩造同意變更，或

因不可歸責於當事人之事由或其他情形，協議顯失公平者，不在此限。

第三一條

①勞動調解委員會參酌事件之性質，認爲進行勞動調解不利於紛爭之迅速與妥適解決，或不能依職權提出適當方案者，視爲調解不成立，並告知或通知當事人。

②有前項及其他調解不成立之情形者，準用第二十九條第四項、第五項之規定。

第三章　訴訟程序

第三二條 112

①勞動事件，法院應以一次期日辯論終結爲原則，第一審並應於六個月內審結。但因案情繁雜或審理上之必要者，不在此限。

②爲言詞辯論期日之準備，法院應儘速釐清相關爭點，並得爲下列處置：

一　命當事人就準備書狀爲補充陳述、提出書證與相關物證，必要時並得諭知期限及失權效果。

二　請求機關或公法人提供有關文件或公務資訊。

三　命當事人本人到場。

四　通知當事人一造所稱之證人及鑑定人於言詞辯論期日到場。

五　聘請勞動調解委員參與諮詢。

③法院爲前項之處置時，應告知兩造。

④因性別平等工作法第十二條所生勞動事件，法院審理事件情節、勞工身心狀況與意願，認爲適當者，得不公開審判，或利用遮蔽、視訊等設備爲適當隔離。

第三三條

①法院審理勞動事件，爲維護當事人間實質公平，應闡明當事人提出必要之事實，並得依職權調查必要之證據。

②勞工與雇主間以定型化契約訂立證據契約，依其情形顯失公平者，勞工不受拘束。

第三四條

①法院審理勞動事件時，得審酌處理同一事件而由主管機關指派調解人、組成委員會或法院勞動調解委員會所調查之事實、證據資料、處分或解決事件之適當方案。

②前項情形，應使當事人有辯論之機會。

第三五條

勞工請求之事件，雇主就其依法令應備置之文書，有提出之義務。

第三六條

①文書、勘驗物或鑑定所需資料之持有人，無正當理由不從法院之命提出者，法院得以裁定處新臺幣三萬元以下罰鍰；於必要時並得以裁定命爲強制處分。

②前項強制處分之執行，準用強制執行法關於物之交付請求權執行之規定。

③第一項裁定，得為抗告；處罰鍰之裁定，抗告中應停止執行。

④法院為判斷第一項文書、勘驗物或鑑定所需資料之持有人有無不提出之正當理由，於必要時仍得命其提出，並以不公開方式行之。

⑤當事人無正當理由不從第一項之命者，法院得認依該證物應證之事實為真實。

第三七條

勞工與雇主間關於工資之爭執，經證明勞工本於勞動關係自雇主所受領之給付，推定為勞工因工作而獲得之報酬。

第三八條

出勤紀錄內記載之勞工出勤時間，推定勞工於該時間內經雇主同意而執行職務。

第三九條

①法院就勞工請求之勞動事件，判命雇主為一定行為或不行為者，得依勞工之請求，同時命雇主如在判決確定後一定期限內未履行時，給付法院所酌定之補償金。

②民事訴訟法第二百二十二條第二項規定，於前項法院酌定補償金時準用之。

③第一項情形，逾法院所定期限後，勞工不得就行為或不行為請求，聲請強制執行。

第四〇條

①工會於章程所定目的之範圍內，得對侵害其多數會員利益之雇主，提起不作為之訴。

②前項訴訟，應委任律師代理訴訟。

③工會違反會員之利益而起訴者，法院應以裁定駁回其訴。

④第一項訴之撤回、捨棄或和解，應經法院之許可。

⑤第二項律師之酬金，為訴訟費用之一部，並應限定其最高額，其支給標準，由司法院參酌法務部及中華民國律師公會全國聯合會意見定之。

⑥前四項規定，於第一項事件之調解程序準用之。

第四一條

①工會依民事訴訟法第四十四條之一第一項為選定之會員起訴，被選定人得於第一審言詞辯論終結前為訴之追加，並求對於被告確定選定人與被告間關於請求或法律關係之共通基礎前提要件是否存在之判決。

②關於前項追加之訴，法院應先為辯論及裁判；原訴訟程序於前項追加之訴裁判確定以前，得裁定停止。

③第一項追加之訴，不另徵收裁判費。

④被選定人於同一事件提起第一項追加之訴，以一次為限。

第四二條

①被選定人依前條第一項爲訴之追加者，法院得徵求被選定人之同意，或由被選定人聲請經法院認爲適當時，公告曉示其他本於同一原因事實有共同利益之勞工，得於一定期間內以書狀表明下列事項，併案請求：

一 併案請求人、被告及法定代理人。

二 請求併入之事件案號。

三 訴訟標的及其原因事實、證據。

四 應受判決事項之聲明。

②其他有共同利益之勞工，亦得聲請法院依前項規定爲公告曉示。

③依第一項規定爲併案請求之人，視爲已選定。

④被選定人於前條第一項追加之訴判決確定後三十日內，應以書狀表明爲全體選定人請求之應受判決事項之聲明，並依法繳納裁判費。

⑤前項情形，視爲併案請求之人自併案請求時，已經起訴。

⑥關於併案請求之程序，除本法別有規定外，準用民事訴訟法第四十四條之二規定。

⑦第一項原被選定人不同意者，法院得依職權公告曉示其他共同利益勞工起訴，由法院併案審理。

第四三條

工會應將民事訴訟法第四十四條之一及前條之訴訟所得，扣除訴訟必要費用後，分別交付爲選定或視爲選定之勞工，並不得請求報酬。

第四四條

①法院就勞工之給付請求，爲雇主敗訴之判決時，應依職權宣告假執行。

②前項情形，法院應同時宣告雇主得供擔保或將請求標的物提存而免爲假執行。

③工會依民事訴訟法第四十四條之一及本法第四十二條所提訴訟，準用前二項之規定。

第四五條

①勞工對於民事訴訟法第四十四條之一及本法第四十二條訴訟之判決不服，於工會上訴期間屆滿前撤回選定者，得依法自行提起上訴。

②工會於收受判決後，應即將其結果通知勞工，並應於七日內將是否提起上訴之意旨以書面通知勞工。

③多數有共同利益之勞工，於在職期間依工會法無得加入之工會者，得選定同一工會聯合組織爲選定人起訴。但所選定之工會聯合組織，以於其章程所定目的範圍內，且勞務提供地、雇主之住所、居所、主營業所或主事務所所在地在其組織區域內者爲限。

④多數有共同利益之勞工，於離職或退休時爲同一工會之會員者，於章程所定目的範圍內，得選定該工會爲選定人起訴。

⑤民事訴訟法第四十四條之一第二項、第三項，及本法關於工會依

民事訴訟法第四十四條之一第一項爲選定之會員起訴之規定，於第三項、第四項之訴訟準用之。

第四章　保全程序

第四六條

① 勞工依勞資爭議處理法就民事爭議事件申請裁決者，於裁決決定前，得向法院聲請假扣押、假處分或定暫時狀態處分。

② 勞工於裁決決定書送達後，就裁決決定之請求，欲保全強制執行或避免損害之擴大，向法院聲請假扣押、假處分或定暫時狀態處分時，有下列情形之一者，得以裁決決定代替請求及假扣押、假處分或定暫時狀態處分原因之釋明，法院不得再命勞工供擔保後始爲保全處分：

一　裁決決定經法院核定前。

二　雇主就裁決決定之同一事件向法院提起民事訴訟。

③ 前二項情形，於裁決事件終結前，不適用民事訴訟法第五百二十九條第一項之規定。裁決決定未經法院核定，如勞工於受通知後三十日內就裁決決定之請求起訴者，不適用勞資爭議處理法第五十條第四項之規定。

第四七條

① 勞工就請求給付工資、職業災害補償或賠償、退休金或資遣費、勞工保險條例第七十二條第一項及第三項之賠償與確認僱傭關係存在事件，聲請假扣押、假處分或定暫時狀態之處分者，法院依民事訴訟法第五百二十六條第二項、第三項所命供擔保之金額，不得高於請求標的金額或價額之十分之一。

② 前項情形，勞工釋明提供擔保於其生計有重大困難者，法院不得命提供擔保。

③ 依民事訴訟法第四十四條之一或本法第四十二條規定選定之工會，聲請假扣押、假處分或定暫時狀態之處分者，準用前二項之規定。

第四八條

勞工所提請求給付工資、職業災害補償或賠償、退休金或資遣費事件，法院發現進行訴訟造成其生計上之重大困難者，應闡明其得聲請命先爲一定給付之定暫時狀態處分。

第四九條

① 勞工提起確認僱傭關係存在之訴，法院認勞工有勝訴之望，且雇主繼續僱用非顯有重大困難者，得依勞工之聲請，爲繼續僱用及給付工資之定暫時狀態處分。

② 第一審法院就前項訴訟判決僱傭關係存在者，第二審法院應依勞工之聲請爲前項之處分。

③ 前二項聲請，法院得爲免供擔保之處分。

④ 法院因勞工受本案敗訴判決確定而撤銷第一項、第二項處分之裁定時，得依雇主之聲請，在撤銷範圍內，同時命勞工返還其所受

領之工資，並依聲請附加自受領時起之利息。但勞工已依第一項、第二項處分提供勞務者，不在此限。

⑤前項命返還工資之裁定，得抗告，抗告中應停止執行。

第五〇條

勞工提起確認調動無效或回復原職之訴，法院認雇主調動勞工之工作，有違反勞工法令、團體協約、工作規則、勞資會議決議、勞動契約或勞動習慣之虞，且雇主依調動前原工作繼續僱用非顯有重大困難者，得經勞工之聲請，為依原工作或兩造所同意工作內容繼續僱用之定暫時狀態處分。

第五章 附 則

第五一條

①除別有規定外，本法於施行前發生之勞動事件亦適用之。

②本法施行前已繫屬尚未終結之勞動事件，依其進行程度，由繫屬之法院依本法所定程序終結之，不適用第十六條第二項規定；其已依法定程序進行之行為，效力不受影響。

③本法施行前已繫屬尚未終結之勞動事件，依繫屬時之法律或第六條第一項規定，定法院之管轄。

④本法施行前已繫屬尚未終結之保全事件，由繫屬之法院依本法所定程序終結之。

第五二條

本法施行細則及勞動事件審理細則，由司法院定之。

第五三條

本法施行日期，由司法院定之。

勞動事件法施行細則

①民國108年11月15日司法院令訂定發布全文7條；並自109年1月1日生效。
②民國112年8月23日司法院令修正發布第4、7條條文；刪除第3條條文；並自發布日施行。

第一條
本細則依勞動事件法（以下簡稱本法）第五十二條規定訂定之。

第二條
①本法施行前已繫屬於法院之勞動事件尚未終結者，除第三條情形外，於本法施行後，依下列方式辦理：
一　按其進行程度，依本法所定之程序終結之，不適用本法第十六條第二項規定。
二　依繫屬時之法律或本法第六條第一項，定法院之管轄。勞工依本法第六條第二項、第七條聲請移送者，應於本案言詞辯論前為之。
三　裁判費之徵收，依起訴、聲請、上訴或抗告時之法律定之。
②前項事件，於本法施行後終結，經上訴或抗告者，適用本法之規定。

第三條 （刪除）112

第四條 112
本法施行前已繫屬於上級審法院之勞動事件尚未終結，於本法施行後經發回或發交者，由勞動專業法庭或專股（以下簡稱勞動法庭）辦理。但應發回或發交智慧財產及商業法院者，不在此限。

第五條
①本法施行前，已聲請或視為聲請調解之勞動事件，其調解程序尚未終結者，於施行後仍依民事訴訟法所定調解程序行之。
②前項調解不成立，而經當事人依民事訴訟法第四百十九條第一項聲請即為訴訟之辯論者，應即送分案，由勞動法庭依個案情狀妥適處理；其依同條第二項、第三項視為自聲請調解時已經起訴，或依同條第四項規定自原起訴或支付命令聲請時發生訴訟繫屬之效力者，不適用本法第十六條第一項規定。

第六條
本法施行前已繫屬之勞動事件，經依民事訴訟法規定移付調解，其調解程序尚未終結者，依民事訴訟法所定調解程序行之；於施行後移付調解者，亦同。

第七條 112
①本細則自中華民國一百零九年一月一日施行。
②本細則修正條文，自發布日施行。

勞動事件審理細則

①民國108年11月15日司法院令訂定發布全文83條；並自109年1月1日生效。
②民國112年8月23日司法院令修正發布第4、7、60、83條條文；並自112年8月30日施行。

第一章 總 則

第一條

　本細則依勞動事件法（以下簡稱本法）第二十一條第四項、第五十二條規定訂定之。

第二條

①本細則所稱勞動事件，依本法第二條第一項規定定之。

②本法及本細則所稱民事事件，係指前項事件以外之其他民事事件。

第三條

　下列事件，由勞動專業法庭（以下簡稱勞動法庭）處理：

一　關於勞動事件之調解、訴訟、保全程序等事件，及其相關裁定事件。

二　勞資爭議處理法之裁決核定事件，及關於同法第五十九條第一項聲請強制執行之裁定事件。

三　大量解僱勞工保護法之協調核定事件。

四　其他法律規定或經司法院指定由勞動法庭辦理之事件。

第四條 112

　中華民國一百十二年二月十五日修正公布之智慧財產案件審理法施行前已繫屬於勞動法庭之勞動事件，涉及智慧財產及商業法院組織法第三條第一款、第四款所定之第一審民事事件者，其審理與強制執行，依本法及本細則之規定；本法及本細則未規定者，適用智慧財產案件審理法、智慧財產案件審理細則之規定。

第五條

　民事事件，其訴訟標的與勞動事件之訴訟標的或攻擊、防禦方法相牽連，而事實證據資料得互為利用，且非專屬其他法院管轄者，得與勞動事件合併起訴，或於勞動事件訴訟繫屬中為追加或提起反訴，由勞動法庭審理。

第六條

　民事事件訴訟繫屬中，當事人不得追加勞動事件之訴或提起勞動事件之反訴。

第七條 112

① 勞工起訴或聲請勞動調解之事件，經僱主爲合意管轄之抗辯，且法院認當事人間關於管轄之合意，按其情形未顯失公平者，得以裁定移送於當事人以合意所定第一審管轄法院。但僱主不抗辯法院無管轄權而爲本案之言詞辯論者，不在此限。

② 勞工依本法第六條第二項、第七條第一項後段及第十七條第二項規定爲移送之聲請，應表明所選定之管轄法院。未表明或所選定之法院依法無管轄權者，審判長應速定期間命其補正；逾期未補正者，法院應以裁定駁回之。

第八條

① 勞工依本法第九條第一項規定，於期日偕同輔佐人到場者，應釋明輔佐人符合該項所定之資格；未經釋明者，應經審判長或受命法官之許可。

② 本法第九條第一項規定之工會，不以勞工所屬工會爲限。

第九條

① 本法第九條第一項之輔佐人，有下列情形之一者，審判長或受命法官得於程序進行中以裁定禁止其爲輔佐人：

一　工會、財團法人或輔佐人，有挑唆或包攬訴訟之行爲。

二　工會、財團法人或輔佐人，有向勞工請求報酬、對價、移轉權利或其他利益之行爲。

三　輔佐人不遵從審判長或受命法官之訴訟指揮，或有其他妨礙程序進行之行爲。

四　輔佐人不適爲訴訟行爲或有其他違反勞工利益之行爲。

② 前項禁止擔任輔佐人之裁定，不得抗告。

第一〇條

① 有下列情形之一者，審判長或受命法官得依本法第十條規定，以裁定撤銷當事人委任同條所定訴訟代理人之許可：

一　私立就業服務機構或訴訟代理人，與委任人間有利益衝突。

二　訴訟代理人不遵從審判長或受命法官之訴訟指揮，或有其他妨礙程序進行之行爲。

三　私立就業服務機構或訴訟代理人有其他不適訴訟行爲或有害於委任人權益之行爲。

② 前項撤銷許可之裁定，應送達於委任人，並告知其得申請法律扶助。

③ 第一項撤銷許可之裁定，不得抗告。

第一一條

① 工會依民事訴訟法第四十四條之一及本法第四十二條規定提起之訴訟，其暫免徵收之裁判費依本法第十三條第一項定之，不適用本法第十二條第一項之規定。

② 以一訴主張數項標的者，其非屬本法第十一條至第十三條所列之訴部分，應依民事訴訟法相關規定計徵裁判費。

第一二條

① 勞工主張有本法第十四條第一項所定符合社會救助法規定之低收

入戶、中低收入戶，或符合特殊境遇家庭扶助條例第四條第一項之特殊境遇家庭之事由，而聲請訴訟救助者，應釋明之。

②勞工或工會敗訴，而有民事訴訟法第八十一條、第八十二條所定情形者，法院得命勝訴之雇主負擔該訴訟費用之全部或一部。

第二章 勞動調解程序

第一三條

①勞動事件當事人聲請調解者，應行勞動調解程序；其逕行起訴依法視爲調解之聲請者，亦同。

②勞動事件訴訟繫屬中依法移付調解者，由原法院、受命法官或受託法官依民事訴訟法所定調解程序處理。

第一四條

①以一訴主張數項訴訟標的之勞動事件，其一部合於本法第十六條第一項規定者，合併起訴事件之全部均應經法院行勞動調解程序。

②本法第二條第二項所定合併起訴之事件，其勞動事件部分合於本法第十六條第一項之規定者，合併起訴事件之全部均應經法院行勞動調解程序。

第一五條

①聲請勞動調解，應向管轄法院提出聲請書狀，或依本法第十八條規定以言詞爲之，並依民事訴訟法第七十七條之二十所定額數繳納聲請費。

②前項聲請書狀，應記載本法第十八條第三項所定事項，並宜記載同條第四項所定事項。

③關於本法第十八條第三項第四款所定聲請之意旨及其原因事實項下，應記載聲請人之請求、具體之原因事實、爲調解標的之法律關係及爭議之情形。

④聲請人於聲請書狀內引用所執之文書者，應添具該文書繕本或影本；其僅引用一部分者，得祇具節本，摘錄該部分及其所載年、月、日並作成該文書之人之姓名、名稱及其簽名或蓋章；如文書係相對人所知或浩繁難以備錄者，得祇表明該文書。

⑤聲請人於聲請書狀內引用非其所執之文書或其他證物者，應表明執有人姓名及住居所或保管之機關；引用證人者，應表明該證人姓名、住居所及待證事實。

⑥聲請書狀及其附屬文件，除提出於法院者外，應按勞動調解委員二人及應送達相對人人數提出繕本或影本。

第一六條

①當事人就數宗勞動事件聲請合併調解，或就勞動事件聲請分別調解者，由法官裁定之。法院依職權爲合併調解或分別調解者，亦同。

②依前項規定命爲合併、分別調解前，應使當事人有陳述意見之機會。

③當事人依本法第十九條第二項規定，合意聲請將相牽連之民事事件合併於勞動事件調解者，應爲合併調解。

④勞動調解委員會如認因前項之合併調解，而有本法第三十一條第一項所定之情形者，得依其規定視爲調解不成立。

第一七條

①依刑事訴訟法第九編規定移送民事庭之附帶民事訴訟，如爲勞動事件者，應由勞動法庭處理。

②前項情形，其係移送地方法院之第一審事件，且屬依法於起訴前應經法院行勞動調解程序之事件者，應先行勞動調解程序。

第一八條

①法官應先依勞動調解聲請書狀調查聲請是否合法，並依下列方式處理：

一　無審判權或管轄權者，得依聲請或依職權以裁定移送於有審判權之法院或管轄法院。但無法移送者，應以裁定駁回之。

二　聲請有其他不合法之情形者，應以裁定駁回之。但其情形可以補正者，應定期間先命補正。

三　有民事訴訟法第四百零六條第一項第四款、第五款情形之一者，得逕以裁定駁回其聲請。

②以起訴視爲調解之聲請而有前項第二款應以裁定駁回之情形者，應改分爲勞動訴訟事件後，依民事訴訟法第二百四十九條第一項規定，駁回原告之訴。

第一九條

勞工依本法第十七條第二項準用第六條第二項及第七條第一項規定，聲請移送，而應命補正、移送及駁回，或有其他事項依法應由法官裁定者，由法官以勞動法庭之名義爲之。法院組成勞動調解委員會後，亦同。

第二〇條

①當事人聲請或視爲聲請勞動調解，除有前二條所定情形者外，勞動法庭法官應儘速指定勞動調解委員二人，共同組成勞動調解委員會。

②前項情形，法官應依個案事件之類型、特徵等具體情形之處理所需，自法院聘任列冊之勞動組、事業組勞動調解委員中，斟酌其智識、經驗之領域、背景等，各指定適當之一人。

③依前項規定指定之勞動調解委員，因迴避、解任、死亡或其他情事致不能執行職務者，法官應自該勞動調解委員所屬組別之其他勞動調解委員中，斟酌前項所列事項，指定一人接任。

④兩造合意選任組成勞動調解委員會之勞動調解委員者，法官得依其合意指定或更換之。

第二一條

就勞動調解事件有利害關係之第三人，經法官許可，得參加勞動調解程序；法官並得將事件通知之，命其參加。

第二二條

①當事人應於第一次調解期日前儘早提出事實、證據，並爲調查證據之必要準備。

②當事人對於他造主張或攻擊防禦方法之意見，應儘速或依法官指定之期間提出。

第二三條

①除有下列情形者外，法官應於聲請勞動調解或視爲聲請勞動調解之日起三十日內，指定第一次調解期日：

一　有本法第二十二條第一項、第二項所定情形。

二　爲確保於第一次調解期日得爲整理相關爭點與證據所需準備之事由。

三　其他特別事由。

②第一次調解期日之指定，除應斟酌前項第二款、第三款之情事外，並應斟酌下列情事：

一　當事人於第一次調解期日前需有相當準備期間之必要。

二　爲使當事人、勞動調解委員到場之必要。

③法官爲確認勞動調解委員、當事人到場或爲調解必要準備之需要，得命書記官或其他適當之法院所屬人員以便宜方法行之。

第二四條

①法官應定相當期間命相對人提出答辯狀，及命聲請人就答辯狀提出書面意見或於調解期日以言詞爲之。

②前項指定之期間，應斟酌之聲請人得於第一次調解期日前，對於答辯狀記載內容爲合理準備之必要期間，至少應有五日。

第二五條

①答辯狀宜記載下列事項，提出於法院：

一　對聲請意旨之答辯及其事實理由。

二　對聲請書狀所載原因事實及證據爲承認與否之陳述；如有爭執，其理由。

三　供證明用之證據。

四　對聲請書狀所載有利害關係人之意見。

五　對聲請書狀所載定法院管轄及其適用程序所必要事項之意見。

六　對聲請書狀所載有繫屬於法院之其他相關事件之意見。

七　預期可能爭點及其相關之重要事實、證據。

八　當事人間曾爲之交涉或其他至提出答辯狀時之經過概要。

②第十五條第四項、第五項關於聲請人提出聲請書狀之規定，於相對人提出答辯狀時準用之。

③相對人提出答辯狀及其附屬文件，應併同提出繕本或影本兩份，並另以繕本或影本直接通知聲請人。

第二六條

①當事人因補充聲請或答辯，或對於他造之聲請及答辯之陳述，得提出補充書狀，或於調解期日以言詞爲之；法官認爲必要時，亦得定相當期限命當事人提出補充書狀或於調解期日陳述之。

②第十五條第四項、第五項關於聲請人提出聲請書狀之規定，於當事人提出補充書狀準用之。

③當事人提出補充書狀及其附屬文件，應併同提出繕本或影本兩份，並另以繕本或影本直接通知他造。

第二七條
勞動調解聲請書狀、答辯狀及補充書狀，應以簡明文字，逐項分段記載。

第二八條
①第一次調解期日通知書，應記載第二十二條第一項、第二十四條第一項所定之事項，並載明當事人不到場之法定效果，及應於期日攜帶所用證物。

②勞動調解聲請書狀或筆錄及其附屬文件之繕本或影本，應與前項第一次調解期日通知書一併送達於相對人。但已於送達第一次調解期日通知書前先行送達者，不在此限。

第二九條
①除別有規定外，勞動調解委員會於調解期日，依個案之需求進行下列程序：
一　聽取雙方當事人陳述。
二　整理爭點及證據，並宜使當事人就調解標的、事實、證據或其他得處分之事項與爭點達成協議。
三　第三十條、第三十一條所定事項。
四　適時曉諭當事人訴訟之可能結果。
五　勸導當事人達成調解合意。
六　酌定調解條款。
七　提出適當方案。

②前項第四款之曉諭由法官為之，曉諭前應先徵詢勞動調解委員之意見。

第三〇條
①法官應隨時注意行使闡明權，向當事人發問或曉諭，令其為事實上及法律上陳述、聲明證據或為其他確定爭執法律關係所必要之聲明或陳述；其所聲明或陳述有不明瞭或不完足者，令其敘明或補充之。

②勞動調解委員告明法官後，得向當事人發問或曉諭。

第三一條
①勞動調解委員會為審究事件關係及兩造爭議之所在、促成當事人合意解決、酌定調解條款、提出適當方案或其他進行調解之需要，得聽取當事人、具有專門知識經驗或知悉事件始末之人或第三人之陳述，察看現場或調解標的物之狀況，請求第三人提供有關文件或資訊，並得以便宜方法行之。

②勞動調解委員會依個案情形認有必要時，得依該事件起訴時所應適用之通常、簡易或小額訴訟程序調查證據。

③依前二項規定聽取陳述或訊問證人時，勞動調解委員告明法官

後，得向爲陳述之人或證人發問。

④第一項、第二項處置及調查證據之結果，應使當事人及知悉之利害關係人有到場陳述意見之機會。

第三二條

①勞動調解委員會爲促成調解成立，應視進行情況，本和平懇切之態度，適時對當事人兩造爲適當之勸導，就調解事件的擬平允方案，力謀雙方之和諧。但於進行第二十九條第一項第一款之程序前，除經當事人同意外，不得爲之。

②前項勸導向當事人兩造共同爲之，必要時得分別爲之。

第三三條

勞動調解委員會依本法第二十五條第一項但書規定，或以同條第二項所定方式行勞動調解程序前，應使當事人有陳述意見之機會。

第三四條

①勞動調解程序不能於調解期日終結者，除有特別情形外，法官應當場指定續行之期日，並向到場當事人、參加調解之利害關係人告知預定於續行期日進行之程序，及於續行之期日前應準備之事項。

②書記官應作成續行調解期日之通知書及前項之告知事項書面，送達於未到場之當事人及參加調解之利害關係人。

第三五條

當事人就本聲請之事項或第三人參加勞動調解成立者，得爲執行名義。

第三六條

本法第二十七條第一項之合意，當事人經他造同意者，得撤回之。但依本法第二十七條第三項視爲調解成立者，不得撤回。

第三七條

①依本法第二十八條第一項提出之適當方案，應記載下列事項：

一　當事人、參加調解之利害關係人之姓名及住所或居所；爲法人、其他團體或機關者，其名稱及公務所、事務所或營業所。

二　有法定代理人、代理人者，其姓名、住所或居所。

三　勞動調解事件。

四　適當方案。

五　理由。

六　年、月、日。

七　法院。

②理由項下，應記載作成適當方案理由之要領；如有必要，得合併記載爭執之事實。

③依本法第二十八條第三項以言詞告知適當方案之理由，準用前項規定。

第三八條

逾本法第二十九條第二項所定不變期間，始對適當方案提出異議者，法院應將其情形通知提出異議之當事人或參加調解之利害關係人。但已有其他當事人或參加調解之利害關係人合法提出異議者，不在此限。

第三九條

① 勞動調解聲請人依本法第二十九條第四項為反對續行訴訟之意思者，法院應將其情形通知其他當事人及參加調解之利害關係人。但於調解期日當場為之者，法院無庸通知到場之人。

② 逾本法第二十九條第四項所定不變期間，始為反對續行訴訟之意思者，法院應將其情形通知勞動調解聲請人，無庸為前項之通知。

③ 以起訴視為調解之聲請者，如因本法第二十九條第三項規定視為調解不成立，應續行訴訟程序。

④ 前項情形，如原告向法院為反對續行訴訟程序之意思者，無庸為第一項之通知；對於是否為訴之撤回有疑義時，審判長或受命法官應闡明之。

第四〇條

① 依本法第三十一條第一項視為調解不成立者，應作成書面，記明事由及年月日，或由書記官記明於調解程序筆錄，並由勞動調解委員會法官及勞動調解委員簽名。

② 前項情形，應告知或通知當事人及參加調解之利害關係人。

第四一條

本法第三十一條第一項之視為調解不成立，及同條第二項之其他調解不成立之情形，準用第三十九條規定。

第四二條

當事人及參加調解之利害關係人，因天災或其他不應歸責於己之事由，遲誤本法第二十九條第二項所定提出異議之不變期間者，得依民事訴訟法第一百六十四條、第一百六十五條規定，聲請回復原狀。

第四三條

以起訴視為勞動調解之聲請者，如已繳納裁判費，於調解成立後，法院應依當事人之聲請，將原繳納之裁判費扣除應繳勞動調解聲請費之三分之一後退還當事人。

第四四條

① 民事訴訟法第四百十九條第一項至第三項規定，於勞動調解程序不適用之。但調解聲請人於調解不成立之期日，當場拋棄本法第二十九條第四項、第三十一條第二項所定反對續行訴訟權者，仍適用民事訴訟法第四百十九條第一項規定。

② 民事訴訟法第四百三十六條之十二規定，於勞動調解程序不適用之。但有下列情形之一者，不在此限：

一　調解聲請人於調解不成立之期日，當場拋棄本法第二十九條第四項、第三十一條第二項所定反對續行訴訟權。

第五七條

法院審理勞動事件，依職權調查必要之證據時，應令當事人有陳述意見之機會。

第五八條

本法第三十四條第一項得審酌之事實、證據資料、處分或解決事件之適當方案，不包括當事人於勞動調解程序中所爲不利於己之陳述或讓步。但本法第三十條第二項之書面協議，不在此限。

第五九條

①勞工聲明書證，係使用雇主依法令應備置之文書者，得聲請法院命雇主提出。

②前項情形，法院認應證之事實重要，且勞工之聲請正當者，應以裁定命雇主提出。

③法院依本法第三十三條第一項規定，得依職權命雇主提出依法令應備置之文書。

第六〇條 112

①第四條事件涉及智慧財產權部分，有智慧財產案件審理法第三十四條第四項情形，法院不得開示該文書、勘驗物或鑑定所需資料。但爲聽取訴訟關係人之意見而有向其開示之必要者，不在此限。

②前項但書情形，法院於開示前，應通知文書、勘驗物或資料之持有人，持有人於受通知之日起十四日內聲請對受開示者發秘密保持命令者，於聲請裁定確定前，不得開示。

第六一條

法院依本法第三十六條第五項規定，認依該證物應證之事實爲眞實者，於裁判前應令當事人有辯論之機會。

第六二條

雇主否認本法第三十七條及第三十八條之推定者，應提出反對證據證明之。

第六三條

①勞工依本法第三十九條第一項得補償金之請求者，應表明請求之具體金額及其事由，並宜表明雇主履行一定行爲或不行爲之具體期限。

②前項請求之訴，其訴訟標的之價額，依民事訴訟法第七十七條之二第一項但書規定計算之。

③法院准許第一項之請求，應斟酌所命雇主爲一定行爲或不行爲延滯履行對勞工即無實益之一切情形，定其履行期限。

第六四條

法院就本法第三十九條第一項補償金之請求，應與命雇主爲一定行爲或不行爲之請求同時裁判。

第六五條

①法院依本法第三十九條第一項命雇主給付補償金確定後，於判決所定之履行期限內，勞工僅得就行爲或不行爲請求聲請強制執

行。

②雇主逾前項期限未履行或未經執行完畢者，勞工僅得就補償金請求聲請強制執行，不得就行爲或不行爲請求聲請強制執行或繼續執行。

第六六條

雇主逾法院所定期限後，經勞工同意履行行爲或不行爲請求者，勞工不得就補償金請求聲請強制執行或繼續執行。

第六七條

①本法第四十條第一項所稱之會員，以自然人會員爲限。

②工會就本法第四十條第一項訴訟成立調解，應經法院之許可。於勞動調解程序中成立調解者，應經勞動調解委員會之許可。

③本法第四十條第一項訴訟，法院應公告之，並將訴訟事件及進行程度以書面通知知悉之其他具相同起訴資格之其他工會。

④前項情形，應於法院之公告處或網站公告。

⑤其他具本法第四十條第一項所定起訴資格之工會，得依法追加爲原告或參加訴訟。

第六八條

本法第四十條第五項之律師酬金，其數額由法院於每審級終局裁判時，另以裁定酌定之；訴訟不經裁判而終結者，法院應於訴訟費用之裁判時，併予酌定之。

第六九條

①法院依本法第四十一條第二項規定裁定停止原訴訟程序者，不妨礙依民事訴訟法爲證據保全之裁定。

②本法第四十一條第一項追加之訴確定後，法院就停止原訴訟程序之裁定，得依聲請或依職權撤銷之。

第七〇條

依本法第四十二條第一項規定併案請求之勞工，不以被選定人之會員爲限。

第七一條

本法第四十三條所定工會，不得向選定或視爲選定之勞工請求報酬、對價、移轉權利或其他任何利益。

第七二條

法院應依本法第四十四條第二項規定職權宣告免爲假執行而未爲宣告者，依民事訴訟法第三百九十四條規定以判決補充之。

第七三條

①勞工就民事訴訟法第四十四條之一或本法第四十二條之訴訟撤回選定者，其撤回應以文書證之。

②勞工不服前項訴訟之裁判，撤回選定而自行上訴或抗告，其未提出前項證明者，法院應定期間命其補正。逾期未補正，駁回其上訴或抗告。

第七四條

應行勞動調解程序之勞動事件，第二審法院不得以第一審法院未

行勞動調解程序而廢棄原判決。

第七五條

暫免徵收部分裁判費之勞動事件，經撤回起訴、上訴、成立和解或調解者，當事人所得聲請退還之裁判費，以所繳裁判費超過原應徵收裁判費之三分之一部分為限。

第七六條

①勞動事件於訴訟繫屬中，法官宜隨時依訴訟進行程度鼓勵兩造合意移付調解。

②前項情形，得自法院聘任之勞動調解委員中，依個案需求酌選適當之人為調解委員先行調解，俟至相當程度，再報請法官共同行之。

③高等法院及其分院得自轄區內地方法院聘任之勞動調解委員中，酌選適當之人為前項調解委員。

第四章 保全程序

第七七條

①本法第四十六條所定之勞工向法院聲請假扣押、假處分或定暫時狀態處分，其保全之請求，以勞工依勞資爭議處理法規定向主管機關申請裁決之民事爭議事件之請求為限。

②本法第四十六條第二項所定代替釋明之裁決，以聲請保全之請求經裁決決定之部分為限。

③勞工所為本法第四十六條第一項之聲請，於法院作成裁定前，提出裁決決定書者，適用本法第四十六條第二項規定；其提起抗告後始提出者，亦同。

第七八條

①裁決決定書未經法院核定者，雇主得聲請法院撤銷假扣押、假處分或定暫時狀態處分之裁定。但勞工於受未經法院核定之通知後三十日內，已就裁決決定之請求起訴者，不在此限。

②法院為前項撤銷裁定前，應使勞工有陳述意見之機會。

第七九條

勞工為本法第四十七條第一項之聲請，就請求或爭執法律關係及保全之原因未為釋明者，雖經釋明提供擔保於其生計有重大困難，法院仍應裁定駁回之。

第八〇條

①本法第四十九條規定，於雇主提起確認僱傭關係不存在之訴者，亦有適用。

②勞工為本法第四十九條之聲請，就其本案訴訟有勝訴之望，且雇主繼續僱用非顯有重大困難，應釋明之。

③法院為本法第四十九條第四項之裁定前，應使當事人有陳述意見之機會。

第八一條

①勞工為本法第五十條之聲請者，就雇主調動勞工之工作，有違反

勞工法令、團體協約、工作規則、勞資會議決議、勞動契約或勞動習慣之虞，且雇主依調動前原工作繼續僱用非顯有重大困難，應釋明之。

②法院依本法第五十條規定所為之定暫時狀態處分，以依原工作或兩造所同意工作內容繼續僱用為限。

③勞工與雇主依本法第五十條規定所同意之工作內容，應以書狀提出於法院。但於期日，得以言詞向法院或受命法官為之。

第五章 附 則

第八二條
勞動事件，依法律移由司法事務官處理者，應以勞動法庭名義辦理之。

第八三條 112
①本細則自中華民國一百零九年一月一日施行。

②本細則修正條文，除中華民國一百十二年八月二十三日修正發布之條文自一百十二年八月三十日施行外，自發布日施行。

行政執行法

①民國21年12月28日國民政府制定公布全文12條。
②民國32年12月1日國民政府修正公布第5條條文。
③民國36年11月11日國民政府修正公布第5條條文。
④民國87年11月11日總統令修正公布全文44條。
　民國89年10月17日行政院令發布自90年1月1日起施行。
⑤民國89年6月21日總統令修正公布第39條條文。
　民國89年10月17日行政院令發布自90年1月1日起施行。
⑥民國94年6月22日總統令修正公布第17、19條條文。
　民國94年7月1日行政院令發布自94年7月28日施行。
⑦民國96年3月21日總統令修正公布第7條條文。
　民國96年4月16日行政院令發布定自96年5月1日施行。
⑧民國98年4月29日總統令修正公布第17條條文。
　民國98年5月15日行政院令發布定自98年6月1日施行。
⑨民國98年12月30日總統令修正公布第24、44條條文；並自98年11月23日施行。
⑩民國99年2月3日總統令修正公布第17條條文；並增訂第17-1條條文。
　民國99年5月10日行政院令發布第17條定自99年5月10日施行。
　民國99年6月3日行政院令發布第17-1條定自99年6月3日施行。
　民國100年12月16日行政院公告第4條第1、2項、第11條第1項、第12條、第13條第1項、第14～16條、第17條第1、3、6～10項、第17-1條第1、3～6項、第18條、第19條第1～4項、第20條第1項、第21～23、34條、第42條第2項所列屬「行政執行處」之權責事項，自101年1月1日起改由「行政執行分署」管轄。

第一章　總　則

第一條
　行政執行，依本法之規定；本法未規定者，適用其他法律之規定。

第二條
　本法所稱行政執行，指公法上金錢給付義務、行為或不行為義務之強制執行及即時強制。

第三條
　行政執行，應依公平合理之原則，兼顧公共利益與人民權益之維護，以適當之方法為之，不得逾達成執行目的之必要限度。

第四條
①行政執行，由原處分機關或該管行政機關為之。但公法上金錢給付義務逾期不履行者，移送法務部行政執行署所屬行政執行處執行之。

②法務部行政執行署及其所屬行政執行處之組織，另以法律定之。

第五條

①行政執行不得於夜間、星期日或其他休息日為之。但執行機關認為情況急迫或徵得義務人同意者，不在此限。

②日間已開始執行者，得繼續至夜間。

③執行人員於執行時，應對義務人出示足以證明身分之文件；必要時得命義務人或利害關係人提出國民身分證或其他文件。

第六條

①執行機關遇有下列情形之一者，得於必要時請求其他機關協助之：

一　須在管轄區域外執行者。

二　無適當之執行人員者。

三　執行時有遭遇抗拒之虞者。

四　執行目的有難於實現之虞者。

五　執行事項涉及其他機關者。

②被請求協助機關非有正當理由，不得拒絕；其不能協助者，應附理由即時通知請求機關。

③被請求協助機關因協助執行所支出之費用，由請求機關負擔之。

第七條

①行政執行，自處分、裁定確定之日或其他依法令負有義務經通知限期履行之文書所定期間屆滿之日起，五年內未經執行者，不再執行；其於五年期間屆滿前已開始執行者，仍得繼續執行。但自五年期間屆滿之日起已逾五年尚未執行終結者，不得再執行。

②前項規定，法律有特別規定者，不適用之。

③第一項所稱已開始執行，如已移送執行機關者，係指下列情形之一：

一　通知義務人到場或自動清繳應納金額、報告其財產狀況或為其他必要之陳述。

二　已開始調查程序。

④第三項規定，於本法中華民國九十六年三月五日修正之條文施行前移送執行尚未終結之事件，亦適用之。

第八條

①行政執行有下列情形之一者，執行機關應依職權或因義務人、利害關係人之申請終止執行：

一　義務已全部履行或執行完畢者。

二　行政處分或裁定經撤銷或變更確定者。

三　義務之履行經證明為不可能者。

②行政處分或裁定經部分撤銷或變更確定者，執行機關應就原處分或裁定經撤銷或變更部分終止執行。

第九條

①義務人或利害關係人對執行命令、執行方法、應遵守之程序或其他侵害利益之情事，得於執行程序終結前，向執行機關聲明異

議。

②前項聲明異議，執行機關認其有理由者，應即停止執行，並撤銷或更正已爲之執行行爲；認其無理由者，應於十日內加具意見，送直接上級主管機關於三十日內決定之。

③行政執行，除法律另有規定外，不因聲明異議而停止執行。但執行機關因必要情形，得依職權或申請停止之。

第一○條

行政執行，有國家賠償法所定國家應負賠償責任之情事者，受損害人得依該法請求損害賠償。

第二章 公法上金錢給付義務之執行

第一一條

①義務人依法令或本於法令之行政處分或法院之裁定，負有公法上金錢給付義務，有下列情形之一，逾期不履行，經主管機關移送者，由行政執行處就義務人之財產執行之：

一 其處分文書或裁定書定有履行期間或有法定履行期間者。

二 其處分文書或裁定書未定履行期間，經以書面限期催告履行者。

三 依法令負有義務，經以書面通知限期履行者。

②法院依法律規定就公法上金錢給付義務爲假扣押、假處分之裁定經主管機關移送者，亦同。

第一二條

公法上金錢給付義務之執行事件，由行政執行處之行政執行官、執行書記官督同執行員辦理之，不受非法或不當之干涉。

第一三條

①移送機關於移送行政執行處執行時，應檢附下列文件：

一 移送書。

二 處分文書、裁定書或義務人依法令負有義務之證明文件。

三 義務人之財產目錄。但移送機關不知悉義務人之財產者，免予檢附。

四 義務人經限期履行而逾期仍不履行之證明文件。

五 其他相關文件。

②前項第一款移送書應載明義務人姓名、年齡、性別、職業、住居所，如係法人或其他設有管理人或代表人之團體，其名稱、事務所或營業所，及管理人或代表人之姓名、性別、年齡、職業、住居所；義務發生之原因及日期；應納金額。

第一四條

行政執行處爲辦理執行事件，得通知義務人到場或自動清繳應納金額、報告其財產狀況或爲其他必要之陳述。

第一五條

義務人死亡遺有財產者，行政執行處得逕對其遺產強制執行。

第一六條

執行人員於查封前，發現義務人之財產業經其他機關查封者，不得再行查封。行政執行處已查封之財產，其他機關不得再行查封。

第一七條

①義務人有下列情形之一者，行政執行處得命其提供相當擔保，限期履行，並得限制其住居：

一 顯有履行義務之可能，故不履行。

二 顯有逃匿之虞。

三 就應供強制執行之財產有隱匿或處分之情事。

四 於調查執行標的物時，對於執行人員拒絕陳述。

五 經命其報告財產狀況，不為報告或為虛偽之報告。

六 經合法通知，無正當理由而不到場。

②前項義務人有下列情形之一者，不得限制住居：

一 滯欠金額合計未達新臺幣十萬元。但義務人已出境達二次者，不在此限。

二 已按其法定應繼分繳納遺產稅款、罰鍰及加徵之滯納金、利息。但其繼承所得遺產超過法定應繼分，而未按所得遺產比例繳納者，不在此限。

③義務人經行政執行處依第一項規定命其提供相當擔保，限期履行，屆期不履行亦未提供相當擔保，有下列情形之一，而有強制其到場之必要者，行政執行處得聲請法院裁定拘提之：

一 顯有逃匿之虞。

二 經合法通知，無正當理由而不到場。

④法院對於前項聲請，應於五日內裁定；其情況急迫者，應即時裁定。

⑤義務人經拘提到場，行政執行官應訊問其人有無錯誤，並應命義務人據實報告其財產狀況或為其他必要調查。

⑥行政執行官訊問義務人後，認有下列各款情形之一，而有管收必要者，行政執行處應自拘提時起二十四小時內，聲請法院裁定管收之：

一 顯有履行義務之可能，故不履行。

二 顯有逃匿之虞。

三 就應供強制執行之財產有隱匿或處分之情事。

四 已發見之義務人財產不足清償其所負義務，於審酌義務人整體收入、財產狀況及工作能力，認有履行義務之可能，別無其他執行方法，而拒絕報告其財產狀況或為虛偽之報告。

⑦義務人經通知或自行到場，經行政執行官訊問後，認有前項各款情形之一，而有聲請管收必要者，行政執行處得將義務人暫予留置；其訊問及暫予留置時間合計不得逾二十四小時。

⑧拘提、管收之聲請，應向行政執行處所在地之地方法院為之。

⑨法院受理管收之聲請後，應即訊問義務人並為裁定，必要時得通知行政執行處指派執行人員到場為一定之陳述或補正。

⑩行政執行處或義務人不服法院關於拘提、管收之裁定者，得於十日內提起抗告；其程序準用民事訴訟法有關抗告程序之規定。

⑪抗告不停止拘提或管收之執行。但准拘提或管收之原裁定經抗告法院裁定廢棄者，其執行應即停止，並將被拘提或管收人釋放。

⑫拘提、管收，除本法另有規定外，準用強制執行法、管收條例及刑事訴訟法有關訊問、拘提、羈押之規定。

第一七條之一

①義務人為自然人，其滯欠合計達一定金額，已發現之財產不足清償其所負義務，且生活逾越一般人通常程度者，行政執行處得依職權或利害關係人之申請對其核發下列各款之禁止命令，並通知應予配合之第三人：

一　禁止購買、租賃或使用一定金額以上之商品或服務。

二　禁止搭乘特定之交通工具。

三　禁止為特定之投資。

四　禁止進入特定之高消費場所消費。

五　禁止贈與或借貸他人一定金額以上之財物。

六　禁止每月生活費用超過一定金額。

七　其他必要之禁止命令。

②前項所定一定金額，由法務部定之。

③行政執行處依第一項規定核發禁止命令前，應以書面通知義務人到場陳述意見。義務人經合法通知，無正當理由而不到場者，行政執行處關於本法之調查及審核程序不受影響。

④行政執行處於審核義務人之生活有無逾越一般人通常程度而核發第一項之禁止命令時，應考量其滯欠原因、滯欠金額、清償狀況、移送機關之意見、利害關係人申請事由及其他情事，為適當之決定。

⑤行政執行處於執行程序終結時，應解除第一項之禁止命令，並通知應配合之第三人。

⑥義務人無正當理由而違反第一項之禁止命令者，行政執行處得限期命其清償適當之金額，或命其報告一定期間之財產狀況、收入及資金運用情形；義務人不為清償、不為報告或為虛偽之報告者，視為其顯有履行義務之可能而故不履行，行政執行處得依前條規定處理。

第一八條

擔保人於擔保書狀載明義務人逃亡或不履行義務由其負清償責任者，行政執行處於義務人逾前條第一項之限期仍不履行時，得逕就擔保人之財產執行之。

第一九條

①法院為拘提之裁定後，應將拘票交由行政執行處派執行員執行拘提。

②拘提後，有下列情形之一者，行政執行處應即釋放義務人：

一　義務已全部履行。

二　義務人就義務之履行已提供相當擔保。

三　不符合聲請管收之要件。

③法院爲管收之裁定後，應將管收票交由行政執行處派執行員將被管收人送交管收所；法院核發管收票時義務人不在場者，行政執行處得派執行員持管收票強制義務人同行並送交管收所。

④管收期限，自管收之日起算，不得逾三個月。有管收新原因發生或停止管收原因消滅時，行政執行處仍得聲請該管法院裁定再行管收。但以一次爲限。

⑤義務人所負公法上金錢給付義務，不因管收而免除。

第二○條

①行政執行處應隨時提詢被管收人，每月不得少於三次。

②提詢或送返被管收人時，應以書面通知管收所。

第二一條

義務人或其他依法得管收之人有下列情形之一者，不得管收；其情形發生管收後者，行政執行處應以書面通知管收所停止管收：

一　因管收而其一家生計有難以維持之虞者。

二　懷胎五月以上或生產後二月未滿者。

三　現罹疾病，恐因管收而不能治療者。

第二二條

有下列情形之一者，行政執行處應即以書面通知管收所釋放被管收人：

一　義務已全部履行或執行完畢者。

二　行政處分或裁定經撤銷或變更確定致不得繼續執行者。

三　管收期限屆滿者。

四　義務人就義務之履行已提供確實之擔保者。

第二三條

行政執行處執行拘提管收之結果，應向裁定法院提出報告。提詢、停止管收及釋放被管收人時，亦同。

第二四條

關於義務人拘提管收及應負義務之規定，於下列各款之人亦適用之：

一　義務人爲未成年人或受監護宣告之人者，其法定代理人。

二　商號之經理人或清算人；合夥之執行業務合夥人。

三　非法人團體之代表人或管理人。

四　公司或其他法人之負責人。

五　義務人死亡者，其繼承人、遺產管理人或遺囑執行人。

第二五條

有關本章之執行，不徵收執行費。但因強制執行所支出之必要費用，由義務人負擔之。

第二六條

關於本章之執行，除本法另有規定外，準用強制執行法之規定。

第三章 行為或不行為義務之執行

第二七條

① 依法令或本於法令之行政處分，負有行為或不行為義務，經於處分書或另以書面限定相當期間履行，逾期仍不履行者，由執行機關依間接強制或直接強制方法執行之。

② 前項文書，應載明不依限履行時將予強制執行之意旨。

第二八條

① 前條所稱之間接強制方法如下：

　一　代履行。

　二　怠金。

② 前條所稱之直接強制方法如下：

　一　扣留、收取交付、解除占有、處置、使用或限制使用動產、不動產。

　二　進入、封閉、拆除住宅、建築物或其他處所。

　三　收繳、註銷證照。

　四　斷絕營業所必須之自來水、電力或其他能源。

　五　其他以實力直接實現與履行義務同一內容狀態之方法。

第二九條

① 依法令或本於法令之行政處分，負有行為義務而不為，其行為能由他人代為履行者，執行機關得委託第三人或指定人員代履行之。

② 前項代履行之費用，由執行機關估計其數額，命義務人繳納；其繳納數額與實支不一致時，退還其餘額或追繳其差額。

第三○條

① 依法令或本於法令之行政處分，負有行為義務而不為，其行為不能由他人代為履行者，依其情節輕重處新臺幣五千元以上三十萬元以下怠金。

② 依法令或本於法令之行政處分，負有不行為義務而為之者，亦同。

第三一條

① 經依前條規定處以怠金，仍不履行其義務者，執行機關得連續處以怠金。

② 依前項規定，連續處以怠金前，仍應依第二十七條之規定以書面限期履行。但法律另有特別規定者，不在此限。

第三二條

經間接強制不能達成執行目的，或因情況急迫，如不及時執行，顯難達成執行目的時，執行機關得依直接強制方法執行之。

第三三條

關於物之交付義務之強制執行，依本章之規定。

第三四條

代履行費用或怠金，逾期未繳納者，移送行政執行處依第二章之

規定執行之。

第三五條

強制執行法第三章、第四章之規定於本章準用之。

第四章 即時強制

第三六條

①行政機關爲阻止犯罪、危害之發生或避免急迫危險，而有即時處置之必要時，得爲即時強制。

②即時強制方法如下：

一　對於人之管束。

二　對於物之扣留、使用、處置或限制其使用。

三　對於住宅、建築物或其他處所之進入。

四　其他依法定職權所爲之必要處置。

第三七條

①對於人之管束，以合於下列情形之一者爲限：

一　瘋狂或酗酒泥醉，非管束不能救護其生命、身體之危險，及預防他人生命、身體之危險者。

二　意圖自殺，非管束不能救護其生命者。

三　暴行或鬥毆，非管束不能預防其傷害者。

四　其他認爲必須救護或有害公共安全之虞，非管束不能救護或不能預防危害者。

②前項管束，不得逾二十四小時。

第三八條

①軍器、凶器及其他危險物，爲預防危害之必要，得扣留之。

②扣留之物，除依法應沒收、沒入、毀棄或應變價發還者外，其扣留期間不得逾三十日。但扣留之原因未消失時，得延長之，延長期間不得逾兩個月。

③扣留之物無繼續扣留必要者，應即發還；於一年內無人領取或無法發還者，其所有權歸屬國庫；其應變價發還者，亦同。

第三九條

遇有天災、事變或交通上、衛生上或公共安全上有危害情形，非使用或處置其土地、住宅、建築物、物品或限制其使用，不能達防護之目的時，得使用、處置或限制其使用。

第四〇條

對於住宅、建築物或其他處所之進入，以人民之生命、身體、財產有迫切之危害，非進入不能救護者爲限。

第四一條

①人民因執行機關依法實施即時強制，致其生命、身體或財產遭受特別損失時，得請求補償。但因可歸責於該人民之事由者，不在此限。

②前項損失補償，應以金錢爲之，並以補償實際所受之特別損失爲限。

③對於執行機關所爲損失補償之決定不服者，得依法提起訴願及行政訴訟。

④損失補償，應於知有損失後，二年內向執行機關請求之。但自損失發生後，經過五年者，不得爲之。

第五章 附 則

第四二條

①法律有公法上金錢給付義務移送法院強制執行之規定者，自本法修正條文施行之日起，不適用之。

②本法修正施行前之行政執行事件，未經執行或尚未執行終結者，自本法修正條文施行之日起，依本法之規定執行之；其爲公法上金錢給付義務移送法院強制執行之事件，移送該管行政執行處繼續執行之。

③前項關於第七條規定之執行期間，自本法修正施行日起算。

第四三條

本法施行細則，由行政院定之。

第四四條

①本法自公布日施行。

②本法修正條文之施行日期，由行政院以命令定之。但中華民國九十八年十二月十五日修正之條文，自九十八年十一月二十三日施行。

行政程序法

①民國88年2月3日總統令制定公布全文175條；並自90年1月1日施行。
②民國89年12月27日總統令增訂公布第174-1條條文。
③民國90年6月20日總統令修正公布第174-1條條文。
④民國90年12月28日總統令修正公布第174-1條條文。
⑤民國94年12月28日總統令公布刪除第44、45條條文。
⑥民國102年5月22日總統令修正公布第131條條文。
⑦民國104年12月30日總統令修正公布第127、175條條文；並自公布日施行。
⑧民國110年1月20日總統令修正公布第128條條文。

第一章 總則

第一節 法例

第一條

為使行政行為遵循公正、公開與民主之程序，確保依法行政之原則，以保障人民權益，提高行政效能，增進人民對行政之信賴，特制定本法。

第二條

①本法所稱行政程序，係指行政機關作成行政處分、締結行政契約、訂定法規命令與行政規則、確定行政計畫、實施行政指導及處理陳情等行為之程序。

②本法所稱行政機關，係指代表國家、地方自治團體或其他行政主體表示意思，從事公共事務，具有單獨法定地位之組織。

③受託行使公權力之個人或團體，於委託範圍內，視為行政機關。

第三條

①行政機關為行政行為時，除法律另有規定外，應依本法規定為之。

②下列機關之行政行為，不適用本法之程序規定：
一 各級民意機關。
二 司法機關。
三 監察機關。

③下列事項，不適用本法之程序規定：
一 有關外交行為、軍事行為或國家安全保障事項之行為。
二 外國人出、入境、難民認定及國籍變更之行為。
三 刑事案件犯罪偵查程序。
四 犯罪矯正機關或其他收容處所為達成收容目的所為之行為。

五　有關私權爭執之行政裁決程序。

六　學校或其他教育機構為達成教育目的之內部程序。

七　對公務員所為之人事行政行為。

八　考試院有關考選命題及評分之行為。

第四條

行政行為應受法律及一般法律原則之拘束。

第五條

行政行為之內容應明確。

第六條

行政行為，非有正當理由，不得為差別待遇。

第七條

行政行為，應依下列原則為之：

一　採取之方法應有助於目的之達成。

二　有多種同樣能達成目的之方法時，應選擇對人民權益損害最少者。

三　採取之方法所造成之損害不得與欲達成目的之利益顯失均衡。

第八條

行政行為，應以誠實信用之方法為之，並應保護人民正當合理之信賴。

第九條

行政機關就該管行政程序，應於當事人有利及不利之情形，一律注意。

第一○條

行政機關行使裁量權，不得逾越法定之裁量範圍，並應符合法規授權之目的。

第二節　管　轄

第一一條

①行政機關之管轄權，依其組織法規或其他行政法規定之。

②行政機關之組織法規變更管轄權之規定，而相關行政法規所定管轄機關尚未一併修正時，原管轄機關得會同組織法規變更後之管轄機關公告或逕由其共同上級機關公告變更管轄之事項。

③行政機關經裁併者，前項公告得僅由組織法規變更後之管轄機關為之。

④前二項公告事項，自公告之日起算至第三日起發生移轉管轄權之效力。但公告特定有生效日期者，依其規定。

⑤管轄權非依法規不得設定或變更。

第一二條

不能依前條第一項定土地管轄權者，依下列各款順序定之：

一　關於不動產之事件，依不動產之所在地。

二　關於企業之經營或其他繼續性事業之事件，依經營企業或從

事事業之處所，或應經營或應從事之處所。

三 其他事件，關於自然人者，依其住所地，無住所或住所不明者，依其居所地，無居所或居所不明者，依其最後所在地。關於法人或團體者，依其主事務所或會址所在地。

四 不能依前三款之規定定其管轄權或有急迫情形者，依事件發生之原因定之。

第一三條

①同一事件，數行政機關依前二條之規定均有管轄權者，由受理在先之機關管轄，不能分別受理之先後者，由各該機關協議定之，不能協議或有統一管轄之必要時，由其共同上級機關指定管轄。無共同上級機關時，由各該上級機關協議定之。

②前項機關於必要之情形時，應為必要之職務行為，並即通知其他機關。

第一四條

①數行政機關於管轄權有爭議時，由其共同上級機關決定之，無共同上級機關時，由各該上級機關協議定之。

②前項情形，人民就其依法規申請之事件，得向共同上級機關申請指定管轄，無共同上級機關者，得向各該上級機關之一為之。受理申請之機關應自請求到達之日起十日內決定之。

③在前二項情形未經決定前，如有導致國家或人民難以回復之重大損害之虞時，該管轄權爭議之一方，應依當事人申請或依職權為緊急之臨時處置，並應層報共同上級機關及通知他方。

④人民對行政機關依本條所為指定管轄之決定，不得聲明不服。

第一五條

①行政機關得依法規將其權限之一部分，委任所屬下級機關執行之。

②行政機關因業務上之需要，得依法規將其權限之一部分，委託不相隸屬之行政機關執行之。

③前二項情形，應將委任或委託事項及法規依據公告之，並刊登政府公報或新聞紙。

第一六條

①行政機關得依法規將其權限之一部分，委託民間團體或個人辦理。

②前項情形，應將委託事項及法規依據公告之，並刊登政府公報或新聞紙。

③第一項委託所需費用，除另有約定外，由行政機關支付之。

第一七條

①行政機關對事件管轄權之有無，應依職權調查；其認無管轄權者，應即移送有管轄權之機關，並通知當事人。

②人民於法定期間內提出申請，依前項規定移送有管轄權之機關者，視同已在法定期間內向有管轄權之機關提出申請。

第一八條

行政機關因法規或事實之變更而喪失管轄權時，應將案件移送有管轄權之機關，並通知當事人。但經當事人及有管轄權機關之同意，亦得由原管轄權機關繼續處理該案件。

第一九條

① 行政機關為發揮共同一體之行政機能，應於其權限範圍內互相協助。

② 行政機關執行職務時，有下列情形之一者，得向無隸屬關係之其他機關請求協助：

一 因法律上之原因，不能獨自執行職務者。

二 因人員、設備不足等事實上之原因，不能獨自執行職務者。

三 執行職務所必要認定之事實，不能獨自調查者。

四 執行職務所必要之文書或其他資料，為被請求機關所持有者。

五 由被請求機關協助執行，顯較經濟者。

六 其他職務上有正當理由須請求協助者。

③ 前項請求，除緊急情形外，應以書面為之。

④ 被請求機關於有下列情形之一者，應拒絕之：

一 協助之行為，非其權限範圍或依法不得為之者。

二 如提供協助，將嚴重妨害其自身職務之執行者。

⑤ 被請求機關認有正當理由不能協助者，得拒絕之。

⑥ 被請求機關認為無提供行政協助之義務或有拒絕之事由時，應將其理由通知請求協助機關。請求協助機關對此有異議時，由其共同上級機關決定之，無共同上級機關時，由被請求機關之上級機關決定之。

⑦ 被請求機關得向請求協助機關要求負擔行政協助所需費用。其負擔金額及支付方式，由請求協助機關及被請求機關以協議定之；協議不成時，由其共同上級機關定之。

第三節　當事人

第二○條

本法所稱之當事人如下：

一 申請人及申請之相對人。

二 行政機關所為行政處分之相對人。

三 與行政機關締結行政契約之相對人。

四 行政機關實施行政指導之相對人。

五 對行政機關陳情之人。

六 其他依本法規定參加行政程序之人。

第二一條

有行政程序之當事人能力者如下：

一 自然人。

二 法人。

三 非法人之團體設有代表人或管理人者。

四　行政機關。

五　其他依法律規定得為權利義務之主體者。

第二二條

①有行政程序之行為能力者如下：

一　依民法規定，有行為能力之自然人。

二　法人。

三　非法人之團體由其代表人或管理人為行政程序行為者。

四　行政機關由首長或其代理人、授權之人為行政程序行為者。

五　依其他法律規定者。

②無行政程序行為能力者，應由其法定代理人代為行政程序行為。

③外國人依其本國法律無行政程序之行為能力，而依中華民國法律有行政程序之行為能力者，視為有行政程序之行為能力。

第二三條

因程序之進行將影響第三人之權利或法律上利益者，行政機關得依職權或依申請，通知其參加為當事人。

第二四條

①當事人得委任代理人。但依法規或行政程序之性質不得授權者，不得為之。

②每一當事人委任之代理人，不得逾三人。

③代理權之授與，及於該行政程序有關之全部程序行為。但申請之撤回，非受特別授權，不得為之。

④行政程序代理人應於最初為行政程序行為時，提出委任書。

⑤代理權授與之撤回，經通知行政機關後，始對行政機關發生效力。

第二五條

①代理人有二人以上者，均得單獨代理當事人。

②違反前項規定而為委任者，其代理人仍得單獨代理。

③代理人經本人同意得委任他人為複代理人。

第二六條

代理權不因本人死亡或其行政程序行為能力喪失而消滅。法定代理有變更或行政機關經裁併或變更者，亦同。

第二七條

①多數有共同利益之當事人，未共同委任代理人者，得選定其中一人至五人為全體為行政程序行為。

②未選定當事人，而行政機關認有礙程序之正常進行者，得定相當期限命其選定；逾期未選定者，得依職權指定之。

③經選定或指定為當事人者，非有正當理由不得辭退。

④經選定或指定當事人者，僅由該當事人為行政程序行為，其他當事人脫離行政程序。但申請之撤回、權利之拋棄或義務之負擔，非經全體有共同利益之人同意，不得為之。

第二八條

選定或指定當事人有二人以上時，均得單獨為全體為行政程序行

爲。

第二九條

① 多數有共同利益之當事人於選定或經指定當事人後，仍得更換或增減之。

② 行政機關對於其指定之當事人，爲共同利益人之權益，必要時，得更換或增減之。

③ 依前二項規定喪失資格者，其他被選定或指定之人得爲全體爲行政程序行爲。

第三〇條

① 當事人之選定、更換或增減，非以書面通知行政機關不生效力。

② 行政機關指定、更換或增減當事人者，非以書面通知全體有共同利益之當事人，不生效力。但通知顯有困難者，得以公告代之。

第三一條

① 當事人或代理人經行政機關之許可，得偕同輔佐人到場。

② 行政機關認爲必要時，得命當事人或代理人偕同輔佐人到場。

③ 前二項之輔佐人，行政機關認爲不適當時，得撤銷其許可或禁止其陳述。

④ 輔佐人所爲之陳述，當事人或代理人未立即提出異議者，視爲其所自爲。

第四節　迴　避

第三二條

公務員在行政程序中，有下列各款情形之一者，應自行迴避：

一　本人或其配偶、前配偶、四親等內之血親或三親等內之姻親或曾有此關係者爲事件之當事人時。

二　本人或其配偶、前配偶，就該事件與當事人有共同權利人或共同義務人之關係者。

三　現爲或曾爲該事件當事人之代理人、輔佐人者。

四　於該事件，曾爲證人、鑑定人者。

第三三條

① 公務員有下列各款情形之一者，當事人得申請迴避：

一　有前條所定之情形而不自行迴避者。

二　有具體事實，足認其執行職務有偏頗之虞者。

② 前項申請，應舉其原因及事實，向該公務員所屬機關爲之，並應爲適當之釋明；被申請迴避之公務員，對於該申請得提出意見書。

③ 不服行政機關之駁回決定者，得於五日內提請上級機關覆決，受理機關除有正當理由外，應於十日內爲適當之處置。

④ 被申請迴避之公務員在其所屬機關就該申請事件爲准許或駁回之決定前，應停止行政程序。但有急迫情形，仍應爲必要處置。

⑤ 公務員有前條所定情形不自行迴避，而未經當事人申請迴避者，應由該公務員所屬機關依職權命其迴避。

第五節　程序之開始

第三四條

行政程序之開始，由行政機關依職權定之。但依本法或其他法規之規定有開始行政程序之義務，或當事人已依法規之規定提出申請者，不在此限。

第三五條

當事人依法向行政機關提出申請者，除法規另有規定外，得以書面或言詞爲之。以言詞爲申請者，受理之行政機關應作成紀錄，經向申請人朗讀或使閱覽，確認其內容無誤後由其簽名或蓋章。

第六節　調查事實及證據

第三六條

行政機關應依職權調查證據，不受當事人主張之拘束，對當事人有利及不利事項一律注意。

第三七條

當事人於行政程序中，除自行提出證據外，亦得向行政機關申請調查事實及證據。但行政機關認爲無調查之必要者，得不爲調查，並於第四十三條之理由中敘明之。

第三八條

行政機關調查事實及證據，必要時得據實製作書面紀錄。

第三九條

行政機關基於調查事實及證據之必要，得以書面通知相關之人陳述意見。通知書中應記載詢問目的、時間、地點、得否委託他人到場及不到場所生之效果。

第四〇條

行政機關基於調查事實及證據之必要，得要求當事人或第三人提供必要之文書、資料或物品。

第四一條

①行政機關得選定適當之人爲鑑定。

②以書面爲鑑定者，必要時，得通知鑑定人到場說明。

第四二條

①行政機關爲瞭解事實真相，得實施勘驗。

②勘驗時應通知當事人到場。但不能通知者，不在此限。

第四三條

行政機關爲處分或其他行政行爲，應斟酌全部陳述與調查事實及證據之結果，依論理及經驗法則判斷事實之真偽，並將其決定及理由告知當事人。

第七節　資訊公開

第四四條（刪除）

第四五條（刪除）

第四六條

①當事人或利害關係人得向行政機關申請閱覽、抄寫、複印或攝影有關資料或卷宗。但以主張或維護其法律上利益有必要者為限。

②行政機關對前項之申請，除有下列情形之一外，不得拒絕：

一 行政決定前之擬稿或其他準備作業文件。

二 涉及國防、軍事、外交及一般公務機密，依法規規定有保密之必要者。

三 涉及個人隱私、職業秘密、營業秘密，依法規規定有保密之必要者。

四 有侵害第三人權利之虞者。

五 有嚴重妨礙有關社會治安、公共安全或其他公共利益之職務正常進行之虞者。

③前項第二款及第三款無保密必要之部分，仍應准許閱覽。

④當事人就第一項資料或卷宗內容關於自身之記載有錯誤者，得檢具事實證明，請求相關機關更正。

第四七條

①公務員在行政程序中，除基於職務上之必要外，不得與當事人或代表其利益之人為行政程序外之接觸。

②公務員與當事人或代表其利益之人為行政程序外之接觸時，應將所有往來之書面文件附卷，並對其他當事人公開。

③前項接觸非以書面為之者，應作成書面紀錄，載明接觸對象、時間、地點及內容。

第八節 期日與期間

第四八條

①期間以時計算者，即時起算。

②期間以日、星期、月或年計算者，其始日不計算在內。但法律規定即日起算者，不在此限。

③期間不以星期、月或年之始日起算者，以最後之星期、月或年與起算日相當日之前一日為期間之末日。但以月或年定期間，而於最後之月無相當日者，以其月之末日為期間之末日。

④期間之末日為星期日、國定假日或其他休息日者，以該日之次日為期間之末日；期間之末日為星期六者，以其次星期一上午為期間末日。

⑤期間涉及人民之處罰或其他不利行政處分者，其始日不計時刻以一日論；其末日為星期日、國定假日或其他休息日者，照計。但依第二項、第四項規定計算，對人民有利者，不在此限。

第四九條

基於法規之申請，以掛號郵寄方式向行政機關提出者，以交郵當日之郵戳為準。

第五〇條

①因天災或其他不應歸責於申請人之事由，致基於法規之申請不能於法定期間內提出者，得於其原因消滅後十日內，申請回復

原狀。如該法定期間少於十日者，於相等之日數內得申請回復原狀。

②申請回復原狀，應同時補行期間內應為之行政程序行為。

③遲誤法定期間已逾一年者，不得申請回復原狀。

第五一條

①行政機關對於人民依法規之申請，除法規另有規定外，應按各事項類別，訂定處理期間公告之。

②未依前項規定訂定處理期間者，其處理期間為二個月。

③行政機關未能於前二項所定期間內處理終結者，得於原處理期間之限度內延長之，但以一次為限。

④前項情形，應於原處理期間屆滿前，將延長之事由通知申請人。

⑤行政機關因天災或其他不可歸責之事由，致事務之處理遭受阻礙時，於該項事由終止前，停止處理期間之進行。

第九節 費 用

第五二條

①行政程序所生之費用，由行政機關負擔。但專為當事人或利害關係人利益所支出之費用，不在此限。

②因可歸責於當事人或利害關係人之事由，致程序有顯著之延滯者，其因延滯所生之費用，由其負擔。

第五三條

①證人或鑑定人得向行政機關請求法定之日費及旅費，鑑定人並得請求相當之報酬。

②前項費用及報酬，得請求行政機關預行酌給之。

③第一項費用，除法規另有規定外，其標準由行政院定之。

第十節 聽證程序

第五四條

依本法或其他法規舉行聽證時，適用本節規定。

第五五條

①行政機關舉行聽證前，應以書面記載下列事項，並通知當事人及其他已知之利害關係人，必要時並公告之：

一 聽證之事由與依據。

二 當事人之姓名或名稱及其住居所、事務所或營業所。

三 聽證之期日及場所。

四 聽證之主要程序。

五 當事人得選任代理人。

六 當事人依第六十一條所得享有之權利。

七 擬進行預備程序者，預備聽證之期日及場所。

八 缺席聽證之處理。

九 聽證之機關。

②依法規之規定，舉行聽證應預先公告者，行政機關應將前項所列

各款事項，登載於政府公報或以其他適當方法公告之。

③聽證期日及場所之決定，應視事件之性質，預留相當期間，便利當事人或其代理人參與。

第五六條

①行政機關得依職權或當事人之申請，變更聽證期日或場所，但以有正當理由爲限。

②行政機關爲前項之變更者，應依前條規定通知並公告。

第五七條

聽證，由行政機關首長或其指定人員爲主持人，必要時得由律師、相關專業人員或其他熟諳法令之人員在場協助之。

第五八條

①行政機關爲使聽證順利進行，認爲必要時，得於聽證期日前，舉行預備聽證。

②預備聽證得爲下列事項：

一　議定聽證程序之進行。

二　釐清爭點。

三　提出有關文書及證據。

四　變更聽證之期日、場所與主持人。

③預備聽證之進行，應作成紀錄。

第五九條

①聽證，除法律另有規定外，應公開以言詞爲之。

②有下列各款情形之一者，主持人得依職權或當事人之申請，決定全部或一部不公開：

一　公開顯然有違背公益之虞者。

二　公開對當事人利益有造成重大損害之虞者。

第六〇條

①聽證以主持人說明案由爲始。

②聽證開始時，由主持人或其指定之人說明事件之內容要旨。

第六一條

當事人於聽證時，得陳述意見、提出證據，經主持人同意後並得對機關指定之人員、證人、鑑定人、其他當事人或其代理人發問。

第六二條

①主持人應本中立公正之立場，主持聽證。

②主持人於聽證時，得行使下列職權：

一　就事實或法律問題，詢問當事人、其他到場人，或促其提出證據。

二　依職權或當事人之申請，委託相關機關爲必要之調查。

三　通知證人或鑑定人到場。

四　依職權或申請，通知或允許利害關係人參加聽證。

五　許可當事人及其他到場人之發問或發言。

六　爲避免延滯程序之進行，禁止當事人或其他到場之人發言；

有妨礙聽證程序而情節重大者，並得命其退場。

七　當事人一部或全部無故缺席者，逕行開始、延期或終結聽證。

八　當事人曾於預備聽證中提出有關文書者，得以其所載內容視為陳述。

九　認為有必要時，於聽證期日結束前，決定繼續聽證之期日及場所。

十　如遇天災或其他事故不能聽證時，得依職權或當事人之申請，中止聽證。

十一　採取其他為順利進行聽證所必要之措施。

③主持人依前項第九款決定繼續聽證之期日及場所者，應通知未到場之當事人及已知之利害關係人。

第六三條

①當事人認為主持人於聽證程序進行中所為之處置違法或不當者，得即時聲明異議。

②主持人認為異議有理由者，應即撤銷原處置，認為無理由者，應即駁回異議。

第六四條

①聽證，應作成聽證紀錄。

②前項紀錄，應載明到場人所為陳述或發問之要旨及其提出之文書、證據，並記明當事人於聽證程序進行中聲明異議之事由及主持人對異議之處理。

③聽證紀錄，得以錄音、錄影輔助之。

④聽證紀錄當場製作完成者，由陳述或發問人簽名或蓋章；未當場製作完成者，由主持人指定日期、場所供陳述或發問人閱覽，並由其簽名或蓋章。

⑤前項情形，陳述或發問人拒絕簽名、蓋章或未於指定日期、場所閱覽者，應記明其事由。

⑥陳述或發問人對聽證紀錄之記載有異議者，得即時提出。主持人認異議有理由者，應予更正或補充；無理由者，應記明其異議。

第六五條

主持人認當事人意見業經充分陳述，而事件已達可為決定之程度者，應即終結聽證。

第六六條

聽證終結後，決定作成前，行政機關認為必要時，得再為聽證。

第十一節　送　達

第六七條

送達，除法規另有規定外，由行政機關依職權為之。

第六八條

①送達由行政機關自行或交由郵政機關送達。

②行政機關之文書依法規以電報交換、電傳文件、傳真或其他電子

文件行之者，視爲自行送達。

③由郵政機關送達者，以一般郵遞方式爲之。但文書內容對人民權利義務有重大影響者，應爲掛號。

④文書由行政機關自行送達者，以承辦人員或辦理送達事務人員爲送達人；其交郵政機關送達者，以郵務人員爲送達人。

⑤前項郵政機關之送達準用依民事訴訟法施行法第三條訂定之郵政機關送達訴訟文書實施辦法。

第六九條

①對於無行政程序之行爲能力人爲送達者，應向其法定代理人爲之。

②對於機關、法人或非法人之團體爲送達者，應向其代表人或管理人爲之。

③法定代理人、代表人或管理人有二人以上者，送達得僅向其中之一人爲之。

④無行政程序之行爲能力人爲行政程序之行爲，未向行政機關陳明其法定代理人者，於補正前，行政機關得向該無行爲能力人爲送達。

第七〇條

①對於在中華民國有事務所或營業所之外國法人或團體爲送達者，應向其在中華民國之代表人或管理人爲之。

②前條第三項規定，於前項送達準用之。

第七一條

行政程序之代理人受送達之權限未受限制者，送達應向該代理人爲之。但行政機關認爲必要時，得送達於當事人本人。

第七二條

①送達，於應受送達人之住居所、事務所或營業所爲之。但在行政機關辦公處所或他處會晤應受送達人時，得於會晤處所爲之。

②對於機關、法人、非法人之團體之代表人或管理人爲送達者，應向其機關所在地、事務所或營業所行之。但必要時亦得於會晤之處所或其住居所行之。

③應受送達人有就業處所者，亦得向該處所爲送達。

第七三條

①於應送達處所不獲會晤應受送達人時，得將文書付與有辨別事理能力之同居人、受雇人或應送達處所之接收郵件人員。

②前項規定於前項人員與應受送達人在該行政程序上利害關係相反者，不適用之。

③應受送達人或其同居人、受雇人、接收郵件人員無正當理由拒絕收領文書時，得將文書留置於應送達處所，以爲送達。

第七四條

①送達，不能依前二條規定爲之者，得將文書寄存送達地之地方自治或警察機關，並作送達通知書兩份，一份黏貼於應受送達人住居所、事務所、營業所或其就業處所門首，另一份交由鄰居轉交

或置於該送達處所信箱或其他適當位置，以爲送達。

②前項情形，由郵政機關爲送達者，得將文書寄存於送達地之郵政機關。

③寄存機關自收受寄存文書之日起，應保存三個月。

第七五條

行政機關對於不特定人之送達，得以公告或刊登政府公報或新聞紙代替之。

第七六條

①送達人因證明之必要，得製作送達證書，記載下列事項並簽名：

一　交送達之機關。

二　應受送達人。

三　應送達文書之名稱。

四　送達處所、日期及時間。

五　送達方法。

②除電子傳達方式之送達外，送達證書應由收領人簽名或蓋章；如拒絕或不能簽名或蓋章者，送達人應記明其事由。

③送達證書，應提出於行政機關附卷。

第七七條

送達係由當事人向行政機關申請對第三人爲之者，行政機關應將已爲送達或不能送達之事由，通知當事人。

第七八條

①對於當事人之送達，有下列各款情形之一者，行政機關得依申請，准爲公示送達：

一　應爲送達之處所不明者。

二　於有治外法權人之住居所或事務所爲送達而無效者。

三　於外國或境外爲送達，不能依第八十六條之規定辦理或預知雖依該規定辦理而無效者。

②有前項所列各款之情形而無人爲公示送達之申請者，行政機關爲避免行政程序遲延，認爲有必要時，得依職權爲公示送達。

③當事人變更其送達之處所而不向行政機關陳明，致有第一項之情形者，行政機關得依職權命爲公示送達。

第七九條

依前條規定爲公示送達後，對於同一當事人仍應爲公示送達者，依職權爲之。

第八○條

公示送達應由行政機關保管送達之文書，而於行政機關公告欄黏貼公告，告知應受送達人得隨時領取；並得由行政機關將文書或其節本刊登政府公報或新聞紙。

第八一條

公示送達自前條公告之日起，其刊登政府公報或新聞紙者，自最後刊登之日起，經二十日發生效力；於依第七十八條第一項第三款爲公示送達者，經六十日發生效力。但第七十九條之公示送

達，自黏貼公告欄翌日起發生效力。

第八二條

為公示送達者，行政機關應製作記載該事由及年、月、日、時之
證書附卷。

第八三條

①當事人或代理人經指定送達代收人，向行政機關陳明者，應向該
代收人為送達。

②郵寄方式向行政機關提出者，以交郵地無住居所、事務所及營業
所者，行政機關得命其於一定期間內，指定送達代收人。

③如不於前項期間指定送達代收人並陳明者，行政機關得將應送達
之文書，註明該當事人或代理人之住居所、事務所或營業所，交
付郵政機關掛號發送，並以交付文書時，視為送達時。

第八十四條

送達，除第六十八條第一項規定交付郵政機關或依第二項之規定
辦理者外，不得於星期日或其他休息日或日出前、日沒後為之。
但應受送達人不拒絕收領者，不在此限。

第八五條

不能為送達者，送達人應製作記載該事由之報告書，提出於行政
機關附卷，並繳回應送達之文書。

第八六條

①於外國或境外為送達者，應囑託該國管轄機關或駐在該國之中華
民國使領館或其他機構、團體為之。

②不能依前項規定為送達者，得將應送達之文書交郵政機關以雙掛
號發送，以為送達，並將掛號回執附卷。

第八七條

對於駐在外國之中華民國大使、公使、領事或其他駐外人員為送
達者，應囑託外交部為之。

第八八條

對於在軍隊或軍艦服役之軍人為送達者，應囑託該管軍事機關或
長官為之。

第八九條

對於在監所人為送達者，應囑託該監所長官為之。

第九〇條

於有治外法權人之住居所或事務所為送達者，得囑託外交部為
之。

第九一條

受囑託之機關或公務員，經通知已為送達或不能為送達者，行政
機關應將通知書附卷。

第二章　行政處分

第一節　行政處分之成立

第九二條

① 本法所稱行政處分，係指行政機關就公法上具體事件所為之決定或其他公權力措施而對外直接發生法律效果之單方行政行為。

② 前項決定或措施之相對人雖非特定，而依一般性特徵可得確定其範圍者，為一般處分，適用本法有關行政處分之規定。有關公物之設定、變更、廢止或其一般使用者，亦同。

第九三條

① 行政機關作成行政處分有裁量權時，得為附款。無裁量權者，以法律有明文規定或為確保行政處分法定要件之履行而以該要件為附款內容者為限，始得為之。

② 前項所稱之附款如下：

一　期限。

二　條件。

三　負擔。

四　保留行政處分之廢止權。

五　保留負擔之事後附加或變更。

第九四條

前條之附款不得違背行政處分之目的，並應與該處分之目的具有正當合理之關聯。

第九五條

① 行政處分除法規另有要式之規定者外，得以書面、言詞或其他方式為之。

② 以書面以外方式所為之行政處分，其相對人或利害關係人有正當理由要求作成書面時，處分機關不得拒絕。

第九六條

① 行政處分以書面為之者，應記載下列事項：

一　處分相對人之姓名、出生年月日、性別、身分證統一號碼、住居所或其他足資辨別之特徵；如係法人或其他設有管理人或代表人之團體，其名稱、事務所或營業所，及管理人或代表人之姓名、出生年月日、性別、身分證統一號碼、住居所。

二　主旨、事實、理由及其法令依據。

三　有附款者，附款之內容。

四　處分機關及其首長署名、蓋章，該機關有代理人或受任人者，須同時於其下簽名。但以自動機器作成之大量行政處分，得不經署名，以蓋章為之。

五　發文字號及年、月、日。

六　表明其為行政處分之意旨及不服行政處分之救濟方法、期間及其受理機關。

② 前項規定於依前條第二項作成之書面，準用之。

第九七條

書面之行政處分有下列各款情形之一者，得不記明理由：

一　未限制人民之權益者。

二　處分相對人或利害關係人無待處分機關之說明已知悉或可知悉作成處分之理由者。

三　大量作成之同種類行政處分或以自動機器作成之行政處分依其狀況無須說明理由者。

四　一般處分經公告或刊登政府公報或新聞紙者。

五　有關專門知識、技能或資格所爲之考試、檢定或鑑定等程序。

六　依法律規定無須記明理由者。

第九八條

①處分機關告知之救濟期間有錯誤時，應由該機關以通知更正之，並自通知送達之翌日起算法定期間。

②處分機關告知之救濟期間較法定期間爲長者，處分機關雖以通知更正，如相對人或利害關係人信賴原告知之救濟期間，致無法於法定期間內提起救濟，而於原告知之期間內爲之者，視爲於法定期間內所爲。

③處分機關未告知救濟期間或告知錯誤未爲更正，致相對人或利害關係人遲誤者，如自處分書送達後一年內聲明不服時，視爲於法定期間內所爲。

第九九條

①對於行政處分聲明不服，因處分機關未爲告知或告知錯誤致向無管轄權之機關爲之者，該機關應於十日內移送有管轄權之機關，並通知當事人。

②前項情形，視爲自始向有管轄權之機關聲明不服。

第一〇〇條

①書面之行政處分，應送達相對人及已知之利害關係人；書面以外之行政處分，應以其他適當方法通知或使其知悉。

②一般處分之送達，得以公告或刊登政府公報或新聞紙代替之。

第一〇一條

①行政處分如有誤寫、誤算或其他類此之顯然錯誤者，處分機關得隨時或依申請更正之。

②前項更正，附記於原處分書及其正本，如不能附記者，應製作更正書，以書面通知相對人及已知之利害關係人。

第二節　陳述意見及聽證

第一〇二條

行政機關作成限制或剝奪人民自由或權利之行政處分前，除已依第三十九條規定，通知處分相對人陳述意見，或決定舉行聽證者外，應給予該處分相對人陳述意見之機會。但法規另有規定者，從其規定。

第一〇三條

有下列各款情形之一者，行政機關得不給予陳述意見之機會：

一 大量作成同種類之處分。

二 情況急迫，如予陳述意見之機會，顯然違背公益者。

三 受法定期間之限制，如予陳述意見之機會，顯然不能遵行者。

四 行政強制執行時所採取之各種處置。

五 行政處分所根據之事實，客觀上明白足以確認者。

六 限制自由或權利之內容及程度，顯屬輕微，而無事先聽取相對人意見之必要者。

七 相對人於提起訴願前依法律應向行政機關聲請再審查、異議、復查、重審或其他先行程序者。

八 為避免處分相對人隱匿、移轉財產或潛逃出境，依法律所為保全或限制出境之處分。

第一○四條

①行政機關依第一百零二條給予相對人陳述意見之機會時，應以書面記載下列事項通知相對人，必要時並公告之：

一 相對人及其住居所、事務所或營業所。

二 將為限制或剝奪自由或權利行政處分之原因事實及法規依據。

三 得依第一百零五條提出陳述書之意旨。

四 提出陳述書之期限及不提出之效果。

五 其他必要事項。

②前項情形，行政機關得以言詞通知相對人，並作成紀錄，向相對人朗讀或使閱覽後簽名或蓋章；其拒絕簽名或蓋章者，應記明其事由。

第一○五條

①行政處分之相對人依前條規定提出之陳述書，應為事實上及法律上陳述。

②利害關係人亦得提出陳述書，為事實上及法律上陳述，但應釋明其利害關係之所在。

③不於期間內提出陳述書者，視為放棄陳述之機會。

第一○六條

①行政處分之相對人或利害關係人得於第一百零四條第一項第四款所定期限內，以言詞向行政機關陳述意見代替陳述書之提出。

②以言詞陳述意見者，行政機關應作成紀錄，經向陳述人朗讀或使閱覽確認其內容無誤後，由陳述人簽名或蓋章；其拒絕簽名或蓋章者，應記明其事由。陳述人對紀錄有異議者，應更正之。

第一○七條

行政機關遇有下列各款情形之一者，舉行聽證：

一 法規明文規定應舉行聽證者。

二 行政機關認為有舉行聽證之必要者。

第一○八條

①行政機關作成經聽證之行政處分時，除依第四十三條之規定外，

並應斟酌全部聽證之結果。但法規明定應依聽證紀錄作成處分者，從其規定。

②前項行政處分應以書面為之，並通知當事人。

第一○九條

不服依前條作成之行政處分者，其行政救濟程序，免除訴願及其先行程序。

第三節　行政處分之效力

第一一○條

①書面之行政處分自送達相對人及已知之利害關係人起；書面以外之行政處分自以其他適當方法通知或使其知悉時起，依送達、通知或使知悉之內容對其發生效力。

②一般處分自公告日或刊登政府公報、新聞紙最後登載日起發生效力。但處分另訂不同日期者，從其規定。

③行政處分未經撤銷、廢止，或未因其他事由而失效者，其效力繼續存在。

④無效之行政處分自始不生效力。

第一一一條

行政處分有下列各款情形之一者，無效：

一　不能由書面處分中得知處分機關者。

二　應以證書方式作成而未給予證書者。

三　內容對任何人均屬不能實現者。

四　所要求或許可之行為構成犯罪者。

五　內容違背公共秩序、善良風俗者。

六　未經授權而違背法規有關專屬管轄之規定或缺乏事務權限者。

七　其他具有重大明顯之瑕疵者。

第一一二條

行政處分一部分無效者，其他部分仍為有效。但除去該無效部分，行政處分不能成立者，全部無效。

第一一三條

①行政處分之無效，行政機關得依職權確認之。

②行政處分之相對人或利害關係人有正當理由請求確認行政處分無效時，處分機關應確認其為有效或無效。

第一一四條

①違反程序或方式規定之行政處分，除依第一百十一條規定而無效者外，因下列情形而補正：

一　須經申請始得作成之行政處分，當事人已於事後提出者。

二　必須記明之理由已於事後記明者。

三　應給予當事人陳述意見之機會已於事後給予者。

四　應參與行政處分作成之委員會已於事後作成決議者。

五　應參與行政處分作成之其他機關已於事後參與者。

②前項第二款至第五款之補正行為，僅得於訴願程序終結前為之；得不經訴願程序者，僅得於向行政法院起訴前為之。

③當事人因補正行為致未能於法定期間內聲明不服者，其期間之遲誤視為不應歸責於該當事人之事由，其回復原狀期間自該瑕疵補正時起算。

第一一五條

行政處分違反土地管轄之規定者，除依第一百十一條第六款規定而無效者外，有管轄權之機關如就該事件仍應為相同之處分時，原處分無須撤銷。

第一一六條

①行政機關得將違法行政處分轉換為與原處分具有相同實質及程序要件之其他行政處分。但有下列各款情形之一者，不得轉換：

一 違法行政處分，依第一百十七條但書規定，不得撤銷者。

二 轉換不符作成原行政處分之目的者。

三 轉換法律效果對當事人更為不利者。

②羈束處分不得轉換為裁量處分。

③行政機關於轉換前應給予當事人陳述意見之機會。但有第一百零三條之事由者，不在此限。

第一一七條

違法行政處分於法定救濟期間經過後，原處分機關得依職權為全部或一部之撤銷；其上級機關，亦得為之。但有下列各款情形之一者，不得撤銷：

一 撤銷對公益有重大危害者。

二 受益人無第一百十九條所列信賴不值得保護之情形，而信賴授予利益之行政處分，其信賴利益顯然大於撤銷所欲維護之公益者。

第一一八條

違法行政處分經撤銷後，溯及既往失其效力。但為維護公益或為避免受益人財產上之損失，為撤銷之機關得另定失其效力之日期。

第一一九條

受益人有下列各款情形之一者，其信賴不值得保護：

一 以詐欺、脅迫或賄賂方法，使行政機關作成行政處分者。

二 對重要事項提供不正確資料或為不完全陳述，致使行政機關依該資料或陳述而作成行政處分者。

三 明知行政處分違法或因重大過失而不知者。

第一二〇條

①授予利益之違法行政處分經撤銷後，如受益人無前條所列信賴不值得保護之情形，其因信賴該處分致遭受財產上之損失者，為撤銷之機關應給予合理之補償。

②前項補償額度不得超過受益人因該處分存續可得之利益。

③關於補償之爭議及補償之金額，相對人有不服者，得向行政法院

提起給付訴訟。

第一二一條

①第一百十七條之撤銷權，應自原處分機關或其上級機關知有撤銷原因時起二年內為之。

②前條之補償請求權，自行政機關告知其事由時起，因二年間不行使而消滅；自處分撤銷時起逾五年者，亦同。

第一二二條

非授予利益之合法行政處分，得由原處分機關依職權為全部或一部之廢止。但廢止後仍應為同一內容之處分或依法不得廢止者，不在此限。

第一二三條

授予利益之合法行政處分，有下列各款情形之一者，得由原處分機關依職權為全部或一部之廢止：

一　法規准許廢止者。

二　原處分機關保留行政處分之廢止權者。

三　附負擔之行政處分，受益人未履行該負擔者。

四　行政處分所依據之法規或事實事後發生變更，致不廢止該處分對公益將有危害者。

五　其他為防止或除去對公益之重大危害者。

第一二四條

前條之廢止，應自廢止原因發生後二年內為之。

第一二五條

合法行政處分經廢止後，自廢止時或自廢止機關所指定較後之日時起，失其效力。但受益人未履行負擔致行政處分受廢止者，得溯及既往失其效力。

第一二六條

①原處分機關依第一百二十三條第四款、第五款規定廢止授予利益之合法行政處分者，對受益人因信賴該處分致遭受財產上之損失，應給予合理之補償。

②第一百二十條第二項、第三項及第一百二十一條第二項之規定，於前項補償準用之。

第一二七條

①授予利益之行政處分，其內容係提供一次或連續之金錢或可分物之給付者，經撤銷、廢止或條件成就而有溯及既往失效之情形時，受益人應返還因該處分所受領之給付。其行政處分經確認無效者，亦同。

②前項返還範圍準用民法有關不當得利之規定。

③行政機關依前二項規定請求返還時，應以書面行政處分確認返還範圍，並限期命受益人返還之。

④前項行政處分未確定前，不得移送行政執行。

第一二八條

①行政處分於法定救濟期間經過後，具有下列各款情形之一者，相

對人或利害關係人得向行政機關申請撤銷、廢止或變更之。但相對人或利害關係人因重大過失而未能在行政程序或救濟程序中主張其事由者，不在此限：

一　具有持續效力之行政處分所依據之事實事後發生有利於相對人或利害關係人之變更者。

二　發生新事實或發現新證據者，但以如經斟酌可受較有利益之處分者為限。

三　其他具有相當於行政訴訟法所定再審事由且足以影響行政處分者。

②前項申請，應自法定救濟期間經過後三個月內為之；其事由發生在後或知悉在後者，自發生或知悉時起算。但自法定救濟期間經過後已逾五年者，不得申請。

③第一項之新證據，指處分作成前已存在或成立而未及調查斟酌，及處分作成後始存在或成立之證據。

第一二九條

行政機關認前條之申請為有理由者，應撤銷、廢止或變更原處分；認申請為無理由或雖有重新開始程序之原因，如認為原處分為正當者，應駁回之。

第一三〇條

①行政處分經撤銷或廢止確定，或因其他原因失其效力後，而有收回因該處分而發給之證書或物品之必要者，行政機關得命所有人或占有人返還之。

②前項情形，所有人或占有人得請求行政機關將該證書或物品作成註銷之標示後，再予發還。但依物之性質不能作成註銷標示，或註銷標示不能明顯而持續者，不在此限。

第一三一條

①公法上之請求權，於請求權人為行政機關時，除法律另有規定外，因五年間不行使而消滅；於請求權人為人民時，除法律另有規定外，因十年間不行使而消滅。

②公法上請求權，因時效完成而當然消滅。

③前項時效，因行政機關為實現該權利所作成之行政處分而中斷

第一三二條

行政處分因撤銷、廢止或其他事由而溯及既往失效時，自該處分失效時起，已中斷之時效視為不中斷。

第一三三條

因行政處分而中斷之時效，自行政處分不得訴請撤銷或因其他原因失其效力後，重行起算。

第一三四條

因行政處分而中斷時效之請求權，於行政處分不得訴請撤銷後，其原有時效期間不滿五年者，因中斷而重行起算之時效期間為五年。

第三章　行政契約

第一三五條

公法上法律關係得以契約設定、變更或消滅之。但依其性質或法規規定不得締約者，不在此限。

第一三六條

行政機關對於行政處分所依據之事實或法律關係，經依職權調查仍不能確定者，為有效達成行政目的，並解決爭執，得與人民和解，締結行政契約，以代替行政處分。

第一三七條

①行政機關與人民締結行政契約，互負給付義務者，應符合下列各款之規定：

一　契約中應約定人民給付之特定用途。

二　人民之給付有助於行政機關執行其職務。

三　人民之給付與行政機關之給付應相當，並具有正當合理之關聯。

②行政處分之作成，行政機關無裁量權時，代替行政處分之行政契約所約定之人民給付，以依第九十三條第一項規定得為附款者為限。

③第一項契約應載明人民給付之特定用途及僅供該特定用途使用之意旨。

第一三八條

行政契約當事人之一方為人民，依法應以甄選或其他競爭方式決定該當事人時，行政機關應事先公告應具之資格及決定之程序。決定前，並應予參與競爭者表示意見之機會。

第一三九條

行政契約之締結，應以書面為之。但法規另有其他方式之規定者，依其規定。

第一四〇條

①行政契約依約定內容履行將侵害第三人之權利者，應經該第三人書面之同意，始生效力。

②行政處分之作成，依法規之規定應經其他行政機關之核准、同意或會同辦理者，代替該行政處分而締結之行政契約，亦應經該行政機關之核准、同意或會同辦理，始生效力。

第一四一條

①行政契約準用民法規定之結果為無效者，無效。

②行政契約違反第一百三十五條但書或第一百三十八條之規定者，無效。

第一四二條

代替行政處分之行政契約，有下列各款情形之一者，無效：

一　與其內容相同之行政處分為無效者。

二　與其內容相同之行政處分，有得撤銷之違法原因，並為締約

雙方所明知者。

三　締結之和解契約，未符合第一百三十六條之規定者。

四　締結之雙務契約，未符合第一百三十七條之規定者。

第一四三條

行政契約之一部無效者，全部無效。但如可認爲欠缺該部分，締約雙方亦將締結契約者，其他部分仍爲有效。

第一四四條

行政契約當事人之一方爲人民者，行政機關得就相對人契約之履行，依書面約定之方式，爲必要之指導或協助。

第一四五條

①行政契約當事人之一方爲人民者，其締約後，因締約機關所屬公法人之其他機關於契約關係外行使公權力，致相對人履行契約義務時，顯增費用或受其他不可預期之損失者，相對人得向締約機關請求補償其損失。但公權力之行使與契約之履行無直接必要之關聯者，不在此限。

②締約機關應就前項請求，以書面並敘明理由決定之。

③第一項補償之請求，應自相對人知有損失時起一年內爲之。

④關於補償之爭議及補償之金額，相對人有不服者，得向行政法院提起給付訴訟。

第一四六條

①行政契約當事人之一方爲人民者，行政機關爲防止或除去對公益之重大危害，得於必要範圍內調整契約內容或終止契約。

②前項之調整或終止，非補償相對人因此所受之財產上損失，不得爲之。

③第一項之調整或終止及第二項補償之決定，應以書面敘明理由爲之。

④相對人對第一項之調整難爲履行者，得以書面敘明理由終止契約。

⑤相對人對第二項補償金額不同意時，得向行政法院提起給付訴訟。

第一四七條

①行政契約締結後，因有情事重大變更，非當時所得預料，而依原約定顯失公平者，當事人之一方得請求他方適當調整契約內容。如不能調整，得終止契約。

②前項情形，行政契約當事人之一方爲人民時，行政機關爲維護公益，得於補償相對人之損失後，命其繼續履行原約定之義務。

③第一項之請求調整或終止與第二項補償之決定，應以書面敘明理由爲之。

④相對人對第二項補償金額不同意時，得向行政法院提起給付訴訟。

第一四八條

①行政契約約定自願接受執行時，債務人不爲給付時，債權人得以

該契約爲強制執行之執行名義。

②前項約定，締約之一方爲中央行政機關時，應經主管院、部或同等級機關之認可；締約之一方爲地方自治團體之行政機關時，應經該地方自治團體行政首長之認可；契約內容涉及辦理事項者，並應經委辦機關之認可，始生效力。

③第一項強制執行，準用行政訴訟法有關強制執行之規定。

第一四九條

行政契約，本法未規定者，準用民法相關之規定。

第四章　法規命令及行政規則

第一五〇條

①本法所稱法規命令，係指行政機關基於法律授權，對多數不特定人民就一般事項所作抽象之對外發生法律效果之規定。

②法規命令之內容應明列其法律授權之依據，並不得逾越法律授權之範圍與立法精神。

第一五一條

①行政機關訂定法規命令，除關於軍事、外交或其他重大事項而涉及國家機密或安全者外，應依本法所定程序爲之。但法律另有規定者，從其規定。

②法規命令之修正、廢止、停止或恢復適用，準用訂定程序之規定。

第一五二條

①法規命令之訂定，除由行政機關自行草擬者外，並得由人民或團體提議爲之。

②前項提議，應以書面敘明法規命令訂定之目的、依據及理由，並附具相關資料。

第一五三條

受理前條提議之行政機關，應依下列情形分別處理：

一　非主管之事項，依第十七條之規定予以移送。

二　依法不得以法規命令規定之事項，附述理由通知原提議者。

三　無須訂定法規命令之事項，附述理由通知原提議者。

四　有訂定法規命令之必要者，著手研擬草案。

第一五四條

①行政機關擬訂法規命令時，除情況急迫，顯然無法事先公告周知者外，應於政府公報或新聞紙公告，載明下列事項：

一　訂定機關之名稱，其依法應由數機關會同訂定者，各該機關名稱。

二　訂定之依據。

三　草案全文或其主要內容。

四　任何人得於所定期間內向指定機關陳述意見之意旨。

②行政機關除爲前項之公告外，並得以適當之方法，將公告內容廣泛周知。

第一五五條

行政機關訂定法規命令，得依職權舉行聽證。

第一五六條

行政機關為訂定法規命令，依法舉行聽證者，應於政府公報或新聞紙公告，載明下列事項：

一 訂定機關之名稱，其依法應由數機關會同訂定者，各該機關之名稱。

二 訂定之依據。

三 草案之全文或其主要內容。

四 聽證之日期及場所。

五 聽證之主要程序。

第一五七條

①法規命令依法應經上級機關核定者，應於核定後始得發布。

②數機關會同訂定之法規命令，依法應經上級機關或共同上級機關核定者，應於核定後始得會銜發布。

③法規命令之發布，應刊登政府公報或新聞紙。

第一五八條

①法規命令，有下列情形之一者，無效：

一 牴觸憲法、法律或上級機關之命令者。

二 無法律之授權而剝奪或限制人民之自由、權利者。

三 其訂定依法應經其他機關核准，而未經核准者。

②法規命令之一部分無效者，其他部分仍為有效。但除去該無效部分，法規命令顯失規範目的者，全部無效。

第一五九條

①本法所稱行政規則，係指上級機關對下級機關，或長官對屬官，依其權限或職權為規範機關內部秩序及運作，所為非直接對外發生法規範效力之一般、抽象之規定。

②行政規則包括下列各款之規定：

一 關於機關內部之組織、事務之分配、業務處理方式、人事管理等一般性規定。

二 為協助下級機關或屬官統一解釋法令、認定事實、及行使裁量權，而訂頒之解釋性規定及裁量基準。

第一六〇條

①行政規則應下達下級機關或屬官。

②行政機關訂定前條第二項第二款之行政規則，應由其首長簽署，並登載於政府公報發布之。

第一六一條

有效下達之行政規則，具有拘束訂定機關、其下級機關及屬官之效力。

第一六二條

①行政規則得由原發布機關廢止之。

②行政規則之廢止，適用第一百六十條規定。

第五章 行政計畫

第一六三條

　　本法所稱行政計畫，係指行政機關為將來一定期限內達成特定之目的或實現一定之構想，事前就達成該目的或實現該構想有關之方法、步驟或措施等所為之設計與規劃。

第一六四條

①行政計畫有關一定地區土地之特定利用或重大公共設施之設置，涉及多數不同利益之人及多數不同行政機關權限者，確定其計畫之裁決，應經公開及聽證程序，並得有集中事權之效果。

②前項行政計畫之擬訂、確定、修訂及廢棄之程序，由行政院另定之。

第六章 行政指導

第一六五條

　　本法所稱行政指導，謂行政機關在其職權或所掌事務範圍內，為實現一定之行政目的，以輔導、協助、勸告、建議或其他不具法律上強制力之方法，促請特定人為一定作為或不作為之行為。

第一六六條

①行政機關為行政指導時，應注意有關法規規定之目的，不得濫用。

②相對人明確拒絕指導時，行政機關應即停止，並不得據此對相對人為不利之處置。

第一六七條

①行政機關對相對人為行政指導時，應明示行政指導之目的、內容、及負責指導者等事項。

②前項明示，得以書面、言詞或其他方式為之。如相對人請求交付文書時，除行政上有特別困難外，應以書面為之。

第七章 陳 情

第一六八條

　　人民對於行政興革之建議、行政法令之查詢、行政違失之舉發或行政上權益之維護，得向主管機關陳情。

第一六九條

①陳情得以書面或言詞為之；其以言詞為之者，受理機關應作成紀錄，並由陳情人朗讀或使閱覽後命其簽名或蓋章。

②陳情人對紀錄有異議者，應更正之。

第一七〇條

①行政機關對於人民之陳情，應訂定作業規定，指派人員迅速、確實處理之。

②人民之陳情有保密必要者，受理機關處理時，應不予公開。

第一七一條

① 受理機關認為人民之陳情有理由者，應採取適當之措施；認為無理由者，應通知陳情人，並說明其意旨。

② 受理機關認為陳情之重要內容不明確或有疑義者，得通知陳情人補陳之。

第一七二條

① 人民之陳情應向其他機關為之者，受理機關應告知陳情人。但受理機關認為適當時，應即移送其他機關處理，並通知陳情人。

② 陳情之事項，依法得提起訴願、訴訟或請求國家賠償者，受理機關應告知陳情人。

第一七三條

人民陳情案有下列情形之一者，得不予處理：

一　無具體之內容或未具真實姓名或住址者。

二　同一事由，經予適當處理，並已明確答覆後，而仍一再陳情者。

三　非主管陳情內容之機關，接獲陳情人以同一事由分向各機關陳情者。

第八章 附 則

第一七四條

當事人或利害關係人不服行政機關於行政程序中所為之決定或處置，僅得於對實體決定聲明不服時一併聲明之。但行政機關之決定或處置得強制執行或本法或其他法規另有規定者，不在此限。

第一七四條之一

本法施行前，行政機關依中央法規標準法第七條訂定之命令，須以法律規定或以法律明列其授權依據者，應於本法施行後二年內，以法律規定或以法律明列其授權依據後修正或訂定；逾期失效。

第一七五條

① 本法自中華民國九十年一月一日施行。

② 本法修正條文自公布日施行。

行政罰法

①民國94年2月5日總統令制定公布全文46條；並自公布後一年施行。

②民國100年11月23日總統令修正公布第26、27、32、45、46條條文；並自公布日施行。

③民國111年6月15日總統令修正公布第5條條文。

第一章　法　例

第一條

違反行政法上義務而受罰鍰、沒入或其他種類行政罰之處罰時，適用本法。但其他法律有特別規定者，從其規定。

第二條

本法所稱其他種類行政罰，指下列裁罰性之不利處分：

一　限制或禁止行為之處分：限制或停止營業、吊扣證照、命令停工或停止使用、禁止行駛、禁止出入港口、機場或特定場所、禁止製造、販賣、輸出入、禁止申請或其他限制或禁止為一定行為之處分。

二　剝奪或消滅資格、權利之處分：命令歇業、命令解散、撤銷或廢止許可或登記、吊銷證照、強制拆除或其他剝奪或消滅一定資格或權利之處分。

三　影響名譽之處分：公布姓名或名稱、公布照片或其他相類似之處分。

四　警告性處分：警告、告誡、記點、記次、講習、輔導教育或其他相類似之處分。

第三條

本法所稱行為人，係指實施違反行政法上義務行為之自然人、法人、設有代表人或管理人之非法人團體、中央或地方機關或其他組織。

第四條

違反行政法上義務之處罰，以行為時之法律或自治條例有明文規定者為限。

第五條　111

行為後法律或自治條例有變更者，適用裁處時之法律或自治條例。但裁處前之法律或自治條例有利於受處罰者，適用最有利於受處罰者之規定。

第六條

①在中華民國領域內違反行政法上義務應受處罰者，適用本法。

②在中華民國領域外之中華民國船艦、航空器或依法得由中華民國

行使管轄權之區域內違反行政法上義務者，以在中華民國領域內違反論。

③違反行政法上義務之行為或結果，有一在中華民國領域內者，為在中華民國領域內違反行政法上義務。

第二章 責 任

第七條

①違反行政法上義務之行為非出於故意或過失者，不予處罰。

②法人、設有代表人或管理人之非法人團體、中央或地方機關或其他組織違反行政法上義務者，其代表人、管理人、其他有代表權之人或實際行為之職員、受僱人或從業人員之故意、過失，推定為該等組織之故意、過失。

第八條

不得因不知法規而免除行政處罰責任。但按其情節，得減輕或免除其處罰。

第九條

①未滿十四歲人之行為，不予處罰。

②十四歲以上未滿十八歲人之行為，得減輕處罰。

③行為時因精神障礙或其他心智缺陷，致不能辨識其行為違法或欠缺依其辨識而行為之能力者，不予處罰。

④行為時因前項之原因，致其辨識行為違法或依其辨識而行為之能力，顯著減低者，得減輕處罰。

⑤前二項規定，於因故意或過失自行招致者，不適用之。

第一〇條

①對於違反行政法上義務事實之發生，依法有防止之義務，能防止而不防止者，與因積極行為發生事實者同。

②因自己行為致有發生違反行政法上義務事實之危險者，負防止其發生之義務。

第一一條

①依法令之行為，不予處罰。

②依所屬上級公務員職務命令之行為，不予處罰。但明知職務命令違法，而未依法定程序向該上級公務員陳述意見者，不在此限。

第一二條

對於現在不法之侵害，而出於防衛自己或他人權利之行為，不予處罰。但防衛行為過當者，得減輕或免除其處罰。

第一三條

因避免自己或他人生命、身體、自由、名譽或財產之緊急危難而出於不得已之行為，不予處罰。但避難行為過當者，得減輕或免除其處罰。

第三章 共同違法及併同處罰

第一四條

①故意共同實施違反行政法上義務之行爲者，依其行爲情節之輕重，分別處罰之。

②前項情形，因身分或其他特定關係成立之違反行政法上義務行爲，其無此身分或特定關係者，仍處罰之。

③因身分或其他特定關係致處罰有重輕或免除時，其無此身分或特定關係者，仍處以通常之處罰。

第一五條

①私法人之董事或其他有代表權之人，因執行其職務或爲私法人之利益爲行爲，致使私法人違反行政法上義務應受處罰者，該行爲人如有故意或重大過失時，除法律或自治條例另有規定外，應並受同一規定罰鍰之處罰。

②私法人之職員、受僱人或從業人員，因執行其職務或爲私法人之利益爲行爲，致使私法人違反行政法上義務應受處罰者，私法人之董事或其他有代表權之人，如對該行政法上義務之違反，因故意或重大過失，未盡其防止義務時，除法律或自治條例另有規定外，應並受同一規定罰鍰之處罰。

③依前二項受同一規定處罰之罰鍰，不得逾新臺幣一百萬元。但其所得之利益逾新臺幣一百萬元者，得於其所得利益之範圍內裁處之。

第一六條

前條之規定，於設有代表人或管理人之非法人團體，或法人以外之其他私法組織，違反行政法上義務者，準用之。

第一七條

中央或地方機關或其他公法組織違反行政法上義務者，依各該法律或自治條例規定處罰之。

第四章 裁處之審酌加減及擴張

第一八條

①裁處罰鍰，應審酌違反行政法上義務行爲應受責難程度、所生影響及因違反行政法上義務所得之利益，並得考量受處罰者之資力。

②前項所得之利益超過法定罰鍰最高額者，得於所得利益之範圍內酌量加重，不受法定罰鍰最高額之限制。

③依本法規定減輕處罰時，裁處之罰鍰不得逾法定罰鍰最高額之二分之一，亦不得低於法定罰鍰最低額之二分之一；同時有免除處罰之規定者，不得逾法定罰鍰最高額之三分之一，亦不得低於法定罰鍰最低額之三分之一。但法律或自治條例另有規定者，不在此限。

④其他種類行政罰，其處罰定有期間者，準用前項之規定。

第一九條

①違反行政法上義務應受法定最高額新臺幣三千元以下罰鍰之處罰，其情節輕微，認以不處罰爲適當者，得免予處罰。

②前項情形，得對違反行政法上義務者施以糾正或勸導，並作成紀錄，命其簽名。

第二〇條

①為他人利益而實施行為，致使他人違反行政法上義務應受處罰者，該行為人因其行為受有財產上利益而未受處罰時，得於其所受財產上利益價值範圍內，酌予追繳。

②行為人違反行政法上義務應受處罰，他人因該行為受有財產上利益而未受處罰時，得於其所受財產上利益價值範圍內，酌予追繳。

③前二項追繳，由為裁處之主管機關以行政處分為之。

第二一條

沒入之物，除本法或其他法律另有規定者外，以屬於受處罰者所有為限。

第二二條

①不屬於受處罰者所有之物，因所有人之故意或重大過失，致使該物成為違反行政法上義務行為之工具者，仍得裁處沒入。

②物之所有人明知該物得沒入，為規避沒入之裁處而取得所有權者，亦同。

第二三條

①得沒入之物，受處罰者或前條物之所有人於受裁處沒入前，予以處分、使用或以他法致不能裁處沒入者，得裁處沒入其物之價額；其致物之價值減損者，得裁處沒入其物及減損之差額。

②得沒入之物，受處罰者或前條物之所有人於受裁處沒入後，予以處分、使用或以他法致不能執行沒入者，得追徵其物之價額；其致物之價值減損者，得另追徵其減損之差額。

③前項追徵，由為裁處之主管機關以行政處分為之。

第五章　單一行為及數行為之處罰

第二四條

①一行為違反數個行政法上義務規定而應處罰鍰者，依法定罰鍰額最高之規定裁處。但裁處之額度，不得低於各該規定之罰鍰最低額。

②前項違反行政法上義務行為，除應處罰鍰外，另有沒入或其他種類行政罰之處罰者，得依該規定併予裁處。但其處罰種類相同，如從一重處罰已足以達成行政目的者，不得重複裁處。

③一行為違反社會秩序維護法及其他行政法上義務規定而應受處罰，如已裁處拘留者，不再受罰鍰之處罰。

第二五條

數行為違反同一或不同行政法上義務之規定者，分別處罰之。

第二六條

①一行為同時觸犯刑事法律及違反行政法上義務規定者，依刑事法律處罰之。但其行為應處以其他種類行政罰或得沒入之物而未經

法院宣告沒收者，亦得裁處之。

②前項行為如經不起訴處分、緩起訴處分確定或為無罪、免訴、不受理、不付審理、不付保護處分、免刑、緩刑之裁判確定者，得依違反行政法上義務規定裁處之。

③第一項行為經緩起訴處分或緩刑宣告確定且經命向公庫或指定之公益團體、地方自治團體、政府機關、政府機構、行政法人、社區或其他符合公益目的之機構或團體，支付一定之金額或提供義務勞務者，其所支付之金額或提供之勞務，應於依前項規定裁處之罰鍰內扣抵之。

④前項勞務扣抵罰鍰之金額，按最初裁處時之每小時基本工資乘以義務勞務時數核算。

⑤依第二項規定所為之裁處，有下列情形之一者，由主管機關依受處罰者之申請或依職權撤銷之，已收繳之罰鍰，無息退還：

一　因緩起訴處分確定而為之裁處，其緩起訴處分經撤銷，並經判決有罪確定，且未受免刑或緩刑之宣告。

二　因緩刑裁判確定而為之裁處，其緩刑宣告經撤銷確定。

第六章　時　效

第二七條

①行政罰之裁處權，因三年期間之經過而消滅。

②前項期間，自違反行政法上義務之行為終了時起算。但行為之結果發生在後者，自該結果發生時起算。

③前條第二項之情形，第一項期間自不起訴處分、緩起訴處分確定或無罪、免訴、不受理、不付審理、不付保護處分、免刑、緩刑之裁判確定日起算。

④行政罰之裁處因訴願、行政訴訟或其他救濟程序經撤銷而須另為裁處者，第一項期間自原裁處被撤銷確定之日起算。

第二八條

①裁處權時效，因天災、事變或依法律規定不能開始或進行裁處時，停止其進行。

②前項時效停止，自停止原因消滅之翌日起，與停止前已經過之期間一併計算。

第七章　管轄機關

第二九條

①違反行政法上義務之行為，由行為地、結果地、行為人之住所、居所或營業所、事務所或公務所所在地之主管機關管轄。

②在中華民國領域外之中華民國船艦或航空器內違反行政法上義務者，得由船艦本籍地、航空器出發地或行為後在中華民國領域內最初停泊地或降落地之主管機關管轄。

③在中華民國領域外之外國船艦或航空器於依法得由中華民國行使管轄權之區域內違反行政法上義務者，得由行為後其船艦或航空

器在中華民國領域內最初停泊地或降落地之主管機關管轄。

④在中華民國領域外依法得由中華民國行使管轄權之區域內違反行政上義務者，不能依前三項規定定其管轄機關時，得由行為人所在地之主管機關管轄。

第三〇條

故意共同實施違反行政法上義務之行為，其行為地、行為人之住所、居所或營業所、事務所或公務所所在地不在同一管轄區內者，各該行為地、住所、居所或所在地之主管機關均有管轄權。

第三一條

①一行為違反同一行政法上義務，數機關均有管轄權者，由處理在先之機關管轄。不能分別處理之先後者，由各該機關協議定之；不能協議或有統一管轄之必要者，由其共同上級機關指定之。

②一行為違反數個行政法上義務而應處罰鍰，數機關均有管轄權者，由法定罰鍰額最高之主管機關管轄。法定罰鍰額相同者，依前項規定定其管轄。

③一行為違反數個行政法上義務，應受沒入或其他種類行政罰者，由各該主管機關分別裁處。但其處罰種類相同者，如從一重處罰已足以達成行政目的者，不得重複裁處。

④第一項及第二項情形，原有管轄權之其他機關於必要之情形時，應為必要之職務行為，並將有關資料移送於裁處之機關；為裁處之機關應於調查終結前，通知原有管轄權之其他機關。

第三二條

①一行為同時觸犯刑事法律及違反行政法上義務規定者，應將涉及刑事部分移送該管司法機關。

②前項移送案件，司法機關就刑事案件為不起訴處分、緩起訴處分確定或為無罪、免訴、不受理、不付審理、不付保護處分、免刑、緩刑、撤銷緩刑之裁判確定，或撤銷緩起訴處分後經判決有罪確定者，應通知原移送之行政機關。

③前二項移送案件及業務聯繫之辦法，由行政院會同司法院定之。

第八章 裁處程序

第三三條

行政機關執行職務之人員，應向行為人出示有關執行職務之證明文件或顯示足資辨別之標誌，並告知其所違反之法規。

第三四條

①行政機關對於現行違反行政法上義務之行為人，得為下列之處置：

一 即時制止其行為。

二 製作書面紀錄。

三 為保全證據之措施。遇有抗拒保全證據之行為且情況急迫者，得使用強制力排除其抗拒。

四 確認其身分。其拒絕或規避身分之查證，經勸導無效，致確實無法辨認其身分且情況急迫者，得令其隨同到指定處所查

　　　證身分；其不隨同到指定處所接受身分查證者，得會同警察
　　　人員強制為之。

②前項強制，不得逾越保全證據或確認身分目的之必要程度。

第三五條

①行為人對於行政機關依前條所為之強制排除抗拒保全證據或強制
到指定處所查證身分不服者，得向該行政機關執行職務之人員，
當場陳述理由表示異議。

②行政機關執行職務之人員，認前項異議有理由者，應停止或變更
強制排除抗拒保全證據或強制到指定處所查證身分之處置；認無
理由者，得繼續執行。經行為人請求者，應將其異議要旨製作紀
錄交付之。

第三六條

①得沒入或可為證據之物，得扣留之。

②前項可為證據之物之扣留範圍及期間，以供檢查、檢驗、鑑定或
其他為保全證據之目的所必要者為限。

第三七條

對於應扣留物之所有人、持有人或保管人，得要求其提出或交
付；無正當理由拒絕提出、交付或抗拒扣留者，得用強制力扣留
之。

第三八條

①扣留，應作成紀錄，記載實施之時間、處所、扣留物之名目及其
他必要之事項，並由在場之人簽名、蓋章或按指印；其拒絕簽
名、蓋章或按指印者，應記明其事由。

②扣留物之所有人、持有人或保管人在場或請求時，應製作收據，
記載扣留物之名目，交付之。

第三九條

①扣留物，應加封緘或其他標識，並為適當之處置；其不便搬運或
保管者，得命人看守或交由所有人或其他適當之人保管。得沒入
之物，有毀損之虞或不便保管者，得拍賣或變賣而保管其價金。

②易生危險之扣留物，得毀棄之。

第四〇條

①扣留物於案件終結前無留存之必要，或案件為不予處罰或未為沒
入之裁處者，應發還之；其經依前條規定拍賣或變賣而保管其價
金或毀棄者，發還或償還其價金。但應沒入或為調查他案應留存
者，不在此限。

②扣留物之應受發還人所在不明，或因其他事故不能發還者，應公
告之；自公告之日起滿六個月，無人申請發還者，以其物歸屬公
庫。

第四一條

①物之所有人、持有人、保管人或利害關係人對扣留不服者，得向
扣留機關聲明異議。

②前項聲明異議，扣留機關認有理由者，應發還扣留物或變更扣留

行為：認無理由者，應加具意見，送直接上級機關決定之。

③對於直接上級機關之決定不服者，僅得於對裁處案件之實體決定聲明不服時一併聲明之。但第一項之人依法不得對裁處案件之實體決定聲明不服時，得單獨對第一項之扣留，逕行提起行政訴訟。

④第一項及前項但書情形，不影響扣留或裁處程序之進行。

第四二條

行政機關於裁處前，應給予受處罰者陳述意見之機會。但有下列情形之一者，不在此限：

一 已依行政程序法第三十九條規定，通知受處罰者陳述意見。

二 已依職權或依第四十三條規定，舉行聽證。

三 大量作成同種類之裁處。

四 情況急迫，如給予陳述意見之機會，顯然違背公益。

五 受法定期間之限制，如給予陳述意見之機會，顯然不能遵行。

六 裁處所根據之事實，客觀上明白足以確認。

七 法律有特別規定。

第四三條

行政機關為第二條第一款及第二款之裁處前，應依受處罰者之申請，舉行聽證。但有下列情形之一者，不在此限：

一 有前條但書各款情形之一。

二 影響自由或權利之內容及程度顯屬輕微。

三 經依行政程序法第一百零四條規定，通知受處罰者陳述意見，而未於期限內陳述意見。

第四四條

行政機關裁處行政罰時，應作成裁處書，並為送達。

第九章 附 則

第四五條

①本法施行前違反行政法上義務之行為應受處罰而未經裁處，於本法施行後裁處者，除第十五條、第十六條、第十八條第二項、第二十條及第二十二條規定外，均適用之。

②前項行政罰之裁處權時效，自本法施行之日起算。

③本法中華民國一百年十一月八日修正之第二十六條第三項至第五項規定，於修正施行前違反行政法上義務之行為同時觸犯刑事法律，經緩起訴處分確定，應受行政罰之處罰而未經裁處者，亦適用之；曾經裁處，因訴願、行政訴訟或其他救濟程序經撤銷，而於修正施行後為裁處者，亦同。

④本法中華民國一百年十一月八日修正施行前違反行政法上義務之行為同時觸犯刑事法律，於修正施行後受免刑或緩刑之裁判確定者，不適用修正後之第二十六條第二項至第五項、第二十七條第三項及第三十二條第二項之規定。

第四六條

① 本法自公布後一年施行。

② 本法修正條文自公布日施行。

訴願法

①民國19年3月24日國民政府制定公布全文14條。
②民國26年1月8日國民政府修正公布全文13條。
③民國59年12月23日總統令修正公布全文28條。
④民國68年12月7日總統令修正公布第26條條文。
⑤民國84年1月16日總統令修正公布第26條條文。
⑥民國87年10月28日總統令修正公布全文101條。
　民國88年7月31日行政院令發布定自89年7月1日起施行。
⑦民國89年6月10四日總統令修正公布第4、9、41條條文；並自89年7月1日起施行。
⑧民國101年6月27日總統令修正公布第90條條文。
　民國101年7月12日行政院令發布定自101年9月6日起施行。

第一章　總　則

第一節　訴願事件

第一條

①人民對於中央或地方機關之行政處分，認為違法或不當，致損害其權利或利益者，得依本法提起訴願。但法律另有規定者，從其規定。

②各級地方自治團體或其他公法人對上級監督機關之行政處分，認為違法或不當，致損害其權利或利益者，亦同。

第二條

①人民因中央或地方機關對其依法申請之案件，於法定期間內應作為而不作為，認為損害其權利或利益者，亦得提起訴願。

②前項期間，法令未規定者，自機關受理申請之日起為二個月。

第三條

①本法所稱行政處分，係指中央或地方機關就公法上具體事件所為之決定或其他公權力措施而對外直接發生法律效果之單方行政行為。

②前項決定或措施之相對人雖非特定，而依一般性特徵可得確定其範圍者，亦為行政處分。有關公物之設定、變更、廢止或一般使用者，亦同。

第二節　管　轄

第四條

訴願之管轄如左：

一　不服鄉（鎮、市）公所之行政處分者，向縣（市）政府提起訴願。

　二　不服縣（市）政府所屬各級機關之行政處分者，向縣（市）
　　　政府提起訴願。

　三　不服縣（市）政府之行政處分者，向中央主管部、會、行、
　　　處、局、署提起訴願。

　四　不服直轄市政府所屬各級機關之行政處分者，向直轄市政府
　　　提起訴願。

　五　不服直轄市政府之行政處分者，向中央主管部、會、行、
　　　處、局、署提起訴願。

　六　不服中央各部、會、行、處、局、署所屬機關之行政處分
　　　者，向各部、會、行、處、局、署提起訴願。

　七　不服中央各部、會、行、處、局、署之行政處分者，向主管
　　　院提起訴願。

　八　不服中央各院之行政處分者，向原院提起訴願。

第五條

① 人民對於前條以外之中央或地方機關之行政處分提起訴願時，應
　按其管轄等級，比照前條之規定爲之。

② 訴願管轄，法律另有規定依其業務監督定之者，從其規定。

第六條

　對於二以上不同隸屬或不同層級之機關共爲之行政處分，應向其
　共同之上級機關提起訴願。

第七條

　無隸屬關係之機關辦理受託事件所爲之行政處分，視爲委託機關
　之行政處分，其訴願之管轄，比照第四條之規定，向原委託機關
　或其直接上級機關提起訴願。

第八條

　有隸屬關係之下級機關依法辦理上級機關委任事件所爲之行政處
　分，爲受委任機關之行政處分，其訴願之管轄，比照第四條之規
　定，向受委任機關或其直接上級機關提起訴願。

第九條

　直轄市政府、縣（市）政府或其所屬機關及鄉（鎮、市）公所依
　法辦理上級政府或其所屬機關委辦事件所爲之行政處分，爲受委
　辦機關之行政處分，其訴願之管轄，比照第四條之規定，向受委
　辦機關之直接上級機關提起訴願。

第一〇條

　依法受中央或地方機關委託行使公權力之團體或個人，以其團體
　或個人名義所爲之行政處分，其訴願之管轄，向原委託機關提起
　訴願。

第一一條

　原行政處分機關裁撤或改組，應以承受其業務之機關視爲原行政
　處分機關，比照前七條之規定，向承受其業務之機關或其直接上
　級機關提起訴願。

第一二條

①數機關於管轄權有爭議或因管轄不明致不能辨明有管轄權之機關者，由其共同之直接上級機關確定之。

②無管轄權之機關就訴願所爲決定，其上級機關應依職權或依申請撤銷之，並命移送於有管轄權之機關。

第一三條

原行政處分機關之認定，以實施行政處分時之名義爲準。但上級機關本於法定職權所爲之行政處分，交由下級機關執行者，以該上級機關爲原行政處分機關。

第三節　期日及期間

第一四條

①訴願之提起，應自行政處分達到或公告期滿之次日起三十日內爲之。

②利害關係人提起訴願者，前項期間自知悉時起算。但自行政處分達到或公告期滿後，已逾三年者，不得提起。

③訴願之提起，以原行政處分機關或受理訴願機關收受訴願書之日期爲準。

④訴願人誤向原行政處分機關或受理訴願機關以外之機關提起訴願者，以該機關收受之日，視爲提起訴願之日。

第一五條

①訴願人因天災或其他不應歸責於己之事由，致遲誤前條之訴願期間者，於其原因消滅後十日內，得以書面敘明理由向受理訴願機關申請回復原狀。但遲誤訴願期間已逾一年者，不得爲之。

②申請回復原狀，應同時補行期間內應爲之訴願行爲。

第一六條

①訴願人不在受理訴願機關所在地住居者，計算法定期間，應扣除其在途期間。但有訴願代理人住居受理訴願機關所在地，得爲期間內應爲之訴願行爲者，不在此限。

②前項扣除在途期間辦法，由行政院定之。

第一七條

期間之計算，除法律另有規定外，依民法之規定。

第四節　訴願人

第一八條

自然人、法人、非法人之團體或其他受行政處分之相對人及利害關係人得提起訴願。

第一九條

能獨立以法律行爲負義務者，有訴願能力。

第二〇條

①無訴願能力人應由其法定代理人代爲訴願行爲。

②地方自治團體、法人、非法人之團體應由其代表人或管理人爲訴願行爲。

③關於訴願之法定代理，依民法規定。

第二一條

①二人以上得對於同一原因事實之行政處分，共同提起訴願。

②前項訴願之提起，以同一機關管轄者為限。

第二二條

①共同提起訴願，得選定其中一人至三人為代表人。

②選定代表人應於最初為訴願行為時，向受理訴願機關提出文書證明。

第二三條

共同提起訴願，未選定代表人者，受理訴願機關得限期通知其選定；逾期不選定者，得依職權指定之。

第二四條

代表人經選定或指定後，由其代表全體訴願人為訴願行為。但撤回訴願，非經全體訴願人書面同意，不得為之。

第二五條

①代表人經選定或指定後，仍得更換或增減之。

②前項代表人之更換或增減，非以書面通知受理訴願機關，不生效力。

第二六條

代表人有二人以上者，均得單獨代表共同訴願人為訴願行為。

第二七條

代表人之代表權不因其他共同訴願人死亡、喪失行為能力或法定代理變更而消滅。

第二八條

①與訴願人利害關係相同之人，經受理訴願機關允許，得為訴願人之利益參加訴願。受理訴願機關認有必要時，亦得通知其參加訴願。

②訴願決定因撤銷或變更原處分，足以影響第三人權益者，受理訴願機關應於作成訴願決定之前，通知其參加訴願程序，表示意見。

第二九條

①申請參加訴願，應以書面向受理訴願機關為之。

②參加訴願應以書面記載左列事項：

一　本訴願及訴願人。

二　參加人與本訴願之利害關係。

三　參加訴願之陳述。

第三〇條

①通知參加訴願，應記載訴願意旨、通知參加之理由及不參加之法律效果，送達於參加人，並副知訴願人。

②受理訴願機關為前項之通知前，得通知訴願人或得參加訴願之第三人以書面陳述意見。

第三一條

訴願決定對於參加人亦有效力。經受理訴願機關通知其參加或允許其參加而未參加者，亦同。

第三二條

訴願人或參加人得委任代理人進行訴願。每一訴願人或參加人委任之訴願代理人不得超過三人。

第三三條

① 左列之人，得為訴願代理人：

一　律師。

二　依法令取得與訴願事件有關之代理人資格者。

三　具有該訴願事件之專業知識者。

四　因業務或職務關係為訴願人之代理人者。

五　與訴願人有親屬關係者。

② 前項第三款至第五款之訴願代理人，受理訴願機關認為不適當時，得禁止之，並以書面通知訴願人或參加人。

第三四條

訴願代理人應於最初為訴願行為時，向受理訴願機關提出委任書。

第三五條

訴願代理人就其受委任之事件，得為一切訴願行為。但撤回訴願，非受特別委任不得為之。

第三六條

① 訴願代理人有二人以上者，均得單獨代理訴願人。

② 違反前項規定而為委任者，其訴願代理人仍得單獨代理。

第三七條

訴願代理人事實上之陳述，經到場之訴願人本人即時撤銷或更正者，不生效力。

第三八條

訴願代理權不因訴願人本人死亡、破產或喪失訴願能力而消滅。法定代理有變更、機關經裁撤、改組或公司、團體經解散、變更組織者，亦同。

第三九條

訴願委任之解除，應由訴願人、參加人或訴願代理人以書面通知受理訴願機關。

第四〇條

訴願委任之解除，由訴願代理人提出者，自為解除意思表示之日起十五日內，仍應為維護訴願人或參加人權利或利益之必要行為。

第四一條

① 訴願人、參加人或訴願代理人經受理訴願機關之許可，得於期日偕同輔佐人到場。

② 受理訴願機關認為必要時，亦得命訴願人、參加人或訴願代理人偕同輔佐人到場。

③前二項之輔佐人，受理訴願機關認爲不適當時，得廢止其許可或禁止其續爲輔佐。

第四二條

輔佐人到場所爲之陳述，訴願人、參加人或訴願代理人不即時撤銷或更正者，視爲其所自爲。

第五節　送　達

第四三條

送達除別有規定外，由受理訴願機關依職權爲之。

第四四條

①對於無訴願能力人爲送達者，應向其法定代理人爲之；未經陳明法定代理人者，得向該無訴願能力人爲送達。

②對於法人或非法人之團體爲送達者，應向其代表人或管理人爲之。

③法定代理人、代表人或管理人有二人以上者，送達得僅向其中一人爲之。

第四五條

①對於在中華民國有事務所或營業所之外國法人或團體爲送達者，應向其在中華民國之代表人或管理人爲之。

②前項代表人或管理人有二人以上者，送達得僅向其中一人爲之。

第四六條

訴願代理人除受送達之權限受有限制者外，送達應向該代理人爲之。但受理訴願機關認爲必要時，得送達於訴願人或參加人本人。

第四七條

①訴願文書之送達，應註明訴願人、參加人或其代表人、訴願代理人住、居所、事務所或營業所，交付郵政機關以訴願文書郵務送達證書發送。

②訴願文書不能爲前項送達時，得由受理訴願機關派員或囑託原行政處分機關或該管警察機關送達，並由執行送達人作成送達證書。

③訴願文書之送達，除前二項規定外，準用行政訴訟法第六十七條至第六十九條、第七十一條至第八十三條之規定。

第六節　訴願卷宗

第四八條

關於訴願事件之文書，受理訴願機關應保存者，應由承辦人員編爲卷宗。

第四九條

①訴願人、參加人或訴願代理人得向受理訴願機關請求閱覽、抄錄、影印或攝影卷內文書，或預納費用請求付與繕本、影本或節本。

② 前項之收費標準，由主管院定之。

第五〇條

第三人經訴願人同意或釋明有法律上之利害關係，經受理訴願機關許可者，亦得爲前條之請求。

第五一條

左列文書，受理訴願機關應拒絕前二條之請求：

一　訴願決定擬辦之文稿。

二　訴願決定之準備或審議文件。

三　爲第三人正當權益有保密之必要者。

四　其他依法律或基於公益，有保密之必要者。

第二章　訴願審議委員會

第五二條

① 各機關辦理訴願事件，應設訴願審議委員會，組成人員以具有法制專長者爲原則。

② 訴願審議委員會委員，由本機關高級職員及遴聘社會公正人士、學者、專家擔任之；其中社會公正人士、學者、專家人數不得少於二分之一。

③ 訴願審議委員會組織規程及審議規則，由主管院定之。

第五三條

訴願決定應經訴願審議委員會會議之決議，其決議以委員過半數之出席，出席委員過半數之同意行之。

第五四條

① 訴願審議委員會審議訴願事件，應指定人員製作審議紀錄附卷。委員於審議中所持與決議不同之意見，經其請求者，應列入紀錄。

② 訴願審議經言詞辯論者，應另行製作筆錄，編爲前項紀錄之附件，並準用民事訴訟法第二百十二條至第二百十九條之規定。

第五五條

訴願審議委員會主任委員或委員對於訴願事件有利害關係者，應自行迴避，不得參與審議。

第三章　訴願程序

第一節　訴願之提起

第五六條

① 訴願應具訴願書，載明左列事項，由訴願人或代理人簽名或蓋章：

一　訴願人之姓名、出生年月日、住、居所、身分證明文件字號。如係法人或其他設有管理人或代表人之團體，其名稱、事務所或營業所及管理人或代表人之姓名、出生年月日、住、居所。

二　有訴願代理人者，其姓名、出生年月日、住、居所、身分證
　　明文件字號。
三　原行政處分機關。
四　訴願請求事項。
五　訴願之事實及理由。
六　收受或知悉行政處分之年、月、日。
七　受理訴願之機關。
八　證據。其為文書者，應添具繕本或影本。
九　年、月、日。

②訴願應附原行政處分書影本。

③依第二條第一項規定提起訴願者，第一項第三款、第六款所列事
　項，載明應為行政處分之機關、提出申請之年、月、日，並附原
　申請書之影本及受理申請機關收受證明。

第五七條

訴願人在第十四條第一項所定期間向訴願管轄機關或原行政處分
機關作不服原行政處分之表示者，視為已在法定期間內提起訴
願。但應於三十日內補送訴願書。

第五八條

①訴願人應繕具訴願書經由原行政處分機關向訴願管轄機關提起訴
　願。

②原行政處分機關對於前項訴願應先行重新審查原處分是否合法妥
　當，其認訴願為有理由者，得自行撤銷或變更原行政處分，並陳
　報訴願管轄機關。

③原行政處分機關不依訴願人之請求撤銷或變更原行政處分者，應
　儘速附具答辯書，並將必要之關係文件，送於訴願管轄機關。

④原行政處分機關檢卷答辯時，應將前項答辯書抄送訴願人。

第五九條

訴願人向受理訴願機關提起訴願者，受理訴願機關應將訴願書影
本或副本送交原行政處分機關依前條第二項至第四項規定辦理。

第六〇條

訴願提起後，於決定書送達前，訴願人得撤回之。訴願經撤回
後，不得復提起同一之訴願。

第六一條

①訴願人誤向訴願管轄機關或原行政處分機關以外之機關作不服原
　行政處分之表示者，視為自始向訴願管轄機關提起訴願。

②前項收受之機關應於十日內將該事件移送於原行政處分機關，並
　通知訴願人。

第六二條

受理訴願機關認為訴願書不合法定程式，而其情形可補正者，應
通知訴願人於二十日內補正。

第二節　訴願審議

第六三條

①訴願就書面審查決定之。

②受理訴願機關必要時得通知訴願人、參加人或利害關係人到達指定處所陳述意見。

③訴願人或參加人請求陳述意見而有正當理由者，應予到達指定處所陳述意見之機會。

第六四條

訴願審議委員會主任委員得指定委員聽取訴願人、參加人或利害關係人到場之陳述。

第六五條

受理訴願機關應依訴願人、參加人之申請或於必要時，得依職權通知訴願人、參加人或其代表人、訴願代理人、輔佐人及原行政處分機關派員於指定期日到達指定處所言詞辯論。

第六六條

①言詞辯論之程序如左：

一　受理訴願機關陳述事件要旨。

二　訴願人、參加人或訴願代理人就事件為事實上及法律上之陳述。

三　原行政處分機關就事件為事實上及法律上之陳述。

四　訴願或原行政處分機關對他方之陳述或答辯，為再答辯。

五　受理訴願機關對訴願人及原行政處分機關提出詢問。

②前項辯論未完備者，得再為辯論。

第六七條

①受理訴願機關應依職權或囑託有關機關或人員，實施調查、檢驗或勘驗，不受訴願人主張之拘束。

②受理訴願機關應依訴願人或參加人之申請，調查證據。但就其申請調查之證據中認為不必要者，不在此限。

③受理訴願機關依職權或依申請調查證據之結果，非經賦予訴願人及參加人表示意見之機會，不得採為對之不利之訴願決定之基礎。

第六八條

訴願人或參加人得提出證據書類或證物。但受理訴願機關限定於一定期間內提出者，應於該期間內提出。

第六九條

①受理訴願機關得依職權或依訴願人、參加人之申請，囑託有關機關、學校、團體或有專門知識經驗者為鑑定。

②受理訴願機關認無鑑定之必要，而訴願人或參加人願自行負擔鑑定費用時，得向受理訴願機關請求准予交付鑑定。受理訴願機關非有正當理由不得拒絕。

③鑑定人由受理訴願機關指定之。

④鑑定人有數人者，得共同陳述意見。但意見不同者，受理訴願機關應使其分別陳述意見。

第七〇條

鑑定人應具鑑定書陳述意見。必要時，受理訴願機關得請鑑定人到達指定處所說明。

第七一條

①鑑定所需資料在原行政處分機關或受理訴願機關者，受理訴願機關應告知鑑定人准其利用。但其利用之範圍及方法得限制之。

②鑑定人因行鑑定得請求受理訴願機關調查證據。

第七二條

①鑑定所需費用由受理訴願機關負擔，並得依鑑定人之請求預行酌給之。

②依第六十九條第二項規定交付鑑定所得結果，據為有利於訴願人或參加人之決定或裁判時，訴願人或參加人得於訴願或行政訴訟確定後三十日內，請求受理訴願機關償還必要之鑑定費用。

第七三條

①受理訴願機關得依職權或依訴願人、參加人之申請，命文書或其他物件之持有人提出該物件，並得留置之。

②公務員或機關掌管之文書或其他物件，受理訴願機關得調取之。

③前項情形，除有妨害國家機密者外，不得拒絕。

第七四條

①受理訴願機關得依職權或依訴願人、參加人之申請，就必要之物件或處所實施勘驗。

②受理訴願機關依前項規定實施勘驗時，應將日、時、處所通知訴願人、參加人及有關人員到場。

第七五條

①原行政處分機關應將據以處分之證據資料提出於受理訴願機關。

②對於前項之證據資料，訴願人、參加人或訴願代理人得請求閱覽、抄錄或影印之。受理訴願機關非有正當理由，不得拒絕。

③第一項證據資料之閱覽、抄錄或影印，受理訴願機關應指定日、時、處所。

第七六條

訴願人或參加人對受理訴願機關於訴願程序進行中所為之程序上處置不服者，應併同訴願決定提起行政訴訟。

第三節　訴願決定

第七七條

訴願事件有左列各款情形之一者，應為不受理之決定：

一　訴願書不合法定程式不能補正或經通知補正逾期不補正者。

二　提起訴願逾法定期間或未於第五十七條但書所定期間內補送訴願書者。

三　訴願人不符合第十八條之規定者。

四　訴願人無訴願能力而未由法定代理人代為訴願行為，經通知補正逾期不補正者。

五　地方自治團體、法人、非法人之團體，未由代表人或管理人　　　爲訴願行爲，經通知補正逾期不補正者。

六　行政處分已不存在者。

七　對已決定或已撤回之訴願事件重行提起訴願者。

八　對於非行政處分或其他依法不屬訴願救濟範圍內之事項提起　　　訴願者。

第七八條

分別提起之數宗訴願係基於同一或同種類之事實上或法律上之原因者，受理訴願機關得合併審議，並得合併決定。

第七九條

①訴願無理由者，受理訴願機關應以決定駁回之。

②原行政處分所憑理由雖屬不當，但依其他理由認爲正當者，應以訴願人爲無理由。

③訴願事件涉及地方自治團體之地方自治事務者，其受理訴願之上級機關僅就原行政處分之合法性進行審查決定。

第八〇條

①提起訴願因逾法定期間而爲不受理決定時，原行政處分顯屬違法或不當者，原行政處分機關或其上級機關得依職權撤銷或變更之。但有左列情形之一者，不得爲之：

一　其撤銷或變更對公益有重大危害者。

二　行政處分受益人之信賴利益顯然較行政處分撤銷或變更所欲　　　維護之公益更値得保護者。

②行政處分受益人有左列情形之一者，其信賴不值得保護：

一　以詐欺、脅迫或賄賂方法，使原行政處分機關作成行政處分　　　者。

二　對重要事項提供不正確資料或爲不完全陳述，致使原行政處　　　分機關依該資料或陳述而作成行政處分者。

三　明知原行政處分違法或因重大過失而不知者。

③行政處分之受益人值得保護之信賴利益，因原行政處分機關或其上級機關依第一項規定撤銷或變更原行政處分而受有損失者，應予補償。但其補償額度不得超過受益人因該處分存續可得之利益。

第八一條

①訴願有理由者，受理訴願機關應以決定撤銷原行政處分之全部或一部，並得視事件之情節，逕爲變更之決定或發回原行政處分機關另爲處分。但於訴願人表示不服之範圍內，不得爲更不利益之變更或處分。

②前項訴願決定撤銷原行政處分，發回原行政處分機關另爲處分時，應指定相當期間命其爲之。

第八二條

①對於依第二條第一項提起之訴願，受理訴願機關認爲有理由者，應指定相當期間，命應作爲之機關速爲一定之處分。

②受理訴願機關未爲前項決定前，應作爲之機關已爲行政處分者，受理訴願機關應認訴願爲無理由，以決定駁回之。

第八三條

①受理訴願機關發現原行政處分雖屬違法或不當，但其撤銷或變更於公益有重大損害，經斟酌訴願人所受損害、賠償程度、防止方法及其他一切情事，認原行政處分之撤銷或變更顯與公益相違背時，得駁回其訴願。

②前項情形，應於決定主文中載明原行政處分違法或不當。

第八四條

①受理訴願機關爲前條決定時，得斟酌訴願人因違法或不當處分所受損害，於決定理由中載明由原行政處分機關與訴願人進行協議。

②前項協議，與國家賠償法之協議有同一效力。

第八五條

①訴願之決定，自收受訴願書之次日起，應於三個月內爲之；必要時，得予延長，並通知訴願人及參加人。延長以一次爲限，最長不得逾二個月。

②前項期間，於依第五十七條但書規定補送訴願書者，自補送之次日起算，未爲補送者，自補送期間屆滿之次日起算；其依第六十二條規定通知補正者，自補正之次日起算；未爲補正者，自補正期間屆滿之次日起算。

第八六條

①訴願之決定以他法律關係是否成立爲準據，而該法律關係在訴訟或行政救濟程序進行中者，於該法律關係確定前，受理訴願機關得停止訴願程序之進行，並即通知訴願人及參加人。

②受理訴願機關依前項規定停止訴願程序之進行者，前條所定訴願決定期間，自該法律關係確定之日起，重行起算。

第八七條

①訴願人死亡者，由其繼承人或其他依法得繼受原行政處分所涉權利或利益之人，承受其訴願。

②法人因合併而消滅者，由因合併而另立或合併後存續之法人，承受其訴願。

③依前二項規定承受訴願者，應於事實發生之日起三十日內，向受理訴願機關檢送因死亡繼受權利或合併事實之證明文件。

第八八條

受讓原行政處分所涉權利或利益之人，得檢具受讓證明文件，向受理訴願機關申請許其承受訴願。

第八九條

①訴願決定書，應載明左列事項：

一　訴願人姓名、出生年月日、住、居所、身分證明文件字號。如係法人或其他設有管理人或代表人之團體，其名稱、事務所或營業所，管理人或代表人之姓名、出生年月日、住、居

所、身分證明文件字號。

二　有法定代理人或訴願代理人者，其姓名、出生年月日、住、居所、身分證明文件字號。

三　主文、事實及理由。其係不受理決定者，得不記載事實。

四　決定機關及其首長。

五　年、月、日。

②訴願決定書之正本，應於決定後十五日內送達訴願人、參加人及原行政處分機關。

第九〇條

訴願決定書應附記，如不服決定，得於決定書送達之次日起二個月內向行政法院提起行政訴訟。

第九一條

①對於得提起行政訴訟之訴願決定，因訴願決定機關附記錯誤，向非管轄機關提起行政訴訟，該機關應於十日內將行政訴訟書狀連同有關資料移送管轄行政法院，並即通知原提起行政訴訟之人。

②有前項規定之情形，行政訴訟書狀提出於非管轄機關者，視為自始向有管轄權之行政法院提起行政訴訟。

第九二條

①訴願決定機關附記提起行政訴訟期間錯誤時，應由訴願決定機關以通知更正之，並自更正通知送達之日起，計算法定期間。

②訴願決定機關未依第九十條規定為附記，或附記錯誤而未依前項規定通知更正，致原提起行政訴訟之人遲誤行政訴訟期間者，如自訴願決定書送達之日起一年內提起行政訴訟，視為於法定期間內提起。

第九三條

①原行政處分之執行，除法律另有規定外，不因提起訴願而停止。

②原行政處分之合法性顯有疑義者，或原行政處分之執行將發生難以回復之損害，且有急迫情事，並非為維護重大公共利益所必要者，受理訴願機關或原行政處分機關得依職權或依申請，就原行政處分之全部或一部，停止執行。

③前項情形，行政法院亦得依聲請，停止執行。

第九四條

①停止執行之原因消滅，或有其他情事變更之情形，受理訴願機關或原行政處分機關得依職權或依申請撤銷停止執行。

②前項情形，原裁定停止執行之行政法院亦得依聲請，撤銷停止執行之裁定。

第九五條

訴願之決定確定後，就其事件，有拘束各關係機關之效力；就其依第十條提起訴願之事件，對於受委託行使公權力之團體或個人，亦有拘束力。

第九六條

原行政處分經撤銷後，原行政處分機關須重為處分者，應依訴願

決定意旨爲之，並將處理情形以書面告知受理訴願機關。

第四章　再審程序

第九七條

①於有左列各款情形之一者，訴願人、參加人或其他利害關係人得對於確定訴願決定，向原訴願決定機關申請再審。但訴願人、參加人或其他利害關係人已依行政訴訟主張其事由或知其事由而不爲主張者，不在此限：

一　適用法規顯有錯誤者。

二　決定理由與主文顯有矛盾者。

三　決定機關之組織不合法者。

四　依法令應迴避之委員參與決定者。

五　參與決定之委員關於該訴願違背職務，犯刑事上之罪者。

六　訴願之代理人，關於該訴願有刑事上應罰之行爲，影響於決定者。

七　爲決定基礎之證物，係僞造或變造者。

八　證人、鑑定人或通譯就爲決定基礎之證言、鑑定爲虛僞陳述者。

九　爲決定基礎之民事、刑事或行政訴訟判決或行政處分已變更者。

十　發見未經斟酌之證物或得使用該證物者。

②前項聲請再審，應於三十日內提起。

③前項期間，自訴願決定確定時起算。但再審之事由發生在後或知悉在後者，自知悉時起算。

第五章　附　則

第九八條

①依本法規定所爲之訴願、答辯及應備具之書件，應以中文書寫；其科學名詞之譯名以國立編譯館規定者爲原則，並應附註外文原名。

②前項書件原係外文者，並應檢附原外文資料。

第九九條

①本法修正施行前，尚未終結之訴願事件，其以後之訴願程序，依修正之本法規定終結之。

②本法修正施行前，尚未終結之再訴願案件，其以後之再訴願程序，準用修正之本法有關訴願程序規定終結之。

第一〇〇條

公務人員因違法或不當處分，涉有刑事或行政責任者，由最終決定之機關於決定後責由該管機關依法辦理。

第一〇一條

①本法自公布日施行。

②本法修正條文之施行日期，由行政院以命令定之。

行政訴訟法

①民國21年11月17日國民政府制定公布全文27條;並自22年6月23日施行。

②民國26年1月8日國民政府修正公布全文29條。

③民國31年7月27日國民政府修正公布全文30條。

④民國58年11月5日總統令修正公布第24條條文。

⑤民國64年12月12日總統令修正公布全文34條。

⑥民國87年10月28日總統令修正公布全文308條。

民國88年7月8日司法院令定自89年7月1日起施行。

⑦民國96年7月4日總統令修正公布49、98~100、103、104、107、276條條文;並增訂第12-1~12-4、98-1~98-6條條文。

民國96年7月31日司法院令發布自96年8月15日施行。

⑧民國99年1月13日總統令修正公布第6、12-2、12-4、15、16、18~20、24、37、39、43、57、59、62、64、67、70、73、75、77、81、83、96、97、100、104~106、108、111、112、121、128、129、131、132、141、145、146、149、151、154、163、166、176、189、196、200、204、209、229、230、243、244、253、259、272、273、277、286條條文;並增訂第12-5、15-1、15-2、274-1、307-1條條文。

民國99年4月23日司法院令發布定自99年5月1日施行。

⑨民國100年5月25日總統令修正公布第73、229條條文;並增訂第241-1條條文。

民國100年12月26日司法院函定自101年9月6日施行。

⑩民國100年11月23日總統令修正公布第4~6、8、16、21、42、55、63、75、76、106、107、113、114、120、143、148、169、175、183~185、194、199、216、217、219、229、230、233、235、236、238、244、246、248、267、269、275、294、299、300、305~307條條文、第二編編名及第一、二章章名;增訂第3-1、98-7、104-1、114-1、125-1、175-1、175-1、235-1、236-1、236-2、237-1~237-9、256-1條條文及第二編第三章章名;並刪除第252條條文。

民國100年12月26日司法院函定自101年9月6日施行。

⑪民國102年1月9日總統令修正公布第131條條文;並增訂第130-1條條文。

民國102年6月7日司法院函定自102年6月10日施行。

⑫民國103年6月18日總統令修正公布第49、73、204、229條條文;並增訂第237-10~237-17條條文及第二編第四章章名。

民國103年6月18日司法院令發布第49、73、204條定自公布日施行。

民國104年2月4日司法院令發布第229條及第二編第四章定自104年2月5日施行。

民國103年12月26日行政院公告第229條第2項第5款、第237-12條第1、2項、第237-13條第2項及第237-16條第1項涉及「內政部入出國及移民署」之權責事項,自104年1月2日起改由「內政部移民署」管轄。

⑬民國107年6月13日總統令修正公布第82、98-6條條文。

民國107年6月20日司法院令發布定自公布日後六個月施行。

⑭民國107年11月28日總統令修正公布第204、205、207、233條條文。

民國107年11月28日司法院令發布定107年11月30日施行。

⑮民國109年1月15日總統令修正公布第98-5、263條條文；並增訂第237-18～237-31條條文及第二編第五章章名。

民國109年1月17日司法院令發布定自109年7月1日施行。

⑯民國110年6月16日總統令修正公布第57、59、73、82、83、98-6、130-1、176、209、210、218、229、237-1、237-12、237-13、237-15、237-16條條文；並增訂第194-1條條文。

民國110年6月17日司法院令發布除第57、59、83、210、237-15條外，餘定自110年6月18日施行。

民國110年10月15日司法院令發布第57、59、83、210、237-15條定自110年11月1日施行。

⑰民國110年12月8日總統令修正公布第107、243、259條條文；並刪除第12-1～12-5、178條條文。

民國110年12月8日司法院令發布定自111年1月4日施行。

⑱民國111年6月22日總統令修正公布第3-1、19、57、58、66、104、104-1、107、114-1、125、125-1、131～134、146、150、157、175、176、178-1、194-1、219、227、228、229、230、232、234、237-2～237-4、237-6、237-9、237-11、237-16、237-26、238、244、249、253、254、256-1、259、263、266、272、273、275～277、294、300、305～307條條文及第二編第一、二章章名；增訂第15-3、49-1～49-3、98-8、122-1、125-2、143-1、228-1～228-6、253-1、259-1、261-1、263-1～263-5條條文及第二編第一章第八節節名、第三編第一、二章章名；並刪除第235、235-1、236-1、236-2、241-1條條文。

民國111年6月24日司法院令發布定自112年8月15日施行。

第一編　總　則

第一章　行政訴訟事件

第一條

行政訴訟以保障人民權益，確保國家行政權之合法行使，增進司法功能爲宗旨。

第二條

公法上之爭議，除法律別有規定外，得依本法提起行政訴訟。

第三條

前條所稱之行政訴訟，指撤銷訴訟、確認訴訟及給付訴訟。

第三條之一 111

本法所稱高等行政法院，指高等行政法院高等行政訴訟庭；所稱地方行政法院，指高等行政法院地方行政訴訟庭。

第四條

①人民因中央或地方機關之違法行政處分，認爲損害其權利或法律

上之利益，經依訴願法提起訴願而不服其決定，或提起訴願逾三個月不爲決定，或延長訴願決定期間逾二個月不爲決定者，得向行政法院提起撤銷訴訟。

②逾越權限或濫用權力之行政處分，以違法論。

③訴願人以外之利害關係人，認爲第一項訴願決定，損害其權利或法律上之利益者，得向行政法院提起撤銷訴訟。

第五條

①人民因中央或地方機關對其依法申請之案件，於法令所定期間內應作爲而不作爲，認爲其權利或法律上利益受損害者，經依訴願程序後，得向行政法院提起請求該機關應爲行政處分或應爲特定內容之行政處分之訴訟。

②人民因中央或地方機關對其依法申請之案件，予以駁回，認爲其權利或法律上利益受違法損害者，經依訴願程序後，得向行政法院提起請求該機關應爲行政處分或應爲特定內容之行政處分之訴訟。

第六條

①確認行政處分無效及確認公法上法律關係成立或不成立之訴訟，非原告有即受確認判決之法律上利益者，不得提起之。其確認已執行而無回復原狀可能之行政處分或已消滅之行政處分爲違法之訴訟，亦同。

②確認行政處分無效之訴訟，須已向原處分機關請求確認其無效未被允許，或經請求後於三十日內不爲確答者，始得提起之。

③確認訴訟，於原告得提起或可得提起撤銷訴訟、課予義務訴訟或一般給付訴訟者，不得提起之。但確認行政處分無效之訴訟，不在此限。

④應提起撤銷訴訟、課予義務訴訟，誤爲提起確認行政處分無效之訴訟，其未經訴願程序者，行政法院應以裁定將該事件移送於訴願管轄機關，並以行政法院收受訴狀之時，視爲提起訴願。

第七條

提起行政訴訟，得於同一程序中，合併請求損害賠償或其他財產上給付。

第八條

①人民與中央或地方機關間，因公法上原因發生財產上之給付或請求作成行政處分以外之其他非財產上之給付，得提起給付訴訟。因公法上契約發生之給付，亦同。

②前項給付訴訟之裁判，以行政處分應否撤銷爲據者，應於依第四條第一項或第三項提起撤銷訴訟時，併爲請求。原告未爲請求者，審判長應告以得爲請求。

第九條

人民爲維護公益，就無關自己權利及法律上利益之事項，對於行政機關之違法行爲，得提起行政訴訟。但以法律有特別規定者爲限。

第一○條

選舉罷免事件之爭議，除法律別有規定外，得依本法提起行政訴訟。

第一一條

前二條訴訟依其性質，準用撤銷、確認或給付訴訟有關之規定。

第一二條

①民事或刑事訴訟之裁判，以行政處分是否無效或違法為據者，應依行政爭訟程序確定之。

②前項行政爭訟程序已經開始者，於其程序確定前，民事或刑事法院應停止其審判程序。

第一二條之一至第一二條之五 （刪除）

第二章　行政法院

第一節　管　轄

第一三條

①對於公法人之訴訟，由其公務所所在地之行政法院管轄。其以公法人之機關為被告時，由該機關所在地之行政法院管轄。

②對於私法人或其他得為訴訟當事人之團體之訴訟，由其主事務所或主營業所所在地之行政法院管轄。

③對於外國法人或其他得為訴訟當事人之團體之訴訟，由其在中華民國之主事務所或主營業所所在地之行政法院管轄。

第一四條

①前條以外之訴訟，由被告住所地之行政法院管轄，其住所地之行政法院不能行使職權者，由其居所地之行政法院管轄。

②被告在中華民國現無住所或住所不明者，以其在中華民國之居所，視為其住所；無居所或居所不明者，以其在中華民國最後之住所，視為其住所；無最後住所者，以中央政府所在地，視為其最後住所地。

③訴訟事實發生於被告居所地者，得由其居所地之行政法院管轄。

第一五條

①因不動產徵收、徵用或撥用之訴訟，專屬不動產所在地之行政法院管轄。

②除前項情形外，其他有關不動產之公法上權利或法律關係涉訟者，得由不動產所在地之行政法院管轄。

第一五條之一

關於公務員職務關係之訴訟，得由公務員職務所在地之行政法院管轄。

第一五條之二

①因公法上之保險事件涉訟者，得由為原告之被保險人、受益人之住居所地或被保險人從事職業活動所在地之行政法院管轄。

②前項訴訟事件於投保單位為原告時，得由其主事務所或主營業所

所在地之行政法院管轄。

第一五條之三 111

因原住民、原住民族部落之公法上權利或法律關係涉訟者，除兩造均爲原住民或原住民族部落外，得由爲原告之原住民住居所地或經核定部落所在地之行政法院管轄。

第一六條

①有下列各款情形之一者，直接上級行政法院應依當事人之聲請或受訴行政法院之請求，指定管轄：

一　有管轄權之行政法院因法律或事實不能行審判權者。

二　因管轄區域境界不明，致不能辨別有管轄權之行政法院者。

三　因特別情形由有管轄權之行政法院審判，恐影響公安或難期公平者。

②前項聲請得向受訴行政法院或直接上級行政法院爲之。

第一七條

定行政法院之管轄以起訴時爲準。

第一八條

民事訴訟法第三條、第六條、第十五條、第十七條、第二十條至第二十二條、第二十八條第一項、第三項、第二十九條至第三十一條之規定，於本節準用之。

第二節　法官之迴避

第一九條 111

法官有下列情形之一者，應自行迴避，不得執行職務：

一　有民事訴訟法第三十二條第一款至第六款情形之一。

二　曾在中央或地方機關參與該訴訟事件之行政處分或訴願決定。

三　曾參與該訴訟事件相牽涉之民刑事裁判。

四　曾參與該訴訟事件相牽涉之法官、檢察官或公務員懲戒事件議決或裁判。

五　曾參與該訴訟事件之前審裁判。

六　曾參與該訴訟事件再審前之裁判。但其迴避以一次爲限。

第二〇條

民事訴訟法第三十三條至第三十八條之規定，於本節準用之。

第二一條

前二條規定於行政法院之司法事務官、書記官及通譯準用之。

第三章　當事人

第一節　當事人能力及訴訟能力

第二二條

自然人、法人、中央及地方機關、非法人之團體，有當事人能力。

第二三條

訴訟當事人謂原告、被告及依第四十一條與第四十二條參加訴訟之人。

第二四條

經訴願程序之行政訴訟，其被告為下列機關：

一　駁回訴願時之原處分機關。

二　撤銷或變更原處分時，為撤銷或變更之機關。

第二五條

人民與受委託行使公權力之團體或個人，因受託事件涉訟者，以受託之團體或個人為被告。

第二六條

被告機關經裁撤或改組者，以承受其業務之機關為被告機關；無承受其業務之機關者，以其直接上級機關為被告機關。

第二七條

①能獨立以法律行為負義務者，有訴訟能力。

②法人、中央及地方機關、非法人之團體，應由其代表人或管理人為訴訟行為。

③前項規定於依法令得為訴訟上行為之代理人準用之。

第二八條

民事訴訟法第四十六條至第四十九條、第五十一條之規定，於本節準用之。

第二節　選定當事人

第二九條

①多數有共同利益之人得由其中選定一人至五人為全體起訴或被訴。

②訴訟標的對於多數有共同利益之人，必須合一確定而未為前項選定者，行政法院得定期命為選定，逾期未選定者，行政法院得依職權指定之。

③訴訟繫屬後經選定或指定當事人者，其他當事人脫離訴訟。

第三〇條

①多數有共同利益之人於選定當事人或由行政法院依職權指定當事人後，得經全體當事人之同意更換或增減之。

②行政法院依前條第二項指定之當事人，如有必要，得依職權更換或增減之。

③依前兩項規定更換或增減者，原被選定或指定之當事人喪失其資格。

第三一條

被選定或被指定之人中有因死亡或其他事由喪失其資格者，他被選定或被指定之人得為全體為訴訟行為。

第三二條

第二十九條及第三十條訴訟當事人之選定、指定及其更換、增減

應通知他造當事人。

第三三條

被選定人非得全體之同意，不得為捨棄、認諾、撤回或和解。但訴訟標的對於多數有共同利益之各人非必須合一確定，經原選定人之同意，就其訴之一部為撤回或和解者，不在此限。

第三四條

訴訟當事人之選定及其更換、增減，應以文書證之。

第三五條

① 以公益為目的之社團法人，於其章程所定目的範圍內，由多數有共同利益之社員，就一定之法律關係，授與訴訟實施權者，得為公共利益提起訴訟。

② 前項規定於以公益為目的之非法人之團體準用之。

③ 前二項訴訟實施權之授與，應以文書證之。

④ 第三十三條之規定，於第一項之社團法人或第二項之非法人之團體，準用之。

第三六條

民事訴訟法第四十八條、第四十九條之規定，於本節準用之。

第三節 共同訴訟

第三七條

① 二人以上於下列各款情形，得為共同訴訟人，一同起訴或一同被訴：

一 為訴訟標的之行政處分係二以上機關共同為之者。

二 為訴訟標的之權利、義務或法律上利益，為其所共同者。

三 為訴訟標的之權利、義務或法律上利益，於事實上或法律上有同一或同種類之原因者。

② 依前項第三款同種類之事實上或法律上原因行共同訴訟者，以被告之住居所、公務所、機關、主事務所或主營業所所在地在同一行政法院管轄區域內者為限。

第三八條

共同訴訟中，一人之行為或他造對於共同訴訟人中一人之行為及關於其一人所生之事項，除別有規定外，其利害不及於他共同訴訟人。

第三九條

訴訟標的對於共同訴訟之各人，必須合一確定者，適用下列各款之規定：

一 共同訴訟人中一人之行為有利益於共同訴訟人者，其效力及於全體；不利益者，對於全體不生效力。

二 他造對於共同訴訟人中一人之行為，其效力及於全體。

三 共同訴訟人中之一人，生有訴訟當然停止或裁定停止之原因者，其當然停止或裁定停止之效力及於全體。

第四○條

①共同訴訟人各有續行訴訟之權。

②行政法院指定期日者，應通知各共同訴訟人到場。

第四節　訴訟參加

第四一條

訴訟標的對於第三人及當事人一造必須合一確定者，行政法院應以裁定命該第三人參加訴訟。

第四二條

①行政法院認為撤銷訴訟之結果，第三人之權利或法律上利益將受損害者，得依職權命其獨立參加訴訟，並得因該第三人之聲請，裁定允許其參加。

②前項參加，準用第三十九條第三款規定。參加人並得提出獨立之攻擊或防禦方法。

③前二項規定，於其他訴訟準用之。

④訴願人已向行政法院提起撤銷訴訟，利害關係人就同一事件再行起訴者，視為第一項之參加。

第四三條

①第三人依前條規定聲請參加訴訟者，應向本訴訟繫屬之行政法院提出參加書狀，表明下列各款事項：

一　本訴訟及當事人。

二　參加人之權利或法律上利益，因撤銷訴訟之結果將受如何之損害。

三　參加訴訟之陳述。

②行政法院認前項聲請不合前條規定者，應以裁定駁回之。

③關於前項裁定，得為抗告。

④駁回參加之裁定未確定前，參加人得為訴訟行為。

第四四條

①行政法院認其他行政機關有輔助一造之必要者，得命其參加訴訟。

②前項行政機關或有利害關係之第三人亦得聲請參加。

第四五條

①命參加之裁定應記載訴訟程度及命參加理由，送達於訴訟當事人。

②行政法院為前項裁定前，應命當事人或第三人以書狀或言詞為陳述。

③對於命參加訴訟之裁定，不得聲明不服。

第四六條

第四十一條之參加訴訟，準用第三十九條之規定。

第四七條

判決對於經行政法院依第四十一條及第四十二條規定，裁定命其參加或許其參加而未為參加者，亦有效力。

第四八條

民事訴訟法第五十九條至第六十一條、第六十三條至第六十七條之規定，於第四十四條之參加訴訟準用之。

第五節　訴訟代理人及輔佐人

第四九條

①當事人得委任代理人爲訴訟行爲。但每一當事人委任之訴訟代理人不得逾三人。

②行政訴訟應以律師爲訴訟代理人。非律師具有下列情形之一者，亦得爲訴訟代理人：

一　稅務行政事件，具備會計師資格。

二　專利行政事件，具備專利師資格或依法得爲專利代理人。

三　當事人爲公法人、中央或地方機關、公法上之非法人團體時，其所屬專任人員辦理法制、法務、訴願業務或與訴訟事件相關業務。

四　交通裁決事件，原告爲自然人時，其配偶、三親等內之血親或二親等內之姻親；原告爲法人或非法人團體時，其所屬人員辦理與訴訟事件相關業務。

③委任前項之非律師爲訴訟代理人者，應得審判長許可。

④第二項之非律師爲訴訟代理人，審判長許其爲本案訴訟行爲者，視爲已有前項之許可。

⑤前二項之許可，審判長得隨時以裁定撤銷之，並應送達於爲訴訟委任之人。

⑥訴訟代理人委任複代理人，不得逾一人。前四項之規定，於複代理人適用之。

第四九條之一　111

①下列各款事件及其程序進行中所生之其他事件，當事人應委任律師爲訴訟代理人：

一　高等行政法院管轄之環境保護、土地爭議之第一審通常訴訟程序事件及都市計畫審查程序事件。

二　高等行政法院管轄之通常訴訟程序上訴事件。

三　向最高行政法院提起之事件。

四　適用通常訴訟程序或都市計畫審查程序之再審事件。

五　適用通常訴訟程序或都市計畫審查程序之聲請重新審理及其再審事件。

②前項情形，不因訴之減縮、一部撤回、變更或程序誤用而受影響。前項第一款之事件範圍由司法院以命令定之。

③第一項情形，符合下列各款之一者，當事人得不委任律師爲訴訟代理人：

一　當事人或其代表人、管理人、法定代理人具備法官、檢察官、律師資格或爲教育部審定合格之大學或獨立學院公法學教授、副教授。

二　稅務行政事件，當事人或其代表人、管理人、法定代理人具

　　　備前條第二項第一款規定之資格。

三　專利行政事件，當事人或其代表人、管理人、法定代理人具備前條第二項第二款規定之資格。

④第一項各款事件，非律師具有下列情形之一，經本案之行政法院認為適當者，亦得為訴訟代理人：

一　當事人之配偶、三親等內之血親、二親等內之姻親具備律師資格。

二　符合前條第二項第一款、第二款或第三款規定。

⑤前二項情形，應於提起或委任時釋明之。

⑥第一項規定，於下列各款事件不適用之：

一　聲請訴訟救助及其抗告。

二　聲請選任律師為訴訟代理人。

三　聲請核定律師酬金。

⑦原告、上訴人、聲請人或抗告人未依第一項至第四項規定委任訴訟代理人，或雖依第四項規定委任，行政法院認為不適當者，應先定期間命其補正。逾期未補正，亦未依第四十九條之三為聲請者，應以裁定駁回之。

⑧被告、被上訴人、相對人或依第四十一條及第四十二條參加訴訟之人未依第一項至第四項規定委任訴訟代理人，或雖依第四項規定委任，本案之行政法院認為不適當者，審判長得先定期間命補正。

⑨當事人依前二項規定補正者，其訴訟行為經訴訟代理人追認，溯及於行為時發生效力；逾期補正者，自追認時起發生效力。

第四九條之二 111

①前條第一項事件，訴訟代理人得偕同當事人於期日到場，經審判長許可後，當事人得以言詞為陳述。

②前項情形，當事人得依法自為下列訴訟行為：

一　自認。

二　成立和解或調解。

三　撤回起訴或聲請。

四　撤回上訴或抗告。

第四九條之三 111

①第四十九條之一第一項事件，當事人無資力委任訴訟代理人者，得依訴訟救助之規定，聲請行政法院為其選任律師為訴訟代理人。

②當事人提起上訴或抗告依前項規定聲請者，原行政法院應將訴訟卷宗送交上級審行政法院。

③第一項選任律師為訴訟代理人之辦法，由司法院參酌法務部及全國律師聯合會等意見定之。

第五〇條

訴訟代理人應於最初為訴訟行為時提出委任書。但由當事人以言詞委任經行政法院書記官記明筆錄者，不在此限。

第五一條

①訴訟代理人就其受委任之事件，有爲一切訴訟行爲之權。但捨棄、認諾、撤回、和解、提起反訴、上訴或再審之訴及選任代理人，非受特別委任不得爲之。

②關於強制執行之行爲或領取所爭物，準用前項但書之規定。

③如於第一項之代理權加以限制者，應於前條之委任書或筆錄內表明。

第五二條

①訴訟代理人有二人以上者，均得單獨代理當事人。

②違反前項之規定而爲委任者，仍得單獨代理之。

第五三條

訴訟代理權不因本人死亡、破產或訴訟能力喪失而消滅。法定代理有變更或機關經裁撤、改組者，亦同。

第五四條

①訴訟委任之終止，應以書狀提出於行政法院，由行政法院送達於他造。

②由訴訟代理人終止委任者，自爲終止之意思表示之日起十五日內，仍應爲防衛本人權利所必要之行爲。

第五五條

①當事人或訴訟代理人經審判長之許可，得於期日偕同輔佐人到場。但人數不得逾二人。

②審判長認爲必要時亦得命當事人或訴訟代理人偕同輔佐人到場。

③前二項之輔佐人，審判長認爲不適當時，得撤銷其許可或禁止其續爲訴訟行爲。

第五六條

民事訴訟法第七十二條、第七十五條及第七十七條之規定，於本節準用之。

第四章　訴訟程序

第一節　當事人書狀

第五七條 111

①當事人書狀，除別有規定外，應記載下列各款事項：

一　當事人姓名及住所或居所；當事人爲法人、機關或其他團體者，其名稱及所在地、事務所或營業所。

二　有法定代理人、代表人或管理人者，其姓名及住所或居所。

三　有訴訟代理人者，其姓名及住所或居所。

四　應爲之聲明。

五　事實上及法律上之陳述。

六　供證明或釋明用之證據。

七　附屬文件及其件數。

八　行政法院。

九　年、月、日。

②書狀內宜記載當事人、法定代理人、代表人、管理人或訴訟代理人之出生年月日、職業、身分證明文件字號、營利事業統一編號、電話號碼及法定代理人、代表人或管理人與法人、機關或團體之關係或其他足資辨別之特徵。

③當事人書狀格式、記載方法及效力之規則，由司法院定之。未依該規則為之者，行政法院得拒絕其書狀之提出。

④當事人得以科技設備將書狀傳送於行政法院，其適用範圍、程序、效力及其他應遵循事項之辦法，由司法院定之。

⑤當事人以科技設備傳送書狀，未依前項辦法為之者，不生書狀提出之效力。

⑥其他訴訟關係人亦得以科技設備將訴訟文書傳送於行政法院，並準用前二項規定。

第五八條 111

①當事人、法定代理人、代表人、管理人或訴訟代理人應於書狀內簽名或蓋章；其以指印代簽名者，應由他人代書姓名，記明其事由並簽名。

②依法規以科技設備傳送前項書狀者，其效力與提出經簽名或蓋章之書狀同。其他訴訟關係人以科技設備傳送應簽名或蓋章之訴訟文書者，亦同。

第五九條

民事訴訟法第一百十八條至第一百二十一條之規定，於本節準用之。

第六○條

①於言詞辯論外，關於訴訟所為之聲明或陳述，除依本法應用書狀者外，得於行政法院書記官前以言詞為之。

②前項情形，行政法院書記官應作筆錄，並於筆錄內簽名。

③前項筆錄準用第五十七條及民事訴訟法第一百十八條至第一百二十條之規定。

第二節　送　達

第六一條

送達除別有規定外，由行政法院書記官依職權為之。

第六二條

①送達由行政法院書記官交執達員或郵務機構行之。

②由郵務機構行送達者，以郵務人員為送達人；其實施辦法由司法院會同行政院定之。

第六三條

行政法院得向送達地之地方法院為送達之囑託。

第六四條

①對於無訴訟能力人為送達者，應向其全體法定代理人為之。但法定代理人有二人以上，如其中有應為送達處所不明者，送達得僅

向其餘之法定代理人爲之。

②對於法人、中央及地方機關或非法人之團體爲送達者，應向其代表人或管理人爲之。

③代表人或管理人有二人以上者，送達得僅向其中一人爲之。

④無訴訟能力爲訴訟行爲，未向行政法院陳明其法定代理人者，於補正前，行政法院得向該無訴訟能力人爲送達。

第六五條

①對於在中華民國有事務所或營業所之外國法人或團體爲送達者，應向其在中華民國之代表人或管理人爲之。

②前項代表人或管理人有二人以上者，送達得僅向其中一人爲之。

第六六條 111

①訴訟代理人除受送達之權限受有限制者外，送達應向該代理人爲之。但審判長認爲必要時，得命併送達於當事人本人。

②第四十九條之一第一項事件，其訴訟代理人受送達之權限，不受限制。

③第一項但書情形，送達效力以訴訟代理人受送達爲準。

第六七條

當事人或代理人經指定送達代收人，向受訴行政法院陳明者，應向該代收人爲送達。但審判長認爲必要時，得命送達於當事人本人。

第六八條

送達代收人經指定陳明後，其效力及於同地之各級行政法院。但該當事人或代理人別有陳明者，不在此限。

第六九條

當事人或代理人於中華民國無住居所、事務所及營業所者，應指定送達代收人向受訴行政法院陳明。

第七○條

當事人或代理人未依前條規定指定送達代收人者，行政法院得將應送達之文書交付郵務機構以掛號發送。

第七一條

①送達，於應受送達人之住居所、事務所或營業所行之。但在他處會晤應受送達人時，得於會晤處所行之。

②對於法人、機關、非法人之團體之代表人或管理人爲送達者，應向其事務所、營業所或機關所在地行之。但必要時亦得於會晤之處所或其住居所行之。

③應受送達人有就業處所者，亦得向該處所爲送達。

第七二條

①送達於住居所、事務所、營業所或機關所在地不獲會晤應受送達人者，得將文書付與有辨別事理能力之同居人、受雇人或願代爲收受而居住於同一住宅之主人。

②前條所定送達處所之接收郵件人員，視爲前項之同居人或受雇人。

③如同居人、受雇人、居住於同一住宅之主人或接收郵件人員爲他造當事人者，不適用前二項之規定。

第七三條

①送達不能依前二條規定爲之者，得將文書寄存於送達地之自治或警察機關，並作送達通知書二份，一份黏貼於應受送達人住居所、事務所或營業所門首，一份交由鄰居轉交或置於應受送達人之信箱或其他適當之處所，以爲送達。

②前項情形，如係由郵務人員爲送達人者，得將文書寄存於附近之郵務機構。

③寄存送達，自寄存之日起，經十日發生效力。

④寄存之文書自寄存之日起，寄存機關或機構應保存二個月。

第七四條

①應受送達人拒絕收領而無法律上理由者，應將文書置於送達處所，以爲送達。

②前項情形，如有難達留置情事者，準用前條之規定。

第七五條

①送達，除由郵務機構行之者外，非經審判長或受命法官、受託法官或送達地地方法院法官之許可，不得於星期日或其他休息日或日出前、日沒後爲之。但應受送達人不拒絕收領者，不在此限。

②前項許可，書記官應於送達之文書內明。

第七六條

行政法院書記官於法院內將文書付與應受送達人者，應命受送達人提出收據附卷。

第七七條

①於外國或境外爲送達者，應囑託該國管轄機關或駐在該國之中華民國使領館或其他機構、團體爲之。

②不能依前項之規定爲囑託送達者，得將應送達之文書交郵務機構以雙掛號發送，以爲送達。

第七八條

對於駐在外國之中華民國大使、公使、領事或其他駐外人員爲送達者，應囑託外交部爲之。

第七九條

對於在軍隊或軍艦服役之軍人爲送達者，應囑託該管軍事機關或長官爲之。

第八〇條

對於在監所人爲送達者，應囑託該監所長官爲之。

第八一條

行政法院對於當事人之送達，有下列情形之一者，得依聲請或依職權爲公示送達：

一 應爲送達之處所不明。

二 於有治外法權人住居所或事務所爲送達而無效。

三 於外國爲送達，不能依第七十七條之規定辦理或預知雖依該

條規定辦理而無效。

第八二條

公示送達，自將公告或通知書黏貼公告處之日起，公告於行政法院網站者，自公告之日起，其登載公報或新聞紙者，自最後登載之日起，經二十日發生效力；於依前條第三款爲公示送達者，經六十日發生效力。但對同一當事人仍爲公示送達者，自黏貼公告處之翌日起發生效力。

第八三條

① 經訴訟關係人之同意，得以科技設備傳送訴訟文書，其傳送與送達或通知有同一之效力。

② 前項適用範圍、程序、效力及其他應遵循事項之辦法，由司法院定之。

③ 民事訴訟法第一百二十六條、第一百三十一條、第一百三十五條、第一百四十一條、第一百四十二條、第一百四十四條、第一百四十八條、第一百五十一條及第一百五十三條之規定，於本節準用之。

第三節　期日及期間

第八四條

① 期日，除別有規定外，由審判長依職權定之。

② 期日，除有不得已之情形外，不得於星期日或其他休息日定之。

第八五條

審判長定期日後，行政法院書記官應作通知書，送達於訴訟關係人。但經審判長面告以所定之期日命其到場，或訴訟關係人曾以書狀陳明屆期到場者，與送達有同一之效力。

第八六條

期日應爲之行爲於行政法院內爲之。但在行政法院內不能爲或爲之而不適當者，不在此限。

第八七條

① 期日，以朗讀案由爲始。

② 期日，如有重大理由，得變更或延展之。

③ 變更或延展期日，除別有規定外，由審判長裁定之。

第八八條

① 期間，除法定者外，由行政法院或審判長酌量情形定之。

② 行政法院或審判長所定期間，自送達定期間之文書時起算，無庸送達者，自宣示定期間之裁判時起算。

③ 期間之計算，依民法之規定。

第八九條

① 當事人不在行政法院所在地住居者，計算法定期間，應扣除其在途之期間。但有訴訟代理人住居行政法院所在地，得爲期間內應爲之訴訟行爲者，不在此限。

② 前項應扣除之在途期間，由司法院定之。

第九○條

①期間，如有重大理由得伸長或縮短之。但不變期間不在此限。

②伸長或縮短期間由行政法院裁定。但期間係審判長所定者，由審判長裁定。

第九一條

①因天災或其他不應歸責於己之事由，致遲誤不變期間者，於其原因消滅後一個月內，如該不變期間少於一個月者，於相等之日數內，得聲請回復原狀。

②前項期間不得伸長或縮短之。

③遲誤不變期間已逾一年者，不得聲請回復原狀，遲誤第一百零六條之起訴期間已逾三年者，亦同。

④第一項之聲請應以書狀為之，並釋明遲誤期間之原因及其消滅時期。

第九二條

①因遲誤上訴或抗告期間而聲請回復原狀者，向為裁判之原行政法院為之；遲誤其他期間者，向管轄該期間內應為之訴訟行為之行政法院為之。

②聲請回復原狀，應同時補行期間內應為之訴訟行為。

第九三條

①回復原狀之聲請，由受聲請之行政法院與補行之訴訟行為合併裁判之。但原行政法院認其聲請應行許可，而將上訴或抗告事件送交上級行政法院者，應由上級行政法院合併裁判。

②因回復原狀而變更原裁判者，準用第二百八十二條之規定。

第九四條

①受命法官或受託法官關於其所為之行為，得定期日及期間。

②第八十四條至第八十七條、第八十八條第一項、第二項及第九十條之規定，於受命法官或受託法官定期日及期間者，準用之。

第四節　訴訟卷宗

第九五條

①當事人書狀、筆錄、裁判書及其他關於訴訟事件之文書，行政法院應保存者，應由行政法院書記官編為卷宗。

②卷宗滅失事件之處理，準用民刑事訴訟卷宗滅失案件處理法之規定。

第九六條

①當事人得向行政法院書記官聲請閱覽、抄錄、影印或攝影卷內文書，或預納費用請求付與繕本、影本或節本。

②第三人經當事人同意或釋明有法律上之利害關係，而為前項之聲請者，應經行政法院裁定許可。

③當事人、訴訟代理人、第四十四條之參加人及其他經許可之第三人之閱卷規則，由司法院定之。

第九七條

裁判草案及其準備或評議文件，除法律別有規定外，不得交當事

人或第三人閱覽、抄錄、影印或攝影，或付與繕本、影本或節本；裁判書在宣示或公告前，或未經法官簽名者，亦同。

第五節　訴訟費用

第九八條

① 訴訟費用指裁判費及其他進行訴訟之必要費用，由敗訴之當事人負擔。但為第一百九十八條之判決時，由被告負擔。

② 起訴，按件徵收裁判費新臺幣四千元。適用簡易訴訟程序之事件，徵收裁判費新臺幣二千元。

第九八條之一

以一訴主張數項標的，或為訴之變更、追加或提起反訴者，不另徵收裁判費。

第九八條之二

① 上訴，依第九十八條第二項規定，加徵裁判費二分之一。

② 發回或發交更審再行上訴，或依第二百五十七條第二項為移送，經判決後再行上訴者，免徵裁判費。

第九八條之三

① 再審之訴，按起訴法院之審級，依第九十八條第二項及前條第一項規定徵收裁判費。

② 對於確定之裁定聲請再審者，徵收裁判費新臺幣一千元。

第九八條之四

抗告，徵收裁判費新臺幣一千元。

第九八條之五

聲請或聲明，不徵收裁判費。但下列聲請，徵收裁判費新臺幣一千元：

一　聲請參加訴訟或駁回參加。

二　聲請回復原狀。

三　聲請停止執行或撤銷停止執行之裁定。

四　起訴前聲請證據保全。

五　聲請重新審理。

六　聲請假扣押、假處分或撤銷假扣押、假處分之裁定。

七　第二百三十七條之三十聲請事件。

第九八條之六

① 下列費用之徵收，除法律另有規定外，其項目及標準由司法院定之：

一　影印費、攝影費、抄錄費、翻譯費、運送費、公告行政法院網站費及登載公報新聞紙費。

二　證人及通譯之日費、旅費。

三　鑑定人之日費、旅費、報酬及鑑定所需費用。

四　其他進行訴訟及強制執行之必要費用。

② 郵電送達費及行政法院人員於法院外為訴訟行為之食、宿、交通費，不另徵收。

第九八條之七

交通裁決事件之裁判費，第二編第三章別有規定者，從其規定。

第九八條之八 111

① 行政法院或審判長依法律規定，為當事人選任律師為特別代理人或訴訟代理人者，其律師之酬金由行政法院或審判長定之。

② 前項及第四十九條之一第一項事件之律師酬金為訴訟費用之一部，應限定其最高額。其支給標準，由司法院參酌法務部及全國律師聯合會等意見定之。

③ 前項律師酬金之數額，行政法院為終局裁判時，應併予酌定。訴訟不經裁判而終結者，行政法院應依聲請以裁定酌定之。

④ 對於酌定律師酬金數額之裁判，得抗告。

第九九條

① 因可歸責於參加人之事由致生無益之費用者，行政法院得命該參加人負擔其全部或一部。

② 依第四十四條參加訴訟所生之費用，由參加人負擔。但他造當事人依第九十八條第一項及準用民事訴訟法第七十九條至第八十四條規定應負擔之訴訟費用，仍由該當事人負擔。

第一〇〇條

① 裁判費除法律別有規定外，當事人應預納之。其未預納者，審判長應定期命當事人繳納；逾期未納者，行政法院應駁回其訴、上訴、抗告、再審或其他聲請。

② 進行訴訟之必要費用，審判長得定期命當事人預納。逾期未納者，由國庫墊付，並於判決確定後，依職權裁定，向應負擔訴訟費用之人徵收之。

③ 前項裁定得為執行名義。

第一〇一條

當事人無資力支出訴訟費用者，行政法院應依聲請，以裁定准予訴訟救助。但顯無勝訴之望者，不在此限。

第一〇二條

① 聲請訴訟救助，應向受訴行政法院為之。

② 聲請人無資力支出訴訟費用之事由應釋明之。

③ 前項釋明，得由受訴行政法院管轄區域內有資力之人出具保證書代之。

④ 前項保證書內，應載明其保證人於聲請訴訟救助人負擔訴訟費用時，代繳暫免之費用。

第一〇三條

准予訴訟救助者，暫行免付訴訟費用。

第一〇四條 111

民事訴訟法第七十七條之二十六第七十九條至第八十五條、第八十七條至第九十四條、第九十五條、第九十六條至第一百零六條、第一百零八條、第一百零九條之一、第一百十一條至第一百十三條、第一百十四條第一項、第一百十四條之一及第

一百十五條之規定，於本節準用之。

第二編　第一審程序

第一章　通常訴訟程序 111

第一節　起　訴

第一〇四條之一 111

① 適用通常訴訟程序之事件，以高等行政法院爲第一審管轄法院。但下列事件，以地方行政法院爲第一審管轄法院：
一　關於稅捐課徵事件涉訟，所核課之稅額在新臺幣一百五十萬元以下者。
二　因不服行政機關所爲新臺幣一百五十萬元以下之罰鍰或其附帶之其他裁罰性、管制性不利處分而涉訟者。
三　其他關於公法上財產關係之訴訟，其標的之金額或價額在新臺幣一百五十萬元以下者。
四　其他依法律規定或經司法院指定由地方行政法院管轄之事件。
② 前項所定數額，司法院得因情勢需要，以命令增至新臺幣一千萬元。

第一〇五條

① 起訴，應以訴狀表明下列各款事項，提出於行政法院爲之：
一　當事人。
二　起訴之聲明。
三　訴訟標的及其原因事實。
② 訴狀內宜記載適用程序上有關事項、證據方法及其他準備言詞辯論之事項；其經訴願程序者，並附具決定書。

第一〇六條

① 第四條及第五條訴訟之提起，除本法別有規定外，應於訴願決定書送達後二個月之不變期間內爲之。但訴願人以外之利害關係人知悉在後者，自知悉時起算。
② 第四條及第五條之訴訟，自訴願決定書送達後，已逾三年者，不得提起。
③ 不經訴願程序即得提起第四條或第五條第二項之訴訟者，應於行政處分達到或公告後二個月之不變期間內爲之。
④ 不經訴願程序即得提起第五條第一項之訴訟者，於應作爲期間屆滿後，始得爲之。但於期間屆滿後，已逾三年者，不得提起。

第一〇七條 111

① 原告之訴，有下列各款情形之一者，行政法院應以裁定駁回之。但其情形可以補正者，審判長應先定期間命補正：
一　訴訟事件不屬行政訴訟審判權，不能依法移送。

二　訴訟事件不屬受訴行政法院管轄而不能請求指定管轄，亦不能爲移送訴訟之裁定。

三　原告或被告無當事人能力。

四　原告或被告未由合法之法定代理人、代表人或管理人爲訴訟行爲。

五　由訴訟代理人起訴，而其代理權有欠缺。

六　起訴逾越法定期限。

七　當事人就已向行政法院或其他審判權之法院起訴之事件，於訴訟繫屬中就同一事件更行起訴。

八　本案經終局判決後撤回其訴，復提起同一之訴。

九　訴訟標的爲確定判決、和解或調解之效力所及。

十　起訴不合程式或不備其他要件。

十一　起訴基於惡意、不當或其他濫用訴訟程序之目的或有重大過失，且事實上或法律上之主張欠缺合理依據。

②撤銷訴訟及課予義務訴訟，原告於訴狀誤列被告機關者，準用前項之規定。

③原告之訴，有下列各款情形之一者，行政法院得不經言詞辯論，逕以判決駁回之。但其情形可以補正者，審判長應先定期間命補正：

一　除第二項以外之當事人不適格或欠缺權利保護必要。

二　依其所訴之事實，在法律上顯無理由。

④前三項情形，原告之訴因逾期未補正經裁判駁回後，不得再爲補正。

⑤第一項至第三項之裁判理由得僅記載要領，且得以原告書狀、筆錄或其他文書爲附件。

⑥行政法院依第一項第十一款規定駁回原告之訴者，得各處原告、代表人或管理人、代理人新臺幣十二萬元以下之罰鍰。

⑦前項處罰鍰應與本案裁合併裁定之。裁定內應記載受處罰人供相當金額之擔保後，得停止執行。

⑧原告對於本案訴訟之裁定聲明不服，關於處罰部分，視爲提起抗告。

⑨第一項及第四項至第八項規定，於聲請或聲明事件準用之。

第一〇八條

①行政法院除依前條規定駁回原告之訴或移送者外，應將訴狀送達於被告。並命被告以答辯狀陳述意見。

②原處分機關、被告機關或受理訴願機關經行政法院通知後，應於十日內將卷證送交行政法院。

第一〇九條

①審判長認已適於爲言詞辯論時，應速定言詞辯論期日。

②前項言詞辯論期日，距訴狀之送達，至少應有十日爲就審期間。但有急迫情形者，不在此限。

第一一〇條

① 訴訟繫屬中，爲訴訟標的之法律關係雖移轉於第三人，於訴訟無影響。但第三人如經兩造同意，得代當事人承當訴訟。

② 前項情形，僅他造不同意者，移轉之當事人或第三人得聲請行政法院以裁定許第三人承當訴訟。

③ 前項裁定得爲抗告。

④ 行政法院知悉訴訟標的有移轉者，應即以書面將訴訟繫屬情形通知第三人。

⑤ 訴願決定後，爲訴訟標的之法律關係移轉於第三人者，得由受移轉人提起撤銷訴訟。

第一一一條

① 訴狀送達後，原告不得將原訴變更或追加他訴。但經被告同意或行政法院認爲適當者，不在此限。

② 被告於訴之變更或追加無異議，而爲本案之言詞辯論者，視爲同意變更或追加。

③ 有下列情形之一者，訴之變更或追加，應予准許：

　一　訴訟標的對於數人必須合一確定，追加其原非當事人之人爲當事人。

　二　訴訟標的之請求雖有變更，但其請求之基礎不變。

　三　因情事變更而以他項聲明代最初之聲明。

　四　應提起確認訴訟，誤爲提起撤銷訴訟。

　五　依第一百九十七條或其他法律之規定，應許爲訴之變更或追加。

④ 前三項規定，於變更或追加之新訴爲撤銷訴訟而未經訴願程序者不適用之。

⑤ 對於行政法院以訴爲非變更追加，或許訴之變更追加之裁判，不得聲明不服。但撤銷訴訟，主張其未經訴願程序者，得隨同終局判決聲明不服。

第一一二條

① 被告於言詞辯論終結前，得在本訴繫屬之行政法院提起反訴。但對於撤銷訴訟及課予義務訴訟，不得提起反訴。

② 原告對於反訴，不得復行提起反訴。

③ 反訴之請求如專屬他行政法院管轄，或與本訴之請求或其防禦方法不相牽連者，不得提起。

④ 被告意圖延滯訴訟而提起反訴者，行政法院得駁回之。

第一一三條

① 原告於判決確定前得撤回訴之全部或一部。但於公益之維護有礙者，不在此限。

② 前項撤回，被告已爲本案之言詞辯論者，應得其同意。

③ 訴之撤回，應以書狀爲之。但於期日得以言詞爲之。

④ 以言詞所爲之撤回，應記載於筆錄，如他造不在場，應將筆錄送達。

⑤ 訴之撤回，被告於期日到場，未爲同意與否之表示者，自該期日

起；其未於期日到場或係以書狀撤回者，自前項筆錄或撤回書狀送達之日起，十日內未提出異議者，視爲同意撤回。

第一一四條

① 行政法院就前條訴之撤回認有礙公益之維護者，應以裁定不予准許。

② 前項裁定不得抗告。

第一一四條之一　111

① 地方行政法院適用通常訴訟程序之事件，因訴之變更或一部撤回，致其訴之全部屬於簡易訴訟程序或交通裁決事件訴訟程序之範圍者，地方行政法院應改依簡易訴訟程序或交通裁決事件訴訟程序之規定，由原受命法官繼續審理。

② 地方行政法院適用通常訴訟程序之事件，因訴之追加、變更或反訴，致其訴之全部或一部屬於高等行政法院管轄者，應裁定移送管轄之高等行政法院。

③ 高等行政法院適用通常訴訟程序之事件，因訴之變更或一部撤回，致其訴之全部屬於地方行政法院管轄之事件者，高等行政法院應裁定移送管轄之地方行政法院。

第一一五條

民事訴訟法第二百四十五條、第二百四十六條、第二百四十八條、第二百五十二條、第二百五十三條、第二百五十七條、第二百六十一條、第二百六十三條及第二百六十四條之規定，於本節準用之。

第二節　停止執行

第一一六條

① 原處分或決定之執行，除法律另有規定外，不因提起行政訴訟而停止。

② 行政訴訟繫屬中，行政法院認爲原處分或決定之執行，將發生難於回復之損害，且有急迫情事者，得依職權或依聲請裁定停止執行。但於公益有重大影響，或原告之訴在法律上顯無理由者，不得爲之。

③ 於行政訴訟起訴前，如原處分或決定之執行將發生難於回復之損害，且有急迫情事者，行政法院亦得依受處分人或訴願人之聲請，裁定停止執行。但於公益有重大影響者，不在此限。

④ 行政法院爲前二項裁定前，應先徵詢當事人之意見。如原處分或決定機關已依職權或依聲請停止執行者，應爲駁回聲請之裁定。

⑤ 停止執行之裁定，得停止原處分或決定之效力、處分或決定之執行或程序之續行之全部或部份。

第一一七條

前條規定，於確認行政處分無效之訴訟準用之。

第一一八條

停止執行之原因消滅，或有其他情事變更之情形，行政法院得依

職權或依聲請撤銷停止執行之裁定。

第一一九條

關於停止執行或撤銷停止執行之裁定，得爲抗告。

第三節　言詞辯論

第一二〇條

①原告因準備言詞辯論之必要，應提出準備書狀。

②被告因準備言詞辯論，宜於未逾就審期間二分之一以前，提出答辯狀。

第一二一條

①行政法院因使辯論易於終結，認爲必要時，得於言詞辯論前，爲下列各款之處置：

一　命當事人、法定代理人、代表人或管理人本人到場。

二　命當事人提出圖案、表冊、外國文書之譯本或其他文書、物件。

三　行勘驗、鑑定或囑託機關、團體爲調查。

四　通知證人或鑑定人，及調取或命第三人提出文書、物件。

五　使受命法官或受託法官調查證據。

②行政法院因闡明或確定訴訟關係，於言詞辯論時，得爲前項第一款至第三款之處置，並得將當事人或第三人提出之文書、物件暫留置之。

第一二二條

①言詞辯論，以當事人聲明起訴之事項爲始。

②當事人應就訴訟關係爲事實上及法律上之陳述。

③當事人不得引用文件以代言詞陳述。但以舉文件之辭句爲必要時，得朗讀其必要之部分。

第一二二條之一 111

①當事人、證人、鑑定人或其他訴訟關係人如不通曉中華民國語言，行政法院應用通譯；法官不通曉訴訟關係人所用之方言者，亦同。

②前項訴訟關係人如爲聽覺、聲音或語言障礙者，行政法院應用通譯。但亦得以文字發問或使其以文字陳述。

③前二項之通譯，準用關於鑑定人之規定。

④有第二項情形者，其訴訟關係人之配偶、直系或三親等內旁系血親、家長、家屬、醫師、心理師、輔導人員、社工人員或其信賴之人，經審判長許可後，得陪同在場。

第一二三條

①行政法院調查證據，除別有規定外，於言詞辯論期日行之。

②當事人應依第二編第一章第四節之規定，聲明所用之證據。

第一二四條

①審判長開始、指揮及終結言詞辯論，並宣示行政法院之裁判。

②審判長對於不服從言詞辯論之指揮者，得禁止發言。

③言詞辯論須續行者，審判長應速定其期日。

第一二五條 111

①行政法院應依職權調查事實關係，不受當事人事實主張及證據聲明之拘束。

②前項調查，當事人應協力為之。

③審判長應注意使當事人得為事實上及法律上適當完全之辯論。

④審判長應向當事人發問或告知，令其陳述事實、聲明證據，或為其他必要之聲明及陳述；其所聲明、陳述或訴訟類型有不明瞭或不完足者，應令其敘明或補充之。

⑤陪席法官告明審判長後，得向當事人發問或告知。

第一二五條之一 111

①審判長得於徵詢當事人之意見後，定期間命其為下列事項：
一　陳述事實或指出證據方法。
二　提出其依法負提出義務之文書或物件。

②當事人逾前項期間，遲延陳述事實、指出或提出證據方法，符合下列情形者，除法律別有規定外，行政法院得不予斟酌，逕依調查結果裁判之：
一　其遲延有礙訴訟之終結。
二　當事人未能釋明其遲延係不可歸責於己。
三　審判長已告知其遲延之效果。

第一二五條之二 111

①行政法院為使訴訟關係明確，必要時得命司法事務官就事實上及法律上之事項，基於專業知識對當事人為說明。

②行政法院因司法事務官提供而獲知之特殊專業知識，應予當事人辯論之機會，始得採為裁判之基礎。

第一二六條

①凡依本法使受命法官為行為者，由審判長指定之。

②行政法院應為之囑託，除別有規定外，由審判長行之。

第一二七條

①分別提起之數宗訴訟係基於同一或同種類之事實上或法律上之原因者，行政法院得命合併辯論。

②命合併辯論之數宗訴訟，得合併裁判之。

第一二八條

行政法院書記官應作言詞辯論筆錄，記載下列各款事項：
一　辯論之處所及年、月、日。
二　法官、書記官及通譯姓名。
三　訴訟事件。
四　到場當事人、法定代理人、代表人、管理人、訴訟代理人、輔佐人及其他經通知到場之人姓名。
五　辯論之公開或不公開；如不公開者，其理由。

第一二九條

言詞辯論筆錄內，應記載辯論進行之要領，並將下列各款事項記

載明確：

一 訴訟標的之捨棄、認諾、自認及訴之撤回。

二 證據之聲明或撤回，及對於違背訴訟程序規定之異議。

三 當事人所為其他重要聲明或陳述，及經告知而不為聲明或陳述之情形。

四 依本法規定應記載筆錄之其他聲明或陳述。

五 證人或鑑定人之陳述，及勘驗所得之結果。

六 審判長命令記載之事項。

七 不作裁判書附卷之裁判。

八 裁判之宣示。

第一三○條

①筆錄或筆錄內所引用附卷或作為附件之文書內所記前條第一款至第六款事項，應依聲請於法庭向關係人朗讀或令其閱覽，並於筆錄內附記其事由。

②關係人對於筆錄所記有異議者，行政法院書記官得更正或補充之。如以異議為不當，應於筆錄內附記其異議。

③以機器記錄言詞辯論之進行者，其實施辦法由司法院定之。

第一三○條之一

①當事人、代表人、管理人、代理人、輔佐人、證人、鑑定人或其他關係人之所在處所或所在地法院與行政法院間，有聲音及影像相互傳送之科技設備而得直接審理者，行政法院認為適當時，得依聲請或依職權以該設備審理之。

②前項情形，其期日通知書記載之應到處所為該設備所在處所。

③依第一項進行程序之筆錄及其他文書，須陳述人簽名者，由行政法院傳送至陳述人所在處所，經陳述人確認內容並簽名後，將筆錄及其他文書以電信傳真或其他科技設備傳回行政法院。

④第一項之審理及前項文書傳送之辦法，由司法院定之。

第一三一條 111

第四十九條第三項至第六項、第四十九條之一第四項、第八項、第七十四條之二第一項、第五十條、第六十六條第一項、第六十七條但書、第一百條第一項前段、第二項、第一百零七條第一項但書、第二項、第三項但書、第一百十條第四項、第一百二十一條第一項第一款至第四款、第二項、第一百二十二條之一、第一百二十四條、第一百二十五條、第一百二十五條之一、第一百二十五條之二、第一百三十條之一及民事訴訟法第四十九條、第七十五條第一項、第一百二十條第一項、第一百二十一條第一項、第二項、第二百條、第二百零八條、第二百十三條第二項、第二百十三條之一、第二百十四條、第二百十七條、第二百六十八條、第二百六十八條之一第二項、第三項、第二百六十八條之二第一項、第三百七十一條第一項、第二項及第三百七十二條關於法院或審判長權限之規定，於受命法官行準備程序時準用之。

第一三二條 111

民事訴訟法第一百九十五條至第一百九十七條、第二百條、第二百零一條、第二百零四條、第二百零六條、第二百零八條、第二百十條、第二百十一條、第二百十三條第二項、第二百十四條、第二百十五條、第二百十七條至第二百十九條、第二百六十五條至第二百六十八條之一、第二百六十八條之二、第二百七十條第一項、第二百七十條之一至第二百七十一條之一、第二百七十三條至第二百七十六條之規定，於本節準用之。

第四節 證 據

第一三三條 111
行政法院應依職權調查證據。

第一三四條 111
當事人主張之事實，雖經他造自認，行政法院仍應調查其他必要之證據。

第一三五條
① 當事人因妨礙他造使用，故意將證據滅失、隱匿或致礙難使用者，行政法院得審酌情形認他造關於該證據之主張或依該證據應證之事實為真實。

② 前項情形，於裁判前應令當事人有辯論之機會。

第一三六條
除本法有規定者外，民事訴訟法第二百七十七條之規定於本節準用之。

第一三七條
習慣及外國之現行法為行政法院所不知者，當事人有舉證之責任。但行政法院得依職權調查之。

第一三八條
行政法院得囑託普通法院或其他機關、學校、團體調查證據。

第一三九條
行政法院認為適當時，得使庭員一人為受命法官或囑託他行政法院指定法官調查證據。

第一四〇條
① 受訴行政法院於言詞辯論前調查證據，或由受命法官、受託法官調查證據者，行政法院書記官應作調查證據筆錄。

② 第一百二十八條至第一百三十條之規定，於前項筆錄準用之。

③ 受託法官調查證據筆錄，應送受訴行政法院。

第一四一條
① 調查證據之結果，應告知當事人為辯論。

② 於受訴行政法院外調查證據者，當事人應於言詞辯論時陳述其調查之結果。但審判長得令行政法院書記官朗讀調查證據筆錄代之。

第一四二條

除法律別有規定外，不問何人，於他人之行政訴訟有為證人之義務。

第一四三條

①證人受合法之通知，無正當理由而不到場者，行政法院得以裁定處新臺幣三萬元以下罰鍰。

②證人已受前項裁定，經再次通知仍不到場者，得再處新臺幣六萬元以下罰鍰，並得拘提之。

③拘提證人，準用刑事訴訟法關於拘提被告之規定；證人為現役軍人者，應以拘票囑託該管長官執行。

④處證人罰鍰之裁定，得為抗告，抗告中應停止執行。

第一四三條之一 111

①證人不能到場，或有其他必要情形時，得就其所在處所訊問之。

②證人須依據文書、資料為陳述，或依事件之性質、證人之狀況，經行政法院認為適當者，得命當事人會同證人於公證人前作成陳述書狀。

③經當事人同意者，證人亦得於行政法院外以書狀為陳述。

④依前二項為陳述後，如認證人之書狀陳述須加說明，或經當事人之一造聲請對證人為必要之發問者，行政法院仍得通知該證人到場陳述。

⑤證人以書狀為陳述者，仍應具結，並將結文附於書狀，經公證人認證後提出。其依第一百三十條之一為訊問者，亦應於訊問前或訊問後具結。

第一四四條

①以公務員、中央民意代表或曾為公務員、中央民意代表之人為證人，而就其職務上應守秘密之事項訊問者，應得該監督長官或民意機關之同意。

②前項同意，除有妨害國家高度機密者外，不得拒絕。

③以受公務機關委託承辦公務之人為證人者，準用前二項之規定。

第一四五條

證人恐因陳述致自己或下列之人受刑事訴追或蒙恥辱者，得拒絕證言：

一　證人之配偶、前配偶或四親等內之血親、三親等內之姻親或曾有此親屬關係或與證人訂有婚約者。

二　證人之監護人或受監護人。

第一四六條 111

①證人有下列各款情形之一者，得拒絕證言：

一　證人有第一百四十四條之情形。

二　證人為醫師、藥師、藥商、心理師、助產士、宗教師、律師、會計師或其他從事相類業務之人或其業務上佐理人或曾任此等職務之人，就其因業務所知悉有關他人秘密之事項受訊問。

三　關於技術上或職業上之秘密受訊問。

②前項規定，於證人秘密之責任已經免除者，不適用之。

第一四七條

依前二條規定，得拒絕證言者，審判長應於訊問前或知有該項情形時告知之。

第一四八條

①證人不陳明拒絕之原因事實而拒絕證言，或以拒絕爲不當之裁定已確定而仍拒絕證言者，行政法院得以裁定處新臺幣三萬元以下罰鍰。

②前項裁定得爲抗告，抗告中應停止執行。

第一四九條

①審判長於訊問前，應命證人各別具結。但其應否具結有疑義者，於訊問後行之。

②審判長於證人具結前，應告以具結之義務及僞證之處罰。

③證人以書狀爲陳述者，不適用前二項之規定。

第一五〇條 111

以未滿十六歲或因精神或其他心智障礙，致不解具結意義及其效果之人爲證人者，不得令其具結。

第一五一條

以下列各款之人爲證人者，得不令其具結：

一 證人爲當事人之配偶、前配偶或四親等內之血親、三親等內之姻親或曾有此親屬關係或與當事人訂有婚約。

二 有第一百四十五條情形而不拒絕證言。

三 當事人之受雇人或同居人。

第一五二條

證人就與自己或第一百四十五條所列之人有直接利害關係之事項受訊問者，得拒絕具結。

第一五三條

第一百四十八條之規定，於證人拒絕具結者準用之。

第一五四條

①當事人得就證實事實及證言信用之事項，聲請審判長對於證人爲必要之發問，或向審判長陳明後自行發問。

②前項之發問，與應證事實無關、重複發問、誘導發問、侮辱證人或有其他不當情形，審判長得依聲請或依職權限制或禁止。

③關於發問之限制或禁止有異議者，行政法院應就其異議爲裁定。

第一五五條

①行政法院應發給證人法定之日費及旅費；證人亦得於訊問完畢後請求之。但被拘提或無正當理由拒絕具結或證言者，不在此限。

②前項關於日費及旅費之裁定，得爲抗告。

③證人所需之旅費，得依其請求預行酌給之。

第一五六條

鑑定，除別有規定外，準用本法關於人證之規定。

第一五七條 111

① 從事於鑑定所需之學術、技藝或職業，或經機關委任有鑑定職務者，於他人之行政訴訟有為鑑定人之義務。

② 鑑定人應於選任前揭露下列資訊；其經選任後發現者，應即時向審判長及當事人揭露之：

一　學經歷、專業領域及本於其專業學識經驗曾參與訴訟、非訟或法院調解程序之案例。

二　關於專業學識經驗及相關資料之準備或提出，曾與當事人、輔助參加人、輔佐人或其代理人有分工或合作關係。

三　關於專業學識經驗及相關資料之準備或提出，曾受當事人、輔助參加人、輔佐人或其代理人之金錢報酬或資助及其金額或價值。

四　關於該事件，有其他提供金錢報酬或資助者之身分及其金額或價值。

五　有其他情事足認有不能公正、獨立執行職務之虞。

第一五八條

鑑定人不得拘提。

第一五九條

鑑定人拒絕鑑定，雖其理由不合於本法關於拒絕證言之規定，如行政法院認為正當者，亦得免除其鑑定義務。

第一六〇條

① 鑑定人於法定之日費、旅費外，得請求相當之報酬。

② 鑑定所需費用，得依鑑定人之請求預行酌給之。

③ 關於前二項請求之裁定，得為抗告。

第一六一條

行政法院依第一百三十八條之規定，囑託機關、學校或團體陳述鑑定意見或審查之者，準用第一百六十條及民事訴訟法第三百三十五條至第三百三十七條之規定。其鑑定書之說明，由該機關、學校或團體所指定之人為之。

第一六二條

① 行政法院認有必要時，得就訴訟事件之專業法律問題徵詢從事該學術研究之人，以書面或於審判期日到場陳述其法律上意見。

② 前項意見，於裁判前應告知當事人使為辯論。

③ 第一項陳述意見之人，準用鑑定人之規定。但不得令其具結。

第一六三條

下列各款文書，當事人有提出之義務：

一　該當事人於訴訟程序中曾經引用者。

二　他造依法律規定，得請求交付或閱覽者。

三　為他造之利益而作者。

四　就與本件訴訟關係有關之事項所作者。

五　商業帳簿。

第一六四條

① 公務員或機關掌管之文書，行政法院得調取之。如該機關為當事

人時，並有提出之義務。

②前項情形，除有妨害國家高度機密者外，不得拒絕。

第一六五條

①當事人無正當理由不從提出文書之命者，行政法院得審酌情形認他造關於該文書之主張或依該文書應證之事實爲眞實。

②前項情形，於裁判前應令當事人有辯論之機會。

第一六六條

①聲明書證係使用第三人所執之文書者，應聲請行政法院命第三人提出或定由舉證人提出之期間。

②民事訴訟法第三百四十二條第二項、第三項之規定，於前項聲請準用之。

③文書爲第三人所執之事由及第三人有提出義務之原因，應釋明之。

第一六七條

①行政法院認應證之事實重要且舉證人之聲請正當者，應以裁定命第三人提出文書或定由舉證人提出文書之期間。

②行政法院爲前項裁定前，應使該第三人有陳述意見之機會。

第一六八條

關於第三人提出文書之義務，準用第一百四十四條至第一百四十七條及第一百六十三條第二款至第五款之規定。

第一六九條

①第三人無正當理由不從提出文書之命者，行政法院得以裁定處新臺幣三萬元以下罰鍰；於必要時，並得爲強制處分。

②前項強制處分之執行，適用第三百零六條規定。

③第一項裁定得爲抗告，抗告中應停止執行。

第一七〇條

①第三人得請求提出文書之費用。

②第一百五十五條之規定，於前項情形準用之。

第一七一條

①文書之眞僞，得依核對筆跡或印跡證之。

②行政法院得命當事人或第三人提出文書，以供核對。核對筆跡或印跡，適用關於勘驗之規定。

第一七二條

①無適當之筆跡可供核對者，行政法院得指定文字，命該文書之作成名義人書寫，以供核對。

②文書之作成名義人無正當理由不從前項之命者，準用第一百六十五條或第一百六十九條之規定。

③因供核對所書寫之文字應附於筆錄；其他供核對之文件不須發還者，亦同。

第一七三條

①本法關於文書之規定，於文書外之物件，有與文書相同之效用者，準用之。

②文書或前項物件，須以科技設備始能呈現其內容或提出原件有事實上之困難者，得僅提出呈現其內容之書面並證明其內容與原件相符。

第一七四條

第一百六十四條至第一百七十條之規定，於勘驗準用之。

第一七五條 111

①保全證據之聲請，在起訴後，向受訴行政法院為之；在起訴前，向受訊問人住居地或證物所在地之地方行政法院為之。

②遇有急迫情形時，於起訴後，亦得向前項地方行政法院聲請保全證據。

第一七五條之一

行政法院於保全證據時，得命司法事務官協助調查證據。

第一七六條 111

民事訴訟法第二百十五條、第二百十七條至第二百十九條、第二百七十八條、第二百八十一條、第二百八十二條、第二百八十四條至第二百八十六條、第二百九十一條至第二百九十三條、第二百九十五條、第二百九十六條、第二百九十六條之一、第二百九十八條至第三百零一條、第三百零四條、第三百零九條、第三百十條、第三百十三條、第三百十三條之一、第三百十六條至第三百十九條、第三百二十一條、第三百二十二條、第三百二十五條至第三百二十七條、第三百三十一條至第三百三十七條、第三百三十九條、第三百四十一條至第三百四十三條、第三百五十二條至第三百五十八條、第三百六十一條、第三百六十四條至第三百六十六條、第三百六十八條、第三百七十條至第三百七十六條之二之規定，於本節準用之。

第五節　訴訟程序之停止

第一七七條

①行政訴訟之裁判須以民事法律關係是否成立為準據，而該法律關係已經訴訟繫屬尚未終結者，行政法院應以裁定停止訴訟程序。

②除前項情形外，有民事、刑事或其他行政爭訟牽涉行政訴訟之裁判者，行政法院在該民事、刑事或其他行政爭訟終結前，得以裁定停止訴訟程序。

第一七八條 （刪除）

第一七八條之一 111

行政法院就其受理事件，對所應適用之法律位階下規範，聲請憲法法庭判決宣告違憲者，應裁定停止訴訟程序。

第一七九條

①本於一定資格，以自己名義為他人任訴訟當事人之人，喪失其資格或死亡者，訴訟程序在有同一資格之人承受其訴訟以前當然停止。

②依第二十九條規定，選定或指定為訴訟當事人之人全體喪失其資

格者，訴訟程序在該有共同利益人全體或新選定或指定爲訴訟當事人之人承受其訴訟以前當然停止。

第一八〇條

第一百七十九條之規定，於有訴訟代理人時不適用之。但行政法院得衡量情形裁定停止其訴訟程序。

第一八一條

①訴訟程序當然停止後，依法律所定之承受訴訟之人，於得爲承受時，應即爲承受之聲明。

②他造當事人亦得聲明承受訴訟。

第一八二條

①訴訟程序當然或裁定停止間，行政法院及當事人不得爲關於本案之訴訟行爲。但於言詞辯論終結後當然停止者，本於其辯論之裁判得宣示之。

②訴訟程序當然或裁定停止者，期間停止進行；自停止終竣時起，其期間更始進行。

第一八三條

①當事人得以合意停止訴訟程序。但於公益之維護有礙者，不在此限。

②前項合意，應由兩造向受訴行政法院陳明。

③行政法院認第一項之合意有礙公益之維護者，應於兩造陳明後，一個月內裁定續行訴訟。

④前項裁定不得聲明不服。

⑤不變期間之進行不因第一項合意停止而受影響。

第一八四條

除有前條第三項之裁定外，合意停止訴訟程序之當事人，自陳明合意停止時起，如於四個月內不續行訴訟者，視爲撤回其訴；續行訴訟而再以合意停止訴訟程序者，以一次爲限。如再次陳明合意停止訴訟程序，視爲撤回其訴。

第一八五條

①當事人兩造無正當理由遲誤言詞辯論期日，除有礙公益之維護者外，視爲合意停止訴訟程序。如於四個月內不續行訴訟者，視爲撤回其訴。但行政法院認有必要時，得依職權續行訴訟。

②行政法院依前項但書規定續行訴訟，兩造如無正當理由仍不到者，視爲撤回其訴。

③行政法院認第一項停止訴訟程序有礙公益之維護者，除別有規定外，應自該期日起，一個月內裁定續行訴訟。

④前項裁定不得聲明不服。

第一八六條

民事訴訟法第一百六十八條至第一百七十一條、第一百七十三條、第一百七十四條、第一百七十六條至第一百八十一條、第一百八十五條至第一百八十七條之規定，於本節準用之。

第六節　裁　判

第一八七條

裁判，除依本法應用判決者外，以裁定行之。

第一八八條

①行政訴訟除別有規定外，應本於言詞辯論而為裁判。

②法官非參與裁判基礎之辯論者，不得參與裁判。

③裁定得不經言詞辯論為之。

④裁定前不行言詞辯論者，除別有規定外，得命關係人以書狀或言詞為陳述。

第一八九條

①行政法院為裁判時，應斟酌全辯論意旨及調查證據之結果，依論理及經驗法則判斷事實之真偽。但別有規定者，不在此限。

②當事人已證明受有損害而不能證明其數額或證明顯有重大困難者，法院應審酌一切情況，依所得心證定其數額。

③得心證之理由，應記明於判決。

第一九〇條

行政訴訟達於可為裁判之程度者，行政法院應為終局判決。

第一九一條

①訴訟標的之一部，或以一訴主張之數項標的，其一達於可為裁判之程度者，行政法院得為一部之終局判決。

②前項規定，於命合併辯論之數宗訴訟，其一達於可為裁判之程度者，準用之。

第一九二條

各種獨立之攻擊或防禦方法，達於可為裁判之程度者，行政法院得為中間判決；請求之原因及數額俱有爭執時，行政法院以其原因為正當者，亦同。

第一九三條

行政訴訟進行中所生程序上之爭執，達於可為裁判之程度者，行政法院得先為裁定。

第一九四條

行政訴訟有關公益之維護者，當事人兩造於言詞辯論期日無正當理由均不到場時，行政法院得依職權調查事實，不經言詞辯論，逕為判決。

第一九四條之一 111

當事人於辯論期日到場不為辯論者，視同不到場。第四十九條之一第一項事件，當事人之訴訟代理人未到場者，亦同。

第一九五條

①行政法院認原告之訴為有理由者，除別有規定外，應為其勝訴之判決；認為無理由者，應以判決駁回之。

②撤銷訴訟之判決，如係變更原處分或決定者，不得為較原處分或決定不利於原告之判決。

第一九六條

①行政處分已執行者，行政法院為撤銷行政處分判決時，經原告聲請，並認為適當者，得於判決中命行政機關為回復原狀之必要處置。

②撤銷訴訟進行中，原處分已執行而無回復原狀可能或已消滅者，於原告有即受確認判決之法律上利益時，行政法院得依聲請，確認該行政處分為違法。

第一九七條

撤銷訴訟，其訴訟標的之行政處分涉及金錢或其他代替物之給付或確認者，行政法院得以確定不同金額之給付或以不同之確認代替之。

第一九八條

①行政法院受理撤銷訴訟，發現原處分或決定雖屬違法，但其撤銷或變更於公益有重大損害，經斟酌原告所受損害、賠償程度、防止方法及其他一切情事，認原處分或決定之撤銷或變更顯與公益相違背時，得駁回原告之訴。

②前項情形，應於判決主文中諭知原處分或決定違法。

第一九九條

①行政法院為前條判決時，應依原告之聲明，將其因違法處分或決定所受之損害，於判決內命被告機關賠償。

②原告未為前項聲明者，得於前條判決確定後一年內，向行政法院訴請賠償。

第二○○條

行政法院對於人民依第五條規定請求應為行政處分或應為特定內容之行政處分之訴訟，應為下列方式之裁判：

一　原告之訴不合法者，應以裁定駁回之。

二　原告之訴無理由者，應以判決駁回之。

三　原告之訴有理由，且案件事證明確者，應判命行政機關作成原告所申請內容之行政處分。

四　原告之訴雖有理由，惟案件事證尚未臻明確或涉及行政機關之行政裁量決定者，應判命行政機關遵照其判決之法律見解對於原告作成決定。

第二○一條

行政機關依裁量權所為之行政處分，以其作為或不作為逾越權限或濫用權力者為限，行政法院得撤銷。

第二○二條

當事人於言詞辯論時為訴訟標的之捨棄或認諾者，以該當事人具有處分權及不涉及公益者為限，行政法院得本於其捨棄或認諾為該當事人敗訴之判決。

第二○三條

①公法上契約成立後，情事變更，非當時所得預料，而依其原有效果顯失公平者，行政法院得依當事人聲請，為增、減給付或變

更、消滅其他原有效果之判決。

②為當事人之行政機關，因防止或免除公益上顯然重大之損害，亦得為前項之聲請。

③前二項規定，於因公法上其他原因發生之財產上給付，準用之。

第二○四條

①判決應公告之；經言詞辯論之判決，應宣示之，但當事人明示於宣示期日不到場或於宣示期日未到場者，不在此限。

②宣示判決應於辯論終結之期日或辯論終結時指定之日期為之。

③前項指定之宣示期日，自辯論終結時起，不得逾三星期。但案情繁雜或有特殊情形者，不在此限。

④公告判決，應於行政法院公告處或網站公告其主文，行政法院書記官並應作記載該事由及年、月、日、時之證書附卷。

第二○五條

①宣示判決，不問當事人是否在場，均有效力。

②判決經宣示或公告後，當事人得不待送達，本於該判決為訴訟行為。

第二○六條

判決經宣示後，為該判決之行政法院受其羈束；其不宣示者，經公告主文後，亦同。

第二○七條

①經言詞辯論之裁定，應宣示之。但當事人明示於宣示期日不到場或於宣示期日未到場者，以公告代之。

②終結訴訟之裁定，應公告之。

第二○八條

裁定經宣示後，為該裁定之行政法院、審判長、受命法官或受託法官受其羈束；不宣示者，經公告或送達後受其羈束。但關於指揮訴訟或別有規定者，不在此限。

第二○九條

①判決應作判決書記載下列各款事項：

一　當事人姓名及住所或居所；當事人為法人、機關或其他團體者，其名稱及所在地、事務所或營業所。

二　有法定代理人、代表人、管理人者，其姓名及住所或居所。

三　有訴訟代理人者，其姓名及住所或居所。

四　判決經言詞辯論者，其言詞辯論終結日期。

五　主文。

六　事實。

七　理由。

八　年、月、日。

九　行政法院。

②事實項下，應記載言詞辯論時當事人之聲明及所提攻擊或防禦方法之要領；必要時，得以書狀、筆錄或其他文書作為附件。

③理由項下，應記載關於攻擊或防禦方法之意見及法律上之意見。

第二一〇條

①判決，應以正本送達於當事人；正本以電子文件爲之者，應經應受送達人同意。但對於在監所之人，正本不得以電子文件爲之。

②前項送達，自行政法院書記官收領判決原本時起，至遲不得逾十日。

③對於判決得爲上訴者，應於送達當事人之正本內告知其期間及提出上訴狀之行政法院。

④前項告知期間有錯誤時，告知期間較法定期間爲短者，以法定期間爲準；告知期間較法定期間爲長者，應由行政法院書記官於判決正本送達後二十日內，以通知更正之，並自更正通知送達之日起計算法定期間。

⑤行政法院未依第三項規定爲告知，或告知錯誤未依前項規定更正，致當事人遲誤上訴期間者，視爲不應歸責於己之事由，得自判決送達之日起一年內，適用第九十一條之規定，聲請回復原狀。

第二一一條

不得上訴之判決，不因告知錯誤而受影響。

第二一二條

①判決，於上訴期間屆滿時確定。但於上訴期間內有合法之上訴者，阻其確定。

②不得上訴之判決，於宣示時確定；不宣示者，於公告主文時確定。

第二一三條

訴訟標的於確定之終局判決中經裁判者，有確定力。

第二一四條

①確定判決，除當事人外，對於訴訟繫屬後爲當事人之繼受人者及爲當事人或其繼受人占有請求之標的物者，亦有效力。

②對於爲他人而爲原告或被告者之確定判決，對於該他人亦有效力。

第二一五條

撤銷或變更原處分或決定之判決，對第三人亦有效力。

第二一六條

①撤銷或變更原處分或決定之判決，就其事件有拘束各關係機關之效力。

②原處分或決定經判決撤銷後，機關須重爲處分或決定者，應依判決意旨爲之。

③前二項判決，如係指摘機關適用法律之見解有違誤時，該機關即應受判決之拘束，不得爲相左或歧異之決定或處分。

④前三項之規定，於其他訴訟準用之。

第二一七條

第二百零四條第二項至第四項、第二百零五條、第二百十條及民事訴訟法第二百二十八條規定，於裁定準用之。

第二一八條

民事訴訟法第二百二十四條、第二百二十七條、第二百二十八條、第二百三十條、第二百三十二條、第二百三十三條、第二百三十六條、第二百三十七條、第二百四十條、第三百八十五條、第三百八十六條、第三百八十八條、第三百九十六條第一項、第二項及第三百九十九條之規定，於本節準用之。

第七節 和 解

第二一九條 111

①當事人就訴訟標的具有處分權且其和解無礙公益之維護者，行政法院不問訴訟程度如何，得隨時試行和解。必要時，得就訴訟標的以外之事項，併予和解。

②受命法官或受託法官亦得爲前項之和解。

③第三人經行政法院之許可，得參加和解。行政法院認爲必要時，得通知第三人參加。

第二二○條

因試行和解，得命當事人、法定代理人、代表人或管理人本人到場。

第二二一條

①試行和解而成立者，應作成和解筆錄。

②第一百二十八條至第一百三十條、民事訴訟法第二百十四條、第二百十五條、第二百十七條至第二百十九條之規定，於前項筆錄準用之。

③和解筆錄應於和解成立之日起十日內，以正本送達於當事人及參加和解之第三人。

第二二二條

和解成立者，其效力準用第二百十三條、第二百十四條及第二百十六條之規定。

第二二三條

和解有無效或得撤銷之原因者，當事人得請求繼續審判。

第二二四條

①請求繼續審判，應於三十日之不變期間內爲之。

②前項期間，自和解成立時起算。但無效或得撤銷之原因知悉在後者，自知悉時起算。

③和解成立後經過三年者，不得請求繼續審判。但當事人主張代理權有欠缺者，不在此限。

第二二五條

①請求繼續審判不合法者，行政法院應以裁定駁回之。

②請求繼續審判顯無理由者，得不經言詞辯論，以判決駁回之。

第二二六條

因請求繼續審判而變更和解內容者，準用第二百八十二條之規定。

第二二七條 111

①當事人與第三人間之和解，有無效或得撤銷之原因者，得向原行政法院提起宣告和解無效或撤銷和解之訴。

②前項情形，當事人得請求就原訴訟事件合併裁判。

第二二八條 111

第二百二十四條至第二百二十六條之規定，於前條第一項情形準用之。

第二二八條之一 111

民事訴訟法第三百七十七條之一、第三百七十七條之二及第三百八十條第三項之規定，於本節準用之。

第八節 調　解 111

第二二八條之二 111

①當事人就訴訟標的具有處分權且其調解無礙公益之維護者，行政法院得於訴訟繫屬中，經當事人合意將事件移付調解。

②受命法官或受託法官亦得為前項之調解。

③必要時，經行政法院許可者，得就訴訟標的以外之事項，併予調解。

④第三人經行政法院之許可，得參加調解。行政法院認為必要時，得依聲請或依職權通知第三人參加調解。

第二二八條之三 111

①調解由原行政法院、受命法官或受託法官選任調解委員一人至三人先行調解，俟至相當程度有成立之望或其他必要情形時，再報請法官到場。但法官認為適當時，亦得逕由法官行之。

②當事人對於前項調解委員人選有異議者，法官得另行選任之。

第二二八條之四 111

①行政法院應將適於為調解委員之人選列冊，以供選任；其資格、任期、聘任、解任、應揭露資訊、日費、旅費及報酬等事項，由司法院定之。

②法官於調解事件認有必要時，亦得選任前項名冊以外之人為調解委員。

③第一項之日費、旅費及報酬，由國庫負擔。

第二二八條之五 111

第八十五條、第八十七條第二項、第三項、第一百三十條之一、第二百二十條、第二百二十一條第二項、第三項、第二百二十二條至第二百二十八條之一之規定，於本節準用之。

第二二八條之六 111

民事訴訟法第八十四條第一項、第四百零七條第一項、第四百零七條之一、第四百十條、第四百十三條、第四百十四條、第四百二十條、第四百二十條之一第二項、第三項、第四百二十一條第一項、第四百二十二條及第四百二十六條之規定，於本節準用之。

第二二九條 111

① 適用簡易訴訟程序之事件，以地方行政法院為第一審管轄法院。

② 下列各款行政訴訟事件，除本法別有規定外，適用本章所定之簡易程序：

一　關於稅捐課徵事件涉訟，所核課之稅額在新臺幣五十萬元以下者。

二　因不服行政機關所為新臺幣五十萬元以下罰鍰處分而涉訟者。

三　其他關於公法上財產關係之訴訟，其標的之金額或價額在新臺幣五十萬元以下者。

四　因不服行政機關所為告誡、警告、記點、記次、講習、輔導教育或其他相類之輕微處分而涉訟者。

五　關於內政部移民署（以下簡稱移民署）之行政收容事件涉訟，或合併請求損害賠償或其他財產上給付者。

六　依法律之規定應適用簡易訴訟程序者。

③ 前項所定數額，司法院得因情勢需要，以命令減為新臺幣二十五萬元或增至新臺幣七十五萬元。

④ 第二項第五款之事件，由受收容人受收容或曾受收容所在地之地方行政法院管轄，不適用第十三條之規定。但未曾受收容者，由被告機關所在地之地方行政法院管轄。

第二三〇條 111

① 前條第二項之訴，因訴之變更或一部撤回，致其訴屬於地方行政法院適用通常訴訟程序之事件或交通裁決事件者，應改依通常訴訟程序或交通裁決事件訴訟程序之規定審理。追加之新訴或反訴，以原訴與之合併辯論及裁判者，亦同。

② 前項情形，訴之全部或一部屬於高等行政法院管轄者，地方行政法院應裁定移送管轄之高等行政法院。

第二三一條

① 起訴及其他期日外之聲明或陳述，概得以言詞為之。

② 以言詞起訴者，應將筆錄送達於他造。

第二三二條 111

① 簡易訴訟程序在獨任法官前行之。

② 簡易訴訟程序之審理，當事人一造之住居所、公務所、機關、主事務所或主營業所所在地位於與法院相距過遠之地區者，行政法院應徵詢其意見，以遠距審理、巡迴法庭或其他便利之方式行之。

③ 前項與法院相距過遠地區之標準、審理方式及巡迴法庭臨時開庭辦法，由司法院定之。

第二三三條

① 言詞辯論期日之通知書，應與訴狀或第二百三十一條第二項之筆

錄一併送達於他造。

②簡易訴訟程序事件行言詞辯論終結者，指定宣示判決之期日，自辯論終結時起，不得逾二星期。但案情繁雜或有特殊情形者，不在此限。

第二三四條 111

①判決書內之事實、理由，得不分項記載，並得僅記載其要領。

②地方行政法院亦得於宣示判決時，命將判決主文及其事實、理由之要領，記載於言詞辯論筆錄或宣示判決筆錄，不另作判決書。

③前項筆錄正本或節本，應分別記明之，由書記官簽名並蓋法院印。

④第二項筆錄正本或節本之送達，與判決正本之送達，有同一之效力。

第二三五條 （刪除）111

第二三五條之一 （刪除）111

第二三六條

簡易訴訟程序除本章別有規定外，仍適用通常訴訟程序之規定。

第二三六條之一 （刪除）111

第二三六條之二 （刪除）111

第二三七條

民事訴訟法第四百三十條、第四百三十一條及第四百三十三條之規定，於本章準用之。

第三章　交通裁決事件訴訟程序

第二三七條之一

①本法所稱交通裁決事件如下：

　一　不服道路交通管理處罰條例第八條及第三十七條第六項之裁決，而提起之撤銷訴訟、確認訴訟。

　二　合併請求返還與前款裁決相關之已繳納罰鍰或已繳送之駕駛執照、計程車駕駛人執業登記證、汽車牌照。

②合併提起前項以外之訴訟者，應適用簡易訴訟程序或通常訴訟程序之規定。

③第二百三十七條之二、第二百三十七條之三、第二百三十七條之四第一項及第二項規定，於前項情形準用之。

第二三七條之二 111

交通裁決事件，得由原告住所地、居所地、所在地或違規行為地之地方行政法院管轄。

第二三七條之三 111

①交通裁決事件訴訟之提起，應以原處分機關為被告，逕向管轄之地方行政法院為之。

②交通裁決事件中撤銷訴訟之提起，應於裁決書送達後三十日之不變期間內為之。

③前項訴訟，因原處分機關未為告知或告知錯誤，致原告於裁決書

送達三十日內誤向原處分機關遞送起訴狀者，視爲已遵守起訴期間，原處分機關並應即將起訴狀移送管轄法院。

第二三七條之四 111

①地方行政法院收受前條起訴狀後，應將起訴狀繕本送達被告。

②被告收受起訴狀繕本後，應於二十日內重新審查原裁決是否合法妥當，並分別爲如下之處置：

一　原告提起撤銷之訴，被告認原裁決違法或不當者，應自行撤銷或變更原裁決。但不得爲更不利益之處分。

二　原告提起確認之訴，被告認原裁決無效或違法者，應爲確認。

三　原告合併提起給付之訴，被告認原告請求有理由者，應即返還。

四　被告重新審查後，不依原告之請求處置者，應附具答辯狀，並將重新審查之紀錄及其他必要之關係文件，一併提出於管轄之地方行政法院。

③被告依前項第一款至第三款規定爲處置者，應即陳報管轄之地方行政法院；被告於第一審終局裁判生效前已完全依原告之請求處置者，以其陳報管轄之地方行政法院時，視爲原告撤回起訴。

第二三七條之五

①交通裁決事件，按下列規定徵收裁判費：

一　起訴，按件徵收新臺幣三百元。

二　上訴，按件徵收新臺幣七百五十元。

三　抗告，徵收新臺幣三百元。

四　再審之訴，按起訴法院之審級，依第一款、第二款徵收裁判費；對於確定之裁定聲請再審者，徵收新臺幣三百元。

五　本法第九十八條之五各款聲請，徵收新臺幣三百元。

②依前條第三項規定，視爲撤回起訴者，法院應依職權退還已繳之裁判費。

第二三七條之六 111

因訴之變更、追加，致其訴之全部或一部，不屬於交通裁決事件之範圍者，地方行政法院應改依簡易訴訟程序或通常訴訟程序審理；無通常訴訟程序管轄權者，應裁定移送管轄之高等行政法院。

第二三七條之七

交通裁決事件之裁判，得不經言詞辯論爲之。

第二三七條之八

①行政法院爲訴訟費用之裁判時，應確定其費用額。

②前項情形，行政法院得命當事人提出費用計算書及釋明費用額之文書。

第二三七條之九 111

交通裁決事件，除本章別有規定外，準用簡易訴訟程序之規定。

第四章　收容聲請事件程序

第二三七條之一〇

本法所稱收容聲請事件如下：

一　依入出國及移民法、臺灣地區與大陸地區人民關係條例及香港澳門關係條例提起收容異議、聲請續予收容及延長收容事件。

二　依本法聲請停止收容事件。

第二三七條之一一　111

①收容聲請事件，以地方行政法院爲第一審管轄法院。

②前項事件，由受收容人所在地之地方行政法院管轄，不適用第十三條之規定。

第二三七條之一二

①行政法院審理收容異議、續予收容及延長收容之聲請事件，應訊問受收容人；移民署並應到場陳述。

②行政法院審理前項聲請事件時，得徵詢移民署爲其他收容替代處分之可能，以供審酌收容之必要性。

第二三七條之一三

①行政法院裁定續予收容或延長收容後，受收容人及得提起收容異議之人，認爲收容原因消滅、無收容必要或有得不予收容情形者，得聲請法院停止收容。

②行政法院審理前項事件，認有必要時，得訊問受收容人或徵詢移民署之意見，並準用前條第二項之規定。

第二三七條之一四

①行政法院認收容異議、停止收容之聲請爲無理由者，應以裁定駁回之。認有理由者，應爲釋放受收容人之裁定。

②行政法院認續予收容、延長收容之聲請爲無理由者，應以裁定駁回之。認有理由者，應爲續予收容或延長收容之裁定。

第二三七條之一五

①行政法院所爲續予收容或延長收容之裁定，應於收容期間屆滿前當庭宣示或以正本送達受收容人。未於收容期間屆滿前爲之者，續予收容或延長收容之裁定，視爲撤銷。

②前項正本以電子文件爲之者，應以囑託收容處所長官列印裁定影本交付之方式爲送達。

第二三七條之一六　111

①聲請人、受裁定人或移民署對地方行政法院所爲收容聲請事件之裁定不服者，應於裁定送達後五日內抗告於管轄之高等行政法院。對於抗告法院之裁定，不得再爲抗告。

②抗告程序，除依前項規定外，準用第四編之規定。

③收容聲請事件之裁定已確定，而有第二百七十三條之情形者，得準用第五編之規定，聲請再審。

第二三七條之一七

① 行政法院受理收容聲請事件，不適用第一編第四章第五節訴訟費用之規定。但依第九十八條之六第一項第一款之規定徵收者，不在此限。

② 收容聲請事件，除本章別有規定外，準用簡易訴訟程序之規定。

第五章　都市計畫審查程序

第二三七條之一八

① 人民、地方自治團體或其他公法人認爲行政機關依都市計畫法發布之都市計畫違法，而直接損害、因適用而損害或在可預見之時間內將損害其權利或法律上利益者，得依本章規定，以核定都市計畫之行政機關爲被告，逕向管轄之高等行政法院提起訴訟，請求宣告該都市計畫無效。

② 前項情形，不得與非本章程序之其他訴訟合併提起。

第二三七條之一九

前條訴訟，專屬都市計畫區所在地之高等行政法院管轄。

第二三七條之二〇

本章訴訟，應於都市計畫發布後一年之不變期間內提起。但都市計畫發布後始發生違法之原因者，應自原因發生時起算。

第二三七條之二一

① 高等行政法院收受起訴狀後，應將起訴狀繕本送達被告。

② 被告收受起訴狀繕本後，應於二個月內重新檢討原告請求宣告無效之都市計畫是否合法，並分別依下列規定辦理：

一　如認其違反作成之程序規定得補正者，應爲補正，並陳報高等行政法院。

二　如認其違法者，應將其違法情形陳報高等行政法院，並得爲必要之處置。

三　如認其合法者，應於答辯狀說明其理由。

③ 被告應附具答辯狀，並將原都市計畫與重新檢討之卷證及其他必要文件，一併提出於管轄之高等行政法院。如有與原告請求宣告無效之都市計畫具不可分關係者，亦應一併陳報。

第二三七條之二二

高等行政法院受理都市計畫審查程序事件，不適用前編第三章第四節訴訟參加之規定。

第二三七條之二三

① 高等行政法院認爲都市計畫如宣告無效、失效或違法，第三人之權利或法律上利益將因此受損害者，得依職權命其參加訴訟，並得因該第三人之聲請，裁定允許其參加。

② 前項情形，準用第四十二條第二項、第四十三條、第四十五條及第四十七條規定。

③ 依第一項參加訴訟之人爲訴訟當事人。

第二三七條之二四

① 都市計畫審查程序事件，高等行政法院認爲具利害關係之第三人

有輔助一造之必要者，得命其參加訴訟。有利害關係之第三人亦得聲請參加。

②前項情形，準用民事訴訟法第五十九條至第六十一條及第六十三條至第六十七條之規定。

第二三七條之二五

高等行政法院審理都市計畫審查程序事件，應依職權通知都市計畫之擬定機關及發布機關於期日到場陳述意見，並得通知權限受都市計畫影響之行政機關於期日到場陳述意見。權限受都市計畫影響之行政機關亦得聲請於期日到場陳述意見。

第二三七條之二六 111

都市計畫審查程序事件已經訴訟繫屬尚未終結，同一都市計畫經聲請憲法法庭判決宣告違憲者，高等行政法院在憲法法庭審理程序終結前，得以裁定停止訴訟程序。

第二三七條之二七

高等行政法院認都市計畫未違法者，應以判決駁回原告之訴。都市計畫僅違反作成之程序規定，而已於第一審言詞辯論終結前合法補正者，亦同。

第二三七條之二八

①高等行政法院認原告請求宣告無效之都市計畫違法者，應宣告該都市計畫無效。同一都市計畫中未經原告請求，而與原告請求宣告無效之部分具不可分關係者，經法院審查認定違法者，併宣告無效。

②前項情形，都市計畫發布後始發生違法原因者，應宣告自違法原因發生時起失效。

③都市計畫違法，而依法僅得為違法之宣告者，應宣告其違法。

④前三項確定判決，對第三人亦有效力。

⑤第一項情形，高等行政法院認與原告請求宣告無效之部分具不可分關係之不同都市計畫亦違法者，得於判決理由中一併敘明。

第二三七條之二九

①都市計畫經判決宣告無效、失效或違法確定者，判決正本應送達原發布機關，由原發布機關依都市計畫發布方式公告判決主文。

②因前項判決致刑事確定裁判違背法令者，得依刑事訴訟法規定提起非常上訴。

③前項以外之確定裁判，其效力不受影響。但該裁判尚未執行或執行未完畢者，自宣告都市計畫無效或失效之判決確定之日起，於無效或失效之範圍內不得強制執行。

④適用第一項宣告無效或失效宣告之都市計畫作成之行政處分確定者，其效力與後續執行準用前項之規定。

⑤依前條第三項宣告都市計畫違法確定者，相關機關應依判決意旨為必要之處置。

第二三七條之三○

①於爭執之都市計畫，為防止發生重大之損害或避免急迫之危險而

有必要時，得聲請管轄本案之行政法院暫時停止適用或執行，或為其他必要之處置。

②前項情形，準用第二百九十五條至第二百九十七條、第二百九十八條第三項、第四項、第三百零一條及第三百零三條之規定。

③行政法院裁定准許第一項之聲請者，準用前條第一項規定。該裁定經廢棄、變更或撤銷者，亦同。

第二三七條之三一

都市計畫審查程序，除本章別有規定外，準用本編第一章之規定。

第三編　上訴審程序

第一章　最高行政法院上訴審程序 111

第二三八條 111

①對於高等行政法院之終局判決，除法律別有規定外，得上訴於最高行政法院。

②於上訴審程序，不得為訴之變更、追加或提起反訴。

第二三九條

前條判決前之裁定，牽涉該判決者，並受最高行政法院之審判。但依本法不得聲明不服或得以抗告聲明不服者，不在此限。

第二四〇條

①當事人於高等行政法院判決宣示、公告或送達後，得捨棄上訴權。

②當事人於宣示判決時，以言詞捨棄上訴權者，應記載於言詞辯論筆錄；如他造不在場，應將筆錄送達。

第二四一條

提起上訴，應於高等行政法院判決送達後二十日之不變期間內為之。但宣示或公告後送達前之上訴，亦有效力。

第二四一條之一 （刪除） 111

第二四二條

對於高等行政法院判決之上訴，非以其違背法令為理由，不得為之。

第二四三條

①判決不適用法規或適用不當者，為違背法令。

②有下列各款情形之一者，其判決當然違背法令：

一　判決法院之組織不合法。

二　依法律或裁判應迴避之法官參與裁判。

三　行政法院於審判權之有無辨別不當或違背專屬管轄之規定。但其他法律別有規定者，從其規定。

四　當事人於訴訟未經合法代理或代表。

五　違背言詞辯論公開之規定。

六　判決不備理由或理由矛盾。

第二四四條 111

①提起上訴，應以上訴狀表明下列各款事項，提出於原高等行政法院為之：

一　當事人。

二　高等行政法院判決，及對於該判決上訴之陳述。

三　對於高等行政法院判決不服之程度，及應如何廢棄或變更之聲明。

四　上訴理由。

②前項上訴理由應表明下列各款事項：

一　原判決所違背之法令及其具體內容。

二　依訴訟資料合於該違背法令之具體事實。

③第一項上訴狀內並應添具關於上訴理由之必要證據。

④在監獄或看守所之當事人，於上訴期間內向監所長官提出上訴狀者，視為上訴期間內之上訴；監所長官接受上訴狀後，應附記接受之年、月、日、時，送交原高等行政法院。

第二四五條

①上訴狀內未表明上訴理由者，上訴人應於提起上訴後二十日內提出理由書於原高等行政法院；未提出者，毋庸命其補正，由原高等行政法院以裁定駁回之。

②判決宣示或公告後送達前提起上訴者，前項期間應自判決送達後起算。

第二四六條

①上訴不合法而其情形不能補正者，原高等行政法院應以裁定駁回之。

②上訴不合法而其情形可以補正者，原高等行政法院應定期間命其補正；如不於期間內補正，原高等行政法院應以裁定駁回之。

第二四七條

①上訴未經依前條規定駁回者，高等行政法院應速將上訴狀送達被上訴人。

②被上訴人得於上訴狀或第二百四十五條第一項理由書送達後十五日內，提出答辯狀於原高等行政法院。

③高等行政法院送交訴訟卷宗於最高行政法院，應於收到答辯狀或前項期間已滿，及各當事人之上訴期間已滿後為之。

④前項應送交之卷宗，如為高等行政法院所需者，應自備繕本、影本或節本。

第二四八條

①被上訴人在最高行政法院未判決前得提出答辯狀及其追加書狀於最高行政法院，上訴人亦得提出上訴理由追加書狀。

②最高行政法院認有必要時，得將前項書狀送達於他造。

第二四九條 111

①上訴不合法者，最高行政法院應以裁定駁回之。但其情形可以補

正者，審判長應定期間命補正。

②上訴不合法之情形，已經原高等行政法院命補正而未補正者，得不行前項但書之程序。

③最高行政法院認上訴人之上訴基於惡意、不當或其他濫用訴訟程序之目的或有重大過失，且事實上或法律上之主張欠缺合理依據，應以裁定駁回之。但其情形可以補正者，審判長應定期間命補正。

④最高行政法院依前項規定駁回上訴者，得各處上訴人、代表人或管理人、代理人新臺幣十二萬元以下之罰鍰。

⑤第一百零七條第五項及第七項前段規定，於前二項情形準用之。

第二五〇條

上訴之聲明不得變更或擴張之。

第二五一條

①最高行政法院應於上訴聲明之範圍內調查之。

②最高行政法院調查高等行政法院判決有無違背法令，不受上訴理由之拘束。

第二五二條　（刪除）

第二五三條　111

①最高行政法院之判決，有下列情形之一者，應行言詞辯論：

一　法律關係複雜或法律見解紛歧，有以言詞辯明之必要。

二　涉及專門知識或特殊經驗法則，有以言詞說明之必要。

三　涉及公益或影響當事人權利義務重大，有行言詞辯論之必要。

②前項言詞辯論實施之辦法由最高行政法院定之。

第二五三條之一　111

①言詞辯論應於上訴聲明之範圍內為之。

②言詞辯論期日，被上訴人、依第四十一條、第四十二條參加訴訟之人未委任訴訟代理人或當事人一造之訴訟代理人無正當理由未到場者，得依職權由到場之訴訟代理人辯論而為判決。當事人之訴訟代理人無正當理由均未到場者，得不行言詞辯論，逕為判決。

第二五四條　111

①除別有規定外，最高行政法院應以高等行政法院判決確定之事實為判決基礎。

②以違背訴訟程序之規定為上訴理由時，所舉違背之事實，及以違背法令確定事實或遺漏事實為上訴理由時，所舉之該事實，最高行政法院得斟酌之。

③行言詞辯論所得闡明或補充訴訟關係之資料，最高行政法院亦得斟酌之。

第二五五條

①最高行政法院認上訴為無理由者，應為駁回之判決。

②原判決依其理由雖屬不當，而依其他理由認為正當者，應以上訴

為無理由。

第二五六條

①最高行政法院認上訴為有理由者，就該部分應廢棄原判決。

②因違背訴訟程序之規定廢棄原判決者，其違背之訴訟程序部分，視為亦經廢棄。

第二五六條之一 111

①以地方行政法院為第一審管轄法院之事件，高等行政法院依通常訴訟程序審理並為判決者，最高行政法院不得以高等行政法院無管轄權而廢棄原判決。

②前項情形，最高行政法院應依該事件所應適用之上訴審程序規定為裁判。

第二五七條

①最高行政法院不得以高等行政法院無管轄權而廢棄原判決。但違背專屬管轄之規定者，不在此限。

②因高等行政法院無管轄權而廢棄原判決者，應以判決將該事件移送於管轄行政法院。

第二五八條

除第二百四十三條第二項第一款至第五款之情形外，高等行政法院判決違背法令而不影響裁判之結果者，不得廢棄原判決。

第二五九條 111

經廢棄原判決而有下列各款情形之一者，最高行政法院應就該事件自為判決：

一 因基於確定之事實或依法律斟酌之事實，不適用法規或適用不當廢棄原判決，而事件可依該事實為裁判。

二 原判決就欠缺實體判決要件之事件誤為實體判決。

第二五九條之一

①最高行政法院駁回上訴或廢棄原判決自為裁判時，法官對於裁判之主文或理由，已於評議時提出與多數意見不同之法律上意見，經記明於評議簿，並於評決後三日內補具書面者，得於裁判附記之；逾期提出者，不予附記。

②前項實施之辦法由最高行政法院定之。

第二六○條

①除別有規定外，經廢棄原判決者，最高行政法院應將該事件發回原高等行政法院或發交其他高等行政法院。

②前項發回或發交判決，就高等行政法院應調查之事項，應詳予指示。

③受發回或發交之高等行政法院，應以最高行政法院所為廢棄理由之法律上判斷為其判決基礎。

第二六一條

為發回或發交之判決者，最高行政法院應速將判決正本附入卷宗，送交受發回或發交之高等行政法院。

第二六一條之一 111

最高行政法院判決書應記載之事實及理由，如與高等行政法院判決相同者，得引用之。

第二六二條

①上訴人於終局判決宣示或公告前得將上訴撤回。

②撤回上訴者，喪失其上訴權。

③上訴之撤回，應以書狀爲之。但在言詞辯論時，得以言詞爲之。

④於言詞辯論時所爲上訴之撤回，應記載於言詞辯論筆錄，如他造不在場，應將筆錄送達。

第二六三條 111

除本編別有規定外，前編第一章及第五章之規定，於最高行政法院上訴審程序準用之。

第二章 高等行政法院上訴審程序 111

第二六三條之一 111

①對於地方行政法院之終局判決，除法律別有規定外，得依本章規定上訴於管轄之高等行政法院。

②對於高等行政法院之第二審判決，不得上訴。

第二六三條之二 111

①應適用簡易訴訟程序或交通裁決訴訟程序之事件，高等行政法院不得以地方行政法院行通常訴訟程序而廢棄原判決。

②應適用交通裁決訴訟程序之事件，高等行政法院不得以地方行政法院行簡易訴訟程序而廢棄原判決。

③前二項情形，高等行政法院應依該事件所應適用之上訴審程序規定爲裁判。

第二六三條之三 111

①地方行政法院就其應適用通常訴訟程序之事件，而誤用簡易訴訟程序或交通裁決事件訴訟程序審判；或應適用簡易訴訟程序之事件，而誤用交通裁決事件訴訟程序審判者，受理上訴之高等行政法院應廢棄原判決，將該事件發回或發交管轄地方行政法院。

②以高等行政法院爲第一審管轄法院之事件，誤由地方行政法院審判者，受理上訴之高等行政法院應廢棄原判決，逕依通常訴訟程序爲第一審判決。

③當事人對於第一項程序誤用或第二項管轄錯誤已表示無異議，或明知或可得而知並無異議而就本案有所聲明或陳述者，高等行政法院應依原程序之上訴審規定爲裁判，不適用前二項規定。

第二六三條之四 111

①高等行政法院受理上訴事件，認有確保裁判見解統一之必要者，應以裁定敘明理由移送最高行政法院裁判之。

②高等行政法院審理上訴事件期間，當事人認爲足以影響裁判結果之法律見解，先前裁判之法律見解已產生歧異，得向受理本案之高等行政法院聲請以裁定敘明理由移送最高行政法院裁判之。其程序準用行政法院組織法第十五條之四規定。

③前二項之移送裁定及駁回聲請之裁定，均不得聲明不服。

④最高行政法院認高等行政法院裁定移送之事件，並未涉及裁判見解統一之必要者，應以裁定發回。受發回之高等行政法院，不得再將上訴事件裁定移送最高行政法院。

⑤除前項情形外，最高行政法院各庭應先以徵詢書徵詢其他庭之意見，並準用行政法院組織法第十五條之一、第十五條之二、第十五條之五至第十五條之十一規定。

第二六三條之五 111

除第二百五十九條之一及本章別有規定外，本編第一章及前編第一章之規定，於高等行政法院上訴審程序準用之；交通裁決事件之上訴，並準用第二百三十七條之八規定。

第四編　抗告程序

第二六四條

對於裁定得為抗告。但別有不許抗告之規定者，不在此限。

第二六五條

訴訟程序進行中所為之裁定，除別有規定外，不得抗告。

第二六六條 111

①受命法官或受託法官之裁定，不得抗告。但其裁定如係受訴行政法院所為而依法得為抗告者，得向受訴行政法院提出異議。

②前項異議，準用對於行政法院同種裁定抗告之規定。

③受訴行政法院就異議所為之裁定，得依本編之規定抗告。

④繫屬於上訴審行政法院之事件，受命法官、受託法官所為之裁定，得向受訴行政法院提出異議。其不得上訴之事件，第一審行政法院受命法官、受託法官所為之裁定，亦同。

第二六七條

①抗告，由直接上級行政法院裁定。

②對於抗告法院之裁定，不得再為抗告。

第二六八條

提起抗告，應於裁定送達後十日之不變期間內為之。但送達前之抗告亦有效力。

第二六九條

①提起抗告，應向為裁定之原行政法院或原審判長所屬行政法院提出抗告狀為之。

②關於訴訟救助提起抗告，及由證人、鑑定人或執有證物之第三人提起抗告者，得以言詞為之。

第二七○條

關於捨棄上訴權及撤回上訴之規定，於抗告準用之。

第二七一條

依本編規定，應為抗告而誤為異議者，視為已提起抗告；應提出異議而誤為抗告者，視為已提出異議。

第二七二條 111

①除本編別有規定外，第二百四十九條第三項至第五項、第二百五十六條之一、第二百六十一條之一、第二百六十三條之二至第二百六十三條之四規定，於抗告程序準用之。

②第二百五十九條之一規定，於最高行政法院抗告程序準用之。

③民事訴訟法第四百九十條至第四百九十二條及第三編第一章之規定，於本編準用之。

第五編　再審程序

第二七三條 111

①有下列各款情形之一者，得以再審之訴對於確定終局判決聲明不服。但當事人已依上訴主張其事由經判決為無理由，或知其事由而不為上訴主張者，不在此限：

一　適用法規顯有錯誤。

二　判決理由與主文顯有矛盾。

三　判決法院之組織不合法。

四　依法律或裁判應迴避之法官參與裁判。

五　當事人於訴訟未經合法代理或代表。但當事人知訴訟代理權有欠缺而未於該訴訟言詞辯論終結前爭執者，不在此限。

六　當事人知他造應為送達之處所，指為所在不明而與涉訟。但他造已承認其訴訟程序者，不在此限。

七　參與裁判之法官關於該訴訟違背職務，犯刑事上之罪已經證明，或關於該訴訟違背職務受懲戒處分，足以影響原判決。

八　當事人之代理人、代表人、管理人或他造或其代理人、代表人、管理人關於該訴訟有刑事上應罰之行為，影響於判決。

九　為判決基礎之證物係偽造或變造。

十　證人、鑑定人或通譯就為判決基礎之證言、鑑定或通譯為虛偽陳述。

十一　為判決基礎之民事或刑事判決及其他裁判或行政處分，依其後之確定裁判或行政處分已變更。

十二　當事人發現就同一訴訟標的在前已有確定判決、和解或調解或得使用該判決、和解或調解。

十三　當事人發現未經斟酌之證物或得使用該證物。但以如經斟酌可受較有利益之判決為限。

十四　原判決就足以影響於判決之重要證物漏未斟酌。

②確定終局判決所適用之法規範，經憲法法庭判決宣告違憲，或適用法規範所表示之見解，與憲法法庭統一見解之裁判有異者，其聲請人亦得提起再審之訴。

③第一項第七款至第十款情形之證明，以經判決確定，或其刑事、懲戒訴訟不能開始、續行或判決不受理、免議非因證據不足者為限，得提起再審之訴。

④第一項第十三款情形，以當事人非因可歸責於己之事由，不能於該訴訟言詞辯論終結前提出者爲限，得提起再審之訴。

第二七四條

爲判決基礎之裁判，如有前條所定之情形者，得據以對於該判決提起再審之訴。

第二七四條之一

再審之訴，行政法院認無再審理由，判決駁回後，不得以同一事由對於原確定判決或駁回再審之訴之確定判決，更行提起再審之訴。

第二七五條 111

①再審之訴專屬爲判決之原行政法院管轄。

②對於審級不同之行政法院就同一事件所爲之判決提起再審之訴者，專屬上級行政法院合併管轄之。

③對於上訴審行政法院之判決，本於第二百七十三條第一項第九款至第十四款事由聲明不服者，雖有前二項之情形，仍專屬原第一審行政法院管轄。

第二七六條 111

①再審之訴應於三十日之不變期間內提起。

②前項期間自判決確定時起算，判決於送達前確定者，自送達時起算；其再審事由發生或知悉在後者，均自知悉時起算。

③依第二百七十三條第二項提起再審之訴者，第一項期間自裁判送達之翌日起算。

④再審之訴自判決確定時起，如已逾五年者，不得提起。但以第二百七十三條第一項第五款、第六款或第十二款情形爲再審事由者，不在此限。

⑤對於再審確定判決不服，復提起再審之訴者，前項所定期間，自原判決確定時起算。但再審之訴有理由者，自該再審判決確定時起算。

⑥第二百七十三條第二項之情形，自聲請案件繫屬之日起至裁判送達聲請人之日止，不計入第四項所定期間。

第二七七條 111

①再審之訴，應以訴狀表明下列各款事項，提出於管轄行政法院爲之：

一 當事人。

二 聲明不服之判決及提起再審之訴之陳述。

三 應於如何程度廢棄原判決及就本案如何判決之聲明。

四 再審理由及關於再審理由並遵守不變期間之證據。

②再審訴狀內，宜記載準備本案言詞辯論之事項，並添具確定終局判決繕本或影本。

第二七八條

①再審之訴不合法者，行政法院應以裁定駁回之。

②再審之訴顯無再審理由者，得不經言詞辯論，以判決駁回之。

第二七九條

本案之辯論及裁判，以聲明不服之部分為限。

第二八○條

再審之訴雖有再審理由，行政法院如認原判決為正當者，應以判決駁回之。

第二八一條

除本編別有規定外，再審之訴訟程序準用關於各該審級訴訟程序之規定。

第二八二條

再審之訴之判決，對第三人因信賴確定終局判決以善意取得之權利無影響。但顯於公益有重大妨害者，不在此限。

第二八三條

裁定已經確定，而有第二百七十三條之情形者，得準用本編之規定，聲請再審。

第六編　重新審理

第二八四條

①因撤銷或變更原處分或決定之判決，而權利受損害之第三人，如非可歸責於己之事由，未參加訴訟，致不能提出足以影響判決結果之攻擊或防禦方法者，得對於確定終局判決聲請重新審理。

②前項聲請，應於知悉確定判決之日起三十日之不變期間內為之。但自判決確定之日起已逾一年者，不得聲請。

第二八五條

重新審理之聲請準用第二百七十五條第一項、第二項管轄之規定。

第二八六條

①聲請重新審理，應以聲請狀表明下列各款事項，提出於管轄行政法院為之：

　一　聲請人及原訴訟之兩造當事人。

　二　聲請重新審理之事件，及聲請重新審理之陳述。

　三　就本案應為如何判決之聲明。

　四　聲請理由及關於聲請理由並遵守不變期間之證據。

②聲請狀內，宜記載準備本案言詞辯論之事項。

第二八七條

聲請重新審理不合法者，行政法院應以裁定駁回之。

第二八八條

行政法院認為第二百八十四條第一項之聲請有理由者，應以裁定命為重新審理；認為無理由者，應以裁定駁回之。

第二八九條

①聲請人於前二條裁定確定前得撤回其聲請。

②撤回聲請者，喪失其聲請權。

③聲請之撤回，得以書狀或言詞爲之。

第二九○條

①開始重新審理之裁定確定後，應即回復原訴訟程序，依其審級更爲審判。

②聲請人於回復原訴訟程序後，當然參加訴訟。

第二九一條

聲請重新審理無停止原確定判決執行之效力。但行政法院認有必要時，得命停止執行。

第二九二條

第二百八十二條之規定於重新審理準用之。

第七編　保全程序

第二九三條

①爲保全公法上金錢給付之強制執行，得聲請假扣押。

②前項聲請，就未到履行期之給付，亦得爲之。

第二九四條

①假扣押之聲請，由管轄本案之行政法院或假扣押標的所在地之地方行政法院管轄。

②管轄本案之行政法院爲訴訟已繫屬或應繫屬之第一審法院。

③假扣押之標的如係債權，以債務人住所或擔保之標的所在地，爲假扣押標的所在地。

第二九五條

假扣押裁定後，尚未提起給付之訴者，應於裁定送達十日內提起；逾期未起訴者，行政法院應依聲請撤銷假扣押裁定。

第二九六條

①假扣押裁定因自始不當而撤銷，或因前條及民事訴訟法第五百三十條第三項之規定而撤銷者，債權人應賠償債務人因假扣押或供擔保所受之損害。

②假扣押所保全之本案請求已起訴者，前項賠償，行政法院於言詞辯論終結前，應依債務人之聲明，於本案判決內命債權人爲賠償；債務人未聲明者，應告以得爲聲明。

第二九七條

民事訴訟法第五百二十三條、第五百二十五條至第五百二十八條及第五百三十條之規定，於本編假扣押程序準用之。

第二九八條

①公法上之權利因現狀變更，有不能實現或甚難實現之虞者，爲保全強制執行，得聲請假處分。

②於爭執之公法上法律關係，爲防止發生重大之損害或避免急迫之危險而有必要時，得聲請爲定暫時狀態之處分。

③前項處分，得命先爲一定之給付。

④行政法院爲假處分裁定前，得訊問當事人、關係人或爲其他必要

之調查。

第二九九條

得依第一百十六條請求停止原處分或決定之執行者，不得聲請為前條之假處分。

第三○○條

假處分之聲請，由管轄本案之行政法院管轄。但有急迫情形時，得由請求標的所在地之地方行政法院管轄。

第三○一條

關於假處分之請求及原因，非有特別情事，不得命供擔保以代釋明。

第三○二條

除別有規定外，關於假扣押之規定，於假處分準用之。

第三○三條

民事訴訟法第五百三十五條及第五百三十六條之規定，於本編假處分程序準用之。

第八編　強制執行

第三○四條

撤銷判決確定者，關係機關應即為實現判決內容之必要處置。

第三○五條

①行政訴訟之裁判命債務人為一定之給付，經裁判確定後，債務人不為給付者，債權人得以之為執行名義，聲請地方行政法院強制執行。

②地方行政法院應先定相當期間通知債務人履行；逾期不履行者，強制執行。

③債務人為中央或地方機關或其他公法人者，並應通知其上級機關督促其如期履行。

④依本法成立之和解或調解，及其他依本法所為之裁定得為強制執行者，或科處罰鍰之裁定，均得為執行名義。

第三○六條

①地方行政法院為辦理行政訴訟強制執行事務，得囑託地方法院民事執行處或行政機關代為執行。

②執行程序，除本法別有規定外，應視執行機關為法院或行政機關而分別準用強制執行法或行政執行法之規定。

③債務人對第一項囑託代為執行之執行名義有異議者，由地方行政法院裁定之。

第三○七條

債務人異議之訴，依作成執行名義之第一審行政法院，分別由地方行政法院或高等行政法院受理；其餘有關強制執行之訴訟，由普通法院受理。

第三○七條之一

民事訴訟法之規定，除本法已規定準用者外，與行政訴訟性質不相牴觸者，亦準用之。

第九編　附　則

第三○八條

① 本法自公布日施行。

② 本法修正條文施行日期，由司法院以命令定之。

行政訴訟法施行法

①民國89年6月7日總統令制定公布全文6條；本法自行政訴訟法新法施行之日施行。
②民國100年11月23日總統令修正公布全文15條；並自修正行政訴訟法施行之日施行。
③民國103年6月18日總統令增訂公布第14-1～14-4條條文；並自修正行政訴訟法施行之日施行。
④民國109年1月15日總統令增訂公布第14-5條條文；並自修正行政訴訟法施行之日施行。
⑤民國111年6月22日總統令修正公布全文25條。
　民國111年6月24日司法院令發布定自112年8月15日施行。

第一條
本法稱修正行政訴訟法者，指與本法同日施行之行政訴訟法；稱舊法者，指修正行政訴訟法施行前之行政訴訟法。

第二條
除本法別有規定外，修正行政訴訟法於其施行前發生之事項亦適用之。但因舊法所生之效力，不因此而受影響。

第三條
中華民國八十九年七月一日行政訴訟法修正施行前已確定裁判之再審，其再審期間依六十四年十二月十二日修正公布施行之行政訴訟法規定；再審事由，依八十九年七月一日修正施行之行政訴訟法規定。

第四條
中華民國九十九年一月十三日修正公布，九十九年五月一日施行之行政訴訟法第一百零六條第四項之應作為期間，屆滿於九十九年五月一日前之事件，其起訴期間三年之規定，自九十九年五月一日起算。

第五條
①中華民國一百零一年九月六日行政訴訟法修正施行前，已因和解而終結之簡易訴訟程序事件，當事人請求繼續審判者，依下列規定辦理：
一　原和解係由高等行政法院為之者：由地方行政法院受理繼續審判事件。
二　原和解係由最高行政法院為之者：由最高行政法院受理繼續審判事件。
②前項第一款情形，高等行政法院已受理未終結之繼續審判事件，應裁定移送管轄之地方行政法院。

第六條
①依中華民國一百零一年九月六日行政訴訟法修正施行前之規定確

定之簡易訴訟程序事件，當事人提起再審之訴者，依下列規定辦理：

一　對於高等行政法院之確定判決提起再審之訴或對最高行政法院之判決提起再審之訴而本於行政訴訟法第二百七十三條第一項第九款至第十四款事由聲明不服者：由地方行政法院依修正行政訴訟法審理。

二　對於高等行政法院及最高行政法院所爲之第一審、第二審判決提起再審之訴或對最高行政法院判決提起再審之訴而非本於第二百七十三條第一項第九款至第十四款事由聲明不服者：由最高行政法院依中華民國一百零一年九月六日行政訴訟法修正施行前之規定審理。必要時，發交管轄之地方行政法院依修正行政訴訟法審理。

②前項第一款情形，高等行政法院已受理未終結之簡易訴訟再審事件，應裁定移送管轄之地方行政法院。

③前二項情形，於對裁定聲請再審事件準用之。

第七條

①依中華民國一百零一年九月六日行政訴訟法修正施行前之規定確定之簡易訴訟程序事件，第三人聲請重新審理者，及已經法院裁定命重新審理之簡易訴訟程序事件，依下列規定辦理：

一　對於高等行政法院確定簡易訴訟程序判決聲請重新審理事件及已經法院裁定命重新審理之簡易訴訟程序事件第一審，由地方行政法院依修正行政訴訟法審理。

二　對於最高行政法院確定簡易訴訟程序判決聲請重新審理事件及已經法院裁定命重新審理之簡易訴訟程序事件第二審，由最高行政法院依中華民國一百零一年九月六日行政訴訟法修正施行前之規定審理。必要時，發交管轄之地方行政法院依修正行政訴訟法審理。

②前項第一款情形，高等行政法院已受理未終結者，應裁定移送管轄之地方行政法院。

第八條

①中華民國一百零一年九月六日行政訴訟法修正施行前，已繫屬於地方法院之違反道路交通管理處罰條例聲明異議事件，於修正行政訴訟法施行後尚未終結者，仍由原法官依一百年十一月四日修正前之道路交通管理處罰條例規定審理。

②前項裁定之抗告及中華民國一百零一年九月六日行政訴訟法修正施行前，已由地方法院終結之違反道路交通管理處罰條例聲明異議事件之抗告，由高等法院依一百年十一月四日修正前之道路交通管理處罰條例規定審理。

③中華民國一百零一年九月六日行政訴訟法修正施行前，已提出聲明異議書狀於原處分機關者，原處分機關於修正行政訴訟法施行後二個月內送交該管地方法院，視爲於修正行政訴訟法施行前已繫屬於各該法院。

第九條

中華民國一百零一年九月六日行政訴訟法修正施行前，已繫屬於高等法院之違反道路交通管理處罰條例聲明異議抗告事件，於修正行政訴訟法施行後尚未終結者，由高等法院依一百年十一月四日修正前之道路交通管理處罰條例規定審理。

第一〇條

中華民國一百零一年九月六日行政訴訟法修正施行前，已繫屬於高等行政法院之行政訴訟強制執行事件，未經執行或尚未執行終結者，於修正行政訴訟法施行後，移由地方行政法院辦理強制執行。

第一一條

①中華民國一百零四年二月五日行政訴訟法修正施行前，已繫屬於高等行政法院之行政訴訟法第二百二十九條第二項第五款行政訴訟事件，於修正行政訴訟法施行後，依下列規定辦理：

一　尚未終結者：由高等行政法院裁定移送管轄之地方行政法院，依修正行政訴訟法審理；其上訴、抗告，適用修正行政訴訟法之規定。

二　已終結者：其上訴、抗告，適用中華民國一百零四年二月五日行政訴訟法修正施行前之規定。

②中華民國一百零四年二月五日行政訴訟法修正施行前，已繫屬於最高行政法院，而於修正行政訴訟法施行後，尚未終結之前項事件，由最高行政法院依一百零四年二月五日行政訴訟法修正施行前之規定審理。必要時，發交管轄之地方法院依修正行政訴訟法審理。

第一二條

①依中華民國一百零四年二月五日行政訴訟法修正施行前之規定確定之前條第一項事件，當事人提起再審之訴者，依下列規定辦理：

一　對於高等行政法院之確定判決提起再審之訴，或對最高行政法院判決提起再審之訴而本於行政訴訟法第二百七十三條第一項第九款至第十四款事由聲明不服者：由地方行政法院依修正行政訴訟法審理。

二　對於高等行政法院及最高行政法院所為之第一審、第二審判決提起再審之訴或對最高行政法院判決提起再審之訴，而非本於行政訴訟法第二百七十三條第一項第九款至第十四款事由聲明不服者：由最高行政法院依中華民國一百零四年二月五日行政訴訟法修正施行前之規定審理。必要時，發交管轄之地方行政法院依修正行政訴訟法審理。

②前項第一款情形，高等行政法院已受理未終結之前條第一項事件之再審事件，應裁定移送管轄之地方行政法院。

③前二項情形，於對裁定聲請再審事件準用之。

第一三條

①依中華民國一百零四年二月五日行政訴訟法修正施行前之規定確定之第九條第一項事件，第三人聲請重新審理者，及已經法院裁定命重新審理之第九條第一項事件，依下列規定辦理：

一　對於高等行政法院確定之第九條第一項事件判決聲請重新審理事件，及已經法院裁定命重新審理之第九條第一項事件第一審，由地方行政法院依修正行政訴訟法審理。

二　對於最高行政法院確定之第九條第一項事件判決聲請重新審理事件，及已經法院裁定命重新審理之第九條第一項事件第二審，由最高行政法院依中華民國一百零四年二月五日行政訴訟法修正施行前之規定審理。必要時，發交管轄之地方行政法院依修正行政訴訟法審理。

②前項第一款情形，高等行政法院已受理未終結者，應裁定移送管轄之地方行政法院。

第一四條

①中華民國一百零四年二月五日行政訴訟法修正施行前，已繫屬於行政法院之暫予收容、延長收容處分行政訴訟事件，於修正行政訴訟法施行後，依下列規定辦理：

一　尚未終結者：由原法官依中華民國一百零四年二月五日行政訴訟法修正施行前之規定審理。其上訴、抗告，適用一百零四年二月五日行政訴訟法修正施行前之規定。

二　已終結者：其上訴、抗告，適用中華民國一百零四年二月五日行政訴訟法修正施行前之規定。

②依中華民國一百零四年二月五日行政訴訟法修正施行前之規定確定之前項事件，當事人提起再審之訴、聲請再審、第三人聲請重新審理及已經法院裁定命重新審理者，由高等行政法院、最高行政法院依一百零四年二月五日行政訴訟法修正施行前之規定審理。

第一五條

①中華民國一百零九年七月一日行政訴訟法修正施行前已發布之都市計畫，不適用修正行政訴訟法第二編第五章都市計畫審查程序之規定。

②中華民國一百零九年七月一日行政訴訟法修正施行前發布之都市計畫，具行政處分性質者，於修正施行後，仍適用行政訴訟法有關違法行政處分之訴訟程序。

第一六條

①其他法律有地方法院行政訴訟庭之規定者，自修正行政訴訟法施行後，適用地方行政法院之規定。

②修正行政訴訟法施行前已繫屬於地方法院行政訴訟庭之事件，於修正行政訴訟法施行後，應由地方法院以公告移送管轄之地方行政法院，並通知當事人及已知之訴訟關係人。

③依前項規定移送後，視為修正行政訴訟法施行前已繫屬於地方行政法院之事件。

④對修正行政訴訟法施行前地方法院行政訴訟庭已終結之事件，於修正行政訴訟法施行後，向原法院提起上訴、抗告、再審之訴、聲請再審、請求繼續審判或聲請重新審判者，視為自始向管轄之地方行政法院為之。

⑤第二項及前項之情形，地方法院應即將行政訴訟事件之卷宗資料依下列規定辦理：

一 已繫屬尚未終結者，移交管轄之地方行政法院。已終結經提起上訴、抗告、再審之訴、聲請再審、請求繼續審判或聲請重新審判者，亦同。

二 已終結而無前款情形者，依法歸檔。

第一七條

修正行政訴訟法第一百零七條、第二百四十九條關於防杜濫訴及第二百七十三條第四項之規定施行後，於修正施行前已繫屬行政法院之事件，於該審級終結前，不適用之。

第一八條

修正行政訴訟法施行前已繫屬於高等行政法院之通常訴訟程序或都市計畫審查程序事件，於修正行政訴訟法施行後，依下列規定辦理：

一 尚未終結者：由高等行政法院依舊法審理。其後向最高行政法院提起之上訴或抗告，適用修正行政訴訟法之規定。

二 已終結者：

(一)其向最高行政法院提起之上訴或抗告，適用舊法之規定。

(二)最高行政法院為發回或發交之裁判者，應依修正行政訴訟法第一百零四條之一或第二百二十九條規定決定受發回或發交之管轄法院。受發回或發交之高等行政法院或地方行政法院應依修正行政訴訟法審理。

第一九條

①修正行政訴訟法施行前已繫屬於最高行政法院，而於修正行政訴訟法施行後，尚未終結之事件，由最高行政法院依舊法審理。

②前項情形，最高行政法院為發回或發交之裁判者，應依修正行政訴訟法第一百零四條之一或第二百二十九條規定決定受發回或發交之管轄法院。受發回或發交之高等行政法院或地方行政法院應依修正行政訴訟法審理。

第二〇條

①司法院依修正行政訴訟法第一百零四條之一第二項規定，以命令增加同條第一項但書第一款至第三款之數額者，於命令增加前已繫屬地方行政法院或高等行政法院而尚未終結之通常訴訟程序事件，依增加後之標準決定其管轄法院，並裁定移送各該管轄行政法院審理。

②於增加前已終結及增加前已提起上訴或抗告者，仍依增加前之標準決定其上訴或抗告管轄法院。其經廢棄發回或發交者，依增加後之標準決定第一審管轄法院。

第二一條

修正行政訴訟法施行前已因和解而終結之通常訴訟程序事件，當事人請求繼續審判者，由原和解法院受理。

第二二條

① 修正行政訴訟法施行前已繫屬於地方法院行政訴訟庭之簡易訴訟程序事件，其抗告於修正行政訴訟法施行後，適用修正行政訴訟法之規定。

② 前項事件，於修正行政訴訟法施行前已繫屬於高等行政法院，而於修正行政訴訟法施行後尚未終結之上訴或抗告事件，除舊法第二百三十五條之一規定外，適用舊法及修正行政訴訟法第二百六十三條之四規定。必要時，發交管轄之地方行政法院依修正行政訴訟法審判之。

③ 前二項規定，於交通裁決事件及收容聲請事件之上訴或抗告準用之。

第二三條

① 司法院依修正行政訴訟法第二百二十九條第三項規定，以命令減增同條第二項之數額者，於命令減增前已繫屬地方行政法院或高等行政法院而尚未終結之事件，依減增後之標準決定其適用之訴訟程序及管轄法院。

② 依前項規定有移轉管轄之必要者，應為移送之裁定。

③ 於減增前已終結及減增前已提起上訴或抗告者，仍依原訴訟程序審理。其經廢棄發回或發交者，依減增後之標準決定其適用之訴訟程序及管轄法院。

第二四條

① 修正行政訴訟法施行前已繫屬於行政法院之假扣押、假處分、保全證據之聲請及其強制執行事件，於修正行政訴訟法施行後，依下列規定辦理：

一　尚未終結者：由原行政法院依舊法之規定審理。其抗告，適用修正行政訴訟法之規定。

二　已終結者：其抗告，除舊法第二百三十五條第二項規定外，適用舊法之規定。於修正行政訴訟法施行前已提起抗告者，亦同。

② 修正行政訴訟法施行前已准許之假扣押、假處分之裁定，其聲請撤銷，向原裁定法院為之。

第二五條

本法施行日期，由司法院以命令定之。

拾、附　錄

司法院大法官解釋文

釋字第189號解釋

臺灣省工廠工人退休規則關於工人自願退休之規定，與憲法尚無牴觸。（73、10、5）

釋字第220號解釋

動員戡亂期間勞資糾紛處理辦法第八條前段規定：「勞資評斷委員會之裁決，任何一方有不服從時，主管機關得強制執行。」係指當事人不依裁決意旨辦理時，該管行政機關得依法為行政上之執行而言，如有爭議，仍得依法定程序請求救濟。是前開規定並未限制人民之訴訟權，與憲法尚無牴觸。至行政法院六十年判字第五二八號判例，不分爭議性質如何，認為上述評斷概為最終之裁決，不容再事爭執，與上開解釋意旨不符，不得再行援用。（76、12、23）

釋字第269號解釋

依法設立之團體，如經政府機關就特定事項依法授與公權力者，以行使該公權力為行政處分之特定事件為限，有行政訴訟之被告當事人能力。行政法院六十年裁字第二三二號判例，與此意旨不符部分，嗣後不再援用。至關於勞動基準法第八十四條之爭執，究應提起行政訴訟，或提起民事訴訟，與上開判例無涉，不在本件解釋範圍內；其當事人如已提起民事訴訟經判決確定者，自無訴訟權受侵害之可言，併此說明。（79、12、7）

釋字第279號解釋

勞工保險條例第十五條，有關各類勞工保險費由省（市）政府補助之規定，所稱「省（市）政府」，係指該（市）有勞工為同條第二款至第四款規定之被保險人者而言，與該省（市）政府是否直接設立勞工保險局無關。（80、5、17）

釋字第310號解釋

勞工保險條例規定之傷病給付，乃對勞工因傷病不能工作，致未能取得原有薪資所為之補助，與老年給付係對勞工因退職未能獲取薪資所為之給付，兩者性質相同，其請領老年給付者，自不應重複請領傷病給付。內政部中華民國六十九年六月十三日臺內社字第一七七三一號函示：「被保險人退職，依規定退保，並請領老年給付者，自不得再依勞工保險條例第二十條規定，請領傷病給付」，與上述意旨相符，尚不牴觸憲法。（81、12、11）

釋字第373號解釋

工會法第四條規定：「各級政府行政及教育事業、軍火工業之員

工，不得組織工會」，其中禁止教育事業技工、工友組織工會部分，因該技工、工友所從事者僅係教育事業之服務性工作，依其工作之性質，禁止其組織工會，使其難以獲致合理之權益，實已逾越憲法第二十三條之必要限度，侵害從事此項職業之人民在憲法上保障之結社權，應自本解釋公布之日起，至遲於屆滿一年時，失其效力。惟基於教育事業技工、工友之工作性質，就其勞動權利之行使有無加以限制之必要，應由立法機關於上述期間內檢討修正，併此指明。（84、2、24）

釋字第389號解釋

勞工保險條例第四十四條規定，醫療給付不包括美容外科。又同條例第十九條第一項規定，被保險人或其受益人，於保險效力開始後停止前發生保險事故者，始得依該條例規定，請領保險給付。勞工保險診療費用支付標準表係依據勞工保險條例第五十一條第二項授權訂定，其第九部第四節第二項關於顎骨矯正手術，載明「限外傷或顎顎關節疼痛者專案報准後施行」，乃因有此情形，始同時符合保險效力開始後停止前所發生之保險事故，以及非屬美容外科之要件。若勞工於加入勞工保險前發生之先天性瘤疾或畸形，即不在勞工保險承保範圍。其不支付診療費用，並未逾越該條例授權範圍，與憲法尚無抵觸。（84、11、10）

釋字第456號解釋

憲法第一百五十三條規定國家應實施保護勞工之政策。政府為保障勞工生活，促進社會安全，乃制定勞工保險條例。同條例第六條第一項第一款至第五款規定之員工或勞動者，應以其雇主或所屬團體或所屬機關為投保單位，全部參加勞工保險為被保險人；第八條第一項第一款及第二款規定之員工亦準用同條例之規定參加勞工保險。對於參加勞工保險為被保險人之員工或勞動者，並未限定於專任員工始得為之。同條例施行細則於中華民國八十五年九月十三日修正前，其第二十五條第一項規定：「依本條例第六條第一項第一款至第五款及第八條第一項第一款、第二款規定加保者，以專任員工為限。」以此排除非專任員工或勞動者之被保險人資格，雖係防杜不具勞工身分者掛名加保，巧取保險給付，以免侵蝕保險財務為目的，惟對於符合同條例所定被保險人資格之非專任員工或勞動者，則未能顧及其權益，與保護勞工之上開意旨有違。前揭施行細則第二十五條第一項規定就同條例所未限制之被保險人資格，逾越法律授權訂定施行細則之必要範圍，限制其適用主體，與憲法第二十三條規定之意旨未符，應不適用。（87、6、5）

釋字第479號解釋

憲法第十四條規定人民有結社自由，旨在保障人民為特定目的，以共同之意思組成團體並參與其活動之自由。就中關於團體名稱

之選定，攸關其存立之目的、性質、成員之認同及與其他團體之識別，自屬結社自由保障之範圍。對團體名稱選用之限制，亦須符合憲法第二十三條所定之要件，以法律或法律明確授權之命令始得為之。

人民團體法第五條規定人民團體以行政區域為組織區域；而第十二條僅列人民團體名稱、組織區域為章程應分別記載之事項，對於人民團體名稱究應如何訂定則未有規定。行政機關依其職權執行法律，雖得訂定命令對法律為必要之補充，惟其僅能就執行母法之細節性、技術性事項加以規定，不得逾越母法之限度，迭經本院解釋釋示在案。內政部訂定之「社會團體許可立案作業規定」第四點關於人民團體應冠以所屬行政區域名稱之規定，逾越母法意旨，侵害人民依憲法應享之結社自由，應即失其效力。（88、4、1）

釋字第494號解釋

國家為保障勞工權益，加強勞雇關係，促進社會與經濟發展，而制定勞動基準法，規定勞工勞動條件之最低標準，並依同法第三條規定適用於同條第一項各款所列之行業。事業單位依其事業性質以及勞動態樣，固得與勞工另訂勞動條件，但不得低於勞動基準法所定之最低標準。關於延長工作時間之加給，自勞動基準法施行後，凡屬於該法適用之各業自有該法第二十四條規定之適用，俾貫徹法律保護勞工權益之意旨。至監視性、間歇性或其他性質特殊工作，不受上開法律有關工作時間、例假、休假等規定之限制，係中華民國八十五年十二月二十七日該法第八十四條之一所增訂，對其生效日期前之事項，並無適用餘地。（88、11、18）

釋字第510號解釋

憲法第十五條規定人民之工作權應予保障，人民從事工作並有選擇職業之自由。惟其工作與公共利益密切相關者，於符合憲法第二十三條比例原則之限度內，對於從事工作之方式及必備之資格或其他要件，得以法律或視工作權限制之性質，以有法律明確授權之命令加以規範。中華民國七十三年十一月十九日修正公布之民用航空法第二十五條規定，民用航空局對於航空人員之技能、體格或性行，應為定期檢查，且得為臨時檢查，經檢查不合標準時，應限制、暫停或終止其執業，並授權民用航空局訂定檢查標準（八十四年一月二十七日修正公布之同法第二十五條及八十七年一月二十一日修正公布之第二十六條規定意旨亦同）。民用航空局據此授權於八十二年八月二十六日修正發布之「航空人員體格檢查標準」，其第四十八條第一項規定，航空人員之體格，不合該標準者，應予不及格，如經特別鑑定後，認其行使職務藉由工作經驗，不致影響飛航安全時，准予缺點免計；第五十二條規定：「為保障民航安全，對於准予體格缺點免計者，應予時間及

作業之限制。前項缺點免計之限制，該航空人員不得執行有該缺點所不能執行之任務」，及第五十三條規定：「對缺點免計受檢者，至少每三年需重新評估乙次。航空體檢醫師或主管，認為情況有變化時，得隨時要求加以鑑定」，均係為維護公眾利益，基於航空人員之工作特性，就職業選擇自由個人應具備條件所為之限制，非涉裁罰性之處分，與首開解釋意旨相符，於憲法保障人民工作權之規定亦無牴觸。（89、7、20）

釋字第549號解釋

勞工保險係國家為實現憲法第一百五十三條保護勞工及第一百五十五條、憲法增修條文第十條第八項實施社會保險制度之基本國策而建立之社會安全措施。保險基金係由被保險人繳納之保險費、政府之補助及雇主之分擔額所形成，並非被保險人之私產。被保險人死亡，其遺屬所得領取之津貼，性質上係所得替代，用以避免遺屬生活無依，故應以遺屬需受扶養為基礎，自有別於依法所得繼承之遺產。勞工保險條例第二十七條規定：「被保險人之養子女，其收養登記在保險事故發生時未滿六個月者，不得享有領取保險給付之權利。」固有推行社會安全暨防止詐領保險給付之意，而同條例第六十三條至第六十五條有關遺屬津貼之規定，雖係基於倫常關係及照顧扶養遺屬之原則，惟為貫徹國家負生存照顧義務之憲法意旨，並兼顧養子女及其他遺屬確受被保險人生前扶養暨無謀生能力之事實，勞工保險條例第二十七條及第六十三條至第六十五條規定應於本解釋公布之日起二年內予以修正，並依前述解釋意旨就遺屬津貼等保險給付及與此相關事項，參酌有關國際勞工公約及社會安全如年金制度等通盤檢討設計。（91、8、2）

釋字第560號解釋

勞工保險乃立法機關本於憲法保護勞工、實施社會保險之基本國策所建立之社會福利制度，旨在保障勞工生活安定、促進社會安全。勞工保險制度設置之保險基金，除由被保險人繳納之保險費、雇主分擔額所構成外，另有各級政府按一定比例之補助在內。依勞工保險條例規定，其給付主要係基於被保險人本身發生之事由而提供之醫療、傷殘、退休及死亡等之給付。同條例第六十二條就被保險人之父母、配偶、子女死亡可請領喪葬津貼之規定，乃為減輕被保險人因至親遭逢變故所增加財務負擔而設，自有別於一般以被保險人本人發生保險事故之給付，兼具社會扶助之性質，應視發生保險事故者是否屬社會安全制度所欲保障之範圍決定之。中華民國八十一年五月八日制定公布之就業服務法第四十三條第五項，就外國人眷屬在勞工保險條例實施區域以外發生死亡事故者，限制其不得請領喪葬津貼，係為社會安全之考量所為之特別規定，屬立法裁量範圍，與憲法第七條、第十五條規定意旨尚無違背。（92、7、4）

釋字第568號解釋

勞工依法參加勞工保險及因此所生之公法上權利，應受憲法保障。關於保險效力之開始、停止、終止及保險給付之履行等事由，係屬勞工因保險關係所生之權利義務事項，攸關勞工權益至鉅，其權利之限制，應以法律定之，且其立法目的與手段，亦須符合憲法第二十三條之規定。若法律授權行政機關發布命令為補充規定者，該命令須符合立法意旨且未逾越母法授權之範圍，始為憲法所許。勞工保險條例施行細則第十八條關於投保單位有歇業、解散、破產宣告情事或積欠保險費及滯納金經依法強制執行無效果者，保險人得以書面通知退保；投保單位積欠保險費及滯納金，經通知限期清償，逾期仍未清償，有事實足認顯無清償可能者，保險人得逕予退保之規定，增加勞工保險條例所未規定保險效力終止之事由，逾越該條例授權訂定施行細則之範圍，與憲法第二十三條規定之意旨未符，應不予適用。 (92、11、14)

釋字第578號解釋

國家為改良勞工之生活，增進其生產技能，應制定保護勞工之法律，實施保護勞工之政策，憲法第一百五十三條第一項定有明文，勞動基準法即係國家為實現此一基本國策所制定之法律。至於保護勞工之內容與方式應如何設計，立法者有一定之自由形成空間，惟其因此對於人民基本權利構成限制時，則仍應符合憲法上比例原則之要求。

勞動基準法第五十五條及第五十六條分別規定雇主負擔給付勞工退休金，及按月提撥勞工退休準備金之義務，作為照顧勞工生活方式之一種，有助於保障勞工權益，加強勞雇關係，促進整體社會安全與經濟發展，並未逾越立法機關自由形成之範圍。其因此限制雇主自主決定契約內容及自由使用、處分其財產之權利，係國家為貫徹保護勞工之目的，並衡酌政府財政能力、強化受領勞工勞力給付之雇主對勞工之照顧義務，應屬適當；該法又規定雇主違反前開強制規定者，分別科處罰鍰或罰鍰，係為監督雇主履行其給付勞工退休金之義務，以達成保障勞工退休後生存安養之目的，衡諸立法之時空條件、勞資關係及其干涉法益之性質與影響程度等因素，國家採取財產刑罰作為強制手段，尚有其必要，符合憲法第二十三條規定之比例原則，與憲法保障契約自由之意旨及第十五條關於人民財產權保障之規定並無牴觸。 (93、5、21)

釋字第595號解釋

勞動基準法第二十八條第一項、第二項規定，雇主應繳納一定數額之積欠工資墊償基金 (以下簡稱墊償基金) 於雇主歇業、清算或破產宣告時，積欠勞工之工資，未滿六個月部分，由該基金墊償，以保障勞工權益，維護其生活之安定。同條第四項規定「雇主積欠之工資，經勞工請求未獲清償者，由積欠工資墊償基金墊償之；雇主應於規定期限內，將墊款償還積欠工資墊償基

金」，以及「積欠工資墊償基金提繳及墊償管理辦法」（以下簡稱墊償管理辦法）第十四條第一項前段規定：「勞保局依本法第二十八條規定墊償勞工工資後，得以自己名義，代位行使最優先受清償權（以下簡稱工資債權）」，據此以觀，勞工保險局以墊償基金所墊償者，原係雇主對於勞工私法上之工資給付債務；其以墊償基金墊償後取得之代位求償權（即民法所稱之承受債權，下同），乃基於法律規定之債權移轉，其私法債權之性質，並不因由國家機關行使而改變。勞工保險局與雇主間因歸墊債權所生之私法爭執，自應由普通法院行使審判權。（94、5、6）

釋字第596號解釋

憲法第七條規定，中華民國人民在法律上一律平等，其內涵並非指絕對、機械之形式上平等，而係保障人民在法律上地位之實質平等；立法機關基於憲法之價值體系及立法目的，自得斟酌規範事物性質之差異而為合理之差別對待。國家對勞工與公務人員退休生活所為之保護，方法上未盡相同；其間差異是否牴觸憲法平等原則，應就公務人員與勞工之工作性質、權利義務關係及各種保護措施為整體之觀察，未可執其一端，遽下論斷。勞動基準法未如公務人員退休法規定請領退休金之權利不得扣押、讓與或供擔保，係立法者衡量上開性質之差異及其他相關因素所為之不同規定，屬立法自由形成之範疇，與憲法第七條平等原則並無牴觸。（94、5、13）

釋字第609號解釋

勞工依法參加勞工保險及因此所生之公法上權利，應受憲法保障。關於保險效力之開始、停止、終止、保險事故之種類及保險給付之履行等，依關勞工或其受益人因保險關係所生之權利義務事項，或對其權利之限制，應以法律或法律明確授權之命令予以規範，且其立法之目的與手段，亦須符合憲法第二十三條之規定，始為憲法所許。中華民國八十四年二月二十八日修正之勞工保險條例第十九條第一項規定：「被保險人或其受益人，於保險效力開始後，停止前發生保險事故者，得依本條例規定，請領保險給付。」依同條例第六十二條至第六十四條之規定，死亡給付之保險事故，除法律有特別排除規定外（同條例第二十三條、第二十六條參照），係指被保險人或其父母、配偶、子女死亡而言，至其死亡之原因何時發生，應非所問。惟若被保險人於加保時已無工作能力，或以詐欺、其他不正當行為領取保險給付等情事，則屬應否取消其被保險人之資格，或應受罰鍰處分，並負民、刑事責任之問題（同條例第二十四條、第七十條參照）。行政院勞工委員會七十七年四月十四日台七七勞保二字第六五三○號函及七十九年三月十日台七九勞保三字第四四五一號函，就依法加保之勞工因罹患癌症等特定病症或其他傷病，於保險有效期間死亡者，以各該傷病須在保險有效期間發生為條件，其受益人始得領

請領死亡給付，乃對於受益人請領死亡保險給付之權利，增加勞工保險條例所無之限制，與憲法第二十三條所定法律保留原則有違，於此範圍內，應不再適用。（95、1、27）

釋字第612號解釋

憲法第十五條規定人民之工作權應予保障，人民從事工作並有選擇職業之自由，如為增進公共利益，於符合憲法第二十三條規定之限度內，對於從事工作之方式及必備之資格或其他要件，得以法律或經法律授權之命令限制之。其以法律授權主管機關發布命令為補充規定者，內容須符合立法意旨，且不得逾越母法規定之範圍。其在母法概括授權下所發布者，是否逾越法律授權，不應拘泥於法條所用之文字，而應就該法律本身之立法目的，及整體規定之關聯意義為綜合判斷，迭經本院解釋闡明在案。

中華民國七十四年十一月二十日修正公布之廢棄物清理法第二十一條規定，公、民營廢棄物清除、處理機構管理輔導辦法及專業技術人員之資格，由中央主管機關定之。此一授權條款雖未就專業技術人員資格之授權內容與範圍為明確之規定，惟依法律整體解釋，應可推知立法者有意授權主管機關，除就專業技術人員資格之認定外，尚包括主管機關對於專業技術人員如何適當執行其職務之監督等事項，以達成有效管理輔導公、民營廢棄物清除、處理機構之授權目的。

行政院環境保護署依據前開授權於八十六年十一月十九日訂定發布之公民營廢棄物清除處理機構管理輔導辦法（已廢止），其第三十一條第一款規定：清除、處理技術員因其所受僱之清除、處理機構違法或不當營運，致污染環境或危害人體健康，情節重大者，主管機關應撤銷其合格證書，係指廢棄物清除、處理機構有導致重大污染環境或危害人體健康之違法或不當營運情形，而在清除、處理技術員執行職務之範圍內者，主管機關應撤銷清除、處理技術員合格證書而言，並未逾越前開廢棄物清理法第二十一條之授權範圍，乃為達成有效管理輔導公、民營廢棄物清除、處理機構之授權目的，以改善環境衛生，維護國民健康之有效方法，其對人民工作權之限制，尚未逾越必要程度，符合憲法第二十三條之規定，與憲法第十五條之意旨，亦無違背。（95、6、16）

釋字第649號解釋

中華民國九十年十一月二十一日修正公布之身心障礙者保護法第三十七條第一項前段規定：「非本法所稱視覺障礙者，不得從事按摩業。」（九十六年七月十一日該法名稱修正為身心障礙者權益保障法，上開規定之「非本法所稱視覺障礙者」，經修正為「非視覺功能障礙者」，並移列為第四十六條第一項前段，規定意旨相同）與憲法第七條平等權、第十五條工作權及第二十三條比例原則之規定不符，應自本解釋公布之日起至遲於屆滿三年時

失其效力。（97、10、31）

釋字第683號解釋

中華民國八十五年九月十三日修正發布之勞工保險條例施行細則第五十七條規定：「被保險人或其受益人申請現金給付手續完備經審查應予發給者，保險人應於收到申請書之日起十日內發給之。」旨在促使勞工保險之保險人儘速完成勞工保險之現金給付，以保障被保險勞工或其受益人於保險事故發生後之生活，符合憲法保護勞工基本國策之本旨。（99、12、24）

釋字第726號解釋

勞動基準法第八十四條之一有關勞雇雙方對於工作時間、例假、休假、女性夜間工作有另行約定時，應報請當地主管機關核備之規定，係強制規定，如未經當地主管機關核備，該約定尚不得排除同法第三十條、第三十二條、第三十六條、第三十七條及第四十九條規定之限制，除可發生公法上不利於雇主之效果外，如發生民事爭議，法院自應於具體個案，就工作時間等事項另行約定而未經核備者，本於落實保護勞工權益之立法目的，依上開第三十條等規定予以調整，並依同法第二十四條、第三十九條規定計付工資。（103、11、21）

釋字第740號解釋

保險業務員與其所屬保險公司所簽訂之保險招攬勞務契約，是否為勞動基準法第二條第六款所稱勞動契約，應視務債務人（保險業務員）得否自由決定勞務給付之方式（包含工作時間），並自行負擔業務風險（例如按所招攬之保險收受之保險費為基礎計算其報酬）以為斷，不得逕以保險業務員管理規則為認定依據。（105、10、21）

釋字第759號解釋

（前）臺灣省自來水股份有限公司依（前）「臺灣地區省（市）營事業機構人員適用暫行辦法」適用之人員，依據「臺灣省政府所屬省營事業機構人員退休撫卹及資遣辦法」請求發給撫卹金發生爭議，其訴訟應由普通法院審判之。（106、12、29）

釋字第807號解釋

勞動基準法第四十九條第一項規定：「雇主不得使女工於午後十時至翌晨六時之時間內工作。但雇主經工會同意，如事業單位無工會者，經勞資會議同意後，且符合下列各款規定者，不在此限：一、提供必要之安全衛生設施。二、無大眾運輸工具可資運用時，提供交通工具或安排女工宿舍。」違反憲法第七條保障性別平等之意旨，應自本解釋公布之日起失其效力。（110、8、20）

憲法法庭判決

憲法法庭112年憲判字第7號判決

一 工會法施行細則第二條第一項規定:「本法第六條第一項第一款所稱廠場,指有獨立人事、預算會計,並得依法辦理工廠登記、公司登記、營業登記或商業登記之工作場所。」第二項規定:「前項所定有獨立人事、預算及會計,應符合下列要件:一、對於工作場所勞工具有人事進用或解職決定權。二、編列及執行預算。三、單獨設立會計單位,並有設帳計算盈虧損。」牴觸憲法第二十三條法律保留原則,至遲於本判決宣示之日起屆滿二年時,失其效力。

二 上開二項規定與憲法第二十三條比例原則,均尚無牴觸。

三 最高行政法院一百零九年度上字第五八四號判決及一百十年度上字第三二一號判決適用牴觸憲法之上開二項規定而違憲,均廢棄,發回最高行政法院。

憲法法庭112年憲判字第15號判決

一 公務人員保障法第二十一條第二項前段規定:「公務人員執行職務時,發生意外致受傷、失能或死亡者,應發給慰問金。」係國家對公務人員執行職務發生意外所為保障,乃保障人民服公職權之具體化,尚不生牴觸憲法第十八條人民服公職權保障之問題。基於國家對人民服公職權之保障意旨,其所稱之「意外」,本不限於單純因外來危險源所致之事故,尚應包含因公務人員本身之疏忽所致者。中華民國一百零七年六月二十七日修正發布之公務人員執行職務意外傷亡慰問金發給辦法第三條第一項規定:「本辦法所稱意外,指非由疾病引起之突發性的外來危險事故。」其中關於「外來危險事故」部分,增加法律所無之限制,牴觸憲法第十八條人民服公職權之保障意旨。

二 聲請人其餘聲請不受理。

憲法法庭112年憲判字第16號判決

勞動基準法第五十六條第二項規定:「雇主應於每年年度終了前,估算前項勞工退休準備金專戶餘額,該餘額不足給付次一年度內預估成就第五十三條或第五十四條第一項第一款退休條件之勞工,依前條計算之退休金數額者,雇主應於次年度三月底前一次提撥其差額,……」並未牴觸憲法第二十三條比例原則,與憲法第十五條保障人民財產權之意旨尚無違背,亦不生違反憲法第七條平等原則之問題。

法規名稱索引

法規名稱索引

二

法規名稱索引

三

法規名稱索引

國家圖書館出版品預行編目資料

勞工法規/五南法學研究中心編輯.--36版.--臺
北市：五南圖書出版股份有限公司,2024.08
　　面；　公分

　　ISBN 978-626-393-621-8（平裝）

　　1.CST: 勞動法規

556.84　　　　　　　　　　　　　　113011233

1Q63
勞工法規

編　　著	五南法學研究中心	

出 版 者　五南圖書出版股份有限公司
發 行 人　楊榮川
地　　址　台北市大安區（106）和平東路二段339號4樓
　　　　　電話：(02)27055066　傳真：(02)27066100
網　　址　https://www.wunan.com.tw
電子郵件　wunan@wunan.com.tw
劃撥帳號　01068953
戶　　名　五南圖書出版股份有限公司
法律顧問　林勝安律師

出版日期　2003 年 8 月初版一刷
　　　　　2024 年 8 月36版一刷

定　　價　440元